U0896207

中国石油化工集团公司年鉴

2014

《中国石油化工集团公司年鉴》编委会　编

中国石化出版社

图书在版编目(CIP)数据

中国石油化工集团公司年鉴．2014 ／《中国石油化工集团公司年鉴》编委会编．—北京：中国石化出版社，2014．10
ISBN 978－7－5114－3063－2

Ⅰ．①中… Ⅱ．①中… Ⅲ．①石油化工厂－中国－2014－年鉴 Ⅳ．①F426．22－54

中国版本图书馆 CIP 数据核字(2014)第 230619 号

中国石化出版社出版发行
地址：北京市东城区安定门外大街 58 号
邮编：100011　电话：(010)84271850
读者服务部电话：(010)84289974
http：//www. sinopec-press. com
E-mail：press@ sinopec. com
北京科信印刷有限公司印刷
全国各地新华书店经销
*
787×1092 毫米　16 开本　42．25 印张　80 彩页　1318 千字
2014 年 10 月第 1 版　2014 年 10 月第 1 次印刷
定价：280．00 元

（如出现印装质量问题，请与我社读者服务部联系调换）

《中国石油化工集团公司年鉴》2014版
编　委　会

顾敏清　离退休工作部主任

俞仁明　生产经营管理部主任

王德华　股份公司财务部代理主任

谢在库　科技部主任

张吉星　法律部主任

李国清　工程部主任

王玉冰　物资装备部（国际事业公司）主任（总经理）

李德芳　信息化管理部主任

李联五　油气勘探开发公司党委书记

赵日峰　炼油事业部主任

孙久勤　销售有限公司党委书记、纪委书记、副董事长

王子康　石化出版社有限公司总经理

《中国石油化工集团公司年鉴》2014版
编 辑 部

主　　任： 王子康

副 主 任： 蒋　琦

编　　辑： 杨文宇　单新东　程庆昭

责任编辑： 单新东　程庆昭

广告编辑： 王　进

地　　址：北京市东城区安外大街58号

邮政编码：100011

电　　话：（010）84289951 84289953

传　　真：（010）84289951

电子信箱：jiangq@sinopec.com

The Editorial Dcpartment of
《CHINA PETROCHEMICAL CORPORATION YEARBOOK》

Add：58 Anwai Street, Dongcheng District, Beijing China

P.C：100011

Tel：+86-10-84289951/84289953

Fax：+86-10-84289951

Email：jiangq@sinopec.com

董事长致辞

2013年，世界经济复苏乏力，我国经济下行压力增大，石油石化市场持续低迷。面对严峻挑战，在党中央、国务院的正确领导下，我们全面贯彻落实党的十八大精神，牢牢把握稳中求进的工作总基调，紧紧围绕提高发展质量和效益，凝心聚力、真抓实干，统筹推进各方面工作，公司发展继续保持了稳中有进的良好局面。

一年来，我们紧紧咬住全年效益目标不放松，在市场环境非常严峻的情况下，以超常规的思路和办法，大力开源节流，逐渐掌握了生产经营主动权，圆满完成了稳增长、保效益的硬任务。

我们积极实施六大发展战略，扎实推进结构调整，川东南海相页岩气勘探取得战略性突破，境外油气资产布局进一步优化，油品质量升级提前完成，化工原料和产品结构调整成效显著，成品油营销优势进一步巩固，一批重点煤化工项目加快推进，地热产业发展提速，“碧水蓝天”环保专项治理启动，碳交易试点顺利实施，淘汰落后产能力度加大。同时，科技创新对结构调整的支撑引领作用充分发挥。

我们按照六化发展模式，不断深化改革创新、强化企业管理，取得了新的成效。炼化工程公司在香港成功上市，转变总部职能、做实事业部迈出重要步伐，财务、人力资源、物资采购、信息等共享服务平台建设开始试点，进口原油“买断制”开始起步，资本市场运作和严控用工总量成效显著；集团公司董事会规范、高效运行，投资管理水平不断提升，绩效考核的效益导向作用明显增强，总会计师职责得到强化，总师技术负责制开始推行。

我们认真履行社会责任和政治责任，树立了高度负责任、高度受尊敬的公司形象。千方百计解民忧、惠民生，努力保障和改善民生；创新信访工作机制，积极解决关系民生的突出问题；在企业设立开放日，搭建起与社会公众的有效沟通平台；积极参与“健康快车”、扶贫帮困、抗灾救灾等公益事业，取得了良好的社会效益。

我们认真贯彻中央精神，加强党建和队伍建设，取得了显著成效。认真开展党的群众路线教育实践活动，针对“四风”方面的突出问题，推动边整边改、立行立改，取得了重要的阶段性成果，密切了党群干群关系；认真贯彻中央八项规定精神，严格落实党组“实施细则”，文山会海得到遏制，铺张浪费大为减少，工作作风明显转变；认真履行抓班子带队伍责任，加强干部交流，坚持严格管理，加大腐败查处力度，营造了风清气正氛围；全面总结中国石化成立30年的发展历程和基本经验，广大干部员工对建设人民满意企业的认知更加清晰、使命更加强烈。

回顾2013年，我们取得了来之不易的成绩，这是社会各界关心帮助的结果，是广大客户和消费者高度信赖的结果，是海内外合作伙伴支持的结果。在此，我代表公司董事会，向所有关心、支持和帮助中国石化的朋友们致以诚挚的感谢！

2014年是全面贯彻落实党的十八届三中全会精神的第一年，是实现“十二五”目标任务的关键一年。综合判断，当前我们面临的形势是机遇和挑战并存、希望和困难同在，生产经营和改革发展任务非常繁重。面对新形势、新任务，我们将紧密团结在以习近平同志为总书记的党中央周围，高举中国特色社会主义伟大旗帜，以邓小平理论、“三个代表” 重要思想、科学发展观为指导，把握稳中求进的工作总基调，紧紧围绕提高发展质量和效益，全方位深化改革，促进转型发展，强化从严管理，大力推进政治优势转化，充分调动各方面积极性，努力实现提质增效升级，在建设人民满意的世界一流能源化工公司的征程上，再谱新篇章，再创新辉煌，为实现中华民族伟大复兴的中国梦助力加油！

我们将始终不渝地加强对外合作，与您携手共创更加灿烂、更加美好的明天！

傅成玉

总经理致辞

2013年，面对复杂严峻的经营环境，我们按照集团公司党组和董事会的决策部署，坚持稳中求进工作总基调，齐心协力，共克难关，变压力为动力，取得了良好的经营业绩。全年实现营业收入2.95万亿元、同比（下同）增长4.0%，实现税费3 363亿元、增长4.3%，实现利润1 148.15亿元、增长9.7%，利润总额、经济增加值（EVA）等完成国务院国资委考核指标。

一年来，我们积极应对市场变化，采取有力有效措施， 顶住了压力，战胜了挑战，保证了生产经营正常运行。国内上游高效勘探开发取得积极成效，生产原油4 378万吨、增长1.4%，生产天然气187亿立方米、增长10.4%；炼油坚持以市场为导向调整结构，加工原油2.34亿吨、增长4.8%；化工产销平稳运行，生产乙烯998万吨、增长4.6%，化工产品经营总量5 823万吨、增长7.1%；油品销售市场优势进一步巩固，境内成品油经营量1.65亿吨、增长3.8%；国际化经营快速发展，境外权益油气当量产量3 871万吨、增长33.3%，原油第三方贸易、化工产品进出口及第三方贸易实现较大幅度增长；工程技术服务专业化发展成效明显。

我们紧紧围绕提高发展质量和效益这个中心，持续加大投资优化力度，一批重点工程建设有序推进。国内上游以五大会战为统领，油气勘探势头良好，产能建设加快推进，储量产量稳定增长；境外油气业务快速发展，新项目开发成果丰硕；山东、广西LNG接收站加快建设，武汉乙烯、安庆炼化一体化、海南芳烃、新加坡润滑油脂和一批汽油质量升级项目建成投产，石家庄等炼油改造、塔河重质原油改质配套和一批柴油质量升级项目加紧实施，沙特延布炼厂建设加快推进，宁东煤电化一体化、湖北化肥合成气制乙二醇项目建设收尾；洋浦成品油保税库、甬绍金衢成品油管道建成投用，一批新建加油（气）站投入运营。

我们立足当前、着眼长远，统筹推进前瞻性基础性研究、战略性新技术开发和应用性技术攻关，取得了一批新成果。页岩油气勘探开发技术取得突破，大湾高含硫气田水平井高效开发关键技术初步形成；自主研发生产的生物航煤成功实现首次商业试飞；具有自主知识产权的对二甲苯成套技术成功实现大型工业化应用，世界首套 20 万吨 / 年甲苯甲醇甲基化制二甲苯（MTX）工业示范装置开车成功，催化裂化烟气脱硫脱硝除尘技术实现工业化推广应用；超低密度聚乙烯等一批新产品成功开发并投入市场。全年申请专利 5 111 件、获得授权 2 921 件。

我们积极转变观念，从经营公司的角度强化管理，促进企业管理水平实现了新的提升。大力推进“比学赶帮超”工作，进一步完善全面预算管理，加大成本费用管控，加强资本运作，优化资金管理，促进了降本减费和开源节流；加强上市公司市值管理，树立了公司在资本市场上的良好形象；启动实施“碧水蓝天”环保专项行动，加大节能减排力度， 主要污染物排放量持续下降；信息技术应用取得新成效，有力地提升了管理、支撑了经营创效；法律工作更加扎实，促进了依法治企、合规经营；审计、监察、内控等监督管理持续加强，保障了公司健康发展。同时，深化改革平稳推进， 内部管理体制机制进一步理顺，激发了发展活力。

回顾 2013 年，公司经营业绩来之不易。展望 2014 年， 公司面临的经营形势依然复杂严峻。我们将全面贯彻落实党的十八大、十八届三中全会和中央经济工作会议精神，按照党组和董事会的决策部署，以保安全、保效益为重点，深化改革，强化管理，优化运行，内涵发展，积极推进科技创新，全力推动发展质量和效益上水平，努力创造更加优异的业绩，谱写建设世界一流能源化工公司新篇章。

组织机构

（截至 2013 年底）

中国石油化工集团公司

- 办公厅（党组办公室、董事会办公室、总经理办公室）
- 发展计划部
- 财务部
- 生产经营管理部
- 企业改革管理部
- 人事部
- 科技部
- 法律部
- 资本运营部
- 安全监管局
- 能源管理与环境保护部
- 工程部
- 矿区（社区）管理部
- 物资装备部（国际事业公司）
- 信息化管理部
- 外事局
- 审计局
- 监察局
- 思想政治工作部（直属党委）
- 离退休工作部
- 机关服务局

机构投资者

中国石油化工股份有限公

监事会

董事会

- 董事会秘书局
- 审计委员会
- 战略委员会
- 总裁班子

总部职能部门

- 总裁办公室
- 发展计划部
- 财务部
- 生产经营管理部
- 企业改革管理部
- 人事部
- 科技部
- 法律部
- 资本运营部
- 安全监管部
- 能源管理与环境保护部
- 工程部
- 物资装备部（国际事业公司）
- 信息化管理部
- 外事部
- 审计部
- 监察部
- 企业文化部
- 离退休工作部

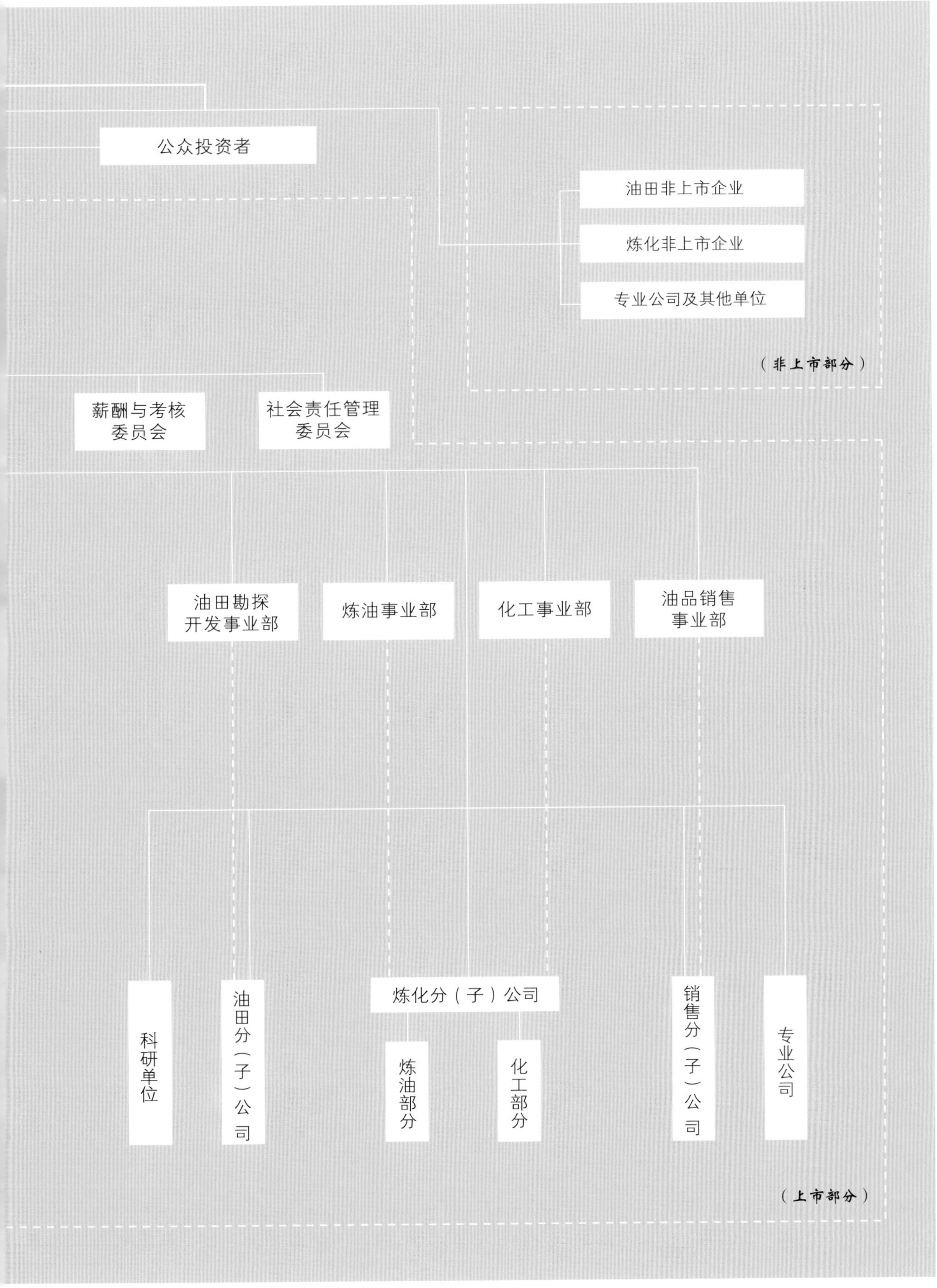

公众投资者

油田非上市企业

炼化非上市企业

专业公司及其他单位

（非上市部分）

薪酬与考核委员会

社会责任管理委员会

油田勘探开发事业部

炼油事业部

化工事业部

油品销售事业部

科研单位

油田分（子）公司

炼化分（子）公司

炼油部分

化工部分

销售分（子）公司

专业公司

（上市部分）

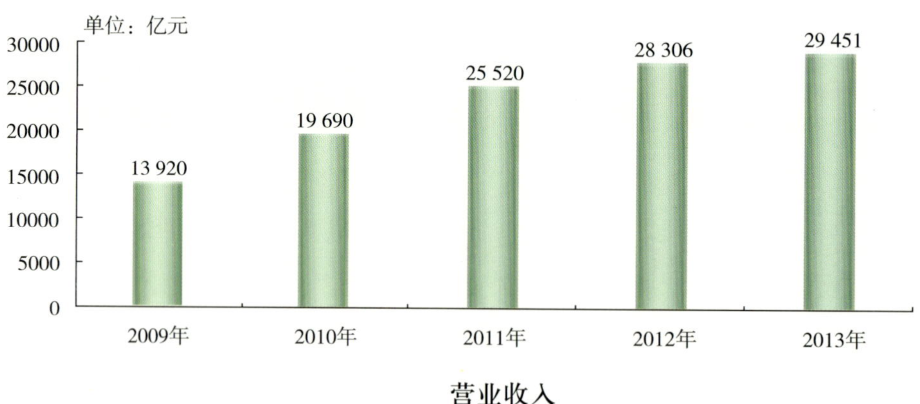

营业收入

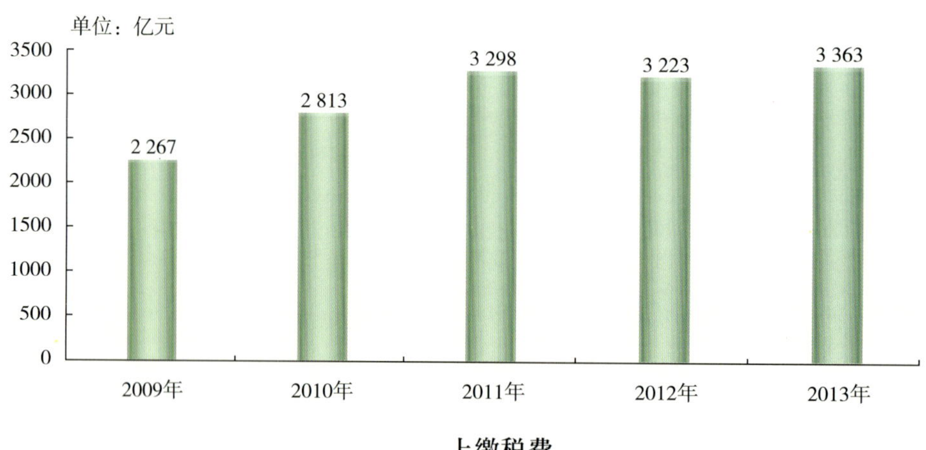

上缴税费

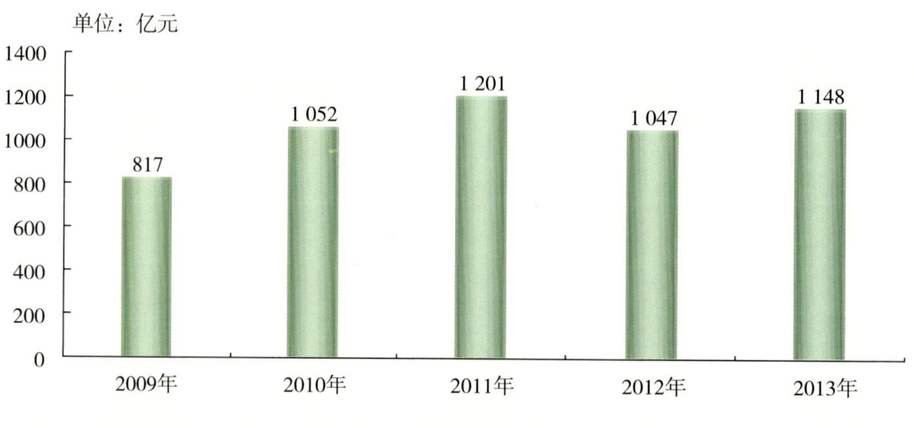

利润总额

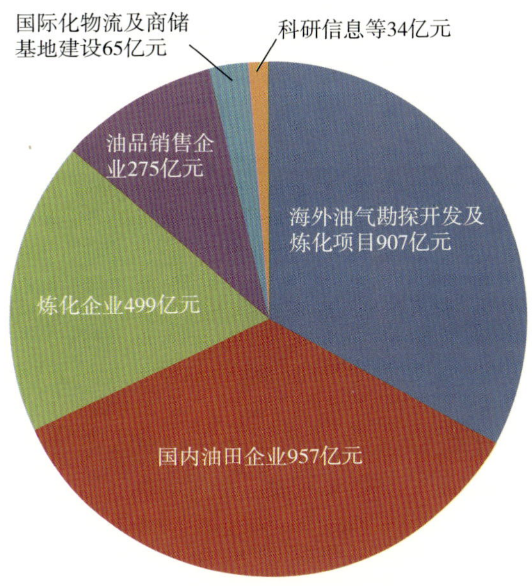

完成固定资产投资

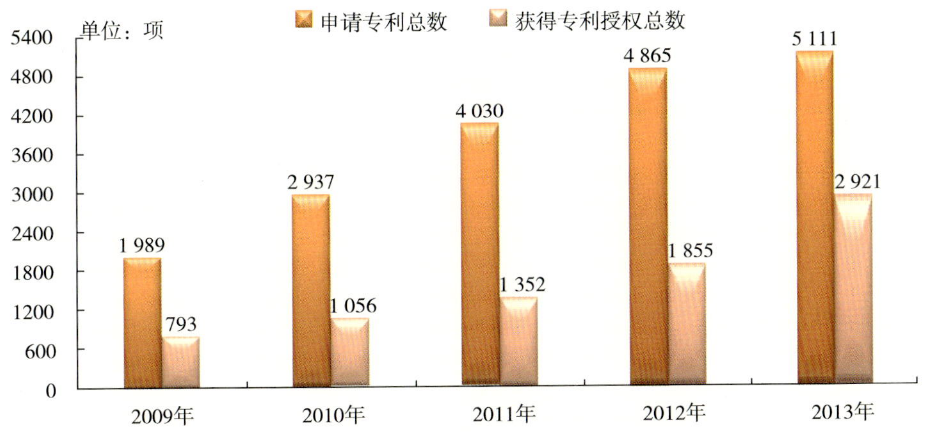

申请专利及获得专利授权总数

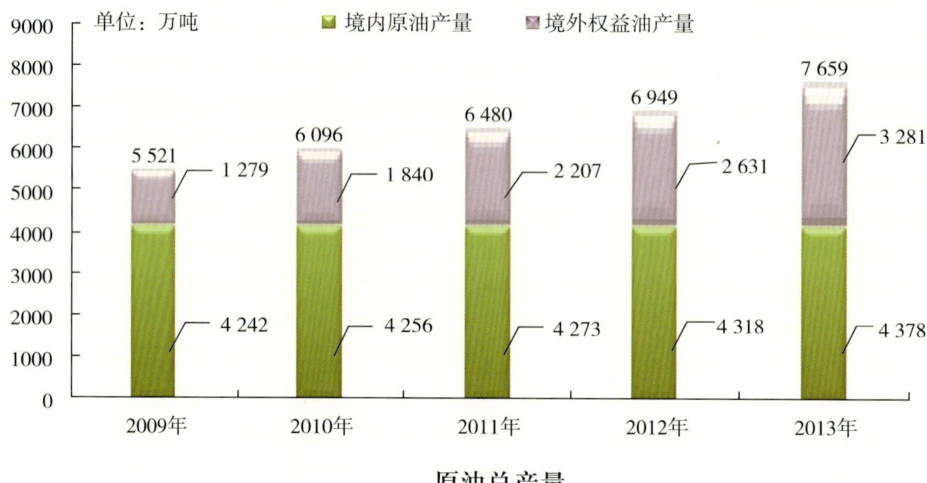

原油总产量

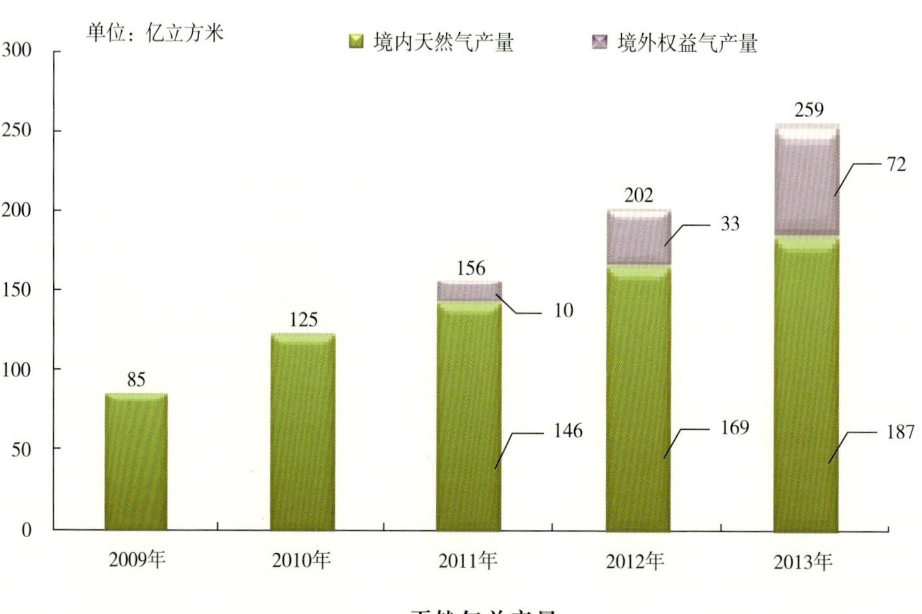

天然气总产量

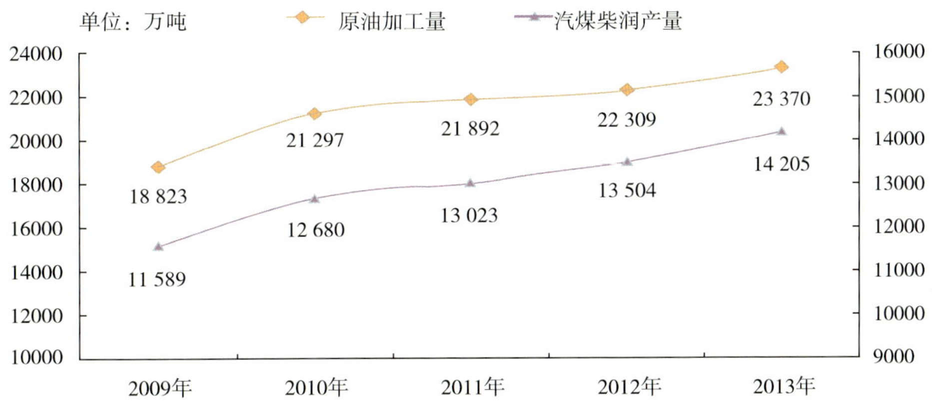

原油加工量及汽煤柴润产量

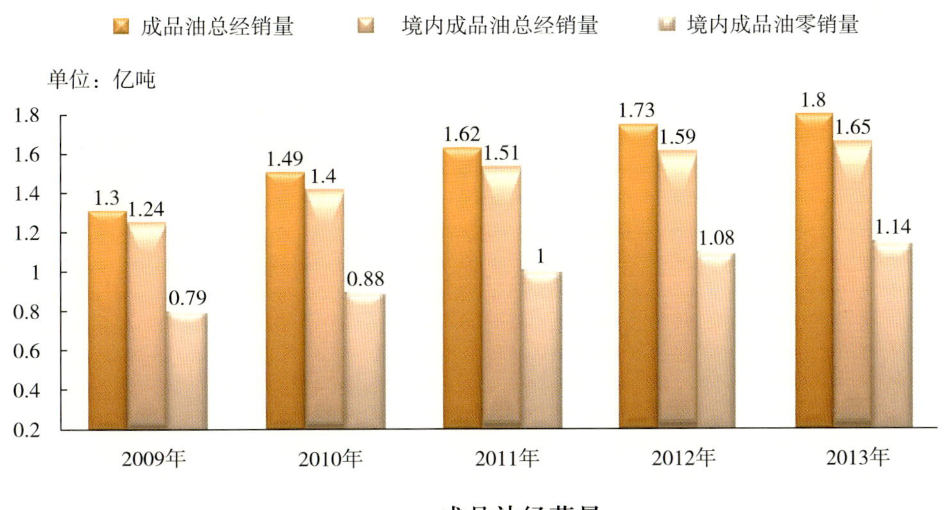

成品油经营量

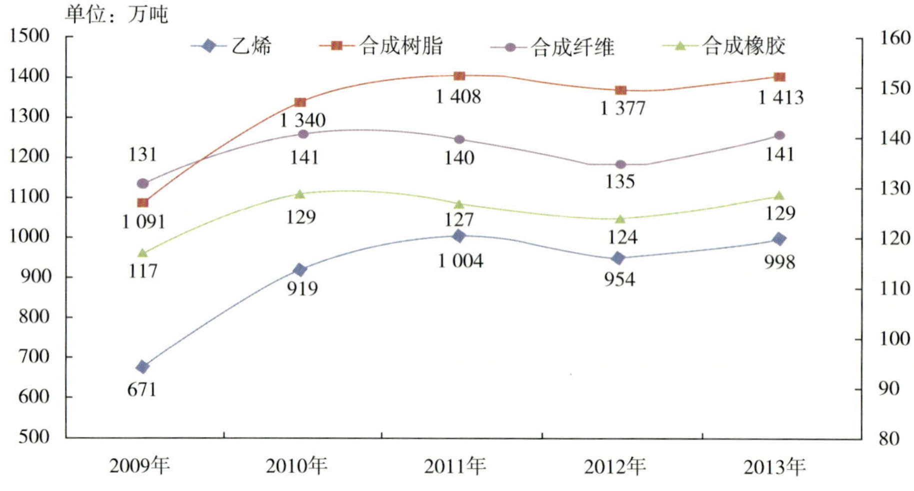

乙烯及三大合成材料产量

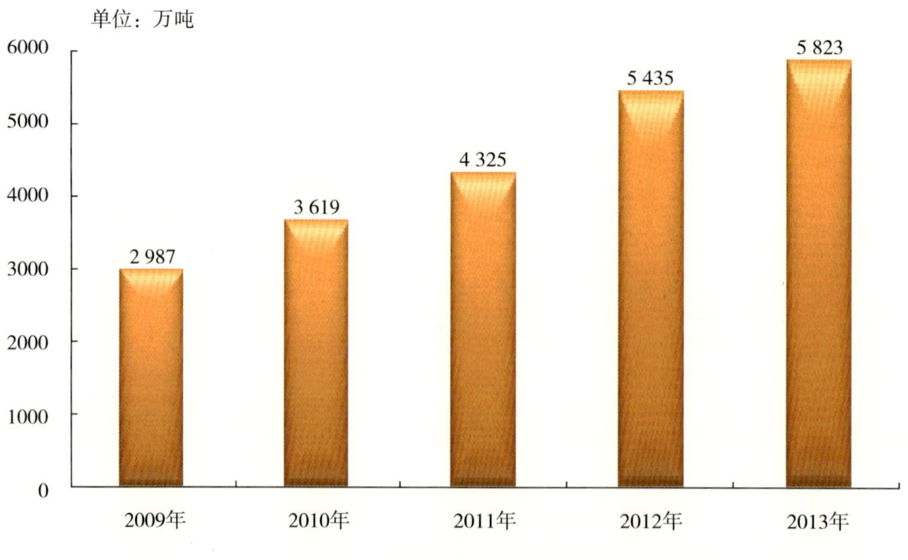

化工产品经营总量

2013 年，石化集团公司在境内新区预探取得 5 个油气重大发现，区带评价勘探取得 7 个商业发现，“三新”领域勘探取得 8 个新发现。页岩气勘探发现了国内首个大型页岩气商业开发区。图为焦页 9-2HF 井和焦页 10-2HF 井施工现场

2013 年，石化集团公司全年生产原油 4 378 万吨，上产 60 万吨；生产天然气 187 亿立方米（含页岩气 1.4 亿立方米），上产 18 亿立方米。图为中原油田普光分公司天然气净化厂

2013年，石化集团公司石油工程积极开拓市场、优化资源，坚持走高端和综合服务之路。境外石油工程业务稳步增长，新签合同额46亿美元，完成合同额29亿美元。图为压裂机组在焦页1－3HF井施工

2013年，石化集团公司加工原油2.34亿吨、增长4.8%，生产汽煤柴成品油1.41亿吨、增长5.22%。生物航煤技术取得突破，使中国成为继美国、法国、芬兰之后第4个拥有生物航煤自主研发生产技术的国家，中国石化成为国内首家拥有生物航煤自主研发生产技术的企业。图为中国石化1号生物航煤试飞成功

2013 年，石化集团公司化工产品经营总量 5 823 万吨、增长 7.1%，全年生产乙烯 998 万吨；加快煤化工业务发展，6 个煤化一体化项目在前期筹备和工程建设方面取得了实质性进展。图为茂名石化生产区

2013 年，石化集团公司炼化工程强化资源整合，发挥整体优势，加大市场开发力度。境外炼化工程项目执行能力进一步提升，全年共执行项目 25 个，完成合同额 11.45 亿美元；中标新项目 9 个，合同总额 34.59 亿美元。图为沙特 EPC 总承包 NDA 项目全景

2013 年，石化集团公司实现成品油经营量 1.80 亿吨、增长 4.0%，销售天然气 168.40 亿立方米、增长 9.4%；油品质量升级提前完成。图为三亚东线加油站

2013 年，石化集团公司深刻吸取“11・22”事故教训，进一步深入落实安全生产责任制，着力夯实安全管理基础、增强安全监督实效、强化安全风险管控、提高应急管理水平，持续开展员工职业健康监护。图为中国石化第二（山东）联防区消防综合应急演习暨胜利油田油库火灾应急演习

2013年，石化集团公司全面践行绿色低碳发展战略，积极实施“碧水蓝天”环保专项治理计划，积极推进地热能开发利用。全年外排废水COD排放量下降3.17%，氨氮、二氧化硫和氮氧化物排放量分别下降3.79%、9.43%和4.82%。图为咸阳地热城

2013年，石化集团公司新增两院院士3名，马永生院士入选首批国家“万人计划”百名杰出人才计划；启动公司首席专家选聘试点工作，选聘18名公司技能大师。图为马永生院士为学员授课

2013 年，石化集团公司围绕改革发展的重大部署、管理创新的重大课题、生产经营的实际问题开展培训，共培训各类员工 83.8 万人次，总部培训重点人才 4 251 人次。图为中国石化第 4 期优秀外籍员工培训班

2013 年，石化集团公司认真贯彻中央“八项规定”精神，严格落实党组“实施细则”，工作作风明显转变；坚持把学习教育、查摆问题、整改落实贯穿始终，针对“四风”方面的突出问题，推动边整边改、立行立改，党的群众路线教育实践活动取得显著成效。图为石化集团公司党的群众路线教育实践活动动员部署会

2013 年是中国石化成立 30 周年。30 年来，中国石化在保障国家能源安全、促进国民经济健康快速发展的同时涌现出许许多多行业标杆和榜样。图为首届感动石化人物：代旭升、权西京、王文清、谢存义、邵均克、刘家明、杨克红、李安喜、玛丽·加布里埃尔·卡瑞丽、闵恩泽

2013 年，石化集团公司投入扶贫资金增长 4.8 倍，新增新疆喀什岳普湖县和甘肃东乡县 2 个定点扶贫县；积极支援雅安地震灾区救援工作，提供可靠的资源保证和及时的应急物品；“健康快车”开进四川广安、青海乐都和吉林松原，共治愈白内障患者 3 802 人。图为加油车在雅安地震灾区为抢通生命线提供补给

编 辑 说 明

《中国石油化工集团公司年鉴》（简称《年鉴》）是中国石油化工集团公司正式对外公布一定时期生产、经营、财务状况及有关数据资料的权威性出版物，向国内外公开发行。《年鉴》从1988年问世至今，已出版19卷。2014版《年鉴》为第20卷。

2014版《年鉴》全面、系统地记述了2013年石化集团公司在生产经营、深化改革、科技创新和企业管理等各方面的基本情况和重大事项，图文并茂，直观反映了石化集团公司及其所属企事业单位的新变化、新成果，为各级领导科学决策和科学管理提供依据，为石化集团公司内部和社会各界人士了解石化集团公司提供翔实、可靠、可鉴资料。

2014版《年鉴》增加了“境内炼化工程”“信息化建设与管理”栏目，对相关栏目名称做了修改。全书共设28个栏目：大事记、总述、境内油气勘探开发、境内石油工程、炼油生产、化工生产、境内炼化工程、产品销售、国际化经营、重点工程建设、公用工程、安全生产、节能环保、科研开发与管理、企业改革与管理、财务资产管理、人事管理、物资采购与管理、信息化建设与管理、法律管理、审计与监察、矿区（社区）建设、企业党建与企业文化、新闻与出版、企事业单位、人物、统计资料、附录。为便于读者查阅和检索，文前附中、英文目录，书后附作者索引和表题索引。

《年鉴》所收录的数据表中，空格表示该项统计数据不详，“—”表示无该项统计数据，“…”表示该项数据不足本表最小单位数。

《年鉴》中，“中国石油化工集团公司”简称“石化集团公司”，“中国石油化工股份有限公司”简称“石化股份公司”，两者统称“中国石化”。

《年鉴》中插图由各单位提供，图片版权归各单位所有。

在《年鉴》的编纂和出版过程中，承蒙有关单位领导、专家、管理人员的大力支持和帮助，在此，谨向为《年鉴》提供稿件和资料、对稿件进行审核把关以及给予《年鉴》各种帮助的人士，致以诚挚的谢意。对2014版《年鉴》存在的缺点和疏漏，诚请广大读者批评指正。

《中国石油化工集团公司年鉴》编辑部

2014年8月

目　　录

大　事　记

总　　述

深化改革　转型发展　从严管理　谱写建设世界一流能源化工公司新篇章 …（5）

境内油气勘探开发

综述 ……（9）
油气勘探 ……（10）
概述 ……（10）
常规勘探工作量 ……（10）
5个重大发现 ……（10）
7个商业发现 ……（11）
8个新发现 ……（11）
勘探效益 ……（11）
非常规勘探工作量 ……（11）
页岩气主要进展 ……（11）
煤层气主要进展 ……（11）
油田开发 ……（12）
概述 ……（12）
原油产量 ……（12）
滚动勘探与油藏评价 ……（12）
产能建设 ……（12）
老油田精细开发 ……（13）
油田开发管理 ……（13）
提高油田采收率 ……（13）
三次采油技术推广应用 ……（14）
气田开发 ……（14）
概述 ……（14）
天然气产量 ……（15）
生产能力 ……（15）
天然气开发管理 ……（15）
采油气管理 ……（15）
采油工程队伍 ……（15）
重点工艺技术措施工作量及效果 ……（15）
采油气工程综合管理 ……（15）
井下作业工作量情况 ……（16）
井下作业施工能力 ……（16）
井下作业装备现状 ……（16）
油气集输 ……（16）
概述 ……（16）
主要技术经济指标 ……（16）
海上油气开采设施及生产 ……（16）
设备管理 ……（17）
概述 ……（17）
油田设备状况 ……（17）
设备管理 ……（17）
基层管理 ……（18）
油公司体制机制建设 ……（18）
持续开展“双学”活动和管理提升活动 ……（18）
区块目标管理 ……（18）
持续开展“五项劳动竞赛” ……（18）

境内石油工程

综述 ……（20）
石油地球物理勘探 ……（20）
概述 ……（20）
主要装备 ……（20）
采集工作量 ……（20）
主要技术进步 ……（20）
主要获奖情况 ……（21）
重要纪事 ……（21）
钻井工程 ……（21）

概述 …………………………………… (21)
主要装备 ………………………………… (22)
主要工作量完成情况 ……………………… (22)
重点工艺井应用 …………………………… (22)
重点技术进步情况 ………………………… (22)
测井 ………………………………………… (22)
概述 …………………………………… (22)
主要装备 ………………………………… (22)
工作量 ………………………………… (23)
主要技术进步 …………………………… (23)
录井 ………………………………………… (23)
概述 …………………………………… (23)
主要装备 ………………………………… (23)
工作量 ………………………………… (23)
主要技术进步 …………………………… (23)
特种作业 …………………………………… (23)
概述 …………………………………… (23)
主要装备 ………………………………… (23)
工作量 ………………………………… (24)
主要技术进步 …………………………… (24)
油田地面工程建设 ………………………… (24)
概述 …………………………………… (24)
资质情况 ………………………………… (24)
市场情况 ………………………………… (25)
主要装备 ………………………………… (25)
主要技术进步 …………………………… (25)
重点工程 ………………………………… (25)
海洋石油工程 ……………………………… (25)
海洋石油工程装备 ……………………… (25)
海洋工程建造与安装 …………………… (25)
机械制造 …………………………………… (25)
概述 …………………………………… (25)
世界首台 3000 型压裂车研制成功 ……………………………… (25)
“不压井作业装备”获国家国际科技合作专项立项 …………………… (26)
“石油四机”牌钻机获中国机械工业优质品牌称号 …………………… (26)
江钻钻头获评中国石油和化学工业知名品牌产品 …………………… (26)
四机厂被认定为国家级企业技术中心 ……………………………… (26)
6RDS 压缩机组在大牛地气田成功投产运行 …………………………… (26)
钢管订货量显著增长 …………………… (26)
石油工程队伍资质建设 …………………… (26)
资质认证 ………………………………… (26)
设备管理 …………………………………… (27)
概述 …………………………………… (27)
主要设备技术指标 ……………………… (27)
重大装备技术选型论证工作 …………… (27)
设备大检查 ……………………………… (27)
设备检测评估 …………………………… (27)
机械研发制造业务管理 ………………… (27)

炼油生产

综述 ………………………………………… (30)
工艺技术进展 ……………………………… (30)
常减压蒸馏 ……………………………… (30)
催化裂化 ………………………………… (31)
延迟焦化 ………………………………… (31)
催化重整 ………………………………… (31)
润滑油生产 ……………………………… (32)
装置达标和节能减排 ……………………… (32)
概述 …………………………………… (32)
炼油达标 ………………………………… (32)
节能减排 ………………………………… (33)
节水减排 ………………………………… (33)
设备管理 …………………………………… (33)
概述 …………………………………… (33)
设备防腐蚀管理 ………………………… (34)
加热炉管理 ……………………………… (34)
计量管理 …………………………………… (34)
概述 …………………………………… (34)
加强原油储运损失管理 ………………… (34)
继续开展计量专项整改 ………………… (34)

质量管理 …………………………… (34)
概述 …………………………… (34)
产品实物质量 …………………………… (34)
产品质量管理 …………………………… (35)
原油资源及储运 …………………………… (35)
原油资源 …………………………… (35)
自产原油销售流向 …………………………… (35)
储运设施 …………………………… (36)
原油储运设施投用情况 …………………………… (36)
燃料原油替代及输油能耗情况 …… (36)
优化运行确保原油资源稳定供应 …………………………… (36)

化工生产

综述 …………………………… (38)
有机原料 …………………………… (40)
概述 …………………………… (40)
乙烯 …………………………… (41)
丙烯 …………………………… (42)
丁二烯 …………………………… (42)
苯 …………………………… (43)
甲苯 …………………………… (43)
混合二甲苯 …………………………… (43)
对二甲苯 …………………………… (43)
邻二甲苯 …………………………… (43)
间二甲苯 …………………………… (43)
甲醇 …………………………… (44)
丁醇 …………………………… (44)
辛醇 …………………………… (44)
环氧乙烷 …………………………… (44)
环氧丙烷 …………………………… (44)
环氧氯丙烷 …………………………… (44)
苯酚 …………………………… (44)
丙酮 …………………………… (44)
丙烯酸 …………………………… (44)
苯乙烯 …………………………… (44)
苯酐 …………………………… (45)
合成树脂 …………………………… (45)
概述 …………………………… (45)
聚乙烯 …………………………… (46)
低密度聚乙烯 …………………………… (46)
高密度聚乙烯 …………………………… (46)
线性低密度聚乙烯 …………………………… (47)
聚丙烯 …………………………… (48)
聚苯乙烯 …………………………… (49)
聚氯乙烯 …………………………… (49)
ABS …………………………… (49)
其他树脂 …………………………… (49)
合成橡胶 …………………………… (50)
概述 …………………………… (50)
顺丁橡胶 …………………………… (51)
丁苯橡胶 …………………………… (51)
SBS 热塑性弹性体 …………………………… (52)
丁基/溴化丁基橡胶 …………………………… (52)
SIS 橡胶 …………………………… (52)
SEBS 橡胶 …………………………… (52)
异戊橡胶 …………………………… (52)
合成纤维 …………………………… (53)
概述 …………………………… (53)
合成纤维原料 …………………………… (54)
合成纤维聚合物 …………………………… (56)
合成纤维 …………………………… (57)
精细化工 …………………………… (59)
概述 …………………………… (59)
催化剂 …………………………… (59)
表面活性剂 …………………………… (59)
合成胶黏剂 …………………………… (60)
生物化工及可替代能源 …………………………… (61)
化肥 …………………………… (61)
概述 …………………………… (61)
合成氨 …………………………… (62)
尿素 …………………………… (62)
复合肥 …………………………… (63)
硫酸铵 …………………………… (63)
硝酸铵 …………………………… (63)
混配复合肥料 …………………………… (63)

煤气化装置运行 ……………………（63）
无机原料 ……………………（64）
概述 ……………………（64）
硫酸 ……………………（64）
硝酸 ……………………（64）
盐酸 ……………………（64）
烧碱 ……………………（65）
纯碱 ……………………（65）
质量管理 ……………………（65）
概述 ……………………（65）
客户服务 ……………………（65）
质量培训 ……………………（65）
化工产品等级品率完成情况……（65）
设备管理 ……………………（66）
概述 ……………………（66）
召开设备动力管理会议……………（66）
工作调研 ……………………（66）
达标管理 ……………………（67）
企业达标 ……………………（67）
专业达标 ……………………（67）
节能专业达标 ……………………（67）
装置长周期运行攻关……………（67）
同类装置竞赛 ……………………（67）
达标重点工作 ……………………（67）
装置运行水平进一步提高……………（68）
技术经济指标继续改善……………（68）
计量管理 ……………………（68）
计量管理与监督 ……………………（68）

境内炼化工程

综述 ……………………（70）
生产经营管理 ……………………（70）
概述 ……………………（70）
市场开发 ……………………（70）
重点项目稳步推进……………………（70）
技术创新 ……………………（71）
概述 ……………………（71）
炼油及石油化工 ……………………（71）
煤化工 ……………………（71）
天然气 ……………………（71）
清洁环保 ……………………（71）
技术许可 ……………………（71）
专利申请工作 ……………………（72）
获奖情况 ……………………（72）
QHSE 管理 ……………………（72）
概述 ……………………（72）
QHSE 管理体系 ……………………（72）
质量管理 ……………………（72）
安全风险控制 ……………………（72）

产品销售

天然气销售

综述 ……………………（74）
市场开发 ……………………（74）
市场保供 ……………………（74）
高端优质市场储备……………………（74）
经营管理 ……………………（74）
基础设施建设 ……………………（74）
项目前期工作 ……………………（74）
工程施工 ……………………（74）

炼油产品销售

成品油 ……………………（74）
概述 ……………………（74）
成品油经营 ……………………（74）
质量升级 ……………………（75）
零售经营 ……………………（75）
非油品经营 ……………………（75）
网络发展 ……………………（75）
内部管理 ……………………（75）
炼油自销产品 ……………………（76）
概述 ……………………（76）
专业化经营 ……………………（76）
品牌建设 ……………………（76）
燃料油 ……………………（77）
概述 ……………………（77）

保税油经营 ……………………………… (77)
内贸经营 ………………………………… (77)
营销网络 ………………………………… (77)
储运设施 ………………………………… (77)

化工产品销售

综述 …………………………………………… (77)
专业管理 ……………………………………… (77)
商情管理 ………………………………… (77)
客户服务 ………………………………… (77)
客户开发 ………………………………… (77)
渠道管理 ………………………………… (77)
直销率 …………………………………… (78)
内外贸统筹 ……………………………… (78)
产销研用结合 …………………………… (78)
风险管控 ………………………………… (78)
产品储运 ……………………………………… (78)
危化品船舶认证检查 …………………… (78)
危化品车辆认证检查 …………………… (78)
企业门禁检查 …………………………… (78)
物流安全管理 …………………………… (78)
自备车安全预警管理 …………………… (78)
铁路运输管理信息系统 ………………… (78)
物联网技术应用研究 …………………… (79)
市场行情 ……………………………………… (79)
概述 ……………………………………… (79)
有机化工产品市场 ……………………… (79)
合成树脂市场 …………………………… (79)
合成橡胶市场 …………………………… (79)
合纤原料市场 …………………………… (79)
合成纤维市场 …………………………… (80)
甲醇市场 ………………………………… (80)
硫酸铵市场 ……………………………… (80)

国际化经营

综述 …………………………………………… (82)
对外经济合作 ………………………………… (82)
境外油气勘探开发 ……………………… (82)
境外炼化合资合作 ……………………… (82)
境内合资合作 …………………………… (82)
境外石油工程技术服务 ………………… (83)
境外炼化工程技术服务 ………………… (83)
国际科技合作 …………………………… (83)
国际贸易 ……………………………………… (83)
原油和成品油贸易 ……………………… (83)
境外燃料油贸易 ………………………… (83)
化工产品进出口 ………………………… (84)
催化剂销售 ……………………………… (84)
设备材料及石化产品国际贸易 ………… (84)
外事管理 ……………………………………… (84)
贯彻中央新精神新要求 ………………… (84)
外事规章制度建设 ……………………… (84)
因公出国(境)管理 ……………………… (84)
境外公共安全管理 ……………………… (84)
对外交往活动 …………………………… (85)
相关外事管理 …………………………… (85)

重点工程建设

综述 …………………………………………… (87)
油田地面建设项目 …………………………… (87)
元坝气田17亿米^3/年试采工程地面工程续建 ………………………………… (87)
大牛地气田9亿米^3/年产能建设地面工程开工并建成投产 ………………… (87)
塔巴庙—榆林天然气管道增压扩能工程开工并建成投产 ……………………… (87)
西北油田分公司167万吨/年产能建设地面工程开工并主体建成投产 ………… (87)
川气东送普光气田地面建设工程通过竣工验收 ……………………………… (87)
炼油项目 ……………………………………… (88)
茂名石化油品质量升级改造及配套项目顺利投产 …………………………… (88)
石家庄油品质量升级及原油劣质化改造工程续建 …………………………… (88)
扬子石化炼油改造项目续建 …………… (88)

塔河重质原油改质配套完善项目续建 …………………………… (88)
北京燕山分公司45万吨/年润滑油加氢装置建成中交 ………………… (88)
新加坡8万吨/年润滑油脂项目正式试生产 …………………………… (88)
安庆含硫原油加工及油品质量升级项目全面建成投产 ……………… (88)
汽、柴油质量升级项目 ………………… (88)
九江分公司油品质量升级改造项目续建 …………………………… (88)
化工项目 ………………………………… (89)
武汉80万吨/年乙烯工程全面投产 …………………………… (89)
海南炼化60万吨/年对二甲苯项目建成投产 …………………………… (89)
南化9万吨/年制氢装置及配套空分项目建成中交 …………………… (89)
中天合创鄂尔多斯煤化工项目开工建设 …………………………… (89)
北京燕山分公司9万吨/年丁基橡胶装置建成中交 …………………… (89)
湖北化肥20万吨/年合成气制乙二醇工业示范装置建成中交 ………… (89)
扬子石化单喷嘴冷壁式粉煤加压气化工业化示范装置建成中交 …… (89)
国电中国石化宁夏能源化工公司宁东工业园一期项目建成 ………… (89)
物流储运项目 ………………………… (90)
甬绍金衢成品油管道及配套油库工程主体建成投用 ………………… (90)
山东LNG项目续建 ………………… (90)
珠三角成品油管道二期及配套油库工程续建 ………………………… (90)
贵阳—重庆成品油管道工程续建 …………………………… (90)
湖南二期成品油管道及配套油库工程续建 ………………………… (90)
甬台温成品油管道及配套油库工程续建 …………………………… (90)
苏北成品油管道及配套油库工程续建 …………………………… (90)
驻马店—信阳成品油管道及配套油库工程续建 ……………………… (90)
安庆石化800万吨/年炼化一体化成品油管道及配套油库工程续建 …………………………… (90)
江西成品油管道二期及配套油库工程续建 ………………………… (90)
广西LNG项目开工建设 ………… (90)
昆明—大理成品油管道工程通过竣工验收 ………………………… (90)
柳州—桂林成品油管道工程通过竣工验收 ………………………… (90)
中石化(香港)海南洋浦成品油保税库项目正式投产 ……………… (91)
工程建设管理 ………………………… (91)
设计管理 …………………………… (91)
生产准备与投料试车 ……………… (91)
竣工验收 …………………………… (93)
大修改造 …………………………… (93)
南京项目管理中心 ………………… (93)
工程建设监管 ………………………… (93)
工程质量监督 ……………………… (93)
工程质量监察 ……………………… (94)
工程质量大检查 …………………… (94)
招投标管理 ………………………… (94)
标准管理 …………………………… (94)
炼油化工定额和工程造价管理 … (97)
石油工程造价管理 ………………… (97)
工程建设企业管理 …………………… (98)
施工企业资质管理 ………………… (98)
勘察设计企业资质管理 …………… (98)
勘察设计人员执业资格 …………… (98)
勘察设计“四优”评选 ……………… (98)
优秀勘察设计企业评选 …………… (99)

工程获奖 …………………………… (99)
工程建设监理 ………………………… (99)
协会大事记 …………………………… (102)

公用工程

热电 …………………………………… (104)
概述 …………………………………… (104)
热电机组规模扩大 …………………… (104)
热电机组实现高负荷运行…………… (104)
主要消耗指标创历史最优…………… (104)
赢利能力明显提升 …………………… (104)
燃料结构优化取得突破……………… (104)
电站锅炉和汽轮机凝汽系统性能明显改善 …………………………… (104)
提升煤炭入厂全过程管理水平…… (105)
压降厂用电专项治理………………… (105)
降低锅炉制粉电耗科研攻关……… (105)
大型风机水泵应用调速节电技术 ………………………………… (105)
开展专业咨询和现场服务………… (105)
多层次举办热电业务培训………… (105)
举办技能大赛 ………………………… (105)
落实外购电降本措施………………… (106)
热电业务政策研究 ………………… (106)
对外专业交流 ……………………… (106)
热电专业管理现场评价…………… (106)
热电专业竞赛考评与表彰………… (106)
水务 …………………………………… (106)
概述 …………………………………… (106)
生产经营完成年度既定目标……… (106)
水务业务重组整合取得重大进展 ……………………………… (106)
专业管理基础进一步夯实………… (107)
节水减排再上新水平……………… (107)
优化运行取得新进展……………… (107)
装备水平有所提升 ………………… (107)
“比学赶帮超”形成长效机制……… (107)

安全生产

综述 ……………………………………… (109)
安全监督管理 ……………………… (110)
安全生产指标控制情况…………… (110)
安全生产先进单位和个人………… (111)
QHSE 大检查 ……………………… (111)
安全教育培训 ……………………… (111)
现场安全监管 ……………………… (111)
加强承包商管理 …………………… (112)
深刻吸取“11·22”事故教训 …… (112)
建设项目安全“三同时”监督管理 ………………………………… (112)
隐患治理 …………………………… (112)
安全科技 …………………………… (112)
井控管理 …………………………… (113)
海(水)上安全监管………………… (113)
安保基金灾害及事故财产损失理赔 ………………………………… (113)
外派人员人身意外及雇主责任保险 ………………………………… (113)
职业健康管理 ……………………… (113)
概述 ………………………………… (113)
制度及标准建设 …………………… (114)
专业机构及力量建设……………… (114)
职业卫生基础建设………………… (114)
职业危害源头控制………………… (114)
职业危害风险防控………………… (114)
劳动保护 …………………………… (114)
监测检查 …………………………… (114)
员工健康监护 ……………………… (114)
专业工作会 ………………………… (114)
教育培训 …………………………… (115)
心理健康 …………………………… (115)
应急管理 …………………………… (115)
应急预案体系建设………………… (115)
应急演练活动 ……………………… (115)
应急指挥平台建设………………… (115)

应急保障能力建设 …………………… (115)
应急培训和交流 …………………… (115)
油气田及输油气管道安全保护 …… (116)
概述 ………………………………… (116)
重点时期油气安保 ………………… (116)
平安建设 …………………………… (116)
企地联动 …………………………… (117)
内部管理 …………………………… (117)
防恐工作 …………………………… (117)

节能环保

综述 ………………………………… (119)
能源管理 …………………………… (119)
加强基础管理 ……………………… (119)
优化调整结构 ……………………… (119)
推进技术进步 ……………………… (119)
开展合同能源管理 ………………… (120)
环境保护 …………………………… (120)
全面启动“碧水蓝天”环保专项行动 …………………………… (120)
加大总量减排工作力度 …………… (120)
清洁生产工作有序开展 …………… (120)
加强环境风险防控能力 …………… (120)
开展政策规范研究 ………………… (121)
强化建设项目全过程监管 ………… (121)
开展年度 QHSE 大检查和境外企业 HSSE 大检查 …………………… (121)
加大宣传教育力度 ………………… (121)
催化裂化装置烟气治理技术取得突破 …………………………… (121)
应对气候变化 ……………………… (121)
基础能力建设进一步加强 ………… (121)
碳资产管理取得初步成果 ………… (121)

科研开发与管理

综述 ………………………………… (124)
科技成果 …………………………… (124)
概述 ………………………………… (124)
优质烃源岩中成烃生物评价技术及应用 ………………………………… (124)
分子水平石油表征技术开发及应用 ………………………………… (125)
固定床 F－T 合成高效移热及提高目的产品选择性的基础研究 … (125)
制备低碳烯烃催化化学及反应工程关键科学问题的基础研究 …… (125)
多分量地震油气探测技术 ………… (126)
泥岩盖层封堵机理与保存条件评价技术 ………………………………… (126)
新型内给电子体及聚丙烯催化剂技术 ………………………………… (126)
高性能甲醇制烯烃催化剂及 S－MTO 成套技术开发 …………………… (127)
鄂南黄土塬区三维地震关键技术 ……………………………………… (127)
面向储层精细预测的地震保幅处理技术 ………………………………… (127)
油气成藏过程动力构成差异性及控藏模式 ……………………………… (127)
缝洞型油藏表征及开发关键技术 ………………………………… (127)
注水井测调一体化工艺技术……… (128)
大湾高含硫气田水平井高效开发关键技术 …………………………… (128)
胜利油田难采稠油高效开发技术 ………………………………… (128)
自主技术高档内燃机油开发和在汽车行业应用推广及配套基础油研究 ……………………………… (128)
第 2 代 S－Zorb 工艺和工程技术的开发与工业应用 ………………… (129)
高能效(SHEER)加氢成套技术开发及工业应用 ……………………… (129)
新一代稀乙烯制乙苯成套技术的开发及工业应用 ………………… (129)
茂金属催化剂气相法聚乙烯成套技

术及 PE－RT 管材料产品开发 ……………………………… (130)
3 万吨/年溴化丁基橡胶工业成套技术开发 ……………………………… (130)
炼油厂恶臭和 VOC 废气综合治理成套技术 ……………………………… (130)
百万吨级大型乙烯装置用丙烯压缩机组研制 ……………………………… (130)
中国石化资金集中管理信息网络系统项目 ……………………………… (131)
新产品开发 ……………………………… (131)
合成树脂新产品 ……………………………… (131)
纤维新产品 ……………………………… (131)
知识产权 ……………………………… (132)
概述 ……………………………… (132)
切实开展对核心技术的重点保护 ……………………………… (132)
稳步推进专利战略研究工作……… (132)
严格防范知识产权风险…………… (132)
知识产权人才培养 ……………… (132)
技术监督 ……………………………… (132)
质量管理与监督 ……………………… (132)
标准化管理 ……………………………… (133)
计量管理与监督 ……………………… (140)

企业改革与管理

综述 ……………………………… (142)
体制改革 ……………………………… (142)
转变总部职能、做实事业部 ……… (142)
成立能源管理与环境保护部……… (142)
设立中国石化润滑油有限公司 … (143)
设立中石化保险有限公司………… (143)
设立休斯顿研究开发中心………… (143)
明确设立中国石化催化剂有限公司事项 ……………………………… (143)
资产公司所属 7 家化工企业委托化工事业部管理 ……………………… (143)
积极推进业务外包工作…………… (143)
中国经济出版社整体无偿划转…… (143)
推进地热产业专业化发展………… (143)
境外业务机构调整试点…………… (143)
企业管理 ……………………………… (144)
开展管理提升活动 ……………… (144)
开展改善经营管理项目效益评价 ……………………………… (144)
完善“三基”工作评价标准 ……… (144)
开展“三基”工作评选表彰和典型经验总结推广 ……………………… (144)
进一步推进管理现代化创新工作 ……………………………… (144)
修订完善年度绩效考核办法……… (145)
强化全年效益目标考核…………… (145)
落实对标评价工作运行管理……… (145)
推进“比学赶帮超”工作目标管理 ……………………………… (145)
加强总部层面制度管理…………… (146)
组织开展“我为制度做诊断”活动 ……………………………… (146)
全面推进制度信息化建设………… (146)
内控与风险管理 ……………………… (146)
启动全面风险管理提升…………… (146)
开展专项风险管理研究…………… (146)
加强重大风险管理 ……………… (146)
动态完善内控制度体系…………… (146)
深化内控信息化建设……………… (146)
开展内控日常监督检查…………… (147)
资本运作 ……………………………… (147)
概述 ……………………………… (147)
炼化工程板块实现境外上市……… (147)
冠德公司 H 股闪电配售 ………… (147)
上海石化和仪化公司股权分置改革 ……………………………… (147)
石化股份公司收购石化集团公司海外上游资产 ……………………… (147)
塔河分公司与地方企业组建合资公司 ……………………………… (148)

股权管理 …………………………… (148)
概述 ………………………………… (148)
完善股权管理制度 ………………… (148)
做好股权管理基础工作 …………… (148)
加强股权运营管理 ………………… (148)
积极推动产权流转提升股权价值 …………………………… (148)

财务资产管理

综述 ………………………………… (150)
预算管理 …………………………… (150)
深化预算执行分析 ………………… (150)
建立完善预算日常管控机制……… (150)
扎实推进全员成本目标管理……… (150)
细化保效益措施 …………………… (150)
编制完成2014年财务预算 ……… (150)
资金管理 …………………………… (151)
加强筹融资统筹运作 ……………… (151)
严控债务风险 ……………………… (151)
加强资金日常管理 ………………… (151)
持续推进资金集中管理信息系统提升 …………………………… (151)
会计管理 …………………………… (151)
规范会计核算 ……………………… (151)
深化会计信息化系统应用………… (151)
启动财务共享服务试点建设……… (152)
完成年度财务决算 ………………… (152)
资产管理 …………………………… (152)
加强资产管理制度化信息化建设 …………………………… (152)
加强资产运营管理 ………………… (152)
加强资产评估管理 ………………… (152)
土地管理 …………………………… (152)
开展用地统计分析 ………………… (152)
修订土地管理制度 ………………… (152)
加强无证土地权属完善工作……… (153)
加强待用土地盘活处置工作……… (153)
完成土地租金调整 ………………… (153)
协调处理土地热点问题…………… (153)
年金管理 …………………………… (153)
加强企业年金基础管理…………… (153)
加强年金投资运营管理…………… (153)
做好应付工资结余用于年金缴费工作 …………………………… (154)
总部机关财务管理 ………………… (154)
完成总部机关财务预算和决算…… (154)
总部机关财务专项工作…………… (154)
保险管理 …………………………… (154)
中石化保险有限公司成立………… (154)
完成境外保险业务对接…………… (154)
财税价格管理 ……………………… (154)
积极争取财税政策 ………………… (154)
加强内部价格管理 ………………… (155)
强化内部税收管理 ………………… (155)
财会队伍建设 ……………………… (155)
加强财会人员培训 ………………… (155)
推动总会计师职责转变…………… (155)
专项管理 …………………………… (155)
重构专业公司财务管理运行机制 …………………………… (155)
积极配合公司深化改革…………… (155)
财务状况 …………………………… (155)
概述 ………………………………… (155)

人事管理

综述 ………………………………… (160)
领导班子和干部队伍建设………… (161)
教育实践督导工作 ………………… (161)
规范公司治理 ……………………… (161)
领导班子全面考核 ………………… (161)
加大干部交流力度 ………………… (161)
干部监督管理 ……………………… (161)
人才队伍建设 ……………………… (161)
院士增选推荐 ……………………… (161)
高层次人才选拔培养……………… (162)
高层次人才引进 …………………… (162)

人才配置 …………………………………（162）
职称评审 …………………………………（162）
职业技能鉴定 ……………………………（162）
博士后工作 ………………………………（162）
业务竞赛 …………………………………（162）
劳动与薪酬管理 …………………………（162）
用工总量管控 ……………………………（162）
规范用工管理 ……………………………（163）
工资总额和人工成本管理…………（163）
薪酬分配制度 ……………………………（163）
领导人员薪酬 ……………………………（163）
社会保险及企业补充保险…………（163）
人才培训开发 ……………………………（163）
培训管理 …………………………………（163）
培训资源建设 ……………………………（163）
远程培训 …………………………………（163）
重点人才培训 ……………………………（163）
毕业生引进工作 …………………………（164）
海外人力资源管理 ………………………（164）
海外人力资源管理调研……………（164）
海外人力资源管理体系建设………（164）
海外薪酬福利和人工成本管理 …（164）
总部机关人事管理 ………………………（164）
概述 …………………………………………（164）
机构编制管理 ……………………………（164）
机关员工队伍建设 ………………………（164）
薪酬保险工作 ……………………………（165）
综合与信息管理 …………………………（165）
组织人事部门自身建设……………（165）
人力资源信息化建设………………（165）
离退休人员管理 …………………………（165）
概述 …………………………………………（165）
加强离退休人员思想政治建设 …（165）
推进离退休人员“两个阵地”
建设 ………………………………………（165）
敬老文化、养老文化建设 …………（165）
关心下一代工作 …………………………（166）
离退休工作队伍自身建设…………（166）

物资采购与管理

综述 …………………………………………（168）
物资采购 ……………………………………（168）
生产建设物资供应 ………………………（168）
集团化采购 ………………………………（168）
网上采购 …………………………………（168）
业务改造 ……………………………………（169）
概述 …………………………………………（169）
专业化分工流程化操作机制
建设 ………………………………………（169）
供应商动态量化考核业绩引导
订货 ………………………………………（169）
框架协议采购 ……………………………（169）
库存资金占用责任主体调整………（169）
采购策略编制及应用 ……………………（169）
物资供应过程控制 ………………………（169）
物资供应管理 ………………………………（169）
概述 …………………………………………（169）
深入推进科学理性采购………………（169）
巩固完善物资供应管理体制………（170）
全面开展物资采购管理提升
活动 ………………………………………（170）
大力推进标准化采购…………………（170）
强化供应商关系管理 ……………………（171）
物资供应管理信息化建设…………（171）
储备管理工作 ……………………………（171）
物资供应监管 ……………………………（172）
物资供应系统培训工作………………（172）
走出去学习 ………………………………（172）
重大装备国产化 ……………………………（172）
概述 …………………………………………（172）

信息化建设与管理

综述 …………………………………………（174）
示范工程建设 ………………………………（174）
概述 …………………………………………（174）
经营管理平台集中集成………………（174）

移动应用 ……………………………… (174)
IT 共享服务中心 …………………… (174)
智能石化试点 ……………………… (174)
系统建设与应用 ……………………… (175)
ERP 系统 …………………………… (175)
重点管理系统 ……………………… (175)
总部生产营运指挥系统 …………… (175)
生产计划优化系统 ………………… (175)
HSE 管理系统 ……………………… (176)
环境在线监测系统 ………………… (176)
总部应急指挥中心 ………………… (176)
油田企业信息化 …………………… (176)
炼化企业信息化 …………………… (176)
销售企业信息化 …………………… (176)
科研和工程建设单位信息化 ……… (176)
信息基础设施与安全建设 …………… (177)
信息基础设施建设 ………………… (177)
基础应用系统建设 ………………… (177)
信息安全建设 ……………………… (177)
管理信息化提升 ……………………… (177)
概述 ………………………………… (177)
提升集团管控能力 ………………… (177)
提升企业精细化管理水平和经济效益 ……………………………… (177)
提升企业生产自动化、一体化管控能力 ……………………………… (178)
信息化综合管理 ……………………… (178)
概述 ………………………………… (178)
完善健全信息化制度体系 ………… (178)
强化信息化统筹管理 ……………… (178)
加强信息化队伍建设 ……………… (178)
推进“两化”深度融合 …………… (179)

法律管理

综述 …………………………………… (181)
体系建设 ……………………………… (181)
概述 ………………………………… (181)
全系统法制工作会议 ……………… (181)
法制工作新三年目标计划持续推进 ……………………………… (182)
总法律顾问述职工作制度化 ……… (182)
不断探索法律管理体制机制建设新途径 ……………………………… (182)
进一步提高企业法律顾问执业资格持证率 ……………………………… (182)
制度建设 …………………………… (182)
合同项目 ……………………………… (182)
深化国别法律环境研究 …………… (182)
重点热点敏感问题研究 …………… (182)
法律业务国际化 …………………… (183)
举办 CMIS 技术比武 ……………… (183)
深入推进 CMIS 系统建设 ………… (183)
标准合同示范文本建设 …………… (183)
重大项目法律服务 ………………… (183)
总部机关合同管理 ………………… (183)
合同管理员培训 …………………… (184)
法律纠纷 ……………………………… (184)
概述 ………………………………… (184)
重大外部纠纷案件 ………………… (184)
突发事件应对 ……………………… (184)
不良债权(股权)核销法律审核 …… (184)
知识产权保护 ……………………… (184)
法律风险防控 ……………………… (184)
公司事务 ……………………………… (184)
概述 ………………………………… (184)
法律研究与规章制度审查 ………… (184)
工商事务 …………………………… (184)
资本运作项目 ……………………… (185)
境内合资企业调研 ………………… (185)
商标管理 …………………………… (185)
普法培训 ……………………………… (185)
开展“打造‘法治石化’‘平安石化’十大法治事件、十大法治人物”评选活动 ……………………………… (185)
“六五”普法中期督导检查 ……… (185)
加大法制工作宣传报道力度 ……… (186)

举办《老年人权益保障法》专题辅导讲座 …… (186)
新入职企业领导人员法律讲座 …… (186)
法律人员培训 …… (186)
党组管理的领导人员专题法律培训 …… (186)
专职总法律顾问和法律机构负责人培训 …… (186)
专家型法律人才培训 …… (187)
国际化法律人才培训 …… (187)
法律资源 …… (187)
外聘法律中介机构管理 …… (187)
加强同行及中介机构交流 …… (187)
打造法律专家队伍 …… (187)

审计与监察

内部审计

综述 …… (189)
管理和效益审计 …… (189)
概述 …… (189)
总部组织实施的管理和效益审计 …… (189)
企业组织实施的管理和效益审计 …… (189)
经济责任审计 …… (189)
概述 …… (189)
总部组织实施的经济责任审计 …… (189)
企业组织实施的经济责任审计 …… (189)
内控审计评价 …… (190)
概述 …… (190)
总部组织实施的内部控制审计评价 …… (190)
企业组织实施的内部控制审计评价 …… (190)
工程投资审计 …… (190)
概述 …… (190)
总部组织实施的工程投资审计 …… (190)
企业组织实施的工程投资审计 …… (190)
财务收支审计 …… (190)
概述 …… (190)
总部组织实施的财务收支审计 …… (190)
企业组织实施的财务收支审计 …… (190)
涉外审计 …… (191)
概述 …… (191)
总部组织实施的涉外审计 …… (191)
企业组织实施的涉外审计 …… (191)
审计基础管理 …… (191)
概述 …… (191)
审计工作规范化、标准化及制度建设取得新成果 …… (191)
审计信息化建设及深化应用工作取得新进展 …… (191)
审计“软实力”建设取得新突破 …… (191)
审计理论和实务研讨等工作取得新成绩 …… (191)
其他工作 …… (191)
协调配合国家审计署和国务院监事会的审计检查工作 …… (191)

纪检监察

综述 …… (192)
党风建设 …… (192)
概述 …… (192)
落实“八项规定”精神 …… (192)
会员卡清退工作 …… (192)
反腐倡廉教育 …… (192)
概述 …… (192)
反面警示教育 …… (192)
廉洁从业教育 …… (193)
正面典型教育 …… (193)
领导人员廉洁从业 …… (193)
概述 …… (193)
廉洁从业监督 …… (193)
党组巡视工作 …… (193)
效能监察 …… (193)
概述 …… (193)
统一立项效能监察 …… (193)

重点项目督察 …………………………（194）
源头治理 ……………………………（194）
概述 ………………………………（194）
业务公开 …………………………（194）
廉洁风险防控 ……………………（194）
执纪办案 ……………………………（194）
概述 ………………………………（194）
基础工作 ……………………………（194）
纪检监察调研 ……………………（194）
干部队伍建设 ……………………（194）

矿区(社区)建设

综述 ……………………………………（196）
保障性业务 …………………………（198）
概述 ………………………………（198）
经营性业务 …………………………（198）
概述 ………………………………（198）
矿区经营性业务工作 ……………（198）
油田水电业务 ……………………（198）
公益性业务 …………………………（198）
概述 ………………………………（198）

企业党建与企业文化

综述 ……………………………………（200）
基层党建工作 ………………………（200）
党的群众路线教育实践活动………（200）
基层党建 …………………………（200）
系统化管理 ………………………（200）
机关建设 …………………………（200）
思想教育工作 ………………………（201）
学习贯彻党的十八精神……………（201）
专题教育 …………………………（201）
专题讨论 …………………………（201）
员工帮助计划 ……………………（201）
学习雷锋活动 ……………………（201）
先进事迹报告会 …………………（201）
新闻宣传工作 ………………………（201）
对外新闻宣传 ……………………（201）
公众开放日 ………………………（202）
舆情处置 …………………………（202）
公共关系 …………………………（202）
品牌建设及企业文化建设……………（202）
完善核心价值理念 ………………（202）
品牌建设 …………………………（202）
社会公益活动 ……………………（203）
群众工作 ……………………………（203）
民主管理 …………………………（203）
青年工作 …………………………（203）
关爱员工 …………………………（203）
职工素质工程 ……………………（203）
文体活动 …………………………（204）

新闻与出版

新闻媒体 ……………………………（206）
概述 ………………………………（206）
《中国石化报》……………………（206）
《中国石化》杂志…………………（206）
中国石化网络电视 ………………（206）
中国石化新闻网 …………………（206）
《中国石化新闻界》………………（207）
《中国石化手机报》………………（207）
《SinopecWeekly》………………（207）
《车友报》…………………………（207）
中国石化团购网 …………………（207）
中国石化新闻图片网 ……………（207）
图书出版 ……………………………（208）
《石油炼制辞典》出版发行 ………（208）
《低碳烯烃催化技术基础》出版发行 …………………………………（208）
《炼油与石化工业技术进展(2013)》出版发行 ……………………………（208）
《石油炼制技术与经济》(第五版)出版发行 ……………………………（208）
《石化科普知识》出版发行 ………（208）
《降低原油加工过程烃损失理论与实践》出版发行 ……………………（208）

《石油炼制工程师手册》第Ⅰ卷《炼油厂设计与工程》出版发行 …… (209)
《基于风险的过程安全[美]》出版发行 …… (209)
《中国石化HSE管理体系建设理论与实践》出版发行 …… (209)
《压力容器工程师设计指南》出版发行 …… (209)
《换热器》(第二版)出版发行 …… (209)
《石油化工设备设计手册》出版发行 …… (209)
《陈锦华文集》出版发行 …… (209)
中国石化《投资贸易法律指南》丛书第3批出版发行 …… (210)
《中国石化成立30周年》系列丛书出版发行 …… (210)
《普光高酸性气田采气工程技术与实践》出版发行 …… (210)
《塔河大油田勘探实践与技术创新》出版发行 …… (210)

企事业单位

胜利油田 …… (220)
中原油田 …… (224)
河南油田 …… (229)
江汉油田 …… (233)
江苏油田 …… (235)
新星石油公司 …… (239)
上海海洋石油局暨上海海洋油气分公司 …… (242)
西北石油局暨西北油田分公司 …… (246)
西南油气田 …… (250)
东北石油局暨东北油气分公司 …… (256)
华北石油局暨华北分公司 …… (259)
华东石油局暨华东分公司 …… (263)
天然气分公司 …… (268)
勘探南方分公司 …… (269)
天然气工程项目管理部 …… (273)
管道公司 …… (275)
燕山石化 …… (277)
齐鲁石化 …… (281)
茂名石化 …… (285)
镇海炼化 …… (289)
天津石化 …… (293)
中沙石化 …… (297)
上海石化 …… (299)
上海赛科公司 …… (302)
高桥石化 …… (304)
金陵石化 …… (307)
扬子石化 …… (311)
扬巴公司 …… (316)
福建炼化 …… (317)
武汉石化 …… (320)
巴陵石化 …… (324)
长岭炼化 …… (328)
仪化公司 …… (331)
南京化工公司 …… (336)
广州石化 …… (338)
洛阳石化 …… (342)
安庆石化 …… (346)
海南炼化 …… (350)
青岛炼化 …… (354)
荆门石化 …… (357)
四川维尼纶厂 …… (360)
九江石化 …… (362)
湖北化肥 …… (366)
石家庄炼化 …… (369)
济南炼化 …… (371)
中原石化 …… (374)
沧州炼化 …… (376)
润滑油分公司 …… (379)
青岛石化 …… (382)
湛江东兴公司 …… (386)
北海炼化 …… (388)
西安石化 …… (391)
塔河炼化 …… (393)

北京石油分公司 ……………………… (397)
天津石油分公司 ……………………… (400)
河北石油分公司 ……………………… (401)
山西石油分公司 ……………………… (404)
上海石油分公司 ……………………… (406)
江苏石油分公司 ……………………… (409)
浙江石油分公司 ……………………… (412)
安徽石油分公司 ……………………… (414)
福建石油分公司 ……………………… (417)
山东石油分公司 ……………………… (419)
河南石油分公司 ……………………… (422)
湖北石油分公司 ……………………… (424)
湖南石油分公司 ……………………… (426)
广东石油分公司 ……………………… (428)
广西石油分公司 ……………………… (430)
海南石油分公司 ……………………… (432)
贵州石油分公司 ……………………… (435)
云南石油分公司 ……………………… (437)
辽宁石油分公司 ……………………… (439)
四川石油分公司 ……………………… (441)
重庆石油分公司 ……………………… (442)
陕西石油分公司 ……………………… (444)
内蒙古石油分公司 …………………… (446)
新疆石油分公司 ……………………… (449)
吉林石油分公司 ……………………… (451)
黑龙江石油分公司 …………………… (453)
青海石油分公司 ……………………… (454)
甘肃石油分公司 ……………………… (456)
宁夏石油分公司 ……………………… (457)
销售华北分公司 ……………………… (459)
销售华东分公司 ……………………… (461)
销售华中分公司 ……………………… (463)
销售华南分公司 ……………………… (466)
石油勘探开发研究院 ………………… (468)
石油工程技术研究院 ………………… (470)
石油物探技术研究院 ………………… (472)
石油化工科学研究院 ………………… (474)
北京化工研究院 ……………………… (477)
抚顺石油化工研究院 ………………… (481)
上海石油化工研究院 ………………… (484)
安全工程研究院 ……………………… (487)
石油工程公司 ………………………… (489)
　国际石油工程公司 ………………… (492)
　石油工程建设公司 ………………… (494)
　石油工程地球物理公司 …………… (495)
　石油工程机械公司 ………………… (498)
　胜利石油工程公司 ………………… (500)
　中原石油工程公司 ………………… (502)
　河南石油工程公司 ………………… (506)
　江汉石油工程公司 ………………… (508)
　江苏石油工程公司 ………………… (510)
　西南石油工程公司 ………………… (512)
　华北石油工程公司 ………………… (515)
　华东石油工程公司 ………………… (518)
炼化工程公司 ………………………… (520)
　工程建设公司 ……………………… (522)
　洛阳工程公司 ……………………… (527)
　上海工程公司 ……………………… (531)
　宁波工程公司 ……………………… (538)
　南京工程公司 ……………………… (542)
　第四建设公司 ……………………… (546)
　第五建设公司 ……………………… (550)
　第十建设公司 ……………………… (555)
国际事业公司 ………………………… (558)
国际石油勘探开发公司 ……………… (559)
财务公司 ……………………………… (561)
百川公司(机关服务中心、机关服
　务局) ……………………………… (564)
联合石化公司 ………………………… (566)
化工销售有限公司 …………………… (566)
长城能源化工公司 …………………… (568)
催化剂公司 …………………………… (570)
燃料油销售公司 ……………………… (573)
管理干部学院 ………………………… (574)
经济技术研究院(咨询公司) ……… (575)
石化报社 ……………………………… (578)

经济出版社 …………………………… (580)
石化出版社(展览办公室) ………… (581)

人　物

中国工程院院士 ……………………… (585)
曹耀峰 ……………………………… (585)
李　阳 ……………………………… (585)
中国科学院院士 ……………………… (585)
金之钧 ……………………………… (585)
国家“万人计划”杰出人才 ………… (585)
马永生 ……………………………… (585)
全国五一劳动奖章获得者…………… (585)
席秀海 ……………………………… (585)
李绍霞 ……………………………… (586)
孔凡群 ……………………………… (586)
张义铁 ……………………………… (586)
罗国仕 ……………………………… (586)
卫怀忠 ……………………………… (587)
林宝华 ……………………………… (587)
焦义平 ……………………………… (587)
余夕志 ……………………………… (587)
张恒珍 ……………………………… (587)
谢清峰 ……………………………… (588)
李永林 ……………………………… (588)
李金兰 ……………………………… (588)
陈建余 ……………………………… (588)
全国青年岗位能手 …………………… (588)
葛　磊 ……………………………… (588)
李连永 ……………………………… (589)
孙建东 ……………………………… (589)
李　强 ……………………………… (589)
任文博 ……………………………… (589)
沈　霁 ……………………………… (589)
李　佳 ……………………………… (589)
车智毅 ……………………………… (589)
杨　斌 ……………………………… (590)
陈跃峰 ……………………………… (590)
全国优秀共青团干部………………… (590)
许雁飞 ……………………………… (590)
全国优秀共青团员 …………………… (590)
张尊涛 ……………………………… (590)
全国“最美青工”……………………… (590)
毛谦明 ……………………………… (590)
张义铁 ……………………………… (590)

统计资料

附　录

附录1　科技成果获奖名单 ………… (610)
附录2　企事业单位名录 …………… (624)
附录3　制度性文件名一览表 ……… (637)

索　引

作者索引 ……………………………… (640)
表题索引 ……………………………… (646)

CONTENTS

Chronicle of Events

Survey

Deepen the Reform, Transform the Development Pattern, Manage Strictly, so as to Create a New Chapter on Our Path to a World-leading Energy and Chemical Corporation ……… (5)

Domestic Oil and Gas Exploration & Development

- Summary ……… (9)
- Oil and Gas Exploration ……… (10)
- Oilfield Development ……… (12)
- Gas Field Development ……… (14)
- Oil and Gas Production Management ……… (15)
- Gathering and Transportation of Oil and Gas ……… (16)
- Equipment Management ……… (17)
- Grass – Roots Management ……… (18)

Domestic Petroleum Engineering

- Summary ……… (20)
- Petroleum Geophysical Exploration ……… (20)
- Drilling Engineering ……… (21)
- Well Logging ……… (22)
- Mud Logging ……… (23)
- Special Operation ……… (23)
- Oilfield Ground Construction ……… (24)
- Offshore Petroleum Engineering ……… (25)
- Equipment Manufacturing ……… (25)
- Crews Qualification Management ……… (26)
- Equipment Management ……… (27)

Petroleum Refining

- Summary ……… (30)
- Process and Technology Development ……… (30)

- Equipment Target Hitting & Energy - Saving and Emission - Reduction …… (32)
- Equipment Management …… (33)
- Metrology Management …… (34)
- Quality Management …… (34)
- Crude Oil Transportation and Storage …… (35)

Petrochemical Production

- Summary …… (38)
- Organic Raw Materials …… (40)
- Synthetic Resins …… (45)
- Synthetic Rubbers …… (50)
- Synthetic Fibers …… (53)
- Fine Chemicals …… (59)
- Chemical Fertilizer …… (61)
- Inorganic Raw Materials …… (64)
- Quality Management …… (65)
- Equipment Management …… (66)
- Target Management …… (67)
- Metrology Management …… (68)

Domestic Refinery and Chemical Engineering

- Summary …… (70)
- Production and Operation Management …… (70)
- Technological Innovation …… (71)
- QHSE Management …… (72)

Marketing

Natural Gas Marketing

- Summary …… (74)
- Market Development …… (74)
- Infrastructure Construction …… (74)

Refining Product Marketing

- Oil Products …… (74)
- Un-unified distribution Refining Products …… (76)
- Fuel Oil …… (77)

Petrochemical Product Marketing

- Summary …… (77)
- Professional Management …… (77)

- Product Transportation and Storage …… (78)
- Market Quotation …… (79)

International Operation

- Summary …… (82)
- Foreign Economic Cooperation …… (82)
- Foreign Trade …… (83)
- Management of Foreign Affairs …… (84)

Key Projects Construction

- Summary …… (87)
- Oilfield Ground Projects Construction …… (87)
- Refining Projects …… (88)
- Petrochemical Projects …… (89)
- Transportation and Storage Projects …… (90)
- Construction Project Management …… (91)
- Supervision and Management of Construction Projects …… (93)
- Construction Enterprise Management …… (98)

Public Utilities

- Thermoelectricity …… (104)
- Water …… (106)

Safety

- Summary …… (109)
- Safety Supervision and Management …… (110)
- Occupational Health Management …… (113)
- Emergency Management …… (115)
- Oil and Gas Field, Pipelines Security Protection …… (116)

Energy - Saving and Environmental Protection

- Summary …… (119)
- Energy Management …… (119)
- Environmental Protection …… (120)
- Addressing Climate Change …… (121)

Scientific Research, Development and Management

- Summary …… (124)

• Scientific & Technological Achievements …… (124)
• Development of New Products …… (131)
• Intellectual Property Rights …… (132)
• Technical Supervision …… (132)

Corporate Reform & Management

• Summary …… (142)
• System Reform …… (142)
• Corporate Management …… (144)
• Internal Control and Risk Management …… (146)
• Assets Operation …… (147)
• Stock Equity Management …… (148)

Finance & Assets Management

• Summary …… (150)
• Budget Management …… (150)
• Capital Management …… (151)
• Accounting Management …… (151)
• Assets Management …… (152)
• Land Management …… (152)
• Annuity Management …… (153)
• Headquarters Finance Management …… (154)
• Insurance Management …… (154)
• Finance and Taxation Price Management …… (154)
• Finance and Accounting Team Construction …… (155)
• Special Management …… (155)
• Financial Statement …… (155)

Personnel Management

• Summary …… (160)
• Management Building …… (161)
• Talents Building …… (161)
• Labor and Wages Management …… (162)
• Talents Training …… (163)
• Human Resource Management of Overseas Subsidiaries …… (164)
• Headquarters Personnel Management …… (164)
• Comprehensive and Informational Management …… (165)
• Retiree Management …… (165)

Material Purchase & Management

- Summary ………………………… (168)
- Material Purchase ………………………… (168)
- Business Reorganization ………………………… (169)
- Material Supplying Management ………………………… (169)
- Domestic Supply of Major Equipment ………………………… (172)

Information Construction and Management

- Summary ………………………… (174)
- Demonstration Project Construction ………………………… (174)
- System Construction and Application ………………………… (175)
- Infrastructure and Safety Construction ………………………… (177)
- Informational Management Promotion ………………………… (177)
- Information Integrated Management ………………………… (178)

Legal Affairs

- Summary ………………………… (181)
- System Construction ………………………… (181)
- Contract Management and Project Service ………………………… (182)
- Disputes ………………………… (184)
- Corporate Affairs ………………………… (184)
- Law Popularization Training ………………………… (185)
- Legal Resources ………………………… (187)

Audit & Supervision

Internal Audit

- Summary ………………………… (189)
- Auditing on Benefits and Management ………………………… (189)
- Auditing on Economic Duty ………………………… (189)
- Evaluation on Internal Control Auditing ………………………… (190)
- Auditing on Investment in Projects ………………………… (190)
- Auditing on Financial Revenues and Expenditures ………………………… (190)
- Foreign – related Audit ………………………… (191)
- Foundation Management ………………………… (191)
- Other Work ………………………… (191)

Discipline Supervision

- Summary ………………………… (192)

• Construction of the Party Conduct …… (192)
• Education on Fighting Corruption and Upholding Integrity …… (192)
• Cadres Probity …… (193)
• Efficiency Supervision …… (193)
• Origin Control …… (194)
• Cases Handling …… (194)
• Basic Work …… (194)

Mining Area (Community) Construction
• Summary …… (196)
• Supportability Business …… (198)
• Profitable Business …… (198)
• Public Welfare Business …… (198)

Party Building and Corporate Culture
• Summary …… (200)
• Grass – roots Party Building …… (200)
• Ideology and Politics Work …… (201)
• News Propaganda …… (201)
• Brand Building and Corporate Culture Construction …… (202)
• Mass Work …… (203)

News & Publishing
• News Media …… (206)
• Book Publishing …… (208)

Enterprise & Institutions

Personages

Statistics

Appendix
• List of Scientific and Technological Achievement Prize Winners …… (610)
• Directory of Enterprises and Institutions …… (624)
• Title List of Institutional Documents of Sinopec …… (637)

Index

企业形象宣传专版单位

封底:雪佛龙菲利普斯国际化工公司

前　插　页

1. 法国兴业银行
2. 中国工商银行
3. 林德集团
4. 中国建设银行
5. Eneos Italsing Pte Ltd
6. 天津钢管集团股份有限公司
7. 巴斯夫(中国)有限公司
8. 新加坡 PEC 股份有限公司
9. 南光(集团)有限公司
10. 威立雅水务有限公司
11. 瑞穗实业银行
12. 三菱东京银行
13. 大华银行
14. 星展银行
15. 加拿大丰业银行
16. 三井化学株式会社
17. 丸红(北京)商业贸易有限公司
18. 英国史密夫·斐尔律师事务所
19. 上海化学工业区发展有限公司
20. 北京世纪天宇广告有限公司
21. 摩科瑞能源集团

中　插　页

1. 中国石化润滑油分公司
2. 中国石化国际石油勘探开发公司
3. 中国石化胜利油田分公司
4. 中国石化茂名石化
5. 中国石化上海石化
6. 中石化石油工程技术服务有限公司
7. 中石化炼化工程(集团)股份有限公司
8. 中国石化财务有限责任公司
9. 中国石化长城能源化工有限公司
10. 中国石化安庆石化
11. 中国石化高桥石化
12. 中国石化扬子石化
13. 扬子石化-巴斯夫有限责任公司
14. 中国石化湖北化肥分公司
15. 中国石化石家庄炼化
16. 中国石化山东石油分公司
17. 中国石化上海石油化工研究院
18. 中国石化第五建设公司
19. 上海赛科石油化工有限责任公司
20. 石化盈科信息技术有限责任公司
21. 上海石化物资交易中心有限公司

大事记

2013 年

1 月

8 日　中国石化党组印发《贯彻落实中央改进工作作风、密切联系群众“八项规定”实施细则》，要求各直属单位党委、总部机关各部门参照实施细则，结合实际，制定本单位、本部门细化落实的具体措施和办法并严格执行。

18 日　2012 年度国家科学技术奖励大会在京举行。中国石化获国家科技进步特等奖 1 项、国家技术发明二等奖 1 项、国家科技进步二等奖 1 项。

3 月

29 日　第 1 届“石化盈科杯”感动石化人物评选结果揭晓，他们是：代旭升、权西京、王文清、谢存义、邵均克、刘家明、杨克红、李安喜、玛丽·加布里埃尔·卡瑞丽、闵恩泽。

4 月

3 日　石化集团公司成功发行 50 亿美元国际债券，创造了亚洲公司有史以来单次最大规模、中国企业有史以来国际债券发行最低综合利率、首次浮动利率债券发行等多项纪录。

24 日　中国石化自主研发生产的生物航煤试飞成功，成为国内首家拥有生物航煤自主研发生产技术的企业，中国由此成为世界上第 4 个拥有该技术的国家。

同日　石化股份公司成功发行 35 亿美元国际债券，创造了中国发行人首次 4 批债券同时发行的纪录。

5 月

23 日　中国石化炼化工程(集团)股份有限公司 H 股于香港联合交易所主板挂牌上市。

29 日　石化股份公司第五届董事会第八次会议同意王天普辞去公司总裁，任非执行董事；聘任李春光为公司总裁，任执行董事。

7 月

4 日　国务院派驻石化集团公司新一届监事会进驻。

8 日　2013 年《财富》世界 500 强排行榜公布。中国石化以 4 281.67 亿美元营业收入位列第四，排名提升 1 位。

12 日　中国石化成立 30 周年座谈会在京召开，提出“建设人民满意的世界一流能源化工公司”的发展目标。

30 日　中国石化宣布实施“碧水蓝天”环保专项行动。这是中国石化历史上规模最大的环保治理行动，也是迄今为止中国企业中一次性投入最密集、涉及范围最广的环保专项治理行动。

8 月

5 日　中国石化化工销售(香港)有限公司与西布尔控股股份公司签署了关于橡胶厂股份公司股东协议，认购俄罗斯克拉斯诺亚尔斯克市合成橡胶厂 25% 股份 +1 股并参与管理。此为中国石化第 1 个境外化工项目，标志着国际化业务开始向化工领域扩展。

8 日　中国石化部署油品质量升级置换工作，要求比国家规定时限提前完成油品质量升级任务。

13 日　中国石化武汉 80 万吨/年乙烯项目投产成功，该项目采用中国石化自主研发的乙烯成套工艺技术。

同日　国家环保部发布 2012 年度全国主要污染物总量减排情况考核结果。石化集团公司未完成氮氧化物减排目标，被暂停审批除油品升级和节能减排项目之外新、改、扩建炼化项目环评。

9 月

22 日　在国家主席习近平与委内瑞拉总统马杜罗的见证下，中国石化与委内瑞拉国家石油公司签署相关合作文件。

23 日　中国石化扬子石化与英力士合资建设的目前国内最大的 65 万吨/年世界级苯酚丙酮项目，在南京化工园区奠基。

24 日　中国石化凭借去年在香港胶粒撒漏事件处理中的杰出表现，荣获 2013 年亚太地区品牌与声誉杰出成就奖(SABRE Awards)之危机管理和企业社会责任 2 项金奖。

28 日　安庆石化 800 万吨/年炼化一体化项目最后一套主装置 200 万吨/年重油加氢装置一次投料成功，并生产出合格产品，标志着这项列入国家《石化产业调整和振兴规划》的重点工程全面建成投产。

10 月

9 日　石化集团公司成功完成首次等值 35 亿美元的美元和欧元双币种国际债券发行工作。

16 日　中国石化入选 2013 全球竞争力品牌 · 中国 TOP10，这是中国石化连续第 4 届上榜，同时还获得“最具持续竞争力品牌”奖。

28 日　中国石化在肯尼亚发布社会责任国别报告——《中国石化在非洲》，这是继中国石化 2012 年 6 月 18 日发布《中国石化在巴西》之后第 2 份社会责任国别报告。

29 日　在 2013 年全球南南发展博览会期间，中国石化董事长傅成玉获得由联合国颁发的“全球南南合作杰出领导力奖”。

11 月

15 日　中国石化与美国阿帕奇石油公司在京举行收购埃及资产 1/3 权益正式交易交割仪式，标志着中国石化首次进入埃及油气资源市场。

18 日　中国石化“十大法治事件、十大法治人物”揭晓暨颁奖仪式在总部举行。

22 日　位于山东省青岛经济技术开发区的中国石化东黄输油管道发生泄漏爆炸特别重大事故，造成 62 人死亡、136 人受伤，直接经济损失 7.52 亿元。中国石化立即启动一级响应，全力以赴做好抢险救灾和善后工作。27 日，中国石化召开视频会议，学习贯彻习近平总书记重要讲话精神，深刻吸取事故教训，部署安全生产工作，坚决扭转安全生产被动局面。28 日，中国石化总部及所属企事业单位在各地同时举行默哀仪式，表达百万员工对“11 · 22”事故遇难者的深切悼念，并将 11 月 22 日定为中国石化安全生产警示日。

26 日　上海市碳排放交易启动仪式在上海环境能源交易所举行，中国石化完成了基于配额的首笔碳排放权交易。这是中国石化在碳交易方面迈出的关键一步。

12 月

18 日　第 15 届中国专利奖评选结果揭晓，中国石化 6 项专利获得优秀奖。

同日　中国石化首个油田余热高效利用项目投产，预计年节约天然气 480 万立方米，节能量折合标准煤 2 651 吨，减排二氧化碳 7 159 吨。

27 日　采用完全自主知识产权专利技术的海南炼化 60 万吨/年对二甲苯工程建成投产。

总　述

深化改革 转型发展 从严管理
谱写建设世界一流能源化工公司新篇章

2013 年，世界经济复苏乏力，中国经济下行压力大，石油石化市场持续低迷。面对挑战，在党中央、国务院的正确领导下，中国石化全体干部员工全面贯彻落实党的十八大精神，坚持稳中求进工作总基调，凝心聚力、真抓实干，统筹推进各方面工作，公司发展继续保持了稳中有进的良好局面。

一、生产经营实现新增长

在市场环境非常严峻的情况下，紧紧咬住全年效益目标不放松，大力开源节流，逐渐掌握了生产经营主动权，圆满完成稳增长、保效益的硬任务。全年，国内生产原油 4 378 万吨、同比(下同)增长 1.4%，生产天然气 187 亿立方米、增长 10.4%；境外权益油气当量产量 3 871 万吨、增长 33.3%；加工原油 2.34 亿吨、增长 4.8%；境内成品油经营量 1.65 亿吨、增长 3.8%；生产乙烯 998 万吨、增长 4.6%；化工产品经营量 5 823 万吨、增长 7.1%。全年实现营业收入 2.95 万亿元、增长 4%，实现税费 3 363 亿元、增长 4.3%，实现利润 1 148 亿元、增长 9.7%，利润总额、经济增加值等达到或超额完成国务院国资委考核指标。

二、结构调整取得新进展

紧紧围绕提高发展质量和效益这个中心，积极实施六大发展战略，持续加大投资优化力度，扎实推进重点工程建设和结构调整，取得了新成效。国内上游以五大会战为统领，高效勘探开发取得积极成效，油气储量产量稳定增长，特别是川东南海相页岩气勘探开发取得战略性突破，落实了资源基础，具备了规模开发条件。境外油气资产布局进一步优化，阿帕奇埃及资产 1/3 权益等项目完成收购，缅甸 D 区块等项目实现转让或退出。炼油坚持以市场为导向调整结构，提前完成油品质量升级，高价值产品产量增幅明显。化工原料结构和产品结构调整成效显著，乙烯原料中石脑油比例大幅下降，武汉乙烯、海南芳烃等项目建成投产，一批无边际贡献装置停产，一批重点煤化工项目加快推进。成品油营销优势进一步巩固，一批新建加油(气)站投入运营，一批无效、低效和高成本租赁加油站关停或退租，成品油管道和油库布局继续优化，营销网络质量进一步提升。绿色低碳发展全面推进，地热产业发展提速，“碧水蓝天”环保专项治理启动，碳交易试点顺利实施。国际贸易实现较大幅度增长。工程技术服务专业化发展成效明显。

三、深化改革取得新突破

按照“六化”发展模式这一顶层设计，坚定不移深化改革，促进了体制机制进一步完善。炼化工程公司在香港成功上市，进入了国际资本市场，建立了现代企业治理结构，走上了自我发展轨道，为下一步石油工程等业务改制上市摸索了经验，起到了示范作用。加大资本市场运作力度，在股票市场和债券市场成功融资近 120 亿美元，体现了较强的资本市场把握能力和前瞻能力。转变总部职能、做实事业部迈出重要步伐，事业部的经营管理责任和权力逐步落实。财务、人力资源、物资采购、信息等共享服务平台建设开始试点。进口原油“买断制”开始实施，传递降本压力效应初显。严控用工总量成效显著，用工总数下降到 100 万人以内，标志着用工管理进入了新阶段，对未来发展有着重要而深远的影响。

四、企业管理取得新提升

积极转变观念，从经营公司的角度强化管理，促进企业管理水平实现了新提升。集团公司董事会规范、高效运行，注重在发展战略、重大决策、风险管控等方面发挥作用，促进了公司健康发展。加强投资控制，落实回报责任，追求投资效益的氛围更加浓厚。建立绩效逐级考核模式，提高利润指标考核权重，考核的导向作用明显增强。强化总会计师职责，推动向 CFO 职能转变、向价值管理转变。推行总师技术负责制，使总师成为技术把关的主要力量。"向镇海炼化学习、向李安喜同志学习"活动和"比学赶帮超"工作深入推进，各企业对标同行找差距逐步机制化、常态化。完善全面预算管理，加大成本费用管控，加强资本运作，优化资金管理，促进了资源优化配置、降本减费和开源节流。加强上市公司市值管理，树立了在资本市场上的良好形象。发挥外派董事、监事作用，规范了股权管理。信息技术应用取得新成效，有力地提升了管理、支撑了经营创效。法律工作更加扎实，促进了依法治企、合规经营。外事、审计、内控、纪检监察等工作持续加强，发挥了重要的保障和促进作用。

五、科技创新取得新成果

充分发挥科技创新在提高发展质量和效益中的支撑和引领作用，立足当前，着眼长远，统筹推进前瞻性基础性研究、战略性新技术开发和应用性技术攻关，取得了一批新成果。页岩油气勘探开发技术取得突破，大湾高含硫气田水平井高效开发关键技术初步形成。自主研发生产的生物航煤成功实现首次商业试飞。具有自主知识产权的对二甲苯成套技术成功实现大型工业化应用，世界首套20 万吨/年甲苯甲醇甲基化制二甲苯(MTX)工业示范装置开车成功，催化裂化烟气脱硫脱硝除尘技术实现工业化推广应用。超低密度聚乙烯等一批新产品成功开发并投入市场。同时，与四川大学等机构合作研究加快推进，休斯顿研发中心投入运行，首批内部竞争科研项目立项，科技奖励额度大幅提高，"闵恩泽能源化工奖"奖励基金正式设立，科技体制机制进一步完善。全年申请境内外专利首次突破 5 000 项，达到 5 111 项，获得授权 2 921 项。

六、和谐发展取得新成绩

认真履行政治责任和社会责任，千方百计解民忧、惠民生，努力保障和改善民生。积极推进棚户区改造这一民心工程，矿区员工住房条件逐步改善。启动实施老旧小区综合治理，社区服务水平进一步提高。创新信访工作机制，积极解决关系民生的突出问题，信访量大幅下降。47 家企业设立开放日，搭建起与社会公众的有效沟通平台。加大正面宣传力度，在热点问题上主动发声引导社会舆论。积极参与"健康快车"、扶贫帮困、抗灾救灾等公益事业，树立和维护了高度负责任、高度受尊敬的企业形象。

七、党建和队伍建设取得新成效

一是党的群众路线教育实践活动取得显著成效。坚持把学习教育、查摆问题、整改落实贯穿始终，坚持领导带头、以上率下，大力弘扬整风精神，用好批评和自我批评武器，针对"四风"方面的突出问题，推动边整边改、立行立改，取得重要的阶段性成果，密切了党群干群关系。同时，认真贯彻中央"八项规定"精神，严格落实党组"实施细则"，文山会海得到遏制，铺张浪费大为减少，工作作风明显转变。二是领导干部和员工队伍建设得到显著加强。认真履行抓班子带队伍责任，加强干部交流，坚持严格管理，组织清退会员卡，开展"双鉴"警示教育，加大腐败查处力度，营造了风清气正氛围。三是干部员工思想观念发生显著变化。在千方百计稳增长、保效益过程中，注重发展质量和效益的观念得以增强。通过对一系列事故事件的深刻反思，安全意识、环保意识、质量意识得到切实强化。通过全面总结中国石化成立 30 年的发展历程和基本经验，对建设人民满意企业的认知更加清晰、使命更加强烈。

总之，过去的2013 年，中国石化全体干部员工齐心协力、共同奋斗，经受住了严峻考验，在建设世界一流能源化工公司的征程上开创了新局面。2014 年是全面贯彻落实党的十八届三中全会精神的第一年，是实现"十二五"目标任务的关键一年，机遇和挑战并存，希望和困难同在，生产经营和改革发展任务非常繁重。面对新形势、新任务，中国石化全体干部员工将紧密团结在以习近平同志为总书记的党中央周围，高举中国特色社会主义伟大旗帜，以邓小平理论、“三个代表”重要思想、科学发展观为指导，把握稳中求进的工作总基调，紧紧围绕提高发展质量和效益，全方位深化改革，促进转型发展，强化从严管理，大力推进政治优势转化，充分调动各方面积极性，努力实现提质增效升级，在建设人民满意的世界一流能源化工公司的征程上，再谱新篇章，再创新辉煌，为实现中华民族伟大复兴的中国梦助力加油！

境内油气勘探开发

◇ 综述

◇ 油气勘探

◇ 油田开发

◇ 气田开发

◇ 采油气管理

◇ 油气集输

◇ 设备管理

◇ 基层管理

综　　述

2013年，油田板块深入贯彻落实石化集团公司工作会议精神，紧紧围绕提高发展质量和效益，科学部署、创新管理、埋头苦干，持续打好五大会战，全面完成了生产经营任务。

一、油气勘探突出新区预探，取得一批新发现和商业发现

各油气田企业始终把油气勘探工作作为重中之重，强化组织管理，优化勘探部署，取得了一批新成果、新发现。全年新增石油控制储量2.58亿吨、天然气控制储量3 770亿立方米，分别为年计划的103%和151%。

新区预探取得5个油气重大发现，开辟了油气增储新阵地。塔中北坡顺南4井、顺南5井在奥陶系勘探、塔北跃进区块跃进3井在奥陶系勘探、准西缘车排子地区多层系立体勘探、准北缘哈山地区深层勘探和海域天然气勘探取得重大发现。

区带评价勘探取得7个商业发现，实现了规模增储新突破。石油勘探在鄂南旬邑—宜君、济阳坳陷、塔河奥陶系和准西缘取得4个商业发现；天然气勘探在杭锦旗、川西坳陷新场须五和元坝中浅层取得3个商业发现。

“三新”领域勘探取得8个新发现，拓展了勘探新领域。石油勘探在北部湾徐闻、沾化凹陷陈家庄北坡、东营北带西段和溱潼凹陷西北斜坡带取得4个新发现；天然气勘探在川西坳陷东坡、川东北元坝东、梨树断陷金山古潜山和定北区块柳杨堡区带取得4个新发现。

二、油田开发全力提质增效，实现东部硬稳定、西部快上产

油田板块突出开发效益和质量，强化滚动勘探与油藏评价，加快产能建设，深化老区精细开发，原油保持持续上产态势。日产水平首次突破12万吨，全年生产原油4 378万吨，同比上产60万吨，年产油增量创“十二五”新高。

滚动勘探与油藏评价取得新成果。全年完钻井561口，落实商业开发储量2亿吨，当年动用储量1.1亿吨。

原油产能建设见到新成效。全年共实施项目280个，新钻井3 858口，新建产能519万吨。

老区深化精细开发创出新水平。自然递减、综合递减、综合含水率分别为13.2%、7.3%和89%，保持稳定。

三、天然气开发重点产能建设工程顺利推进，产量跨上新台阶

油田板块积极抓好普光等老气田稳产，强化生产运行组织，扎实推进重点产能建设工程，天然气保持快速上产态势。日产水平首次突破5 000万立方米，年产常规气185.3亿立方米，比计划超产4.3亿立方米，为天然气保供做出了重要贡献。

元坝海相产能建设工程顺利推进。元坝一期钻井工程按网络计划运行，已完钻的6口井试气日产70万—104万立方米，达到方案设计要求；编制完成元坝二期开发方案，钻井工程已全面展开；净化厂和地面集输工程建设有序推进。

大牛地气田持续上产工程高效推进。部署的110口开发井全部完钻，平均单井日配产2.5万立方米，达到方案要求，新建产能9亿立方米；大牛地气田增压扩容工程顺利投产；扎实推进滚动勘探与气藏评价，落实商业开发储量559亿立方米，为2014年10亿立方米产能建设准备了阵地。

川西中浅层持续上产工程稳步开展。加大新场沙溪庙组气藏水平井开发力度，加快评价动用高庙子沙溪庙组气藏，优化马井—什邡—广金地区开发部署，新建产能7亿立方米。

四、川东南海相页岩气勘探开发取得战略性重大突破

勘探上，勘探南方分公司在焦石坝甩开部署的焦页2HF、焦页3HF、焦页4HF井均获得高产商业气流，表明了焦石坝页岩气资源优质雄厚，百亿立方米产能建设阵地初步落实。开发上，江汉油田全力推进开发试验区产能建设，13口井投产，平均单井日产气15万立方米以上，日产气突破200万立方米，新建产能5亿立方米；编制完成焦石坝一期50亿立方米开发方案。上述成果标志着中国石化在涪陵焦石坝发现了国内首个大型页岩气商业开发区，已列入国家级页岩气示范区。

五、突出全过程增效，加强全口径成本管控，超额完成年度利润

面对油气价格低于年初预算的严峻经营形势，各油气田企业牢固树立过紧日子的思想，以超常规思路和措施，千方百计增效益，不遗余力控成本，还原价格因素影响后，超预算完成年度利润。

突出全过程增效，实现了利润“颗粒归仓”。各油气田企业精心组织，强化运行，主动作为，超额完成油气商品量；强化库存和营销管理，积极做好天然气推价工作，优化增效成效显著；充分利用成品油退税及增值税返还政策，加大管输等非主营业务创效力度，做到了应收尽收。

加强全口径成本管理，遏制了成本上涨趋势。各油气田企业强化井位论证，努力提高勘探成功率，勘探费用低于预算；加快资金回笼，减少存货占用，财务费用低于预算；全力增加经济可采储量和提高资产效益，折旧折耗费用得到有效控制。精打细算，加强作业、维修等费用管控，大幅压减非生产性支出，操作成本低于预算。通过严格成本管控，扣除关联交易上涨影响，油田板块油气单位完全成本同比降低2元/吨。

六、持续打好五大会战，有力保障了油田板块生产经营年度目标的实现

各油气田企业精心制定年度会战目标、计划和保障措施，加强会战指挥体系建设，确保了部署落实、计划落实。胜利油田、河南油田加快推进准西缘会战，同比分别上产30万吨和15万吨。西北油田分公司精心组织跃进区块会战，全年超产2万吨。勘探南方分公司、江汉油田全力打好涪陵页岩气会战，新建产能5亿立方米。华北分公司高效推进大牛地致密气会战，日产气首次突破1 000万立方米、上产7.1亿立方米。西南油气田扎实推进元坝和川西中浅层会战，日产气首次突破1 000万立方米、上产2.6亿立方米。中原、江苏、华东、东北、上海等油气田企业积极打好会战，确保了全年任务的完成。石油勘探开发研究院着力深化重点地区油气地质基础研究，为会战高质量部署提供了支撑。石油工程技术研究院积极做好页岩气会战工程技术服务，实现了油基钻井液和关键压裂工具研发新突破。石油物探技术研究院全力攻关会战地震技术难题，取得了新进展。油田板块在会战中扎实推进地面工程“三化”建设，六大示范工程取得显著成效，石化集团公司在塔河油田成功召开了“三化”工作现场推进会。

七、积极推进油公司改革试点，探索建立三大管理体系，有力夯实了提质增效基础

结合油田板块实际，借鉴国内外先进油公司管理经验，研讨了《股份公司推行油公司体制与机制建设框架意见》，形成了初步方案。胜利油田、河南油田在部分采油厂开展压扁管理层试点；西北油田分公司组建了油气勘探中心；西南、华北、江汉、勘探南方、华东、东北等单位在市场化运行机制建设上做了大量工作。

探索建立了以效益最大化为核心的投资决策管理体系。总部组织制定了圈闭和预探井统一评价等8个管理办法，构建了圈闭、预探井、产能项目统一评价优选平台。各油气田企业加强投资管理，全面落实首席师负责制，突出优化，取得了积极进展。胜利油田对产能项目统一排队优选，新区百万吨产能建设投资比预算大幅降低。西南油气分公司推行十大优化措施，降本增效成果显著。华北分公司推行投资全员目标成本管理，鄂南、大牛地平均单井钻采投资同比显著降低。

探索建立了以资源资产效率最大化、运行成本最优化为中心的经营管理体系。组织制定了区块投入产出等6个管理办法，全面开展区块投入产出分析，摸清了区块经营状况，提出了改善经营措施，并对圈闭和三级储量进行清理，为油田板块盘活存量资产、优化资源配置奠定了基础。

探索建立了突出效益导向的绩效考核管理体系。制定下发了油田企业年度绩效考核实施细则，增加了发现成本、开发成本和经济可采储量考核指标，加大了效益和发展指标权重，充分调动了各单位严控成本、增加经济可采储量的积极性。

（李　冰）

油气勘探

【概述】 2013年，石化集团公司在油气勘探方面取得了5个重大发现、7个商业发现、8个新发现，确保了年度储量任务的完成。全年新增石油控制储量2.58亿吨、预测储量3.39亿吨，分别为年计划的103%和113%；新增天然气控制储量3 770亿立方米、预测储量5 369亿立方米，分别为年计划的151%和179%。

全年新增常规油气矿权区块20个、面积9万平方千米，新增列页岩气矿权区块15个、面积4.9万平方千米。截至年底，石化集团公司在全国67个盆地(坳陷)拥有有效探矿权区块284个，面积91.1万平方千米。

（何　斌）

【常规勘探工作量】 2013年共完成二维地震14 288千米，三维地震11 533平方千米；完成各类探井312口，进尺84.68万米；获工业油气流预探井68口，成功率29.6%。

（何　斌）

【5个重大发现】 ①塔中北坡奥陶系勘探取得重大发现。顺南4井奥陶系鹰山组下段获日产气38万立方米，顺南5井蓬莱坝组测获日产气40万立方米，开辟了天然气规模增储新阵地。②塔北跃进区块奥陶系勘探取得重大发现。跃进3井在奥陶系下统鹰山组获日产油57立方米、日产气2.3万立方米，坚

定了向南探索顺北地区的信心。③准噶尔盆地西缘车排子地区多层系立体勘探取得重大发现。在坚持沙湾组勘探的同时，推进石炭系勘探，积极探索侏罗系、白垩系、古近系。排663井、排665井在石炭系分别获日产81.67立方米和52.45立方米的高产油流。④准噶尔盆地北缘哈山地区深层勘探取得重大发现。哈深2井在石炭系获得商业油流，山前带领域勘探取得突破。⑤海域天然气勘探取得重大发现，开辟了万亿立方米规模增储潜力的新阵地。

（何　斌）

【7个商业发现】 石油勘探取得4个商业发现：鄂南旬邑—宜君新增控制储量8 496万吨，济阳坳陷新增控制储量5 129万吨，塔河奥陶系新增控制储量4 694万吨，准西缘新增控制储量4 093万吨。天然气勘探取得3个商业发现：杭锦旗新增控制储量1 265亿立方米；川西坳陷新场须五新增控制储量1 096亿立方米；元坝中浅层新增控制储量962亿立方米。

（何　斌）

【8个新发现】 ①北部湾盆地徐闻区块石油勘探获新发现，徐闻X6井在流沙港组、涠洲组2个层系获工业油流。②济阳坳陷沾化凹陷陈家庄凸起北坡地层超覆油藏勘探获新发现，2口探井在沙三段获工业油流。③济阳坳陷东营北带西段砂砾岩扇体石油勘探获新发现，滨692井在沙四纯下段获工业油流。④溱潼凹陷西北斜坡带石油勘探获新发现，帅5井、曹1井分别在阜三段获日产油24.8吨和10.91吨。⑤川西坳陷东坡天然气勘探获新发现，中江19H井在沙溪庙组获日产气7.5万立方米。⑥川东北元坝东天然气勘探获新发现，元陆17井须四段日产天然气22.6万立方米。⑦鄂尔多斯盆地定北区块柳杨堡区带天然气勘探获新发现，定北17井在盒1段获日产气4.07万立方米。⑧梨树断陷金山天然气勘探获新发现，金古1井在古潜山获日产气1.3万立方米。

（何　斌）

【勘探效益】 2013年共预探圈闭242个，完钻212个，有结论173个，新获工业油气流圈闭63个，圈闭预探成功率36.4%。平均每口探井控制油气当量地质储量为181.3万吨，每米进尺控制油气当量地质储量668.01吨。控制每吨油气当量地质储量直接成本24.79元。

（何　斌）

【非常规勘探工作量】 2013年完成二维地震365千米，完成三维地震594.5平方千米。完成钻井398口，续建钻井4口，进尺60.2万米。其中，页岩气勘探完成钻井6口，正钻井4口，完成续建井钻井3口，进尺2.66万米。页岩气开发完成开发井22口、3口探井侧钻水平段，进尺10.24万米。煤层气完成钻井345口，进尺47.3万米。

（龚　铭）

【页岩气主要进展】 涪陵焦石坝页岩气开发试验取得重大突破。在焦页1井获得商业发现后，立即在焦石坝优选28.7平方千米页岩气有利区部署开发试验井组，进行产能评价。部署钻井平台10个，新钻井17口、利用探井4口，设计单井产能7万米^3/日。全年投产13口井，平均单井日产气15万立方米以上，日产气突破200万立方米，新建产能5亿立方米。

川东南海相页岩气勘探整体评价取得积极进展。①丁山地区页岩气勘探取得突破。丁页2HF井完钻垂深4 417米，水平段长1 034.23米，获日产10.5万立方米商业页岩气流。②南川地区南页1井下志留统龙马溪组钻遇较好油气显示。南页1井于2013年10月16日完钻，垂直井深4 465米，钻遇页岩段145米，其中TOC大于2%的优质页岩厚度29米。

3 500米以浅页岩气勘探开发配套技术系列初步形成。水平井分段压裂技术方面，形成了水平井簇射孔、可钻式桥塞分段、电缆泵送桥塞、连续油管钻塞等配套工艺技术，实现了长水平段缝网压裂，创出了页岩气压裂施工新纪录。最长水平段2 130米，最多压裂段数26段，最大入井液量4.61万立方米，最大加砂量1 343立方米。优快钻井技术方面，形成了空气钻、泡沫钻、清水钻、PDC+螺杆复合钻等技术系列，单只钻头进尺最高达1 530米，实现了页岩气1 500米水平段一趟钻钻完井施工目标。第二轮单井钻井周期比第一轮缩短11天，钻井速度明显加快。井工厂作业方面，实现同一平台两井交叉钻完井作业，具备了“6井式”井工厂标准化设计能力。

（龚　铭）

【煤层气主要进展】 延川南5亿立方米产能建设正式启动。部署新钻井808口，动用含气面积131.8平方千米，动用地质储量136.3亿立方米，加上利用前期探井、试验井共100口，到2014年建成产能5亿立方米。截至2013年底，投产井153口，日产气6.1万立方米。

（龚　铭）

油 田 开 发

【概述】 2013年，油田开发工作以五大会战为抓手，突出效益和质量，加强滚动勘探与油藏评价，精心组织重点产能建设，扎实抓好老油田精细开发，积极推进大幅度提高采收率工程，持续加强技术创新和推广应用，实现了原油产量持续增长，开创了高效开发的新局面。

油田开发资源动用情况。截至年底，石化集团公司投入开发油田204个，动用石油地质储量69.5亿吨，当年新增动用储量2.15亿吨。井网、工艺条件下标定可采储量18.41亿吨，采收率26.5%。

油田开发现状。截至年底，共有油水井数62 845口，其中油井46 125口、注水井16 720口。油井开井39 798口，油井开井率86.3%，年均含水89%，平均单井日产油3吨，采油速度0.65%，剩余可采储量采油速度11.2%，采出程度21.5%。注水开井13 844口，水井开井率82.8%，平均单井日注水68立方米，年注水3.35亿立方米，月注采比0.91，累计注采比0.81。

（唐　磊）

【原油产量】 全年石化集团公司原油产量继续稳定增长，年产原油4 378万吨，同比上产60万吨，增幅1.4%，年产油增量、增幅均创“十二五”新高。其中，东部油区产油3 404万吨，继续保持稳定；西部油区产油974万吨，同比上产78万吨。胜利油田2013年生产原油2 776万吨，比年初计划超产6万吨，同比上产21万吨。各油田企业原油产量见表1。

（唐　磊）

表1　石化集团公司各油田企业原油产量　万吨

油田＼年份	2013	2012	2011	2010	2009	2008
石化集团公司合计	4 378.00	4 318.25	4 272.85	4 256.08	4 241.55	4 180.28
胜利油田	2 776.20	2 755.00	2 734.00	2 734.00	2 783.50	2 774.00
中原油田	243.00	252.00	262.40	272.50	289.20	300.30
河南油田	235.00	226.00	225.00	227.00	187.50	180.50
江苏油田	171.20	171.00	171.00	171.00	171.00	171.00
江汉油田	98.20	96.90	96.50	96.50	96.00	96.50
西北油田分公司	737.00	735.00	725.00	700.00	660.00	600.10
华东分公司	30.30	23.50	18.00	15.00	13.00	13.00
华北分公司	60.00	32.00	15.40	12.50	12.00	11.60
东北分公司	21.70	22.00	21.00	22.50	24.10	24.70
西南油气分公司	2.20	2.20	2.00	2.50	2.70	3.00
上海海洋油气分公司	3.20	2.60	2.50	2.50	2.50	5.50

【滚动勘探与油藏评价】 全年完钻井561口，落实商业开发储量2亿吨，当年动用储量1.1亿吨。其中，准西缘落实商业开发储量2 216万吨，济阳坳陷落实商业开发储量6 575万吨，塔北跃进区块、塔河小型缝洞体分别落实商业开发储量1 132万吨和1 850万吨，金湖、高邮和海安等凹陷落实商业开发储量1 445万吨，鄂南、彰武、内蒙古、潜北等地区评价取得新进展。此外，胜利油田针对以滩坝砂、砂砾岩体为主的2.9亿吨未动用储量，在盐227块砂砾岩油藏开展水平井“井工厂”开发试验，分3层立体部署9口井，平均单井日产油16吨，开发试验取得良好效果。

（唐　磊）

【产能建设】 油田板块突出抓好产能建设项目部署、方案和设计优化，强化跟踪分析，及时优化调整，停缓建低效、风险大的项目45个，增加效益相对较好的项目63个。全年共实施项目280个，新钻井

3 858口，新建产能 519 万吨，项目开发成本 20 美元/桶。新井投产整体效果较好，全年产油 356 万吨。

形成 3 个重点上产阵地：准西缘新建产能 40 万吨，年产油 137 万吨，同比上产 45 万吨；胜利油田海上新建产能 60 万吨，年产油 334 万吨，同比上产 16 万吨；华东分公司新建产能 12 万吨，年产油 30.2 万吨，同比上产 6.7 万吨。

技术不断进步和配套，实现了难采储量效益开发。西北油田分公司利用高精度三维资料精细刻画，实现了小型缝洞体储量有效开发，新建产能 132 万吨。东部老区稠油配套开发技术进一步完善，新建产能 61 万吨。鄂南致密油藏认识进一步深化，着力优化开发部署，择优新建产能 37 万吨，年产油 60 万吨，同比上产 28 万吨。

（*唐　磊*）

【老油田精细开发】 各油气田企业贯彻落实改善水驱交流会、高含水整装油田开发研讨会部署，持续推进改善水驱、改善低渗油藏开发效果、稠油稳产、塔河控递减四大精细开发重点工程，积极推进区块目标管理，加强“控躺治躺”工作，老区开发水平进一步提升、效果持续改善。自然递减、综合递减、综合含水率分别为 13.2%、7.3% 和 89%，保持稳定。

改善水驱工程：对胜坨、濮城等整装油藏采取改变流线、规整流场、均衡注采的调整措施；对陈堡、辛 68 等断块油藏开展重组细分，精细注采管理，水驱控制程度达到 79.2%。

改善低渗油藏开发效果工程：针对滨 649、纯 7 等 16 个低渗油藏实行分级分类、差异开发。对高丰度一般低渗油藏采用细分层系、单层开发、小井距注水开发措施；对中丰度一般低渗油藏采用径向钻井、定方位压裂适配井网注水、水平井分段压裂注水开发措施；特低渗油藏开展二氧化碳气驱开发试验。全年共实施 190 口井，新增经济可采储量 269 万吨。

稠油稳产工程：对桩 139、井楼浅层稠油等区块优化热采工艺和参数；对单 83－014、排 601 等区块实施转蒸汽驱，配套气窜井治理工艺，推广温敏凝胶、热固型堵剂等堵调技术。稠油油藏自然递减同比下降 0.32 个百分点。

塔河控递减工程：开展 12 个单元综合治理和专项治理，加大碳酸盐岩缝洞型油藏精细注水，稳步扩大注气试验规模，自然递减整体控制在 20% 以内。

（*唐　磊*）

【油田开发管理】 组织编写《开发生产管理指导意见》，按开发工作纲领性文件的标准，形成开发规范文本，已下发推行。

积极做好滚动勘探与油藏评价工作。制定相应的管理办法，重新梳理工作流程，形成项目筛选、计划下达、跟踪检查各个环节的工作要求。针对准噶尔、鄂南、张家垛—曲塘等具备规模潜力的复杂油藏，组织专题研讨会和工作推进会。组织召开滚动勘探及油藏评价技术交流会，提高了新技术的应用水平。

积极推进油田开发项目统一平台筛选优化。按照规范化、制度化、程序化、科学化的要求，规范操作方法与流程，制定了《油气田开发项目统一优化筛选管理办法》。针对滚动勘探与评价、新区产能、老区产能、技术改造等不同类型开发项目，建立了以收益率、经济可采储量为主的评价和排队指标体系，编制完成统一平台优化软件 1.0 版，统一项目上报、指标管理的平台。组织了以研究院开发所为主的由不同专业人员构成的专家项目组，对不同类型项目进行审查打分，并应用于 2014 年开发部署中。

积极推行方案首席负责制。制定《开发方案技术首席负责和评估咨询管理办法》，严格方案评估咨询程序和责任制，在方案文本中由相关专业技术首席、方案总负责人签名，作为今后检查考核和排队的依据。

积极开展项目全过程的跟踪监管与优化调整。加强“油田开发部署管理系统”的建设与维护，组织编写月度分析报告，及时掌握实施进展和效果。针对重点地区和重点项目加强现场调研、分析和调整优化，先后针对鄂南地区、东北地区、胜利海上、华东张家垛—曲塘、江汉新沟、河南春光等组织专题研究 13 次。组织 4 次季度对接，检查项目进展、落实分批部署、控制实施风险。

（*唐　磊*）

【提高油田采收率】 持续以大幅度提高采收率工程为中心，不断创新思路，扎实抓好重大先导试验和三次采油用剂上下游一体化研发工作，多项提高采收率技术取得突破并推广应用，基本形成了“40%、50%、60%”的大幅度提高采收率技术系列。化学驱、蒸汽驱、气驱工业化应用规模进一步扩大，化学驱连续 11 年保持产油量、增油量稳定，蒸汽驱、气驱产油量持续稳定增长。

重大先导试验项目进展顺利，多个项目实现采收率达到 40%、50%、60% 的工作目标。矿场已实施重大先导试验17项，涵盖了整装、断块、低渗透、稠油、化学驱Ⅲ和Ⅳ类、聚合物驱后、碳酸盐岩油藏类型，代表了水驱、化学驱、蒸汽驱、气驱提高采收率技术方向。多项提高采收率重大先导试验效果显著，推广应用规模扩大。“采收率挑战60%”的孤岛中一区聚合物驱后井网调整非均相复合驱、双河油田Ⅳ5—11砂层组水驱高含水后期井网重组三元复合驱先导试验采收率分别达到63%和68%，达到聚合物驱后、水驱高含水后期采收率的新水平，已在孤岛、孤东等油田推广，覆盖储量830万吨，预计提高采收率7.8%。“采收率突破50%”的孤岛中二北稠油热化学蒸汽驱、永三复杂断块立体开发先导试验实现原油产量翻2番，采收率分别达到53.4%和52.1%，形成中深层高压稠油、复杂断块油藏采收率突破50%的技术系列，已在孤岛、东辛等油田进行推广应用，覆盖储量1.2亿吨。塔河缝洞型油藏注气替油、河口油田沾3区块内源微生物驱提高采收率先导试验取得突破，开辟了大幅度提高采收率的新途径。

上下游一体化联合攻关，耐温聚合物、耐温抗盐表面活性剂和塔河油田降黏剂取得突破，并在先导试验中应用。北京化工研究院研发的耐温抗盐聚合物经胜利油田评价，黏度达到15.3毫帕·秒，已在工业生产装置上进行全流程生产初试；针对河南油田研发的耐温聚合物，性能指标达到要求，已完成单体原料厂家的考察和原料筛选评价工作，为耐温聚合物工业化生产做好了准备，并选取双河油田Ⅶ上1—3层系开展Ⅲ类高温油藏聚合物驱提高采收率先导试验，即将进入矿场实施阶段。上海石油化工研究院研发的表面活性剂在南京化工公司实现了工业化生产，河南油田双河Ⅳ5—11层系三元复合驱已累计注入表面活性剂3 085吨；耐温抗盐表面活性剂满足中原油田、江汉油田高温高盐油藏的要求，在井组试验和先导试验中应用；适合江苏油田低渗透油藏的表面活性剂工业化产品也达到矿场要求，已应用于现场试验。石油化工科学研究院积极改进塔河稠油降黏剂性能，水溶性降黏剂首次实现60万毫帕·秒稠油的降黏，以RPYT－09－2降黏剂为核心的油溶性降黏节约掺稀油率17%—45%，已完成多井次单井试验；研发的胜利油田催化降黏稠油催化改质降黏体系降黏率95%以上；研发的中原内蒙探区稠油降黏剂，室内降黏率97%以上，在毛8块现场应用1口井，效果显著。

（薛兆杰）

【三次采油技术推广应用】 化学驱扩大应用规模，年产油、年增油基本保持稳定。①加大三次采油储量投入，搞好三次采油产量接替。安排新项目5个，新增动用储量1 669万吨。②抓好正注项目管理，提高增油效果。在新投注的孤岛B21块Ng3－4二元复合驱，通过污水曝氧等措施，保证形成高强度的第一段塞，油井已陆续见效。在注聚后期的孤岛中二北Ng3－4注聚单元优化注采结构、延长注聚效果，谷底期延长45个月，年产油21.3万吨。河南油田、江苏油田强化注聚单元动态分析与调整，加强对未见效井、欠注井、聚窜井3类井层的治理，保持正注聚单元产量的稳定，日增油90.4吨，累计增油7 844吨。③把握化学驱开发规律，细化成本管理。对效果好于预期的孤岛中二北Ng3－4注聚、胜二区沙二1－2高温高盐二元复合驱，延长注聚时间，对注聚后期孤东三四区馆3－6二元复合驱等4个项目局部提前转水驱，全年干粉注入比计划少5 147吨，表面活性剂注入比计划少3 316吨。截至年底，共实施化学驱项目76个，覆盖储量5.1亿吨，日产油9 581吨，年产油363万吨，年增油163万吨，连续11年保持稳定，累计增油2 611万吨，提高采收率5.1个百分点。④推广应用塔河注气提高采收率技术。全年共实施单井注氮气替油120井次，有效率95.2%，年增油9.7万吨。

（薛兆杰）

气 田 开 发

【概述】 2013年，天然气开发工作坚持以效益为中心，以安全生产为保障，以提高单井产量为目标，持续组织好鄂尔多斯盆地和四川盆地增储上产两大会战，全力抓好元坝海相等六大开发工程，强化开发评价准备力度，扩大长井段水平井技术推广应用，超额完成年度天然气生产任务。

气田开发储量动用情况。截至2013年底，石化集团公司各油田企业投入开发气田109个，累计动用天然气储量12 132.03亿立方米，储量动用率47.39%，可采储量4 349.8亿立方米，标定采收率35.85%，剩余可采储量2 136.1亿立方米。其中，气层气动用储量8 954.54亿立方米，可采储量3 433.03亿立方米，标定采收率38.34%，剩余可采储量1 961.75亿立方米；溶解气动用储量3 177.49亿立方米，可采储量916.76亿立方米，标定采收率28.85%，剩余可采储量174.37亿立方米。2013年新增天然气动用储量781.65亿立方米，新增可采储量215.56亿立方米。正在进行产能建设的气田有元坝气田，其正建地质储量 1 261.44 亿立方米，可采储量 718.81 亿立方米，采收率 56.98%。

气田开发现状。截至 2013 年底，共有天然气生产井 4 219 口，开井 3 197 口，开井率 75.78%，平均单井日产气 2.02 万立方米，采气速度 2.28%。采出程度 16.67%，剩余可采储量 1 961.75 亿立方米，储采比为 9.68。2013 年度天然气储采平衡系数为 0.97。

（张　华）

【天然气产量】 2013 年计划工业气产量 181 亿立方米，实际完成 185.3 立方米，完成年度计划的 102.4%，同比增加 15.98 亿立方米，增长幅度为 9.43%。

（张　华）

【生产能力】 截至 2013 年底，石化集团公司天然气生产能力 198.69 亿立方米，同比增加 11.63 亿立方米。气层气生产能力 186.40 亿立方米，同比增加 10.94 亿立方米。其中，2013 年新建气层气生产能力 22.04 亿立方米，气层气老区核减生产能力 11.10 亿立方米。溶解气生产能力 12.29 亿立方米，同比增加 0.69 亿立方米。其中，2013 年新建溶解气生产能力 2.36 亿立方米，溶解气老区核减生产能力 1.67 亿立方米。

（张　华）

【天然气开发管理】 2013 年，持续组织好鄂尔多斯盆地和四川盆地增储上产两大会战，全力抓好元坝气田、大牛地气田等六大产能建设开发工程，强化滚动勘探与气藏评价，扩大长井段水平井技术推广应用，加强方案优化和实施跟踪调整，全面超额完成天然气生产经营任务。

元坝海相产能建设工程顺利推进。西南油气分公司强化气藏地质研究，全力抓好现场组织管理与协调，确保项目按统筹网络计划整体推进。元坝一期钻井工程加快推进，完钻 8 口开发井、1 口正钻，6 口井试气日产 70 万—104 万立方米，达到方案设计要求；编制完成元坝二期开发方案，钻井工程已全面展开；净化厂和地面集输工程建设有序推进。

大牛地气田持续上产工程高效推进。华北分公司加强储层预测、含气性预测和气藏工程研究，精心组织，加快推进，新建产能 9 亿立方米。部署的 110 口开发井全部完钻，平均单井日配产 2.5 万立方米，达到方案要求；大牛地气田增压扩容工程顺利投产；扎实推进滚动勘探与气藏评价，落实商业开发储量 559 亿立方米，为 2014 年 10 亿立方米产能建设准备了阵地。截至年底，大牛地气田天然气保有生产能力达 41 亿米^3/年，日产气首次突破 1 000 万立方米，年产天然气 34.4 亿立方米，同比增长 7.1 亿立方米。

川西中浅层持续上产工程稳步开展。西南油气分公司加大新场沙溪庙组气藏水平井开发力度，加快评价动用高庙子沙溪庙组气藏，优化马井—什邡—广金地区开发部署，新建产能 7 亿立方米。截至年底，西南油气分公司天然气保有生产能力达 31.97 亿米^3/年，日产气首次突破 1 000 万立方米，年产天然气 32.2 亿立方米，同比增长 2.6 亿立方米。

（张　华）

采油气管理

【采油工程队伍】 截至 2013 年底，石化股份公司采油工程系统共有采油（气）厂 56 个，作业处（公司）3 个，采油院（工程院）10 个，合计总人数 152 336 人。其中，采油（气）厂 144 784 人，作业处（公司）4 218 人，采油院（工程院）3 334 人。从队伍类型上看，采油工程一线及辅助队伍（队站）共有 2 233 支、109 885人，采油（气）厂科研单位 137 个、5 972 人。其中，主要采油队伍（采油队、采气队、注水队、注聚队、注汽队）680 支、58 377 人，主要作业队伍（作业队、大修队和试油试气队）475 支、16 004 人。

（马玉生）

【重点工艺技术措施工作量及效果】 石化股份公司各油田企业共实施油气水井大修作业 1 563 口，成功 1 490 口，成功率 95.3%，平均修井天数 30 天。从大修工艺类型上看，大修主要以套损井修复、井下落物打捞、管柱解卡、复杂故障修复等复杂工艺为主，共实施 1 251 口，占大修成功井数的 84%。共实施油气水井补孔改层措施 4 742 井次，有效 3 929 井次，有效率 82.9%；油气水井压裂 715 井次，有效 639 井次，有效率 89.4%。其中，水平井分段压裂 585 口（油井 301 口，气井 284 口），占压裂总井次的 81.8%。油气水井酸化 1 807 井次，有效 1 513 井次，有效率 83.7%。油井泵升级 1 388 井次，有效 1 213 井次，有效率 87.4%。油井防砂 2 028 井次，有效 1 668井次，有效率 82.2%。

（马玉生）

【采油气工程综合管理】 采油工程系统紧密围绕提

高油田板块发展质量和效益，强化采油技术进步对五大会战的支撑作用，加大关键技术攻关和配套应用，积极开展专项治理及节能降耗工作，着力推进精细管理，进一步提升了采油气管理水平和运行效率。

完善制度和标准，制定《油气田开发管理规定》，印发《油田开发区块目标管理办法》《采油（气）主要生产管理指标及计算方法》等 9 项制度和企业标准。每月继续定期编发《采油工程简报》《分段压裂水平井生产情况简报》和《油田开发区块目标管理工作简报》。提高信息共享水平，完成中国石化工程库由单机版向网络版的迁移，实现网络化填报和管理。完善采油工程管理和业务体系，初步构建了以区块形式归集中国石化工程库模块框架，搭建气田区块管理体系。围绕存量和增量 2 个层次，开展长停井、废弃井现状普查，系统梳理长停井和废弃井状况，结合风险高低、轻重缓急及作业队伍施工能力等实际情况，制定了 5 年治理计划。以满足生产需求为导向，以先导试验为平台，持续加大技术攻关，优选先进技术进行完善配套和推广应用，在水平井分段压裂、“井工厂”应用、不压井作业、钻完井新技术、稠油热采等方面取得进展或进行规模化应用。自主研发了裸眼封隔器、水力喷射、泵送桥塞等分段压裂工具，全年共实施分段压裂水平井 585 口，最多分段 26 段。“井工厂”试验深入推进，盐 227 区块实现全过程自主设计、研发和施工，成功完成 8 口井 87 段的压裂施工。不压井作业技术全面推进，全年共实施 4 000 余井次。严格采油气各生产环节的过程管理和成本控制，降本增效成果显著。

（马玉生）

【井下作业工作量情况】 石化股份公司各油田企业共完成油气水井井下作业工作量 49 732 井次，其中措施作业 21 805 井次，维护作业 23 336 井次，新井投转注 4 591 井次（口），分别占总作业工作量的 43.85%、46.92% 和 9.23%。油气水井年作业频次 0.80 次/口（不含新井和投注），其中年措施作业频次 0.39 次/口，年维护作业频次 0.41 次/口。从生产井类型看，油井作业 40 124 井次，气井作业 880 井次，水井作业 8 728 井次，分别占油气水井井下作业总工作量的 80.68%、1.77% 和 17.55%。

（赵崇镇）

【井下作业施工能力】 截至 2013 年底，石化股份公司拥有小修队伍 412 支，年施工能力 34 649 口；大修队伍 37 支，年施工能力 503 口；试油（气）队伍 26 支，年施工能力 692 口。

（马玉生）

【井下作业装备现状】 截至 2013 年底，石化股份公司各油田企业拥有井下作业设备 3 210 台（套）。后勤场站 90 座，其中油管厂 24 座，年检测油管 2 753 万米，年修复油管 2 550 万米；抽油杆厂 10 座，年检修抽油杆 578 万米，年修复抽油杆 463.2 万米；配液站 3 座，年配液能力 11.9 万立方米。

（马玉生）

油气集输

【概述】 截至 2013 年底，油田原油集输处理系统共建有联合站 110 座，油库 12 座，接转站 252 座，原油稳定装置 47 套，原油储罐库容 146.06 万立方米，原油外输管道 1 088.41 千米。设计联合站原油稳定能力 5 659 万吨/年，原油外输能力 8 877 万吨/年，2013 年稳定原油 2 647.87 万吨。油田采出水处理系统建有污水处理站 169 座，设计含油污水处理能力 139.3 万米^3/日，全年处理含油污水 4.38 亿立方米。注水系统共有各类注水站 721 座，配水间 2 786 座，全年实际污水回注 3.16 亿立方米，污水处理站出口水质达标率 90.7%。

（王立坤）

【主要技术经济指标】 油气集输密闭率 66.8%，输油泵平均运行效率 51.1%，管网效率 80.1%，集输系统效率 41.0%；注水泵平均运行效率 74.6%，注水系统注水管网效率 72.4%，注水系统效率 54.0%。

（王立坤）

【海上油气开采设施及生产】 截至 2013 年底，石化股份公司海上油田（自营区块）共有各类海上采油平台 110 座。其中，移动式采油平台 1 座、中心平台 3 座、井组平台 73 座、单井平台 33 座；海底输油管线 95 条，总长 210.88 千米；海底输气管线 1 条，总长 11.60 千米；海底注水管线 56 条，总长 91.33 千米；海底电缆 115 条，总长 289.44 千米。海上油气水井共 676 口，开井 583 口。其中，油井 468 口，开井 386 口，年产原油 282.30 万吨、天然气 1.11 亿立方米；气井 8 口，开井 6 口，年产气 0.08 亿立方米；注水井 200 口，开井 191 口，年注水 826.12 万立方米。

（王立坤）

设 备 管 理

【概述】 截至2013年底，石化股份公司各油田企业设备固定资产原值266.14亿元，净值102.61亿元；设备新度系数为0.39。设备管理人员3 435人，设备维修人员6 919人。共有主要专业设备67 177台(套)，其中注采设备39 764台、油气处理与集输设备9 588台、运输车辆1 476台、辅助专用车辆1 540台、动力设备5 660台、工程机械1 009台。设备资产原值204.51亿元，净值78.47亿元，新度系数0.41。

(王 飞)

【油田设备状况】 石化股份公司各油田企业主要设备平均新度系数见表2。

表2　　2013年石化股份公司各油田企业主要设备平均新度系数

单位名称	钻采特车	注采设备	天然气处理设备	运输车辆	动力设备	其他	合计
石化股份公司	0.43	0.46	0.31	0.31	0.39	0.30	0.41
胜利油田分公司	0.43	0.45	0.29	0.28	0.30	0.27	0.38
中原油田分公司	0.30	0.37	0.20	0.26	0.41	0.22	0.33
河南油田分公司	0.47	0.44	0.42	0.37	0.23	0.24	0.38
江苏油田分公司	0.53	0.54	0.55	0.45	0.44	0.30	0.51
江汉油田分公司	0.40	0.43	0.48	0.33	0.40	0.44	0.42
东北油气分公司	0.59	0.58	0.71	0.49	0.56	0.45	0.61
华北分公司	0.89	0.92	0.53	0.90	0.83	0.48	0.49
西北分公司	0.03	0.64	0.25	0.03	0.46	0.47	0.34
西南油气分公司	0.51	0.22	0.21	0.39	0.51	0.47	0.33
华东分公司	0.58	0.68	0.72	0.28	0.83	0.41	0.68

(王 飞)

【设备管理】 高度重视，严密组织，油田板块设备大检查成效显著。根据油田板块具体情况，总部分2个检查组采取重点检查与一般抽查相结合，检查问题与督促整改相结合，总结经验与交流学习相结合的工作方式，抽查了6个油田(工区)所属的49个二级单位、129个基层队站，抽查现场设备812台(套)，查出各类问题387项，整改358项，其余29项限期整改。

强化设备保供，为重点工程建设奠定基础。紧紧围绕重点工程建设项目，狠抓大型、关键设备保供工作，确保工程建设顺利实施。针对西北油田分公司大捞坝压缩机组投产运行出现的问题，建立手机日报制度，及时掌握现场最新情况，为领导决策提供第一手资料。针对大牛地增压扩容项目11台压缩机交货延迟的情况，总部加强组织协调，多次组织相关部门和厂家协调、对接，落实交货时间节点，确保压缩机按时运抵施工现场，保证增压扩容项目顺利实施。

落实绿色低碳战略，大力推广节能环保新技术。紧紧围绕石化集团公司绿色低碳战略，积极研发推广绿色高效设备，实现经济效益与社会效益双丰收。胜利油田研制开发了网电作业机、液压蓄能作业机、不压井作业装置、油管自动输送装置等新设备，节能降耗成效显著；配备了60套高、中、低压3种类型的不压井装置，全年完成不压井作业3 500井次。

抓好单体设备标准化工作。完成抽油机命名、外观、标识的标准化和常用抽油机标准化设计工作，在油田推广。启动加热炉、注水泵标准化工作并组织油田讨论编制工作方案，已下发执行。

启动“建立强制检维修制度，制定完善特殊设备检维修规程和标准”工作。胜利油田分公司负责梳理编制海上生产平台、海底管线的检测、评估、检维修及报废等相关流程及标准制定工作。中原油田负责梳理编制“高含硫集输管线和站场”的检测、评估、检维修及报废等相关流程及标准制定工作。胜利森诺、胜利油田检测中心负责梳理编制井架、压缩机组等单体设备的检测、评估、检维修及报废等相关流程及标准。胜利设计院和中原设计院负责梳理编制轻烃回收、天然气净化、三采及热采等地面配套设施设备的检测、评估、检维修及报废等相关流程及标准制定工作。

（王　飞）

基层管理

【油公司体制机制建设】 油公司体制机制建设边研究边试点。结合油田板块实际，立足充分激发各项生产要素活力、盘活内部资源，借鉴吸收国内外先进管理经验，充分征求企业意见，研讨了《股份公司推行油公司体制与机制建设框架意见》，形成了初步方案，明确了各油田分公司机关、采油气厂、科研单位、专业化管理和服务单位的改革方向。各油气田分公司积极开展试点工作。胜利油田分公司、河南油田分公司在部分采油厂开展压扁管理层试点；西北油田分公司组建了油气勘探中心；西南、华北、江汉、勘探南方、华东、东北等单位在市场化运行机制建设上做了大量工作。这些都为油田板块深化改革积累了丰富的实践经验。

（靳红兴）

【持续开展“双学”活动和管理提升活动】 总部下发《关于持续深入开展学镇海、学安喜活动的通知》，组织各油气田分公司持续开展“双学”活动和管理提升活动，全力做好管理诊断下基层工作，帮助企业从发展理念、体制机制创新、技术创新、制度建设、文化建设、班子建设等方面细化管理措施，进一步提升整体精细管理水平，有利促进了油田板块效益和运行质量的提升。

（靳红兴）

【区块目标管理】 2013 年，石化股份公司印发了《油田开发区块目标管理办法(试行)》，编制完成并下发《气田开发区块目标管理办法》，重新梳理并规范划分出 165 个油田开发区块、33 个气田开发区块，全面组织开展区块投入产出分析工作，编制了区块分析模板，摸清了区块经营状况，通过召开现场会和专家会诊的方式，深入剖析影响区块效益的主要矛盾，并制定针对性措施，为促进区块效益的提升打好了基础。

（马玉生）

【持续开展“五项劳动竞赛”】 以“指标实、效益实、创新实”为基本要求，坚持以“比贡献、比效益、比安全、比水平、比作风”为主要内容，完善评比办法，突出效益、产量、成本等主要指标，并充分借助“五项劳动竞赛”信息评价系统，从指标的先进性、进步程度和贡献大小 3 个维度开展评比，实现了在总部层面统一评比红旗优胜采油气厂，进一步提高了竞赛评比结果的先进性。通过严格标准、严格评比、严格检查、交流经验，在企业各层次营造了争先氛围，激励各单位“比学赶帮超”，为油田板块科学高效发展奠定了坚实基础。

（靳红兴）

境内石油工程

◇ 综述

◇ 石油地球物理勘探

◇ 钻井工程

◇ 测井

◇ 录井

◇ 特种作业

◇ 油田地面工程建设

◇ 海洋石油工程

◇ 机械制造

◇ 石油工程队伍资质建设

◇ 设备管理

综　述

2013 年，石油工程系统积极落实石化集团公司年度工作会议部署，紧紧围绕"深化改革创新，加快转型发展"工作主线，开拓市场、调整结构、优化资源、打造高端，持续推进提速提效和技术创新，为勘探开发五大会战和增储上产提供了有力的技术支撑和服务保障。

服务勘探开发水平迈上新台阶。以石化集团公司五大会战和重点勘探开发区域为主战场，强化组织协调，优化资源配置，细化服务保障措施，全系统开展技术提速、管理提速、安全提速，为焦石坝页岩气和元坝气田产能建设，以及西北、西南、华北、东北和东部老区等重点区域储上产提供了强有力的工程技术支撑。物探资料、钻井井身质量和固井质量合格率均达 100%，取芯收获率、测录井处理解释准确率、特种作业施工一次成功率、地面工程质量优良率等质量指标全部达标。在焦石坝工区，完井 15 口，平均钻井周期 74 天 8 小时，平均完井周期 14 天 4 小时，全面实现中国石化总部要求的钻完井周期控制到 100 天以内的提速目标。全年有 168 支队伍获得石化集团公司重大油气发现奖和勘探突破奖，48 项新纪录受到石化集团公司奖励。

整顿规范新区市场取得新突破。组建西北、华北、西南、东北 4 个项目协调工作小组，并在西北项目协调工作小组的基础上，针对国内新区市场布局散乱、无序竞争、重复建设等突出问题，成立西部项目管理部，履行管理、协调、监督、服务职能，整合优化区域资源，规范市场运行机制，统筹协调外部关系，完善综合配套能力，减少了内部无序竞争，提升了管理效率、组织效率，降低了运行成本，提高了工程技术服务保障水平。

技术创新和打造高端取得新进展。瞄准页岩气、致密油气等非常规油气大力开展科技攻关、集成创新和现场应用，压裂工具、液体体系等关键技术实现国产化，连续油管技术、多级分段压裂技术、3000 型压裂泵车、"井工厂"模式等技术工艺和装备进入规模化应用阶段，初步形成具有国内领先水平的工程技术系列。对自有技术和特色优势技术实施系统集成，打造品牌技术，研制了达到国外同类水平的系列随钻测量仪器，随钻电磁波电阻率实现产业化；膨胀管形成了集关键设备工具研发、管材制造和现场技术服务于一体的技术产业链，实体膨胀管、膨胀尾管悬挂器、膨胀筛管等系列技术已成龙配套；形成具有自主知识产权的地球物理"I"技术体系，并成功向国内外发布；集成完善高酸性油气藏勘探开发工程配套技术、滩浅海油气藏勘探开发配套技术、新能源及节能环保配套技术 3 项工程建设配套技术；核磁共振、声电成像测井、套管井测井等特殊测井技术应用取得较大进展，具有完全自主知识产权的录井装备首次走向国际市场，高含硫气藏安全高效钻完井技术、深井超深井高效钻井技术进一步完善，自动化钻机改造加快推进，具有世界一流技术水平的"发现 6 号"多缆物探船实现了建造和投产的无缝连接，江汉四机厂被认定为国家级企业技术中心。加快制定高端技术发展规划，技术创新和打造高端的路线图逐步清晰。各地区公司在实践中注重发挥传统优势和差异化优势，初步形成具有相对优势的特色技术。

（贺　莹）

石油地球物理勘探

【概述】 专业化重组后，石油工程地球物理公司负责统筹物探采集、处理、解释的一体化经营。截至 2013 年底，石化集团公司共有地震队伍 70 支，国内市场 54 支，其中甲级队 35 支，乙级队 17 支；国外市场 16 支。从业人员 10 284 人，其中正式职工8 470 人，其他用工 1 814 人。2013 年，实现营业收入 63. 80 亿元。

（李　佩）

【主要装备】 截至 2013 年底，石化集团公司共拥有可控震源 120 台，数字地震仪主机 76 台(套)，接收道数 32. 47 万道；拥有全数字地震三分量数字检波器 2. 55 万个，单分量数字检波器 1 万个；拥有 VSP 采集设备 6 套；拥有海上采集系统 4 套，"发现号""发现 2 号""发现 6 号"物探船 3 艘，"勘 407""兴业号"海洋工程地质调查船 2 艘。

（李　佩）

【采集工作量】 2013 年，完成二维地震 2. 20 万千米，其中集团内部 1. 29 万千米，国内外部市场 2 069 千米，国外市场 6 955 千米；完成三维地震 1. 64 万平方千米，其中集团内部 9 651 平方千米，国内外部市场 229 平方千米，国外市场 6 508 平方千米。

（李　佩）

【主要技术进步】 中国石化品牌地球物理技术体系——"I"技术正式发布。通过对半个多世纪以来为油气勘探服务所积淀、探索和创新的物探技术进行梳理、整合、集成，形成了具有自主知识产权的，集理论、方法、技术于一体的地球物理技术体系——“I”技术，主要包括：精细地震勘探（I－Fine）、复杂地区复杂油气藏勘探（I－Complex）、油藏地球物理（I－Reservoir）、海洋地球物理勘探（I－Offshore）、非常规资源勘探（I－Unconventional）、实验地球物理（I－Experiment）、地球物理装备（I－Equipment）以及地球物理软件（I－πframe）。

可控震源高效采集技术成功应用。可控震源高效采集技术能够大幅提高生产效率，降低勘探成本，具有绿色低碳、安全环保的特点，国内外应用前景广阔。为解决西部新区地震勘探难题，满足鄂尔多斯、准噶尔、塔里木等盆地宽方位、高密度三维地震勘探的需求，针对可控震源高效采集技术进行技术攻关，掌握了可控震源滑动扫描同步激发技术，研发了具有自主知识产权的软件，打破了国外技术垄断，并在准噶尔盆地北缘哈山东地区开展应用试验。共投入 12 台可控震源，13 天 212 小时共完成 79 435炮，日均 6 110 炮，最高日产 13 007 炮，最高时效 713 炮，创下国内可控震源施工“日均、最高日产、最高时效”3 项纪录。

地球物理技术在页岩气勘探中应用取得阶段性成果。在潜江凹陷针对如何提高盐间储层成像精度首次开展 DSU 数字检波器接收试验和高密度二维采集试验对比，DSU 数字检波器接收地震剖面主频达到 45 赫兹，频带宽度达到 5—120 赫兹；在非地震技术研究方面，开展震电激发接收试验，首次获得潜江凹陷震电观测剖面，并开展常规地震剖面与震电剖面的层位对比分析及盐间储层含油气性检测可行性研究。在彭水地区使用渐近去噪处理技术和最佳能量成像技术对灰岩出露区页岩气资料进行处理，优质页岩厚度预测与实钻结果误差为 0.5 米。在资料解释和综合评价方面，通过对泌阳凹陷区岩石物理敏感参数的确定，叠前和叠后地震反演、属性分析、裂缝检测等技术对区块进行综合评价，提出了非常规“甜点区”，形成了一套寻找页岩气藏的物探技术识别方法。

微地震技术的开发和应用效果显著。微地震监测通过采集压裂引起的微地震波，分析确定裂缝参数和油气藏状态等信息，从而描述裂缝破裂过程，评估压裂效果，指导压裂施工，并通过提供裂缝属性参数，为油田开发提供重要的参考依据。通过多年的技术攻关和不断探索，实现井下微地震压裂监测采集、处理、解释一体化，形成井下微地震压裂监测采集方法设计、微地震事件自动识别、有效微地震事件快速识别等特色技术，达到国内领先水平，研发了自主知识产权的微地震软件系统，具备了商业化服务能力。2013 年，在胜利油田、河南油田以及涪陵焦石坝地区开展了 5 个井组的微地震监测资料采集、处理及解释，为油田开发过程中疑难问题的解决和非常规、低渗透油气勘探开发提供了有效的地球物理技术支持。

复杂山前带地震采集技术进一步完善。复杂山前带领域广阔，资源量丰富，油气成藏地质条件优越。通过多年的攻关，基本形成山前带地震采集技术系列。但在许多地区，地震采集技术仍然是制约山前带地震勘探的“瓶颈”，需要进一步攻关。2013 年，在塔里木盆地西南缘山前推覆构造带的英吉沙—莎车地区开展地震采集攻关，采用宽线大组合、井震联合激发的方法，完成地震测线 4 条，共 6 373 炮，获得 200 次满覆盖剖面 145.94 千米，1 200 次宽线剖面 10.19 千米。所获剖面质量较邻区有大幅度提高，并且通过全面的试验，形成一套适用于塔西南山前带采集的技术方法，进一步完善了复杂山前带地震采集技术。

（马丽娟）

【主要获奖情况】 2013 年，石油工程地球物理公司的“逆 VSP 地震采集处理关键技术研究”“基于地理信息的地震资料采集设计及软件研制”和“非油气领域科技成果的启示作用调研” 3 个项目获石化集团公司科技进步三等奖。

（马丽娟）

【重要纪事】 2013 年，石油工程地球物理公司与 CGG 公司（法国地球物理公司）签订战略合作框架协议；中国石化 2013 年国际物探技术交流会暨 I 技术发布会在北京召开。

（李　佩）

钻井工程

【概述】 石化集团公司钻井业务主要分布在胜利石油工程公司、中原石油工程公司、河南石油工程公司、江汉石油工程公司、江苏石油工程公司、华北石油工程公司、华东石油工程公司、西南石油工程公司 8 个地区分公司和上海海洋石油局等单位，共有钻井研究、专业技术服务及施工单位 40 个，其中陆地钻井公司 23 个（钻井队 791 支）、海洋钻井公司 2 个（海洋钻井队 11 支）、钻井研究院 3 个、钻井技术服务公司 8 个、其他油田服务公司 4 个。钻井系统用工总量约 6.6 万人，其中在岗正式职工约 4.0 万人。

（黄立玫）

【主要装备】 拥有陆地钻机 799 台，其中电动钻机 195 台，机械钻机 604 台；海洋钻井平台 11 座，其中坐底式 3 座、自升式 7 座、半潜式 1 座。各类顶驱 235 台；LWD（FEWD）83 套，MWD306 套；防喷器 2 608台，其中单闸板 538 台、双闸板 1 247 台、环形防喷器 823 台；固井配套设备 1 173 台（套）；钻机网电装置 119 台（套）。

（黄立玫）

【主要工作量完成情况】 2013 年度，平均动用钻机 557.15 台。全年开钻 5 229 口；完井 5 340 口，其中集团内部市场 4 408 口，国内外部市场 384 口，国际市场 548 口；完成钻井进尺 1 339.8 万米，其中集团内部市场 1 076.4 万米，国内外部市场 138 万米，国际市场 125.4 万米。

（黄立玫）

【重点工艺井应用】 完成深井、超深井钻井 248 口，其中超深井（不低于 6 000 米）钻井 190 口；定向井服务 2 257 井次，其中水平井 637 口；各类固井 11 906 次；取芯进尺 1.10 万米；常规欠平衡井 65 口，其中气体钻井 40 口。

（黄立玫）

【重点技术进步情况】 钻井提速提效效果显著。推广螺杆 + PDC 复合钻井技术、涡轮 + 孕镶金刚石钻井技术和井身结构优化技术，并应用扭力冲击器、水利加压器及高效破岩工具等，有效地提高机械钻速。2013 年共完井 5 340 口，完成井平均井深 2 638 米，同比（下同）增加 20.3 米；平均动用队年进尺 2.40 万米，提高 1 739.28 米；钻井平均月速 2 353 米/台，提高 238 米/台；钻井时效 96.27%，提高 1.44%；平均机械钻速 10.21 米/时，提高 1.14 米/时。

非常规油气钻井技术逐步完善。在长水平段水平井钻完井、煤层气高效开发等领域取得较大突破，逐步掌握和形成长水平段水平井钻井技术、煤层气远端连通水平井钻井技术、油基钻井液体系及塑性膨胀水泥固井技术等非常规钻完井配套技术。

超深水平井钻井技术趋于成熟。通过开展高效钻头优选、高性能螺杆优选、扭力冲击器防斜打快、35 兆帕高压喷射钻井、复杂地层安全钻井等技术应用，形成了井身优化、气体钻井、复合钻井、高含硫气井安全钻井等配套技术，有效提高了钻井速度，促进了西北、四川、东北等地区勘探开发进程。2013 年超深井完井 190 口，平均井深 6 689.35 米，超过 7 000 米的井 56 口，机械钻速 4.99 米/时，钻井周期 132.4 天。其中，西北地区跃进 2 - 12 井施工用时 78 天 20 小时钻完 7 210 米井深，创国内陆上 7 000 米深井钻井周期最短纪录，首次将国内陆上 7 000 米以上超深井钻井周期控制在 80 天以内。

创造多项钻井新纪录。①页岩气水平井钻井技术：川东南南页 1HF 井，由胜利石油工程公司实施作业，创造了中国石化页岩气水平井完钻井深最深纪录（5 820 米）。②多分支井钻井技术：山西煤层气 SJ39 - H1 井，由中原石油工程公司实施作业，煤层进尺 6 535.11 米，总进尺 7 085.25 米，创造了中国石化分支井分支最多纪录（23 个分支）。③随钻测量技术：川东北元坝 272 - 1H 井，由胜利石油工程公司施工，在四开 9 寸半井眼使用国产高温高压 MWD 仪器，累计入井时间 824 小时，循环时间 606 小时，进尺 530 米，最高工作温度达 144℃，泥浆密度 2.16 克/厘米^3，井底工作压力达到 150 兆帕，创中国石化国产高温高压 MWD 仪器最高井底工作压力纪录（150 兆帕）。④复杂地层固井技术：西北塔河 12533 井，由西南石油工程公司采用双级固井技术，套管下深 6 503.30米，创中国石化水泥一次封固段最长纪录（6 504.26 米）。

（黄立玫）

测　井

【概述】 石化集团公司共有胜利测井公司、中原测井公司、河南测井公司、江汉测录井公司、江苏地质测井处、西南测井分公司、华北测井分公司、华东测井分公司 8 家测井单位，测井、射孔队伍 347 支（不含分包队伍），其中裸眼井测井队 212 支、生产测井队 46 支、射孔队 89 支，分布在集团内部 299 支、国内外部 31 支、国外市场 17 支，共有员工 6 476 人，年经营收入 32.55 亿元。

（夏鹏飞　张新华）

【主要装备】 拥有主要测井仪器 1 207 台（套），其中成像测井地面系统 116 套、快速测井平台仪器 115 套；综合完好率 99.86%；运转时率 66.51%；新度系数 0.53。拥有测井绞车 386 台（套），综合完好率

99.39%，运转时率69.17%，新度系数0.47。

（杨明清）

【工作量】 2013年，石化集团公司地球物理测井队伍累计完成各类测井2.53万井次（不含射孔）、5.06亿标准米，同比分别减少608井次、214万标准米。其中，国内集团内部市场完成各类测井2.24万井次，同比增加11井次；国内集团外部市场完成各类测井2 564井次，同比减少548井次；国外市场完成各类测井363井次，同比增加145井次。测井曲线合格率100%。

（夏鹏飞 张新华）

【主要技术进步】 在高温小井眼井下仪器、高抗硫产气剖面井下仪器研制上取得成功，有利支撑了开窗侧钻井及普光气田开发配套的生产需要；在水平井分段压裂配套射孔工具、动态负压与定向射孔等技术上取得进步，对国家级页岩气示范区礁石坝一期50亿立方米产能建设以及胜利油田盐227块砂砾岩油藏"井工厂"开发试验并取得良好效果形成支撑。雷达成像测井系统完成样机研制并申报国家"863"项目，对增强测井国际竞争力具有重要意义。快速平台测井、八扇区水泥胶结测井、泵出存储式测井等成熟技术得到推广应用，在提速提效等方面发挥了重要作用。

（张新华）

录 井

【概述】 石化集团公司录井系统共有11家服务商，其中胜利、中原、河南、西南、华北和华东石油工程公司有独立的地质录井公司，江汉和江苏石油工程公司有测录井公司，胜利石油工程公司海洋钻井公司、西南石油工程公司临盘钻井公司和上海海洋石油局第三海洋地质调查大队有附属的录井专业服务单位。截至2013年底，共有队伍821支（不包含分包队伍），其中综合录井队590支、气测录井队4支、地质录井队227支，分布在集团内部688支、国内外部79支、国外市场54支，用工总量6 465人，年经营收入19.74亿元。

（夏鹏飞 张新华）

【主要装备】 截至2013年底，石化集团公司所属录井公司共有录井设备1 148台，综合完好率98.87%，运转时率81.92%，新度系数0.47，其中综合录井仪577台，综合完好率98.42%，运转时率80.08%，新度系数0.45；气测仪27台（套），综合完好率99.32%，运转时率65.06%，新度系数0.29。

（杨明清）

【工作量】 截至2013年底，石化集团公司录井队伍累计完成录井5 975口、录井进尺1 488.16万米，同比分别增加379口、减少11.72万米。其中，国内集团内部市场完成录井5 481口，同比增加381口；国内集团外部市场完成录井281口，同比减少13口；国外市场完成录井213口，同比增加11口。录井质量合格率100%。

（夏鹏飞 张新华）

【主要技术进步】 录井技术及复杂储层综合评价取得新进展。利用拉曼激光气体检测、基于半透膜的油气在线检测技术完成多口井的应用，对油气实时发现及定量评价形成支撑，达到国际先进水平。复杂储层尤其是页岩气的综合评价能力进一步提升，建立了不同地区的页岩油气参数计算模型及有利储集段的识别和分类标准，为泥页岩油气资源评价如焦石坝储量申报等提供了技术支撑。

（张新华）

特种作业

【概述】 石化集团公司井下特种作业系统主要有胜利井下作业公司（包括胜利西南分公司部分业务）、中原井下特种作业公司、河南井下作业公司、江汉井下测试公司、西南井下作业公司、华北井下作业公司、南京威诺测试公司及上海海洋石油局第三海洋地质调查大队等。拥有员工12 340人，专业队伍359支，2013年完成工作量12 865井次，经营收入97.38亿元，同比增长14%。在页岩气水平井试气压裂、"井工厂"作业、酸性气试气及浅海作业等方面取得重要进展，为焦石坝页岩气等五大会战提供了有力保障。

（秦钰铭 曹 明）

【主要装备】 拥有各类主要生产设备2 352台（套），其中侧钻设备38台，修井机88台、试油（气）设备329台，测试设备330台（套）、压裂泵车234台、海上平台4座、连续油管7套，资产原值57.00亿元，净值35.96亿元，新度系数0.63。

（秦钰铭 曹 明）

【工作量】 2013年，井下特种作业系统共完成工作量12 865井次。其中，侧钻268口，大修958井次，小修1 940井次，试油(气)1 888层次/1 560口，测试1 324层次/1 287口，试井720井次，压裂2 569井次，酸化567井次，连续油管作业81井次，带压作业22井次，稠油注汽233井次，固井1 697井次，防砂485井次，其他113井次。

（秦钰铭 曹 明）

【主要技术进步】 水平井"井工厂"压裂模式初步实现。胜利井下在盐227井工厂压裂施工中，成功实现一套主压设备交替施工三井台8口井的新模式，为打造精品工程提供了样板，也为后续"井工厂"压裂开发积累了宝贵经验。

焦石坝页岩气水平井压裂技术取得重大突破。胜利、中原、江汉根据页岩气井试气压裂技术要求与工区环境，持续加强技术创新和管理创新，规模化应用页岩气网络压裂工艺技术，产能建设示范区一期17口井超预期完成，页岩气勘探开发取得重大突破。

复杂井况大修技术进一步完善。胜利井下配套200吨大功率修井机、大功率泥浆泵，特制5种特殊钻具及相应钻具组合；研制25兆帕高压旋转封，研发配套15种深井修井工具。中原井下研制的直径73毫米非标钻杆、微牙痕吊卡填补了国内在4英寸套管内修井钻具方面的空白，探索出套、磨、铣、捞、震等一系列修井工艺技术。

侧钻技术进一步配套。胜利井下通过完善注灰式液压导斜器开窗，开窗口的安全率达100%；推广应用95毫米尾管等提高固井质量的系列配套技术，极大提高了小井眼固井质量，侧钻固井质量合格率达98%。中原井下研发了YDY型快速分叉斜向器、复合钻铰式开窗铣锥、定向钻进技术、转盘和动力钻具双驱钻井技术、水力液压式扩眼技术、液压变径4英寸套管扶正技术和4英寸套管固井技术，全年侧钻完成44口井。

特殊工况完井测试技术日趋成熟。江汉井下以SHR－HP封隔器为主并配合伸缩管的测试—改造—完井一体化管柱在塔北、塔中等区块应用更加趋于成熟；在塔中区块的裸眼水平井分段酸压施工中，以SQS永久式插管封隔器和SHP可回收式插管封隔器为主的套管悬挂技术已得到广泛运用；在塔北区块，以锚定密封丢手器、液压封隔器为主的单封隔器丢手防砂管柱获得大量应用。

高含硫气藏完井试气投产取得阶段性成果。西南井下在元坝气田第1期海相投产井施工中共取得5项重大成果、10项工艺进步，为元坝酸性气田安全高效投产提供了强有力的支撑。

连续油管特种作业技术进一步拓宽应用范围。华北井下顺利完成连续油管带底封分段压裂施工。连续油管测压施工作业有效解决了大斜度井及水平井的测压问题。

（秦钰铭 曹 明）

油田地面工程建设

【概述】 2013年，油田地面建设经济效益大幅提升，基础管理体系逐步完善，市场开发力度持续加大，成本管控有效增强。全年新签合同额253.40亿元、同比增长4.6%，其中海外119.38亿元、增长26.3%；实现收入275.47亿元、增长10.5%，其中海外88.00亿元、增长46.5%；实现考核利润3.89亿元。

（刘居正）

【资质情况】 设计咨询资质：工程勘察综合甲级，国家石油天然气行业、石油天然气(海洋石油)、海洋行业(离岸工程)、建筑行业(建筑工程)、市政行业(给排水、热力、燃气、热力)工程设计甲级，石油天然气、港口河海工程、建筑、市政公用工程(热力、给排水、燃气、热力)、水文地质、工程测量、岩土工程工程咨询甲级，工程造价咨询甲级，桥梁工程设计乙级，工程勘察劳务资质等。

施工及制造资质：化工石油工程、房屋建筑工程、公路工程、水利水电工程、市政公用工程施工总承包一级，桥梁工程、海洋石油工程、化工石油设备安装工程、钢结构工程、管道工程、地基与基础工程、建筑装饰装修工程、消防工程、防腐保温工程施工专业承包一级，港口与航道工程、机电设备安装工程、送变电工程、电力工程、无损检测工程专业承包二级，A1、A2、A3级压力容器制造许可证，GA1甲级、GB1级(含PE管道)、GB2级、GC1级压力管道安装许可证，GB1级、GB2级、GC1(2)(3)级、GC2级、GC3级压力管道设计许可证。

监理资质：房屋建筑工程、化工石油工程、市政公用工程监理甲级，电力工程监理乙级。

各所属单位全部通过ISO 9000质量认证、ISO 1800安全体系认证、OHSAS 18000职业健康安全管理体系认证。

（刘居正）

【市场情况】 石油工程建设公司市场主要分为三大板块，分别是国内集团内部市场、国内集团外部市场和国际市场。集团内部市场主要服务胜利、中原、河南、江汉、江苏、西南、西北、东北、华东等各油田，以及天然气分公司、管道公司、新星石油公司、国际石油勘探开发公司等专业公司；国内外部市场主要涉及中国石油、中国海油、中化、各地煤化气公司、城市燃气公司等单位，以及高速公路、城市管网、房地产民用工程等社会市场。

（刘居正）

【主要装备】 拥有工程勘察、预制和施工设备2.4万余台(套)，包括各类工程机械、起重搬运机械、焊接切割设备、定向钻机组、工程勘察设备和仪器仪表等。滩浅海工程建设装备齐全，可建造浅海自升式平台、1万吨级大型固定平台，铺管作业水深可达100米。2013年购置了海上液压打桩锤、600吨水平定向穿越机、LNG外罐施工装备、全自动焊机等先进设备，增强了高端化装备实力。

（刘居正）

【主要技术进步】 2013年共开展各级科研项目200余项，其中国家级8项、省部级35项、局级58项。主要重大(重点)科技项目有：新粤浙煤制天然气长输管道工程建设关键技术、高含硫酸性气田集输系统维护及关键装备研究、东海100米水深海底管道施工工艺研究和装备研制、导管架平台(人工岛)设计建造技术、油气田开采废气液环保节能技术等。

拥有施工工法110项，其中国家级工法12项、部级工法3项、省级工法35项、石化集团公司级工法30项。拥有授权专利258项；自2012年11月1日至2013年10月31日，共计申请专利93项，获得授权专利96项。

（刘居正）

【重点工程】 2013年，国内主要完成东黄复线利用国储库恢复生产工程、关中环线储气调峰管道工程、南疆天然气利民工程(和民标段)、石家庄—太原成品油管道工程、河南油田下二门联合站污水余热利用工程、春风油田二号联合站工程等工程建设项目；开工及在建中新场—三邑—天府新区输气管道工程，新场—三邑—大弯输气管道工程，广西LNG粤西支线总承包，玉溪—富宁成品油管道线路，甬绍金衢成品油管道二期诸暨—桐庐线路安装工程，川气东送管道与西气东输一线管道联络工程，川气东送管道宜昌输气站新增物资储备库建设工程，山东液化天然气输气干线工程，昆仑京博天然气管道工程，英买力区块英东—英西连接线工程，呼和浩特白塔机杨扩建油车库、灌油棚项目，黄河乌金峡库区及龙湾至南长滩河段航运建设一期工程8标段、10标段，新疆引额济乌一期一步改扩建工程第3标段等项目。

（刘居正）

海洋石油工程

【海洋石油工程装备】 2013年，石油工程系统拥有海上钻井平台12座，其中自升式钻井平台8座、坐底式钻井平台3座、半潜式平台1座；修井作业平台5座，其中自升式3座、坐底式1座、吊装式修井模块1座；各类船舶285艘，其中地震物探船6艘、地质工程调查船2艘、工程服务船舶277艘。

（张 军）

【海洋工程建造与安装】 拥有分别位于胜利桩西内港和龙口胜利港的2处海工建造基地，以及胜利901铺管船、胜利902铺管船等海上施工专用船舶。2013年，购置了S600型海上液压打桩锤、海上重型静力触探系统、多波束测深系统。CB22H井组平台、CB4D采修一体化平台、海三站—中心三号平台(调水)、中心三号—海三站登陆点(输油)、CB812—SH8—CB326(输油)、CB256—CB243A(输油)、中国海油丽水36-1气田龙湾段站外海底管道、中化泉州炼油项目海底管道等工程建成投产。承揽了东海平北黄岩海上平台上部组块建造工程。胜利902铺管船建造工程获全国优秀焊接工程一等奖。

（李孟杰）

机械制造

【概述】 拥有牙轮钻头、金刚石钻头、螺旋缝焊管、直缝焊管、ERW管、玻璃钢抽油杆、钻(修)井机、固井压裂设备、天然气压缩机、水处理设备、高压管汇、绞车、泵类等生产线，有大型数控加工中心、数控机床等金属切削设备和铸造、锻造、热处理、焊接等热加工设备。截至2013年底，资产总额85.51亿元，净资产24.98亿元。

（田治明）

【世界首台3000型压裂车研制成功】 2013年3月21日，四机厂研制的3000型压裂车完成100小时的性能试验和中国石油重点风险探井束探1H井的大型酸压施工，各项技术指标完全达到设计要求，标志着具有中国自主知识产权的世界首台3000型压裂车研制成功。该压裂车是国家科技重大专项“3000型成套压裂装备研制及应用示范工程”项目的科研产品，搭载了自主研发的STP3300长冲程压裂泵和新一代控制系统，最大输出功率3 000马力，最高工作压力140兆帕，是国际上最大型号的车载压裂装备，能够满足超深井、超高压井、大型压裂施工的需要，对中国页岩油气等非常规能源开发具有重要意义。首批4台3000型压裂车完成涪陵焦页1—3HF井15段水平分段压裂施工，在40℃高温、60兆帕工作压力、65%平均负荷率下，高挡位连续作业40小时，对整个压裂作业排量的贡献率超过40%，充分展示了功率大、排量大、性能稳定等优势。

（付喜艳）

【“不压井作业装备”获国家国际科技合作专项立项】 2013年4月11日，四机厂与美国达德利公司合作研发的“160吨油气不压井作业装备合作研发”项目通过国家国际科技合作专项立项。该装备可为超深层、高压油气井提供吨位更大、作业压力更高、技术性能更可靠的不压井作业施工，可以有效保护油气层，降低生产成本，提高油气采收率。该厂通过开展合作研究，基本掌握了压力平衡控制、管柱堵塞、无损卡瓦设计等核心技术，研发出的系列不压井装备达到国际先进水平，并已获得委内瑞拉6套产品订单。

（郭艾斌　付喜艳）

【“石油四机”牌钻机获中国机械工业优质品牌称号】 2013年4月17日，在中国机械工业品牌培育表彰会上，“石油四机”牌钻机获中国机械工业优质品牌称号。四机厂通过加强钻机自动化控制技术、移运技术、集成技术等研究，先后开发出直升机吊装钻机、4 000—7 000米海洋钻机、页岩气专用钻机等新产品，满足了国内对高性能、适应性钻机的需求，还批量出口美国、委内瑞拉、利比亚等国家和地区，出口量在国内同行企业中排名首位。

（郭艾斌　付喜艳）

【江钻钻头获评中国石油和化学工业知名品牌产品】 2013年11月6日，“江钻”牌石油钻头被授予2013年度中国石油和化学工业知名品牌产品称号。江钻股份公司积极倡导“全员参与”的质量管理理念，通过远程监控与现场监督结合、统一检查与分级检查结合等有效举措，提升了石油钻头产品质量和品牌形象。

（张跃军　张靖伟）

【四机厂被认定为国家级企业技术中心】 2013年12月6日，在企业技术创新发展峰会上，国家发改委、科技部、财政部、海关总署、国税总局五部委联合为2013年度国家认定企业技术中心授牌，四机厂名列其中。近3年来，四机厂先后承担国家、中国石化、湖北省重大科技项目13项，研制出具有国内外领先和先进水平的新产品34项，取得各级成果奖励24项次。

（郭艾斌　任文喜　付喜艳）

【6RDS压缩机组在大牛地气田成功投产运行】 2013年12月17日，江钻股份公司生产的6RDS压缩机组在大牛地气田成功投产运行。共有6台机组完成72小时连续运行试验，其中4台机组加载投产运行，采用“三开一备”运行模式，输气量达到用户要求的1 050米^3/日，机组运行平稳，各项参数均满足设计及运行要求，振动及噪音达到国家标准要求，压缩机主机振动值仅为3.2毫米/秒，远远优于国家标准，受到用户好评。大牛地11台6RDS压缩机组项目创下了公司天然气压缩机组单笔订购数量最多、单台机组电机功率最大的纪录。

（田治明）

【钢管订货量显著增长】 2013年，钢管厂订货量达到44万吨，同比增长46%。其中，在中国石化市场取得济青复线、山东LNG管道、广西LNG管道、廉江—茂名管道、仪征—九江管道等多个项目的钢管订货合同，订货量达25.47万吨，同比增加15.97万吨。在中国石油市场取得西三线、庆铁线等重点管线项目共计3.2万吨钢管订货合同。在社会市场包揽了两湖区域钢管市场，取得河南燃气、神渭煤浆管线、关中环线等重点城市管网建设项目钢管订货合同，订货量达15.5万吨，同比增加1.9万吨。

（卢　鹏）

石油工程队伍资质建设

【资质认证】 2013年，对地震队、录井队、井下作业类（含油田分公司、油田改制企业）队伍进行了资质复审工作。通过复审的队伍为：录井队785支，其中甲级192支、乙级316支、达标158支、临时57

支、国外队伍62支；地震队70支，其中甲级37支、乙级17支、国外队伍16支；井下作业类队伍1 166支，其中石油工程公司队伍351支，包括甲级127支、乙级127支、达标35支、临时7支、国外55支；油田分公司井下作业队伍522支，包括甲级123支、乙级131支、达标215支、临时45支、国外8支；改制企业17个专业通过资质复审各类队伍293支。

（王银理）

设备管理

【概述】 截至2013年底，石油工程系统共有主要专业设备17 312台(套)，其中陆地石油钻机817台(套)，海洋石油钻井平台12座，测井设备1 369台(套)，录井设备880台(套)，钻采特车2 049台，地震物探设备2 708台(套)，工程机械845台，海洋工程船舶17艘。设备资产原值515.84元，净值279.15亿元，新度系数0.51。设备管理人员4 952人，设备维修人员7 627人。

（张　军）

【主要设备技术指标】 2013年，石油工程主要专业设备综合完好率98.09%，运转时率66.89%。各专业设备指标见表1。

（张　军）

表1　石化集团公司2013年石油工程主要专业设备技术指标

技术指标 / 设备分类	设备数量	综合完好率/%	运转时率/%	故障停机率/%	新度系数
钻井设备	829	99.69	76.71	0.03	0.50
测井设备	1 369	99.62	67.67	0	0.51
录井设备	880	98.87	81.92	0	0.47
钻采特车	2 049	99.34	60.56	0.01	0.64
地震物探设备	2 708	99.18	64.81	0	0.47
工程机械	845	99.18	72.93	0	0.46
船　舶	17	97.47	95.79	0.02	0.77

【重大装备技术选型论证工作】 组织开展2013年度石油工程重大装备更新改造技术选型、方案论证和技术谈判工作，确定包括钻井、物探、测井、录井、固井、作业、油建和海洋8个专业主体与配套设备更新技术选型方案，组织签订637份技术协议，组织完成以上设备的集团化采购工作。对安排实施的焦石坝和沙特钻机项目重大装备的投产进度进行跟踪和验收，确保重大装备的及时投产运行，有力保障了非常规和海外重点项目对石油工程重大装备的需求。

（张　军）

【设备大检查】 组织开展油田企业2013年度设备大检查工作，检查重点围绕设备管理组织机构、安全环保设施、设备防腐、电气仪表、五大会战设备保障等内容，共抽查了6个油田的49个二级单位，检查所属钻井、作业、试油、测井、录井、固井、输气站、联合站等基层施工队伍129个，单机设备812台(套)，查出各类问题387项，对查出的问题分类分层制定了整改措施。

（张　军）

【设备检测评估】 组织开展2013年石油钻机、修井机井架底座和整机检测评估分级工作，根据设备整体检测评估计划，全年共完成钻机修井机井架底座检测273部、各类整机检测评估53套。出具326份专业设备检测评估报告，全面分析设备的整体状况、存在问题、安全隐患并指导制定整改措施。通过以上工作的开展，进一步规范了大型设备检测评估工作，健全了大型设备档案资料，并为设备维修保养和判废报废工作提供了基础和依据，切实提升了设备运行效率和质量，确保了设备的本质安全。

（张　军）

【机械研发制造业务管理】 进一步明确机械研发制

造业务的发展思路，组织编写业务发展规划。组织开展水下采油树关键技术研究及成套设备研制、海洋石油水下井口头系统工程、3000 型成套压裂装备研制及应用示范工程、1 600 千牛油气不压井作业装备合作研发、海洋油气压裂作业系统研制等研发工作。进一步完善机械研发制造业务信息管理机制，从产品结构、市场分布和竞争环境等方面定期跟踪分析机械研发制造业务新产品研制应用和主要产品制造销售情况。积极推进机械制造业务的合资合作工作，重点与德国海瑞克、加拿大沛可嘉、美国赛瓦等公司围绕液压钻机、钻机自动化、井下工具、旋转导向仪器等方面开展技术交流与合作生产进行深入交流，部分项目已取得实质进展。

（张　军）

炼油生产

◇ 综述

◇ 工艺技术进展

◇ 装置达标和节能减排

◇ 设备管理

◇ 计量管理

◇ 质量管理

◇ 原油资源及储运

综　　述

2013年是炼油生产经营形势异常严峻的一年，国际原油市场价格频繁波动，国内油品需求低于预期、化工市场持续低迷。面对困难局面，炼油板块坚持贴近市场、贴近效益，灵活组织、积极应对，把握好创效机会，调整产品结构，推进优化加工，从严精细管理，炼油生产经营取得较好成绩，业务发展呈现逐步好转的势头。

炼油生产总量稳中增长。始终服从服务全局，严格执行调控部署，狠抓安稳运行，灵活组织生产，优化检修安排，做大成品油出口，稳妥推进新建产能建设，积极拓展炼油稳增长渠道，在有效保障公司整体业务协调发展的同时，发挥负荷、库存、出口、结构、检修等调控手段，持续保持了炼油生产总量的稳步增长，全年原油加工量同比增加1 060万吨，增长4.75%。

产品结构调整创效显著。统筹市场供需，提高产品价值创造力，发挥高价值产品增产增销奖励政策的引导作用，优化生产方案，调整工艺操作，提高创效核心装置的加工负荷和运行效率，努力增产汽油、航煤、地标油品等高价值产品。全年结构调整增效48亿元。

优化挖潜增效再创佳绩。不断增强优化工作的广度和深度，持续、动态、全过程推进。抓住高低硫原油价差扩大的时机，发挥新建装置适应性提高和管道输送优势，优化资源采购、配置和运输。深化PIMS模型应用，扎实推进炼油全流程优化加工，加快资源综合利用，推进板块内部组分优化，优化机制已成常态并取得显著效果。全年实现利润同比增加273亿元。

实施绿色低碳取得进步。不断完善碳排放指标体系，运行好现有环保装置，实施催化裂化烟气脱硫、MTBE脱硫、污水提标及回用和炼厂除异味等专项改造。普通柴油质量升级比国家标准规定时间提前1个月，国Ⅳ车用汽油质量升级时间提前3个月。通过实施余热利用、热联合直供、加热炉提效、蒸汽管网优化和设备节能改造，炼油用能水平持续提高。

经营创效能力不断提升。紧贴市场灵活经营，专业化统销优势充分发挥。液化气统一销售顺利实施，达到了平稳过渡、保障后路的预期目标，并通过优化营销策略、渠道、客户、物流，加强区域联动，推进差异化经营，集中销售效果逐渐显现。润滑油业务加大市场开发，扩大业务规模，塑造品牌形象，整合效果进一步显现。

技术转化取得较好成果。催化裂化汽油选择性加氢脱硫（RSDS－Ⅲ）技术转化初步成功，连续柴油液相循环加氢技术通过鉴定，逆流床重整成功应用。国产催化烟气除尘脱硫脱硝技术实现工业化应用，重整生成油液相选择性加氢技术应用效果良好，小型炼厂酸性气综合利用成套技术开发取得成效。生物航煤通过试航验证，高精炼固态烷烃通过国防科工局验收。原油混输与调和技术应用效果明显。

“实现世界一流”有序推进。进一步完善评价体系，科学谋划思路，落实年度滚动提升计划，“实现世界一流”的各项工作专题全面推进，与世界一流指标差距进一步缩小。能耗水平继续保持世界领先水平，综合损失接近世界先进水平，产品质量和环保水平差距大幅缩小。

企业管理水平持续提高。以深入开展党的群众路线教育实践活动为契机，不断传承传统、创新管理。通过发挥整体优势，继续组织系统内专家开展技术服务、检修服务。完善制度、传承经验、规范行为，一体化管理体系建设基本完成。结合“学镇海、学安喜”主题活动，全方位对标找差距、定措施、抓落实，“比学赶帮超”活动取得新成果。

（孟宪强）

工艺技术进展

【常减压蒸馏】　截至2013年底，中国石化35家炼油企业共有64套常减压装置，总加工能力为2.79亿吨/年，比上年增加850万吨/年。全年共有58套装置投入运行，共加工原油2.34亿吨，同比增加1 060万吨。原油平均硫含量1.54%，平均酸值0.51毫克（氢氧化钾）/克，API平均29.51。常减压蒸馏工艺的技术进展主要集中在原料劣质化、运行周期延长、节能降耗等方面。

原料劣质化。加工原油中的劣质原油比例从上年的58.87%，增加到63.20%，同比增加了4.33个百分点。

工艺指标情况。常减压装置的一次平均轻收为41.78%，比上年下降0.12个百分点；总拔为68.66%，比上年下降3.34个百分点；装置能耗达到9.13千克标油/吨，比上年下降0.10千克标油/吨。

运行周期延长。通过强化设备管理、开展工艺防腐、修改装置技术规程和岗位操作法，有效减少了非计划停工。截至年底，已有15套常减压装置实现“四年一修”的长周期运行目标。

新技术应用。镇海炼化的原油在线调和技术取得成功应用；多套常减压装置开展了原油分储分炼设施的建设；在电脱盐系统通过优选适宜破乳剂，确保脱盐合格率；通过科学规范使用破乳剂、缓蚀剂、清洗钝化剂等助剂，较好地控制了常减压助剂费用。

（宫 超）

【催化裂化】 2013年，中国石化催化裂化装置在装置运行周期、产品分布等方面进步较大。装置总加工能力达到7 111万吨/年，比上年增加200万吨/年，平均装置规模127万吨/年。其中，安庆3#催化投产，中国石化200万吨/年以上催化裂化装置达到10套。全年运行装置53套，加工原料6 446.8万吨，运行期间负荷率98.05%。与此同时，一批新技术、实用技术在催化裂化装置中得到应用。

节能减排进步显著。催化裂化装置节能进展明显，装置平均能耗48.97千克标油/吨，同比下降2.46千克标油/吨。催化裂化烟气净化取得显著进展，长岭、茂名、济南、金陵、胜利石化、海南等13套催化裂化装置的烟气脱硫脱硝设施投用，烟气中硫、氮氧化物排放大幅下降。

产品结构进一步优化。全年共生产汽油2 810.2万吨，同比增加277万吨；在维持丙烯产率的情况下，汽油收率从43.59%上升到43.96%，增加0.37个百分点，经济效益显著提高。生产柴油1 568.5万吨、液化气1 155.3万吨、丙烯455.1万吨，其中丙烯收率从6.8%增加到7.06%，增加0.26个百分点，取得显著经济效益。

加强技术培训和交流。在茂名举办了首届催化裂化技术干部大比武，共有34家炼油企业的87名选手参加，为促进催化裂化技术交流起到了较好的推动作用。

（宫 超）

【延迟焦化】 2013年，中国石化共有36套延迟焦化装置运行，分布于25家企业，年加工能力4 925万吨，年处理量4 406万吨，平均负荷率89%，装置综合能耗为22.31千克标油/吨。焦化装置进一步优化操作，降低循环比、缩短生焦时间，总液收继续保持在较优水平。

原料劣质化。焦化原料平均残炭达到20.87%，同比上升0.77个百分点，密度达1.014千克/米^3，同比上升0.002千克/米^3。焦化装置的总液收达到64.1%，同比下降0.13个百分点。继续开展焦化年专项工作，通过优化加热炉操作、缩短生焦周期等措施，焦化装置运行水平继续提高，产品分布保持了较好的水平。干气、焦炭产率均略有下降，液化气、汽油、柴油均略好于上年，生焦指数降低到1.37，同比下降了0.05个单位。

装置运行水平提升。采取多项措施提升装置运行水平，推进《延迟焦化装置优化运行指导意见》的应用，改善装置竞赛办法，引导基层装置深度开展提高运行效率的生产优化；同时通过各种渠道宣传推广焦化装置高苛刻度操作的经验和效果，有效提升装置规范化、标准化运行水平。

装置改造情况。主要完成了以下技术措施：燕山焦化优化改造、石家庄焦化优化改造、济南焦化工艺联锁优化改造、镇海1#焦化优化改造、武汉1#焦化消缺改造。

（宫 超）

【催化重整】 2013年，中国石化新增重整能力191万吨/年，总加工能力达到2 843万吨/年。有38套催化重整装置运行，其中连续重整28套，加工量2 459万吨，平均运行负荷101.94%，生成油辛烷桶89.31%，能耗57.84千克标油/吨；半再生重整10套，加工量224万吨，平均运行负荷89.25%，生成油辛烷桶85.28%，能耗56.53千克标油/吨。新建投产2套连续重整装置，包括安庆100万吨/年连续重整、济南60万吨/年连续重整（逆流床）；湛江东兴33万吨/年固定床重整装置恢复运行。

连续重整技术发展。工程建设公司与石油化工科学研究院联合开发的“60万吨/年逆流床连续重整技术”为中国石化自主研发，拥有完全自主知识产权，属世界首创。2013年9月，该技术在济南分公司成功应用并一次投产成功，各项技术经济指标达到预期目标要求。

连续重整催化剂应用取得新进展。石油化工科学研究院开发的PS系列连续重整催化剂进一步推广应用。济南60万吨/年逆流床连续重整、安庆100万吨/年连续重整、海南120万吨/年连续重整、茂名120万吨/年连续重整均采用PS－Ⅵ催化剂。截至年底，国内已投产的56套连续重整装置中，已有40套（其中中国石化24套）采用了PS－Ⅵ催化剂，4套采用了PS－Ⅶ型催化剂。

（周建华）

【润滑油生产】 截至2013年底，中国石化共有糠醛精制装置9套，能力327万吨/年，负荷率76.71%；酮苯脱蜡装置12套，能力279万吨/年，负荷率67.05%；白土补充精制装置8套，能力123万吨/年，负荷率65.73%；加氢补充精制装置3套，能力22万吨/年，负荷率59.09%；润滑油加氢—老三套组合工艺装置2套，其中加氢改质总能力50万吨/年；润滑油全加氢装置1套，其中裂化单元能力30万吨/年，负荷率104.36%。基础油综合收率同比降低0.39个百分点，综合能耗同比上升9.38千克标油/吨基础油，综合物耗同比上升0.35千克标油/吨基础油。

7月，中国石化新加坡润滑油脂项目竣工投产。该项目具有世界领先的润滑油脂生产装备和加工工艺，其中90%采用的是中国石化自有知识产权技术。新加坡工厂全部生产润滑油脂高端产品，重点满足亚太地区客户对高档润滑油脂的需求。

2013年，润滑油分公司投产包括顶级全合成SN/GF－5、5W－40等在内的新产品共67个，当年新产品产量1.2万吨。完成包括手动变速箱油获得ZF认证在内的国际OEM认证41项，写入说明书51家。申请发明专利67项，新增授权专利25项。“风电设备传动系统润滑剂”等多项专利技术实现工业化应用。

多项重点项目取得突破，开发的自主技术舰艇通用柴油机油正式列装中国海军；配套“嫦娥三号”提供全系统液体润滑保护，4种润滑油、脂产品成功首次应用于反推力发动机上，减速器润滑脂应用于月球车的太阳能帆板展开机构；超高压乙烯压缩机油、油膜轴承油等20多种产品成功替代国外油品在系统内应用；开发的高铁齿轮油系列产品正式供货“和谐号”机车；船用环保型汽缸油在“雪龙号”上应用；完成高温机械润滑脂、液压油等8种食品级润滑油脂产品开发，并获得美国NSF、美国FDA、英国WRAS等食品卫生相关标准认可证。

（林　崧）

装置达标和节能减排

【概述】 2013年，中国石化34家炼油企业（不含福建炼化）轻油收率同比降低0.57个百分点，综合商品率同比降低0.33个百分点，加工损失率同比降低0.01个百分点，综合能耗同比降低0.1千克标油/吨。

（李　鹏）

【炼油达标】 2013年，中国石化轻质油收率、综合商品率、加工损失率、综合能耗、原油储运损失5项总指标达到了年度达标考核指标，价值量化后炼油专业实现达标，是继2003年以来连续第11年实现专业达标。

1. 专业达标

2家企业实现达标，分别是洛阳、高桥。实现炼油专业保标的企业有24家，分别是天津、石家庄、沧州、河南、齐鲁、济南、胜利、安庆、九江、武汉、长岭、荆门、金陵、扬子、上海石化、茂名、北海、西安、塔河、扬州、泰州、湛江、青岛炼化、巴陵。

2. 专业竞赛

大型炼厂排名第1至第6位的企业是天津、齐鲁、青岛炼化、扬子、茂名、金陵。中型炼厂排名前2位的企业是湛江、长岭。

3. 同类装置竞赛

常减压装置：58套运行的常减压装置参与同类装置竞赛，排名第1至第10位的是海南、青岛炼化、北海、天津3#、金陵4#、湛江、九江1#、镇海2#、荆门1#、上海石化3#。进步最快奖：上海石化2#（排名进步15名）、扬子2#（排名进步11名）。

催化裂化装置：52套运行的催化裂化装置参与同类装置竞赛，排名第1至第10位的是镇海2#、金陵3#、九江1#、洛阳2#、青岛石化、荆门2#、广州1#、洛阳1#、长岭2#、九江2#。进步最快奖：湛江2#（排名进步20名）、武汉2#（排名进步17名）。

加氢裂化装置：19套运行的加氢裂化装置参与同类装置竞赛，排名第1至第4位的是海南、天津2#、广州、金陵2#。7套运行的渣油加氢装置参与同类装置竞赛，排名第1至第2位的是海南、茂名。

延迟焦化装置：36套运行的延迟焦化装置参与同类装置竞赛，排名第1至第6位的是广州3#、洛阳、金陵1#、武汉2#、金陵3#、北海。进步最快奖：镇海1#（排名进步16名）。

催化重整装置：26套运行的连续重整装置参与同类装置竞赛，排名第1至第5位的是金陵2#、青岛炼化、齐鲁、广州2#、镇海3#。

半再生重整装置：8套运行的半再生重整装置参与同类装置竞赛，排名第1至第2位的是沧州、青岛石化。

蜡油加氢处理装置：13套运行的蜡油加氢处理装置参与同类装置竞赛，排名第1至第2位的是洛阳、天津。

柴油加氢精制装置：59套运行的柴油加氢精制装置参与同类装置竞赛，排名第1至第10位的是茂名3#、北海、广州3#、青岛炼化、洛阳2#、镇海4#、镇海6#、天津3#、金陵2#、齐鲁3#。进步最快奖：茂名2#（排名进步18名）、湛江1#（排名进步18名）。

航煤加氢精制装置：17套运行的航煤加氢精制装置参与同类装置竞赛，排名第1至第2位的是海南2#、茂名。

汽油加氢精制装置：13套运行的催化汽油加氢精制装置参与同类装置竞赛，排名第1至第2位的是北海、武汉。

S－Zorb装置：15套运行的S－Zorb装置参与同类装置竞赛，排名第1至第3位的是金陵、长岭、镇海。

硫回收装置：53套运行的硫回收装置参与同类装置竞赛，排名第1至第6位的是洛阳1#、齐鲁2#、镇海4#、湛江2#、金陵4#、九江。进步最快奖：北海（排名进步13名）、金陵3#（排名进步10名）。

制氢装置：31套运行的制氢装置参与同类装置竞赛，排名第1至第3位的是沧州、武汉1#、塔河2#。

气分装置：45套运行的溶剂精制装置参与同类装置竞赛，排名第1至第6位的是金陵1#、镇海1#、安庆2#、青岛炼化、湛江2#、金陵3#。

溶剂精制装置：8套运行的溶剂精制装置参与同类装置竞赛，排名第1位的是茂名3#。

溶剂脱蜡装置：12套运行的溶剂脱蜡装置参与同类装置竞赛，排名第1至第2位的是茂名1#、荆门1#。

MTBE装置：21套运行的溶剂脱蜡装置参与同类装置竞赛，排名第1至第3位的是海南、青岛炼化、武汉。

污水汽提装置：61套运行的溶剂脱蜡装置参与同类装置竞赛，排名第1至第6位的是青岛炼化、长岭2#、镇海2#、洛阳1#、沧州、海南。

（李　鹏）

【节能减排】 2013年，尽管受产品质量升级、增产汽油和环保排放达标、30余套二次加工装置投产、4套催化裂化装置烟气脱硫项目实施等因素影响增加了炼油综合能耗，但是炼油板块通过强化管理和积极采取技术措施大力节能降耗，综合能耗同比降低0.1千克标油/吨。

强化节能管理，加强网络版能耗统计系统应用，在系统中增加燃动预算功能，规范装置能耗统计计算，使装置能耗计算结果更为准确合理，费用与指标结合更为紧密，可比性增强，促进了节能绩效考核。对高桥石化、天津石化、扬子石化、上海石化、福建炼化和齐鲁石化6家企业开展技术服务，提出节能措施180余条，促进企业用能水平提升；对北海、湛江和广州开展蒸汽系统调研服务工作，提出措施60余条，提升蒸汽系统运行效率。积极开展余热利用、热联合、直供提效等专项节能工作，全年单因耗能同比下降0.6%，EII同比下降3.5%；开展碳盘查及碳排放方面相关工作。

（谢小华）

【节水减排】 2013年，各炼油企业工业水运行情况良好，加工吨原料油平均取新水同比降低0.01吨；吨油排污水同比降低0.01吨；工业水重复利用率同比提高0.13个百分点；循环水浓缩倍数同比上升0.23倍；凝结水回收率同比提高3.93个百分点；污水回收率同比提高1.1个百分点。吨油取新水、排污水均达到历史最好水平。

继续推进节水减排工作。增加雨水回用设施，减少新鲜水用量；工业水运行水平差的企业向先进企业取经，制定措施减少循环水质波动大等问题，全年累计节约新水217万吨，减排污水210万吨，降本减费2 660万元，取得了良好的经济效益和社会效益。

（朱　哲）

设备管理

【概述】 2013年，炼油板块设备管理继续抓好装置长周期运行管理，在继续保持高负荷运行前提下，通过加强设备的全员、全过程管理，努力提高设备运行的可靠度，使设备总体上保持了良好的运行状态。

2013年，炼油企业6类主要生产装置检修130套，是检修装置最多的一年，其中常减压装置16套、催化裂化装置20套、延迟焦化装置20套、加氢裂化装置19套、重整装置17套、加氢精制28套、润滑油及其他装置10套。进一步加大检修管理力度，严控检修质量，要求企业加大预制力度，适当提高检修深度，不抢、不拖工期，取得较好效果，130套检修装置全部做到了一次开车成功。

各企业继续抓好装置运行管理，把提高装置长周期运行水平当作降本减费、提升企业竞争力的重要措施来抓，装置运行水平进一步提高。截至2013

年底，在中国石化主要炼油生产装置中，有92套装置实现“四年一修”，比上年增加14套；有305套装置实现“三年一修”，同比增加17套。

炼油板块坚持组织设备专家深入企业进行调研和开展各种技术服务活动，帮助企业解决实际问题。2013年先后组织了9次专家组到企业进行检修前的调研服务工作，4次派设备专家到现场进行技术服务，促进了企业检修质量和设备运行水平的提高。

进一步加强烟机运行管理。2013年，中国石化47台烟机累计负荷率84.8%，同比提高0.6个百分点；能量回收率91.9%，同比提高0.8个百分点；同步运行率98.5%，同比提高0.6个百分点。烟机同步运行率和负荷率保持了较高水平。

（任　刚）

【设备防腐蚀管理】 2013年，设备腐蚀依然比较严重，腐蚀泄漏时有发生。5月下旬起，华北、沿江10家企业陆续受到高氯原油冲击，全年25套装置发生57次停工水洗，其中高压换热器泄漏4台，加氢空冷器腐蚀泄漏10台，管线开裂7处，接管开裂4处。

针对装置腐蚀具体状况，通过规范企业原油质量监测体系，按照各企业原油进厂与加工方式的不同，规范原油采样地点与监测项目的设定；按照装置设防要求控制好原油采购；开好电脱盐装置，采用混合阀、静态混合器交叉方式提高混合强度，优化换热网络，提高电脱盐温度；提高工艺防腐管理水平，对破乳剂、缓蚀剂等注剂泵进行更新，消除一泵多点注入；加强设备腐蚀监测等措施，保证了装置安全运行。

（朱　哲）

【加热炉管理】 通过对加热炉持续的节能改造和示范炉项目推广，加热炉热效率进一步提高。2013年组织加热炉测评中心对15家炼油企业的265台加热炉的运行和管理进行了检查和测评，加权平均热效率91.5%，同比提高0.4个百分点；平均排烟温度135.2℃，同比下降7.4℃；平均氧含量3.8%，同比降低0.2个百分点。

组织加热炉测评中心对15家企业的19台催化余热锅炉进行了测试，加权平均热利用率63.4%，排烟温度186.6℃，初步摸清催化余热锅炉运行情况，为提高催化余热锅炉热利用率打下了基础。

（朱　哲）

计量管理

【概述】 2013年，炼油企业认真贯彻国家计量法律、法规，狠抓计量器具管理，强化计量数据管理，计量管理水平不断提高；同时加大了计量设备改造力度，计量器具精确度和计量数据的准确性不断提高，为企业减少进出厂物料损耗提供了有利条件，取得了显著效益。

（任　刚）

【加强原油储运损失管理】 继续抓好原油储运管理工作，深化基准损失比对管理，加大“比学赶超”力度，促进企业及时发现差距，深入分析原因，抓好整改落实。全年原油储运损失率比上年下降0.009个百分点，减少原油损失2.37万吨，节约成本1.4亿元。镇海、上海、茂名、天津、金陵、广州、齐鲁、青岛炼化、九江等企业的实际储运损失率达到“优秀”等级。

（任　刚）

【继续开展计量专项整改】 根据《炼油企业计量设备配备指导性意见》和专家组意见，并考虑到大修因素，确定了11家企业计量整改项目425项，整改后取得了较好效果。提高了蒸汽、水、燃料、电等能源介质计量设备的完好率，计量损失率减少，为节能降耗工作提供了便利条件；提高了进出厂计量设备准确度，减少了进出厂计量损失；装置间计量设备配备水平有所提高。

（任　刚）

质量管理

【概述】 2013年，中国石化炼油企业稳步推进产品质量升级工作，提前实现普通柴油和国Ⅳ车用汽油产品质量升级，同时满足了地方标准质量升级工作要求。炼油产品质量总体保持稳定，通过严格产品内控指标管理和加强全过程产品质量控制，满足标准和用户使用要求。在国家、各级政府部门和中国石化对炼油企业产品质量监督抽查中，产品质量合格率均达到100%。

（张宝生）

【产品实物质量】 炼油产品实物质量总体稳定，质量升级工作稳步推进。普通柴油质量全面达到国Ⅲ

标准要求，车用汽油质量全面达到国Ⅳ标准要求，供应上海车用汽、柴油质量达到国Ⅴ油品标准要求。为确保产品质量升级工作顺利完成，组织部分重点企业就项目建设与投产进度、系统置换时间、区域优化方案、应急处理措施等方面的内容进行了对接落实，并跟踪实施进度。

国Ⅳ汽油升级。全年新建12套S－Zorb装置，改造8套S－Zorb、11套催化汽油加氢、15套MTBE装置。10月1日顺利实现国Ⅳ车用汽油质量升级，比国家标准规定时间提前了3个月。

普通柴油升级。全年新建11套柴油加氢、1套加氢改质、2套加氢裂化装置，统筹规划升级时间安排，根据企业实际情况升级达标时间分为三步走，6月1日顺利完成普通柴油质量升级，比国家标准规定时间提前了1个月。

地标汽、柴油升级。为确保地方标准国Ⅴ汽、柴油产品的生产供应，积极跟踪地方标准制定情况，根据地方标准确定的供应时间，组织部分重点企业就产品质量升级措施进行了专项对接落实，并及时跟踪实施进度，按照地方政府要求的时间圆满完成地方标准车用汽、柴油质量升级任务。9月1日起，上海推广实施国Ⅴ车用汽、柴油标准；10月1日起，江苏省部分地区推广实施国Ⅴ汽油标准。

生物航煤。2013年4月24日，中国石化1号生物航煤在上海虹桥机场成功试飞。2014年2月12日，中国民用航空局正式向中国石化颁发1号生物航煤技术标准规定项目批准书（CTSOA），中国第1张生物航煤生产许可证落户中国石化，标志着备受国内外关注的国产1号生物航煤正式获得适航批准，中国石化的生物航煤产品已完全具备产业化的条件，中国生物航煤也因此正式迈入产业化和商业化阶段。中国成为继美国、法国、芬兰之后第4个拥有生物航煤自主研发生产技术的国家，中国石化成为国内首家拥有生物航煤自主研发生产技术的企业。

（张宝生）

【产品质量管理】 中国石化以落实炼油企业产品质量管理制度为重点，不断提高质量管理体系运行的有效性，全面提升企业质量管理水平。通过严格产品内控指标管理，开展月度产品质量统计分析，积极开展用户质量技术服务，加大月度产品质量通报力度，使炼油产品质量的控制管理水平得到了提高。组织开展了“质量日”活动，举办了炼油企业质量处(科)长培训班，提高了全体员工的质量意识和管理队伍的业务技术水平。各企业强化质量管理，狠抓全员、全过程质量培训和质量控制，炼油质量管理工作得到了全面提高。充分利用信息化管理手段，提高质量管理、质量控制与质量分析的科学性与工作效率，炼油产品全面质量管理信息化管理手段上了一个新台阶。

（张宝生）

原油资源及储运

【原油资源】 2013年，中国石化炼化企业共完成原油配置2.34亿吨，其中中国石化自产3 384万吨、中国石油供应473万吨、中国海油供应557万吨、进口原油1.9亿吨。中国石化原油资源完成情况见表1。

表1 **中国石化原油资源完成情况** 万吨

项目 \ 年份	2013	2012	2011	2010	2009	2008
原油资源总量	23 386	22 308	21 996	21 405	18 521	17 435
自产原油	3 384	3 466	3 484	3 513	3 190	3 088
中国石油资源	473	516	572	510	705	613
中国海油资源	557	686	806	855	797	686
进口原油	18 971	17 641	17 133	16 527	13 829	12 829

（陈　栋）

【自产原油销售流向】 2013年，中国石化油田企业共完成原油资源配置量4 204万吨。其中，供中国石化炼化企业3 384万吨，供中国石油197万吨，供地方炼油企业566万吨。自产原油销售流向见表2。

表2　　中国石化自产原油销售流向　　万吨

项目＼年份	2013	2012	2011	2010	2009	2008
原油配置量	4 204	4 153	4 099	4 087	4 077	3 994
石化企业	3 384	3 466	3 484	3 513	3 190	3 088
中国石油	197	188	166	136	130	117
地方企业	566	445	403	387	352	323
其　他	18	55	86	49	407	463
库存增减	39	－4	－42	－5	－5	15

（陈　栋）

【储运设施】　原油管道：截至2013年底，中国石化共拥有在用原油长输管道7 100千米，2013年实际完成原油输送量1.95亿吨。其中，管道储运分公司负责运营管理的原油长输管道6 080千米，2013年实际完成原油输送量1.3亿吨；油田企业负责运营管理的原油长输管道477千米，2013年实际完成原油输送量1 722万吨；炼化企业负责运营管理的原油长输管道543千米，2013年实际完成原油输送量4 822万吨。

原油储罐：截至2013年底，中国石化在用原油罐容合计5 072万立方米，其中炼化企业1 480万立方米、油田企业344万立方米、管道储运分公司1 221万立方米、其他原油库2 027万立方米。

原油码头。截至2013年底，中国石化共拥有原油深水码头12座、25万吨级以上原油泊位16座。

（陈　栋）

【原油储运设施投用情况】　天津南港原油商业储备基地工程一次投产成功。该工程位于天津市南港工业区、管道公司天津输油站东南方向，由32座10万立方米原油储罐及其配套辅助设施组成。9月1日，天津输油站启动发球流程，天津南港商业储备库启动收球流程，原油顺利进入29#—32#4座10万立方米原油储罐。

（陈　栋）

【燃料原油替代及输油能耗情况】　2013年，管道公司为节约能源、降低输油成本，积极开展“以天然气、蒸汽替代燃料原油”工作，通过采取高、低凝点原油混合输送、降低输送温度等措施，节省燃料消耗。全年烧用原油2.47万吨，同比减少1 471吨，燃油单耗3.99千克/（万吨·千米），比上年降低12.11%；耗电12.07亿千瓦·时，电单耗194.92（千瓦·时）/（万吨·千米），比上年降低2.80%；烧用天然气1 813万立方米，同比减少187万立方米。

（陈　栋）

【优化运行确保原油资源稳定供应】　及时果断应对胜利原油有机氯超标事故，确保油田生产后路畅通。5月下旬，胜利油田发生原油有机氯超标事故，造成华北、沿江多家炼化企业装置停工或降负荷运行，华北多条原油管道调整运行方案，甚至停输，胜利油田、管道公司的原油库存高位运行，危及油田、管道和炼化企业正常生产。事故发生后，总部立即安排管道公司、胜利油田收储高氯原油，及时调整胜利原油流向和管道运行方案，控制事态扩散范围，加强运行协调；每天组织召开碰头会，协调有关单位共同做好胜利油田交油口、管道公司相关站库原油有机氯含量监测；有关部门研究落实已收储高氯原油的调和配输方案。经过近3个月的努力，胜利油田原油库存恢复正常水平，油田、管道和炼化企业恢复正常生产。

积极应对东黄复线“11·22”事故，保障系统稳定运行。11月22日，东黄复线发生原油泄漏燃爆事故。事故发生后，总部迅速调整华北管道运行方案，安排临济线、临沧线停输，临邑库存进口原油优先满足中洛线、鲁宁线等加热输送管道掺输，将沧州分公司进口原油调整到津沧线输送，协调日照港加大洛阳、济南分公司进口原油铁路装车力度，安排中原油田临时收储中原原油。协助管道公司尽快恢复黄岛4条外输管道输油，跟踪管线运行情况和相关炼化企业生产动态，迅速稳定了原油供应，防止了次生事故发生。

（陈　栋）

化工生产

◇ 综述

◇ 有机原料

◇ 合成树脂

◇ 合成橡胶

◇ 合成纤维

◇ 精细化工

◇ 化肥

◇ 无机原料

◇ 质量管理

◇ 设备管理

◇ 达标管理

◇ 计量管理

综　　述

2013 年，化工板块的生产经营遇到非常严峻的挑战。原料价格高位震荡，产品价格持续下跌，毛利空间被严重压缩。面对困难的生产经营形势，化工板块按照石化集团公司党组的工作要求和具体部署，坚持紧贴市场，以效益为中心，着力推进原料、产品两大结构调整，强化产销衔接，坚持低库存运行，严格控制成本费用，努力优化运营。

经营总量进一步做大。全年生产乙烯 997.98 万吨，同比增加 43.80 万吨；生产对二甲苯 447.79 万吨，同比增加 6.94 万吨；实现经营总量 5 823 万吨，同比增加 388 万吨。

原料结构优化取得成效。吨“乙烯”原料成本 8 585元，按年度预算价格还原后为 8 680 元，同比降低 168 元，降本 18.7 亿元。乙烯原料中，全馏分石脑油占 44.2%、同比降低 15.3 个百分点，加氢尾油、轻石脑油和饱和液化气投入比例相应提高。

技术经济指标继续提升。乙烯装置绩效评价 5 项关键指标中，重置资产投资回报率等 4 项指标进一步改善。合成树脂新产品与专用料比例达 55.3%，同比提高 2.3 个百分点；高附加值橡胶产品比例达 15.7%，同比提高 0.9 个百分点；聚酯专用料和差别化纤维产品比例达 70.9%，同比提高 3.3 个百分点。万元产值综合能耗 1.542 吨标煤，同比降低 0.025 个单位。全年节水 850 万吨，减排 750 万吨。

一、强化安全环保，狠抓装置稳定运行

强化安全管理。坚持 OSHA 统计分析，查找生产、检修作业中的薄弱环节。为深刻吸取“11·22”事故教训，遏制重特大安全生产事故发生，在石化集团公司统一部署下，于 2013 年 12 月 17—28 日和 2014 年 3 月 17—21 日，分 2 个阶段组织炼化企业安全大检查。检查覆盖全部炼化企业，共查出问题 1 878 项，对查出的问题和隐患建立台账，实行闭环管理。

加强运行管理。针对非计划停工同比增加，合资企业、非上市企业非计划停工偏多的问题，及时通报，对主要装置、形成大面积影响以及重复发生的非计划停工，要求企业分管领导做专题汇报。

开展环保治理。优化齐鲁、福建等检修停开车过程低排放措施；落实化工企业异味气体治理措施；在齐鲁、中原试点苯类气体回收项目；开展乙烯装置泄漏检测和修复(LDAR)，燕山等 9 套乙烯装置累计检测 29.8 万个密封点，泄漏率 0.69%，年泄漏量约 1 626 吨，通过针对性的修复，泄漏量减少 72%，现场环境明显改善。

推进空分专业化管理。组织开展空分装置综合调研，从设备效率、工艺优化、安全环保、计量配套等多方面提出中长期解决方案，促进提高空分装置稳定运行和优化运营的水平。针对南化、金陵、齐鲁等企业空分装置出现的“疑难杂症”，组织专家会诊，落实解决措施。

二、强化产销衔接，紧贴市场，优化运营

贴近市场优化排产。在月度生产经营计划编制过程中，坚持“以销定产、以产定供、以产促销”原则，强调 3 个月滚动计划的指导性和月度计划的严肃性，依据化工销售提供的市场预测价格，使用化工 PIMS 模型进行装置、产品链的效益测算，优化排产。利用现有 ERP、MES 系统的 BW 数据仓库、调度指挥系统、TBM 预算管理系统、化工“三剂”应用管理系统的实时数据，开展企业、产品链以及装置赢利状况动态监控。在计划执行过程中，根据市场和效益及时优化。

追求整体效益最大化。全年安排芳烃装置满负荷生产；根据市场变化和效益情况，乙烯产品链适时安排苯乙烯、环氧乙烷、乙二醇、高压聚乙烯、线性低密度聚乙烯等产品满负荷生产，安排低压聚乙烯、聚乙烯醇等产品降负荷生产，大幅压产聚氯乙烯；丙烯产品链安排环氧丙烷、丙烯腈等产品满负荷生产，安排洛阳 2 套聚丙烯分别实施阶段性降负荷和阶段性停产；合成纤维产品链安排 PTA、聚酯切片等市场疲软的产品降负荷生产，全年压产合成纤维 14 万吨、合成纤维原料 36 万吨、合成纤维聚合物 16 万吨。

三、优化资源利用，调整原料结构

2013 年，化工板块把乙烯原料结构调整作为生产经营工作的重点。推行“分子管理”，动态优化原料结构。以整体效益最大化为目标，根据石脑油、加氢尾油、轻烃、饱和液化气等各种原料的市场价格变化情况，利用 PIMS、SPYRO 等优化软件工具，开展常态化、动态化的效益测算，及时调整原料结构，精准定位每一种物料的流程走向，尽量做到分储、分输、分炉裂解。

组织乙烯原料结构优化专项竞赛，充分调动企业积极性。定期通报竞赛结果，对获得优胜奖、进步奖的企业予以奖励，有效地促进了资源利用效率的提高和乙烯原料成本的降低，各企业吨“乙烯”原料成本均不同程度降低，其中上海石化成效最为突出。

与乙烯原料结构调整配套，实施裂解炉轻烃适应性改造。年初对裂解炉改造的重点和方向做出调整，以原料适应性改造为主，结合辐射段炉管更新计划，安排齐鲁、广州、茂名、扬子等企业的部分裂解炉实施原料适应性改造。

四、退出劣势业务，调整装置结构

加快尿素及涤纶长丝业务退出步伐。安庆以炼油扩能以及13万吨/年丙烯腈装置投产为契机，关停尿素装置，并按相关规定着手办理资产处置手续；巴陵以向己内酰胺装置供氢、供氨为主，尿素装置阶段性生产；湖北化肥通过加快建设合成气制乙二醇工业示范项目，抓紧退出尿素业务。石化集团公司全年生产尿素91.78万吨，同比减少13.45万吨。仪化公司以40万吨/年聚酯专用料、20万吨/年差别化涤纶短纤装置投产为契机，分流人员，稳步推进涤纶长丝业务的退出，核减长丝产能2.73万吨/年，关停长丝FDY装置。

关停亏损装置，淘汰落后产能。齐鲁环氧氯丙烷装置因长期无边际贡献，于4月检修后被安排关停。上海1#乙烯装置由于设备老旧、能耗高、成本高，已于11月下旬退役。

对无边际贡献的装置实施停产或阶段性停产，减少亏损。安排扬子1#PTA装置推迟改造，全年维持停工状态；4月起，陆续安排洛阳涤纶长丝和聚酯切片，齐鲁隔膜烧碱、1#聚氯乙烯和苯酐，上海3#聚酯等边际贡献为负的装置停产；7月安排仪化海南盛之业瓶片装置停产；11月安排安庆腈纶毛条装置停产。

五、优化分工，顶替进口，调整产品结构

合成树脂以顶替进口为目标，推进快速成型聚丙烯、透明抗冲聚丙烯、低灰分聚丙烯、抗菌聚丙烯、三元超低密度聚乙烯、超高分子量聚乙烯等新产品的开发和市场开拓。以产品链效益最大化为目标，促进己烯共聚线性聚乙烯新产品的开发与产业化。根据市场需求变化，统筹优化区域产销策略，适时减产BOPP、EVA，增产丙丁共聚聚丙烯、PPR管材料、大中空高密度聚乙烯等优势产品。结合武汉、洛阳等企业的新增产能，动态调整华中、华南地区装置的牌号定位，优化分工。

合成橡胶重点抓燕山溴化丁基、稀土顺丁和异戊橡胶等装置的投产。3个新胶种的自主知识产权技术实现产业化，填补了国内空白，为中国石化占领高端胶种市场奠定了技术基础。

合成纤维加大差别化产品的开发、推广和生产力度，增产膜用聚酯切片、涤纶中空短纤维等高附加值差别化产品。顶替进口方面，安庆进一步做大细旦有光腈纶产品产量，增效显著；仪化高性能聚乙烯纤维产品实现全产全销；上海碳纤维产品也逐步进入市场。

六、狠抓生产准备，确保重点项目顺利投产

武汉乙烯首次全流程采用中国石化成套乙烯生产技术，设备国产化程度高，重点从工程收尾、开工原料进厂、产品预销售、试车网络优化、乙烯原料平衡供应、开工现场服务等环节开展工作，确保了顺利竣工投产。海南芳烃首次采用中国石化自主成套技术建设，应用节能新技术较多，重点抓各种技术方案特别是总体试车方案优化、吸附塔国产内构件制造及安装质量监控、吸附剂装填、控制系统调试、低压蒸汽发电机组试运等关键环节，装置顺利投产并很快实现满负荷运行。

宁夏煤化工项目由中国石化与国电共同投资建设，也是长城能源化工公司首个试车投产的煤化工项目，重点从人员到位与培训、各种技术资料编制与审查把关、试车物料组织、开车专家落实等方面开展工作，2014年1月甲醇装置顺利投产。此外，扬子SE煤气化示范装置于2014年1月成功投煤并产出合格氢气，湖北化肥合成气制乙二醇示范装置正在开车过程中。

七、服务一线，帮扶困难企业

针对巴陵长期亏损问题，开展技术咨询，提出原料煤和动力煤采购优化、己内酰胺质量提升、全系统能效优化、产品结构提升等方面的建议，并逐项组织落实。在此基础上，启动对南京地区扬子、仪化、南化3家企业的咨询工作。针对齐鲁、燕山2家企业化工业务效益大幅下滑的情况，组织生产经营诊断服务，重点从资源优化利用，原料、产品和装置的结构调整，装置运行优化和公用工程系统优化等方面，分别查找出42项、25项问题和薄弱环节，分析原因，提出了改进措施。武汉乙烯各装置进入平稳运行后，组织系统优化服务，查找出47项问题和优化潜力，提出解决方案和开稳、开优化、开出效益的具体措施。为进一步挖掘节能潜力，对镇海、天津、巴陵3家企业组织节能潜力分析调研，提出优化措施43项，其中已实施完成9项，年增效0.88亿元。

八、优化调整投资安排，努力控制投资风险

为提高化工业务发展的质量和效益，化工板块按照石化集团公司党组要求，以统筹当前与长远，量入为出，控制投资风险为原则，通过市场研究、技术方案分析和实施进度优化，对投资项目进行了梳理和比选排队。保证安全环保节能低碳项目、煤化工等战略发展项目和芳烃等优势业务项目建设，暂缓实施传统石脑油路线乙烯扩能计划，重新评估产品市场变化较大的丁烯氧化脱氢制丁二烯、碳五分离等项目，减小续建项目投资强度，严格控制新开项目，压缩投资规模。经过优化调整，全年下达投资计划207.6亿元，比年初预算压减51.4亿元，压缩幅度19.9%。

（张金萍）

有机原料

【概述】 石化集团公司有机原料主要产品有乙烯、丙烯、丁二烯、苯、甲苯、二甲苯、甲醇、丁醇、辛醇、环氧乙烷、乙二醇、环氧丙烷、环氧氯丙烷、苯酚、丙酮、丙烯酸、苯乙烯和苯酐等。其中，乙烯、丙烯、丁二烯、苯、甲苯、二甲苯为基础有机原料，其余为主要中间原料。

石化集团公司主要有机原料生产能力见表1。由表1可见，甲醇、苯酐生产能力下降，间二甲苯、丁醇、辛醇、环氧丙烷、环氧氯丙烷、丙烯酸生产能力没有变化，其他产品的生产能力同比有所增加，其中环氧乙烷的生产能力增长幅度较大，超过了50%。

石化集团公司主要有机原料产量见表2。由表2可见，乙烯、丙烯、苯、甲苯、混合二甲苯、间二甲苯、对二甲苯、环氧乙烷、乙二醇、环氧丙烷、苯酚、丙酮和苯乙烯的产量同比有不同幅度的增加；丁二烯、邻二甲苯、甲醇、丁醇、辛醇、环氧氯丙烷、丙烯酸和苯酐等有机原料的产量同比有不同幅度的减少。石化集团公司的乙烯、丙烯、丁二烯、对二甲苯等产品在中国大陆地区继续保持主导地位。

（张　燕）

表1　石化集团公司主要有机原料生产能力　万吨/年

产品名称＼年份	2013	2012	2011	2010	2009	2008
乙　烯	1 033.00	957.50	957.50	947.50	728.50	629.50
丙　烯	934.85	884.38	858.76	813.33	653.67	597.36
丁二烯	168.64	155.64	155.64	147.14	109.64	97.64
苯	505.61	454.59	411.84	410.34	370.52	277.92
甲　苯	136.14	117.44	117.44	117.44	103.45	80.09
混合二甲苯	233.66	179.98	146.52	146.52	119.96	83.49
邻二甲苯	46.52	34.52	34.52	34.52	30.52	30.52
间二甲苯	8.00	8.00	8.00	8.00	8.00	3.56
对二甲苯	477.91	406.81	406.81	406.81	406.81	276.81
甲　醇	87.10	97.10	44.50	44.50	44.50	47.50
丁　醇	37.50	37.50	26.50	17.00	15.00	15.00
辛　醇	30.50	30.50	41.50	41.50	41.50	41.50
环氧乙烷	121.31	68.46	64.46	49.46	35.46	33.96
乙二醇	261.86	246.26	246.26	246.26	145.26	145.26
环氧丙烷	28.50	28.50	28.50	36.50	8.00	8.70
环氧氯丙烷	5.60	5.60	5.60	5.60	5.60	5.60
苯　酚	60.75	59.40	59.40	59.40	35.00	35.00
丙　酮	37.14	36.27	36.27	36.27	21.00	21.00
丙烯酸	23.08	23.08	23.08	23.08	23.08	23.08
苯乙烯	221.90	203.90	203.90	195.40	133.40	108.40
苯　酐	4.00	12.00	12.00	12.00	12.00	12.00

表2 **石化集团公司主要有机原料产品产量** 万吨

产品名称 \ 年份	2013	2012	2011	2010	2009	2008
乙　烯	997.98	954.18	1 003.75	918.95	671.33	635.94
丙　烯	855.47	808.77	819.96	752.97	633.65	595.88
丁二烯	132.85	137.36	137.33	122.93	86.72	83.39
苯	374.53	351.72	359.13	352.15	248.81	214.36
甲　苯	100.80	92.67	84.23	107.96	58.91	71.49
混合二甲苯	189.85	183.09	150.31	163.69	89.79	67.29
邻二甲苯	54.12	55.05	55.57	50.10	47.33	37.56
间二甲苯	4.95	4.91	5.59	3.79	3.43	4.00
对二甲苯	447.79	440.55	441.11	402.31	297.73	191.17
甲　醇	53.22	64.90	19.88	32.97	19.71	28.49
丁　醇	35.11	37.05	27.34	21.69	21.22	19.64
辛　醇	29.32	33.08	41.51	44.21	42.11	42.46
环氧乙烷	86.79	70.12	65.62	52.22	41.46	33.40
乙二醇	201.82	197.45	208.23	170.76	104.80	108.64
环氧丙烷	29.66	29.47	30.58	20.61	8.62	9.43
环氧氯丙烷	3.07	4.68	4.17	4.61	3.36	5.62
苯　酚	59.72	59.66	63.14	54.97	32.22	34.62
丙　酮	37.08	37.02	39.24	34.10	20.11	21.65
丙烯酸	6.37	11.59	14.37	5.81	14.07	19.55
苯乙烯	214.51	204.22	191.97	163.68	109.94	109.94
苯　酐	3.84	12.75	11.62	12.05	11.64	10.13

【乙烯】 石化集团公司生产乙烯的企业有燕山分公司、上海石化、齐鲁分公司、扬子石化、茂名分公司、镇海炼化、广州分公司、天津分公司、中原石化、中韩(武汉)石化、上海赛科公司、扬巴公司、福建炼化、中沙石化和燕化有限公司共15家。

截至2013年底，石化集团公司乙烯生产能力为1 133万吨/年(含中原MTO装置)，同比增加75.5万吨/年。乙烯生产能力变化的主要因素为：上海石化乙烯生产能力核减15万吨/年，扬子石化乙烯生产能力核增10万吨/年，中韩(武汉)石化乙烯生产能力核增80万吨/年。

各企业乙烯生产能力分别为：燕山分公司71万吨/年、上海石化70万吨/年、齐鲁分公司80万吨/年、扬子石化80万吨/年、茂名分公司100万吨/年、镇海炼化100万吨/年、广州分公司21万吨/年、天津分公司20万吨/年、中原石化28万吨/年(其中乙烯装置产能10万吨/年、MTO装置产能10万吨/年)、中韩(武汉)石化80万吨/年、上海赛科公司114万吨/年、扬巴公司74万吨/年、福建炼化80万吨/年、中沙石化100万吨/年、燕化有限公司15万吨/年。

2013年，石化集团公司实际生产乙烯997.98万吨，同比增产43.80万吨，增长4.59%。各企业乙烯产量详见表3。

(张　燕)

表 3　　石化集团公司分企业乙烯产量　　万吨

企业名称 \ 年份	2013	2012	2011	2010	2009	2008
石化集团公司合计	997.98	954.18	1 003.75	918.95	671.33	635.94
燕山分公司	72.30	75.06	75.31	84.16	84.13	78.40
上海石化	95.33	91.47	91.01	97.29	92.77	88.56
1#乙烯	13.69	15.64	14.80	16.00	13.52	11.97
2#乙烯	81.64	75.83	76.22	81.28	79.25	76.59
齐鲁分公司	72.30	80.07	85.17	85.57	76.01	80.04
扬子石化	70.55	64.95	81.81	67.85	79.60	74.36
茂名分公司	112.55	110.14	108.52	98.14	106.06	95.48
镇海炼化	111.08	110.27	110.84	52.59	—	—
广州分公司	22.50	22.42	20.41	22.46	22.50	21.98
天津分公司	22.21	18.82	23.05	23.76	18.91	17.02
中原石化	24.86	20.89	18.26	21.20	20.58	17.48
裂　解	12.79	12.10	16.53	21.20	20.58	17.48
MTO	12.07	8.78	1.74	—	—	—
中韩(武汉)石化	25.67	0	—	—	—	—
上海赛科公司	116.67	104.09	106.52	129.43	87.53	93.46
扬巴公司	71.90	67.56	72.09	53.62	62.23	62.14
福建炼化	71.41	85.15	85.23	84.36	20.99	—
中沙石化	108.64	94.34	111.21	85.49	—	—
燕化有限公司	0	8.95	14.32	13.03	—	7.02

【丙烯】 石化集团公司生产丙烯的企业有胜利油田分公司、石家庄炼化、上海石化、扬子石化(包括泰州石化和清江石化)、镇海炼化(包括杭州石化有限责任公司)、福建炼化、河南油田分公司、中原油田分公司、江苏油田分公司、燕山石化、西安分公司、天津分公司、沧州分公司、高桥分公司、金陵分公司、安庆分公司、九江分公司、济南分公司、齐鲁分公司、青岛炼化、青岛石化、洛阳分公司、中原石化、武汉分公司、荆门分公司、长岭分公司、广州分公司、茂名分公司、湛江东兴公司、上海赛科公司、扬巴公司、中沙石化、海南炼化、中韩(武汉)石化和巴陵石化共35家。

截至2013年底，石化集团公司丙烯生产能力为934.85万吨/年，同比增加50.47万吨/年，增长5.71%。丙烯生产能力变化的主要因素为：胜利油田分公司丙烯生产能力核增7.22万吨/年，安庆分公司丙烯生产能力核增15万吨/年，中韩(武汉)石化丙烯生产能力核增40万吨/年，福建炼化丙烯生产能力核减0.52万吨/年，上海石化丙烯生产能力核减7.57万吨/年，广州分公司丙烯生产能力核减3.95万吨/年。

2013年，石化集团公司实际生产丙烯855.47万吨，同比增产46.70万吨，增长5.77%。其中，炼油丙烯354.45万吨，同比增加29.88万吨；化工丙烯501.01万吨，同比增加16.82万吨。

(张　燕)

【丁二烯】 石化集团公司生产丁二烯的企业有上海石化、扬子石化、镇海炼化、福建炼化、燕山石化、齐鲁分公司、广州分公司、茂名分公司、上海赛科公司、扬巴公司、中沙石化和中韩(武汉)石化共12家。

截至2013年底，石化集团公司丁二烯生产能力为168.64万吨/年，同比增加13万吨/年，增长8.35%。丁二烯生产能力变化的主要因素为：中韩（武汉）石化丁二烯生产能力核增13万吨/年。

2013年，石化集团公司实际生产丁二烯132.85万吨，同比减少4.51万吨。

（张　燕）

【苯】 石化集团公司生产纯苯的企业有燕山分公司、天津分公司、石家庄炼化、上海石化、高桥分公司、上海赛科公司、金陵分公司、扬子石化、扬巴公司、镇海炼化、福建炼化、九江分公司、齐鲁分公司、青岛炼化、青岛石化、洛阳分公司、中原石化、武汉分公司、荆门分公司、长岭分公司、广州分公司、茂名分公司、湛江东兴公司、北海分公司、西安分公司、塔河炼化、中韩（武汉）石化、海南炼化共28家。

截至2013年底，石化集团公司纯苯生产能力为505.61万吨/年，新增51.01万吨/年，其中福建炼化新增12.00万吨/年、安庆分公司新增6.14万吨/年、青岛炼化新增7.20万吨/年、中韩（武汉）石化乙烯项目配套芳烃抽提装置新增14.61万吨/年、海南炼化芳烃项目新增13.74万吨/年，齐鲁分公司调减生产能力2.68万吨/年。

2013年，石化集团公司实际生产纯苯374.53万吨，比上年增加22.81万吨，同比增长6.49%。

（马国锋）

【甲苯】 石化集团公司生产甲苯的企业有天津分公司、石家庄炼化、上海赛科公司、金陵分公司、扬子石化、扬巴公司、镇海炼化、福建炼化、安庆分公司、齐鲁分公司、武汉分公司、长岭分公司、广州分公司、茂名分公司、中韩（武汉）石化、海南炼化共16家。

截至2013年底，石化集团公司甲苯生产能力为136.14万吨/年，新增18.70万吨/年，其中齐鲁分公司新增4.00万吨/年、中韩（武汉）石化乙烯项目配套芳烃抽提装置新增8.10万吨/年、海南炼化芳烃项目新增6.60万吨/年。

2013年，石化集团公司实际生产甲苯100.80万吨，比上年增加8.13万吨，同比增长8.77%。

（马国锋）

【混合二甲苯】 石化集团公司生产混合二甲苯的企业有天津分公司、石家庄炼化、高桥分公司、上海赛科公司、金陵分公司、扬巴公司、镇海炼化、安庆分公司、九江分公司、齐鲁分公司、青岛炼化、武汉分公司、长岭分公司、广州分公司、茂名分公司、湛江东兴公司、中韩（武汉）石化共17家。

截至2013年底，石化集团公司混合二甲苯生产能力为233.66万吨/年，新增53.68万吨/年，其中齐鲁分公司调增23.70万吨/年、安庆分公司新增23.50万吨/年、中韩（武汉）石化乙烯项目配套芳烃抽提装置新增6.48万吨/年。

2013年，石化集团公司实际生产混合二甲苯189.85万吨，比上年增加6.76万吨，同比增长3.69%。

（马国锋）

【对二甲苯】 石化集团公司生产对二甲苯的企业有天津分公司、上海石化、金陵分公司、扬子石化、镇海炼化、福建炼化、齐鲁分公司、洛阳分公司、海南炼化共9家。其中，采用中国石化自主技术建设的海南炼化60万吨/年芳烃项目于2013年12月27日打通全流程，实现一次开车成功。

截至2013年底，石化集团公司对二甲苯生产能力为477.91万吨/年，新增71.10万吨/年，其中齐鲁分公司调增2.10万吨/年、福建炼化装置扩能新增9.00万吨/年、海南炼化芳烃项目新增60.00万吨/年。

2013年，石化集团公司实际生产对二甲苯447.79万吨，比上年增加7.24万吨，同比增长1.64%。

（马国锋）

【邻二甲苯】 石化集团公司生产邻二甲苯的企业有扬子石化、镇海炼化、金陵分公司、齐鲁分公司、洛阳分公司、海南炼化共6家。

截至2013年底，石化集团公司邻二甲苯生产能力为46.52万吨/年，新增12.00万吨/年，其中齐鲁分公司调增2.00万吨/年、海南炼化芳烃项目新增10.00万吨/年。

2013年，石化集团公司实际生产邻二甲苯54.12万吨，比上年减少0.94万吨，同比降低1.70%。

（马国锋）

【间二甲苯】 石化集团公司生产间二甲苯的企业只有燕山分公司，由吸附分离法生产对二甲苯改造为生产间二甲苯。

截至2013年底，石化集团公司间二甲苯生产能力为8.00万吨/年。2013年实际生产间二甲苯4.95万吨，比上年增加0.04万吨，同比增长0.81%。

（马国锋）

【甲醇】 石化集团公司生产甲醇的企业只有四川维尼纶厂。

截至 2013 年底，石化集团公司甲醇生产能力为 87.10 万吨/年，齐鲁分公司核减产能 10.00 万吨/年。2013 年实际生产甲醇 53.22 万吨，比上年减少 11.68 万吨，同比降低 17.99%。

（马国锋）

【丁醇】 石化集团公司生产丁醇的企业有齐鲁分公司、燕化有限公司和扬巴公司。

截至 2013 年底，石化集团公司丁醇生产能力为 37.50 万吨/年。2013 年实际生产丁醇 35.11 万吨，比上年减少 1.94 万吨，同比降低 5.23%。

（马国锋）

【辛醇】 石化集团公司生产辛醇的企业有齐鲁分公司和燕化有限公司。

截至 2013 年底，石化集团公司辛醇生产能力为 30.50 万吨/年。2013 年实际生产辛醇 29.32 万吨，比上年减少 3.76 万吨，同比降低 11.37%。

（马国锋）

【环氧乙烷】 石化集团公司生产环氧乙烷的企业有燕山分公司、天津分公司、中沙石化、上海石化、扬子石化、扬巴公司、镇海炼化、茂名分公司、中韩（武汉）石化共 9 家。

截至 2013 年底，石化集团公司环氧乙烷生产能力为 121.31 万吨/年，新增 52.85 万吨/年，其中上海石化新增 15.85 万吨/年、扬子石化新增 18.00 万吨/年、茂名分公司新增 4.00 万吨/年、中韩（武汉）石化乙烯项目配套装置新增 15.00 万吨/年。

2013 年，石化集团公司实际生产环氧乙烷 86.79 万吨，比上年增加 16.67 万吨，同比增长 23.78%。

（马国锋）

【环氧丙烷】 石化集团公司生产环氧丙烷的企业只有镇海利安德化学有限公司，装置采用共氧化法生产环氧丙烷联产苯乙烯工艺技术。

截至 2013 年底，石化集团公司环氧丙烷生产能力为 28.50 万吨/年。2013 年实际生产环氧丙烷 29.66 万吨，比上年增加 0.19 万吨，同比增长 0.64%。

（马国锋）

【环氧氯丙烷】 石化集团公司生产环氧氯丙烷的企业有齐鲁分公司和巴陵石化。

截至 2013 年底，石化集团公司环氧氯丙烷生产能力为 5.60 万吨/年。2013 年实际生产环氧氯丙烷 3.07 万吨，比上年减少 1.60 万吨，同比降低 34.26%。

（马国锋）

【苯酚】 石化集团公司生产苯酚的企业有燕山分公司、高桥分公司和中沙石化。

截至 2013 年底，石化集团公司苯酚生产能力为 60.75 万吨/年，高桥分公司调增产能 1.35 万吨/年。2013 年实际生产苯酚 59.72 万吨，比上年增加 0.06 万吨，同比增长 0.09%。

（马国锋）

【丙酮】 石化集团公司生产丙酮的企业有燕山分公司、高桥分公司和中沙石化。

截至 2013 年底，石化集团公司丙酮生产能力为 37.14 万吨/年，高桥分公司调增产能 0.87 万吨/年。2013 年实际生产丙酮 37.08 万吨，比上年增加 0.06 万吨，同比增长 0.16%。

（马国锋）

【丙烯酸】 石化集团公司生产丙烯酸的企业只有扬巴公司，燕化有限公司丙烯酸装置停产。

截至 2013 年底，石化集团公司丙烯酸生产能力为 23.08 万吨/年。2013 年实际生产丙烯酸 6.37 万吨，比上年减少 5.21 万吨，同比降低 44.99%。

（马国锋）

【苯乙烯】 石化集团公司生产苯乙烯的企业有燕山分公司、上海赛科公司、扬巴公司、镇海利安德化学有限公司、安庆分公司、齐鲁分公司、青岛炼化、广州分公司、茂名分公司、巴陵石化、湛江东兴公司共 11 家。其中，镇海利安德化学有限公司采用共氧化法生产环氧丙烷联产苯乙烯工艺技术，安庆分公司、青岛炼化、巴陵石化、湛江东兴公司采用催化干气制乙苯和乙苯脱氢制苯乙烯技术。

截至 2013 年底，石化集团公司苯乙烯生产能力为 221.90 万吨/年，新增 18.00 万吨/年，其中湛江东兴公司新增 6.00 万吨/年、巴陵石化新增 12.00 万吨/年。

2013 年，石化集团公司实际生产苯乙烯 214.51 万吨，比上年增加 10.29 万吨，同比增长 5.04%。

（马国锋）

【苯酐】 石化集团公司生产苯酐的企业有齐鲁分公司和金陵石化。

截至2013年底，石化集团公司苯酐生产能力为4.00万吨/年，金陵石化苯酐装置因效益原因于3月停产，核减产能8.00万吨/年。2013年实际生产苯酐3.84万吨，比上年减少8.92万吨，同比降低69.92%。

（马国锋）

合成树脂

【概述】 2013年，石化集团公司合成树脂产能进一步增长，中韩（武汉）石化20万吨/年气相法聚丙烯装置、20万吨/年环管法聚丙烯装置、30万吨/年高密度聚乙烯（HDPE）装置、30万吨/年线性低密度聚乙烯（LLDPE）装置，齐鲁分公司25万吨/年高密度聚乙烯装置先后建成。截至年底，石化集团公司合成树脂总生产能力为1 548.38万吨/年，同比增加154.32万吨/年，增长11.07%。各种合成树脂生产能力见表4。

2013年，石化集团公司合成树脂产量为1 412.93万吨，同比增产36.29万吨。其中，聚乙烯产量为659.66万吨，同比增产39.43万吨；聚丙烯产量为581.84万吨，同比增产26.74万吨。各种合成树脂产量见表5。

在合成树脂中，聚乙烯、聚丙烯两大品种占主导地位，总产能为1 315.47万吨/年，占石化集团公司合成树脂生产能力的84.96%。2013年，聚乙烯和聚丙烯总产量为1 241.50万吨，占石化集团公司合成树脂产量的87.87%。

2013年，全国合成树脂产量为5 837.02万吨，石化集团公司合成树脂产量占全国总产量的24.21%。

表4　　石化集团公司合成树脂分品种生产能力　　万吨/年

产品名称＼年份	2013	2012	2011	2010	2009	2008
合成树脂合计	1 548.38	1 394.06	1 351.86	1 330.26	1 159.88	1 032.18
聚乙烯	690.92	596.10	596.10	596.10	510.10	434.30
LDPE	117.62	117.80	117.80	117.80	137.80	143.80
HDPE	288.30	228.30	228.30	228.30	197.30	155.50
LLDPE	285.00	250.00	250.00	250.00	175.00	135.00
聚丙烯	624.55	570.06	527.86	516.36	437.78	385.78
聚氯乙烯	60.00	60.00	60.00	60.00	77.00	77.00
聚乙烯	75.00	75.00	75.00	75.00	77.90	77.90
ABS	20.00	20.00	20.00	20.00	20.00	20.00
AS	—	—	—	—	—	0.50
其他树脂	77.90	72.90	72.90	62.80	37.10	36.70

表5　　石化集团公司合成树脂分品种产量　　万吨

产品名称＼年份	2013	2012	2011	2010	2009	2008
合成树脂合计	1 412.93	1 376.64	1 407.68	1 339.80	1 090.73	1 025.93
聚乙烯	659.66	620.23	655.05	620.03	476.96	446.79
LDPE	130.84	125.86	139.04	137.82	141.76	141.10

续表

产品名称 \ 年份	2013	2012	2011	2010	2009	2008
HDPE	234.34	227.12	223.53	236.56	172.82	166.88
LLDPE	290.44	261.39	290.70	244.24	160.88	138.81
聚丙烯	581.84	555.10	557.31	520.19	440.48	407.24
聚苯乙烯	66.54	67.16	66.93	69.22	62.99	58.31
聚氯乙烯	30.83	57.78	58.93	59.63	51.37	57.46
ABS	12.09	14.23	13.58	16.62	14.24	13.50
其他树脂	61.97	62.14	55.88	54.11	44.69	42.63

（刘志武）

【聚乙烯】 截至 2013 年底，石化集团公司有 31 套聚乙烯装置，总生产能力为 690.92 万吨/年，其中单线能力最大的是镇海炼化线性低密度聚乙烯装置，生产能力达到 45 万吨/年。

31 套聚乙烯装置中，LDPE 装置有釜式法工艺 1 套，管式法工艺 7 套；HDPE 装置有淤浆法工艺 7 套，气相法工艺 4 套，环管加气相法工艺 1 套；LLDPE 装置有气相法工艺 11 套。

（刘志武）

【低密度聚乙烯】 截至 2013 年底，石化集团公司 LDPE 生产装置产能为 117.62 万吨/年。装置总数为 8 套，分别是燕山分公司、上海石化、茂名分公司各 2 套，齐鲁分公司、扬巴公司各 1 套。

2013 年，石化集团公司 LDPE 产量为 130.84 万吨，同比增产 4.98 万吨，增长了 3.96%。LDPE 产量见表 6。

表 6　石化集团公司各企业 LDPE 产量　　万吨

企业名称 \ 年份	2013	2012	2011	2010	2009	2008
石化集团公司合计	130.84	125.86	139.04	137.82	141.76	141.10
燕山分公司	32.37	29.56	29.44	39.51	43.43	44.68
上海石化	19.92	18.71	19.69	19.64	20.16	17.45
齐鲁分公司	13.47	16.46	18.30	17.51	15.84	17.32
茂名分公司	39.13	38.07	41.41	37.48	38.85	33.87
扬巴公司	24.30	20.38	24.66	20.46	23.48	27.78
北京华美聚合物有限公司①	1.65	2.68	5.54	3.22	—	—

①北京华美聚合物有限公司为 EVA 装置兼产 LDPE 产品

（刘志武）

【高密度聚乙烯】 截至 2013 年底，石化集团公司 HDPE 装置生产能力为 288.30 万吨/年，装置总数为 12 套，分别是燕化有限公司、扬子石化、燕山分公司、茂名分公司、上海赛科公司、福建联合石化公司、中沙石化、中韩（武汉）石化各 1 套，齐鲁分公司、上海石化各 2 套。

2013 年，石化集团公司 HDPE 产量为 234.43 万吨，同比增产 7.31 万吨，增长 3.22%。详见表 7。

表7 **石化集团公司各企业 HDPE 产量** 万吨

企业名称＼年份	2013	2012	2011	2010	2009	2008
石化集团公司合计	234.43	227.12	223.53	236.56	172.82	166.88
燕山分公司	15.55	18.03	18.13	20.73	19.25	18.57
上海石化	40.21	40.88	39.18	41.09	38.85	36.93
扬子石化	21.61	25.95	27.92	23.34	26.89	25.98
齐鲁分公司	24.54	16.91	16.49	16.74	15.35	16.23
茂名分公司	37.16	38.48	34.52	28.24	36.03	30.88
上海赛科公司	36.65	35.37	35.18	39.86	30.90	36.71
福建联合石化公司	23.24	26.36	23.03	39.96	4.50	—
中沙石化	27.23	24.69	28.14	25.29	—	—
中韩(武汉)石化	8.24	—	—	—	—	—
燕化有限公司	—	0.45	0.94	1.31	1.04	1.58

（刘志武）

【**线性低密度聚乙烯**】 截至2013年底，石化集团公司LLDPE装置生产能力为285万吨/年，共有11套LLDPE装置。其中，天津分公司、齐鲁分公司、中原石化、茂名分公司、广州分公司、扬子石化、福建联合石化公司、镇海炼化各1套，采用美国UCC公司气相流化床工艺路线；中沙石化、中韩(武汉)石化采用自主开发的气相法工艺路线；上海赛科公司LLDPE装置采用BP公司的气相法工艺路线。

2013年，石化集团公司LLDPE产量为294.25万吨，同比增产28.52万吨。详见表8。

表8 **石化集团公司各企业 LLDPE 产量** 万吨

企业名称＼年份	2013	2012	2011	2010	2009	2008
石化集团公司合计	294.25	265.73	290.70	244.24	160.88	138.81
扬子石化	24.43	18.85	29.93	25.75	29.17	26.34
齐鲁石化	9.10	8.72	11.75	13.33	11.92	11.47
广州分公司	22.21	21.22	19.33	21.50	21.82	20.65
茂名分公司	20.30	16.25	16.56	18.59	21.46	17.73
天津分公司	13.01	11.75	14.24	14.49	11.46	10.22
中原石化	26.08	21.78	19.08	22.38	21.71	18.48
上海赛科公司	36.97	27.06	31.67	36.78	28.52	33.91
福建联合石化公司	52.00	63.81	65.63	47.33	14.82	—
镇海炼化	48.80	47.99	47.36	19.81	—	—
中沙石化	34.49	28.30	35.15	24.28	—	—
中韩(武汉)石化	6.86	—	—	—	—	—

（刘志武）

【聚丙烯】 截至2013年底，石化集团公司聚丙烯生产能力为624.55万吨/年。其中，连续法聚丙烯装置有36套，生产能力为583.20万吨/年，同比增加55.00万吨/年，占聚丙烯总生产能力的93.38%。石化集团公司聚丙烯生产工艺以环管法工艺为主，有23套环管法聚丙烯装置，占聚丙烯装置的63.89%。其中，6套为引进海蒙特环管技术，单线能力最大为茂名分公司17万吨/年聚丙烯装置；17套为国产化环管技术，单线能力最大为镇海炼化30万吨/年聚丙烯装置。石化集团公司间歇法聚丙烯装置生产能力为41.35万吨/年。

2013年，石化集团公司聚丙烯产量为581.84万吨，同比增加26.74万吨。其中，连续法聚丙烯产量为555.53万吨，同比增加28.10万吨；间歇法聚丙烯产量为26.31万吨，同比减少1.36万吨。详见表9。

2013年，石化集团公司聚丙烯装置总体运行良好，聚丙烯能耗、物耗指标达到国内先进水平。

表9 **石化集团公司各企业聚丙烯产量**[①] 万吨

企业名称 \ 年份	2013	2012	2011	2010	2009	2008
石化集团公司合计	581.84	555.10	557.31	520.19	440.48	407.24
连续法聚丙烯	555.53	527.43	526.72	485.39	409.12	373.87
燕山分公司	38.11	39.80	41.72	45.29	45.69	44.24
上海石化	47.11	44.56	46.61	48.24	46.85	42.47
扬子石化	41.35	38.13	45.81	38.78	45.27	42.38
福建联合石化公司	42.63	52.88	50.66	47.48	18.55	8.93
齐鲁分公司	7.62	5.99	9.03	9.22	8.51	8.24
武汉分公司	10.47	9.96	11.40	10.65	11.05	10.82
九江分公司	11.16	9.74	8.44	6.98	10.32	11.33
济南分公司	9.40	11.14	10.18	9.10	9.68	10.87
荆门分公司	12.94	11.81	12.28	12.37	12.25	11.63
长岭分公司	14.72	14.25	11.86	9.60	11.23	12.24
广州分公司	22.18	21.16	18.66	21.03	19.67	20.32
天津分公司	7.29	6.54	7.27	7.43	5.48	5.12
茂名分公司	55.37	52.90	53.03	49.50	55.64	47.36
洛阳分公司	13.85	7.55	7.35	9.14	8.26	6.62
中原石化	17.08	13.27	8.14	8.52	7.97	7.08
镇海炼化	56.64	55.18	56.40	37.42	24.36	25.41
海南炼化	17.70	23.41	23.85	20.78	22.81	21.42
青岛炼化	21.44	23.82	19.06	21.17	18.61	10.34
湛江东兴公司	12.21	9.85	12.40	11.26	3.08	—
北海分公司	10.40	9.27	—	—	—	—
上海赛科公司	27.71	24.57	25.54	29.71	23.84	27.05
中沙石化	46.28	41.65	47.03	31.72	—	—
中韩(武汉)石化	11.87	—	—	—	—	—
间歇法聚丙烯(总量)[②]	26.31	27.67	30.59	34.80	31.36	33.37

①表中所列出企业均为连续法聚丙烯企业

②间歇法PP含改性聚丙烯装置

（刘志武）

【聚苯乙烯】 截至2013年底，石化集团公司共有6套聚苯乙烯生产装置，都采用连续本体法工艺，其中燕山分公司、广州分公司、茂名分公司、上海赛科公司各1套，扬巴公司2套。

2013年，石化集团公司聚苯乙烯生产能力为75.00万吨/年，产能没有变化；产量为66.54万吨，同比减产0.62万吨。详见表10。

表10　石化集团公司各企业聚苯乙烯产量　万吨

企业名称＼年份	2013	2012	2011	2010	2009	2008
石化集团公司合计	66.54	67.16	66.93	69.22	62.99	58.31
燕山分公司	0	0	4.32	5.17	5.58	5.30
广州分公司	6.35	5.83	5.56	6.20	6.12	5.42
茂名分公司	6.76	7.36	8.59	7.31	7.78	6.72
上海赛科公司	30.58	30.58	25.81	27.84	21.73	19.97
扬巴公司	22.85	23.39	22.65	22.7	21.78	20.90

（刘志武）

【聚氯乙烯】 石化集团公司生产聚氯乙烯的企业只有齐鲁分公司1家，生产能力为60万吨/年，同比没有变化。2013年产量为30.83万吨。详见表4和表5。

（刘志武）

【ABS】 石化集团公司生产ABS树脂的企业只有高桥分公司1家，生产能力为20万吨/年，同比没有变化。2013年产量为12.09万吨。详见表4和表5。

（刘志武）

【其他树脂】 石化集团公司生产的其他树脂包括聚醚树脂、乙烯醋酸乙烯共聚物(EVA)、环氧树脂等。2013年，石化集团公司其他树脂生产能力为77.90万吨/年，产量为61.97万吨。分品种产量见表11。

表11　石化集团公司其他树脂产量　万吨

产品名称＼年份	2013	2012	2011	2010	2009	2008
其他树脂合计	61.97	62.14	55.88	54.11	44.69	42.63
乙烯醋酸乙烯共聚物	29.67	31.22	26.44	22.72	16.03	16.10
环氧树脂	5.89	5.00	4.11	4.04	4.12	3.73
聚　醚	21.69	22.19	23.28	25.31	23.09	21.08
其他塑料或共聚物	4.72	3.72	2.05	2.04	1.46	1.72

石化集团公司生产乙烯醋酸乙烯共聚物(EVA)的企业有扬巴公司、燕化有限公司、燕山分公司、北京华美聚合物有限公司共4家。截至2013年底，EVA生产能力30万吨/年；2013年产量为29.67万吨，同比减少1.55万吨。

石化集团公司生产环氧树脂的企业为巴陵石化；生产能力为9.2万吨/年；2013年产量为5.89万吨，同比增加0.89万吨。

石化集团公司生产聚醚树脂的企业有2家，生产能力为27.70万吨/年；2013年总产量为21.69万吨，同比减少了0.50万吨。

（刘志武）

合 成 橡 胶

【概述】 截至2013年底，石化集团公司合成橡胶生产能力为165.5万吨/年，同比增加33.5万吨/年。石化集团公司合成橡胶分品种装置生产能力见表12。

2013年，石化集团公司合成橡胶产量为129.23万吨，同比增加4.1%。石化集团公司合成橡胶各产品产量见表13。

表12　　石化集团公司合成橡胶分品种生产能力　　万吨/年

产品名称 \ 年份	2013	2012	2011	2010	2009	2008
合成橡胶合计	165.50	132.00	129.00	129.00	129.00	114.53
丁苯橡胶	49.70	49.70	49.70	49.70	49.70	43.15
胶　乳	10.00	10.00	10.00	10.00	10.00	10.45
充油胶	16.40	16.40	16.40	16.40	16.40	11.40
软　胶	23.30	23.30	23.30	23.30	23.30	21.30
顺丁橡胶	63.30	38.80	35.80	35.80	35.80	33.88
丁基/溴化丁基橡胶	4.50	4.50	4.50	4.50	4.50	4.50
SBS热塑弹性体	37.00	36.00	36.00	36.00	36.00	31.00
SIS橡胶	4.00	1.00	1.00	1.00	1.00	1.00
SEBS橡胶	4.00	2.00	2.00	2.00	2.00	1.00
异戊橡胶	3.00	0	0	0	0	0

表13　　石化集团公司合成橡胶各产品产量　　万吨

产品名称 \ 年份	2013	2012	2011	2010	2009	2008
合成橡胶合计	129.23	124.15	127.20	129.04	117.33	108.40
丁苯橡胶	47.25	51.76	54.37	48.76	39.96	38.96
胶　乳	6.28	7.99	8.61	9.18	8.15	8.97
充油胶	16.38	18.51	18.85	15.14	12.27	13.54
软　胶	24.59	25.26	26.92	24.44	19.54	16.45
顺丁橡胶	43.85	39.70	39.33	39.99	36.78	35.50
丁基/溴化丁基橡胶	3.50	3.24	3.73	3.69	4.03	4.40
SBS热塑弹性体	28.69	24.42	25.87	33.03	33.58	27.63
SIS橡胶	2.48	2.55	2.01	2.19	1.85	1.10
SEBS橡胶	3.22	2.47	1.89	1.47	1.12	0.79
异戊橡胶	0.24	0	0	0	0	0

（楼峥芳）

【顺丁橡胶】 截至2013年底，石化集团公司有6家顺丁橡胶生产企业，分别是燕山分公司、高桥分公司、齐鲁分公司、巴陵石化、茂名分公司和扬子—金浦公司，生产能力为63.3万吨/年。其中，齐鲁分公司和巴陵石化经过改扩建，当年产能分别提高2.5万吨/年和2万吨/年；茂名分公司和扬子—金浦公司2012年各新建10万吨/年镍系顺丁橡胶装置。6家企业全部可以生产镍系顺丁橡胶，其中高桥分公司还可以生产锂系低顺橡胶、燕山分公司还可以生产稀土顺丁橡胶。

2013年，石化集团公司共生产顺丁橡胶43.85万吨，同比增加10.5%。分企业产量见表14。

表14 **石化集团公司各企业顺丁橡胶产量** 万吨

企业名称＼年份	2013	2012	2011	2010	2009	2008
石化集团公司合计	43.85	39.70	39.33	39.99	36.78	35.50
燕山分公司	13.45	14.53	13.30	14.70	14.36	14.41
高桥分公司	15.66	15.21	16.43	15.95	13.92	12.79
齐鲁分公司	5.60	6.48	6.47	5.24	4.74	4.87
巴陵石化	3.35	3.48	3.13	4.10	3.77	3.43
茂名分公司	4.69	—	—	—	—	—
扬子—金浦公司	1.10	—	—	—	—	—

（楼峥芳）

【丁苯橡胶】 截至2013年底，石化集团公司有4家丁苯橡胶生产企业，分别是高桥分公司、齐鲁分公司、高桥石化控股公司和扬子—金浦公司，生产能力为49.7万吨/年。除高桥分公司生产溶聚丁苯橡胶外，其余企业只能生产乳液丁苯橡胶或丁苯胶乳。2013年，石化集团公司共生产丁苯橡胶47.24万吨，同比减少8.7%。分企业产量见表15。

表15 **石化集团公司各企业丁苯橡胶产量** 万吨

企业名称＼年份	2013	2012	2011	2010	2009	2008
石化集团公司合计	47.24	51.76	54.37	48.76	39.96	38.96
齐鲁分公司	30.40	34.11	33.89	29.39	20.15	16.31
高桥分公司	0.71	0.52	0.60	0.95	2.67	3.57
高桥石化控股公司	6.28	7.99	8.61	9.18	8.00	8.60
扬子—金浦公司	9.85	9.15	11.27	9.23	9.14	10.40
胶　乳						
石化集团公司合计	6.28	7.99	8.61	9.18	8.15	8.97
高桥分公司	—	—	—	—	0.15	0.37
高桥石化控股公司	6.28	7.99	8.61	9.18	8.00	8.60

续表

企业名称＼年份	2013	2012	2011	2010	2009	2008
充油胶						
石化集团公司合计	16.38	18.51	18.85	15.23	12.27	13.54
齐鲁分公司	12.73	14.41	12.67	10.92	7.08	6.73
高桥分公司	0	0	0	0.10	1.31	1.93
扬子—金浦公司	3.65	4.10	6.18	4.21	3.88	4.80
软　胶						
石化集团公司合计	24.59	25.26	26.91	24.34	19.54	16.45
齐鲁分公司	17.67	19.69	21.22	18.47	13.07	9.58
高桥分公司	0.71	0.52	0.60	0.85	1.21	1.27
扬子—金浦公司	6.21	5.05	5.09	5.02	5.27	5.60

（楼峥芳）

【SBS 热塑性弹性体】　截至 2013 年底，石化集团公司 SBS 橡胶生产能力为 37 万吨/年，其中巴陵石化将原产 SIS 橡胶装置改为 SBS 橡胶装置，生产能力增加 1 万吨/年；2013 年产量为 28.69 万吨，同比减少 17.5%。分企业产量见表 16。

表 16　　石化集团公司各企业 SBS 热塑性弹性体产量　　万吨

企业名称＼年份	2013	2012	2011	2010	2009	2008
石化集团公司合计	28.69	24.42	25.87	33.03	33.58	27.63
燕山分公司	2.43	2.06	4.87	9.22	9.09	7.91
巴陵石化	17.90	14.08	12.53	15.38	14.21	11.10
茂名分公司	8.36	8.28	8.47	8.44	10.28	8.62

（楼峥芳）

【丁基/溴化丁基橡胶】　截至 2013 年底，石化集团公司只有燕山分公司生产丁基/溴化丁基橡胶，生产能力为 4.5 万吨/年；2013 年产量为 3.50 万吨，同比增加 8.02%。

（楼峥芳）

【SIS 橡胶】　截至 2013 年底，石化集团公司只有巴陵石化生产 SIS 橡胶，生产能力为 4 万吨/年；2013 年产量为 2.48 万吨，同比减少 2.75%。

（楼峥芳）

【SEBS 橡胶】　截至 2013 年底，石化集团公司只有巴陵石化生产 SEBS 橡胶，生产能力为 4 万吨/年；2013 年产量为 3.22 万吨，同比增加 30.36%

（楼峥芳）

【异戊橡胶】　2013 年，采用中国石化自有技术建设的 3 万吨/年稀土异戊橡胶装置在燕山石化建成投产，并产出优质合格产品，填补中国石化异戊橡胶生产的空白；当年生产异戊橡胶 0.24 万吨。

（楼峥芳）

合成纤维

【概述】 2013年，国内化学纤维总产量为4 121.94万吨，同比增长8.70%。其中，合成纤维总产量为3 731.53万吨，同比增长8.34%。

2013年，石化集团公司合成纤维原料、合成纤维聚合物和合成纤维的产能均比上年增加；合成纤维原料与合成纤维的产量增加，合成纤维聚合物产量降低。

截至2013年底，石化集团公司合成纤维原料生产能力为712.76万吨/年，同比增加58.60万吨/年、增长8.96%；合成纤维聚合物生产能力为379.43万吨/年，同比增加22.10万吨/年、增长6.18%；合成纤维生产能力为164.81万吨/年，同比增加5.45万吨/年、增长3.42%。石化集团公司所属企业主要合成纤维及原料生产装置的能力见表17。

2013年，石化集团公司生产合成纤维原料626.33万吨，同比增加20.08万吨、增长3.31%；生产合成纤维聚合物328.79万吨，同比减少5.34万吨、降低1.60%；生产合成纤维141.03万吨，同比增加5.70万吨、增长4.21%。

（周向进）

表17　　石化集团公司各企业主要合成纤维及原料生产装置能力　　万吨/年

企业名称	合纤原料	PTA	PIA	己内酰胺	丙烯腈	乙二醇	合纤聚合物	聚酯	PBT	PVA	聚酰胺	合成纤维	涤纶	腈纶	维纶	高强高模PE	丙纶
燕山分公司	13.00	—	5.00	—	—	8.00	—	—	—	—	—	—	—	—	—	—	—
天津分公司	40.66	34.40	—	—	—	6.26	20.00	20.00	—	—	—	10.00	10.00	—	—	—	—
石家庄炼化	16.00	—	—	16.00	—	—	2.50	—	—	—	2.50	—	—	—	—	—	—
上海石化	108.60	40.00	—	—	13.00	55.60	58.93	55.10	—	3.83	—	27.93	12.15	14.08	—	—	1.70
扬子石化	131.00	105.00	—	—	—	26.00	—	—	—	—	—	—	—	—	—	—	—
仪化股份公司	100.00	100.00	—	—	—	—	217.70	217.70	—	—	—	89.53	89.40	—	—	0.13	—
镇海炼化	65.00	—	—	—	—	65.00	—	—	—	—	—	—	—	—	—	—	—
安庆分公司	21.00	—	—	—	21.00	—	—	—	—	—	—	7.00	—	7.00	—	—	—
齐鲁分公司	8.00	—	—	—	8.00	—	—	—	—	—	—	5.40	—	5.40	—	—	—
巴陵分公司	50.00	—	—	50.00	—	—	5.20	—	—	—	5.20	—	—	—	—	—	—
洛阳分公司	32.50	32.50	—	—	—	—	24.00	24.00	—	—	—	21.20	21.20	—	—	—	—
中韩(武汉)石化	28.00	—	—	—	—	28.00	—	—	—	—	—	—	—	—	—	—	—
上海赛科公司	26.00	—	—	—	26.00	—	—	—	—	—	—	—	—	—	—	—	—
扬巴公司	30.00	—	—	—	—	30.00	—	—	—	—	—	—	—	—	—	—	—
中沙石化	36.00	—	—	—	—	36.00	—	—	—	—	—	—	—	—	—	—	—
仪征资产分公司	—	—	—	—	—	—	32.30	22.80	9.50	—	—	—	—	—	—	—	—
燕化有限公司	4.00	—	—	—	—	4.00	2.80	—	—	2.80	—	—	—	—	—	—	—
四川维尼纶厂	—	—	—	—	—	—	16.00	—	—	16.00	—	3.15	—	—	3.15	—	—

续表

企业名称	合纤原料	PTA	PIA	己内酰胺	丙烯腈	乙二醇	合纤聚合物	聚酯	PBT	PVA	聚酰胺	合成纤维	涤纶	腈纶	维纶	高强高模PE	丙纶
茂名分公司	3.00	—	—	—	—	3.00	—	—	—	—	—	—	—	—	—	—	—
扬州石油化工厂	—	—	—	—	—	—	—	—	—	—	—	0.60	—	—	—	—	0.60
合　计	712.76	311.90	5.00	66.00	68.00	261.86	379.43	339.60	9.50	22.63	7.70	164.81	132.75	26.48	3.15	0.13	2.30

【合成纤维原料】 石化集团公司生产的合成纤维原料有精对苯二甲酸(PTA)、精间苯二甲酸(PIA)、丙烯腈(AN)、己内酰胺(CPL)、乙二醇(EG)5 个品种。截至2013 年底，石化集团公司合成纤维原料的生产能力为 712.76 万吨/年，同比增加 58.60 万吨/年、增长 8.96%。2013 年，石化集团公司生产合成纤维原料 626.33 万吨，同比增加 20.08 万吨、增长 3.31%。石化集团公司合成纤维原料产量见表 18。

表 18　石化集团公司合成纤维原料各品种产量　万吨

产品名称 \ 年份	2013	2012	2011	2010	2009	2008
合成纤维原料合计	626.33	606.25	644.41	597.47	506.56	472.01
PTA	294.69	312.53	347.70	338.28	328.90	289.44
PIA①	4.61	4.50	3.99	2.05	2.50	2.93
丙烯腈	70.32	61.32	53.59	57.03	49.63	49.40
己内酰胺	54.90	30.46	30.89	29.34	18.41	19.31
乙二醇	201.82	197.45	208.23	170.76	104.80	108.64

①PIA 产量在 2008 年未作为合成纤维原料加以统计

1. 精对苯二甲酸

截至 2013 年底，石化集团公司 PTA 产能为 311.90 万吨/年，与上年持平。生产 PTA 的企业有天津分公司、上海石化、扬子石化、仪化股份公司和洛阳分公司 5 家。

2013 年，石化集团公司 PTA 产量为 294.69 万吨，同比减少 17.84 万吨、降低 5.71%。石化集团公司各企业 PTA 产量见表 19。

表 19　石化集团公司各企业 PTA 产量　万吨

企业名称 \ 年份	2013	2012	2011	2010	2009	2008
石化集团公司合计	294.69	312.53	347.70	338.28	328.90	289.44
燕山分公司①	4.61	4.50	3.99	2.05	2.50	2.93
天津分公司	31.23	27.60	32.76	32.83	24.76	22.46
上海石化	35.81	40.35	39.14	39.15	38.09	34.28

续表

年份 企业名称	2013	2012	2011	2010	2009	2008
扬子石化	92.21	109.53	141.49	130.08	132.48	111.13
仪化股份公司	105.82	104.42	104.20	104.12	102.33	98.79
洛阳分公司	29.62	30.63	30.11	32.10	31.24	22.78

①燕山分公司产品为精间苯二甲酸

2. 丙烯腈

石化集团公司生产丙烯腈的企业有上海石化、安庆分公司、齐鲁分公司和上海赛科公司4家，其中2013年安庆分公司新投资建设13万吨/年丙烯腈装置建成投产。

2013年，石化集团公司生产丙烯腈70.32万吨，同比增加9.00万吨、增长14.68%。石化集团公司各企业丙烯腈产量见表20。

表20　石化集团公司各企业丙烯腈产量　万吨

年份 企业名称	2013	2012	2011	2010	2009	2008
石化集团公司合计	70.32	61.32	53.59	57.03	49.63	49.40
上海石化	12.84	14.32	13.17	14.64	12.78	11.90
安庆分公司	18.07	7.72	8.67	8.64	8.57	8.39
齐鲁分公司	10.65	10.27	6.35	4.43	4.26	4.21
上海赛科公司	28.76	28.99	25.40	29.32	24.02	24.89

3. 己内酰胺

截至2013年底，石化集团公司生产己内酰胺的企业有巴陵分公司和石家庄炼化2家，产能为66万吨/年，同比增加30万吨/年。巴陵分公司的己内酰胺装置通过技术改造增加产能10万吨/年，合并合资企业巴陵逸盛石化公司20万吨/年产能，总产能从20万吨/年增加到50万吨/年。

2013年，石化集团公司生产己内酰胺54.90万吨，同比增加24.44万吨、增长80.24%。石化集团公司各企业己内酰胺产量见表21。

表21　石化集团公司各企业己内酰胺产量　万吨

年份 企业名称	2013	2012	2011	2010	2009	2008
石化集团公司合计	54.90	30.46	30.89	29.34	18.41	19.31
石家庄炼化	11.24	9.84	10.86	10.05	4.60	5.69
巴陵分公司	43.66	20.62	20.03	19.29	13.81	13.60

4. 乙二醇

石化集团公司生产乙二醇的企业有燕山分公司、燕化有限公司（原北京东方石油化工有限公司）、天津分公司、上海石化、扬子石化、茂名分公司、扬巴公司、镇海炼化、中沙石化和中韩（武汉）石化10家企业。

2013年，石化集团公司增加乙二醇产能15.60万吨/年，其中新建中韩（武汉）石化增加28万吨/年，上海石化减少5.4万吨/年，茂名分公司减少7万吨/年。

2013年，石化集团公司生产乙二醇201.82万吨，同比增加4.37万吨、增长2.21%。石化集团公司各企业乙二醇产量见表22。

表 22 **石化集团公司各企业乙二醇产量** 万吨

企业名称 \ 年份	2013	2012	2011	2010	2009	2008
石化集团公司合计	201.82	197.45	208.23	170.76	104.80	108.64
燕山分公司	3.71	5.91	4.68	6.34	6.37	5.98
上海石化	39.05	46.89	42.31	41.23	39.40	42.13
扬子石化	18.44	11.64	13.31	15.66	16.00	16.55
天津分公司	3.96	3.73	4.19	3.88	3.30	2.98
茂名分公司	4.56	6.80	7.62	6.61	3.66	8.33
扬巴公司	28.73	32.78	36.08	29.09	32.61	29.77
燕化有限公司	0	2.36	4.20	3.30	3.46	2.90
镇海炼化	52.45	54.57	56.85	30.01	—	—
中沙石化	40.55	32.76	39.00	34.64	—	—
中韩(武汉)石化	10.36	—	—	—	—	—

5. 精间苯二甲酸

石化集团公司生产精间苯二甲酸的企业只有燕山分公司，也是国内唯一一家生产 PIA 产品的企业。装置生产能力为 5 万吨/年。

2013 年，石化集团公司生产 PIA 产品 4.61 万吨，同比增加 0.11 万吨、增长 2.43%。

（周向进）

【合成纤维聚合物】 石化集团公司生产的合成纤维聚合物主要品种有聚酯(PET)、聚乙烯醇(PVA)、聚己内酰胺(PA6)、聚对苯二甲酸丁二酯(PBT)、纤维级聚丙烯(纤维级 PP)、纤维级聚乙烯(纤维级超高分子量 PE)。

截至 2013 年底，石化集团公司合成纤维聚合物生产能力为 379.43 万吨/年，同比增加 22.10 万吨/年、增长 6.18%。其中，仪化股份公司投资新增聚酯产能 20 万吨/年，技术改造增加聚酯产能 1.35 万吨/年，核减聚酯产能 0.75 万吨/年；巴陵分公司技术改造增加聚酰胺产能 1.50 万吨/年。

2013 年，石化集团公司生产合成纤维聚合物 328.79 万吨，同比减少 5.34 万吨、降低 1.60%。石化集团公司合成纤维聚合物各品种产量见表 23。

表 23 **石化集团公司合成纤维聚合物各品种产量** 万吨

产品名称 \ 年份	2013	2012	2011	2010	2009	2008
合成纤维聚合物合计	328.79	334.13	332.01	325.91	304.90	266.97
聚　酯	298.75	301.76	310.36	304.88	290.62	251.14
聚对苯二甲酸丁二酯	5.94	5.45	2.49	2.50	—	—
聚乙烯醇	16.78	19.74	13.10	12.68	9.68	11.55
聚己内酰胺	7.33	7.18	6.05	5.84	4.60	4.31

1. 聚酯

石化集团公司生产聚酯产品的企业有上海石化、仪化股份公司、天津分公司、洛阳分公司和仪征资产分公司 5 家企业。

2013 年，石化集团公司生产聚酯 298.75 万吨，同比减少 3.01 万吨、降低 1.00%。石化集团公司各企业聚酯产量见表 24。

表 24 **石化集团公司各企业聚酯产量** 万吨

企业名称 \ 年份	2013	2012	2011	2010	2009	2008
石化集团公司合计	298.75	301.76	310.36	304.88	290.62	251.14
上海石化	49.09	59.41	62.08	60.31	55.61	54.40
仪化股份公司	194.72	174.58	177.06	173.57	173.66	166.60
天津分公司	29.10	26.00	29.83	28.55	22.48	10.72
洛阳分公司	12.91	19.72	18.45	19.90	18.30	11.36
仪征资产分公司①	12.93	22.05	22.95	22.56	20.56	—

①仪征资产分公司聚酯产能和产量自2009年开始纳入石化集团公司统计口径

2. 聚乙烯醇

石化集团公司生产聚乙烯醇的企业有上海石化、四川维尼纶厂和燕化有限公司3家。其中，上海石化和燕化有限公司以乙烯为原料，四川维尼纶厂以乙炔为原料。四川维尼纶厂以天然气为原料生产乙炔，是石化集团公司唯一使用天然气做原料生产合成纤维的企业。

2013年，石化集团公司生产聚乙烯醇16.78万吨，同比减少2.96万吨、降低14.99%。石化集团公司各企业聚乙烯醇产量见表25。

表 25 **石化集团公司各企业聚乙烯醇产量** 万吨

企业名称 \ 年份	2013	2012	2011	2010	2009	2008
石化集团公司合计	16.78	19.74	13.10	12.68	9.68	11.55
上海石化	3.26	4.20	4.34	4.01	4.36	4.16
燕化有限公司	0.16	1.21	2.38	2.51	—	1.47
四川维尼纶厂	13.36	14.32	6.38	6.15	5.33	5.92

3. 聚己内酰胺

石化集团公司生产聚己内酰胺的企业有石家庄炼化和巴陵分公司2家。2013年生产聚己内酰胺7.33万吨，同比增加0.15万吨、增长2.09%。其中，石家庄炼化生产聚己内酰胺2.21万吨，巴陵分公司生产聚己内酰胺5.12万吨。

4. 纤维级聚丙烯和纤维级聚乙烯

纤维级聚丙烯是生产丙纶的原料。石化集团公司连续法聚丙烯装置均能生产纤维级聚丙烯，企业根据市场需求组织纤维级牌号的生产。

纤维级超高分子量聚乙烯是生产高强高模聚乙烯纤维的原料，其生产能力、产量均在聚乙烯(合成树脂)中统计。

（周向进）

【合成纤维】 合成纤维的五大品种是涤纶、锦纶、腈纶、维纶、丙纶，俗称“五大纶”。

截至2013年底，石化集团公司合成纤维生产能力为164.81万吨/年，同比增加5.45万吨/年、增长3.42%。其中，仪化股份公司投资新增加涤纶短纤维产能10万吨/年，技术改造增加涤纶短纤维产能0.5万吨/年，核减涤纶短纤维产能2.1万吨/年，转产新增中空涤纶短纤维产能2.1万吨/年；上海石化核减涤纶短纤维产能6万吨/年；四川维尼纶厂投资新增维纶短纤维产能0.95万吨/年。2013年起，石化集团公司核销锦纶纤维品种。

2013年，石化集团公司生产合成纤维141.03万吨，同比增加5.70万吨、增长4.21%。石化集团公司合成纤维各品种产量见表26。

表 26　　**石化集团公司合成纤维各品种产量**　　万吨

产品名称＼年份	2013	2012	2011	2010	2009	2008
合成纤维合计	141.03	135.33	140.33	140.57	131.40	127.44
涤　纶	109.30	104.35	108.38	107.68	99.10	94.07
腈　纶	29.27	28.92	29.88	31.02	30.48	31.43
维　纶	1.79	1.42	1.55	1.29	1.25	1.48
丙　纶	0.57	0.53	0.52	0.58	0.57	0.46

1. 涤纶

石化集团公司生产涤纶纤维的企业有上海石化、仪化股份公司、天津分公司和洛阳分公司 4 家。

截至 2013 年底，石化集团公司涤纶纤维生产能力为 132.75 万吨/年，其中涤纶长丝的生产能力为 22.95 万吨/年。2013 年生产涤纶纤维 109.30 万吨，同比增加 4.95 万吨、增长 4.74%。石化集团公司各企业涤纶产量见表 27。

表 27　　**石化集团公司各企业涤纶产量**　　万吨

企业名称＼年份	2013	2012	2011	2010	2009	2008
石化集团公司合计	109.30	104.35	108.38	107.68	99.10	94.07
上海石化	8.64	8.59	8.92	8.72	8.06	8.52
仪化股份公司	77.33	68.33	71.67	70.65	67.48	67.20
天津分公司	11.53	10.31	12.12	12.41	9.73	10.66
洛阳分公司	11.80	17.13	15.67	15.90	13.83	7.58

2. 腈纶

石化集团公司生产腈纶纤维的企业有上海石化、安庆分公司和齐鲁分公司 3 家。截至 2013 年底，石化集团公司腈纶生产能力为 26.48 万吨/年，与上年持平。

2013 年，石化集团公司生产腈纶纤维 29.27 万吨，同比增加 0.35 万吨、增长 1.21%。石化集团公司各企业腈纶产量见表 28。

表 28　　**石化集团公司各企业腈纶产量**　　万吨

企业名称＼年份	2013	2012	2011	2010	2009	2008
石化集团公司合计	29.27	28.92	29.88	31.02	30.48	31.43
上海石化	16.62	16.57	16.09	16.64	16.07	18.48
安庆分公司	7.13	6.38	7.88	7.87	7.87	6.90
齐鲁分公司	5.51	5.97	5.92	6.52	6.50	6.05

3. 维纶

石化集团公司生产维纶纤维的企业只有四川维尼纶厂1家，采用国内技术，生产能力为3.15万吨/年，主要产品有维纶短纤维和维纶丝束(长丝)。2013年生产维纶纤维1.79万吨，同比增加0.37万吨、增长26.06%。

4. 高强高模聚乙烯纤维

石化集团公司生产高强高模聚乙烯纤维的企业只有仪化股份公司1家，生产能力为0.13万吨/年，2013年产量为980吨。 (周向进)

精细化工

【**概述**】 精细化工门类繁多、品种复杂，2013年市场竞争激烈，效益下滑，中国石化集资源、市场、技术、人才等多方面的优势，对精细化工产品有重点、有步骤地发展。

石化集团公司主要精细化工产品产量见表29。

表29　石化集团公司主要精细化工产品产量　吨

产品名称 \ 年份	2013	2012	2011	2010	2009	2008
催化剂						
炼油催化剂	138 371	148 263	152 954	119 616	101 587	101 256
化工催化剂	2 322	2 227	3 138	2 560	2 255	1 816
塑料助剂						
塑料增塑剂	7 671	38 642	35 880	40 763	36 800	53 237
塑料发泡剂		0	0	0	168	0
橡胶助剂						
橡胶促进剂		0	45	611	9	226
橡胶防老剂	39 921	44 433	46 759	47 486	35 824	22 206
表面活性剂	20 000	12 830	9 583	14 734	28 533	29 084
微晶蜡	22 211	35 881	37 561	21 330	9 881	12 494
专用蜡	109 534	85 005	70 112	53 581	35 541	22 775
凡士林	5 899	2 154	10 973	6 934	7 949	5 475

(原　玲)

【**催化剂**】 2013年，石化集团公司在新催化剂开发、生产和推广应用方面有了新的突破。催化裂化催化剂、催化重整催化剂、加氢催化剂、基本有机原料催化剂、聚烯烃催化剂等炼油和石油化工用催化剂的国产化率超过90%。年内共生产炼油和化工催化剂14.07万吨，完成了催化裂化催化剂、加氢催化剂、乙苯脱氢催化剂等新产品的工业放大试验。

(顾蓓蕾)

【**表面活性剂**】 石化集团公司研究开发和生产表面活性剂的企业主要是金陵石化、天津石化、高桥石化等。2013年，石化集团公司共生产表面活性剂2万吨，主要有乳化剂(MOA、EL、Tx)、洗涤剂(低泡清洗剂、消泡剂等)、破乳剂等系列产品。

1. 聚醚多元醇

石化集团公司生产聚醚多元醇的企业为高桥石化和天津石化，2013年聚醚产品产销量分别达到21.9万吨和21.2万吨。

针对《乘用车内空气质量评价指南》国家标准的出台，石化集团公司继续组织降低GEP－828和GPOP－H45的醛含量攻关。实施上年技术攻关的各项有效措施，醛含量严格控制在协议指标范围内；建立了醛类分析方法，通过筛选磷酸、改进精制工艺、后处理脱气味等工作，基本解决了聚醚气味大的问题。同时加强了新型原辅材料选用，引进质优价廉的原辅材料，组织进行小试和工业性试验。通过改进GJ－9701的工艺配方和精制工艺，产品生产周期由原来的1周减少到2天，大大提高了生产效率，满足了客户激增的需求。

全年申请发明专利7项："一种聚合物多元醇的制备方法""分离和回收聚合物多元醇产物中残留的乙烯基单体的方法""聚合物多元醇的制备方法""分离和回收聚合物多元醇生产中所用溶剂的方法""聚合物多元醇生产中延缓管路堵塞的后处理系统和方法""用于聚合物多元醇生产中脱单和除臭的后处理系统和方法""连续生产聚合物多元醇预聚体的方法"。

2. 三次采油用化学品

由上海石油化工研究院研制、南京化工公司生产的复合型表面活性剂，在河南油田双河Ⅳ区块三元复合驱先导试验中，自2012年1月注入至2014年2月，累计实现增油9.31万吨，综合含水由97.8%下降到92.7%，阶段提高采收率2.95%。

由北京化工研究院开发的耐温驱油聚合物完成工业试生产，经河南油田评价后，性能达到指标要求。使用该耐温驱油聚合物先导试验方案已经通过石化集团公司总部审查，正式进入矿场实施阶段。

（原　玲）

【合成胶黏剂】 石化集团公司生产的胶黏剂原料主要有环氧树脂、苯乙烯共聚物及醋酸乙烯聚合物。

1. 环氧树脂类

2013年，石化集团公司环氧有机氯产业链主要依托现有技术及技术储备，围绕加强基础环氧树脂提质降耗技术研究，提高产品质量，降低产品成本，对自有知识产权产品国产化，加大水性环氧、风电环氧、双酚A酚醛环氧等特种树脂市场推广力度，加快产业化进程等目标开展工作。全年共生产各类环氧树脂6万吨，销量5.88万吨。

（1）新产品开发

邻甲酚醛环氧树脂（CNE）：2013年经过调优改进取得了良好效果，与上年相比，装置原料消耗大幅下降，产品质量优良稳定；同时实现了低黏（CYDCN－205、CYDCN－205H）、高黏（CYDCN－208）等多个产品的工业化，形成了低、中、高黏度系列产品牌号，填补了国内空白。2013年产销1 119吨。

粉末涂料用环氧树脂：2013年主要开发了用于西气东输三期工程等领域的重防腐粉末涂料804H、805等新牌号，共计生产各类粉末涂料用固体环氧产品1.27万吨。

风力发电用低黏度环氧树脂（BPF）：2013年重点完善了风电叶片树脂在真空灌注系统的应用技术，开发了用于风电叶片增强部分的手糊成型环氧树脂以及配套固化剂，同时积极开拓风电叶片新用户。2013年销售风电叶片用环氧树脂产品200多吨。

水性环氧树脂：该产品属于绿色环保产品，溶剂为水，低VOC。2012—2013年共计开发了地坪、墙漆、防腐涂料等领域10多个应用配方；开发了东莞金太阳研磨材料公司、黑马化工公司、三午化工及荣工化工等多家意向用户，累计产销1 000多吨。

汽车涂料用环氧树脂：国内对该类树脂的需求主要从国外进口。石化集团公司通过对环氧树脂反应机理的研究，抑制低异质端基的反应，提高树脂纯度，成功开发了汽车涂料用环氧树脂，产品质量满足下游用户要求，可完全替代进口。2013年实现产销1 900多吨，创造了1 600多元/吨的边际利润，具有较好的经济效益。

碳纤维复合材料用环氧树脂：2013年着手开发适合国外T300碳纤维和金山石化T300级碳纤维预浸料的中温固化树脂体系，基本确定了树脂、固化剂以及稀释剂的组成。

（2）现有产品提质降耗

为了提高赢利能力，石化集团公司不断进行装置节能降耗、环境保护新技术及新工艺开发。2013年主要进行了树脂黄变、无色化、固体树脂板结及低黏度高品质液体树脂的技术开发工作，树脂产品质量稳步提升。

（3）高性能复合材料用环氧树脂技术及应用实验室建设

2013年5月，环氧树脂加工应用中心可研得到石化集团公司总部批复，获批复资金800万元。截至年底，已经完成了实验室设计与完善改造，实验室整体搬迁。中心的建设、完善与整体模式装置的应用加强了环氧树脂合成实验与生产装置的联系，积极响应市场反馈信息，为下游用户提供技术支持。

2. 醋酸乙烯聚合物类

四川维尼纶厂是全国唯一以天然气为主要原料生产醋酸乙烯聚合物的企业。醋酸乙烯产能50万吨/年，聚乙烯醇（PVA）产能16万吨/年，醋酸乙烯—乙烯共聚乳液（VAE）产能6万吨/年。

新产品开发：2013年开发了替代絮状PVA的建筑、纺织专用PVA系列产品（JF－171、JF－221、JF－241），实现了批量的工业化生产和销售，全年生产5 162吨。

对2012年8月投产的1 500吨/年低温水溶纤维、3 000吨/年高强高模纤维以及5 000吨/年中温水溶纤维项目进行技术改造，产能基本达到设计要求；同时启动二期工程，建设1.2万吨/年高强高模纤维生产装置。四川维尼纶厂采用上海石油化工研究院提供的等温绝热床技术建成了3 000吨生物乙烯中试装置，并成功进行了2次试验。

（原　玲）

【生物化工及可替代能源】 以抚顺石油化工研究院为依托的中国石化生物燃料及生物化工重点实验室，筹建了以曹湘洪院士为主任委员的重点实验室学术委员会，2013年召开了重点实验室学术委员会第一次会议；全年开展技术工程化项目2项，申请发明专利85项。

1. 发酵生产长链二元酸成套技术

2013年开发出第二代长链二元酸提取与纯化技术，采用新型溶剂结晶精制，以小试为基础，进行了中试。根据中试结果，完成了清江石化1 000吨/年二元酸装置改造的设计基础数据；完成了精制工段改造工艺包和可研报告编制。

2. L－丙交酯合成新技术及装备的开发

开展了“L－丙交酯合成新技术及装备的开发”小试研究，提出了以双溶剂萃取作为预处理、以熔融结晶法为主要纯化手段，全流程工艺过程简单、绿色环保。在实验室小试装置上，通过反应合成实验、精制纯化实验，以及产品物性的测试，小试样品指标与Purac同类产品相当，证明该工艺是可行的。通过对反应过程生成水以及萃取过程水解得到的乳酸进行回收循环，对结晶母液及汗液进行多次熔融结晶回收产品，L－丙交酯的收率有望得到进一步提高。以小试为基础，制定了中试工艺技术路线方案，确定了L－丙交酯合成技术中试连续合成装置设计思路，为该技术实现更加成熟的工程化合成过程奠定了基础。

3. 中国石化藻种库建设

在中国石化与中国科学院战略联盟开展“微藻生物柴油”项目基础上，初步建立起了“中国石化藻种库”，用于收集、整理、储存、保藏和评价“微藻生物柴油”项目获得的全国不同地区优质含油微藻藻种。截至年底，藻种库硬件建设基本完成，已收集保藏藻种达100余种。

（原　玲）

化　肥

【概述】 石化集团公司化肥主要产品有合成氨、尿素、复合肥、硫酸铵、硝酸铵、混配复合肥料等。石化集团公司主要化肥生产能力见表30，产量见表31。

表30　　石化集团公司主要化肥生产能力　　万吨/年

产品名称＼年份	2013	2012	2011	2010	2009	2008
合成氨	180.70	210.70	234.70	269.20	269.20	243.50
尿　素	211.40	263.40	303.40	363.40	363.40	313.00
复合肥	50.00	50.00	50.00	50.00	50.00	50.00
硫酸铵	86.25	52.25	50.25	42.25	42.25	42.25
硝酸铵（工业用）	20.00	15.00	15.00	15.00	15.00	15.00

表31　　石化集团公司主要化肥产品产量　　万吨

产品名称＼年份	2013	2012	2011	2010	2009	2008
合成氨	115.94	126.43	111.12	119.10	135.15	125.64
尿　素	91.78	105.23	77.98	122.34	175.22	164.86
复合肥	24.23	28.08	27.90	33.04	29.11	19.16
硫酸铵	96.26	57.28	57.90	56.78	39.29	43.92
硝酸铵（工业用）	13.07	13.02	13.60	14.64	12.78	15.46
混配复合肥料	4.77	4.27	4.10	3.93	4.34	3.13

从表 30 可见，合成氨、尿素生产能力同比减少，主要是核减了九江分公司化肥装置的生产能力；硫酸铵生产能力同比增加，主要是巴陵分公司硫酸铵装置生产能力增加；其他化肥产品生产能力较小，其中硝酸铵生产能力同比增加，复合肥产品生产能力没有变化。

从表 31 可见，合成氨、尿素、复合肥产量同比均有所减少，其中尿素产量减少幅度达到 13%，按照逐步退出尿素业务安排，尿素产能利用率降低、产量下降；硫酸铵、硝酸铵、混配复合肥料产量同比增加。

2013 年，石化集团公司继续做好化肥产品结构调整，稳妥推进尿素业务有序退出。安庆利用炼油装置扩能以及 13 万吨/年丙烯腈装置投产，10 月实现停产尿素；巴陵化肥装置继续按照“先氢后氨再尿素”的方案组织生产，以向己内酰胺装置供氢和供氨为主，尿素装置阶段性生产；湖北化肥通过建设 20 万吨/年合成气制乙二醇工业示范项目，将实现以生产合成氨、尿素为主转向以生产乙二醇为主的业务转型；齐鲁分公司达州化肥装置全年停产；四川维尼纶厂合成氨装置因天然气资源不足阶段性生产。

（吴昌保）

【合成氨】 2013 年，石化集团公司生产合成氨的企业有安庆分公司、巴陵分公司、湖北化肥分公司、南京化工公司和四川维尼纶厂共 5 家。截至年底，石化集团公司合成氨生产能力为 180.70 万吨/年，核减了九江分公司 30 万吨/年生产能力。

2013 年，石化集团公司实际生产合成氨 115.94 万吨，同比减少 8.30%，约占全国合成氨总产量的 2.02%。其中，安庆分公司增产 4.43 万吨，巴陵分公司增产 0.72 万吨，湖北化肥分公司减产 0.24 万吨，南京化工公司合成氨减产 2.61 万吨，四川维尼纶厂减产 12.79 万吨。各企业合成氨产量详见表 32。

表 32　石化集团公司各企业合成氨产量　　万吨

企业名称	设计能力/万吨·年$^{-1}$ \ 年份	2013	2012	2011	2010	2009	2008
石化集团公司合计	180.70	115.94	126.43	111.12	119.10	135.15	125.64
安庆分公司	32.00	25.86	21.43	18.12	15.82	20.34	20.10
巴陵分公司	43.00	37.42	36.70	32.49	25.94	18.55	21.13
湖北化肥分公司	30.00	28.44	28.68	22.28	21.74	18.58	14.79
齐鲁分公司	29.20	—	—	—	6.59	—	—
金陵分公司	—	—	—	—	—	10.02	6.65
镇海炼化	—	—	—	—	6.01	18.30	19.57
九江分公司	—	—	—	—	12.97	26.53	26.48
南京化工公司	26.50	22.73	25.34	22.50	18.72	21.69	15.44
四川维尼纶厂	20.00	1.48	14.28	15.73	11.31	1.13	1.49

（吴昌保）

【尿素】 2013 年，石化集团公司生产尿素的企业有安庆分公司、巴陵分公司、和湖北化肥分公司共 3 家。截至年底，石化集团公司尿素（实物量）生产能力为 211.40 万吨/年，核减了九江分公司 52 万吨/年生产能力。

2013 年，石化集团公司实际生产尿素（实物量）91.78 万吨，同比减少 12.78%，约占全国尿素总产量的 1.27%。其中，安庆分公司尿素装置于 10 月停产，减产尿素 6.05 万吨；巴陵分公司减产 4.81 万吨；湖北化肥分公司减产 2.59 万吨。各企业尿素产量详见表 33。

表33　　石化集团公司各企业尿素产量　　万吨

企业名称	设计能力/万吨·年$^{-1}$	2013	2012	2011	2010	2009	2008
石化集团公司合计	211.40	91.78	105.23	77.98	122.34	175.22	164.86
安庆分公司	52.00	25.56	31.61	26.57	22.80	29.82	27.62
巴陵分公司	61.00	24.55	29.36	18.78	25.65	19.17	24.93
湖北化肥分公司	48.00	41.67	44.26	32.63	30.64	31.56	21.29
齐鲁分公司	50.40	—	—	—	8.72	—	—
金陵分公司	—	—	—	—	—	17.28	11.33
镇海炼化	—	—	—	—	10.47	32.20	33.70
九江分公司	—	—	—	—	24.05	45.19	46.00

（吴昌保）

【复合肥】 2013年，石化集团公司生产复合肥的企业有南京化工公司和安庆石化2家。截至年底，石化集团公司复合肥生产能力为50万吨/年，产能没有变化；2013年实际生产复合肥24.23万吨，同比减产3.85万吨，减少13.72%。

（吴昌保）

【硫酸铵】 2013年，石化集团公司生产硫酸铵的企业有石家庄炼化、巴陵分公司、安庆分公司、齐鲁分公司和湖北化肥共5家。截至年底，石化集团公司硫酸铵（实物量）生产能力为86.25万吨/年，同比增加34万吨/年，其中巴陵分公司己内酰胺装置扩能改造后，副产硫酸铵（实物量）生产能力从22万吨/年增加到54万吨/年；安庆分公司13万吨/年丙烯腈装置建成投产，副产硫酸铵（实物量）生产能力从1.2万吨/年增加到3.2万吨/年。2013年，石化集团公司实际生产硫酸铵（实物量）96.26万吨，同比增产38.98万吨、增长68.06%。

（吴昌保）

【硝酸铵】 2013年，石化集团公司生产硝酸铵的企业只有南京化工公司1家。截至年底，石化集团公司硝酸铵（实物量）生产能力为20万吨/年，同比增加5万吨/年。南京化工公司老硝酸铵装置于4月20日停工后不再运行，新硝酸铵装置于4月28日建成投产，硝酸铵（实物量）生产能力从15万吨/年增加到20万吨/年。2013年，石化集团公司实际生产硝酸铵（实物量）13.07万吨，同比增产0.05万吨、增长0.37%。

（吴昌保）

【混配复合肥料】 2013年，石化集团公司生产混配复合肥料的企业只有南京化工公司1家，全年实际生产混配复合肥料4.77万吨，同比增产0.49万吨、增长11.54%。

（吴昌保）

【煤气化装置运行】 截至2013年底，石化集团公司有6套煤气化装置运行，其中金陵分公司、齐鲁分公司、南京化工公司3套煤气化装置采用GE水煤浆气化技术，安庆分公司、巴陵分公司、湖北化肥分公司3套煤气化装置采用Shell干粉煤气化技术。采用中国石化具有自主知识产权的SE气化技术的扬子石化SE粉煤气化工业示范装置于10月工程中交，采用GE水煤浆气化技术的茂名分公司煤制氢装置、南京化工公司煤制氢装置分别于9月和11月工程中交，相继转入投料试车阶段。

重点围绕提高煤气化装置运行负荷和优化系统经济运行水平开展工作。组织系统内煤化工企业及设计单位召开煤气化技术专题交流会，系统性地总结和交流了近2年来煤气化装置运行管理经验，推广行之有效的先进管理方法和技术进步方面好的经验和做法，促进和提高煤气化业务的技术管理水平。

煤气化装置运行水平不断提高，长周期运行均再创佳绩。单炉配置的粉煤气化装置基本实现了百日连续运行常态化，截至2013年底，安庆煤气化装置 A 级连续运行 199 天，再创同类装置长周期运行世界纪录；巴陵煤气化装置 A 级连续运行 177 天，实现投产以来最长周期。多炉配置的水煤浆气化装置长周期运行也再创佳绩，继金陵水煤浆气化装置 2012 年实现长周期连续运行 479 天后，齐鲁水煤浆气化装置自 2011 年 12 月 14 日至 2013 年 4 月 8 日实现连续运行 481 天，再创同类装置长周期连续运行世界纪录，同时为煤气化装置与其他炼化装置同步检修积累了运行管理、配套设计等方面经验。

（吴昌保）

无机原料

【概述】 2013 年，石化集团公司生产无机原料的企业有南京化工公司、齐鲁分公司、巴陵分公司、巴陵资产分公司、石家庄炼化、江汉油田分公司、荆门分公司等。主要无机原料为“三酸两碱”。石化集团公司主要无机原料生产能力见表 34，产量见表 35。

表 34　石化集团公司主要无机原料生产能力　万吨/年

产品名称 ╲ 年份	2013	2012	2011	2010	2009	2008
硫　酸	113.50	119.50	119.50	119.50	119.50	119.50
浓硝酸	22.00	22.00	22.00	22.00	22.00	21.00
盐酸(折 31%)	14.43	14.43	14.43	12.43	25.53	48.33
烧　碱	64.30	84.30	84.30	80.30	92.30	90.30
纯　碱	120.25	120.25	120.25	120.25	120.25	120.25

表 35　石化集团公司主要无机原料产品产量　万吨

产品名称 ╲ 年份	2013	2012	2011	2010	2009	2008
硫　酸	77.44	88.94	94.94	100.29	78.90	71.71
硝　酸	21.34	20.41	17.76	20.56	15.60	11.32
盐酸(折 31%)	27.15	32.21	29.93	30.80	26.43	21.61
烧　碱	61.06	82.63	80.92	80.31	67.80	74.70
纯　碱	98.92	102.73	113.69	106.11	102.30	116.23

（吴昌保）

【硫酸】 2013 年，石化集团公司生产硫酸的企业有南京化工公司、石家庄炼化、巴陵分公司、荆门分公司共 4 家。截至年底，石化集团公司硫酸生产能力为 113.50 万吨/年，核减了长岭分公司硫酸生产能力 6 万吨/年；2013 年实际生产硫酸 77.44 万吨，同比减产 11.50 万吨、减少 12.93%。

（吴昌保）

【硝酸】 石化集团公司硝酸生产企业仅有南京化工公司，浓硝酸生产能力为 22 万吨/年，产能没有变化；2013 年实际生产浓硝酸 21.34 万吨，同比增产 0.93 万吨、增长 4.56%。

（吴昌保）

【盐酸】 2013 年，石化集团公司生产盐酸的企业有南京化工公司、巴陵资产分公司、齐鲁分公司和江汉油田分公司共 4 家。截至年底，石化集团公司盐酸生产能力为 14.43 万吨/年（不含南京化工公司副产盐酸产能）；2013 年实际生产盐酸 27.15 万吨，同比减产 5.07 万吨、减少 15.72%，主要是南京化工公司和齐鲁分公司产量减少。

（吴昌保）

【烧碱】 2013年，石化集团公司生产烧碱的企业有齐鲁分公司、江汉油田分公司、南京化工公司和巴陵资产分公司共4家。截至年底，石化集团公司烧碱生产能力64.30万吨/年，同比减少20万吨/年。齐鲁分公司20万吨/年隔膜烧碱装置因消耗高、成本高，且属国家淘汰工艺，在烧碱价格下跌行情下已无边际效益，于4月停产，齐鲁分公司烧碱生产能力从45万吨/年减少到25万吨/年。

2013年，石化集团公司实际生产烧碱61.06万吨，同比减产21.57万吨、减少26.11%，主要是齐鲁分公司产量增少。

（吴昌保）

【纯碱】 2013年，石化集团公司纯碱生产企业为南京化工公司连云港碱厂，生产能力为120.25万吨/年；全年实际生产纯碱98.92万吨，同比减产3.81万吨、减少3.71%。工业纯碱优级品率继续保持100%；出口纯碱量20.60万吨，同比增加0.49万吨，主要出口孟加拉国、日本、泰国、印度、越南等国家。

2013年，全国累计生产纯碱2 393万吨，同比减少0.3%。石化集团公司产量约占全国总产量的4.1%，同比下降0.1个百分点。

（吴昌保）

质量管理

【概述】 2013年，面对严峻的市场形势，化工板块从严质量管理，科学质量管理，坚持以市场为导向，以顶替进口为目标，推进质量标准与国际先进标准逐步接轨，不断加强新产品开发和产品结构调整，产品质量升级换代步伐日益加快。①加强质量管理体系建设，派出观察员对多家企业体系审核进行监督，不断提高质量管理体系的符合性、适宜性和有效性；②进一步完善质量管理制度，制定了《合成树脂非目标产品管理办法(试行)》，严格管理合成树脂非目标产品的生产和销售；③组织开展质量检查，抓好问题整改，促进企业质量管理水平的提高；④加强实验室管理，推进实验室信息管理系统(LIMS)建设，实现了炼化企业全覆盖；⑤加强产品质量分析，采取措施，改进产品质量，不断增强化工产品的市场竞争力。全年化工产品质量总体保持受控，出厂产品合格率100%，没有发生上报石化集团公司的质量事故。

（沈云辉）

【客户服务】 ①在中国石化“质量日”期间，在洛阳召开了化工产品客户座谈会，邀请客户走进企业，诚纳谏言，谋求产销合力，共赢发展；②对顺丁橡胶和乙二醇2个产品，以及化工产品发货方面开展了客户满意度调查，总体满意度分别为94.42%、92.78%和91.46%，同时指出了各企业存在的问题和改进的方向，寻求质量改进机会，增强企业的市场竞争能力；③加强客户走访和技术服务，2013年累计走访客户6 100余家次，开展技术服务105项，其中联合生产企业共同走访客户1 400余家次；④及时跟踪、协调客户投诉处理，不断提高客户投诉处理效率，2013年共接到71件投诉，同比减少22件、下降23.6%；投诉处理完成率为100%，平均处理时间7.7天。

（沈云辉）

【质量培训】 ①举办了第2期化工质量管理高级研修班，采用集中授课、现场教学、企业研修、交流答辩的教学方式，提高培训的针对性，达到了培训的预期效果；②组织开展了2013年化工分析工职业技能竞赛，共有20个单位的70名选手参加了决赛。广州、天津、齐鲁、燕山、安庆等企业的18名选手分获金、银、铜牌，天津、齐鲁、燕山分获团体第1、2、3名。

（沈云辉）

【化工产品等级品率完成情况】 2013年，合成树脂一级品以上比例94.64%，同比提高0.29个百分点。分品种来看，聚丙烯92.38%，同比提高1.22个百分点；高压聚乙烯97.53%，同比提高0.41个百分点；低压聚乙烯95.21%，同比降低2.11个百分点；线性聚乙烯98.21%，同比提高0.04个百分点；聚苯乙烯98.75%，同比降低0.93个百分点；聚氯乙烯95.12%，同比降低1.14个百分点。

合成橡胶一级品以上比例76.20%，同比降低3.59个百分点。分品种来看，丁苯橡胶(包括SBS、SEBS)67.0%，同比降低5.18个百分点；顺丁橡胶92.84%，同比降低0.94个百分点；丁基橡胶82.08%，同比降低8.64个百分点。

合成纤维一级品以上比例99.03%，同比降低0.02个百分点。分品种来看，涤纶99.35%，同比提高0.18个百分点；腈纶99.99%，同比提高0.02个百分点；维纶50.50%，同比降低14.43个百分点。

合成纤维原料一级品以上比例99.99%，同比提高0.33个百分点。分品种来看，丙烯腈、乙二醇继续保持100%；精对苯二甲酸99.98%，同比提高

0.38 个百分点；己内酰胺 99.99%，同比提高 1.73 个百分点。

合成纤维聚合物一级品以上比例 98.04%，同比提高 2.64 个百分点。分品种来看，锦纶切片 98.57%，同比降低 0.25 个百分点；聚乙烯醇 82.80%，同比提高 4.33 个百分点；聚酯 98.87%，同比提高 2.42 个百分点。

尿素优级品率 99.82%，同比降低 0.18 个百分点。

（沈云辉）

设备管理

【概述】 2013 年，石化集团公司 20 家化工企业固定资产原值为 2 598.36 亿元，净值为 1 009.95 亿元，其中设备固定资产原值为 2 225.83 亿元，净值为 828.43 亿元，设备新度系数为 0.37。

20 家化工企业共有设备 1 867 517 台，完好设备 1 862 996台，完好率 99.76%，其中主要设备 158 461 台，完好设备 157 799 台，主要设备完好率 99.58%。设备静密封点数 16 809 941 个，泄漏点数 1 482 个，泄漏率为 0.088‰。

设备分类情况：塔类 5 141 台，反应器类 3 328 台，储罐类 40 832 台，炉类 846 台，换热设备类 26 372台，阀门类 418 469 台，通用机械类 71 246 台，动力设备类 27 915 台，电气设备类 167 297 台，自动控制及仪器仪表类 992 947 台，其他 31 364 台。关键机组 1 138 台，其中各类气体压缩机（250 千瓦以上）800 台（电机驱动的 552 台，蒸汽透平驱动的 248 台），冷冻机（200 千瓦以上）254 台（电机驱动的 233 台，蒸汽透平驱动的 21 台），发电机（3 000 千瓦以上）70 台，烟汽轮机（500 千瓦以上）14 台。在用压力容器 32 690 台，其中一类容器 15 612 台，二类容器 12 635 台，三类容器 2 711 台。GC1、GC2、GC3 类工业管道 979.60 万米，其中 GC1 管道 54.45 万米，GC2 管道 611.35 万米，GC3 管道 271.82 万米。在用安全阀 36 531 台，其中国产阀 23 065 台，进口阀 13 517 台。

仪表及自动化设备总台数 975 283 台，完好总台数 971 692台，完好率 99.63%，其中使用台数 859 259台，使用率 88.1%；DCS 总套数为 580 套，PLC 总套数为 1 700 套，ESD 总套数为 269 套，在线分析仪表总套数为 12 100 套；总回路数 412 885 个，控制回路 78 914 个，联锁回路 73 373 个。

20 家化工企业全年消耗新鲜水 3.65 亿吨，年节水总量 2 442.15 万吨，年减排总量 1 065.87 万吨；全年循环水供水总量 140.48 亿吨。

（刘国帅）

【召开设备动力管理会议】 化工板块设备管理工作座谈会。落实 2012 年石化集团公司设备工作会议精神，传达化工板块工作会议要求；总结 2012 年设备管理的成绩与不足；部署 2013 年设备管理的主要工作；讨论研究提升设备本质安全、确保装置长周期稳定经济运行的措施。

挤压造粒机组管理技术工作会。认真分析机组存在的主要问题，了解各企业已经采取的改进措施，推广造粒机的检修维护经验，研究下一步稳定机组运行的建议。

乙烯裂解炉改造工作会。确定 2013 年乙烯裂解炉改造的 2 个方向：①适应原料的轻质化、多样化的加工要求；②提高乙烯裂解炉的热效率。会议总结茂名分公司和扬子石化样板炉改造和运行经验，推广 2012 年天津分公司和上海石化乙烯裂解炉改造的经验和做法，讨论各乙烯企业 2013 年裂解炉改造方案。

炼化企业循环水管理技术交流会暨 2013 年度水处理药剂及离子交换树脂评定结果发布会。总结循环水管理经验，推动循环水药剂的规范管理，交流新技术，保障生产装置的长周期稳定运行。同时在会议上对 2013 年度循环水药剂及离子交换树脂评定结果进行了发布。

特种设备检验管理工作讨论会。研讨规范特种设备检验管理工作的办法和措施，讨论传统检验手段与 RBI 等技术的合理组合的方案，确保特种设备检验在合规的同时，降低检验费用。

（刘国帅）

【工作调研】 空分装置调研。2013 年共对包括镇海炼化、福建林德气体有限公司、四川维尼纶厂、淄博齐鲁比欧西气体有限公司、茂名液化空气气体有限公司、上海比欧西气体有限公司 6 家企业在内的 17 套空分装置开展调研。检查压力容器 134 台、压力管道 90 条、机泵 175 台、液体储罐 23 台、主控室 6 个、仪表 331 台件、操作规程 14 本、水质分析报告 116 份，分析设备台账 74 份、资料台账 490 份。共发现问题 231 项，现场整改 178 项，其余不具备立即整改条件的项目，已要求企业制定整改计划和整改方案；提出有关建议 65 条。通过调研发现，各空分装置仍然存在一些共性问题：节能降耗仍有潜力可挖；现场表计量准确性问题较多；部分装置的主冷液位管理不符合规定；设备问题仍然较多；个别企业空分装置存在重大安全隐患。

化工裂解炉检测。2013年共对9家企业的83台裂解炉进行了资料检查和现场测试。83台裂解炉总设计热负荷为4 700兆瓦，实际运行热负荷4 154兆瓦，负荷率89%。实测加权平均热效率93.94%，加权平均排烟氧含量2.05%，加权平均排烟温度121.1℃，算术平均一氧化碳29×10^{-6}，均达到《中国石化炼化企业加热炉管理规定》要求。烟气中污染物平均排放浓度：二氧化硫2×10^{-6}，氮氧化物69×10^{-6}，符合DB 11/447—2007《炼油与石油化学工业大气污染物排放标准》。

芳烃炉检测。2013年共对8家企业的79台芳烃炉进行了资料检查和现场测试。79台芳烃炉总设计热负荷为2 321兆瓦，实际运行热负荷2 039兆瓦，负荷率86%。实测加权平均热效率91.36%，加权平均排烟氧含量3.49%，加权平均排烟温度145.9℃，算术平均一氧化碳10×10^{-6}，均达到《中国石化炼化企业加热炉管理规定》要求。烟气中污染物平均排放浓度：二氧化硫9×10^{-6}，氮氧化物91×10^{-6}，符合DB 11/447—2007《炼油与石油化学工业大气污染物排放标准》。

（刘国帅）

达标管理

【企业达标】 2013年，化工板块被列入企业达标的企业共18家，其中上海、镇海、茂名、广州、中原、仪征等企业完成情况较好。

（刘志武）

【专业达标】 经过价值量化核算，乙烯专业、芳烃专业、合成树脂专业、基本有机化工专业、碳一化工及化肥专业、特殊化学品专业的达标率为100%；合成橡胶专业达标率为80%，合成纤维原料专业达标率为89%，合成纤维专业达标率为83%。

（刘志武）

【节能专业达标】 2013年，化工板块万元产值综合能耗1.54吨标煤，同比下降0.03个单位，节能率1.6%。

（刘志武）

【装置长周期运行攻关】 2013年，安庆和齐鲁的煤气化装置分别实现了199天、481天的长周期运行，分别创世界同类装置长周期运行纪录。

（刘志武）

【同类装置竞赛】 2013年，化工板块有20类133套装置参加同类装置竞赛，通过对产量、物耗、能耗、生产运行、质量、环保等指标的综合横向评定，共有46套装置获得竞赛奖励。其中，乙烯装置获得前3名的分别是茂名分公司、上海石化2#、天津分公司装置；芳烃装置获得前3名的分别是镇海炼化、扬子石化、天津分公司2#装置；乙二醇装置获得前3名的分别是天津分公司、上海石化1#、上海石化2#装置；苯乙烯装置获得前2名的是茂名分公司和齐鲁分公司装置；苯酚丙酮装置获得第1名的为燕山分公司2#装置；高压聚乙烯装置获得前3名的是齐鲁分公司、茂名分公司1#、燕山分公司1#装置；低压聚乙烯装置获得前2名的是茂名分公司和扬子石化装置；线性聚乙烯装置获得前3名的是镇海炼化、茂名分公司、广州分公司装置；化工连续法聚丙烯装置获得前3名的是镇海炼化2#、上海石化1#、茂名分公司1#装置；炼油连续法聚丙烯装置获得前3名的是九江分公司、长岭炼化、济南分公司装置；顺丁橡胶装置获得奖励的是齐鲁分公司装置；SBS装置获得奖励的是巴陵石化装置；PTA装置获得前3名的是仪化股份公司2#、扬子石化3#、上海石化装置；丙烯腈装置获得第1名的为齐鲁分公司；聚酯装置获得前3名的是仪化股份公司4#、仪化股份公司1#、上海石化1#装置；涤纶短丝装置获得前3名的是仪化股份公司1#、2#和3#装置；涤纶长丝装置获得第1名的为仪化股份公司装置；腈纶装置获得前3名的是上海石化(北)、上海石化(南)、安庆分公司装置；己内酰胺装置获得奖励的是石家庄炼化装置；煤气化装置获得前3名的是齐鲁分公司、安庆分公司、巴陵分公司装置。

通过对标追标，实现超标杆水平的共5类11套装置，其中乙烯装置有茂名分公司装置1套，线性低密度聚乙烯有天津分公司装置1套，连续法聚丙烯装置(化工)有燕山分公司3#、茂名分公司1#、茂名分公司2#装置共3套，连续法聚丙烯装置(炼油)有青岛炼化、海南炼化、武汉分公司、荆门分公司和济南分公司装置共5套，腈纶装置有上海石化装置1套。

（刘志武）

【达标重点工作】 乙烯装置：裂解炉优化操作；低温热综合利用；围绕LPG、C_5等原料进裂解炉的瓶颈开展攻关，进行延长轻烃裂解炉运行周期攻关，满足原料优化需求；炼厂富乙烯气回收乙烯改造，增加了低成本优质原料；裂解炉群负荷优化分配，提高了整体运行效率；APC 项目稳定投用，实现工艺条件精确控制。

芳烃装置：优化反应系统操作，根据实际负荷调整歧化、异构化催化剂氢烃比，降低压缩机透平蒸汽消耗；优化操作，提高加热炉的热效率；歧化、异构化装置采用新型催化剂，减少物料损失。

聚烯烃装置：优化工艺操作参数，加强监控，选用性能优良的聚合催化剂、树脂添加剂；通过排放气烯烃含量定期检测，及时消除排放泄露点，优化排放气回收系统运行，完善回收技术路线，减少物料损失；优化挤出机操作，加强维护检查，减少停车，保证造粒机安全运行；开展牌号切换优化攻关，完善牌号切换过程参数调整的技术文件，将牌号切换过程中工艺参数、时间节点进行明确，减少操作差异，实现平稳切换，减少过渡料，保证产品质量。

PTA 装置：优化不同生产负荷时的反应参数，提高 PX 的转化率；规范开停车过程，减少氧化反应系统波动；稳定装置反应状况，生产负荷变化时，精细调整负荷变化速度，避免反应温度剧烈波动，降低 PX 及醋酸损失；合理控制氧化催化剂浓度、反应温度、停留时间，在确保 CTA 质量条件下尽量降低醋酸和 PX 的燃烧反应；通过清洁能源使用，降低炉管和热管结灰速率，提高炉子热效率；对 PTA 母液冷却系统进行改造，提高母液回收系统调试速度。

煤气化装置：加强原料煤的煤质管理，拓宽用煤渠道，降低生产成本；在确保装置安稳运行前提下，气化炉温度适当提高，使炉温更接近气化反应的最佳温度，提高工艺气有效气含量，提高原煤利用率，降低滤饼产量和炉灰中碳含量，降低煤耗，提高碳转化率；优化气化炉的操作，降低氧气消耗；做好关键机组巡检、维修等特护工作。

强化工艺技术管理，打造专业化技术管理队伍。做好检修、装置开停车、关键固定型催化剂更换等重大操作的方案编制，加强过程检查、监督，做好装置工艺规程、操作手册等技术文件的定期修订，完善各类台账，夯实基础管理。梳理三大合成材料的产品线，修订完善产品标准。建立各专业的技术专家库，发挥技术资源优势。扎实开展专业技术人员培训，2013 年，先后组织了合成树脂技术高级研修班、合纤原料技术高级研修班、空分装置技术高级研修班、空分炼化板块冷换系统节能优化管理高级研修班、炼化装备及检维修全过程优化管理高级研修班等高层次专业技术人员培训。

（刘志武）

【装置运行水平进一步提高】 全年 9 类主要装置累计发生股份公司级非计划停工 21 次，非计划停车 23.3 天，同比停车时间减少 43.5 天。装置累计运行平稳率 96.7%，同比基本持平。安庆分公司煤气化装置实现连续运行 199 天，创干粉煤气化同类装置长周期连续运行最好纪录；齐鲁分公司煤气化装置累计运行 481 天，创造同类水煤浆路线煤气化装置长周期连续运行最好纪录。

（刘志武）

【技术经济指标继续改善】 2013 年，乙烯、芳烃等龙头装置考核合格率达到 100%，乙烯装置高附产品收率、乙烯装置损失率、乙烯装置高附产品能耗、PX 装置损失率、PX 装置收率、PX 装置燃动能耗等指标创历史最好水平。

高附加值专用料和差别化产品的开发生产取得新进展，产品结构进一步改善。合成树脂新产品与专用料比例 55%，同比提高 2 个百分点；聚酯和合纤差别化率 70.9%，同比提高 3.3 个百分点。

（刘志武）

计量管理

【计量管理与监督】 ①继续开展石脑油运输损耗管理，促进企业及时发现差距，深入分析原因，抓好整改落实。2013 年石脑油累计途耗率为 0.07%，其中铁路运输途耗最高为 0.27%。②进一步完善计量管理制度，修订了《炼油化工企业计量管理与考核规范》。③组织开展计量检查，2013 年共对 12 家炼化企业进行了计量检查。④组织对茂名、镇海开展乙二醇交接计量调研，提高了计量准确性，减少了计量纠纷，取得了较好效果。

（沈云辉）

境内炼化工程

◇ 综述

◇ 生产经营管理

◇ 技术创新

◇ QHSE管理

综　述

2013 年，炼化工程板块积极落实石化集团公司年度工作会议各项部署，齐心协力、攻坚克难，不断挖掘一体化优势，着力深化改革、优化资源配置、转变发展方式、狠抓生产经营、大力开拓市场、强化技术创新，各项工作取得了显著成效。

炼化工程板块上市工作顺利完成。2013 年 5 月 23 日，炼化工程公司于香港联合交易所主板挂牌上市，成功进入国际资本市场。

生产经营任务全面完成。面对复杂的市场环境，炼化工程板块紧密围绕上市与生产经营 2 项中心工作，在保持炼油、石油化工等传统行业竞争优势的同时，努力开拓境内煤化工市场，并加大境外市场的开发力度，取得了良好的效果。全年实现营业收入 436.72 亿元，实现利润总额 46.84 亿元。

重点工程保障有力。炼化工程板块强化过程管理，全力保障中国石化重点工程项目顺利实施，项目质量、安全受控，未发生人员伤亡上报事故，创造了历史最好水平。

（刘红叶）

生产经营管理

【概述】 2013 年，炼化工程板块坚持上市工作与日常经营管理“两不误、两促进”，不断加大对生产经营活动的管理力度，持续优化资源、降低成本，努力实现整体效益最大化，各项生产经营工作保持平稳较快发展势头。

（刘红叶）

【市场开发】 市场开发工作卓有成效，新签大连西太平洋重整和汽油分离 EPC 总承包、广东大鹏 LNG、赛科丁二烯装置 EPC 总承包、中石化三井化工苯酚丙酮 EPC 总承包等多项炼油、石油化工、清洁能源大型项目；新型煤化工方面，新签中天合创煤化工、富德煤化工、中煤蒙大煤化工、神华陕西烯烃分离装置 EPC 总承包、浙江兴兴能源煤化工以及蒲城煤化工等项目。传统的炼油、石油化工、清洁能源等行业新签合同额持续增长，全年境内新签合同 592.94 亿元人民币；新型煤化工项目新签合同大幅增长，达到 348.28 亿元人民币。

代表性项目包括中天合创能源有限责任公司 360 万吨/年煤制烯烃全厂性项目，EPC 承包合同金额为 186.66 亿元人民币；富德（常州）能源化工发展有限公司 100 万吨/年甲醇制烯烃、50 万吨/年苯乙烯项目，EPC 承包合同金额为 30 亿元人民币；蒲城清洁能源化工有限责任公司 70 万吨/年煤制烯烃项目 DMTO－II 装置，EPC 承包合同金额为 23.98 亿元人民币；浙江兴兴新能源有限公司 30 万吨/年聚乙烯和 39 万吨/年聚丙烯工程 DMTO 项目，EPC 承包合同金额为 18.19 亿元人民币；山东 LNG 项目，EPC 承包合同金额为 16.65 亿元人民币；内蒙古中煤蒙大新能源化工有限公司年产 50 万吨工程塑料项目 MTO 装置、烯烃分离装置及聚丙烯工程，EPC 承包合同金额为 20.38 亿元人民币；上海赛科公司 26 万吨/年丙烯腈装置项目，EPC 承包合同金额为 12.73 亿元人民币。

（刘红叶）

【重点项目稳步推进】 中化泉州项目：该项目合同下工作范围包括主要工艺装置 1 200 万吨/年常减压、200 万吨/年连续重整、160 万吨/年延迟焦化、330 万吨/年渣油加氢处理、340 万吨/年催化裂化、260 万吨/年蜡油加氢裂化、14 万米^3（标准）/时制氢装置等。截至 2013 年底，项目设计工作基本结束，主要设备及材料已全部采购完毕，项目质量、安全、进度全面可控。

石家庄炼化项目：该项目原油加工能力由 400 万吨/年扩大至 800 万吨/年，并实施适应性改造，实现含硫原油加工，同时实现汽、柴油产品质量升级，满足国Ⅳ车用汽、柴油生产要求。截至 2013 年底，该项目总体进度超过 9 成，项目进展顺利。

武汉乙烯项目：该项目合同下工作范围主要包括 80 万吨/年乙烯，55 万吨/年裂解汽油加氢，35 万吨/年芳烃抽提，30 万吨/年高密度聚乙烯，30 万吨/年线性低密度聚乙烯装置等。截至 2013 年底，该项目已全面投产，处于性能考核期内，各项指标均满足合同要求。

山东 LNG 项目：该项目合同下工作范围主要包括 LNG 接收站 36 个单元的 EPC 总承包以及 4 台 LNG 储罐 EPC 总承包等。截至 2013 年底，项目整体进度过半，安全、质量、进度全面受控。

靖边煤化工项目：该项目合同下工作范围主要包括 150 万吨/年渣油催化热裂解、60 万吨/年聚乙烯、60 万吨/年聚丙烯装置等。截至 2013 年底，该项目设计、采购、施工工作已基本结束。

榆林煤化工项目：该项目一期工程合同下工作范围主要包括 180 万吨/年 MTO、30 万吨/年聚乙烯、30 万吨/年聚丙烯及碳四综合利用装置。截至 2013

年底，各装置整体进度均过半，项目安全、质量、进度全部处于可控状态。

中天合创煤化工项目：合同下的工作范围包括煤气化装置、净化装置、360万吨/年甲醇合成装置、2套180万吨/年甲醇制烯烃装置(SMTO)、20万吨/年烯烃催化裂解装置、35万吨/年聚丙烯装置(环管)、35万吨/年聚丙烯装置(气相)、12万吨/年低密度聚乙烯装置(釜式)、25万吨/年低密度聚乙烯装置(管式)、30万吨/年线性低密度聚乙烯装置(气相)、1万吨/年甲基叔丁基醚和3万吨/年1-丁烯联合装置等主要生产装置，以及配套空分空压装置、烯烃中间罐区等公用工程和辅助生产设施的设计、采购、施工(EPC)总承包工作。该项目于2013年正式启动。

(刘红叶)

技术创新

【概述】 依托重点工程项目，重大技术研发工作稳步推进，在煤化工、石油化工、天然气等重点领域技术研发项目均取得良好进展。2013年共承担26项"十条龙"攻关项目，其中14个项目已投入运行，进展良好。

(刘红叶)

【炼油及石油化工】 80万吨/年乙烯成套技术：应用该成套技术的武汉乙烯项目于2013年8月投油实现一次开车成功。该成套技术采用自主开发的低能耗乙烯分离技术，第1次实现了大型急冷油旋液分离器的国产化设计和开发应用，开发了低能耗冷箱及脱甲烷系统的流程，实现所有催化剂的国产化以及"三机"国产化，同时第1次完全采用了具有自主知识产权的CBL裂解炉技术进行整体设计。武汉乙烯项目的成功，是炼化工程乙烯成套技术开发的重要里程碑。

柴油液相循环加氢技术开发及工业应用：2013年，九江、石家庄、湛江和安庆的工业装置已投入运行，应用结果表明，该技术投资低、操作费用低、运转安全可靠，可以生产满足国Ⅳ及国Ⅴ质量标准的清洁柴油产品。

S-Zorb汽油吸附脱硫技术及工业应用：该技术具有辛烷值损失少、氢耗小和操作费用低的优点，是国内汽油质量升级至国Ⅳ及国Ⅴ质量标准的主要手段之一。截至2013年底，炼化工程已完成共计20余套该技术许可。

(刘红叶)

【煤化工】 DMTO Ⅱ代技术和SMTO技术：2013年完成了DMTO Ⅱ代技术和SMTO技术提升开发，进一步提高了甲醇转化率和产物选择性，降低了物耗和能耗。全年许可多套采用DMTO Ⅱ代技术和SMTO技术的甲醇制烯烃(MTO)装置。

SE单喷嘴冷壁式煤粉加压气化成套技术：该技术的设计理念、研发理念先进，可靠性高，技术指标先进。该技术优化集成了单喷嘴冷壁式激冷流程的SE东方炉、耐硫变换和低温甲醇洗等技术。2013年，采用该技术完成了扬子石化单喷嘴冷壁式粉煤加压气化工业示范装置的建设，单炉日投煤量1 000吨，已产出合格氢气，装置运行稳定。

合成气制乙二醇技术：该技术是煤的高效清洁利用技术之一，采用该技术完成了1套20万吨/年合成气制乙二醇示范装置的建设，已进入试生产阶段。

(刘红叶)

【天然气】 天然气净化技术开发与工业应用：继参与的"特大型超深高含硫气田安全高效开发技术及工业化应用"在普光天然气净化厂项目取得成功、填补多项国内空白之后，炼化工程板块又参与开展了"元坝天然气净化技术开发与工业应用"研究，截至2013年底，元坝天然气净化厂项目已进入施工阶段。

(刘红叶)

【清洁环保】 可再生湿法烟气脱硫技术工业化实验：该技术不影响炉内燃烧和换热，具有脱硫效率高等优点，是国内外大型锅炉首选的脱硫工艺。2013年完成了应用该技术实验项目的施工图设计及余热锅炉改造等工作。

污水治理综合技术：针对南京化工公司污水治理技术攻关的污水综合治理项目已于2013年6月中交，8月进行试运转，该项目为多种复杂废水的综合治理提供了技术来源与工程实例，为石化领域的绿色低碳和环境友好的可持续发展战略提供了技术支撑。

(刘红叶)

【技术许可】 2013年完成技术许可项目61项，许可合同额4.22亿元人民币。除传统优势项目聚丙烯、裂解炉、MTO、苯乙烯外，还完成了中国海油泰州、扬子石化炼油项目的许可，成绩显著。

(刘红叶)

【专利申请工作】 2013年完成新专利申请381项，获授权专利247项。其中，5家工程公司完成358项专利申请，其中发明专利204项、约占专利总申请量的57%，专利申请质量较好，保持良好势头。

（刘红叶）

【获奖情况】 2013年获石化集团公司科技进步奖励17项。其中，“高性能甲醇制烯烃催化剂及S－MTO成套技术开发”获科技进步特等奖，“第二代S－Zorb工艺和工程技术的开发与工业应用”“新一代稀乙烯制乙苯成套技术的开发及工业应用”“高能效(SHEER)加氢成套技术开发及工业应用”“3万吨/年溴化丁基橡胶工业成套技术开发”“百万吨级大型乙烯装置用丙烯压缩机组研制”获科技进步一等奖。

（刘红叶）

QHSE 管理

【概述】 2013年，炼化工程板块认真贯彻落实国家安全环保工作要求和中国石化年度HSE工作会议精神，坚持以遏制事故发生为工作重心，以“管理提升”活动为载体，持续推动质量健康安全环保(QHSE)管理体系建设，层层落实QHSE责任制，重视员工职业健康，坚持安全生产、绿色生产，全面提高本质安全水平，切实保护生态环境。

（刘红叶）

【QHSE管理体系】 持续改进QHSE制度体系，建立涵盖危害识别及风险评价、质量管理、职业健康管理、节能与环境保护、应急管理、事故及隐患管理、建设项目QHSE管理、承包商QHSE管理等84项管理办法和84项配套实施细则，有力地推动了QHSE工作向系统化、制度化、标准化和规范化不断迈进。

（刘红叶）

【质量管理】 秉承诚信规范、科学发展的经营理念，执行全员参与、落实责任、过程控制、持续改进、服务用户的质量要求，不断完善制度、优化机制、加强现场管理。从全方位质量控制入手，专职质量管理人员达1 800人。

2013年设计、承建的70余套各类石油化工生产装置顺利投产，EPC总承包的20余套石油化工、煤化工生产装置实现投料试车一次成功。其中，设计的“川气东送”工程获国家优质工程金质奖，设计、承建的北海炼油异地改造、内蒙古伊泰集团48万吨/年煤基合成油项目等32个项目获省部级优质工程奖，福建炼油乙烯项目80万吨/年乙烯装置等11个项目分获全国工程总承包金钥匙金奖、银奖，武汉分公司80万吨/年乙烯低温管道焊接工程等5个项目获全国优秀焊接工程奖，上海石化炼油改造工程大件吊装总承包等5个项目获优秀吊装工程奖。

（刘红叶）

【安全风险控制】 2013年累计实现3.03亿安全人工时，实现较大及以上责任事故、从业人员(含分包商)事故死亡率、重伤率、较大及以上环境事故事件、职业卫生急性中毒事故、一般以上公共安全事故6个为零，隐患治理计划完成率100%，外派人员人身意外及雇主责任保险投保率100%。全年隐患治理资金达4 499万元，创历史新高，为保障安全奠定了坚实基础。

（刘红叶）

产品销售

- ◇ 天然气销售
  - 综述
  - 市场开发
  - 基础设施建设
- ◇ 炼油产品销售
  - 成品油
  - 炼油自销产品
  - 燃料油
- ◇ 化工产品销售
  - 综述
  - 专业管理
  - 产品储运
  - 市场行情

天然气销售

综　　述

2013 年，天然气销售企业加快市场开发节奏，加大工程建设力度，加强经营管理，天然气销售呈现出稳健快速发展的态势。全年销售天然气 168.4 亿立方米、同比增长 9.5%。其中，天然气分公司销售天然气 110 亿立方米、同比增长 13.5%。页岩气销售实现零的突破、达 1.2 亿立方米。抢抓机遇，加强产销衔接和市场培育，推动天然气规模快速增长，全年车用天然气经营量 10 亿立方米，同比增长 67.5%。

（杨延平）

市 场 开 发

【市场保供】 川气东送管道销气 75 亿立方米、同比增长 5.9%，榆济管道销气 31 亿立方米、同比增长 29.2%，页岩气销售实现零的突破、达 1.2 亿立方米；积极外采和代输其他企业资源，既保证了市场供应，又增加了管输收益。通过串换兄弟企业资源、分时检修炼化企业、开发可中断用户、控制双气源用户用量、投运储气库等措施，保证了重点地区资源供应。

（杨延平）

【高端优质市场储备】 结合 LNG 接收站和管道规划布局，分步骤、分地区挖掘热电联产和分布式能源、车船用 LNG、大型工业直供等项目，初步达成了大运河船用 LNG 市场、物流配送等方面的合作意向。与地方合资合作进一步深化，湖南等合资合作协议已经签订或达成意向。

（杨延平）

【经营管理】 积极指导油田企业市场开发，强化天然气经营统计分析，初步搭建了中国石化较为平稳的销售管理平台。保证内部企业供气，提高了中国石化的整体效益。完成天然气调价工作。

（杨延平）

基础设施建设

【项目前期工作】 新疆煤制天然气外输管道工程规划选址意见完成 97%，各项评价工作正在进行；济青二线工程可研报告和基础设计已获得批复；青宁输气管道已获得国家同意开展前期工作的支持函，正在完善可研报告；中原—开封输气管道工程可研获得批复。广西 LNG 项目获得国家核准，总体设计、基础设计已获得批复；天津 LNG 项目核准支持文件已完成 23 项，总体设计审查完成；温州 LNG 项目可研报告编制完成，正在开展各项评价；连云港 LNG 项目获得国家同意开展前期工作的支持函，正在编制可研报告。江汉储气库正在完善先导性试验方案；文 23 储气库可研报告已编制完成，正在开展前期评价工作。

（杨延平）

【工程施工】 山东 LNG 项目码头及陆域形成工程累计完成 87%；1#—3#储罐完成水试压，4#储罐完成气顶升；接收站工程完成轻烃罐区基础施工，正在开展工艺处理和 LNG 装车设施施工。广西 LNG 项目完成陆域形成工程，储罐完成气顶升；输气管道工程累计焊接 160 千米。金坛储气库项目累计造腔 20 万立方米。山东 LNG 配套管线和济青二线试验段开工；中开线黄河隧道穿越完工并投用。

（杨延平）

炼油产品销售

成　品　油

【概述】 2013 年，受世界经济复苏艰难、国内实体经济不振、新定价机制出台等多重因素影响，市场呈现出需求不旺、资源过剩、竞争加剧的特点，成品油销售企业迎难而上拓市场、全力以赴创效益，实现了量效兼顾、管理加强、发展质量提高、安全数质量没有发生上报等级事故。全年实现成品油经营量 1.80 亿吨，同比增长 3.95%；境内成品油经营量 1.65 亿吨，同比增长 3.80%，其中零售量 1.14 亿吨，自营加油站数量达到 3.05 万座；境外（香港地区）成品油经营量 1 457 万吨，同比增长 2.90%。非油品营业收入达到 133.5 亿元，同比增长 21.36%。

（任建宇）

【成品油经营】 加强经营组织，全员扩销拓市，经营规模稳步提高，特别是汽油销售同比增长 9.9%。

采取油非互促、加油卡营销、小额配送、“点对点”竞争等策略，推广“两微”工程、加油卡客户经理制等经验，加油卡累计发行突破1亿张，持卡消费比例达到40%。针对市场差异化需求，积极扩大高标号汽油销售，做大航煤规模，为实现集团效益最大化做出贡献。强化客户开发维护，精心组织“赢得客户心”活动，努力巩固直销市场。试点加油卡网上营业厅，开通网上和手机充值、查询、预分配等功能，开辟了持卡客户服务新途径。

（任建宇）

【质量升级】 加快推进油品质量升级，2013年7月1日如期完成国Ⅲ标准普通柴油质量升级。自10月1日起，上海和江苏沿江8地市提前开展国Ⅴ标准汽油升级置换，11月1日完成国Ⅴ标准汽油升级。12月1日，广东、海南、天津、江西、安徽、河南、湖南、湖北、广西、山东、浙江(杭州)等全省(直辖市)或局地提前完成国Ⅳ汽油质量升级，其他地区按国家规定2014年1月1日全部完成国Ⅳ汽油质量升级。同时，为彻底控制住因油气挥发而造成的空气污染问题，中国石化加快进行油气回收治理改造，从根本上降低加油站内的油气浓度，为客户提供更加绿色环保的消费环境，截至年底，已完成8 000多座加油站、90多座油库的油气回收治理改造。

（任建宇）

【零售经营】 ①灵活调整零售经营策略，针对市场需求低迷、主要竞争对手加大隐性优惠力度的形势，开展多样性“油非互动”营销活动，发挥一体化经营优势，理性应对价格竞争。②合理增设高标号网点数量，优化调整油枪、油罐布局，高标号汽油扩销创效效果明显。全年高标号汽油零售同比增长26.6%。③培育大站，构建骨干网络。从提量改造、人员调整、营销政策、考核激励等方面入手，加强大站培育，单站经营能力稳步提高。推广加油站“微改造、微维护”，改善加油站经营条件，优化消费环境，增加服务功能，促进零售量增长。④全力巩固加油卡核心优势，推进联网站建设，在营加油卡联网站覆盖率达到95%，真正实现“一卡在手，全国加油”。开发推出加油卡网上营业厅和掌上营业厅，实现加油卡网上充值、预分配、查询等核心功能，拓展了客户服务途径。继续深化增值服务，优化积分规则，丰富礼品种类，拓展增值服务项目，开发手机客户端和礼品物流在线查询系统，努力提升客户满意度。⑤全自助、半自助、分时段自助模式兼顾推进，重点强化自助站现场安全监管和指引，继续推进自助加油工作。

（任建宇）

【非油品经营】 继续以易捷便利店为核心，常态促销与主题营销相结合，增强“易捷”吸引力，全年进店率达到4.1%，同比增长1.9个百分点。以黑龙江和浙江特色商品交流会为契机，精选地方特色商品；大力推广自主品牌“启劲”枸杞饮料；推广柴油车尾气处理液，降低柴油车尾气排放；加快洗车网点的开发和建设，对加油站场地进行筛选和调查，新建和改造300座统一形象的洗车点。

（任建宇）

【网络发展】 深化内涵式发展，在新发展加油站项目上，坚持以自建为主，选取重点位置、骨干路网，确保优质发展；对所属加油站进行全面排查，优化、改造、关停低效无效加油站，进一步完善成品油销售网络。截至年底，保有中国石化品牌加油站30 536座，同比减少300座，其中自有加油站30 523座，同比减少300座，单站加油量同比提高5.97%。继续加大打假维权力度，配合执法部门清理侵权加油站。同时，通过新建、收购、改造油库，加快管道新建联网，关闭低效油库，进一步增强储运设施能力。

（任建宇）

【内部管理】 ①加强全员成本目标管理，统筹管输、串换、提高罐车装载率、推动跨省配送等手段，减少运杂费；利用闲置土地置换经营用地，节约投资成本；通过“营改增”税票抵扣、提前偿还分割借款等措施，节省费用3.4亿元；推广改善经营管理建议成果684项，降本增效6 101万元；公务性支出同比大幅下降。②深入开展“内部挖潜、优化整合、精简用工”工作，推广信息化、自动化、自助化设备替代用工，调整加油站营业时间和优化排班，稳妥实施业务外包，盘活存量、严控增量、做足减法。③严格落实HSE职责，加强日常巡检和安全监管。特别是“11·22”事故后，开展安全大排查，分类梳理、整改和防控风险隐患。④加强数质量管理，退货和处理不合格外采油品35万吨；加强应急管理，妥善处置8起质量升级过程中炼厂产品质量问题；加强损耗管理，运输及零售损耗同比减少2.73万吨。⑤深入推进“学镇海、抓对标”“我为制度做诊断”活动，加强内控顶层设计，推广标准合同文本，完善商标证照管理，增强法律风险防控，重视打假维权，清理假冒站 349 座、假冒网站 2 家。⑥完成外采、二次物流、零售管理、非油品、BW 等信息系统建设或功能提升，经营管理效率进一步提高。⑦开展区外公司“效益提升年”活动，逐地分析制约经营创效瓶颈，明确未来发展方向和目标。

（任建宇）

炼油自销产品

【概述】 2013 年，中国石化炼油自销产品（除汽油、煤油、柴油及化工轻油以外）合计销量 5 528 万吨，销售均价 4 225 元/吨（不含税）。随着专业化经营改革的不断推进，近 90% 的炼油自销产品由化工销售有限公司、炼油销售有限公司等专业化公司进行统一销售，进一步优化了资源配置，实现了疏堵保畅的目标。

（胡金玉）

【专业化经营】 专业化经营体制改革不断完善。2013 年，炼油销售有限公司对液化气实施统一销售，润滑油分公司逐步完善产销研一体化的业务管理新模式。润滑油、炼油销售两个专业公司的管理水平不断提升。

润滑油分公司通过品类经营，强化专业化渠道发展，建立了经销商准入、管理、评价、培训、考核制度，加强渠道梳理和优化，提高渠道的掌控能力；充分发挥整合后的人员优势，加大规模客户开发，召开水泥、冶金、陶瓷等行业规模客户推介会近 60 场，规模客户点对点技术交流会议 100 余场；加强高档车用油的推广和策划，通过“抢滩登陆”“百站百胜”等终端活动引导鼓励经销商加强终端建设，开展了 600 家“尊龙”终端形象店门头的建设工程；继续推进润滑脂、船用油、汽车养护品等专项产品的销售，润滑脂直供比例达 60%，非油渠道销售汽车养护品同比增长 218%；持续开展大客户分级开发和分行业开发，新开发华菱汽车、奇瑞重工等 52 家大客户，全年汽车、冶金、公交、工程机械等 47 个项目实现产品升级；继续拓展电子商务，销售额同比增长 67%，线下换油业务同比上升 54%。

炼油销售有限公司顺利实施液化气统一销售，集中销售优势逐渐显现，通过优化营销策略、销售渠道、客户管理、物流运输，加强区域联动，开展差异化销售，坚持低库存运作，积极开发工业气市场，工业气比率由统销初期的 26% 提升到 38%，增效 1.3 亿元；积极组织差异化销售，开拓工业气、液硫、特种蜡等新市场，创效显著；稳步推进国际化经营，沥青、石油焦、硫黄等多个产品开展进出口贸易，全年来料加工复出口沥青同比增长 83.51%，石油焦出口同比增长 25.22%，出口资源点增加到 12 个企业，出口流向涉及 9 个国家；优化仓储及流向，降低物流成本，统一自备车运作，沥青全年发运约 1.7 万车次，发运量达 100 万吨，统筹 5 个产品仓储运营，全年仓储运营达 140 万吨。

（胡金玉）

【品牌建设】 润滑油分公司围绕品牌形象提升、重点产品宣传、网络优化传播等方面进行“长城”润滑油的品牌推广。以航天科技作为品牌差异化定位实施整合传播，通过央视高端平台、“中国航天体验营”等主题宣传，不断强化“高科技、高品质、国际化”品牌形象；按照适度聚集宣传资源的原则，对“尊龙”柴油机油、“金吉星”汽油机油等重点产品进行重点推广，提升认知度，打动目标客户，提升市场占有率；加大网络媒体广告投放的力度，持续利用日常热点新闻和公关话题事件进行软性传播，采用多种形式组合提升网络传播效果；国际市场通过重点推广、精准传播与地面推广相结合策略开展宣传，实现“树立形象、提升销量”的传播目标。据国家工信部下属的中国企业品牌研究中心发布的行业第一品牌榜，“长城”润滑油被评为 2013 年机油/润滑油行业中国第一品牌。世界品牌实验室（World Brand Lab）发布 2013 年（第 10 届）“中国 500 最具价值品牌”排行榜，SINOPEC/长城润滑油品牌价值 232.82 亿元，较上年增长 9.07 亿元，排名第 73 位，并一直是中国品牌百强中唯一的润滑油品牌。

中国石化“东海牌”沥青商标于 2013 年 10 月重新注册，在国内使用“东海牌”商标，出口沥青统一使用“SINOPEC”商标。炼油销售有限公司主要依托重点工程进行品牌推广实施，在技术和服务方面提供一揽子解决方案。2013 年，“东海牌”沥青成功应用到重庆巴桃高速、渝涪高速、广东文明示范路等重点工程；实现了广西北海银滩大道、上海迪斯尼配套工程等 65 个项目供货；改性沥青、50 号硬质沥青、抗车辙剂母粒、温拌沥青的推广应用，提升了“东海牌”沥青市场影响力，奠定了中国石化沥青品牌的市场主导地位；与国内外 8 家专业公司同台竞标，以技术优势取得国内首个高速公路（京台高速）大规模维修冷再生特种乳化沥青直投项目，为进军高速公路大修工程终端应用开了好头；在中东市场与壳牌、道达尔等国际著名品牌比高低、论伯仲，改性沥青成功应用到沙迦机场跑道，质量和性能得到了英国监理的认可。中国石化沥青的品牌影响力进一步提升。

（胡金玉）

燃料油

【概述】 2013年，燃料油销售企业精心组织经营，积极降本压费，有效把握市场机遇，着力拓展量利渠道，保持了良好的发展势头，全年实现经营量2 027万吨，销售收入921亿元，较好地完成了年度经营任务。

（李登兴）

【保税油经营】 在国内保税油市场需求同比下降9%的不利形势下，全年实现经营量313万吨，自主经营量同比增长10%，中国石化市场占有率达到34.1%，同比提高3.3个百分点。在航运市场持续低迷的困难局面下，经营结构不断优化，高价的北方区域市场份额同比增加5.4个百分点，全年终端销量比例33.3%、同比增加6.3个百分点；海外代供总量18.4万吨，同比增长26%；小品种销量同比增长11.3%。保税MGO资源全部实现石化自产，全年达到8.2万吨。深入推进保税船供油服务体系建设，纠纷次数同比下降24%，客户满意度达到98.8%。

（李登兴）

【内贸经营】 在自有资源进一步减少、市场环境不利的形势下，加强市场研判，优化经营结构，把握进销节奏，努力防控风险，全力增加效益，全年实现经营量1 097万吨。加强总部和生产企业间的协调，全力做好石化资源经营。不断优化外采资源结构，加大入库调和，支持业务开拓。船加油业务实现新的发展，全年经营量218万吨，月度零售量连续突破万吨。圆满完成胜利油田换烧油任务，进一步拓展中原油田、河南油田自用油业务。

（李登兴）

【营销网络】 组建燃料油公司辽宁分公司，东北业务发展迅速。启动大连、营口、连云港等重点港口保税业务，中国保税船加油网络全面形成。与BP公司合作进展顺利，海外代供网点扩大到12个。通过对外合资合作等方式，全年新发展佳庆、吴泾等内贸水上终端网点15个，年底内贸在营终端网点达到47个，内贸船加油网络化经营格局正在加快形成。

（李登兴）

【储运设施】 燃料油公司南疆油库全面投产运营，博坦油库股权收购顺利完成，黄岛油库和滨江油库高效运转，华北、沿江、华南区域自有仓储设施取得突破。组建船务合资公司，“朝阳501”“朝阳502”自有配送船投入使用。高桥、胶南、西基等油库工艺改造以及石岛、威远、东澳油库隐患治理如期完成，自有油库功能得到提升。新租赁海外岸基库，为拓展国际贸易和提升经营质量创造了条件。

（李登兴）

化工产品销售

综　述

2013年，化工销售企业努力保障产品供应，积极适应市场需要，贴心服务于客户共同发展。全年化工产品经营总量5 823万吨，其中化工销售公司经营量为5 050万吨、同比增长7%。

（于治宇）

专业管理

【商情管理】 加强市场走势预判，优化CCPI指数体系，加强监控各产品线及下游行业开工情况；坚持服务市场和均衡销售、合理调控库存。开展跨部门产品链专题研究，实行组合营销策略，细化管理，有效服务于国内外市场。

（于治宇）

【客户服务】 围绕客户需求，统筹服务资源，注重解决客户反映突出的矛盾和问题。2013年客户满意度较上年提高1.6分，连续4年实现提升。客户投诉持续下降，全年投诉量同比减少24%，平均处理时间8天，与上年相当。

（于治宇）

【客户开发】 加强客户开发，扩大客户规模，努力满足市场需求。全年累计开发客户1 126家，其中直销客户956家，占比84.9%。

（于治宇）

【渠道管理】 加强渠道管理，强化渠道信息反馈。

经销商信息反馈互动及时率超过85%，发挥了经销商在营销渠道上的积极作用。制定《供应商管理办法》，严格供应商准入审批和考核管理，提升了供应商管理服务水平。

（于治宇）

【直销率】 发挥营销网点作用，积极优化资源配置，对终端客户服务能力增强。全年全口径直销比例同比提高1.1个百分点，其中合成树脂、合成橡胶、合成纤维三大合成材料直销比例同比分别提高2.5%、6.9%和0.8%。

（于治宇）

【内外贸统筹】 通过加强国内外市场统筹，抓住市场机会，开展进出口和转口贸易，保障下游企业和客户原料供应，为下游企业优化原料结构、控制原料成本提供支撑。

（于治宇）

【产销研用结合】 组织系统内生产企业开展市场研讨、走访下游客户、了解市场需求，及时向企业传递市场需求信息，引导企业优化排产、及时满足市场需求，提升了产销衔接水平和产销配合效率。注重客户需求分析，强化MPRC小组建设和功能发挥，加快高附加值聚烯烃产品开发。全年销售三大合成材料新产品和专用料同比增长20%。

（于治宇）

【风险管控】 创新开发风险预警系统，实现价格、信用等风险预警监控，以及偿债能力、赢利能力等指标量化分析，成为分析监控经营风险的重要抓手。扎实开展专项审计和效能监察，完成中央“八项规定”执行情况专项检查、会计核算规范性审计、内部控制审计评价，以及营销政策、自营贸易、营销网点、物流招标等效能监察，促进了业务管理和规范运行。规范合同管理，严格合同审批，实现CMIS系统功能提升。积极开展改善经营管理建议工作，稳步推进制度建设，全年下发制度26项，其中新制定13项，修订13项，制度建设逐步由制定转向完善阶段。

（于治宇）

产品储运

【危化品船舶认证检查】 为加强危化品水路运输安全监管，打造安全物流，组织开展危化品船舶认证工作。全年共完成112艘常用船舶评估，淘汰8艘老旧船舶，收到整改报告40份，建立了化工销售危化品运输绿色船舶资源库。整个船舶认证工作分为准备、检查、整改、评估4个阶段进行。检查标准覆盖10个方面内容，共218项检查条款，包含1 000多个检查要点。采取动态检查，检查地点包括6个省份共15个城市。通过组建专家团队，召开专题会议，组织现场检查，提升了内部人员船舶安全管理水平，促进了船公司管理水平提升。

（于治宇）

【危化品车辆认证检查】 通过与第三方专业公司合作，开展危化品运输车辆认证检查工作。全年累计对47家危化品承运商1 505台车辆进行检查认证，1 427台车辆通过认证，检查认证通过率95%；未通过认证的危化品车辆一律禁止承运公司业务，显著提升了本质安全。

（于治宇）

【企业门禁检查】 明确要求生产企业实施车辆门禁检查，为切实推进门禁检查制度的实施营造了良好的外部环境。通过企业门禁检查，保障了只有符合资质要求、车况良好的车辆才能进入厂区，降低了在企业界区及运输途中发生事故的概率，体现了中国石化高度的社会责任感。截至2013年底，大部分生产企业与部分外租库已执行门禁检查。

（于治宇）

【物流安全管理】 持续推广GPS移动监控系统，累计在7 953辆承运商车船上安装监控设备。在部分企业开展危化品密闭装卸系统建设，避免装卸污染和安全事故。

（于治宇）

【自备车安全预警管理】 为确保对化工自备罐车产权单位自备车运用的有效监督，在中国石化铁路运输管理信息系统（TMIS）运行管理模块中增加安全预警功能，针对化工销售集中统一管理自备罐车的充装介质、运行轨迹、接卸资质及发运主体等，进行在轨运行实时监控，对不符合铁路部门规定的运行车辆及时报警，并安排专人定期进行抽查，对企业违规使用铁路自备车的现象及时提出整改要求。

（于治宇）

【铁路运输管理信息系统】 组织完成中国石化铁路

运输管理信息系统主要功能模块的开发、培训、试运行；组织完成茂名石化等6家企业专用线车号自动识别系统的设备安装与调试、数据上传与集成和系统AEI站区功能开发工作，实现车辆利用情况的监控和综合计算，完成12家企业AEI数据采集工作，并实现相关企业自备罐车综合利用率的统计功能；组织开发车辆运行安全预警功能；逐步完善系统已开发模块功能，实现对车辆、计划等主要数据的BI分析。

（于治宇）

【物联网技术应用研究】 与合作单位对系统内生产企业及物流服务商现有信息化建设工作进行一期调研。对外部单位物联网进展情况进行二期调研及总结，对化工销售物联网业务前景进行分析，提出适合化工销售且具有行业前瞻性的工作设想。提出在智能发货、透明运输等8个领域开展物联网项目建设的基本思路。

（于治宇）

市场行情

【概述】 2013年，化工产品市场结构性过剩加剧，供应总量大幅增加，部分产品已经进入严冬。一是西方主要经济体逐步走出衰退，开始恢复性增长，制造业开始复苏，新兴经济体经济增速缓慢，汇率普遍贬值。二是国内稳增长政策力度加大，经济平稳运行趋势增强，物价温和上涨；但经济发展中不平衡、不协调、不可持续的矛盾和问题仍然很突出。三是化工作为典型的中游行业，受下游房地产行业增速下滑、服装产业持续低迷、家电行业增速回落等因素影响，在部分产品供需失衡、产能过剩更加严重的形势下，化工行业毛利水平继续下滑，部分产业链出现整体亏损。

（于治宇）

【有机化工产品市场】 2013年，有机化工产品市场遭遇到几年来最为严峻的形势，主要有以下特点：①国内有机化工产品产能大幅增加，全年增长超过500万吨；下游开工率年初下降，全年未出现大的回升。②上半年主要有机化工产品外盘跌幅均超过2位数，其中丁二烯的跌幅超过40%，进入第3季度，外盘价格有所回升，但在第4季度，外盘价格又出现下行趋势。③有机化工产品进口较上年增加近100万吨，同比增幅10%，使国内市场形势进一步恶化。

（于治宇）

【合成树脂市场】 2013年，合成树脂市场走势先抑后扬，聚烯烃大部分产品价格年底达到近3年来的高点。亚洲聚烯烃产能继续增长，新增产能约528万吨/年，其中中国新增产能224万吨/年。聚烯烃进口1 383万吨，同比增加6.2%，其中聚乙烯进口882万吨，同比增加11.8%；聚丙烯进口501万吨，同比减少2.4%。来自东盟、中东特别是海合会成员国的进口量继续显著增加。聚烯烃表观消费增长快与海关“绿篱行动”有关，全年进口废塑料788万吨，较上年减少100万吨。

（于治宇）

【合成橡胶市场】 2013年，合成橡胶产能仍保持快速增长势头，合计产能增加88万吨，增幅21%。主要扩能品种集中在顺丁橡胶和异戊橡胶上。自2010年以来净增225万吨，3年平均增幅22%。全年天然橡胶期货和现货均震荡下滑，较上年下跌28.2%，对合成橡胶起到向下的带动作用。受原材料价格等综合因素影响，合成橡胶市场呈现震荡下行走势。整体合成橡胶市场价格跌幅约28%，其中顺丁橡胶跌幅接近30%。SBS产品价格走势呈现震荡下跌走势，整体跌幅小于顺丁橡胶和丁苯橡胶。与年初相比，SBS干胶跌幅27%，SBS油胶跌幅24%。SBS干胶和SBS油胶均价较上年分别下降24%和20%。国内合成橡胶整体表观消费量427万吨，同比增加7.6%，近3年年均增幅7.2%，低于产能22%的增幅。普通丁基橡胶、SBS、乙丙橡胶、丁腈橡胶消费量增幅都超过10%。国内合成橡胶8类产品合计进口126.2吨，同比增幅5.4%。其中，丁苯橡胶、普通丁基橡胶、卤化丁基橡胶和乙丙橡胶同比增幅较大，而顺丁橡胶、丁腈橡胶、异戊橡胶和SBS进口同比下降。

（于治宇）

【合纤原料市场】 2013年，合纤原料产品市场需求平稳，供应大幅度增加，主要合纤原料产品市场价格整体回落；国产量大幅提高，进口平稳；表观消费量6 238万吨，同比增长15.1%；国内生产量4 170万吨，同比增长24.1%；进口2 107.7万吨，同比增长0.9%；出口39.6万吨，同比增长33.9%；进口依存度33%，同比下降5%。PTA进口依存度由上年的21%大幅下降到9%，新增产能持续增长。PX、MEG、CPL、AN等4种主要合纤原料产品新建投产装置12套，新增产能326万吨/年。合纤原料总产能达到5 258万吨/年。聚酯原料产品进口出现分化：PX进口大幅增长，全年进口904.8万吨，同比增加 276 万吨，增长 43.9%；PTA 全年进口 274 万吨，同比减少 263 万吨，下降 48.9%；MEG 进口增幅放缓，全年进口 824 万吨，同比增加 27 万吨，增长 3.8%；CPL 中国供应能力提高，进口量大幅度下降，全年进口 45.3 万吨，同比下降 35.9%。民用高速纺对质量要求较高，高端聚酰胺 6 切片进口保持较高水平，全年进口 63 万吨，同比增长 5.3%。

（于治宇）

【合成纤维市场】 截至 2013 年底，国内聚酯产能达到 4 200 万吨，同比增加 420 万吨、增幅 11%。江苏、浙江新投产能最多，各新增约 145 万吨，产能比例分别为 38% 和 37%。聚酯全系列产品产能均进入严重过剩状态。国内聚酯装置负荷率前高后低，第 4 季度开工率明显下降，全年平均为 80% 左右。瓶级切片装置开工率与上年相差不大。涤纶短纤、长丝开工率下滑明显。腈纶装置开工率平均约 97%。合成纤维产品价格全年呈现震荡下行走势。切片出口大幅度增加，全年出口约 196 万吨，同比增加约 44%。瓶级切片是出口的主要品种，出口约 177.8 万吨，同比增加 53.5 万吨。短纤产量与上年相比基本持平，长丝产量同比增长约 6%，全年涤纶出口约 204 万吨，同比增长约 15%。上半年出口增速基本平稳，下半年缓步上升。其中长丝占涤纶出口总量的 66% 左右。腈纶产量同比基本持平，进口约 21 万吨，同比增加约 11%，价格总体平稳，年末下跌。

（于治宇）

【甲醇市场】 2013 年，甲醇价格呈现前跌后涨的 V 字形走势，国产份额进一步增加。上半年受需求疲软影响，甲醇走势持续走低，6 月底华东市场价格跌至 2 555 元/吨。随后受内地主要生产装置集中检修、进口资源偏紧以及港口资源转口美国等因素影响，国内甲醇市场价格大幅上涨，至 12 月中旬华东市场价格达 4 130 元/吨，相比 6 月底涨幅 60% 以上。除 8—10 月以外的其他大部分时间内外盘倒挂。全年甲醇国内产量 2 852 万吨，同比增加 266 万吨，占表观消费量比重由 84% 上升至 87%；进口 486 万吨，同比减少 14 万吨；出口 77 万吨，同比增加 70 万吨。

（于治宇）

【硫酸铵市场】 2013 年，硫酸铵市场一路下行。国内市场价格从最高 1 200 元/吨左右跌至 600 元/吨左右。东南亚市场价格从 225 美元/吨跌至 130 美元/吨，跌幅超过 40%。全年中国硫酸铵出口总量 291.8 万吨，同比增加 36%。

（于治宇）

国际化经营

◇ 综述

◇ 对外经济合作

◇ 国际贸易

◇ 外事管理

综　　述

2013 年，海外经营环境复杂多变，公共安全形势十分严峻，全球经济复苏缓慢乏力。面对复杂的国际经营环境和严峻的安全形势，中国石化紧紧围绕“建设世界一流能源化工公司”的战略目标，发挥集团化、一体化优势，坚持“引进来”与“走出去”协调发展，国际化经营各项业务实现了稳定增长。修订并印发《境外投资项目管理办法》。成功收购阿帕奇埃及资产 1/3 权益、美国 Chesapeake 公司密西西比灰岩油气资产 50% 权益，签署安哥拉 31 区块 10% 权益收购协议，境外石油权益储量、产量快速增长，权益油气产量再创新高。境外石油工程技术服务坚持走国际化发展之路，切实转变发展方式，积极开展国际合资合作，着力培育国际竞争力，海外市场和业务规模实现稳步增长。境外炼化项目投资合作稳步推进，多个项目进展顺利，俄罗斯西布尔丁腈橡胶项目完成交割。境内合资合作坚持以效益为中心，以促进海外业务发展、技术进步和结构调整为导向，福建古雷炼化一体化等项目、页岩油(气)等非常规油气能源勘探开发的合作取得积极进展，合作层次和水平不断提升。国际贸易继续发挥中国石化整体优势，建立全球化运作机制，不断增强国内外市场统筹和资源优化能力，把握市场趋势，及时调整经营策略，保供增效取得新的成绩。

(孔自超　张清云)

对外经济合作

【境外油气勘探开发】 2013 年，面对复杂的国际经营环境和严峻的安全形势，中国石化坚持以资源为基础，以效益为中心，充分发挥技术支撑体系重要作用，一方面加强已有项目的运营，开展项目动态评价和排队比选，优化勘探开发部署，加快储量动用和产能建设，强化经营管理，积极防控风险，油气勘探保持良好态势，生产经营取得较好业绩。探井、评价井成功率分别为 54.3% 和 80%；巴西 RSB 项目 Sag 井新增权益资源量 0.69 亿桶；Galp 项目 713 井、I－4 井分别钻遇 160 米、422 米的巨厚油气层；哥伦比亚、阿根廷等项目滚动勘探增储明显。全年勘探新增权益石油储量 3 607.74 万吨、权益天然气储量 308.65 亿立方米。立足上产增产提存量，开发生产获得权益油气当量产量 3 871.41 万吨，同比增长 33.3%，创历史新高；全年新建新增权益产能 502 万吨，超计划 23 万吨。Addax 尼日利亚公司 KTM 油田累计建产能 136 万吨，实现了中国石化境外作业者项目海上油田产能建设零的突破。另一方面努力把握国际油气市场发展趋势，抓住机遇，主动出击，新项目开发、资产运营取得新进展，海外资产结构不断优化。成功收购阿帕奇埃及资产 1/3 权益、美国 Chesapeake 公司密西西比灰岩油气资产 50% 权益，签署安哥拉 31 区块 10% 权益收购协议，收购石油储量 7 780 万吨、天然气储量 645 亿立方米。成功将 UDM、CIR、圣湖能源 3 个项目优质资产注入石化股份公司，进一步扩大了石化股份公司上游业务规模，对提升公司赢利能力和股东长期投资价值发挥了积极的作用。

截至 2013 年底，中国石化在全球 28 个国家和地区执行 54 个勘探开发项目，初步建立了尼日利亚、安哥拉、俄罗斯、加拿大、巴西等区域性油气合作中心，总体实现“做强非洲、做大南美、加强俄罗斯—中亚、扩展中东、推进亚太、开拓北美”的既定战略布局。

(孔自超　张清云)

【境外炼化合资合作】 2013 年，境外炼化合资合作项目稳步推进，沙特延布炼厂项目、阿联酋富查伊拉和印尼巴淡岛仓储项目按计划施工建设。俄罗斯西布尔丁腈橡胶项目完成交割。7 月 11 日，中国石化润滑油新加坡项目竣工投产。对南非、巴西、柬埔寨等炼油项目开展联合可行性研究。与蒙古国政府签署谅解备忘录，共同研究蒙古国煤制气项目的可行性，跟踪天然气富集国家的天然气化工项目合作机会。与一些国家石油石化公司探讨以中国石化自有技术为主的化工项目。

(邹文志　杨　硕)

【境内合资合作】 坚持以效益为中心，以促进海外业务发展、技术进步和结构调整为导向，有针对性地开展境内合资合作。分别与韩国 SK 集团、德国巴斯夫公司和香港金丝莱石油有限公司先后成立了中韩(武汉)石化有限责任公司、茂名石化巴斯夫有限公司、茂名新金明石油有限公司、重庆爱维化工有限公司 4 家中外合资企业，上海高桥丁腈橡胶项目、扬子石化苯酚丙酮合资项目和碳九树脂合资项目、九江空分合资项目等取得阶段性成果，实质性推动了福建古雷炼化一体化项目的进展。页岩油(气)等非常规油气能源勘探开发的合作取得了较大进步，积极与雪佛龙、赫氏、壳牌、道达尔推进龙里项目、东营凹陷项目、湘鄂西项目、宣城项目的联合研究工作。与国内企业的合作得到了进一步加强，先后成立了南京实华油运船务有限公司、中国石化润滑油山东有限公司等中中合资公司，境内合资合作取得积极进展。

（张明华）

【境外石油工程技术服务】 坚持把国际化经营作为建设世界一流的必由之路，认真落实国际化经营战略，坚定不移地走国际化发展之路，持续优化海外资源和市场布局，积极开拓海外市场和海外业务，打造国际竞争力，推动国际业务规模发展、高端发展、高效发展。同时，不断扩大对外开放，积极开展国际合资合作，与国际一流油服公司加大合作力度，在对外合作中提高技术水平和管理水平。成功签约沙特阿美公司 14 台钻机服务项目，合同额 14.8 亿美元，是截至 2013 年底中国石化中标单个合同额最大的海外钻修井项目，成为沙特阿美公司陆上最大的钻井工程承包商。中国石化在沙特市场共有 46 台钻修井机提供服务，在建项目合同额 26.3 亿美元。哈萨克斯坦、墨西哥和厄瓜多尔市场继续保持快速增长势头，新签合同额分别达到 1.7 亿美元、1.5 亿美元和 0.9 亿美元。油田综合服务项目开发成效显著，成功签署墨西哥 EBANO 油田综合服务激励型项目合同，合同期 30 年。重新评估公共安全风险，逐步恢复相关国家市场业务，恢复队伍 16 支，新签合同额 7.8 亿美元。

截至 2013 年 12 月底，中国石化在 36 个国家和地区执行 485 个项目，合同总额 151.8 亿美元，其中石化集团公司投资项下项目 88 个，合同额 12.3 亿美元，占总额的 8.1%。2013 年新签合同额 46 亿美元，完成合同额 29 亿美元，分别完成年度计划的 141.4% 和 106.4%，同比增长 36.1% 和 16.9%。海外员工总数 27 208 人，其中中方员工 7 298 人、外籍员工 19 910 人。

（孔自超　张清云）

【境外炼化工程技术服务】 发挥整合优势，优化资源，市场开发效率实现提升。2013 年，在境外执行项目共 25 个，其中 EPC 总承包项目 9 个、施工类项目 16 个，完成合同额 11.45 亿美元，项目运行总体有序，国际项目执行能力得到进一步提升。1 月 11 日，与意大利 M&G 公司签订了位于美国德克萨斯州的 120 万吨／年 PTA 和 100 万吨／年 PET 项目总承包合同，合同额为 11.5 亿美元，合同工期计划为 36 个月，建成后该工厂将成为美国最大的包装用 PET 生产厂。

截至 2013 年底，中国石化在境外执行项目管理和作业的人员达 13 792 人，其中中国石化员工 1 481 人，国内雇佣及分包人员 6 526 人，国外雇佣及当地分包人员 5 785 人；年度累计实现 4 994 万安全人工时。全年新中标项目 9 个，合同总额 34.59 亿美元。

（邹文志　杨　硕　刘红叶）

【国际科技合作】 与澳大利亚联邦科学院、法国科学院、美国勘探地球物理学家学会、休斯敦大学岩石物理实验室、科罗拉多矿业学院、塔尔萨大学、德克萨斯大学达拉斯分校、丹麦技术大学、英国帝国理工大学油藏地球物理研究中心就油气勘探开发技术进行合作，与战略联盟伙伴美国康菲公司和 UOP 公司就炼油技术开展合作，与德西尼布公司合作在国外推广中国石化炼油技术，与荷兰高分子研究所(DPI)开展聚烯烃研究项目合作，与日本丰田公司在成品油、润滑油和树脂领域进行技术合作，与美国叶史瓦大学开展基于同步辐射原位表征技术的基础研究，与美国 Lummus 公司继续就推广新乙烯回收技术开展合作。

（柳江琳）

国 际 贸 易

【原油和成品油贸易】 原油进口贸易坚持多元化战略，拓展资源渠道，努力提高市场影响力，最大化降低采购成本，做大第三方贸易，努力保障国内原油供应。2013 年共进口 39 个国家的 96 个原油品种，进口量达 1.9 亿吨；原油第三方贸易 9 500 万吨。

充分发挥两种资源、两个市场优势，在保证国内成品油供应的基础上，合理安排成品油出口，2013 年石化集团公司共出口成品油 798 万吨，同比增加 46.4%，重点保障了港澳地区资源供应，并继续巩固、拓展海外市场。

（乔飞敏　单云峰）

【境外燃料油贸易】 优化资源采购，严格控制成本，努力扩大海外业务，2013 年完成国际化经营销量 617 万吨。保税资源组织更加优化，实现了采购成本控制目标，特别是四季度抓住市场机遇，为销售提供了有竞争力的资源。原料供应业务取得新突破，实现了首船地炼调和原料销售，开拓了日本、新加坡原料市场。海外自营业务继续扩大，逐步形成了稳定的客户群，全年实现船加油销量 180 万吨。

（李登兴）

【化工产品进出口】 化工销售采取差异化和精细化营销策略，促进产业链调整转型和良性发展，大力推动结构调整，2013 年实现化工产品进出口和第三方贸易量 832 万吨，同比增长 4.4%。

（于治宇）

【催化剂销售】 聚烯烃催化剂首次出口美国，乙苯脱氢催化剂规模进入台湾，银催化剂首次实现出口，产品稳定供应大的国际石油公司。

（马玉婷）

【设备材料及石化产品国际贸易】 围绕生产建设主业，发挥集团化和专业化采购优势和境内外公司市场主体作用，进一步提高物资进口保供能力和产品出口保畅能力，全年实现设备材料、石化产品等国际贸易额 31.3 亿美元，同比增长 14.7%。其中，进口石化产品 8.4 亿美元(不含化工原料)；进口设备、仪表及备品备件、钢材等合计 7.9 亿美元；技术引进累计签约金额 2 亿美元；实现炼化产品出口 8 亿美元，第三国贸易 1 亿美元；实现设备材料出口 0.6 亿美元，第三国贸易 0.6 亿美元；实现煤炭进口和第三国贸易 2.8 亿美元。

（孔自超　张清云　杨　洋）

外事管理

【贯彻中央新精神新要求】 石化集团公司党组认真贯彻落实中央“八项规定”的实施细则，结合外事工作的实际，严控各类大型涉外活动、加强出国(境)管理、简化出国(境)接待、规范外事礼品收受。审议下发《关于进一步规范因公临时出国(境)管理的通知》，成为新形势下中国石化外事管理纲领性文件，对涉外工作具有重要指导意义。

（陈明杰）

【外事规章制度建设】 根据中央和石化集团公司党组的新精神、新要求，制定《中国石化涉外国家安全和保密管理规定》《中国石化境外机构外事管理办法》，对现有外事管理规章制度进行补充和完善。

（陈明杰）

【因公出国(境)管理】 2013 年，实际派出各类团组 3 514 个、17 647 人次。其中，临时出国(境)团组共 1 945 个、8 825 人次，团组数和人次数同比分别下降 4% 和 18.9%。因公出国(境)方面未发生重大违规违纪事件。

狠抓任务审核、审批源头管理。全年有 42 个出国(境)团组未予立项或批准，有 182 个团组被要求减少人员和压缩在外时间，共压减 4 432 人·天，出国(境)费用下降 25.5%。继续对非生产经营性团组实行计划管理，全系统共上报 1 327 个团组，根据从严的原则和实际需要，归并压减了 1 007 个团组，同比减少 50%，压减率为 75.9%。全年实际派出的出国(境)团组中，由党组管理干部带队的 13 个团组(18 人次)在完成境外既定任务后主动提前回国。

加大出访总结催缴力度，通过专人负责、与新任务审批挂钩等措施加大催缴力度，取得明显成效。全年共收缴各单位领导人员带团、参团的出访总结 560 篇，收缴率为 100%。进一步规范外事教育，全年共组织开展外事教育 26 场，参加人员 1 098 人次。首次对总部机关实施出国(境)费用预算管理。年初将预算分解下达给总部机关各部门，每月下发预算进度通知，及时进行预警提醒，加大出国(境)费用管控力度，确保总部机关出国(境)经费控制在全年预算指标内。

（陈明杰）

【境外公共安全管理】 截至 2013 年底，中国石化在 70 个国家(地区)设有 375 家境外机构，境外用工总量 59 258 人，其中处于红色(极高风险)、橙色(高风险)国家(地区)的人员约占境外用工总量的 19%，面临的公共安全形势十分严峻。各有关部门和派出单位着力推进预防性境外公共安全管理，2013 年首次实现境外公共安全“零伤亡”。

把好“源头”，严格控制风险。严格执行“不进行风险评估，项目不能投标，合同不能签订”的规定。总部审核审批境外新上项目、新设机构公共安全风险评估报告 115 份，批准 112 份，否决 3 份。制定了《境外公共安全风险评估规范》，为规范风险评估提供依据。

重视安保工作。根据《中国石化境外公共安全安保设施和安保力量配备指南》，2013 年全系统共组织 3 轮“安保对标”检查，共查出不达标问题 1 220 项，已责令相关单位进行整改。全年向尼日利亚、阿尔及利亚、沙特派遣安保顾问 5 人次，累计执行任务 192 天；向高风险国家的项目派驻国内安全官 18 人次，累计执行任务 1 714 天，较好地发挥了境内安保人员的作用。

提高境外人员风险意识和防范技能。严格执行“不培训不派出、培训不合格不派出”制度。2013 年全系统在境内共组织培训班 182 期，培训 13 361 人。总部还组织“送课上门”，安排教学团队到香港、新加坡、哈萨克斯坦、沙特4个国家(地区)，共举办9期公共安全培训班，培训517人。

完善应急体系，妥善应对境外突发事件。2013年，部分国家安全形势严峻，各派出单位密切关注局势，决策果断，应对正确，及时撤出了中方人员，避免了可能产生的人员伤亡。

认真开展监督检查。组织了2轮境外公共安全和HSE联合检查，既发现了不少好的做法和经验，也查出了一些隐患问题，对强化安全责任、堵塞管理漏洞起到了较好的促进作用。

(陈明杰)

【对外交往活动】 2013年，石化集团公司紧密围绕改革发展中心任务，积极组织技术、管理方面的对外交流，推动引智工作取得新突破，为提升发展质量和效益做了有益工作。

高层交往频繁，对外关系进一步增强。全年总部层面共组织安排外事活动437场，组织和参与各类重大外事活动15场，安排总部领导会见20余位外国副部级以上官员，安排总部领导出访团组44个。其中，在国内接待了也门总统、委内瑞拉总统、英国前首相等，在国外拜会了斯里兰卡总统、蒙古国总理、安哥拉副总统、柬埔寨首相及副首相等。总部领导还出席了联合国全球契约理事会和全球领导人峰会(美国)、金砖国家工商理事会(南非)、第9届世界化学工程大会(韩国)、联合国南南发展领导人圆桌会议(肯尼亚)等重要国际会议。这些交往扩大了国际影响，促进了国外对中国石化的了解，树立了负责任大公司的良好形象。

积极配合国家总体外交，推动国家层面的战略合作。2013年，傅成玉董事长配合习近平主席出访俄罗斯、南非，分别与俄石油公司签署了《全面合作协议书》、与南非国家石油公司签署了《合作框架协议》。总部领导还多次在中外两国元首或政府首脑见证下签署各类合作文件，包括与蒙古矿产部签署了《合作谅解备忘录》、与俄石油公司签署《预付款原油出口合同备忘录》、与冰岛政府签署《关于进一步扩大地热资源开发合作的框架协议》、与委内瑞拉国家石油公司签署《关于奥里诺科重油带胡宁1区块开发的谅解备忘录》等，为国家层面的战略合作增添了实质内容。

各板块对外交流活跃。上游板块继续引领对外交流和引智工作，广泛开展与国外油公司、政府有关部门和学术研究机构等交流合作，就当前迫切需要解决的难题深入探讨，积极参加OTC、SEG和EAGE的上游会展，组织碳捕集和碳封存技术研讨，开展页岩油气开发技术交流等。下游炼化板块对外交流明显增多，交流课题由一般管理向专业管理扩展。

(陈明杰)

【相关外事管理】 邀请外国人来华。根据新版《中华人民共和国外国人入境出境管理条例》等有关规定，各单位严格审批和办理外国人来华邀请函，为对外交流有序开展提供保障。全年总部共签发邀请函600份，其中单次入境360份，二次入境82份，多次入境158份；企业自行签发邀请函502份，其中单次入境414份，二次入境88份，未出现违规现象。

国际会展。严格执行《关于参加国际会展人员外语水平要求的通知》要求，防止滥竽充数，提高参加国际会议和展览的实际效果。同时强调对重要的国际会展或多家单位参加同一国际会展实行业务归口部门统一组团的要求，避免多家单位重复组团参会参展，取得了成效。

引智工作。完成国家外专局批准的2013年引智项目5项，其中2项为高端外国专家项目。向国家外专局申报2014年高端外国专家项目1项、常规引智项目4项，并争取到国家专项资金资助。

(陈明杰)

重点工程建设

◇ 综述

◇ 油田地面建设项目

◇ 炼油项目

◇ 化工项目

◇ 物流储运项目

◇ 工程建设管理

◇ 工程建设监管

◇ 工程建设企业管理

综　　述

2013年，工程建设系统按照总部重点工程建设领导小组的统一部署，紧紧围绕提高发展质量和效益这个中心，以保质量、保安全、促增效为主线，充分发挥石化集团公司一体化优势，精心调配各方资源，周密组织实施，强化现场管理与监督，统筹推进工程建设，努力打造一流工程，各项重点工程、大修改造工程、对外投资项目按计划顺利实施，安全、质量、投资、进度总体受控，一批重点工程按期建成投产并发挥效益，为中国石化发展壮大奠定了基础。

全年完成35套炼化装置投产，2条长输管道和3座商储库投入运营。13个柴油质量升级项目全部投料试车成功，12个S-Zorb项目中有9个建成投产。完成14家企业282套装置大修改造工作。

全年共安排重点工程建设项目35项，其中武汉80万吨/年乙烯工程全面建成投产，为总部直接管理的第1个大型工程项目；胜利中心三号平台建成并具备投产条件，安庆800万吨/年炼化一体化、海南炼化60万吨/年聚酯原料、武汉炼油二期、新加坡润滑油脂项目全面建成投产；天津、北海原油商业储备基地工程、洋浦成品油保税库、甬绍金衢成品油管道、仪征—长岭复线怀宁—安庆原油支线建成投用。湖北化肥合成气制乙二醇、燕山润滑油及丁基橡胶、扬子单喷嘴粉煤气化及茂名、南化煤制氢项目中交。山东、广西LNG以及元坝气田、大牛地气田、西北油田分公司等地面产能工程加快建设，石家庄、扬子、九江等炼油改造项目、塔河重质原油改质配套、汽柴油质量升级项目加紧实施；天津大港、曹妃甸商储及苏北、甬台温、江西二期等成品油管道建设有序推进；中科合资广东炼化一体化、印尼巴淡仓储项目和中天合创鄂尔多斯、中安、贵州织金煤化工项目，以及天津LNG项目前期工作积极推进，其余重点项目按计划稳步实施，总体进展顺利。

中国石化工程建设管理整体水平进一步提升，工程质量再创新高，川气东送工程获2013年度国家优质工程金质奖、洛阳石化油品质量升级改造工程获2013年度国家优质工程银质奖，胜利油田胜利工程建设(集团)有限责任公司肯尼亚内罗毕—西卡道路工程获国家优质工程(境外工程)奖。

(宋　铎)

油田地面建设项目

【元坝气田17亿米^3/年试采工程地面工程续建】 截至2013年12月底，地面集输部分道路、隧道全部完工，酸气管线组焊完成96.9%，14个站场开工11个；净化厂工艺装置全部开工，公用工程、辅助生产设施、街区主要单元开工建设；公用工程部分净化厂进厂路桥完工通车，生产管理区及应急救援站完成92%，阆中基地完成42%。

(李长印)

【大牛地气田9亿米^3/年产能建设地面工程开工并建成投产】 该工程建设集气站8座、单井管线350千米、支干线35千米。项目于2013年4月10日开工，截至12月底，工程建成投产。

(冯红民)

【塔巴庙—榆林天然气管道增压扩能工程开工并建成投产】 该工程包括安装11台压缩机及配套工艺流程、电力设施等。项目于2013年5月10日开工，截至12月底，工程建成并投产。

(冯红民)

【西北油田分公司167万吨/年产能建设地面工程开工并主体建成投产】 该工程包含12区奥陶系油藏(五、六期)、托甫台区奥陶系油藏(四、五期)、跃参区奥陶系油藏滚动、9区奥陶系凝析气藏滚动产能建设地面工程及塔河油田电网电源工程等子项。项目于2013年5月开工，截至12月底，12—15计转站、TP-17及TP-18计量混输泵站建成投产，塔河油田电网电源工程完成89%。

(冯红民)

【川气东送普光气田地面建设工程通过竣工验收】 该工程包括主体集输、净化厂、系统配套3个部分，其中主体集输于2006年7月试验段开工，2009年4—9月陆续中交，2009年10月—2010年1月陆续投用试运；净化厂于2007年9月开工，2009年2—11月陆续中交，2009年10月陆续投用试运；系统配套于2005年12月—2008年12月陆续开工，2006年7月—2010年11月陆续投用试运。工程于2013年12月27日通过竣工验收。

(冯红民)

炼油项目

【茂名石化油品质量升级改造及配套项目顺利投产】 项目自2011年1月19日开工，于2013年9月30日全面中交，共计32个月，批复总投资74亿元。2014年1月23日，20万米^3（标准）/时煤制氢装置成功生产出合格氢气。至此，茂名石化油品质量升级改造及配套项目全面投产。

（远　征）

【石家庄油品质量升级及原油劣质化改造工程续建】 截至2013年底，项目总体进度完成92.1%，其中设计完成100%、采购完成97.3%、施工完成88.7%。新区所有主装置、全厂工艺及热力管网等配套工程全面进入“三查四定”问题整改阶段。老区全厂工艺及热力管网改造累计完成96%，全厂给排水改造累计完成总量的88%。20万吨/年聚丙烯装置工艺管道安装完成100%，试压完成88%，设备保温完成70%，防火完成50%，电仪电缆敷设接线基本完成。

（远　征）

【扬子石化炼油改造项目续建】 截至2013年底，项目总体进度完成92.8%，其中设计完成100%、采购完成93.5%、施工完成90.9%。项目56个工程建设主项中，除80万吨/年航煤加氢精制装置外，其余已全部开工；已中交21个，中交率达37.5%，S－Zorb装置已投产，第一和第二变电站已受电。

（远　征）

【塔河重质原油改质配套完善项目续建】 截至2013年12月31日，项目中连续重整、航煤加氢装置中交，焦炭塔已全部完成吊装；各单元设计陆续存档；长周期及一般设备订货已基本完成；硫黄回收装置施工累计完成64.4%，异构化装置施工累计完成60.2%；污水处理场已投用。

（远　征）

【北京燕山分公司45万吨/年润滑油加氢装置建成中交】 装置由加氢处理单元（包括加氢精制、加氢处理、减压分馏3个部分）、异构脱蜡单元（包括异构脱蜡、加氢后精制、减压分馏3个部分）、储运系统、公用工程系统等部分组成。以炼油系统四蒸馏装置减压蜡油为原料，设计加工规模为45万吨/年，年操作8 400小时，基础油产品质量全部达到APIⅡ+类以上，部分达到APIⅢ类标准。项目于2011年7月20日获批基础设计，批复总投资11.36亿元；2012年1月1日土建开工，8月15日装置设备开始安装；2013年6月28日建成中交。

（董宏欣）

【新加坡8万吨/年润滑油脂项目正式试生产】 项目投资总概算6.50亿元，于2011年7月28日奠基开工；2013年5月29日生产出第1批润滑脂产品，6月18日在线调和出第1批润滑油产品，7月5日正式进入试生产阶段。

（董宏欣）

【安庆含硫原油加工及油品质量升级项目全面建成投产】 项目获批总投资67.69亿元。2010年5月4日，项目现场“四通一平”开始；2013年4月28日，炼油项目整体工程中交，9月28日，最后一套主装置200万吨/年重油加氢装置一次投料成功。

（董宏欣）

【汽、柴油质量升级项目】 2013年，共有7个柴油质量升级装置进行建设，其中5个建成投产：湛江200万吨/年柴油加氢装置于5月20日一次投料试车成功；胜利油田100万吨/年柴油加氢装置于5月8日中交，6月7日一次投料试车成功；燕山260万吨/年柴油加氢装置于9月12日一次投料试车成功；安庆220万吨/年柴油加氢装置于1月30日中交，9月14日一次投料试车成功；高桥260万吨/年柴油加氢装置于4月28日中交，7月3日一次投料试车成功。

汽油质量升级S-Zorb装置共有10个进行建设，其中7个建成投产：茂名150万吨/年S-Zorb装置于5月30日中交，7月24日一次投料试车成功；安庆150万吨/年S-Zorb装置于4月28日中交，9月1日一次投料试车成功；洛阳150万吨/年S-Zorb装置于8月31日中交，10月23日一次投料试车成功；燕山120万吨/年S-Zorb装置于9月22日中交，10月25日一次投料试车成功；海南120万吨/年S-Zorb装置于11月3日一次投料试车成功；扬子90万吨/年S-Zorb装置于10月31日中交，12月11日一次投料试车成功；福建120万吨/年S-Zorb装置于10月30日中交，12月8日一次投料试车成功。

（董宏欣）

【九江分公司油品质量升级改造项目续建】 项目包括异地改造500万吨/年常减压装置，改造25万吨/

年苯抽提装置，新建240万吨/年加氢裂化装置、170万吨/年渣油加氢装置、150万吨/年柴油加氢装置、7+7万吨/年硫黄回收联合装置和4万米^3/时PSA氢气提纯装置等主体装置，将化肥装置改造为10万米^3（标准）/时煤制氢装置，完善储运设施、动力系统等配套工程。项目总投资70.94亿元。2013年12月13日，加氢裂化装置土建开工；12月25日，常减压装置土建开工。

（董宏欣）

化工项目

【武汉80万吨/年乙烯工程全面投产】 项目批复总投资165.63亿元，于2010年11月20日开工，2012年12月28日工程全面中交，至2013年7月底，工程11套生产装置全面投产。

（远 征）

【海南炼化60万吨/年对二甲苯项目建成投产】 该项目由芳烃抽提装置、歧化及烷基转移装置、二甲苯精馏装置、吸附分离装置、异构化装置、联合装置控制室和储运系统、热工系统、给排水系统等联合装置及公用工程部分组成，批复总投资30.92亿元，于2011年11月开工建设，2013年10月31日中交。12月15日，项目建成投产，生产出一级对二甲苯产品。

（远 征）

【南化9万吨/年制氢装置及配套空分项目建成中交】 项目总概算16.27亿元。2012年3月桩基开工；2013年10月25日变换和甲醇洗单元中交，10月31日磨煤、气化、循环水单元中交。

（董宏欣）

【中天合创鄂尔多斯煤化工项目开工建设】 项目于2013年3月1日全厂勘察开工，12月12日，总变电站完成中交。截至年底，完成化工服务中心基础设计、详细设计招标工作；完成大件吊装、无损检测、厂外输水系统安装、热电EPC总包4个项目招标策划准备工作；超长周期设备已完成全部商务谈判。

（远 征）

【北京燕山分公司9万吨/年丁基橡胶装置建成中交】 项目批复总投资20.3亿元，包括丁基橡胶装置、第五循环水场和消防水系统、1个中间罐区、1个分析化验楼、1个火炬系统、1个中央控制室，并对配套公用工程进行改造。装置生产能力9万吨/年，年操作时数8 000小时，其中后处理部分为7 200小时。项目于2010年6月25日批准基础设计，2011年11月1日桩基开工，2013年12月5日建成中交。

（董宏欣）

【湖北化肥20万吨/年合成气制乙二醇工业示范装置建成中交】 项目包括新建9.65万米^3（标准）/时合成气分离装置、合成气制乙二醇装置、稀硝酸及硝酸钠处理3套工艺装置及相应的储运设施、公用工程系统和辅助生产设施。项目批复总投资21.8亿元，于2012年8月30日桩基开工，2013年11月28日项目整体建成中交。

（董宏欣）

【扬子石化单喷嘴冷壁式粉煤加压气化工业化示范装置建成中交】 项目总投资12.71亿元。2012年4月16日场平开工，5月15日煤气化桩基开工；2013年7月6日变电所受电，10月30日主装置中交，11月20日配套煤线中交。

（董宏欣）

【国电中国石化宁夏能源化工公司宁东工业园一期项目建成】 项目包括120万吨煤基多联产，23万吨乙炔—一氧化碳—脱硫剂多联产，30万吨醋酸，45万吨醋酸乙烯，10万吨聚乙烯醇，20万吨1，4-丁二醇，9.2万吨聚四氢呋喃，100万吨电石渣制水泥，配套建设公用工程及2×330兆瓦自备热电联产机组，同时配套建设宋新庄、银星二号煤矿。计划总投资230亿元。项目于2009年6月25日开工建设。其中，热电项目于2013年12月21日2#机组并网；甲醇项目于2013年9月30日中交，11月14日2#空分产出合格氧气、氮气；乙炔项目于2013年10月10日中交，1#、2#电石炉投料试车完；聚乙烯醇项目于2013年9月29日中交；醋酸项目于2013年9月29日中交；BDO项目工程收尾；水泥项目原料系统、烧成系统“三查四定”完成，进行问题整改；公用工程项目污水联动调试，回用水中交，雨水提升中交尾项处理；铁路专用线工程轨道轨枕敷设7 500米，轨道敷设7 500米，土石方完成71%，砼浇筑完成92%。

（董宏欣）

物流储运项目

【甬绍金衢成品油管道及配套油库工程主体建成投用】 该工程管道全长 378 千米，共设 6 座站场、5 座油库，设计输量 580 万吨/年。工程于 2010 年 3 月 28 日开工，2013 年 4 月 8 日一次投油成功。

（冯红民）

【山东 LNG 项目续建】 该项目分码头、接收站、输气管道 3 个部分。项目于 2010 年 9 月 10 日开工。截至 2013 年底，码头与陆域形成总体完成 97.5%；LNG 接收站总体完成 76%，前 3 台 LNG 储罐总体完成 91%，第 4 台 LNG 储罐总体完成 46%；输气管道组焊 22.9 千米。

（李长印）

【珠三角成品油管道二期及配套油库工程续建】 该工程管道全长 498 千米，共设 5 座站场、3 座油库，设计输量 235 万吨/年。截至 2013 年底，管道组焊累计完成 70.5%，梅州中村油库中交。

（冯红民）

【贵阳—重庆成品油管道工程续建】 该工程管道全长 478 千米，设站场 6 座，输量 580 万吨/年。工程于 2010 年 10 月 18 日开工，截至 2013 年底，管道组焊完成 98.8%。

（冯红民）

【湖南二期成品油管道及配套油库工程续建】 该工程管道全长 533 千米，设 5 座站场、6 座油库，设计输量 270 万吨/年。工程于 2011 年 7 月 22 日开工，截至 2013 年底，管道组焊全部完成，长沙、郴州、双涟、娄底油库中交，湘潭、耒阳油库施工收尾。

（冯红民）

【甬台温成品油管道及配套油库工程续建】 该工程管道全长 430 千米，共设 6 座站场、4 座油库，设计输量 460 万吨/年。工程于 2012 年 7 月 5 日开工，截至 2013 年底，管道组焊完成 25.1%，临海、滨海油库土建、工艺施工。

（冯红民）

【苏北成品油管道及配套油库工程续建】 该工程管道全长 618 千米，共设 7 座站场及油库，设计输量 550 万吨/年。工程于 2012 年 9 月 28 日开工，截至 2013 年底，管道组焊完成 66.7%，南京、泰州、淮安、徐州油库土建、工艺施工。

（冯红民）

【驻马店—信阳成品油管道及配套油库工程续建】 该工程管道全长 172 千米，设 2 座站场，1 座油库，设计输量 430 万吨/年。工程于 2012 年 6 月 28 日开工，截至 2013 年底，管道组焊全部完成，信阳油库以南段顺利投用，信阳油库中交，驻马店站施工收尾。

（冯红民）

【安庆石化 800 万吨/年炼化一体化成品油管道及配套油库工程续建】 该工程管道全长 520 千米，设 5 座站场、4 座油库，设计输量 430 万吨/年。工程于 2012 年 11 月 18 日开工，截至 2013 年底，管道组焊完成 84.8%，安庆、合肥、阜阳、蚌埠油库土建、工艺施工。

（冯红民）

【江西成品油管道二期及配套油库工程续建】 该工程管道全长 742 千米，设 6 座油库，设计输量 450 万吨/年。工程于 2012 年 7 月 20 日开工，截至 2013 年底，管道组焊完成 94.8%，鹰潭、樟树、吉安、抚州、赣州、上饶油库土建、工艺施工。

（冯红民）

【广西 LNG 项目开工建设】 该项目分码头、接收站、输气管道 3 个部分，建设规模为一期 300 万吨/年，二期 600 万吨/年。其中，码头部分包括 LNG 码头 1 座(8 万—27.5 万立方米船)、工作船码头 1 座及配套设施；接收站包括 16 万立方米储罐 4 座(一期)、冷能利用等配套设施；一期建设输气管道 1 336.88千米，二期建设 788.6 千米。截至 2013 年底，取水口及海水泵房工程完成 40%，LNG 接收站总体完成 18.5%，输气管道组焊 12.1%。

（李长印）

【昆明—大理成品油管道工程通过竣工验收】 该工程于 2008 年 5 月 31 日开工，2009 年 7 月 15 日中交，2009 年 8 月 29 日投用试运，2013 年 3 月 29 日通过竣工验收。

（冯红民）

【柳州—桂林成品油管道工程通过竣工验收】 该工程于 2008 年 9 月 20 日开工，2010 年 2 月 21 日中交，2010 年 3 月 27 日投用试运，2013 年 3 月 29 日通过竣工验收。

（冯红民）

【**中石化(香港)海南洋浦成品油保税库项目正式投产**】 项目一期建设205万立方米储罐，可储存汽油、柴油、航煤、燃料油4类油品，设计年吞吐能力3 000万吨，批复总投资28.96亿元，于2010年6月17日开工建设，2013年9月5日中交。10月底，中石化(香港)海南洋浦成品油保税库项目正式投产。

（远 征）

工程建设管理

【**设计管理**】 设计协调工作。围绕设计管理的业务范围，及时开展重点项目的设计协调工作。落实设计分工，明确设计指导思想、设计原则，协调装置界面关系，协调设计、采购、施工工作界面关系，研究总体进度关键控制点。先后组织召开中科合资广东炼化一体化、中天合创煤化工、国电英力特煤电化一体化等项目设计协调会。组织多次重点建设项目专题设计协调。

设计质量管理工作。对华北分公司红河油田原油产能建设地面工程、北海炼油异地改造石化项目、上海石化炼油改造工程3个投产的重点工程项目建设单位进行现场设计回访；组织专家共150多人次对工程建设公司、洛阳工程公司、上海工程公司、宁波工程公司、南京工程公司、石油工程设计公司(胜利设计院)、江汉石油工程设计公司(江汉设计院)、中原石油工程设计公司(中原设计院)、河南石油工程设计公司(河南设计院)、江苏石油工程设计公司(江苏设计院)10个石化集团公司所属工程公司(设计院)和北京燕山玉龙石化工程公司、镇海炼化工程股份公司2个企属改制设计单位进行了设计质量检查。

工程公司软件管理工作。协调主管部门，组织工程公司开展科技进步，购置国际通用先进软件升级维护服务。协助直属工程公司引进开发设计集成系统。

压力容器、管道资质管理工作。完成16个压力容器设计单位压力容器设计许可换(取)证鉴定评审工作；完成国家质量监督检验检疫总局指定的5家压力管道设计单位换(取)证的评审工作；举办1期压力管道设计审批人考核培训班。

继续推进标准化设计工作。实施工程建设标准资源与信息化管理平台实施规划；推进标准化设计材料等级库建设基础工作，推进重点装置的标准化设计。

（申发祥）

【**生产准备与投料试车**】 2013年，共有35套炼油化工生产装置完成投料试车，2条长输管道和3座油库建成投用(见表1)。各企业按照《中国石化建设项目生产准备与试车管理规定》文件要求，认真做好组织、人员、技术、物资、资金、营销、外部条件7个方面的生产准备工作，做到生产准备与工程建设同步进行、无缝衔接，加强对项目生产准备和投料试车全过程管理，认真进行投料试车条件检查，保证装置投料试车顺利进行。全年，总部共组织项目总体试车方案审查14次、项目投料试车条件检查22次，组织开车队24个、专家组28个、现场服务组4个，参加现场试车服务23人次，组织现场协调会4次。

（谢国学）

表1　　工程建设项目2013年投料试车/建成投用情况

序号	装置名称	建设规模/万吨·年$^{-1}$	投料试车/建成投用时间
一	武汉分公司		
1	制氢	8万米^3(标准)/时	4月28日
2	蜡油加氢	180	4月30日
3	加氢裂化	180	7月3日
4	EO/EG	15/28	7月24日
5	HDPE	30	6月23日
6	LLDPE	30	7月13日
7	ST/JPP聚丙烯	20/20	7月2日/7月4日
8	乙烯	80	8月12日
9	MTBE/1－丁烯	8/3	8月28日
10	裂解汽油加氢	55	8月19日
11	芳烃抽提	35	8月15日

续表

序号	装置名称	建设规模/万吨·年$^{-1}$	投料试车/建成投用时间
二	安庆分公司		
12	丙烯腈	16	1月31日
13	连续重整	100	9月12日
14	柴油加氢	220	9月13日
15	重油加氢	200	9月30日
16	催化裂化	200	8月31日
17	S－Zorb	150	9月1日
18	常减压	500	9月2日
三	茂名分公司		
19	加氢裂化	240	3月2日
20	S－Zorb	150	7月23日
21	顺丁橡胶	10	2月23日
四	燕山分公司		
22	S－Zorb	120	10月24日
23	柴油加氢	260	9月12日
五	胜利石化总厂		
24	液相柴油加氢	100	6月7日
六	济南炼化		
25	逆流床连续重整	60	9月21日
七	高桥分公司		
26	柴油加氢	260	7月3日
八	洛阳分公司		
27	聚丙烯	14	1月31日
28	S－Zorb	150	10月23日
九	福建炼化		
29	S－Zorb	120	12月8日
十	扬子石化		
30	S－Zorb	90	12月11日
十一	海南炼化		
31	S－Zorb	120	11月3日
32	PX	60	12月27日
十二	齐鲁分公司		
33	HDPE	25	1月23日
十三	仪化公司		
34	1，4－丁二醇	20	5月1日
十四	湛江东兴		
35	乙苯—苯乙烯	6	11月11日
十五	管道储运分公司		
36	天津原油商储库	320	8月23日
37	北海原油商储库二期	240	11月18日
38	仪征—长岭复线怀宁—安庆原油支线	32	10月15日
十六	浙江石油分公司		
39	甬绍金衢成品油管道	580	4月8日
十七	中石化(香港)有限公司		
40	洋浦成品油保税库	205	12月8日

【竣工验收】 2013年，中国石化安排竣工验收项目257项，其中2012年结转175项，2013年新增82项。2013年度共批复竣工验收项目58项。

（董宏欣）

【大修改造】 2013年大修改造围绕“规范化、精细化、标准化”开展，重点抓好大修改造前期规划、推进检修定额执行、严格安全质量管理、推动信息化系统建设。

完成济南、齐鲁、广州、石家庄、海南、燕山、沧州、杭州清江、胜利炼厂、普光净化厂、塔河、茂名、福建等14家企业大修改造任务(杭州石化暂时无开车计划)，涉及282套装置，完成费用64.66亿元。其中，全厂性停工大修改造共计8家，系列停工大修改造共计6家，全年停工大修改造装置277套；检修停工装置达到30套以上的有4家，包括济南32套、齐鲁40套、茂名44套、福建33套；大修改造量达到3亿元以上的有8家，包括济南、齐鲁、广州、海南、燕山、沧州、茂名、福建。总部组织协调会及调研共计26次，组织质量大检查5次，审批大修改造组织机构12家，推动14家企业编制大修改造管理手册及统筹控制计划，督促14家企业执行检修定额。建设大修改造信息化平台，总部层面信息化系统第一阶段已建立，企业层面已有4家企业信息化系统上线运行，包括天津、燕山、茂名、镇海。齐鲁、济南、茂名大修改造项目管理部被评为2013年度中国石化重点工程项目建设优秀团队。

深化大修改造“规范化、精细化、标准化”。各企业在相互交流的基础之上，不断开拓创新，早成立组织机构、早确定计划、早进行物资采购、早确定队伍、早确定方案，完善和细化大修改造准备工作，并辅助大修改造信息化，推动大修改造管理水平进一步提升。

（王扶卷）

【南京项目管理中心】 2013年，南京项目管理中心认真履行项目管理职责，重点围绕项目管理、人员培训、团队建设等工作，通过在武汉乙烯、扬子炼油二期、中科项目、扬巴二期、宁东一体化等项目积极开展项目管理工作，较好地完成了年初制定的各项工作目标。其中，在承担武汉80万吨/年乙烯工程中圆满完成了建设“安全工程、优质工程、效益工程、绿色工程、阳光工程、人才工程”的任务；项目管理中心以扎实的工程管理理论知识和丰富的工程管理实践经验，卓有成效地开展了扬子炼油改造二期项目的项目控制、施工和质量管理工作，截至2013年12月，项目总体进度为96%，累计完成投资61亿多元，累计完成总体控制点12个、一级里程碑13个和二级里程碑38个。

（王　宁）

工程建设监管

【工程质量监督】 2013年，石化工程质量监督机构认真贯彻落实2013年度石化集团公司工作会议精神，牢记使命，履行职责，以创一流的精神状态，重实干、求实效，切实提高质量监督管理与服务的工作质量。

加强全方位、全过程的质量监督，工程质量稳步提高。①确保重点，选调优质监督资源，对重点项目进行现场驻点监督；对限上项目，合理调配监督组，做到任务到组；对其他小项目，分片监管，责任到人，监督覆盖面达到了100%。②调整监督重心，抓好业主项目部和参建单位质保体系运行、分包管理、人员资格、施工工艺、检测检验等关键环节的监控，从而促进实体质量的提高。③履行职责摆正位置，当好监督不当监理，做好监管不做监工，从而有效提高了监督的效率和效能。全年共发现各类质量问题17 015项，其中质量行为问题5 881项、实体质量问题8 301项、工程资料问题2 833项，问题都得到了及时整改。

加强精细化管理，强化培训工作，不断提升管理工作水平。①积极应对监督精细化管理新要求，全面规范项目监督组内控制度。2013年，从规范监督组工作入手，总结了多年来项目监督工作经验，制定了《建设项目工程质量监督组管理规定》，并正式下发试行，将监督组的内控管理要求细化到每一项工作之中，做到事事有章可循，也使监督组考核有了统一依据和标准，推动了监督工作精细化管理的落实。②强化培训工作，提高项目参建单位质量管理人员的素质和水平。组织多期中国石化工程质量检查员取证(复审)培训工作，3 400人参加培训。组织2期《中国石化工程质量管理手册》宣贯培训班，380余人参加培训。组织2期石油化工管道超声波检测人员培训工作，140人参加培训考试。组织1期监督工程师考试。通过培训，提高了监督人员、工程质量管理人员的专业技术水平，为提升石化建设工程质量管理水平打下坚实的基础。

加强信息化工作，推动管理水平的提升。正式启动工程质量监督网上申报系统，大幅度提高了工作效率。基本完成工程质量责任主体评价系统开发。

年初组织了问题数据库的整改工作，完成4万余条数据的初步整改，为系统的测试和试运行提供了基础条件。增加系统数据库问题记录1万条，已经可以对责任主体进行评价、出具评价报告，为“数字化质量管理”提供了一定的技术基础。

积极开展管道监检机构核准的准备工作，包括人员培训、设备购置、文件编制、体系建立与运行、试检验项目的准备等，规范管道监检工作 。

（胡国勇）

【工程质量监察】 根据《工程质量监察2013年度工作计划》的安排，结合项目建设的实际情况，全年组织对中国石化天津液化天然气（LNG）工程项目部、哈萨克斯坦阿特劳炼油厂芳烃项目等23家单位进行了质量监察，共发现问题458项。通过监察，有效地促进了各单位质量管理体系的进一步完善，同时把各家好的做法和经验在中国石化内部加以总结和推广，从而提升各参建单位的整体质量管理水平。

（胡国勇）

【工程质量大检查】 2013年，总站组织了石家庄炼化分公司油品质量升级及原油劣质化改造工程、海南炼化60万吨/年聚酯原料工程等共43次工程质量检查，发现质量问题5 571项，其中质量行为问题2 164项、实体质量问题2 035项、工程资料问题1 372项。针对质量大检查中提出的问题，加大了整改追踪的力度，要求建设单位在规定的时间、按照规定的格式向总站上报整改报告；各分站（监督组）加大了对整改落实情况进行追踪确认的力度；定期将整改情况进行总结和汇报；对检查中发现弄虚作假、出现重大质量问题的单位进行通报批评、暂停投标等处罚。

（胡国勇）

【招投标管理】 2013年招标、投标管理工作结合中国石化工程建设项目的特点，继续严格招标方案、招标申请、招标文件、评委组成和招标结果等关键招标申报审批程序。全年，直接监管231个总投资3 000万元以上的工程项目，中标额约为576亿元，共计549个标段，其中勘察设计21个标段、总承包42个标段、施工348个标段、监理109个标段、检测34个标段。

按照标准化的制度模板，对现行中国石化招投标管理制度进行了全面修订，完成《中国石化工程建设项目招标投标管理规定》《中国石化工程建设项目分包发包管理办法》《中国石化工程建设市场诚信体系管理办法》《中国石化建设工程评标专家和专家库管理办法》4项制度的修订，已经正式发布实施。完成《中国石化建设工程交易中心管理办法》制度编制立项和起草工作，调研国家电子招标的建立要求和发展趋势，为建立《中国石化建设工程电子招标管理办法》进行了技术交流。

举办5期招投标业务培训班，分批次对500余人进行业务培训，涵盖了中国石化各企业的主管领导、管理人员、信息系统管理员、评标专家，为各企业进一步提高招投标管理水平创造了条件。

完善中国石化工程建设市场资源库，建立中国石化工程建设市场诚信考核体系，实现承包商资源的统一管理和动态考核。

招投标信息系统正式上线运行，包括市场资源库、评标专家库、招投标工作流程3个模块，实现了招投标的主要业务流程、法律法规、管理制度的固化，对在建工程项目招标状态的实时监控，及时公开招投标信息。

（杨　旭）

【标准管理】 2013年，石油化工工程建设标准化工作继续遵循“立足行业、服务企业、国际接轨”的原则，统筹协调，加强管理，各项工作稳步推进，标准化工作取得了可喜的进展。

1. 2013年度报批的国家标准和行业标准

完成国家和行业标准制修订任务。全年，共安排工程建设标准制修订项目83项，其中国家标准14项、行业标准69项；完成报批国家标准9项（见表2）、行业标准28项（见表3），其中批准发布国家标准4项、行业标准16项。

表2　　2013年完成报批的石油化工工程建设国家标准

序号	标准编号	标准名称	发布日期	实施日期
1	GB/T 50770—2013	石油化工安全仪表系统设计规范	2013－2－7	2013－9－1
2	GB/T 50934—2013	石油化工工程防渗技术规范	2013－11－1	2014－6－1
3	GB/T 50938—2013	石油化工钢制低温储罐技术规范	2013－11－1	2014－6－1

续表

序号	标准编号	标准名称	发布日期	实施日期
4	GB/T 50933—2013	石油化工装置设计文件编制标准	2013-11-29	2014-6-1
5	待定	地下水封石洞油库施工及验收规范	—	待公告
6	待定	石油化工工厂布置设计规范	—	待公告
7	待定	石油化工工程地震破坏鉴定标准	—	待公告
8	待定	工业企业电气设备抗震鉴定标准	—	待公告
9	待定	石油化工建(构)筑物荷载规范	—	待公告

表3　2013年完成报批的石油化工工程建设行业标准

序号	标准编号	标准名称	代替标准	实施日期
1	SH/T 3021—2013	石油化工仪表及管道隔离和吹洗设计规范	SH 3021—2001	2014-3-1
2	SH/T 3080—2013	石油化工横流式机械通风冷却塔结构设计规范	SH 3080—1997	2014-3-1
3	SH/T 3092—2013	石油化工分散控制系统设计规范	SH/T 3092—1999	2014-3-1
4	SH/T 3100—2013	石油化工工程测量规范	SH 3100—2000	2014-3-1
5	SH/T 3104—2013	石油化工仪表安装设计规范	SH/T 3104—2000	2014-3-1
6	SH/T 3126—2013	石油化工仪表及管道伴热和绝热设计规范	SH 3126—2001	2014-3-1
7	SH/T 3132—2013	石油化工钢筋混凝土水池结构设计规范	SH/T 3132—2002	2014-3-1
8	SH 3137—2013	石油化工钢结构防火保护技术规范	SH 3137—2003	2014-3-1
9	SH/T 3141—2013	石油化工用往复泵工程技术规范	SH/T 3141—2004	2014-3-1
10	SH/T 3151—2013	石油化工转子泵工程技术规范	SH/T 3151—2007	2014-3-1
11	SH/T 3175—2013	固体工业硫黄储存输送设计规范	—	2014-3-1
12	SH/T 3519—2013	乙烯装置离心压缩机组施工及验收规范	SH/T 3519—2002	2014-3-1
13	SH/T 3533—2013	石油化工给水排水管道工程施工及验收规范	SH 3533—2003	2014-3-1
14	SH/T 3553—2013	石油化工汽轮机施工及验收规范	—	2014-3-1
15	SH/T 3554—2013	石油化工钢制管道焊接热处理规范	—	2014-3-1
16	SH/T 3613—2013	石油化工非金属管道工程施工技术规程	—	2014-3-1
17	SH/T 3007—2014	石油化工储运系统罐区设计规范	SH/T 3007—2007	待公告
18	SH/T 3029—2014	石油化工排气筒和火炬塔架设计规范	SH 3029—1991	待公告
19	SH/T 3147—2014	石油化工构筑物抗震设计规范	SH/T 3147—2004	待公告
20	SH/T 3504—2014	石油化工隔热耐磨衬里设备和管道施工质量验收规范	SH/T 3504—2009	待公告
21	SH/T 3528—2014	石油化工钢制储罐地基与基础施工及验收规范	SH/T 3528—2005	待公告
22	SH/T 3555—2014	石油化工工程钢脚手架搭设安全技术规范	—	待公告
23	SH/T 3043—2014	石油化工设备管道钢结构表面色和标志规定	SH 3043—2003	待公告
24	SH/T 3051—2014	石油化工配管工程术语	SH/T 3051—2004	待公告
25	SH/T 3052—2014	石油化工配管工程设计图例	SH/T 3052—2004	待公告
26	SH/T 3176—2014	石油化工工厂系统工程设计文件编制标准	—	待公告
27	SH/T 3426—2014	石油化工钢制夹套管法兰	—	待公告
28	SH/T 3902—2014	石油化工配管工程常用缩略语	SH/T 3902—2004	待公告

2. 工程建设标准化研究

修订完成《工程建设标准体系(石油化工部分)》。2013 年，全面完成国家《工程建设标准体系(石油化工部分)》的整体修订。修订后的标准体系包含 19 个专业分体系，共纳入 529 项国家标准和行业标准。结合体系修订，编制完成《工业领域“十二五”标准体系建设方案(石油化工行业)》，并分解了近 3 年的标准立项计划，不仅为协调行业标准立项计划和国家审批提供了依据，还体现了石油化工行业面向新型能源开发、LNG、煤化工等领域发展的最新需求。

组织编制工程建设标准执行表。结合《工程建设标准体系(石油化工部分)》的修订工作，组织编制了《中国石化炼化工程建设标准执行表》，启动了《油气管道工程建设标准执行表》编制工作，并已完成方案的编制，正在进行初稿的编制。

进行超龄标准复审和标准制修订计划申报。结合《工程建设标准体系(石油化工部分)》修订工作，对 2008 年及以前发布的《石油化工设备抗震鉴定标准》等 74 项行业标准进行了复审。经专业技术委员会研究与部门核查，复审结论为继续有效 20 项、建议修订 41 项，建议废止 13 项，已报国家有关部委公告发布。复审工作与《工程建设标准体系(石油化工部分)》修订工作同期安排，使工作既可统筹，又有连贯性，成效明显。标准制修订工作坚持发展规划与年度计划相结合，以《工程建设标准体系(石油化工部分)》为基础，统筹协调，按照《工业领域“十二五”标准体系建设方案(石油化工行业)》安排制修订项目。对于体系规划之外的标准项目严把立项关，突出其必要性和紧迫性，通过答辩予以评审确定。2013 年，石化集团公司组织评审的 70 项申报标准项目中，通过国家主管部门评审并批准立项的有国家标准 5 项、行业标准 43 项。

加强基础工作，提高管理水平。①组织完成“石化集团公司 2011—2012 年度国家级工法”推荐工作。2013 年，石化系统 16 家企业申报的 52 项工法被评为石化集团公司级工法，其中 20 项工法被推荐参加国家级工法评审。经国家住房和城乡建设部组织专家评审，胜利油建的《滩海铺管船铺设海底管线施工工法》和《大型塔架无锚点吊推施工工法》，南京工程公司的《双层金属低温储罐倒装施工工法》和《四合一加热炉模块化施工工法》4 项列入国家级工法公示名单。②科研与实践的支撑作用进一步发挥。为提高标准的技术水平，各标准编制单位和相关中心站进一步加大了调查研究和技术支持力度。自控中心站开立了“中国石化仪表设备全寿命周期研究”课题，借鉴 IEC 61511 标准，对石化装置联锁系统进行了可靠性分析与评估，以保障石化装置的安全长周期运行；粉体站参与了上海环球分子筛项目和扬子石化粗粉分离改造项目，2 个项目建成投产后节能减排效果明显，为同类能源利用项目积累了经验；抗震站组织完成了“大型储油罐抗震研究”工作，形成了大型储油罐抗震设计的成套技术，在阻尼比和自振周期计算上有所创新，填补了国内空白，为储油罐抗震设计规范的编制提供了依据；总图站组织技术委员对 8 家炼化生产企业进行了调研，并协助茂名分公司开展了数字化总图工程研究，在数字化工厂建设方面做出积极探索；配管站协助组织了压力管道审批人员的培训活动。施工技术中心站在《钢脚手架搭设安全技术规范》编制中，在以往工程经验的基础上，制定了“脚手架结构验证性试验方案”，并列入了石化集团公司科技开发项目，年内进行了“脚手架结构验证性试验”，取得了可靠的基础数据；为适应煤化工等装置大型设备吊装需要，第十建设公司在修订《大型设备吊装工程施工工艺标准》时，积极转化与徐工集团联合研发 4 000 吨级履带式起重机的工作成果，推动技术进步。③信息化管理得到进一步加强。2013 年，石化集团公司总部组织建立了工程建设信息化管理系统，“标准定额工作”作为其组成部分，开发了标准体系管理平台，已投入运行，为今后逐步实现标准定额工作的“公开透明、广泛参与、过程管理、有效监控”打下了基础。同时，机械、电气、自控等中心站认真维护各自网站并保证其有效运行，提供了交流技术、分享经验、获取信息的沟通平台。④中心站业务建设有序开展。各单位均结合本专业技术发展特点组织了年会及专题技术研讨会，对于把握最新技术发展趋势，关注科技创新与可持续发展，引领技术进步起到了积极的作用。有关技术中心站组织编制的专业手册、图集和采购标准等，大大提高了实施和贯彻工程建设标准的效率和准确性。《石油化工工程建设标准化》《石油化工设备技术》《石油化工自动化》等期刊杂志的发行，有效地扩大了标准工作的影响力。在延伸服务方面，设备站再版《浮头式换热器、冷凝器系列和 U 形管式换热器系列　型式与参数》；自控站修订完成《自控常用器件材料手册》和自控安装图册软件开发；总图站启动编制《石油化工总图运输通用图集》补充册，新增《组装式钢制围墙及护栏》等 3 个分图集；机械站协助物资装备部编制完成《中石化机械设备物资采购标准》等。

3. 工程建设标准实施监督

为促进标准的实施和技术人员标准化业务素质的提高，有重点、有计划地组织了 10 项新版标准的宣贯工作，400多名技术人员参加了学习。宣贯主要包括标准条文的内容及编制背景，深入浅出地分析了多项工程案例，有效地推动了标准的实施和专业人员技术水平的提高。

4. 工程建设标准国际化工作迈出了新步伐

全面启动了国标和行标的英文版编制工作。根据国际化发展需要，在住建部的支持下，石化行业率先开展了英文版标准编制工作，将近年出版的在涉外工程中利用率较高的74项国家和行业标准翻译成英文。该项工作与中国石化企业标准(SDEP)的实施相辅相成，提高了石化工程标准的国际影响力，有力地促进了“走出去”战略的进一步实施。截至2013年底，已完成标准译文初稿16项，审查完成11项。

支持并组织参与国际会议。美国石油协会(API)首次在中国举办“API北京石油行业大会”，内容涵盖上游、下游和检测计量等领域。中国石化作为官方支持机构对会议的召开给予了大力支持，并组织有关专家积极参与大会活动，为大会交流组织撰写专题报告。

继续推广使用国外标准信息库。2013年，信息库注册用户近500个，需求的增加对系统运行能力也提出了更高的要求。在做好用户使用管理的同时，积极协调做好系统维护和硬件更新工作。

（周家祥　葛春玉）

【炼油化工定额和工程造价管理】 2013年，主要开展了定额动态调整、计价依据编制、从业人员资格管理等工作。

继续做好定额动态管理。按照小幅前进、逐步到位的原则，拟定《石油化工安装工程预算定额》(简称《安装定额》)第3次动态调整方案和《石油化工行业检修工程预算定额》(简称《检修定额》)第2次动态调整方案。其中，《安装定额》动态调整方案包括在2013年初动态调整的基础上，将人工工日单价调增到70.46元，并以此作为取费基准；根据武汉乙烯项目脚手架搭拆费的实测数据，适当提高定额脚手架费用比例。《检修定额》在2013年调整人工工日单价的基础上，取费基础提高到60.98元。此外，还建立了安装工程造价指数体系，通过跟踪典型地区、重点工程的施工要素价格情况，为《安装定额》《检修定额》的动态调整提供科学依据。

石油化工建筑工程造价体系文件编制工作。体系文件包括《石油化工建筑工程概算指标》《石油化工建筑工程综合预算定额》《石油化工建筑工程费用定额》及其配套软件。整套文件编制工作历时近4年，经过多次内审和水平测算，确保了编制质量。2013年11月，体系文件通过正式审查。经中天合创煤化工等重点项目试用，表明该体系文件较为合理、适用。

根据国家住房和城乡建设部编制计划要求，中国石化负责主编《通用安装工程消耗量定额》的管道、设备2册，并完成了初稿编制和审查。根据石化集团公司逐年加大对外投资规模和力度的形势，启动《石油化工国外工程设计概算编制办法》制定工作，以满足石化集团公司的国外投资炼化工程基础设计概算编制或FEED估算编制工作需要。

造价咨询企业和从业人员资质管理。截至2013年底，石化专委会负责管理20家甲级造价咨询企业和693名注册造价工程师。年内完成了2家企业造价咨询甲级资质年审、20家甲级造价咨询企业经营数据统计，参与了建设部造价咨询企业甲级资质升级评审工作。造价师初始注册20人，延续注册310余人，变更87人次。继续教育方面，重点开展了海外工程造价控制和项目管理方面的培训工作，完成造价师网络、集中培训500余人次；根据《工程造价从业人员资格管理规定》要求，组织了上岗培训和继续教育培训，1 300多人参加了学习。

跟踪市场行情波动，加强计价体系动态管理。根据总部发布的采购指导价格，每2个月公布1次炼化工程主要材料的概算编制价格，每半年合成、公布非标设备价格信息。全年完成《工程经济信息》和《工程造价信息》各6期。

（邱正华）

【石油工程造价管理】 2013年，石油工程造价管理工作围绕油气增储上产“五大会战”，进一步健全重点区域定额标准体系建设，夯实基础，推进工程造价管理，努力提高管理质量和效益，圆满完成了各项造价管理任务，在投资管理、关联交易、规范内部市场行为等各项经济活动中发挥了积极的作用。

工程预算和结算管理。石油工程造价系统全年组织完成各项目竣工结算审核共计771.90亿元。①强化设计阶段工程造价预算管理，提高投资效益。按照全面预算管理的要求，强化项目工程设计阶段造价预算管理，形成工程设计、造价预算、决策一体化决策机制，通过多方案技术经济分析，优化工程设计方案，实现工程技术方案与经济管理的合理融合，做到了事前控制项目投资，为各级领导和投资决策部门决策提高投资效益提供有力的支持。②强化标底的编审管理，规范市场行为。以石油工程消耗量定额为依据，以市场价格为导向，进一步规范工程招投标行为，严格标底编制和审核，推进内部施工队伍有序竞争，维护建设单位和施工单位利益。③严格把关，合理确定竣工结算。按照石油工程造价管理办法和企业内控制度要求，以工程设计、现场监理、设计变更等实际施工资料为依据，结合造价管理审核工作流程，严格把关、严格控制、规范计价行为，合理确定工程造价。

定额管理。①调研分析 2012 年石油专业工程定额人工费执行情况。按照总部安排，组织各油田和工程企业，分类统计人工费定额套算和实际结算情况，分析预测全年工作量及人工费补差额。经批准后，组织完成石油工程人工费补差 8.85 亿元。②建立健全石油专业工程和石油地面工程估算指标。石油专业工程估算指标以构建典型井为载体，区分地区、油田、层系和井型等各种因素，对各油田开发区块历史结算数据的统计、分析、归纳，建立不同类型的典型井模型，先后完成胜利、华东、东北、中原、河南、西北 6 个油区的工作，初步筛选出一批估算指标。石油地面工程估算指标在现有 2007 版基础上，结合石油安装工程消耗量定额的推行，进一步强化量价分离，开展单位工程估算指标体系建设。③着手推广使用作业成本定额，分类统计 2007—2012 年各油田分公司相关作业费用结算情况，按照井深、井型及生产性质，归纳分析单井次定额套算与结算成本差异及原因、单井次成本的变化趋势，提出作业成本费用指标，并研究自营和非自营队伍执行方式。④围绕油气勘探开发生产，进一步建立完善定额标准。完成西南油区定额区块、钻时定额、钻头费用定额、定向技术服务时间定额、日费定额以及主要材料预算价格等定额、预算价格标准的补充完善；完成西北油区主体及外围共 32 个区块钻时定额的补充完善；完成浅海石油建设安装工程消耗量定额的编制；完成测录井、技术服务等相关定额标准的补充完善工作。

基础工作。①持续加强精细管理，开展对标分析，通过调研海外工程造价管理模式，为下一步提升定额和造价管理做初步探索。②深化信息化建设，对现有信息系统按照“统一标准、统一源头、统一数据库、统一平台”的原则进行集成、整合，进一步提升管理效率。③提升造价分析的实用性。组织年度重点投资项目造价分析，在分析方法上突出实用性，对造价构成要素的变动、造价变化趋势等方面的分析有所拓展。

队伍建设。落实石化集团公司工程造价从业资格管理制度，加强石油工程造价从业资格管理，组织完成资格证审核换证工作，有 3 100 多人经审核合格后换发新证。

（王　珞）

工程建设企业管理

【施工企业资质管理】 截至 2013 年 12 月，中国建筑业协会石化建设分会有施工资质的企业共 87 家，其中施工总承包一级 27 家、二级 18 家，专业承包一级 19 家、二级 15 家、三级 8 家。全年共有 3 家企业 4 项资质通过国家住房和城乡建设部核准，分别是北京燕华工程建设有限公司房屋建筑工程施工总承包二级，中原油田建设集团公司桥梁工程专业承包一级，江汉石油管理局油田建设工程公司房屋建筑工程施工总承包三级、市政公用工程施工总承包三级。

（张虹薇）

【勘察设计企业资质管理】 2013 年 1 月 21 日，国家住房和城乡建设部颁布实施了《工程勘察资质标准》，原《工程勘察资质分级标准》（建设〔2001〕22 号）同时废止。根据国家住房和城乡建设部的整体部署，结合石化集团公司所属工程勘察设计企业体制改革的具体情况，2013 年组织部分企业开展了工程勘察资质的换证工作，同时继续开展会员企业工程设计资质的延续换证工作。完成 1 家工程勘察企业综合资质延续换证材料的初审和上报工作，完成 10 家工程设计企业（直属企业 4 家，改制企业 6 家）资质升级、延续材料的初审和上报工作，其中 7 家工程设计企业通过国家住房和城乡建设部组织的最终延续换证资质审查，并顺利换发相应工程设计资质证书。另外，为配合石化集团公司整体改革进程，指导 2 家企属企业通过地方政府完成了工程设计甲级资质证书的更名工作。

（胡瑞玲）

【勘察设计人员执业资格】 根据全国勘察设计注册工程师化工专业管理委员会的要求，在中国石化勘察设计会员企业之间对《注册化工工程师注册执业管理工作暂行规定（讨论稿）》再次征求了修订意见。

（胡瑞玲）

【勘察设计“四优”评选】 完成石化集团公司 2010—2011 年度工程勘察设计“四优”项目最终评审。经石化集团公司评优委员会 2013 年 1 月 10 日（优秀工程勘察、优秀工程设计、优秀标准设计）、5 月 14 日（优秀计算机软件）会议审议、评选，共评出优秀工程勘察8项，其中一等奖4项、二等奖3项、三等奖1项，缓评2项；优秀工程设计64项，其中一等奖12项、二等奖24项、三等奖28项，缓评6项；优秀标准设计2项，其中一等奖1项、二等奖1项；优秀计算机软件8项，其中一等奖1项、二等奖3项、三等奖4项。

（胡瑞玲）

【优秀勘察设计企业评选】 组织勘察设计会员企业参加中国勘察设计协会面向全国工程勘察设计行业开展创新型优秀企业、创优型企业和优秀企业家（院长）评选活动，协会会员企业中最终共有3家企业被评为创新型优秀企业，2家企业被评为创优型企业，6人被评为优秀企业家（院长）。

（胡瑞玲）

【工程获奖】 2013年，中国石化有3项工程申报2012—2013年度国家优质工程，其中川气东送工程获国家优质工程金质奖，洛阳石化油品质量升级改造工程获国家优质工程银质奖，肯尼亚内罗毕—西卡道路工程获国家优质工程（境外工程）奖；有35人被评为国家优质工程奖突出贡献者。完成2012年度石化集团公司优质工程奖的评审，共有11项工程获奖（见表4）。

表4　石化集团公司2012年度优质工程

序号	工程名称	申报单位
1	埕北1H井组平台工程	胜利油田胜利石油化工建设有限责任公司
2	九江分公司150万吨/年柴油加氢装置	中国石油化工股份有限公司九江分公司
3	扬子石油化工有限公司对二甲苯示范项目建筑安装工程	中石化第四建设有限公司
4	长岭分公司原油劣质化和油品质量升级改造工程800万吨/年常减压装置改造	中国石油化工股份有限公司长岭分公司
5	北海炼油异地改造石油化工项目一部、二部工程	中国石化北海炼化有限责任公司
6	武汉成品油储备库工程	中国石化销售有限公司华中分公司
7	济南分公司160万吨/年柴油加氢精制装置	中国石油化工股份有限公司济南分公司
8	上海石油化工股份有限公司1万吨/年异戊烯联合生产装置项目	中国石化上海石油化工股份有限公司
9	西南油气分公司川科1井试采地面建设工程	中国石油化工股份有限公司西南油气分公司
10	中石化三菱化学合资15万吨/年双酚A、6万吨/年聚碳酸酯项目	中国石油化工股份有限公司北京燕山分公司
11	胜北社区热电联供集中供热工程	中国石化集团胜利石油管理局热电联供中心

（梁　丽）

【工程建设监理】 截至2013年底，中国建筑业协会石化建设分会共有监理企业会员50家，其中综合资质2家、专业甲级资质44家、专业乙级资质4家（见表5）。

2013年，共举办4期石油化工监理工程师执业资格培训班，19个企业的435人参加培训，其中164人考试合格取得石油化工监理工程师执业资格；完成35家企业的810名石油化工监理工程师延续注册。

受国家住房和城乡建设部委托，中国建设监理协会7月正式启动《工程监理制度发展研究》课题，其中石化集团公司参加第4部分的编写。根据课题计划的进度安排，完成以下工作：组织监理会员企业对提纲中的三级标题再进一步细化，确定第4级标题；按照提纲要求，委托胜利油田胜利建设监理有限责任公司、山东齐鲁石化工程有限公司、北京华夏石化工程监理有限公司3家企业参加编写，并对3家编写的材料进行整理汇编报课题小组。

2013年，在各会员单位自行申报的基础上，共评选出北京华夏石化工程监理有限公司、胜利油田胜利建设监理有限责任公司、北京金海湾工程建设监理有限公司、广东国信工程监理有限公司、青岛越洋工程咨询有限公司、洛阳石化工程建设集团有限责任公司、荆门四方工程建设监理有限责任公司、南京扬子石化工程监理有限责任公司 8 家 2012 年度先进工程建设监理单位，韩利武、龚贻波、庞长春、陈学密、夏荣彪、刘国瑜、杜政宏、黄宗广 8 人被评为优秀项目总监理工程师。

（张欣华）

表 5　　石化建设分会工程监理资质表

序号	企业名称	监理资质
一	综合资质	
1	胜利油田胜利建设监理有限责任公司	工程监理综合资质
2	广东国信工程监理有限公司	工程监理综合资质
二	专业甲级资质	
1	安徽万纬工程管理有限责任公司	(房屋建筑工程监理)甲级，(化工石油工程监理)甲级，(市政公用工程监理)甲级，(机电安装工程监理)甲级，(电力工程监理)甲级
2	北京燕山玉龙石化工程有限公司	(房屋建筑工程监理)甲级，(化工石油工程监理)甲级
3	北京毕派克工程建设监理有限公司	(房屋建筑工程监理)甲级，(化工石油工程监理)甲级，(机电安装工程监理)甲级
4	北京华夏石化工程监理有限公司	(房屋建筑工程监理)甲级，(化工石油工程监理)甲级，(电力工程监理)甲级，(市政公用工程监理)甲级
5	北京金海湾工程建设监理有限公司	(房屋建筑工程监理)甲级，(化工石油工程监理)甲级，(市政公用工程监理)甲级
6	山东齐鲁石化工程有限公司	(房屋建筑工程监理)甲级，(化工石油工程监理)甲级，(市政公用工程监理)甲级，(机电安装工程监理)甲级
7	中石化石油工程设计有限公司	(房屋建筑工程监理)甲级，(化工石油工程监理)甲级
8	南京扬子石化工程监理有限责任公司	(房屋建筑工程监理)甲级，(市政公用工程监理)甲级，(化工石油工程监理)甲级
9	荆门四方工程建设监理有限责任公司	(化工石油工程监理)甲级
10	河北沧海石化工程有限公司	(化工石油工程监理)甲级
11	河北润达石化工程建设有限公司	(房屋建筑工程监理)甲级，(化工石油工程监理)甲级
12	岳阳长岭炼化方元建设监理咨询有限公司	(化工石油工程监理)甲级，(市政公用工程监理)甲级
13	南京金陵石化工程监理有限公司	(房屋建筑工程监理)甲级，(化工石油工程监理)甲级，(市政公用工程监理)甲级
14	中石化洛阳工程有限公司	(化工石油工程监理)甲级，(房屋建筑工程监理)甲级，(市政公用工程监理)甲级
15	洛阳石化工程建设集团有限责任公司	(房屋建筑工程监理)甲级，(市政公用工程监理)甲级，(化工石油工程监理)甲级
16	南京华源工程管理有限公司	(化工石油工程监理)甲级，(房屋建筑工程监理)甲级
17	镇海石化工程股份有限公司	(房屋建筑工程监理)甲级，(化工石油工程监理)甲级

续表

序号	企业名称	监理资质
18	濮阳中油工程管理有限公司	(房屋建筑工程监理)甲级，(化工石油工程监理)甲级，(市政公用工程监理)甲级
19	中石化河南石油工程设计有限公司	(化工石油工程监理)甲级
20	南阳市油田工程建设监理有限责任公司	(化工石油工程监理)甲级，(房屋建筑工程监理)甲级
21	南京长江工程监理有限公司	(房屋建筑工程监理)甲级，(化工石油工程监理)甲级
22	上海金申工程建设监理有限公司	(房屋建筑工程监理)甲级，(化工石油工程监理)甲级，(市政公用工程监理)甲级
23	上海三圆工程咨询监理有限公司	(化工石油工程监理)甲级
24	广州石化建设监理有限公司	(房屋建筑工程监理)甲级，(化工石油工程监理)甲级，(市政公用工程监理)甲级，(机电安装工程监理)甲级
25	中石化江苏监理有限公司	(化工石油工程监理)甲级，(房屋建筑工程监理)甲级
26	江苏中核华纬工程设计研究有限公司	(房屋建筑工程监理)甲级，(化工石油工程监理)甲级，(市政公用工程监理)甲级
27	九江石化工程建设监理有限公司	(房屋建筑工程监理)甲级，(化工石油工程监理)甲级，(市政公用工程监理)甲级
28	山东金钥匙工程监理有限公司	(化工石油工程监理)甲级，(房屋建筑工程监理)甲级
29	天津市石建工程建设监理有限责任公司	(房屋建筑工程监理)甲级，(化工石油工程监理)甲级，(市政公用工程监理)甲级
30	新乡方圆工程管理有限公司	(化工石油工程监理)甲级
31	岳阳巴陵石化工程建设监理有限公司	(房屋建筑工程监理)甲级，(化工石油工程监理)甲级
32	中国石化集团中原石油勘探局勘察设计研究院	(化工石油工程监理)甲级，(市政公用工程监理)甲级
33	青岛越洋工程咨询有限公司	(房屋建筑工程监理)甲级，(化工石油工程监理)甲级，(机电安装工程监理)甲级
34	中石化江汉石油工程设计有限公司	(化工石油工程监理)甲级，(房屋建筑工程监理)甲级
35	濮阳市中原石化工程建设监理有限公司	(化工石油工程监理)甲级
36	重庆川维石化工程有限责任公司	(化工石油工程监理)甲级，(房屋建筑工程监理)甲级
37	淄博盛华石化工程监理有限责任公司	(化工石油工程监理)甲级
38	天津天实工程项目管理有限公司	(化工石油工程监理)甲级
39	江汉石油管理局工程建设监理公司	(房屋建筑工程监理)甲级
40	中国石化集团中原石油勘探局工程建设监理中心	(房屋建筑工程监理)甲级，(市政公用工程监理)甲级
41	胜利油田恒伟工程管理有限公司	(化工石油工程监理)甲级
42	上海高华工程咨询监理有限公司	(房屋建筑工程监理)甲级，(化工石油工程监理)甲级

续表

序号	企业名称	监理资质
43	南京金设工程监理有限公司	(化工石油工程监理)甲级，(房屋建筑监理)甲级
44	中石化南京工程有限公司	(化工石油工程监理)甲级
三	专业乙级资质	
1	宁波华光建设监理有限公司	(化工石油工程监理)乙级，(房屋建筑工程监理)乙级
2	北京东方新星石化工程股份有限公司	(房屋建筑工程监理)乙级
3	武汉九鼎工程监理有限责任公司	(化工石油工程监理)乙级
4	濮阳市奥特工程造价咨询有限公司	(化工石油工程监理)乙级，(房屋建筑工程监理)乙级

【协会大事记】 4 月，配合石化集团公司完成第 11 届全国工程建设系统职业技能竞赛承办工作。组织石化集团公司代表队的培训和参赛工作，取得团体钣金第 1 名、焊工第 2 名、无损检测第 5 名、个人总成绩 6 金、2 银的成绩。

6 月，成立勘察设计专业委员会，中国石化工程建设有限公司任主任委员单位，中石化洛阳工程有限公司、中石化石油工程设计有限公司、北京燕山玉龙石化工程有限公司任副主任委员单位，共有 45 家成员单位。

8 月，市场与营销专业委员会更名为经营管理专业委员会。

9 月，联合石油、化工、电力、核工业、冶金行业协会主办第 5 届全国工程建设行业吊装市场研讨暨技术交流会。

12 月，联合中国就业培训技术指导中心、中国特种设备检验协会主办第 2 届全国无损检测技能竞赛。石化建设分会会员企业获团体第 1 名、个人第 2 和第 3 名的成绩。

（韩建阳）

公用工程

◇ 热电

◇ 水务

热　电

【概述】 2013 年，石化集团公司党组将“深化热电专业化发展和管理，提高运行效率和服务保障水平”列为石化集团公司年度 69 项重点工作之一，对于促进热电业务管理提升和科学发展发挥了重要的指导作用。在党组的科学决策和正确领导下，热电业务持续完善专业化管理体系，扎实开展专业对标，完善竞赛激励机制，“比学赶帮超”工作取得丰硕成果。以安全稳定和保障供应为核心任务，不断夯实安全基础，强化可靠性管理，机组运行稳定性进一步提升，发电设备利用小时数高于全国火电行业平均水平。大力推进热电业务节能减排工作，在巩固和提升电站锅炉提效、凝汽系统达标等治理成效的基础上，专题推进压降厂用电工作，热电业务主要运营指标创出历史最好水平。规范煤炭入厂全过程管理，完善煤炭检验管理流程和考核机制，煤炭计量和采样、制样、化验等质量验收环节各项工作迈上新台阶，煤炭亏吨亏卡问题得到有效遏制，入厂入炉煤热值差指标优于国家一流火电厂考核标准。加强电力行业政策研究，调查分析热电业务的资产、人员、成本、效益等业务状况，为石化集团公司推进热电业务重组整合工作提供基础支撑。

（赵　勇）

【热电机组规模扩大】 截至 2013 年底，石化集团公司所属 26 家企业共拥有热电站 40 座，其中石化股份公司 22 座（含合资公司 1 座），油田未上市企业 1 座，资产公司 17 座。热电装置配备电站锅炉 174 台（蒸发能力 4.45 万吨/时）、汽轮发电机组 136 台（装机容量 601.58 万千瓦）。全年新建 3 座热电站，新增锅炉 5 台（蒸发能力 1 930 吨/时）、汽轮发电机组 5 台（装机容量 25.5 万千瓦），其中武汉乙烯项目配套建设 3 台循环流化床锅炉（单台蒸发量 360 吨/时）和 2 台抽汽凝汽式汽轮发电机组（单台发电装机 6.5 万千瓦），茂名石化建成 1 台循环流化床锅炉（蒸发量 410 吨/时）和 1 台抽汽背压式汽轮发电机组（发电装机 4 万千瓦），燕山石化建成 1 台循环流化床锅炉（蒸发量 410 吨/时）和 1 台抽汽背压式汽轮发电机组（发电装机 4.5 万千瓦）。

（赵　勇）

【热电机组实现高负荷运行】 2013 年，热电系统完成发电量 319.44 亿千瓦·时，发电设备利用小时数为 5 507 小时，比全国火电行业同期水平高出 495 小时；完成供热量 3.21 亿吉焦，比年度目标多供热 297 万吉焦。其中，发电装机规模最大的胜利发电厂（104 万千瓦）完成发电量 63.09 亿千瓦·时，比上年增加发电量 3 009 万千瓦·时。

（赵　勇）

【主要消耗指标创历史最优】 2013 年，热电业务坚持把燃料资源和运行方式优化作为重点，细化挖潜措施，机组能耗指标取得了新突破，供电标煤耗、供热标煤耗等主要指标超额完成年度目标，创历史最好水平。全年完成供电标煤耗 332.69 克/（千瓦·时），同比下降 3.94 克/（千瓦·时），超额完成 333 克/（千瓦·时）的年度目标；供热标煤耗 38.07 千克/吉焦，同比下降 0.06 千克/吉焦，超额完成 38.1 千克/吉焦的年度目标。综合 2 项消耗指标下降的成效，同比减少能源消耗 14.52 万吨标煤，节约生产成本 1.25 亿元。

（赵　勇）

【赢利能力明显提升】 2013 年，热电业务紧紧把握煤炭价格下行的机遇，以市场为导向，深入开展成本测算，动态优化燃料结构，减少石油焦用量 22.13 万吨，节约点火助燃用油 272 吨。全年供电成本 0.39 元/（千瓦·时），同比下降 0.03 元/（千瓦·时）；供热成本 39.80 元/吉焦，同比下降 3.76 元/吉焦。热电业务全年实现利润 35.96 亿元，比上年增加 12.23 亿元，其中镇海炼化四电站赢利最多，实现利润 8.48 亿元。

（赵　勇）

【燃料结构优化取得突破】 紧紧围绕降低燃料综合成本这个中心，紧贴市场行情，优选经济性好的燃料和品种。茂名石化发挥 CFB 锅炉对煤种适应性好的优势，通过合理选煤和精确配煤，实现燃料性价比总体最优，全年降低燃料成本近 2 000 万元。广州石化 CFB 锅炉累计掺煤 13.25 万吨，实现经济效益 2 275万元；置换镇海高硫石油焦 1.9 万吨，掺烧进口弹丸焦 1.02 万吨，实现经济效益 366 万元。胜利电厂利用烟煤挥发分高、容易燃烧等特性，代替贫煤降低飞灰，将飞灰可燃物含量从 7% 降到 3% 以内，制粉系统电耗下降明显，年节约发电成本 1 000 余万元。

（张金喜）

【电站锅炉和汽轮机凝汽系统性能明显改善】 石化集团公司组织开展“电站锅炉达标提效”和“电站凝汽

系统达标”专项治理，经技术测试和效果评价，电站锅炉热效率平均提高了1.35个百分点，机组凝汽器真空度平均提高1.58个百分点，每年节能量近50万吨标煤，直接降低成本约5亿元，取得了显著的经济效益和社会效益。在做好专项治理的同时，加强现场测评和技术诊断，按照国家标准开展性能试验，发挥专业优势进行分析研究，为提升热电业务整体运行效率做出了积极贡献。

（赵 勇）

【提升煤炭入厂全过程管理水平】 2013年，瞄准企业煤炭入厂管理这个薄弱环节，组织开展采制化管理专项治理，在硬件上抓机械化采样机配备和校验，在软件上规范作业过程标准化和上岗培训取证，推动企业煤炭检验上水平，全系统入厂煤检斤检质率达到100%，入厂煤入炉煤热值差255.63千焦/千克，同比下降38.61千焦/千克，降幅13.12%，明显优于502千焦/千克的国家一流火电厂考核标准。

（张金喜）

【压降厂用电专项治理】 2013年下半年，启动了压降厂用电专项治理工作，提出了“到2015年，热电装置厂用电量比2012年同口径减少2亿千瓦·时”的3年工作目标，并从建立健全厂用电指标定量考核体系、抓好优化运行和调整工作、提高设备检修和消缺质量、积极实施各种节电技术改造4个方面提出了具体的工作措施。举办第3期热电厂负责人培训班宣贯工作思路和治理理念；建立了动态监控与考核机制；先后赴天津、洛阳、胜利、上海等企业进行压降厂用电现场专题调研和技术服务工作。全年厂用电量同比压降2 368万千瓦·时。

（田 竞）

【降低锅炉制粉电耗科研攻关】 2013年，巴陵石化、仪化公司、安庆石化等企业通过合理调整磨煤机钢球大小球配比和装载量，精细控制粗粉分离器静叶档板开度和动叶变频器转速，在降低制粉电耗方面取得了显著效果。其中，巴陵石化与中南大学合作，开展了应用磨煤机少球技术降低锅炉制粉电耗的科研攻关，在220吨/时单台磨煤机上使用新型铬锰钨抗磨铸铁磨球，制粉系统电耗由24.22(千瓦·时)/吨降低到19.69(千瓦·时)/吨，节电率18.7%，节电50万(千瓦·时)/年，节钢球10吨/年。

（田 竞）

【大型风机水泵应用调速节电技术】 茂名石化在2台CFB锅炉引风机和一次风机上应用了高压变频调速，引风机节电32%左右，一次风机节电近40%，在CFB锅炉正常运行期间，未出现因变频器故障或切换不成功造成的CFB锅炉非计划停工事件。仪化公司针对国产大功率高压变频器散热问题造成的变频器运行故障，组织专题攻关，在4台锅炉的甲引风机上应用了国产高压变频调速，在送风机上应用了永磁调速和液力耦合器调节，节电效果非常明显，锅炉风机电耗指标处于石化集团公司先进行列。

（田 竞）

【开展专业咨询和现场服务】 2013年，热电专业指导和服务能力进一步增强。有选择、有重点地对燕山石化、青岛炼化、南京化工公司连云港碱厂等企业开展专业咨询，逐家整理形成书面技术咨询报告反馈企业。组织专业力量，研究荆门石化污泥密闭焚烧技术方案，推进茂名石化机组热力系统运行方式优化工作。

（赵 勇）

【多层次举办热电业务培训】 2013年5月和7月，举办2期煤炭采制化作业人员上岗资格取证培训，192人参加培训，其中179人通过考核并取得国家级岗位资格证书。6月17—21日，举办为期5天的石化集团公司首次煤炭检验机构负责人培训班，受训人数38名。7月16—26日，举办热电厂负责人培训班，29名热电厂班子成员参加，主要培训热电厂负责人职业素养、法规政策、专业化管理、机组规划建设、安全性评价、技术监督、节能降耗技术与应用、机组运行优化调整、环保治理技术、成本控制等内容，聘请20名教授级以上职称专家授课。

（陈董清 张金喜）

【举办技能大赛】 2013年9月15—17日，石化集团公司所属24家企业的70名选手(其中煤粉炉选手44名，CFB选手26名)参加了在扬子石化举办的锅炉运行值班员工种竞赛决赛，其中天津石化、扬子石化、茂名石化分获团体前3名，李海涛等3人获中央企业技术能手和青年岗位能手称号；26家企业的59名选手参加了汽轮机运行值班员工种竞赛决赛，其中扬子石化、镇海炼化、天津石化分获团体前3名，郭智斌等2人获中央企业技术能手称号。9月22—27日，在湖南株洲举办全系统第1次燃料化验员工种竞赛。决赛分为采制、化验2个专业类别，采用理论笔试和技能操作考核，共有25家企业的68名选手参加。经过决赛综合考评，齐鲁石化、镇海炼化、茂名石化分别获得团体奖。

（田　竞　赵　勇　张金喜）

【落实外购电降本措施】　湛江东兴公司从2013年9月开始享受大用户直供电政策，购电价格降低0.008元/(千瓦·时)，每年减少电费开支224万元。广州石化认真研究电价政策，结合企业实际，成功争取到政策支持，优化基本电价计算方案，基本电价由原先的按变压器额定容量计算调整为按最大需量计算，每年减少电费开支3 300万元。

（赵　勇）

【热电业务政策研究】　及时跟踪研究国家和行业政策并取得积极进展。其中，重点研究了国务院出台的大气污染防治行动计划、大用户直购电、煤炭减量替代等一系列政策，分析对现有热电业务的影响，提出燃煤减量替代可行的技术路径，结合实际指导企业推进有关工作。

（赵　勇）

【对外专业交流】　2013年1月30日，专题访问西安热工院，就机组运行性能在线诊断及优化系统、石化企业热电机组节能环保技术及方案选择、热电联产机组负荷优化分配及热力系统运行方式优化、信息化建设方案以及抽凝供热汽轮机流通部分改造等议题进行了讨论和交流。双方就今后加强交流合作达成初步共识。

（赵　勇）

【热电专业管理现场评价】　组织对全集团24家企业的36家电站的热电专业管理现场评价工作。评价中发现，企业层面在热电管理工作中，结合自身特点，围绕重点工作，不断创新管理办法，在优化燃料结构科学制定掺烧比例、抓好煤炭用户侧管理、优化调度上下网电量、实施压降厂用电治理方面形成了一批行之有效、独具特色的好经验、好做法。同时在安全保供、环保减排、节能降耗、现场管理、煤炭检验5个方面仍存在薄弱环节。提出了切实提高安全保供水平、持续推进装置运行优化、深入开展压降厂用电治理、推进脱硫应用情况分析和问题整改、进一步提升煤炭采制化管理水平、有计划推进大用户直供政策落实6个方面的改进建议。

（田　竞）

【热电专业竞赛考评与表彰】　热电专业竞赛逐月对指标完成情况进行量化排序并公布，年底组织专家开展现场评价，在“比学赶帮超”工作中发挥着重要作用。经过年度指标考核和现场评价，胜利油田、茂名石化、镇海炼化、巴陵石化、扬子石化、广州石化、齐鲁石化、天津石化、仪化公司、四川维尼纶厂、青岛炼化11家企业分获2013年度热电专业综合竞赛优胜奖，镇海炼化、齐鲁石化、茂名石化分获锅炉、汽机、燃料单项优胜奖，广州石化同时获得电气、环保2个单项优胜奖，专业竞赛还对综合竞赛中后进企业进行了鞭策，给予湖北化肥挂“黄旗”警示。

（田　竞）

水　　务

【概述】　2013年，水务系统认真贯彻落实石化集团公司热电水务专业管理工作会议精神，创新管理模式，推进业务重组，推行标准化管理，加强成本核算，围绕降本增效、绿色低碳发展，积极开展新鲜水漏损治理、循环水整体优化、污水达标提质和污水回用，节水减排、节能降耗再上新水平，各项水务指标持续改善，专业化管理取得显著成效。

（张　晗）

【生产经营完成年度既定目标】　2013年取水11.85亿立方米，同比基本持平；时供循环水285.88万立方米，同比增加9.15%；时产化学水2.78万立方米，同比增加6.11%；处理污水3.46亿立方米，同比增加4.20%。供水自用损失率8.53%，同比下降5.64%；循环水标准补新水率10.62‰，同比下降1.94%；化学水标准离子水耗24.06米^3/千摩尔，同比下降0.33%；污水处理单位现金操作费用2 558.36元/千污染当量，同比下降3.70%。11项竞赛指标总体进步2.26%，超额完成年度目标任务。

（张　晗）

【水务业务重组整合取得重大进展】　2013年，水务系统坚决落实党组启动水务业务重组整合的要求，认真学习镇海、高桥“大系统”管理模式，广泛调研，科学制定业务重组方案，精心组织实施，建立运行层面四水合一的专业化归口管理体制。镇海炼化通过“大系统”管理，年回用污水近700万立方米、化学水RO(反渗透)浓水近90万立方米至循环水系统，其吨油取水指标0.29立方米，吨油排水仅为0.056立方米，均是国际先进水平。建立“大系统”，有利于形成供水—用水—排水—处理回用的系统循环，提高水资源利用效率。截至2013年底，中国石化33家炼化企业中，已有30家总体实现运行层面水务专业化归口管理，重组整合工作基本完成，奠定了板块管理的基础。

（张　晗）

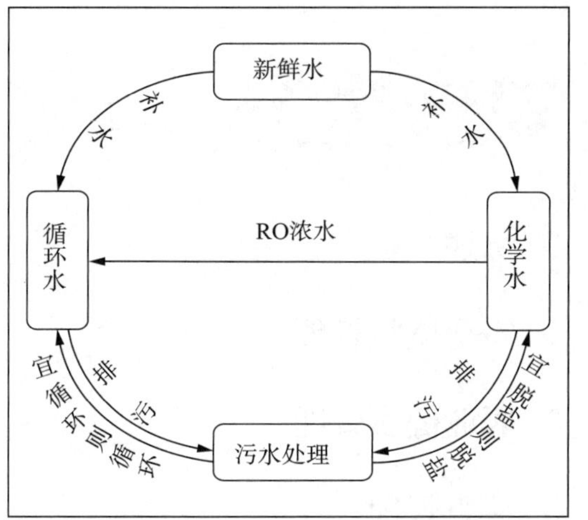

“大系统”示意图

【专业管理基础进一步夯实】 修订《水务专业竞赛管理办法》，加大指标纵向权重，鼓励企业不断自我超越；提高现场检查权重，引导企业更加重视专业基础管理。参照国家标准、行业标准，结合石化集团公司实际，制定试行新鲜水、循环水管理标准，全面、系统规范专业管理。明确企业内部水务科目设置和核算办法，统一规范核算流程，对新鲜水、循环水、化学水和污水处理系统，按产品核算，成本管理进一步规范。

（张　晗）

【节水减排再上新水平】 践行绿色低碳发展战略，持续推广新鲜水漏损治理“4321”工作法，督促企业查漏堵漏常态化，胜利油田、齐鲁石化等15家企业完成新一轮水平衡测试，处理漏点187个，更新管道3 355米，新鲜水漏损量同比减少600万立方米。积极开展达标提质和污水回用，燕山石化、沧州炼化等回用水量不断增加，天津石化、九江石化等污水回用项目投用，污水回用量同比增加1 000万立方米以上。在主业规模不断扩大，循环水量、化学水量明显增加的情况下，石化集团公司取水量同比基本持平，供水自用损失率下降5.64%。

（张　晗）

【优化运行取得新进展】 循环水系统整体优化效果明显，荆门石化一循循环水量下降12%，耗电量下降30%以上，运行控制水平显著提升。多系统优化成效显著，金陵石化停运1水源，高桥石化停运1#水联合装置的1#循环水场，燕山石化停运四供水车间的化学水装置，四川维尼纶厂停运污水处理系统BAF曝气风机。石化集团公司共停运（含部分停运）系统22套，停运机泵221台，涉及功率2.63万千瓦，节约人工128人，年节电1.26亿千瓦·时，年降本1.21亿元。

（张　晗）

【装备水平有所提升】 2013年，水务系统部分企业的设备、仪表等装备水平有所提升。其中，胜利油田供水公司完成7座水厂的改造，把Ⅲ类黄河水变成了Ⅱ类水库水，样板水厂管理规范，示范作用突出，“水博馆”展示了先进的水处理技术，检查中心具备新国标全部检测能力。青岛炼化委托专业队伍对全部在线水质分析仪表进行专业管理，通过市场化运营，在线分析仪表完好率达90%以上。

（张　晗）

【“比学赶帮超”形成长效机制】 升级改造水务生产营运管理信息系统，提升通报指标等管理效率。各有关企业通过竞赛平台，发现短板，组织攻关，提升运行水平。整合系统内外资源，完善水务专家库，组织专家赴荆门等企业，开展循环水系统整体优化现场服务，成效显著。举办循环水整体优化现场经验交流会、水处理与水回用技术培训和信息系统上线培训，推广有关经验。经过指标考评、现场考评等综合评价，2013年度水务专业竞赛镇海炼化、高桥石化等10家企业获综合竞赛优胜奖，胜利油田、仪化公司等15家企业获单项竞赛优胜奖，荆门石化、中原油田等4家企业获优化运行优秀项目奖，广州石化、江苏油田等16家企业获全员成本目标管理奖。

（张　晗）

安全生产

◇ 综述

◇ 安全监督管理

◇ 职业健康管理

◇ 应急管理

◇ 油气田及输油气管道安全保护

综　　述

2013年，石化集团公司认真贯彻落实党中央、国务院关于加强安全生产工作的指示精神，深入落实安全生产责任制，加大隐患治理工作力度，强化安全生产基础，推进安全管理提升。

一、优化机制，着力夯实安全管理基础

全面开展安全管理提升活动。根据石化集团公司推进管理提升的要求，以石化集团公司1号文件形式部署安全管理专业提升活动，使国务院国资委和石化集团公司的要求迅速得到落实。各事业部、专业公司和各企业围绕承包商管理、建设项目"三同时"管理、HSE信息化应用、井控安全管理4项管理重点，结合实际，查找短板、完善制度、规范流程、优化措施，取得了阶段性成效，总部层面年初制定的4项管理提升近期目标全面实现。

不断加强制度建设。以责任制为根本，不断健全完善安全制度标准，规范和加强安全生产工作，总部制定和修订各类制度10项、标准8项。贯彻落实党组转变总部职能、做实事业部的要求，全面迅速梳理各项安全监管制度，避免出现监管责任缺失。《总部机关部门(单位)安全生产责任制》《生产安全事故领导干部问责办法》等重点制度的修订完善工作基本完成。

持续加强安全培训教育。按照国务院安委会《关于进一步加强安全培训工作的决定》，周密部署落实安全培训工作，促进全员安全素质提升。总部启动了第2轮企业领导HSE培训，全年办班2期，141名主要领导、主管HSE领导参加了培训，党组领导亲自为培训班授课；举办了安全管理人员培训班10期，共617名安全处(科)长、基层安全总监参加了培训，收到了预期效果。

继续推进安全文化建设。在总结企业安全文化建设经验的基础上，制定了《中国石化安全文化建设指导意见》，引领、指导各企业开展安全文化建设。根据中宣部、国家安监总局等7个部委的通知精神，围绕主题、结合实际，部署并开展了"安全生产月"活动，实现了"员工受到教育，管理者提高认识，领导者强化责任"的活动目标。石化集团公司安全监管局被国务院安委会办公室授予2013年全国"安全生产月"活动先进单位称号。

大力开展安全标准化达标。按照国务院安委会和国家安监总局的要求，大力加强安全生产标准化建设，推进企业安全生产工作的规范化、科学化、系统化。截至2013年底，炼化板块除个别企业因开车时间较短、正在申请达标验收外，均通过了当地政府的评审，其中79%的企业达到了二级标准；油品销售企业共有58个地市公司、188座油库、13 099座加油站通过了安全生产标准化评审，其中67座油库、1 677座加油站达到了二级标准；油田企业也随着政府达标工作的启动积极开展达标工作。

二、注重创新，着力增强安全监督实效

进一步加大安全检查力度。贯彻中央领导关于认真开展安全生产大检查的指示精神，提前部署开展年度QHSE大检查。总部组成19个检查组，对109家直属企业开展了为期1个月的集中全面检查，并通过跟踪督办、检查回访等措施，督导企业落实问题整改。石化集团公司QHSE大检查得到国务院安委会的充分肯定，国务院安委会编发《全国安全生产简报》专刊，发布石化集团公司QHSE大检查的信息。突出重点和薄弱环节，组织开展了井控、海(水)上、高处作业、境外项目、危化品仓储、罐区作业、氯离子污染7项安全专项检查，同时对国务院安委会、国家安监总局组织的安全专项检查，认真组织问题整改，及时消除安全隐患。对四川、甘肃、内蒙古、黑龙江等区外公司，以及福建森美、浙江BP等合资公司开展安全审核，督导企业强化体系运行。"11·22"事故发生后，迅速启动安全生产大检查和管网隐患排查，堵塞管理漏洞。油田、炼化、销售各板块共组成44个组、387人进行为期1个月的检查，查出各类隐患问题5 309项。

加强"两特"情况安全督导。安排专人跟踪四川雅安"4·20"地震以及洪涝、泥石流等灾害对企业的影响，督导企业落实防灾减灾和应急处置措施，最大限度地减少了灾害影响和损失。2013年，多起台风袭击浙、琼、粤等地区，有关企业积极采取应对措施，生产正常运行，没有造成人员伤亡。同时主动服务企业做好灾害损失理赔，全年安保基金用于灾害理赔达1.5亿元，为企业尽快恢复生产创造了有利条件。高度重视全国两会、长假节日等期间的安全生产工作，超前部署安全防范措施，努力确保特殊时期安全生产平稳。

加强对企业的指导服务。深入东北石油局、广州石化、高桥石化、四川石油分公司、石油工程公司等管理基础较薄弱的11家单位进行调研，指导帮助企业解决安全问题。高度关注重点工程项目建设和装置大修，强化全过程安全监管，督导落实"三同时"措施。跟踪武汉乙烯、安庆炼油改造等工程项目建设，督导落实安全措施，有效实施现场安全监督，保证了工程安全平稳建设、开车、投产。炼化工程建设企业强化安全管理，加大安全投入，特别是下大力气严抓承包商管理，全年没有发生上报事故，创历史最好水平。

三、完善措施，着力强化安全风险管控

加大隐患治理力度。充分发挥安保基金用于隐患治理的政策优势，不断优化隐患治理工作机制，加强隐患治理项目的管理，及时消除安全隐患。全年分3批共下达安保基金隐患治理资金22.83亿元，重点治理了海上油气设施、井控装置、液态烃球罐、油库消防系统、热油泵密封等隐患，提升了本质安全水平。总部考核企业的第1批安保基金列支的隐患治理项目427项、投资12.21亿元，完成项目412项、投资11.93亿元，项目和投资完成率分别为96.49%和97.71%。

深刻吸取事故教训。及时跟踪中国石油大连石化“6·2”爆炸火灾、美国德州韦斯特化肥厂“4·17”爆炸等外部事故，同时严肃内部事故调查处理，跟踪督导有关事业部和企业落实改进安全管理的具体措施。特别针对罐区施工作业闪爆事故，实行罐区作业现场安全监督升级管理；针对设备配件质量事故，就加强供应商管理和安全保供提出明确要求。“11·22”事故发生后，党组决定将每年的11月22日定为石化集团公司的安全生产“警示日”，告慰逝者、警示后人，让每一名员工铭刻在心，并就改进和加强安全生产工作迅速做出部署，采取一系列非常举措和扎实行动，打响安全生产保卫战。

加强安全科技攻关应用。针对“三高”油气井井控装置本质安全隐患，开展了防喷器新出厂和检维修气密封检测技术2项技术研究，为规范和提升油田井控管理提供了依据。制定了《危险与可操作性分析(HAZOP)实施管理规定》《安全仪表系统安全完整性等级评估(SIL)管理规定》，为全面提升炼化工艺过程安全管理提供了指导。在炼化工程项目建设中推行“工厂化预制”“模块化安装”，有效降低了作业现场风险。加快推进HSE管理信息化应用，年内完成了16家企业的项目验收和27家炼化企业主要功能模块的上线运行，为优化安全风险管控模式提供了信息技术支撑。

四、以人为本，着力推进职业健康管理

加强职业病危害风险防控。以有毒有害作业现场为重点，全面落实职业病危害防治措施，确保了职业危害风险有效受控。

加强员工劳动防护。全年下达劳保费用21.72亿元，用于劳保用品配备。

加强职业卫生基础建设。贯彻落实国家安监总局《关于开展用人单位职业卫生基础建设活动的通知》，全面部署开展基础建设工作，指导各企业对照要求，查找差距，逐步整改，提高水平，取得了初步成效。

五、预防为主，着力提高应急和综合治理水平

加强应急管理。加强应急管理体系的软硬件建设，提升应对突发事件的响应能力。总部组织举办了长输原油管道泄漏应急预案综合演练及第二(山东)联防区消防综合应急演练，检验了应急预案的符合性和有效性。举行了机关部门和有关处室负责人应急预案培训。继续推进石化集团公司应急指挥系统(一期)建设，在顺南5井井控应急事件和“11·22”事故的应急处置过程中，迅速建立现场、企业、总部多地多点的应急指挥网络，为事故应急救援提供了通信保障和技术支持。中国石化九大联防区域应急联防机制进一步完善，三大石油公司联防机制管理信息系统基本建成。积极申报中央国有资本经营预算安全生产保障能力建设专项资金，齐鲁石化、天津石化、福建炼化共获批资金1.58亿元。

平安建设工作扎实推进。坚持以打促防，落实全国部际联席会议工作部署，配合地方公安机关，重点开展打击涉油犯罪专项行动，取得成效。配合公安部组织跨省区、跨警种联合行动，成功侦破“2·25”江西成品油管道打孔盗油等一批重大涉油案件。全年涉油案件同比下降3.5%，打孔盗油案件同比下降7.4%。积极协调国家有关机关，维护石化集团公司在陕北富县的矿产资源勘查开采权益，多年的侵权纠纷终获化解。“双平安”建设工作进一步深入。召开管道巡护工作现场会，推动管道巡护管理的信息化。同时开展专项检查，促进企业主体责任进一步落实和防范能力进一步提升。周密部署督导落实，圆满完成了全国“两会”、北京园博会、辽宁全运会、党的十八届三中全会等重大活动期间的安保任务。积极推进镇海石油商业储备基地国家反恐怖防范重要目标联系点项目建设，顺利通过国家反恐办考核验收。

(刘卫红)

安全监督管理

【安全生产指标控制情况】 2013年，石化集团公司安全生产工作没有实现“五个避免”的总体目标。“11·22”特别重大事故是中国石化有史以来最为惨重的生产安全事故，造成62人死亡、136人受伤，损失严重，影响巨大，教训惨痛。除发生“11·22”特别重大事故外，全年石化集团公司发生事故10起、死亡14人，其中上报事故2起、死亡2人，承包商事故8起、死亡12人。

2013年11月22日10时25分，位于山东省青岛经济技术开发区的中国石油化工股份有限公司管道储运分公司东黄输油管道泄漏原油进入市政排水暗渠，在形成密闭空间的暗渠内油气积聚遇火花发生爆炸，造成62人死亡、136人受伤，直接经济损失7.52亿元。事故直接原因是输油管道与排水暗渠交汇处管道腐蚀减薄，管道破裂，原油泄漏，流入排水暗渠及反冲到路面。原油泄漏后，现场处置人员采用液压破碎锤在暗渠盖板上打孔破碎，产生撞击火花，引发暗渠内油气爆炸。间接原因是石化集团公司及下属企业安全生产主体责任不落实，隐患排查治理不彻底，现场应急处置措施不当；青岛市人民政府及开发区管委会贯彻落实国家安全生产法律法规不力；管道保护工作主管部门履行职责不力，安全隐患排查治理不深入；开发区规划、市政部门履行职责不到位，事故发生地段规划建设混乱；青岛市及开发区管委会相关部门对事故风险研判失误，导致应急响应不力。

经调查认定，山东省青岛市“11·22”中国石化东黄输油管道泄漏爆炸特别重大事故是一起生产安全责任事故。按照国家法律法规及相关制度，对中国石化及青岛市的15人进行了司法处置，对48人给予了党纪、政纪处分。

（吴小毅）

【安全生产先进单位和个人】 勘探南方分公司、中原石油勘探局、华北石油局、胜利石油工程有限公司、长岭炼化、沧州分公司、四川维尼纶厂、浙江石油分公司、福建石油分公司、北京石油分公司、第五建设公司、宁波工程公司等42家企业被评为石化集团公司2013年度安全生产先进单位。胜利石油管理局、燕山石化、茂名石化等10家企业被评为石化集团公司2013年度职业健康先进单位。胜利石油管理局消防支队、西北油田分公司治安消防中心、天津石化消防支队、扬子石化消防支队、茂名石化消防支队等10支消防队被评为石化集团公司2013年度优秀消防队。中原油田分公司采油一厂等5家企业被评为石化集团公司平安油区建设先进单位；销售华南分公司等5家企业被评为石化集团公司平安管道建设先进单位。郭旭升、孔凡群、李华、李敏、徐祥燕、郝国强等100人被评为石化集团公司2013年度安全生产先进管理者。周焕波、张振华、魏川、龙植雄、张磊、陈俊新等480人被评为石化集团公司2013年度安全生产先进职工。

（吴小毅）

【QHSE大检查】 按照石化集团公司党组的统一部署，安全监管局会同总部机关多部门，组织293人，分成19个检查组（其中油田企业3个组、炼化企业7个组、销售企业7个组、工程建设和科研单位各1个组），从8月13日至9月10日，对所属油田、炼化、油品销售、工程建设、科研单位现场进行了全面系统的QHSE大检查。各检查组严格按照中央领导“全覆盖、零容忍、严执法、重实效”的指示，以及石化集团公司党组要求，深入109家直属企业、1个工区、4个工程建设项目部、2个国储库和8个商储库的生产、经营一线进行检查，对2 535名领导干部和管理人员进行了书面考试，现场提问、抽考一线员工4 881人次，召开座谈会57次，组织夜查37次，开展各类演练349次，共查出各类问题8 091项，其中安全6 062项、环保851项、质量1 178项。

（吴小毅）

【安全教育培训】 2013年，石化集团公司高度重视企业各级负责人、安全专业管理人员的HSE培训，将培训教育作为提升员工HSE素质的最根本措施，分层次、多形式开展HSE培训。总部层面，举办了2期企业领导HSE培训，141名主要领导、主管HSE领导参加了培训，党组领导亲自为培训班授课；举办了2期安全处长培训班，124名安全部门负责人参加培训；举办了安全专业人员培训班10期，共617名安全管理人员参加了培训。同时，做好安全培训教材的审查工作，分别审查了硫化氢教材和油田企业安全监督培训教材、油田企业HSE培训教材(26个分册)等。企业层面，各企业按照石化集团公司的教育培训计划，举办了各类安全干部、安全技术人员、职工、外来施工人员、特种作业人员的培训班，开展岗位安全资质、安全技能培训，专题安全培训，事故演练，消防演练等。

（吴小毅）

【现场安全监管】 要求企业继续从落实《安全生产禁令》入手，全面规范作业人员的行为。全面落实领导干部带班和领导干部下基层安全督察制度，进一步加强关键装置、要害部位的现场监管。深化“七想七不干”工作要求，深入开展现场作业风险分析。加强罐区作业安全监管，实行现场作业安全“双监护”。总部有关部门进一步加强工程建设及检维修项目的安全监管工作，对全厂停工检修或投资较大的技改、技措项目的施工现场进行安全检查及专项督察，督促企业进一步理顺管理职责，落实监管责任，提高施工现场管理水平。

（吴小毅）

【加强承包商管理】 继续对承包商实行统一管理、统一标准、统一要求。实行业主强势管理，强化现场安全监控，确保安全措施逐项落实到位；制定承包商安全信用评价条款，严格承包商准入和审核；要求业主单位加强对项目施工方案和安全措施的监督和审查，督促承包商在项目开始施工前必须先对项目进行充分的风险评估与分析，制定专项施工方案和安全措施；严格执行《安全生产禁令》，坚决清退多次违章或重大违章的承包商和施工人员，杜绝违章作业。召开炼化企业承包商HSE管理工作座谈会，提出加强承包商HSE管理的措施。举办工程板块承包商主要负责人、安全部门负责人及管理人员HSE培训班，不断提升承包商的安全管理能力；制定了工程项目安全检查细则，实行量化检查考核。

（吴小毅）

【深刻吸取“11·22”事故教训】 根据2013年11月27日石化集团公司贯彻落实习近平总书记重要讲话精神视频会议要求，从11月28日开始在全系统开展安全生产大检查和管网隐患排查，深入排查治理安全生产隐患，严防各类重特大事故发生。检查分2个阶段进行：11月28日—12月15日为企业自查自改阶段。企业领导带队，坚持“全覆盖、零容忍”“突出重点、注重实效”，认真开展安全隐患专项排查活动，共计发现98 281项问题和隐患，其中油田企业19 705项、炼化企业14 910项、油品销售企业59 000项、炼化工程2 973项。12月15日后为总部检查阶段。组织油田板块、天然气分公司、新星石油公司、联合石化公司、管道组、炼化板块、炼化工程、油品销售板块和科研板块共44个组、387名人员，采取“四不两直”的方式，进行专项督察，检查二级单位351个，抽查采油队、井下作业队、钻井队、油气集输站场、站库及其他危险点源等基层单位和场点183个，共查出问题和隐患5 309项（油田板块1 247项，天然气分公司670项，新星石油公司171项，炼化板块909项，管道组557项，销售板块1 180项，炼化工程243项，科研板块151项，联合石化公司181项）。组织各类应急演练67次。共随机抽查了9个输油处、27座输油站、52座油库、92座加油站、24座加气站及24座输油站、12座阀室，查看了101个非法占压管道的重大安全隐患现场，对部分敏感、高风险区域成品油管道安保、应急管理的有效性进行了实地勘察，夜间查岗13次，现场提问员工518人。

（张德全）

【建设项目安全“三同时”监督管理】 针对国家有关部门对建设项目“三同时”要求的变化，修改完善《中国石化建设项目劳动安全、职业卫生、抗震减灾“三同时”管理实施细则》，在HSE管理系统中增加控制环节，落实相关方安全责任。按照“总部监督、企业负责、分级管理”的原则，对总部重点工程实施企业初审、专家内审的监督审查程序，保证建设项目能严格履行国家建审程序、符合国家有关法律法规和规范要求。

强化源头，加强对新、改扩建项目安全设立阶段、设计阶段、试生产备案、安全设施竣工验收阶段的监管。对天津200万吨/年柴油加氢裂化装置、九江分公司油品质量升级改造工程、塔河炼化重质原油改质配套工程、中天合创鄂尔多斯煤化工等项目基础设计中的安全内容进行审查。

加强对重点建设项目的投料试车现场安全督导。组织部分专家组成安全服务监管组，对武汉乙烯开工全过程进行安全服务及监管，确保了武汉乙烯项目安全试车。同时，对安庆丙烯腈、海南PX项目、甬绍金衢成品油管道、西南油气分公司元坝气田地面集输及净化厂、东黄复线利用国储库管道恢复生产抢修工程昌邑站加泵工程等项目的开车投料及总体试车方案进行安全检查，确保重点工程建设项目安全投料试车、依法建设、合法生产。

（王　宁）

【隐患治理】 2013年，石化集团公司继续强化隐患排查与治理工作，全年共投入治理资金26.79亿元。其中，总部投入22.83亿元，分3批下达，治理隐患800项，对隐患较集中的集输管道腐蚀及采油井控检维修车间隐患进行了专项治理；固定返还企业资金3.96亿元，治理了一大批企业级隐患。

在隐患项目管理上，严格按照“四定”管理要求，落实治理方案、资金、责任和期限，确保及时消除隐患。在项目实施过程中，认真落实项目建设“三同时”工作要求，并严格按照“总部监督、分级管理、企业负责”三级监管原则，确立总部监管的项目共109项，明确总部领导、部门和企业负责人，由安全监管局全程跟踪督导，确保隐患治理效果。对具体治理项目，严把立项审批、过程监控、竣工验收和治理后评估各个关口，做到重点突出，全程跟踪。

（李发东）

【安全科技】 2013年共确定了120余项安全科研项目，投入资金1.1亿元，重点对新工艺本质安全技术、事故分析研究与事故应急响应、消防技术、设备安全等方面开展研究。通过直属科研院所和直属企业2个层面展开安全科技攻关，取得了新的成果。全年共获得科技奖项8项，其中"石化装置在线安全运行指导系统研发与应用"获石化集团公司科技进步二等奖；"石化装置在线安全监测与诊断技术研发与应用"和"煤加压气化装置燃爆事故对策研究"获中国石油和化工自动化行业协会科技进步二等奖，"丙烯腈装置安全仪表系统功能安全研究"获中国石油和化工自动化行业协会科技进步三等奖；"石化系统定性定量复杂故障诊断技术研发与工业应用"获中国石油和化学工业联合会科技进步三等奖；"己内酰胺装置安全运行指导系统研究"和"双氧水装置工艺危险性和控制条件研究"获中国职业安全健康协会科学技术二等奖，"川东北复杂地理环境下应急响应技术的研究"获中国职业安全健康协会科学技术三等奖。

（朱 红）

【井控管理】 2013年，石化集团公司将井控管理提升列为安全管理提升工作四大重点内容之一，以"提升"为井控安全工作的主旋律，做了大量工作并取得较好效果，全年没有发生井喷事故。①全力攻克井控气密检测技术难关，完成了防喷器生产出厂和检修出厂气密封检测技术2项技术研究，并完成了《闸板防喷器出厂气密封检测技术规范》《在役防喷器气密封检测与维修》《非常规水平井压裂安全技术要求》和《浅层油气钻完井安全技术规范》4项标准初稿。②着力开展采油系统井控维修车间管理升级达标，出台了井控维修车间资质认证标准，开展了井控车间隐患排查，先后分2批次下达了采油（气）井控检维修车间隐患治理项目，共立项23项，投资9 024万元，要求2014年7月完成施工。③正式启动废弃井治理工程，共排查出长停井6 957口、废弃井21 994口，其中7 974口废弃井已简单封存、14 020口有待封堵；编制3年封堵治理方案，委托开展了"废弃井封井可靠性研究"工作。在充分做好提升工作的同时，重点开展了井控安全专项检查、井控安全工作会议和井控技术研讨会议。

（郝志强）

【海（水）上安全监管】 2013年，石化集团公司继续依法依规开展海上安全监管工作，连续第3年实现全年无上报石化集团公司级事故。①4月，石化集团公司召开了海（水）上石油作业安全年度工作会议，回顾总结了2012年的工作，分析了海（水）石油安全生产面临的形势、任务，对2013年的重点工作进行安排部署。②开展了2次海（水）上石油作业安全专项督察，从企业和政府2个层面全面参加到督察活动中，对发现的各类问题逐一进行跟踪落实，真正实现了帮助企业发现问题、督察企业整改问题、协助企业解决问题、最终确保不出问题的目标。③继续秉持严格执法与热情服务相结合的理念，依法为2家海（水）上石油作业单位申请办理了海上安全生产许可证，为8家单位安全生产许可证办理了延期和变更；开办安全资格培（复）训班5期，培训学员300余人。④完成了3家涉海单位的达标评审和申报工作，为2014年全部安全生产许可证取证单位完成达标工作奠定了良好基层。

（崔伟珍）

【安保基金灾害及事故财产损失理赔】 2013年，石化集团公司总部主动服务企业，灾前督导企业做好防灾、减灾工作，灾后指导企业按安保基金分级管理要求，做好受灾财产损失现场查勘核算工作，及时对损失较大的受灾企业进行现场查勘定损，尽快拨付赔款，为企业恢复生产创造条件。全年发生自然灾害损失赔偿100项，赔偿金额1.5亿元，其中赔偿金额在100万元以上的21项，赔偿金额1.15亿元；预付管道储运分公司"11·22"事故损失赔款3亿元，共计赔偿4.5亿元。

（张 晔）

【外派人员人身意外及雇主责任保险】 2013年，石化集团公司组织各派出单位为3.6万人次购买外派人员人身意外及雇主责任保险，其中高风险国家（地区）0.8万人次。

（赵 震）

职业健康管理

【概述】 2013年，中国石化致力于从源头控制职业病危害，扎实做好工作场所职业危害因素监测、员工职业健康监护、个体劳动防护用品配备、检测以及职业健康教育与培训等工作。中国石化的职业健康工作得到了政府主管部门的好评，在全国职业安全健康工作经验交流会上，燕山石化作为受表彰单位进行大会交流发言。全年中国石化员工职业健康体检率、作业场所职业危害因素监测率均保持在95%以上，无3人及以上急性职业中毒事故发生，职业病发病率控制在0.02‰以下。

（王 坤）

【制度及标准建设】 梳理总部机关各部门(单位)主要职业健康职责，切实贯彻“谁主管、谁负责”，实现职业健康管理的齐抓共管。制定《中国石化建设项目职业卫生“三同时”管理规定》，调整了管理主体，理顺了管理程序，丰富了管理内容，强化了职业健康的全过程管理。制定《中国石化职业病诊断鉴定与职业病患者管理规定》，充分体现了方便劳动者、简化程序、制度设置向保护员工权益倾斜等特点，强化用人单位的举证责任。支持企业研制劳保手套标准。

（王　坤）

【专业机构及力量建设】 提升技术支撑力度，投资5 700万元建设的中国石化职业病防治中心建成并投用。各直属单位积极筹措资金，加大对专业技术服务机构仪器设备购置的支持力度，提升技术服务的推动作用；不断强化专业管理力量配备，通过设立职业卫生管理科室和配备专职职业卫生管理人员，提升职业卫生管理水平。

（王　坤）

【职业卫生基础建设】 全面部署开展基础建设工作，指导各企业对照要求，查找差距，逐步整改，提高水平，取得了初步成效。各单位高度重视职业卫生基础建设工作，由主要领导担任领导小组组长，严密制定方案，认真开展整改、达标，有45家单位初步完成整改达标，并上报总结材料。其中，中原石化通过了地方政府安监机构组织的达标验收。

（王　坤）

【职业危害源头控制】 严格落实建设项目“三同时”管理，努力实现职业危害的源头控制，明确要求建设项目“三同时”率达到100%。开展了曹妃甸千万吨级炼油项目职业病危害预评价、日照—仪征原油管道职业病防护设施的竣工验收、红河—西安原油外输管道工程职业病危害预评价、大牛地气田水平井开发工程职业病危害预评价等工作，确保建设项目合法依规。集中梳理2012年由国务院及其有关主管部门审批、核准或备案建设项目的职业卫生“三同时”工作。

（王　坤）

【职业危害风险防控】 以有毒有害作业现场为重点，全面落实职业病危害防治措施，确保了职业危害风险有效受控。石化集团公司所属作业场所职业危害因素综合检测率大于96%，职业危害合同告知率和警示标识设置率达到100%。总部层面完成了噪声、苯、氢氟酸作业及化验室作业4项职业危害专题调查，并在专业工作会上进行通报，为全系统实施职业危害防治措施提供了依据。

（王　坤）

【劳动保护】 全年下达劳保费用21.72亿元，用于劳保用品配备。加强劳保费用管理，对部分企业劳保费用管理情况进行抽查。开发劳动保护费用管理系统，规范劳动保护费用预决算管理。开展劳保服装监督检验工作，劳保服装主要指标检测合格率达93%，综合检测合格率达65%。加强夏季高温季节员工的劳动保护，采取有效防暑降温措施。大力支持企业工作服超仿棉面料的开发。

（王　坤）

【监测检查】 中国石化所属各企业对包括苯、氯、氨、氰化氢、硫化氢、萘、锰、镍等112种毒物，矽尘、煤尘、电焊烟尘、硫黄粉尘、塑料粉尘、催化剂粉尘等30种粉尘，射线、噪声、高温3种物理危害因素进行了常规监测。全年累计监测毒物岗位38 839个次，监测毒物点87 180个次，毒物监测率99.78%，合格点87 123个次，合格率99.93%；监测粉尘岗位3 787个次，监测粉尘岗点5 354个次，粉尘监测率为99.95%，合格粉尘点5 256个次，合格率98.17%；测定噪声点20 979个次；15家单位开展了物理因素的监测，总点合格率96.7%。

（王　坤）

【员工健康监护】 持续开展员工职业健康监护。全年实际累计职业健康监护体检52万人次，受检率大于98.7%。建立健全职工健康监护档案，对员工健康实施动态管理，对职业禁忌症者及时进行调离，对疑似职业病患者及时安排复查和诊断，确保异常人员能够得到妥善处理。加强海外员工职业健康管理，提出“就高不就低”的管理原则，积极参与海外员工健康保险管理体制建设。

（王　坤）

【专业工作会】 召开第11次职业健康工作会议，对2014年、2015年的工作进行安排部署，提出到2015年职业病发病率控制在0.01‰以内，无重大急性职业病危害事故发生，无急性职业性放射性疾病，慢性职业中毒得到有效控制的主要目标。

（王　坤）

【教育培训】 大力开展职业病防治法宣传周活动。开展炼化企业职业健康管理业务竞赛，实行岗位练兵，提升管理能力。编辑出版《重大职业中毒防治指南》《中国石化职业卫生读本》《石化职防报》和《职业健康与劳动保护信息》，供企业采用和借鉴。

（王　坤）

【心理健康】 持续拓展员工健康管理内涵，推动直属单位通过各种形式，开展员工阳光心态与压力管理、员工帮助计划(EAP)等心理健康工作，加强人文关怀和心理疏导，初步实现对员工健康的全面跟踪、维护与促进。

（王　坤）

应急管理

【应急预案体系建设】 ①加强总部应急预案宣贯。举办了2期《中国石化重特大事件应急预案》总部机关宣贯会，各部门的主要领导及相关处室负责人接受培训。通过宣贯培训，明确了各部门应急职责、响应流程，提高了应对突发事件的意识、能力和水平。②吸取青岛“11·22”事故教训，各企业认真开展危害识别和风险评估，结合实际不断修订完善本单位的应急预案，切实增强了应急预案的针对性、适用性和可操作性。特别是对于那些处于人口密集、交通要道、城市重要基础设施、生命线工程，沿江、河、湖、海周边等敏感地区的设备设施，进一步加强风险识别，制定完善针对性预案。

（米红梅）

【应急演练活动】 在全国第12个“安全生产月”活动期间，石化集团公司结合安全生产工作实际，于2013年6月27日分别在湖北赤壁市和胜利油田举行长输原油管道泄漏应急预案综合演练及第二(山东)联防区消防综合应急演练，检验了预案，锻炼了队伍，提高了企地、企企联合应急处置能力。整个“安全生产月”期间，全系统开展了各类、各层次应急预案演练共40 193次，参加演练人数达38.9万人次，直接投入近3 481万元。

（米红梅）

【应急指挥平台建设】 继续推进中国石化应急指挥信息系统建设工作，截至2013年底，总部应急指挥中心基本建成。应急指挥中心在2013年春节部分企业应急值班检查、中国石化长输管道应急预案综合演练和第二联防区域消防应急演练、顺南5井突发事件实战指挥、青岛“11·22”事故现场互联互通等应急演练和实战中发挥了应有作用。同时加快推进部分企业应急指挥中心建设和配备应急通信指挥车，开展了燕山石化、广州石化、扬子石化、镇海炼化4家企业应急指挥系统建设，完成了胜利油田海上救援中心和普光分公司应急救援中心应急指挥系统接入总部工作。

（米红梅）

【应急保障能力建设】 ①不断加大队伍建设和应急救援装备投资力度。2013年通过安保基金共投入2.1亿元加强和改善了部分企业的消防队建设和应急消防车辆，特别是对中国石化9个联防区域组长单位和重点区域单位配置应急指挥车，并且制定了《中国石化应急通信指挥车管理规定》，统一标准，明确职责，规范应急通信指挥车管理工作。②抓好中央国有资本经营预算安全生产保障能力建设专项资金项目的实施。2013年，中国石化有3家救援队伍获得1.58亿元的专项资金。③积极推动三大石油化工公司应急救援联动平台的开发工作，以建立资源共享、动态管理、快速调度、协同作战的应急联动机制。11月召开了三大油应急救援联动协调小组工作研讨会，就应急救援联动专家组管理办法、三大石油化工公司联防区划分方案、应急资源分类与采集标准进行了讨论，并对2014年的主要工作进行了部署。

（米红梅）

【应急培训和交流】 ①扎实开展应急培训工作。2013年，总部层面举办了4期“应急管理人员培训班”、3期“消防管理干部培训班”、1期“消防队长岗位资格培训班”及2期“站库消防安全仿真培训班”，有效提升了中国石化消防指挥和救援水平以及应对突发事件的能力。②组织200余名一线工作人员参加了第4届中国国际安全生产应急管理论坛暨应急技术与装备展览会；6月上旬组织涉海企业参加了交通运输部举办的中美港口安全生产与水上应急管理研讨班，通过参观交流，学习了应急和消防方面的先进技术和管理经验。③认真组织企业员工参加国家安监总局开展的以“普及应急知识、强化应急技能、提高科学施救水平”为主题的全国企业应急救援知识竞赛活动，共寄出147 531份答题卡，达到了全面发动、广泛宣传的目的。

（米红梅）

油气田及输油气管道安全保护

【概述】 2013 年，根据全国部际联席会议和石化集团公司的部署要求，以深化推进“平安建设”为中心工作，认真部署落实“重点活动重点保障，特殊时期特殊措施”的要求，坚持成功经验，强化工作措施，全年没有发生因涉油案件、第三方施工导致的重大公共安全事件。截至 2013 年 11 月，中国石化侵害油田、管道刑事案件发案 1 547 起，同比下降 3.5%；被打孔盗油 274 次，同比下降 7.4%（其中成品油管道被打孔盗油 23 次，同比下降 51%）；被开井放油 387 次，同比上升 1.8%。全国部际联席会议挂牌督办有关中国石化企业的 10 起重大涉油案件侦破了 7 起，13 处违章占压清理了 8 处，完成率为 70% 和 61.5%，油区综合治理和输油气管道安全保护工作继续保持总体稳定趋好的态势。

（杨　羽）

【重点时期油气安保】 早部署，抓主动。突出抓好特殊时期的防恐安保工作，靠前督战，圆满完成了全国“两会”、北京园博会、辽宁全运会、党的十八大三中全会等重大活动期间的安保任务。特别是“10·28”事件发生后，立即要求北京、新疆等相关企业，加强组织领导，迅速进入临战状态，启动《重大节日和活动期间防恐安保应急预案》，确保落实十八届三中全会期间的安保任务；加强与各级党委、政府和公安机关等有关部门的联系沟通；严格按照 HSE 管理运行体系的要求，采取有力措施，加强重点油气设施、库站和外管道巡护力度和密度；加装和完善安保科技设施，提高防范水平；加强零售油品的管控，确保安全生产和市场供应；加强日常和节假日值班工作等。同时要求组织开展企业内部治安保卫专项检查，主要集中落实各级治安保卫工作责任制，严格执行生产区封闭化管理制度，加强重点部位的检查，监督管理危险物品，加强各类临时用工及承包商员工的治安排查，检查应急救援体系、机制的建立完善及运行等。各企业在十八届三中全会期间，采取了有力措施部署反恐怖防范工作，确保了安全运营和市场供应。

专项查，抓落实。国家开展油气管道和油库专项检查和石化集团公司年度 HSE 大检查期间，要求在全面部署的基础上进一步突出重点油气管道和油库的安保管理，督促企业高度重视，落实责任，严密防控措施，确保不发生重特大治安案件和恐怖袭击事件。

上措施，抓实效。各企业高度重视十八届三中全会油气安保工作，落实“三防控”措施（加强对重点区域防控、对重点目标防控、实施重点措施防控），有效将各类安全风险降到最低程度。十八届三中全会期间，中国石化企业全面提高防范等级，严防发生重大涉油气治安事件、恐怖袭击事件，为十八届三中全会顺利召开做出了应有贡献。

（杨　羽）

【平安建设】 统筹部署、严抓落实。将油田及输油气管道保护工作纳入 HSE 管理体系，将“新建、在建管道施工安全保护工作同步运行机制审查合格率 100%；新建管道‘零占压’，已建管道无新增违章占压”作为石化集团公司每年与企业签订 HSE 责任书的重要内容，与 HSE、生产经营等工作同部署、同检查、同考核、同奖惩。2013 年，石化集团公司组建 19 个检查组，由党组领导带队对全系统进行了地毯式检查，并将油气田及输油气管道安全保护工作作为重要检查项目，督促各企业立足主体责任，落实安全防控体系建设。

精心开展专项检查。7 月 8—25 日，石化集团公司组织对所属企业开展了第 2 次“平安油区”和“平安管道”建设专项检查，以推动油区综合治理和管道保护平安建设深入开展，树典型，促后进，完善长效机制，督促和指导企业“平安建设”工作再上新水平。专项检查覆盖了胜利油田等 8 家油田企业和管道储运分公司、天然气分公司、北京石油分公司等 7 家负有输油气管道管理职能的企业。从检查情况看，各企业“平安建设”工作较上年有了更扎实的实践基础，并逐步适应实际工作的需要，设定了更高的目标和要求，使油气田及输油气管道安全保护工作的思路更加清晰，目标更加明确，措施更加具体，在规范管理、固化成果、提升水平上显现了积极效果。企业落实内部安全防范主体责任，规范统一管理标准，加强基层基础工作，建立健全长效机制，提高“平安建设”工作水平，自我防范能力显著提升，呈现出生产秩序稳定、企地关系融洽、外部环境和谐的良好局面。

探索推广先进巡护机制。石化集团公司明确要求在企业的管道巡护中推广“手持 GPS 定位巡线系统”，并召开专题现场会重点推介了华南成品油管道在外管道巡护 GPS 智能管理模式和第三方施工的安全监管措施等先进经验，要求各单位认真学习借鉴，尽快应用到实践中，并能够发展创新，补齐短板，提升本单位工作水平。通过对巡线人员的巡线区域、巡线轨迹、在线时间、行进速度的严格要求和考核，有效加强管理，同时要在巡护人员选用和素质提升、装备配备、考核奖惩等方面拓展办法，切实发挥出巡线工作的作用。

提升推广先进经验。各企业创新性开展企地共建工作，如胜利油田等多数企业完备了各级领导责任制度、责任追究制度、“一岗双责”、奖励兑现、企地合作；江汉油田党委书记亲笔签名并颁发二级单位责任状，凝心聚力共建平安；华北分公司发挥地市、省联席会议成员单位职责，并通过石化集团公司协调全国部际联席会议，推动富县区块长期被侵权问题的解决；多数管道企业都引进应用GPS巡线管理系统，对巡线工作从严从细管理，取得了很好的效果；销售华东分公司嘉兴输油处积极与当地政府部门合作，将成品油管道保护信息放在浙江省重点单位资讯网上，为政府相关部门提供了全面、细致的成品油管道建设、运行、安全保护和应急处置信息，畅通情报信息共享机制等。

协调解决突出问题。针对富县区块矿权纠纷不断导致阻工和对峙的情况，石化集团公司积极协调，依法维护企业正当权益。国土资源部经过现场调研和督察，对延长石油有限公司下达了《责令停止有关违法勘查开采行为通知书》，并对其处以全部非法所得5%的罚款，切实维护了陕北富县矿产资源勘查开采秩序。

（杨　羽）

【**企地联动**】　企警联防联议、联调联动，成功破获多起重大案件。2013年2月25日，九江—樟树成品油管道因打孔盗油导致柴油泄露，污染了部分水域。公安部专门召开案情分析会、督导会和串并会，经过3个月缜密部署，不仅成功破获案件，还调度河南、安徽、山东、河北、北京等地警方深挖追诉，抓获多个流窜盗油团伙，带破多起积案。办案过程中，企警密切配合，发挥联防联议、联调联动机制作用，成功震慑和遏制了涉油犯罪由重点地区向非重点地区蔓延的不良趋势。

联席会议制度进一步向县乡延伸。石化集团公司召开专题现场会，推广了华南成品油管道“建立企地共建长效机制，推动重点地区联席会议机制延伸到管道沿线的乡、镇，创新工作平台”的成功经验，指导和帮助管道企业进一步明确责任、落实措施。江汉油田充分发挥油区公安、油田综合治理“一体化”优势，不断提高执法效果；江苏油田和华东石油局基层单位与村委会签订共建协议，强化企地共建工作；浙江石油分公司、销售华东分公司、销售华北分公司与管道沿线派出所签订联防协议，搭建企警共建平台，通过管道途经地区联席会议，定期与政府部门会晤，共同落实工作措施。

信息研判共享机制初步建立。企业越来越重视构建情报信息网络、加强信息研判工作，通过建立信息举报奖励制度等，多方面、多层次收集、分析信息，预判形势，指导工作开展。销售华北分公司通过发展管道特情人员、成立管道打孔盗油排查专家小组、开通“400”统一报警电话、利用OA短信平台及时传递管道保护信息等方式，逐步建立信息分析、综合管理、应用反馈和评价决策的工作机制。

（杨　羽）

【**内部管理**】　2013年下发了《关于严格内部管理有效防范内外勾联和监守自盗违法行为的通知》，要求从源头抓起，强化主体意识，按照“谁主管、谁负责”原则，把安全防范纳入生产经营管理体系，保证内部治安保卫规章制度落实到位，保证各项工作任务按计划实施；严防监守自盗、内勾外联等违法犯罪行为的发生；油区管道保护工作队伍要提高自我保护意识，严格在法律范围内做好工作；综治、保卫部门要介入对承包商和分包商施工人员的审查，发现参与涉油犯罪的，一经查实永不录用并追究其法律责任。

各企业立足企业主体责任，着力增强企业安全防控能力，基本做到了人防、物防、技防相结合，巡逻排查、隐患治理和应急处置相结合，尤其是重点区域和要害部位的防范能力得到了增强，年发案数逐年下降。胜利油田桩西采油厂推行军事化管理，打造了“五位一体”的专兼职巡逻队伍。管道公司襄阳输油处尝试聘请专业化公司强化管道巡护工作。多数管道企业都引进应用GPS巡线管理系统，对巡线工作从严从细管理，取得了很好的效果。各单位全面评估“三防”工作现状，强化技防设施建设和管理，多数管道企业基本实现了重点管段、要害部位和关键装置防范措施先进有效。西北石油局针对防范暴力破坏的严峻形势，推行卡口防范，风险前置。河南油田等强化“人防”管理，创新引入第三方保安力量强化人防工作管理。

（杨　羽）

【**防恐工作**】　将防恐工作纳入石化集团公司HSE管理体系，努力推进油气基础设施安全保护和防恐工作制度化、规范化建设。2013年，国家反恐怖工作协调小组将镇海石油商业储备基地列为国家反恐怖防范10个重要目标联系点之一，并已通过地方反恐部门组织的初验收和管道企业组织的工程验收。

（杨　羽）

节能环保

◇ 综述

◇ 能源管理

◇ 环境保护

◇ 应对气候变化

综　述

为进一步贯彻落实石化集团公司绿色低碳战略，加快构建资源节约型、环境友好型企业，打造绿色低碳发展新优势，促进可持续发展，石化集团公司对绿色低碳、节能减排管理职能进行整合，于2013年1月成立了能源管理与环境保护部(简称能源环境部)。

能源环境部在石化集团公司党组的正确领导和统一部署下，认真贯彻落实石化集团公司能源环保工作要求，努力践行绿色低碳发展战略，全面提升节能减排及环境保护工作认识，进一步加大结构调整力度，认真开展“能效倍增”及合同能源管理工作，积极实施“碧水蓝天”环保专项治理计划，深入推行清洁生产，全面推进环保“三同时”工作，大力开展碳盘查及碳捕获、利用与封存(CCUS)试点工作，进一步推广利用地热资源，各项工作开展有序、成效明显。2013年，石化集团公司被中国节能协会授予2013节能中国十大贡献单位称号；在联合国环境基金会举办的“绿色中国2013环保成就奖”评选中，获杰出企业社会责任奖。在全国石油和化工行业“能效领跑者”活动评选中，青岛炼化获原油加工企业第1名，茂名分公司获乙烯生产企业第1名。

2013年，石化集团公司万元产值综合能耗为0.553吨标煤，比年计划目标降低0.012吨标煤，同比下降2.01%，相当于节约182万吨标煤、减少二氧化碳排放448万吨；工业取水量下降1.19%，节水835万吨；外排废水合格率为98.93%，有控废气外排达标率为98.48%，危险废物妥善处理率为100%，全年没有发生重、特大环境事件。石化集团公司4项污染物排放情况为：化学需氧量(COD)排放量同比下降3.17%，氨氮排放量同比下降3.79%，二氧化硫排放量同比下降9.43%，氮氧化物排放量同比下降4.82%，全面完成了国家环保部下达的总量年度减排指标；列入国家环保部重点监管的19个减排项目按期建成投运。

胜利油田等21家企业被评为2013年度石化集团公司节能工作先进单位，镇海炼化等16家企业被评为2013年度环境保护先进单位，天津石化等5家单位被评为清洁生产企业。戚建国等48人被评为2013年度环境保护先进管理者，王祁等248人被评为2013年度环境保护先进工作者。

(李　萍)

能源管理

【加强基础管理】 油田板块强化节能监督、监测，注水系统效率由45.5%提高到47.4%，机组效率由71.3%提高到74.6%；炼油板块积极开展“催化年”活动，通过实施余热利用、热联合直供、加热炉提效、蒸汽管网优化和设备节能改造，全年单因耗能同比下降0.05个单位；化工板块对镇海炼化、天津分公司、巴陵石化开展节能潜力调研，提出优化操作、利用信息化技术优化生产运行等43项具体优化措施，年增效2.5亿元。燕山石化、扬子石化2家能源管理中心试点企业的能源管理系统上线运行，实现了能效最大化、能流可视化、在线可优化的目标，估算企业可年节约标煤1万吨。中原油田开展了“能效提升、稳产增效”节能示范区建设活动，通过转变工作重点、优化提升指标、改进测试流程、落实提升措施，取得良好效果，平均百米吨液单耗下降9.3%，实现超产油气当量1.9万吨和节电641.5万千瓦·时。镇海炼化通过能源管理体系认证，能源利用效率不断提高，与原油加工量和乙烯负荷基本相同的2011年比，能源消费量减少1.5万吨标煤。

(李　萍)

【优化调整结构】 严格执行国家有关规定，进一步淘汰技术落后、能耗高、污染大、资源利用效率低的工艺、装置和设备。2013年，石化集团公司淘汰落后炼油能力370万吨/年，淘汰高耗低效电机2 444台，其中安庆石化淘汰高耗低效电机444台、变压器10台，节约标煤369吨，年增效39万元。大力推广应用太阳能、地热能。西北油田在AT22井实施光伏发电项目，每年节电13万千瓦·时，回收天然气7万立方米，节约发电运行成本50余万元。新星石油公司与胜利油田开发地热供暖面积9.8万平方米，投入运营后每个采暖季可节约标煤1 275吨、减排二氧化碳3 138吨。武汉石化外引青山电厂蒸汽，每年节约费用1亿元。

(李　萍)

【推进技术进步】 2013年，石化集团公司推广节能新技术、新工艺、新材料和新设备，实现年节约能源71.4万吨标煤。其中，江苏油田推广应用网电钻机、稀土永磁同步电动机、太阳能与电加热等技术，实现年节能7 776吨标煤；洛阳石化利用高效保温涂料技术，对原油罐区30台外浮顶原油罐涂刷太空特种隔热保温涂料，罐顶单位表面积散热下降64.6%，年节约蒸汽 1.2 万吨、成本 400 余万元。

（李　萍）

【开展合同能源管理】 石化集团公司印发了《中国石化合同能源管理项目实施办法(试行)》，大力推动合同能源管理项目。企业积极行动，由上年 1 个点，扩展到上中下游各板块。河南油田采用合同能源管理模式开发利用采油污水余热，在下二门联合站用蓄能式热泵系统替代 4 台天然气加热炉，年节约天然气 480 万立方米，折标煤 6 240 吨；燕山石化、茂名石化、齐鲁石化、上海石化 4 家企业的 8 个合同能源管理项目，年节约标煤 3.1 万吨；浙江石油在杭州、温州、嘉兴、金华等市挑选 24 小时营业加油站推广 LED 照明，利用节能服务公司资金进行技术改造，节约电费双方分成，截至 2013 年底，共完成 182 座加油站照明改造，剔除效益返还部分，单站每年可节约照明费用 1 077 元。

（李　萍）

环境保护

【全面启动“碧水蓝天”环保专项行动】 2013 年 7 月，石化集团公司党组批准了“碧水蓝天”环保专项计划，同意 3 个大类 803 个环保专项治理项目和 228.7 亿元预投资安排，这是迄今为止中国企业一次性投入最密集、涉及范围最大的环保专项治理行动。其中，2013 年环保治理项目 167 个，投资 33 亿元，已完成的项目包括河南油田采油二厂污水提标改造、西北油田废油泥处置扩建、天津石化烯烃污水处理场污水回用、武汉石化含硫污水回用、四川维尼纶厂 1#和 2#锅炉烟气脱硝、济南炼化动力锅炉低氮燃烧器改造等。

（李　萍）

【加大总量减排工作力度】 ①抓重点企业。对 3 家油田企业、10 家炼化企业开展环境现场监督监测，促进企业提升环保治理设施运维管理水平。②抓源头削减。从源头治理入手，总量减排成效显著。茂名石化提高 CFB 锅炉入炉燃料热值，减少煤炭消耗 7.6 万吨；上海石化实施 2#柴油加氢装置加热炉烟气余热回收系统改造等 8 个节能项目，降耗约 6 000 吨标煤；天津石化外购电量 12.4 亿千瓦·时，同比增加 22%，有效控制了全年燃料消耗总量。③抓结构减排。2013 年，上海石化关停 14.5 万吨/年乙烯装置、3#聚酯装置、100 万吨/年催化裂化装置以及 120 万吨/年延迟焦化装置；安庆石化关停 58 万吨/年尿素装置；东方石化公司停运东方化工厂和助剂二厂，降低了污染物排放总量，提升了企业综合环保水平。④抓工程减排。2013 年，各企业共完成总量减排工程 132 个，其中废水减排项目 66 个、废气减排项目 66 个，总投资超过 45 亿元。其中，国家环保部责任书要求的 19 个废水减排项目全部完成。胜利油田投资 4.3 亿元完善污水回注系统，关闭孤东、现河、桩西采油污水外排口，提前 2 年实现采油污水零排放。

（李　萍）

【清洁生产工作有序开展】 2013 年，石化集团公司组织了对胜利油田、中原油田、天津石化、安庆石化和塔河炼化 5 家企业的清洁生产验收。通过验收确认，各企业均通过推行清洁生产工作，提高了自身的环保水平，实现了节能、降耗、减污和增效的目标，取得了显著的成效。5 家企业本轮审核期内共实施清洁生产方案 2 171 个，污水削减量 4 906 万吨/年，污水中 COD 削减量 5 947 吨/年；废气削减量 1.13 亿米^3/年，废气中二氧化硫削减量 1.16 万吨/年；废渣削减量 3 832 吨/年。其中，胜利油田、中原油田、天津石化和塔河炼化通过石化集团公司清洁生产验收并获得石化集团公司清洁生产企业称号。截至年底，已有 24 家炼化企业和 3 家油田企业通过石化集团公司的清洁生产验收，其中 3 家炼化企业通过了第二轮验收。

（李　萍）

【加强环境风险防控能力】 ①针对“两高”环境污染违法司法解释，在全系统开展环境守法检查工作，开展学法、知法、守法活动，并结合年度 QHSE 大检查进行系统普查。②降低环保超标风险。油气田企业加大采油污水回用、非常规煤层气排采水综合利用、压裂液回收利用等技术，实现节水减排；开展钻井固废减量化，油泥砂、粉煤灰(渣)等综合利用，有效降低固体废物产生量；催化剂有限公司加大环保投入，高低氨氮污水治理成效显著，得到国家和地方环保部门的认可。③加大技术攻关和应用力度。南京化工公司环保综合整治项目有序实施，污水综合治理项目建成投运，尾气治理“入龙”项目按计划推进；镇海炼化催化除尘脱硫脱硝攻关项目顺利“出龙”。④开展前瞻性环保工作。针对国家新的法规标准要求，编制大气污染防治实施方案；组织开展固废处理处置现状调查和土壤、地下水污染防控现状调查；实施环境风险防控体系研究及长输管线环境风险排查与评估；组织非常规勘探开发环保合规性研究、环保标准制定、污染治理技术攻关等，提前制定对策。

（李　萍）

【开展政策规范研究】 积极承担国家关于炼油、化工污染物排放标准和《石油化工企业环保竣工验收指南》等研究制定工作。跟踪国家环境保护重大决策部署，及时制定应对措施。研究分析国家出台的行业布局和产业结构调整、对外投资合作环保指南等，及时提出产业布局建议；研究分析环境风险和公众参与、环保信息公开等新要求，部署落实；研究分析“两高”司法解释、企业环保诚信体系建设，督促企业严守法律红线。

（李　萍）

【强化建设项目全过程监管】 跟踪监管新建项目，督促整改遗留项目，努力实现建设项目合法合规。2013 年石化集团公司国家级项目中，3 个取得国家环保部环评批复，3 个通过国家环保部技术审查，9 个通过国家竣工环保验收。特别是胜利埕岛三号平台项目的环评，历时 3 年，通过国家海洋局的核准；普光气田开发及川气东送管道工程于 2013 年 5 月通过国家环保部竣工验收，合法投运。企业通过多种途径，协调解决验收中存在的制约因素，其中湛江东兴通过风险后评估化解卫生防护距离难题，炼油配套完善工程试生产 4 年后，顺利通过广东省环保厅验收。逐步建立起了项目的可研、基础设计阶段环保审查机制，总部与企业环保主管部门参与相应级别的可研、基础设计审查，在项目初期落实环评及批复的要求，落实环保“三同时”。

（李　萍）

【开展年度 QHSE 大检查和境外企业 HSSE 大检查】 加大对环保工作检查的力度，在 QHSE 大检查中安排 40 名环保专业人员参加了全部 19 个组的检查，重点围绕环保队伍建设、环境守法、固废管理、土壤和地下水、总量减排、环境风险、建设项目环保“三同时”以及环保隐患 8 个方面工作，对全系统 124 家企事业单位环保工作进行全面检查，共查出问题 851 项，并反馈各企业逐项研究整改。同时，积极探索建立境外环境保护管理机制和相应制度，并参加境外企业 HSSE 大检查，对中国石化在伊朗、阿根廷等国家的勘探、开发、工程企业进行环保工作检查，逐步加强和规范境外项目环保工作，维护中国石化利益和国际形象。

（李　萍）

【加大宣传教育力度】 全面树立石化集团公司节能环保低碳理念，开展形式多样的宣传教育活动，进一步增强了全系统员工的节能环保低碳意识。举办 2 期环保处、科长培训班和 1 期高级研修班，共培训油田、炼化板块处、科长 90 余人和环保管理及技术骨干 50 余人。结合“6·5”世界环境日、全国节能宣传周和低碳日，组织开展形式多样的环保节能低碳宣传活动，在全系统内进一步树立和普及生态文明理念。组织开展“美丽中国，绿色石化”全员环保知识竞赛活动，参加人数超过 60 万，同时面向社会公众组织开展了有奖知识答题，正面引导和普及相关环保知识。

（李　萍）

【催化裂化装置烟气治理技术取得突破】 2012 年 11 月，国内首套具有完全自主知识产权的催化裂化烟气除尘脱硫脱硝装置在镇海炼化投入运行，每年可减排二氧化硫 1 479 吨、氮氧化物 206 吨、粉尘 867 吨，具有显著的环境效益和社会效益。2013 年 5 月，“催化裂化烟气除尘脱硫脱硝成套技术”“十条龙”攻关项目通过技术鉴定，顺利出龙。截至 2013 年底，该技术已在武汉分公司、金陵分公司、茂名分公司等十几家公司推广应用，对中国石化“碧水蓝天”行动起到重要的支撑作用。

（李　萍）

应对气候变化

【基础能力建设进一步加强】 ①举办了碳交易试点企业碳交易及油田、销售企业碳盘查培训，进一步提高了全系统碳资产管理的意识和能力。②组织开展了二氧化碳捕集、应用等多项温室气体减排技术的研发。由中原油田牵头开展的“二氧化碳直接矿化磷石膏联产硫基复肥工艺开发”项目已进入中试阶段，建成后年可矿化二氧化碳 100 万吨。胜利油田正在建设的二氧化碳地质封存示范项目，将成为世界上最大的燃煤电厂烟气 CCUS 示范项目。③参加全球甲烷行动，对 3 家油田的套管气、罐顶气、试气过程的甲烷等气体损失情况开展测试。与 BP 等国内外先进企业进行温室气体减排技术和管理经验交流，学习国内外大公司先进的管理理念和经验。

（李　萍）

【碳资产管理取得初步成果】 ①圆满完成了 2012 年、2013 年全系统的碳盘查以及 2011 年、2012 年的碳核查工作，修改完善了各企业碳盘查报告以及各板块碳盘查模板，使得碳盘查的数据更加准确。②积极推进二氧化碳驱油矿场试验，在胜利、中原、华北、华东、东北 5 个油田已累计注入 77 万吨二氧化碳，累计增油 14.3 万吨。③积极开发 CDM 项目，已在联合国成功注册 2 个地热集中供暖的 CDM 项目，预计每年可减排二氧化碳 15 万吨，已获得签发核证减排量 2.86 万吨二氧化碳当量，实现了中国石化核证减排量零的突破。④高桥石化、上海石化和燕山石化分别参加了上海环境能源交易所和北京环境交易所的首单基于配额的碳交易，共购买了 2.6 万吨碳排放配额。

（李　萍）

科研开发与管理

◇ 综述

◇ 科技成果

◇ 新产品开发

◇ 知识产权

◇ 技术监督

综　　述

2013 年，科技系统持续强化顶层设计，完善体制机制，优化资源配置，加大开放创新力度，强化考核与激励，加快突破战略性新技术，持续提升核心技术、专项技术水平，大力加强前瞻性基础性研究。涪陵页岩气勘探开发、大湾高含硫气田开发、生物航煤、柴油液相循环加氢、大型乙烯成套技术、大型芳烃成套技术、烟气脱硫脱硝等一批技术实现工业应用；逆流移动床连续重整、粉煤加压气化、稀土异戊橡胶等示范装置试车成功；总师技术负责制、内部竞争机制等一系列管理提升措施有效推进，海外研发中心开始运营，对外合作等创新工作再上新台阶，各项工作取得良好进展。

围绕创新驱动发展，战略性新技术取得新突破。形成了页岩气钻井、分段压裂等配套技术，支撑了涪陵页岩气示范区建设。初步建立了页岩油资源与有利富集区评价方法，预测了东营凹陷页岩油有利富集区。自主研发生产的生物航煤成功实现商业试飞，获得适航许可证书，迈入产业化和商业化阶段。自主研发的粉煤加压气化工业化示范装置一次投料试车成功。

围绕质量与效益，核心技术攻关取得良好进展。通过技术攻关建成国内第 1 个水平井整体开发高含硫气田——大湾气田。元坝超深井钻井配套技术提速效果明显，示范工程平均钻井周期比预定目标减少 53 天。开发形成国际先进水平的地震数据处理软件平台。原油混输与调和技术上线运行。逆流移动床连续重整示范装置开车成功。柴油液相循环加氢技术实现推广应用。自主知识产权的武汉大型乙烯工程开车投运。大型芳烃成套技术实现工业应用。第 3 代环管法聚丙烯技术实现工业应用。稀土顺丁橡胶、稀土异戊橡胶工业示范装置投产。在国内率先开发形成具有自主知识产权的催化裂化烟气脱硫脱硝成套技术，并大面积推广应用。

完善科研管理，市场导向机制得到强化。启动了总师技术负责制，建立和完善了技术管理体系。石化集团公司第 3 届科学技术委员会完成换届，聘请了一批石化集团公司外的知名院士、专家担任外部委员。休斯顿研发中心在美国注册并开始运行；与四川大学共建二氧化碳矿化利用研究院，加快了开放创新的步伐。持续推进科研项目内部竞争，实施青年科技创新计划，提升了科研人员创新积极性。与中国工程院联合设立"闵恩泽能源化工奖"。大幅提高公司科技奖励标准，增设科技进步特等奖和前瞻性基础性研究科学奖，奖励制度的改革和完善，进一步强化了创新能力与创新成果的导向作用。

知识产权管理进一步加强，专利申请量创历史新高。开展 18 项技术的专利战略研究。制定加强成套技术知识产权保护的指导意见。强化专有技术登记和认定工作，2013 年共完成专有技术登记 236 项，完成专有技术认定 164 项。持续加强对外技术许可工作。全年申请国内外专利 5 111 项，年度专利申请量首次突破 5 000 项；获得国内外专利授权 2 921 项，同比增长超过 50%。获得国家技术发明奖和科技进步奖 4 项，获得中国专利优秀奖 6 项。共评出石化集团公司科技创新功勋奖 2 人、各类科学技术奖 123 项。

质量工作持续改善，标准化工作有序推进。制定发布了《中国石化质量发展"十二五"规划》和《中国石化 2013 年度质量工作要点》。持续完善质量管理体系，加强有效性检查，强化质量管理基础，进一步提高了产品质量、工程质量和服务质量。按期完成国Ⅳ车用汽油质量升级工作，组织实施沪Ⅴ、苏Ⅴ车用汽、柴油质量升级。制定发布《自产原油》《乙烯石脑油》企业标准。国家石油天然气大流量计量站东营分站、武汉分站正式运行。

（林　源）

科技成果

【概述】 2013 年，国家授予石化集团公司科学技术奖励项目 4 项，其中技术发明奖二等奖 2 项、科学技术进步奖二等奖 2 项。石化集团公司完成科技成果鉴定 267 项。石化集团公司授予前瞻性基础性研究科学奖 9 项，其中一等奖 2 项、二等奖 2 项、三等奖 5 项；授予技术发明奖 9 项，其中一等奖 3 项、三等奖 6 项；授予科技进步奖 103 项，其中特等奖 1 项、一等奖 16 项、二等奖 35 项、三等奖 53 项。2013 年度国家授予石化集团公司科学技术奖励项目和石化集团公司科学技术奖励项目见附录 1。

（杨维先）

【优质烃源岩中成烃生物评价技术及应用】 该项目主要内容：①成烃生物的超显微鉴定技术；②沉积有机质原位激光光谱学结构分析及原位激光微裂解成分分析技术；③中国南方古生界海相高热演化烃源岩、桦甸和准噶尔油页岩成烃生物 ；④富有机质页岩（碳酸盐岩）层形成与区域—全球性重大生物事件的耦合关系。取得的成果：①将有机岩石学分析提升至纳米级水平；②首次将拉曼光谱用于成烃生物识别；③首次实现了成烃生物原位激光微裂解同位素在线分析；④初次确定了南方古生界高演化烃源岩成烃生物组合。项目申报国家发明专利5项。项目成果已为南方、东部探区、“973”项目和重大专项等采纳，用于资源潜力、古环境、油源对比和有机质富集层预测研究，效果明显；在胜利油田、西北公司推广应用，并受邀在国际有机岩石学会议等会议进行大会宣讲；得到John K. Volkman等国际知名专家高度评价，被中国石化专家鉴定为“整体达到国际领先技术水平”。该技术的建立对推动有机岩石学、地球化学学科交叉发展和带动成烃基础理论、页岩油气新兴领域发展具重要科学价值和引领作用。创立的实验技术系列已列入中国石化地球化学特色技术，培育了相应的创新团队，为常规、非常规油气勘探研究形成了新的技术储备。该项目获2013年度石化集团公司前瞻性基础性研究科学一等奖。

（杨维先）

【分子水平石油表征技术开发及应用】 石油化工科学研究院开发了一系列具有中国自主知识产权的分子水平石油表征新技术，包括微反产品中柴油和减压瓦斯油（VGO）烃类组成的分析方法；柴油和VGO烃类组成沸点分布的新方法；清洁柴油芳烃快速分析技术；常压瓦斯油（AGO）烃类分子类型和碳数分布分析方法；AGO中含硫芳香化合物和烯烃分子的类型和碳数分布分析方法；AGO分子组成分析方法；VGO饱和烃和芳烃化合物分子类型和碳数分布分析方法；VGO中含硫芳烃化合物分子碳数分布分析方法；VGO中芳烃化合物、噻吩类硫化物、碱性氮化物和石油酸的分子水平表征方法；VGO馏分油分子组成分析方法；减压渣油中链烷烃和环烷烃类型及碳数分布分析方法；减压渣油及沥青质中芳烃、噻吩类硫化物、芳香性含氮化合物、石油酸的分子水平表征技术等。构建了石油从轻馏分到减压渣油的所有馏分的分子水平认识平台，石油分子表征能力整体达到国际领先水平，并在多项炼油新工艺研发中获得成功应用，为分子水平炼制石油和利用石油打下了坚实的基础。开发了测定AGO中烯烃和含硫芳烃、VGO中含硫芳烃、减压渣油饱和烃和芳烃、微反产品烃类化合物等分子组成的表征新技术，并成功应用于多项炼油新工艺的研发中，填补了空白。项目获5项中国专利授权。项目成果广泛应用于石油加工工艺研究中，提高了对石油分子组成及转化规律的认识水平，为石油炼制工艺、催化材料、反应工程等研发工作提供了有力的技术支撑。该项目获2013年度石化集团公司前瞻性基础性研究科学一等奖。

（杨维先）

【固定床F－T合成高效移热及提高目的产品选择性的基础研究】 石油化工科学研究院将知识创新、基础研究和技术开发有机结合起来，围绕固定床F－T合成反应移热和改善目的产品选择性两大关键问题开展F－T合成催化剂及反应过程优化等方面的基础研究。对固定床F－T合成反应中反应热量传递过程和提高目的产物选择性两个关键因素进行深入研究，揭示了固定床F－T合成催化剂在应用中易超温的本质因素，并创新性地提出了固定床F－T合成催化剂超温历程的发展机制；采用专利方法创新性地制备了具有高效移热及高目的产品选择性的活性组分非均匀分布RFT－2催化剂。创新性地开发了固定床F－T合成反应过程放热控制方法，并完成了RFT－2催化剂配套工艺研究。反应结果表明，采用以RFT－2催化剂为基础的固定床F－T合成技术，在原料气总转化率为91.5%时，甲烷选择性为8.7%、目的产物C_5+烃类选择性为87.5%；主要反应性能指标达到国内领先、国际先进水平。创新点包括：①提出固定床F－T合成催化剂在应用中飞温的本质因素和发展机制；②提出制备非均匀催化剂解决催化剂内部热量扩散和提高产品选择性的指导思想；③开发出配套的反应工艺。项目获授权专利12项。该项目获2013年度石化集团公司前瞻性基础性研究科学二等奖。

（杨维先）

【制备低碳烯烃催化化学及反应工程关键科学问题的基础研究】 该项目针对传统蒸汽裂解技术能耗和二氧化碳排放高以及产品中乙烯/丙烯比例难以调节的问题，以烯烃双键易位转化、轻烃催化裂解和丙烷脱氢等增产乙烯、丙烯新技术为研究对象，从高稳定性催化剂的研制和反应－再生工艺开发两方面开展基础研究工作。采用催化剂原位表征技术和理论计算，研究催化剂表面活性中心的结构在反应过程中的变化规律，建立了催化剂活性中心结构组成与反应性能、失活规律的构效关系；研究反应与失活微观动力学特征，建立了反应与再生动力学和反应与再生过程与系统模型，优化了反应—再生流程集成与动态操作方案，解决了反应—再生工艺优化及反应器放大的一些关键工程问题，为增产低碳烯烃催化新技术工程放大提供理论依据。开发了增产低碳烯烃新工艺催化剂及反应工艺关键技术，并完成了烯烃双键易位转化催化剂中试和工业试验研究，丁烯单程转化率达 70%，丙烯选择性超过 97%，催化剂稳定性好。项目针对制备低碳烯烃催化技术，将催化化学与反应工程紧密结合起来，解决催化剂与反应的构效关系及反应—再生工艺等关键问题。项目申请中国专利 41 项、韩国专利 1 项，获授权 23 项。烯烃双键易位转化工艺完成了 20 万吨/年工艺包开发，催化剂在上海赛科公司 16 万吨/年工业装置上进行了工业验证。该项目获 2013 年度石化集团公司前瞻性基础性研究科学二等奖。

（杨维先）

【多分量地震油气探测技术】 该项目研究了弹性波在弹性介质中传播时的波场特征响应特征；建立了各向异性随机介质模型描述缝洞型储层，并采用高精度的旋转交错网格有限差分法模拟了各向异性随机介质中的地震波传播特征；着重研究了多分量地震数据的成像方法，包括二维多分量层位匹配叠前时间偏移技术、转换波各向异性叠前时间偏移技术、多分量高斯束叠前深度偏移技术，以及弹性波逆时偏移技术；提出了相容性岩石物理分析、射线域地震振幅随偏移距的变化（AVO）反演技术、多波频变 AVO 反演等一系列反演方法和技术。针对转换波 AVO 数据提出了 3 个新属性：极值点、极值和极值点曲率，并对多波属性在裂缝预测方面进行了探索。成功开发研制了多分量地震处理解释系统（MCS），在国内第 1 个实现中央处理器/图形处理器（CPU/GPU）协同处理多波资料的能力，集成了关于水平分量旋转、多分量叠前去噪、转换波静校正、转换波道集、各向异性速度建模、各向异性地震叠前时间偏移成像（PSTM）和矢量波场叠前偏移 7 项技术，共计 57 个功能模块。对胜利油田等多块多分量地震数据进行应用，在目标区利用多分量资料进行储层预测、油气识别及裂缝预测等，取得了较大进展。项目成果成功应用于胜利油田和西南油气分公司采集的多分量地震资料中。该项目获 2013 年度石化集团公司技术发明一等奖。

（杨维先）

【泥岩盖层封堵机理与保存条件评价技术】 该项目是中国石化与澳大利亚 CSIRO 合作项目“SHARC Consortium”及中国石化科技部“泥岩盖层封堵机理与保存条件评价技术研究”项目成果的集成，主要针对油气勘探中泥岩盖层和保存条件评价中存在的技术难点进行攻关，开展新仪器研发、分析技术创新。取得的主要成果：①依据圆平板模型，研发了盖层岩石韧性测定仪，创新性建立盖层岩石韧性分析技术；②研制盖层岩石物理模拟仪，建立脆延转化分析技术，首次提出以成岩作用、脆延转化和韧性指数相结合的泥岩盖层动态评价方法；③研发了驱替法突破压力分析仪，在实验基础上阐述了泥岩封盖能力的主要影响因素，深化泥岩封堵机理的认识；④建立了泥岩多尺度三维孔隙定量及各向异性分析技术，提出不同成岩阶段泥岩盖层评价方法；⑤在塔里木巴楚地区、东营凹陷及川东南等泥岩盖层评价中取得较好的应用效果，有效指导油气勘探与成藏分析。项目申报国家发明专利 10 项，已获授权 8 项；建立企业标准 1 项。分析结果已被西北油田分公司、胜利油田、国家油气重大专项等采纳，用于油气封盖有效性评价与油气成藏分析，取得较好应用效果；脆延转化与韧性分析技术可用于页岩油、页岩气的可压裂性分析，应用前景广阔。建立的盖层评价新技术方法得到国内外同行认可，并可指导页岩油、页岩气的勘探与开发，有效降低勘探风险，潜在效益明显。该项目获 2013 年度石化集团公司技术发明一等奖。

（杨维先）

【新型内给电子体及聚丙烯催化剂技术】 该项目设计、合成并研究了上千种多系列的具有新型结构的内给电子体化合物，筛选典型的具有良好性能的二醇酯化合物进行中试放大及相应催化剂的中试制备研究，并在不同工艺聚合中试装置上进行催化剂性能的研究。建设了给电子体化合物的生产装置并进行批量生产，进行新型内给电子体聚丙烯催化剂的工业生产研究，形成了适合不同工艺和产品牌号的 ND 催化剂系列产品，并在多套不同工艺的工业生产装置上进行了应用，催化剂表现出对现有工艺适用性好、活性高、细粉少、共聚性能好、聚合物分子量分布宽、力学性能优良等优点。进行了二醇酯为内给电子体的聚丙烯催化剂机理的深入研究，首次发现内给电子体分子结构上的取代基对催化剂各项性能的规律性的影响，且首次发现了同一给电子体化合物的不同光学异构体的效果的巨大差异，对于 Z－N聚丙烯催化剂机理的进一步阐明具有重大意义。利用新型内给电子体催化剂可生产不含塑化剂的聚丙烯产品，有助于进一步提高中国石化绿色环保的形象。开发了多系列的可作为 Z－N 催化剂内给电子体的具有新型结构的化合物，适合不同工艺及产品牌号的系列高性能的聚丙烯催化剂、高性能聚合物及其生产工艺。项目获 41 项国内专利和 26 项国外专利授权，具有自主知识产权。已在扬子石化、荆门石化、福建联合石化公司、韩国晓星和菲律宾 PPI 等公司进行了大批量应用。该项目获 2013 年度石化集团公司技术发明一等奖。

（杨维先）

【高性能甲醇制烯烃催化剂及 S－MTO 成套技术开发】 该项目开展了适应煤基、天然气基等非石油原料经甲醇生产乙烯、丙烯(S－MTO)的催化技术的研发。项目突破了高效甲醇制烯烃催化剂、工艺技术开发、工艺流程设计、放大等技术难关，创制了高性能 S－MTO 系列催化剂，创新了连续反应—再生工艺、高效反应—再生系统、高回收率轻烃回收技术等；甲醇转化率近 100%，乙烯＋丙烯选择性达到 81%以上，高于同类技术 2%—3%，催化剂消耗低于同类技术 28%，形成了 S－MTO 成套技术，并实现工业转化，走出了一条从催化材料创新带动工艺创新，进一步实现产业化的创新之路。项目申请专利 260 余项，其中获授权中国发明专利 82 项、国际发明专利 4 项。项目成果在燕山石化 3.6 万吨/年 MTO 装置、中原石化 60 万吨/年 MTO 工业示范装置上实现商业应用，产生较好的经济效益。该项目获 2013 年度石化集团公司科技进步特等奖。

（杨维先）

【鄂南黄土塬区三维地震关键技术】 该项目针对鄂南黄土塬区资料特点，开展了静校正方法、地表一致性保真处理研究和满足特低渗大型岩性油藏的三维地震解释关键技术研究。形成了包括三维地震属性分析、相干分析、断裂精细刻画、反射结构分析和岩性反演等技术的水平井部署调整配套技术系列，巨厚黄土层弱弹性介质激发理论，地表结构精细调查三维优化设计技术，“阶梯式”参照面岩性调查技术，模型约束等效层析结构“三步法”静校正技术，具有中国石化自主知识产权。运用该技术在鄂南实施三维地震 4 385 平方千米，对水平井的部署和方案设计起了重要指导作用，其中钻井 843 口，砂体钻遇 90%以上。项目使鄂南致密油藏水平井有效开发成为现实。该项目获 2013 年度石化集团公司科技进步一等奖。

（杨维先）

【面向储层精细预测的地震保幅处理技术】 该项目主要取得了如下成果：①建立了包括河道砂、砂砾岩体、断块岩性等 16 个模型及 300 多个参数模型，开展了正演模拟与分析工作；②制定了地震保幅处理评价规范，形成了地震保幅评价分析系统；③对处理中常用的关键模块进行了相对保幅性分析与测试；④研发了三维叠前保幅道内插、自适应谱模拟反褶积及时频空间域波形一致性校正技术；⑤建立了三维保幅处理流程，开展了保幅性处理及综合应用研究，较大幅度提高了岩性储层的预测精度。项目申报了 4 项发明专利，其中 2 项已获授权，2 项已被受理。研究成果在罗家和垦东北试验工区开展了应用，提高了岩性储层预测精度，储层预测符合率达到 85%以上，应用效果显著。该项目获 2013 年度石化集团公司科技进步一等奖。

（杨维先）

【油气成藏过程动力构成差异性及控藏模式】 该项目以济阳坳陷东营凹陷和沾化凹陷为主要研究区，通过关键地质要素静态建模与油藏特征研究，采用动静态结合、正反演结合研究思路，恢复地质历史时期成藏动力和阻力，在油气成藏理论指导下，建立盆地精细压力模型，剖析不同压力环境下油藏特征差异，实现圈闭含油性定量预测，结合模拟实验，建立成藏模式，指导勘探部署。主要创新：①建立了盆地精细压力场模型，厘定了超压成因机制并实现了量化表征；②剖析了不同压力环境下油藏、地化特征的差异，明确了其动力学机制；③形成了成藏期动、阻力的恢复方法，实现了圈闭含油性的定量预测。研究成果直接服务勘探部署，基于不同压力环境下的油藏预测与评价，2011 年一次性上报探明石油地质储量 8 463.56 万吨，成为自进入隐蔽油气藏勘探以来，胜利油田一次性上报探明储量最大的区块。成果在胜利探区的东营凹陷滩坝砂和渤南洼陷浊积岩评价与部署中得到广泛应用。该项目获 2013 年度石化集团公司科技进步一等奖。

（杨维先）

【缝洞型油藏表征及开发关键技术】 该项目以国家“973”、重大专项等项目为研究平台，开展了缝洞型油藏表征和开发关键技术的研究。①系统揭示了塔河油田缝洞体平面和垂向分布特征，结合形成条件与发育期次，进一步阐明了缝洞储集体组合模式及充填机制。②形成了超深层碳酸盐岩缝洞储集体地震正演模拟、数据采集、高精度成像与储集体预测技术系列。③首次形成不同储集体类型建模方法(包括岩溶控制的大型溶洞建模、概率体约束的溶蚀孔洞建模、蚂蚁体追踪大尺度裂缝建模、概率统计约束的小尺度裂缝建模)及其融合技术。④形成了尺度可控的物理模拟实验技术，揭示了流体运动规律，突破渗流理论，首次提出缝洞油藏以“洞穴流”为主，多种流动形式共存，在此基础上，创建了耦合型数值模拟技术。⑤建立了注水评价方法，揭示了注水受效规律及剩余油分布规律，形成了"时空差异性注水"模式。项目申报专利 33 项、获授权 5 项，软件著作权登记 12 项。缝洞型碳酸盐岩油藏储集体识别及表征技术在塔河油田 6 区进行了应用，注水开发技术在塔河油田 4 区、7 区进行了应用，增储上产效果显著，已在全油田推广。该项目获 2013 年度石化集团公司科技进步一等奖。

（杨维先）

【注水井测调一体化工艺技术】 该项目针对油田水井测试、调配过程中存在的工艺繁琐、调配误差大、测调难度大以及成功率低等问题，开展了注水井测调一体化工艺技术研究。经中国石化鉴定委员会鉴定：该项目整体技术达到国际领先水平。①形成分层级数不受限制的同心可调配水技术，实现了分层级数不受限制、无级调配，提高调配准确率，同时系列化可调配水装置，满足不同管柱的需求。②形成了在线边测边调一体化测调技术，实现了流量、压力和温度实时测量和上传，以及对流量的边测边调。③形成了在线一体化验封技术，实现了同心可调配水装置内部的可靠密封和流量、压力、温度实时测量和上传，满足在线验封需求。④研制了双液缸防喷举升装置，形成了安全便捷的防喷装置及快速安装技术，提高了测试安全性和施工效率。该项目已获授权发明专利 2 项、实用新型专利 7 项。2010—2012 年现场应用 425 口井，共测调实施 1 260 井次，最大井斜 56.2°，最大深度 3 538 米，测调成功率 98.1%，测调准确率 90% 以上，有效解决了调配误差大等问题。海上油田地层压力稳中有升，油气比由 2011 年的 48 降至 41，自然递减率由 10.7% 降至 9.5%。累计增注 123 万立方米，累计增油共 10.45 万吨，具有广阔的推广应用价值和前景。该项目获 2013 年度石化集团公司科技进步一等奖。

（杨维先）

【大湾高含硫气田水平井高效开发关键技术】 该项目是继普光气田成功开发后又一重大跨越。①建立了裂缝—孔隙型双重介质耦合模型，刻画了优质储层的空间展布，形成了礁滩相云岩、灰岩间互储层精细描述技术，优质储层钻遇率达 73%。②首次建立气—水和气—液硫综合渗流数学模型，创新形成了高含硫双重介质气藏开发政策优化技术，单井控制储量达 59 亿立方米、产量 70 万米^3/日。③自主研发了抗高温钻井液助剂、降失水剂和岩屑床清除器，建立了两步法预测井眼轨迹参数方法，井眼轨迹符合率达 90% 以上。④研制出抗冲击起爆器、低屑量射孔弹等装置，解决了长井段水平井射孔卡枪、断爆等难题，创造了水平井一次性射孔井段 1 215 米的世界纪录。⑤创新形成了超深高含硫水平井分段酸压技术，解决了高含硫水平井均匀布酸、残酸返排、施工井控等难题，无阻流量 565.6 万米^3/日。项目申请专利 15 项、软件著作权 2 项，无知识产权纠纷。项目成果直接应用于大湾礁滩相薄层高含硫气田产能建设，产能达到 30 亿米^3/年，建成了中国第 1 个水平井整体开发高含硫气田；同时还指导了元坝气田产能建设。该项目获 2013 年度石化集团公司科技进步一等奖。

（杨维先）

【胜利油田难采稠油高效开发技术】 该项目针对胜利浅薄层超稠油、薄层稠油、深层稠油、水驱稠油以及多轮次吞吐稠油 5 类难采稠油，开展高效开发技术攻关，取得多项技术突破和创新成果：①创新提出浅薄层超稠油"水平井 + 降黏剂 + 氮气 + 蒸汽"(HDNS) 复合开发技术，揭示 HDNS 开发机理，建立 HDNS 开发技术界限，研发钻完井、采油工艺和地面工程配套技术系列。②提出薄层稠油水平井单层开发理念，建立水平井吞吐开发技术界限，研发薄层水平井钻井井轨迹控制、精密滤砂管防砂完井一体化等配套技术，形成薄层稠油防砂完井一体化水平井开发技术。③突破深层稠油水平井热化学开发技术，建立开发技术界限，优选动用储量；研发全程隔热的注采一体化管柱和高压保质的超临界注汽系统，实现深层稠油储量有效动用。④揭示水驱稠油转蒸汽驱提高采收率机理，建立水驱稠油转热采油藏筛选界限，构建克服水驱影响的蒸汽驱合理井网，研发配套高干度注汽技术，实现高地层压力下的有效蒸汽驱。⑤建立超稠油蒸汽驱均衡驱替流场调整模式，研发配套蒸汽驱汽窜抑制技术以及动态测试技术。⑥完善高轮次吞吐井网调整技术，优化调整井井型，建立井网调整开发技术界限，并发明配套工艺和工具。项目获国家发明专利 12 项、实用新型专利 1 项、中国石化专有技术 3 项。项目成果在胜利油田应用后，覆盖稠油储量 2.68 亿吨，新增可采储量 5 570 万吨，累计增产原油 1 437 万吨。该项目获 2013 年度石化集团公司科技进步一等奖。

（杨维先）

【自主技术高档内燃机油开发和在汽车行业应用推广及配套基础油研究】 该项目取得的主要成果如下：

①完成了 SJ 5W－30、SJ 5W－40、SL 5W－30、SL 5W－40、GF－2 10W－30、GF－3 5W－30 汽油机油，CF－4 10W－40、CH－4 15W－40 柴油机油等高档内燃机油的研制工作。研制的油品通过标准所要求的包括 6 个在美国西南研究院完成的共 27 个发动机台架试验，分别满足 GB 11121—2006、GB 11122—2006 及 ASTM D4485 的要求，达到国际同类产品先进水平。②研制产品的工业生产及油品应用试验结果表明，生产的复合剂质量稳定，生产的油品满足质量要求，性能优异。相关油品获得了长城汽车、天津一汽、奇瑞汽车、东南汽车、中国重汽和锡柴等 OEM 认证并形成配套。③完成了提高基础油质量的技术攻关，基础油质量明显提高。确定了不同性质原油生产高质量基础油的生产工艺。④完成了高温抗氧剂及高效分散剂的开发和工业试验工作。项目开发的产品均已工业生产并销售，质量稳定，性能优良；产品在奇瑞、长城汽车、一汽轿车、天津一汽、潍柴、锡柴、龙工、徐工等企业得到推广应用，经济效益显著；产品能够很好地保护发动机，换油期长，节能环保；大大减少了复合剂和基础油的进口，促进了国内相关行业的发展，提升了国内内燃机油技术水平。该项目获 2013 年度石化集团公司科技进步一等奖。

（杨维先）

【第 2 代 S－Zorb 工艺和工程技术的开发与工业应用】 该项目通过系统的技术创新和开发，解决了原 S－Zorb 技术可靠性低、消耗高的问题，形成了脱硫率高、剂耗低、能耗少、运行周期长的第 2 代 S－Zorb 技术。项目主要改进内容：① 提高可靠性。开发高效降尘器，优化反应器过滤器参数，并对再生系统、闭锁料斗及吸附剂输送系统、进料换热器的技术改进。② 降低剂耗 50%。优化还原反应流程，对降低吸附剂脱硫活性和强度的硅酸锌组分的生成进行抑制、增设吸附剂回收流程。③ 降低能耗 40%—50%。开发了降低稳定塔压力的 S－Zorb 与催化组合工艺，处理反应产生的轻烃、提高加热炉效率。④完善反应、再生及吸附剂输送 3 个关键系统的匹配性工程设计。⑤特殊设备国产化。再生器旋风分离器、反吹氢高压换热器等设备实现国产化。⑥提高装置下限操作弹性。针对国内炼厂的原料波动大的实际情况，优化了反应部分的转剂方案，提高了装置对于处理量和进料硫含量下限运行的适应性。⑦设置反应器顶部排细粉线，方便在末期进行处理。⑧模型完善。结合多套工业数据完善和扩展了 S－Zorb 反应动力学 PP 模型和工业化模型。⑨开发了 90 万吨/年、120 万吨/年、150 万吨/年国产化工艺包，创新开发弱流化床气固分离专利内构件技术。中国石化对技术具有完全的自主知识产权，可自由运作。采用该技术新建高桥等 9 套装置，并对燕山 1# 装置进行技术升级，在建 15 套装置（含中国石油 1 套、福建 1 套、延长 2 套），总处理量 3 300 万吨/年。该项目获 2013 年度石化集团公司科技进步一等奖。

（杨维先）

【高能效（SHEER）加氢成套技术开发及工业应用】
该项目在现有加氢裂化（改质）技术的基础上，开发“只设反应开工炉”的加氢裂化（改质）工艺工程技术，在大幅降低燃料消耗的同时满足装置安全生产和灵活操作的需求；开发“部分自供热”加氢装置开工方法，最大程度降低装置开工时对外取热的需求量，减小反应开工炉的设计负荷；将逆流传热技术、微旋流分离技术、在线防除垢技术、反应器内构件和器外预硫化催化剂有机结合。项目申请专利 15 项，7 项已获授权。该项目已在广州分公司新建柴油改质装置上成功应用，运用该项目已建成投产近 50 套加氢裂化/加氢改质装置，另有 20 多套装置正在规划建设中。项目可应用于新建装置和对已有装置的技术改造，应用前景广阔，具有良好的经济和社会效益。该项目获 2013 年度石化集团公司科技进步一等奖。

（杨维先）

【新一代稀乙烯制乙苯成套技术的开发及工业应用】
该项目以高性能稀乙烯制乙苯催化剂为基础，开展了反应工艺和工程技术的研发，取得了原料脱丙烯新工艺、多段绝热烷基化反应工艺和大型反应器等关键技术的突破，开发了中国石化新一代稀乙烯制乙苯成套技术，并实现工业应用，经济效益显著。工业运行结果表明：与国内外同类技术相比，装置处理能力提高了近 43%、苯耗降低了 47 千克；产品乙苯中二甲苯含量降低了 48%；烷基化催化剂单程使用周期延长 56%；乙烯转化率提高 16%，且催化剂不需要高温活化；烷基转移催化剂二乙苯转化率提高 8%。2013 年 1 月，该项目通过中国石化组织的技术鉴定，专家认为：该技术成熟、可靠，具有乙苯产品纯度高、二甲苯含量低、物耗和能耗低、运行周期长等特点，主要技术指标优于国内外同类技术，达到了国际领先水平，经济效益显著。主要创新：①以新型高效催化剂为基础的多段绝热、段间原料冷激固定床反应工艺；②大型乙苯反应器；③

干气脱丙烯新工艺。项目获授权发明专利5项，形成了催化剂、反应工艺和反应器等关键技术的专利保护体系，具有自由运作权。项目已成功应用于青岛炼化、广州分公司和长岭分公司，并转让至中国石化、中国石油及中国海油的近10家企业，同时获得了台湾中油公司及国内许多民企的技术认可。该项目获2013年度石化集团公司科技进步一等奖。

（杨维先）

【茂金属催化剂气相法聚乙烯成套技术及 PE－RT 管材料产品开发】 该项目研制的催化剂性能稳定、重复性好，具有自主知识产权；解决了茂金属催化剂扩大制备的技术难题，形成了催化剂制备工艺包并建成了生产装置；针对茂金属催化剂特殊的动力学性能和中试中发现的技术难题，在生产装置进行了一系列茂金属聚合的适应性改造，形成了茂金属聚合生产技术的工艺包；在工业聚合装置上完成了不同系列催化剂之间的在线相互切换，减少了过渡料，形成了自主切换技术；实现了茂金属聚乙烯产品的工业化生产，开发了2个牌号的茂金属聚乙烯产品并投放市场。创新点：①开发了茂金属催化剂配方技术并形成催化剂生产成套技术。②开发了装置改造、原料精制、生产控制、催化剂切换及牌号切换和产品加工等茂金属聚乙烯产品生产成套技术。项目已申请15项中国发明专利，获授权4项。茂金属催化剂已在齐鲁分公司聚乙烯装置成功进行了工业化应用试验，其性能优于其他催化剂产品；开发的 PE－RT 管材料为国内首创，填补了国内管材料市场空白，系列产品正逐步进入应用市场。该项目获2013年度石化集团公司科技进步一等奖。

（杨维先）

【3万吨/年溴化丁基橡胶工业成套技术开发】 该项目通过小试、模试研究并在消化吸收 PI 公司3万吨/年卤化丁基橡胶基础工程设计资料的基础上，完成了3万吨/年溴化丁基橡胶工艺包开发和装置国产化设计，建成国内首套3万吨/年溴化丁基橡胶生产装置，并生产出符合市场需求的溴化丁基橡胶产品，填补了国内空白，打破了国外公司长期以来对国内溴化丁基橡胶的垄断，拉低了进口产品的市场价格，具有重要的战略意义和显著的经济社会效益。项目通过大量的市场调查和对进口产品的深入剖析，提出适应市场的产品牌号和质量指标并建立和完善了与溴化丁基橡胶相关的整套分析方法；通过深入研究丁基橡胶溴化反应规律以及产品质量控制规律，确定了合理的工艺流程及各工段工艺参数，并进行工业化试生产；通过多次工业试生产验证了工艺流程和工艺条件的合理性并进行局部整改和优化，生产出符合市场要求的浅色溴化丁基橡胶产品。项目开发了高效聚合反应釜、溴/胶高效混合器、溴化反应器、中和高效混合器等7项重要设备，以及适合溴化丁基橡胶生产的基础胶生产、溴化反应、中和等6项重要技术。具有自主产权，申请中国专利12项，已获中国专利授权8项。2012年，装置完成标定并实现了 BIIR 2032、BIIR 2046 和 BIIR 2039 等3个牌号产品的连续稳定生产。产品性能测试及用户应用结果表明，BIIR2032、BIIR2046 的质量及加工应用性能与国际同类产品相当。该项目获2013年度石化集团公司科技进步一等奖。

（杨维先）

【炼油厂恶臭和 VOC 废气综合治理成套技术】 该项目开发了炼油厂恶臭和挥发性有机化合物（VOC）废气综合治理成套技术，主要包括：①提出“临界吸收”概念，确定了柴油吸收塔的最佳吸收温度，发明了以柴油低温吸收为核心、适用新一代“脱硫及总烃浓度均化－催化燃烧”污水场臭气治理技术。②创建恶臭和 VOC 新的分析方法和无组织排放气量计算方法。③首次提出“第三管网”概念，目的是将含空气、油气等组分废气集中处置和减排；研究提出多种罐区气体减排方法。④开发了撬装式柴油低温吸收设备和脱硫反应器。⑤在国内率先创立了设备和管阀件泄漏检维修（LDAR）管理体系。⑥制定了装置停工检修恶臭治理规范。⑦开发了油气回收装置尾气催化氧化深度净化处理技术，在金陵分公司的应用表明，油气回收可达95%—98%，硫化氢和有机硫脱除接近100%，氨脱除率可达90%，净化气达标排放；厂界非甲烷总烃（NMHC）下降60%、硫化氢下降76%。整体技术达到国际先进水平，核心技术达到国际领先水平，是“碧水蓝天”行动的重要技术支撑。项目申请专利68项，获授权41项。在金陵分公司建成8套装置，覆盖了厂内主要无组织排放源，彻底解决了炼厂 VOC 和恶臭治理难题。金陵分公司恶臭和 VOC 年减排量5 800吨，年增效3 100万元；厂界 NMHC 和硫化氢浓度远低于控制标准。项目已在30多家企业应用，投产和在建装置达50多套，经济、环保和社会效益巨大。该项目获2013年度石化集团公司科技进步一等奖。

（杨维先）

【百万吨级大型乙烯装置用丙烯压缩机组研制】 该项目于2009年5月完成所有设计、制造、装配和闭式气动性能测试。2010年4月10日，丙烯压缩机组实物料试车成功，各项性能指标达到攻关要求。截至2013年底，机组已经安全运行1 200多天，经受了长时间连续稳定运行的考验，各项指标完全满足乙烯生产需求和API标准要求，成功实现了完全自主研发设计、自主制造、自主安装、自主开车，打破了国外企业的技术垄断。该丙烯压缩机组的技术特点：国内首次研制成功单缸缸内抽气加气四段离心压缩机，其中第一段和第三段补气，第二段抽气，分别提供－40℃、－27℃、－4℃、13℃4个冷位供用户使用，并结合丙烯压缩机特殊需求开发了非标准参数高压抽汽冷凝汽轮机。该项目的研制成功，填补了国内空白，其技术指标达到了国际先进水平，具有显著的经济效益和社会效益。项目已申请实用新型专利1项。开发了专用高马赫数叶轮，完成了大型叶轮铣制、缸体内抽气加气优化、大型焊接机壳的焊接、内缸、高压蒸汽段的开发，攻克了盘车装置、汽缸上下半缸自动补偿系统等关键件的系列技术难题。项目成果已在武汉80万吨/年乙烯项目中成功推广应用，标志了乙烯“三机”全部实现国产化。国产机组与进口相比单台节支超5 000万元，同时大幅降低了备品配件、售后服务等方面的运行维护成本，使用户在装备的全寿命周期中受益。该项目获2013年度石化集团公司科技进步一等奖。

（杨维先）

【中国石化资金集中管理信息网络系统项目】 该系统充分借鉴了国际、国内资金管理的先进理念，结合中国石化的实际情况，采用了以财务公司、盛骏公司为平台建立集团内部资金池运作的方案，帮助中国石化成功打造了跨法人、跨银行、跨币种的石化集团公司资金集中管理新模式。该系统实施了收支集中控制、资金统筹运作、筹融资集中管理、内部结算封闭运行等管控手段，最大限度地提升集团总部的资金调控能力，提高资金使用效率，降低财务风险，创造了技术手段和管理条件。系统主要包括了如下功能：①集团企业资金管理系统（TMS系统），为集团总部及其下属境内外分公司、全资子公司等各级企业单位提供全面的资金管理功能。②集团境内外金融机构核心业务系统（包括财务公司核心业务系统ATOM和盛骏公司核心业务系统OTS），作为集团资金集中结算平台，在实现财务公司核心业务管理功能的同时，为集团内部各企业提供资金集中管理的各项服务功能。③资金集中业务支撑平台，提供财务公司、盛骏公司网银操作界面，提供便捷的账户管理、资金业务申请、内部协议结算、资金计划、额度管理、担保管理等操作和查询界面以及单据打印等功能。④ESB作为资金管理系统信息交换平台，有效集成资金管理业务相关的各个内外部系统。管理创新：运用总分账户的实现途径，建立集团“资金池”管理模式。技术创新：采用ESB技术，遵循安全等级三级要求，在多个技术细节上实现了技术创新。知识产权：归中国石化所有。系统用户达到11 986名，企业开立境内分账户6 276个。累计取得资金集中管理效益达227亿元。该项目获2013年度石化集团公司科技进步一等奖。

（杨维先）

新产品开发

【合成树脂新产品】 1. 高熔体强度聚丙烯

中国石化采用“非对称加外给电子体”技术，直接聚合出含有大量超高分子量组分的极宽分布聚丙烯，利用高的链缠结点密度，获得了材料熔体强度的大幅提高。所开发的HMS20Z和E02ES高熔体强度聚丙烯实现工业化生产，并分别成功应用于连续挤出珠粒、片材以及厚板材等领域。经江苏微赛科技公司等发泡片材生产企业应用，表明中国石化产品优于同类进口产品，其产品已批量进入欧美市场。

2. 低VOC聚丙烯

中国石化用直接聚合法制备的高熔指抗冲聚丙烯，消除了过氧化物的使用，结合脱气过程和助剂体系的优化，将聚丙烯树脂的总VOC含量由传统的400微克（碳）/克降至90微克（碳）/克以下。开发生产的低VOC聚丙烯产品M30RH、M40RH和M35S，经洗衣机、汽车改性料等行业的大量应用，表明产品完全满足用户要求。

（赵　红）

【纤维新产品】 1. 膜用母粒FG611

通过产品配方及生产工艺研究，开发了FG611生产工艺技术，实现了产品工业化稳定生产销售。2013年生产6 975吨，销售6 996吨。该产品可有效降低聚酯薄膜雾度，提高光泽度，适用于加工高亮膜、转移膜、超薄型膜等高附加值薄膜新产品，产品质量获得用户认可，并出口至日本，用于生产高档BOPET产品。

2. 直接纺短纤维

采用在线添加技术，在32K的熔体管线上完成了侧线在线添加装置技术改造，并于2013年10月15日投料生产，全年累计生产增白产品1 347吨，产品质量达到和超过了20K生产的水平，用户试用反应良好。

3. 0. 8D细旦腈纶

2013年，上海石化成功解决了0.8D细旦差别化腈纶生产运行上存在的瓶颈，实现了长周期运行，质量稳步提高，得到用户认可，经客户加工后最终产品出口日本。2013年销量大幅提升至1 933吨，增效明显。

4. 吸湿腈纶

2013年，上海石化成功开发了肼交联—碱水解的吸湿腈纶纤维的制备工艺，小批量产品平衡回潮率达到30%以上，并保持了后纺所需的基本的力学性能，产品综合性能与日本同类产品相当。

5. 维纶新产品

2013年，四川维尼纶厂维纶产品项目经过技术改造，产能基本达到设计要求，所生产的高强高模、低温水溶纤维产品质量有了明显改进，部分产品出口。

（原　玲）

知识产权

【概述】 2013年，中国石化知识产权创造、保护和管理能力继续获得大幅提升，专利申请工作获得可喜成绩。全年，共提出专利申请5 111项，突破5 000项，其中中国专利申请4 820项，境外专利申请291项；共获得专利授权2 921项，其中获得境外专利授权107项。截至2013年10月31日，中国石化已累计申请专利33 007项，其中向境外累计申请专利2 323项；已累计获得专利授权16 715项，其中累计获得境外专利授权1 013项。同时，为确保专利管理数据库中数据信息的准确性，动态掌握有效专利情况，中国石化基于中国石化知识产权数据管理平台以及国家知识产权局网站公布数据信息，开展了中国授权有效专利清查、统计和核准工作，掌握了中国石化国内专利资产的基本情况，为有效维护和管理、运用这些庞大的专利资产打下了坚实基础。

（查芷琦）

【切实开展对核心技术的重点保护】 启动了专有核心技术保护专项调研工作，形成调研报告，提出进一步加强专有核心技术知识产权保护工作的措施和建议，梳理并形成“中国石化第一批重点保护技术清单”；同时，针对其中市场敏感度高的新技术印发了加强成套生产技术知识产权保护工作的指导意见。强化中国石化内部专有技术登记和认定工作，不仅重点对8家直属院的专有技术进行认定，同时要求对战略新兴技术涉及的相关企业进行专有技术认定。另外还探索了对重大核心成套技术从研发单位、工程设计单位到工业化生产企业，从专利申请到专有技术认定的全流程、全方位的保护模式和程序。

（查芷琦）

【稳步推进专利战略研究工作】 2013年度启动了19个项目的专利战略研究工作，研究任务的主体从8个直属研究院扩大到6家企业。同时，部分2012年专利战略研究成果在科研立项和研发过程中得到应用。

（查芷琦）

【严格防范知识产权风险】 为防范知识产权风险，除继续加强新技术首次工业化实施的专利侵权分析和合同违约分析外，重点开展了降低引进技术法律风险的尽职调查工作，以及出口技术的知识产权法律风险的防范工作。

（查芷琦）

【知识产权人才培养】 2013年，中国石化继续做好知识产权人才培养工作。针对不同企业和不同领域的业务需求，举办了近10次培训班和交流活动，培训知识产权管理人员和技术研发人员超过400人。同时按计划选派了2名专利代理和管理人员到美国专利代理机构学习。完成了《中国石化知识产权管理》培训教材编写工作。

（查芷琦）

技术监督

【质量管理与监督】 制定并印发了《中国石化2013年度质量工作要点》，主要包括指导思想、质量目标和工作要点3部分内容，对中国石化所属企业开展2013年质量工作具有指导作用。

组织开展中国石化“质量日”“质量月”活动。2013年4月7日是中国石化的第3个质量日，3月8日印发了《关于开展2013年中国石化“质量日”活动的通知》，活动主题为“质量·诚信·品牌”，各专业板块组织所属企业开展了相关活动。4月11日召开了直属研究院、催化剂有限公司质量管理体系建设现场会，4月19日在长沙召开了油田企业技术监督工作会。8月28日下发了《关于开展2013年全国“质量月”活动的通知》，组织开展主题为“打造经济升级版，实现质量强国梦”的中国石化“质量月”活动，其间重点安排了质量宣传、质量检查等4项活动。

推进中国石化质量管理体系建设。起草《认证机构评价办法》《观察员管理办法》《企业质量管理体系有效性评价表》，并在5月21日召开的第2次质量管理体系认证办公室工作会议上进行了讨论修订。5月30日召开质量管理体系认证机构工作会议，提出对认证机构的评价办法和提交季报、年报的工作要求，12家被准入的认证机构汇报了2012年认证工作及下一步工作计划。6—7月，组织开展对中国石化石油工程地球物理公司江汉分公司、西北油田分公司塔河采油三厂、第四建设公司、湖南石油分公司的质量管理体系有效性进行监督检查。

组织开展2013年度QHSE大检查的质量专业检查。7月2日下发《关于开展质量大检查的通知》，要求各企业6—8月自查自改。8月16日—9月30日共派出38名人员组成19个检查组，按照“全覆盖、零容忍、严执法、重实效”的要求，对生产、经营、工程、科研等101家单位、1个工区、5个工程项目部进行了检查，共提出质量问题1 178项。9月底将QHSE大检查质量专业总结材料上报党组领导，10月11日在四季度HSE工作视频会暨QHSE大检查情况通报会上通报了质量专业检查情况。

开展2013年度产品质量监督抽查工作，对发现的质量问题进行现场检查。石油和石油化工产品共抽样1 584个，合格1 580个，合格率为99.7%，同比提高1.1个百分点。抽查11家油田企业采购的五大类物资样品共402个，合格374个，合格率为93%，同比降低0.9个百分点。其中，抽查采油助剂样品111个，合格104个，合格率为93.7%；抽查机电产品样品34个，合格33个，合格率为97.1%；抽查油套管样品42个，合格42个，合格率为100%；抽查钻井液化学剂样品131个，合格118个，合格率为90.1%；抽查井下工具样品84个，合格77个，合格率为91.7%。根据监督抽查结果，下发了《关于2013年石油和石油化工产品质量监督抽查结果的通报》和《关于2013年油田企业采购物资质量监督抽查结果的通报》，督促企业进一步加强质量管理，保证采购物资产品质量和出厂产品质量，树立中国石化良好的品牌形象。

开展质量培训。组织举办第6期企业领导人培训班，油田、工程、上游科研院的26位局级干部参加了培训。举办为期21天的第10期企业质量处(科)长岗位培训班，来自系统内上中下游各板块从事质量管理工作的处(科)长及后备干部共46人参加了培训。

组织召开质量工作例会。分别于2013年1月30日、4月23日、7月26日组织召开3次质量工作例会，各事业部(管理部)汇报上季度质量工作完成情况，提出下季度的质量工作计划。会后形成会议纪要，各部门认真落实相关质量工作，并编发3期《质量简报》。

开展2013年度质量工作先进单位和先进个人评选工作。为总结2013年质量工作取得的成绩，调动各企业员工开展质量工作积极性，11月18日下发《关于开展2013年度质量工作先进单位和先进个人评选的通知》。各单位接到通知后积极向有关事业部(管理部)提交质量先进事迹材料，经有关事业部(管理部)对各单位申报的质量管理先进单位和个人事迹材料进行审核和评选，12月31日印发了《关于表彰2013年度质量工作先进单位和先进个人的决定》，表彰了15个先进单位和60名先进个人。

编制印发《中国石化质量发展“十二五”规划》。为贯彻执行国务院2012年2月6日印发的《质量发展纲要(2011—2020年)》，编制了《中国石化质量发展“十二五”规划》，明确了今后3年中国石化质量发展的规划目标和主要工作。该规划于7月25日印发执行。

(赵　巍　刘　伟)

【标准化管理】 以石化集团公司为主成立的全国石油产品和润滑剂标准化技术委员会(TC280)负责归口管理9个石油和石油化工标准化分技术委员会，具体负责组织本专业的国家标准、国家军用标准、石油化工行业标准的制修订及归口管理工作。截至2013年12月底，全国石油产品和润滑剂标准化技术委员会归口管理的石油和石油化工产品标准(含试验方法标准)共1 260项，其中国家标准378项、石油化工行业标准827项、国家军用标准49项、国家实物标准6项。

国家标准制修订：2013年，全国石油产品和润滑剂标准化技术委员会组织完成制定和修订并上报国家标准化管理委员会的国家标准37项，国家标准化管理委员会批准发布10项石油化工国家标准(见表1)。

表 1　　2013 年批准发布的石油化工国家标准

序号	标准编号	标准名称	实施日期
1	GB 19147—2013	车用柴油(Ⅳ)	2013 - 02 - 07
2	GB/T 29497—2013	高沸点芳烃溶剂	2013 - 11 - 01
3	GB 29518—2013	柴油发动机氮氧化物还原剂　尿素水溶液(AUS 32)	2013 - 07 - 01
4	GB 19147—2013	车用柴油(Ⅴ)	2013 - 06 - 08
5	GB 18351—2013	车用乙醇汽油(E10)	2014 - 01 - 01
6	GB/T 22030—2013	车用乙醇汽油调和组分油	2014 - 01 - 01
7	GB/T 7631. 10—2013	润滑剂、工业用油和有关产品(L 类)的分类　第 10 部分：T 组(涡轮机)	2014 - 05 - 01
8	GB/T 11135—2013	石油馏分及工业脂肪族烯烃溴值的测定 电位滴定法	2014 - 05 - 01
9	GB/T 30034—2013	重负荷车辆齿轮油(GL - 5)换油指标	2014 - 05 - 01
10	GB 17930—2013	车用汽油	2013 - 12 - 18

石油化工行业标准制修订：2013 年，中国石化组织完成制定和修订并上报国家工业和信息化部及国家能源局的石油化工行业标准共 60 项，国家能源局批准发布了 46 项石油化工行业标准(见表 2)。

表 2　　2013 年批准发布的石油化工行业标准

序号	标准编号	标准名称	实施日期
1	NB/SH/T 0031—2013	柴油机活塞清净性评分方法	2013 - 10 - 1
2	NB/SH/T 0137—2013	抗氨汽轮机油换油指标	2013 - 10 - 1
3	NB/SH/T 0179—2013	轻质石油产品浊点和结晶点测定法	2013 - 10 - 1
4	NB/SH/T 0306—2013	润滑剂承载能力的评定　FZG 目测法	2013 - 10 - 1
5	NB/SH/T 0373—2013	铁道润滑脂(硬干油)	2013 - 10 - 1
6	NB/SH/T 0399—2013	石油蜡过氧化值测定法	2013 - 10 - 1
7	NB/SH/T 0407—2013	石油蜡水溶性酸或碱试验法	2013 - 10 - 1
8	NB/SH/T 0408—2013	蜡纸或纸板表面蜡量测定法	2013 - 10 - 1
9	NB/SH/T 0415—2013	石油产品紫外吸光度和吸光系数测定法	2013 - 10 - 1
10	NB/SH/T 0417—2013	轻质液体石蜡	2013 - 10 - 1
11	NB/SH/T 0432—2013	润滑密封硅脂	2013 - 10 - 1
12	NB/SH/T 0434—2013	4839 号抗化学润滑油	2013 - 10 - 1
13	NB/SH/T 0435—2013	4830 号检漏液	2013 - 10 - 1
14	NB/SH/T 0448—2013	4802 号抗化学润滑油	2013 - 10 - 1
15	NB/SH/T 0449—2013	7805 号抗化学密封脂	2013 - 10 - 1
16	NB/SH/T 0538—2013	轻负荷喷油回转式空气压缩机油换油指标	2013 - 10 - 1
17	NB/SH/T 0562—2013	低温下发动机油屈服应力和表观黏度测定法	2013 - 10 - 1
18	NB/SH/T 0588—2013	石油蜡体积收缩率测定法	2013 - 10 - 1

续表

序号	标准编号	标准名称	实施日期
19	NB/SH/T 0599—2013	L－HM 液压油换油指标	2013－10－1
20	NB/SH/T 0636—2013	L－TSA 汽轮机油换油指标	2013－10－1
21	NB/SH/T 0690—2013	中间馏分燃料油在43℃贮存安定性测定法	2013－10－1
22	NB/SH/T 0854—2013	润滑脂对滚动轴承振动性能的影响测量方法	2013－10－1
23	NB/SH/T 0855—2013	合成烷基苯磺酸钙清净剂	2013－10－1
24	NB/SH/T 0856—2013	农用柴油机油高温清净性评定法	2013－10－1
25	NB/SH/T 0857—2013	轻负荷直喷柴油发动机油环粘结及活塞清净性评定法	2013－10－1
26	NB/SH/T 0858—2013	润滑脂低温锥入度测定法	2013－10－1
27	NB/SH/T 0859—2013	化学物质热稳定性的测定 热分析法	2013－10－1
28	NB/SH/T 0860—2013	液体燃料中活细菌和真菌计数的试验方法 过滤和培养程序	2013－10－1
29	NB/SH/T 0861—2013	戊烷不溶物的测定　膜过滤法	2013－10－1
30	NB/SH/T 0862—2013	用过发动机油低温下屈服应力和表观黏度测定法	2013－10－1
31	NB/SH/T 0863—2013	流化催化裂化催化剂中化学元素 X 射线荧光光谱法测定指南	2013－10－1
32	NB/SH/T 0864—2013	润滑脂中金属元素的测定　电感耦合等离子体发射光谱法	2013－10－1
33	NB/SH/T 0865—2013	在用润滑油中磨损金属和污染物元素测定　旋转圆盘电极原子发射光谱法	2013－10－1
34	NB/SH/T 0866—2013	自愈式金属化电容器用蜡	2013－10－1
35	NB/SH/T 0867—2013	柴油机油烟炱含量的测定　热重分析法	2013－10－1
36	NB/SH/T 0868—2013	喷气燃料洁净度的测定　便携式自动颗粒计数器法	2013－10－1
37	NB/SH/T 0869—2013	润滑脂离心分油测定法	2013－10－1
38	NB/SH/T 0870—2013	石油产品的动力黏度和密度的测定及运动黏度的计算斯塔宾格黏度计法	2013－10－1
39	NB/SH/T 0871—2013	橡胶防护蜡	2013－10－1
40	NB/SH/T 0872—2013	水存在下润滑脂剪切稳定性测定法　水稳定性试验	2013－10－1
41	NB/SH/T 0873—2013	生物柴油及其调和燃料氧化安定性的测定　加速氧化法	2013－10－1
42	NB/SH/T 0874—2013	原油和液体石油产品　实验室密度测定　称量式数显液体密度计法	2013－10－1
43	NB/SH/T 0875—2013	家禽拔毛专用蜡	2013－10－1
44	NB/SH/T 0876—2013	在用发动机油中微量乙二醇的测定　气象色谱法	2013－10－1
45	NB/SH/T 5001.1—2013	石化行业能源消耗统计指标及计算方法　炼油	2013－10－1
46	NB/SH/T 5001.2—2013	石化行业能源消耗统计指标及计算方法　乙烯	2013－10－1

中国石化企业标准制修订：2013 年完成制定和修订并批准发布的石化集团公司企业标准共计 141 项(见表3)。

表 3　　2013 年批准发布的石化集团公司企业标准

序号	标准编号	标准名称	实施日期
1	Q/SH PRD0056—2013	船用内燃机油	2013－4－20
2	Q/SH PRD0057—2013	四冲程摩托车油	2013－4－20
3	Q/SH PRD0139—2013	长城 G－3 万向节润滑脂	2013－4－20
4	Q/SH PRD0143—2013	长城 CS 等速万向节润滑脂	2013－4－20
5	Q/SH PRD0327—2013	4502 合成压缩机油	2013－2－10
6	Q/SH PRD0332—2013	7019 系列高温润滑脂	2013－2－10
7	Q/SHCG 47. 1—2013	原油输送管道用钢管技术条件　第 1 部分：高频直缝电阻焊钢管	2013－5－1
8	Q/SHCG 47. 2—2013	原油输送管道用钢管技术条件　第 2 部分：埋弧焊钢管	2013－5－1
9	Q/SHCG 48. 1—2013	原油输送管道用钢材技术条件　第 1 部分：热轧钢板	2013－5－1
10	Q/SHCG 48. 2—2013	原油输送管道用钢材技术条件　第 2 部分：热轧卷板	2013－5－1
11	Q/SHCG 49. 1—2013	成品油输送管道用钢管技术条件　第 1 部分：高频直缝电阻焊钢管	2013－5－1
12	Q/SHCG 49. 2—2013	成品油输送管道用钢管技术条件　第 2 部分：埋弧焊钢管	2013－5－1
13	Q/SHCG 50. 1—2013	成品油输送管道用钢材技术条件　第 1 部分：热轧钢板	2013－5－1
14	Q/SHCG 50. 2—2013	成品油输送管道用钢材技术条件　第 2 部分：热轧卷板	2013－5－1
15	Q/SHCG 51. 1—2013	10 万 m^3 浮顶油罐用钢板技术条件　第 1 部分：12MnNiVR 钢板	2013－5－1
16	Q/SHCG 51. 2—2013	10 万 m^3 浮顶油罐用钢板技术条件　第 2 部分：Q235B 和 Q345R 钢板	2013－5－1
17	Q/SH 0089—2013	钻井现场 HSE 标志的设置	2013－6－1
18	Q/SH 0096. 1—2013	个体劳动防护用品配备要求　第 1 部分：油田企业	2013－6－1
19	Q/SH 0099. 2—2013	川东北地区天然气勘探开发环境保护规范　第 2 部分：采气与集输工程	2013－6－1
20	Q/SH 0515—2013	天然气井放喷电子点火装置	2013－6－1
21	Q/SH 0516—2013	天然气井放喷远程化学点火装置	2013－6－1
22	Q/SH 0517—2013	油田化学助剂中重金属的检测与评价	2013－6－1
23	Q/SH 0518—2013	非常规油气资源勘探开发环境保护技术规范	2013－6－1
24	Q/SH 0519—2013	成品油罐清洗安全技术规程	2013－6－1
25	Q/SH 0520—2013	成品油库与加油站电气安全技术规程	2013－6－1
26	Q/SH 0521—2013	成品油管道输送系统雷电防护技术导则	2013－6－1
27	Q/SH 0522—2013	成品油库设备检维修规程	2013－6－1
28	Q/SH 0523. 1—2013	油田企业电力安全工作规程　第 1 部分：变电站	2013－6－1
29	Q/SH 0523. 2—2013	油田企业电力安全工作规程　第 2 部分：电力线路	2013－6－1
30	Q/SH 0524—2013	油田企业工业用火作业安全规程	2013－6－1

续表

序号	标准编号	标准名称	实施日期
31	Q/SH 0525—2013	固井作业安全技术规程	2013-6-1
32	Q/SH 0526—2013	油水气井注氮气安全技术规程	2013-6-1
33	Q/SH 0527—2013	油田注水站安全技术规程	2013-6-1
34	Q/SH PRD 0119—2013	白油原料	2013-8-1
35	Q/SH 0420.1—2013	石油天然气勘探开发专业信息代码　第1部分：通用	2013-8-1
36	Q/SH 0420.2—2013	石油天然气勘探开发专业信息代码　第2部分：物化探	2013-8-1
37	Q/SH 0420.3—2013	石油天然气勘探开发专业信息代码　第3部分：井筒工程	2013-8-1
38	Q/SH 0420.4—2013	石油天然气勘探开发专业信息代码　第4部分：分析化验	2013-8-1
39	Q/SH 0420.5—2013	石油天然气勘探开发专业信息代码　第5部分：综合研究	2013-8-1
40	Q/SH 0420.6—2013	石油天然气勘探开发专业信息代码　第6部分：油气开发生产	2013-8-1
41	Q/SH 0420.7—2013	石油天然气勘探开发专业信息代码　第7部分：地面（海洋）工程	2013-8-1
42	Q/SH 0427.1—2013	物化探源点信息采集规范　第1部分：物化探部署	2013-8-1
43	Q/SH 0435.2—2013	石油天然气勘探开发信息交换标准　第2部分：图形交换	2013-8-1
44	Q/SH 0450.2—2013	油田企业能源审计方法　第2部分：油气生产	2013-8-1
45	Q/SH 0450.3—2013	油田企业能源审计方法　第3部分：石油工程	2013-8-1
46	Q/SH 0450.4—2013	油田企业能源审计方法　第4部分：公用工程	2013-8-1
47	Q/SH 0497—2013	岩石及原油中 $C_8 \sim C_{17}$ 异构烷烃的色谱分析方法	2013-8-1
48	Q/SH 0498—2013	伊利石结晶度X射线衍射分析方法	2013-8-1
49	Q/SH 0499—2013	岩石力学参数测试方法	2013-8-1
50	Q/SH 0500—2013	含水饱和度降压脱气测定与校正方法	2013-8-1
51	Q/SH 0501—2013	致密储层敏感性流动实验评价方法	2013-8-1
52	Q/SH 0502—2013	原油生产能力核定技术要求	2013-8-1
53	Q/SH 0503—2013	陆相页岩油资源评价方法（试行）	2013-8-1
54	Q/SH 0504—2013	页岩气资源评价方法（试行）	2013-8-1
55	Q/SH 0505—2013	页岩油勘探选区评价方法（试行）	2013-8-1
56	Q/SH 0506—2013	页岩气勘探选区评价方法（试行）	2013-8-1
57	Q/SH 0507—2013	页岩油油藏描述方法（试行）	2013-8-1
58	Q/SH 0508—2013	致密砂岩气藏描述方法（试行）	2013-8-1
59	Q/SH 0509—2013	页岩油油藏水平井地质设计规范（试行）	2013-8-1
60	Q/SH 0510—2013	致密砂岩油藏水平井油藏地质设计规范（试行）	2013-8-1
61	Q/SH 0511—2013	页岩等温吸附/解吸曲线测定方法（试行）	2013-8-1
62	Q/SH 0512—2013	页岩岩芯孔隙度、渗透率分析方法（试行）	2013-8-1
63	Q/SH 0513—2013	页岩气单井测井资料处理与解释规范（试行）	2013-8-1

续表

序号	标准编号	标准名称	实施日期
64	Q/SH 0514—2013	页岩油单井测井资料处理与解释规范(试行)	2013-8-1
65	Q/SH PRD0555—2013	工业用重质清洗油	2013-8-1
66	Q/SH 0556—2013	石油炼制催化剂分类和命名	2013-8-1
67	Q/SH 0022—2013	川东北含硫化氢天然气井试气推荐做法	2014-1-1
68	Q/SH 0168.3—2013	钻井队钻井设备配套要求　第3部分：4000m钻机	2014-1-1
69	Q/SH 0168.5—2013	钻井队钻井设备配套要求　第5部分：7000m钻机	2014-1-1
70	Q/SH 0168.6—2013	钻井队钻井设备配套要求　第6部分：9000m钻机	2014-1-1
71	Q/SH 0168.7—2013	钻井队钻井设备配套要求　第7部分：4000m及以下系列车装钻机	2014-1-1
72	Q/SH 0173—2013	川东北酸性天然气井井下生产管柱设计推荐做法	2014-1-1
73	Q/SH 0184—2013	山地地震勘探测量规范	2014-1-1
74	Q/SH 0185.1—2013	地震资料采集技术规程　第1部分：陆上通用	2014-1-1
75	Q/SH 0185.3—2013	地震资料采集技术规程　第3部分：沙漠	2014-1-1
76	Q/SH 0185.4—2013	地震资料采集技术规程　第4部分：山地	2014-1-1
77	Q/SH 0189.4—2013	测井地面系统检测与调试使用规程　第4部分：SL-6000测井地面系统	2014-1-1
78	Q/SH 0459.2—2013	炼化企业HSE培训管理规范	2014-1-1
79	Q/SH 0466.2—2013	石油化工污水监测技术规范　第2部分：厂界内化工污水	2014-1-1
80	Q/SH 0483.2—2013	带压作业操作规程　第2部分：油井	2014-1-1
81	Q/SH PRD 0528—2013	管材类聚乙烯树脂	2013-10-1
82	Q/SH PRD 0529—2013	中空吹塑容器类聚乙烯树脂	2013-10-1
83	Q/SH PRD 0530—2013	电线电缆绝缘类聚乙烯树脂	2013-10-1
84	Q/SH 0531—2013	承压堵漏施工和验收推荐做法	2014-1-1
85	Q/SH 0532—2013	水平井钻井定向施工工艺规程	2014-1-1
86	Q/SH 0533—2013	超高压水力压裂作业推荐办法	2014-1-1
87	Q/SH 0534—2013	套管开窗侧钻施工技术规范	2014-1-1
88	Q/SH 0535—2013	侧钻井膨胀套管完井施工作业规程	2014-1-1
89	Q/SH 0536—2013	射孔效能检测方法	2014-1-1
90	Q/SH 0537—2013	带压全密闭测井作业规范	2014-1-1
91	Q/SH 0538—2013	井下爆炸松扣与切割作业规范	2014-1-1
92	Q/SH 0539—2013	罐顶气轻烃色谱录井规范	2014-1-1
93	Q/SH 0540—2013	石油修井机检测评估分级规范	2014-1-1
94	Q/SH 0541—2013	石油通井机检测评估分级规范	2014-1-1
95	Q/SH 0542.1—2013	石油钻机检测评估分级规范　第1部分：机械驱动钻机	2014-1-1

续表

序号	标准编号	标准名称	实施日期
96	Q/SH 0542. 2—2013	石油钻机检测评估分级规范　第2部分：电驱动钻机	2014－1－1
97	Q/SH 0542. 3—2013	石油钻机检测评估分级规范　第3部分：复合驱动钻机	2014－1－1
98	Q/SH 0542. 4—2013	石油钻机检测评估分级规范　第4部分：海上平台钻机	2014－1－1
99	Q/SH 0543—2013	海上石油压力容器检验规程	2014－1－1
100	Q/SH 0544—2013	海洋石油工程地质调查要求	2014－1－1
101	Q/SH 0545—2013	浅海海底电缆工程设计、施工规范	2014－1－1
102	Q/SH 0546—2013	含硫化氢天然气井井下作业施工规范	2014－1－1
103	Q/SH 0547—2013	RMT测井资料处理解释规范	2014－1－1
104	Q/SH 0548—2013	APR压控式测试器测试作业规程	2014－1－1
105	Q/SH 0549—2013	油气井测试地面分离计量技术规程	2014－1－1
106	Q/SH 0550—2013	修井机大修理通用技术条件	2014－1－1
107	Q/SH 0551—2013	石油钻采高压管汇件检测及判定规范	2014－1－1
108	Q/SH 0552—2013	快速测井平台作业规范	2014－1－1
109	Q/SH 0553—2013	滩海井台、站台及滩涂道路石油生产设施地面工程设计规范	2014－1－1
110	Q/SH 0554—2013	滩海陆岸平台及进海路石油生产设施地面工程设计规范	2014－1－1
111	Q/SH 0557—2013	原油管道储运作业场所环境保护技术规程	2014－1－1
112	Q/SH 0558—2013	石油化工码头安全要求	2014－1－1
113	Q/SH 0559—2013	危险与可操作性分析实施导则	2014－1－1
114	Q/SH 0560—2013	HSE风险矩阵标准	2014－1－1
115	Q/SH 0561—2013	石油天然气勘探开发环境监测技术规范	2014－1－1
116	Q/SH 0562—2013	泡沫灭火剂质量监督和管理要求	2014－1－1
117	Q/SH 0563—2013	铝合金电力电缆设计与选用导则	2014－1－1
118	Q/SH 0564—2013	自产原油	2013－9－29
119	Q/SH 0565—2013	乙烯装置专用石脑油	2013－11－1
120	Q/SH 0100. 1—2013	计量管理与考核规范　第1部分：油田企业	2014－2－1
121	Q/SH 0100. 2—2013	计量管理与考核规范　第2部分：炼油化工企业	2014－2－1
122	Q/SH 0100. 3—2013	计量管理与考核规范　第3部分：油品销售企业	2014－2－1
123	Q/SH 0418—2013	石油天然气勘探开发业务分类与编码规则	2014－2－1
124	Q/SH 0426. 3—2013	地面(海洋)工程业务模型　第3部分：海洋工程设计	2014－2－1
125	Q/SH 0426. 4—2013	地面(海洋)工程业务模型　第4部分：海洋工程施工	2014－2－1
126	Q/SH 0432. 3—2013	地面(海洋)工程源点信息采集规范 第3部分：海洋工程设计(试行)	2014－2－1
127	Q/SH 0432. 4—2013	地面(海洋)工程源点信息采集规范　第4部分：海洋工程施工(试行)	2014－2－1

续表

序号	标准编号	标准名称	实施日期
128	Q/SH 0435. 1—2013	石油天然气勘探开发信息交换标准　第 1 部分：数据交换	2014 - 2 - 1
129	Q/SH 0566. 1—2013	油气田生产设施设备检维修规范　第 1 部分：抽油机	2014 - 2 - 1
130	Q/SH 0566. 2—2013	油气田生产设施设备检维修规范　第 2 部分：罐	2014 - 2 - 1
131	Q/SH 0566. 4—2013	油气田生产设施设备检维修规范　第 4 部分：锅炉	2014 - 2 - 1
132	Q/SH 0566. 5—2013	油气田生产设施设备检维修规范　第 5 部分：管线	2014 - 2 - 1
133	Q/SH 0566. 6—2013	油气田生产设施设备检维修规范　第 6 部分：加热炉	2014 - 2 - 1
134	Q/SH 0566. 7—2013	油气田生产设施设备检维修规范　第 7 部分：过滤器	2014 - 2 - 1
135	Q/SH 0566. 8—2013	油气田生产设施设备检维修规范　第 8 部分：分离器	2014 - 2 - 1
136	Q/SH 0567—2013	含硫化氢天然气集输管道清管作业技术规程	2014 - 2 - 1
137	Q/SH 0568—2013	高含硫化氢天然气集输管道运行技术规范	2014 - 2 - 1
138	Q/SH 0569—2013	建设项目环境监理技术规范（试行）	2014 - 2 - 1
139	Q/SH 0570—2013	腈纶短纤维和丝束命名规则	2014 - 5 - 1
140	Q/SH 0571—2013	合成树脂包装通则	2014 - 5 - 1
141	Q/SH 0572—2013	炼化企业测量管理体系实施指南	2014 - 2 - 1

（华祖瑜　刘慧敏）

【计量管理与监督】　国家石油天然气大流量计量站东营分站、武汉分站建设：2013 年 2 月，中国石化原油计量站、中国石化天然气计量站通过了国家质量监督检验检疫总局组织的现场考核验收，被授权冠名为国家石油天然气大流量计量站东营分站和武汉分站。其中，东营分站 2013 年检定/校准石化股份公司原油交接流量计 303 台次、体积管 13 台套，油田内外各种流量计 1 500 余台次；武汉分站利用已投用的移动式气体流量标准装置，全年检定天然气流量计 115 台。武汉分站工程项目 2012 年由中国石化批准立项，总投资 2. 2 亿元人民币；2013 年 6 月开工建设，截至年底已完成施工图设计和关键设备技术规格书编制，物资采购工作稳步进行中，楼体混凝土已完成浇筑。

企业计量工作检查：为加强企业计量管理，提高精细化管理水平，确保实现“质优量足，客户满意”的质量目标，2013 年 5—7 月，依据石化集团公司计量管理与考核规范系列企业标准，开展了对企业的计量检查。油田板块采取以东部老油田到西部新兴油田一对一帮扶方式检查了 9 家企业，炼油和化工板块联合组成 4 个检查组检查了 12 家企业，油品销售板块组成 10 个检查组检查了 35 家企业。9 月，以石化集团公司工作表单形式下发了《关于 2013 年计量工作检查情况的通报》。

计量人员培训：2013 年 4 月，在天津石化举办了气体检测报警仪计量检定员培训班，来自油田、炼化、油品销售企业的 151 人参加了培训；6 月，在山东东营举办了原油交接计量技术培训研讨班，对从事原油交接工作的 57 位计量管理和技术人员进行了培训；9 月，在山东济南举办天然气计量技术培训班，对来自油田、炼化企业的 61 位计量管理和技术人员进行了培训；11 月 5—24 日，组织企业计量管理骨干在北京燕化教培中心参加了第 12 期企业计量处（科）长岗位培训班，对 43 位计量管理和技术人员进行了培训。

（尉忠友）

企业改革与管理

◇ 综述

◇ 体制改革

◇ 企业管理

◇ 内控与风险管理

◇ 资本运作

◇ 股权管理

综　　述

2013 年，围绕提高发展质量和效益这个中心，石化集团公司立足长远，抓实当前，全面推进各领域的改革，强化提升管理，有力促进了科学发展，支撑了世界一流能源化工公司建设。

深化改革取得新突破。石化集团公司董事会规范运作、高效运行，注重在发展战略、重大决策、业绩考核、风险管控等方面发挥作用，促进了公司健康发展。总部职能进一步向战略规划中心、投资决策中心、资源配置中心、风险管控中心和协调服务中心转变。做实事业部迈出重要步伐，事业部的经营管理责任和权力逐步落实。专业化发展取得突破性进展，炼化工程公司在香港成功上市，进入了国际资本市场，为炼化工程板块进一步增强国际竞争力注入新的生机和活力，探索了混合所有制经济在中国石化的有效实现形式。石油工程、润滑油、催化剂等业务专业化发展进一步深化，地热产业发展总体思路和措施进一步清晰。金融业务专业化发展取得阶段性进展，中石化保险有限公司在香港注册成立。推进共享服务平台建设，财务共享服务平台建设开始试点。

企业管理取得新提升。制度管理信息化建设有效推进，总部和企业层面制度全面实现在线编制和查询，制度管理系统与合同管理等信息系统在部分企业实现有效衔接。管理提升活动进展顺利，专项提升、协同推进的良好局面业已形成，管理诊断下基层活动实效显著，物资集中采购、资金集中管理、信息管理等专项管理提升效果显著，相关经验在中央企业推广，持续推进管理提升的长效机制初步形成。改善经营管理建议取得实效，实施完成 1 455 项，累计降本增效 2.19 亿元。严格落实国务院国资委要求，初步建立较为完善的董事会对公司领导班子的业绩考核体系，围绕做实事业部和保增长、保效益，绩效考核评价体系进一步完善，导向作用进一步加强；加强投资控制，落实回报责任，追求投资效益的氛围更加浓厚；建立总部考核事业部、事业部考核企业为主线的考核模式。坚持“抓两头，带中间”，结合学习镇海炼化活动深化对标分析，深入开展“比学赶帮超”，抓典型、树标杆，抓困难和异常企业，全面促进管理提升，石化集团公司年度和任期考核结果在央企中继续保持 A 级，并获国务院国资委任期业绩优秀企业奖和科技进步企业奖，石化集团公司再次被评为业绩考核先进单位。

全面风险管理有效提升。提出了石化集团公司全面风险管理提升工作要求，进一步明确了加强风险管理的总体思路、目标、措施及分阶段任务。在总部和企业层面，建立完善了风险管理的组织体系，明确各层级风险管理责任。制定《全面风险管理暂行办法》《风险评估工作指引》等风险管理制度办法，形成石化集团公司风险管理基本制度体系。强化以风险管理为导向的内部控制建设，发布总部（集团、股份）内控手册、企业内控手册和企业内控实施细则指导意见，健全内控制度体系。深化内控信息化建设，推进内部控制落实到关键岗位和人员，实现在线开展季度内控测试等，提高内控管理信息化水平，推进内部控制深入实施。

（张建国）

体制改革

【转变总部职能、做实事业部】　为进一步完善中国石化管理体制，理顺管理关系，落实职责权利，提高管理效率，2013 年 4 月 3 日，石化集团公司下发《关于转变总部职能、做实事业部的措施意见》，明确油田事业部、油品销售事业部率先做实，重点在投资、财务、人事、科研、考核 5 个方面转变职能，调动企业积极性。同时，将科技开发部名称变更为科技部，信息系统管理部名称变更为信息化管理部，法律事务部名称变更为法律部；撤销工程企业管理部，将招投标和中国建筑业协会石化建设分会以及标准化、监理等相关协会管理职能调整到工程部，统一石化集团公司工程部建设管理。12 月 24 日，石化集团公司下发《转变总部职能、做实油田、炼油、化工事业部实施方案》和《关于进一步明确油品销售事业部有关职能的通知》，进一步明确投资、财务、人事、科研、考核等方面的职能划分，推进做实事业部。

（邢新丽）

【成立能源管理与环境保护部】　为进一步贯彻落实石化集团公司绿色低碳战略，加快构建资源节约型、环境友好型企业，打造绿色低碳发展新优势，促进可持续发展，2013 年 1 月 29 日，石化集团公司下发《关于成立能源管理与环境保护部的通知》，成立能源管理与环境保护部，将生产经营管理部节能减排管理职能，安全环保局（部）环境保护、节水、资源综合利用和清洁生产等管理职能调整到能源管理与环境保护部，并将安全环保局更名为安全监管局（部）。

（邢新丽）

【设立中国石化润滑油有限公司】 为进一步提高市场竞争力，深化润滑油业务专业化发展，做强做大润滑油业务，2013年2月18日，石化股份公司下发《关于设立中国石化润滑油有限公司的通知》，决定设立中国石化润滑油有限公司。

（邢新丽）

【设立中石化保险有限公司】 为统筹安排境外业务保险，适应国际化快速发展的需要，2013年7月5日，石化集团公司下发《关于设立中石化保险有限公司的通知》，设立中石化保险有限公司，注册地香港，注册资本3亿港元。中石化保险有限公司为石化集团公司全资子公司，业务归口集团财务部管理。

（邢新丽）

【设立休斯顿研究开发中心】 2013年7月22日，石化集团公司下发《关于设立休斯顿研究开发中心的通知》，决定在美国休斯顿设立技术研究开发中心，注册地美国特拉华州，注册资本900万美元。研发中心作为石化集团公司直属单位管理，业务归口科技部。

（邢新丽）

【明确设立中国石化催化剂有限公司事项】 2013年8月29日，石化股份公司下发《关于进一步明确设立中国石化催化剂有限公司有关事项的通知》，对中国石化催化剂有限公司设立后，原催化剂分公司所属单位隶属关系与名称变更、有关合资子企业出资人变更以及增资等事项进行明确。11月1日，石化股份公司下发《关于进一步明确注入中国石化催化剂有限公司资产范围的通知》，对注入催化剂有限公司的资产范围进行明确。

（邢新丽）

【资产公司所属7家化工企业委托化工事业部管理】 为进一步优化组织结构，理顺管理关系，发挥专业化管理优势，提高经济效益和市场竞争力，2013年3月1日，石化集团公司下发《关于资产公司所属7家化工企业委托管理的指导意见》，将资产公司所属南化、川维、巴陵、燕山、高桥、金陵、仪化7家化工企业委托化工事业部管理。

（邢新丽）

【积极推进业务外包工作】 为进一步突出核心业务，提高发展质量和效益，调整经营方式与人力资源配置，提高劳动生产率，2013年5月27日，石化集团公司下发《关于进一步推进业务外包工作的指导意见》，对推进业务外包工作进行了部署。

（邢新丽）

【中国经济出版社整体无偿划转】 2012年12月31日，国家财政部出具《财政部关于同意将中国经济出版社无偿划转给中国石油化工集团公司的函》，明确以2012年12月31日为划转基准日，将中国经济出版社全部产权无偿划转石化集团公司。2013年1月9日，国务院国资委召开中国经济出版社划转石化集团公司启动工作会议；3月22日，国务院国资委人事局出具《关于中国经济出版社划转交接工作有关事项的复函》，明确划转交接事项；4月16日，石化集团公司召开中国经济出版社划转衔接会议，完成划转工作。

（邢新丽）

【推进地热产业专业化发展】 根据石化集团公司党组中心组2013年2月21日在河北雄县地热现场学习（扩大）会精神和大力发展地热产业的工作部署，为有效实施石化集团公司绿色低碳战略，规范和指导地热产业发展，积极推进地热能开发利用工作，在充分研究论证的基础上，研究形成“中国石化集团地热产业发展总体框架方案”，经9月17日党组会审议并原则通过。在此基础上，编制印发《关于中国石油化工集团公司地热产业发展的指导意见》，明确了地热产业发展目标与规划部署，落实了地热产业专业化发展模式和责任主体：按照“专业化发展、市场化运营，突出管控和技术引领、多种运营方式并存”的精干高效商业运作模式，建立以新星石油公司为主体，事业部、专业公司、研究院、企业协同的发展体制，夯实资源基础，引导市场需求，推进地热资源勘探开发、研发与综合利用一体化发展，重点实施地热发电、供暖、制冷，努力打造中国地热开发利用第一品牌，将新星石油公司逐步培育为依托资本市场发展的国际一流清洁能源专业化公司，实现石化集团公司地热产业的跨越式发展。

（李旭东）

【境外业务机构调整试点】 进一步探索海外业务国家（地区）公司的建设模式，按照“一个国家（地区）树一面旗帜、建立一个公共服务平台、业务垂直管理，先试点后铺开、逐步整合境外机构”的原则，研究提出“调整完善驻沙特机构管理体制框架方案”。基本思路是：以沙特代表处为基础组建沙特公司，直属石化集团公司管理，代表石化集团公司统筹管理所有驻沙机构；在不改变原有机构隶属关系的条件下，由石油工程公司、炼化工程公司整合所属沙特业务机构。沙特公司定位为石化集团公司在沙特统一对外的窗口和资源共享的工作平台，是石化集团公司统筹驻沙机构管理、统筹共同性事务的协调服务机构。同时，在总结石化集团公司巴西有限公司前期试点经验的基础上进一步调整完善管理体制，将巴西有限公司由国际石油工程公司托管变更为由国际石油勘探开发公司托管。

（李旭东）

企业管理

【开展管理提升活动】 2013 年，按照国务院国资委《关于做好 2013 年中央企业管理提升活动有关工作的通知》的要求，石化集团公司统筹规划，系统推进管理提升活动。健全组织体系，在管理提升活动领导小组领导下，统筹推进投资决策等 13 个专项管理提升；突出重点，全面预算和全员成本目标管理、科技创新管理、物资采购管理、管理信息化 4 个重点领域实现瓶颈突破；深入推进管理诊断下基层，管理提升活动不断向基层延伸，油田、炼油、化工、油品销售、石油工程、炼化工程六大板块共诊断 50 家企业，提出诊断措施 1 267 项，其中已实施或不需要投资可解决问题 625 项；管理提升活动取得明显成效，石化集团公司坚持价值理念，把创造价值、创造效益作为公司生产经营和发展的出发点和落脚点，贯穿于公司管理提升各项工作开展的始终，全年实现降本增效 147 亿元。同时，石化集团公司管理提升活动得到了国务院国资委的充分肯定，国务院国资委编写的《管理提升活动简报》专刊介绍了中国石化管理提升活动典型做法。

（李雪峰）

【开展改善经营管理项目效益评价】 2013 年，为有效推进改善经营管理工作，按照创新性、效益性、典型性、推广性等原则，石化集团公司从企业上报的 182 项石化集团公司级改善经营管理建议项目中，优选出 17 项在石化集团公司或事业部（专业公司）层面具有推广价值的项目，分业务板块组织专家评价。经过石化集团公司财务部和石化股份公司财务部效益审核及审计局审计核查，17 个项目实施完成后前 3 个月净效益 1.25 亿元。通过层层宣传发动和培训，广大员工踊跃参与改善经营管理建议工作，全年石化集团公司共收到建议 64 186 项，已立项 12 274 项，降本增效 8.35 亿元。

（朱好生）

【完善“三基”工作评价标准】 为进一步完善“三基”工作评价体系，促进重点工作在基层有效落实，石化集团公司从基层领导班子建设、干部职工队伍建设、班组管理、综合管理、改善经营管理建议、技术经济指标完成、生产经营任务完成等方面，完善基层单位评价标准，调整评价权重；从组织管理体系、工作规划及年度计划制定、长效机制、创新创效、选典型树标杆、经验交流和改善经营管理建议工作等方面，完善组织单位评价标准，适当考虑安全环保等重大事故否决内容。

（朱好生）

【开展“三基”工作评选表彰和典型经验总结推广】 为鼓励先进，总结经验，树立典型，进一步提升“三基”工作管理水平，2013 年，石化集团公司共评选出 13 家“三基”工作先进组织单位、111 家先进基层单位和 112 名先进个人。总结胜利油田“四制一法一平台”的社区单元成本管理法、浙江石油温州分公司体验式管理法、广东石油队伍结构优化挂点帮扶等经验做法，组织推广学习胜利油田井下海洋试油一队“严细精准”管理法、镇海炼化炼油二部精细管理法、湖北荆门石油“基层队伍建设五步法”等基层单位典型经验，促进“三基”工作规范化、精细化。

（朱好生）

【进一步推进管理现代化创新工作】 2013 年，石化集团公司注重从 4 个方面推进管理现代化创新工作。①围绕提高发展质量和效益，结合管理提升活动重点工作，明确 10 个方面的管理创新重点，即制度执行力建设、改善经营管理建议、对标与“比学赶帮超”工作、“三基”管理、价值管理、全面预算和全员成本目标管理、内控与全面风险管理、国际化经营、管理信息化，以及管理理念、企业文化、低碳环保、安全生产、节能减排等方面。②抓好成果选题立项、跟踪评价、审核评定、效益评估、成果推广 5 个关键环节，培育有代表性、有效益、有推广价值的管理创新成果。③编辑出版《中国石化企业管理案例》，从近 3 年管理创新成果中，优选 106 项成果改编成管理案例，作为员工培训教材之一，进行推广。④组织第 22 届管理现代化评审工作，共有 226 项成果被评为石化集团公司管理现代化创新成果，其中一等

39 项、二等 84 项、三等 103 项。石化集团公司推荐上报的 7 项成果被评为第 20 届国家级企业现代化创新二等成果，分别是：江汉油田“基于行为导向的油田企业井下作业精细化绩效管理”，齐鲁石化“石化企业集中管理体制下分公司财务管理能力建设”，高桥石化“炼化企业项目前期的知识管理”，中石化森美（福建）石油有限公司“成品油销售企业强化执行力的岗位标准化建设”，上海工程公司“发展中国家工程总承包项目的税务筹划管理”，国际石油勘探开发公司“海外石油勘探开发企业国际化管理体制变革”，润滑油分公司“石化企业依托航天科技的高端润滑油品牌建设”。

（赵 楠）

【修订完善年度绩效考核办法】 2013 年，石化集团公司重点围绕做实事业部、落实工效联动增长机制，对年度绩效考核责任体系、考核指标体系和考核结果应用进行调整完善，印发《中国石化年度绩效考核管理办法》。①适应做实事业部，完善考核责任体系。按照权责对等原则，建立由总部考核事业部（专业公司）、事业部（专业公司）考核所属企业为主线的考核责任体系。②突出效益和回报导向，优化考核指标体系。按照突出效益贡献、投资回报、投入产出、人均劳效等原则，调整完善事业部（专业公司）、企业及其领导班子考核指标，建立以利润和 EVA 为主要导向、体现板块和企业差异的考核指标体系。③引导提升效益贡献，完善目标确定和考核还原办法 。将利润目标分档考核范围扩大到事业部（专业公司），规范基本目标确定原则，统一提升和奋斗目标标准，严格考核还原办法，将总部允许还原的条件由原来的 8 项调减为 4 项。④扩大工效联动范围，完善联动机制。将工效联动机制实施范围扩大到所有以生产经营为主要任务的单位，将联动指标由原来单一的利润扩大到利润和 EVA 指标，权重各为 50% 。

（董西增）

【强化全年效益目标考核】 按照石化集团公司党组关于全力以赴保效益、确保全年实现年度利润目标的要求，2013 年 9 月，石化集团公司印发《确保全年实现年度预算利润目标考核方案》。①强化 8—12 月利润目标分解。方案要求将效益目标层层分解，以月均利润分解落实各事业部（专业公司）等效益责任主体 8—12 月利润目标任务。各事业部（专业公司）按照总部分解的利润目标要求，在 8 月底前将利润目标分解落实到企业。②确保完成利润目标的机制建立。包括强化利润目标完成情况月度跟踪评价机制，将利润指标执行情况作为月度经济活动分析的重要内容，进行全面跟踪评价分析；抓重点单位，加大帮扶指导力度，重点关注对利润目标影响大的贡献大户和亏损大户“两头”企业；抓关键环节，细化工作措施，在抓产销、抓采购、抓投资、抓占用、抓考核、抓“双学”6 个方面，研究贯彻落实的具体措施。③严考核硬兑现的奖惩措施。包括加大效益实现情况专门考核奖惩力度，以年初核定的利润分档目标作为考核基数，比较企业实际完成利润与年初核定分档目标的不同情况强化效益专门考核奖惩，并进一步明确还原条件，除重要价格影响、财税政策及会计政策调整影响、公司重大生产经营计划调整影响，以及兼并、分拆等重大改革重组导致预算基础发生的重大变化外，其他因素一律不予还原；对增效贡献突出的企业进行总经理专项奖励，对在增产油气、增产高标号汽油、推进成品油优质优价政策执行、大力控制成本费用 4 个方面措施到位、成效显著的企业，以 8—12 月实际增效额进行统算，按照增效部分的 20% 予以奖励；进一步明确追加工资总额奖励的部分由企业自行消化。

（董西增）

【落实对标评价工作运行管理】 2013 年，石化集团公司围绕“加快建设世界一流能源化工公司”目标，提高整体核心竞争力，深化对标评价工作。印发《中国石化对标工作管理办法》，规范对标工作的管理流程和责任体系；坚持对标工作常态化，测算发布石化集团公司 2012 年内部对标评价标准和评价结果，组织 2007—2012 年对标结果分析；开展国务院国资委考核石化集团公司 8 项指标与国内外大公司的对标分析；完善对标指标体系，建立社区对标评价指标体系。

（董西增）

【推进“比学赶帮超”工作目标管理】 2013 年，石化集团公司“比学赶帮超”工作坚持“抓两头，带中间”，实施目标管理，工作取得新进展。①印发《关于深入推进“比学赶帮超”工作有关安排的通知》，对全年工作重点和推进计划做出总体安排。②完善对“比学赶帮超”工作实施目标管理的工作措施。明确目标管理内涵、目标管理过程控制内容以及各板块、各企业的目标分解和关键指标改进方式等，并要求根据自身特点，重点从生产优化、技术提升、精细管理等方面落实推进措施和目标计划，督促改进提升。③加强企业异常分析，促进“抓两头，带中间”。召开异常分析会，采取专家现场诊断、结对帮扶、专题攻关等方式，对企业进行指导帮扶，帮助其查找短板，明确具体措施和改进提升目标。组织召开学习镇海炼化暨管理提升座谈会，进行工作总结交流。④完善“比学赶帮超”信息模块发布功能，充分发挥信息技术优势，提升工作的实效性。

（董西增）

【加强总部层面制度管理】 结合转变总部职能、做实事业部和党的群众路线教育实践活动，石化集团公司进一步加强总部层面制度管理，重点审核制度制发程序，以及制度草案对部门职责的界定、审批权限的设定、与内控制度的一致性等事项，对于“三重一大”决策、企业自采、职工处分、工程招投标等重要管理制度，进一步强化与制度主办部门的沟通衔接，不断提高制度出台的科学性和实际操作的可执行性。同时，系统总结 3 年来标准化制度体系建设工作，进一步优化完善公司制度体系架构，对炼化工程、石油工程、矿区等业务制度子体系进行了优化完善。

（张国正）

【组织开展“我为制度做诊断”活动】 以学习镇海炼化为契机，石化集团公司在全系统组织开展“我为制度做诊断”活动，集中力量对企业制度建设与管理工作进行全方位梳理和诊断，查摆和重点解决存在的制度可执行性或操作性不强、制度之间衔接不顺、制度与其他管理要求不一致等突出问题，持续完善优化制度体系，不断提升制度执行力。胜利油田、中原油田、金陵石化、石家庄炼化、安庆石化、湖北石油分公司、第十建设公司等单位结合实际，广泛发动群众积极参与，采取行之有效的工作措施，取得较好的实施经验和工作成果。

（张国正）

【全面推进制度信息化建设】 在总部率先实现制度在线编制的基础上，进一步总结经验，研究制定和推动落实企业层面实施方案，2013 年，石化集团公司实现全系统“无纸化”编制制度，制度管理运行机制得到进一步强化。同时，以镇海炼化为试点推进制度管理信息系统与合同信息系统的有机衔接，为实现资源共享和畅通制度评价优化渠道进行积极探索。

（张国正）

内控与风险管理

【启动全面风险管理提升】 2013 年，石化集团公司印发全面风险管理提升工作方案，明确工作目标，提出工作标准和工作要求；建立健全各层面全面风险管理领导与组织机构，明确风险管理职责；发布石化集团公司《全面风险管理暂行办法》《风险评估工作指引》等风险管理基本制度；组织开展风险管理宣传培训，培育企业典型做法，推进全面风险管理工作深入开展。

（李军航）

【开展专项风险管理研究】 2013 年，石化集团公司全面梳理分析投资管理相关管理制度，围绕投资项目决策、实施及后评价全过程，制定投资风险管理工作总体规划。以油气产能建设投资项目为切入点，深入开展风险识别，研究建立专项风险评估模板，修订《油气产能建设投资项目可研报告编制规定》并发布实施。

（李军航）

【加强重大风险管理】 2013 年，石化集团公司组织开展年度风险评估，针对各类重大、重要风险，研究制定加强风险管理的策略和措施，落实管理责任，加强日常动态监控；组织有关单位，对石化集团公司大宗商品经营、融资性贸易、质押融资、存货、客户信用管理等业务进行全面排查和分析，识别、评估相关风险，结合管理现状，研究制定加强相关风险管理的策略和措施，提高风险防范意识和水平。

（李军航）

【动态完善内控制度体系】 2013 年，石化集团公司发布《总部内控手册》《企业内控手册》《企业内控实施细则指导意见》，组织企业编制内控实施细则；以销售事业部为试点，建立销售板块统一内控制度；按照做实事业部要求，落实总部领导分工及总会计师职能转变等相关权限变化，结合各单位的意见和建议，动态修订内控制度，确保内控制度动态适应石化集团公司管理需要。

（李军航）

【深化内控信息化建设】 2013 年，石化集团公司实现总部内控手册、企业内控手册上线运行，落实内控制度到相关部门及关键岗位，开发完成总部内控手册查询、企业内控制度在线修订、总部内控测试、内控问题跟踪整改，以及内控检查评价功能，进一步提升石化集团公司内控管理信息化水平。

（李军航）

【开展内控日常监督检查】 2013年，石化集团公司每季度组织内控测试，汇总分析各类问题，印发《内控简报》，指导各单位不断改进、完善内控工作，提升执行力。针对近几年部分企业发生的违规违纪问题，选择6家企业开展内控专项调研，深入剖析问题根源，分析内控薄弱环节，研究制定改进完善措施，进一步提升石化集团公司内控制度设计及执行的有效性。

（李军航）

资本运作

【概述】 2013年，石化集团公司按照“十二五”工作规划部署，以“建设让人民满意的世界一流能源化工公司”为发展目标，紧密结合六大发展战略，坚持“促进重组、拓展融资、整合资源、加强并购、借力发展、提升价值、推动流转”的资本运作方针，紧紧围绕质量、效益，积极开展资本运作，促进专业化重组，积极筹措资金，整合内部资源，加大兼并收购力度，开展合资合作，在加强上市公司市值管理的同时积极推动产权流转。年内主要开展了炼化工程公司境外上市、香港冠德公司H股闪电配售、上海石化和仪化公司股权分置改革、石化股份公司收购石化集团公司海外上游资产，以及塔河分公司企地合作融入地方等重点工作。

（郑子翔）

【炼化工程板块实现境外上市】 2013年5月23日，石化集团公司完成中石化炼化工程(集团)股份有限公司(简称炼化工程公司，股票代码02386.HK)的IPO发行，首发H股价格为10.5港元/股，总订单覆盖倍数6.5倍，公开发售部分获得了29.31倍认购，成功触发了回拨机制，募集资金总额139.44亿港元。炼化工程公司IPO是2013年亚洲最大的IPO、全球最大的工程建设类公司IPO以及香港市场自2012年以来最大的非金融机构IPO。炼化工程公司的成功上市有力推动了石化集团公司炼化工程企业由单体发展向板块整体发展转变，将现有优势和潜力转化为现实的竞争力和生产力，同时打造了石化集团公司资本市场新的融资平台，石化集团公司专业化重组上市工作成功迈出了第一步。

（郑子翔）

【冠德公司H股闪电配售】 为了充分利用中石化冠德控股有限公司(简称冠德公司)红筹股平台优势，拓展上市子公司融资渠道，实现公司自我发展，逐步将冠德公司打造成国际一流仓储物流公司，2013年5月2日，石化集团公司启动了冠德公司H股闪电配售工作。此次闪电配售采用非公开发行方式，配售的新股共计4.125亿股，配售价格为6.50港元/股，共计募集资金约26.5亿港元。本次闪电配售公告后，冠德公司总股本从10.37亿股扩大到24.865亿股，总市值从约40亿港元增加到了约190亿港元，总融资约61.5亿港元，助推其实现了质的跨越，朝着国际一流石化仓储码头和物流业务上市公司的目标更进一步。

（郑子翔）

【上海石化和仪化公司股权分置改革】 上海石化和仪化公司曾于2006年10月和2007年12月2次启动股改工作，由于多种原因均未获得A股流通股股东通过。2013年5月，石化集团公司重启了2家公司的股改工作。6月8日，上海石化和仪化公司公告了股改初步方案；在充分听取流通股股东意见的基础上，6月20日公告了修改后的股改方案。在股改方案获得国务院国资委和财政部批准同意的基础上，7月，上海石化和仪化公司股改方案获得股东大会顺利通过。10月22日和11月5日，上海石化和仪化公司分别召开股东大会通过了股改承诺中的分配方案，上海石化、仪化公司股改工作顺利完成。

（郑子翔）

【石化股份公司收购石化集团公司海外上游资产】 为了逐步解决石化集团公司与石化股份公司同业竞争问题，同时打造石化股份公司上游资源长板，改善石化集团公司国际勘探开发公司资产负债结构，同时履行石化集团公司逐步将海外资产注入石化股份公司的承诺，2013年1月，石化集团公司成立了海外资产注入项目协调组，全面开展相关工作。3月22日，石化股份公司董事会审议通过了相关议案，本次交易总对价30亿美元，石化股份公司全资子公司SHI与石化集团公司全资子公司Tiptop HK共同出资，在香港设立一家合资公司收购了石化集团公司国际勘探开发公司所属哈萨克斯坦CIR项目、俄罗斯UDM项目和哥伦比亚圣湖项目相关股权。该项目经国家发改委和商务部分别批复同意。截至年底，3

个项目正式完成交割。本次交易对 2013 年石化股份公司每股收益增厚 0.015 元，增厚比率 1.77%，同时使石化股份公司的合并境外探明储量由 2012 年的 72 百万桶油当量增至 330.2 百万桶油当量，增幅达 358.6%；合并境外产量由 2012 年的 21.7 百万桶油当量增至 58.7 百万桶油当量，增幅达 170.7%，成功达到了预期目的。

（郑子翔）

【塔河分公司与地方企业组建合资公司】 为贯彻落实中央新疆工作座谈会精神，中国石化根据“融入地方、借势发展、合作共赢”的指导思想，创新合作模式，拓宽发展思路，经过与新疆维吾尔自治区认真协商，确定以塔河分公司为基础，引入地方国有企业出资入股，实现了企地共赢。根据合作方案，中国石化以塔河分公司现有全部资产作为出资，新疆维吾尔自治区以现金进行出资组建合资公司。合资公司于 2013 年 4 月 1 日正式运行。地方国企参股塔河炼化后，双方利益更加一致，地方政府对待企业的态度更加积极，服务更为优良。地方政府从支持塔河炼化做大做强的原则出发，为企业创造良好的外部环境。

（郑仰南）

股权管理

【概述】 截至 2013 年底，中国石化共有境内股权投资 1 476 项，涉及账面投资余额 911.83 亿元。其中，2013 年新增股权投资 111 项，其他处于筹建期的股权投资 94 项，非持续经营股权投资 94 项，共涉及账面投资余额 243.78 亿元；处于经营期的股权投资 1 177项，涉及账面投资余额 668.05 亿元，取得收益 38.13 亿元，投资收益率 5.71%。

（闵　川）

【完善股权管理制度】 制定下发《中国石化产权管理暂行办法》，以产权全生命周期管理为主线，围绕产权出资管理、产权运营管理、产权流转管理 3 个环节，涵盖产权出资、产权登记、资产评估、境内外股权管理、专职董（监）事管理、产权转让、产权无偿划转和清算注销等方面内容，进一步明确了产权管理职责，规范了业务流程。

（闵　川）

【做好股权管理基础工作】 建成投用中国石化股权管理信息系统，进一步完善股权投资信息和派出人员基本情况数据库；完成国务院国资委上市公司国有股权管理信息系统应用上线工作，建立 9 家控股上市公司基本运行信息和 2008—2013 年财务指标数据信息库。组织开展境内外股权投资统计分析工作，完成股权管理年度分析报告；完成《石化集团 2005—2012 年吸引民间投资等社会各类投资情况报告》等 9 个专项报告的起草和报送国务院国资委工作。完成《境内股权管理文件汇编》《境外股权管理文件汇编》和《上市公司国有股权管理文件汇编》的编纂印发工作，组织对相关企业和控股上市公司业务人员进行专题培训。

（闵　川）

【加强股权运营管理】 通过对股权投资单位重大事项归口管理、专业审核，加强了对股权投资单位的行权管理。推进个人代持境外国有股权和离岸公司的专项清查工作，全年共组织完成 7 项个人代持境外国有股权的清退工作。组织做好所属控股上市公司运行监控工作，通过每季度系统报备运行情况，初步摸清了系统内企业开立证券账户及持有上市公司股份情况。

（闵　川）

【积极推动产权流转提升股权价值】 下发《关于进一步做好产权流转处置工作的通知》，将 222 项低效、无效和非主业产权投资列入流转处置范围，制定了石化集团公司年度清退计划并组织实施，全年按计划完成清退产权 32 项，取得处置收入 1.29 亿元。

（闵　川）

财务资产管理

◇ 综述

◇ 预算管理

◇ 资金管理

◇ 会计管理

◇ 资产管理

◇ 土地管理

◇ 年金管理

◇ 总部机关财务管理

◇ 保险管理

◇ 财税价格管理

◇ 财会队伍建设

◇ 专项管理

◇ 财务状况

综　　述

2013 年，财务系统紧紧围绕提高发展质量和效益这一中心，牢牢把握“全力以赴保效益，改革创新促转型，强化管理上水平”这一工作主线，全方位加强价值管理，完善全面预算管理，强化资金统筹运作，深化全员成本目标管理，不断提升财务管理水平，在决策支持、推动改革、资金保障、成本控制、争取政策、管控风险等方面做了大量工作，为石化集团公司的改革发展做出了应有的贡献。

（巩祎昌　魏　哲）

预 算 管 理

【深化预算执行分析】 集团层面：更加注重市场走势剖析收入、效益实现情况，对国际原油价格、化工产品价格等建立市场走势图，通过对收入量价的结构分析，研究价格、收入与效益的关系；建立月度效益走势曲线图，掌控市场宏观经济规律，提高了月度预算的符合率、执行力和指导性。更加注重存货成本与市价对比分析，揭示高成本库存跌价风险，逐月跟踪主要原材料和产成品库存成本变化，引导公司坚持低库存运行。企业层面：严格控制各项成本费用支出，通过对总成本分类逐项分析，研究主要成本结构变化，对固定成本和变动成本采取不同的控制措施，加大重点成本费用管控。注重企业效益执行结构分析，分类查找企业预算执行欠进度的经营业务及其存在的问题，研究提出改进措施及建议，按月督导企业整改落实。

（巩祎昌　魏　哲）

【建立完善预算日常管控机制】 建立企业财务预算管理工作考评制度，每月从财务指标完成情况、月度预算符合率、月度预算基础工作质量、重大事项管理情况 4 个方面进行考评，实行“流动红旗”和“红灯预警”机制。每月对各板块预算执行情况进行通报，加强企业间对标，督促企业提高预算编制的准确性，改善成本费用指标，推动全年效益目标完成。建立“六项费用”预算执行情况通报机制，从严控制 6 项重点监控费用。

（巩祎昌　魏　哲）

【扎实推进全员成本目标管理】 2013 年是持续推进全员成本目标管理的第 4 年，也是工作成效更为显现的一年。按照石化集团公司党组“经营一元钱，节约一分钱”的要求，制定全员成本目标管理工作要点，对全员成本目标管理工作进行部署安排。搭建全员成本目标管理经验交流平台，总结推广 21 家企业经验。坚持“抓两头，带中间”，先后深入 11 家企业开展督导帮促活动。贯彻落实中央“八项规定”和石化集团公司党组实施细则，实施“十大生产经营重点措施”，细化降本增效措施，狠抓物资采购、投资项目、原油采购等重点环节的成本管控。完善持续推进全员成本目标管理考评办法，增加了成本费用利润率、资产收益率等效益类指标，对领先指标进行了重新分档，并对强化考评奖励比例和范围进行了调整，督促企业从单纯注重成本向成本与效益并重、更加突出发展质量转变。成本管理成效显著，全年公司成本费用支出增幅 3.7%，比收入增幅低 0.3 个百分点，“六项费用”同比下降 17.7%。在人工、折旧等支出同比大幅增加的情况下，各板块单位完全成本全部控制在预算目标之内，为石化集团公司完成效益目标发挥了关键作用。西北油田分公司、镇海炼化、浙江石油分公司、工程建设公司等 58 家单位获 78 项次全员成本目标管理奖；江苏油田分公司、石油储备公司、四川维尼纶厂等 47 家单位在物资采购、原油采购、热电、水务业务等方面获奖；西北油田分公司标准成本“三分两全管理法”、北京石油分公司“两微工程”等 7 个项目获得成本管理优秀项目奖。

（巩祎昌　魏　哲）

【细化保效益措施】 8 月调整下达了各事业部、专业公司年度利润目标和成本费用控制目标，督导各事业部、专业公司分解落实全年利润目标和细化落实“保效益”具体措施，按月紧盯企业效益预算执行不放松。落实石化集团公司《确保全年实现年度预算利润目标考核方案》的要求，研究制定 2013 年大力控制成本费用专项工作奖励实施细则，严控前期已实现节约的成本费用不反弹。强化财务预算执行分析，及时揭示全年利润目标运行风险，监控重点企业和重点业务效益运行情况，逐一组织分析会诊存在的问题和潜在风险，全面掌握情况，客观识别风险，防范经营风险。

（巩祎昌　魏　哲）

【编制完成 2014 年财务预算】 研究制定 2014 年财务预算编制工作方案，确定职责分工和工作进程节点。按照做实事业部的要求，落实事业部、专业公司作为“三大计划”编制和执行主体责任，研究提出完善实施利润预算目标与工资总额联动挂钩办法。研究提出2014年财务预算指导思想和工作原则，在客观分析各板块经营环境和经营能力的基础上，根据公司预算目标和板块建议方案，加强各板块的对接和沟通，编制完成石化集团公司2014年财务预算。

（巩祎昌　魏　哲）

资 金 管 理

【加强筹融资统筹运作】 坚持保障资金需求、控制融资成本，与金融机构密切合作，加强市场研判，控制融资风险，灵活运用增发股票、发行国际债券和美元商票、组织国际银团贷款等手段，筹措低成本资金，保障了生产建设和境内外投资项目的资金需求，同时，有效控制融资成本、改善债务结构。全年成功发行70亿美元境外债券，石化集团公司被评为《国际金融评论亚洲版》杂志“2013年度最佳发行人”。抓住市场时机在较短时间内完成石化股份公司H股定向增发，募集资金240.42亿港币，折合人民币194.07亿元，为调整公司资产负债结构起到了积极作用。组织境外资金平台完成境外30亿美元商票（USCP）的滚动发行。境内成功发行150亿元超短融债券。2013年石化集团公司平均综合融资成本率2.96%，在付息债务规模总体增加412亿元的情况下，财务费用同比降低26亿元。

（巩祎昌　魏　哲）

【严控债务风险】 加强对资金市场趋势的预测和分析，加强利率、汇率变动风险预警。制定年度资金平衡计划，加强对债务的统筹管理，强化债务月度分析监控，及时提出风险预警和风险防控管理建议。组织开展银行账户和资金安全专项检查，发现问题及时整改。对投资、对外捐赠、存货等重大事项进行专题部署。对金融衍生品业务进行监管，规避利率及汇率波动风险。通过加快资金回收、压减资金占用、严控资金支出等措施，压减债务规模，公司年末资产负债率57.75%，比年初下降1.62个百分点；资本负债率39.58%，比年初下降0.35个百分点。

（巩祎昌　魏　哲）

【加强资金日常管理】 把大力压缩资金占用作为公司资金日常管理的首要任务，强化资金预算安排，加大应收账款清欠力度、大力压缩存货占用，合理控制对外支付，强化资金日常集中管理，狠抓存量资金的优化配置，努力挖掘资金潜力。利用境内财务公司、境外盛骏公司2个平台，统一组织头寸、调度头寸。加强与银行合作，保证加油站上门收款业务稳定开展，确保资金及时归集。全年资金收支缺口比预算收窄597亿元，年末应收账款余额比年初下降252亿元，应收账款周转率比上年加快1.19次。

（巩祎昌　魏　哲）

【持续推进资金集中管理信息系统提升】 依托现有资金管理信息系统，强化资金日常管理，促进石化集团公司整体资金集中管理要求的逐级落实。配合完成资金集中管理系统验收，编制全球资金系统项目可研报告、投资立项评估等工作。深入论证集团全球资金系统建设尤其是盛骏公司核心系统提升工作方案，完善系统建设报告。

（巩祎昌　魏　哲）

会 计 管 理

【规范会计核算】 加强制度建设，规范企业会计核算。结合转变总部职能、做实事业部的管理要求，修订完善会计手册。针对重点、难点、新增业务，进行会计核算流程的调整、补充和完善，强化管理要求。加强财务数据质量管控，提高日常监控能力，努力将报表问题及时发现和调整在数据源头，提高报表出具的效率和质量。

（巩祎昌　魏　哲）

【深化会计信息化系统应用】 深化会计集中核算系统与相关系统的集成和融合，更加突出数据共享，整合系统登录界面。支持ERP大集中建立和完善持续运维机制。提升交易平台系统功能，实现集团内部交易全范围、全流程管理。完成因公司性质转变、新成立子公司、系统程序上线等情况涉及的平台上线实施工作。完成部分企业特殊内部交易程序开发及功能上线。开发完成平台电子影像化功能，确保发票传递与交易模板的匹配，提高双方挂账的效率。集团与股份间交易采用逐笔核对自动提交方式，全面提高内部关联交易核对准确性。开发XBRL模块，顺利完成XBRL试点报送并通过财政部验收；开发符合XBRL规范要求的报表数据标准化管理模板，实现 XBRL 财务报告数据的自动生成。

（巩祎昌　魏　哲）

【启动财务共享服务试点建设】　2013 年，财务共享服务试点建设取得实质性进展。作为石化集团公司重点工作，3 月召开财务共享服务启动会，正式启动财务共享服务试点建设和费用报销信息系统的设计工作；围绕建设方案，成立机构，抽调骨干，调研考察，制定工作目标，明确纳入试点实施的企业范围；研究技术开发方案，基本完成试点阶段财务共享服务需求调研和整体设计工作。

（巩祎昌　魏　哲）

【完成年度财务决算】　加强财务日常管控，严格规范执行《会计手册》，依托会计集中核算系统深化应用，严格执行财经纪律工作，首次实现境内外业务全级次报送。2013 年，石化集团公司被国务院国资委评为财务决算先进单位。

（巩祎昌　魏　哲）

资产管理

【加强资产管理制度化信息化建设】　落实做实事业部、专业公司的要求，完成石化集团公司《资产管理办法》修订工作。按照分级管理、适度授权的原则，进一步落实事业部、专业公司的资产管理责任，重点对石油工程公司、炼化工程公司资产审批权限进行了调整。完成石化集团公司级企业持有的各层级产权重新登记及系统上线工作。研究制定固定资产模块提升优化方案，完成对模块查询、单据传递打印、资产组、数据管理分析、闲置资产信息平台等功能的优化改进，完善了模块功能。

（巩祎昌　魏　哲）

【加强资产运营管理】　建立并实施固定资产运营分析报告制度，完成企业固定资产运营情况专项分析，提示问题，规范企业行为，促进企业提高资产运营管理水平。落实国务院国资委关于开展清理处置低效、无效资产的工作要求，对石化集团公司低效、无效资产情况进行梳理分析，提出开展清理处置工作的方案意见。组织指导石油工程公司开展土地房屋资产权证清查规范工作，为石油工程公司上市创造条件。研究制定新星石油公司地热固定资产类别、折旧政策等相关问题规定，统一地热资产管理，支持公司地热产业发展。利用产权登记系统信息，对石化集团公司长期股权投资项目进行了全面梳理，更新了石化集团公司产权分布图谱，形成 2012 年度产权登记专项分析报告。结合国务院国资委上线审查发现的问题，对石化集团公司产权登记情况进行了通报，指出 4 个方面存在的突出问题，提出 4 项整改要求。

（巩祎昌　魏　哲）

【加强资产评估管理】　完成资产评估机构的评价与动态调整，组织企业对资产评估机构执业情况进行评价。按照“保证需要、择优选用、适度缩减、动态管理”的原则，对选聘范围进行了调整，数量由 35 家调整为 23 家。严肃机构选聘管理，对执业质量存在问题的 3 家机构下达暂停服务资格通知。完成资产评估备案项目 55 个，涉及净资产账面价值 347.5 亿元，评估值 481.5 亿元，增值 134 亿元，增值率 38.6%。对备案项目，坚持做到符合要求及时办理、不符合要求坚决不予过关，严把质量关。完成企业商誉减值测试报告审核工作。完成了国务院国资委资产评估备案管理工作检查的迎检工作，工作成效受到国务院国资委的充分肯定。

（巩祎昌　魏　哲）

土地管理

【开展用地统计分析】　利用土地管理信息系统，完成 2013 年《土地统计情况分析报告》，对自有土地性质、用途、分布区域等自然属性进行统计分析，掌握了土地资源配置情况；对租赁、税费缴纳等经济行为进行统计分析，了解了土地效益分布情况；对新增、处置、待用及权证持有等相关土地情况进行统计分析，掌握了各单位用地结构和动态变化情况。通过对土地管理工作情况的总结和对现存问题的分析，研究提出了工作对策。通过系统分析用地情况，为实现土地资产保值增值打下了基础。

（巩祎昌　魏　哲）

【修订土地管理制度】　完成中国石化《土地管理办法》《新增建设用地管理实施细则》《土地盘活处置管理实施细则》和《土地评估机构选聘范围》的修订完善工作。在管理体制上，实行总部—事业部（专业公司）—企业三级土地管理体制。在管理流程上，各企业处置权限内的土地使用权盘活处置，自行审核批复；超过企业审批权限的，由企业将盘活处置方案相应事业部(专业公司)；超过事业部(专业公司)审批权限的，由企业将盘活处置方案直接上报石化集团公司(股份公司)。在管理权限上，确定了董事长办公会—总经理(总裁)—分管领导—事业部(专业公司)—企业5级审批权限，事业部(专业公司)具有非重要区域、非授权经营30亩(2万平方米)以下出让土地的处置权限。在管理方向上，引入“盘活”的概念，鼓励企业优化土地资源配置，加强待用土地盘活利用。土地管理“两法两则”的修订，为加强土地管理提供了更具操作性的行为规范。

(巩祎昌　魏　哲)

【加强无证土地权属完善工作】 下发《关于加快推进无证土地办证工作的通知》，落实具体办证任务，要求66家单位按照取得无证土地的时间，分层推进。2013年6月，召集相关企业就无证土地办理情况进行对接，对办证过程遇到的问题进行沟通协调。全年完成5 835宗、4.42万亩(29.47平方千米)无证土地办证工作，无证土地宗数占比下降2.1个百分点。

(巩祎昌　魏　哲)

【加强待用土地盘活处置工作】 下发《关于下达2013年待用土地盘活处置计划的通知》，要求48家单位在2013年度完成835宗、1 215万平方米待用土地盘活处置工作。鼓励企业通过融入地方，借势发展，也可以采取自行建设、公开转让、置换、出租，或者与具有房地产开发资质及一定经济实力的企业合作等更加灵活的方式，最大限度地挖掘待用土地潜力，提高土地经营效益。通过答疑、座谈、现场指导等形式指导企业主动运作盘活处置事项。完成茂名石化防城港闲置土地作价出资、镇海炼化重油加工项目占用存量土地、上海石油罗泾油库及码头转让等57项土地盘活处置工作。按照中国石化《土地管理办法》、内控制度等相关文件的要求，按照工作程序对企业土地处置评估报告进行审核备案。全年审核土地估价报告71份，备案66份，涉及土地1.17万亩(780万平方米)，总价值30.39亿元。

(巩祎昌　魏　哲)

【完成土地租金调整】 2013年是关联交易土地租金按照接近市场化标准收取的第1年。完成土地租金发票税控机更新配置与升级，扬子石化、山东石油、福建森美等4家单位承租土地面积及租金核减，以及山东省授权经营土地收益支付等工作，做好收取土地租金的前期准备工作。按照国标税控系统“当日开具发票，次日汇总报税”的要求，完成土地租金发票开具及代扣代缴税工作，累计开具土地租金发票344张、开票金额共计98.58亿元。做好2014年土地租金调整预算与核实工作，对总部已批复处置、重复评估、测绘误差等需调整土地租金的情况，分类汇总，提出土地租金调整意见。

(巩祎昌　魏　哲)

【协调处理土地热点问题】 指导高桥石化与上海市政府就高桥石化老区产业结构调整及相关土地收益问题进行沟通、谈判，为中国石化与上海市签订最终补偿协议打下基础。对石油工程重组改制土地问题进行工作指导，召开石油工程土地清查对接会，组织指导石油工程公司及8家油田企业成立土地清查小组，出具土地清查结果报告；根据清查结果，提出出让、授权经营、划拨土地的相关处置意见。配合发展计划部就杭州石化整体搬迁事宜与杭州市政府展开协商谈判，积极争取土地权益。指导北海炼化与地方政府沟通协调，借势发展，合作共赢，提出确保石化集团公司利益最大化的土地盘活处置方案。

(巩祎昌　魏　哲)

年金管理

【加强企业年金基础管理】 梳理优化业务流程，压缩缴费环节的业务处理时间，实现了当月缴费资金当月投资分配，提高了资金使用效率。落实理事会审定的投资分配政策，新增缴费资金继续向投资业绩靠前以及有较好投资项目的管理人倾斜。2013年支付企业年金待遇4.52亿元，为11 394名职工办理了个人账户支付，为23 273名职工办理了过渡性年金支付。截至2013年末，累计支付企业年金待遇8.48亿元。

(巩祎昌　魏　哲)

【加强年金投资运营管理】 强化对投资管理人的过程监督，密切关注各项投资操作，及时与投资经理进行沟通，确保监督工作有序到位。在坚持追求绝对收益投资理念的基础上，对部分固定收益类资产的持仓比例给予一定的灵活度，鼓励投资管理人抓住市场机会，提高收益水平。将投资政策细化为便于日常监控的交易监督事项表，利用托管行的监督系统实现投资操作的及时监控，对于尚不能嵌入系统进行监控的部分事项，则采取每日手工汇集数据的方式进行监控，确保了投资政策的有效执行。每日关注投资管理人的组合净值增长率及大类资产的市值增长率，对于净值下跌幅度超过平均水平的投资组合，及时与投资经理沟通，确保风险可控；对于阶段性业绩不理想或净值波动较大的部分组合，及时约谈。要求投资管理人加强对突发事件的研究，及时提交分析报告，及时提交操作策略报告，对判断市场走势、加强策略管理发挥了重要作用。2013年企业年金收益率 4.43%，累计达到 10.42%。

（巩祎昌　魏　哲）

【做好应付工资结余用于年金缴费工作】 2013 年 5 月，国务院国资委批复同意石化集团公司动用应付工资结余用于补充企业年金缴费。认真做好工资结余资金的划缴、分配和资金的投资运营管理工作。利用石化集团公司实施一个年金计划、执行统一年金政策的优势，制定了“统一缴费、统一分配、统一运营”的实施方案。逐家落实各单位工资结余缴费数额，完成资金的归集和公共账户分配。为分散基金规模扩大带来的投资风险，通过对有年金投资资格的机构近年来在年金市场的投资业绩、机构综合实力的比选，将太平养老等 6 家机构新增为投资管理人。按照稳健操作的原则，制定新增缴费资金的投资运营方案，确定新增资金主要投资于协议存款和债权计划等低风险的固定收益类产品。

（巩祎昌　魏　哲）

总部机关财务管理

【完成总部机关财务预算和决算】 提前做好决算前的各项准备，妥善解决决算中遇到的问题，及时协调审计调整事项，及时整改决算审计发现的问题，按期完成 2012 年石化集团公司总部机关财务决算工作。严格执行中央“八项规定”精神和石化集团公司实施细则，结合总部机关经费预算管理要求，严控各项成本费用支出，编制完成 2014 年总部机关经费预算。

（巩祎昌　魏　哲）

【总部机关财务专项工作】 为配合国家有关部门组织的落实中央“八项规定”的检查工作，对总部机关部门 2012 年度和 2013 年 1—4 月 8 项费用预算和实际执行情况进行了统计；针对统计情况以及存在的问题进行了分析研究并与有关部门进行了沟通落实。根据国家和北京市有关规定，结合总部员工 2012 年工资收入情况，配合完成基本养老、基本医疗、工伤、失业、生育保险和住房公积金的调整工作。配合完成全系统为四川雅安地震灾区捐款的收取和对外支付工作。

（巩祎昌　魏　哲）

保 险 管 理

【中石化保险有限公司成立】 2013 年 11 月 12 日，中石化保险有限公司在香港正式挂牌成立。

（巩祎昌　魏　哲）

【完成境外保险业务对接】 按照党组关于石化集团公司所属各单位境外业务保险由自保公司进行统筹管理的要求，组织自保公司和国际石油勘探开发公司、联合石化公司、石油工程公司、炼化工程公司等 12 户有境外业务的企业，以及安监局、外事局和董秘局等部门对 2014 年境外保险业务办理等事宜进行业务对接，监督自保公司制定境外保险业务衔接方案，在不影响各单位生产经营、不提高保险费率、不降低保险服务水平、不拉长保险投保和理赔时限、不脱保的情况下，最大限度预防风险、分散风险、转移风险、控制风险。

（巩祎昌　魏　哲）

财税价格管理

【积极争取财税政策】 加强与财政部的协调沟通，争取到所得税返还和国有资本经营预算到位资金 262 亿元。努力推动新机制出台，国家新的成品油价格机制于 2013 年 3 月 26 日实施，油品质量优质优价政策于 9 月 16 日正式出台，为炼油板块由亏转盈创造了条件，对保障公司整体效益实现起到了积极的作用；7 月 10 日，国家正式出台天然气价格机制，调价增加利润约 10 亿元。争取到生物柴油进口环节征收消费税，规范了进口生物柴油消费税管理，净化了国内成品油市场，维护了企业利益。协调解决房改房用地土地使用税执行政策，解决了部分企业长期存在的房改房土地使用税和房产税问题。落实油田自用成品油退税政策，全年退税6.7亿元。

（巩祎昌 魏 哲）

【加强内部价格管理】 按照内部价格市场化、整体效益最大化的原则，积极研究内部产品定价，协调解决各种内部价格问题，调动供需双方积极性。研究制定天然气、氢气、石脑油等产品的内部互供定价；完善和理顺内部化工产品买断互供定价；积极协调解决企业间互供产品的价格分歧。

（巩祎昌 魏 哲）

【强化内部税收管理】 修订完善石化股份公司《税务管理办法》，制定《中国石化自用成品油退税管理操作规程》，对13家企业2012年度企业所得税汇算申报情况进行了实地核查，规范了企业所得税汇算基础，涉税业务核算日趋规范。解决涉税争议，重点协调了胜利油田土地使用税和房产税争议；协调解决了天津石化石脑油退税；参与普光气田达州合资企业涉税谈判，对合资企业涉税政策提供政策筹划；协调解决了天然气分公司川气东送管道税收分享争议，优化了企业纳税环境。应对税务风险核查评估，先后完成了所有企业自查工作安排与落实，对国税总局提出的风险点进行研究争取，切实做好沟通、解释工作，强化税企沟通与协调，化解纳税风险点216项；走访省级税务机关，建立起了良好互信的税企沟通协调渠道。

（巩祎昌 魏 哲）

财会队伍建设

【加强财会人员培训】 总部层面：举办总会计师及CFO培训班，高级财务管理人员境外培训，以及会计集中核算、财务共享服务、税务管理等财务业务专业培训班21期次，培训2 175人次；各企业结合自身实际，开展了丰富多彩的技能比武和学习培训，财务人员素质进一步提高。胜利油田3名选手代表石化集团公司参加国务院国资委首届中央企业财会职业技能大赛，取得团体二等奖和个人1个银奖、2个铜奖的好成绩。

（巩祎昌 魏 哲）

【推动总会计师职责转变】 贯彻落实党组关于总会计师职能转型的要求，制定出台《关于进一步强化总会计师工作职责的规定》，对总会计师在价值管理工作中的参与权、主导权、签批权和监督权，以及对特定事项的否决权和报告权，做出了明确规定。制度出台后，总部相应调整了内控流程，企业也高度重视，调整了总会计师职责分工，制定了总会计师履职尽责的具体措施。

（巩祎昌 魏 哲）

专 项 管 理

【重构专业公司财务管理运行机制】 针对炼化工程公司改制上市、石油工程公司重组运营、油田存续企业“三分开”、资产公司7家化工业务由石化股份公司化工事业部托管等带来的新变化，坚持落实各级财务管理责任与强化集团化财务管控相结合的原则，修订完善财务管理制度，调整各级财务管理职责，基本构建形成适应公司专业化发展要求的财务管理机制。

（巩祎昌 魏 哲）

【积极配合公司深化改革】 发挥财务专业优势，会同有关部门做好炼化工程公司改制上市、经济出版社划转、高桥石化老区产业结构调整、石油工程公司重组改制等涉及的土地资产工作。从会计分建账、资产评估审计、级次调整等方面，积极做好炼化工程公司改制上市和石油工程公司完成专业化重组配合工作，5月23日，炼化工程公司在香港挂牌上市，全球发行13.28亿股(H股)，净集资额约为137亿港元。

（巩祎昌 魏 哲）

财 务 状 况

【概述】 2013年，石化集团公司合并报表实现营业收入29 450.75亿元，同比增长4.04%；实现利润1 148.15亿元，同比增长9.7%；实现净利润776.68亿元，同比增长11.29%。截至年底，合并报表资产总额21 369.23亿元，比年初增长9.69%；负债总额12 340.72亿元，比年初增长6.71%；所有者权益9 028.51亿元，比年初增长14.06%。资产负债率为57.75%，比年初下降了1.62个百分点。

石化集团公司合并会计报表见表1和表2。

（刘海燕 张镇远）

表 1 **资产负债表**

项目	2013 年	2012 年（调整后）	2012 年（调整前）	2011 年
流动资产：				
货币资金	52 996.72	42 572.99	42 572.99	77 261.33
应收票据	31 285.48	22 683.55	22 683.55	30 736.95
应收账款	76 679.42	101 925.33	101 925.33	76 336.68
预付款项	11 615.06	12 616.68	12 616.68	16 881.71
其他应收款	22 279.02	7 371.12	7 371.12	8 000.50
存　货	291 663.03	281 064.85	281 064.85	245 080.24
一年内到期的非流动资产	7 454.81	9 456.38	9 456.38	13 523.90
其他流动资产	20 535.19	3 991.40	3 991.40	13 809.63
流动资产合计	514 508.73	481 682.30	481 682.30	481 630.92
非流动资产：				
可供出售金融资产	7 976.75	5 675.20	5 675.20	4 319.41
长期应收款	30 781.40	23 416.27	23 416.27	16 621.13
长期股权投资	216 192.43	189 447.78	189 447.78	142 233.04
固定资产	569 429.79	508 574.26	508 574.26	492 258.16
油气资产	414 510.90	374 690.85	374 690.85	330 687.52
工程物资	2 645.08	3 004.72	3 004.72	2 355.15
在建工程	220 598.72	222 368.01	222 368.01	152 359.55
无形资产	86 054.78	74 736.85	74 736.85	59 388.03
商　誉	37 348.18	38 298.10	38 298.10	36 995.89
长期待摊费用	16 315.44	14 932.88	14 932.88	13 490.29
递延所得税资产	9 570.52	9 151.46	17 900.46	14 807.35
其他非流动资产	10 990.18	2 099.64	2 099.64	1 535.62
非流动资产合计	1 622 414.18	1 466 396.03	1 475 145.03	1 267 051.14
资产总计	2 136 922.92	1 948 078.32	1 956 827.32	1 748 682.06

注：2013 年，石化集团公司继续执行一次性住房补贴政策，石化股份公司将同一税收征管部门对同一纳税主体征收的所得税相关递延所得税资产及负债以抵销后的净额列示，按照《企业会计准则》及国家相关文件规定，进行追溯调整

单位：百万元

项目	2013 年	2012 年（调整后）	2012 年（调整前）	2011 年
流动负债：				
短期借款	113 053.68	81 055.05	81 055.05	70 152.84
应付票据	7 387.63	9 017.70	9 017.70	7 713.13
应付账款	253 865.64	258 675.06	258 675.06	210 778.79
预收款项	100 551.41	90 020.28	90 020.28	88 313.49
应付职工薪酬	6 777.87	21 844.48	20 637.84	25 183.20
应交税费	45 154.13	28 608.70	28 608.70	49 369.74
应付利息	3 445.72	2 875.57	2 875.57	2 234.43
其他应付款	84 370.81	71 893.46	71 893.46	69 118.13
一年内到期的非流动负债	80 411.74	30 480.40	30 480.40	51 370.09
其他流动负债	44 926.05	65 920.47	65 920.47	37 907.09
流动负债合计	739 944.69	660 391.19	659 184.55	612 140.95
非流动负债：				
长期借款	226 662.59	236 484.01	236 484.01	203 626.44
应付债券	138 114.98	143 308.24	143 308.24	102 023.10
长期应付款	43 526.65	36 653.20	36 653.20	29 692.45
预计负债	35 852.40	30 819.65	30 819.65	26 109.23
递延所得税负债	44 843.41	43 974.38	52 723.38	50 833.14
其他非流动负债	5 127.02	4 855.24	4 855.24	3 917.47
非流动负债合计	494 127.05	496 094.72	504 843.72	416 201.84
负债合计	1 234 071.74	1 156 485.91	1 164 028.27	1 028 342.79
所有者权益：				
实收资本	274 866.53	249 594.63	249 594.63	231 620.59
资本公积	51 225.28	46 526.12	46 526.12	46 401.34
专项储备	1 685.40	3 284.44	3 284.44	2 715.88
盈余公积	176 763.24	169 465.70	169 465.70	161 911.42
一般风险准备	656.88	639.60	639.60	582.02
未分配利润	213 312.75	173 004.70	174 211.34	138 215.80
外币报表折算差额	−12 512.86	−7 203.86	−7 203.86	−7 047.58
归属于母公司所有者权益合计	705 997.22	635 311.33	636 517.97	574 399.45
少数所有者权益	196 853.96	156 281.08	156 281.08	145 939.82
所有者权益合计	902 851.18	791 592.42	792 799.06	720 339.27
负债和所有者权益总计	2 136 922.92	1 948 078.32	1 956 827.32	1 748 682.06

表 2　　利润表　　单位：百万元

项目	2013 年	2012 年	2011 年
营业收入	2 945 074.98	2 830 609.46	2 551 950.93
营业总成本	2 836 863.67	2 735 080.73	2 445 251.82
营业成本	2 469 599.13	2 365 265.04	2 087 536.58
营业税金及附加	207 821.98	205 827.57	201 375.15
销售费用	46 740.37	42 645.37	40 524.89
管理费用	78 171.37	76 899.11	78 237.32
勘探费用	16 796.92	20 643.01	20 931.06
财务费用	13 398.04	15 953.17	10 462.68
资产减值损失	4 335.88	7 847.45	6 184.14
加：公允价值变动收益	2 165.28	207.39	1 419.92
投资收益	3 882.42	6 212.22	9 330.21
营业利润	114 259.00	101 948.34	117 449.24
加：营业外收入	5 536.09	6 572.64	7 034.37
减：营业外支出	4 980.33	3 859.08	4 392.12
利润总额	114 814.75	104 661.90	120 091.49
减：所得税费用	37 147.21	34 870.83	36 972.24
净利润	77 667.54	69 791.07	83 119.25
减：少数股东损益	22 749.75	17 921.78	22 026.84
归属于母公司所有者的净利润	54 917.80	51 869.29	61 092.41

人事管理

◇ 综述

◇ 领导班子和干部队伍建设

◇ 人才队伍建设

◇ 劳动与薪酬管理

◇ 人才培训开发

◇ 海外人力资源管理

◇ 总部机关人事管理

◇ 综合与信息管理

◇ 离退休人员管理

综　　述

2013 年，石化集团公司人事工作坚持围绕中心、服务大局，紧密结合职能落实任务、发挥作用，领导班子和干部队伍建设、人才队伍建设、劳动薪酬管理、人力资源管理提升等各方面工作都取得了新成效，为推进改革发展稳定发挥了重要作用。

领导班子和干部队伍建设　以贯彻落实中央“八项规定”精神和石化集团公司党组“实施细则”为切入点，以深入开展党的群众路线教育实践活动为抓手，切实加强领导班子思想作风建设。认真抓好教育实践活动督导工作，落实领导班子自身建设制度，组织处级以上领导人员开展党的十八大精神集中轮训，选树宣传优秀领导干部典型，开展“双鉴”警示教育，各级领导班子和领导干部经受了深刻的思想政治洗礼，作风形象进一步好转，凝聚力和战斗力进一步增强。围绕公司改革发展需要，组织实施领导班子全面考核工作，健全完善领导班子配备，优化领导班子结构。深入贯彻全国组织工作会议精神，探索完善干部考评体系，健全干部选用机制，切实加强干部监督管理，选人用人工作进一步规范。坚持精干高效原则，做好总部机关处级干部、部门专家和业务人员考核聘任工作，总部机关干部队伍建设进一步加强。

人才队伍建设　改进完善院士候选人提名遴选办法，坚持优中选强推荐院士人选。2 人当选中国工程院院士、1 人当选中国科学院院士，系统内的院士已达到 23 人，院士总人数位列中央企业前列。推荐马永生院士入选国家“万人计划”杰出人才(首批仅 6 人)。继续拓宽高层次人才引进渠道，全年共推荐 9 名海外人才申报中央“千人计划”，并以项目合作方式成功引进 1 名美国工程院院士，已纳入“千人计划”且正式到岗开展工作的专家达 7 人。在煤化工、深海油气勘探开发、地热等新兴业务领域，引进 34 名相关专业领域的高层次人才和关键岗位紧缺人才。盘活系统内人力资源，做好重点项目和新兴业务的人才配置工作。在开展石化集团公司高级专家选聘工作的基础上，启动了石化集团公司首席专家选聘试点工作。在主体职业(工种)选聘了 18 名石化集团公司技能大师。调整下放职称评审授权，充分发挥事业部、直属单位在人才选拔评价中的作用，调动了各方面的积极性。突出业绩能力，评选表彰 99 名石化集团公司突出贡献专家和 200 名闵恩泽青年科技人才。拓展一线人才成长成才平台，举办了 9 个专业、16 个工种的业务竞赛活动，一大批优秀人才脱颖而出。

劳动与薪酬管理　认真贯彻严格控制用工总量、提高劳动生产率的要求，进一步严把入口、畅通出口，加大系统内人员统筹配置力度，积极稳妥调整经营方式和用工模式，推进非核心业务外包，充分发挥 HR 系统的管控功能，建立用工总量变化情况通报机制，推动和督促各单位落实控制用工总量的各项措施。截至 2013 年底，石化集团公司用工总量 99.32 万人，比上年减少 5.67 万人，其中职工 59.79 万人，比上年减少 1.76 万人。

强化效益决定分配理念，全面实行工资效益联动办法，将工资增幅与效益目标直接挂钩，鼓励企业追求较高利润目标，合理引导职工增资预期。合理控制人工成本支出，加强人工成本预算管理，开展人工成本对标，促进单位参照“标杆”查找差距，提高投入产出效率。依据绩效考核结果，开展职工基本薪酬考核晋档，动态调整基本薪酬档次。加强收入分配管理，开展规范劳务工劳动报酬工作，印发《激励性年金管理办法》，完善福利保险体系，积极探索适应各类人才特点的激励方式，进一步调动了员工队伍的积极性和创造性。

人才培训开发　紧紧围绕企业改革发展和队伍建设需要，不断完善培训管理体制机制，积极推动培训资源开发建设，促进了干部员工队伍整体素质的不断提升。围绕改革发展的重大部署、管理创新的重大课题和生产经营的实际问题开展培训，共培训各类员工 83.8 万人次，总部培训重点人才 4 251 人次。远程培训应用不断深入，注册人数达 43.5 万人，员工远程学习总学时数达到 1 304 万小时，2 项远程培训应用成果在第 5 届中国在线学习大会上获得最佳实践奖。调研企业培训资源情况，推动江苏地区培训资源共享优化试点工作全面展开。进一步完善毕业生招聘制度，增加统一初选考试环节，制定统一初选考试规则和测试面试指引，规范招聘程序，管理严格规范，运行平稳有序。

海外人力资源管理　适应国际化经营发展需要，拓宽视野，转变观念，推进海外人力资源管理深度调研，了解和学习国际先进人力资源管理理念、政策制度和工作方法。推动国际化人力资源管理体系建设，试点工作取得初步成效。改进海外单位外派员工管理方式，加强直属海外机构和海外员工队伍管理。组织举办第 4 期优秀外籍员工培训班，提升外籍员工综合素质。强化海外薪酬福利、人工成本规范管理。国际化经营单位加大国际化人才培养引进力度，积极推行海外员工配置多元化，海外员工队伍建设取得新成效。

综合与信息管理　与美世咨询公司合作，实施中国石化人力资源管理转型优化项目，对中国石化人力资源管理的愿景使命、职能战略、运营模式等进行了探讨，廓清了管理提升的努力方向和实现路径。贯彻落实“转变总部职能、做实事业部”“构建资源优化平台和机制”的要求，参与石化集团公司共享服务中心建设工作方案研究，提出人力资源共享服务中心建设的初步方案。适应总部和企业人力资源管理需要，大力推进HR系统深化应用，进一步发挥HR系统对业务管控、查询分析、集成共享等方面的支持作用。

离退休人员管理　认真贯彻落实党和国家离退休工作方针政策，加强离退休人员思想政治建设，推进离退休人员“两个阵地”建设和敬老、养老文化建设，积极开展关心下一代工作，保持离退休人员队伍的和谐稳定。

（钟文标）

领导班子和干部队伍建设

【教育实践督导工作】　按照中央部署及石化集团公司党组要求，有机结合群众路线教育实践活动与党组巡视工作，在党组确定的5个巡视组基础上，组建10个督导组并配备45名工作人员，成立教育实践活动领导小组及工作机构。从2013年7月上旬到2014年1月下旬，教育实践活动10个督导组对总部机关26个部门和123个直属企业的教育实践活动进行了全程督导。通过制定督导方案，强化组织运行，加强分类指导。严格督导把关，创新督导方法，有力推动了各单位教育实践活动的扎实有效开展。

（王子军）

【规范公司治理】　按照上市公司规则和证监会监管要求，进一步规范石化股份公司治理结构，协助完成石化集团公司总经理和石化股份公司总裁分设，加强总裁班子力量。为更好保障中国石化作为出资人的合法权益，梳理总部向部分重大股权投资单位委派兼职董事、监事情况，配备了4名专职董事、2名专职监事，委派到相关控股参股企业履职。

（王子军）

【领导班子全面考核】　组织实施领导班子全面考核工作，完成对59家单位（部门）领导班子、361名现职领导干部的考察，全面掌握领导班子运行状况、班子成员履职情况及后备干部德才素质和工作表现。及时完善领导班子配备，优化领导班子结构，干部队伍年轻化、专业化水平有所提高。重视发现和培养有潜质的年轻干部，明确要求各单位把“70后”年轻干部作为新增后备的主体，健全完善覆盖不同板块、不同层次、不同专业的1 300名副职后备干部队伍。

（王子军）

【加大干部交流力度】　大力推进领导干部交流。制定印发了《中国石化集团公司党组管理的领导人员交流工作暂行规定》，对交流适用对象、交流工作程序和有关要求做出具体规定。把推动干部交流或轮岗作为锻炼和培养干部的重要举措，全年异地交流领导人员28人。积极推动企地干部交流，输送2人分别到江苏省、天津市任职，选派干部到西部地区、老工业基地和革命老区以及北京市挂职锻炼，接收国务院国资委、北京、贵州、新疆和湖北选派的干部来中国石化挂职锻炼。在对口支援工作中引入公开选拔机制，选送3名第7批援藏干部和第2批援青干部。贯彻“融入地方、借势发展、合作共赢”理念，积极推荐干部到地方兼任职务。2013年，当选全国政协委员（常委）3人、全国人大代表19人；地方政协常委、委员44人（政协常委5人），省级人大常委5人，省委委员（候补委员）5人。

（王子军）

【干部监督管理】　及时开展全国组织工作会议、全国组织部长会议、全国干部监督工作座谈会等有关会议精神的学习宣传，用上级精神指导和规范干部选拔任用监督工作。中国石化作为10家典型单位之一，在3月召开的全国干部监督工作座谈会上做了经验介绍；在7月举办的中管企业和中管金融企业干部监督工作专题培训班上，向71家中央企业介绍了开展干部监督工作的经验做法。

加强选人用人工作监督检查。利用对直属单位领导班子全面考察之机，对相关单位的选人用人工作进行监督检查，对发现的问题提出了整改时限和要求。严肃查处和纠正干部选拔任用工作中的违规违纪问题。通过对直属单位选人用人过程中违规违纪问题的查纠和整治，进一步提高了选人用人公信度，营造了风清气正的选人用人环境。

（李文德）

人才队伍建设

【院士增选推荐】　改进完善院士候选人提名遴选办

法，坚持优中选强，曹耀峰、李阳当选中国工程院院士，金之钧当选中国科学院院士。截至2013年底，中国石化共有院士23人，位列中央企业前列。

（唐义森）

【高层次人才选拔培养】 开展石化集团公司高级专家选聘工作，启动石化集团公司首席专家选聘试点工作。选聘石化集团公司技能大师18人。推荐马永生院士入选国家“万人计划”杰出人才（首批仅6人）。钟思青、丁士东入选“百千万人才工程”国家级人选。侯树刚、张烨获孙越崎科技青年奖，林伟、郭蓉、褚小立获第13届中国青年科技奖，朱东亚、刘存革获第14届青年地质科技奖。评选表彰了99名石化集团公司突出贡献专家和200名闵恩泽青年科技人才。举办了石油工程、炼油化工首席专家高级研讨班，42人参加。

（唐义森）

【高层次人才引进】 继续拓宽高层次人才引进渠道，全年共推荐9名海外人才申报中央“千人计划”，并以项目合作方式成功引进了1名美国工程院院士，已纳入“千人计划”且正式到岗开展工作的专家达7人。在煤化工、深海油气勘探开发、地热等新兴业务领域，引进了34名相关专业领域的高层次人才和关键岗位紧缺人才。

（唐义森）

【人才配置】 规范系统外社会人才引进和在京单位人才配置管理，严格程序和标准，加强审批管理。组织协调上海海洋石油局、中石化（香港）海南石油公司、经济技术研究院、福建炼化、科技开发公司、新星石油公司、北海炼化等重点项目或单位从内部调配人才，积极推进煤化工产业、天然气产业探索市场化配置人力资源的新模式，盘活系统内人力资源。做好石油工程、炼化工程、炼油销售等重组业务人才配置进展监控。

（唐义森）

【职称评审】 调整下放职称评审授权，石化集团公司组建了第6届工程、经统会审、政工系列高评会，各授权单位组建了62个工程系列高评会和33个经会系列高评会和33个政工系列高评会。修订了中国石化职称评审组织建设管理办法，改进了教授级高级职称专业组初评工作办法，制定出台职称证书管理办法。组织开展石化集团公司职称外语考试和职称评审工作，评审教授级任职资格239人、高级任职资格4 713人、中级任职资格7 042人、初级任职资格8 108人。

（唐义森）

【职业技能鉴定】 编写并推广应用《中国石化职业技能鉴定业务培训教程》和《中国石化职业技能鉴定工作实务》。组织完成2010年前发放的26 340本技师、高级技师证书数据补录，实现全国联网查询。指导20家单位举办考评员培训班，培训2 636人。胜利油田、中原油田、天津石化3家职业技能鉴定中心入选国家首批示范职业技能鉴定站。全年鉴定通过98 768人，其中技师4 099人，高级技师1 372人。高技能人才总量达16.86万人，占技能操作人员比例为53.4%。

（唐义森）

【博士后工作】 组织3家单位申报国家博士后科研工作站，其中安全工程研究院、南京化工公司获批设立，使中国石化博士后工作（流动）站达到28个，在站205人，当年出站51人，有31人出站后留在中国石化工作；承担省部级科研课题60项，博士后科研成果获省部级奖6项，申请专利147项；在核心期刊发表论文191篇。

（唐义森）

【业务竞赛】 举办了9个专业的业务技术比武和16个工种的职业技能竞赛，98家直属单位的7 704名选手参加了预赛和复赛，2 299名选手参加了决赛，产生了475名金、银、铜奖选手，42家单位分获90个团体奖。

（唐义森）

劳动与薪酬管理

【用工总量管控】 突出严细管理，扎实推进严格控制用工总量、不断提高劳动生产率工作。依托SAP－HR系统加强管控，严把人员入口；对新上项目、生产规模扩大、工作量增加等产生的用工需求，主要通过内部挖潜调剂解决；组织和指导部分单位通过业务承揽等方式实施系统内人员统筹配置，积极盘活用工存量；探索调整经营管理方式和用工模式，推进非核心业务外包，规范劳务工管理，减少用工总量；建立用工总量变化情况通报机制，推介企业有效做法，推动企业全面落实控制用工总量的措施。2013年用工总量控制取得显著成效，全年用工总量减少5.67万人，职工人数减少1.76万人。

（俞庆国）

【规范用工管理】 研究贯彻《劳动合同法》修改决定、规范劳务工管理的政策措施，结合实际提出调整经营管理方式和用工模式、规范劳务工管理的思路和措施。组织企业研究编制调整用工模式、规范劳务工管理工作方案，配套编制《岗位类别划分和用工配置规范》。以健全以岗位为基础的劳动用工管理体系、建立人员能进能出的市场化用工机制为目标，研究提出深化用工制度改革的初步思路及相关配套意见。指导部分单位对调整用工模式、规范劳务工管理的有效实现形式进行有益探索和尝试，部分试点取得良好效果。组织开展2012—2013年度劳动用工管理检查评比工作。

（俞庆国）

【工资总额和人工成本管理】 完成石化集团公司2012年工资总额预算执行情况清算评价、2013年工资总额预算方案编制工作。转发国务院国资委《关于进一步规范中央企业收入分配秩序严肃收入分配纪律有关事项的通知》，要求企业认真对照查找问题，加强收入分配管理。全面实行工资效益联动办法，将直属单位工资增幅与效益目标直接挂钩，强化效益决定分配理念，鼓励企业追求并实现较高利润目标。依据绩效考核结果拉开奖金兑现差距。加强人工成本预算管理，与财务预算紧密衔接，合理调控人工成本支出。开展人工成本对标，促进企业参照“标杆”查找差距，提高投入产出效率。

（董岚峰）

【薪酬分配制度】 开展职工基本薪酬考核晋档工作，对连续2年绩效考核合格的员工，基本薪酬晋升1个档次，使员工绩效考核结果与薪酬待遇相挂钩。贯彻《劳动合同法》，对同岗位劳务派遣工实行与职工相同的基本薪酬制度，并参照市场价位确定收入水平。指导炼化工程公司按照市场机制完善薪酬分配制度；调研了解煤化工行业市场价位，帮助长城能源化工公司合理确定各类岗位薪酬水平。研究企业负责人和科研骨干长期激励机制。

（董岚峰）

【领导人员薪酬】 完善石化集团公司董事会确定高级管理人员薪酬机制，统筹兼顾国务院国资委调控与石化集团公司董事会决策的关系，合理确定高级管理人员薪酬水平。根据企业领导班子任期考核结果，首次对党组管理领导人员实行任期激励。

（董岚峰）

【社会保险及企业补充保险】 按照国家《关于进一步做好行业企业社会保险纳入地方管理工作的通知》以及地方政府工作安排，帮助有关企业研究解决相关重大问题，确保平稳移交。全面开展企业补充医疗保险现状调查，研究完善石化集团公司补充医疗保险制度框架思路。

（董岚峰）

人才培训开发

【培训管理】 强化培训管理，制定印发《中国石化加强培训学员管理的规定》《关于进一步加强出国（境）培训学员管理的意见》《关于推进中国石化英语水平测试工作的意见》和《中国石化远程培训管理暂行办法》。加强培训需求分析，严格培训项目运行管理，中国石化在全国干部教育培训工作会上做了典型经验交流。

（邹　强）

【培训资源建设】 组织对企业培训机构进行调研，启动驻苏企业培训资源共享优化试点。开展岗位课程体系构建的试点工作，初步形成通用管理能力、炼化安全管理、销售零售管理、国际钻井平台经理课程体系构架，探索了构建课程体系的基本途径。加强培训教材开发，编审完成86本，出版64本。

（邹　强）

【远程培训】 远程培训系统注册人数达43.5万人，员工远程学习总学时数达到1 304万小时，较上年增长300%。制定2013年度远程培训课件及移动学习课件开发计划。全年新上线课件962个。协调提出远程培训系统二期建设方案。2项远程培训应用成果在第5届中国在线学习大会上获得最佳实践奖。

（邹　强）

【重点人才培训】 按照中央统一部署，组织全系统中层及以上管理人员开展贯彻党的十八大精神集中轮训。总部培训重点人才4 251人次：①培训高层经营管理人员1 074人次。组织55名新进班子人员参加任职资格培训；开展CFO、董事监事等领导人员业务管理培训，培训533人次；举办8期短期专题培训班，培训454人次；选派12名领导人员参加中央和国家机关司局级干部选学；举办1期高级管理人员培训班。②培训高层次专业技术人才1 033人次。分领域举办首席专家和专家研讨班，培训143人；举办非常规油气勘探开发技术、煤化工技术等高级研修班，培训867人；派出出国（境）研修访问学者23名。③培训高技能人才1 066人次。举办1期首席技师创新能力培训班及5个工种的拔尖技能人才专题研讨班，培训120人；开展23个工种高级技师培训，培训946人。④培训国际化人才1 078人次。举办23期国际化人才中长期培训班，培训530人；派出90人赴境外培训；分专业领域开展国际化人员岗位适应性培训，培训181人；举办8期短期专题培训班，培训277人。

（邹　强）

【毕业生引进工作】 改进中国石化高校毕业生引进工作流程，增加统一初选考试环节，制定统一初选考试规则和测试面试指引，规范招聘程序，完善和提升招聘系统功能。加强资格审查、统一初选考试、专业测试和综合素质面试、人选公示等关键环节的监督管理。平稳完成2013年毕业生引进工作，36家招聘单位公示拟录用1 805人、递补427人，均为石油石化主体专业二本以上毕业生，“985”“211”等重点高校毕业生占44%，研究生占33.5%，毕业生质量稳中有升。

（邹　强）

海外人力资源管理

【海外人力资源管理调研】 拓宽视野，创新理念，推进海外人力资源管理深度调研和对标分析。了解借鉴壳牌、埃克森美孚、BP和道达尔等石油公司及丸红、华为等国际化公司有关人力资源管理的先进经验，加强海外单位人力资源发展理念、发展方向、组织框架和业务流程等方面的学习和应用。

（张　杰）

【海外人力资源管理体系建设】 分析员工外派类型，研究符合中国石化外派员工特点的管理制度，吸收海外单位外方外派人员有关管理制度特色，逐步建立中国石化员工外派管理的统一程序和方法。以国际化、市场化、一体化为目标，强化对休斯敦研发中心、自保公司等直属海外机构人力资源管理工作的支持力度。举办第4期外籍员工培训班，来自15个海外单位的24名外籍员工参加。

（张　杰）

【海外薪酬福利和人工成本管理】 进行对比分析和合理管控，协调全球薪酬福利市场数据调查工作，加强对外派员工薪酬福利政策执行情况检查力度，适时调整完善。统计海外人工成本完成情况，研究海外人工成本管理思路，结合海外岗位体系梳理和规范，研究适合海外业务发展的人工成本管理办法。及时调整属地化薪酬，规范海外住房、交通、伙食的补贴标准。

（张　杰）

总部机关人事管理

【概述】 截至2013年底，总部机关直接管理的23个部门内设处室188个，处级及以下定员1 142人，处级及以下员工909人，其中硕士研究生以上学历占36.8%，大学本科占58.7%；正高级职称占8.3%，副高级职称占60.8%，中级职称占22.4%；平均年龄42.0岁。

（冯洪祥）

【机构编制管理】 做好转变总部职能、做实事业部有关工作，按照编制随职责走、人员随业务走的原则，研究提出有关部门职能调整和编制定员设置意见。参与完成成立能源管理与环境保护部有关工作，明确能源管理与环境保护部内设机构及编制定员设置意见，并按照职能调整情况，及时对安全监管局（部）、生产经营管理部的内设机构及编制定员进行调整。积极做好总部机关部门内设机构及编制定员日常调整工作，较好地满足了部门工作需要。

（冯洪祥）

【机关员工队伍建设】 ①组织实施总部机关处级领导人员选聘工作。累计开展处级干部选聘工作46次，新提处级领导人员132人，其中处室正职49人、处室副职83人。进一步优化了处级干部队伍结构，充实了人员力量。②指导11个部门开展部门专家选聘工作，聘任部门专家33人；指导19个部门开展业务岗位竞聘工作，聘任业务人员115人。③进一步加强干部的交流和培养。有26人选调到总部机关工作，其中处级干部6人、业务人员20人；有9人交流到在京单位工作，其中处级干部7人、业务人员2人。选送6人到石化集团公司定点扶贫县和山东莘县挂职锻炼，选送2人到国际石油勘探开发公司海外项目实岗锻炼。④组织召开总部机关（部分在京单位）工程、经济、政工3个系列的职称评审会，对申报相应任职资格的158人进行了评审，有91人通过评审或推荐到石化集团公司高评会。

（冯洪祥）

【薪酬保险工作】 按照《总部机关完善薪酬分配制度实施方案》，做好总部机关处级及以下人员基本薪酬调档工作，涉及员工758人。在加强月度、年度考核的基础上，认真做好总部机关员工工资、奖金和休假补贴发放工作；积极做好保险及住房公积金缴纳和年金管理日常工作，切实保障员工利益。

（冯洪祥）

综合与信息管理

【组织人事部门自身建设】 举办了全系统组织人事处长培训班，深入学习党的十八大、十八届三中全会精神，学习贯彻全国组织工作会议精神，组织党性党风教育和业务培训交流，提高组织人事干部的思想政治素质和履职能力。贯彻落实中央“八项规定”精神和石化集团公司党组“实施细则”，制定《人事部关于改进工作作风密切联系群众的具体办法》，进一步加强作风建设。设立面向全系统的人事部公共邮箱，主要受理涉及石化集团公司及所属单位的选人用人、劳动用工、薪酬分配、福利保险、人才招聘、职称评审、技能鉴定、培训管理等方面的政策咨询、情况反映和意见建议，进一步畅通与职工群众的沟通渠道，增强企业的向心力和凝聚力。

（钟文标）

【人力资源信息化建设】 ①适应总部和企业人力资源管理需要，大力推进HR系统深化应用，调整优化系统功能，部署扩展模块试点应用，完成海外业务单位HR系统实施和炼化工程单位整合，推动各级用户在线处理业务规范化，境内单位基本实现与财务系统过账和应用达标，进一步发挥了HR系统对业务管控、查询分析、集成共享等方面的支持作用。②加强信息宣传工作。按照编制公司年度报告、社会责任报告等要求，做好有关人事管理信息披露工作。编发《人事工作通讯》25期，及时反映动态、总结经验、交流信息、通报情况。结合纪念中国石化成立30周年，编撰《人事部历史沿革》，对30年来的人事工作进行了全面回顾，总结了工作经验，传承了优良作风。

（钟文标）

离退休人员管理

【概述】 截至2013年底，石化集团公司共有离退休人员40.2万人，其中离休干部5 178人、退休干部13.12万人、退休工人26.56万人；另有内退人员1.98万人。离退休人员和内退人员总计42.18万人。离退休人员党员13.4万人（含内退人员党员6 191人），设有103个离退休人员党委、260个党总支、3 497个党支部，专职离退休工作人员5 158人，兼职离退休工作人员1 149人。

（崔文生）

【加强离退休人员思想政治建设】 ①指导企业组织离退休人员深入学习贯彻党的十八大精神和习近平总书记的一系列重要讲话。在《石化老年》杂志上开辟专栏，宣传各单位学习贯彻党的十八大精神的好做法、好经验。②按照中央组织部《关于在离退休干部中开展“同心共筑中国梦”活动的通知》要求，在石化集团公司离退休人员中广泛开展“同心共筑中国梦”活动，帮助离退休人员全面领会和准确把握党的十八大精神实质，增强实现中国梦的信心和决心。③围绕中国石化成立30周年，开展“回顾三十年，助力创一流”主题活动。组织离退休干部学习陈锦华署名文章《中国石化三十年》，采取多种形式组织离退休人员开展纪念活动，进一步调动了广大离退休人员热爱石化、再做贡献的热情。

（崔文生）

【推进离退休人员“两个阵地”建设】 ①赴企业检查江汉会议和《关于加强老年活动中心、老年大学工作的指导意见》贯彻落实情况，实地查看62处老年活动场所和8所老年大学。②印发“五好”老年活动中心、站、室和老年大学标准，为开展“五好”创建活动提供了标准。③举办石化集团公司第2届离退休人员中国象棋比赛，共有50支代表队280名离退休人员参赛。开展石化健康老人评选活动，140名离退休人员被评为石化健康老人，离退休人员精神文化生活不断丰富。

（崔文生）

【敬老文化、养老文化建设】 ①印发《关于加强敬老文化建设的指导意见》和《离退休人员行为规范（试行）》。石化集团公司加强敬老文化、养老文化建设的有关工作情况得到中组部老干部局的认可，在中组部老干部局《老干部工作情况交流》上刊发。②积极开展“敬老月”活动，举办《老年人权益保障法》视频讲座，近 3 400 人观看。

（崔文生）

【关心下一代工作】 ①继续开展基层“五好”关工委创先争优活动。胜利油田、燕山石化、北京石油、工程建设公司等 17 个单位关工委受到全国关工委表彰。②加强经验交流，首次采取视频会议方式召开石化集团公司关心下一代工作会议。组织部分单位召开关心下一代工作座谈会，交流关工委基层工作年活动的经验做法。③开展“学雷锋、心向党、讲品德、见行动”等主题教育实践活动和“老少携手共筑中国梦”活动，进一步激发青年员工和青少年爱党、爱祖国、爱石化热情。④继续开展“传帮带”特色品牌活动，充分发挥“五老”优势，积极参与社区管理，维护社区和谐稳定。

（崔文生）

【离退休工作队伍自身建设】 ①举办直属单位离退休工作骨干培训班，83 家直属单位 124 人参加培训。②抓好《石化老年》杂志编辑、宣传、发行工作，举办《石化老年》通讯员培训班，71 家单位 108 人参加培训，表彰 40 名优秀通讯员。③组织召开片区研讨交流，编印《中国石化集团公司离退休工作片区研讨交流获奖文章选编》，促进交流学习和提升工作水平。

（崔文生）

物资采购与管理

◇ 综述

◇ 物资采购

◇ 业务改造

◇ 物资供应管理

◇ 重大装备国产化

综　　述

2013 年，中国石化物资供应系统紧紧围绕石化集团公司发展战略和工作部署，以巩固、完善、提升、创优为工作主线，坚持集中统一的物资供应管理体制，大力推进集团化采购和标准化采购，着力强化供应商管理、价格管理和供应过程控制，深入推进传统业务改造和管理提升，为建设世界一流能源化工公司保驾护航。

全力保障生产建设物资供应。物资供应系统广大干部职工面对复杂多变的市场形势，深入推进科学理性采购，强化过程控制，严控采购风险，有效保证了生产建设物资的安全、及时和经济供应。

全面开展物资供应传统业务改造验收工作。按照物资供应传统业务改造验收工作方案和验收标准，对专业化分工流程化操作、供应商动态量化考核业绩引导订货等 6 项工作进行验收，把传统业务改造工作推进到位，建立科学理性的物资采购运行机制。

不断强化物资供应管理。坚决贯彻石化集团公司党组要求，把物资供应管理工作放在核心位置。对标世界一流能源化工公司，查找自身不足，持续推进体制改革、机制建设、标准化、供应商管理、储备管理等工作，进一步提升物资供应管理水平。

坚定不移地推进集团化采购。做精总部直接集中采购，做大总部组织集中采购，完善总部授权集中采购，创新开展区域协同采购，扩大集团化采购的物资品种范围，进一步提升资源获取能力和议价能力，更好地为保供降本服务。

物资供应信息化建设取得新进展。立足构建世界一流电子商务系统的目标，全力建设物资采购电子商务系统 5.0 版。建立物料编码考核指标，加强物料编码应用管理。持续推进各企业 ERP 深化应用，进一步提高物资供应管理信息化水平。

重大装备国产化攻关取得新突破。在“积极、稳妥、先进、可靠”的国产化方针指引下，紧紧围绕中国石化生产建设和主营业务的发展需要，开展了一系列重大装备国内调研、攻关和推广等工作，有力地支持了民族装备制造业的发展。

（李超杰）

物 资 采 购

【生产建设物资供应】　2013 年，采购化工原辅料、煤炭、设备材料等物资 2 324 亿元，节约采购资金 81 亿元，采购资金节约率 3.5%，有力地保障了生产建设物资的安全、及时和经济供应。

以服务生产建设为中心，加强市场研究，较好地把握了采购工作主动权。全年累计发布《物资管理简报》44 期，煤炭、化工辅料、钢材等主要品种的框架协议采购参考价 36 期，为各企业提供了可靠的价格参考。各企业定期开展经济活动分析会，对常用大宗原材料进行市场分析，跟踪重要物资市场价格走势，指导采购业务。

（李超杰）

【集团化采购】　2013 年，集团化采购规模 1 706 亿元，集团化采购率 73.4%，首次突破 70%，同比增长 7.3 个百分点，节约采购资金 58 亿元，采购资金节约率 3.4%。

集团化采购结构进一步优化。全年总部直接集中采购 508 亿元、总部组织集中采购 1 029 亿元，总部直接集中采购和总部组织集中采购比例为 0.49∶1，巩固了总部组织集中采购在集团化采购中的主导地位，更好地调动了企业层面的积极性。

集团化采购模式进一步优化。①总部直接集中采购持续向战略采购转化。全年战略采购率 85.5%，同比增长 3.8 个百分点。②总部组织集中采购持续向框架协议采购转化。全年总部组织集中采购的框架协议采购率 85.2%，同比增长 3.4 个百分点。框架协议采购范围不断扩大，化工原辅料和电气专业日常需求物资框架协议采购率均超过 90%。③总部授权集中采购工作稳步推进。已组建授权集中采购中心 22 个，涉及物资品种 50 个，全年总部授权集中采购金额 135 亿元。④创新开展区域协同采购，制定区域协同采购管理办法和采购流程，明确华东、华北、华南等 9 个区域的组长单位名单和总体实施方案，全年区域协同采购 168 亿元，进一步整合了企业物资需求，发挥了统一对外的优势，采购价格明显降低。

（李超杰）

【网上采购】　2013 年，网上采购规模 2 250 亿元。截至年底，网上采购金额累计突破 1.6 万亿元，继续保持中国 B to B 电子商务平台第一的位置。全年网上采购率和网上采购达标率均达到 97%。每季度继续通报企业网上采购开展情况，重点监控网上业务处理及时性、采购方式合理性。进一步扩大网上采购覆盖范围，推进科研板块、油品销售板块网上采购工作。

（李超杰）

整体气体解决方案供应商

林德的专长和能力涵盖整个气体供应链——从气体生产设施的设计和建造，到运行、配送、气体应用解决方案、安装和量身定制的物流支持。林德为石油化工等行业开发一系列的气体生产装置和供应方案，提供众多气体产品和相关解决方案以适应不同客户的需求。

卓越的工程技术及执行能力

林德在交钥匙工程规划、项目开发、设计和建造领域掌握广泛的工程专有知识。其中包括低温定制化设计的和低温标准型空分装置、制氮装置、LNG装置、蒸汽甲烷重装制氢装置、冷箱、反应器、汽化器、精馏塔、绕管式换热器及板翅式换热器等装置部件。林德工程事业部在杭州和大连拥有主要的工程设计能力和制作工厂，为大中华区客户提供经济节能的解决方案。

我们对客户的承诺——安全、可靠、高效

林德大中华区拥有世界级的配送和物流支持网络，通过覆盖全国的高效客户服务和运行中心提供支持，为客户提供安全、可靠、高效的产品及服务。

林德管道供应方案

林德管道车和槽罐车供应方案

林德现场供气方案

林德钢瓶供应方案

1954-2014
中国建设银行成立六十周年
建行“移动金融”
近在指尖
手机银行
微信银行
短信银行
Iphone
Android
手机银行
微信银行
中国建设银行
China Construction Bank
机银行：理财投资尽在指尖，摇摇手机惊喜不断。
言银行：管家“小微”体贴入微，生活缴费从此简单。
言银行：账户通知及时周到，短信汇款方便安全。
客户服务热线：95533
网址：www.ccb.com

人为本　创新为魂

客户为先　责任至上

TPCO TIANJIN PIPE (GROUP) CORPORATION

天津钢管集团股份有限公司

生产设备

公司简介

天津钢管集团股份有限公司（TPCO）又称“大无缝”，地处天津滨海新区，是目前国内规模较大的石油管材生产基
和中国能源工业用管供应基地。

TPCO从德国、意大利、美国、英国、比利时等国引进了世界上先进的炼钢、轧管、管加工和产品研发及检测设备，
配备了完善的自动化系统。现拥有MPM、PQF、ASSEL和REM四种机型、七套轧机。可按照API、ISO、ASTM、
SME、DIN、JIS、EN等国际标准及国家标准和用户协议生产外径25-1200mm，壁厚1-80mm的优质石油专用管、高
低压锅炉管、高压化肥管、石油裂化管、高压气瓶管、管线管、核电管、支柱管、车桥管、地质管、机械管、结构
、流体管等钢管。

TPCO建有完善的质量保证体系和世界先进的国家级企业技术中心，开发出多项具有自主知识产权的产品，先后取得
PI、ISO9001、ISO14001、OSHMS-18001、特种设备制造许可证等认证，还取得了沙特国家石油公司、壳牌、美孚
75家国家石油公司及国际大油公司和28家国际知名工程公司及其他非石油类公司认证。

2011年，TPCO为扩充产品种类，与山西太钢不锈钢股份有限公司共同投资组建了具有世界先进技术水平的焊管生
企业。现有ERW355和ERW660两条高频直缝电阻焊钢管生产线。产品规格为外径127—660mm，壁厚3.2—
2.2mm，钢级可达到X80、P110。

近年来，TPCO在做大做强钢管主业的同时，积极推进国际化发展战略。2009年9月印尼管加工项目建成。2011年8
，美国无缝钢管项目工程破土动工，拟建设一条从炼钢、轧管、热处理到管加工的全流程生产线，无缝钢管设计产能
万吨。该项目是迄今为止我国制造业对美投资较大的项目。

现今，TPCO无缝钢管年生产能力已达400万吨（其中油套管150万吨，特殊扣50万吨），焊管年生产能力45万吨。
品广泛用于能源、化工、电力、气瓶、机械制造、基础设施、船舶、海工、军工等各个行业，并出口到100多个国家和
区。

TPCO历经二十余年的不懈奋斗，由生产单一无缝钢管产品的专业厂发展成为集无缝钢管、焊管、铜材、不锈板、彩
板、高压气瓶、钻杆等多种冶金产品为一体的集团公司。发展了设备制造、国际贸易和物流等新的产业。公司已成为
产业交替拉动、协调发展的综合性大型企业集团。

地址：天津市东丽区津塘公路396号 ● 邮编：300301 ● 电话：022-24802978 ● 传真：022-24801320 ● 网址：www.tpco.cn

PEC LTD.

PEC凭借自身的资源及能力提供有竞争力的从流程装置建设到运行维护的全过程服务。

PEC将根据您的需求提供一站式专业化解决方案，为装置检维修提供基于安全的检修策划及实施，同时为项目建设提供EPC全过程服务。

我们在亚洲及中东地区有着30年的国际工程建设及装置维护经验，期待着与您的合作。

项目工程（EPC，EPCM及施工）

项目工程：PEC提供工程设计、采购和施工(EPC)或施工管理服务

工程设计：包括概念设计、初步设计、详细工程设计

工程采购：包括材料和设备的采购以及材料管理

项目施工：包括管道、钢结构和压力容器的预制和安装，机电设备、电气、仪表和控制系统安装，以及提供脚手架，油漆、保温和消防系统等配套工程安装

检维修服务

检维修服务涵盖装置日常维修和停工检修，以及相关服务。业务范围从单个装置设备维修到一站式全工厂检维修服务。PEC作为一个一站式检维修服务提供商，能够提供所有必要的工程专业服务，包括土木，机械，电气及仪器仪表，储罐，钢结构，管道，油漆，脚手架，保温，防火，检测及防腐和高压清洗等。

OIL & GAS 　PETROCHEMICAL 　OIL & CHEMICAL TERMINAL 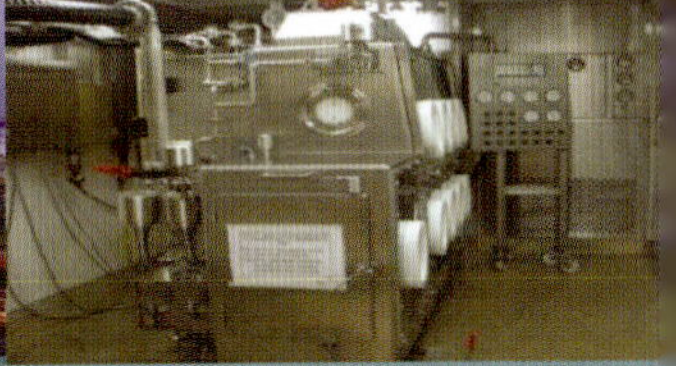　PHARMACEUTICAL

21 Shipyard Road Singapore 628144

Tel: 62689788　Fax: 62689488　E-mail: info@peceng.com　www.peceng.com

中国合资公司地址：广东省惠州市大亚湾石化大道360号　总机（0752－5556909）

One MIZUHO
Building the future with you

Mizuho Financial Group

星展银行 DBS
洞悉亚洲
成就中港商机
星展企业银行
星展银行，带动亚洲思维

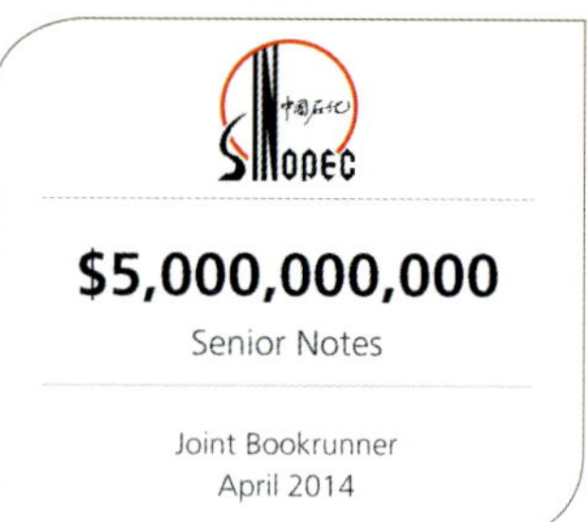

C$18,500,000
Credit Facility
SBLC Issuer
June 2013

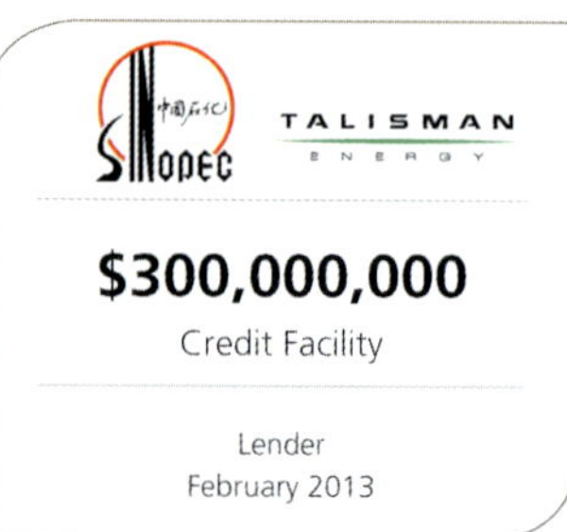

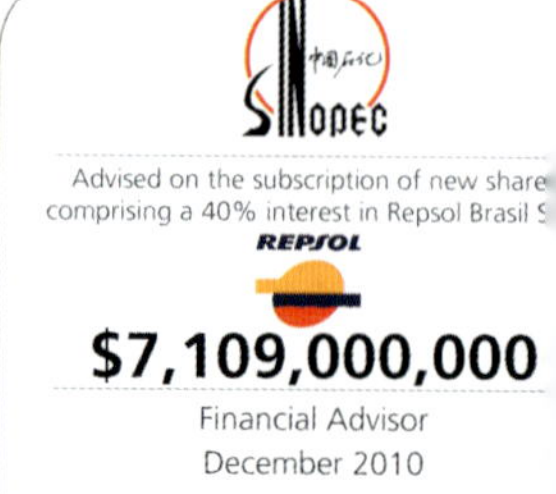

Local Insight.
Global Opportunity.

Scotiabank has the largest and longest-standing presence in Asia among Canadian banks, with 10 offices across the region, including in China, Hong Kong and Singapore. We offer a full suite of corporate and investment banking and capital markets services to our clients in Asia, and are proud to have Sinopec among them.

When you enter into a relationship with Scotiabank, we can provide access to the resources and professionals of our global team, helping you seize opportunities, unlock value and achieve results.

Jinping Cheng | 程金平
M&A Advisory
+65.6305.8398
jp.cheng@scotiabank.com

Caroline Kracht | 葛嘉玲
M&A Advisory
+852.2861.9405
caroline.kracht@scotiabank.com

Craig Marran | 马景文
DCM and Risk Solutions
+65.6305.8326
craig.marran@scotiabank.com

Bill Said | 赛毅
Corporate Banking
+852.2861.4828
bill.said@scotiabank.com

Nicolas Tardieu | 尼古拉斯
Energy Banking
+65.6305.8252
nicolas.tardieu@scotiabank.com

gbm.scotiabank.com/energy

Corporate & Investment Banking | Capital Markets | Commercial Banking | Global Transaction Banking

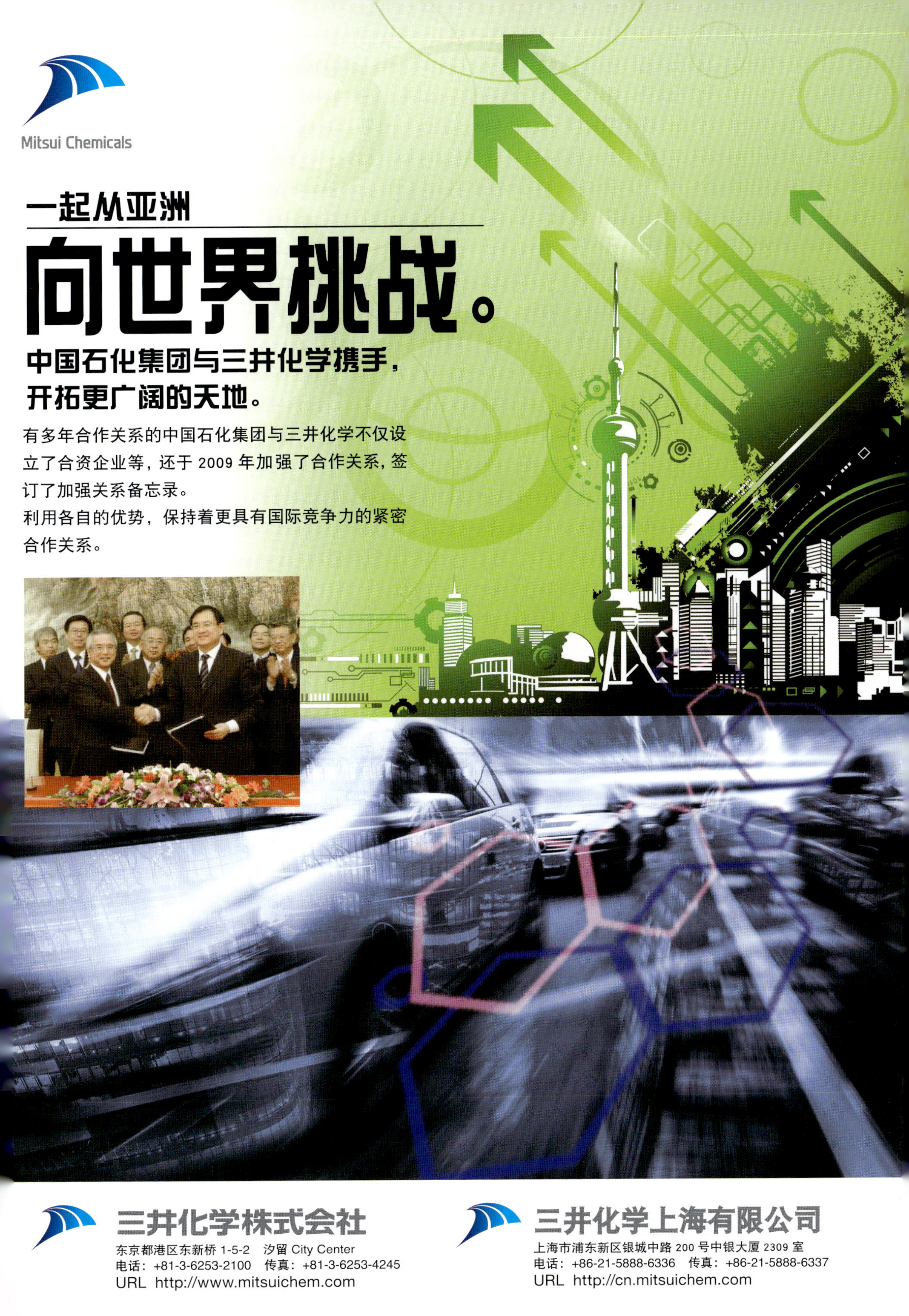
Mitsui Chemicals
一起从亚洲
向世界挑战。
中国石化集团与三井化学携手，
开拓更广阔的天地。
有多年合作关系的中国石化集团与三井化学不仅设立了合资企业等，还于 2009 年加强了合作关系，签订了加强关系备忘录。
利用各自的优势，保持着更具有国际竞争力的紧密合作关系。
三井化学株式会社
东京都港区东新桥 1-5-2　汐留 City Center
电话：+81-3-6253-2100　传真：+81-3-6253-4245
URL　http://www.mitsuichem.com
三井化学上海有限公司
上海市浦东新区银城中路 200 号中银大厦 2309 室
电话：+86-21-5888-6336　传真：+86-21-5888-6337
URL　http://cn.mitsuichem.com

值得
热血沸腾。
即使面对未知领域，也要化经验为自信，化目标为信念。
所谓挑战，即是如此。可以预知答案的，都不算是挑战。
从无到有，不断创新，坚持做顽强的挑战者。这就是丸红的精神。
Marubeni

上海化学工业区
SHANGHAI CHEMICAL INDUSTRY PARK

上海漕泾电厂

化工危废焚烧炉

天原华胜烧碱装置

高桥石化化工基地

生产建设现场

拜耳一体化基地

工业气体

赢创多用户基地

化工区管理中心

上海化学工业区为国家经济技术开发区，位于杭州湾北岸，规划面积29.4平方千米，是以石油化工及其衍生产品制造为主的现代化产业基地，主要发展石油化工和天然气化工系列产品、精细化工产品、合成新材料和综合性深加工产品。按照统一规划，纳入一体化管理的金山分区重点发展化工物流、化工检维修和化工品交易等产业，奉贤分区重点发展精细化工、化工机械装备和高分子材料等产业。

2013年，上海化学工业区经济稳中趋好，超额完成全年经济目标任务，销售收入首次突破千亿元，产业能级和经济规模上新台阶。全年，化工区（包括金山、奉贤分区）共完成工业总产值992.8亿元，销售收入1013.17亿元；引进项目投资21.6亿美元，完成固定资产投资81.24亿元；区内注册企业实现利润25.6亿元，实缴税金55.38亿元；万元产值能耗0.901吨标准煤。截至2013年底，化工区累计批准项目总投资225.05亿美元，累计完成固定资产投资1096.17亿元。

上海化学工业区被中国石油和化学工业联合会评为全国20强化工园区之首。按照新一轮发展纲要，力争到2020年，杭州湾北岸化工产业集聚区工业总产值达到5500–6000亿元。

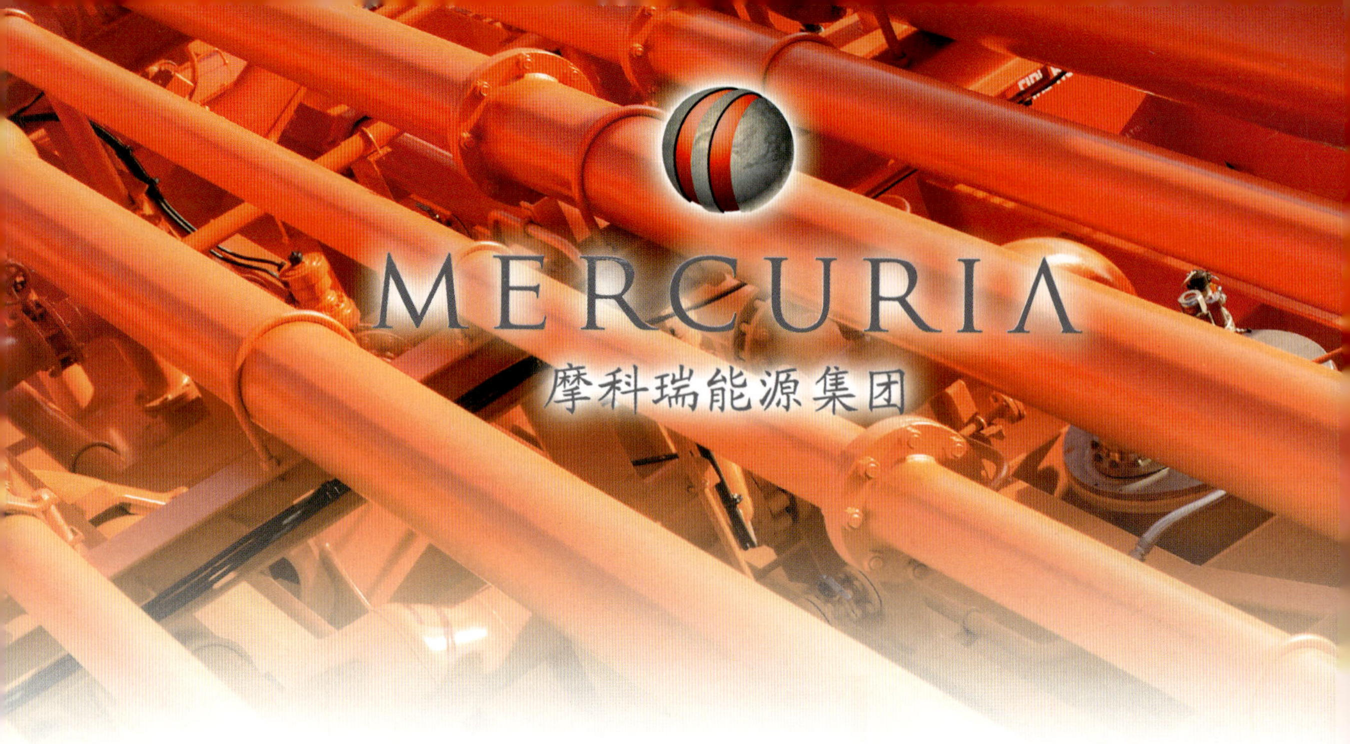

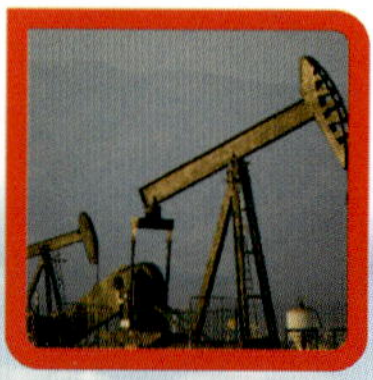

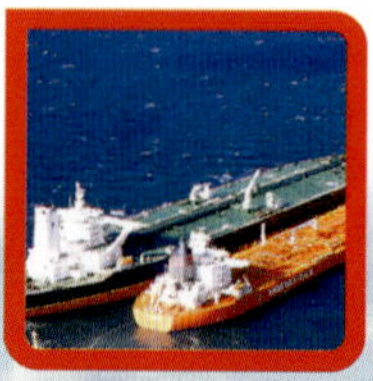

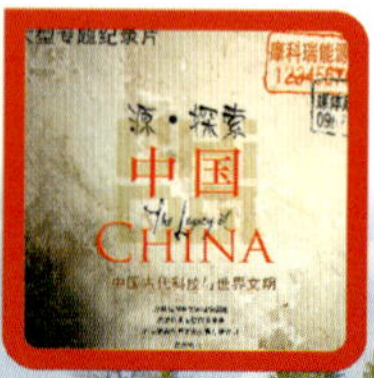

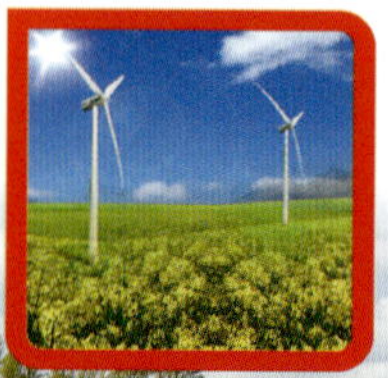

摩科瑞（中国）投资有限公司
北京市建外大街2号银泰中心C座3001室
电话：+86 10 8507 9800
传真：+86 10 8507 9899
www.mercuria.com

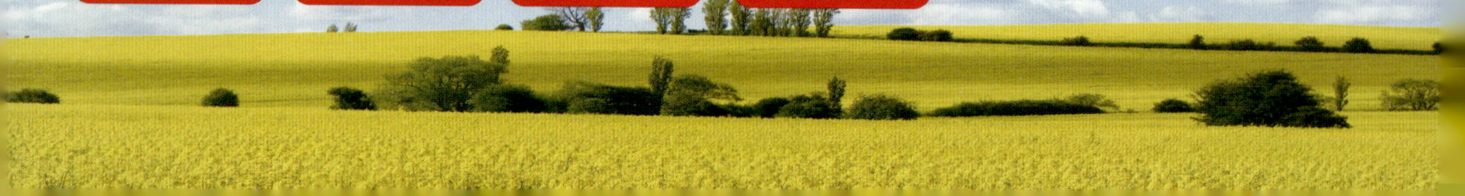

业务改造

【概述】 为把传统业务改造工作推进到位，进一步提升物资供应管理水平，2013 年开展了传统业务改造验收工作。根据物资供应传统业务改造验收工作方案，分自查整改、优化提升和对接验收 3 个阶段。第 1 阶段，各企业对照验收标准逐项自查并开展自评；第 2 阶段，各企业根据自查自评情况，制定本企业整改方案并认真组织整改；第 3 阶段，组织物资供应调研，现场评价验收整改结果。56 家企业整体评价全部合格，持续提升了物资采购业务运行效率和效果。

（李超杰）

【专业化分工流程化操作机制建设】 对各企业专业化分工、流程化操作运行机制建设情况进行评估和验收。进一步强化市场分析研究、供应商关系管理、采购过程控制等专业化管理职能。全面梳理物资供应业务，细分业务流程，优化整合业务环节，强化主要环节，弱化次要环节。建立物资供应各环节间相互约束、相互监督、决策与执行分开的制衡机制，将供应商选择、价格确定与货款支付申请分置，打破传统“一竿子插到底”的采购运行机制。建立各流程环节沟通协调与信息反馈机制，实现物资采购环环相扣、流畅高效。

（李超杰）

【供应商动态量化考核业绩引导订货】 重点对供应商动态量化考核及分级管理和 80% 采购额供应商占交易供应商比例进行评估和验收。促进企业将动态量化考核结果应用到物资采购策略和具体采购业务中，将采购份额向排名靠前、级别高的供应商倾斜，实现科学理性采购。同时大力培育集团化采购战略供应商、主力供应商群体，提升了供应商网络的整体质量，更好地从源头控制采购风险。

（李超杰）

【框架协议采购】 重点对框架协议采购质量、框架协议采购率、合同(协议)份数减少比率和交易供应商数量减少比率等情况进行评估和验收。加强各企业框架协议采购前的物资需求分析和整合力度，提高框架协议采购质量。规范框架协议采购流程，提高框架协议招标率。加强监管，有效杜绝企业框架协议独家签约现象。大幅减少采购合同份数，充分显现框架协议采购优势，进一步提升了资源获取能力和议价能力。

（李超杰）

【库存资金占用责任主体调整】 重点对库存资金占用责任调整及分解和新增积压物资责任追究进行评估和验收。促进建立企业层面考核机制，将库存资金占用责任纳入经济责任制考核，各企业严格考核兑现。继续完善新增积压物资防范工作，落实积压物资责任追究制度，追究需求计划提报和审核单位库存积压责任。持续降低库存资金占用。

（李超杰）

【采购策略编制及应用】 重点对采购策略编制、采购策略质量和采购策略应用进行评估和验收。各企业严格按照采购策略规定的供应商选择、采购方式、价格控制等策略要求实施采购。采购策略促进企业采购工作由业务操作型向策略研究型转变。加强采购策略执行情况的监督考核，确保采购策略有效执行，进一步规范采购行为。2013 年共 53 家油田、炼化、工程企业编制了年度采购策略，其中 34 家企业采购策略被评为良好以上，占到 64%。

（李超杰）

【物资供应过程控制】 重点对进度控制、质量控制和过程控制责任追究进行评估和验收。各企业全部按要求在供应部门内部设置专门过程控制科或岗位，进一步加强合同签订后采购物资的催交催运、质量监造、物流控制和付款申请等工作，使采购质量和进度始终处于受控状态，提高了物资供应风险控制能力。各企业组织开展过程控制责任追究工作，强化了合同执行的严肃性，维护了中国石化的利益。

（李超杰）

物资供应管理

【概述】 2013 年，物资供应系统继续深入推进科学理性采购，全面开展采购管理提升活动，大力推进标准化采购，强化供应商关系管理和储备管理，积极开展队伍培训，加大走出去学习力度，显著提升了物资供应管理水平。物资装备部获得石化集团公司管理现代化创新成果一等奖 1 个、二等奖 2 个。

（李超杰）

【深入推进科学理性采购】 着力强化宣传贯彻工作。利用石化集团公司物资工作会、主管经理研讨班、总部部门和专业公司物资供应管理专题会、物资供应管理调研等形式，宣贯“安全供应、及时供应、经济供应”的供应理念和“性能价格比最优，物资全生命周期总成本最低”的采购理念，树立科学理性的采购工作理念。

强化物资供应市场分析。2013 年，强化对集团化采购物资的市场研究，按季度发布市场研究报告；各企业加大对自采物资的市场研究力度，准确把握市场供求关系，进一步提高控制采购成本的能力。

全面开展物资成本构成分析和重要物资全生命周期管理。各企业积极行动，组织供应、生产、机动等部门及用户单位制定采购物资成本构成分析工作方案，收集设备和材料的使用寿命、维护成本、报废残值等相关数据，全面开展主要自采物资成本构成分析，建立重要物资全生命周期成本数据库，科学理性确定采购价格，降低了采购成本，实现了性能价格比最优、全生命周期总成本最低。

全面推进开门采购和专家采购。各企业在物资采购活动中，积极邀请企管、审计、监察、生产、工程、设备、设计、用户等相关部门和单位参与技术协议谈判、供应商选择、价格确定等关键采购环节的决策过程，建立物资采购开门决策机制，提高了采购决策透明度。各企业按专业组建专家库，邀请专家参与需求分析、供应商考察评价、技术交流等重要物资采购活动，建立专家参与采购决策机制，有效提高了物资采购专业技术含量和采购决策的科学水平。

（李超杰）

【巩固完善物资供应管理体制】 研究提出在做实事业部、专业化重组过程中，巩固完善集中统一物资供应管理体制的具体措施；并以石化集团公司文件形式印发了《关于石油工程公司和炼化工程公司物资供应管理体制的意见》，坚持物资供应管理体制“七统一”不动摇。

深入研究合资企业和海外项目物资保供。与扬巴公司、中沙石化等合资企业对接，宣贯中国石化先进的采购理念，指导合资企业改变落后的采购方式，将合资企业物资供应纳入石化集团公司统一体制框架并写入物资供应管理规定。组织企业供应处长进行 5 次专题研讨，研究海外项目物资保供，提出构建海外项目集团化采购的思路和建议。

（李超杰）

【全面开展物资采购管理提升活动】 中国石化根据国务院国资委关于中央企业全面开展管理提升活动统一要求，积极部署，精心组织，在深入剖析自身存在的问题、学习国内外先进企业成功经验的基础上，坚持瓶颈突破、整体提升，全面开展物资采购管理提升活动。

持续推进物资供应传统业务改造和科学理性采购成果固化。组织对传统业务改造和科学理性采购成功做法和经验的全面梳理总结，确定了 20 项成果固化计划，并明确责任处室及固化进度，将传统业务改造和科学理性采购成功经验固化为标准化制度或流程，持续提升物资供应管理水平。截至 2013 年底，7 项成果固化已经完成。

树立标杆典型，总结推广经验。针对每一项采购管理提升的重点工作，选择 2—3 家先进企业作为中国石化的标杆企业，通过组织现场经验交流会等形式，总结推广典型经验，供其他企业对标学习。定期评价各企业采购管理提升活动开展情况，对活动开展得力、效果显著的企业予以表彰，并将评价结果纳入年度评选先进考核，促进企业持续提升采购管理水平。

2013 年，在国务院国资委召开的中央企业管理提升活动总结会上，中国石化被评为采购管理提升先进单位。

（李超杰）

【大力推进标准化采购】 组织召开石化集团公司“三化”工作视频会议，各企业从需求标准化、采购标准化等方面入手，全面强化物资采购与生产经营管理有效融合的理念，通过大力减少个性化需求，扎实推进标准化采购工作。

全面开展采购技术标准的编制工作。按照“先用先编，通用优先”的原则，组织召开物资采购技术标准编制工作推进会，安排部署 436 项采购技术标准的编制工作，其中 203 项采购技术标准编制小组已组成并开展工作。

大力推进新建工程项目物资采购标准化。在油田地面建设工程中，各油田企业通过设备撬装化，统一设备选型、配套标准、制造标准、检验验收标准，累计完成各类撬装设备采购技术标准 328 项。在天然气储运集输项目中，采用国产化和标准化有机结合方式，编制并发布 LNG 关键设备材料采购专用技术标准 19 项。在原油储运集输项目中，组织完成 10 万立方米、12.5 万立方米和 15 万立方米大型原油储罐用钢板采购技术标准的编制与发布；完成管道公司材料、金属储罐、工艺设备等 7 个专业 65 类原油集输管线所需的主要材料设备采购技术标准化方案。在炼化工程项目中，完成 23 套 S－Zorb 装置的标准化采购，大力推进10万吨EVA项目标准化采购，研讨煤化工项目推进标准化采购工作的相关措施，制定煤化工项目标准化采购的工作计划，积极推动空分、脱硫脱硝装置标准化采购工作。

（李超杰）

【强化供应商关系管理】 截至2013年底，中国石化网络供应商13 288家，同比减少14.4%。其中，生产商10 175家，占76%，同比增长1.8个百分点；流通商3 218家，占24%。

持续优化完善供应商管理制度。修订完善供应商现场考察评价标准、动态量化考核业绩引导订货管理办法，制定年审管理办法等供应商管理制度，形成统一管理、资源共享的供应商管理格局，从源头上控制物资质量风险、供应中断风险和采购成本风险。

着力推进供应商动态量化考核业绩引导订货。按照物资类别或品种，对每家供应商从整体实力、质量、价格、交货、服务、供应金额、奖惩情况7个方面进行动态量化考核，考核结果由供应商信息系统自动汇总统计，为各级采购人员决策和审计、监察等部门监督检查提供依据。对供应商实施分级管理，将集团化采购供应商分为战略供应商、主力供应商和一般供应商，对企业自采物资供应商实施ABC分级管理。在具体采购业务中，向业绩排名靠前、级别高的供应商订货倾斜。

大力强化供应商关系管理。大力培育战略供应商群体。按照“优势互补、互利互惠、合作共赢、共同发展”的原则，选择国内外大钢厂、大制造厂、大矿务局，缔结战略联盟，深化战略合作，截至2013年底，中国石化战略供应商数量达到75家。着力培育主力供应商群体。每年按照供应商历史供货业绩，分专业选定总部直接集中采购供应商名单和总部组织集中采购主力供应商名单，全年共发布总部直接集中采购供应商名单232家和总部组织集中采购主力供应商名单1 408家。

持续优化供应商结构。每年对连续2年无交易业绩的供应商和许可供应产品目录进行清理。每月对国家法律法规明确要求的重要资质进行监控，到期未更新的停用供应商交易资格。2013年，停用423家2年无交易供应商的交易资格和1 360家重要资质有效期过期供应商的交易资格。

加大违约供应商处理力度。全面落实违约供应商“零”报告制和处罚制度。各企业、专业管理处和境内外公司每月上报在质量、价格、交货、服务、恪守商业道德等方面有违约行为的供应商。2006—2013年，共处理违约供应商536家，其中取消网络成员资格124家、暂停交易资格85家、石化集团公司内部通报194家、书面警告133家。

强化对企业供应商使用情况的监管。每季度通报企业供应商准入和使用情况，煤炭、炼油“三剂”和油田化学剂、润滑脂、管件、钻具、离心泵等主要物资品种企业供应商选用情况以及企业独家采购情况。

（李超杰）

【物资供应管理信息化建设】 大力推进物资采购电子商务系统5.0版建设。通过广泛调研、深入研究，收集汇总7个方面27类约750条系统提升建议，组织制定电子商务5.0版建设方案。截至2013年底，已经开发完成询比价、框架协议采购等功能。

强化物料编码管理。发布《中国石化物料编码应用管理规定》，修订发布考核指标，强化编码应用考核。清理、冻结长期不用、不规范、错误编码84.6万条，全年编码应用达标率76.4%，同比增长3个百分点。

对物资供应信息化进行全面分析评估。经信息部立项，聘请IBM公司通过访谈和调研、数据收集和分析，设计和建立了3个大方面105个分项指标的对标体系，并与国际领先的5家跨国公司和国内5家大型企业进行对标。

（李超杰）

【储备管理工作】 截至2013年底，石化集团公司库存总规模93.2亿元，同比下降16.4%；积压物资12.2亿元，同比减少18.1%；新增积压物资同比下降14.9%。

加大积压物资处置和新增积压物资防控力度。组织统一立项，全面开展物资储备管理效能监察，重点检查12家石油石化企业和工程建设单位，进一步促进库存管理责任落实。

推进区域库存资源优化配置。在上海地区试点建设即时供应物流圈，5个专业8个通用物资品种先期试点工作进展顺利。在华南区域试点建设联合储备，确定了11个大类115个通用物资品种建立区域联合储备，明确了工作流程和进度计划，联合储备初见成效。

加大库存信息共享力度。在储备管理系统，分9个区域建立通用物资库存信息虚拟库，按41个大类304个小类，实时展示60亿元通用物资的企业库存和供应商管理库存明细，向除供应部门以外，石化集团公司事业部、工程单位以及企业生产技术、设备、工程、财务等各管理专业的600余名用户开放系统查询权限，大大促进了库存信息的共享。

大力推进标准化采购物资总部集中储备。建成投用 S－Zorb 装置关键过滤器组件及滤芯、手动耐磨球阀、工艺过滤器配件和加氢装置 CF8C 高压临氢阀门 4 个集中储备库。完成陕鼓轴流压缩机和杭汽汽轮机备件集中储备协议续签工作。研讨 DCS 卡件集中储备库调整方案，制定嘉利特和苏尔寿离心泵备件集中储备方案。

（李超杰）

【物资供应监管】　以物资供应“比学赶帮超”为抓手，强化监管。组织开展物资供应管理调研。组织 5 个调研组，对 9 家企业就推进科学理性采购、物资供应传统业务改造、招标采购、标准化采购等物资供应重点工作开展物资管理调研。深入访谈企业一线人员 51 人次，召开企业生产、工程等部门人员参加的现场座谈会 18 次，征求企业意见和建议 43 项。

进一步加强自采监管。印发《中国石化企业自行采购管理办法》，明确监管主体、监督主体和责任主体。对企业自采物资需求管理、供应商管理、价格管理、质量管理、合同管理、储备管理、供应服务 7 个方面提出明确要求，为进一步加强企业自采监管创造有利条件。

（李超杰）

【物资供应系统培训工作】　组织开展物资供应专业技术比武。来自各企业 5 087 人参加了物资供应专业技术比武，技术比武分管理组、化工组、煤炭组、材料组、动设备（含电仪）组、静设备组 6 个组进行了初赛、复赛和决赛，推动了物资供应系统打造学习型组织，全面提升物资供应人员专业素质和业务能力。

组织开展企业分管经理研讨班。邀请外部专家讲解 IBM 公司采购管理实践和基于供应链管理的战略采购。物资装备部主任蒋振盈解读了中国石化物资采购管理体系建设主要做法和主要成效，胜利油田、中原油田、燕山石化、齐鲁石化、扬子石化 5 家单位分别就成本构成分析、标准化采购、专业化分工流程化操作运行机制、框架协议采购、过程控制等做了经验交流，各主管经理就物资供应管理如何率先打造世界一流进行了研讨。

组织开展物资供应处级干部培训班。2013 年 4—11 月，组织了 7 期物资供应处级干部培训班，来自 92 家石油石化企业和物资装备部（国际事业公司）的 356 名处级干部参加培训，培训人员覆盖率达到 86.2％。参加培训人员围绕 8 个物资供应管理共性问题撰写了 42 篇专题报告。

组织开展物资供应管理科长培训班。宣贯开门采购管理办法、专家采购管理办法、区域协同采购管理办法、物资供应传统业务改造验收方案、供应商年审管理办法、供应商准入及停启用流程等制度。对推进成本构成分析、标准化采购、框架协议采购和物资供应绩效管理等方面的工作进行了交流。培训班上，征集了各企业对提升电子商务系统功能以及对中国石化物资供应管理的意见和建议。

（李超杰）

【走出去学习】　加大“走出去”学习交流力度。全年共组织“走出去”调研交流 148 次，其中与埃森哲、毕马威、欧洲采购商学院以及中国移动、中国海油等企业进行物资供应管理交流，组织企业物资供应部门负责人赴欧洲采购商学院学习交流先进采购理念，参加亚洲采购圆桌会议，与国家电网、华电集团等企业进行招标管理交流，与东风汽车、阿里巴巴、微软等公司进行信息化管理交流。

（李超杰）

重大装备国产化

【概述】　2013 年，企业共上报重大装备国产化项目 30 项，经过内部讨论和专家论证，建议将大型偶联反应器、氧化脱氢制丁二烯装置生成气压缩机等 13 个项目列入年度国产化攻关项目，总经费 2 100 万元。

已结转的 9 项重点项目进展顺利。PX 超大型板壳式换热器于年初交付海南炼化，加氢裂化装置用高压轨道球阀样机于 5 月交付广州石化，6M80 往复式新氢压缩机和荆门冷高压分离器分别于 7 月、8 月通过出厂验收，以上项目均圆满完成制造任务，满足工程项目建设要求。

成果鉴定情况。镇海百万吨乙烯装置用丙烯压缩机组（W06002）、环氧丙烷/苯乙烯联产（PS/SM）装置脱水反应器（W08006）、EO/EG 超大型换热器（W08002）、大型混砂车（W10002）、液压不压井修井机（JW07002）、地面煤层气钻机（W09006）、30 万吨/年醋酸乙烯 DCS（LW10001）和北海炼化一体化 DCS（W10003）、45 万吨/年聚丙烯流化床干燥器（W07002）和巴陵 SEBS 研磨机（JW10002）共 10 个项目通过科技成果鉴定。

（李超杰）

信息化建设与管理

◇ 综述

◇ 示范工程建设

◇ 系统建设与应用

◇ 信息基础设施与安全建设

◇ 管理信息化提升

◇ 信息化综合管理

综　　述

2013 年，石化集团公司信息化工作紧紧围绕“建设令人满意的世界一流能源化工公司”目标，以提高发展质量和效益为中心，积极开展“三大平台”完善提升和“管理信息化”提升等深化应用活动，信息化各项工作取得新进展。

4 项示范工程建设整体推进。完成 ERP 大集中模板设计，制定 IT 共享服务中心建设方案，开展移动应用、智能工厂试点，在新技术应用上取得新突破。

“三大平台”功能得到新提升。经营管理平台完善了 100 多家企业 ERP 系统，提升了资金集中系统的全球资金管理功能，业务公开、审计集成系统实现自动预警；生产营运平台全面提升了 PIMS(生产计划优化)模型，油田源头数据采集系统得到全面推广，炼化企业 MES 系统拓展了能源管理、操作管理新功能，加油卡系统实现全国全覆盖；基础设施和运维平台建成 5 个区域网络中心，完成 30 家企业网络完善提升，10 个重要系统的异地灾备建成投用。

信息化应用迈上新台阶。15 家单位被评为“管理信息化”提升先进企业，24 家单位成为 ERP 登高示范企业，74% 的企业通过 ERP 新一轮达标。

“两化”深度融合取得新成果。石化集团公司和 11 家下属企业的 15 项信息化应用成果被评为 2013 年全国石油和化工行业两化融合优秀项目，在国务院国资委组织的央企信息化水平评价中，中国石化再次排名 A 级第一，信息化为公司的改革发展和转型升级提供了有力支撑。

(王景涛)

示范工程建设

【概述】 2013 年，中国石化大力推进经营管理平台集中集成、移动应用、IT 共享服务中心、智能石化试点 4 项示范工程建设，进一步加强“两化”深度融合。经营管理平台集中集成建设目标是按业务板块建成 ERP 大集中系统，实现人力资源、资金集中、全面预算、合同管理、电子商务等系统与 ERP 的高度集成。移动应用建设目标是建立统一的移动应用平台，利用大数据、无线网络等新技术，在生产、经营、管理、客户服务等层面实现移动应用。IT 共享服务中心建设目标是建设集中统一、具有云服务能力的共享服务技术平台，为各单位提供 IT 共享服务，为财务、人事、物资供应等部门共享服务提供技术支撑。智能石化试点建设目标是在油田、炼化、销售等企业进行试点，围绕生产管控、设备管理、安全环保、能源管理、供应链管理、辅助决策 6 个方面开展智能化应用，实现企业生产运营的自动化、数字化、模型化、可视化、集成化。2013 年，4 项示范工程全面开工建设，总体进展顺利。

(王景涛)

【经营管理平台集中集成】 完成财务、计划与投资、物装、设备、辅助审计 5 个专业板块以及油田、炼化、油品销售 3 个业务板块的 ERP 大集中模板设计；结合润滑油分公司分拆上市的战略部署，启动炼化板块 ERP 大集中试点工作；完成炼化工程公司 ERP 总体方案设计和国际石油勘探开发公司本部(含温菲尔德)ERP 蓝图设计；完善 ERP 大集中管控平台功能，实现 40 家分散服务器部署企业的逻辑集中管控；HR 系统全面实现与 ERP、会计集中核算系统的薪酬过账。

(王景涛)

【移动应用】 制定并发布《中国石化移动应用指导意见》，完成统一移动应用平台开发和 2 家企业试点实施，实现公文审批、合同审批、信息传递、客户服务、HSE 管理等移动应用。总部推广公文移动审批，移动用户约 300 人；胜利油田、镇海炼化、浙江石油分公司等企业开展业务审批、信息查询、统计监控、生产预警等移动应用，审批效率提高 50%。

(王景涛)

【IT 共享服务中心】 完成 IT 共享服务中心专项规划和建设方案，以及 IT 资源与运维服务标准、流程的梳理。整合信息化标准服务平台，完善提升外部单位和物料代码多语言、即时检索、应用监控及评价等功能，初步实现信息化标准的集中管理、统一发布、统一服务。

(王景涛)

【智能石化试点】 完成智能油田建设总体规划，制定胜利油田等 3 家智能油田试点建设方案。完成智能工厂建设总体规划和设计方案，启动炼化智能工厂试点，在燕山石化、茂名石化、镇海炼化、金陵石化、九江石化等企业开展供应链、生产管控、能源管理等业务领域的智能化应用试点建设。茂名石化完成三维数字化平台建设，初步建成数字化运营管理模式。燕山石化完成供应链一体化优化建设，实现计划优化、调度优化和机理模型的整体集成；

完成能源管理系统建设，实现能源的供、产、输、转、耗全过程信息化管理。金陵石化围绕生产管控领域，建立"日优化—日跟踪—日平衡"PDCA 循环，实现装置 KPI 绩效在线考核管理，实现增效 1 400 万元；围绕供应链管理领域，建设产品进出厂流程跟踪系统，提高码头出厂效率近 20%，建设资金回笼在线实时监控系统提高工作效率 20% 以上；在生产管理层面进行集中集成，通过跟踪生产数据，对生产过程进行及时有效的调整，优化提升装置技术指标，综合创效 1 650 万元。

（王景涛）

系统建设与应用

【ERP 系统】 进一步完善提升企业 ERP 系统功能，全面实施 ERP 应用登高计划，ERP 与企业的生产经营管理进一步深度融合，ERP 创新应用、深化应用取得显著成效。①ERP 系统得到完善提升。根据国家财税政策要求，完成"营改增"试点省份 44 家企业 ERP 系统配置调整；根据国务院国资委全级次核算要求，完成长盛石化、江苏壳牌等多家企业 ERP 实施；配合石化集团公司体制机制改革和企业管理需求，完成催化剂、塔河、北海 3 家分转子企业 ERP 系统部署及物装(国际事业公司)、燃料油等 16 家企业 ERP 组织架构调整，完成西北油田、安庆石化、湖北石油分公司等 100 多家企业 ERP 功能扩展及管理应用提升。加大以 ERP 系统为基础的数据仓库建设和综合应用，完成 EDW on HANA 验证测试，在销售经营管理决策应用中创新使用 HANA(内存计算)新技术；新建化销企业风险预警、区域物资协同采购及库存、炼油产品销售结构、化工产品链、税务风险管控等预警预测分析应用；在上海石化、青岛炼化等 4 家炼化企业推广应用生产经营综合分析系统。②ERP 系统深化应用取得新成效。大力推进 ERP 应用登高计划，总部组织企业按照 ERP 登高计划细化本单位实施方案，开展 ERP 登高示范企业经验交流和企业现场帮扶活动，有 10 家单位被评为 2013 年 ERP 登高示范企业。组织开展 ERP 新一轮应用达标活动，重新修订 ERP 系统达标指标，修订后 ERP 达标指标总数达到 1 503 个。通过达标培训、现场帮促、企业自查、远程检查与现场抽查验收相结合等措施，促进企业规范应用再上新水平，2013 年共有 72 家企业通过 ERP 系统新一轮达标检查，达标率达到 74%。

（王景涛）

【重点管理系统】 ①资金集中管理系统，完成综合分析平台和多维度资金池管理功能的开发测试，对境内以及与境外业务集成进行优化提升，完成与境外银行直联接口开发测试以及境外系统灾备和系统安全加固建设，资金集中管理系统促进公司资金运营效率显著提高，全年节约财务费用 20 亿元以上。②合同管理系统，在总部和 123 家企业平稳运行，累计管理合同 96 万份，金额达 2.6 万亿元，标准合同文本使用率从 30% 提升到 68%。③石化集团公司会计集中核算系统，新增固定资产管理模块，完成固定资产新国标分类编码转换，搭建了会计集中核算综合分析平台，对系统功能、性能进行了优化提升。④重点业务公开系统，提升了疑似问题筛查、预警自动函询、巡视问题在线处理等功能。⑤审计信息集成管理系统，新建成审计智能预警子系统，在采购、销售、财务 3 类业务中共设置 113 个预警点。⑥制度与内控系统，累计管理 4 万多件制度，实现制度在线编制、集中管理和统一发布查询；实现总部及所有企业内控手册在线管理，内控检查的在线测试和跟踪整改。⑦档案管理系统，完成 15 家企业系统实施，已累计在 35 家企业推广，实现与公文管理、合同管理等系统集成，提升了档案管理的标准化规范化水平。⑧客户关系管理系统，在油品销售区外、化工销售、炼油销售、燃料油等专业销售公司完成推广实施。⑨建成总部工程项目管理系统，实现对 128 个工程项目的 432 个工程服务包招投标过程控制与监督。⑩远程教育系统在全集团推广应用，2013 年系统注册用户超过 43 万人，在线课程学习时长 1 304 万小时，相当于举办 8 147 个培训班。

（王景涛）

【总部生产营运指挥系统】 完成总部生产营运指挥系统二期建设，系统覆盖 90 多家企业，生产数据自动获取率由 85% 提升到 90%，实现了跨板块多维度专题自助分析、集团供应链产销平衡分析和生产层面移动应用。

（王景涛）

【生产计划优化系统】 完成 34 家炼油企业生产计划优化(PIMS)模型调优提升，建成涵盖 35 家企业的炼油板块整体优化模型，为原油资源整体优化增效提供了有效支撑。全年炼油企业共测算案例 869 个，实施案例 357 个，综合增效 6.35 亿元；18 家化工企业利用 PIMS 模型开展优化测算，当年节约成本 5.61 亿元。

（王景涛）

【HSE管理系统】 加快推进HSE管理系统建设，完成27家炼化企业HSE系统推广，实现炼化板块HSE系统全覆盖；利用系统在线监控300余项安全指标，对各企业21项关键指标进行量化排名，有效提升了企业HSE精细化管理水平。

（王景涛）

【环境在线监测系统】 利用系统实现对29家企业的108个废气、废水排放口数据的在线监测管理，提高了石化集团公司的安全环保能力。

（王景涛）

【总部应急指挥中心】 总部应急指挥中心建成投用，系统配置了98项专项预案和480项装置预案应急流程，与联防区域内83家企业建立音频应急通讯，并实现与胜利油田、普光气田应急指挥中心集成，初步形成总部、企业和现场一体化应急指挥体系。

（王景涛）

【油田企业信息化】 ①源头数据采集系统在西南油气、天然气等4家企业上线运行，建立勘探开发生产数据源头采集体系，实现勘探开发数据规范采集、集中管理和动态应用，为100多套系统的专业应用提供了有效数据支撑。②完成中原、河南、江汉3家油田企业勘探开发数据中心建设，为局级综合应用系统和6类综合研究、37个版本软件提供了数据服务。③国际石油勘探开发公司实现从单井到区块、油田的开发生产动态数据实时采集，及时、精准把握海外油气生产动态。④自主知识产权软件推广应用，建成石油工程决策支持系统，实现对钻井过程实时数据传输与预警、视频监控，为境内外企业提供了远程决策支持；建成油气地质资源管理系统，完成8 592个储量管理单元的关系匹配，实现全油气田矿权、圈闭和储量等基本数据的综合管理。

（王景涛）

【炼化企业信息化】 ①MES系统功能提升和深化应用，对装置投入产出、统计损耗分析等22项业务指标进行扩展和提升应用，完成燕山石化、齐鲁石化、扬子石化、上海石化、荆门石化5家企业的深化应用示范建设，完善了MES系统达标标准，加大了系统应用的远程监控比例，2013年共有21家企业通过MES系统达标检查，上线验收企业达标率达到100%。②能源管理系统建设，完成燕山石化、扬子石化试点工作，实现能源供、产、输、转、耗全过程能流管理，在线优化可节约能源生产成本1 800万元/年，折合节能量约1万吨标煤/年。③操作管理系统建设，完成齐鲁石化、广州石化等4家炼化企业扩大试点工作，实现对200多套生产装置、1.8万多项操作指标、近300条移动巡检线路的执行监控、量化评价和考核管理，试点企业的操作平稳率、巡检质量和效率得到显著提高。④先进过程控制系统（APC）在25套装置上顺利建成，累计投用167套，年增效益2.75亿元。⑤完善提升化工销售物流管理系统，实现物流费用100%线上结算，实现对内外贸物流关键节点和106家承运商、7 000余台车辆的实时监控，2013年节约物流成本8 300多万元。

（王景涛）

【销售企业信息化】 ①加油卡系统建设，完成区外211座加油站的系统部署（已累计部署区外1 920座加油站），加油卡系统已覆盖全国31个省市石油公司，真正实现“一卡在手，全国加油”。②实验室信息管理（LIMS）系统推广，完成5家（累计16家）销售企业LIMS系统建设，规范油品质量管理，实现油品质量全过程监控。③物流管理系统提升，搭建总部成品油物流管理平台，完成天津石油、江苏石油、四川石油等14家企业物流管理平台提升，加强了一、二次物流全业务协同，实现总部、大区、省市、承运单位间的信息共享、业务协同和资源优化。④初步建成集中集成的非油品采购供应管理系统，实现总部和各销售企业非油品采购、内部交易、供应商协同等在线管理功能，已在线管理供应商7 000多家、各类商品4.4万余种，提高了总部对非油品商品、供应商、采购、结算等业务的监控管理能力。

（王景涛）

【科研和工程建设单位信息化】 ①知识管理系统建设，在上游“三院一企”试点单位搭建知识管理系统平台，完成29个本地化应用功能项的设计和开发。②科研门径系统建设，在5家研究院完成系统安装部署，已有114个主要项目纳入门径管理。③炼油技术分析及远程诊断系统推广，累计在218套炼油装置上建成投用，300多名专家在线开展装置巡检，远程解决装置运行问题，2013年共解决问题9 400多个，提高了装置运行管理能力。④石油勘探开发研究院成功研发出国内首款基于勘探风险分析技术与投资组合管理的一体化油气资源评价软件平台——区带与圈闭油气资源定量评价软件（PetroV 1.0），已为302个圈闭提供评价服务，优选方案223个，提高了勘探决策水平和效率，促进了高效勘探和资源的动态管理。⑤石油工程技术服务公司结合机构调整，编制信息化专项规划，完成石油工程决策支持系统研发，并在国内外重点探井得到应用。炼化工程公司加强工艺设计、工程设计、三维工厂设计等系统提升和集成应用，提高了工程设计质量和管理水平。

（王景涛）

信息基础设施与安全建设

【信息基础设施建设】 对总部和30家企业网络进行完善提升，完成山东、河南、上海、广州、新疆5家区域中心建设，实现51家企业的网络就近接入；制定重要应用系统异地灾备总体规划，建成南京灾备中心机房和资金集中、加油卡、HR等10个异地灾备系统；制定中国石化云规划，搭建基础设施云，初步实现服务器存储资源的共享利用。

（王景涛）

【基础应用系统建设】 优化统一通信（Lync）系统性能，加快推广应用，截至2013年底，已开通企业用户25万个；提升总部和9家企业视频会议系统，丰富了会议接入方式，提高了会议管控能力；在总部建成无纸化会议系统，为每月的经济活动分析等会议提供了支撑。

（王景涛）

【信息安全建设】 启动总部因特网出口监测，实现江苏、西北区域企业互联网出口统一管控，对70余个对外网站进行实时监测；完成用户统一身份管理系统建设，燕山石化、胜利油田试点实现系统应用集成；对47家企业进行信息系统安全风险评估；完成区内加油卡系统等保合规安全改造，区外加油卡系统通过公安部三级等保测评，网络和信息安全防护能力得到进一步提升。

（王景涛）

管理信息化提升

【概述】 根据国务院国资委有关“管理提升”工作要求和石化集团公司开展“管理提升”活动的总体部署，组织开展了管理信息化提升专项活动。统一制定管理信息化提升实施方案，确定9个提升主题和46项重点内容，按业务板块召开油田、炼化、销售企业专题提升推进大会，组织专家深入企业，通过现场调研、问题诊断、交流帮促、整改督导等措施，帮助企业深入开展管理信息化提升工作，促进企业管理水平明显提升，取得了丰硕成果，石化集团公司被国务院国资委评为管理信息化专项提升先进单位。

（王景涛）

【提升集团管控能力】 ①强化过程管理。资金集中管理系统统一运作、统筹调控资金的效率大幅提升，年均节约财务费用20亿元以上；投资计划管理系统有效规范企业投资行为，投资计划上报及时率和准确率均达到100%；借助ERP系统全面落实物资存储制度，完善建立物资采购业务平台，实现物资供应全过程管控。②强化风险管控。合同管理系统合同示范文本使用率从30%提高到68%，提高了合同审批效率，有效防范了法律风险；制度与内控管理系统得到推广应用，实现总部、企业制度及内控手册的集中管理、统一发布，提高了制度和内控的标准化水平。③促进经营管理规范化。通过建设应用业务公开系统，纪检监察部门探索出“制度+科技”监管新路子，公示信息196万条，通过网上巡视和系统预警函询问题614个，查实并整改问题193个；通过建设应用审计集成管理系统，审计部门创新审计工作新模式，自动提报问题线索152万条，实现审计工作从事后向事前预警关口的前移。④提升辅助决策能力。总部生产营运指挥系统覆盖上中下游90余家企业，集成55艘油轮、30口重点探井、38家企业MES、2 458个企业视频监控点、29 447座加油站经营动态、4 067辆铁路自备车运行动态等信息，形成一体化“生产营运协同平台”。油田事业部利用油田经营管理分析系统，开展经济技术指标管理和绩效考核，强化绩效和目标管理；炼油事业部利用数据仓库建立价格预测模型，预测炼油产品价格，进行产销计划分析，促进管理从“事后分析”向“事前预测”转变；化工事业部深化应用化工生产经营分析系统，开展合纤原料及合成纤维板块效益分析，提高了经济活动分析工作质量；油品销售事业部利用销售经营管理分析系统，开展加油站经营效益分析，支持了单站效益管理精细化。

（王景涛）

【提升企业精细化管理水平和经济效益】 ①支撑专业化改革，促进业务发展。完成润滑油业务“产供销一体化”、化工销售“二改一”、炼油销售“液化气业务集中统销”等ERP系统配套调整，有效支撑公司专业化改革；完成西南分公司、武汉乙烯、燃料油销售，以及润滑油、物装（国际事业公司）等境外公司新增业务的配套系统调整，快速支撑业务发展。②支撑管理创新，提升工作效率。金陵石化和上海石化等企业应用系统在线召开调度会、进行经济活动分析，燕山石化合署办公效率提高、效果显著；广东石油等应用电子商务拓宽营销及销售渠道，2013年网上业务营业额超过150亿元。③强化经营管控，提升经济效益。中原油田通过ERP与成本动态管理系统集成，实现油藏经营管理单元的全口径成本要素对比分析，有效促进了企业效益提升；广州石化应用库存物资责任主体监控及预警分析功能，优化配置企业物资库存，成效显著；浙江石油实现日销售数据与银行资金数据自动对比、预警、提醒等功能，年销售额超千亿元，未新增一笔“烂账”。

（王景涛）

【提升企业生产自动化、一体化管控能力】 ①提升资源优化水平。生产计划优化（PIMS）系统在炼化企业普及应用，炼化企业利用系统开展原油资源、生产计划优化测算，全年降本增效12亿元；MES系统实现炼化企业全面覆盖应用，形成中国石化炼化企业统一的生产营运管理平台，整体提高生产的精细化管理水平；炼油技术分析及远程诊断系统覆盖218套主要炼油生产装置，300多名专家远程动态监控、在线协同解决装置运行问题9 400多个。②提升生产管理水平。油田企业实现勘探开发12个大类业务数据的规范采集和8万多口井的成果管理，实时反映6万多口油气水井生产动态；西北分公司对487口油气井实施远程监控、自动预警，故障发现时间由原来的4小时缩短为1分钟；化工销售公司利用物流管理系统日均处理订单3 000多条，实现对公路运输92%以上普货业务和99%以上危化业务实时监控，借助系统的返程车和换货管理功能，全年节省运费8 300万元。③提升安全环保水平。炼化企业推广HSE管理系统，建立统一的HSE业务管理平台，促进HSE管理由传统管理向信息化管理、由结果管理向过程管理的转变；总部和4家企业应急指挥系统建成，与83家企业建立音频应急通信，初步实现总部、企业和现场一体化应急指挥；环境在线监测系统实现对29家炼化企业108个废气、废水排放口在线监测；金陵石化建立全天候异常气味快速响应处理机制，践行安全环保、绿色低碳的经营理念。④提升节能降耗、降本增效水平。深化油气集输注水优化系统应用，江苏、江汉等油田企业集输注水优化系统能耗降低4%以上；中原油田在采油四厂开展油藏经营管理信息化改造试点，降本增效显著，示范区用工总量由204人下降到107人，人员减幅达49%，生产时率提高到98%以上；齐鲁石化应用系统调整优化生产经营计划，乙烯收率、双烯收率、高附收率分别由1月的32.82%、46.80%和58.15%，提升到7月的33.03%、48.23%和60.56%，高附能耗则由1月的323.71千克标油/吨乙烯下降到7月的312.37千克标油/吨乙烯。

（王景涛）

信息化综合管理

【概述】 石化集团公司进一步加强信息化综合管理，完善健全相关管理制度，强化信息化“两个统筹”（规划、计划和预算的统筹，标准、安全和运维的统筹），组织开展管理信息化提升活动，大力推进“两化”深度融合发展，公司整体信息化水平迈上新台阶。

（王景涛）

【完善健全信息化制度体系】 根据石化集团公司“转变总部职能，做实事业部”改革要求，完善信息化管理、项目管理、安全管理等7项制度，梳理优化重点环节工作流程；建立信息化综合业务管理系统，实现项目计划、项目商务和项目过程的在线管理。

（王景涛）

【强化信息化统筹管理】 ①统筹规划计划。根据石化集团公司战略目标和转型发展要求，以注重提高信息化的投资回报为目标，统筹完善中长期信息化发展规划，统筹编制信息化3年滚动计划和年度预算，为推进实施各项规划任务提供指导和保障。②加强顶层设计。按照“六统一”管理要求，加强重点项目的IT资源配置、技术架构、信息标准化、信息安全等方面的设计审查工作。③强化信息标准化管理。整合建立信息标准化服务平台，实现信息标准化的集中管理、统一发布、多语言支持服务。④加强信息安全管理。完成信息安全运营中心（SOC）建设总体规划和方案设计，建成统一身份管理、信息安全日志审计、文档安全、数字证书和网络准入5个安全控制系统，增强了信息安全防护能力；制定ERP系统应急预案管理制度范本，指导企业开展应急预案制定工作，组织开展油品销售板块集中服务器部署企业ERP系统应急预案演练活动。

（王景涛）

【加强信息化队伍建设】 组织MES系统应用技能竞

赛活动，来自36家炼化企业的5 200名调度、统计人员参加了学习和竞赛，9家企业获得团体奖，24名选手分获金、银、铜牌。统一组织各层次信息化培训，包括企业领导人员培训班，财务、物资、生产、营销等专业处长培训班，以及关键用户常态化培训班等，培训党组管理干部90多名、处级管理人员300多名。企业自行组织各类信息化培训7万人次，进一步提升了系统应用水平。建立企业信息化人员资源库，截至2013年底，已拥有信息化人员8 625名，其中IT专业人员5 063名、IT改制公司人员657名、IT应用骨干人员2 905名。

（王景涛）

【推进“两化”深度融合】 统一组织、持续开展管理信息化提升、ERP登高计划和应用达标等深化应用活动，全年共组织30次帮促与交流活动，为企业解决问题1 120个，共评选出60个企业管理信息化提升优秀应用案例，有15家单位被评为“管理信息化”提升先进企业。“两化”深度融合取得了新成果，石化集团公司和11家下属企业的15项信息化应用成果被评为2013年全国石油和化工行业两化融合优秀项目，在国务院国资委2013年组织的央企信息化水平评价中，中国石化再次排名第一，继续保持央企信息化水平领先地位。

（王景涛）

法律管理

◇ 综述

◇ 体系建设

◇ 合同项目

◇ 法律纠纷

◇ 公司事务

◇ 普法培训

◇ 法律资源

综　　述

2013年，法律系统围绕公司中心工作，坚持法律工作“两个根本转变”，大力推进依法治企、依法决策，落实法制工作新“三年目标计划”和“六五”普法规划，深入开展党的群众路线教育实践活动，加快境内外法律管理体制机制建设，持续完善法律风险防控体系，弘扬中国石化法治文化，着力打造法治石化、平安石化，为公司生产经营、效益增长、改革发展、和谐稳定、国际化经营提供有力的法律支撑和保障，各项目标、任务圆满完成，取得积极进展。

新“三年目标计划”全面实施。对全系统各单位上年度落实法制工作第3个三年目标推进情况进行综合分析评价。中国石化在国务院国资委对中央企业落实法制工作第3个三年目标的年度考评中取得A类评价的好成绩，位列中央企业前列。

法律业务国际化取得重要进展。下发《关于进一步加强境外项目法律管理工作的通知》，制定《境外法律工作考评自评填报表》，与各涉外单位逐一对接，督导境外法律工作。与联合石化、国际事业公司、化工销售分公司、燃料油销售公司、润滑油分公司等单位对接，推进香港、新加坡地区法律服务平台建设。按计划编写完成德国等9个国家和地区《投资贸易法律指南》。根据国务院国资委安排，编印完成《企业境外法律风险防范国别指引》巴西分册。将法律培训内容嵌入外事公共安全培训流程，推动涉外和外派人员法律培训制度化。为公共安全培训班3次讲授中国石化“走出去”应注意的法律问题。

法律风险防控体系建设稳步推进。编印《中国石化法律风险管理报告(2013)》；严格执行企业定期上报《法律风险提示信息》制度，定期编制《法律风险提示》《案件月报》，供党组领导参阅。组织编制《中国石化法律风险管理清单(2013)》，为全系统法律人员和业务人员识别、掌握、防控本岗位、业务领域相关法律风险提供保障；补充完善全面风险清单，定期填报“重大重要风险跟踪监控表”。召开中国石化纠纷管理培训班暨合同纠纷研讨视频会，分析合同纠纷发案原因，进一步强化合同基础管理。法律人员全程参与经办资本运作、融资担保、中外合资、收购兼并等重大项目。

法治文化建设不断深化。按季度下发领导干部学法主题，对新提拔党组管理的领导干部进行法律培训。成功举办中国石化“十大法律事件 十大法制人物”评选活动。着力宣传和弘扬中国石化“依法、合规、公平、诚信”的法治文化理念和“依法治企、合规经营”的法治文化核心内容，创建“法治石化”“平安石化”，营造了浓厚的法治文化氛围。

2013年，中国石化连续第5年荣获《China Law &Practice》最佳中国企业内部法律团队奖，成为此奖项设立以来获奖最多的中国企业。中国石化荣获2013年全国百家网站暨“中国普法”官方微博法律知识竞赛活动组织奖。中国石化合同管理信息系统(CMIS)获石化集团公司管理现代化创新成果奖。

(王　栋)

体 系 建 设

【概述】 2013年，法律系统自觉立足于法律工作“管理是第一位”的职能定位，深化“两个根本转变”，积极主动介入到生产经营、效益增长、改革发展、和谐稳定、国际化经营等公司中心工作中，参与系列重大项目、应对重大诉讼，发挥有力的管理、指导、协调、服务、保障和促进作用，加强体系建设、制度建设、文本建设、信息化建设、人才队伍建设、作风建设等法律基础工作，取得显著成果。

(王　栋)

【全系统法制工作会议】 2013年2月22日，中国石化2013年法制工作视频会议在京召开。蔡希有出席并讲话，法律部做工作报告。报告对中国石化2012年度法律工作进行了全面回顾和总结，部署了2013年中国石化法律工作计划和重点任务。总部机关有关部门负责人及相关工作人员共80余人在主会场参加会议。各企事业单位分管法律工作领导、总法律顾问、法律机构负责人、法律工作人员及合同管理员等法律工作相关人员共2 600余人在119个分会场参加会议。

(王　栋)

中国石化2013年法制工作视频会议

【法制工作新三年目标计划持续推进】 2013 年 1 月，全系统各单位依据《中国石化落实法制工作第 3 个三年目标考评标准》进行了自测考评，对照考评标准全面查找差距。在企业自测考评基础上，对中国石化全系统各单位 2012 年度落实法制工作第 3 个三年目标推进情况进行综合分析评价。按照国务院国资委的要求，汇总石化集团公司总部及 74 家重要子企业 2012 年法制工作第 3 个三年目标推进落实情况上报国务院国资委政策法规局，在国务院国资委 2012 年度中央企业落实法制工作第 3 个三年目标考评中取得 A 类评价好成绩，位列中央企业前列。

（孙黎明）

【总法律顾问述职工作制度化】 2013 年，总法律顾问述职工作创新形式，采取书面述职和现场听取述职相结合的方式，在总体提升全系统总法律顾问履职意识的同时，侧重对部分企业的重点提升。以总法律顾问履职情况、法律管理提升方案落实情况、法制工作第 3 个三年目标完成情况和“六五”普法工作开展及中期督导部署情况为 4 项常规督导内容，结合各阶段主题开展督导工作，现场听取述职比例达到 10%。

述职活动的制度化以及持续深入开展，使各单位总法律顾问的履职意识、履职水平得到了提升，总法律顾问的述职中亮点纷呈，讲出了许多对企业法律工作和总法律顾问本职工作有建设性意义的真知灼见。在《中国石化报》“法制与安全”版中开设“总法律顾问心声”栏目，刊登优秀总法律顾问述职报告节选，将优秀成果在全系统推广。

（孙黎明）

【不断探索法律管理体制机制建设新途径】 及时收集了解各单位创新法律管理实践、拓展法律管理途径、提升法律管理效能的情况，就部分单位法律部门拓展法律管理业务范围，将招投标业务纳入法律部门统一管理的典型做法，通过《石化法制简报》予以总结推广。理顺炼化工程公司法律业务管理体制，由炼化工程公司直接管理下属各工程公司和施工单位的法律事务，强化炼化工程公司法律机构对炼化工程板块各工程公司和施工单位的法律业务集中管控职能。组织召开石油工程板块法律工作推进会，听取石油工程板块专业化重组后各有关单位法律工作开展情况；与石油工程技术服务公司对接，分析石油工程板块重组后法律管理工作需求和所面临的实际情况，就如何进一步加强石油工程板块法律工作形成共识。要求石油工程各地区公司依托所在地油田企业既有法律资源，进一步做好石油工程板块法律工作；油田企业和石油工程板块各单位要充分发挥中国石化法律工作资源一体化优势，构建分合有序、资源共享的法律支撑保障体系；充分发挥地缘优势，利用共有法律资源，优势互补，协调配合，形成合力，有效开展石油工程板块各项法律工作。

（孙黎明）

【进一步提高企业法律顾问执业资格持证率】 下发《关于进一步提高企业法律顾问执业资格持证率的通知》，对石化集团公司全系统专职法律人员企业法律顾问执业资格持证率在 80% 以下的单位，分解下达 2013 年取证指标，进行一对一的督导，要求无证人员的报名率、复习率、考试率达到 100%，采取切实措施确保完成分解指标任务。并在石化管理干部学院举办企业法律顾问知识培训班，对来自全系统各单位的 217 名学员进行了培训，为全系统专职法律人员企业法律顾问执业资格持证率的提升提供了有效的支撑。

截至 2013 年 12 月底，12 家企业已有 36 人通过考试。全系统持有企业法律顾问执业资格证的人数已达 799 人，占专职法律人员 990 人的 80.7%，提前一年实现了国务院国资委提出的专职法律人员持证率 80% 的目标。

（孙黎明）

【制度建设】 制度审核规范化、表单化，拟定了规章制度合法性审查清单。严格遵守审核流程，共审核总部规章制度 68 项。

（王　栋）

合同项目

【深化国别法律环境研究】 持续开展国别法律环境研究，继续牵头组织《投资贸易法律指南》编写工作。2013 年，编印台湾、荷兰、加纳、特多、南苏丹、蒙古国、墨西哥、哥伦比亚和德国 9 个国家和地区《投资贸易法律指南》。截至 2013 年底，已完成 37 个国家和地区的国别指南编写工作。承担国务院国资委组织的《企业境外法律风险防范国别指引——巴西》编写工作。

（郭　飞）

【重点热点敏感问题研究】 常态化进行重点、热点、难点、敏感问题的研究，重点跟踪、研究与能源企业密切相关的案例和事件，当好参谋智囊。围绕中国电信设备商遭遇美国337调查、尼日利亚新石油法发展、美国部分机构发函要求石化集团公司提供苏丹业务情况等事项，编发《石化法制简报》，向石化集团公司领导、部门和企业提供法律分析意见和建议。

（郭 飞）

【法律业务国际化】 积极探索海外法律平台建设，提出以香港、新加坡为试点建立境外法律公共服务平台建议，根据企业改革管理部提出的“调整完善驻沙特机构管理体制框架方案”及部门分工建议，形成沙特公司法律服务平台建设的建议。落实境外法律工作推进督导。下发《关于进一步加强境外项目法律管理工作的通知》《关于境外法律工作计划落实督导安排的通知》及《境外法律工作考评自评填报表》，与涉外单位逐一对接，按季度完成境外法律工作督导。加强境外法律风险防范研究。向国务院国资委政策法规局反馈对《关于进一步加强中央企业境外法律风险防范的指导意见》的意见。组织相关企业积极参加最高人民法院组织的“走出去”企业法律风险防范研讨会征文活动，投稿的6篇法律论文得到收录。

（郭 飞）

【举办CMIS技术比武】 落实党组领导关于深化中国石化合同管理信息系统(CMIS)应用的指示，按照人事部统一安排，联合信息化管理部组织了CMIS技术比武。比武历时5个月，经过岗位练兵、企业选拔、个人决赛、团体决赛等阶段，共有来自全系统的404名选手参赛，其中CMIS管理员145名、合同经办人259名。个人决赛分7个赛区同时进行，共决出金、银、铜奖各9名。根据个人决赛各单位平均成绩，20家单位进入团体比赛，采用机上操作方式，模拟真实业务场景，管理员、经办人、审批人各角色密切

CMIS技术应用比武

配合，共同在系统上完成合同全生命周期各环节应用操作，共决出团体一、二、三等奖各2个。技术比武不仅是对广大员工学系统、学业务、学法律的一次大检阅，也为企业交流CMIS实施经验、展示CMIS应用成果搭建了一个平台。通过比武，极大地提高了全系统CMIS整体应用水平。

（郭 飞）

【深入推进CMIS系统建设】 经过2年3个月的不懈努力，2013年8月1日，召开CMIS验收评审会，与会专家对CMIS系统给予高度评价，CMIS一期建设顺利通过竣工验收。有序推进CMIS深化应用，组织召开CMIS建设“回头看”会议，完善与其他系统的接口，完成CMIS同城异地备份、《CMIS术语词典》出版、驾驶舱页面修改等工作。稳步推进CMIS二期建设，召开CMIS二期建设工作思路及工作安排讨论会，讨论CMIS海外实施初步计划；召开CMIS海外上线需求对接会议，了解驻港企业的合同管理现状，对接境外合同管理系统建设工作；专题调研驻香港、新加坡企业CMIS推广应用工作。

（郭 飞）

【标准合同示范文本建设】 继续开展标准合同示范文本“回头看”工作，完成天然气购销类合同文本的“回头看”。完成百川公司新增标准合同示范文本复核、化工销售英文合同文本编制。总部已开发完成境内外业务标准合同示范文本846个，各企业结合生产经营特点，自主开发各类标准合同示范文本3 046个。全系统标准合同示范文本使用率为72%。

（郭 飞）

【重大项目法律服务】 共参与境内项目8个、涉外项目24个。其中，上游勘探开发合作项目3个、境外合资合作项目5个、资本运作项目4个、融资担保项目4个、新能源项目4个，国内合资合作项目5个，土地房产项目1个，反垄断项目5个，其他项目1个。通过法律意见书、审查会签、参加会议等多种方式为总部和企业提供法律服务。

（郭 飞）

【总部机关合同管理】 严格总部机关日常合同审核、盖章和归档工作。2013年，审查总部机关送审合同共256份，其中石化集团公司合同153份，石化股份公司合同103份；标准合同136份，非标准合同120份。

（郭 飞）

【合同管理员培训】 制定合同管理员培训方案，正式启动合同管理员培训工作。为东北局石油工程项目管理人员进行合同管理及风险防控的培训。组织苏皖片区2期合同管理员培训班、河南片区合同管理员培训班。

（郭 飞）

法律纠纷

【概述】 2013年，法律系统加大法律风险防控力度，推进案件处理、突发事件应对、法律风险管理、知识产权保护、劳动用工等专项工作，案例分析总结等基础工作方面均取得了积极进展。

（江 渊）

【重大外部纠纷案件】 总部和企业上下联动、密切跟踪、积极推进重大涉外、技术秘密侵权、网络舆情维权和侵权纠纷等类型案件。2013年，全系统办结案件527件，避免和挽回损失5.2亿元人民币。

（马继亮）

【突发事件应对】 “11·22”事故发生后，法律系统高度重视，迅速反应，立即投入事故善后处理。总部和企业累计派出法律人员25人次，开展人员伤亡、海洋污染损害和财产损失赔偿工作，依法依规善后理赔，及时、有效、到位的法律服务切实发挥了重要的法律支撑和保障作用，并编印了《中国石化油气管道法律工作手册》，为法律部门参与重大突发事件法律救济和应对处置积累了宝贵经验。

（江 渊）

【不良债权（股权）核销法律审核】 审核催化剂有限公司、武汉分公司2笔不良债权，共计1 017.5万元。协调宁波工程公司向中化集团追讨工程欠款。

（王凌云）

【知识产权保护】 以技术秘密侵权案等重大典型案件为突破口，重点推进知识产权法律保护。编发《中国石化知识产权保护法律风险提示》；开展专有技术保护大检查，形成《专有技术保护大检查报告》对企业予以指导。

（吴 洁）

【法律风险防控】 编制《中国石化法律风险管理报告（2013年）》和《中国石化法律风险管理清单（2013年）》，提示、警示全系统年度十大法律风险及应对措施；定期编制《案件月报》《法律风险提示》；召开中国石化合同纠纷研讨视频会，进一步强化合同基础管理，防控合同法律风险；法律部门为信访、维稳等工作提供法律支撑与保障。两级法律部门分工协作，编印《依法随行——中国石化油品销售企业员工法律指南》和《中国石化法律纠纷典型案例汇编（劳动争议）》。完成《管道侵权纠纷现状及思考》和《海洋油气生产环境污染侵权风险应对研究》报告。

（江 渊）

中国石化合同纠纷研讨视频会

公司事务

【概述】 2013年，法律系统进一步拓宽公司事务工作思路，加强公司事务工作力量，立法研究、商标管理、工商事务、授权管理、资本运作等工作都取得新的进展。

（詹 溪）

【法律研究与规章制度审查】 2013年，先后对18项法律、法规、规范性文件等提出立法建议40余条，分别向全国人大法工委、国务院法制办、国家能源局、国务院国资委做了函复。研究并反馈意见的重要立法主要有能源资源法律类3项、环境安全类5项、财税法律类4项、公共法律类6项。共对82项公司规章制度进行合法性审查。跟踪研究热点法律问题，针对网络安全、行政审批体制改革等进行研究，共编发73期《石化法制简报》。

（王世声）

【工商事务】 2013年，完成石化股份公司总裁信息备案、经营范围变更登记和注册资本变更登记，以及石化集团公司、股份公司年检。全年共办理工商登记事项182件，办理单项授权151份。

继续推进中国石化"家族图谱"建设，在法律综合管理系统工商管理模块中创建企业图形数据展示页面，可从法律角度和管理角度直观了解全系统各企业详细的法律信息及关联关系。

（詹 溪）

【资本运作项目】 深度参与高桥石化与俄罗斯SIBUR公司NBR装置合资项目、茂名石化与德国BASF异壬醇装置合资等项目，全年共参与审核66个境内资本运作项目的法律文件，提出法律意见70余条，采纳率达到90%。

（王文君）

【境内合资企业调研】 组织对75家境内中外合资企业和968家境内中中合资企业进行工作调研，对上海赛科、扬巴、福建联合石化、川维、西南局、四川石油、浙江BP等企业进行实地调研，形成中外合资企业调研报告、中中合资企业调研报告和中中合资油品销售企业调研报告，对合资企业经营管理中存在的法律问题提出了改善建议。

（王文君）

【商标管理】 下发《关于加强中国石化境外商标管理的通知》，规定各单位在境外注册中国石化系列商标应经总部授权，并以石化集团公司或石化股份公司为申请人。各单位以自己名义已在境外注册中国石化系列商标的，应将已获准注册的商标，通过法律手续转让给石化集团公司或石化股份公司。

《中国石化商标管理概览企业分册》正式印发，收录了截至2012年12月31日，下属71家企业拥有的366个商标标识、1 189件注册商标，汇集了中国石化注册商标的全貌和详情。

"易捷"系列商标境内补充注册80件，其中"易捷"图形商标共新增21个类别，累计在30个类别注册，易捷人形商标共新增30个类别，累计在41个类别注册，"EASY JOY"商标共新增29个类别，累计在39个类别注册。注册商标扩展至境外127个国家和地区。

持续推进商标打假维权工作。异议"中联石化"商标维权获得成功。配合工商管理部门查处假冒中国石化商标的加油站351座，查获假冒润滑油产品5万桶，包装15万件，金额2 200余万元，窝点49处，售假商家400余家，抓获犯罪嫌疑人110余人，有力维护了企业的合法权益。

（刘耀洲）

普法培训

【开展"打造'法治石化''平安石化'十大法治事件、十大法治人物"评选活动】 2013年5月上旬评选活动开展以来，得到广大干部员工的广泛关注，各单位积极推荐并报送法治事件和法治人物素材。全系统共上报法治事件线索91个，法治人物线索101个。8月，通过"中国石化新闻联播""中国石化新闻网"和《中国石化报》等媒体对候选事件和候选人物事迹进行了广泛的宣传和介绍。9月9日—10月20日，通过中国石化新闻网、中国石化门户网站、中国石化法制宣传教育网，面向广大干部员工开展网络投票。11月18日，法律部和中国石化报社在总部联合举办"十大法治事件、十大法治人物"评选活动揭晓仪式。司法部法制宣传司司长查庆九、国务院国资委政策法规局副局长张华、《法制日报》副总编张亚应邀出席仪式。《光明日报》《经济日报》《中国企业报》《中国国资报道》《中国石油石化》杂志、人民网等媒体也派记者参加了揭晓仪式。

（杨心刚）

开展"打造'法治石化''平安石化'
十大法治事件、十大法治人物"评选活动

【"六五"普法中期督导检查】 石化集团公司法制宣传教育领导小组办公室按照全国普法办、国务院国资委普法办的统一部署，以企业自查与总部抽查相结合的方式，组织开展了"六五"普法中期督导检查工作。

制定标准，确保督导检查工作质量。召开法制宣传教育领导小组成员单位会议，向系统内部分企业征集意见，完善修改后，向企业下发了《关于开展"六五"普法中期督导检查的通知》和《"六五"普法中期督导考核标准》，使中期督导检查有规范、有标准。加强沟通与指导，确保督导检查工作不走形、不走样。抽查了中原油田、河南油田、华北局、荆门石化、洛阳石化、巴陵石化、长岭炼化等 19 家企业“六五”普法中期督导检查工作开展情况。评选推荐石化集团公司、石化报社、中原油田为全国“六五”普法中期先进集体，江苏油田张忠银、江苏石油张磊为全国“六五”普法中期先进个人，总部法律部张吉星为全国“六五”普法中期先进工作者。

（杨心刚）

【加大法制工作宣传报道力度】 邀请《法制日报》《光明日报》《经济日报》《中国企业报》《中国国资报道》《中国石油石化》杂志、人民网等媒体参加中国石化十大法治事件、十大法治人物揭晓仪式，集中宣传和展示中国石化依法治企、合规经营的良好形象。向中国普法网推送《中国石化法治文化建设指导意见颁行》视频片和“六五”普法工作总结 PPT，参加全国“六五”普法成果网上展示活动，宣传推广具有中国石化特色的企业法治文化理念。从系统内各单位上报的法治书法、摄影、绘画和文艺作品中遴选出 5 幅漫画和 2 部微电影作品，推选参加第 10 届全国法制漫画动漫微电影作品征集活动，展示中国石化加强法治文化建设的优秀成果。

2013 年 4 月 11 日起，在《中国石化报》“法制·安全”版（每周四第三版）开设《以案说法》《法言法语》《答疑解惑》《示范条款》4 个常规栏目，并根据实际开设《立法动态》《法律风险提示》《总法律顾问心声》《法制新闻》等动态栏目。截至 2013 年 10 月底，《中国石化报》上稿 27 期，各类稿件 97 篇。

充分发挥自办宣传载体作用，及时更新和维护中国石化法制宣传教育网，通过该平台登载法制宣传教育类新闻和部分企业法制宣传简报共 143 篇（期），加强企业间普法工作经验交流。20 余家直属单位自主创办各类法制简报，及时集中展示工作经验，反映普法工作动态，宣传普法法律知识。

（杨心刚）

【举办《老年人权益保障法》专题辅导讲座】 5 月 31 日上午，石化集团公司举办《老年人权益保障法》讲座，讲座由离退休工作部和法律部联合主办，并通过视频形式向全系统播放。全国人大法工委社会法室副主任陈佳林就《老年人权益保障法》修订的背景、老年人年龄的界定、老年节入法、老年人的婚姻与继承等方面的法律问题和中国将建立居家为基础、社区为依托、机构为支撑的养老服务体系等政策走向进行了深入浅出的讲解。

（邵　丹）

【新入职企业领导人员法律讲座】 为落实党组领导的指示，不断增强领导干部法律意识，提升依法治企能力，7 月 23 日上午，为石化集团公司第 2 期领导人员任职资格培训班做题为“依法治企：中国石化打造世界一流的必由之路”的专题法律讲座。各企事业单位、股份公司各分（子）公司、总部机关各部门领导班子成员、处室负责人以及法律人员共 5 692 人通过视频会议系统和远程培训实时课堂终端收看了讲座直播。

（邵　丹）

【法律人员培训】 2013 年，法律人员培训工作着眼于推进“321”法律人才建设工程实际需求，按照人事部审核下发的年度培训计划，组织举办了领导人员法律管理研讨班（兼职总法律顾问培训班）、直属单位总法律顾问和法律机构负责人培训班、普法讲师培训班、第 3 期法律人员国际化知识培训班、第 4 期法律骨干人员培训班、法律顾问知识培训班等 6 个类别的培训班，培训 313 人次，圆满完成了年初确定的培训任务。

（邵　丹）

【党组管理的领导人员专题法律培训】 为进一步提高党组管理领导人员兼任的总法律顾问的法律管理能力，培养法治理念和法律思维，按照 2013 年度石化集团公司重点人才培训计划安排，举办了领导人员法律管理研讨班（兼职总法律顾问培训班），培训班采取远程培训和集中培训相结合的混合式培训模式。6 月 26 日—7 月 9 日进行了远程培训，7 月 10—12 日在石化管理干部学院进行了集中培训，共有来自上中下游各板块的 23 名兼职总法律顾问参加培训。

（邵　丹）

【专职总法律顾问和法律机构负责人培训】 培训班采取远程培训和集中培训相结合的混合式培训模式。9 月 25 日—10 月 13 日进行了远程培训，10 月 14—18 日，在石化管理干部学院进行了现场培训，25 名专职总法律顾问和法律机构负责人进行了法治文化与艺术、WTO 规则、法律风险防范、劳动法律法规等内容的培训。推动了参训人员相关法律知识的更新与掌握。

（邵　丹）

【专家型法律人才培训】 举办普法讲师团培训班和第4期法律骨干人员培训班，16名石化集团公司普法讲师团成员和31名法律骨干人员参加培训。培训班以学法律、学业务、学讲课为核心培训内容，以培养既懂法律又懂业务的高素质、复合型、年轻化后备法律骨干人才为目标，推动了专家型法律人才队伍建设。

（邵　丹）

【国际化法律人才培训】 举办法律人员国际化知识第3期培训班，组织学员集中学习日常英语和商务英语，并通过面授学习美国宪法、侵权法、财产法等法律课程，在结业时参加中国政法大学和北京外国语大学共同举办的法律英语证书考试，储备国际化法律后备人才20人。

（邵　丹）

法律资源

【外聘法律中介机构管理】 以建设法律综合管理系统(LIMIS)为契机，建设和完善法律中介机构管理模块及数据库，以信息化手段进一步规范法律中介机构的选聘和管理。2013年，组织11个项目的中介机构选聘，通过比选和竞价，降低费用1 900多万元人民币。

（范　辉）

【加强同行及中介机构交流】 加强对外公共关系和业务交流。应邀参加国务院国资委、司法部、商务部、央企的活动并授课或发言；与南光、中广核、中国律师协会等5家央企和机构，巴斯夫等2家跨国公司法律部门，金杜、史密夫等15家国内外知名律师事务所交流法律管理的工作经验。

（王　栋）

【打造法律专家队伍】 集聚专家组力量，研究法律实务问题，完成《炼化工程分包中的法律风险分析报告》《〈石油天然气管道保护法〉执法调研报告》《油田板块合规运营业务指南》《炼化板块合规运营指南》《采用合同能源管理方式开发利用地热资源的法律思考》和《中国石化商标战略法律问题研究》等调研报告和论文，编印《石化法治文丛(一)》。

（王　栋）

审计与监察

◇ 内部审计

综述

管理和效益审计

经济责任审计

内控审计评价

工程投资审计

财务收支审计

涉外审计

审计基础管理

其他工作

◇ 纪检监察

综述

党风建设

反腐倡廉教育

领导人员廉洁从业

效能监察

源头治理

执纪办案

基础工作

内部审计

综　　述

2013年，审计部门认真贯彻落实石化集团公司工作会议精神，立足服务公司"提高发展质量和效益"大局，认真履行监督和服务职责，全年共开展各类审计项目1 334项，审计工程预结算、招投标等5 923项，提出并被采纳审计意见和建议3 328条，促进增收节支16亿元。审计工作在有效防范风险、促进管理水平的持续提升和推进党风廉政建设等方面发挥了重要作用。

（李青山）

管理和效益审计

【概述】 2013年，审计部门紧紧围绕深化改革、严细管理、有效和可持续发展等任务目标，大力开展管理效益审计，全年共开展各类管理效益审计332项，促进增收节支1.77亿元，有效促进了公司进一步规范经营、提升管理、提高效益。

（李青山）

【总部组织实施的管理和效益审计】 总部采取统一审计方案、组织企业自查和分局重点抽查的方式，集中开展石油工程专业化重组劳动人事和财务资产划转情况、销售企业加油卡信息系统使用及管理情况、炼化企业环保项目建设及运行情况、企业改进作风落实党组实施细则情况和企业公务用车管理及使用情况的专项审计或审计调查等管理和效益专项审计。通过专项审计和审计调查，揭示和反映了油田、炼化、销售企业相关业务管理中存在的体制性障碍、制度性缺陷和管理漏洞，及时向党组提交专项审计报告和专项审计调查报告，并提出切实可行的建设性意见和建议，引起党组领导和总部有关部门的高度重视，为领导全面深入掌握情况和实施正确决策提供了可靠依据。

2013年，审计部门共向党组领导提交主题审计报告10件，均引起领导的高度重视，石化集团公司主要领导先后在《关于呈送江汉油田精心打造美丽社区的专题报告》《关于呈送建设世界一流石油工程技术装备基地的建议》《关于呈送洛阳工程公司做强做优核心竞争力的专题审计报告》《关于呈送物探院物探软件自主创新的专题报告》等主题报告上做出重要批示。这些工作不仅有力促进了公司体制、机制和管理制度的进一步改进完善，还对企业转变经营管理理念、提高整体管理水平起到了积极的引领作用。

（李青山）

【企业组织实施的管理和效益审计】 茂名石化开展了业务外包管理情况专项审计，对外包业务管理中存在的问题进行深入剖析，提出了建立健全相关管理制度和完善相关合同条款等审计意见和建议，进一步加强了业务外包管理。江汉油田紧紧围绕制度的建立与落实、合同签订与执行、资金的收取与存放、应收款的挂账与核销、台账资料的建立与登记等方面开展审计工作，从经营活动的方方面面、点点滴滴查找漏洞和薄弱环节，分析原因，提出建议，促进了企业健康良性的发展。

（李青山）

经济责任审计

【概述】 2013年，审计部门开展经济责任审计217项，查出一些违反财经纪律问题，促进增收节支0.37亿元。

（李青山）

【总部组织实施的经济责任审计】 创新开展了对企业分管设备的副职领导履职情况的审计，首次将企业分管设备的副职领导纳入企业领导人员经济责任审计的范畴，对促进企业分管设备的副职领导严谨履职并强化安全管理等发挥了积极作用。

（李青山）

【企业组织实施的经济责任审计】 胜利油田、河南油田等审计部门接受组织人事部门的委托，对下属单位领导人员进行了任期经济责任审计，既对被审计单位领导干部任职期间的经济责任做出了客观公正的评价，也揭示了被审计单位管理中存在的深层次问题，强化了各级领导干部遵规守纪意识，防范了经营管理风险和干部腐败风险。镇海炼化通过审计进一步加强了对领导人员特别是"一把手"履行经济责任和权力运行情况的监督，强化了"干部就是责任"的意识，揭示了企业在依法、诚信经营和规范、有效管理方面存在的问题，不仅为客观评价领导人员经济责任履行情况和经营业绩提供了依据，还促进了相关企业强化管理、进一步完善并严格执行内部控制。江苏石油分公司对无锡、苏州、镇江、扬州、宿迁5家分公司原经理开展了离任经济责任审计，所有审计均在原经理离任后1—2个月内完成，体现了审计工作的及时性，为人事部门考察、奖惩和使用干部提供了依据。

（李青山）

内控审计评价

【概述】 2013年，审计部门开展内控独立审计评价131项，提出审计意见和建议并被采纳429条。

（李青山）

【总部组织实施的内部控制审计评价】 总部重点对江汉油田、香港盛骏公司等20家企业开展了内部控制独立审计评价工作，重点对资本支出管理、工程招标管理、一般物资采购、合同管理等12个业务流程进行了审计测试和检查，揭示了部分企业内控执行不到位以及会计信息存在质量风险等问题，剖析了问题产生的原因，提出了改进和完善公司内部控制工作的意见和建议。

（李青山）

【企业组织实施的内部控制审计评价】 为促进企业有效执行内部控制制度，防范经营管理风险，油田、炼化、销售、工程科研单位和专业公司共74家企业的审计部门对本单位的内部控制开展了自我审计检查与评价，重点对应收款项管理、合同管理、HSE管理等8个主要业务流程进行了审计测试和检查，并提出相应的审计建议，有力推动了内部控制“免疫系统”功能作用的发挥。

（李青山）

工程投资审计

【概述】 2013年，审计部门开展固定资产投资项目审计434项，审计工程预结算、招投标5 923项，除了查出违反工程投资管理的问题外，还促进增收节支13亿元。

（李青山）

【总部组织实施的工程投资审计】 总部在继续做好工程竣工决算审计和结算审计基础上，进一步加大了在建跟踪审计力度，对建设周期长、投资规模大的石化集团公司重点建设项目，根据其建设进展状况适时开展跟踪审计。积极组织实施了“五大会战”工程在建跟踪审计，揭示了建设程序、工程结算等方面的问题，并及时督促企业采取有效措施予以纠正。

（李青山）

【企业组织实施的工程投资审计】 2013年，企业审计部门共审计预结算书等6.97万份，促进增收节支9.92亿元。另外，部分企业进一步拓展和深化审计监督工作，河南油田将审计触角向油田产能建设领域延伸，组织实施了王集油田王9区产能建设项目管理情况审计调查，并在总结经验的基础上实施了新勘中心投资管理暨使用情况审计，审计服务于油田精细管理的作用进一步凸显。巴陵石化通过开展工程预(结)算审计、狠抓竣工决算审计、物资采购、工程建设招投标过程监控，不断加强固定资产投资全过程审计监管。

（李青山）

财务收支审计

【概述】 2013年，审计部门开展财务收支审计94项，促进增收节支0.56亿元。

（李青山）

【总部组织实施的财务收支审计】 2013年，总部对工程建设公司、物探研究院等单位开展了财务收支审计，对新划转进入中国石化管理的中国经济出版社开展财务资产状况审计。同时，针对公司财务管理和会计核算方面存在的薄弱环节和风险问题，进一步深化对非生产性费用开支等成本核算与管理的审计，把常规审计与主题审计结合起来，进一步增强了审计的威慑力，提升了常规审计的效果。

（李青山）

【企业组织实施的财务收支审计】 胜利油田将年度承包经营审计作为财务收支审计的主要抓手，成立了领导小组和办公室，组成15个审计小组，对与油田签订内部经营目标责任书的75个单位进行了审计，并根据审计结果，严考核硬兑现，直接扣减二级单位党政“一把手”及相关人员部分兑现奖，大大强化了各单位的依法依规、诚信经营意识。

（李青山）

涉外审计

【概述】 2013年，开展涉外审计24项，在查处有关问题的同时对好的管理经验进行总结。

（李青山）

【总部组织实施的涉外审计】 根据国务院国资委加强境外资产监管的要求，结合公司国际化战略部署，总部进一步加大了对涉外业务及资产的审计监督，2013年对联合石化公司境外原油采购及运输管理情况开展专项审计，同时延伸检查中国石化英国公司、亚洲公司及境内3—5家炼化企业，重点检查采购油种、价格、物流是否优化，期纸货业务管控流程是否规范，风险防控措施是否有效等，通过审计揭示了原油采购及运输管理中存在的不足，推进了原油优化采购和配置，降低了原油采购成本，提高了经济效益。对福建森美公司开展股东方联合审计，揭示了企业面临的各种风险和问题，维护了股东方权益。根据人事部门的委托和全面风险管理提升的要求，对中国石化香港公司原主要负责人开展了离任经济责任审计，同时对香港盛骏公司开展风险管理审计。上述境外审计工作不仅揭示反映了境外业务管理中存在的不足，防范了经营风险，维护了境外国有资产的安全、完整和有效，而且为党组加强境外投资的科学决策发挥了很好的参谋助手作用，扩大了审计效果。

（李青山）

【企业组织实施的涉外审计】 国际石油勘探开发公司、炼化工程公司等企业通过开展项目经营管理审计和专项审计调查等项目，促进了海外市场的持续健康发展。此外，为了促进企业加强管理，全系统审计部门还围绕公司管理的重点环节，开展其他审计项目102项，进一步规范了企业的各项管理工作。

（李青山）

审计基础管理

【概述】 2013年，总部以打造国际一流为引领，通过开展“内部管理提升年”活动大力加强审计管理工作。一年来，审计部门以落实规范审计业务岗位为抓手，以夯实基础管理为重点，以锤炼队伍作风为主题，推动各项审计管理工作迈上新台阶。

（李青山）

【审计工作规范化、标准化及制度建设取得新成果】 总部创新制定并出台了《风险管理审计业务规范指引》《财务收支审计业务规范指引》《内部审计分类监督管理办法》等重要审计业务及管理制度，不仅为科学实施风险管理审计、财务收支审计提供了操作指南和标准，而且为公司进一步落实风险导向审计、优化审计资源利用、建立审计监督激励与约束机制提供了制度保障。

（李青山）

【审计信息化建设及深化应用工作取得新进展】 总部完成审计智能预警系统上线推广工作，增强了AIS系统和审计抽样模型的功能，为提升审计人员远程、在线审计能力奠定了基础，大幅提升了审计工作效率。同时，审计集成系统得到全面优化，使全系统所有审计项目实现在线操作。审计集成系统被评为2012年度石化集团公司科学技术进步三等奖。

（李青山）

【审计“软实力”建设取得新突破】 总部出台了《中国石化审计文化建设纲要》。纲要首次对培育审计价值理念、建设审计制度和提升审计形象等主要建设内容进行了系统阐述，明确提出“防风险、促发展”的审计宗旨和“强素质、善监督、讲奉献、创一流”的审计核心价值观，对打造国际一流的内部审计具有重要意义。

（李青山）

【审计理论和实务研讨等工作取得新成绩】 在全国内部审计理论研讨暨经验交流会上，由审计部门上报的论文取得一等奖1篇、二等奖4篇、三等奖2篇的好成绩，石化集团公司连续多年获组织奖。分层次、针对性开展了审计业务培训和以审代培，其中总部全年共培训审计人员700余人次，提升了审计人员的综合素质与能力。

（李青山）

其他工作

【协调配合国家审计署和国务院监事会的审计检查工作】 2013年，各级审计部门认真做好配合国家审计署和国务院派驻石化集团公司监事会的各项工作，既确保了审计监督检查工作的顺利进行，又很好地维护了公司的形象。

（李青山）

纪检监察

综　　述

2013年，石化集团公司各级党政组织和纪检监察机构认真贯彻落实党的十八大、十八届中央纪委二次全会精神，坚持从严治党、从严治企、从严管队伍，加强作风建设，认真落实“八项规定”精神，强化反腐倡廉教育，持续推进效能监察、业务公开和廉洁风险防控工作，坚决查处违纪违法案件，党风建设和反腐倡廉工作取得了新成效，为建设人民满意、高度负责任、高度受尊敬的世界一流能源化工公司发挥了保障和促进作用。

（纪　健）

党风建设

【概述】 2013年，石化集团公司认真落实中央“八项规定”精神，进一步加强作风建设，取得了明显成效。一年来，总部和各单位的会议、文件、简报数量大幅减少；会议费、业务招待费、办公费支出明显下降。

（纪　健）

【落实“八项规定”精神】 石化集团公司党组研究制定了《贯彻落实中央改进工作作风、密切联系群众“八项规定”实施细则》，对深入基层、精简会议活动、精简文件简报、规范出国（境）活动、新闻报道、廉洁自律6个方面18项内容进行了进一步规范。各直属单位根据石化集团公司“实施细则”，制定本单位落实“八项规定”精神的具体办法，为加强和改进作风建设提供了重要的制度保障。

严肃查处“四风”问题。加强对中央“八项规定”精神和党组“实施细则”落实情况的监督检查，公布了信访举报电话和电子邮箱，接受广大职工群众的监督；下发《关于开展中央“八项规定”落实情况监督检查工作的通知》，组织各直属单位对“八项规定”精神落实情况进行自查自纠；下发《关于开展“八项规定”贯彻落实情况效能监察工作的通知》，对“八项规定”精神贯彻落实情况统一立项开展效能监察；组织5个检查组，对直属单位落实“八项规定”精神情况进行专项检查，进一步促进“八项规定”的贯彻落实；组织力量对中央和石化集团公司党的群众路线教育实践活动督导组转来信访举报问题，以及群众反映的违反“八项规定”和“四风”问题，重点抓好调查核实和处理，查处并通报了河南郑州石油分公司和洛阳分公司个别领导人员违反“八项规定”精神的典型问题。

积极构建落实“八项规定”精神长效机制，开展“反对中央企业领导人员特权思想和特权现象”调研，并在国务院国资委会议上进行座谈研讨；以中国监察学会石化分会为平台，组织召开落实“八项规定”长效机制座谈会，组织部分直属单位共同研讨如何建立完善落实“八项规定”精神的长效机制。

（纪　健）

【会员卡清退工作】 石化集团公司落实中央纪委召开的全国纪检监察系统开展会员卡专项清退活动电视电话会议精神，要求将会员卡清退范围扩大到全体党员、干部，做到“零持有、零报告”。截至2013年6月21日，公司420 646名党员、干部上报了“零持有”报告，占全体党员、干部总数的99.9%，其中5 765名纪检监察干部全部上报了“零持有”报告。

（纪　健）

反腐倡廉教育

【概述】 2013年，各单位共组织反腐倡廉教育10 967次，73万余人次受到教育。其中，组织学习石化集团公司廉洁从业先进典型活动1 851场次；组织各类警示、案例教育4 922次；直属单位主要领导讲反腐倡廉党课1 006次；评选表彰廉洁自律先进典型集体474个、先进个人1 631人次，进一步筑牢领导人员拒腐防变的思想防线。

（纪　健）

【反面警示教育】 根据石化集团公司教育实践活动的统一部署和要求，党组纪检组、监察局以近年来查办的“8·27”“3·21”案件为题材，拍摄了《放纵》《代价》2部警示教育片。警示片在石化集团公司领导干部座谈会上播放，党组领导和直属单位党政主要负责人一起观看接受教育，傅成玉在座谈会总结讲话中，专门就开展警示教育、深化反腐倡廉建设提出要求，徐槟在会上对2起案件进行了深刻剖析，与会人员受到了很大震动，产生了强烈反响。党组纪检组、监察局先后在总部以及海南炼化、巴陵石化、天津石化3家发案单位和胜利油田、燕山石化、齐鲁石化等单位开展警示教育巡讲，共6 306人参加活动接受教育。石化集团公司党组下发开展“双鉴”警示教育的通知，在全系统组织收看讨论2部警示片，14.44万名党员干部观看，5.97万人座谈讨论，撰写心得体会2.75万篇。傅成玉对“双鉴”活动做出批示：“用反面案例直接宣传，警示干部，教育职工，很有必要，特别重要，效果很好，还要常抓不懈。”

（纪　健）

【廉洁从业教育】 在全系统党员干部中组织开展廉洁自律“四个一”活动，即各级党政主要负责人讲一堂廉政党课，对新任领导人员进行一次集体廉洁谈话，处级及以上领导人员撰写一句廉洁自律座右铭，重点岗位员工提一条反腐倡廉合理化建议，引导党员干部增强廉洁自律意识，提高遵章守纪、拒腐防变的能力。全年各单位共组织讲廉政党课5 374次、廉洁谈话8 031次，征集廉洁自律座右铭1.3万余条、反腐倡廉合理化建议3.2万余条，营造了“廉荣贪耻”的良好氛围。

（纪　健）

【正面典型教育】 创编《廉声心语》一书，收录傅成玉、徐槟学习石化集团公司廉洁从业先进典型的署名文章，以及党组管理的领导人员学习廉洁从业先进典型的体会和干部职工的廉洁心得感言，下发各单位学习。拍摄的《中国石化廉洁从业先进典型（三）》中的3部电视片在中央纪委宣教室、电教中心组织的反腐倡廉优秀电教片推荐评选活动中被评为二等奖。在全系统征集优秀廉政文化作品，共征集电视、图书、歌曲、广告等作品52件。《中国监察》和《中央企业纪检监察工作》刊发徐槟“改进作风促进企业健康发展”署名文章；国务院国资委《国企·党建》杂志对徐槟进行了专访，并全文刊发访谈文章《建设廉洁企业　打造世界一流》。

（纪　健）

领导人员廉洁从业

【概述】 2013年，各单位、各部门严格执行《国有企业领导人员廉洁从业若干规定》《关于严格禁止领导干部利用中国石化资源和平台谋取私利的十条规定》等规定，进一步落实党内监督各项制度，促进领导人员廉洁从业。

（纪　健）

【廉洁从业监督】 总部对石化集团公司贯彻落实“三重一大”决策制度实施意见进行了重新修订，进一步提高科学决策水平。根据《党内监督条例（试行）》等规定，石化集团公司党组下发《集团公司党组管理的领导人员廉洁谈话实施办法》，主要内容包括：纪委负责人同下属单位党政主要负责人谈话制度、与新任职领导人员廉洁谈话、对领导人员诫勉谈话等，进一步加强对领导人员的日常教育、监督和管理，促进正确履职、廉洁从业。9月23日，在石化集团公司直属纪委书记培训班上，受傅成玉委托，徐槟对公司2011年以来31名新任纪委书记进行了集体廉洁谈话，取得了很好的效果。深入落实领导人员个人有关事项报告制度，组织对党组管理的领导人员配偶、子女及其配偶，以及其他特定关系人投资入股、经商办企业情况进行调查登记，加强分析，强化监督。

（纪　健）

【党组巡视工作】 加强和改进石化集团公司党组巡视工作，根据中央“八项规定”和党组要求，对党组巡视《问卷调查表》进行修改完善，将中央改进工作作风、密切联系群众的要求作为巡视工作重点，纳入统一部署；认真学习贯彻《中央纪委、中央组织部关于进一步加强巡视工作的意见》和《中央巡视工作2013－2017年规划》，进一步明确巡视工作的职责定位，突出工作重点，提高巡视的针对性；对巡视组人员进行调整配备，加强巡视力量，做好进一步开展巡视准备工作。

（纪　健）

效能监察

【概述】 2013年，总部和各直属单位效能监察共立项524项，通过效能监察，提出建议4 785条，完善制度2 098项（条），避免、挽回经济损失，节约资金，增加经济效益7.26亿元。

（纪　健）

【统一立项效能监察】 总部对物资需求、招投标和储备管理，以及油品数质量管理统一立项开展效能监察。组织3个检查组对中原油田、镇海炼化、洛阳工程公司等12家企业物资需求计划、招投标和储备管理进行了重点检查，发现问题79个，提出整改要求和建议127条，明确措施11条；组织3个督察组，对江苏石油分公司等9家销售企业成品油数质量管理统一立项效能监察工作开展情况进行了检查，针对企业存在的问题和需总部协调解决的问题，提出了整改建议和意见，规范成品油数质量管理。

（纪　健）

【重点项目督察】 石化集团公司对武汉 80 万吨/年乙烯、扬子石化炼油改造及三轮乙烯改造项目开展派驻督察；对石家庄炼化 800 万吨/年油品质量升级、天然气 LNG 建设、海南炼化 60 万吨/年对二甲苯建设、元坝气田地面工程及净化厂建设项目开展重点督察；对燕山石化 9 万吨/年丁基橡胶、南化 9 万吨/年制氢装置及配套空分、九江石化油品质量升级、湖北化肥合成气制乙二醇工业示范装置、甬台温成品油管道、苏北成品油管道、江西成品油管道二期及其配套、广西 LNG、天津 LNG 项目开展巡视督察。召开重点工程建设项目督察工作研讨会，就项目建设相关安全、环保、合同、发展计划、施工管理、工程招投标、物资采购、财务、审计等方面的督查内容进行了对接，研究讨论进一步深化项目督察的思路和办法，确保督察工作顺利推进。组织拍摄《中国石化效能监察工作规定》电教片，促进效能监察工作规定的落实。

（纪　健）

源头治理

【概述】 2013 年，各级纪检监察机构坚持围绕中心，服务大局，不断拓展从源头上防治腐败的工作领域，对中央和党组重大决策部署贯彻落实情况开展监督检查，深化业务公开工作，探索实施廉洁风险防控，加强专项督查，不断规范权力运行，进一步铲除滋生腐败的土壤和条件。

（纪　健）

【业务公开】 抓好网上巡视，全年共公开业务信息 381.7 万多条，涉及合同金额 1.5 万亿元人民币、1 127.5亿美元。对涉及物资采购、油品销售、工程建设等方面 884 个问题进行函询，对 166 名责任人做出组织处理或经济处罚，较好地发挥了警示监督作用。国务院国资委纪委先后在中国石化举办纪检监察业务“每月一课”讲座，召开中央企业纪检监察信息化建设现场观摩会，宣传推广中国石化实施业务公开，构建“制度 + 科技”监管体系的经验做法。8 月 14 日，中国石化应邀在 BP 公司亚太区“道德与合规”会议上专题介绍了业务公开和合规治理等工作，受到了好评。

（纪　健）

【廉洁风险防控】 制定下发石化集团公司《廉洁风险防控工作指南》和《关于开展廉洁风险防控工作的指导意见解读》，为全面开展廉洁风险防控工作打下了基础；加强对各单位廉洁风险防控工作的指导，跟踪了解直属单位开展廉洁风险防控工作情况，督促各单位认真抓好工作落实。

（纪　健）

执纪办案

【概述】 2013 年，各级纪检监察机构共接受信访举报 1 673 件，其中党组纪检组、监察局接受 1 215 件；共立案 117 件；各类案件共涉及 120 人，134 人受到纪律处分，57 人受到刑事处理。

（纪　健）

基础工作

【纪检监察调研】 按照中央纪委监察部、中国监察学会和国务院国资委纪委的要求和部署，下发 2013 年调研工作要点，部署各单位以监察学会石化分会为平台，围绕建立落实中央“八项规定”长效机制、深化廉洁风险防控等 23 项课题进行调研，较好地完成了调研任务，为拓展工作思路、推动工作落实奠定了基础。完成《纪检监察优秀调研成果选编（十四）》《纪检监察工作经验材料汇编（十四）》《党纪政纪法规制度选编（十五）》编印工作。

（纪　健）

【干部队伍建设】 加大纪检监察干部交流力度，实行双向交流 194 人。加强培训，举办纪检监察处（科）长岗位资格（第 30、31 期）、廉洁风险防控工作（5 期）培训班和直属纪委书记培训班，共培训 459 人次，进一步提高纪检监察干部队伍素质。加强纪检监察监督网建设，全年调整聘任 252 名石化集团公司兼职纪检监察专员（员）；召开监督网工作会议，对接任务，落实工作，为年度重点工作任务的完成发挥了重要的推动作用。

（纪　健）

矿区(社区)建设

◇ 综述

◇ 保障性业务

◇ 经营性业务

◇ 公益性业务

综　述

2013 年是矿区(社区)作为板块专业化运行的第一年，也是理顺关系、完善机制、夯实基础、提升服务的重要一年。矿区(社区)板块牢牢把握保障生产、服务生活、专业发展、构建和谐的定位与任务，紧紧抓住提升服务保障水平和运行效率效益这个中心，奋发进取，真抓实干，全力打造与世界一流相协调的大后方，体制机制调整平稳有序，服务保障水平持续提升，经营管理任务全面完成，为石化集团公司改革发展稳定做出了新的贡献。

一、矿区(社区)体制机制调整不断深化

认真落实石化集团公司党组深化矿区(社区)改革要求，研究思路、调整体制、健全机制，矿区(社区)板块分立运行的体制机制逐步到位。

理顺管理体制。结合矿区(社区)现状，重点研究管理体制及发展问题，提出了深化改革建议，进一步明确了矿区(社区)改革方向与发展目标。油田存续企业完善矿区管理机构，实现了矿区业务的独立运行。资产公司所属企业按照“三分开”要求，组建社区管理职能部门，社区专业化管理模式逐步形成。积极探索炼化工程、股份公司、科研单位社区业务的管理方式和路径，为统筹管理社区业务提供了思路。

完善运行机制。坚持全面覆盖、均衡发展，统一制定矿区(社区)业务区域发展规划、中长期发展计划，推进保障和公益性业务的统筹管理。印发《中国石化矿区(社区)业务固定资产投资管理实施细则》，理顺投资管理关系和管理职责，规范了投资及项目管理。制定矿区(社区)系统对标评价、“比学赶帮超”工作实施方案，建立了矿区(社区)系统统一、量化的对标评价指标体系。把社区服务万元收入成本费用率、社区服务满意率纳入绩效考核体系，强化了企业领导班子对社区工作的责任。

推进社会化、市场化。利用国家和地方政策，整合企业和社会资源，积极推进员工自住房建设的市场化运作。江苏油田、华北石油局、洛阳石化等企业探索物业服务外包，基本实现了新建住宅小区社会化管理、市场化收费。天津石化、金陵石化等企业将社区综合整治纳入地方规划，地方政府分别承担了 40% 和 50% 的改造投入。河南油田新建污水处理厂、改造市政道路，地方政府承担了 50% 的建设投资，污水处理厂由地方建设和运营。及时跟进国务院国资委组织开展的“三供一业”移交试点工作，调研驻黑龙江央企分离移交情况，研究提出了社会职能社会化的框架意见。以中国石化与地方政府加强战略合作为契机，中原油田等企业积极推进市政道路等公共设施移交，减轻了企业负担。

二、老旧小区综合治理全面启动

石化集团公司党组高度重视保障和改善民生，将老旧小区综合治理列为 2013 年按月督办的重点工作。矿区(社区)系统以完善社区功能、治理安全隐患、改善环境面貌为重点，统筹规划，狠抓落实，取得了阶段性成果。

加快项目启动。根据老旧小区综合治理工作部署，各企业迅速开展普查，摸清家底，把员工关注的热点、难点问题作为改造重点，认真编制、上报 1990 年以前建成小区的综合治理方案。按照“一次规划、分步实施，量力而行、突出重点”的原则，经过总部与企业反复对接，综合平衡，编制了老旧小区综合治理三年规划。2013 年，批复胜利油田、中原油田、扬子石化、四川维尼纶厂等 23 家企业 61 个改造项目，总投资 21.4 亿元，其中已有 120 个小区启动改造工作。

加强组织协调。针对老旧小区改造涉及面广、任务重、社区居民期望值高的实际，总部成立了老旧小区综合治理领导小组，定期研究改造过程中的重大问题，加大工作协调推进力度。建立老旧小区综合治理督导工作机制，组织专家深入部分企业，对项目落实、招标程序、资金使用、工程进度、施工质量等重点环节进行督导，确保改造工作达到预期效果。截至 2013 年底，已有 15 个小区完成综合整治，共改造小区道路 10 万平方米、场地和绿化 14 万平方米，外墙出新近 40 万平方米，新增停车位 6 800 个，改造水暖管线 7 万米。

三、文明和谐示范小区创建深入推进

各企业把创建工作作为提升社区服务的有力抓手，精心组织，创新机制，创建工作不断深化、效果明显。

全面开展创建工作。召开创建工作启动会，对第 2 批 44 个油田企业文明和谐示范小区进行命名表彰，全面动员部署创建工作。各企业迅速成立工作专班，建立和完善工作制度，广泛宣传发动，把握创建节点，积极投入创建工作。共有 43 家企业的 74 个小区参加 4A 级示范小区创建，8 家油田企业的 11 个小区参加 5A 级示范小区创建。总部加强统一协调、分类指导，分别在江汉油田、西南石油局召开创建工作推进会，矿区部门、社区机构和居民小区分层次介绍创建经验，组织现场观摩，交流互动，营造了浓厚的创建氛围。同时，积极借助政府平台和社会资源，提升管理水平，展示企业形象，在燕

山石化等3家企业被命名为全国安全社区后，又有江汉油田、洛阳石化、济南炼化和九江石化4家企业参加了全国安全社区创建工作。

完善创建工作机制。印发《中国石化文明和谐示范小区创建管理办法》，明确创建计划申报、批复实施、验收评审和命名表彰等程序，坚持分级创建、动态管理、定期督导，创建工作更具实效性、更加常态化。总结推广"一站式"综合服务、"一卡通"缴费服务、"一号通"热线服务的经验做法，规范服务流程、管理制度，进一步明确"三个一"模式的内涵和外延，扩大"三个一"服务覆盖面，促进了社区服务规范化、管理智能化。

突出为民服务主题。围绕优化基本服务、加强专业服务、拓展特色服务，细化各个业务类别的服务标准，调动广大员工创建积极性。物业服务以社区居民满意为宗旨，抓好环卫保洁，加强绿化养护，开展便民服务，社区人居环境不断改善。加强社区水电气热系统设备维护，确保安全平稳运行，为居民生活提供了可靠保障。真诚做好离退休工作，充分利用社区活动场所定期开展活动，积极探索居家养老服务。学前教育和社区医疗卫生系统利用存量资源拓展服务项目，帮助社区居民和一线员工解决后顾之忧。组织开展社区文体活动，培育和谐理念，倡导文明生活方式，丰富了社区文化。

四、经营管理水平和生产保障能力进一步提升

坚持优化资源，落实责任，强化措施，矿区(社区)经营状况、生产保障水平持续向好。

经营管理实现预定目标。按照石化集团公司全员成本目标管理、全面预算管理工作要求，制定矿区(社区)全员目标成本管理工作实施方案，建立持续推进的考评奖励细则，落实定期沟通、经验推广、调研督导、评价考核等工作措施。逐月开展经济活动分析，全方位强化预算控制，各项经济运行指标均控制在预算范围内。保障性、公益性业务实现收支平衡、略有盈余；企业挖潜增效比年度目标超额21%；主要成本费用指标比预算均有节约，尤其是业务招待费、车辆使用费、会议费等6项重点控制费用较预算节约了37%。

生产保障能力稳中有升。油田企业供水、发电和转供电、通信、运输业务，以保障油气勘探开发为己任，加强调度、优化运行，生产保障作用持续增强。供水业务加大管线治理力度，保证水质达标、水量充足、水压稳定，满足生产用水需求。发电和转供电业务配合油气产能建设，全面完成年度生产任务，保证了油气增储上产的电力运行。通信和运输业务积极参与油田生产和建设，努力开拓服务市场，为企业生产提供了有力的支持。同时，各企业充分挖掘自身潜力，拓展业务领域，直接参与企业生产、提供配套服务、开发相关产品，盘活房产和低效土地等社区存量资源，提高了运行效率，实现了增收增效。

安全环保和节能措施进一步落实。建立安全生产联系网络，强化矿区(社区)部门监管责任。先后组织14个专家小组，对油田存续企业及资产公司所属企业社区进行安全环保检查抽查，对存在问题及时进行反馈，下发整改通知。加大隐患治理力度，2013年批复专项资金2.24亿元，对30个重点安全环保隐患项目进行了治理。胜利油田滨海和基地南区生活污水处理厂建成投产，新增污水处理能力8万米^3/日。完善油田存续企业节能管理指标体系，编制能效倍增计划，协调开展2011年、2012年油田存续企业碳盘查工作。参与地热供暖规划编制，实施地热利用项目，胜利油田、洛阳石化等企业部分地热供暖替代项目已投入使用。推广应用节能"四新"技术，继续实施水电热降耗专项工作，强化能耗控制，全面完成节能考核与管理目标任务。2013年油田存续企业工业万元产值综合能耗比考核指标下降0.306吨标煤，实现工业节能2万余吨标煤。

五、职工队伍精神面貌发生显著变化

全系统广大干部员工牢记使命，加强自身建设，提高自身素质，增强服务能力，奋力争先、勇创一流的工作氛围逐步形成。

党员干部工作作风进一步转变。深入开展党的群众路线教育实践活动，强化学习教育，组织对照检查，狠抓整改落实，群众观念和服务意识不断增强。党员领导干部严格执行"八项规定"，解决"四风"问题，带着感情融入群众，带着问题走进社区，深入调查研究，听取群众意见，把"为民务实清廉"的要求贯穿于社区服务全过程，使职工群众的生活质量得到改善、幸福指数得到提高。

员工队伍整体素质进一步提升。从思想作风建设入手，加强员工思想教育和职业道德教育，增强了投身社区服务的责任心和归属感。分层次开展业务技能培训，总部组织物业管理、经营管理、安全节能等各类培训班12期；企业采取业务培训、岗位练兵、技能竞赛等形式，全面提高业务素质和操作技能，培育了一支热爱社区事业、热心服务工作、富有奉献精神的专业服务队伍。

和谐稳定局面进一步巩固。组织开展矿区(社区)维稳工作调查，全面掌握各类群体的利益诉求，分析原因，研究对策，提前制定处置预案，大量矛盾纠纷在矿区(社区)得到化解。认真落实信访稳定责任，做好来信来访处理工作，积极解疑释惑，耐心说服教育，减少了群体上访。健全扶贫济困长效机制，真困难真帮扶，温暖了人心，稳定了社区。2013 年，矿区（社区）板块进京信访总量同比下降 72%，配合相关单位妥善处置 2 起事关改制、移交遗留问题的群体上访，保持了全国“两会”、十八届三中全会等特殊时期的大局稳定。

（韩文彪）

保障性业务

【概述】 石化集团公司矿区（社区）保障性业务主要包括物业服务和民用水电气暖供应。截至 2013 年底，保障性业务从业人员 4.84 万人，其中正式职工 2.16 万人。矿区（社区）直接从事物业服务和管理业务的直属企业共 43 家，基层物业服务机构 317 个，服务居民 212 万人，服务居民小区 830 个，服务住宅物业面积 6 060 万平方米。胜利、中原、河南、江汉、江苏等老油田企业，社区物业管理以内部专业化管理为主；西南、西北、华东、华北油田、长城润滑油等企业，社区物业管理以外包为主；炼化企业的社区物业管理，除燕山、巴陵等少数企业实行内部管理外，多数由改制企业承担。截至年底，有社区供水职能的直属企业有 30 家，总供水量 1.5 亿吨；有供电职能的企业有 33 家，总供电量 17.6 亿千瓦·时；有瓶装液化气供应职能的企业 19 家，有管道气供应职能的企业有 10 家；有职工自住房管理职能的企业 50 家，管理职工住房 2.54 万栋、76 万套。

（杨识文）

经营性业务

【概述】 石化集团公司矿区（社区）经营业务主要包括供水、发（供）电、通信、运输、农副业、宾馆酒店、商品贸易、房屋土地及设备租赁、矿产品开采销售、化工产品生产与销售等业务。截至 2013 年底，用工 2.92 万人，其中正式职工 1.93 万人；资产总额 177.30 亿元。全年，石化集团公司矿区（社区）经营业务实现收入 235.66 亿元，支出 240.58 亿元，收支差额 4.92 亿元（不含炼化企业、炼化工程、科研机构等单位社区的经营业务）。

（杨思湘）

【矿区经营性业务工作】 在上年调研的基础上，编写《矿区（社区）经营性业务分类指导意见》，形成 23 条具体意见。提出物业服务、宾馆酒店、生活服务、园林绿化、自住房建设管理、物流运输和海外员工生活服务 7 条产品线的专业化发展思路并初步规划。开展国内石油石化企业生产后勤保障服务和海外员工生活服务专题研究，编写国际商务、物业服务等业务专业化发展的实施方案。指导华北石油局等企业退出亏损的经营性业务，挖潜减负。征求企业对经营性业务报表的问题和建议，修订指标解释手册。

（杨思湘）

【油田水电业务】 截至 2013 年底，石化集团公司矿区（社区）系统油气田企业水、电供应系统用工 1.19 万人，其中供水系统 0.33 万人，发（供）电系统 0.86 万人；资产总额 86.75 亿元。全年供水 1.52 亿吨，发电 60.10 亿千瓦·时，供电 83.74 亿千瓦·时，保证了矿区职工群众生活需要和驻区企业生产需要。年内以 1 个季度为期，组织开展水电业务专题经济活动分析，编制季度性的供水、供电业务报告，分析水电业务经济运行状况，剖析问题和困难，提出对策建议。

（杨思湘）

公益性业务

【概述】 石化集团公司矿区（社区）公益性业务主要包括市政、文化体育、宣传培训、医疗卫生、托幼、社区社保和其他社会公益性服务业务。截至 2013 年底，公益性业务从业人员 2.98 万人，其中正式职工 2.06 万人。矿区（社区）服务系统管理的公园共 75 个，面积 592.22 万平方米；广场 65 个，面积 123.31 万平方米；市政道路 462.08 千米，面积 868.83 万平方米；非工业污水处理站 42 个；共设有市政监察队 14 个、居委会 376 个。矿区（社区）系统管理的文体设施场所共 661 个，面积 130.58 万平方米；职工公寓建筑面积 80.69 万平方米，床位数 4 万个；职工食堂餐位数 4.91 万个；直接承办和管理的幼儿园 163 个，在园幼儿数 3.4 万人；管理和服务的非在职群体 54.46 万人；管理离退休活动场所 917 个、318.82 万平方米。直属企业共有医疗卫生服务机构 186 个，其中医院 48 所。

（杨识文）

企业党建与企业文化

◇ 综述

◇ 基层党建工作

◇ 思想教育工作

◇ 新闻宣传工作

◇ 品牌建设及企业文化建设

◇ 群众工作

综　　述

2013 年，石化集团公司以深入学习贯彻党的十八大精神为主线，扎实开展党建思想政治工作和新闻宣传工作，教育实践活动扎实推进，新理念教育深入人心，党员干部的群众观念、廉洁意识得到提升，广大员工的人民意识、环保意识、开放意识、质量意识和效益意识得到强化，自信心、自豪感、荣誉感得以不断修复和增强，中国石化外部舆论环境有了明显改善。

（刘纯斌）

基层党建工作

【党的群众路线教育实践活动】 石化集团公司按照中央、国务院国资委党委部署安排要求，把开展好党的群众路线教育活动作为深入贯彻落实中央“八项规定”精神，推动中国石化建设人民满意、高度负责任、高度受尊敬的世界一流能源化工公司的重要契机，牢牢把握“照镜子、正衣冠、洗洗澡、治治病”的总要求，坚持加强组织领导，坚持领导带头，坚持突出特色，坚持开门搞活动，坚持强化督导检查，坚持加强宣传引导，大力弘扬整风精神，用好批评和自我批评武器，推动边整边改、立行立改，使活动做到重点突出、环环相扣、有序推进。充分发挥报刊、广播电视、网络、微博微信新媒体的作用，全方位、多角度引导教育实践活动开展。在《人民日报》、中央活动简报、共产党员网等权威媒体上刊发信息 41 条；全系统在省部级以上媒体发布信息 3 760 条，其中《中国石化报》、石化电视新闻、《石化政工简讯》等系统内媒体刊发信息 1 300 余条，系统外发布 2 400 余条，取得了良好的宣传引导效果。通过深入开展党的群众路线教育实践活动，进一步增强了广大党员干部贯彻党的群众路线的思想自觉和行动自觉，呈现出干部清正、机关清廉、企务清明的生动局面和人心思进、比学赶超、竞相发展的良好态势，以作风建设的新成效凝聚起打造世界一流能源化工公司的强大力量。

（刘纯斌）

【基层党建】 召开中外合资企业党建工作座谈会，16 家企业和 5 个机关部门的 51 名党组织书记和有关人员参加。会议围绕中外合资企业推行“两公开、两纳入”、党组织参与企业重大决策的方式与途径、企业党组织领导班子“双向进入、交叉任职”等 5 个专题进行研讨，8 家单位交流工作。通过自下而上申报推荐，在广泛征求各业务板块意见基础上，按照“紧扣党建主题，注重示范作用，统筹板块分布”的原则，经过反复讨论，在 94 家单位推荐上报的 199 个基层党支部中评选表彰胜利油田分公司胜利采油厂采油二矿采油 22 队等 50 个党支部为中国石化第 1 批基层党支部建设示范点。同时指导和督促新成立单位建立健全基层党组织，及时转移党组织关系，开展正常的党内活动，指导党支部做好换届改选工作。

（刘纯斌）

【系统化管理】 制定下发《关于加强中外合资企业党建工作的指导意见》《直属单位工会工作（建家活动）考核评价办法》《中国石化明星员工评选表彰管理办法》《关于加强中国石化共青团系统运用新媒体开展工作的指导意见》等制度。先后组织召开工会工委、青工委工作会议，指导全系统做好工会、青年工作。每季度召开新闻宣传工作通报会，督促指导各单位抓好新闻宣传工作。配合督促各单位认真贯彻执行中央“八项规定”、习近平总书记关于厉行节约反对铺张浪费的批示精神和石化集团公司的“实施细则”。各单位从上到下严抓落实，不折不扣地教育干部职工执行，截至年底，全系统没有一例违反规定的事例曝光，共同维护了中国石化形象。

（刘纯斌）

【机关建设】 以“机关在线”凝聚机关员工精神，传递高层声音、反映机关动态、交流部门工作、展示员工风采、倡导快乐工作。围绕“新、快、实、活”四字理念，及时发布更新信息，建立通讯员队伍，以灵活多样的形式打造机关部门的交流平台和员工的文化阵地。据统计，单条信息最高点击量近 1 万人次，“机关在线”成为石化集团公司信息门户关注度最高、更新速度最快、应用程度最广的栏目。为扩大影响力，探索创办了机关在线微信版，不到 1 年已刊发 140 多期，订阅者达 2 200 多人。以机关服务企业优秀案例评选活动促进机关作风的转变。通过机关服务企业优秀案例评选活动，增强了各部门“机关就是服务”的意识，促进了由管理型机关向服务型机关的转变。25 个部门 82 个案例陆续在“机关在线”上进行展评，共评选出一等奖 11 个、二等奖 15 个、三等奖 20 个。以讲座开阔机关员工的视野。组织“转变总部职能　做实事业部”和“绿色低碳发展——碳资产管理”知识讲座等，丰富了广大干部职工的知识范围。

（刘纯斌）

思想教育工作

【学习贯彻党的十八精神】 石化集团公司引导各单位在高标准、深层次上抓好党的十八大精神的学习宣传贯彻。以举办报告会、观看《中国之路》、召开民主生活会等方式拓宽学习途径。举办4期党群干部培训班，深入学习宣贯党的十八大精神，共有408名基层企业党群干部参加培训。承办国务院国资委组织召开的中央企业学习贯彻党的十八大精神第3组座谈会。为总部机关购发“两会”精神学习资料1 400册和《中共中央关于全面深化改革若干重大问题的决定》辅导读本300册，开展专题学习。举办党的十八届三中全会精神专题讲座，邀请中央党校经济学部政治经济学教研室主任李省龙为直属机关480多人解读十八届三中全会精神。

（刘纯斌）

【专题教育】 以迎接中国石化成立30周年为契机，在全系统组织开展“忆传统、爱企业、创一流”专题教育活动。通过组织传统回顾、读书学史、参观见学、心语征集等活动，推进教育活动开展，联合石化报社，开展“我与石化三十年”征文活动，共收到来稿441篇，择优选登68篇，充分调动了员工参与活动的热情。通过“忆爱创”活动的开展，切实修复了干部员工的自信心、自豪感，增强了凝聚力和归属感，促进了企业的生产经营，提升了中国石化的社会美誉度。

（刘纯斌）

【专题讨论】 积极开展“建设人民满意企业”专题讨论，以专题讨论、编发简报、开辟专栏等形式，大力宣传“建设人民满意企业”“开门办企业、开放办企业”“绿色低碳环保发展”等新理念，引导干部员工形成思想共识，转化为行动合力，凝聚起打造世界一流能源化工公司的正能量。各企业围绕“人民的内涵、什么是人民满意的企业、怎么让人民满意”等议题，组织干部员工广泛讨论并结合本部门本单位实际，制定具体措施，将专题讨论凝聚的思想共识落实到实际行动中。按照“开门开放办企业”要求，下发《关于征求社会公众意见的通知》，各企业班子成员带队“走出去”，走访客户、原材料供应商等社会群体，带回宝贵意见，进一步提升了产品质量和服务水平。利用媒体做好践行绿色低碳理念的宣传报道，组织在总部机关开展“6·5”世界环境日签名活动，宣传环保理念，普及环保知识。

（刘纯斌）

【员工帮助计划】 制定下发《集团公司员工帮助计划（EAP）试点工作方案》，进一步明确EAP工作的总体目标、实施步骤和保障机制，积极推进员工帮助计划。本着统筹推进，系统策划，自主开展的原则，重点协调和指导12家试点单位开展EAP工作。发行6万册《员工心理疏导ABC》，指导企业运用手册开展员工心理服务。组织12家试点单位参加第8届中国EAP与职业心理健康年度论坛，培训试点单位人员。组织第56期党校班学员重点就EAP的整体解决方案、核心技术以及全球化进行学习交流，深化学习效果。在直属机关9个单位和总部机关3个部门中抽样选取3 000名员工，开展员工心理与思想状况抽样调查活动。举办“幸福讲坛”，培育职工阳光心态，帮助员工关注心理健康，注重情绪管理，获得快乐工作、幸福生活的方法。

（刘纯斌）

【学习雷锋活动】 在全国6个省10个市重点城区近500座加油站开展“与雷锋精神同行，为美丽中国加油”系列学雷锋活动。活动期间发放雷锋爱心车贴18万个、雷锋口袋笔记20万册，同时在网上开展“微博爱心传递”和“与雷锋精神同行”微话题互动，现场连线加油站进行微直播，号召广大车主学习雷锋，以实际行动传递雷锋精神，传播社会正能量。直属机关团干部在总部大楼内发放爱心车贴2 000余个和雷锋日记本1 000册；组织在京单位团干部和团员青年100余人参与北京地区60座加油站学雷锋活动。

（刘纯斌）

【先进事迹报告会】 先后组织8场刘家明先进事迹巡回演讲，共2.3万名干部员工聆听报告，传递了正能量。新华社、中央电视台、人民日报社等14家主流媒体对报告会情况进行宣传报道。中国石化官方微博转发相关信息1 758次，阅读量达到10万余人次，微博上载的刘家明事迹报告会的视频播放量达到56 171次。

（刘纯斌）

新闻宣传工作

【对外新闻宣传】 组织“普光气田安全高效开发技术及工业化应用”新闻发布会及专题宣传活动，策划实施“中国自主研发的生物航煤首次成功试飞”活动，先后组织“走进新国企——碧水蓝天行动”采访活动、“长江石化行”“走进中国石化（绿色能源行）”活动主题采访，策划推出《揭开 PX 的神秘面纱》等系列节目。2013 年累计对外发布新闻通稿及素材 265 篇，围绕“碧水蓝天”行动和“走进中国石化”媒体和专题活动 25 次。国内外平面媒体报道中国石化稿件 6 万多篇，同比提高 20%，央视先后 35 次正面报道中国石化，舆论环境明显改善，企业形象逐步提高。

（刘纯斌）

【公众开放日】 2013 年，有 47 家企业累计组织 60 多次“公众开放日”活动，邀请社区居民、学校师生、行业专家等参观生产装置和污水处理车间，还参与科普知识答题等，其中镇海炼化、九江石化、四川维尼纶厂等企业持续组织开放日活动，形成与公众、社区等沟通信息的稳定渠道。特别是镇海炼化的公众开放日活动，积累了经验，形成了固定套路，成为各企业学习、复制的典范。

（刘纯斌）

【舆情处置】 注重运用新闻规律，对热点问题超前引导，增信释疑。及时有效处理“女处长谣言事件”“毕业生‘解约事件’”“拒为救护车加油事件”等 180 多起负面舆情。多数舆情持续时间短、传播力度小、网民参与性相对较低、负面影响有限，基本实现化危为安、化危为机，很好地维护了中国石化形象。同时开通官方微博@石化实说，重点做好新闻及时发布、品牌热点实时反应、网民公共关系建设以及新媒体传播研究等工作。自 5 月 8 日开通官方微博@石化实说，通过“小石头”与网民沟通、发布新闻、评论时事、科普石化，共发布微博 600 余条，粉丝量达到 100 多万，转发量 11 万余条，评论量 5 万余条，阅读量达到 3 500 多万人次，覆盖网民 600 多万人次。官方微博@石化实说运营案例《与谣言赛跑》入选“2013 中国企业微博运营十佳案例”。

（刘纯斌）

【公共关系】 注重维护和拓展媒体关系。①深化与各级政府和媒体的关系。在与国新办、中宣部、国务院国资委、公安部 11 局以及各地网管部门、网宣部门、宣传部门、公安网监总队等部门沟通和合作方面基本做到“纵向协同，横向整合”，形成点线面相结合的舆情处置“大路径图”。②定期举办中国石化月度媒体沟通会，培养一批行业专家记者，做实媒体关系。根据媒体关注热点，每月通过专家面对面讲课和交流的方式，组织 20—30 家主流媒体进行深度沟通，深受媒体好评。③加强与中央网络媒体合作与关系建设，策划新华网专题“走进中国石化——绿色能源‘驱霾’换蓝天”，及“中国石化柴油车尾气处理液剑指雾霾”“地沟油的新出路”等抢眼文章，连续 3 日在中央网站显著位置刊发，取得良好的宣传效果，受到不少媒体和网民的肯定。④加强与商业网站和社交网站的合作与关系建设。分别与凤凰网和天涯社区精心策划“让温暖唤醒迹忆”主题系列活动，通过制造热点话题、经典图片、温馨视频、名人推广等策划手段层层递进，专题点击率共计 2 000 余万次，改变受众对于中国石化企业的原有品牌印象。⑤持续加强社会监督员队伍建设。继续聘请 30 位来自政府部门、媒体、社会意见领袖、行业专家等领域人士为社会监督员，通过各种形式展开交流和沟通，得到了他们的理解、帮助和支持。

（刘纯斌）

品牌建设及企业文化建设

【完善核心价值理念】 丰富完善石化集团公司核心价值理念体系，《企业文化纲要》基本修订完成。根据建设“人民满意、世界一流”能源化工公司的目标，深入研究企业文化相关理论及国内外大公司企业文化建设经验、十八大以来中共中央关于中国经济未来发展的新政策及新要求、石化集团公司党组 2011 年以来关于公司科学发展的新思路、新战略、新模式，并结合对 80 多家成员单位核心价值理念及企业文化建设的现实情况，研究撰写《中国石化核心价值理念方案建议》的研究报告。报告中提出 3 个核心价值理念方案，借助宣传部长班、党校班等培训班征集意见，不断进行完善。同时与中国企业联合会及北京交通大学分别开展联合研究，再次形成 2 个版本的核心价值理念及《企业文化建设纲要》。

（刘纯斌）

【品牌建设】 借助国际品牌顾问公司开展品牌调研和诊断，借助公关公司完成品牌海外认知度调研，起草《中国石化海外品牌声誉管理调研报告》。对照《中央企业培育世界一流企业要素指引》，对影响中国石化品牌的相关要素进行普查和分析，认真查找差距，分析提出推动实施品牌战略的相关建议，正式启动品牌建设顶层规划设计工作。首次将品牌建设和声誉管理纳入石化集团公司党组中心组专题学习课程和主要领导干部领导模块化培训课程。征求

90家下属企业如何加强品牌建设的意见和建议。加强对Ⅵ形象管理力度，就各企业视频会议室背景板LOGO进行规范和整改，统一视觉形象。针对不同受众以“小切点、大结论、好印象”为要求，围绕“绿色改变生活”主题，制作品牌形象广告片及系列平面网络广告，实现从主题、内容到风格的统一。整合CCTV《新闻30分》、凤凰户外广告媒体、人民网、百度、《参考消息》《新京报》等有影响力的网络和平面媒体资源，有效提高了品牌曝光率。2013年，中国石化蝉联4届由IDG评选的“中国TOP10”品牌。

（刘纯斌）

【社会公益活动】 积极整合资源搞好公益活动，传播中国石化社会责任。整合“为梦想加油——石化圆梦篇”活动、“钟研白内障患者”微电影、石化官方微博等资源，做好健康快车青海东站、吉林松原站的策划和宣传。采用新媒体、微视频等多种传播方式，以小见大，讲述中国石化公益慈善事业的故事，提高社会责任精品工程的传播质量。起草《关于整合设立爱心加油站公益基金项目提升公司品牌形象的方案》。积极借助《中国社会责任》《中国石油石化》等媒体和联合国平台宣传履行社会责任的实践。先后完成《中国石油化工集团公司2012年社会责任报告》《中国石化在非洲》，传播了中国石化社会责任实践情况。“香港聚丙烯”危机公关案例获2013年亚太地区品牌与声誉杰出成就奖（SABRE Awards）之危机管理及企业社会责任2项金奖，2013年石化集团公司获得“2012最具责任感企业”“2012年中国国有上市企业社会责任榜最佳企业”“中国低碳榜样”“2013绿色中国最具社会责任奖”等，入选《财富》中国企业社会责任榜25强。

（刘纯斌）

群 众 工 作

【民主管理】 以模拟职代会运作的形式召开工会工委首次工作会议，了解民情，收集民意，掌握职工思想动态和期待。80多家企业上报2 700多个提案，100多家企业上报调查报告和会议讨论情况。2013年，企业职代会制度建设取得新突破，共有111家企业建立职代会制度，积极履行职代会职权，建制率为95%；未建立职代会制度的3家企业和新成立的企业都在积极创造条件建立。

（刘纯斌）

【青年工作】 共青团组织围绕企业中心工作，充分发挥新媒体作用，积极开展青年文明号、青年岗位能手、库布其沙漠青年绿色行动等活动，很好地服务企业生产经营工作。特别是在运用新媒体开展青年工作方面受到青年职工欢迎。通过视频形式回顾2012年青工委工作，用PPT做经验交流，示范引导系统团青组织运用新媒体创新开展工作。会议期间，通过“青春石化”微博等新媒体同步收集青年关心的问题1 820条，点击参与讨论留言达59万人次。青工委相继开通“青春石化”官方微博和公共微信推送平台。截至年底，“青春石化”微博粉丝数量4 200人，微信粉丝数量2 300人，基本实现团干部全覆盖。青工委依托总部信息门户网站，开通“青年管理论坛”，青委会期间收集青年对企业发展、自身成长等方面的意见建议1 820条，增强了青年为企业建言献策积极性。先后多次组织在京单位青年参加中央电视台“爱·约会”快乐健身青年汇活动、国电国际“邂逅春天·佳缘有约”主题联谊活动等，帮助青年成家。

（刘纯斌）

【关爱员工】 落实以人为本理念，督促各单位落实《关于进一步完善总部机关员工休假疗养制度的通知》，按月了解、按季统计总部各单位职工休假情况。从石化集团公司帮扶救助金拨付2 860万元，帮助38家企业做好2013年元旦、春节期间的帮扶救助工作。元旦、春节期间，各企业帮扶救助各类人员共计17.3万人次；支出帮扶救助金（含实物折款）1.47亿元。组织116家企业（含总部机关）85万名职工（包括离退休职工）向四川芦山地震灾区捐款6 400多万元；开展“爱心加油站”捐赠助学活动，共捐赠物品7 151件，通过媒体的广泛宣传，充分彰显中国石化职工的社会责任感。邀请广安门中医院皮肤科主任医师宋坪教授为直属机关女员工讲授中医女性皮肤护理知识，约200名直属机关女员工参加。

（刘纯斌）

【职工素质工程】 石化集团公司各级工会组织积极参与组织油田板块“五大会战”劳动竞赛，广泛开展装置达标、创新创效、节能降耗、“安康杯”竞赛和技术攻关、技术革新、合理化建议、“五小”等群众性经济技术创新活动，持续推进工人先锋号创建和创新工作室建设，提高了职工素质，推进了生产经营管理工作上水平，同时涌现出一批先进集体和个人。截至年底，1家单位获全国五一劳动奖状，14名职工获全国五一劳动奖章，15家单位获全国工人先锋号；24 家单位当选中央企业先进集体、40 名职工当选中央企业劳动模范；2 名职工当选 2012 年中国优秀经济女性，3 名职工当选首届“加油中国·传承铁人”年度人物、38 名职工当选年度优秀人物。组织评选表彰 330 名中国石化劳动模范、126 个中国石化先进集体。评选表彰中国石化 2013 年度营销标兵 10 名、能手 53 名和销售标兵 10 名、能手 307 名。利用《中国石化报》、石化电新闻、石化手机报和石化官方微博@石化实说、中国石化新闻网、机关在线等媒体进行宣传，在新媒体方面，合计约转发 877 次、评论 202 次、点击量超过 5 万次，传递了劳动最光荣、劳动最崇高、劳动最伟大、劳动最美丽的正能量。

（刘纯斌）

【文体活动】 倡导“快乐工作、健康生活”理念，引导员工每天锻炼一小时、健康工作几十年。组织举办中国石化 2013 年新春团拜会、第 6 届职工美术书法摄影展、“中国石化之歌”传唱征集活动和第 4 届职工门球、游泳比赛，带动了基层和一线文体活动的开展。组织参加第 6 届全国行业体协在京单位乒乓球比赛，获得局级领导男子组单打第 3 名和第 5 名、局级领导女子组单打第 5 名，创参加此项赛事以来最好成绩。蝉联第 9 届世界运动会大金属球单人连续抛击冠军，并获塑质球双人赛金牌，实现中国参加塑质球项目世界大赛金牌零的突破。截至年底，4 家单位当选全国群众体育先进单位、4 名职工当选全国群众体育先进个人，中国石化音乐舞蹈家协会被评为全国文联系统先进集体，1 名职工当选全国文联工作优秀个人。举办 2013 年直属机关职工乒乓球比赛和羽毛球比赛，特别是春季和秋季健康长走活动，以灵活多样的形式得到广大机关员工积极参与和响应。

（刘纯斌）

新闻与出版

◇ 新闻媒体

◇ 图书出版

新闻媒体

【概述】 截至2013年底，中国石化形成了“三报、三刊、一台、一张复合网”的新闻媒体格局，囊括了文字、图片、音频、视频等多种媒体形式。2013年，中国石化各媒体紧紧围绕中国石化中心工作，始终把“建设央企一流新闻媒体”作为愿景，以“稳中求进”为总基调，以“提质提效”为总要求，以“两优三满意”(媒体质量优、传播效果优，党组满意、读者满意、自己满意)为总目标，把“中心工作不偏离、重要场合不缺位、重大事件不失声、每逢大事必出彩”作为工作追求，把“唱响主旋律、打好主动仗、强化主频道、活跃主阵地”作为工作思路，把“每一个符号都是承诺”作为质量方针，把“影响有影响力的人、服务有需求的人”作为工作使命，充分发挥报、刊、台、网全媒体作用，推进方式方法创新，加大上下协同力度，强化舆论引导效果，取得了较好的传播效果。全年，《中国石化报》发行量13.24万份，《中国石化》杂志发行量2.57万份，《车友报》周三刊发行量63.27万份、周五刊发行量19.33万份，《中国石化手机报》发行量1.71万份。

(庞　炜)

【《中国石化报》】 2013年，《中国石化报》加强评论写作和刊发，进一步调整优化媒体版面。头版多采用组合报道方式，并逐步缩短文章篇幅，扩充文章数量由6—7篇到10—13篇，增加了报纸信息量，增强了版面的活泼性。针对炼化工程和石油工程领域相继重组，以及矿区(社区)改革不断深化，适时推出了《社区》周刊与“石油工程”版。全年继续向两院院士等高端人士赠报，高端发行数量超过1 500份。周刊刊登的240多篇评论和文章被新华网、财富赢家网在内的60多家媒体转载。年底，《中国石化报》微信公共账号正式开通。

(庞　炜)

【《中国石化》杂志】 2013年，《中国石化》杂志实施了栏目调整，增加《微言微语》《专栏》《财经》《品牌》《图说》5个新栏目，将《速览》栏目细化为《资讯》《观点》《数字》《微博》4个子栏目。组织召开了年度选题论证会，创新了专题采写的组织方式，较好地实现了杂志与记者站上下联动。围绕“提质提效”目标，传播效果进一步提升，普光特大型超深高含硫气田安全高效开发技术获得国家科技进步特等奖的专题报道得到好评。年内共有157篇文章被《瞭望》杂志社、新浪网等60多家媒体及网站转载，特别是第2期的《炼油工业：深陷囹境难自拔》一文被《瞭望东方周刊》第35期作为封面专题文章全文转载。全年杂志机构订户总计5 153个，同比增幅达到45.7%，分布于20个国家和地区。是年，《中国石化》杂志的主办、出版单位由石化集团公司变更为中国石化报社。

(庞　炜)

【中国石化网络电视】 2013年，中国石化网络电视共制作电视新闻《中国石化新闻联播》243期，策划播出《在基层》《身边的雷锋》《劳动者之歌》《深化改革转方式 提升质量保效益》、中国石化成立30年专栏《与石化同行》《反对“四风”服务群众》《学镇海 强管理 再发力》《会战一线行》等新闻栏目；策划编辑刘家明事迹巡回演讲、应对特殊气候各企业事故隐患排查等报道。成功举办“感动石化人物”和“十大法治事件、十大法治人物”评选及颁奖活动。在中国石化成立30年之际，围绕中国石化企业特点和企业标识创意，完成了《中国石化新闻联播》的改版工作。除电视新闻外，还制作了中国石化业绩展示片、纪念中国石化成立30周年的专题片《强国基业》、中国石化主办的第5届中国地质年会电视宣传片，并协助中央电视台制作了胜利油田抗击冰雪保油上产等一系列宣传片。

(庞　炜)

【中国石化新闻网】 2013年，中国石化新闻网发挥新媒体快速、高效的优势，以重特大突发事件新闻报道为突破口扩大影响力，在四川雅安地震和青岛东黄复线泄露爆炸事故发生后，微博第一时间播报抢险救援进展，网站随后滚动发布，事件结束后整合形成网络专题，引起了广泛关注。年内，中国石化新闻网加大独立策划新闻和活动的力度，延伸传统媒体的内容，与传统媒体在内容上形成互补；培养全媒体记者、通讯员队伍，提高原创内容的比例和质量；加强对传统媒体新闻资源的二次加工，提高新闻信息的价值；加大定制化服务力度，拓展与总部机关、下属企业合作的领域，设计制作重点工程、重大活动、专业工作网络专题。全年中国石化新闻网日均发表文字稿件170篇、图片55幅、文字量11万字；日均20条新闻信息被系统外网站等媒体转载，转载网站接近90个，中国石化办公信息门户大部分新闻信息也来自于新闻网；网站日均点击量超过70万次，40%来自中国石化以外，包括74个国家和地区的读者。根据中国互联网协会的统计，中国石化新闻网访问量在行业网站中排名处于前列。

中国石化新闻网微博主要功能包括新闻发布、舆情应对、知识普及、生活服务等，2013 年做到了平民视角、网民语言、软性沟通：注重以平民的视角筛选新闻信息，以网民的语言做好对外沟通，力求通过潜移默化的方式影响社会对中国石化和国企的看法。年底粉丝数量近 10.5 万人，其中具有影响的名人、达人、官方机构粉丝数量占比 13.3%，比上年有显著的增长。全年发布微博 2 766 条(日均 11 条)，收到评论 2.92 万条(日均 116 条)，被转发 16.98 万次(日均 676 次)，处理舆情私信 5 850 封(日均 24 封)，日均曝光和阅读量总计接近 100 万人次。此外，微博平台还分别落户新浪网和人民网。

(庞 炜)

【《中国石化新闻界》】 2013 年，《中国石化新闻界》在随时来稿随时刊发的基础上，积极进行电子杂志的筹备工作，计划于 2014 年正式上线。

(庞 炜)

【《中国石化手机报》】 2013 年，《中国石化手机报》出刊 247 期，用户 1.7 万人。增加了《热点关注》栏目，关注重大时政新闻、石化要闻。增强了理念引导，除继续办好《高层声音》外，还增加了《传媒视点》栏目。更加追求时效性、准确性、高端性和信息量，石化要闻、行业新闻更快捷，党组重大活动全部当天报道，企业新闻适度增加。推出石化集团公司年初工作会议 4 期特刊、年中领导干部座谈会 2 期特刊、“感动石化人物”评选活动 1 期特刊、中国石化成立 30 周年 1 期特刊等多期专题报道，提升了影响力。强化了导读，与报纸、电视、杂志、电子周刊积极互动。《健康生活》栏目调整，《油价股价》栏目增加炼化工程公司 H 股价格。

(庞 炜)

【《Sinopec Weekly》】 2013 年，《Sinopec Weekly》出刊 24 期，加强了独立策划，完成专题策划 26 个，其中“中国石化海外绿色低碳发展”“让外籍员工承梦飞翔”“感动石化人物玛丽”“我与中国石化外籍员工征文”“我眼中的最美外籍员工”“中外员工优秀摄影”等专题受到海外公司和外籍员工的好评。对参加国际石油勘探开发公司年度工作会议的近 20 位外籍高管、“十大法治人物”Addax 首席法务官古盛华、第 4 期关键岗位外籍员工培训班学员等进行了专访，对傅成玉董事长赴驻美机构调研讲话、Addax 公司首席运营官罗伯特的文章《我·家·中国石化》等进行了翻译。与其他媒体的联动增强，合作的新闻专题明显增多，“中国石化海外绿色低碳发展”等专题被石化集团公司官方网站采用。

(庞 炜)

【《车友报》】 2013 年，《车友报》周三刊和周五《易捷导刊》都进行了改版，重点放在稳定提升内容质量、不断提升对销售企业服务力度上，在宣传中国石化品牌形象、服务销售公司业务、配合危机公关等方面，加大了直接宣传报道力度。周三刊直接宣传销售企业的版面占总版数比例约 13%，其中重点专题报道有“绿色石化·碧水蓝天——车友走进中国石化”活动、高标号汽油促销、“抗震抗洪·保供抢险”等。周五《易捷导刊》直接服务销售公司，服务非油品业务，全年策划多期有影响力的特刊，如易捷“微周刊”“高速公路服务区专刊”、两期“枸杞养生专刊”以及北京石油“微亮点——发现”特刊等。是年，《车友报》电子版全部上网，还开通了《车友报》微博。

(庞 炜)

【中国石化团购网】 2013 年，为落实石化集团公司党组领导提出的“让易捷便利店走出加油站，走进油田炼化企业”的指示精神，中国石化团购网尝试协助中国石化非油品业务开拓中国石化内部市场，推进易捷便利店进企业、进社区，把优质商品和优良服务送到石化员工身边，让广大员工零距离享受易捷便利店带来的品质生活。与宁夏石油、福建省闽货特色产品贸易有限公司、河南石油、新疆石油、湖北石油尝试线上合作，并探索走进在京单位、油田、炼化企业举办活动，全年举办各类活动 20 多场，为员工送上了数千款具有价格优势、地方特色和质量优良的产品，约 15 万员工参加了各类线下活动。通过“石化员工购物季”和“为百万石化员工送健康”活动，在企业、社区宣传了中国石化的品牌形象，为员工送去了健康和实惠。全年新增注册会员 1.1 万人、点击总数 97 万次、总访问量 10 万人次，有 4 745种产品上线，协助易捷便利店实现销售 140 多万元。全年石化员工通过中国石化团购网优惠购车 2 200台左右，有 600 多名员工优惠购买车险，节省购车和车险费用 700 万元。

(庞 炜)

【中国石化新闻图片网】 2013 年，中国石化新闻图片网作为支撑中国石化媒体群图片索取及存储的档案平台，为石化集团公司各类期刊、年报、社会责任报告等提供了数千幅图片。截至年底，签约的摄影师达到4 700多人，图片总量约34万张，其中通过审核的图片约15万张。

（王贵卿）

图书出版

【《石油炼制辞典》出版发行】 该辞典由王基铭院士主编，邀请了三大石油公司近30家炼油企业、科研设计单位与石油化工类高等院校的专家学者共同参与编写。参加编写的人员都是长期在科研、设计、教学和生产部门担负重要工作，从事炼油领域的专家和技术骨干，知识面广、专业强，具有较高的学术水平和丰富的实践经验。编写过程中，侯芙生、陆婉珍、陈俊武、徐承恩、李大东、汪燮卿、杨启业、胡永康、舒兴田等院士及炼油行业内近百名知名专家自始至终参与了审查工作。辞典内容涵盖了包括炼油工艺过程、原料、中间产品、石油产品、添加剂及催化剂、产品性质及评定、专用设备及仪器、油品储运、环保及经济等专业词汇，突出"全、新、准"的原则，尽量注意兼顾与炼油领域关系紧密的相关词条。全书收词8 500余条。该辞典的出版将有利于促进炼油技术术语的科学化、规范化，对传播炼油知识，尤其是对学术交流有着极为重要的作用。

（出版社）

【《低碳烯烃催化技术基础》出版发行】 该书以上海石油化工研究院联合浙江大学和华东理工大学共同承担的国家自然科学基金石油化工联合基金项目"制备低碳烯烃催化化学及反应工程关键问题的基础研究"为背景，系统介绍了项目所取得的创新性研究成果。该书主要介绍了轻石脑油催化裂解技术、烯烃歧化转化催化技术、低碳烷烃脱氢技术、甲醇制烯烃技术4类新型低碳烯烃制备技术在催化材料、反应机理、反应工程基础等方面的研究现状、研究成果和发展趋势；以技术开发及产业化过程中的催化材料和反应工程方面的关键科学问题为主线，详细介绍了催化剂结构设计、反应性能、催化剂原位表征、热力学和动力学研究、反应器模拟计算、流化床运行体系催化剂积炭的非损伤性监测、分子模拟催化反应机理等方面的创新与突破。

（出版社）

【《炼油与石化工业技术进展（2013）》出版发行】 该书以专题形式，结合当前的热点问题，设立了综述、炼油工艺与产品、化工工艺与产品、催化剂"三剂"、装备技术、装置运行与管理、安全与环保、节能减排8个栏目。全书收录有代表性的文章100多篇，由中国石化、中国石油、中国海油、延长石油、神华集团等公司所属炼化企业、研究院所和国内其他石油化工相关企事业单位的200多位专家和工程技术人员撰写，涉及众多当前炼化行业所关注的热点、难点问题的特点，适合作为炼化企业从事生产经营和管理，以及科学研究的技术人员和管理人员的参考书。

（出版社）

【《石油炼制技术与经济》（第五版）出版发行】 该书系统叙述了石油炼制工艺过程及其相关的技术与经济，主要内容包括炼油厂总流程、原料和产品、原油蒸馏、焦化和热加工过程、催化裂化、催化加氢裂化、重油加氢处理与渣油加工、加氢处理、催化重整和异构化、烷基化和叠合、辅助工艺过程、润滑油调和料、石油化工原料、用炼油厂原料生产添加剂、产品调和、炼油厂经济与规划、投资估算和经济评价等。全书内容以案例研究法进行编排，即通过具体实例来说明问题，并在每章末尾提出问题，以帮助读者理解书中所介绍的内容并掌握计算方法和经济评价方法。书中附录包括炼油名词解释、美国矿务局的一些原油常规分析、基本工程数据、催化剂费用和经济评价问题例解等。

（出版社）

【《石化科普知识》出版发行】 该书内容涉及石油产业的循环经济、原油的开采、从炼油到炼化一体化、从轻组分到重组分的利用、石化废物资源化、石化区部分现象解析，以及石化对经济发展的重要性等，从石油的开采到最终的使用突出了石化产品与生活密切相关，使得广大民众通过阅读本书，理解石化、支持石化的发展。该书系统全面地介绍了石油的整个产业链，既有深入浅出的概念和理论介绍，也涵括了各类产品在衣食住行中的应用。该书旨在便于读者全面了解和初步掌握石油化工的相关知识，同时对有一定经验的化工工作者和学习者也有参考价值。

（出版社）

【《降低原油加工过程烃损失理论与实践》出版发行】

该书依据炼油厂的加工流程，把原油从进厂到加工成产品再出厂整个石油炼制过程中，产生加工损失的原因与环节进行了分析与描述，提出了各个环节加工损失的计算公式，对损失进行了定量分析，并对各环节降低加工损失措施进行了归纳与梳理。主要内容分为两篇，第1篇介绍了炼油厂加工损失产生的原因与计算方法及降损措施，第2篇介绍了部分炼油厂在降低加工损失方面所做的工作及其效果。该书可作为石油炼制行业工艺管理人员的培训教材，也可作为炼厂降低加工损失工作的指导手册。

（出版社）

【《石油炼制工程师手册》第Ⅰ卷《炼油厂设计与工程》出版发行】 该书是在近年来新建和改扩建炼油厂的设计过程及与国外公司合作、提高炼油厂设计水平的经验总结基础上编写的。内容包括国内外主要原油的性质及根据原油（特别是劣质原油）的特点优化全厂总工艺加工方案，优化产品质量，降低加工损失，保证环境友好，满足现代化炼油厂的要求；炼油厂厂址选择、公用工程设置、高度自动化和信息化管理；炼油厂建设的经济分析及其可行性研究等，比较全面地反映了国内外炼油厂设计的工艺与工程的最新成果。

（出版社）

【《基于风险的过程安全[美]》出版发行】 该书是一部全面介绍过程安全管理的翻译图书，原书名为《Guidelines for Risk Based Process Safety》。该书详细描述了过程安全体系中的20个基本要素，包括安全文化、对现有标准的遵循、工艺信息管理、危险辨识与风险分析、承包商管理、应急管理等，是一部实施过程安全管理的工具书。

（出版社）

【《中国石化HSE管理体系建设理论与实践》出版发行】 该书是一本较为系统全面地介绍中国石化HSE管理体系的图书。该书对中国石化在建设HSE管理体系过程中形成和积累的宝贵经验以及遇到的问题、案例、教训等进行了梳理、汇总和提炼，全面系统地介绍了中国石化HSE管理体系的理念、基本框架和组成要素、各要素内涵、危害识别与风险评价、HSE管理体系建立与实施、内审和管理评审等，是一本较为实用的HSE管理体系建设理论与实践的教材。该书由石化集团公司安全监管局和安全工程研究院组织编写。

（出版社）

【《压力容器工程师设计指南》出版发行】 该书内容包括设计基础、材料、内压圆筒与内压球壳、外压圆筒与外压球壳、封头、开孔与开孔补强、法兰、卧式容器、塔式容器、立式容器、管壳式换热器管板、球罐、非圆形截面容器、波形膨胀节、密封结构、压力容器应力分析等。此次修订更加全面，几乎涵盖了压力容器设计的所有方面，同时结合新规程、新标准、新技术的发展，增加了相应的内容，不仅包括各种具体的算例，还包括了新技术、新结构的探讨与分析。该书对压力容器工程技术人员，特别是压力容器设计人员正确合理使用标准规范具有指导意义，也适合高等院校相关专业师生阅读参考。

（出版社）

【《换热器》（第二版）出版发行】 该书是换热器技术专著，分上、下两册。上册系统介绍了管壳式换热器、特种管壳式换热器、板状换热器，以管壳式换热器为主，全面介绍其工艺计算与设计、结构设计、强度计算，还重点介绍了流体诱发振动及强化传热新技术。下册主要介绍了空冷式换热器、热管换热器、特殊材料换热器以及其他换热器，还介绍了换热器计算机辅助设计、制造检验与使用安全管理等方面的内容。该书可供换热器科研、设计、制造及现场的专业技术人员使用，也可供相关专业技术与管理人员、高等院校师生参考。

（出版社）

【《石油化工设备设计手册》出版发行】 该书入选了“‘十二五’国家重点图书出版规划项目”，并被评为2013年度中国石化科学技术进步奖二等奖。该书既是一部大型工具书，也是一部技术专著，包括基础知识、材料、压力容器、塔器、换热器、空冷器、储罐、分离设备和电脱盐设备等；反映了中国石油化工设备设计的最新进展，具有科学性、先进性和实用性，代表了当前国内的最高水平，集中体现了中国石油化工设备领域几十年的科研成果和经验积累，对石油化工设备技术水平和管理水平的提高将起到重要的促进作用。读者对象主要是从事石油化工设备设计和管理的工程技术人员，同时也可作为石油化工及相关专业师生的参考资料。

（出版社）

【《陈锦华文集》出版发行】 该书精选了第九届全国政协副主席陈锦华在其任职的各个重要阶段所做的重要报告、重要文章和书信，以及退休后对重要时期活动的忆述和回顾文章。书中回顾了20世纪70年代以来中国经济和政治领域所发生的一些重要事件，如实记述了中国改革开放和现代化建设中一系列重大决策的来龙去脉、实施情况、取得的重大成效、发挥的重要作用和产生的深远影响，深刻反映了改革开放给中国社会带来的历史性变化，并且提出了许多真知灼见。

（出版社）

【中国石化《投资贸易法律指南》丛书第3批出版发行】 该批丛书由石化集团公司法律部组织编写，共9册，包括卡塔尔、阿联酋、加蓬、古巴、委内瑞拉、澳大利亚、美国、土库曼斯坦、缅甸9个国家，内容涉及国家概况、法律环境概述、油气投资领域相关法律规定、石化工程领域相关法律规定、贸易领域相关法律规定、其他相关领域法律规定以及认识和建议。该丛书覆盖面广，研究内容编排合理，具有较强的实用性和针对性，作为中国石化涉外及外派人员的培训用书，为中国石化“走出去”企业的法律风险防控提供切实的帮助和指引。

（出版社）

【《中国石化成立30周年》系列丛书出版发行】 为纪念中国石化成立30周年，由中国石化办公厅牵头组织编撰了《中国石化成立30周年》系列丛书。该套系列丛书记录了党中央、国务院领导同志对中国石化的重要指示和批示，党中央、国务院和中国石化党组的重要战略决策，中国石化改革发展历程中的大事要闻，中国石化总部机关的历史沿革，中国石化劳模和员工的业绩，反映了30年来中国石化所走过的不平凡的道路，总结了中国石化30年的发展经验，记录了百万员工的丰功伟业，承载着石化队伍的优良传统和作风，对中国石化未来的发展，实现“建设世界一流能源化工公司”的目标，都有着很好的启示和传承作用。丛书包括由石化出版社出版的《中国石化“方向”》《中国石化“决策”》《中国石化“纪事”》《中国石化“劳模”》《中国石化“科技”》《中国石化“机关”》（上、中、下）和由中国经济出版社出版的《中国石化“新闻”》（上、下）、《中国石化“报道”》（上、中、下）。该套系列丛书既可以作为领导干部和广大员工研究中国石油石化工业发展历史的参考资料，也可以作为对广大石化员工进行职业教育和爱国主义教育的参考教材。

（出版社）

【《普光高酸性气田采气工程技术与实践》出版发行】 该书以采气工程方案设计、方案实施顺序为主线，以高酸性气田的腐蚀防护和作业施工过程中的安全环保为核心，突出技术集成与创新、新技术的应用与效果评价，介绍了普光气田的完井作业、射孔工艺、储层改造、腐蚀防护、投产试气、配套装备、应急救援、安全环保、施工管理等内容和涉及的基础理论。在内容上，吸收了国内外高酸性气田采气工艺方面的最新研究成果，重点介绍中国石化在高酸性气田开发中开展的机理研究和基础实验，总结了普光高酸性气田投产作业的施工经验和管理办法。力求把基础理论、新技术应用、工程实践和生产管理相结合，系统地展现普光高酸性气田的采气工程技术。可供从事油气田开发的科研人员、管理人员及相关院校相关师生参考使用。

（出版社）

【《塔河大油田勘探实践与技术创新》出版发行】 该书是继《塔里木古生代海相油气田》《中国古生代海相成油特征》《中国古生代海相油气田开成条件与分布》及《中国塔里木盆地塔河大油田》之后第5部关于古生代海相成油的科学著作，深入剖析了塔河大油田的成藏条件及特征等，系统论述了塔河大油田的勘探历程、沉积体系、构造体系、含油水性质及展布、地层压力及温度变化、油藏描述等，全面总结了已形成的油气田勘探开发创新技术系列，进一步展望了油气分布规律、勘探方向及油气前景等。该书的问世进一步丰富了中国古代海相成油理论及勘探开发技术，对当前和今后油气勘探开发有重要的指导意义，可供广大石油地质工作者及相关院校教学参考使用。

（出版社）

石化出版社2013年重点图书目录见表1。

表1　**石化出版社2013年重点图书目录**

序号	书名	作者
1	石油化工设备设计手册（上下册）	刘家明 主编；赖周平 张迎恺 蒋荣兴 副主编
2	换热器（第二版）（上下册）	兰州石油机械研究所 主编
3	钻井工具手册（2012版）	杜晓瑞 李华泰 主编
4	气焊工	蒋春永 乔　虎 主编

续表

序号	书名	作者
5	菜鸟成长记——成品油直销客户经理终端营销实务	王　靓　等编著
6	井下设备技术问答	郑文清　刘连武　编著
7	石油石化废水处理技术及工程实例	赵杉林　主编
8	油气管线安装工	姜俊荣　主编
9	中国塑料工业年鉴·2012	中国塑料加工工业协会　主编
10	废水固体焚烧系统[美]	美国水环境联合会　编；王　黎　等译
11	炼油化工企业电力系统运行技术	李寿军　主编
12	采油地质工	全　宏　主编
13	污水处理技术问答	蒋克彬　彭　松　高方述　刘　鑫　赵　挺　编
14	中小型建筑机械操作工	王清元　史德强　主编
15	水平井防砂完井理论与技术	董长银　编著
16	现代化工导论	张　娜　主编
17	高含硫天然气净化专业岗位操作安全培训视频教材	中国石油化工集团公司安全环保局　组织编写
18	油品化验工 HSE 培训读本	胡役芹　杜占合　主编
19	炼油化工专业实习指南	张君涛　主编；梁生荣　孙昱东　赫佩军　胡　平　副主编
20	ASME　B16.34—2009 法兰、螺纹和焊连接的阀门	美国机械工程师学会 B16 委员会　编著；中石协 ASME 规范产品专业委员会(CACI)　翻译
21	石油化工催化剂及应用	陈淑芬　张春兰　主编
22	VB 开发技术	蒲晓妮　赵　睿　主编
23	油库电工技术应用与电气安全	杨柳春　编著
24	实验室标准化与质量管理	呼小洲　程小红　夏德强　主编
25	茂名石化年鉴·2012	《茂名石化年鉴》编纂委员会　编
26	含硫含酸原油加工技术	张德义　主编
27	环境工程设计	赵立军　陈进富　主编
28	煤制油化工基本建设本质安全管理体系	神华集团有限责任公司工程管理部　中国神华煤制油化工有限公司　编著
29	石油专业工程定额(2012 版)(16 册)	中国石化石油工程造价管理中心　编
30	重要石化设备监造大纲(下册)	中国石油化工股份有限公司物资装备部　编
31	利用矿场测试资料识别储层非均质性	刘承杰　著
32	天然气净化专业岗位操作安全培训视频教材(光盘)	中国石油化工集团公司安全环保局　组织编制
33	化学实验技术(第二版)(上册)	姜　璋　索陇宁　主编
34	化学实验技术(第二版)(下册)	高兰玲　白小春　主编
35	分析化学	张春逢　编

续表

序号	书名	作者
36	化工装备安全技术	倾 明 主编
37	现代加油站服务营销创新	夏良康 著
38	化工单元仿真与单元操作实训(第二版)	王 宏 李 薇 主编
39	华东石油年鉴·2012	《华东石油年鉴》编纂委员会 编
40	集输工	万世清 主编
41	Visual Basic 程序设计实验教程	倪红梅 李瑞芳 时贵英 王跃萍 编
42	Visual FoxPro 程序设计实验教程	杨 永 周 凯 主编
43	李大东科技著述集萃	《李大东科技著述集萃》编委会 编
44	信息检索教程	李晓艳 赵文凯 主编
45	石油化工工艺基础(第二版)	王焕梅 主编
46	工业汽轮机设备及运行技术问答	王学义 编著
47	油库自动化应用	罗时金 主编
48	油气管道保护工	廖渊文 熊道英 主编
49	无损检测技术问答	雷 毅 主编
50	油品分析与化验知识问答(第二版)	顾 洁 胥立红 梅 林 编著
51	室内空气质量检测技术	夏云生 房云阁 编著
52	中国石化科技创新案例	龙 军 主编
53	油田绿色生态建设	张 涛 张 星 高平发 编著
54	中原石油化工总厂志(2000~2011)	《中原石油化工总厂志》编纂委员会 编
55	仪器分析实验	魏福祥 主编
56	中国石化履行企业社会责任的法律思考	中国石化法律事务部 编
57	石油化工设备维护检修技术(2012 版)	本书编委会 编
58	气井水合物监测与预警	郭小哲 赵志辉 王福升 编著
59	江苏石油志(2001~2012)	《江苏石油志》编纂委员会 编
60	油库安全行为管理	陈智勇 王 丰 编著
61	化工生产实习指导	徐忠娟 诸昌武 主编
62	有机化学简明教程	李好样 主编
63	活性高分子体系提高采收率技术研究	田玉芹 著
64	HSE 文化推进手册	《HSE 文化推进手册》编委会 编
65	HSE 观察指导手册	《HSE 观察指导手册》编委会 编
66	第七届(2013)北京国际炼油技术进展交流会论文集	组委会 编
67	塔河大油田勘探实践与技术创新	康玉柱 康志宏 编著
68	油田污水处理站运行与管理	王青涛 主编

续表

序号	书名	作者
69	汽车维修高级工培训教程	石允国　张鸿雁　主编
70	陈绍澧先生文选——润滑脂部分	张澄清　孙洪伟　编
71	石油钻井技术专业现场实训	刘景利　贾高星　彭明俊　主编
72	油田设备管理方法与实例	吉效科　编著
73	现代水性涂料工艺、配方、应用(第二版)	耿耀宗　主编
74	油库事故理论与分析	朱建成　王　丰　张晓伟　编著
75	延迟焦化装置技术手册	胡尧良　主编
76	锅炉压力容器安全技术及应用	江　楠　冯　毅　编著
77	天然气净化技术	侯天江　主编
78	石油石化工业废水处理与回用技术	张文艺　主编
79	现代水性涂料工艺、配方、应用(第二版)(精装)	耿耀宗　主编
80	管道穿越工艺与设备	贾芳民　主编
81	综合录井工	苑　淮　主编
82	井下作业工具	朱晓荣　主编
83	中国石化档案管理	《中国石化档案管理》编写委员会　编
84	英汉化学化工略语词典	朱洪发　李绍雄　编
85	压力容器系统与设计	龙飞飞　赵俊茹　王维刚　编著
86	离心泵应用技术	吴德明　主编
87	压力容器设计实用手册	王国璋　编著
88	中国石化最佳培训实践案例	亓玉台　主编
89	化工自动化技术	窦同水　刘法钦　主编
90	环境管理与清洁生产	万玉山　张志军　主编
91	大气污染控制工程	马建锋　李英柳　主编
92	石油化工环境生物技术	赵　远　主编
93	石油化学	戴咏川　主编
94	油罐车行车及检修事故案例分析	范继义　主编
95	探索性数据分析及其在流程业的应用	陆治荣　编著
96	化工单元仿真训练课题解析	刘冬琪　主编
97	工业固废处理技术	李定龙　常杰云　编
98	环境监测与影响评价技术	严文瑶　戴竹青　柴育红　张文艺　编
99	化工仪表及自动化	姜换强　主编
100	中国石化 HSE 管理体系建设理论与实践	中国石化集团公司安全监管局　中国石化青岛安全工程研究院　组织编写

续表

序号	书名	作者
101	油气井测试工艺技术	魏淋生 主编
102	物理性污染控制技术	黄 勇 王凯全 编
103	加油站事故案例分析	范继义 主编
104	地层测试工	魏淋生 主编
105	石油化工厂隐患排查指南	朱以刚 编著
106	石化科普知识	纪红兵 编著
107	低渗透砂岩油藏渗吸规律研究	张 星 编著
108	危险化学品从业单位安全标准化工作指南（第三版）	张海峰 主编
109	南化年鉴·2012	《南化年鉴》编纂委员会 编
110	化学分析	牟晓红 冷宝林 主编
111	齐鲁石化年鉴·2012	齐鲁石化史志编纂委员会 编
112	防腐绝缘工	秦永远 主编
113	油田电网谐波分析及治理技术	杨黎鹏 著
114	食品中的元素与检测技术	顾佳丽 赵 刚 编著
115	国内外石油技术进展(十一五)——地质与开发	张绍东 等主编
116	压力容器焊接实用技术	王国璋 编著
117	乳剂化妆品概论	郭清泉 编著
118	石油化工厂设备检修手册——工艺管道	王怀义 张德姜 编著
119	石油化工装置工艺管道安装设计手册 第四篇 相关标准(第五版)	张德姜 王怀义 丘 平 主编
120	国际工程项目投标实务	顾祥柏 刘 伟 罗寿祯 聂向峰 编著
121	里海周边国家油气资源及投资环境分析	中国石油化工集团公司经济技术研究院课题组 编著
122	中东海湾国家油气资源及投资环境分析	中国石油化工集团公司经济技术研究院课题组 编著
123	煤矿区煤层气产业化开发战略研究	申宝宏 陈贵锋 编著
124	焊接接头无损检测	宋天民 编著
125	井下作业工艺技术	杨国圣 主编
126	油气集输设备技术问答	杜桂宁 主编
127	抽油机安装工	张 炜 主编
128	广州石化志(第五卷)	王连轩 王雪峰 主编
129	生物柴油生产及应用技术	王 九 吴 江 方建华 编著
130	煤层气集输与处理	王红霞 主编
131	地下管道电磁无损检测与隐患故障诊断	袁厚明 主编
132	中国石化企业管理案例	吕永健 毛凤鸣 主编

续表

序号	书名	作者
133	涉外钻井实务手册	邱传俊　编
134	中国石化企业管理实务	吕永健　林　骞　主编
135	石油化工概论(第三版)	李为民　单玉华　邬国英　主编
136	炼化动设备基础知识与技术问答	钱广华　主编
137	绿色低碳手册	中国石化经济技术研究院　编
138	油气集输技术数据手册	寇　杰　董培林　刘广友　孙灵念　肖荣鸽　编著
139	油田注汽锅炉实用知识问答	王元泰　主编
140	石油炼制技术与经济(第五版)	孙丽丽　等译
141	化工原理	朱　宪　张　彰　主编
142	软件开发技术任务式教程	宋贤钧　周立民　主编
143	普光高酸性气田采气工程技术与实践	沈　琛　编著
144	采油队长岗位培训理论与实务	李　科　主编
145	中国石化纪检监察业务知识与实务	耿礼民　主编
146	延迟焦化装置技术问答(第二版)	瞿　滨　主编
147	广州石化年鉴·2012	《广州石化年鉴》编纂委员会　编
148	文献检索与科技论文写作(第二版)	黄军左　主编
149	水分析化学实验(第二版)	戴竹青　主编
150	海洋石油专业设备检测技术与完整性管理	聂炳林　编著
151	中国石化"劳模"	中国石油化工集团公司办公厅　中国石油化工集团公司思想政治工作部　编
152	中国石化"科技"	中国石油化工集团公司科技部　中国石油化工集团公司办公厅　编
153	基层党组织工作实务	徐　槟　主编
154	胜利油田年鉴·2012	胜利石油管理局政策研究室　编
155	合成气工艺及蒸汽重整技术[丹麦]	华　炜　译
156	天然碱矿床开发	张晨鼎　编著
157	石油化工工艺管道设计与安装(第三版)	张德姜　赵　勇　主编
158	化工装置仿真实训	侯　侠　于秀丽　主编
159	石油物探技术	赵金洲　主编
160	工业防火手册(第二版)[美]	杜文锋　周　亮　陈　颖　杨永斌　译
161	加油站建设与管理手册	马秀让　纪连好　主编
162	石油钻机修理工	崔云海　主编
163	新能源基础	张　婷　王　毅　编著
164	基于风险的过程安全[美]	美国化工过程安全中心　编著；白永忠　韩中枢　党文义　译

续表

序号	书名	作者
165	化工催化剂应用技术	牛志刚　赵志祥　李　倩　主编
166	应用化工生产技术	王焕梅　魏　刚　主编
167	精细化工生产技术	吴海霞　唐蓉萍　主编
168	当代石油和石化工业技术普及读本——非常规石油资源	庞名立　主编
169	化工制图与 AutoCAD 绘图实例	张瑞琳　冯　杰　主编
170	能源环境与可持续发展	朱　玲　周翠红　主编
171	工程材料及应用	丁文溪　主编
172	高酸气田投产试运常见故障案例分析	王和琴　陈惟国　主编
173	炼化作业安全	黄秋明　主编
174	安全检测与监控技术	陈海群　陈　群　王新颖　主编
175	中国石化职业技能鉴定业务培训教程	中国石油化工集团公司职业技能鉴定指导中心　编
176	化学工程与工艺专业实验（第二版）	徐　鸽　杨基和　主编
177	五省（市、区）提高采收率技术论文集	袁光宇　夏庆龙　主编
178	机械制造工程学	朱　林　主编
179	2013 消防科技与工程学术会议论文集	中国消防协会学术工作委员会　灭火救援技术公安部重点实验室　中国人民武装警察部队学院消防工程系　编
180	油品储运调和操作工补充教材	郭建新　主编
181	UG　NX　8.0　CAD/CAM 技术基础与实例教程	祖海英　闫月娟　孟碧霞　温后珍　编著
182	降低原油加工过程烃损失理论与实践	李　鹏　编著
183	海洋石油工程技术论文（第五集）	中国石油学会石油工程专业委员会海洋工程工作部　编
184	ASME 压力管道规范：2012 版 . B31. 1，动力管道	美国机械工程师学会压力管道委员会　编著；中石协 ASME 规范产品专业委员会　翻译
185	有机地球化学基础	戴春雷　张　雷　李娇娜　主编
186	中国石油化工集团公司年鉴 · 2013	《中国石油化工集团公司年鉴》编委会　编
187	洛阳石化年鉴 · 2011	《洛阳石化年鉴》编纂委员会　编
188	数字通信原理实验指导	弓云峰　崔得龙　张　涛　编著
189	压力容器工程师设计指南	戚国胜　段　瑞　主编
190	低碳烯烃催化技术基础	谢在库　等著
191	煤化工科普知识	侯　侠　张伟伟　主编
192	石油化工水处理技术与典型工艺	栾金义　傅晓萍　主编
193	天然气工程概论	杨　光　王登海　主编
194	天然气净化操作工	魏忠昕　主编

续表

序号	书名	作者
195	环境影响评价工程师职业基础	沈洪艳　著
196	工程化学	王　毅　陈　丽　陈娜丽　主编
197	石油化工绿色低碳技术	方向晨　主编
198	上海石化年鉴·2013	上海石化志鉴编纂委员会　编
199	石油炼制辞典	王基铭　主编
200	中国石化出版图书总目：1983～2013	中国石化出版社总编室　编
201	高含硫气田输气工	杨发平　编著
202	石油化工重大职业中毒事故防治指南	中国石油化工集团公司安全监管局　中国石油化工集团公司职业病防治中心　组织编写
203	采气工	张仕强　主编
204	钻井设备安装技术	孙清德　主编
205	配液工	唐建东　主编
206	油气田水处理工	石　军　主编
207	钻井平台经理	张锦宏　赵晓华　陈　旭　主编
208	高含硫气田化验工	韩玉坤　编著
209	高含硫气田采气工	杨发平　编著
210	钻井工程设计技术	赵金洲　主编
211	高含硫气田注水泵工	吴红旗　编著
212	高含硫气田综合计量工	李存峰　编著
213	加油(气)站安全技术与管理(第三版)	郭建新　主编
214	渤海油田工程建设简史	崔　航　等著
215	第五届长炼科技论坛优秀论文集	李　华　主编
216	无机及分析化学实验	王飞利　李　蓉　编
217	钻研成果	李作会　王智锋　等编著
218	炼油与石化工业技术进展·2013	洪定一　主编
219	会计管理处(科)长培训教材	宋振国　主编
220	资产管理处(科)长岗位培训教材	王红晨　主编
221	中国石化全面预算管理	陈锡坤　主编
222	油田环境监测	酒尚利　主编
223	水务运营管理与技术	晋　卫　主编
224	中国石化油气开采技术论坛论文集·2013	中国石化油气开采技术论坛秘书处　编
225	注气提高采收率方法评价优选——以三塘湖油田牛圈湖油藏为例	李正科　王厉强　主编
226	底水砂岩油藏水平井堵水研究与实践	程晓军　编著

续表

序号	书名	作者
227	2013年中国石油炼制技术大会论文集	中国石油化工信息学会石油炼制分会　编
228	陈锦华文集	陈锦华　著
229	海底管道规格书	《海底管道规格书》编委会　编
230	输油工	应　斌　主编
231	跨越之路：中国海油工程建设	金晓剑　主编
232	潜油电泵工	陈宗林　主编
233	西南石油年鉴·2013	《西南石油年鉴》编纂委员会　编
234	钻井安全生产官	孙清德　主编
235	X光电子能谱及其应用	左志军　主编

企事业单位

- ◇ 油田企业
- ◇ 炼化企业
- ◇ 油品销售企业
- ◇ 科研单位
- ◇ 设计施工单位
- ◇ 专业公司及其他单位

胜 利 油 田

【概况】 胜利油田是中国石化集团胜利石油管理局(简称胜利石油管理局)和中国石油化工股份有限公司胜利油田分公司(简称胜利油田分公司)的统称。工作区域分为东部和西部 2 个部分，东部主要分布在山东省东营、滨州、德州、济南、潍坊、淄博、聊城、烟台 8 个市的 28 个县、区境内，主体部分位于东营市黄河尾闾西侧，包括渤海湾盆地的济阳、昌潍等 6 个坳陷；西部主要分布在新疆、内蒙古、青海、甘肃、宁夏 5 个省、自治区，涉及准噶尔、吐哈等 11 个盆地。胜利油田本部位于东营市济南路 125 号。

1961 年 4 月，位于东营构造上的华 8 井首获工业油流，标志着胜利油田的发现。1964 年 6 月，石油工业部华北石油勘探会战总指挥部成立，简称“九二三厂”，又称胜利油田。1989 年 8 月，更名为胜利石油管理局。1998 年 6 月，胜利石油管理局由中国石油天然气总公司划转给石化集团公司管理，更名为中国石化集团胜利石油管理局。2000 年 5 月，根据中国石化重组上市的整体部署，胜利油田的油气主业部分重组改制为中国石化胜利油田有限公司，2006 年 1 月变更为胜利油田分公司。2013 年 1 月 4 日，胜利石油工程公司挂牌成立，隶属于中石化石油工程技术服务有限公司。

截至 2013 年底，胜利油田有二级单位(含控股公司、托管单位、全资子公司、派出机构等类同于二级单位管理的机构)58 个，三级单位(含科级单位，下同)679 个，四级单位 2 429 个。其中，胜利石油管理局有二级单位 29 个，三级单位 314 个，四级单位 725 个；胜利油田分公司有二级单位 29 个，三级单位 365 个，四级单位 1 704 个。胜利油田用工总量 148 037 人，其中直接用工 109 863 人。拥有高级技术职称(含正高级)的 10 504 人，中级技术职称的 17 919 人。

截至 2013 年底，胜利油田共有探矿权区块 44 个，面积 18.09 万平方千米，石油资源量 142.27 亿吨，天然气资源量 2.15 万亿立方米。发现不同类型油气田 80 个，累计探明石油地质储量 53.87 亿吨；投入开发油气田 74 个，累计生产原油 10.74 亿吨，累计生产天然气 558.22 亿立方米。

胜利油田主要技术经济指标和主要生产建设指标见表 1 和表 2。

（兰　峰）

【资源勘探取得新进展】 2013 年，胜利油田优化勘探部署，强化经济评价，突出油气发现和商业发现，油气勘探取得新进展。东部探区取得 2 个油气新发现、7 个商业发现的勘探成果。2 个油气新发现：①三合村洼陷罗 322 井、垦 119 井在沙河街组、馆陶组均见到良好油气显示，沙三段试油分别获得日产 6.16 吨和 5.49 吨工业油流，突破了沙三段地层稠油油藏工业油流关；②垦东北部垦东 89 井、垦东 891 井试油获得百吨高产，实现当年钻探、当年获高产、当年新增控制储量 740.81 万吨。7 个商业发现：①青南洼陷沙四段滩坝砂岩油藏新增控制储量 916.67 万吨，发现 1 个新油田——青南油田；②渤南地区多层系勘探取得商业发现，其中义 194 井沙一段中途测试，折算日产油 97.4 立方米、气 7 588 立方米；③高青断裂带高 96 井中生界 1 564.5—1 580.3米井段，日产油 4.28 立方米；④王庄地区郑 381 井沙一段 1 174.7—1 208.0 米见油层 2 层 25.3 米，新增控制储量 1 057.14 万吨；⑤滨县凸起南坡滨 692 井沙四段获日产油 10.77 立方米，新增预测储量 1 879.54 万吨；⑥车镇北带车 71 井沙三下试油日产油 11.02 吨，突破了车镇陡坡带深层砂砾岩体稳产关；⑦埕岛北部埕北古 111 井、埕北斜 821 井、埕北古 406 井分别在沙一段、上古生界、太古界获高产工业油流。

西部探区取得 1 个重大油气发现、2 个商业发现、5 个好苗头的勘探成果。1 个重大油气发现：哈山地区中深层勘探获重大油气发现，哈深 2 井在二叠系推覆体获日产 10.08 立方米工业油流，新增预测储量 1 517.83 万吨，展现了哈山地区中深层大范围含油的良好局面。2 个商业发现：①车排子地区获新的商业发现，沙湾组新增控制储量 1 116.92万吨；②石炭系新增控制储量 1 929.35 万吨、预测储量 1 498.32 万吨，车排子东部石炭系呈现含油连片的趋势。5 个好苗头：准中 4 区块董 2 井北三维区侏罗系断裂带、敦煌盆地、准东木垒北凹陷、车排子中生界和六盘山盆地勘探发现好苗头。

（李传华）

【哈山地区中深层勘探获重大油气发现】 哈山地区位于准噶尔盆地北缘哈德构造带，南邻玛湖凹陷，北部以达尔布特断裂为界，与和什托洛盖盆地相接。在 2012 年哈山西三维区哈浅 6 井区石炭系推覆体上报预测储量 5 054.19 万吨的基础上，2013 年完井的哈深斜 1 井及正钻的哈深 2 井见到良好油气显示。其中，哈深斜 1 井在二叠系风城组 4 164—4 168 米压裂日产油3.35立方米，佳木禾组4 292.3—4 295.9米压裂日产油18.16立方米；哈深2井在二叠系推覆体2 020.82—2 348.1米井段中途测试获日产10.08立方米的工业油流，油品较好。2013年哈深2井区下二叠统新增预测储量1 517.83万吨，展现了哈山地区中深层自西向东较大规模、较好品位、有望大范围含油的良好局面。

（李传华）

【油气开发持续高效】 2013年，胜利油田开发质量和稳产基础得到加强，原油产量持续增长。全年生产原油2 776.24万吨，同比增加21.24万吨，连续18年稳定在2 700万吨以上；新增可采储量3 091.41万吨，连续17年保持储采平衡。大力实施注水提质提效工程，以提高注采对应率、分注率和层段合格率的注水“三率”为切入点，增强水驱油藏稳产基础，稀油自然递减率11.37%，连续6年持续下降；含水上升率0.18；水驱油藏注采对应率82.7%，提高1.5个百分点，注水层段合格率77.2%，提高2个百分点。优化产能部署，提高产能建设质量和效益，全年钻开发井2 371口，新建（增）原油生产能力298.3万吨，产能达标率95.1%，新井年产油199.6万吨，增加7.49万吨；措施有效率85.8%，提高1.9个百分点。非常规油藏以实现效益开发为目标，建立“由产出定投入”的倒逼机制，采取一体化设计、集约化建设运行模式，建成了国内井数最多、规模最大的盐227“井工厂”，9口井，水平段总长度8 853米，压裂98段，单井日产油13.9吨，开发成本控制在46美元/桶。

（青　强）

盐227“井工厂”施工场景　（董　涛　摄）

【QHSE工作扎实推进】 2013年，胜利油田以“我能安全”素质提升年活动为主题，深入排查油气管道、城区管网等隐患，强化海上、井控、承包商等重点监管，关爱员工职业健康，积极推进绿色低碳，保证了油田QHSE形势总体平稳。加强质量工作，将5月29日设立为油田质量日，开展质量大检查，制定落实原油质量管理办法，修订完善各类标准，全力构建质量管理体系。开展环保工作“大排查、大治理、大提升”活动，加快油田18项环保重点工作运行；大力推进污水减排，先后关闭孤东、现河、桩西3个外排口，提前2年实现采油污水零排放目标。胜利油田分公司万元产值综合能耗0.324吨标煤，比计划下降0.013吨标煤；胜利石油管理局矿区工业万元产值综合能耗3.97吨标煤，比计划下降0.34吨标煤；胜利发电厂供电煤耗338.42克标煤/（千瓦·时），比计划下降4.13克标煤/（千瓦·时）。外排污水达标率、采油污水回注率均大于98%，危险废物妥善处置率100%。

（徐月军　郭连君）

中国石化第二（山东）联防区消防综合应急演习暨胜利油田油库火灾应急演习　（赵汝国　摄）

【科技创新成效明显】 2013年，胜利油田共承担组织实施各类科技课题316项。其中，国家课题21项（国家重大专项9项、“863”计划项目或课题8项、科技支撑项目 3 项、国家工信部项目 1 项)，石化集团公司课题 92 项，油田课题 203 项。“油藏地球物理技术突破及老油田高效开发应用”项目获得国家科技进步二等奖，胜利油田连续 15 年获得国家级科技奖励共 28 项，获奖级别和数量在国内同行业保持领先地位。全年获得各类省部级奖励 44 项，其中一等奖 9 项、二等奖 13 项、三等奖 22 项。完成专利申请量 549 项，发明申请率 39%，“热采井注蒸汽氮气泡沫调剖工艺方法”获得中国专利优秀奖、山东省专利一等奖。新认定省部级重点实验室 5 个，其中中国石化 3 个、山东省 1 个、中国石化联合会 1 个。

（邹　斌）

【经营管理持续创新提升】　2013 年，胜利油田积极探索走油公司之路，按新厂新项目、现有油公司、传统老采油厂“三个层次”全面构建胜利油公司建设模式；确定 10 家油公司体制机制建设试点单位，桩 23 示范区、史 127 示范区已完工投产。推进管理局、分公司、石油工程公司一体化运行，关联交易结算率明显提高。建立投资项目优化平台、回报考核和动态调整机制，优化资源、产量和工作量结构，采取油气产销一体化、天然气推价、消除原油购销差价、降低物资采购成本、研究财税减免政策等措施，有效提高了精细化管理水平。加强 10 项重点业务流程梳理，完成主流程 10 个、子流程 322 个，完成勘探开发工程监督管理、产能建设、用工管理、网络办公 4 项流程信息化设计工作。改善经营管理建议工作向基层延伸，提出合理化建议 2.14 万项，已完成或正在实施 5 779 项。制度标准化改造成效明显，油田层面制度由 1 382 件降到 523 件。加强基层管理创新，“五段五化”安全管理法、岗位经济运行模板、员工行为积分管理、用车管理“出租车”模式等一批经验做法起到了示范作用。持续推进严格控制用工总量、不断提高劳动生产率工作，全年实现净减员 7 133人，胜利油田分公司实物劳动生产率 256.2 吨/人，同比提高 2.5%。

（袁　杰　于书勇）

【企业管理创新成果】　2013 年，胜利油田获得省部级成果 28 项，其中石化集团公司管理创新成果 17 项（一等奖 2 项、二等奖 6 项、三等奖 9 项)，中国石油管理创新成果 6 项(二等奖 3 项、三等奖 3 项)，山东省管理创新成果一等奖 5 项。申报石化集团公司级改善经营管理建议项目 11 项，有 3 项获得石化集团公司级奖励。

（袁　杰）

【和谐共建成效明显】　2013 年，胜利油田大力实施“十百千”工程，转让给改制企业 19 项科技成果，改造提升 102 个基层队，对油田近千户低保、困难家庭进行结对帮扶。稳步推进住房建设，4 万套限价商品房全部完工，新增 1.5 万套住房，已开工 6 446 套，整体改造老旧小区 15 个，公共租赁住房改造已开工 606 套。开展基本薪酬考核晋档，提高夜班津贴标准，规范住房补贴标准，核定发放休假疗养补贴，油田员工可支配收入持续增长。调整员工、城镇居民医疗保险政策，居民医疗保险一、二级医院住院报销比例分别提高 10%、5%。加大互助保障和医疗救助力度，全年走访慰问低保困难家庭、特困人员、非在职困难人员、患大病困难员工等 6.75 万人次。规范支持改制企业，改制企业全年实现收入 283 亿元；探索建立改制企业反哺机制，2013 年油田改制企业吸纳员工子女就业 916 人。加强油地合作，完善油地联席会议制度，成立油区工作委员会，共同签署《油地共建协同发展框架协议》，确定 28 个合作项目，旧城区改造、共建大学生创业园、员工群众集中居住区域环境整治等项目顺利实施。联合开展油区集中整治“百日行动”，设立联合稽查站，油区治安环境进一步好转。

（兰　峰）

【队伍素质持续提高】　2013 年，胜利油田进一步明确油田技能人才成长规划目标，规范技术专业人才聘任选拔，畅通各类人才成长通道，有效推动员工素质提升。深化高层次管理人员能力提升培训、高层次专业技术人才创新能力培训、国际化人才储备式培养、科级及基层关键岗位示范性培训，全年油田层面共举办干部培训班次 847 个，干部取证班次 444 个。制定《2013—2015 年技能操作人员培训规划》，重点加大一专多能复合型人才、四新技术技能等级等培训力度，全年培训项目 691 期、3.79 万人次。实行油田技能鉴定点“星级”申报制度，全年共鉴定初、中、高级工以及技师和高级技师 22 338 人，合格 16 089 人，其中 1 024 人取得技师职业资格、458 人取得高级技师职业资格。成功组织承办全国工程建设系统第 11 届职业技能竞赛，以胜利油田选手为主力的中国石化代表队获得冷作钣金工团体第 1 名、焊工团体第 2 名、无损检测员团体第 5 名以及个人 6 金、4 银的历史最好成绩。加强高技能人才队伍建设，张吉平和孙汉军被聘任为石化集团公司技能大师。胜利油田获山东省首批人力资源社会保障诚信等级 A 级单位、国务院国资委中央企业职工技能竞赛先进单位称号。

（于书勇）

【全面加强思想政治文化工作】 发挥油田党委中心组的带动作用，组织党员干部和员工群众学习领会党的十八大、十八届三中全会、习近平总书记系列讲话精神，强化党的群众路线学习教育，开展中国梦宣讲、“想胜利油田好，为胜利油田好”主流价值观讲故事活动，努力用科学理论、正确思想武装头脑、凝聚共识。围绕超产保效、打造高端、严控用工总量等重点工作，开展形势任务和观念引导教育，组织“忆传统、爱企业、创一流”专题教育，促进干部员工观念转变。加强舆论引导，开门开放办企业，组织央视直播油田战海冰、“碧水蓝天行动——外媒看胜利”等活动，全年累计在外部媒体发稿 2 000 多篇(条)；加强官方微博等阵地建设，二级单位官方微博开通率达 95% 以上。制定《油田 2013—2015 年“三基”工作规划》，优化“达标、创优、争银、夺金”创建活动，投入 9 130 万元推进“百队帮扶”，全面提升基层软硬件水平，被评为石化集团公司“三基”工作先进组织单位。加强精神文明建设，2013 年胜利油田获 2012—2013 年度全国企业文化优秀案例称号，继续保持全国文明单位称号，下属 46 家单位获得山东省文明单位、文明社区称号，代旭升当选首届“感动石化”人物，10 人当选“山东好人”。

（王道奇）

【深入开展党的群众路线教育实践活动】 按照中央和石化集团公司党组部署，以处级以上党员干部和领导班子为主体，聚焦“四风”问题，深入开展党的群众路线教育实践活动。油田层面征求意见建议 4 200 余条，针对员工群众反映集中的问题，深入整改落实，规范基层基础资料，压减机关检查评比，精文简会，减轻基层负担。出台规范领导干部管理行为十条规定、公务接待管理规定等制度，制定落实整改方案，推动作风建设常态化、长效化。加强党风廉政建设，落实“一岗双责”，加大巡视、审计、监察力度，加强干部监管，公款吃喝、公车私用、迎来送往、铺张浪费现象得到有效遏制，促进作风转变，进一步密切了党群干群关系。

（兰　峰）

表 1　　胜利油田主要技术经济指标①　　亿元

指标名称 \ 年份	2013	2012	2011	2010	2009	2008
工业总产值	1 261.68	1 588.92	1 512.42	1 200.68	962.87	1 410.97
工业增加值	1 040.44	1 177.47	1 252.17	921.80	650.55	1 127.97
资产总计	1 784.91	1 950.19	1 841.54	1 553.95	1 334.08	1 129.30
流动资产	169.68	384.04	315.90	236.82	42.63	127.15
固定资产原值	3 214.96	3 104.86	2 841.54	2 601.56	2 383.46	2 185.92
固定资产净值	1 513.77	1 461.59	1 320.46	1 214.90	1 032.43	926.86
销售收入	1 401.56	1 821.80	1 268.65	1 279.00	1 236.99	1 443.88
实现利税	684.32	942.81	960.14	579.99	418.50	937.01
税金(费)	464.57	563.48	548.40	372.42	226.95	562.78
综合能耗/吨标煤·万元$^{-1}$						
胜利石油管理局	3.970	0.92	0.99	1.07	1.06	1.03
胜利油田分公司	0.324	0.30	0.29	0.35	0.36	0.37

①2013 年因统计口径变化重新调整(扣除石油工程部分)

表 2　　胜利油田主要生产建设指标

指标名称＼年份	2013①	2012	2011	2010	2009	2008
原油产量/万吨	2 776. 24	2 755. 00	2 734. 00	2 734. 00	2 783. 50	2 774. 02
天然气产量/亿立方米	5. 00	5. 00	5. 00	5. 08	7. 00	7. 70
新增原油生产能力/万吨	298. 30	313. 10	301. 20	316. 50	304. 00	300. 08
新增天然气生产能力/亿立方米	0. 95	1. 32	0. 26	—	—	0. 43
新增探明石油地质储量/万吨	3 091. 41	13 232. 50	14 950. 50	11 223. 00	10 484. 00	10 408. 00
新增探明天然气地质储量/亿立方米	12. 53	89. 68	—	—	—	4. 50
二维地震/千米	1 273. 00	7 635. 00	9 745. 00	9 559. 00	6 389. 00	5 470. 00
三维地震/平方千米	1 348. 00	7 516. 00	7 001. 00	9 147. 00	3 728. 00	3 027. 00
石油钻井/口	2 602	2 362	2 108	1 863	1 774	1 816
钻井进尺/万米	590	557. 36	490. 26	440. 18	391. 38	436. 47
勘探投资/亿元	45. 75	50. 73	46. 27	35. 62	32. 27	32. 37
开发投资/亿元	240. 57	216. 28	179. 10	136. 95	205. 70	150. 64

①2013 年新增探明石油地质储量数据因统计口径变化重新调整；2013 年二维地震数据、三维地震数据、石油钻井数据、钻井进尺数据因统计口径变化重新调整，胜利油田分公司投资口径

中原油田

【概况】 中原油田为中国石化集团中原石油勘探局(简称中原石油勘探局)和中国石油化工股份有限公司中原油田分公司(简称中原油田分公司)的统称，主要从事油气田勘探开发、炼油与天然气深加工等业务，主要开发区域包括东濮凹陷、普光气田、内蒙古探区。截至 2013 年底，中原油田在国内拥有油气资源探矿权、采矿权登记区块 52 个，总面积 5. 39 万平方千米。其中，探矿权登记区块 33 个，面积 5. 25 万平方千米；采矿权登记区块 19 个，面积 0. 14 万平方千米。2013 年新立探矿权区块 1 个，面积 137. 60 平方千米；增加探矿权区块 2 个。

1975 年 9 月 7 日，濮参 1 井喷出工业油气流，发现中原油田；1998 年，由中国石油天然气总公司划归石化集团公司管理；2000 年 1 月，中原石油勘探局和中原油田分公司分设分立；2012 年 9 月—2013 年 9 月，完成中原油田石油工程专业化重组，中原石油勘探局钻井一公司、地质录井处、对外经济贸易总公司和钻采处等 15 个直属单位划转到中原石油工程公司；地球物理勘探公司划转到地球物理公司；工程建设总公司、勘察设计研究院等 5 个直属单位划转到石油工程建设公司。截至 2013 年底，中原油田有直属单位 44 个、机关处室 33 个、机关直属单位 15 个。中原石油勘探局和中原油田分公司用工总量 59 108 人，其中正式职工 40 723 人。全油田有专业技术人员 5 853 人，其中拥有教授级职称的 15 人、高级职称的 639 人、中级职称的 2 921 人、初级职称的 1 659 人。中原油田总资产 543. 28 亿元，固定资产原值 368. 4 亿元，固定资产净值 228. 09 亿元。

2013 年，中原油田新增探明石油地质储量 285 万吨、天然气地质储量 2. 58 亿立方米；生产原油 243 万吨、天然气 85. 42 亿立方米。油气当量 1 353. 7 万吨；经济总量再上新台阶，油田实现收入 503. 38 亿元、利润43. 1 亿元，上缴税费 78. 9 亿元。中原油田综合经济实力和持续发展能力不断增强。

中原油田主要技术经济指标和主要生产建设指标见表 1 和表 2。

（吴宝英）

【东濮老区稳产基础增强】 2013 年，中原油田进一步拓展增储领域，深化调整挖潜，老油田稳产基础不断增强。低位潜山岩性油气藏勘探获得新发现，胡古 2 井试气日产 1 万立方米。深化滚动评价研究，落实可动用地质储量 614 万吨，新建产能 9 万吨。精

细油藏研究，优化调整治理和分层注水，自然递减率减缓2.1个百分点。完善气驱和化学驱配套技术，提高采收率先导试验效果明显。新增气藏动用储量4.5亿立方米，新建天然气产能0.3亿立方米、凝析油产能0.37万吨。加大低压零散气回收和自用气控制力度，超产商品气0.6亿立方米。文96地下储气库安全平稳运行，文23地下储气库前期评价及方案优化稳步推进。加强油气水管网和井站改造研究，按照标准化设计、模块化实施、标准化采购的“三化”要求，配套完善生产辅助工程，油藏经营管理区信息化改造见到成效。

（黄　琥）

【普光气田保持高水平运行】 2013年，普光气田生产混合气106.7亿立方米、净化气81.05亿立方米、硫黄222.65万吨，经济运行质量保持高水平。深化动态监测与跟踪分析，加强气藏裂缝分布与气井产出状况研究，合理调控生产压差，及时实施酸压解堵，保持较高产能，弹性产率优于方案设计。优化气井生产与净化工艺参数，52口气井全部开井生产，日产混合气能力最高达到0.31亿立方米。集输系统运营效率由46.2%升至50.4%，天然气净化厂联合装置满负荷运行。加强集气站场、压力管道、联合装置全面检测和抢维修，保持安全清洁生产。以深层海相石炭系、陆相须家河组为重点，加强成藏条件、储层及含气性预测研究，发现深层海相有利圈闭3个，实施预探井1口；明确陆相有利目标区3个，完钻的2口评价井见到良好油气显示。普光主体、集输、净化等地面工程项目顺利通过石化集团公司验收，获国家优质工程金奖。

（黄　琥）

【内蒙古探区取得新突破】 2013年，中原油田持续优化内蒙古勘探开发部署，取得4项重要成果。①查干凹陷稀油勘探获得商业发现，控制地质储量600余万吨；白音查干凹陷扎木次洼钻遇烃源岩722米，资源量增加近1倍，展示出岩性油藏勘探的良好前景。②合作开发成效显著，乌里雅斯太凹陷新增控制地质储量645万吨、新建产能2万吨，中康合作区块年生产能力达到8万吨。③稠油热采取得进展，毛8块热采增产原油2 400吨，单井周期热采费用下降30%。④勘探领域大幅拓展，新获银额盆地3个区块、1.64万平方千米的探矿权，并展开地震勘探。截至年底，内蒙古探区面积5.2万平方千米，建成原油生产能力21万吨。

（黄　琥）

【文留南部油气田获国家级绿色矿山试点单位授牌】 文留南部油气田作为中原油田首家申报国家级绿色矿山试点单位，严格遵守法律法规，树立发展绿色矿业理念，通过技术创新与改造，加强环境保护和清洁生产，提高节能减排效果。2012年，该油气田矿产资源节约与综合利用水平持续提升，自然递减率控制在20%以内，土地复耕率100%，废水、废液、废碴循环利用和无害化处理率均为100%，保持国内同类型油气田先进水平，先后通过河南省国土资源厅、石化集团公司和国土资源部的审查。2013年4月，文留南部油气田获国家级绿色矿山试点单位授牌。

（黄　琥）

2013年4月11日，中原油田文留南部油气田被定为国家级绿色矿山试点单位 （仝　江　摄）

【数字化油田改造实现效益开发】 2013年，中原油田启动数字化油田改造工作，先后出台《中原老区油藏经营管理区数字化改造硬件基本配置》和《数字化油藏经营管理区机构编制》指导意见，编制数字化改造推广方案6套，包括计量站83座、注水站38座、联合站1座，覆盖油井763口、水井530口，涉及采油区职工1 000余人。改造以标准化建设、专业化服务、市场化运作、一体化管控为原则，构建起硬件配置、岗位设置、生产组织等新机制，进一步完善以油藏经营管理区为核心的油藏经营模式，提高了油田开发一线劳动生产率。截至年底，试点采油区初步建成数据采集自动化、生产流程可视化、系统应用一体化、生产指挥和分析决策科学化的“数字化油藏区”，人员由改造前的1 641人减至948人，优化劳动用工693人，劳动生产率大幅提高，为实现油田效益开发做出有益探索。

（黄　琥）

【南气北输管道更新改造工程创中国定向钻穿越新纪

录】 中原油田南气北输管道承担着为郑州、开封、菏泽等地居民及沿线企业输送天然气的运营任务。2012 年 6 月 27 日，南气北输管道黄河主河槽段发生破裂，供气中断。2013 年，中石化中原油建工程有限公司承建南气北输管道更新改造工程。该工程于 2 月 17 日开工，7 月 25 日投产。施工期间，公司针对黄河穿越距离长、地质条件复杂等情况，科学制定技术方案，分析各种困难和可控节点，制定应急预案与措施，4 月 28 日，在黄河主河槽成功实现定向钻穿越 3 075米，创中国定向钻穿越最长距离新纪录。

（黄　琥）

【科技创新能力持续增强】 2013 年，中原油田加强基础性、前瞻性项目和关键技术攻关，坚持技术引进与自主创新相结合，技术集成与配套相结合，建立了学科联合攻关的技术支撑体系。强化国家重大专项高含硫气田安全高效开发技术攻关，形成礁滩相储层精细描述、高含硫气井稳产增产、硫沉积与腐蚀控制等 6 项关键技术。深化东濮凹陷油气富集规律与增储领域项目攻关，建立沉积体系新模式，应用高精度地震资料落实圈闭 140 余个。老区油稳气升科技工程取得新成效。加强相控油藏精细描述与高效调整等 6 个课题研究，相控挖潜、深层开窗侧钻、不压井作业、薄夹层细分等技术应用良好，污泥调剖调驱、二氧化碳驱规模扩大。内蒙古探区砂砾岩油气藏勘探技术研究积极推进，适合内蒙古岩性特点的钻井、压裂、油气层保护等技术不断完善，稠油效益开发技术逐步配套。开展石油工程技术攻关，研发废弃油基钻井液常温快速破乳分离、油基钻屑联合处理等技术，深井超深井、水平井、非常规油气藏以及高含硫气藏安全高效钻完井、小井眼开窗侧钻、多段大型压裂等技术更加成熟。年内，中原油田承担国家科技重大专项 2 项、石化集团公司科研项目 30 项，自主开展科研项目 106 项；获省部级以上科技进步奖 13 项；申请专利 172 项、授权专利 90 项，同比分别增长 83% 和 46% 。

（李　丽）

【攻关东濮六大关键技术】 2013 年，中原油田开展“东濮凹陷‘十二五’油稳气升关键技术研究”攻关，明确六大攻关课题，提升东濮老区勘探开发技术水平。六大攻关课题包括：①东濮凹陷岩性油气藏滚动勘探技术，攻关目标是要提供岩性圈闭有利目标区 8—10 个，“十二五”后 3 年每年新增可动用石油地质储量 500 万—800 万吨，每年新建产能 10 万吨；②相控油藏精细描述与高效调整技术，攻关目标是每年编制重点治理单元方案 4—6 个，方案实施后单元采收率提高 1.5 个百分点，东濮老区自然递减率 2013 年、2014 年、2015 年分别控制在 17% 、16.5% 和 16% ；③东濮凹陷致密砂岩气藏提高采收率技术，攻关目标是“十二五”后 3 年新增动用天然气地质储量 20 亿立方米，新建产能 0.3 亿立方米，复杂断块气藏及凝析气藏提高采收率 5 个百分点，东濮天然气年产量上升到 5.5 亿立方米并实现长期稳产；④二氧化碳驱油规模化应用技术，攻关目标是 2013 年二氧化碳驱覆盖地质储量 1 500 万吨，2014 年新增二氧化碳驱地质储量 1 500 万吨，2015 年新增二氧化碳驱地质储量 2 000 万吨；⑤表面活性剂驱工业化应用技术，攻关目标是 2013 年表面活性剂驱实施覆盖储量 500 万吨，并整体评价濮城西区沙二上 2 + 3 表面活性剂驱效果；⑥非常规油藏高效开采技术，攻关目标是要明确泥页岩油气资源潜力和泥页岩油气勘探有利区带，提供 3—5 个有利目标区，攻关异常高压泥岩裂缝稠油油藏完井及开采技术、文古 4 块异常高压泥岩油藏完井及开采技术以及薄互层多段压裂工艺技术。

（李　丽）

【克劳斯炉国产化改造项目通过石化集团公司测试标定】 2013 年 1 月 18 日，克劳斯炉国产化改造项目通过石化集团公司测试标定。标定结果表明，改造后的克劳斯炉在 80% 、100% 、110% 及 130% 的装置负荷下运行平稳，各项工艺参数达到指标要求，产品质量合格，可以满足硫黄装置对克劳斯炉各种负荷的要求。

（李　丽）

【企业管理水平有效提升】 2013 年，中原油田以石化集团公司管理提升活动为契机，推进管理创新，促进了运行效率和经营效益提高。①转换体制机制。探索老油田建立油公司管理模式，在采油六厂整合设立马厂采油管理区，突出核心业务。以压减车辆、费用“两个 50% ”为目标，对油田、工程公司机关和本部地区 28 个单位用车，实行统一管理、区域服务、费用限额、节奖超罚。②精细经营管理。建立预算管理新模式，实行资金预算和成本预算双控制；优化投资结构，强化效益论证，确保重点工程项目顺利实施；实行科学理性采购，节约资金 0.8 亿元；推进全员成本目标管理，开展群众性挖潜活动，实现挖潜增效 2.75 亿元；争取政府政策支持，相关税费抵减免 6.29 亿元；推行全面风险管理，促进生产经营规范运行，油田被推荐为全国“六五”普法中期先进单位。③规范 QHSE 管理。完善质量管理办法，制定标准 64 项、复审 167 项，群众性质量改进与创新活动不断深入。逐级签订 HSE 目标责任书，落实 HSE 第 1 课、停产培训和倒班培训制度；开展拉网式排查，整改各类隐患 4 302 个，清理各类占压 32 处，制止新占压 167 处。推进清洁生产，采油(气)废水回注率和钻井废水、废弃泥浆、作业废液处理达标率均达到 100%。实施节能技改项目 88 项，年节约标煤 2.69 万吨。④挖掘人力资源潜力。改变生产组织方式，严格控制队伍规模，在用工总量净减 1 736人的同时，向钻井、作业生产一线调整补充 300 余人。精简部分单位机关部门，规范基层班组设置。完善薪酬分配体系，调整劳务工基本薪酬标准。加大培训工作力度，推进基层培训重心下移。在石化集团公司 13 个专业(工种)竞赛中，4 个团体项目获第 1 名，个人项目获金牌 13 枚、银牌 11 枚、铜牌 13 枚。

(李 丽)

【中原油田连续第 4 年考核为 A 级企业】 2013 年，中原油田全面完成石化集团公司下达的各项绩效考核指标。石油工程充分发挥整合重组的体制机制优势，全年创石化集团公司纪录 21 项，为历年之最，实现收入 131 亿元，同比增加 4 亿元；社会化服务立足于做精做优，对内抓好民生工程，对外注重战略合作，筑牢油田和谐稳定的基础。在石化集团公司 2013 年度绩效考核中，中原油田被评为绩效考核 A 级企业，这是油田连续第 4 年获此评价。

(李 丽)

【全面启动地热开发工作】 2013，中原油田根据石化集团公司地热发展部署，全面启动地热开发工作，加快地热产业发展，抢占新兴资源市场，培育新的经济增长点。成立新能源开发办公室，负责油田地热资源的勘探开发规划，以及新技术、新工艺引进的前期论证和推广应用。按照“以示范带动全局”的思路，中原油田与新星石油公司签订地热资源与油田污水余热开发利用战略合作框架协议书。结合地热开发技术、工艺的适应性，确定了首批地热开发及油田污水余热利用项目：在采油二厂濮三联合站进行污水余热利用试点，在柳屯地区进行地热供暖/制冷试验，在采油六厂桥口进行地热发电试验。截至年底，柳屯地区地热供暖项目建设完成，实现柳屯地区油田相关单位地热供暖。

(李 丽)

【连续第 5 年获石化集团公司节能先进单位称号】 2013 年，中原油田贯彻落实“节约与开发并重，节约放在首位”的方针，更新理念、完善机制、强化基础、落实责任，稳步推进节能技术进步，扎实开展节能树标、对标、达标活动，有效降低能源消耗，节能工作取得良好成效。各单位以强化节能目标责任考核为中心，将节能工作纳入日常经营管理，将节能目标纳入绩效考核，将节能树标、对标、达标纳入评先体系，将节能宣传教育纳入企业文化建设，开展了大量行之有效的工作，节能管理工作取得较好成绩。中原油田被评为石化集团公司节能先进单位、石油化工协会先进单位和濮阳市节能先进企业。

(李 丽)

【深化作风建设】 2013 年，中原油田党委围绕企业中心任务，深化作风建设。贯彻执行中央“八项规定”并制定油田实施细则，遏制和纠正文山会海、迎来送往、铺张浪费等不良行为，反对“四风”；组织机关部门对口帮扶油气上产，促进生产经营目标完成；贯彻整风精神，开展党的群众路线教育实践活动。发文数量同比下降 40%，会议费用下降 35.05%，非生产性出国(境)费用下降 28.28%，业务招待费用下降 31.63%。

(张慧英)

【“双建”体系获全国基层党建创新优秀案例】 2013 年 6 月 30 日，第 2 届全国基层党建创新案例交流会暨第 3 届案例征集活动启动仪式在北京举行。中原油田提交的“实施‘双建’工程管理体系，助国企在创先争优中有效和谐发展”被评为优秀案例。

(张慧英)

【普光应急救援中心完成雅安抗震救灾任务】 2013 年 4 月 20 日，四川省雅安市芦山县发生 7.0 级地震。中原油田普光分公司应急救援中心抽调 33 名骨干组成中国石化抗震救灾突击队，于当日抵达抗震救灾一线。突击队员冒着余震不断、山体滑坡、飞石坠落等危险，连夜救治受伤群众 46 人、清理路障 20 余处、排除危房 50 余间，帮助受灾群众搭建帐篷 30 余顶，抢出粮食 500 余千克、腊肉 100 余千克，为受灾群众提供饮用水 11 吨、药品 100 余盒，为抗震救灾做出积极贡献，树立了中国石化、中原油田和普光气田的良好形象。中央电视台、中央人民广播电台、凤凰卫视、新华网等主流媒体先后给予报道，石化集团公司、四川省政府等分别发来嘉奖通报和慰问电，称赞突击队展示了“负责任、勇担当”的国企风采，是一支“特别能吃苦、特别能战斗、特别能奉献”的专业救援队伍。

（黄 琥）

【推进优质社会化服务体系】 2013 年，中原油田坚持深入发展，推进“四个体系”，建设“五型社区”，社会化服务管理水平和服务品质进一步提升。①抓好安居民生工程。60 万平方米油田棚户区改造项目房屋已完成，55.5 万平方米改造工程按计划进行，近 300 名职工选得住房，结算房款 194 户，回购旧房 179 套。新增绿地 14.5 万平方米，油田绿化覆盖率达 42.6%。完成 11 个小区、1.29 万户光纤改造。②持续改善医疗服务。油田医疗生育保险纳入河南省直统筹，濮阳市 2 家医院、4 家药店纳入油田定点范围，方便职工就医、购药。③狠抓油区联防联治。涉油案件同比下降 31%，32 个居民小区实现零发案。④扎实开展帮扶、就业指导。累计发放救助金、慰问金、实物等 2 621 万元，向石油石化企业输送 502 人，实现社会就业 1 533 人，安排困难家庭再就业 55 人；争取政府就业补贴 900 万元，办理小额无息贷款 1 000 万元。⑤服务好离退休职工。组织 60 周岁以上老人查体 2.3 万人次，举办健康讲座 40 余场次，发放保健光盘 1 900 张、书籍 1 500 册。2013 年，油田疾控中心获河南省 2012 年度职业病防治工作先进集体称号，供电管理处获河南省委、河南省人民政府省级文明单位称号，第十社区管理中心获河南省爱卫会 2012 年省级卫生先进单位称号，第九社区管理中心被中央文明办、社区志愿服务全国联络总站评为全国学雷锋示范站。

（韩 慧）

表 1　　中原油田主要技术经济指标　　亿元

指标名称 \ 年份	2013②	2012	2011	2010	2009	2008
工业总产值	303.13	440.61	396.29	312.42	218.94	308.76
工业增加值	173.03	373.58	203.34	134.55	94.63	116.76
资产总计	543.28	674.15	686.77	681.24	593.87	548.33
流动资产	73.17	132.87	145.61	117.87	64.86	70.92
固定资产原值	368.40	1 044.33	980.26	942.00	380.68	579.26
固定资产净值	228.09	487.91	435.92	499.55	162.51	220.71
销售收入	323.78	490.79	438.91	363.00	277.61	327.16
实现利税	89.62	109.62	95.62	46.95	2.28	75.28
税　金	57.95	82.35	71.43	49.69	34.38	54.79
工业产值综合能耗①/吨标煤·万元$^{-1}$						
中原石油勘探局	6.00	0.57	0.57	0.62	0.65	0.65
中原油田分公司	0.53	0.48	0.53	0.75	0.59	0.64

①2010 年以前执行的是 2005 年不变价

②2013 年数据统计口径发生变化

表 2　　中原油田主要生产建设指标①

指标名称 \ 年份	2013	2012	2011	2010	2009	2008
原油产量/万吨	243.00	252.01	262.38	272.51	288.94	300.30
天然气产量/亿立方米	85.42	80.12	64.97	47.09	9.26	10.61
新增原油生产能力/万吨	13.05	19.50	20.20	23.73	25.30	28.00

续表

年 份 指标名称	2013	2012	2011	2010	2009	2008
新增天然气生产能力/亿立方米	0.23	23.37	0.51	76.00	0.81	1.25
新增探明石油地质储量/万吨	285.00	981.45	1 148.20	988.72	930.65	1 153.12
新增探明天然气地质储量/亿立方米	2.58	21.70	13.35	35.20	11.80	6.88
二维地震/千米	600.00	203.00	866.00	1 194.00	4 878.00	7 565.62
三维地震/平方千米	123.00	201.00	249.00	210.00	1 594.00	549.88
探 井/口	40	38	55	50	123	82
开发井/口	82	161	181	207	698	1 014
勘探投资/亿元	6.11	8.13	9.08	8.25	7.98	6.81
开发投资/亿元	16.04	24.36	24.97	27.22	25.23	25.42

①2013 年生产建设指标主要是以中原油田分公司新口径统计

河南油田

【概况】 河南油田为中国石化集团河南石油勘探局（简称河南石油勘探局）和中国石油化工股份有限公司河南油田分公司（简称河南油田分公司）的统称，其前身组建于1972年5月1日。1998年，河南油田由中国石油天然气总公司划归石化集团公司。2000年1月，河南石油勘探局和河南油田分公司分设分立。2012年9月—2013年9月，河南油田钻井公司、物探公司、油建公司等7个二级单位完成石油工程专业化重组，划归中石化石油工程技术服务有限公司管理。

河南油田是以油气生产为主，集油气勘探、开发、炼油化工、施工作业、辅助生产和社会服务于一体的国有大型Ⅰ类企业，产区地跨河南省南阳、驻马店、平顶山、洛阳、周口、漯河、许昌，湖北省襄樊、枣阳和新疆巴音郭楞蒙古族自治州、奎屯市、伊犁地区12个市（州、区）。河南油田本部设在河南省南阳市宛城区油田五一村，其所属塔里木河南勘探公司位于新疆维吾尔自治区焉耆县县城西。截至2013年底，河南油田拥有探矿权区块9个、面积2.38万平方千米，采矿权区块7个、面积1 122.42平方千米。油气资源总量达28.40亿吨，已发现16个不同类型的油气田，累计探明石油地质储量3.53亿吨，探明天然气地质储量129.30亿立方米，已投入开发15个油气田，累计生产原油7 800.98万吨、天然气20.86亿立方米。

河南油田实行勘探局、分公司—二级厂（处）—矿（大队）—基层队（站）四级管理体制。截至2013年底，河南油田机关设25个职能处室。分公司下属11个二级单位，勘探局下属9个二级单位。共有88个矿（大队）、325个基层队（车间）、1 679个班组。全油田有直属党委35个，基层党总支101个，党支部950个，党员2.06万人。有职工1.40万人（分公司0.99万人），其中具有教授级职称的76人、高级职称的1 648人、中级职称的2 514人、初级职称的2 385人。享受政府特殊津贴6人，石化集团公司突出贡献专家6人，优秀青年知识分子9人，学术、技术带头人17人，河南省优秀专家2人。

河南油田主要技术经济指标和主要生产建设指标见表1和表2。

（于克华 韩 伟）

【油气生产实现新增长】 2013年，河南油田新建、新增原油生产能力27.76万吨，其中新区新建原油生产能力14.52万吨、老区新增原油生产能力13.24万吨。新建、新增天然气生产能力201万立方米，其中新建溶解气6万立方米、新增溶解气195万立方米。全年生产原油235万吨，同比增加9.42万吨。其中，新井产量17.93万吨，措施增产16.32万吨，老井自然产量200.75万吨。西部新疆春光油田产量70万吨，同比增长28.40%。生产天然气5 664万立方米，其中溶解气5 225万立方米、气层气439万立方米。新增可采储量313.20万吨，实现年度储采平衡。

（韩 伟）

【油气勘探保持规模增储】 2013年，河南油田新增控制储量1 046.89万吨，完成年计划的104.70%。在春光油田春10井区，新增含油面积11.48平方千米，石油控制地质储量1 046.89万吨，技术可采储量314.07万吨。新增预测储量1 278.82万吨，完成年计划的127.90%。在春光油田春50井区，新增含油面积11.64平方千米，石油预测地质储量1 278.82万吨，技术可采储量383.65万吨。

（韩 伟）

【精蜡化工稳健发展】 2013年，河南油田精蜡化工加工原料油58.74万吨，实现营业收入35.23亿元。生产特种蜡7.69万吨，同比增加4 298吨。销售特种蜡7.55万吨，增加2 815吨。开发特种蜡新产品4个：电力电容器蜡、JLTD－105#高熔点电子蜡、JLC－1308型橡胶防护蜡、JLTB－65#炸药包装纸蜡，特种蜡产品达33个品种90个牌号。

（韩 伟）

【科技创新取得新成果】 2013年，河南油田开展科技进步项目123项，其中石化集团公司科研项目26项。完成科技项目70项，实现科技增油10万吨，科技增效1.50亿元。年内获油田级科学技术奖励项目76项。“泌阳凹陷北部斜坡复杂油藏深化勘探研究”“浅薄层稠油热采氮气泡沫调剖技术研究与应用”“循环分层周期注水工艺研究”3个项目获石化集团公司2012年度科技进步三等奖。申请国家专利技术59项，获授权专利45项。

（于克华）

【安全环保隐患治理项目】 2013年，河南油田开展石化集团公司安全隐患治理项目14项，落实投资4 557万元，完成12项；开展环保隐患治理项目6项，落实投资5 392万元，完成4项。实现了采油污水稳定达标排放目标。3个污水提标减排项目通过国家环保部现场核查。

（于克华）

【节能工程稳步推进】 2013年，河南油田实施降低采油系统单耗、降低注水(聚)系统单耗、降低注汽系统单耗、降低集输系统能耗、降低水电网损耗、降低炼化系统能耗、降低供暖系统能耗和降低生产辅助系统能耗8项节能工程，完成64项节能技术措施项目，节能1.42万吨标煤。

（于克华）

【“降本增效”专项竞赛】 2013年，河南油田开展“降本增效”专项竞赛，进行增收节支、增产创效、挖潜增效活动，主要经济技术指标持续改善。安排实施局级降本增效项目86个，累计实现降本增效1.92亿元，其中分公司完成70个项目、降本增效1.69亿元，勘探局完成16个项目、降本增效2 261万元。

（于克华）

【水电供应】 2013年，河南油田完成产水量1 423.49万吨，同比减少2.71%，连续7年实现产水量负增长；完成供电量7.37亿千瓦·时，同比下降1.21%。电网供电可靠率99.95%，电网功率因数0.95。

（于克华）

【稠油热采斜直井返层开采技术应用】 2013年，河南油田针对稠油开发主力层位转移，部分斜直井需返层开采问题，研制了大通径丢手封隔器和大通径热采封隔器，组配成稠油井下返开采工艺管柱。该工艺通过液压坐封，上提管柱丢手，实现泵过封隔器生产，并能进行洗井和动液面测试。现场试验7口井，最大井斜达到43.50°，工艺成功率71.40%，封堵有效率100%。

（于克华）

【集输优化技术应用】 2013年，河南油田应用“串、带、靠、减、优、控”管网集输优化技术，编制了双河438区、魏岗北区、下二门西区等共计257口老区油井的集输简化改造方案。方案实施后年节约生产运行费用143万元。

（于克华）

【水平泵注采一体化技术应用】 2013年，河南油田应用水平井注采一次泵57口井。其中，井楼4口井原日产油4.10吨，换水平泵后日产油13.90吨，增油9.80吨/日，累计增油826.30吨，效果明显改善。

（于克华）

【石油工程专业化重组】 2013年，根据石化集团公司《关于中国石油化工集团公司石油工程专业化整合重组实施的指导意见》的要求和部署，河南油田钻井工程公司、地球物理测井公司、地质录井公司、地球物理勘探公司、油建工程建设有限责任公司、勘察设计研究院6家整建制单位和井下作业处特种作业、工程院钻井工艺所部分人员及局机关2个整体处室、12个处室部分人员完成重组。重组人数合计7 645人，其中正式职工5 433人、劳务派遣工2 057

人、公益性岗位155人。重组后成立中石化河南石油工程有限公司、中石化石油工程地球物理有限公司河南分公司、中石化河南油建工程有限公司、中石化河南石油工程设计有限公司，均隶属于中石化石油工程技术服务有限公司。

（于克华）

【困难群体帮扶救助】 2013年，河南油田积极开展困难群体帮扶救助工作。向132户困难家庭发放生活补贴44.42万元；为586名职工家属发放大病救助324.69万元；对15户困难家庭实施8.60万元灾难临时救助；为各类退休职工群体发放生活资助金5 395.62万元；支出慰问金883.37万元；为203名特困（困难）家庭子女发放助学金24.70万元；组织为四川雅安地震灾区捐款204.79万元，其中职工个人捐款104.79万元。全年油田困难帮扶中心共支出帮扶资金6 886.19万元，同比增长97.80%。

（于克华）

【开展职业技能竞赛】 2013年，河南油田组织开展了第16次职业技能竞赛。354名选手（其中全民工205人、劳务工149人）参加总决赛，94名选手被授予河南石油勘探局技术能手称号；选拔14名选手参加石化集团公司2013年职业技能竞赛，注水泵工取得1块金牌、1块铜牌，采油测试工取得2块银牌、1块铜牌，河南油田获团体奖第2名和优秀组织奖。

（于克华）

【职业技能培训圆满完成】 2013年，河南油田组织各类专业操作人员技能培训1 618人次，完成年计划的101.4%；组织各类特殊作业人员（安全）培训5 110人次，完成年计划的100.3%。特殊作业人员培训持证上岗率达100%，HSE持证率达到100%。

（于克华）

【道路运输管理再获殊荣】 2013年，河南油田完成货运量181.70万吨，卡车货运周转量3.08亿吨·千米，吊车200.80万吨·时；完成钻井队搬迁326队次，井下作业大修队、试油队搬迁236队次；拉运抽油机232套；渣油运输6.97万吨，轻质燃料油运输7.15万吨，煤炭运输35.77万吨，西部原油运输25.26万吨；井队搬迁合同履约率100%。油田矿区公共交通车年发运9.68万班次，通勤值班车1.02万台次，客运正点正线率98%，旅客满意率94%。河南油田被南阳市道路运输行业授予优质服务窗口称号。

（于克华）

【余热资源开发利用项目】 2013年，河南油田与新星石油公司共建石化集团公司第1个工业余热利用项目——下二门联合站污水余热利用工程。主要建设内容为离心式热泵、螺杆式热泵各1台，换热器10台，热泵机组泵房1座2 000立方米储能罐2座及配套设施等。项目投资4 000万元，6月12日开工，12月12日建成试运营。

（于克华）

下二门联合站污水余热利用工程奠基仪式 （鲁海涛 摄）

【党的群众路线教育实践活动】 2013年，河南油田根据中共中央、石化集团公司党组的部署和要求，于8月9日正式启动党的群众路线教育实践活动。分层次组织领导干部和职工群众2.20万人次，观看了刘家明先进事迹报告会视频和李安喜先进事迹短片，组织295名副处级以上干部和320名重点岗位科级干部观看“双鉴”警示教育片。油田领导班子成员与联系点班子成员一对一访谈150人，召开座谈会10次，与178名基层一线干部职工座谈，结合各自分管领域，约谈机关处室和二级单位负责人50人次，认真听取有关意见建议。向基层组织和职工群众征求意见建议529条。重点针对14个方面的“四风”问题，制定了72项整改措施，完善修订制度14个。规范公务接待工作，实行“五控制”，业务招待费同比下降35.50%。纠正了处室值班车接送部门负责人上下班问题。大力压缩评先表彰项目和数量，先进个人评选比例由过去的13.96%下降到5.66%，压缩评先名额2 654个，评先项目由过去的30类156个压缩到12类58个，压缩了37.18%。改进会议管理，建立会议申报制度，会议数量同比压缩21.95%，对远离基地的新疆、郑州、双河地区开通视频会议。减少干部出差频次和在外停留时间，严格干部请销假制度，差旅费、办公费同比下降26.40%和27.50%。大力推进子女入学、住房建设、医疗条件改善、住房维修“四大民生工程”建设。关心困难弱势群体的工作和生活，一批涉及住房分配、公益性岗位待遇、生活资助、困难救助等方面问题相继得到解决。实施物业管理“一号通”热线、“一卡通”缴费、“一站式”服务“三个一”服务模式，进一步提升社区服务质量。开通办好领导信箱，共收到来信 1 616 封，解决职工群众反映的困难和问题 1 398 个，点击量达到 22 万人次。领导班子及领导干部作风建设优良率达到 96.82%，较上年有明显提升。

（于克华）

表 1　　河南油田主要技术经济指标　　亿元

年份 / 指标名称	2013		2012		2011		2010		2009		2008	
	勘探局	分公司	勘探局	分公司	勘探局	分公司	勘探局	分公司	勘探局	分公司	勘探局	分公司
工业总产值①	12.25	136.12	29.39	139.45	47.67	139.41	42.51	108.84	39.02	69.48	41.72	106.90
工业增加值	7.32	86.87	10.93	85.33	17.60	88.95	16.61	63.60	13.85	32.98	12.49	64.64
资产总计	21.19	157.04	61.00	147.00	52.53	124.00	47.18	116.10	41.79	100.19	40.82	86.53
流动资产	2.96	29.64	21.18	35.60	36.85	23.50	11.41	21.41	10.81	7.29	12.76	7.29
固定资产原值	21.28	276.72	19.00	241.58	42.86	223.30	37.60	202.40	31.08	185.56	30.13	141.73
固定资产净值	14.85	241.58	34.00	93.00	29.10	89.65	28.77	83.68	24.21	84.09	22.66	71.76
销售收入	16.47	119.53	61.85	127.55	54.39	127.86	44.39	99.56	41.60	68.58	43.89	96.61
实现税费	1.17	—	5.22	44.41	4.07	47.11	3.59	30.35	0.38	9.95	1.24	52.78
综合能耗/吨标煤·万元$^{-1}$	0.30	0.52	0.49	0.53	0.16	0.60	0.59	0.72	0.61	0.83	0.62	0.82

①2013 年数据不包含工程板块拆分重组单位

表 2　　河南油田主要生产建设指标

年份 / 指标名称	2013	2012	2011	2010	2009	2008
原油产量/万吨	235.00	226.00	225.00	227.04	187.51	180.51
天然气产量/亿立方米	0.57	0.58	0.64	0.59	0.57	0.61
新增原油生产能力/万吨	27.76	27.60	23.00	17.50	20.20	21.60
新增天然气生产能力/亿立方米	0.02	0.03	—	—	—	—
新增探明石油地质储量/万吨	101.53	1 557.00	2 028.35	1 056.83	1 049.38	1 064.60
新增探明天然气地质储量/亿立方米	—	129.30	—	—	—	—
二维地震/千米	400.00	2 614.00	120.00	600.00	1 317.00	300.00
三维地震/平方千米	220.00	300.00	487.00	400.00	243.27	363.62
石油钻井/口	323	316	280	241	251	289
探　井	59	88	57	63	61	36
开发井	264	228	223	178	190	253
钻井进尺/万米	49.25	49.78	43.79	39.37	29.31	34.58
勘探投资①/亿元	6.16	11.10	7.80	6.19	6.05	4.55
开发投资/亿元	26.26	18.17	14.72	13.73	13.32	12.35

①勘探投资含滚动勘探投资部分

江汉油田

【概况】 江汉油田为中国石化集团江汉石油管理局(简称江汉石油管理局)和中国石油化工股份有限公司江汉油田分公司(简称江汉油田分公司)的统称,是以油气勘探开发为主、盐卤化工配套发展的国有大型企业。江汉油田前身组建于1972年5月,1998年划归石化集团公司。油田生产建设单位主要分布在湖北潜江、武汉、荆州、重庆涪陵和万州、山东寿光、陕西安塞等地。截至2013年底,下属二级单位25个;主要基层单位有采油队40个、采气队2个、输油(气)队6个、化工车间26个。拥有职工18 455人。资产总额208.85亿元,其中固定资产原值313.25亿元、净值156.2亿元,流动资产24.38亿元。

2013年,江汉油田实现销售收入125.85亿元,其中管理局18.16亿元、分公司107.69亿元。分公司实现考核利润1.04亿元,油气完全单位成本3 340元/吨,比预算低39元/吨;上缴税费20.28亿元。

江汉油田主要经济指标和主要生产建设指标见表1和表2。

(罗秋林)

【油气勘探开发取得重要成果】 2013年,江汉油田开展以稳定清河、坪北原油产量,增加江汉原油产量,实现鄂西渝东天然气勘探开发大发展为主要内容的"两稳一增大发展"会战,原油产量实现稳定,涪陵页岩气产能示范区建设取得重大进展。全年新增控制石油地质储量629.42万吨、预测储量958.14万吨;生产原油164.92万吨、超产4 200吨,新建产能19.93万吨,落实商业开发储量1 010万吨,新增经济可采储量175万吨。潜北发现广531高效产建区块。生产天然气3.14亿立方米,其中常规天然气1.72亿立方米、页岩气1.42亿立方米;外销天然气1.34亿立方米。

(罗秋林)

【涪陵页岩气产能示范区建成7.1亿立方米页岩气生产能力】 2013年9月3日,国家能源局批准设立重庆涪陵国家级页岩气示范区,面积7 307.77平方千米,预计到2015年末,形成年生产能力10亿立方米、年产页岩气5亿立方米。2013年,共开钻29口井,完钻24口,完成试气井12口,投入试采13口;建成页岩气生产能力7.1亿立方米;生产页岩气1.42亿立方米,销售商品气1.34亿立方米。初步落实三级储量2 402.36亿立方米、面积283.56平方千米。

(罗秋林)

【江汉油区陈沱口凹陷滚动勘探获重大突破】 2013年2月4日,部署在江汉油区陈沱口凹陷的滚动井——陈100井,首次钻遇新下三油组砂岩油层2.2米,获日产原油1.36立方米,不含水。此外,钻井取芯证实新下2油组发育3套泥质白云岩储层,测井解释油层8.6米。这是该凹陷内首口出油井。陈100井的钻探成功突破了陈沱口凹陷的出油关。

(罗秋林)

【焦页1-3HF井获高产天然气】 2013年,涪陵页岩油气产能建设示范区试验井组首口开发评价井——焦页1-3HF井采用直径12毫米油嘴,在23兆帕压力下,获日产11万立方米高产天然气,进一步证实涪陵龙马溪组具有广阔的页岩气勘探开发前景,标志着涪陵焦石坝页岩气开发取得重大突破。

(罗秋林)

涪陵页岩气示范区钻探施工现场

【建南地区新店3井获高产天然气】 2013年3月19日,建南地区重点探井新店3井测试点火成功,焰高8—9米,日产天然气11.9万—18.4万立方米。该井是位于四川盆地川东褶皱带石柱复向斜建南构造茶园飞三鲕滩构造——岩性圈闭上的一口探井,主探目的层飞三段,设计井深3 275米。该井2012年5月8日开钻,12月13日完钻,在三叠系嘉陵江组嘉一段和飞仙关组飞三段均见良好油气显示。

(罗秋林)

【潜江凹陷滩坝岩性油藏勘探获得重大发现】 2013年，江汉油田钻探的滚动探井广531井完钻，在潜3^4油组测井解释油层10.4米。采用5毫米油嘴进行试油，日产自喷原油17吨。该井位于潜江凹陷王广浩隆起带上，属多期次滩坝发育的有利区，岩性组合复杂，储层横向变化。科研人员开展了岩性油藏勘探技术攻关，预测了各油组砂体的空间展布，发现和落实了一批滩坝岩性圈闭，其中潜3^4油组圈闭面积1.7平方千米。该井的成功钻探，新增控制石油地质储量200万吨，表明王广浩隆起带滩坝岩性油藏具有较大的滚动勘探潜力。

（罗秋林）

【盐化工生产经营保持赢利】 2013年，江汉油田实现收入7.79亿元，赢利806万元。年产3万吨氯化氰尿酸装置投料试车成功，年产10万吨环氧氯丙烷项目平稳推进。

（罗秋林）

【企业经营管理和改革调整不断深化】 2013年，江汉油田建立新的绩效考核指标体系，突出发展质量和效益的理念。成立勘探、油藏评价、新老区产建等项目组，实施资源全生命周期管理，资源管理实现归口统一。全面推行项目管理，设立油田增储上产专项资金，投资管理更加优化。深化全面预算管理和全员成本目标管理，重点成本费用得到有效控制。突出抓好风险管理、制度管理、效能监察、审计监督，坚持依法治企，切实规范行为，风险防控能力不断提高。用工管理进一步规范，用工总量控制在石化集团公司下达指标内。

（罗秋林）

【科技攻关取得新进步】 2013年，江汉油田组织实施国家科技项目3项，承担石化股份公司项目20项；取得省部级以上成果5项；新增专利申请26项，获专利授权23项。

（罗秋林）

【张义铁获全国“最美青工”称号】 2013年，11月6日，清河采油厂青工张义铁被共青团中央授予全国“最美青工”称号。张义铁33岁，现任清河采油厂采油一队采油班长。他刻苦钻研技术，先后取得钳工、采油工等6个专业职业资格证，被聘为采油工、集输工2个专业高级技师，14次在油田、省部级以上技能大赛中夺冠，87次成功排除事故隐患，年仅29岁就成长为江汉油田采油工首席技师；他研制出55项技术成果，提出172条增产增效措施，使16口低产低液井重新焕发活力，创效3 000多万元；他组织成立油田首个技师工作室，带出了15名技师、8名局级技术标兵、35名厂级岗位明星。

（罗秋林）

【安全环保形势总体平稳】 2013年，江汉油田认真贯彻落实HSE法律法规和中央领导关于“11·22”特别重大事故的重要讲话和批示精神，深入开展安全环保专项活动和“评估安全环保最不放心的5件事”排查，加大隐患整治力度，各类风险均处于受控状态。强化HSE体系建设，调整理顺石油工程专业化重组后的HSE业务，落实安全生产甲方监管责任，加强高风险作业环节的监督管理，强化应急预案演练，安全生产形势总体平稳。认真抓好“碧水蓝天”环保专项行动，推进清洁生产、绿色低碳发展，各项环保考核指标达到要求。

（罗秋林）

【社区保障服务水平稳步提高】 2013年，江汉油田老旧小区综合治理项目全面推进。集资住房、网络光纤、水电讯暖等矿区基本功能设施进一步完善，粮食和养殖产品总量有所增长。离退休人员待遇得到较好落实，基本养老金、企业补贴、生活资助金等调增发放到位。开展社区养老服务，“亲情互助”养老模式试点推进。狠抓平安创建和综合治理，油区社会治安环境保持稳定。落实湖北省申请稳岗补贴等专项资金。抓好扶贫帮困工作，向困难群体、残疾人和非在职群体发放各类慰问品、慰问金共计2 770万元。

（罗秋林）

【精神文明建设取得新成果】 2013年，江汉油田深入开展“学习贯彻十八大、争创发展新业绩”主题实践活动、“知形势、明任务、促发展”形势任务教育活动，“忆传统、爱企业、创一流”石油石化传统教育，“学先进、促提升”活动。江汉油田作为国有企业唯一代表在全国第10届公民道德论坛上做经验介绍。杨克红当选首批十大“感动石化”人物。

（罗秋林）

表 1 江汉油田主要经济指标 亿元

指标名称 \ 年份	2013	2012	2011	2010	2009	2008
工业总产值	84.62	201.77	182.77	148.76	131.45	158.26
工业增加值	53.82	98.43	87.34	67.21	35.47	82.57
资产总计	208.85	291.34	279.98	243.44	210.89	185.29
流动资产	24.38	87.94	95.07	73.72	56.66	58.42
固定资产原值	313.25	344.65	307.82	277.65	249.87	219.10
固定资产净值	156.20	177.43	163.35	152.62	130.43	110.88
销售收入	125.85	253.09	247.60	200.53	178.93	203.39
实现利税	8.41	26.72	30.44	17.53	-0.78	44.23
税　金	20.28	31.67	31.46	19.82	11.87	26.24

表 2 江汉油田主要生产建设指标

指标名称 \ 年份	2013	2012	2011	2010	2009	2008
原油产量/万吨	164.92	163.40	163.00	163.00	162.80	162.50
天然气产量/亿立方米	3.14	1.70	1.60	1.60	1.60	1.35
新增原油生产能力/万吨	16.07	20.06	21.47	21.34	22.17	21.11
新增天然气生产能力/亿立方米	—	0.20	0.20	0.19	0.24	0.20
新增探明石油地质储量/万吨	305.99	1 116.23	829.06	853.66	854	933.02
新增探明天然气地质储量/亿立方米	—	63.88	0	—	36.18	23.48
二维地震/千米	2 059.50	1 999.03	1 266.70	472.00	344.67	413.74
三维地震/平方千米	1 220.27	825.25	1 088.57	606.39	493.41	280.00
石油钻井/口	436	320	317	316	295	323
探　井	44	54	51	43	35	29
开发井	392	266	266	273	260	294
注水井	60	45	45	26	19	29
钻井进尺/万米	86.53	63.29	66.94	64.43	61.39	64.88
勘探投资/亿元	14.63	13.14	14.08	8.47	6.94	5.89
开发投资/亿元	41.34	24.14	18.6	17.63	16.60	17.29

江苏油田

【概况】 江苏油田为中国石化集团江苏石油勘探局(简称江苏石油勘探局)和中国石油化工股份有限公司江苏油田分公司(简称江苏油田分公司)的统称，是以油气勘探开发为主，石油炼制和盐卤盐硝开发生产综合发展的国有大I型企业。江苏油田前身组建于1975年4月23日，1998年划归石化集团公司。1998年11月，安徽油田并入江苏油田。2001年1月，设为江苏石油勘探局、江苏油田分公司。主力油区分布在江苏、安徽、广东3个省的7个地市15个县(市、区)68个乡镇内。油田机关及主要科研单位设在扬州市经济开发区。2013年，江苏石油勘探局钻井处、安徽勘探开发公司、地质测井处人员及所从事业务划入石油工程公司管理。

江苏油田实行勘探局(分公司)、二级厂(处)、基层队(站)三级管理体制。截至 2013 年底，共有二级厂(处)22 个，主要专业队伍 67 支；在岗正式职工 10 538 人，长期合同工和直接使用非全日制用工 1 571人。干部总数 3 957 人，其中具有高级技术职称的 1 206 人(含教授级专业技术职称 49 人)、中级技术职称的 1 580 人。

截至 2013 年底，江苏油田总资产 166.74 亿元，其中固定资产净值 131.96 亿元。江苏油田分公司有油气勘查开采项目区块 37 个，总面积 5.39 万平方千米。其中，探矿权项目区块 17 个，面积 5.27 万平方千米；采矿权项目区块 20 个，面积 1 217.05 平方千米。共探明油气田 36 个，面积 245.67 平方千米，累计探明天然气地质储量 92.26 亿立方米、石油地质储量 2.80 亿吨，累计生产原油 3 973.82 万吨。

2013 年，江苏油田新增探明可动用储量 227.63 万吨、控制储量 649.97 万吨、预测储量 1 495.93 万吨，按原口径测算，新增三级储量连续 12 年超过 3 个 1 000 万吨。生产原油 171.2 万吨、天然气 5 123 万立方米，原油产量连续 20 年保持稳定增长。全油田实现收入合计 184.22 亿元、利税总额 46.43 亿元、利润 12.93 亿元，其中分公司实现收入 112.7 亿元、勘探局实现收入 16.38 亿元、专业公司实现收入 28.48 亿元。

江苏油田主要技术经济指标和主要生产建设指标见表 1 和表 2。

（黄俊良）

【油气勘探进展顺利】 2013 年，江苏油田隐蔽油藏评价勘探场面不断扩大，黄 X159 井、马 X41 井、曹 X64 井相继取得成功，勘探领域由邵伯次凹向樊川次凹延伸，勘探类型由构造岩性油藏向湖底扇、砂体尖灭、地层超覆等多类型拓展，新增控制和预测储量 576 万吨。高邮北斜坡花 X29、花 X31、花 X32 等含油断块接连得手，花庄南地区阜一段首获工业油流。复杂断裂带深化研究取得新发现，永 X43 井戴南组首次试获工业油流。域外广东徐闻 X6 井首次在流沙港组、涠洲组 2 个层系 3 个层段试获工业油流，新增预测储量 1 071 万吨，成为 2013 年度中国石化新区勘探重要发现之一。南方新区福建举岚、永泰盆地二维地震开工。又获江西弋阳盆地探矿权。

（黄俊良）

【油田开发取得新进展】 2013 年，江苏油田滚动评价高效推进，通过老块之外找新块，新发现永 42、邵 22、天 98 等一批含油断块，落实可动用储量 345 万吨；通过老储量新认识，桥 6、闵 34 等一批难动用储量实现有效开发，新增动用储量 170 万吨。积极开展高饱和油藏提压注水、零散区块移动注水、整装区块细分注水、致密油藏试验注水，实现水驱由单向到多向、平面到立体、局部到整体的转变，“块块注水、层层水驱、井井见效”的目标，在点线面结合的立体攻势下变为现实，油田自然递减率和综合递减率分别为 13.85% 和 7.23%，名列中国石化前茅。工艺技术深度应用，侧钻井、水平井在压裂工艺的护航下再次展现威力，韦 8、平 1 等 5 口低效水平井通过水力喷砂分段压裂获得新生；三次采油取得阶段性成果，真 35 聚合物驱累计增油 5 500 吨，沙 7 二元驱试验井组含水下降产量上升。陈堡、高集、乔田产能建设新建产能 15 万吨以上。

（黄俊良）

【产业结构持续优化】 2013 年，江苏油田炼油化工优化升级，充分发挥 MCP 新工艺优势，丙烯、航煤等高附加值产品不断增加，实现利润 7 577 万元，同比增长 66.4%，吨油利润位列炼油企业第一。矿业开发稳步发展，实现劳务收入 5.88 亿元，同比增长 14%，创历史最好水平。非烃类开发难中求进，面对产能紧张、管线老化的不利局面，生产合格卤水 485 万立方米，实现销售收入 1.14 亿元；优化生产工艺参数，加大市场开拓力度，生产各类元明粉产品 21.8 万吨，实现销售收入 9 405 万元。生产保障和后勤服务彰显特色，天然气运输业务快速发展，承担了江苏省范围 90% 的 CNG 物流工作量。

（黄俊良）

【经营管理不断提升】 2013 年，江苏油田更加注重质量和效益。突出全要素经济评价，不断强化资本支出管理，把效益评价贯穿投资决策和项目实施的全过程，实现投资规模、质量和效益的有效增长。突出全过程价值创造，认真落实“经营一元钱、节约一分钱”要求，扎实开展全口径预算管理、全员成本目标管理和“五到区块”投入产出分析，运营指标持续优化，全员创效 5 128 万元。突出全流程风险防控，着眼于关键流程和重要环节，扎实推进 ERP 系统应用、内控穿行测试、“三大成本”专项审计、法律综合管理和项目效能监察，有效防范经营风险。突出全方位激励约束，根据政策调整变化，构建纵向归口细化分解、横向复合联动考核、分管领导责任挂钩的绩效管理机制，促进绩效与薪酬紧密结合。

坚持量化考评排序、等级动态管理，深入开展“比学赶帮超”与“达标创优”等工作，获得中国石化总部红旗53面、红星28颗。

（黄俊良）

【安全环保保持稳定】 2013年，江苏油田深入推进“三谈三反一提高”活动，开展形式多样的安全教育，组织各类取证培训1.3万多人次。层层签订HSE责任书，认真执行“三项制度”“三特”带班制度，促进安全环保责任落实。扎实开展安全标准化自我诊断，改造管理制度16项，HSE管理体系持续改进。按照“全覆盖、零容忍、严执法、重实效”的要求，坚持HSE委员带队查、安全部门突击查、专家成员剖析查、业务部门专项查、特殊时期全覆盖检查不断线，实施全方位“体检”和“透视”，排查各类隐患5 268个，HSE风险进一步削减。强化隐患治理，投入专项资金5 419万元，本质安全能力不断增强。实施健康体检15 881人次，检测职业危害因素岗位237个。首次完成碳盘查工作，顺利通过“中国能效之星”四星级验收。建立完善原油质量监控和预警体系，质量管理持续提升。分类加强环保风险防控，江苏油田成为石化集团公司唯一连续9年获得环保先进单位称号的上游企业。

（黄俊良）

【科技攻关取得成果】 2013年，江苏油田共安排科技攻关项目124项，有51项成果通过评定，6项成果通过中国石化总部科技成果鉴定，1项达到国际领先、2项达到国际先进、3项达到国内领先。申请国家专利97项，获得授权66项，分别增长51.6%和57.1%，数量和质量再创新高。主力油田再稳产综合技术研究科技重大专项顺利结题，六大主力油田累计增油29.8万吨，新建产能25.7万吨，新增可采储量184万吨。江苏油田被确定为北斗卫星技术示范应用单位，这是全国石油系统唯一获此资格的油田企业。油田勘探开发一体化数据中心及业务协同平台通过国家科技部组织评审，获得39项软件自主知识产权，开创了国内行业信息化工作的先河，走出了一条信息化工业化深度融合的成功之路。

（黄俊良）

【人才队伍彰显活力】 2013年，江苏油田着力优化人才成长环境、畅通人才成长通道，优化领导干部年龄结构、知识结构和专业结构；选送129人参加国际化人才培训、191人参加专业技术高级研修，组织3 121人进行各类专业培训；首次公开竞聘油田专家18人，推荐选聘石化集团公司技能大师2人，首批选聘油田首席技师3人、主任技师15人，三支人才队伍建设得到加强。广泛开展经常性岗位练兵、业务比武和技能竞赛活动，自主开发的技能训练平台单机版获得国家管理类版权专利；在石化集团公司业务竞赛中，江苏油田获得8金、6银、9铜、1个团体第一、2个团体第二、3个团体第三的历史最好成绩。

（黄俊良）

【党建思想政治工作取得成效】 2013年，江苏油田以学习贯彻党的十八大精神和习近平总书记对江苏油田的肯定勉励为契机，深入开展“建设人民满意企业”大讨论和“团结聚力奋进，创新精细实干”主题实践活动，进一步凝聚实现“油田梦”的思想共识和工作合力。严格按照中央和石化集团公司有关要求，迅速出台23条实施细则，认真执行党风廉政建设各项规定，油田作风建设取得明显成效，文件会议、接待应酬、评比表彰减少，深入基层、联系群众、调查研究增多。深入开展党的群众路线教育实践活动，广大党员干部联系群众有渠道、深入群众有平台、服务群众有载体，取得了实实在在的效果。大力宣传“112”文化成果，干部员工对精细文化的理念认知和实践自觉进一步增强。注重发挥工会、共青团、关工委等群众组织作用，“舞动水乡”等群众性文体活动精彩纷呈。油田继续保持了全国思想政治工作优秀企业、江苏省文明单位标兵称号，获得首次设立的全国厂务公开民主管理示范单位称号。

（黄俊良）

2013年10月，江苏油田首获
全国厂务公开民主管理示范单位称号。
图为江苏省总工会领导代为授牌 （范友林 摄）

【和谐油田建设继续推进】 2013年，江苏油田在倾力推进油田发展的同时，用心用情用力为员工群众办实事。稳妥开展劳务工劳动报酬管理工作，建立健全劳务工薪酬分配制度，提高了劳务工群体待遇水平。首次实施职工基本薪酬考核晋档，职工薪酬收入结构不断优化，工资正常增长机制进一步健全。调整退休人员和参保劳动家属基本养老金，提高了老同志的生活保障水平。切实关爱相关群体，认真做好大病、遗孀、孤寡老人等群体帮扶及走访慰问工作。积极推进“两堂两室”建设和基层站点调整改造，真武、汉涧等基地职工公寓和矿区改造有序实施，生产科研中心进入收尾阶段。全面深化油地战略合作，在融入地方、借势发展中支持当地经济社会发展，营造了良好的外部环境。

（黄俊良）

田明正在试验地层测试新工艺 （潘月斌 摄）

【技师田明及团队在人民大会堂获奖】 2013 年 12 月 20 日，第 4 届全国职工优秀技术创新成果表彰大会在北京人民大会堂举行，江苏油田首席技师田明获优秀技术创新成果唯一的一等奖。这也是该项目自 2003 年设立以来，全国石油石化系统、江苏省首次获得的一等奖。表彰会上，田明还获全国五一劳动奖章，并代表全体获奖职工宣读《倡议书》。他带领团队完成的“试油测试工艺配套工具的研制与应用”成果，进一步提高了测试一次成功率和资料精准率，获专利 8 项，在华东、中原、新疆油田推广，累计创效 6 800 万元以上。

（黄俊良）

表 1 **江苏油田主要技术经济指标**[①] 亿元

指标名称 \ 年份	2013	2012	2011	2010	2009	2008
工业总产值	78.66	104.17	105.11	82.69	64.25	99.75
江苏石油勘探局	2.73	23.41	23.41	21.44	19.68	20.00
江苏油田分公司	75.93	80.76	81.70	61.25	44.57	79.75
工业增加值	69.17	79.00	77.94	59.61	40.11	77.84
江苏石油勘探局	6.87	10.28	7.96	7.87	6.81	6.86
江苏油田分公司	62.30	68.72	69.98	51.24	33.30	70.98
资产总计	166.74	183.80	183.10	162.97	130.15	113.72
江苏石油勘探局	23.87	57.02	52.61	47.46	44.05	43.43
江苏油田分公司	142.87	126.78	130.49	115.51	86.10	70.29
流动资产	21.69	32.82	45.02	39.30	19.37	23.87
江苏石油勘探局	5.32	19.59	17.92	16.35	15.96	20.19
江苏油田分公司	16.37	13.23	27.10	22.95	3.41	3.68
固定资产原值	263.20	265.48	243.84	218.49	193.26	169.76
江苏石油勘探局	20.90	50.07	45.31	41.08	35.66	31.21
江苏油田分公司	242.30	215.41	193.03	177.41	157.60	138.55
固定资产净值	131.96	137.03	124.99	115.84	103.63	85.16
江苏石油勘探局	13.54	30.65	28.78	26.89	23.42	20.69

续表

指标名称 \ 年份	2013	2012	2011	2010	2009	2008
江苏油田分公司	118.42	106.38	96.21	88.95	80.21	64.47
销售收入	109.04	149.18	148.6	140.97	114.32	139.87
江苏油田勘探局	16.38	55.32	49.36	50.68	50.55	46.89
江苏油田分公司	92.66	93.86	99.24	90.29	63.77	92.98
实现利税	40.66	46.41	51.58	35.77	22.02	61.95
江苏石油勘探局	1.04	2.50	2.32	1.84	2.07	2.92
江苏油田分公司	39.62	43.91	49.26	33.93	19.95	59.04
税　金	28.35	30.05	30.34	20.19	12.37	29.55
江苏石油勘探局	1.56	5.05	3.29	2.37	2.00	2.78
江苏油田分公司	26.79	25.00	27.05	17.82	10.37	26.77
综合能耗/吨标煤·万元$^{-1}$						
江苏石油勘探局	0.48	0.40	0.42	0.46	0.46	0.46
江苏油田分公司	0.35	0.29	0.30	0.36	0.35	0.34

①2012 年数据重新调整

表 2　　江苏油田主要生产建设指标

指标名称 \ 年份	2013	2012	2011	2010	2009	2008
原油产量/万吨	171.20	171.02	171.02	171.01	171.01	171.00
天然气产量/亿立方米	0.51	0.57	0.54	0.56	0.57	0.58
新增原油生产能力/万吨	24.54	25.00	24.56	24.57	26.30	26.18
新增探明石油地质储量/万吨	228.00	1 079.00	1 059.00	1 063.00	1 067.00	1 056.00
新增动用石油地质储量/万吨	515.00					
二维地震/千米	5 852.09	5 059.01	4 084.66	3 211.79	3 247.97	3 760.80
三维地震/平方千米	794.50	888.30	776.79	816.58	562.21	382.45
完　井/口	389	375	406	380	323	311
探　井	79	93	85	93	77	77
开发井	310	282	321	287	246	234
钻井进尺/万米	101.56	96.38	97.42	93.37	81.59	76.45

新星石油公司

【概况】 中国石化集团新星石油有限责任公司(简称新星石油公司)是石化集团公司的全资子公司，本部位于北京市北四环中路263号。主营业务包括地热等新能源开发、海外工程服务、矿业开发等，国内业务分布在北京、广东、陕西、山东、辽宁、河北、安徽、河南、四川等省市，国际业务分布在埃及、尼日利亚、埃塞俄比亚、安哥拉、喀麦隆、乍得等国家。拥有中国外经贸部授予的进出口贸易、对外经济技术合作和对外承包工程经营资质。

新星石油公司前身是原地质矿产部石油地质海洋地质局，1996 年 12 月 7 日，根据中央部署，以原地质矿产部石油地质海洋地质局及其所属石油系统的普查勘探、科研队伍为基础，成立了中国新星石油有限责任公司。2000 年 2 月 29 日，中国新星石油有限责任公司整体并入石化集团公司，更名为中国石化集团新星石油有限责任公司。2006 年 12 月，调整后的新星石油公司整体进入中国石化集团资产经营管理公司。2009 年 4 月 1 日，新星石油公司正式划归石化集团公司上游板块，明确了以海外工程服务、地热资源开发利用、盐卤及二氧化碳等矿产资源开发为主经营的发展定位。

截至 2013 年底，新星石油公司下设办公室等 16 个职能（处室）部门、广州公司等 8 个分子公司及基地和离退休 2 个管理服务中心，控股中地海外建设集团公司、陕西绿源地热能源开发公司、陕西中地能源建设公司 3 家企业，参股中萨钻井公司 1 家企业及地热资源勘探开发利用研究所 1 个研究机构。有在职职工 358 人，离退休职工 740 人。

新星石油公司主要经济指标见表 1。

（何国良）

【全面完成各项指标】 2013 年，新星石油公司实现收入 79.93 亿元，完成石化集团公司下达指标的 117.5%；实现利润 6.03 亿元，完成下达指标的 219.3%，完成调整目标的 120.6%。4 项费用及 6 项资金指标基本控制在下达指标范围内。国有资本保值增值率达 103.6%。完成投资 7.88 亿元，控制在年度投资计划内。新签合同额 24.64 亿美元，完成年度计划的 154%；完成合同额 12.01 亿美元，完成年度计划的 115.5%。新增地热供暖能力 600 万平方米，累计实现地热供暖能力 1 600 万平方米。全面实现安全生产，完成石化集团公司下达的安全环保指标。

（何国良）

【签署冰岛地热开发合作协议】 2013 年 4 月 15 日，在中国国务院总理李克强和冰岛总理西于尔扎多蒂的共同见证下，石化集团公司总经理王天普、冰岛奥卡公司董事长哈德森和中国国家开发银行股份有限公司副行长袁力在北京人民大会堂签署《关于进一步扩大地热资源开发合作的框架协议》。新星石油公司总经理袁清参加签约仪式。

（何国良）

中冰两国总理见证签署地热开发合作协议

【石化集团公司党组中心组学习扩大会议在雄县地热现场召开】 2013 年 2 月 21 日，石化集团公司党组中心组学习（扩大）会议在新星石油公司河北雄县地热项目现场召开，这是石化集团公司党组中心组学习会第 1 次把会场放在基层一线。会议明确将新星石油公司定位为中国石化以地热开发利用为主的清洁能源公司。希望新星石油公司在中国石化总部的统一协调下，成为中国石化践行绿色低碳战略的奇兵和提升企业形象的名片，发展成中国清洁能源的新星。要求新星石油公司按照能源公司模式完善发展规划，尽快扩大资源占有，加快资源开发力度，狠抓技术研发集成，抓好运营管理和客户服务，努力提升质量和效益，在 3 年内形成规模，择机进入资本市场。

（何国良）

石化集团公司党组中心组学习扩大会议
在雄县地热现场召开

【召开 2013 年工作会暨二届二次职代会】 2013 年 1 月 19—20 日，新星石油公司 2013 年工作会暨二届二次职代会在京举行。主要任务是认真学习贯彻石化集团公司 2013 年工作会议精神，回顾总结 2012 年的工作，分析面临的形势，部署2013年的重点工作。会议听取审议并通过公司总经理袁清所做的题为《迎接机遇和挑战　提升质量和效益　奋力开创建设中国石化之星新局面》的工作报告，听取审议并通过高小茗总会计师所做的公司2012年财务预算执行情况及2013年财务预算安排情况报告，听取审议并通过公司2012年业务招待费使用情况报告，书面审阅公司2012年HSE工作报告、审计工作报告、纪检监察工作报告。

（何国良）

【国家地热研发中心正式运行】 2013年3月8日，依托新星石油公司专业力量组建而成的国家地热能源开发利用研究及应用技术推广中心（简称国家地热研发中心）正式运行。该中心的组建运行，将极大地提高中国地热能源开发利用的技术能力和研究水平，为地热能源产业发展提供有力支撑。中心组建以来，已受国家能源局委托，参与完成《地热能应用技术导则》编写。按国家能源局部署，公司正在组织开展《中国地热能开发"十三五"规划》《中深层地热能利用示范区建设方案》和《深层地热发电试验示范区建设方案》编制等工作。

（何国良）

【召开地热交流座谈会】 2013年6月13日，新星石油公司与中国地质调查局联合召开地热交流座谈会，双方围绕加强深层次交流合作，建立长期战略合作伙伴关系、探索地热能源勘查开发新举措、合作开展地热能源勘查开发战略选区与科技攻关等内容进行深入交流研讨；提出要建立信息共享制度，共享地热能源勘查开发相关信息和有益经验，并联合开展深层地热水和干热岩等勘查开发关键技术研究与工程示范，进一步拓展地热资源开发战略选区及产业发展，实现地热能源勘查开发新突破，共同推动中国地热资源勘查开发利用。

（何国良）

【地热开发合作取得新进展】 2013年，新星石油公司立足圈定大区域、抢占大资源、开拓大市场，加快推进地热开发合作，与河南省、青海省、宁夏自治区、吉林省、安徽省5个省（自治区）以及北京市地勘局、广东省地矿局、青海省地矿局、河南省地矿局、安徽省地矿局、山西省地矿局6家地矿单位和国内地热领域多个研究院（所）签订战略合作协议。在中国石化系统内，与胜利油田、中原油田、河南油田、江汉油田，江苏油田、西南石油局、西北石油局、华东石油局、华北石油局、东北石油局、石油工程公司、石家庄炼化、镇海炼化等单位签订战略合作协议。

（何国良）

【油田余热高效利用项目投产】 2013年12月18日，河南油田下二门联合站4台天然气加热炉关停，标志着新星石油公司下二门联合站污水余热利用项目正式投产，这也是石化集团公司立项投资的首个油田余热高效利用项目。该项目采用模拟合同能源管理模式，由新星石油公司与用能单位河南油田签订节能服务合同，河南油田以该节能项目产生的节能效益向新星石油公司支付服务费。项目产生的节能效益由新星石油公司和河南油田按合同规定比例共同分享。据测算，下二门项目投产后，年运行成本与原来的燃气加热系统相比，可节约300多万元。

（何国良）

【地热勘探取得新成果】 2013年，新星石油公司地热勘探取得新成果，在河北容城勘探发现蓟县系雾迷山、长城系高于庄组灰岩热储，双层开采出水量101米^3/时、水温53℃；在河北辛集发现深层奥陶系灰岩热储，水温80℃，出水量80米^3/时；在河南清丰古生界奥陶系发现灰岩热储，水温56℃，出水量110米^3/时；在河南兰考发现1套砂砾岩热储，水温70℃，出水量100米^3/时。

（何国良）

【农业种植项目正式投产】 2013年12月11日，新星石油公司在黑龙江省林甸县建设的农业种植大棚供暖项目正式投入运行。该项目运用现代高效设施农业地热种植棚室供暖方法为1.6万平方米大棚供暖。据监测，在室外平均温度零下15℃条件下，大棚内平均温度达22℃，达到预期目标。这是新星石油公司首次将地热技术应用于农业种植领域，标志着地热产业化发展又迈出新的一步。

（何国良）

【勘探四号平台顺利开钻】 2013年3月17日，勘探四号平台结束了在印尼巴淡岛锚地的热停，开始执行埃尼中国公司在南海第1口井的钻井作业合同，并于6月10日顺利完钻。7月15日，完成在新加坡胜宝旺船厂的适应性修理，开始拖往新西兰新普利茅斯为OMV公司提供钻井作业，共开钻2口井。

（何国良）

【中萨钻井公司首台录井仪在埃及顺利投入作业】 埃及当地时间 2013 年 5 月 16 日晨 5 时，中萨钻井公司首台 CMS 录井仪在埃及西部沙漠 TERSA 工区正式投入作业，标志着中萨钻井公司由单一钻井公司向综合石油工程公司发展的战略启步。自投入作业以来，CMS 录井仪运行稳定，各传感器参数正常，得到了油公司代表的高度认可。中萨钻井公司此次从中国引进的 CMS 录井仪在埃及录井工程领域处于领先水平，市场前景良好；中萨钻井公司录井业务具有广阔发展空间。

（何国良）

【地热发展获主流媒体充分肯定】 2013 年 2 月 28 日，由新华社、人民网、中新网、中国经济网等 6 家主流媒体和 3 名中国石化社会监督员组成的采访组，采访报道了新星石油公司雄县地热项目。采访组一行在与新星石油公司及雄县地热项目工作人员座谈的基础上，实地参观考察地热站和环保回灌井，深入居民用户家中，亲身体验地热供暖的效果，对新星石油公司推进地热资源开发利用方面所付出的努力和取得的成绩给予充分肯定，认为中国石化大力发展地热等清洁能源，促进绿色低碳、改善生态环境，利国利民，是勇于承担社会责任的具体体现。

（何国良）

【一批优秀青年和集体获表彰】 2013 年，新星石油公司团委获 2012 年度石化集团公司五四红旗团组织称号；青年员工李瑞霞、苏丛文获石化集团公司青年岗位能手称号，刘斌、高小凡分别获石化集团公司优秀团干部和优秀团员称号。此外，在新星石油公司的青年文明号、青年岗位能手表彰中对 2 个部门和 9 名青年员工进行了表彰。

（何国良）

表 1　　新星石油公司主要经济指标　　亿元

指标名称 \ 年份	2013	2012	2011	2010	2009②	2008①
工业总产值	79.93	72.52	70.16	56.64	50.85	43.79
企业增加值	23.58	19.49	20.35	16.33	12.14	10.40
资产总计	109.25	90.86	82.64	73.08	69.66	58.00
流动资产	82.48	69.59	63.35	54.79	51.77	42.72
固定资产原值	43.23	38.34	34.52	31.50	28.38	24.56
固定资产净值	16.21	13.94	12.74	12.38	11.47	8.80
销售收入	79.93	72.52	70.16	56.64	50.85	43.79
实现利税	11.28	8.51	9.28	8.46	6.67	5.72
税　金	5.26	5.43	7.39	6.64	4.63	1.63

①2008 年数据不含泰州石化总厂、钦州国星公司，含辽宁分公司(原辽宁物装公司)

②2009 年数据不含辽宁分公司

上海海洋石油局暨上海海洋油气分公司

【概况】 中国石化集团上海海洋石油局(简称上海海洋石油局)和中国石油化工股份有限公司上海海洋油气分公司(简称上海海洋油气分公司)是石化集团公司下属主要从事海洋油气勘探开发及工程服务的上游油田企业。上海海洋石油局主要提供海洋钻井、海洋物探、船舶拖带、井筒服务、岸基服务等海洋石油工程服务；上海海洋油气分公司主要在东海、南海、黄海等海域开展自营勘探，并承担中国石化部分海外海域油气资源勘探开发项目的评价研究，同时代表中国石化参与管理东海平湖油气田、西湖油气田的开发生产。

上海海洋石油局、上海海洋油气分公司的前身为地质矿产部上海海洋地质调查局，组建于 1973 年 4 月，1997 年 1 月整体归入中国新星石油公司，2000

年3月随中国新星石油公司整体并入石化集团公司，2002年7月，分别直属石化集团公司和石化股份公司管理。2009年，按照石化集团公司要求，上海海洋石油局、上海海洋油气分公司实行“一体化”管理。2013年，上海海洋石油局海洋石油工程业务归石油工程公司管理。

截至2013年底，上海海洋石油局、上海海洋油气分公司下设18个机关职能处室、7个二级单位、5个直属单位、3个其他机构；拥有从业人员1 888人，其中经营管理人员506人，专业技术人员574人，具有高级专业技术职称194人。

截至2013年底，上海海洋油气分公司拥有勘查区块29个，所属探区主要分布在东海、南海、南黄海等海域，自营和联合矿权区块面积10.29万平方千米；自营探区拥有石油总资源量5.7亿吨，天然气总资源量5.02万亿立方米。合作探区拥有石油天然气三级地质储量3 155亿立方米气当量，其中探明储量1 524亿立方米气当量。

2013年，上海海洋油气分公司生产份额原油3.21万吨、份额天然气3.05亿立方米；实现销售收入6.9亿元、投资收益0.21亿元，利润总额亏损4.64亿元。上海海洋石油局实现营业收入16.01亿元，实现利润总额3.4亿元。上海海洋石油局、上海海洋油气分公司主要技术经济指标见表1。

2013年，上海海洋油气分公司获石化集团公司颁发的2013年度西湖凹陷中央背斜带天然气勘探油气发现一等奖。

（林雪梅）

【领导班子调整】 2013年9月22日，上海海洋石油局、上海海洋油气分公司召开干部大会，宣布石化集团公司对上海海洋石油局领导班子调整事项。粟开喜、陈新华任上海海洋石油局副局长、分公司副总经理；原上海海洋石油局副局长钮红兵，原上海海洋石油局副局长、分公司副总经理贾健谊任调研员。

（林雪梅）

【涠西探区勘探工作取得进展】 2013年，上海海洋油气分公司在涠西自营探区采用一炮双线技术顺利完成908千米二维宽线地震数据采集，并结合微生物化探成果和三维地震连片处理解释资料进行综合评价，进一步明确了烃源岩分布范围和资源规模，优选了有利勘探区带，落实了上钻井位。

（林雪梅）

【勘探新区块申报获批】 2013年，经报批和竞标，上海海洋油气分公司获得东海南部钓1区块、钓2区块和南黄海苏北盆地东部中区块3个常规油气矿权区块，面积1.58万平方千米，拓宽了自营勘探的工作领域。

（林雪梅）

【合作探区勘探连续取得重大突破】 2013年，东海西湖合作探区新发现5个油气田，其中3个储量规模达千亿立方米以上。古珍珠1井在玉泉构造带钻获高产油气流，发现了东海第1个千亿立方米的整装古珍珠大气田；花港2井、玉泉3井又相继获天然气重大发现，落实了三级储量超千亿立方米的花港气田和玉泉气田，进一步夯实了玉泉构造带的储量规模。

（林雪梅）

【首个海外油气田开发地质油藏方案通过审查】 2013年12月23日，由上海海洋石油局研究院承担的首个海外油气田开发地质油藏方案项目“萨哈林北维尼气田开发地质油藏方案”顺利通过审查。作为俄罗斯维宁石油公司萨哈林区块技术支撑单位，该研究院经过4个多月的资料分析、研究评价、反复修改，提交了较为成熟的方案，迈出了由勘探型评价向开发型评价成功转型的第一步。

（林雪梅）

【东海液化气销售正式启动】 2013年4月16日和18日，上海东海天然气销售部分别与宁波兴光液化气有限公司和中海油能源发展销售服务公司签署《东海液化气购销合同》，标志着东海液化气销售工作已正式启动。

（林雪梅）

【科技研究收获新成果】 2013年，由上海海洋油气分公司承担的中国石化科技项目“西湖凹陷重点区带成藏条件研究”获石化集团公司2012年度科技进步二等奖。该研究成果达到国际先进水平，在提出的12口钻探井位中，6口获工业油气流，有效指导了勘探实践；由上海海洋石油局承担的中国石化科技项目“深水井场地质灾害调查技术与评价方法研究”获软件著作权登记2项、专利受理1项，通过石化集团公司鉴定委员会技术成果鉴定，科研成果达到国际先进水平。

（林雪梅）

【钻井服务在两大海域创效益】 2013年，在东海海域，由勘探六号平台承钻的古珍珠1井获重大油气发现，为合作区增储上产做出了重要贡献，受到了西湖合作项目联管会的表彰；在南海海域，勘探二号平台4月进入南海北部湾中海油市场，迅速适应“日费制”作业模式，连续高标准完成作业任务，赢得甲方高度肯定；勘探三号平台全年满负荷作业，实现高效运营，成功钻探7口高温高压井，为自身积累了复杂井钻探的宝贵经验。全年，3座平台累计钻井31口，总进尺80 309米，进尺数创历史新高。

（林雪梅）

【勘407轮完成大陆架钻探项目】 2013年，海洋工程地质调查船勘407轮完成“东海天然气水合物勘查大陆架科学钻探”项目，单口进尺300米，这是中国东部陆架区最深的全取芯科学钻孔，拉开了中国大陆架钻探研究的序幕。

（林雪梅）

【发现号物探船再次以零缺陷通过检查】 2013年7月24日，发现号物探船在特立尼达和多巴哥共和国西班牙港，接受了该国海事主管机关的港口国控制检查（简称PSC），检查官对发现号的船舶证书、各类记录，以及驾驶台、机舱、甲板等船舶主要设备、操作程序进行了详细询问和检查，全体船员以运行良好的设备管理和规范的技术操作，受到检查官的赞许，以零缺陷的优秀成绩获得一次通过。这是该船自2012年巴西港口检查以来连续第3次以零缺陷通过PSC检查。

（林雪梅）

【勘探225轮全年安全运营】 2013年，勘探225轮多用途工作船自1月投产以来，全年安全营运，实现了在航率、重大作业保障率、客户满意率3个百分之百的技术指标，达到了行业一流水平。

（林雪梅）

【三海码头首次获得港口设施保安符合证书】 2013年8月21日，上海市交通运输和港口管理局派遣专家组一行6人抵达三海码头，对港口设施保安工作进行年度核验。专家组听取了专题汇报、查验了相关资料，并现场操作视频监控系统后，充分肯定了三海码头港口设施在2012—2013年度保安工作中取得的成绩，给予104分的高分（满分为120分）。三海码头顺利通过年度核验，获得港口设施保安符合证书。

（林雪梅）

【发现6号多缆物探船建成交付】 2013年9月14日，发现6号多缆物探船建成交付，船舶命名仪式在上海船厂崇明厂区码头举行。该船由石化集团公司投资建造，系中国石化首条多缆物探船，具备12缆工作能力，可在全球海域进行三维地震、四维地震等作业，其作业能力和作业效率处于世界先进水平。该船建成后立即投入东海海域作业，大幅度提升了中国石化海洋地质资料三维采集能力。

（林雪梅）

发现6号多缆物探船

【多用途供应船开工建造】 2013年9月24日，由石化集团公司投资建造的7 000马力多用途供应船在福建省马尾造船厂开工建造。该船主要用于深海油气勘探开发，具备动力定位系统，属于技术先进、环保，并满足多用途需求的新型海上平台供应船。该船将于2015年建造完成。

（林雪梅）

7 000马力多用途供应船开工仪式

【创一流工作取得阶段性成果】 2013年，上海海洋石油局加强技术标准化建设，在勘探六号平台、勘探225轮和勘探311轮多用途工作船、发现6号多缆物探船等先进海洋装备上，率先建立符合行业标准、达到行业领先水平、突出生产经营各环节效率效能的管理体系，推动实现岗位标准化、操作规范化、流程程序化。阶段性成果得到了石油工程公司好评，各项体系建设位居中国石化前列。

（林雪梅）

【发现号物探船救助外籍船员】 2013年3月30日，正在南美洲苏里南工区作业的发现号物探船接到护航船的呼叫，该船一名水手突发呼吸困难，生命垂危，且船上没有应急医疗设备和药品，需要紧急医疗救助。发现号立即启动人员伤病应急预案，停止地震放炮，靠拢护航船，从护送随船医生赴护航船，到诊断、处理、直至留场观察，病人指标恢复正常，仅用1个多小时。

（林雪梅）

表1 **上海海洋石油局和上海海洋油气分公司主要技术经济指标** 亿元

指标名称＼年份	2013	2012	2011	2010	2009	2008
工业(企业)增加值	12.47	2.33	6.63	3.67	4.13	1.68
上海海洋石油局	10.00	8.44	6.81	7.18	5.93	2.26
上海海洋油气分公司	2.47	-6.11	-0.18	-3.51	-1.80	-0.58
资产总计	121.04	96.85	91.35	85.16	68.18	53.21
上海海洋石油局	43.31	38.19	34.66	29.91	21.19	12.57
上海海洋油气分公司	77.73	58.66	56.69	55.25	46.99	40.64
流动资产	20.29	15.28	9.97	11.63	8.52	5.68
上海海洋石油局	5.64	4.29	3.90	3.41	7.09	4.00
上海海洋油气分公司	14.45	10.99	6.07	8.22	1.43	1.68
固定资产原值	52.82	37.51	37.04	33.27	16.59	15.09
上海海洋石油局	52.40	37.15	36.69	32.97	16.31	14.82
上海海洋油气分公司	0.42	0.36	0.35	0.30	0.28	0.27
固定资产净值	35.96	22.77	24.17	21.54	5.74	4.87
上海海洋石油局	35.82	22.68	24.07	21.47	5.66	4.76
上海海洋油气分公司	0.14	0.09	0.10	0.07	0.08	0.11
销售收入	22.91	19.92	14.94	10.02	11.37	10.78
上海海洋石油局	16.01	13.82	10.63	8.59	9.91	9.23
上海海洋油气分公司	6.90	6.10	4.31	1.43	1.46	1.55
实现利税	-0.31	-8.18	-1.74	-2.69	0.73	0.39
上海海洋石油局	3.93	2.84	2.44	2.13	3.85	3.20
上海海洋油气分公司	-4.24	-11.02	-4.18	-4.82	-3.12	-2.81
税　金	0.92	0.82	0.71	0.72	0.36	1.06
上海海洋石油局	0.53	0.48	0.47	0.63	0.29	0.97
上海海洋油气分公司	0.39	0.34	0.24	0.09	0.07	0.09
综合能耗/吨标煤·万元$^{-1}$	0.365	0.365	0.38	0	0.26	0.39
上海海洋石油局	0.365	0.365	0.38	0	0.26	0.39
上海海洋油气分公司	—	—	—	—	—	—

西北石油局暨西北油田分公司

【概况】 中国石化集团西北石油局(简称西北石油局)和中国石油化工股份有限公司西北油田分公司(简称西北油田分公司)位于新疆维吾尔自治区，是石化集团公司上游油田企业之一，主要从事油气田勘探开发与油气销售业务。本部机关设在新疆维吾尔自治区首府乌鲁木齐，在巴音郭楞蒙古自治州轮台县建立了前线生产指挥基地。主力油田——塔河油田位于塔里木盆地北部沙雅隆起阿克库勒凸起南部，地处库车县和轮台县境内。

西北石油局和西北油田分公司的前身是组建于1955年的华北地质局二二六队，1997年1月整体归入中国新星石油公司，2000年3月随中国新星石油公司整体并入石化集团公司，并于2003年6月整体划归石化集团公司、石化股份公司直属。2008年5月，西北油田分公司与勘探西北分公司整合重组，组合成新的西北油田分公司。

截至2013年底，西北石油局和西北油田分公司建有1个党委、2套行政领导班子(共11人)，下设21个机关职能处室、16个二级单位、6个直属单位；拥有职工4 302人，其中经营管理人员2 095人、专业技术人员1 497人，具有高级(含教授级)专业技术职称的634人。

截至2013年底，西北油田分公司拥有有效矿权区块39个，区块登记面积14.38万平方千米(其中勘查区块33个、13.91万平方千米，开采区块6个、0.47万平方千米)，全部分布在新疆维吾尔自治区的塔里木盆地；拥有油气远景资源量85.71亿吨油当量，其中石油59.17亿吨油当量、天然气26.54亿吨油当量；累计完成三级石油地质储量18.4亿吨油当量(含溶解气和凝析油)，其中探明石油地质储量15.1亿吨油当量、控制石油地质储量2.27亿吨油当量、预测石油地质储量1.03亿吨油当量。开发塔河、西达里亚、巴什托3个油气田及雅克拉、轮台、大捞坝、亚松迪、三道桥5个凝析气田；拥有采油气井1 661口，开井1 432口，其中自喷井463口、机抽井969口；累计生产原油7 239.99万吨、天然气156.26亿立方米。

西北石油局和西北油田分公司主要经济指标和主要生产建设指标见表1和表2。

(陈兰凤　王爱敏)

【油气勘探取得"2131"成果】 2013年，西北油田分公司累计提交三级油气地质储量0.33亿吨油当量(探明石油地质储量2 838.24万吨、溶解气44.03亿立方米，控制石油地质储量0.48亿吨、溶解气181.62亿立方米，预测石油地质储量0.62亿吨、溶解气122.58亿立方米)。油气勘探工作取得"2131"成果。

2个重大发现：①塔中北坡奥陶系鹰山组天然气勘探获重大发现。顺南4井在鹰山组下段测试获高产工业气流，折算日产天然气38万立方米，塔中北坡鹰山组成为天然气增储的现实阵地。②顺南5井在奥陶系蓬莱坝组钻获高产天然气流，进一步展示了塔中北坡奥陶系天然气勘探的巨大潜力。

1个新发现：麦盖提斜坡油气勘探获得新发现。皮山北新1井在白垩系白云质角砾岩试获低产油气流，展示了玉北地区西南部中生界良好的勘探前景。

3个商业发现：①塔河油田奥陶系勘探成果持续扩大，跃进3井在奥陶系获高产工业油气流，进一步扩大了跃进地区的油气勘探成果，20万吨产能建设阵地基本形成，同时向南指导了顺北地区奥陶系勘探部署。②TP35 CX井获高产工业油气流、S1155井获低产油气流，表明托甫台东部—盐下西部具有较好的勘探开发前景，该区有望建成新的增储上产阵地。③于奇东地区天然气勘探获商业发现。于奇东1井在奥陶系试获工业气流，向北扩大了塔河油田含油气范围。

1个苗头：玉北地区奥陶系油气勘探取得新进展。中部平台区玉北8井在鹰山组钻遇良好油气显示，东部断洼区玉北6A井奥陶系鹰山组酸压试获原油。

(陈兰凤　王爱敏)

【油气开发取得3项主要业绩】 2013年，西北油田分公司油气开发工作通过开展油藏精细研究、深化地质认识、精心编制方案，保障整体效果；井点部署坚持以效益为中心，精挑细选，反复论证；井型设计优化"油藏、钻井、采油、地面"四位一体化，努力降本提效；产能建设过程控制以投资效益最大化为目标，紧密跟踪新井投产效果，及时优化调整方案部署。全年完成编制、报批重点产能建设方案5个，完成288口井部署，投产新井248口(含接转和探评井)，平均单井日产油16.7吨，年产油79.66万吨，并取得3项主要业绩。

(1)紧跟勘探突破，尽早开展油藏评价，跃进区块实现当年评价，当年动用，当年贡献产量。全年部署评价井26口，投产21口，建产19口，产油4.1万吨。

(2)利用新资料、新方法、新认识，推进难开发区域高效开发。①利用桑塔木地区高精三维资料，利用断裂残丘刻画技术，明确塔河油田3区东残丘及断裂的控油控储作用，实现高效开发。全年投产井14口，全部建产，年产油3.6万吨。与上年相比，建产率由52.4%提高到100%，单井能力由9吨提高到15吨，落实储量300万吨。②利用塔河油田10区东高精资料T_7^6辅助标志层，精细断层岩溶刻画，深化10区南油水关系复杂区地质认识，实现局部高效开发。全年部署评价井31口，投产24口，全部建产。平均单井日产油28吨，年产油11.9万吨，占西北油田分公司新井年产油量的15%。单井能力同比提高18.6吨/日，实现10区南油水复杂区的高效开发。③通过加强河道刻画技术及深化古河道控储认识，推进塔河油田12区东部风化壳岩溶区开发。全年部署井22口，投产19口，全部建产，平均单井日产油能力18.1吨，当年贡献产量6.4万吨。

(3)在油藏新认识的基础上，积极开展新工艺试验，拓展老区剩余油侧钻挖潜部署范围。全年部署侧钻井60口，投产58口，建产54口，建产率93.1%。平均单井日产油17.5吨，年产油22万吨，占西北油田分公司新井年产油的27.6%。

(陈兰凤　王爱敏)

【**科技研究成果累累**】 2013年，西北油田分公司科技工作重点围绕油气勘探开发基础研究、物探采集处理解释技术、坐稳塔河技术支撑研究、钻井提速提效技术、储层改造技术、提高生产运营效率研究6个方面进行立项。新立分公司科技项目29项，其中勘探类项目6项、开发类项目9项、工程类项目11项、社科类项目3项。全面完成国家科技重大专项“塔里木盆地大型碳酸盐岩油气田开发示范工程”及相关项目专题、“973”课题2项、“863”课题1项等阶段性研究任务，并通过专家检查；中国石化科研项目3项通过中国石化总部成果验收；分公司科研项目45项通过中国石化总部中评估。申请国家专利60项，获授权22项。申报自治区科技进步奖“塔河碳酸盐岩缝洞型油藏开发规律及油井见水预警技术研究”等项目6项，获自治区科技进步二、三等奖各1项；申报石化集团公司科技进步奖2项，其中“碳酸盐岩缝洞型油藏开发关键技术”项目获石化集团公司科技进步一等奖。

(陈兰凤　王爱敏)

【**节能降耗成效显著**】 2013年，西北油田分公司为提高能源综合利用率，组织开展油田分布式电源集控技术研究，在雅克拉采气厂S3集气站建成600千伏安发电机1台。在TP335井、TP337井、TK1135井、S105 CH井开展网电钻机应用，每口井节约费用150万元。以BOT模式在跃进2井区建成9.6兆瓦发电站及10千伏电力线，为6台网电钻机供电；通过管线将跃进1井天然气输送到井场为钻井发电机提供气源，有效利用偏远区块天然气。组织开展电机系统能效提升调研，淘汰高耗能电机110台，启动索拉机组余热利用工程。全年累计耗能77.77万吨标煤（含天然气和原油损耗）。单位油气综合能耗89.63千克标煤/吨，比年度指标下降3.99%；万元产值综合能耗339千克标煤，比年度指标下降4.83%。能源实物量消耗：电力9 834万千瓦·时(外购电量)，原油28.22万吨，天然气2.66亿立方米，汽油1 473吨，柴油1 719吨，热力4 197吨，新鲜水221.69万立方米，单位油气生产用新鲜水0.26米^3/吨。西北油田分公司被石化集团公司评为2013年度节能工作先进单位。

(陈兰凤　王爱敏)

【**塔中天然气勘探再获重大突破**】 2013年8月31日，西北油田分公司部署在塔中北坡的重点预探井——顺南5井获高产工业气流，井口点火火焰高15米，测算日产天然气130万立方米。这是西北油田分公司继顺南4井在塔中北斜坡奥陶系鹰山组获高产油气流后，顺南5井在奥陶系下统蓬莱坝再次取得天然气勘探重大突破。顺南5井位于塔里木盆地顺托果勒南古城墟隆起西倾斜坡，距塔河油田320千米。该井设计井深7 575米，以奥陶系蓬莱坝组为主要目的层，重点探索顺南区块中南部蓬莱坝组储层发育特征及含油气性。该井于2012年12月开钻，在奥陶系蓬莱坝组7 209.8米钻遇优质储层，最高泥浆密度1.9克/厘米^3，累计漏失泥浆1 152.5立方米。顺南4井、顺南5井的相继突破，表明塔中北坡奥陶系油气资源勘探潜力巨大，标志着西北油田分公司向“突破塔中”的战略部署目标取得实质性进展。

(陈兰凤　王爱敏)

【**塔河油田四号联合站成功投产**】 塔河油田四号联合站地处库车县境内，位于塔河油田12区。项目包括储罐17座、各类设备90多台(套)、建筑物及配套15栋、10千伏电力线路20千米、外输管线44.5千米。工程总投资3.46亿元。2012年5月30日开工建设，主体工程于当年12月25日完工，2013年4月10日建成投产。作为西北油田分公司塔里木盆地大会战的三大重点工程之一，塔河油田四号联合站由胜利油建公司承建，建设工期仅200多天，施工速度达到全国领先水平。工程设计每年 260 万吨原油、400 万吨混合液及每天 4 000 立方米污水处理能力。

（陈兰凤　王爱敏）

【中国石化首座循环高压注气站投运】　西北油田分公司大捞坝首座循环高压注气站设计注气规模每天 40 万立方米、注气压力 42 兆—52 兆帕，注气井主要包括 DLK3 气井、DLK9 气井和 DLK12 气井。单井注气管线采用双金属复合管，设计压力 56 兆帕，压缩机选用 2 台卡麦隆库伯燃气压缩机，单台排量达每天 16 万—24 万立方米。该工程投资近 9 000 万元，2011 年 9 月 7 日正式开工，2013 年 4 月 23 日成功投运。工程克服特高压管线焊接、大型基础施工等难题，优质完工。其中，大捞坝循环注气工程双金属复合管一次焊接合格率 100%，创国内焊接技术新纪录。

（陈兰凤　王爱敏）

【国内首套负压气提脱硫稳定工艺装置成功运行】　塔河油田四号联合站在设计过程中，结合塔河油田 12 区高含硫稠油油气物性，综合原油稳定工艺和气提脱硫工艺，在国内首次应用负压气提脱硫稳定工艺，以自产纯净天然气去除原油中含有剧毒硫化氢气体，实现在同套装置中原油脱硫和原油处理同步进行，不再需要安装天然气脱硫装置及相应的伴生气管线，节约投资 2 800 多万元。2013 年 5 月 10 日，装置投运后日处理原油约 1.1 万吨，原油中硫化氢含量由 160 毫克/米^3 降至 39 毫克/米^3，脱硫效果显著优于同类装置。相比其他装置日减少脱硫天然气 6 万—8 万立方米，日产混烃 30 吨以上，年创效 5 500 万元。

（陈兰凤　王爱敏）

【绿色油田建设成果丰硕】　2013 年，西北油田分公司以“绿色低碳”发展为战略，以节能减排加快转变企业发展方式为重要抓手，推进绿色转型。应用随钻废弃泥浆不落地达标处理、污油泥处理、天然气回收等技术，资源综合利用率显著提高。全年实施随钻不落地作业井 13 口，处理泥浆 4.05 万立方米，单井节水 600 立方米、减排 1 800 立方米；处理污油泥 4.31 万立方米，生产净化油 6 446 吨；回收天然气 8 475 万立方米。6 个主要油气生产单位通过自治区清洁生产审核验收，取得经济效益 1 987 万元，节约清水 12 万吨，节电 116 万千瓦 · 时。实施“以气代油”“以电代油”等能源接替工程，实现减污增效。落实钻井液回收制度，严格超排处罚和问责，促使污染物减排、减量，资源回收利用率逐年提升。回收泥浆 6.89 万立方米，同比增加 0.56 万立方米；对超量排放钻井废弃物 51 口井的施工单位，扣除工程款 126.52 万元，废弃泥浆由原平均单井排放 1 800 立方米下降至 1 350 立方米。

（陈兰凤　王爱敏）

TK915 – 7 井酸压作业场景

【和谐社会建设取得新成果】　2013 年，西北油田分公司完成米泉基地集资建房分配工作，“四化”改造各生活小区和一线生活基地，统一规范食堂“油米面菜”营养化标准。广泛争取就业渠道，先后向合作单位推荐 30 多名职工子女应聘就业。开展献爱心捐款救助“三胞胎”婴儿活动，第一时间为新生儿家庭送去温暖。全年完成帮扶事项 3 584 人次，实施医疗救助 279 人次，安排赴京就医 630 人次，救助患大病职工 5 人、生活困难家庭 20 户，解决了职工的后顾之忧。向柯坪县捐助 100 万元建设农牧民生产生活设施；向自治区公安机关捐赠 200 万元用于反恐维稳基础建设。

（陈兰凤　王爱敏）

向柯坪县政府捐赠帮扶资金 100 万元

【油公司改革稳步推进】 2013年，西北油田分公司积极推进标准油公司模式建设，组建油气勘探中心，实现专业化管理向技术经济一体化转变，由增加工作量投入向提高勘探成功率转变，由考核三级储量向关注经济可采储量转变。全面完成“四定”工作，出台“工资总额包干，增人不增资、减人不减资”制度，初步建立用工总量和人工成本联动调控的激励约束机制，首次实现用工总量下降目标，全口径用工总量同比减少599人，其中正式工和劳务工总量同比减少50人，标志着用工管理工作进入新阶段。

（陈兰凤 王爱敏）

【党建思想政治工作再上新台阶】 2013年，西北石油局和西北油田分公司认真贯彻党的十八届三中全会精神，开展党的群众路线教育实践活动和整治“四风”工作，为油田高效发展提供保障。各级领导班子聚焦“四风”，集中解决职工反映的突出问题；对照中央“八项规定”和实施细则，加强自我净化、自我提高，以实际行动做出表率。开展“远学近学”活动，队伍面貌明显改善，干部职工的创造力和凝聚力明显增强。以促进发展为目的，加强人才队伍建设，统筹推进处、科两级干部“提素工程”，首次组织项目管理能力提升培训，为标准油公司建设储备复合型管理人才。加大竞争性选拔干部力度，全年晋升正处级干部11名、提拔副处级干部15人(其中10人来自基层一线)。启动专家体系建设，全年补充西北油田分公司专家13人。向石化集团公司推荐突出贡献专家、青年科技专家等高层次人才27人。新增享受政府特殊津贴人员3人。

（陈兰凤 王爱敏）

【西北石油大厦接待28国驻华使节】 2013年1月9—13日，西北石油大厦作为乌鲁木齐市“第十届丝绸之路冰雪风情节”外国驻华大使的指定接待酒店，接待来自克罗地亚、葡萄牙、新西兰等28个国家的驻华大使、参赞及夫人一行43人。这是乌鲁木齐市首次大规模邀请外国驻华使节参加冰雪风情节，西北石油大厦成为新疆第1家接待大规模外国使团的星级酒店。

（陈兰凤 王爱敏）

表1 西北石油局和西北油田分公司主要经济指标 亿元

指标名称 \ 年份	2013	2012	2011	2010	2009	2008
企业增加值	264.43	265.77	276.56	197.13	116.32	195.39
西北石油局	0.91	0.93	1.91	0.35	0.25	0.33
西北油田分公司	263.52	264.84	274.65	196.78	116.07	195.06
资产总计	444.26	393.24	367.15	309.66	253.60	255.59
西北石油局	12.66	12.16	11.55	11.83	12.10	8.29
西北油田分公司	431.60	381.08	355.59	297.83	241.40	247.30
流动资产	18.49	19.32	46.26	35.11	16.45	14.24
西北石油局	1.77	1.97	2.10	2.28	2.88	1.77
西北油田分公司	16.72	17.35	44.17	32.83	13.57	12.47
固定资产原值	741.13	615.09	537.59	423.29	361.23	292.60
西北石油局	10.50	10.78	10.46	7.31	6.94	0.98
西北油田分公司	730.63	604.31	527.14	415.98	354.29	291.62
固定资产净值	344.10	281.38	264.23	202.72	183.85	200.53
西北石油局	8.22	9.35	9.47	6.62	6.66	0.72
西北油田分公司	335.88	272.03	254.76	196.10	177.19	199.81

续表

年份 指标名称	2013	2012	2011	2010	2009	2008
总收入	281.94	291.96	288.01	212.09	140.28	205.35
西北石油局	3.23	2.54	1.41	0.34	0.10	0.06
西北油田分公司	278.71	289.42	286.61	211.75	140.18	205.29
实现利税	189.66	219.93	233.28	144.73	74.52	167.19
西北石油局	0.24	0.17	0.19	0.11	0.07	0.02
西北油田分公司	189.42	219.76	233.09	144.62	74.45	167.17
税　金	71.24	96.67	112.22	64.91	17.20	57.64
西北石油局	0.24	0.20	0.25	0.09	0.07	0.02
西北油田分公司	71.00	96.47	111.97	64.82	17.13	57.62

表 2　　西北石油局和西北油田分公司主要生产建设指标

年份 指标名称	2013	2012	2011	2010	2009	2008
原油产量/万吨	737.00	735.00	725.00	700.02	660.01	600.13
天然气产量/亿立方米	16.40	16.45	15.94	15.80	13.45	12.72
新增原油生产能力/万吨	105.00	159.60	159.70	176.48	166.21	163.10
新增天然气生产能力/亿立方米	1.85	2.17	2.02	1.03	1.94	2.89
新增探明石油地质储量/万吨	2838.24	9 594.94	9 639.53	9 655.80	12 483.03	12 955.50
新增探明天然气地质储量/亿立方米	44.03	24.43	62.42	40.02	5.25	16.03
二维地震/千米	2 159.00	3 146.00	4 834.00	5 243.00	4 892.00	8 229.00
三维地震/平方千米	1 009.00	2 519.00	2 750.00	1 858.00	1 302.00	1 106.00
石油钻井/口	318	310	266	193	191	185
探井(含侧钻)	30	39	50	36	47	44
开发井	288	271	216	157	144	141
钻井进尺/万米	156.21	165.82	157.53	114.49	107.92	108.31
勘探投资/亿元	22.96	35.04	35.45	26.62	25.96	25.31
开发投资/亿元	99.20	92.45	77.62	62.27	57.55	56.33
综合能源/吨标煤 · 万元$^{-1}$	0.34	0.34	0.34	0.39	0.41	0.43

西南油气田

【概况】　西南油气田是中国石化集团西南石油局(简称西南石油局)和中国石油化工股份有限公司西南油气分公司(简称西南油气分公司)的统称，是石化集团公司油气生产企业之一。西南石油局负责西南油气田矿区(社区)管理与服务，西南油气分公司负责西南地区油气勘探开发业务。队伍主要分布在四川、重庆、贵州、云南、广西、湖南等地。本部机关设在四川省成都市高新区吉泰路688号中国石化西南科研办公基地。

西南油气田的前身是组建于1976年的国家地质总局四川石油普查勘探指挥部，1997年1月更名为中国新星石油公司西南石油局，2000年3月随中国新星石油公司整体并入石化集团公司，并于2003年5月调整为西南石油局和中国石油化工股份有限公司西南分公司。2007年3月，西南石油局和西南分公司与中南石油局、中南分公司、滇黔桂石油勘探局、南方勘探开发分公司整合重组，组成西南石油局、西南油气分公司、石油工程西南公司。2009年12月，石油工程西南公司划归西南石油局。2012年12月，西南石油局共有13个工程单位划入西南石油工程有限公司、3个物探单位划入中石化地球物理勘探有限公司。

截至2013年底，西南油气田机关职能部门和附属机构共31个，二级单位和派出机构及全资、控股、参投公司36个；拥有正式职工5 510人，其中具有教授级高级职称的48人、高级技术职称的709人。

截至2013年底，西南油气田拥有勘探区块18个，勘探面积2.25万平方千米，开采区块21个，开采面积2 071.13平方千米；川东北开发准备区块5个，面积1.44万平方千米；页岩气开发操作区块2个(綦门、綦门南)，面积1.15万平方千米；累计提交天然气探明地质储量5 582.81亿立方米、原油探明地质储量1 543.1万吨。拥有气田22个，共有气井1 733口，开井1 518口，累计生产天然气396.05亿立方米；共有油井136口，开井116口，累计生产原油165.31万吨。

西南油气田主要技术经济指标和主要生产建设指标见表1和表2。

(付承生)

【领导干部调整】 2013年1月10日，石化集团公司党组对西南石油局、西南油气分公司领导干部做出调整决定：杨昌江任西南石油局党委书记、西南石油局副局长、西南油气分公司副总经理、协调委员会委员；甘振维不再担任西南石油局党委书记，兼任西南石油局党委副书记。

(付承生)

【天然气年产量首次突破30亿立方米】 2013年，西南油气田紧紧围绕以生产经营为中心，以打好“三大会战”、加快增储上产为重点，统筹抓好各项工作。产能产量再创历史新高，天然气年产量首次突破30亿立方米大关，达32.25亿立方米，完成石化股份公司下达计划的100.2%，同比增产2.64亿立方米，增幅8.9%；原油生产2.23万吨，完成石化股份公司下达计划的111.5%。

(付承生)

【综合指标全面完成】 2013年，西南油气田新增天然气探明储量546.15亿立方米、控制储量1 399.22亿立方米、预测储量2 485.2亿立方米，分别完成石化股份公司下达计划的182.05%、233.2%和276.13%，天然气储量替代率200.95%；新建天然气产能8.66亿米^3/年，同比增长33.2%。西南石油局实现营业收入28.67亿元，完成年预算的112.43%；实现利润9 452万元，完成年度奋斗目标的105%；EVA1 176万元，完成年度奋斗目标的258%。西南油气分公司实现营业收入52.76亿元，完成利润-8.18亿元，比石化股份公司调整计划减亏3 647万元；EVA-11.18亿元，较年度目标增加5.48亿元；油气单位完全成本1 663元/吨，比石化集团公司下达指标降低70元/吨。西南石油局完成投资1.33亿元，西南油气分公司完成投资86.38亿元，均控制在中国石化总部下达计划之内。

(付承生)

【油气勘探成绩突出】 2013年，西南油气田完成三维地震勘探799.48平方千米，实施探井20口、完钻16口、进尺5.48万米，测试探井36口、获工业气井20口，取得2项重大发现、3项新发现、4项商业发现、5项好苗头的丰硕成果，超额完成中国石化总部下达的储量任务。“川西中浅层天然气勘探”“川西坳陷东坡沙溪庙组天然气勘探”分获中国石化商业发现一等奖、油气发现二等奖。

2项重大发现：①新场构造带须五段非常规致密气勘探取得重大发现，新页HF-2井在须五段测试获产3.88万米^3/日，实现了川西地区须五段勘探的重大突破；②川西坳陷东坡沙溪庙组天然气勘探取得重大发现，高庙32井、高庙33井分别在沙溪庙组获得6.85万米^3/日和4.47万米^3/日的工业气流。

3项新发现：①崇州1井在蓬莱镇组、沙溪庙组分别获得2.97万米^3/日和1.54万米^3/日的工业气流；②金石1井在嘉陵江组测试获产2.32万米^3/日；③绵阳1井在须四段测试获产1.69万米^3/日。

4项商业发现：①马井—什邡蓬莱镇组气藏取得商业发现，新增探明储量327.19亿立方米；②新场气田须五气藏取得商业发现，提交控制储量1 095.53亿立方米；③中江气田沙溪庙组气藏取得商业发现，新增探明储量218.96亿立方米；④广汉—金堂蓬莱镇组气藏取得商业发现，新增控制储量303.69亿立方米。

5个好苗头：彭州1井、潼深1井、星1井、永太1井、宜页1井等一批重点探井钻遇良好显示，揭示了龙门山前海相、梓潼凹陷须三段、阆中地区须家河组、川西坳陷东坡下侏罗统及川南非常规油气勘探的良好前景。

（付承生）

【油气开发成果丰硕】 2013年，西南油气田全面完成年度开发任务，实施开发钻井138口、完钻126口、进尺39.55万米，投产新井170口、日产天然气245万立方米，取得2个新高、3个增加、4项新进展的丰硕成果。

2个新高：①天然气年产量创历史新高，日产规模突破1 000万立方米；②新建产能创历年最高，川西新建产能8亿米^3/年，元坝陆相新建产能0.6亿米^3/年，元坝长兴组保有混合气产能20亿立方米以上。

3个增加：①马井—什邡—广金蓬莱镇组气藏产能滚动增加，评价落实可开发储量64亿立方米，新建产能1.93亿米^3/年；②中江—高庙沙溪庙组气藏快速评价产能增加，新建产能2.64亿米^3/年，日产天然气达到70万立方米；③老区综合调整新增产能2.87亿米^3/年，其中新场沙溪庙组气藏新增产能2.27亿米^3/年，已连续7年稳产在10亿立方米以上，在国内同类陆相低渗致密气藏开发中处于领先水平。

4项新进展：①元坝长兴组气藏产能建设取得新进展。试采区完钻开发井7口，钻井成功率100%；完成新井测试4口，平均无阻流量500万米^3/日，利用井测试4口，平均无阻流量551万米^3/日，进一步夯实了试采区17亿立方米净化气产能基础；滚动区3口开发评价井取得较好效果，测试无阻流量325万—340万米^3/日；17亿立方米开发方案通过中国石化总部审查，10口新井全部完成部署，已开钻3口；测试利用井11口，测试平均无阻流量196万米^3/日。②元坝陆相评价及试采取得新进展。8口开发评价井顺利实施，完成测试7口，均获一定产能，无阻流量最高52万米^3/日；试采14口，日输气26万立方米，年产气0.5亿立方米。③新场须五老井复查测试评价取得新进展。共实施须五气藏老井挖潜测试评价17口，投产17口，初期日产气大于2万立方米的气井8口；综合评价研究新场须五气藏有利区分布范围，部署评价井4口，开钻4口，完钻2口。④百色致密油藏评价取得新进展。坤8－6HF井加砂压裂测试日产原油10吨，百43井、百78井储层改造获工业油流，初期日产量分别为2.5吨、4.2吨。

（付承生）

元坝205－1井油气测试现场

【产销运行衔接有序】 2013年，西南油气田坚持生产销售一体化管理，统筹抓好油气生产、地面配套、销售运行等工作。全年老井产量28.16亿立方米，同比增加1.95亿立方米。实施措施作业265井次，维护作业137井次，措施增产天然气1.23亿立方米、增产原油1 426吨，分别完成年度计划的153.75%和142.6%。投产新井170口，新井产量4.09亿立方米，同比增加0.6亿立方米。进一步理顺生产运行管理体系，提高生产效率，创造46项工程施工新纪录。新建井口采集气装置107座，扩建采集气流程27座，建设采集气管线199.4千米、酸气管线70.52千米、配套集输管线85.03千米、输气管线51.4千米，确保新井及时投产外输。川科1井试采地面工程获石化集团公司优质工程奖，元坝净化厂及相关配套工程老君山隧道获中国质量协会2013年度石油工业优秀质量管理一等奖。川东北—川西输气联络线中段（元坝—平昌段124千米）和元坝陆相管道顺利建成投运，中江—罗江输气管道建成投运，完成川西气田整体增压一期工程，启动二期工程建设。站场标准化建设投资1 000余万元、节约用地77亩（约5.13万平方米），川西中浅层气井井站建设周期由5天缩短为3天，深层气井井站建设周期由7天缩短为5天。西南油气分公司销售天然气30.64亿立方米，完成年计划的100.2%；销售原油2.16万吨，完成年计划的109.64%；油气款回收率100%。西南石油局销售天然气5.52亿立方米、液化气19.7万吨，取得较好销售效益。

（付承生）

【安全环保扎实稳固】 2013年，西南油气田层层落实HSE目标管理责任制，狠抓井控和防硫化氢措施落实，有效杜绝井喷和硫化氢中毒事故发生。深入开展安全管理提升活动，强化全员安全环保意识和业务技能，举办HSE培训班192期，培训人员11 299人次。妥善应对4月20日四川雅安芦山县7级地震和暴雨洪灾等突发自然灾害。完成石化集团公司下达安全隐患治理项目7项。组织开展安全环保检查126次，整改隐患问题4 072个，查处安全未遂事件10起，实施长停井、废弃井封井45口。在“11·22”东黄输油管道泄漏爆炸特别重大事故发生后，迅即组织开展拉网式安全排查，发现隐患问题逐一整改，落实防范措施。大力推进清洁生产和节能减排，全年共计回收泥浆5.15万立方米、重复利用4.84万立方米，回收压裂液9.58万立方米、重复利用9.3万立方米，高氯地层水综合处理12.9万立方米。局万元产值综合能耗0.03吨标煤，比计划指标降低3.21%。分公司万元产值综合能耗0.57吨标煤、单位油气综合能耗77.5千克标煤，分别比计划降低1.7%和1.32%。抓好职业卫生，维护员工健康，年内未发生HSE责任事故。新场气田被评为国家级绿色矿山试点单位。

（付承生）

【经营管理持续改善】 2013年，西南油气田全面实施内控管理，加强投资计划、工程造价、全面预算、全员成本、区块效益和风险管理，狠抓“十大优化”、严控“六项费用”，实现降本增效4.79亿元。川西地区水平井单位成本从2011年底的10 794元/米下降到8 730元/米，降幅达19.1%。开展物资管理降库利库和集中采购，库存由2.48亿元降至1.08亿元，节约采购资金8 802万元。规章制度、经济合同法律审核率100%，“合力维权应对物探无理索赔”入选石化集团公司“十大法治事件”。实施审计项目83个、效能监察项目6个，基建项目审减金额4 400万元，审减率3.46%。实施改善经营管理项目67个，完成18个，创造经济效益2 845万元。修改、新建管理制度88个，获石化集团公司管理创新成果奖2项。建立技能人才工作室2个，组织开展20余个工种、1 000余人次参加的技术比武及岗位练兵活动，获石化集团公司业务竞赛优秀组织奖。

（付承生）

【科技创新硕果累累】 2013年，西南油气田精心组织科技攻关，获得一批具有代表性的科技成果。“多层致密砂岩气藏稳产关键技术”“成都气田天然气富集规律及高效勘探”分别获得石化集团公司和四川省科技进步二等奖。创新完善川西陆相和川西、川南海相成藏地质理论，进一步发展川西中浅层、元坝礁滩相储层精细描述技术、水平井轨迹优化跟踪调整技术和三维地质建模技术，推进了川西增储上产会战和元坝气田开发建设。优化设计集成配套钻完井技术，推进川西中浅层实现“半个月完钻一口蓬莱镇水平井、一个月完钻一口沙溪庙水平井”的目标，元坝实现“一年完钻一口海相超深水平井”的重大突破。川西主力气田开发稳产综合调整技术和“短半径”“单级多缝”压裂新技术解决了难采储量、提高了单井产能和综合开发效益。连续油管逐层拖动压裂、高速通道高效压裂、水平井管外封隔器分段压裂等技术的运用，实现了川西低渗致密气藏开发技术的新突破。初步形成并应用体积压裂技术，提高川西须五老井储层改造效果，初步形成非常规致密气压裂改造工艺技术。全年获国家专利授权67项，其中发明专利10项，超过历年专利授权量总和。表彰科技成果18项、科技人员198人次，奖励金额165万元。

（付承生）

【改革调整不断深入】 2013年，西南油气田大力推进油公司体制机制建设，着力优化机构设置，厘清职能职责，做好“三定”工作，实施内部专业化重组，系统构建投资计划、生产运行、QHSE、财务成本、监督控制、技术研发等10个专项业务管理体系，积极调整用工模式，初步构建油公司管理模式基本框架。9月18日，对信息化建设和车辆管理服务系统进行整合重组，将销售运行处、物资供应处、信息中心、车辆管理服务中心纳入二级单位管理。成立元坝净化厂，把川西采气厂计量检定技术监督站划转工程技术监督中心。加大市场准入和招投标管理力度，坚持框架协议与单项合同相结合的项目运作方式，较好实现甲乙方合作共赢。对采油气井看护、管道巡线、车辆服务、职工食堂等非核心业务实施业务外包，将原劳务派遣用工3 017人调整为服务外包，有效减少直接用工。完善社区管理服务收费标准，建立费用分摊机制，规范关联交易运行，提高社区系统服务保障和自我发展能力。

（付承生）

【和谐建设扎实推进】 2013年，西南油气田扎实做好稳定工作，连续3年实现零进京上访。落实民生工程，全年完成1 060套团购商品房交付工作，启动四川阆中、德阳、资阳和广西田东、湖南长沙等地职工住房项目。配齐西南科研办公基地必备设施，有序推进阆中生产办公基地建设。启动老旧小区3年综合治理工程，总体规划投入资金约1.29亿元，全年投入5 000万元对部分离退休人员活动场所及小区进行标准化建设和维修改造。加强矿区(社区)工作，累计建成石化集团公司文明和谐示范小区11个。做好离退休服务管理工作，全面落实离退休人员"两项待遇"。做好协解人员再就业和帮扶工作，采取非全日制用工形式帮助协解人员再就业4 756人，计发费用6 900万元；帮扶协解人员8 113人，发放生活资助经费3 880万元。对困难职工建立"爱心账号"，帮扶特困和困难职工2 032人次，发放帮扶资金385.8万元。加强企地沟通协调，加快推进LNG项目实施，进一步巩固和提升企地战略合作伙伴关系。大力支持"4·20"芦山地震救灾，组织干部员工为灾区捐款192万元，切实践行国有企业的政治责任和社会责任。

(付承生)

【党建文化创新发展】 2013年，西南油气田全面加强党的思想建设、组织建设、作风建设、反腐倡廉建设和制度建设，川西采气厂绵竹采气大队党支部获石化集团公司第1批50支基层党支部建设示范点称号(四川地区唯一一家获此殊荣的基层党组织)。以"为民务实清廉，一转双创双促"主题活动为载体，统筹抓好党建思想文化工作。切实加大干部选拔、人才竞争力度，有31名优秀管理干部竞聘到副处级领导岗位。广泛开展"比学赶帮超，建功双百亿"劳动竞赛，元坝气田开发建设项目部被评为四川省劳动竞赛优胜单位。大力推进企业文化融合提升，积极探索实施员工帮助计划(EAP)。党建思想文化工作促进队伍建设、生产经营同步协调健康发展，年内，1人获全国五一劳动奖章，1人获四川省五一劳动奖章，1人获中央企业劳动模范、1个基层单位获中央企业先进集体、1人获全国五一巾帼标兵称号，一批先进集体和个人受到各级表彰奖励。

(付承生)

【党的群众路线教育实践活动取得显著成效】 2013年，西南油气田认真贯彻落实中央和石化集团公司党组的要求，以"打造中石化西南铁军，促进双百亿气田建设"为载体，深入开展党的群众路线教育实践活动。坚持边学边改、边查边改、边整边改、立行立改，推动一批突出问题有效解决，促进党员干部作风持续改进；积极回应职工群众的关切和期盼，对职工群众提出的意见、建议和相关诉求，逐一明确责任领导、责任部门研究处理，做到事事有落实、件件有回音；新建和修订一批务实管用的制度，进一步健全完善作风建设长效机制。认真贯彻中央"八项规定"精神和石化集团公司党组"实施细则"，细化落实29条具体措施，工作作风明显转变，文山会海得到遏制，节俭氛围日益浓郁，招待费同比下降27%，会议费同比下降35%，"六项重点费用"比年度预算下降24%。

(付承生)

表1 西南油气田主要技术经济指标 亿元

指标名称 \ 年份	2013	2012	2011	2010	2009	2008
工业总产值						
西南石油局	—	—	54.22	40.33	—	22.80
西南油气分公司	45.42	39.81	35.71	31.75	27.49	27.12
工业增加值						
西南石油局	—	—	16.31	13.78	—	5.36
西南油气分公司	10.24	5.29	20.27	18.02	15.60	—
资产总计						
西南石油局	30.05	61.77	106.44	92.69	27.41	26.36
西南油气分公司	340.92	271.85	220.53	199.24	148.12	128.53

续表

指标名称 \ 年份	2013	2012	2011	2010	2009	2008
流动资产						
西南石油局	8.03	37.29	48.66	40.52	7.08	6.68
西南油气分公司	17.02	3.20	6.35	31.32	10.33	9.72
固定资产原值						
西南石油局	21.78	17.96	65.00	64.01	22.28	20.59
西南油气分公司	271.20	222.28	196.51	165.53	137.18	110.30
固定资产净值						
西南石油局	16.31	17.22	40.66	41.59	15.26	14.43
西南油气分公司	109.75	85.29	91.46	81.16	65.89	60.49
销售收入						
西南石油局	28.67	35.47	100.50	74.55	23.87	22.04
西南油气分公司	45.40	39.82	35.83	31.78	27.62	27.12
实现利税						
西南石油局	2.31	1.03	10.15	3.17	1.00	—
西南油气分公司	-27.96	-18.07	-12.33	-14.43	-6.68	-13.68
税　金						
西南石油局	1.37	1.41	9.59	5.07	1.77	—
西南油气分公司	2.65	2.32	3.04	1.41	1.32	-9.14
综合能耗/吨标煤·万元$^{-1}$						
西南石油局	0.03	—	0.41	0.48	0.05	0.05
西南油气分公司	0.57	0.57	0.57	0.93	0.80	0.78

表 2　　西南油气田主要生产建设指标

指标名称 \ 年份	2013	2012	2011	2010	2009	2008
原油产量/万吨	2.23	2.20	2.07	2.50	2.68	3.01
天然气产量/亿立方米	32.25	29.61	28.01	27.16	29.02	27.05
新增原油生产能力/万吨	0.32	0.30	0.05	1.90	—	0.30
新增天然气生产能力/亿立方米	7.41	6.50	3.36	2.56	4.74	0.03
新增原油地质储量/万吨	—	—	—	170.70	221.32	125.27
新增天然气地质储量/亿立方米	4 430.57	2 060.16	2 076.41	1 839.04	1 580.45	1 953.00
完成二维地震采集量/千米	—	4 840.00	8 440.00	4 512.00	5 805.00	3 787.00
完成三维地震采集量/平方千米	799.48	2 538.00	2 456.00	2 060.00	2 271.00	1 543.00

续表

指标名称 \ 年份	2013	2012	2011	2010	2009	2008
完成钻井数/口	183	384	371	335	—	—
完成进尺数/万米	49.54	120.33	112.00	95.23	—	—
勘探开发投资额/亿元	78.92	83.03	62.82	39.51	35.56	33.72

东北石油局暨东北油气分公司

【概况】 中国石化集团东北石油局(简称东北石油局)和中国石油化工股份有限公司东北油气分公司(简称东北油气分公司)是中国石化在东北地区唯一一支从事石油天然气勘探开发研究的主体专业化油公司。本部机关位于吉林省长春市西安大路4936号。

东北石油局和东北油气分公司前身成立于1977年，2000年并入中国石化，2008年1月9日，中国石化将原东北分公司、东北石油局、勘探北方分公司、华东分公司吉林项目部腰英台油田重组为新的东北石油局暨东北油气分公司，按大Ⅰ型企业管理，实行“一套班子、两块牌子”的管理体制。

截至2013年底，东北石油局和东北油气分公司下设16个机关处室、7个附属机构、7个二级单位和2个派出机构；共有正式职工1 175人，其中拥有高级技术职称的198人、中级技术职称的267人。

截至2013年底，东北油气分公司辖有油气勘查与采矿区块34个，总面积约10.54万平方千米，分布在黑龙江省、吉林省、辽宁省和内蒙古自治区。其中，油气勘查区块26个，勘查面积约10.47万平方千米；采矿区块8个，开采面积约649.96平方千米。油气总资源量28.07亿吨油当量。已获得累计石油探明储量1.08亿吨、累计天然气探明储量766.08亿立方米。

东北石油局和东北油气分公司主要技术经济指标和主要生产建设指标见表1和表2。

(吴　瑶)

【油气勘探取得丰硕成果】 2013年，东北油气分公司完成新增探明石油地质储量261.17万吨，技术可采储量39.18万吨；新增探明天然气地质储量7.89亿立方米，技术可采储量3.55亿立方米；新增控制石油地质储量705.94万吨，新增控制天然气地质储量102.12亿立方米；新增预测石油地质储量1 028.59万吨，新增预测天然气地质储量234.32亿立方米。取得了2个重要发现、2个新发现、3个好苗头的丰硕成果。

2个重要发现：①龙凤山构造北2井营城组、沙河子组获工业气流，长岭断陷南部天然气勘探获得重要发现；②彰武5井、彰武8井获得工业油流，彰武断陷沙海组、义县组新层系取得突破。

2个新发现：①梨树南部金山地区金古1井获工业气流，基岩潜山取得突破，实现金山地区5套含气层系均获工业气流，整体具有500亿立方米天然气地质储量规模；②胜利5井泉头组获工业油流，伏龙泉断陷石油勘探获新发现。

3个好苗头：①双104井沙河子组获低产油流，长岭东岭地层圈闭勘探见到好苗头；②辽西3井太古界获低产油流，辽河西缘潜山勘探见到好苗头；③前参2井获低产油流，三江盆地勘探见到好苗头。

(吴　瑶)

【开发水平不断提高】 2013年，东北油气分公司通过不断优化油田新老区产能建设结构，深化油藏再认识，加大油水井措施力度，细化研究评价金山气田潜力方向，开发水平不断提高。全年生产原油21.69万吨，新建原油产能4.32万吨；生产天然气6亿立方米，新建天然气产能1.47亿立方米。

(吴　瑶)

东北油气分公司召开2013年增储上产誓师大会

【重点工程全力推进顺利实施】 2013年，东北油气分公司成立彰武项目经理部，加强生产运行与开发管理，缩短试油投产时间和完井周期，原油就地销售，实现了彰武油田安全、高速产能建设。苏家屯区块开展厂院联合攻关，落实高效产能扩建区，百万吨产能建设投资59亿元，产能建设达标率达到152%。松南气田登娄库产能建设部署，方案设计10口井全部完钻，投产9口，顺利完成1.9亿立方米产能建设，平均日产气60万立方米，为冬季稳产保供奠定了基础。伏龙泉气田细化落实单井层间潜力，实施层间接替，措施产量达785万立方米，借助华润项目，实现增产增效。

（吴　瑶）

【钻完井提速提效发挥威力】 2013年，东北油气分公司通过基础研究、优化井身结构、优化高效PDC钻头、推广复合钻井技术，引进应用涡轮+孕镶金刚石钻头、旋冲钻井技术、防斜技术，优选钻井液体系和完井水泥浆体系等提速技术措施，形成了彰武地区低成本钻完井工艺技术和深井深层提速技术，钻完井指标得到整体提高。全年平均机械钻速5.35米/时、同比提高5%，钻井周期36.6天、降低9.5%，完井时间6.4天、降低8.5%，综合评定质量优良率80.4%，固井质量优良率70.5%，岩芯收获率96.41%，圆满完成年度钻井目标，加快了产能建设步伐。

（吴　瑶）

油建队在寒冬环境下作业生产

【抗震自救积极应对自然灾害】 2013年10月31日和11月23日，东北油气分公司松南采气厂和长岭采油厂区域连续发生5级以上地震，最高震级达5.8级，震源深度为9千米，东北石油局和东北油气分公司迅速启动地震灾害应急处置预案，组织安排抗震自救，成立抗震救灾应急小组，召开抗震自救现场会，确定10项应急措施。领导班子成员带队轮流到震区值班，稳定干部职工情绪，安置受灾人员，积极组织抗震自救、恢复生产，先后购置野营房、厨房车等147套，用于解决员工的生活、办公、食宿、取暖等问题。震后，面对生产、生活设施严重受损的状况，长岭采油厂和松南采气厂干部职工在确保安全的基础上，建立临时处理和注水流程，全面检查集输处理系统，实现了产量的快速恢复，弘扬了敬业精神。

（吴　瑶）

【推进业务外包和用工形式转换】 2013年，东北石油局和东北油气分公司被石化集团公司列为调整经营方式、规范用工管理工作试点单位，按照“先内后外、成本经济、积极稳妥”的原则，克服少数劳务派遣人员及部分职工不理解、不支持的特殊困难，根据不同单位业务性质和特点，统筹运行，单独操作，做到成熟一个、外包一个，确保生产生活稳定。油气生产主体专业岗位（工种）由系统内其他油田承揽；油气生产辅助岗位（工种）由社会化公司承担；后勤辅助岗位（工种）由专门的物业服务公司承担。通过推进业务外包工作与用工形式的转换，用工总量同比减少550人，原劳务派遣人员中，有250人直接与劳务派遣公司解除劳动合同，并终止劳务派遣，有263人转到新业务外包公司工作。

（吴　瑶）

【天然气推价增效明显】 2013年，根据国家发改委关于调整天然气价格的要求，东北油气分公司积极开展天然气推价工作，与吉林省物价局充分沟通，对城市燃气企业用气结构进行重新核实。经过多轮商洽，城市燃气企业按照东北油气分公司重新核定的居民、非居民比例，划分用气量，所有用户都按分公司价改方案结算。推价后，非居民用气比例从原来的57%提高到67%，2013年7月10日后，天然气价格每千立方米提高200元，实现了天然气推价增效的目的。

（吴　瑶）

【开展合资合作】 2013年，东北油气分公司充分利用上游资源优势，提高经济效益，扩大发展空间，通过与系统内外企业合资合作，与新大公司合资成立东大天然气公司，共同建设乌兰图嘎—农安的天然气输气管道；与新星石油公司、新大公司合资开发地热，力求多元发展。

（吴　瑶）

表 1　　**东北石油局和东北油气分公司主要技术经济指标**　　亿元

指标名称 \ 年份	2013	2012	2011	2010	2009	2008
工业增加值	10.70	5.46	4.35	2.45	0.95	2.89
东北油气分公司	8.63	5.20	4.02	2.45	0.95	2.75
东北石油局	2.07	0.26	0.33	—	0.14	0.13
资产总计	72.71	63.85	50.34	52.12	46.84	47.33
东北油气分公司	70.73	61.22	48.32	50.45	45.17	45.59
东北石油局	1.98	2.63	2.02	1.67	1.67	1.74
流动资产	2.93	3.22	2.25	7.10	3.08	2.30
东北油气分公司	1.90	1.59	1.41	6.73	2.19	1.43
东北石油局	1.03	1.63	0.84	0.37	0.89	0.87
固定资产原值	100.56	77.47	67.96	61.43	57.28	42.64
东北油气分公司	99.52	76.43	66.92	60.52	56.38	41.60
东北石油局	1.04	1.04	1.04	0.91	0.90	1.04
固定资产净值	46.77	29.20	25.64	23.96	25.16	29.30
东北油气分公司	46.35	28.74	25.11	23.43	24.60	28.65
东北石油局	0.42	0.46	0.53	0.53	0.56	0.65
销售收入	22.03	22.11	17.41	12.53	8.70	12.65
东北油气分公司	19.96	19.65	16.25	12.27	8.67	12.32
东北石油局	2.07	2.46	1.16	0.26	0.03	0.33
实现利税	-0.35	-1.93	-2.72	-3.68	-15.81	-1.66
东北油气分公司	-0.59	-1.95	-2.83	-3.72	-15.84	-1.91
东北石油局	0.24	0.02	0.11	0.04	0.03	0.25
税　金	2.75	1.06	0.24	0.24	0.19	0.31
东北油气分公司	2.52	0.85	0.17	0.24	0.19	0.24
东北石油局	0.23	0.21	0.07	0.004	0.003	0.07
综合能耗/吨标煤·万元$^{-1}$	0.69	0.65	0.61	0.62	0.65	0.49

表 2　　**东北油气分公司主要生产建设指标**

指标名称 \ 年份	2013	2012	2011	2010	2009	2008
原油产量/万吨	21.69	22.00	21.01	22.51	24.12	24.72
天然气产量/亿立方米	6.00	5.10	3.81	3.95	2.22	1.40
新增原油生产能力/万吨	4.32	5.33	2.50	3.50	2.50	9.96
新增天然气生产能力/亿立方米	1.47	1.51	2.35	0.53	2.81	2.26

续表

指标名称 \ 年份	2013	2012	2011	2010	2009	2008
新增探明石油地质储量/万吨	261.17	1 022.66	1 013.73	634.55	788.30	1 875.93
新增探明天然气地质储量/亿立方米	7.89	—	26.79	42.99	126.85	51.05
二维地震/千米	914.44	2 555.06	3 908.00	1 719.00	2 111.00	1 456.19
三维地震/平方千米	660.34	295.41	602.00	213.00	490.00	661.61
石油钻井/口	151	132	70	74	103	282
探　井	43	52	27	30	30	32
开发井	108	80	43	44	73	250
钻井进尺/万米	33.98	33.92	16.16	17.37	22.27	62.00
勘探投资/亿元	8.57	10.26	9.50	6.27	8.37	8.04
开发投资/亿元	11.24	12.20	4.40	5.05	8.79	18.44

华北石油局暨华北分公司

【概况】 中国石化集团华北石油局(简称华北石油局)和中国石油化工股份有限公司华北分公司(简称华北分公司)的前身为组建于1975年5月的河南石油普查勘探指挥部，1997年并入中国新星石油公司，2000年随中国新星石油公司整体并入石化集团公司，2002年5月，根据石化集团公司重组改制总体部署，华北石油局完成了上市、存续重组改制工作，组建了中国石化新星公司华北石油局和中国石油化工股份有限公司新星华北分公司，2003年7月分别划归石化集团公司、石化股份公司直接管理。2013年1月，按照石化集团公司关于石油工程专业化重组和矿区(社区)管理体制调整的总体部署，对石油工程和社区板块进行了分离，成立华北石油工程有限公司，实现了油公司、工程公司和社区业务“三分开”。

华北石油局和华北分公司本部位于河南省郑州市陇海西路199号。油气生产基地位于陕西省榆林市、延安市、咸阳市，内蒙古鄂尔多斯市，宁夏盐池县和甘肃省庆阳市、平凉市。

截至2013年底，华北石油局和华北分公司建有1套党政领导班子(成员共8人)，下设31个职能处室、17个二级单位。拥有正式职工2 977人，劳务工2 702人；其中具有教授级高级职称的19人、高级技术职称的463人。

华北石油局主要负责社区管理，拥有郑州、新乡、咸阳、榆次、须水5个社区管理服务中心。

华北分公司主要从事油气勘探开发、生产和销售业务。截至2013年底，华北分公司拥有油气勘探开发区块18个，总面积4.10万平方千米。其中，鄂尔多斯盆地12个，合计面积2.49万平方千米；汾渭盆地1个，面积2 930.23平方千米；沁水盆地1个，面积5 413.49平方千米；南华北盆地1个，面积7 055平方千米；二连盆地2个，合计面积541.31平方千米；巴丹吉林盆地1个，面积102.10平方千米。累计拥有石油探明储量2.13亿吨，控制储量2.84亿吨，预测储量3.37亿吨；累计拥有天然气探明储量5 258.15亿立方米，控制储量4 362.89亿立方米，预测储量4 114.59亿立方米。

2013年，华北石油局和华北分公司被石化集团公司评为安全生产先进单位、土地管理先进单位、稳定工作先进单位；第一采油厂、勘探开发研究院和九普油气建设工程公司获河南省五一劳动奖状。

华北石油局和华北分公司主要技术经济指标和主要生产建设指标见表1和表2。

(林彦兵　张新悦)

【领导班子调整】 2013年1月18日，石化集团公司下文，决定任命王程忠为华北石油局党委书记、华北分公司副总经理。8月6日，石化股份公司下文，决定任命郝蜀民为华北分公司总地质师(仍任华北分公司副总经理)，李建山为华北石油局党委副书记、华北分公司副总经理。

（张新悦）

【全面超额完成储量任务】 2013 年，华北分公司完成石油控制储量 8 496.13 万吨，为年度任务的 106.20%；预测储量 1.28 亿吨，为年度任务的 128.18%；预计提交探明储量 1 481.55 万吨。完成天然气控制储量 1 265.12 亿立方米，为年度任务的 126.51%；预测储量 1 151.19 亿立方米，为年度任务的 115.12%。

（张新悦）

【生产经营指标创历史新高】 2013 年，华北石油局和华北分公司合并油气产量 404 万吨当量，其中分公司自营油气产量 396.81 万吨当量，同比增加 98.17 万吨当量。销售 382.08 万吨当量，其中销售天然气 33.09 亿立方米，销售原油 51.18 万吨。华北分公司实现经营总收入 85.28 亿元，同比增加 13.83 亿元，其中油气销售收入 68.96 亿元，同比增加 23.1 亿元，增幅 50.37%。

（张新悦）

【油气勘探取得一批重大成果】 2013 年，华北分公司圆满完成年度油气勘探目标任务，成果显著，可归纳为 2 项重大突破，6 项重要进展。

2 项重大突破：①旬邑—宜君地区长 3 亿吨级储量规模阵地形成，提交控制储量 8 496.13 万吨，预计提交探明储量 1 481.55 万吨；②杭锦旗多层系立体勘探获重大突破，新增控制储量 1 265 亿立方米，预测储量 520 亿立方米。2 项突破均获 2013 年度石化股份公司商业油气发现一等奖。

6 项重要进展：①镇泾区块致密油勘探稳步推进，代家坪提交长 8 预测储量 1.3 亿吨；②彬长区块长 8 油藏、长 7 油藏勘探取得新进展，长 8_1 油藏范围进一步扩展；③麻黄山西区块北部油气成果持续扩大，落实长 8_1 圈闭资源量 4 000 万吨，初步控制长 7 圈闭资源量 2 450 万吨；④定北区块油气成果持续扩大，柳杨堡区带盒 1 段提交预测储量 631 亿立方米，获 2013 年度石化股份公司商业油气发现二等奖；⑤大牛地区块奥陶系储产量接替初步形成，初步落实控制储量规模 320.78 亿立方米；⑥鄂南天然气勘探取得新发现，镇泾区块代参 1 井试获工业气流，展示了鄂南天然气勘探的良好前景。

（张新悦）

【石油上产会战取得重大进展】 ①油气成藏富集规律认识进一步深化。总结形成“主源定型、高压封闭、断缝疏导、近源成藏、相控储层、物性控富”的油气成藏模式，明确“有效烃源岩 + 富油断层 + 网结河道”的富集高产主控因素，为开发目标优选、开发效果提升提供有力支撑。②三维地震应用效果显著。攻克黄土塬三维地震采集处理技术难题，初步形成以“相干体 + 二阶导断缝识别预测、多级河道反射结构特征描述”为主的全层系三维地震储层综合预测评价技术。红河、泾河、宁东等油田的砂体预测符合率达 85% 以上，渭北油田 3 万吨产能建设区 103 口定向井砂岩钻遇率和油层钻遇率均达 100%。③致密超低渗油藏开发技术体系基本形成。以“三维地震 + 水平井分段压裂”为主导的开发技术体系在红河油田实现规模建产，新建原油产能 84.26 万吨，产能建设达标率 88.7%，成果基本达到预期。洛河油田、泾河油田等新区水平井分段压裂技术全面取得产能突破，渭北油田直井注直井采注水补充能量开发先导试验初见成效，鄂南油田建设有望步入有效开发新阶段。④会战支撑体系初步形成。构建形成以大生产运行、全员投资和成本目标管理、基层 HSE 管理等为核心的会战支撑保障体系，科研生产、运行组织、地面工程、企地协调等多方联动工作网络协同推进，有力保障了会战质量和效益不断提升。

（林彦兵）

【安全环保保持平稳态势】 2013 年，华北石油局和华北分公司着力加大 HSE 考核范围和力度，构建形成上下齐抓共管的特色 HSE 工作体系。总结汲取青岛“11·22”特别重大责任事故沉痛教训，全面启动安全隐患排查治理，建立企地联动应急救援体系，推进承包商达标化管理，加强重点薄弱环节监管，作业现场本质安全进一步增强。开展建设项目职业危害预评价和职业卫生基础建设活动，着力构建职业健康管理网络，职业卫生工作水平明显提升。修订环境管理体系文件，开展大牛地、红河、宁东、渭北等建设项目环境保护宣传教育活动，落实污染防治和生态恢复，加强污水倒运和固废处置运行监管，清洁生产工作质量不断提高。大牛地气田、东胜气田试采天然气 CNG 回收业务实现增产增收，架设油气田电网，应用不含醇污水处理工艺，节能减排工作形成新的效益增长点。大会战形势下，HSE 各项指标保持“六个零、十个百”，连续 3 年被石化集团公司评为安全生产先进单位。

（张新悦）

【科技创新战略支撑能力明显提升】 2013年，华北石油局和华北分公司共承担国家重大专项课题2个、省部级科研项目27项，实施局级科研项目110项。获石化集团公司科技进步一等奖2项，首次获得河南省科技进步一等奖和郑州市科技进步特等奖各1项。黄土塬三维地震采集处理及储层预测评价、二级井身结构水平井套管固井完井及分段压裂等技术有力促进了红河油田提速提效，裂缝形态识别、丛式井优快钻完井、整体压裂工艺等技术在渭北油田集成应用效果显著，以“三维立体辅助设计跟踪”为核心的水平井分段压裂及配套技术进一步提升了大牛地气田的开发效果，抗高温高性能钻井液体系、碳酸岩储层水平井大规模酸压等工艺不断完善。制定中国石化标准4项，制定并发布华北分公司物资装备采购二级企业标准58项，新立二级企业标准12项，申请专利29项，其中发明专利18项，获授权专利17项(包括发明专利5项)。

(张新悦)

【扶贫援建“惠民路”竣工通车】 2013年3—5月，华北石油局和华北分公司受石化集团公司委托在甘肃东乡县扶贫援建“惠民路”。局、分公司仅用2个月时间建成宽5米、长20千米的水泥盘山公路，使甘肃省干部群众深为感动。

(张新悦)

【党的群众路线教育实践活动成果突出】 2013年，华北石油局和华北分公司根据石化集团公司党组关于深入开展党的群众路线教育实践活动统一部署和要求，成立领导组织机构，制定活动《实施方案》和运行大表，深入开展基层调研和“三学”学习讨论；精心准备、组织召开局、处两级领导班子专题民主生活会，认真开展批评和自我批评；针对查找出来的4类29项制约企业发展的突出“四风”问题，制定会议费、调研检查、公务(商务)接待等《管理暂行办法》，印发《关于重申禁止公车私用、参与赌博、大操大办婚丧嫁娶事宜等几项纪律》的通知，16项问题已整改到位；扎实组织教育实践活动“回头看”，召开领导干部座谈会，研究企业中长期发展规划和配套发展战略等重大问题，高质量完成“学习教育、听取意见”“查摆问题、开展批评”“整改落实、建章立制”等环节的主要工作。

(张新悦)

【纪念活动丰富多彩】 为纪念中国石化成立30周年暨大牛地气田开发10周年，华北石油局党委部署开展“忆传统、树信心、强责任、增效益”主题教育活动和“情系鄂尔多斯”主题宣传活动；7月，华北石油局党委组织的系列文化活动在新乡基地举行，活动包括表彰获河南省五一劳动奖状、五一劳动奖章、中国石化先进集体劳动模范的单位和个人，书法绘画摄影展和文艺演出等。

(张新悦)

扶贫援建“惠民路”全景

表彰中国石化先进集体和劳动模范晚会现场

表1 华北石油局和华北分公司主要技术经济指标 亿元

指标名称＼年份	2013	2012	2011	2010	2009	2008
工业总产值	69.53	91.84	66.82	52.11	41.31	32.88
华北石油局	1.51	44.98	32.54	22.81	18.86	18.27
华北分公司	68.02	46.86	34.28	29.30	22.45	14.61
工业增加值	24.22	41.99	33.11	28.98	24.24	19.54

续表

指标名称 \ 年份	2013	2012	2011	2010	2009	2008
华北石油局	1.18	12.80	10.76	8.32	7.22	7.68
华北分公司	23.14	29.19	22.35	20.66	17.02	11.86
资产总计	309.60	276.36	158.56	125.19	110.46	110.79
华北石油局	6.45	42.65	36.45	28.82	27.41	26.30
华北分公司	303.15	233.71	122.11	96.37	83.05	84.49
流动资产	16.75	39.74	18.59	15.62	12.41	38.26
华北石油局	3.83	17.83	12.95	7.55	9.35	10.61
华北分公司	12.92	21.91	5.64	8.07	3.06	27.65
固定资产原值	356.50	274.13	184.38	152.89	130.59	23.94
华北石油局	5.13	32.26	29.82	27.50	24.07	20.40
华北分公司	351.37	241.87	154.56	125.39	106.52	3.54
固定资产净值	220.15	179.92	108.63	92.92	84.81	16.41
华北石油局	2.28	19.68	18.61	16.96	15.84	13.67
华北分公司	217.87	160.24	90.02	75.96	68.97	2.74
销售收入	90.01	131.84	84.72	63.50	52.06	48.51
华北石油局	4.73	60.39	40.70	28.44	24.07	21.68
华北分公司	85.28	71.45	44.02	35.06	27.99	26.83
实现利税	-18.93	9.35	14.31	9.04	4.49	13.26
华北石油局	0.87	4.94	4.18	2.30	2.12	3.29
华北分公司	-19.80	4.41	10.13	6.74	2.37	9.97
税　金	7.55	8.72	7.90	4.26	2.86	2.22
华北石油局	0.82	4.74	3.67	1.65	1.85	1.42
华北分公司	6.73	3.98	4.23	2.61	1.01	0.80
综合能耗/吨标煤·万元$^{-1}$	0.29	0.38	0.37	0.49	0.48	0.48
华北石油局	0.20	0.43	0.43	0.47	0.48	0.48
华北分公司	0.38	0.39	0.32	0.50	0.48	0.47

表2　　华北分公司主要生产建设指标

指标名称 \ 年份	2013	2012	2011	2010	2009	2008
油气产量/万吨	396.81	302.49	248.65	236.14	203.80	203.06
新增油气生产能力/万吨	46.86	147.46	46.84	43.60	125.00	21.96
新增油气探明储量地质储量/万吨	1 668.69	21 839.00	7 304.00	3 887.00	2 784.83	2 529.20

续表

指标名称＼年份	2013	2012	2011	2010	2009	2008
三维地震/平方千米	3 493.00	1 554.00	1 558.00	102.99	240.00	—
二维地震/剖面千米	—	1 394.00	2 127.00	2 325.30	560.30	750.00
油气钻井/口	751	758	399	245	223	149
探　井	149	314	161	75	72	18
开发井	602	444	238	170	151	131
钻井进尺/万米	191.73	223.36	76.50	68.39	17.82	38.47
勘探投资/亿元	29.29	23.41	11.41	7.02	6.25	2.61
开发投资/亿元	106.44	99.74	33.93	16.36	11.04	12.46

华东石油局暨华东分公司

【概况】 中国石化集团华东石油局(简称华东石油局)和中国石油化工股份有限公司华东分公司(简称华东分公司)是中国石化常规与非常规油气勘探开发的专业队伍。本部位于南京市建邺区江东中路315号中泰国际广场6号楼。华东石油局前身是江苏省石油勘探指挥所，成立于1970年5月6日，1997年1月归入中国新星石油公司。2000年4月随新星石油公司整体并入石化集团公司，2003年5月，华东石油局和华东分公司分别调整为石化集团公司和石化股份公司直接管理。2012年11月8日，华东石油局专业工程公司划出，成立中石化华东石油工程有限公司。

截至2013年底，华东石油局和华东分公司共设有职能部门和党群工作部门23个(华东石油局6个、华东分公司17个)，下属生产科研单位10个(华东石油局4个、华东分公司6个)，用工总量3 777人，其中在职职工1 889人(华东石油局444人、华东分公司1 445人)，劳务工1 847人(华东石油局276人、华东分公司1 571人)。具有各类高级专业职称的307人，中级专业职称的377人；2人享受政府特殊津贴。

截至2013年底，华东分公司在苏北和下扬子拥有油气勘探区块16个，总探矿权面积为2.60万平方千米，其中苏北油气勘查面积为3 936.57平方千米，下扬子中古生界油气勘查面积为2.21万平方千米；石油矿产开发权区块6个，面积约354.97平方千米；在山西、陕西、河南、安徽、宁夏、内蒙古、贵州等地拥有非常规勘探区块14个，其中煤层气勘探区块11个、总面积2.12万平方千米、含煤面积1.31万平方千米、煤层气资源量1.86万亿立方米，页岩气勘探区块3个、面积1.63万平方米、预测页岩气地质资源量1.69万亿立方米。

华东石油局和华东分公司主要技术经济指标和主要生产建设指标见表1和表2。

(廖志英)

【推进延川南5亿立方米煤层气产能建设】 2013年4月23日，华东分公司《延川南煤层气田5亿立方米产能建设开发方案》获审查通过，该方案拟于2013—2014年在延3区块和延1区块中部的2#煤层计131.8平方千米含气区域中，动用地质储量136.3亿立方米，实施钻井908口(其中老井100口、2013年新钻300口、2014年508口)，修建平台142个，采用350米×300米矩形井网，直井、定向井压裂排水采气方式，一套层系开发；地面工程采用井组到集气站、集气站到中心处理站两级布站方式；单井日产气能力延1区块1 350立方米，延3区块1 800立方米；新建产能5亿立方米，建成中国石化第一个非常规气田。

2013年5月产能建设工程开工，截至年底完成钻井进尺47.47万米，完井344口，压裂242口。钻井周期比建产初期缩短20%，钻机台月效率同比提高15%，单井综合投资比中国石化总部下达指标降低2.5%。地面电网、集输管网完成10千伏电网、工程线路65千米架设施工，地面管网完成30千米PE(聚乙烯)管焊接。新建产能1.89亿立方米。

(廖志英)

华东 20521 井队工人在延川南 5 亿立方米产能建设 W95 平台上作业 （章 铮 摄）

【苏北油田原油产量再创新高】 2013 年，华东分公司针对苏北复杂小断块油藏特征，进一步深化油藏地质、剩余油分布规律研究，强化以完善注采系统为核心的综合治理，实现年原油产量 30.26 万吨，同比增加 6.75 万吨，增幅 28.7%，单井日产油 2.7 吨，老区标定采收率 27%，年综合含水率下降 4.1%，自然递减率稳定在 14.7% 左右。在茅山油田阜三段油藏部署新钻井 6 口，根据剩余油饱和度分布规律研究及油藏地质再认识，利用老井形成 6 注 10 采的井网，通过新井和老井措施，新增产能 6 900 吨，油田日产油由 5 吨上升到 30 吨。

（廖志英）

【发现和提交一批储量与圈闭】 2013 年，华东分公司提交常规油气探明储量 242.25 万吨，控制储量 604 万吨，分别为年计划的 121% 和 177%；非常规油气勘探在万宝山构造带黄河以东地区 2# 煤层提交煤层气探明地质储量 102.39 亿立方米，含气面积 109.6 平方千米。在溱潼、海安、下扬子探区发现港口、花家庄、蒋垛等 12 个三级圈闭、45 个四级圈闭，新发现圈闭叠加面积 660.29 平方千米，地质资源量 3.20 亿吨，可采资源量 1 821.47 万吨，其中Ⅰ类圈闭面积 104.10 平方千米，地质资源量 7 558.94 万吨，可采资源量 500.89 万吨；Ⅱ类圈闭面积 555.93 平方千米，地质资源量 2.44 亿吨，可采资源量 1 333.17 万吨。

（廖志英）

【南川志留系页岩气勘探取得新发现】 2013 年，华东分公司在川东南地区优选南川断鼻、古蔺斜坡 2 个有利目标，分别部署实施南页 1 井、仁页 1 井，探索盆内断鼻与斜坡 2 种不同构造样式志留系页岩气勘探潜力。南川断鼻南页 1 井钻遇优质页岩，厚度、地化指标、物性及矿物组成等评价指标优越，且地层压力高，保存条件好。南川断鼻有利面积 155 平方千米，资源量 1 453 亿立方米。新发现具有类似条件的大观断鼻面积 96 平方千米，资源量 870 亿立方米。运用地震资料分频处理技术预测古蔺斜坡页岩含气性，认为古蔺斜坡目的层压力系数较高，有利于页岩气富集、高产，具有整体含气、局部富气、连片分布的特征。通过地震地质综合评价，古蔺斜坡有利区面积 507 平方千米，资源量 2 197 亿立方米。

（廖志英）

【织金区块煤层气勘探实现多点突破】 2013 年，华东分公司在织金岩脚向斜通过钻井，揭示了龙潭组煤层单层厚度 1—2 米，累计厚度 25—30 米，煤层数 27—29 层，埋深小于 1 500 米，煤体结构为原生碎裂煤，有利区面积 1 112 平方千米，资源量 2 240 亿立方米。探明岩脚向斜东部的珠藏次向斜为一个整体抬升的完整含煤次向斜，构造改造弱，煤层发育较好，珠藏次向斜煤层气探井和煤田钻孔资料表明，龙潭组可采煤层数 12—18 层，累计厚度 20—30 米，单层厚度 1—2 米，埋深小于 800 米，含气性条件优越，含气量普遍较高，煤储层变形适中、可采性好，构造有利区范围 67.5 平方千米，煤层气资源量 148 亿立方米，织金区块龙潭组纵向发育有上、中、下 3 个煤组。综合评价得出：中、下煤组厚度较大，煤层横向连续性好，煤体结构以原生碎裂煤为主。织 4 井、织 5 井分别采用三段分压、二段分压合采获得较好效果，单井最高日产气量均超过 2 000 立方米。

（廖志英）

【立体评价证实茅山构造带立体成藏特征】 2013 年，华东分公司依托高精度叠前深度和叠前时间偏移资料，重点针对西北斜坡茅山有利成藏区带实施立体评价。运用沉积微相分析、储层预测技术，明确砂体展布，在戴南组发现超覆尖灭型油藏，预计圈闭资源量1 000万吨。围绕溱潼凹陷西北斜坡戴南组岩性、阜三段目标开展构造解释、岩性圈闭边界描述，在帅垛油田新增戴南组可动用储量100万吨，在溱潼凹陷西北斜坡带实施的陈2井试获日产61.4吨工业油流。应用输导体系研究及老井反馈、成藏综合评价技术，优选圈闭。在整个茅山构造带落实阜宁组三段规模储量2 120万吨，已提交预测储量618万吨。该成果证实茅山断层是区域重要的导油断层，茅山构造带具有立体成藏、连片含油的特征。整个西北斜坡储量规模预计3 000万吨。

（廖志英）

【金湖凹陷阜三段油气勘探取得新发现】 2013年，金湖探区坚持勘探开发一体化，实现滚动扩边与产能评价一体化。3月13日，在钱王庄地区部署的钱1井于阜二段底砂组压裂获日初产26吨高产油流，截至年底，累计产油2 554.75吨。随后实施的钱101井及钱102井均在阜二段泥灰岩段获得突破，其中钱102井泥灰岩段裂隙油藏日初产原油15吨。陈庄1井在孔隙度仅为8%、声波时差234微秒/米的层段压裂获日产原油1.11吨。成功实施的金南1井、金南3井共同揭示了阜三段具有一定的储量规模，使得在寻找规模储量的基础上，探寻局部高产富集带、落实可动用储量取得重要进展。在“源储一体，物性控油”认识的基础上，通过老井反馈、储层预测、油层再认识，表明金湖凹陷阜三段成藏具有广泛含油、高带富集的特征。发现金南阜宁组二段、三段具有2 500万吨储量规模的连片含油区带，新增预测储量440万吨。

（廖志英）

【草舍油田提高采收率先导试验成果达到国际领先水平】 草舍油田Et（泰州组）油藏二氧化碳驱提高采收率先导试验项目于2003年9月实施，历时10年，形成了适合苏北复杂断块油藏二氧化碳驱的方案编制，二氧化碳气的采集输贮，二氧化碳注采、防腐、防结垢（沥青质沉淀）、防气窜、动态监测、效果评价和二氧化碳回收循环利用等配套工艺技术系列。其中，“二氧化碳液态增压注入流程，精馏与低温提馏耦合新型二氧化碳驱油产出气回收分离工艺技术”“二氧化碳混相驱油效果评价的指标体系、评价方法、评价标准”为自主创新技术。截至年底，草舍油田Et油藏二氧化碳混相驱油已累计增油7.2万吨，提高采收率6.1%（按二氧化碳井网实际控制储量98万吨计算），数模预测评价期末提高最终采收率16.8%。项目组共公开发表论文34篇，编著专著1部，编制石化股份公司标准1项。申报国家专利5项（其中发明专利3项），获得发明专利授权2项，实用新型专利授权2项。2013年5月，中国石化科技开发部组织的专家鉴定委员会认为：草舍油田Et油藏二氧化碳提高采收率先导试验成果丰硕，经济、社会效益显著，技术成果整体达到国际领先水平，对二氧化碳提高采收率具有重要的示范作用，推广应用前景广泛。

（廖志英）

【2项成果获中国地质学会奖项】 2013年1月28日，华东分公司“川东南彭水地区海相页岩气找矿项目”和“延川南煤层气气田项目”分别获中国地质学会颁发的“十大地质科技进展成果奖”和“十大地质找矿成果奖”。

（廖志英）

【技术攻关形成煤层气技术系列】 2013年，华东分公司加强延川南煤层气开发基础应用及关键技术研究，在煤岩实验分析的基础上，提出“五段三压式”排采制度，通过对延川南煤层气钻井液体系的优选、水平井井身结构的优化、水平井井身轨迹控制、水平井连通技术及固完井技术的攻关，探索出填、探、通、下、固、扫、洗的“七步式”固井工艺流程、煤层段水平井井壁稳定技术、煤层水平井井眼轨迹控制技术、RMRS（旋转磁测距系统）强磁精确连通技术、U型和V型水平连通井固井工艺技术等一套煤层气水平井钻完井技术；自主掌握煤层气水平井轨迹控制与精确连通技术，形成多煤层压裂技术和水平井压裂技术系列，以及延川南煤层气排采技术系列。

（廖志英）

【HSE工作实现“5个杜绝”目标】 2013年，华东石油局、华东分公司和华东工程公司（安全管理与华东石油局和华东分公司实行一体化管理）HSE工作以安全环保为重点，持续开展隐患排查治理，强化现场直接作业环节的监管，对30个安全关键点进行全面危害识别；HSE观察人数19 852人次，观察和整改问题2 932项，推荐安全工作法787项；组织开展6轮次QHSE综合、井控安全及季节性专项检查，共查出各种隐患和问题1 200多个；对33个基层队开展井控专项检查，提出井控整改问题135项。重视环境保护，全年累计处理各类作业废液2.35万立方米，油田采油废水回注率和作业废水妥善处置率100%；检测噪声、粉尘、硫化氢等职业病危害因素370个岗位、2 570 个点，检测覆盖率 100%，合格点数 2 566 个，合格率 98.5%。有 1 861 人参加了华东石油局培训中心举办的井控培训，2 159 人参加了硫化氢培训。完成 5 290 人次的在岗期间职业健康检查，实现了 HSE 工作“5 个杜绝”的目标，首次获石化集团公司安全生产先进单位称号。

（廖志英）

【延川南煤层气示范区实现煤层气外销】 截至 2013 年 4 月，延川南试验区共完钻煤层气井 143 口，投产 139 口，日产气 4 万立方米。集气主干管线于 2012 年 9 月 29 日开工，采用水平定向钻技术穿越公路、村庄，桁架技术跨越几十米宽的鄂河峡谷，于 2013 年 3 月 31 日完工，共完成延 1 井、延 3 井、延 5 井集气管网及 3 个集气点建设工程，集气管线 51 千米。为尽早形成销售，华东分公司积极与山西国化能源责任有限公司洽谈并形成合作。山西国化能源责任有限公司负责加气母站的征地、投建、生产运行及销售，非常规指挥部负责集气供气。加气母站位于乡宁县谭坪乡驮涧村，距延 1 井组 8# 平台 200 米，于 2013 年 3 月 15 日动工，4 月 9 日完工，4 月 10 日与集气管网对接成功，4 月 17 日，第 1 辆罐载 4 000 立方米槽罐车驶出 CNG 母站，延川南煤层气示范区实现煤层气外销。

（廖志英）

【召开中共华东石油局第 3 次代表大会】 2013 年 11 月 9—10 日，华东石油局在南京召开第 3 次党员代表大会。大会从政治核心作用、服务大局、科学发展，以及党风廉政建设及反腐败工作等方面总结了过去 10 年的工作，明确了今后 5 年党建工作的指导思想和主要目标，以及党风廉政建设和反腐败工作的任务。196 名正式代表和 13 名列席代表出席大会。

（廖志英）

【举办第 12 届职工文化体育节】 2013 年 6—10 月，华东石油局、华东分公司举办第 12 届职工文化体育节系列活动。活动以“凝心聚力、增储上产、放飞梦想”为主题，有“激情华东、放飞梦想”征文比赛，“我眼中的中国石化”摄影展，记录创业征程的《华东石油文学作品集》《艰难的岁月 · 老故事集》等作品集，登山、拔河、球类比赛、广播体操、健身操(舞)、太极拳表演等健身项目，以及“传爱心、送温暖、筑和谐”巡回慰问和“中国石化之歌”传唱等文艺演出。活动不搞开幕式、闭幕式，小型分散、安全节俭，形式多样、生动活泼，简便务实、注重实效，更具群众性，参与率达 66%。

（廖志英）

文艺小分队在苏北工区慰问演出 （韦俊宝 摄）

表 1 华东石油局和华东分公司主要技术经济指标[①] 亿元

指标名称 \ 年份	2013	2012	2011	2010	2009	2008
工业总产值	13.90	25.57	23.26	16.88	13.71	15.72
华东石油局	0.86	14.75	14.81	11.63	10.45	9.85
华东分公司	13.04	10.82	8.45	5.25	3.26	5.87
企业增加值	4.90	2.50	3.52	-1.45	5.23	9.24
华东石油局	1.59	10.36	10.53	6.83	6.31	6.33
华东分公司	3.31	-7.86	-7.01	-8.28	-1.08	2.91
资产总计	71.38	66.66	57.89	50.90	34.84	34.57
华东石油局	11.13	27.52	26.41	22.45	19.54	18.37

续表

指标名称＼年份	2013	2012	2011	2010	2009	2008
华东分公司	60.25	39.14	31.48	28.45	15.30	16.20
流动资产	8.69	12.63	18.91	18.23	8.55	13.73
华东石油局	5.12	10.62	12.52	8.79	7.63	10.81
华东分公司	3.57	2.01	6.39	9.44	0.92	2.92
固定资产原值	61.63	64.67	55.10	48.20	40.69	32.99
华东石油局	6.17	20.77	17.25	16.05	13.52	9.34
华东分公司	55.46	43.90	37.85	32.15	27.17	23.65
固定资产净值	30.65	32.86	27.64	24.25	19.19	17.27
华东石油局	4.07	14.18	11.79	11.79	9.58	6.09
华东分公司	26.58	18.68	15.85	12.46	9.61	11.18
销售收入	22.43	45.19	41.13	34.62	21.38	38.31
华东石油局	5.18	28.98	28.21	24.35	18.12	17.54
华东分公司	17.25	16.21	12.92	10.27	8.16	20.77
实现利税	-2.19	-1.65	-2.26	-4.91	-2.18	2.83
华东石油局	0.55	2.06	3.40	1.90	1.89	2.23
华东分公司	-2.74	-3.71	-5.66	-6.81	-4.07	0.60
税　金	2.34	4.85	4.53	1.77	1.81	3.59
华东石油局	0.95	1.65	3.04	1.44	1.24	1.51
华东分公司	1.39	3.20	1.49	0.33	0.57	2.08
综合能耗②/吨标煤·万元$^{-1}$	0.55	0.80	0.85	0.78	1.12	1.05
华东石油局	0.19	0.43	0.43	0.47	0.48	0.48
华东分公司	0.36	0.37	0.42	0.31	0.64	0.57

①华东石油局 2012 年数据与 2011 年同口径，为 12 月月报数，非年终财务决算数

②计算 2008—2010 年综合能耗时采用的 2005 年不变价，计算 2011 年综合能耗时采用的 2010 年不变价

表 2　　华东石油局和华东分公司主要生产建设指标

指标名称＼年份	2013	2012	2011	2010	2009	2008
原油产量/万吨	30.26	23.51	18.01	15.01	13.02	13.00
新增原油生产能力/万吨	8.31	6.77	5.05	6.03	4.06	3.07
新增探明石油地质储量/万吨	242.25	1 021.49	609.86	454.93	333.00	102.28
新增探明天然气地质储量/亿立方米	102.39	—	—	—	—	—
二维地震/千米	1 632.00	2 768.00	3 565.946	2 235.70	210.00	70.00

续表

指标名称＼年份	2013	2012	2011	2010	2009	2008
三维地震/平方千米	216.00	359.00	283.30	205.50	219.00	153.00
石油钻井/口	439	188	145	114	74	47
探井	32	44	100	57	38	18
开发井	407	144	45	57	36	29
钻井进尺/万米	82.69	38.44	29.78	23.39	16.27	18.25
勘探投资/亿元	7.08	11.32	10.95	8.01	3.91	3.00
开发投资/亿元	20.45	11.02	4.50	4.83	3.17	2.34

天然气分公司

【概况】 中国石油化工股份有限公司天然气分公司(简称天然气分公司)成立于2005年6月6日，2009年7月21日，石化股份公司设立天然气有限责任公司，与天然气分公司实行“一个机构、两块牌子”。公司机关位于北京。

天然气分公司的主要职责为：负责中国石化天然气长输管道、LNG接收站、CNG加气站、储气库等的建设和运行管理；中国石化天然气市场开发和天然气销售；中国石化天然气业务合资合作，建设和运营省级管网、地市级管网，以及拓展终端销售业务；管理区域性公司和合资公司。天然气分公司承担中国石化天然气经营管理职能，加强对油气田企业销售业务的管理与指导，统筹运销管理，统筹市场发展，促进天然气经营效益最大化。

截至2013年底，天然气分公司拥有直属单位8个、合(独)资公司18个、工程项目经理部10个，天然气管道4 546千米，用工总量3 900人，年供气规模110亿立方米，市场覆盖范围18个省(市)。

2013年，天然气分公司销售天然气110亿立方米、同比增长13.5%。

(杨延平)

【生产运行保持安全平稳】 2013年，天然气分公司修订完善安全生产管理制度，全力推进安全生产体系的系统化、规范化、标准化、科学化建设。继续推行生产设计制度，新增储气库注采生产设计，实现管网与储气库的协调运行。全面查找输销瓶颈，优化工艺参数，提高管道运行管理水平。国家石油天然气大流量计量站武汉分站获得授权，开始流量计法制检定工作，填补了中国石化空白。加强管道巡检护、占压治理、自然灾害防治，强化管道腐蚀控制，科学安排生产设施检维修，安全生产工作水平持续提升，在国家安监总局和石化集团公司安全大检查过程中获得好评。吸取青岛“11·22”爆炸事故教训，进一步完善危害识别与风险评价机制、应急抢险与联动机制，层层落实HSE责任制；狠抓隐患排查，重点排查管道穿跨越江河、铁路、公路、山岭隧道，以及与社会公用管网或设施交叉、交汇、并行等情况，检查管道4 987千米，发现隐患670项，立行整改87项，其他隐患已落实整改计划和保护措施；同时，进一步完善HSE信息报送、处置制度和重大事件应急预案。通过采取各项措施，全年实现了安全、清洁生产。

(杨延平)

【企业管理水平稳步提升】 2013年，天然气分公司加强基础工作，规范经营管理，实现高效运转。实施长输管道成本管理与核算，细分成本管理内容；强化会计稽核检查，提升会计核算质量。完善合资合作项目管理办法，进一步规范合资合作工作程序和流程。推行合同管理信息系统线上运行，提高合同管理效率。继续推进风险评估工作，确定各业务流程的风险点，拟定风险管理报告。编制管理信息化专项提升工作实施方案，开展源头数据采集、法律综合管理系统、无纸化办公等项目，信息应用进一步深化；组织开展最终用户培训，ERP系统正式上线运行。加大科技攻关力度，新增9项石化集团公司级科研项目。持续推进框架协议采购、供应商动态量化考核，加大过程控制管理，实现物资安全、及时、经济供应。积极探索参股合资公司效益管理审计思路，审计工作水平不断提升。积极开展重点项目效能监察，下发效能监察建议书12份、提出建议93条。制定下发“八项规定”实施细则，严格控制各项费用支出，与年度预算相比均有大幅下降。

（杨延平）

【人才队伍建设统筹推进】 2013年，天然气分公司结合天然气发展规划，及时与石化集团公司对接用工总量和管理模式，通过网络报名、统一考试、集中面试等环节，提高大学生引进质量，共引进各类人才149名；强化内部人员交流，优化人才配置，从有关单位和兄弟企业调配专业技术和管理人员50名，满足了生产经营和重点项目建设工作需要。合资注册成立濮阳市中远天然气技术服务有限责任公司，为下步规范劳动用工管理奠定了基础。加大人才培训与培养开发力度，组织各类专题讲座、交流会和培训班等28次、培训员工1 040人次，提高了员工的管理和专业技能水平。

（杨延平）

【党建和思想政治工作扎实有效】 2013年，天然气分公司以加强领导班子和基层党组织、党员队伍建设为重点，组织学习十八大精神培训班，努力提高干部队伍理论素质。把党风建设和反腐倡廉工作融入企业管理制度之中，促进生产经营和重点项目的健康发展。积极开展党的群众路线教育实践活动，精心组织、狠抓落实，达到“照镜子、正衣冠、洗洗澡、治治病”的目的。实施抓基础、抓协调、抓效率、抓服务、抓形象等“五抓”活动，提高了服务水平，改进了工作作风。强化内部宣传工作，通过创刊《石化天然气》、开展企业文化理念征集、制作宣传片和宣传册等，确定文化核心价值理念，凝聚人心，鼓舞士气，为各项工作目标实现提供了精神动力。组织羽毛球赛等文体活动，丰富了员工业余文化生活；积极推动生活基地建设及场站改造，逐步改善员工的生产生活条件，调动了员工工作积极性，增强了员工的归属感。

（杨延平）

勘探南方分公司

【概况】 中国石油化工股份有限公司勘探南方分公司（简称勘探南方分公司）是中国石化唯一专业化勘探企业，肩负着中国石化“打造上游长板、建设世界一流”的资源战略重任，全面负责中国石化南方新区和东北新区风险勘探，为大Ⅰ型企业。截至2013年底，勘探南方分公司管理勘查区块37个，面积15.50万平方千米。

勘探南方分公司的前身南方勘探开发公司成立于2002年4月。2007年3月重组成立勘探南方分公司，是中国石化直属企业，业务上归口石化股份公司油田勘探开发事业部管理。截至2013年底，有正式职工457人，其中在岗职工453人；经营管理与专业技术人员446人，具有中高级职称的321人；在岗员工平均年龄41.3岁。

2013年，勘探南方分公司优化机构设置，完善职能职责，组建了东北勘探管理项目部，在勘探研究院设立东北新区研究室及下组合研究室。调整环境保护管理中心职责，增设财务管理职能。整合川东北勘探现场管理机构职能，元坝工作部和通南巴工作部合署办公，统筹进行人员配置，统一组织协调川东北地区勘探工作。

2013年，勘探南方分公司按照“战略展开、战略突破、战略准备”三个层次，持续推进页岩油气规模增储战，川东北中浅层增储上产阵地战，下组合、米仓—大巴山前带、浅滩致密储层及不整合面勘探突破攻坚战，南方外围、青藏和东北新区准备战勘探工作“四大战役”，发现了涪陵焦石坝大型海相页岩气田，在川东南丁山地区取得页岩气勘探战略突破，使中国石化页岩气勘探开发走在了国内前列。

2013年，勘探南方分公司实现新增天然气控制地质储量962.24亿立方米、预测地质储量1 308.14亿立方米，分别为计划的120.28%和130.81%；完成二维地震2 670.63千米、三维地震1 005.55平方千米、试气33层，均为年度计划的100%；完成钻井进尺8.23万米，为年度计划的101.5%；完成投资25.89亿元，实现利润77.69万元，分别为年度计划的99.9%和167.08%。

勘探南方分公司主要经济指标和主要生产建设指标见表1和表2。

（侯玉梅）

【领导班子调整】 2013年9月9日，勘探南方分公司召开干部大会，宣布了石化集团公司对勘探南方分公司领导班子成员任职调整的文件，聘任郭彤楼为副总经理，胡东风为总地质师。

（侯玉梅）

【焦石坝地区页岩气勘探取得重大进展】 2013年，焦页1HF井按平均每天6.6万立方米配产，已稳产半年，累计生产页岩气2 600万立方米。焦页1HF井的压力充足，产能稳定，后续开发潜力巨大，预计可采储量达 1.17 亿立方米。甩开部署的焦页 2HF 井、3HF 井、焦页 4HF 井均钻遇厚层页岩气层，分别试获日产 34.92 万立方米、14.59 万立方米和 25.12 万立方米高产工业气流，控制有利含气面积 297 平方千米。

（侯玉梅）

【丁页 2HF 井获稳定页岩气产量】 2013 年 10 月 15 日，勘探南方分公司对丁页 2HF 井分 12 段进行压裂，12 月 10 日至 2014 年 1 月 13 日在龙马溪组（井段 4 666—5 660.82 米）页岩气进行放喷排液测试，获日产气 10.5 万立方米，标志着川南丁山地区页岩气勘探取得战略突破。

（侯玉梅）

【勘探取得新发现】 2013 年，勘探南方分公司部署在川东南涪陵地区的重点探井泰来 2 井在长兴组试获日产天然气 40.18 万立方米，在茅口组上部岩溶缝洞储层获日产天然气 2.7 万立方米，标志着台内浅滩致密储层勘探取得重大突破，进一步证实远离高陡构造带的复向斜区岩性圈闭能够富集成藏。年初，部署在四川盆地川东北巴中地区的第 1 口预探井——元陆 17 井须家河组四段常规测试获日产气 22.63 万立方米，取得巴中地区油气勘探的重大突破；评价落实巴中地区发育须四段大面积砂岩储层，砂体分布面积大、厚度稳定，圈闭面积 635 平方千米，资源量大。

（侯玉梅）

【元坝勘探增加规模储量】 2013 年，元坝西部 11 口井试获工业气流，须三段新增控制地质储量 962.24 亿立方米、须四段新增预测地质储量 759.94 亿立方米；5 月 25 日，元陆 11 井在须二段下亚段常规测试获日产 10.4 万立方米工业气流，突破了致密砂岩气藏商业气流关；9 月 28 日，元陆 16 井珍珠冲段加砂压裂测试获日产 57.05 万立方米高产工业气流，中部断褶带珍珠冲段含气面积进一步扩大。7 月 16 日，元坝 28 井长兴组二段酸压测试获日产 104.62 万立方米高产工业气流；8 月 26 日，元坝 107 井长兴组二段常规测试获日产 38.35 万立方米工业气流，元坝礁滩相高产富集带进一步落实。7 月 5 日，元坝 211 井长兴组二段酸压测试获日产 5.62 万立方米工业气流，在礁间滩领域勘探取得新发现。元坝 204-1 等 7 口开发井长兴组均试获高产工业气流，进一步夯实了气田产能建设的资源基础。

（侯玉梅）

【涪陵南部三维施工首次引进“空气枪”震源船】 2013 年 1 月 9—26 日，勘探南方分公司部署实施的涪陵南部三维地震勘探项目，其中满覆盖 25 平方千米三峡库区的长江陪陵段水域施工圆满完成，共完成水炮 1 790 炮。该项目施工首次引进“空气枪”震源船实施“枪—震”结合施工技术，完整跨越大面积长江水域。经现场专家组对水炮资料质量进行初步验收，合格率 100%，优质品率超过 80%。

（侯玉梅）

【完成国内最大面积页岩气勘探三维地震项目】 2013 年 6 月 4 日，勘探南方分公司涪陵地区焦石坝三维地震野外资料采集项目完工，完成满覆盖面积 594.5 平方千米，生产炮 5.48 万炮，这是迄今为止国内针对页岩气勘探开发实施的最大面积三维地震。该项目于 2013 年 2 月 28 日开工，历时 97 天。焦石坝三维地震施工首次采用大排列、宽方位、高覆盖三维采集技术，获得优质页岩气资料。

（侯玉梅）

【桂中三维地震项目顺利收工】 桂中坳陷宜州—河池区块三维地震资料采集项目是勘探南方分公司 2013 年在南方外围探区部署实施的第 1 块高风险三维地震采集项目，由地球物理公司云南分公司负责施工。该项目采用多线（24 线接收）、多道（4 992 道/炮）、高覆盖（312 次）、矩形面元（25 米×50 米）的观测系统，单炮生产排列覆盖面积达到 47.61 平方千米。2013 年 5 月 26 日，该项目野外采集工作顺利通过验收，共完成 21 束测线 10 795 炮，满覆盖面积 122.08 平方千米，一级品率 73.2%，超出合同要求 3.2 个百分点，现场处理剖面信噪比较以往有明显提高。

（侯玉梅）

【科技创新获得新成果】 2013 年，勘探南方分公司获省部级科技进步奖 3 项、中国石化新技术实施奖 1 项、授权发明专利 1 项、实用新型 1 项。其中，“元坝地区优质快速钻井关键技术”获中国石化 2013 年度科技进步二等奖，“川东北台缘沉积建模及地震沉积学研究”获中国石化 2013 年度科技进步三等奖，“元坝地区勘探开发一体化评价研究”获四川省 2013 年科技进步二等奖，“高温胶凝酸深度酸压技术在含硫超深井中应用”获 2013 年度中国石化新技术实施奖。《一种复杂礁滩储层预测方法》获授权发明专利（专利号：ZL201010510261.X），《一种高抗扭的套管螺纹接头》获授权实用新型专利(专利号:201220510758.6)。

(侯玉梅)

【勘探发现获得特等奖】 2013年12月5—6日，石化股份公司2013年度油气勘探总结会在北京召开。勘探南方分公司“四川盆地海相页岩气勘探”获得中国石化唯一一个油气发现特等奖，“元坝东须四段天然气勘探”获油气发现二等奖，“元坝海相天然气勘探”获商业发现一等奖。

(侯玉梅)

【国内埋藏最深的页岩气井完钻】 2013年9月2日，勘探南方分公司部署在焦石坝外围地区的第1口海相深层页岩气探井丁页2HF井完钻，完钻井深5 700米(斜深)、垂深4 417.36米，水平段钻遇油气显示4层990米，龙马溪组优质页岩厚63米。该井是当前国内第1口深层非常规水平井。

(侯玉梅)

【提速提效取得新突破】 2013年，勘探南方分公司元陆H-1井通过优选钻头、优化钻井方式，22.7天钻完1 065.82米水平段，平均机械钻速3.16米/时，是常规钻井方式的3.9倍，行程钻速2.17米/时，创元坝区块直径为215.9毫米井眼机械钻速和行程钻速最高指标。7月11日，焦页4HF井在二开常规泥浆钻条件下使用“高效PDC+高效螺杆”复合钻井技术，日进尺256米，单日平均机械钻速16米/时，创该区域复合钻井2项纪录。7月13日，焦页2HF井日进尺356.99米，单日平均机械钻速20.17米/时，创造了新纪录。焦石坝3口直井平均钻井周期比焦页1井缩短22.89天。丁页2HF井钻井、测试分别创国内页岩气井新技术指标5项和11项。

(侯玉梅)

【丁页2HF井刷新深井页岩气分段压裂纪录】 2013年12月10日，经过2个月的现场施工，勘探南方分公司丁页2HF井压裂成功，该井是压裂施工规模最大的水平井，共压裂12个层段，注入地层总液量29 521立方米、累计加砂319立方米，创造了国内外深井页岩气层电缆射孔分段压裂最新纪录。同时，破解了电缆、泵送桥塞—射孔分段压裂联作工艺技术世界级难题，打破了国外公司在高温高压深井页岩气层施工方面的垄断地位，填补了国内深井页岩气层分段压裂施工的空白。

(侯玉梅)

【连续8年获评石化集团公司安全生产先进单位】 2013年，勘探南方分公司认真贯彻落实党组提出的“四个让位”“七个必须”“绿色低碳”的工作要求，认真落实HSE职责，强化承包商管理，加强环保监管，大力推进清洁生产，严查安全违规事件，全年实现无上报井喷、无从业人员死亡、无从业人员重伤、无重大火灾爆炸、无环境污染、无生态破坏事件，钻井试气废弃物妥善治理处置率100%。全面实现年初确定的HSE工作目标，年度QHSE大检查排名上游企业第一，连续第8年被评为石化集团公司安全生产先进单位。

(侯玉梅)

【加快西藏油气勘探】 2013年5月28日，勘探南方分公司在西藏伦坡拉盆地申报矿权区块面积3 640.6平方千米，在羌塘盆地申报琵琶湖、半岛湖、东湖3个矿权区块，面积共1.66万平方千米。9月12日，西藏伦坡拉盆地、羌塘盆地勘探区块矿权获得批准，新增矿权面积2.02万平方千米，为西藏地区油气规模勘探奠定了基础。9月19日，勘探南方分公司部署的伦坡拉盆地新一轮二维地震勘探采集项目安全、高效、圆满结束野外采集施工作业。项目采用480道接收70次覆盖观测系统完成20条测线满覆盖450.72千米，实际激发9 116炮，比理论设计炮数多完成204炮，平均日效228炮。

(侯玉梅)

【西藏伦坡拉盆地油气勘探战略合作协议】 2013年8月8日，勘探南方分公司与中国地质调查局油气资源调查中心在成都签订西藏伦坡拉盆地油气勘探战略合作协议，标志着国家公益性油气资源调查队伍与石油企业联合推动青藏高原油气勘察新一轮工作正式启动。此次战略合作协议的签署，是将国家基础性调查和企业勘察紧密结合，探索研究油气勘察评价技术方法，开展勘查示范，取得油气勘查突破。为此，油气资源调查中心在 2013 年优选安排 2 000 万元开展伦坡拉盆地油气资源战略调查。

（侯玉梅）

【组织实施东北新区勘探】 2013 年 2 月初，油田勘探开发事业部做出安排，将东北地区松北、三江、敦化区块的勘探工作委托勘探南方分公司组织实施。区块勘探面积 5.3 万平方千米。3 月 11 日，勘探南方分公司成立东北勘探项目部，负责松北、三江—敦化区块的勘探管理工作。9 月 5 日，勘探南方分公司完成前参 2 井射孔测试、资料录取和封井工作，该井在达连河组射孔测试获日产 0.04 立方米原油，验证了浓江凹陷古近系的含油性。

（侯玉梅）

【郭旭升获第 13 次李四光地质科学奖】 2013 年 10 月 17 日，勘探南方分公司总经理郭旭升获第 13 次李四光地质科学奖野外地质工作者奖。

（侯玉梅）

【开展管理提升活动】 2013 年，勘探南方分公司认真开展管理提升活动，对管理制度进行梳理与诊断。全面公布、组织诊断勘探南方分公司 2011—2012 年印发、实施标准化改造的所有企业制度，累计公布企业制度 142 项，完成诊断 142 项，诊断发现问题 319 个，修订制度 47 项。适用的企业制度 166 项，已实施制度诊断的占 85.5%。勘探研究院储量评价研究室获石化集团公司 2012 年度"三基"工作先进基层单位称号，这是勘探南方分公司首次获此类表彰。"以'四创四优'为核心的油气风险勘探管理"获石化集团公司第 22 届管理现代化创新成果三等奖。

（侯玉梅）

【"三送三优先一急办"支前服务】 2013 年，勘探南方分公司工会组织"三送三优先一急办"支前服务。工会干部先后到元坝、通南巴、川东南等探区，开展以送健康、送温暖、送培训为内容的"三送"支前服务活动。机关部门开展了以"费用报销优先、资金拨付优先、收发文及合同审批优先"为主要内容的"三优先一急办"服务，受到基层单位的好评。

（侯玉梅）

【"探区巡礼"大型采访报道】 2013 年，勘探南方分公司党委开展"探区巡礼"大型采访报道活动，走进元坝工作部、通南巴工作部、川东南工作部、环境保护管理中心、区域（页岩气）勘探项目部、西藏探区和机关车队等单位，撰写《大气之美》《战略大突破》《挑战大巴山》《绿色勘探》《火热的事业优秀的团队》等 40 篇文章 10 多万字，深度报道了各单位取得的重要工作成果、先进管理经验和职工的感人事迹，鼓舞了士气，传递了正能量。

（侯玉梅）

表 1　　勘探南方分公司主要经济指标①　　亿元

指标名称＼年份	2013	2012	2011	2010	2009	2008
资产总计	39.83	39.04	42.15	35.73	35.12	30.38
流动资产	38.72	37.96	41.06	34.84	34.21	29.41
固定资产原值	2.76	2.52	2.30	2.20	2.10	1.88
固定资产净值	0.94	0.86	0.76	0.71	0.78	0.78
销售收入	26.15	25.92	32.03	28.00	24.12	29.74
实现利税	0.80	0.94	0.88	0.73	0.50	0.71

①经济指标不含开发

表 2　　勘探南方分公司主要生产建设指标[①]

指标名称 \ 年份	2013	2012	2011	2010	2009	2008
新增天然气探明地质储量/亿立方米		602.04	1 757.90	405.10	537.76	630.66
新增天然气控制地质储量/亿立方米	962.24	1 042.68	1 371.82	1 472.67	907.62	1 683.10
新增天然气预测地质储量/亿立方米	1 308.14	1 169.31	1 336.73	1 737.58	1 235.39	2 323.07
二维地震/千米	2 670.63	2 156.61	2 239.02	1 599.04	2 654.56	319.00
三维地震/平方千米	1 005.55	607.29	560.00	803.66	1 839.46	631.00
新开钻井/口	16	22	14	21	9	18
完　井/口	31	10	27	11	16	22
钻井进尺/万米	8.23	8.68	9.69	11.60	6.05	10.00
勘探投资/亿元	25.62	25.83	31.69	27.82	22.94	25.84

①生产指标含前瞻、风险、非常规勘探

天然气工程项目管理部

【概况】 中国石油化工股份有限公司天然气工程项目管理部(简称天然气工程项目管理部)的前身中国石化川气东送建设工程指挥部成立于2006年9月。2010年5月在其基础上组建天然气工程项目管理部，2010年11月正式成立，驻地位于四川省成都市金牛区。天然气工程项目管理部是石化股份公司下属非法人机构，管理规格为正局级，是中国石化总部在酸性气田勘探开发部署的监督管理、技术支持及协调服务机构，业务归口油田勘探开发事业部管理。

截至2013年底，天然气工程项目管理部设工程技术处、施工管理处、安全环保处、生产协调处、计划财务(法律)处、综合办公室和物资供应管理处7个处室；员工77人，其中具有教授级职称的8人、高级职称的45人、中级职称的17人。

(何云均)

【领导班子调整】 2013年1月10日，石化集团公司党组、石化股份公司宣布：王春江不再担任天然气工程项目管理部党委书记、党委委员、纪委书记、副主任职务，调出另有任用。10月25日，石化集团公司党组、石化股份公司宣布：沈琛任天然气工程项目管理部党委书记兼任纪委书记，王敏、卢秀军任天然气工程项目管理部副主任、党委委员，解聘郑国生、董法昌、滕和福天然气工程项目管理部副主任职务，任调研员。

(何云均)

【加强工区安全环保监督管理】 2013年，天然气工程项目管理部督导钻开气层和试气开工前的检查验收56井次，开展风险评估45井次，对13口探井转开发井进行安全专项评价，组织开展井控设备气密封检测攻关研究，组织召开井控安全专题会议研讨解决工区井控技术措施疑难问题，全面强化以井控和硫化氢防护为重点的安全监管。全年组织专项安全环保检查6次，参加国家、石化集团公司和有关地方省市组织的专项检查10次。“11·22”特大事故发生后，组织对工区进行全面安全督察调研，按照石化集团公司部署，单独组团成立第11督察组，对中原油田普光气田进行安全生产检查督察。组织编制《元坝气田完井投产试气HSE保障方案》《环境应急监测方案》《元坝净化厂建设项目HSE监管方案》等，指导元坝气田安全高效建设。积极推动普光气田大湾区块环保竣工验收工作，组织审查川东北工区环保治理单位资质，推动工区绿色低碳发展。全年工区安全环保无事故。

(何云均)

【积极应对四川雅安芦山大地震】 2013 年 4 月 20 日，四川雅安芦山发生 7.0 级地震。地震发生后，按照石化集团公司统一部署，天然气工程项目管理部牵头组织中国石化川渝企业积极应对，加强应急值守，建立工区地震灾害隐患排查工作日报制度并组织信息上报，协调各企业开展抗震救灾工作，把地震灾害损失影响降到最小程度。组织天然气工程项目管理部全体员工捐款 4 万余元支援灾区。

（何云均）

【提升完善酸性气田开发技术标准体系】 2013 年，天然气工程项目管理部结合川东北工区地质特征、工程特点、技术水平、装备条件与队伍状况，组织有关单位对酸性气田开发涉及的安全环保、工程材料、施工工艺及装备配套等 17 项技术标准 53 个条款进行了修订；组织编制元坝气田试气投产作业 11 项管理规定和 6 项操作规程。

（何云均）

【组织技术交流和研讨】 2013 年，天然气工程项目管理部围绕解决现场施工难题、攻关技术瓶颈，组织召开元坝地区固井技术研讨会、气液转换技术交流会、元坝气田钻井工程阶段总结会、投产作业阶段总结会，以及针对事故复杂井的专题分析会、单井钻井工程、试气投产设计与施工方案审查会等，总结经验和教训，优化方案和措施，研究提升技术水平，推广应用新技术和新工艺，有效推动工区施工水平的整体提高和施工效率的大幅提升，开发钻井、开发试气分别创出 13 项和 5 项新纪录，川东北工区整体技术经济指标良好。

（何云均）

【开展先导试验项目验收与新技术成果奖励】 2013 年，天然气工程项目管理部组织专家对川东北 21 个勘探开发先导试验项目分别进行了结题验收和中期评估审查，2011 年度立项结转的 11 个项目全部完成研究内容，现场应用效果明显，通过验收；2012 年度立项结转的 10 个项目总体进展顺利。承担的石化集团公司先导项目“元坝试气测试完井液体系优化与应用”，完成全部研究内容，达到结题验收标准。组织有关单位对 2010 年以来川东北工区勘探开发工程技术进行总结，共收到 83 项技术成果，表彰一等成果 5 项、二等成果 10 项、三等成果 15 项。

（何云均）

【工程建设物资保供】 2013 年，天然气工程项目管理部及时组织开展技术交流、技术论证及招标工作，强化采购全过程跟踪监管，梳理和排查交货风险，开展催交催运和驻厂监造，组织物资调配调剂，促进多方联动联保，顺利完成元坝气田近 1 000 台(套)长周期设备、次长周期设备的采购，主要物资设备按计划顺利推进。总结交流“三化”工作经验，完善标准化工作措施，对川东北工区框架协议采购涉及的 13 类 66 项涉酸物资全面推行“三化”管理，提升了元坝气田标准化工作，有效降低了投资成本。

（何云均）

【精细投资管理】 2013 年，天然气工程项目管理部开展投资调研，参加重点工程项目可研、基础设计的审查与批复工作，优化开发方案、工程方案与施工方案，推进元坝气田开发建设前期工作有效开展、工程建设程序不断完善和投资规模整体受控。严格川气东送建设工程设计变更管理，全年审核批复设计变更 6 项，批复投资 1 990 万元，核减投资 292 万元；组织编制 9 次建议计划报石化集团公司总部，分 3 批次下达投资额 8.47 亿元；配合完成川气东送建设工程竣工审计、概算调整和后评价工作。

（何云均）

【开展党的群众路线教育实践活动】 2013 年，天然气工程项目管理部按照石化集团公司党组要求，深入开展党的群众路线教育实践活动。制定和修订《改进作风，厉行节俭，从严控制费用的管理办法》《慰问实施细则》《定期休假费用管理规定》《食堂工作餐管理规定》《车辆管理实施细则》等 20 余项管理制度，推进作风建设制度化、常态化，教育实践活动制度成果固化。领导班子成员查找整改在“四风”方面存在的问题 68 个、25 项；撤销领导干部小餐厅，包括主要领导在内的各级党员干部与员工群众按照同一标准在同一个餐厅就餐；取消协议酒店，接待用餐一律安排在内部食堂；取消领导干部相对固定用车，公务及生产用车统一调派使用，教育实践活动实践成果显性化。研究探讨依靠群众、服务群众、发动群众的有效方式方法，组织开展的“‘家’文化建设的探索与实践”课题获石化集团公司 2013 年度优秀思想政治工作研究成果二等奖，教育实践活动理论成果提升化。全年差旅费、招待费、会议费、车辆使用费、办公费等同比分别降低 19.4%、43.6%、36.8%、9% 和 13%，管理费用控制在石化股份公司确定的指标范围以内。党的群众路线教育实践活动员工测评满意度 100%。

（何云均）

【深入开展主题实践活动】 2013年，天然气工程项目管理部开展党建管理提升活动和“争先创优”活动，在前线成立流动党支部，实现了党组织全覆盖、全员为党员的目标。继续组织开展“双学”活动和“比学赶帮超”活动，全年1人被评为石化集团公司劳动模范，涌现5个先进集体和42名先进个人。组织开展纪念中国石化成立30周年系列活动，开展“忆传统、爱企业、创一流”教育，组织“追梦——酸性气田开发建设之路”大型图片展、“我与重大工程”征文活动、书法摄影比赛。开展“双鉴”警示教育和廉洁风险防控工作，廉洁企业、廉洁队伍建设不断推进。

（何云均）

管道公司

【概况】 中国石化集团管道储运公司（简称管道储运公司）暨中国石油化工股份有限公司管道储运分公司（简称管道储运分公司）统称管道公司，是中国石化从事油气储运的专业化管理企业。基地位于江苏省徐州市，创建于1975年2月17日，始称华东输油管线指挥部。1998年6月，石油、石化两大集团公司重组，成立管道储运公司。1999年8月，管道储运公司改制后分为非上市部分管道储运公司和上市部分管道储运分公司，于2000年3月实现分立运行。

截至2013年底，管道公司管辖输油管线38条，全长6 562千米，沿线共有输油站（库）99座，途经北京、天津、河北、山东、江苏等14个省、自治区和直辖市；参与管理原油码头6座，分别位于曹妃甸、天津、青岛、日照、宁波、舟山；已建成投用的油库总罐容3 626万立方米；担负着胜利、中原等5家油田的原油及部分进口原油的输送任务，为燕山石化、齐鲁石化、金陵石化、扬子石化等20家炼化企业输转原油，基本形成了沿江、沿海、华东、华北、华南地区原油二程运输管道化的格局。资产总额600多亿元。在册职工8 145人，离退休职工4 705人。

管道公司主要经济指标和管道储运分公司主要生产指标见表1和表2。

（高浩亢）

【全面完成输油生产计划】 2013年，管道公司累计输油1.29亿吨，同比增长7.56%，连续第4年超亿吨。全面完成中国石化总部下达的输油生产计划，保证了炼化企业原油资源的稳定供应。

（高浩亢）

【积极推进节能减排工作】 2013年，管道公司继续推进燃料原油替代工作，使用天然气或蒸汽替代燃料原油2.74亿吨，实现替代效益5 168万元。输差损耗、综合能耗均控制在中国石化总部下达的指标范围内，输油综合单耗为53.44千克标油/（万吨·千米），同比下降4.8%，创历史最好水平。

（高浩亢）

【“11·22”特别重大安全事故】 2013年11月22日10时25分，管道公司潍坊输油处所辖东黄复线发生原油泄漏爆炸事故，造成62人死亡、136人受伤，事故直接经济损失7.5亿元。经国务院事故调查组调查认定，“11·22”特别重大事故是一起生产安全责任事故，并依据有关法律法规，对涉嫌重大责任事故罪、玩忽职守罪的15人移交司法机关处理，对48人给予党纪、政纪处分。

事故发生后，管道公司立即开展区域全覆盖和专业全覆盖的隐患大排查活动，彻底排查所辖区域内各类管道隐患，并结合排查出的危险点的实际情况制定了“一点一案”，抓紧开展隐患治理实施工作，严防各类事故的发生。开展全员大反思、大讨论、提建议等活动，深入查找思想认识和管理工作中存在的问题和不足，有针对性地制定整改措施。

（高浩亢）

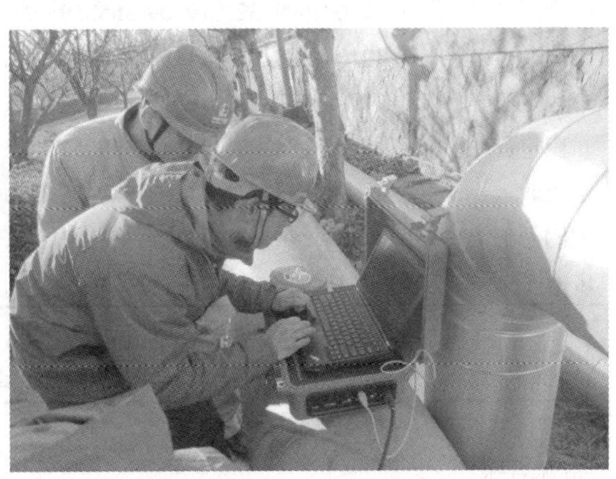

黄岛油库工艺管网检测、隐患排查现场（刘觉非 摄）

【主要领导调整】 2013年11月28日，鉴于管道储运公司党委书记田以民、管道储运分公司总经理钱建华在“11·22”东黄复线漏油事故中负有直接领导责任，石化集团公司党组决定：田以民、钱建华停职检查，并配合协助调查，根据调查结果再行处理。

夏于飞主持管道储运公司和管道储运分公司全面工作。

（高浩亢）

【工程建设进展顺利】 2013 年 3 月 22 日，白沙湾油库配套改造工程顺利中交并投入运行，为上海石化 1 600万吨/年炼油改造项目提供配套。7 月 5 日，北海原油商业储备基地二期工程顺利中交，交付北海炼厂负责运行。9 月 1 日，天津原油商业储备基地 32 座 10 万立方米原油储罐及配套设施顺利投产运行，为华北地区各相关石化企业提供更为稳定的原油供给。9 月 5 日，天津—石家庄原油管道改造工程顺利中交并投入运行，满足了天津至沧州输油量达到 900 万吨/年、沧州至石家庄输油量达到 800 万吨/年的输油生产要求。

（高浩亢）

天津商储投产现场 （王疆戈 摄）

【高度重视科技创新工作】 2013 年，管道公司获石化集团公司科技进步三等奖 1 项，国家专利授权 11 项。QC 小组活动获 2013 年度全国优秀 QC 小组成果奖 2 项、石油工业优秀 QC 小组成果二等奖 1 项、石油工业质量信得过班组 1 个。

（高浩亢）

表 1　管道公司主要经济指标　　亿元

指标名称＼年份	2013		2012		2011		2010		2009		2008	
	公司	分公司	公司	分公司	公司	分公司	公司	分公司	公司	分公司	公司	分公司
工业总产值	10.80	67.38	10.72	72.87	20.35	69.87	16.40	60.07	18.42	49.38	2.00	48.51
工业增加值	4.35	35.08	4.71	31.99	3.91	26.41	3.97	18.78	4.11	21.26	3.99	13.27
资产总计	18.60	599.32	19.09	555.59	21.41	529.19	20.80	437.30	16.68	403.02	18.07	446.27
流动资产	12.34	378.02	11.58	328.51	13.92	282.36	13.05	206.08	8.91	179.64	10.66	222.13
固定资产原值	12.04	332.24	12.97	310.24	12.30	305.67	11.84	272.88	11.39	267.80	11.07	254.82
固定资产净值	5.82	188.82	7.42	197.52	6.50	207.18	7.63	183.27	7.57	186.34	7.56	180.94
销售收入	11.21	634.17	11.03	770.35	20.43	81.99	16.59	69.87	18.61	51.61	20.10	55.00
利润总额	0.34	4.68	0.25	2.71	-0.19	5.10	0.36	-0.07	0.48	3.67	0.66	-2.18
税　金	0.18	5.35	0.38	3.98	0.73	3.84	0.62	3.73	0.85	2.95	0.65	2.43

表 2　管道储运分公司主要生产指标

指标名称＼年份	2013	2012	2011	2010	2009	2008
收油量/万吨	5 642.23	5 457.64	5 263.89	5 092.69	5 541.61	6 317.40
输油量/万吨	12 932.15	12 023.00	10 839.00	10 316.63	8 931.24	8 085.84
销油量/万吨	5 573.90	5 401.38	5 197.01	5 071.78	5 631.06	6 129.27
周转量/万吨·千米	6 192 504	5 767 946	5 624 145	5 291 303	4 867 380	4 576 746
原油总耗/万吨	2.47	2.62	3.35	4.55	2.67	2.65
电总耗/万千瓦·时	120 704.35	115 665.28	124 534.53	123 161.71	117 815.62	109 681.58

续表

年份 指标名称	2013	2012	2011	2010	2009	2008
煤焦轻油总耗/万吨					2.32	2.40
蒸汽总耗/万吨	18.08	20.08	19.78	22.37	19.14	14.89
天然气总耗/万立方米	1 813.24	2 000.06	2 282.07	1 945.27	2 190.64	2 184.23
综合能耗/千克标煤·(万吨·千米)$^{-1}$	36.54	39.28	46.69	49.78	56.32	57.36

燕山石化

【概况】 燕山石化位于北京市房山区，是石化集团公司旗下特大型石油化工联合企业，其前身为1970年成立的北京石油化工总厂，曾更名为北京燕山石油化学总公司、中国石油化工总公司北京燕山石油化工公司、北京燕山石油化工集团有限公司。2013年，燕山石化包括中国石油化工股份有限公司北京燕山分公司(简称燕山分公司)和中国石化集团北京燕山石油化工有限公司(简称燕化有限公司)。北京东方石油化工有限公司(简称东方石化公司)为燕化有限公司全资子公司，保定石油化工厂(简称保定石化厂)由石化集团公司划归燕化有限公司作为二级单位管理。

截至2013年底，燕山石化共有在岗职工2.3万人(含东方石化公司、保定石化厂)。公司本部拥有63套主要生产装置、68套辅助生产装置，原油加工能力超过1 000万吨/年，可生产94个品种431个牌号的石油化工产品，是国内第1家生产欧Ⅴ标准清洁油品的千万吨级炼油基地；乙烯生产能力超过80万吨/年，聚乙烯生产能力56万吨/年，聚丙烯生产能力40万吨/年，合成橡胶生产能力24万吨/年，苯酚丙酮生产能力24万吨/年，是中国最大的合成橡胶、合成树脂、苯酚丙酮和高品质成品油生产基地之一。东方石化公司可生产醋酸乙烯、丙烯酸及脂、丁辛醇等5个系列37个品种145个牌号产品。保定石化厂可年产20万吨道路沥青。

截至2013年底，燕山石化累计加工原油2.92亿吨，生产乙烯1 773万吨(2011年起，含东方石化公司乙烯产量)，实现销售收入9 867亿元，利税1 128亿元。

燕山石化主要技术经济指标和主要产品产量见表1和表2。

(吴明晓)

【领导班子调整】 2013年7月18日，燕山石化召开干部大会，石化集团公司董事长、党组书记傅成玉，石化集团公司党组成员戴厚良和石化集团公司人事部主任戴锭出席并宣布了燕山石化领导班子调整决定：免去王永健燕山石化董事长、党委书记、东方石化公司董事长职务，调出另有任用；任命罗强担任燕山石化董事长，建议作为东方石化公司董事长人选，继续担任燕山石化总经理、党委副书记；任命王哲担任燕山石化党委书记、副总经理。

(吴明晓)

【完成炼油系统大检修】 2013年3月28日—6月26日、7月15日—10月18日，燕山石化分2个阶段进行了炼油系统大检修，涉及25套生产装置和公用工程装置，共计完成检修项目4 371项、技改项目73项，同步实施技改技措项目81项、设备更新项目11项、隐患治理项目7项、管线甩(碰)头105个，圆满完成检修改造任务。在10月检修结束后当月，实现燕山分公司扭亏；11月，实现燕山石化整体扭亏。

(吴明晓)

炼油一厂四蒸馏装置检修现场

【月度成品油出厂创历史新高】 2013年11月，燕山石化汽油出厂量首次突破23万吨大关，达到23.3万吨；柴油出厂量达20.3万吨；航煤出厂量达11.2万吨。其中，汽油、柴油出厂双双突破20万吨大关，汽油、航煤创月度出厂量历史新高。

（吴明晓）

【超高分子量聚乙烯纤维关键技术通过国家验收】 2013年5月，燕山石化参与开发的国家"863"项目"UHMWPE纺丝级树脂聚合关键技术"顺利通过国家科技部验收。该项目通过催化剂和溶剂优选、反应撤热系统改进、冷冻技术提升、聚合工艺参数优化等工作，成功研发出1万吨/年纺丝级UHMWPE树脂连续法聚合新工艺，建立了纺丝级UHMWPE树脂企业标准；项目获得2项发明专利、2项实用新型授权；在此基础上完成连续法单线3万吨/年UHMWPE树脂生产成套技术工艺包开发，打破了国外公司在此领域的技术垄断。

（吴明晓）

【成功产出溶聚丁苯高端新产品】 2013年4月27日，燕山石化丁苯装置顺利产出合格溶聚丁苯新牌号SSBR2506，填补国内空白。SSBR2506属于高端溶聚丁苯产品，主要适用于高档轮胎胎面胶，综合加工性能优良，性价比高，可以替代进口产品，市场前景看好。

（吴明晓）

【RTC、PTC项目建设进展顺利】 2013年，燕山石化成立专门项目组负责中国石化橡胶技术中心（RTC）和中国石化塑料技术中心（PTC）燕山部分的建设工作，并初步进行了部分项目的研发工作。RTC项目主要开展合成橡胶在医用领域、密封领域的技术开发和产品评价、认证等工作；PTC项目主要通过建设和完善PTC树脂检测实验室、电线电缆加工试验室、薄膜加工试验室，增强合成树脂产品应用领域的技术开发能力。截至年底，2个项目建设工作进展顺利。

（吴明晓）

【稀土异戊橡胶装置一次开车成功】 2013年5月26日，中国石化"十条龙"科技攻关项目——燕山石化3万吨/年异戊橡胶装置一次开车成功，顺利产出合格产品。异戊橡胶质量均一、纯度高、异味小，具有较好的挤出性和压延性，国内生产正处于起步阶段，具有广阔的发展前景。

（吴明晓）

【苯酚丙酮扩能改造破土动工】 2013年4月15日，燕山石化50万吨/年苯酚丙酮扩能改造项目破土动工。此次扩能改造采用先进成熟的工艺技术，建成投产后物耗和能耗指标达到国内先进水平，将成为国内单套产量最大的苯酚丙酮装置。

（吴明晓）

【建成碳五分离装置】 2013年4月21日，燕山石化15万吨/年碳五分离装置进入投料开车阶段，5月19日产出合格异戊二烯产品，至此，燕山石化成为中国石化系统内第2家拥有碳五分离装置的企业。此装置可为丁基橡胶装置、稀土异戊橡胶提供原料，对于提高乙烯装置副产品收率、推动产品结构调整、提升企业竞争力、发展循环经济具有重要意义。

（吴明晓）

【260万吨/年柴油加氢精制装置开车成功】 2013年9月12日，燕山石化260万吨/年柴油加氢精制装置开车并产出合格产品。作为中国石化重点项目，此装置年产京标V车用柴油230万吨，可有效保障首都京标V柴油市场需求。

（吴明晓）

【120万吨/年S－Zorb装置建成投产】 2013年10月25日，燕山石化120万吨/年第2套S－Zorb装置顺利建成投产，产出合格产品。装置投产后，燕山石化汽油加工能力进一步提高，特别是高标号汽油生产能力大幅提升，对保障首都汽油供应、提升经济效益、推进清洁生产具有重要意义。

（吴明晓）

【建成45万吨/年润滑油加氢装置】 2013年6月28日，燕山石化45万吨/年润滑油加氢装置及系统配套工程顺利中交。该项目采用石油化工科学研究院润滑油基础油加氢处理技术和埃克森美孚润滑油异构脱蜡技术生产高品质润滑油基础油，是按照中国石化对全系统润滑油生产规划的总体部署，配合润滑油系统提高产品质量进行的技术改造。

（吴明晓）

【东区动力锅炉系统整合改造进入收尾阶段】 2013年11月12日，燕山石化东区动力锅炉改造一期工程新建410吨/时CFB锅炉主体施工全部完成，正式进入烘炉阶段。该系统建成后可以替代东区部分燃油锅炉，为东方石化公司搬迁装置提供蒸汽，通过先进的燃煤技术降低热电成本，提高经济效益，满足环保要求，增强用电、用汽的安全性。

（吴明晓）

【9万吨/年丁基橡胶装置顺利中交】 2013年12月5日，中国石化重点工程建设项目——燕山石化9万吨/年丁基橡胶装置及配套工程实现顺利中交。该套装置完全采用自主研发技术，国产化程度高。投产后，燕山石化丁基橡胶生产能力将达到13.5万吨/年，对于稳固丁基产品竞争力具有重要意义。

（吴明晓）

【中国石化援建宁夏农膜项目提前中交】 2013年4月15日，由石化集团公司投资，燕山石化负责施工建设的援建宁夏回族自治区吴忠市塑料棚膜、地膜、滴灌带项目提前45天中交。为确保项目顺利实施，燕山石化树脂应用研究所筹建专家组，从配方选定、设备选型、标准制定到市场调研、试生产产品检验，全程参与技术指导，成功实现中交后装置的正常生产运营。

（吴明晓）

【质检中心通过国家实验室复评审现场审核】 2013年12月21日，燕山石化质检中心顺利通过国家实验室复评审现场审核，成为国内石化系统第1家整体通过国家实验室认可审核的单位。此次复评审认可范围包括燕山石化的石油产品、橡胶产品、有机化工产品、塑料产品以及生活饮用水等共计30类产品187个参数，为提高产品质量和服务质量提供了有力支持。

（吴明晓）

【“碧水蓝天”项目全面启动】 燕山石化共有27个环保项目被纳入中国石化“碧水蓝天”环保计划，涉及环境风险防控、厂区异味治理、污染物减排总量三大方面。通过环保专项治理，燕山石化将在全面完成北京市环保局下达的“十二五”主要污染物减排总量要求和《2013—2017年清洁行动计划》中主要污染物治理减排目标的基础上，明显提升区域环境质量，提高企业环境风险防控能力。项目预计2014年全部建成投用。

（吴明晓）

【积极参与首都重污染天气防治工作】 2013年，燕山石化继续加大环保治理力度，配合北京市政府积极开展重污染天气防治工作。自1月31日起，将PM2.5和VOC纳入地区天气预报，实时监控、报道区域空气质量；针对《北京市空气重污染应急方案（试行）》，成立空气重污染日应对工作领导小组，颁发《燕山石化空气重污染期间应急工作方案》，制定不同预警下的生产方案，确保在重污染天气下实现整体污染物排放量压减30%以上的环保目标。

（吴明晓）

【启动绩效管理体系优化工作】 2013年，燕山石化启动绩效管理体系优化工作，通过梳理岗位职责，理顺工作机制，建立健全科学的绩效管理体系，进一步提升公司生产经营能力和管理水平，畅通“三支人才队伍”成长通道，科学规划员工职业生涯发展方向，激发全体员工的积极性、主动性和创造性。截至年底，已经完成领导班子分工调整和机关部室组织优化工作，筹备全体人员竞聘上岗。

（吴明晓）

【加大一线职工关怀力度】 2013年，燕山石化继续加大对一线职工的关怀力度，先后增发倒班班车、提高一线倒班职工用餐补助和交通补助，并利用公休时间组织开展“北京园博园一日游”活动，安排一线倒班职工集体游览园博园，一线待遇不断提高，激发了广大职工工作热情，营造了和谐稳定的企业氛围。

（吴明晓）

【谢存义当选第1届“感动石化”人物】 2013年3月29日，燕山石化化工三厂倒班职工谢存义凭借其43年如一日辛勤倒班工作的感人事迹当选第1届“感动石化”人物。

（吴明晓）

【成立国家级工程实践教育中心】 2013年10月9日，北京化工大学—燕山石化国家级工程实践教育中心揭牌成立。此中心是由教育部专门设立的石油化工工程人才培养综合性教育平台，旨在更好地发挥企业在工程人才培训中的作用，提升学生的实践能力、设计能力和创造能力，培养适应石油化工行业需求的工程人才。

（吴明晓）

【举行企地大规模气体泄漏综合演练】 2013年11月22日，燕山石化联合燕山办事处举办“平安——2013”气体泄漏应急处置综合演练，来自燕山石化、燕山办事处等32家单位，以及周边学校、居民区的近千名员工和群众参加演练。本次演练是燕山石化成立以来企地联合举行的最大规模综合演练，模拟了地震引起乙烯球罐法兰撕裂后大量可燃气泄漏的应急处置工作，取得了良好效果，进一步加强了企地联系，增强了应对和防范重大危险源突发事故的应急救援能力。

（吴明晓）

表 1 **燕山石化主要技术经济指标**① 亿元

指标名称 \ 年份	2013	2012	2011	2010	2009	2008
原油加工量/万吨	870.03	1 060.37	1 084.88	1 099.53	1 079.06	1 064.83
工业总产值	654.98	816.23	859.34	763.16	588.18	687.58
燕山分公司	602.10	743.39	762.41	682.02	545.59	640.73
燕化有限公司	52.88	72.84	96.93	81.13	42.59	10.99
工业增加值	86.00	126.00	144.23	188.34	153.64	-1.70
燕山分公司	80.91	115.45	122.28	169.85	145.52	-9.22
燕化有限公司	5.09	10.55	21.95	18.49	8.12	2.08
资产总计	320.59	323.72	296.61	290.70	298.08	247.60
燕山分公司	213.04	219.28	192.14	194.15	200.84	189.19
燕化有限公司	107.55	104.44	104.47	96.55	97.24	58.41
营业收入	709.89	861.75	891.58	803.84	612.11	668.63
燕山分公司	643.52	773.57	781.56	708.55	555.35	644.90
燕化有限公司	66.37	88.18	110.02	95.29	56.76	23.74
实现利税	43.44	81.92	113.59	172.37	140.59	-21.80
燕山分公司	53.25	89.39	96.42	168.89	151.51	-20.86
燕化有限公司	-9.81	-7.47	17.17	3.48	-10.92	-0.94
实现利润	-31.41	-10.79	3.47	46.62	30.01	-38.90
燕山分公司	-20.59	-1.48	-9.24	46.07	42.50	-37.13
燕化有限公司	-10.82	-9.31	12.71	0.55	-12.49	-1.77

①数据有调整

表 2 **燕山石化主要产品产量** 万吨

产品名称 \ 年份	2013	2012	2011	2010	2009	2008
燕山分公司						
汽　油	223.87	255.22	245.34	247.69	242.12	202.26
航　煤	99.38	132.92	126.35	116.10	111.61	85.23
柴　油	194.70	274.45	309.29	314.54	314.79	354.76
润滑油基础油	18.59	24.57	26.59	26.52	15.67	19.60
商品燃料油	16.94	18.44	21.28	33.60	27.52	39.66

续表

产品名称＼年份	2013	2012	2011	2010	2009	2008
裂解料	200.52	212.37	214.39	234.40	233.59	219.82
商品液化气	12.96	12.88	12.99	11.98	9.82	14.33
石蜡	6.51	9.60	9.29	9.16	6.33	7.95
纯苯	0	2.06	2.25	2.31	1.82	1.69
乙烯	72.30	75.06	75.31	84.16	84.13	78.40
丙烯	35.00	37.28	35.71	39.41	39.85	37.36
丁二烯	10.99	11.65	10.56	12.37	12.79	12.34
间二甲苯	4.95	4.91	5.59	3.79	3.43	4.00
苯乙烯	3.10	0.05	6.40	7.93	8.55	8.69
乙二醇	3.71	5.91	4.68	6.34	6.37	5.98
苯酚	17.66	20.45	19.36	20.29	18.69	17.44
丙酮	10.79	12.58	11.93	12.58	11.71	10.89
低密度聚乙烯	31.94	29.56	29.44	39.51	43.43	44.68
高密度聚乙烯	15.55	18.03	18.13	20.73	19.25	18.57
聚苯乙烯	0	0	4.32	5.17	5.58	5.30
顺丁橡胶	13.35	14.46	13.30	14.70	14.36	14.41
SBS	2.43	2.06	4.87	9.22	9.09	7.91
丁基橡胶	2.98	2.93	3.65	3.56	4.03	4.40
间苯二甲酸	4.61	4.50	3.99	2.05	2.50	2.93
1－己烯	2.25	1.51	1.84	2.02	1.12	1.23
塑料制品	89.97	93.75	97.61	110.70	113.95	112.79
燕化有限公司						
发电量/万千瓦·时	38 219.00	50 987.00	49 574.00	54 467.00	52 923.00	48 900.00
乙烯	0	8.95	14.32	13.03	—	7.04
低压聚乙烯	0	1.71	2.46	2.51	2.22	1.58
EVA	4.22	4.20	3.97	4.40	—	2.19

齐鲁石化

【概况】 中国石油化工股份有限公司齐鲁分公司（简称齐鲁分公司）和中国石化集团资产经营管理有限公司齐鲁石化分公司（简称齐鲁石化分公司）统称齐鲁石化，是石化集团公司直属的拥有石油化工、盐化工、煤化工、天然气化工等加工工艺最为齐全的炼化企业，位于山东省淄博市临淄区南部。其前身胜利炼油厂始建于1966年4月，1983年7月划归中国石油化工总公司。

截至2013年底，齐鲁石化拥有大型石油化工生产装置112套，炼油综合加工能力1 050万吨/年，乙烯产能80万吨/年，化工产品年生产能力为合成树脂110万吨、烧碱45万吨、橡胶40万吨、苯类产品45万吨、醇类产品43.5万吨、腈纶6.5万吨、尿素48万吨，其中丁辛醇、丁苯橡胶、聚氯乙烯(乙烯法)产能位居国内前列，热电装机容量50万千瓦。主要生产汽油、航煤、柴油、沥青、聚乙烯、聚丙烯、聚氯乙烯、合成橡胶、合成纤维、丁辛醇、烧碱、苯类等120余种石油化工产品，其中烧碱、聚氯乙烯产品被评为中国名牌。齐鲁石化设有直属单位26个，机关部门24个，直属机构7个，部门挂靠机构7个，驻外机构4个。用工总量30 601人，其中正式员工24 650人，劳务用工5 951人；共有专业技术人员4 880人，其中具有高级职称的642人、中级职称的1 659人。

齐鲁石化主要技术经济指标和主要产品产量见表1和表2。

（王方栋　曹钰梅）

【合成橡胶产量连续4年全国第一】 截至2013年12月底，齐鲁石化全年生产合成橡胶36.05万吨，超出装置设计能力6万吨，连续4年位居全国第一，并实现全产全销。完成顺丁橡胶装置扩能改造，为做大橡胶产量奠定基础；千方百计开好2套抽提装置，解决影响装置高负荷长周期运行、装置堵挂四大瓶颈难题。开展装置设备运行评估活动，组织技术攻关，解决装置长周期、高负荷运行难题。根据顺丁橡胶装置改造后仍处于“磨合期”的实际，不断改进技术，装置的聚合门尼合格率由87%提高至92%。

（曹钰梅）

【调结构增效明显】 2013年，齐鲁石化围绕提高效益组织生产经营，成立公司、厂、车间三级优化组织，确立多项优化专题，持续滚动推进，取得明显成效。优化成品油量价配合12.7万吨，增效3 339万元，全年高标号汽油比例达到55%，同比提高13个百分点；航煤产率同比提高0.63个百分点，柴汽比同比降低0.16；沥青同比增产4.2万吨，并成功产出防水卷材沥青。果断关停扭亏无望的3万吨/年环氧氯丙烷装置，将亏损严重的氯碱装置降低负荷运行；乙烯减产7.7万吨，聚乙烯同比增产5万吨，聚氯乙烯同比减产27万吨，丙烯腈、苯乙烯、甲基叔丁基醚等高附加值产品实现高负荷生产。加大新产品开发力度，新产品比例达到24.56%，位居石化集团公司第一，其中高密度聚乙烯茂金属产品实现不间断生产，同比增产2.3万吨。

（曹钰梅）

【装置大检修实现“○○一”目标】 2013年4月8日，齐鲁石化四年一度的装置大检修正式启动。此次检修时间紧、任务重、要求高、难点多，是齐鲁石化历史上检修工作量最大、涉及面最广、参检人数最多的一次。坚持安全检修、绿色检修、经济检修，提前细化检修准备，深度优化停开工方案，强化安全质量管理，首次引进第三方安全监管和推行首件制样板工程，高标准、高质量组织停、修、开各环节工作。5月14日，乙烯装置创投油后产出合格产品最快纪录，标志着以裂解装置为主线的大检修顺利完成，实现“零事故、零排放、一次开车成功”的“○○一”目标。

（曹钰梅）

【装置运行水平创纪录】 2013年，齐鲁石化深化“创完好”活动，设备运行可靠度不断提高，大机组故障率从0.2‰下降到0.04‰；实施技改技措119项，消除了生产瓶颈，装置“安稳优”运行水平不断提升。第二化肥厂煤气化装置连续运行481天，创出国内外同行业最高纪录；高压聚乙烯装置连续运行212.5天，再次刷新纪录。

（曹钰梅）

【丙烯腈合资项目开工建设】 2013年5月3日，齐鲁石化与国内民营企业中国万达集团公司的合资项目——山东科鲁尔化学有限公司26万吨/年丙烯腈及其配套项目开工奠基仪式在山东省东营市东营港经济开发区举行。项目占地约0.2平方千米，总投资30亿元。截至年底，项目建设顺利，机构和人员编制到位。

（曹钰梅）

【治理重大安全隐患】 2013年，齐鲁石化严格落实安全生产责任制，深化“今天我是安全员”“职工代表安全督察”活动，全面加强HSE风险管理，实现本质安全。开展HSE督察和隐患查改，投资9 215万元，对轻油储罐等16项重大安全隐患进行治理；新建电烯Ⅰ线，安装投运快切装置16套，进一步提高电力系统抗晃电水平。重点查找管廊、工程、交通和社区安全隐患512项并落实整改监控措施，全年实现安全环保无事故。

（曹钰梅）

【实施绿色低碳战略】 2013年，齐鲁石化加大环保投入，强化烟气排放和污水处理管理，热电厂1#—4#锅炉烟气脱硫改造顺利完成，锅炉烟气二氧化硫、污水均按照新标准实现达标排放，乙烯污水处理场连续达标运行1 165天。开展总量减排任务分解和考核，推行“减排天天算”，全面完成总量减排指标，工业废水、COD、二氧化硫、氮氧化物分别同比减排6.95%、14.5%、64%、13.35%。全面启动包括34个项目、投资13.4亿元的“碧水蓝天”工程，以扎实有效的环保业绩，树立“高度负责任、高度受尊敬”的企业形象。

（曹钰梅）

国家环境保护部核查小组到齐鲁石化检查总量减排项目

【降本增效显著】 2013年，齐鲁石化持续强化物资采购管理，全年降低采购成本3.58亿元。动力煤采购价格同比降低135.7元/吨；灵活调整乙烯原料结构，富乙烯气产量由2.41吨/时提高到4.5吨/时；停止接收价格较高的系统内互供石脑油，累计降本3 844万元。优化氢气资源，煤气化装置制氢负荷提高了5 000米^3(标准)/时，并停开一制氢装置，年降本增效1亿元。优化燃料结构，用低价乙烯焦油顶出高价液化气，年降本增效6 000万元。强化节能管理，同比节约标油3.6万吨。开通第二化肥厂铁运卸煤系统，增效1.36亿元。加强市场预判，合理控制销售节奏，自销产品推价增效3 394万元。抓好废旧物资处置，对隔膜碱等报废装置进行公开拍卖，实现收入5 616万元。

（曹钰梅）

【专业化管理与优化人力资源取得重大突破】 2013年，齐鲁石化公务用车实现专业化管理，数量压减至298台，全年节约费用2 508万元。实施热电、水务、储运、绿化环卫4项专业化重组，及时处理试运行过程中出现的问题，实现平稳过渡和交接，2014年1月1日起正式运行。盘活人力资源，关停的环氧氯丙烷装置94名员工成建制转岗到炼油厂；由辅助生产和后勤服务单位向生产一线转岗84名员工；从生产厂抽调38名维修工负责社区冬季供暖，改变以往外聘季节劳务工的做法；清退379名劳务用工，进一步降低用工总量和人工成本。人力资源输出实现重大突破，组织员工到海南承包油库仓储工作，承揽石家庄炼化重油加氢装置运行人员到位并开展培训，“走出去”发展迈出实质性步伐。

（曹钰梅）

公司领导与赴石家庄承揽炼化业务的炼油厂员工合影

【财务管理获国家管理创新成果二等奖】 2013年，齐鲁石化深入推进信息化应用和建设，全员成本目标管理、能源计量数据采集系统和公文管理系统等6个重点项目上线运行，管理信息化水平明显提升。开展管理创新，“石化企业集中管理体制下分公司财务管理能力建设”获国家管理创新成果二等奖。对公司所有改制企业进行全面深入调研，为进一步加强管理和规范扶持奠定基础。深化队伍培训，在石化集团公司组织的12个专业的业务竞赛中，金牌总数、奖牌总数和团体奖项数均名列第一。

（曹钰梅）

【媒体采访】 2013年7月16—17日，人民日报社、新华社、中新社、光明日报社、经济日报社、工人日报社、中央人民广播电台等数十家中央、省市主流媒体的50余名新闻记者，分别参加“走进新国企”齐鲁石化采访活动、“碧水蓝天——齐鲁石化在行动”记者开放日活动。公司领导与前来参加采访活动的记者交流沟通，并陪同记者前往烯烃厂、消防支队、热电厂、供排水厂等单位现场采访。

（曹钰梅）

【开展群众路线教育实践活动】 2013年，齐鲁石化认真执行中央“八项规定”，坚持勤俭办企业，压减接待费、办公费、出国人员经费等6项费用2 067万元；压减会议44%，精减基层台账29%，精简文件简报33%，清理评比表彰项目62%，减轻了基层负担。

（曹钰梅）

【全力建设和谐企业】 解决基层员工最关心、最迫切的问题，提高倒班餐质量，为一线员工安装385台热水器；投资475万元更新13台客车，改善职工通勤条件；编制上报6个小区综合治理改造方案，投资255万元修缮胜炼社区向阳和虎山北小区平房；完善帮扶工作机制，建立外出务工人员家庭服务办法，累计发放帮扶救助金779万元；探访困难人员、走访先模等各类群体共计61 031人次。齐鲁石化关工委获全国五好基层关工委先进集体称号。

（曹钰梅）

表1　齐鲁石化主要技术经济指标　亿元

指标名称＼年份	2013	2012	2011	2010	2009	2008
原油加工量/万吨	1 011.93	1 027.64	1 072.36	1 049.05	1 006.14	1 002.97
工业总产值[①]	688.06	768.42	814.65	660.35	494.00	602.88
工业增加值	128.66	127.15	151.17	158.01	137.13	-8.00
资产总计	219.31	213.54	208.47	231.29	222.60	218.15
流动资产	71.86	65.07	51.89	66.45	40.54	35.78
固定资产原值	399.89	394.52	397.72	401.22	384.83	374.31
固定资产净值	140.85	142.15	156.91	151.45	162.11	159.09
销售收入	709.72	780.62	828.25	684.35	518.40	625.55
实现利税	74.07	72.40	103.57	99.55	97.62	-29.96
税　金	86.93	87.74	95.56	94.80	87.27	14.00

①2008年后为齐鲁分公司、齐鲁石化分公司之和

表2　齐鲁石化主要产品产量　万吨

产品名称＼年份	2013	2012	2011	2010	2009	2008
汽　油	151.08	149.95	145.41	132.23	129.89	114.03
柴　油	356.68	378.34	410.47	394.14	386.69	405.04
煤　油	53.78	48.10	41.95	35.99	31.45	25.45
液化气	22.87	23.54	23.58	34.00	34.87	32.85
沥　青	66.57	62.41	61.85	41.35	36.59	18.91
合成橡胶	36.01	40.59	40.36	34.63	24.89	21.19
烧　碱	23.90	45.42	45.93	48.76	41.49	52.01
乙　烯	72.30	80.07	85.17	85.57	76.01	80.04
聚乙烯	47.27	42.34	46.79	47.79	43.32	45.19
聚氯乙烯	30.83	57.78	58.93	59.63	51.37	57.46
苯乙烯	19.85	20.02	21.52	21.00	19.64	20.04
丙烯腈	10.65	10.27	6.35	4.43	4.26	4.21

续表

产品名称 \ 年份	2013	2012	2011	2010	2009	2008
腈纶纤维	5.51	5.97	5.92	6.52	6.53	6.05
丁　醇	5.14	6.26	5.74	5.79	5.42	5.52
辛　醇	23.09	27.29	26.33	25.92	22.50	25.41
纯　苯	19.58	22.08	24.17	24.41	18.61	17.12
对二甲苯	8.33	9.71	9.16	3.90	4.72	6.21
邻二甲苯	4.19	4.49	3.70	5.30	3.70	4.13
苯　酐	2.27	3.61	3.00	3.43	3.33	3.48
甲基叔丁基醚	4.66	5.11	5.06	5.36	5.02	6.09
1－丁烯	1.88	1.86	1.70	1.76	1.83	2.24
发　电/亿千瓦·时	37.22	45.40	45.99	44.97	39.38	40.00

茂名石化

【概况】 中国石化集团茂名石油化工公司、中国石化集团资产经营管理有限公司茂名石化分公司(简称茂名石化分公司)、中国石油化工股份有限公司茂名分公司(简称茂名分公司)统称茂名石化，位于广东省茂名市，东毗阳江，西临湛江，北连云浮和广西壮族自治区，南临南海，东北距广州362千米，西南距湛江121千米。茂名石化占地面积1 617万平方米，创建于1955年5月，是国有特大型综合石化企业，1983年整体并入中国石油化工总公司。

茂名石化拥有70多套主要炼油、化工生产装置，1座动力厂，还有港口码头、铁路运输以及完善的管道、原油和成品油储存、海上原油接卸等储运设施。原油一次加工能力2 500万吨/年，乙烯生产能力100万吨/年。主要生产汽油、煤油、柴油、润滑油、溶剂油、石脑油、沥青、乙烯、甲苯、聚丙烯、乙二醇、苯乙烯、丁苯橡胶、SBS等30多类石油化工产品。

截至2013年底，茂名石化共设21个机关处部室，15个直属管理单位，6个合资合作单位。职工总数10 122人，其中具有正高级职称的20人、副高级职称的527人、中级职称的1 504人。固定资产原值383.74亿元。

茂名石化主要技术经济指标和主要产品产量见表1和表2。

（韩泉梅）

【安全环保管理再创佳绩】 2013年，茂名石化未发生分部级以上安全事故，实现重大生产、火灾、人身伤亡事故“三个为零”目标；在石化集团公司QHSE大检查中名列小组第一，安全、环保和质量均获先进并得到总部表扬；炼油分部摘掉广东省环保黄牌，获得绿牌；公司被评为全国绿化先进单位、广东省清洁生产企业、中国石化和广东省唯一一家全国“安康杯”竞赛示范单位。

（韩泉梅）

【经济效益保持先进】 2013年，茂名石化加工原油1 630.14万吨，生产乙烯112.55万吨，同比分别增加193.54万吨和2.41万吨；实现销售收入1 168.44亿元、同比增加68.37亿元，上缴税金262.66亿元(含海关进口增值税111.44亿元)、同比增加21.62亿元，均创历史新高。创造利润16.67亿元，实现效益在同规模炼化一体化企业“保二争一”目标。

（韩泉梅）

【炼油系统首次全停大修】 茂名石化炼油系统首次全停大修从2013年10月11日1#渣油加氢装置停汽起，至11月27日1#石蜡加氢装置开汽结束，历时48天，比统筹计划提前2天完成。大修涉及装置26套及相关系统工程，施工项目3 866项，预算费用2.49亿元。此次大修开创了中国石化炼化一体化企业炼油全停时化工满负荷生产创大效益的先例，引入了信息化和规范化检修管理，创造了安全、绿色、优质、节约、高效、阳光大修新模式，被誉为中国石化炼油全停大修的典范。

（韩泉梅）

【乙烯产量再创新高】 2013年，茂名石化按照“以稳为主、稳中做大、稳中调优”的工作思路，在做大乙烯产量上下功夫。全年生产乙烯112.55万吨，超额完成112万吨的奋斗目标，超总部下达指标10.55万吨，创历史新高。

（韩泉梅）

【240万吨/年加氢裂化装置开车成功】 2013年3月2日，茂名石化2 000万吨油品质量升级工程改造重点项目之一——240万吨/年加氢裂化装置开车成功。装置占地面积2.2万平方米，总投资9.83亿元。作为油品质量升级改造工程最主要的二次加工装置，其成功投产，可进一步满足炼油二次加工能力的平衡，改善油品质量结构，为社会提供清洁优质产品。

（韩泉梅）

【150万吨/年汽油吸附脱硫装置成功投产】 2013年7月24日，茂名石化150万吨/年汽油吸附脱硫装置成功投产。该装置是茂名石化2013年汽油产品质量升级和低碳环保装置，总投资2.7亿元。装置的成功投产，使茂名石化生产的汽油更加清洁环保，产品跨入国Ⅳ时代。

（韩泉梅）

【10万吨/年顺丁橡胶装置开车成功】 2013年2月24日，茂名石化10万吨/年顺丁橡胶装置投料开车成功。该装置是茂名石化产品结构调整的重点项目，采用国内先进的顺丁橡胶生产工艺，并在原有生产工艺的基础上进行较大幅度改进，设备国产化率达到100%。装置由2条聚合生产线和3条后处理生产线共同组成，可生产顺丁橡胶BR9000、BR9004A和BR9004B等多个牌号产品。

（韩泉梅）

【合资空分装置建成投产】 2013年10月10日，由茂名石化与液化空气（中国）投资公司合资兴建的9万米^3（标准）/时空分装置建成投产并产出合格气体。该装置是茂名石化炼油改扩建工程的重要配套项目，总投资6.58亿元，投产后可为新建煤制氢装置提供高压氧气，满足制氢需求。

（韩泉梅）

【化工轻油储备库项目建成中交】 2013年7月8日，中国石化重点建设项目——茂名化工轻油储备库建成中交。该项目总投资4.41亿元，主要建设4个5万立方米石脑油罐以及泵棚、变电所、仪表机柜间、泡沫站、污水提升池等设施。项目投用后可有效缓解茂名石化乙烯生产能力达100万吨/年后乙烯原料不足的结构性矛盾。

（韩泉梅）

【茂名北山岭原油商业储备基地项目通过竣工验收】 2013年8月20日，由中国石化集团石油商业储备有限公司全权委托茂名石化代建的茂名北山岭原油商业储备基地项目通过竣工验收。该项目总投资16.95亿元，主要建设15座单体罐容为12.5万立方米的原油储罐及配套设施。

（韩泉梅）

【新产品开发和专用料生产成效显著】 2013年，茂名石化坚持“差异化”思路，扎实抓好新产品开发和专用料生产工作，着力提高高附加值产品比例，全力打造高端产品，全年开发生产新产品10个，累计生产新产品及专用料91.39万吨、同比提高10.73万吨，创历史新高。其中，透明抗冲聚丙烯PPB－MT25－S为公司在新产品开发方面第一个进入总部“十条龙”的项目，盒盖专用料825－000填补华南市场高融指LDPE注塑产品市场空白，高压聚乙烯重包装膜专用料2520D等牌号产品成功进入可口可乐、宜家、普利司通等世界著名跨国公司。

（韩泉梅）

【MTBE装置年产量达设计产能的158%】 2013年，茂名石化化工MTBE装置克服催化剂活性降低、设备管线腐蚀等困难，通过优化操作参数、积极开展隐患排查和治理、组织技术攻关等一系列措施，确保MTBE装置一直保持在100%以上高负荷安稳运行。装置全年累计生产MTBE产品7.27万吨，年产量达到设计产能4.6万吨/年的158%。

（韩泉梅）

【实施公务用车改革】 2013年，茂名石化规范领导人员公务用车管理，实行新的公务用车管理模式和运作方式，公司所有公务用车、通勤车业务统一归口管理，车辆统一安排使用。改革压减公务用车94辆，减少专兼职司机60人。

（韩泉梅）

【绿色低碳发展成就获社会公众认可】 2013年，茂名石化按照“开门办企业、开放办企业”的思路，增强开放意识，增进与社会公众、主流媒体的沟通互动，传递公司绿色低碳发展理念和责任意识，全年共有来自内地与港澳台地区的79批次1 800多人走入公司厂区体验绿色低碳生产，公司绿色低碳发展成就得到国内主流媒体和社会公众广泛认可。

（韩泉梅）

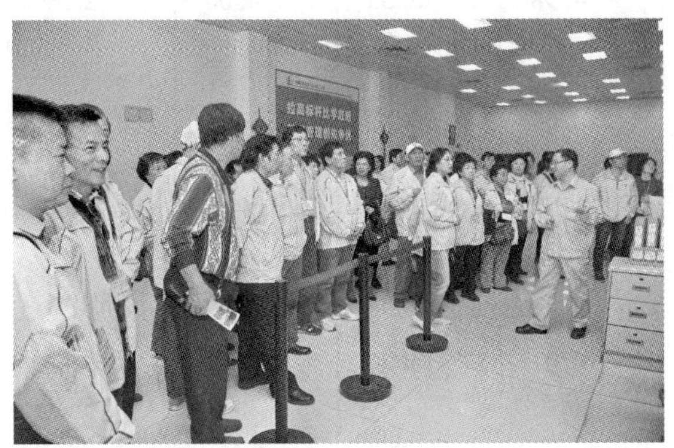

12月7日，香港各界联合会考察团到茂名石化开展社区文化交流活动（张 琼 摄）

【实施关爱员工新举措】 2013年，茂名石化按照“雪中送炭的事一件都不能少”“真心关爱老人，真诚关心病人”的理念，出台并实施了《对困难协解人员缴纳基本养老保险费、基本医疗保险费帮扶方案》，为2 239人发放资金710万元；修订并实施了《职工补充医疗保险管理规定》，新增门诊费用限额报销、大额医疗费用限额补助等待遇，大幅提高员工补充医疗保险报销比例；投入1 000余万元实施员工健康体检新方案，根据员工不同年龄段、不同岗位实际，增加有针对性的体检项目，并实行A、B套餐轮选；把扶贫帮困“三不让”承诺提升为“四不让”承诺，进一步丰富其内涵，从7月起，公司处级以上领导干部与公司164户困难、大病员工家庭结对子，并针对每户困难员工家庭的实际情况，制定帮扶方案，落实帮扶措施。

（韩泉梅）

【“职工有困难找工会”入选“广东工会60年十件大事”】 2013年，在广东省总工会举办的“广东工会60年十件大事”评选活动中，茂名石化率先提出并践行的“职工有困难找工会”榜上有名，位列第五。

（韩泉梅）

【首次聘请外籍生产技术管理专家】 2013年6月24日，茂名石化举行签约仪式，聘请日本出光兴产株式会社退休专家佐野浩为技术顾问，在公司进行为期1年的设备化学清洗和TPM设备管理活动技术咨询工作。这是中国石化系统内生产企业首次聘请外籍生产技术管理专家。

（韩泉梅）

【参加全国亿万职工排舞比赛获金奖】 2013年6月15日，茂名石化排舞队代表广东省参加第3届全国亿万职工排舞大赛，以规定曲目、串烧曲目及团体总分3项第一获专业组金奖第1名，并获优秀编导奖。

（韩泉梅）

茂名石化排舞《牛仔们的狂欢》（张凌云 摄）

表1 茂名石化主要技术经济指标 亿元

指标名称 \ 年份	2013	2012	2011	2010	2009	2008
原料油加工量/万吨						
茂名分公司	1 630.14	1 436.60	1 450.00	1 386.03	1 298.04	1 303.24
工业总产值						
茂名分公司	980.38	929.46	952.88	772.89	620.18	742.63

续表

指标名称 \ 年份	2013	2012	2011	2010	2009	2008
茂名石化分公司	13.23	13.29	13.76	11.83	10.92	11.01
工业增加值						
茂名分公司	195.41	154.51	181.87	194.07	188.44	—
茂名石化分公司	5.33	5.48	4.98	2.53	4.00	2.59
资产总计						
茂名分公司	298.63	247.29	220.64	200.87	197.27	174.97
茂名石化分公司	44.33	45.99	48.42	53.70	55.10	52.80
流动资产						
茂名分公司	127.89	95.10	103.48	79.58	65.86	38.81
茂名石化分公司	14.01	14.68	15.07	14.21	14.65	13.44
固定资产原值						
茂名分公司	316.41	274.02	277.40	276.90	275.87	260.17
茂名石化分公司	67.33	67.13	67.31	68.43	68.98	68.53
固定资产净值						
茂名分公司	119.92	87.69	98.88	108.96	120.70	120.21
茂名石化分公司	28.60	29.38	25.76	34.43	30.79	37.96
销售收入①						
茂名分公司	974.44	917.97	936.48	757.36	623.39	744.64
茂名石化分公司	28.87	27.37	27.24	24.98	23.74	24.30
实现利税						
茂名分公司②	274.59	242.36	246.76	238.58	236.97	90.28
茂名石化分公司	47.36	3.66	3.36	3.20	2.37	2.49
税　金						
茂名分公司②	259.75	239.07	229.16	193.94	176.23	120.37
茂名石化分公司	2.91	2.28	2.26	1.79	1.77	1.67
万元产值综合能耗/吨标煤						
茂名分公司	0.60	0.61	0.62	0.60	—	—
茂名石化分公司	1.42	1.45	1.49	1.57	—	—

①茂名分公司销售收入不含炼化互供

②茂名分公司实现利税和税金数据为当年税金实际缴纳数，含进口原油增值税

表2 茂名石化主要产品产量 万吨

产品名称 \ 年份	2013	2012	2011	2010	2009	2008
乙　烯	112.55	110.14	108.52	98.14	106.06	95.48
丙　烯	62.02	53.18	52.22	48.13	53.75	47.83
混合芳烃	45.65	54.81	49.66	50.68	56.35	50.74
三苯(化工)	38.26	39.60	39.95	40.61	43.06	38.27
三苯(炼油)	3.23	3.45	3.50	3.60	1.00	0.85
聚丙烯	55.37	52.90	56.06	49.5	55.64	47.36
线性聚乙烯	20.30	16.25	16.59	18.59	21.46	17.73
高密度聚乙烯	37.16	38.48	34.42	28.24	36.03	30.88
高压聚乙烯	39.14	38.07	41.45	37.48	38.85	33.87
丁二烯	14.16	14.75	14.28	12.78	14.72	13.28
甲基叔丁基醚(MTBE)	8.39	9.04	6.86	6.55	6.93	6.08
1－丁烯	1.85	1.60	1.79	1.56	2.00	2.08
乙二醇	4.56	6.80	7.62	6.61	3.66	8.33
环氧乙烷	11.00	9.64	8.15	8.12	5.64	4.73
苯乙烯	11.34	12.22	12.08	8.82	11.22	11.47
SBS橡胶	8.36	8.28	8.49	8.44	10.28	8.62
顺丁橡胶	4.69	—	—	—	—	—
液化气	87.93	76.85	82.10	68.81	61.72	66.36
石脑油	180.17	173.04	168.13	157.18	160.34	139.61
汽　油	300.60	231.19	221.02	210.52	209.82	219.18
高标号汽油	288.63	224.90	219.49	205.98	206.07	217.47
煤　油	161.91	142.11	129.00	124.07	127.89	107.15
柴　油	491.82	445.80	450.96	396.35	401.86	486.71
基础油	22.91	26.97	29.53	29.07	25.39	23.89
石　蜡	6.96	8.73	8.49	10.72	9.83	8.08
商品重油	21.33	0	0	1.06	10.61	34.80
沥　青	102.40	75.10	71.10	88.70	64.94	34.34
石油焦	58.22	62.32	75.66	60.04	60.39	76.49
硫　黄	18.72	14.97	15.12	11.35	10.62	13.64

镇海炼化

【概况】 中国石油化工股份有限公司镇海炼化分公司(简称镇海炼化)是中国石化旗下的国家特大型炼油化工骨干企业，位于浙江省宁波市。其前身为始建于1975年的浙江炼油厂，1983年划归原中国石油化工总公司。

截至 2013 年底，镇海炼化拥有 2 300 万吨/年原油加工能力、100 万吨/年乙烯生产能力、4 500 万吨/年深水海运码头吞吐能力以及超过 350 万立方米的储存能力，形成了“大炼油、大乙烯、大码头、大仓储”的产业格局，是国内最大的炼化一体化企业。主要生产各种规格的汽油、柴油、航空煤油、液化气、道路沥青、苯类、乙烯、丙烯、丁二烯、环氧乙烷、乙二醇、环氧丙烷、苯乙烯、聚丙烯树脂、聚乙烯树脂等 50 多种优质石油化工产品。管理上不断完善以“三项制度”为核心的“一体化管理体系”；同时不断优化项目发展、管理变革、人力资源“三位一体”发展规划，积极探索符合镇海炼化实际的信息化之路；实行公司—运行部扁平化管理，按照“三分机构”的定位设立 15 个管理处室（含党群部门）、9 个业务中心（含消防支队）、12 个生产运行（专业）部，另有中国石化授权管理的杭州石化有限责任公司（简称杭州石化）等 6 家主要子公司。有在岗职工5 944人（不包括杭州石化），其中具有高级职称的 314 人、中级职称的 800 人。

镇海炼化主要技术经济指标及主要产品产量见表 1 和表 2。

（张演斌）

【领导班子调整】 2013 年 9 月 2 日，镇海炼化召开干部大会，石化集团公司党组成员、石化股份公司总裁李春光代表石化集团公司党组宣布对公司领导班子调整的决定：江正洪调总部工作，不再担任公司总经理、党委副书记；张玉明任公司总经理、党委副书记。

（张演斌）

【李毅中到镇海炼化调研】 2013 年 5 月 7 日下午，中国石化老领导、原工业和信息化部部长李毅中专程到镇海炼化调研，亲切看望慰问广大干部员工。李毅中称赞镇海炼化是全国石油化工的榜样和典范；勉励全体干部员工再接再厉，不断开拓创新，在建设“世界级炼化一体化标志性企业”进程中再创新业绩。

（张演斌）

2013 年 5 月 7 日，李毅中（前排左二）到镇海炼化调研、慰问

【获得多项荣誉】 在 2013 年 1 月 14—17 日召开的石化集团公司年度工作会议上，镇海炼化连续第 3 次被授予中国石化特别贡献奖。4 月 23 日，镇海炼化烯烃部被中华全国总工会授予全国五一劳动奖状。9 月 22 日，国家人力资源和社会保障部、国有资产监督管理委员会联合发文，决定授予 497 个单位中央企业先进集体称号，镇海炼化名列其中。是年，镇海炼化获中央企业职工技能竞赛先进单位称号，并有 2 人获中央企业技术能手称号、2 人获中央企业青年岗位能手称号；同时，在石化集团公司组织的各类技能竞赛中，镇海炼化获得 1 个团体第一、3 个团体第二以及个人 5 枚金牌、7 枚银牌、8 枚铜牌的历史最好成绩。

（张演斌）

【生产经营业绩创新高】 2013 年，镇海炼化加工原油 2 201.16 万吨（不含杭州石化），同比增长 9.23%，连续第 4 年超过 2 000 万吨；生产乙烯 111.08 万吨，同比增长 0.73%，连续第 3 年超过 110 万吨；实现营业收入 1 350.71 亿元（不含杭州石化），同比增长 3.25%；实现利润 71.30 亿元，同比增长 140.52%；上缴税金 170.96 亿元（不含杭州石化），其中留存宁波市地方财政 32.23 亿元，同比提高 1.58%。其中，原油加工量、乙烯产量和实现利润创造镇海炼化历史最高纪录，实现利润创造国内炼化企业年度效益的最高纪录。

（张演斌）

【炼油产品结构调整和节能降耗增效显著】 2013 年，镇海炼化共生产汽、煤、柴油三大类成品油 1 175.16 万吨，同比提高 6.87%。其中，生产 97# 汽油 145.53 万吨，占汽油比例为 52.13%；国Ⅲ柴油 409 万吨，占柴油比例为 56%；航煤 206.14 万吨，增幅达 33.37%。生产沥青 134.26 万吨，增幅达 32.22%。实现炼油综合能耗 44.64 千克标油/吨，创历史最好水平；乙烯高附能耗 290.51 千克标油/吨，同比降低 1.09 个单位。

（张演斌）

【生物航煤试飞成功】 2013年4月24日，使用镇海炼化生产的中国石化1号生物航煤进行试飞的东方航空客机稳稳降落在上海虹桥机场，标志着中国具有完全自主知识产权的生物航煤生产技术取得圆满成功，也意味着中国成为继美国、法国、芬兰之后第4个拥有完全自主生物航煤生产技术的国家，镇海炼化成为国内首家能够自主生产生物航煤的企业。

（张演斌）

中国自主研发的生物航煤在商业客机上试飞成功

【聚烯烃新产品和专用料产量创新高】 2013年，镇海炼化聚烯烃新产品和专用料产品总量达到39.89万吨，同比提高21%，再创历史新高。新产品方面，快速成型聚丙烯（M50T）成功生产，使镇海炼化成为华东地区首家生产该牌号聚丙烯的企业；专用料方面，高熔指纤维料（H30S）成功实现批量生产，高速超薄BOPP料（F03DB）实现品质、产量双提升，高抗冲聚丙烯共聚料（M30RH）产品质量达到国内外同类产品先进水平。

（张演斌）

【聚烯烃装置挤压机组平稳运行水平创纪录】 2013年，镇海炼化Ⅰ套聚丙烯、Ⅱ套聚丙烯和聚乙烯装置挤压机组分别创造了连续稳定运行182天、109天和130天的历史最好纪录。

（张演斌）

【成功解决乙烯裂解急冷油塔压降高难题】 2013年，针对乙烯裂解装置急冷油塔因聚合堵塞导致压差升高进而影响装置长周期运行的世界性难题，镇海炼化首创带压开孔在线高压水力清洗法取得成功。该方法在不影响装置正常生产的情况下，通过在塔体微创开孔，然后将高压水枪伸入塔内清除堵塔盘塞物。

（张演斌）

【打通进口煤炭采购流程】 为了以煤炭质量的稳定性来保障公用工程运行的稳定性，2013年，镇海炼化成功打通进口煤炭的进厂流程，首批一次性进口澳洲煤炭10万吨。

（张演斌）

【投用国际先进的环境空气移动监测车】 为加强对公司及周边环境空气质量的实时监控，2013年下半年，镇海炼化首家装备并投用了具有国际先进水平的环境空气移动监测车。该监测车以在线质谱多组分分析仪为核心，采用先进的离子—分子反应碰撞原理，可以分析分子量3—519范围内的气体，具有响应迅速、监测下限低、线性范围宽等优点。同时，该监测车抗震性强，能做到边行驶边监测，并配备卫星定位系统、气象测试系统和数模系统，能够快速准确锁定污染源，并把结果及时发送到公司环境监控中心。

（张演斌）

【“公众开放日”开门迎客】 2013年1月25日，镇海炼化首创的“公众开放日”活动迎来首批25名社会公众代表，使得公众得以走进企业，实地感受企业的生产经营、改革发展和环境保护所取得的成就。全年，镇海炼化共举办“公众开放日”活动18期，累计接待各界公众代表729人次，形成了企业、公众良性互动的氛围。镇海炼化“开门办企业、开放办企业”的做法已在中国石化得到推广。

（张演斌）

【推广泄漏检测与修复（LDAR）技术】 2013年，镇海炼化引进国际先进的泄漏检测与修复（LDAR）技术，采用便携式仪器对静密封泄漏情况进行逐一排查，同时制定优于同行标准10倍的泄漏认定标准开展定点整治。全年共检测密封点437 936个，查出泄漏点3 314个，修复成功2 995个，减少挥发性有机物排放效果明显。

（张演斌）

【国内主流媒体聚焦“碧水蓝天”工程】 2013年，镇海炼化良好的环保业绩和倾力环保的举措受到国内主流媒体广泛关注。6月9日，参加“走进新国企——碧水蓝天行动”的人民日报社、新华社、新浪网等近20家中央与国内主流媒体记者深入公司采访。10月31日，中国石化在镇海炼化举办“碧水蓝天计划”媒体沟通会，新华社、中央人民广播电台、中国青年报社、科技日报社、经济日报社等20家中央与地方主流媒体记者再次聚焦镇海炼化。作为中国石化“碧水蓝天”专项行动的重要组成部分，镇海炼化计划在2013—2016年投资12.5亿元、实施22个环保减排治理项目。

（张演斌）

主流媒体记者走进镇海炼化

【驻算山码头武警中队撤勤】 2013年，镇海炼化认真贯彻国务院对武警部队执勤范围进行调整的决定，选择宁波亚太物业接替原驻镇海炼化港储部武警中队负责港储部安保业务。12月31日24时，原驻地武警和接替物业公司保安人员顺利完成换防。

（张演斌）

【与宁波石化经济技术开发区互供物料百万吨】 2013年，镇海炼化与周边的宁波石化经济技术开发区企业互供物料多达11种、约100万吨，带动区域下游产业发展的能力进一步凸显。其中，镇海炼化向周边企业输送的物料涵盖甲烷氢、乙烯、丙烷、丁二烯以及裂解碳五、碳九、邻二甲苯等品种，而石化区企业返供镇海炼化的物料主要有碳五抽余液和液化气等。

（张演斌）

【举办石化集团公司第2届离退休人员中国象棋比赛总决赛】 2013年9月17日，石化集团公司第2届离退休人员中国象棋比赛总决赛在镇海炼化举行。其中，齐鲁石化和胜利石油管理局2支代表队获团体一等奖；镇海炼化和中原石油勘探局获优秀组织奖；河南石油分公司和管道公司2支代表队获体育道德风尚奖。

（张演斌）

表1 **镇海炼化主要技术经济指标**[①] 亿元

指标名称 \ 年份	2013	2012	2011	2010	2009	2008
原油加工量/万吨	2 214.94	2 076.00	2 261.14	2 159.80	1 976.16	1 997.99
工业总产值	1 269.02	1 291.74	1 350.91	1 031.35	736.65	942.97
工业增加值	250.51	218.53	264.68	243.56	213.32	-48.90
资产总计	385.40	404.02	443.73	389.29	388.14	278.78
流动资产	158.95	165.03	187.94	119.25	79.77	67.96
固定资产原值	367.25	363.53	360.05	353.86	190.69	180.62
固定资产净值	185.93	200.40	215.86	230.56	81.61	81.76
销售收入	1 358.72	1 355.04	1 457.57	1 061.12	742.52	943.36
实现利税	227.72	183.76	236.80	214.34	193.59	-16.65
税　金	158.96	156.99	183.99	160.70	136.37	24.56
综合能耗/吨标煤·万元$^{-1}$	0.53	0.54	0.53	0.63	0.47	0.48

①2008年起为杭州石化并入后的数据

表 2 **镇海炼化主要产品产量**① 万吨

产品名称＼年份	2013	2012	2011	2010	2009	2008
汽　油	285.10	284.24	314.95	304.86	320.82	285.77
航空煤油	208.97	156.23	162.89	154.56	146.08	129.41
柴　油	692.26	703.09	763.22	763.00	754.67	832.03
石脑油	310.00	288.58	275.85	232.06	118.84	136.44
燃料油	32.79	34.74	48.97	37.80	35.09	51.64
液化气	107.57	101.03	114.71	114.54	110.43	110.15
白色油	4.28	6.51	5.33	41.76	32.32	20.18
溶剂油	2.18	2.58	3.18	3.18	5.83	7.23
沥　青	136.25	101.33	128.03	117.80	85.63	45.12
丙　烯	88.03	88.07	90.93	62.49	34.74	34.38
聚丙烯	56.64	55.18	56.40	37.42	24.36	25.41
苯	39.70	37.80	40.95	28.93	16.60	22.03
甲　苯	13.01	16.97	17.18	12.92	8.82	12.57
混合二甲苯	5.94	7.56	17.51	6.28	6.83	8.77
邻二甲苯	16.51	13.60	15.65	16.03	15.87	15.21
对二甲苯	65.11	47.74	43.69	49.27	51.85	50.05
硫　黄	21.99	21.09	21.71	17.92	17.49	18.68
石油焦	117.35	108.25	130.12	120.65	117.91	124.19
尿　素	—	—	—	10.47	32.20	33.70
乙　烯	111.08	110.27	110.84	52.59	—	—
丁二烯	16.08	15.52	16.32	7.91	—	—
聚乙烯	48.80	47.99	47.36	19.81	—	—
环氧乙烷	10.66	11.88	11.18	4.53	—	—
乙二醇	52.45	54.57	56.85	30.01	—	—

①2008 年起为杭州石化并入后的数据

天 津 石 化

【概况】 中国石油化工股份有限公司天津分公司(简称天津分公司)和中国石化集团资产经营管理有限公司天津石化分公司(简称天津石化分公司)统称天津石化，是隶属于中国石化的国家特大型炼油、乙烯、化工、化纤联合企业，位于天津市滨海新区(大港)，占地面积 14 平方千米，与天津市区和塘沽新港有铁路、公路相通，与天津港南疆石化码头有输油管线相连。其前身为中国石化天津石油化工公司(由天津市石油化学工业公司和天津市石油化纤总厂组成)，成立于 1983 年 12 月 28 日，2000 年分设为中国石化集团天津石油化工公司和中国石油化工股份有限公司天津分公司；2005 年，两个公司进行一体化重组整合，实现机构的统一管理；2007 年 5 月 22 日，注册成立天津石化分公司，10 月正式注销中国石化集团天津石油化工公司；2010 年 6 月，两个公司实行一体化管理。

天津石化实行“公司—作业部—车间”3 层管理模式，下设发展规划部、经营计划部、生产部、安全环保部、企业管理部等 19 个机关部室和炼油部、烯烃部、化工部、聚醚部等 18 个生产作业部及直属专业服务单位。天津分公司有 2 家合资公司：中沙

(天津)石化有限公司(简称中沙石化)和天津石化液化空气气体有限公司(简称液空公司)。天津石化分公司有1家合资公司——天津天寰聚氨酯有限公司。

截至2013年底，天津石化正式职工总数为8 836人，资产总额296.91亿元。拥有炼油装置23套、化工装置24套、化纤装置3套；原油一次加工能力1 550万吨/年，综合配套加工能力1 250万吨/年，乙烯生产能力120万吨/年(含中沙石化)，为华北地区最大的炼油基地、国内最大的乙烯生产基地之一，其他装置生产能力为：对二甲苯38万吨/年、PTA34万吨/年、聚酯20万吨/年、聚醚10万吨/年；原油储存能力27万立方米，拥有与主要生产装置相配套的装机容量40万千瓦、供水10万吨/日等公用工程系统。主要生产石油炼制、石油化工、石油化纤三大类产品，均具有较好的市场知名度，其中涤纶短纤维、3#喷气燃料为国优产品；“天仙”牌涤纶短纤维，“津港”牌轻柴油、车用汽油、3#喷气燃料，“大港”牌工业用纯苯被评为天津市名牌产品。

天津石化主要技术经济指标和主要产品产量见表1和表2。

(王　进)

【领导班子调整】 2013年1月30日，石化集团公司党组对天津石化领导班子做出调整：洪剑桥不再担任天津石化党委常委、副总经理，聂军任天津石化党委副书记兼纪委书记、工会主席。4月11日，石化集团公司党组对天津石化党委常委做出调整：彭树森、禹晓伟、王立新、姚玉生增任天津石化党委常委；由于年龄原因，于洪涛不再担任天津石化党委常委、副总经理，任调研员。5月9日，天津石化召开干部大会，宣布石化集团公司党组关于天津石化主要领导调整的决定：朱建民任天津石化总经理、党委副书记，中沙石化总裁提名人选；许红星不再担任天津石化总经理、党委副书记，中沙石化总裁。

(王　进)

【平稳实施机构和干部调整】 2013年，天津石化实施机构调整，将处级单位由51个精简到43个，其中机关部室从25个精减到19个，挂靠中心从8个精减到6个，重新界定各部门(单位)职责，提高管理效率。完成三年一度的干部任期考核调整工作，考核班子15个、中层干部135名，组织选拔19人、岗位交流27人，对18个中层副职空缺岗位在全公司范围进行公开招聘和竞争上岗。

(王　进)

【生产经营取得新增长】 2013年，天津石化完成原油加工量1 294.09万吨，生产汽、煤、柴油641.32万吨，乙烯130.8万吨(含中沙石化)，对二甲苯43.54万吨。主要技术经济指标水平全面提升，轻质油收率、综合商品率、原油加工损失率、储运损失率、对二甲苯收率、“三苯”收率等指标保持石化集团公司先进水平。进口原油CIF累计平均价格106.5美元/桶，比石化集团公司平均低1.3美元/桶。重新打通进口原油来料加工复出口流程，并开展第一笔业务。吨油费用、吨化工产品费用分别比年度预算低3.8元和205.8元，降本1.6亿元。物资采购框架协议比率、厂家直供率等物供指标保持石化集团公司先进水平。市政中水项目如期投用，成为石化集团公司北方地区和天津市首个引入市政中水的企业。全年实现营业收入1 134亿元(含中沙石化)，增长13.6%；上缴税费86.5亿元，增长25.6%。全年上市部分整体赢利9 705万元，炼油板块完成奋斗目标，化工板块和存续部分完成考核目标。

(王　进)

【挖潜增效取得新突破】 2013年6月开始，天津石化在整体亏损3.35亿元的严峻形势下，全面对标镇海炼化，先后组织了炼油、化工、中沙石化、改制企业、固定费用等十几个专题效益分析会，制定并实施27项近期和中远期优化措施，全力提高生产经营全过程产业链价值。在调整产品结构方面，全力做大高标号汽油、航煤、车用柴油、低凝柴油等高附加值产品产量，实现了历史性突破；在系统优化方面，充分利用现有资产挖掘效益潜力；在费用管控方面，全面细化分解利润和成本费用指标，狠抓关键环节和重点成本费用控制；在争取政策方面，积极协调赢得多方支持。下半年，累计挖潜增效超过4亿元，实现效益形势自7月以后持续向好。

(王　进)

【QHSE工作取得新业绩】 2013年，天津石化认真吸取大连石化重大事故和“11·22”特别重大事故教训，强化各级安全责任落实，全面开展隐患排查治理工作，共查出各类问题和隐患1 226项，整改率93%。“碧水蓝天”和“美丽天津·一号工程”项目全面启动，国家重点监控的小乙烯污水回用项目提前建成投用；6个重点项目通过环保验收或环评批复；第二轮清洁生产审核通过石化集团公司验收，圆满完成总量减排工作，在炼化企业环保工作年度考核中排名第一。全年实现安全环保“重大事故”为零，位列QHSE大检查华北区域第一，是石化集团公司唯一同时获得安全、环保、质量管理、消防、清洁生产、平安管道建设6项集体荣誉的单位，连续13年被评为全国“安康杯”竞赛优胜企业。

（王　进）

国家重点监控的小乙烯污水回用工程提前建成，成为首个投用的“碧水蓝天”项目　（许洪全　摄）

【项目建设取得新进展】 2013年，天津石化共批复项目130项，批复总投资16.8亿元，完成投资5.6亿元，其中安全环保隐患治理项目54项、总投资1.7亿元。200万吨/年柴油加氢、32万吨/年碳二回收、20万立方米石脑油储备罐、热电部二煤场及配套设施等重点项目开工。

（王　进）

【100万吨/年乙烯及配套工程通过竣工验收】 2013年12月16日，天津石化100万吨/年乙烯及配套项目通过石化集团公司竣工验收。竣工验收意见指出，这一项目的建设，创造了百万吨级乙烯技术和设备国产化的新水平，创造了国内外同期同类装置建设速度最快的纪录；项目的建成投产，有力地带动了京津地区化工、纺织、橡胶等下游产业的发展，促进了滨海新区的开发开放和天津市经济转型升级。

（王　进）

【科研创新创出新水平】 2013年，天津石化5 000吨/年对二甲苯结晶中试装置试车成功并完成标定，3个石化集团公司级装备科研项目通过鉴定。获得专利授权7项。生产树脂新产品6万吨、专用料6.5万吨，分别超年度计划68%和63%，在石化集团公司进度排名第一；聚酯差别化率10.1%，完成考核指标；2种聚醚新品通过鉴定。7个信息化项目通过石化集团公司验收，建成国内石化行业首个水务生产营运管理信息系统，制度信息系统上线运行。

（王　进）

【提前完成柴油、汽油质量升级】 2013年4月1日，天津石化出厂普通柴油开始执行国Ⅲ标准，比国家相关要求提前3个月，硫含量从$2\ 000\times10^{-6}$降至300×10^{-6}—350×10^{-6}。10月1日，天津石化出厂汽油全部由国Ⅲ升级为国Ⅳ标准，比国家要求提前3个月，出厂产品合格率、上级部门抽检合格率、计量数据准确率均为100%，硫含量由150×10^{-6}下降到50×10^{-6}，苯含量、烯烃含量、锰含量等污染物指标也进一步降低。

（王　进）

【企业管理取得新提升】 2013年，天津石化获得全国优秀企业管理成功案例奖1项，国家级QC优秀成果奖1项、省部级34项，被评为石化集团公司“三基”工作先进组织单位。优化绩效考核体系，提高效益指标的考核权重。制定下发《天津石化首席专家、专家职位选聘管理办法》《天津石化高技能人才选聘管理办法》等5个配套文件，全面启动专业技术和技能操作岗位的公开选聘与竞争上岗工作。发挥调研员优势，组建安全环保督察组。强化改制企业和外包业务管理，向部分改制企业委派主要领导、派驻独立董事。

（王　进）

【和谐企业建设取得新成果】 2013年，天津石化“四个环境”（工作、生活、学习、文化）得到持续改善，投入资金1.69亿元，较好完成七届三次职代会确定的“八件实事”。全心全意依靠职工办企业，职工代表提案落实率、反馈率、满意率均为100%；办理“总经理信箱”职工来信118件；帮扶救助困难职工5 000余人次、1 300余万元。完善信访稳定工作网络，强化责任落实，建立领导干部下访、信访代理等机制，全面梳理重点群体诉求，妥善解决部分历史疑难问题，有效缓解矛盾，信访总量同比下降31%。改制企业在天津石化的改革发展和稳定工作中，有效发挥了保驾护航作用。

（王　进）

【组织天津石化成立30周年系列活动】 2013年，以天津石化成立30周年为契机，建成天津石化发展成就图片展厅和企业全景沙盘等教育阵地，组织开展了企情企史教育系列活动。12月28日，邀请曾经在天津石化工作过的老领导、老同志以及员工代表参观全景沙盘和图片展，召开座谈会，组织观看文艺汇演，纪念天津石化成立30周年。

（王　进）

老领导、老同志以及员工代表参观天津石化成立30周年图片展（黄士斌　摄）

【首次举办形势任务报告会】 2013年10月19日，天津石化首次举办形势任务报告会，专门邀请离退休老领导、老同志及街道、社区代表参加。公司总经理朱建民分别从生产经营、体制机制改革、未来发展、民生工作以及干部队伍建设5个方面，向与会人员通报公司情况。

（王　进）

【新建档案馆建成投用】 2013年12月20日，天津石化新建档案馆正式投入使用。新建档案馆总建筑面积达8 010平方米，建设规划用地为3 500平方米，建筑主体高度23.75米，为乙级档案馆，使用年限为50年(3类)，抗震设防烈度为七度。档案馆是集档案办公用房、业务技术用房、档案库房等功能于一体的现代化综合档案馆，储藏面积为6 000平方米，可储藏档案约42万卷册，基本满足未来30年的储藏档案要求。

（王　进）

【职业技能大赛取得优异成绩】 2013年，天津石化代表石化集团公司参加第11届全国工程建设系统职业技能竞赛，获得个人金牌1枚；在天津市计量知识竞赛中，共获得个人一等奖1个、二等奖1个、三等奖2个，团体总分第2名；在石化集团公司业务竞赛中，获得2个团体第1名、3个团体第3名，金牌6枚、银牌7枚和铜牌9枚，参赛人数、金牌总数、奖牌总数、团体排名均创历史最好纪录。

（王　进）

【中国石化第4届职工门球比赛举行】 2013年6月26—28日，中国石化“天津石化杯”第4届职工门球比赛在天津石化门球场举行，来自石化集团公司直属企事业单位22支代表队的近200名选手参赛。胜利油田、江苏油田、天津石化代表队分获比赛前3名。

（王　进）

【刘春鹏捐献造血干细胞】 2013年6月18日，天津石化水务部职工刘春鹏为患有白血病的台湾同胞捐献造血干细胞，成为天津市首例为台湾同胞捐献造血干细胞的捐献者。

（王　进）

表1　　天津石化主要技术经济指标①　　亿元

指标名称＼年份	2013	2012	2011	2010	2009	2008
原油加工量/万吨	1 294.09	1 085.39	1 300.97	1 149.48	428.26	362.02
工业总产值	835.56	728.27	834.80	582.03	182.53	197.83
工业增加值	110.83	54.84	113.81	86.35	11.63	-34.75
资产总计	286.62	299.89	319.02	318.73	343.57	96.67
流动资产	143.98	148.97	160.79	153.70	62.25	28.65
固定资产原值	277.48	268.84	267.34	263.61	263.52	198.29
固定资产净值	108.85	108.86	111.12	118.49	126.46	54.88
销售收入	856.69	748.90	862.79	632.79	193.06	218.63
实现利税	84.06	29.90	87.66	71.77	-7.40	-72.69
税　金	83.09	52.41	84.20	63.42	15.18	-1.64

①均为天津分公司数据，不含存续部分数据

表 2 天津石化主要产品产量 万吨

产品名称＼年份	2013	2012	2011	2010	2009	2008
汽　油	93.49	75.26	87.51	70.49	42.21	32.74
煤　油	130.76	94.50	114.95	81.22	32.74	21.80
柴　油	417.07	368.67	419.27	383.88	156.57	148.10
化工轻油①	372.78	328.20	401.50	385.93	113.81	98.51
商品液化气	49.20	41.53	51.27	42.98	10.17	10.60
石油苯	44.00	37.85	43.02	35.67	10.70	11.24
对二甲苯	43.54	35.49	42.74	37.30	29.02	26.36
精对苯二甲酸	31.23	27.60	32.76	32.83	24.76	22.46
聚　酯	29.10	26.00	29.83	28.55	22.48	18.77
聚酯切片	17.58	15.60	17.70	16.17	12.73	8.04
涤纶短丝②	11.53	10.31	12.12	12.41	9.73	8.88
涤纶长丝	—	—	—	—	—	1.91
聚醚多元醇	8.02	8.21	8.21	7.60	7.51	6.43
丙　烯	18.18	13.94	16.68	16.72	12.86	11.55
乙　烯	22.21	18.82	23.05	23.76	18.91	17.02
聚乙烯	13.01	11.75	14.24	14.49	11.46	10.21
聚丙烯	7.29	6.54	7.27	7.43	5.48	5.12
乙二醇	3.96	3.73	4.19	3.88	3.30	2.98
环氧乙烷	4.67	4.08	4.48	4.74	3.46	3.06

①化工轻油数据中含尾油产量

②短丝产量中含新品短丝产量

中沙石化

【概况】 中沙(天津)石化有限公司(简称中沙石化)由中国石油化工股份有限公司和沙特基础工业投资公司以50:50的股比共同出资设立的大型石油化工企业，主要业务包括乙烯及其衍生产品的生产、销售和研发。公司位于天津市滨海新区大港，占地面积约172公顷(1.72平方千米)，是中国环渤海地区的一家大型乙烯合资企业。公司于2009年10月20日注册成立，2010年5月正式投入商业运营。

中沙石化一期项目总投资183.8亿元人民币，包括100万吨/年乙烯装置、65万吨/年裂解汽油加氢装置、30万吨/年高密度聚乙烯装置、30万吨/年线性低密度聚乙烯装置、4/36万吨环氧乙烷/乙二醇装置、45万吨/年聚丙烯装置、35万吨/年苯酚丙酮装置、20/12万吨/年丁二烯抽提和MTBE联合装置8套主生产装置，以及配套公用工程及辅助设施；生产包括化学品21种、功能性化学品5种、聚合物产品3类25个牌号的产品。项目于2010年1月建成投产，并实现了一次开车成功。中沙石化二期项目是26万吨/年聚碳酸酯项目，已经国家发改委正式批复。

截至2013年底，中沙石化共有员工1 357名。2013年生产主要化工产品396.82万吨，实现销售收入267.03亿元人民币。

中沙石化主要经济指标及主要产品产量见表1和表2。

(黄　璐)

【公司高级管理人员调整】 2013 年 5 月 31 日，中沙石化召开管理层会议，公司副董事长宣布董事会书面决议：批准许红星不再担任中沙石化总裁，并任命朱建民担任中沙石化总裁，自 2013 年 5 月 10 日起履职。12 月 4 日，董事会做出书面决议：聘任马万·哈姆丹·阿尔扎哈尼担任中沙石化副总裁，作为阿瓦依德·阿尔哈兹先生的继任者，自 2014 年 1 月 1 日起履职。

（黄　璐）

【百万吨乙烯及配套项目通过竣工验收】 2013 年 12 月 16 日，经天津乙烯工程竣工验收委员会审查，一致同意天津 100 万吨/年乙烯及配套项目通过竣工验收，标志着项目建设符合规划设计、建筑施工和设备安装质量要求，项目建设成果正式转入生产使用。

（王　晶）

百万吨乙烯装置　（薛桂臣　摄）

【ISO 管理体系通过认证审核】 2013 年，中沙石化全力推进 ISO 管理体系认证审核工作，8 月 26 日，一次性通过了 ISO 管理体系认证审核，取得了 GB/T 19001—2008/ISO 9001：2008 质量管理体系、GB/T 24001—2004/ISO 14001：2004 环境管理体系和 GB/T 28001—2011/OHSAS 18001：2007 职业健康安全管理体系的三体系认证证书。

（黄　璐　王　晶）

【持续实现 HSE 佳绩】 2013 年，中沙石化深入推行沙方股东特有的 SHEMS 体系，实现重大人身伤害事故、环境污染事故、重大火灾爆炸事故 3 个为零；SHER 事故率为 0.25，远低于目标值 0.89，达到沙方股东公司的较好水平。全年外排污水 COD、二氧化硫和氮氧化物排放量持续全面达标，实现了 HSE 佳绩。

（黄　璐）

【主要技术经济指标保持较好水平】 2013 年，中沙石化深入开展“比学赶帮超”活动，全年各装置整体在线率达 99.72%，除 EO/EG 装置物耗外，其余装置的能耗、物耗均达到历史最好水平，其中丁二烯、线性低密度聚乙烯、苯酚丙酮等装置物耗指标处于国内同行业领先水平，为公司增效和节能减排做出了重要贡献；完成董事会考核全部 5 项指标挑战值，其中吨产品完全费用在同行业中排名领先。

（王　晶）

【公司获 EOE 产量最高纪录奖】 2013 年 5 月 15 日，在应用 METEOR200 催化剂所有厂家的当量环氧乙烷（EOE）产能评比中，中沙石化 EO/EG 装置创造了每立方米催化剂可产出 4 560 吨 EOE 的世界纪录，被美国专利商陶氏化学公司授予 EOE 产量最高纪录表彰奖。

（黄　璐　王　晶）

【优化降本效果明显】 2013 年，中沙石化从源头抓起，提高裂解原料轻组分比例，全年裂解原料中加氢尾油比例提高 10 个百分点；运用 PIMS 系统优化生产方案，各装置累计调整生产方案 8 次，增效 1 200余万元；积极探索国产催化剂试用技术攻关，使催化剂国产化比例提高了 6 个百分点，节约生产成本 500 余万元。大幅压缩非生产性费用，全年固定费用比预算节约 2.76 亿元，其中可控费用压缩 7 000 多万元；获得非光气法制造聚碳酸酯进口技术申请资金贴息 3 000 万元，保证了企业全面完成年度董事会考核目标。

（王　晶）

【标准操作流程编制完成】 2013 年，为配合 SHEMS 管理体系要求，中沙石化编制了生产装置标准操作流程 612 项、管理部门标准操作流程 141 项，梳理了装置的关键生产操作步骤，为操作人员提供规范操作行为指导；细化了管理部门业务操作流程，强化了规章制度和作业文件的执行力度，提升了中沙石化精细化管理水平。

（黄　璐）

【数字档案管理系统正式上线】 该项目作为中沙石化 OA 审批系统的补充定制，是实现公文（合同）在线审批和数字档案管理系统整合的一个重要组成部分。系统于 2013 年 9 月 16 日上线，先后完成了 8 个档案类别配置、2 139 条电子文档的自动归档，以及7 100 余条的数据迁移。

（黄　璐）

【捐资助力地方幼教事业】　2013 年 11 月 26 日，中沙石化在天联宾馆有限责任公司幼教中心师花幼儿园举办了为天联幼教中心献爱心暨青年服务实践基地揭牌仪式，捐资 50 万元人民币，用于幼教中心的教育设施改善等，以实际行动回馈社会、造福地方，促进企地关系和谐发展。

（王　晶）

捐资幼儿园　（薛桂臣　摄）

表 1　　中沙石化主要经济指标　　亿元

指标名称 \ 年份	2013	2012	2011	2010
工业总产值	265.34	236.06	294.93	192.03
工业增加值	14.25	12.68	33.77	14.70
销售收入	267.03	237.56	296.27	186.88
税前利润	1.83	-3.38	19.72	6.55

表 2　　中沙石化主要产品产量　　万吨

产品名称 \ 年份	2013	2012	2011	2010
乙　烯	108.64	94.34	111.21	85.49
丙　烯	55.03	48.26	56.42	43.27
线性低密度聚乙烯	34.49	28.30	35.15	24.28
高密度聚乙烯	27.22	24.69	28.14	25.29
聚丙烯	46.28	41.65	47.03	31.72
环氧乙烷	7.15	5.52	6.42	3.20
乙二醇	40.55	32.76	39.00	34.64
丁二烯	20.26	17.61	21.33	16.97
1-丁烯	5.08	4.39	5.21	3.92
MTBE	15.05	13.16	15.11	11.09
苯　酚	22.84	18.33	21.91	13.37
丙　酮	14.22	11.44	13.68	8.32

上 海 石 化

【概况】　中国石化上海石油化工股份有限公司（简称上海石化）位于上海市金山区，占地面积 9.4 平方千米，是集炼油、化工、塑料、化纤生产经营于一体，高度综合的现代化石油化工企业之一，也是中国第 1 家股票在上海、香港、纽约三地同时上市的股份制有限公司。上海石化前身为创建于 1972 年的上海石油化工总厂，1993 年 6 月改制为上海石油化工股份有限公司，2000 年 10 月更名为现名。

上海石化下设炼油部、烯烃部、芳烃部、化工部、腈纶部、涤纶部、塑料部、热电部、物资供应部、销售部、储运部、环保水务部、公用事业部和精细化工部以及质量管理中心、统计中心、保卫部、总务部、培训中心、新闻中心、员工交流安置中心等单位，并由上海石化资本运营部管理对外投资企业。截至 2013 年底，上海石化总资产 369.16 亿元，在册员工总数 14 359 人，具有 1 600 万吨/年综合加工原油能力和乙烯 70 万吨/年、有机化工原料 428 万吨/年、塑料树脂 100 万吨/年、合纤原料 109 万吨/年、合纤聚合物 59 万吨/年、合成纤维 28 万吨/年的生产能力。主要生产石油制品、中间化工原料、合成树脂及塑料制品、合纤原料及合成纤维等 4 类产品。2013 年，上海石化工业用丁二烯、涤纶工业长丝等 16 个产品被评为上海市用户满意产品，其中 5 个产品同时被评为全国用户满意产品。

上海石化主要技术经济指标及主要产品产量见表 1 和表 2。

（陆建梅）

【通过 QHSE“三标”体系认证】 上海石化于 2012 年 3 月 29 日发布一体化管理体系文件，7 月 16—20 日、9 月 17—21 日分别组织一体化管理体系内部审核，11 月 20—22 日、12 月 17—21 日分别通过第三方认证机构上海质量体系审核中心一阶段、二阶段认证审核。审核认为上海石化质量、环境和职业健康安全管理体系已建立，运行正常，基本符合 GB/T 19001—2008/ISO 9001：2008、GB/T 24001—2004/ISO 14001：2004、GB/T 28001—2001/OHSAS 18001：2001 标准。2013 年 2 月 4 日，上海石化获 QHSE“三标”体系认证证书。

（陆建梅）

【完成首笔碳排放交易】 上海市于 2012 年 7 月启动碳排放交易试点，上海石化作为首批参与碳排放交易的 197 家试点企业之一，成立碳排放交易领导小组和工作小组，取得自营类会员资格。2013 年 11 月 26 日，上海市碳排放交易启动仪式举行，并对 2013—2015 年碳排放配额进行开放交易。作为 2015 年配额首笔购入方，上海石化成功购入 1 000 吨碳排放配额，成交价格 25 元/吨。碳排放交易对上海石化推进节能减排、创建绿色低碳企业起到积极作用。

（陆建梅）

【完成股权分置改革】 2013 年 5 月 30 日，上海石化接到控股股东中国石化正式启动第三次股权分置改革相关工作通知后，成立由董事长负责的股权分置改革领导小组和工作小组，与保荐机构、律师和财经公关等中介机构配合，通过路演、网上交流、电话沟通、媒体宣传等形式加强沟通，争取股东支持。7 月 8 日，经过网络投票和现场投票，上海石化第 3 次股权分置改革方案获流通 A 股股东 84.95% 的高赞成率通过，公司完成股权分置改革。

（陆建梅）

【1# 乙烯装置永久性退出运行】 上海石化 1# 乙烯装置是上海石化一期工程“龙头”装置，于 1973 年从日本三菱油化株式会社成套引进，设计能力为年产聚合级乙烯 11.5 万吨和化学级丙烯 5.25 万吨，为当时世界先进水平。装置于 1976 年 7 月 25 日投料试产一次成功，为中国化纤工业发展做出了贡献。1986 年实施增设裂解炉、1991 年实施康复改造后，装置年乙烯设计产量提高到 14.5 万吨。运行 37 年来，由于装置老化、规模偏小，能耗、物耗居高不下，规模经济性较差，上海石化在反复论证后，决定停役 1# 乙烯装置。2013 年 11 月 25 日，1# 乙烯装置进入停车程序，12 月 15 日彻底退出运行。

（陆建梅）

【汽柴油质量升级】 2013 年，上海石化发挥炼油改造工程优势，改善成品油结构，实施油品质量升级。8 月 30 日，首批 5 000 吨沪 V 标准汽油质量分析合格正式推向市场。9 月 14 日，首批 9 600 吨国 V 标准柴油质量分析合格顺利出厂。

（陆建梅）

【首次举办“公众开放日”活动】 2013 年 6 月 5 日，上海石化首次举办“公众开放日”活动，邀请周边居民代表 25 人参观湿式氧化车间、炼油改造项目一联合装置控制室以及厂史陈列馆，现场观摩“上海石化安全生产活动月、‘6·5’世界环境日暨地（水）下长输管道泄漏应急处置、防台防汛综合演练”。首次聘请 5 名居民代表为环保监督员。

（陆建梅）

【国内首条中国籍乙烯轮交付使用】 2013 年 5 月 8 日，中国金山联合贸易有限责任公司包租的国内首条中国籍乙烯轮“雁顺”轮正式交付使用。“雁顺”轮具有吃水浅、灵活机动等特点，可进入武汉等长江中下游地区；仓容 6 500 立方米，可装运乙烯 3 300

吨，直接参与中国石化系统内乙烯资源平衡，并为国内其他乙烯生产企业和用户提供专业服务，进一步化解国内大宗乙烯贸易运输瓶颈，提升国内乙烯装置总体效益及中国石化在亚洲乙烯市场竞争力。

（陆建梅）

【双峰聚乙烯低熔垂承压管道专用料工业化试产成功】 2013年9月18日，上海石化4#聚乙烯装置工业化试生产PE100双峰聚乙烯低熔垂承压管道专用料YGH041T－LS成功，产品质量达到设计要求，首批1 000吨产品发送下游用户试用。该专用料具有良好的长期静液压强度、耐慢速裂纹增长性能、耐快速开裂扩展性能以及良好的后加工流变等性能，广泛应用于生产制造大口径燃气管、输油管、矿业用管等。该专用料的研发成功，打破了国内PE100级低熔垂承压管材料长期依赖进口的局面。

（陆建梅）

【年产1万吨异戊烯装置成套技术开发项目通过鉴定】 该项目于2011年9月立项，在上海石化3 000吨/年异戊烯工艺装置成功运行基础上，经工程化开发和关键单元工艺研究，开发并形成万吨级异戊烯成套工艺技术。建成的1万吨/年异戊烯工业装置一次开车成功，实现稳定运行。工业化装置的标定考核结果表明，醚化反应总收率达到90%，异戊烯总收率达到89.8%，产品质量合格。装置的运行结果表明，技术经济指标达到设计值，异戊烯产品质量满足下游用户要求，工艺技术及产品质量达到国际先进水平。项目获发明专利授权9项。2013年4月25日，项目通过中国石化鉴定。

（陆建梅）

【三元无规共聚聚丙烯镀铝膜专用料新产品实现量化生产】 镀铝膜专用料市场一直被国外聚烯烃厂商垄断，2012年上海石化在成功研发高速BOPP膜系列专用料基础上，历时近1年时间研发，确定镀铝膜专用料分子结构、生产工艺技术、生产配方和产品质量标准，试制产品得到用户和市场认可。2013年，上海石化自主研发的三元无规共聚聚丙烯镀铝膜专用料F560EPS新产品实现工业化量产，全年产量871吨，产品质量全部达到设计值，打破了国外产品垄断。

（陆建梅）

【高活性聚丙烯催化剂首次工业化试验成功】 2013年2月，中国石化最新自主开发的高活性聚丙烯催化剂首次72小时工业化试验在上海石化取得成功。试验期间，在助催化剂量减少80%的条件下，该催化剂活性达到普通催化剂4倍，所产100吨电容器膜专用料F300C灰分最低达40×10^{-6}，优于该产品设计质量指标。上海石化由此开创了采用高活性催化剂直接从环管聚合反应器内制备高纯度聚丙烯树脂的新工艺。推进了高纯度低灰分聚丙烯产品研发，打破了国外产品垄断局面。

（陆建梅）

表1　　上海石化主要技术经济指标　　亿元

指标名称＼年份	2013	2012	2011	2010	2009	2008
原油加工量/万吨	1 566.78	1 119.35	1 086.67	1 052.07	875.78	923.87
工业总产值	1 057.79	818.95	858.73	698.01	437.19	597.59
工业增加值	201.39	87.70	140.89	155.11	107.77	－47.83
资产总计	369.16	368.06	311.10	291.58	304.58	279.33
流动资产	144.86	128.91	96.66	85.32	90.61	62.55
固定资产原值	461.64	454.39	390.78	389.00	388.09	359.30
固定资产净值	167.69	176.22	126.59	138.02	152.06	135.28
销售收入	1 155.40	930.72	956.01	775.91	517.23	603.11
利润总额	23.93	－20.33	12.92	34.54	21.36	－80.22
所得税	3.79	－5.08	3.17	7.25	5.10	－18.14

表 2 上海石化主要产品产量 万吨

产品名称 \ 年份	2013	2012	2011	2010	2009	2008
汽 油	287.15	102.03	96.85	93.24	80.60	77.29
航空煤油	126.99	83.06	79.73	76.57	67.90	63.47
柴 油	493.12	402.79	397.98	367.59	280.26	341.87
乙 烯	95.33	91.47	91.01	97.29	92.77	88.56
丙 烯	61.18	50.44	48.17	52.32	48.76	48.73
纯 苯	42.46	39.39	40.68	43.78	28.25	23.92
对二甲苯	93.92	86.62	92.31	84.06	34.58	18.37
乙二醇	39.05	46.89	42.31	41.23	39.40	42.13
聚乙烯	44.40	44.77	43.77	45.30	43.96	41.75
聚丙烯	47.11	44.56	46.61	48.24	46.62	42.47
PTA	35.81	40.35	39.14	39.15	38.09	34.28
丙烯腈	12.84	14.32	13.17	14.64	12.78	11.90
合纤聚合物	52.35	63.61	66.42	64.32	59.97	58.55
聚乙烯醇	3.26	4.20	4.34	4.01	4.36	4.16
聚 酯	49.09	59.41	62.08	60.31	55.61	54.39
合成纤维	25.28	25.16	25.01	25.36	24.13	23.77
涤 纶	8.64	8.59	8.92	8.72	8.06	8.52
腈 纶	16.63	16.57	16.09	16.64	16.07	15.25

上海赛科公司

【概况】 上海赛科石油化工有限责任公司(简称上海赛科公司)成立于 2001 年 10 月 29 日，位于上海化学工业区内，占地约 204 公顷(204 万平方米)，是由石化股份公司、上海石化和英国石油公司(BP)华东投资有限公司分别按 30%、20%、50%的比例出资组建的大型石油化工企业。截至 2013 年底，上海赛科公司设有生产部、商务部、财务部、人力资源部、HSSE&Q(健康/安全/保安/环境和质量)部及其他职能部门，员工总数 1 174 人。拥有生产能力为 109 万吨/年乙烯、61.5 万吨/年芳烃抽提、10.5 万吨/年丁二烯、67.5 万吨/年苯乙烯、30 万吨/年聚苯乙烯、60 万吨/年聚乙烯、25 万吨/年聚丙烯、26 万吨/年丙烯腈、28 万吨/年硫酸回收、3.5 万吨/年苯乙烯抽提和 5.5 万米^3(标准)/时 PSA 氢提纯 11 套装置，以及配套的动力中心、罐区、空压站、循环水场、污水处理站、变电站、地面火炬、聚合物仓库和行政管理区等公用工程辅助设施。

2013 年，上海赛科公司销售总量达 327.29 万吨，实现销售收入 293.70 亿元、利润总额 2.30 亿元、净利润 2.01 亿元。全年现场整体装置总利用率为 83.5%，其中乙烯装置利用率为 83.90%。

2013 年，上海赛科公司获 2012 年度上海化学工业区安全生产工作先进单位称号及应急工作特别奖，获上海市财政局 A 类财务会计信用等级证书，获首个上海化学工业区节能技改奖励 271.29 万元。

上海赛科公司主要经济指标及主要产品产量见表 1 和表 2。

(周 光)

【苯乙烯污染凝液治理项目投运】 该项目于 2013 年

8月19日开工，11月27日完工，12月9日投运，投资600万元。项目主要对凝液回收系统进行改造，通过专用的吸附材料，将苯乙烯污染凝液中的铁离子少量有机污染物进行吸附，从而使污染凝液废水符合循环水的要求，并直接用于循环水的补水。项目处理能力为80吨/时，可回用苯乙烯装置95%的污染凝液做循环水，减少污水排放量16.95万吨，节省排污费208万元。

（鲍志良）

【采购国产冷冻液氨降本减费】 2013年，上海赛科公司开拓冷冻液氨产品国内采购渠道，减轻国际市场价格升高影响，降低产品成本。8月7日，首批9 464吨液氨成功运抵漕泾化学工业区码头；至年底，国内市场共采购液氨产品9 500吨，节约采购费用150余万美元。

（刘佳语）

【签订聚丙烯代理销售】 2013年3月8日，上海赛科公司与销售华东分公司签署代理销售聚丙烯合同。通过代销，分享市场信息，扩大销售范围，稳固客户关系。至年底，共销售聚丙烯产品20万吨。

（吴远航）

【改进乙烯焦油产品质量】 2013年，上海赛科公司根据裂解原料及裂解深度等操作条件变化，调整乙烯焦油工艺操作条件和产品组分配比，并增加罐区辅助调整功能，提高产品质量。3月，乙烯焦油合格率由调整前的25%提高至100%。至年底，共销售乙烯焦油13万吨。

（张 立）

【通过安全生产标准化一级企业现场评审】 2013年，上海赛科公司开展安全生产标准化一级企业评审。2月，获首批安全生产标准化一级候选企业预评审资格推荐；4月，完成预评审问题整改；7月，完成一级企业自评；11月12日，接受为期4天的现场评审，评审采取座谈交流、资料查阅、现场考察、员工询问和专家会诊等方式，主要内容包括法律法规、机构职责、管理制度、培训、生产设施及工艺安全、作业安全、职业健康、危险化学品管理、事故与应急、检查与自评、上海市要求等12项要素。经过专家组评审，11月15日，上海赛科公司通过安全生产标准化一级企业验收。

（顾 隽）

【首次追加注册资本】 2013年10月24日，英国石油公司（BP）华东投资有限公司、中国石化和上海石化3家股东方按照相应股本比例首次追加注册资金。12月27日，上海赛科公司完成营业执照工商登记变更，总投资额由27.04亿美元增加至30.13亿美元，注册资本由9.01亿美元增至10.04亿美元。至年底，上海赛科公司实收资本9.50亿美元。

（方莉萍）

【完成循环水系统节能改造】 项目于2013年1月21日开工，6月18日完工；主要是技术改造4台第三循环系统水泵，更换为高效节能泵。项目费用由青岛楚天节能公司承担，其分成项目投用后实际电费差额。项目投用后，循环系统水泵比上年节电916万千瓦·时，节电14.31%，降低用电成本586万元。

（刘伯胜）

【参与碳排放权交易】 2013年1月，上海赛科公司参与制定《上海市化工行业温室气体排放核算与报告方法》；4—10月，完成碳排放交易配额目标；11月19日，在上海市环境能源交易所注册成为第一批自营性碳排放交易会员；11月26日，上海市碳排放交易启动，上海赛科公司专门成立小组关注和跟踪交易情况。

（薛 锋）

【协办上海青少年科技夏令营】 2013年7月7日，上海赛科公司以“生态文明探究行”为主题，协助上海市科技教育中心，组织上海市青少年科技夏令营。来自上海市16个区县的140余名初二至高二年级科技爱好者参加。夏令营主要内容包括观看石油化工科普宣传短片，了解石油化工基本常识，参观上海赛科公司中控室和生产现场，考察厂区外围生态环境，并邀请专家为学生介绍上海赛科公司绿色化工理念。

（周 光）

【扶贫帮困东海村】 2013年，上海赛科公司与上海市漕泾镇东海村结对“好邻居”。1月31日，公司工会一行5人赴东海村进行交流和春节慰问，捐助2.80万元用以扶贫帮困，并为2户困难家庭送上慰问金和慰问品。

（钱速越）

表 1　　上海赛科公司主要经济指标　　亿元

指标名称＼年份	2013	2012	2011	2010	2009	2008
工业总产值	289.45	271.02	268.01	291.77	164.20	224.31
工业增加值	19.04	12.62	14.40	47.08	20.30	15.37
销售收入	293.70	269.90	275.14	291.56	164.22	228.51
利润总额	2.30	-4.49	0.31	28.24	7.02	-4.94

表 2　　上海赛科公司主要产品产量　　万吨

产品名称＼年份	2013	2012	2011	2010	2009	2008
乙　烯	116.67	104.09	106.52	129.43	87.53	93.46
丙　烯	66.86	61.67	61.07	74.07	54.22	59.48
丙烯腈	28.76	28.98	25.40	29.32	24.02	24.89
苯乙烯	73.23	71.06	53.90	65.80	50.06	49.03
聚苯乙烯	30.54	30.48	25.78	27.84	21.73	19.94
聚乙烯	72.86	61.74	66.00	76.64	59.43	70.27
聚丙烯	27.43	24.37	25.39	29.70	23.83	26.90

高 桥 石 化

【概况】 中国石油化工股份有限公司上海高桥分公司(简称高桥分公司)和中国石化集团资产经营管理有限公司上海高桥分公司(简称高桥资产分公司)统称高桥石化，地处浦东新区，西临黄浦江，北近吴淞口，占地4.2平方千米。高桥石化的前身上海高桥石油化工公司创立于1981年11月，是中国第1个跨部门、跨行业的特大型石油化工联合企业，1983年7月划归中国石油化工总公司。2000年1月，按照石化集团公司重组改制的统一部署，上海高桥石油化工公司下属炼油厂、化工厂、供销公司的主业部分分离，成立高桥分公司。2003年10月，高桥石化根据扁平化改革的要求，撤销了下属单位的工厂建制，实行事业部制管理模式。2007年4月，按照石化集团公司改革部署，上海高桥石油化工公司实施体制转换，工商注册成立高桥资产分公司。2010年8月，高桥石化改事业部制管理模式为作业部制管理模式。

截至2013年底，高桥石化拥有年原油加工能力1 250万吨，年化工产品生产能力100万吨，自备电厂具有装机容量19.5万千瓦；共有76套生产装置，可生产汽油、航空煤油、柴油、润滑油基础油、石蜡、合成橡胶、有机化工原料、合成塑料以及过氧化物等200余种产品。高桥石化机关设26个处室，下辖15个生产作业部(业务中心)及8个职能中心；职工总数5 465人，其中专业技术及管理人员1 882人。

高桥石化主要技术经济指标和主要产品产量见表1和表2。

(陈建浩)

【领导班子调整】 2013年8月1日，石化集团公司宣布高桥石化人事任免决定：侯勇任高桥石化总经理、党委书记，侯晓明任高桥分公司总经理、党委副书记；张涌不再担任高桥石化总经理，徐立乔不再担任高桥石化党委书记，均调出另有任用。

(陈建浩)

【260万吨/年柴油加氢装置建成投产】 2013年7月2日，高桥石化260万吨/年柴油加氢装置产出合格产品，建成投产一次成功。该装置系油品质量升级重点项目，于2012年4月正式动工建设，占地面积

约6 930平方米，设计年开工时间为8 400小时，概算投资5.89亿元。装置由上海工程公司设计，第十建设公司工程施工总承包。装置主要由反应、分馏、循环氢脱硫、低分气脱硫、低分气膜分离5个部分组成，采用中国石化自主研究开发的新一代柴油加氢精制RTS技术和新型催化剂RS－2000，可生产硫含量低于10×10^{-6}的柴油。该装置的投产，使高桥石化具备向上海市场提供符合沪V标准柴油的能力，对于降低机动车尾气对空气污染、改善上海大气环境质量有着十分重要的意义。

（陈建浩）

【40万吨/年苯酚丙酮装置建成】 2013年12月18日，上海中石化三井化工有限公司40万吨/年苯酚丙酮项目建成并移交生产。该项目概算总投资为19.7亿元人民币，采用日本三井化学公司的工艺技术，年产苯酚25万吨、丙酮15万吨。上海中石化三井化工有限公司由石化股份公司与日本三井化学株式会社合资成立，双方股比各占50%，高桥石化代表中国石化履行中方出资人管理责任。

（陈建浩）

【首家向上海市场供应沪V标准成品油】 2013年8月22日，高桥石化第1罐总量为3 000吨的92#沪V汽油质量分析合格，并顺利出厂，成为第1个向上海供应沪V汽油的企业。9月3日，高桥石化首次生产沪V标准柴油亦获得成功。

（陈建浩）

【航空煤油首次进入上海自贸区】 2013年12月10日，由高桥石化生产的中国石化首批6 000吨进入中国（上海）自由贸易试验区（简称上海自贸区）出口的航空煤油正式从高桥石化黄浦江3#码头装船起运，运往上海自贸区洋山保税港区。这是中国石化航煤首次进入上海自贸区，建立了全新的成品油出口模式。

（陈建浩）

【开发聚醚无水精制新工艺填补国内空白】 2013年3月，高桥石化通过技术攻关，开发了聚醚无水精制新工艺，使特种聚醚GJ－9701的生产周期由7天左右缩短至2天，缩短71%，填补了国内空白。

（陈建浩）

【丰田测试用油品研发成功】 2013年9月2日，高桥石化研发的首批17吨丰田汽车研发测试汽油（CTG－6）发往丰田汽车研发中心。测试汽油主要用于汽车制造公司对新车进行综合测试，检验、评价汽车的性能，对各项指标要求很高，调和难度很大。此前，丰田汽车（中国）公司委托国内多家石化企业试制生产未果。

（陈建浩）

【成交碳排放交易首单】 2013年11月26日，上海市碳排放交易启动仪式在上海环境能源交易所举行。高桥石化成交碳排放交易首单，购入5 000吨二氧化碳配额。

（陈建浩）

【上海高桥加德士润滑油有限公司合资续延】 2013年5月13日，高桥石化代表中国石化与雪佛龙（中国）有限公司签署协议，决定续延上海高桥加德士润滑油有限公司合资期8年。该公司于1990年5月23日组建，双方股比各占50%，合资期限原定于2014年5月到期。

（陈建浩）

【抗击百年一遇雷暴雨】 2013年9月13日下午，一场百年一遇的雷暴雨袭击上海，高桥石化所处的浦东新区受此次暴雨影响最大。15时54分左右，受暴雨影响，外线路突发故障，高桥石化大面积跳电，先后共有12套生产装置切断进料，19套装置减量维持。面对突发情况，高桥石化立即启动应急预案实施抢险，至9月14日上午11时，装置恢复生产。期间，没有发生人身伤害事故和环境污染、火灾爆炸等次生事故，没有影响当月生产计划的完成。

（陈建浩）

【确立“三个高桥”目标愿景】 2013年8月，高桥石化新一届领导班子提出了建设“效益高桥、绿色高桥、和谐高桥”的企业共同目标愿景。在效益高桥方面，主要实施了经营优化，成功实现减亏增盈；在绿色高桥方面，主要召开了安全环保“誓师大会”，拨出1 000万元工资总额用于安全环保专项奖励，全年未发生上报事故，被上海市安全生产委员会评为安全生产先进单位；在和谐高桥方面，主要开办班组长、青年员工培训班，提振职工“精气神”，并以深入开展党的群众路线教育活动为抓手，解决职工关心的热点和难点问题。

（陈建浩）

表 1　　高桥石化主要技术经济指标　　亿元

指标名称＼年份	2013	2012	2011	2010	2009	2008
原油加工量/万吨	1 042. 39	1 088. 33	1 044. 33	1 067. 00	1 049. 43	1 016. 06
工业总产值	662. 55	745. 21	718. 00	600. 37	457. 19	559. 27
炼　油	581. 90	646. 09	594. 71	486. 05	386. 51	457. 93
化　工	83. 18	99. 24	121. 66	111. 76	66. 03	99. 06
工业增加值	—	—	—	—	116. 09	－58. 28
资产总计	189. 54	199. 73	203. 77	185. 04	179. 20	162. 77
流动资产	76. 12	82. 74	88. 58	68. 63	67. 20	47. 32
固定资产原值	192. 26	186. 52	187. 31	173. 04	172. 33	166. 46
固定资产净值	75. 29	76. 01	82. 87	76. 22	80. 25	83. 13
销售收入	661. 89	746. 35	716. 38	602. 23	461. 70	562. 98
实现利税	85. 58	95. 85	76. 48	116. 85	107. 90	－42. 74
税　金	93. 24	104. 07	93. 24	85. 29	84. 29	11. 60

表 2　　高桥石化主要产品产量　　万吨

产品名称＼年份	2013	2012	2011	2010	2009	2008
汽　油	212. 09	203. 01	177. 52	166. 43	179. 43	167. 59
煤　油	95. 70	81. 92	70. 38	72. 73	81. 81	73. 51
柴　油	366. 13	419. 36	400. 87	406. 02	402. 37	406. 11
石油芳烃	7. 39	6. 53	2. 25	1. 76	1. 86	2. 59
润滑油基础油	30. 56	34. 25	35. 07	37. 67	38. 71	33. 93
商品燃料油	18. 80	13. 35	20. 36	12. 52	8. 38	18. 65
石　蜡	14. 32	14. 11	11. 52	11. 64	11. 72	14. 76
石油焦	64. 92	61. 90	56. 00	66. 55	68. 75	67. 03
合成橡胶	16. 37	15. 73	17. 02	16. 90	16. 59	24. 97
顺丁橡胶	9. 93	9. 84	11. 09	11. 53	10. 49	9. 70
丁苯橡胶	6. 44	5. 89	5. 93	5. 37	5. 95	6. 30
丁苯乳胶①	0	0	0	0	0. 15	8. 97
丙　烯	7. 21	8. 65	11. 56	11. 76	12. 18	13. 22
丁二烯	0	0	0	0	0. 88	1. 97
苯　酚	19. 22	20. 88	21. 87	21. 28	13. 52	17. 18
丙　酮	12. 07	13. 01	13. 63	13. 20	8. 39	10. 76
ABS	12. 09	14. 23	13. 58	16. 62	14. 24	13. 50

续表

年份 指标名称	2013	2012	2011	2010	2009	2008
发电量/亿千瓦·时	9.04	10.03	9.53	10.16	9.44	10.15
供热量/万吉焦	1 110.00	1 079.00	1 120.00	1 142.00	1 083.00	1 265.00
环氧丙烷	0	0	0	5.30	8.40	8.40
聚 醚	13.67	13.98	15.07	17.71	15.58	14.66
DCP	2.23	2.23	2.30	2.17	1.91	1.90

①2009 年起不含合资企业生产量

金陵石化

【概况】 中国石油化工股份有限公司金陵分公司(简称金陵分公司)和中国石化集团金陵石油化工有限责任公司(简称金陵石化有限公司)统称金陵石化，位于南京市东北郊，北依长江，南临京沪铁路和沪宁高速公路，西与新生圩港相接，占地面积 778.93 万平方米。金陵石化前身于 1982 年 1 月成立，1983 年 7 月划归中国石油化工总公司，1998 年 7 月整体并入石化集团公司。

金陵石化主要从事石油炼制及石化产品的加工生产和销售，拥有炼油、芳烃、热电、烷基苯等大型生产装置 60 余套，原油加工能力 1 800 万吨/年，汽油生产能力 360 万吨/年，航煤生产能力 230 万吨/年，烷基苯生产能力 18 万吨/年，是中国第三大原油加工基地和最大的清洁汽油、航煤生产企业，也是亚洲最大的洗涤剂原料生产基地。公司生产石油产品 30 余种，是国内及沿江地区汽油、航空煤油、柴油、溶剂油、液态烃、石油苯、烷基苯等产品的主要供应商之一，生产的汽油和柴油分别占江苏市场消费总量的 43.78% 和 41.21%，生产的烷基苯占国内洗涤剂原料市场的 60.03%。产品除供应国内市场外，还出口远销至美国、加拿大等 30 多个国家和地区。

截至 2013 年底，金陵石化下设 18 个职能处室、2 个工厂、8 个专业化管理中心、9 个生产运行部、1 个辅助生产运行单位；职工总数 7 806 人，共有专业技术人员 771 人，其中具有高级职称的 100 人、中级职称的 432 人。资产总额 276.16 亿元。

金陵石化主要技术经济指标及主要产品产量见表 1 和表 2。

（史经冬）

【领导班子调整】 2013 年 9 月 2 日，金陵石化召开干部大会，宣布石化集团公司人事任免决定：经石化集团公司党组研究决定、中共江苏省委批准，赵日峰调任石化集团公司炼油事业部主任，免去其金陵石化所任职务；戚建国任金陵石化董事长、总经理、党委书记；张春生任金陵石化常务副总经理。

（史经冬）

【经营业绩取得新突破】 2013 年，金陵石化以整体效益最大化为目标，以组分精细管理为手段，大力实施生产经营优化，最大限度地发挥装置规模优势和生产潜力，着力提升核心竞争力，经营业绩取得新突破。全年加工原油 1 713.25 万吨，生产汽、煤、柴油 1 002.26 万吨，汽油、航煤、柴油、丙烯等 8 种产品产量创历史纪录，其中汽油、航煤产量分别位列全国第一和第二。实现销售收入 1 082.54 亿元，成为南京市首家销售收入突破千亿元的工业企业。上缴税金 239.63 亿元(含海关增值税 105.52 亿元)。公司整体实现利润 35.81 亿元，其中金陵分公司实现利润 31.85 亿元，在中国石化炼化企业排名第二；金陵石化有限公司实现利润 3.96 亿元，在化工事业部托管企业中排名第一。

（史经冬）

【较好完成汽油质量升级和保供任务】 2013 年，金陵石化按照中央及地方政府部署，把加快实施油品质量升级改造、满足油品质量升级要求作为一项中心任务来抓，根据江苏省和南京市实施“蓝天工程”、为南京市举办青奥会创造良好条件的要求，在项目建设、原料管理、生产优化、产品储运等方面狠抓落实，较好完成了汽油质量升级和保供工作。1 月起向江苏沿江 8 个市全面供应国Ⅳ汽油，9 月起向江苏沿江 8 个市全面供应苏Ⅴ汽油，全年累计生产国Ⅳ汽油 250.22 万吨、苏Ⅴ汽油 84.14 万吨。

（史经冬）

【国际市场开拓取得成效】 2013年，金陵石化认真贯彻落实石化集团公司要求，加快"走出去"步伐，将优质产品推向国际，积极开拓国际市场。全年，来料加工复出口航煤和柴油90.94万吨，同比增长46.82%；销售保税航煤35.81万吨，增长2倍多，居中国石化各企业之首；3万吨欧Ⅴ柴油顺利出口香港，9.05万吨航煤成功打入北美和非洲市场，实现了中国石化首次向美国出口航煤的突破，为开拓国际高端市场、推进国际化战略进行了积极探索。

（史经冬）

"汤姆·海维格"号油轮装载3万吨优质航煤出口美国 （徐 捷 摄）

【细分液化气产品增效明显】 2013年，针对350万吨/年催化裂化装置开工投产后液化气产量大幅增加的现状，金陵石化坚持以市场为导向，进一步细分液化气产品，并积极对外协调，相继开通了正丁烷供仪化公司、丙烷供扬子石化以及饱和液化气供武汉石化等流程，充分发挥液化气各组分的价值，努力减少下海量，形成了公司新的效益增长点。全年，销售丙烷7.80万吨、正丁烷10.75万吨、醚后碳四36.33万吨、醚前碳四5.30万吨、饱和液化气1.05万吨，民用液化气月均下海量由3.08万吨下降至1.63万吨，累计增效约5 600万元。

（史经冬）

【汽油一次调和合格率处于行业领先水平】 2013年，针对汽油产量大且有国Ⅲ、国Ⅳ、苏Ⅴ3个品种的现状，金陵石化充分发挥汽油在线调和系统作用，依托先进技术促进调和水平的提升，同时建立每罐次调和数据分析比对台账，及时优化调和指标，全年生产汽油346.32万吨，平均一次调和合格率达95.95%，处于行业领先水平。

（史经冬）

【原油"两耗"连续第2年位列总部第一】 2013年，金陵石化进一步加强对原油运输方的管理，对原油运输船只做到专船专用，并安排有关人员沿原油运输线跟踪原油运输情况，同时狠抓接卸环节管理，加强数据对比分析，保证误差在合理范围内；严格执行生产装置排污内部计费考核制度，强化分级考核控制；进一步细化污油回炼方案，减少污油周转；持续强化火炬源头控制，减少火炬气排放，公司原油"两耗"为0.44%，控制成效显著，连续第2年在总部排名第一。

（史经冬）

【环保指标持续改善】 2013年，金陵石化持续加大环保投入，Ⅰ催化烟气治理、油品中转工区环境风险整治等多个环保治理项目相继建成投用，本质环保基础进一步夯实；自主开发环保装置实时监控和生产区域异味实时监控等多个信息化系统，管理精细化水平进一步提高；持续加大查漏堵漏力度，全年共查出漏点6 363个，整改5 937个，整改率达93.31%，区域大气质量进一步改善。全年，COD、氨氮、二氧化硫、氮氧化物排放量分别下降12.10%、18.35%、8.14%和1.10%。

（史经冬）

【提前完成"十二五"节能量目标】 "十二五"期间，金陵石化积极分解节能目标，把节能任务要求逐级分解到运行部（工厂）、工区（车间）、班组；加大节能减排投入，加快推进重点节能项目建设，相继完成Ⅱ加氢裂化、Ⅲ柴油加氢等装置节能改造；开发能源管理信息系统和节能装置运行监控系统等平台，加强对能源消耗情况的监控，进一步强化现场管理，截至2013年底，金陵石化实现节能量32.55万吨标煤，提前完成国家发改委下达的"十二五"节能量30万吨目标。

（史经冬）

【原油中转站环境风险整治项目建成中交】 2013年10月15日，金陵石化油品储运部中转工区环境风险整治项目正式建成中交。该项目对油品储运部中转工区原排水系统进行了全面改造，新建500立方米雨水集中提升池1座、防渗混凝土排水沟3 000多米，并对每个罐区的关键控制部位设置9道阀门，确保对每片罐区进行有效隔离。该项目的建成中交将进一步完善罐区雨水回收系统，提升该区域水体风险和环境风险防控能力。

（史经冬）

【催化剂专利获中国专利优秀奖】 2013年，在国家知识产权局主办的第15届中国专利奖评选活动中，金陵石化“一种活性组分非均匀性分布的饱和烷烃脱氢催化剂”专利获得中国专利优秀奖。此次获奖的专利是NDC系列脱氢催化剂研究的重要成果，该催化剂具有使用时间长、稳定性好、选择性高、消耗低等特点，性能明显优于国内其他脱氢催化剂，在国内烷基苯联合装置上的推广使用率达到100%，并打入国际市场，受到用户普遍好评。

（史经冬）

【员工队伍建设成效显著】 2013年，金陵石化紧盯“十二五”人力资源规划目标和改革方向，分类、分层次制定员工能力水平提升计划，精心组织实施培训项目，推进网络化技能培训试点，员工操作技能进一步提升，公司获江苏省技能提升突出成就单位称号。对12类专业592人次进行岗位资格认证，举办8个专业技术和11个职业工种的比武竞赛，完成新一轮专业技术主任师和副主任师选聘，产生享受国务院特殊津贴3人、石化集团公司技能大师1人、南京市突出高级技师和技术能手7人、公司级技术能手11人，员工队伍素质稳步提高。

（史经冬）

【职业技能竞赛再创佳绩】 在石化集团公司2013年加氢精制装置操作工职业技能竞赛中，金陵石化选手江煜杰、张思祖获得个人金奖，黄健、阎峰获得个人银奖，汪旖旎、裴骏获得个人铜奖，公司代表队获得加氢精制装置操作工技能竞赛团体第1名。

（史经冬）

【化工一厂职工转岗工作进展顺利】 2013年，化工一厂停产后的职工转岗，是金陵石化历史上最大规模的职工成建制转岗，公司坚持以人为本，周密部署，多举措抓好职工转岗工作。截至年底，工厂近90%的职工已成功实现转岗，达到了既定工作目标要求，确保了区域和谐稳定大局，同时为适应新形势要求，深挖存量人力资源潜力，建设与世界领先炼化企业相适应的人才队伍进行了积极探索。

（史经冬）

【以信息化提升管理质效】 2013年，金陵石化坚持以“六统一”和“建用结合、以用为主”原则为指引，将信息技术融入生产经营各个领域，不断强化信息化的深度应用，以信息化着力提升管理的质效。公司连续第4年在中国石化年度企业信息化水平评价中获A级，“生产经营综合分析项目”获全国石油与化工行业两化融合优秀项目称号，获中国石化首届MES技术比武团体银牌和技术模块金牌。成功开发重点工作督办、资金回笼、节能监控、异常气味实时监控、环保装置实时监控等信息平台，有效促进了管理专业化、精细化水平的提升。其中，资金回笼系统对所有产品出厂流程及结算情况实施实时监控，资金回笼和结算速率提高17%，全年共节约财务费用300万元。

（史经冬）

【南京金陵亨斯迈新材料有限责任公司开工奠基】 2013年1月23日，位于南京化学工业园内的南京金陵亨斯迈新材料有限责任公司开工奠基，标志着总投资47亿元的项目进入了建设实施阶段。该公司由中国石化和亨斯迈化工贸易(上海)有限公司共同投资设立，通过引入国际最先进技术，实现年产24万吨环氧丙烷和74.2万吨甲基叔丁基醚，预计2015年4月建成。项目投产后可实现年产值84.68亿元，对南京地区发展新型环保节能材料，延伸高新技术产品链，加快推进传统石化产业升级具有重要意义。金陵石化代表中国石化行使出资人权利。

（史经冬）

南京金陵亨斯迈新材料有限责任公司开工奠基（徐 捷 摄）

【物料管道长江盾构隧道全程贯通】 2013年12月22日，金陵石化物料管道长江盾构隧道全程顺利贯通。该工程全长2 000米，直径3.08米，在长江水面以下30—65米，总投资约1.40亿元，将在隧道内铺设11根物料管道和电缆，实现长江南北两岸石化企业的原料互供，进一步优化区域资源配置，是金陵石化实施跨江发展战略的重要工程。

（史经冬）

金陵石化物料管道长江盾构隧道
全程顺利贯通 （徐 捷 摄）

【积极践行“开门办工厂”】 金陵石化认真贯彻落实总部关于“开门办工厂、开放办企业”的要求，持续加大环境综合整治力度，以烷基苯厂为试点，大力开展花园式工厂建设，同时坚持“走出去”和“请进来”相结合，主动邀请社会公众参观工厂，使其亲身感受到企业在安全环保、节能减排、科技创新等方面取得的成果和所担负的社会责任、政治责任，自觉接受社会公众监督。2013 年，烷基苯厂先后接待地方政府、主流媒体以及人大代表、政协委员和群众代表等 35 批 881 人次，起到了良好的正面宣传作用。

（史经冬）

【企业文化建设成果显著】 2013 年，金陵石化紧紧围绕“建设世界领先炼化企业”目标，大力弘扬“先想一步、先干一步、领先一步”的企业精神，广泛开展群众性文明创建活动，不断丰富企业文化内涵，获 2010—2012 年度江苏省文明单位称号。利用报纸、新闻、网络宣传等载体，创新做好贴近基层一线、以职工群众为主角的宣传报道，推出《群众路线专题报道》《美丽工厂建设》等系列专栏，充分发挥了舆论引导、凝聚力量的作用。积极转变处室工作作风，77 项服务群众工作流程上网公布。购置更新 15 辆通勤车辆，出新社区房屋 20.15 万平方米，改造道路 1.2 万平方米，让职工共享发展成果。积极推进帮贫互助建设，全年共慰问困难职工 3 012 人，发放救助金 327.86 万元，职工满意度、幸福感进一步增强。

（史经冬）

【深入开展党的群众路线教育实践活动】 按照中央和石化集团公司党组部署，围绕“为民务实清廉”要求，金陵石化领导班子带头认真学习文件精神，深入基层征求意见，围绕“四风”查摆问题；召开专题民主生活会，面对面开展批评与自我批评，达到了团结—批评—团结的目的。针对“四风”方面存在的 14 类主要问题表现，坚持立查立改，制定落实 25 项整改内容、28 项整改措施以及 8 项专项整治方案，逐项明确了整改任务、目标要求、责任人和完成时限。23 个党委(总支)单位和 19 个机关处室领导班子高质量召开专题民主生活会，近百名厂处级干部和基层单位领导班子成员在网上交流思想认识体会。公司教育实践活动的做法和成效，得到了中央第 39 督导组和总部第 8 督导组的肯定和好评。

（史经冬）

表 1　金陵石化主要技术经济指标　亿元

指标名称＼年份	2013	2012	2011	2010	2009	2008
原油加工量/万吨	1 713.25	1 370.86	1 315.16	1 347.60	1 237.00	1 124.27
工业总产值①	1 073.04	904.89	810.69	686.39	520.57	620.41
炼　油	920.34	712.39	671.17	607.29	437.88	524.69
化　工	150.39	190.23	136.21	76.64	78.10	92.68
其　他	2.31	2.27	3.31	2.46	1.71	1.09
工业增加值	191.97	121.50	103.56	150.30	128.87	-17.19
资产总计	276.16	251.68	215.88	207.22	189.86	160.01
流动资产	121.97	100.68	87.18	91.49	76.31	47.13
固定资产原值	233.02	195.37	189.39	190.49	188.32	187.36

续表

指标名称＼年份	2013	2012	2011	2010	2009	2008
固定资产净值	116.15	87.06	89.16	97.83	103.15	98.66
销售收入	1 082.54	908.75	824.41	717.62	528.65	635.63
实现利税	267.33	180.19	165.23	185.10	161.14	-21.43
税　金	239.63	175.64	165.19	172.36	143.31	13.27
综合能耗②/吨标煤·万元$^{-1}$	0.30	0.32	0.35	0.51	0.55	0.56

①工业总产值数据按2010年不变价计算

②2008—2010年综合能耗数据按2005年不变价计算

表2　**金陵石化主要产品产量**　万吨

产品名称＼年份	2013	2012	2011	2010	2009	2008
汽　油	346.32	197.51	177.16	215.21	188.76	144.26
煤　油	199.97	196.53	164.34	140.22	125.28	83.22
柴　油	455.97	351.65	362.19	438.35	429.36	429.00
溶剂油	1.25	1.78	1.84	3.50	5.11	4.29
石脑油	168.55	179.17	197.78	148.69	252.09	204.94
商品燃料油	8.92	8.30	0.29	1.13	1.97	57.11
商品液化气	94.39	57.87	46.95	45.99	39.43	34.99
石油焦	100.25	97.46	113.84	113.75	103.45	88.64
沥　青	86.86	77.30	41.38	80.97	61.67	10.64
苯类合计	104.51	103.87	95.91	79.19	67.12	24.73
烷基苯	15.85	16.17	12.25	11.88	12.55	10.55
轻　蜡	24.97	26.61	18.92	15.28	13.11	11.64

扬子石化

【概况】　中国石化扬子石油化工有限公司(简称扬子石化有限公司)和中国石化集团资产经营管理有限公司扬子石化分公司(简称扬子资产分公司)统称扬子石化，占地面积12.43平方千米，位于江苏省南京市北郊，南临长江，北接京沪铁路，与国家级工业园南京化学工业园融为一体。其前身是成立于1983年9月的扬子石油化工公司。1998年，扬子石油化工公司实施资产重组，创立了以炼油、石油化工为主业的扬子石油化工股份有限公司和以热电、水务为主业的扬子石油化工有限责任公司；2007年，扬子石化有限公司成立并前者，后者转制为扬子资产分公司；2008年，扬子石化有限公司全资收购淮安清江石油化工有限责任公司(简称清江石化)和泰州石油化工有限责任公司(简称泰州石化)。

截至2013年底，扬子石化职工总数为10 086人，其中经营管理和专业技术人员2 958人，具有高级及以上职称的531人、中级职称的1 328人；下设26个部(处)室、16个分支机构；运营3个全资子公司、5个合资公司；总资产374.42亿元。扬子石化有限公司南京本部拥有以950万吨/年原油加工能力、80万吨/年乙烯生产能力、140万吨/年芳烃生产能力为主体的55套大型石油化工装置，可生产苯、对二甲苯、邻二甲苯、精对苯二甲酸、乙二醇、丁二烯、环氧乙烷、聚乙烯树脂和聚丙烯树脂等 4 类 50 多种产品；扬子资产分公司拥有与石油化工生产相配套的 36 万千瓦发电能力、66 万吨/日供水及 2 800米³/时二级污水生化处理能力；清江石化拥有 180 万吨/年原油加工能力、62 万吨/年催化裂化处理能力等 12 套石油化工装置；泰州石化拥 120 万吨/年原油加工能力、12 万吨/年酮苯生产能力等 10 套石油化工装置；控股合资公司扬金橡胶拥有 10 万吨/年丁苯橡胶和 10 万吨/年顺丁橡胶生产能力；参股合资公司中，扬巴公司拥有以 74 万吨/年乙烯装置为核心的 26 套大型化工生产装置(单元)；扬子伊士曼公司拥有 2.3 万吨/年碳五石油树脂生产能力；扬子比欧西气体公司拥有 7.6 万米³/时(氧)等多种气体生产能力；扬子碧辟乙酰公司拥有 50 万吨/年醋酸生产能力。

扬子石化主要技术经济指标和主要产品产量见表 1 和表 2。

(徐　杰　朱军涛)

【领导班子调整】 2013 年 4 月 9 日，扬子石化召开干部大会，石化集团公司党组成员、总经理，石化股份公司副董事长、总裁王天普出席会议并宣布领导班子调整决定：马秋林不再担任扬子石化董事长、总经理、董事职务，不再担任扬巴公司董事长、董事职务，免去其扬子石化党委副书记、常委、委员职务，调出另有任用；王净依任扬子石化董事、代理董事长，任扬子石化代理总经理(主持全面工作)，委派担任扬巴公司董事、代理董事长，不再担任扬子石化监事会主席、监事职务。8 月 28 日，扬子石化再次召开干部大会，石化集团公司党组成员、石化股份公司高级副总裁戴厚良出席会议并宣布领导班子调整决定：王净依任扬子石化董事长、总经理，扬巴公司董事长(仍任扬子石化、扬巴公司党委书记)；谭小平任扬子石化有限公司副总经理、扬子石化党委常委；王闽任扬子石化党委副书记兼纪委书记、监事会主席(仍任工会主席)。

(徐　杰　朱军涛)

【生产经营平稳有序】 2013 年，扬子石化有限公司南京本部共投入原料 904.19 万吨，产出商品 820.98 万吨，其中成品油 319.60 万吨、“三烯”(乙烯、丙烯、丁二烯)114.50 万吨、“三苯”(苯、对二甲苯、邻二甲苯)142.18 万吨；实现销售收入 540.32 亿元，全年减亏 8.59 亿元，完成年度预算还原指标。扬子资产分公司全年发电 21.68 亿千瓦·时，供水 8 448 万吨，处理污水 1 895 万吨，实现营业收入 25.22 亿元、利润 2.64 亿元，超额完成奋斗指标，名列存续板块第三。

(徐　杰　朱军涛)

【炼油优化运行增效显著】 2013 年，扬子石化细化落实 111 项炼油技术服务措施，成功实施 38 项，增效 5 562 万元；2 月首次产出国Ⅳ97#汽油，7 月 1 日预加氢装置汽油加氢改造项目投运，12 月 11 日催化汽油吸附脱硫 S－Zorb 装置投运并产出苏Ⅴ汽油，全年生产汽油 59.65 万吨，其中国Ⅳ以上高品质汽油产量占 50.68%，增效 5 750 万元；实施石蜡基原油常一线做乙烯料，压减低价值柴油产量 16.94 万吨，增效 5 613 万元；挖掘航空煤油(航煤)生产潜力，全年生产航煤 44.87 万吨，创历史新高，增效 1 475 万元。

(徐　杰　朱军涛)

【化工产销衔接创效明显】 2013 年，扬子石化以市场为导向，加大协调力度，产销衔接紧密，实现全产全销。根据市场需求，重整装置满负荷运行，混苯来料加工量达 5 000 吨/月，创效 12.33 亿元；密切跟踪 PTA 市场变化，分线测算赢利能力，及时调整 3 条线运行方式，减少亏损；有序安排 PX 外销 21.07 万吨，创效 1.55 亿元；及时调整塑料生产牌号，减亏 650 万元；加强市场组织，新建环氧乙烷装置投运，增产当量环氧乙烷 13.14 万吨，增效 4 783 万元。

(徐　杰　朱军涛)

【科技创新取得成果】 2013 年，扬子石化甲苯甲醇甲基化、甲醇制丙烯项目试验任务全部完成；生物法制丁二酸项目产出合格产品；煤气化工业示范装置成功投料试车；45 万吨/年搅拌式反应器 PX 氧化制 PTA 成套技术顺利“出龙”；新型环保烟气脱硝催化剂等科研成果成功转化；氢调法高流动聚丙烯专用料等 4 个新产品完成首次工业化开发。全年共申请专利 88 项，获得授权 44 项，其中 2 项同时获得 3 个国家授权。

(徐　杰　朱军涛)

【全流程优化持续开展】 2013 年，扬子石化以效益最大化为目标持续开展全流程优化工作。从原油采购、组分切割及资源配置优化、装置运行、产品结构调整、销售、物流 6 个方面进行企业内部全价值链效益优化；关注客户与供应商价值增长，重视客户与供应商价值链延伸优化，根据生产经营、财务管理关注重点，建立乙烯原料结构优化、成品汽油调和、进口原油采购价格倒算、烯烃片效益测算、芳烃片原料优化等 8 个子模型。全年全流程优化工作创效 2.02 亿元。

（徐　杰　朱军涛）

【油品质量升级及原油劣质化改造工程加快推进】 2013 年，扬子石化油品质量升级及原油劣质化改造工程(简称炼油改造工程)项目加快推进。8 月 30 日，14 万吨/年硫黄回收装置建成中交；10 月 31 日，200 万吨/年高压加氢裂化装置建成中交；10 月 31 日，90 万吨/年 S-Zorb 装置建成中交，12 月 11 日投产。截至年底，工程在 60 个建设主项中，59 个开工建设，累计完成投资 61.55 亿元。该工程总投资为 78.65 亿元，占地面积 47.66 公顷(47.66 万平方米)，主体工程包括新建 800 万吨/年常减压、200 万吨/年催化裂化、150 万吨/年连续重整、200 万吨/年高压加氢裂化等为主的 16 套新建或改造生产装置。炼油改造工程项目预计 2014 年 9 月全部建成投产。

（徐　杰　朱军涛）

【18 万吨/年环氧乙烷装置建成投产】 2013 年 1 月 15 日，扬子石化新建 18 万吨/年环氧乙烷装置建成中交，3 月 26 日投料开车，次日产出合格产品，创国内同类装置开车新纪录。至此，扬子石化当量环氧乙烷生产能力达到 42 万吨/年，环氧乙烷生产能力达到 18.6 万吨/年，乙二醇生产能力达到 30 万吨/年。该项目总投资 16.51 亿元，采用美国科学设计(SD)公司乙烯氧化制环氧乙烷工艺技术，规模、物耗、能耗达到国内先进水平。

（徐　杰　朱军涛）

【10 万吨/年顺丁橡胶装置建成投产】 2013 年 3 月 28 日，南京扬子石化金浦橡胶有限公司 10 万吨/年顺丁橡胶装置建成中交；6 月 1 日，聚合系统投料开车，6 月 4 日产出合格顺丁橡胶。该装置采用国内自行开发的镍系催化体系溶液聚合生产工艺，主要产品牌号为 BR9000，用于制造轮胎，于 2011 年 12 月 28 日开工建设，总投资 5.94 亿元。

（徐　杰　朱军涛）

【国内最大的苯酚丙酮项目奠基】 2013 年 9 月 23 日，扬子石化与英国英力士公司(INEOS)合资建设的 65 万吨/年苯酚丙酮项目在南京化学工业园区举行开工奠基仪式。该项目总投资 31.50 亿元，由合资双方按 50%∶50% 比例共同出资建设 55 万吨/年异丙苯、65 万吨/年苯酚丙酮 2 套主生产装置及相关公用工程，其中苯酚丙酮装置是国内设计规模最大、技术最先进的装置，预计 2016 年建成投产。

（徐　杰　朱军涛）

扬子石化举行 65 万吨/年苯酚丙酮合资项目奠基仪式（李树鹏　摄）

【煤制气装置建成中交】 2013 年 10 月 30 日，扬子石化 30 万吨/年单喷嘴冷壁式粉煤加压气化技术(SE 气化技术)工业化示范装置建成中交。该示范装置采用的 SE 气化专利技术具有煤种适应性强、气化效率高的特点，总体技术达到国际先进水平。

（徐　杰　朱军涛）

【"碧水蓝天"行动启动】 2013 年 7 月，扬子石化"碧水蓝天"环保专项行动方案通过石化集团公司审批，标志着扬子石化在 2013—2015 年期间投资约 13 亿元的"碧水蓝天"环保专项行动正式启动，成为践行承诺、担当责任、外树形象、内强根基的又一重大举措。该行动计划实施环境治理和减排项目 12 个，其中污染物减排与达标排放类项目 8 个，油气回收类项目 2 个，VOC 减排、改善作业场所及区域环境质量类项目 1 个，提升固废处理处置能力类项目 1 个。截至年底，已实施项目 2 个，启动项目 10 个。

（徐　杰　朱军涛）

【锅炉烟气脱硝改造项目加快实施】 2013 年 1 月 15 日和 6 月 3 日，扬子石化 8# 和 6# 燃煤锅炉先后完成烟气脱硝改造，在全部 9 台燃煤锅炉中，有 8 台成功实施烟气脱硝改造，最后 1 台锅炉 1# 炉脱硝改造预计 2014 年 4 月完成。该项目总投资 2.20 亿元。项目实施后，烟气中氮氧化物排放浓度降到 100 毫克/米^3(标准)以下，锅炉效率提高到 92.20% 以上，氮氧化物排放量由 1.58 万吨/年减少到 1 976 吨/年，减排率达 87.5%。

（徐　杰　朱军涛）

【管理优化持续推进】 2013 年，扬子石化进一步优化业务流程，健全完善岗位责任体系，及时修订规章制度。完成了产销研体制机制调整，强化市场分析和营销管理功能；整合重组行政后勤管理中心，实现社区业务归口管理；统一二级单位机动系统管理模式，实行生产厂内部设备一级管理，充实基层设备管理力量，实现设备人员全厂共享。系统梳理了二级单位、车间职能人员和班组人员职责，启动岗位说明书修订工作，岗位职责更加明确。修订发布《高处作业安全管理规定》《领导班子会议议事规则》等 31 项制度以及测量管理体系程序文件，提高制度的科学性和可操作性。

（徐　杰　朱军涛）

【教育实践活动取得重要成果】 2013 年，扬子石化坚持把学习教育、查摆问题、整改落实贯穿党的群众路线教育实践活动始终，坚持领导带头、以身作则，深入推进“四查四治”，以整风精神开好专题民主生活会，针对“四风”突出问题，立行立改、边查边改，密切了党群干群关系。认真贯彻党中央“八项规定”和中国石化党组提出的“实施细则”，文风会风不断改进，勤俭办企业意识得到增强，6 项非生产性支出同比下降 8%，工作作风明显转变，机关作风满意率达到 93.92%。着力营造良好发展环境，主动接受政府、媒体和社会公众监督，“公众开放日”常态化；稳定局面不断巩固，廉洁风险防控、效能监察持续深化，工会、共青团作用更好发挥。是年，扬子石化再度获江苏省文明单位称号。

（徐　杰　朱军涛）

【举办公司成立 30 周年系列纪念活动】 2013 年，适逢扬子石化成立 30 周年。通过组织老同志座谈、展览光辉创业史、发布党建经典案例、出版《我们的科学发展理念》、开展文化艺术节等系列活动，全面回顾 30 年发展历程，认真总结基本经验，系统提炼发展理念，客观分析存在问题，科学谋划中长期发展规划。一体化发展、诚信经营、开门开放办企业、关爱员工、绿色低碳等理念更加深入人心，增强了全体员工的自豪感和归属感，提振了重站排头的士气。

（徐　杰　朱军涛）

扬子石化老领导、老周志参观厂史展厅（李树鹏　摄）

表 1　扬子石化主要技术经济指标　　亿元

指标名称 \ 年份	2013	2012	2011	2010	2009	2008
原油加工量①/万吨	884.04	1 022.58	1 001.84	876.80	934.02	750.79
工业总产值	707.37	599.02	683.28	507.03	446.84	501.68
扬子石化有限公司	685.19	576.03	658.83	486.67	426.47	482.44
扬子资产分公司	22.18	22.99	24.45	20.36	20.37	19.24
工业增加值	55.19	64.19	105.48	88.84	106.94	-18.51
扬子石化有限公司	48.24	57.79	100.87	85.96	101.06	-20.76
扬子资产分公司	6.95	6.40	4.61	2.88	5.88	2.25
资产总计②	374.42	308.40	284.90	286.40	310.11	257.30
扬子石化有限公司	312.73	247.65	223.85	225.32	242.65	192.95
扬子资产分公司	61.69	60.75	61.05	61.08	67.46	64.35

续表

指标名称＼年份	2013	2012	2011	2010	2009	2008
流动资产	130.10	107.05	117.67	117.09	141.10	81.44
扬子石化有限公司	114.75	91.38	103.24	101.90	121.29	61.88
扬子资产分公司	15.35	15.67	14.43	15.19	19.81	19.56
固定资产原值	366.09	344.55	336.48	330.09	315.30	313.01
扬子石化有限公司	318.40	297.70	290.46	285.66	271.74	269.32
扬子资产分公司	47.69	46.85	46.02	44.43	43.56	43.69
固定资产净值	111.18	99.97	100.80	106.37	103.80	113.26
扬子石化有限公司	91.21	80.03	80.42	86.18	83.37	91.73
扬子资产分公司	19.97	19.94	20.38	20.19	20.43	21.53
营业收入	649.11	679.73	787.12	586.43	517.68	618.57
扬子石化有限公司	623.89	653.67	759.55	562.77	494.57	596.56
扬子资产分公司	25.22	26.06	27.57	23.66	23.11	22.01
利　税	40.82	53.87	108.07	92.15	110.20	-26.21
扬子石化有限公司	36.58	49.70	103.74	88.86	104.26	-29.77
扬子资产分公司	4.24	4.17	4.33	3.29	5.94	3.56
税　金	47.76	67.89	77.45	65.11	67.53	12.94
扬子石化有限公司	46.16	66.45	76.32	64.05	65.92	11.33
扬子资产分公司	1.60	1.44	1.13	1.06	1.61	1.61
综合能耗③/吨标煤·万元$^{-1}$						
扬子石化有限公司	1.13	1.12	1.13	1.37	1.38	1.40
扬子资产分公司	2.77	3.10	3.17	4.34	4.40	4.43

①2009 年开始，原油加工量统计包含清江石化和泰州石化

②扬子石化有限公司财务数据为合并报表数据

③2011 年开始，综合能耗数据按 2010 年不变价计算，其他按 2005 年不变价计算

表 2　　扬子石化主要产品产量①　　万吨

产品名称＼年份	2013	2012	2011	2010	2009	2008
乙　烯	70.55	64.95	81.81	67.85	79.60	74.36
丙　烯	41.80	39.47	47.93	39.62	47.21	36.18
丁二烯	10.45	12.57	18.66	16.76	19.24	17.82
聚乙烯	46.03	44.81	57.84	49.09	56.06	52.32
聚丙烯	43.77	40.21	49.33	41.60	48.63	42.38
精对苯二甲酸	92.21	109.53	141.49	130.08	132.48	111.13

续表

产品名称 \ 年份	2013	2012	2011	2010	2009	2008
乙二醇	18.44	11.64	13.31	15.66	16.00	16.55
纯　苯	36.95	33.01	37.73	33.93	37.83	38.37
对二甲苯	85.52	93.78	96.30	83.58	87.03	75.60
邻二甲苯	19.72	23.67	24.22	18.22	20.75	16.27
环氧乙烷	17.62	9.74	12.57	9.90	11.76	8.99
柴　油	224.32	251.06	303.53	277.77	271.70	267.60
汽　油	84.94	98.15	94.47	53.91	94.81	43.52
丁苯橡胶	9.85	9.15	11.27	9.23	9.14	10.40
顺丁橡胶②	1.10	—	—	—	—	—

①2009 年开始，产品产量包含清江石化和泰州石化

②2013 年 9 月开始，顺丁橡胶产品投放市场

扬 巴 公 司

【概况】 扬子石化—巴斯夫有限责任公司(简称扬巴公司)成立于 2000 年 12 月，由中国石化和德国巴斯夫公司以 50∶50 的股比共同投资设立，累计总投资 45 亿美元，占地 220 公顷(220 万平方米)，位于南京市六合区长江北岸，毗邻南京化学工业园区，与园区内其他企业产生良好的协同效应。拥有以 74 万吨/年乙烯装置为核心的基础化学联合装置、33/30 万吨/年环氧乙烷/乙二醇装置、40 万吨/年低密度聚乙烯装置、30.4 万吨/年羟基醇—碳四装置、16 万吨/年丙烯酸和 21.5 万吨/年丙烯酸酯装置、3 万吨/年丙酸装置、5 万吨/年甲酸装置、3.6 万吨/年甲胺装置、4 万吨/年二甲基甲酰胺装置、6 万吨/年非离子表面活性剂装置、13 万吨/年丁二烯抽提装置和 8 万吨/年 2 - 丙基庚醇装置等。主要产品有低密度聚乙烯、乙二醇、丁醇、辛醇、丙烯酸、丙烯酸甲酯及丁酯、甲酸、丙酸、甲胺、二甲基甲酰胺、苯、甲苯、混合二甲苯、聚苯乙烯、丁二烯、非离子表面活性剂、2 - 丙基庚醇等。所有装置均采用巴斯夫独有的“联合体”概念，以最高效、环保的方式生产、利用产品、副产品和能源，支持公司可持续发展的目标。扬巴公司还拥有 1 个自备电厂和 3 个对外开放码头，保证能源供应和物流运输，其中自备电厂是南京地区唯一一家以天然气做燃料的电厂，更有益于南京地区的“蓝天计划”。

截至 2013 年底，扬巴公司共有员工 1 993 名。2013 年销售 265 万吨化学品和聚合物，实现销售收入 232 亿元人民币。

(李时艳)

【经济效益和安全记录取得好成绩】 2013 年，扬巴公司通过强化内部管理，实施“卓越绩效项目”，优化生产和管理流程，持续改善成本状况，使公司在低迷的化工市场中保持了持续的赢利能力，经济效益在中国石化名列前茅。在努力实现经济效益的同时，扬巴公司始终坚持着对安全生产的严格管理。公司全年损失工时损害事故率(LTIR)为 0.15，创历年新低。

(李时艳)

【超吸水性树脂装置投产】 2013 年 12 月，扬巴公司新建超吸水性装置成功开车，并生产出首批合格产品。该装置年产量为 6 万吨，以公司自有丙烯酸为主要原料向下游延伸，体现了绿色、节能、环保的基本精神和发展理念。

(李时艳)

【举办“交通安全日”活动】 2013 年 5 月 22 日，扬巴公司在装置现场举办了“交通安全日”活动，来自各部门的代表、各类车辆的司机代表以及承包商代表等 200 余人参加了活动。参与人员通过一系列的亲身体验活动，加强了交通安全意识，良好的交通安全习惯进一步养成。

(李时艳)

【召开环境影响对话会】 2013年8月14日上午，扬巴公司举办了2013年度环境影响对话会。周边社区的居民代表、地方政府官员和环保专家应邀到会，与扬巴公司管理层就公司的环保工作与社区的沟通展开坦诚对话。代表们对扬巴公司高度的社会责任感、环境保护的使命感以及对地方发展的支持表示了肯定，对进一步加强社企沟通与合作提出了希望和建议。扬巴公司表示在实现效益增长的同时，将更加关注可持续发展，尽最大努力做好环保工作，保护好周边环境；要与周边社区保持密切的沟通，接受社会的监督，与大家共同发展。

（李时艳）

【积极承担社会责任】 2013年4月，在中国四川省雅安市芦山县发生地震后，扬巴公司员工自发积极捐款，公司捐款会同员工捐款共计30万元通过江苏省红十字会寄往灾区，用于帮助灾区人民解决困难；7月，向南京市慈善总会发起的"心蕊工程"捐赠9万元人民币，用于支付六合区3名先天性心脏病患儿的手术费用，让他们得以和其他孩子一样享受健康快乐的人生；8月，向以抗战时在南京成立国际安全区、挽救了上万名中国军民生命的德国人约翰·拉贝命名的研究基金会捐赠10万元人民币；12月，向长芦街道捐赠20万元人民币，用以改善社区小学的教育设施以及帮助贫困学生继续求学。

（李时艳）

福建炼化

【概况】 福建炼油化工有限公司（简称福建炼化）是由石化股份公司和福建省石油化学工业公司各出资50%合资建设的具有独立法人单位资格的大型炼油化工企业，位于福建省泉州市泉港区，紧靠全国四大良港之一的湄洲湾。其前身福建炼油厂始建于1989年1月。福建炼化下设8个机关处室，有2家全资子公司、5家合资公司。本部职工总数221人，其中本科及以上学历的161人。

福建联合石油化工有限公司（简称福建联合石化公司）是由福建炼化、埃克森美孚中国石油化工公司、沙特阿美中国有限公司按50%:25%:25%比例合资建设的大型石油化工企业，总投资319.85亿元，总占地面积478.7万平方米，于2007年6月成立，2009年8月投入商业运行，2013年底完成脱瓶颈改造，拥有1 200万吨/年炼油、99万吨/年乙烯裂解、80万吨/年聚乙烯、40万吨/年聚丙烯、70万吨/年芳烃、部分氧化/汽电联产装置（IGCC）等23套炼油及化工联合装置，主要加工沙特原油，生产车用无铅汽油、轻柴油、聚乙烯、聚丙烯、对二甲苯、工业用纯苯、丁二烯等50多个牌号的石化产品。

福建炼化林德气体有限责任公司（简称福林气体公司）由福建炼化与林德气体（香港）公司以50%:50%的比例合资建设，于2008年8月正式成立，2010年底正式投入商业运行，主要为福建炼油乙烯项目提供专业气体产品。

福建省福橡化工有限责任公司（简称福橡化工公司）由福建炼化与福建省石油化学工业公司以49%:51%的比例合资建设，于2011年5月27日正式成立，主要生产顺丁橡胶和丁苯橡胶产品。

福建炼化主要技术经济指标和主要产品产量见表1和表2。

（李　晟）

【福建炼油乙烯项目装置实现"超四年一修"目标】 福建炼油乙烯项目是国内首个中外合资运营的炼油乙烯一体化项目，自2009年8月26日全面投入运行至2013年10月30日，未全面停运检修消缺。2013年10月16日，福建联合石化公司正式启动装置停工大检修，实现"超四年一修"。此次大检修与项目脱瓶颈改造同时进行，现场立体交叉作业，施工人员高峰时达到1.14万人。12月18日，装置打通全流程，一次投料成功，产出合格产品，实现"安全、优质、高效、成功"检修。

（李　晟）

【漳州古雷炼化一体化项目可研报告上报国家发改委】 2013年3月15日，国家发改委正式发文同意石化集团公司与台湾石化产业界合作开展福建漳州古雷炼化一体化项目的前期工作。11月5日，福建炼化代表石化集团公司、福建省人民政府，与古雷石化（漳州）有限公司在2013年两岸企业家紫金山峰会上共同签署了《关于加快推进漳州古雷炼化一体化项目框架协议》，就合资方和股比、建设规模和内容、项目进度安排等事项达成了一致意见。12月12日，石化集团公司与福建省人民政府联合向国家发改委正式上报项目申请报告。2014年1月27日，台湾地区经济部投资审议委员会召开会议，同意台方合资申请。

（李　晟）

【油品质量升级及原油适应性改造项目投产】 该项目可行性报告于2012年2月20日通过石化股份公司审批，主要包括新建催化汽油吸附脱硫（S－Zorb）装置等7个部分，批复总投资15.68亿元。2012年9月27日，项目主体开始施工。2013年12月7日，800万吨/年常减压装置改造完毕，装置原油适应性进一步增强；12月8日，催化汽油吸附脱硫装置投产，产出国Ⅳ汽油。

（李　晟）

催化汽油吸附脱硫装置

【乙烯装置脱瓶颈改造项目投产】 该项目可行性报告于2012年2月20日通过石化股份公司审批，批复总投资19.90亿元；10月25日，项目基础设计获得石化股份公司批复同意，11月12日开工报告审批完成。2013年6月12日，乙烯装置改造项目开始主体施工；12月15日，装置投产，生产能力由80万吨/年增至99万吨/年。

（李　晟）

【碳五分离装置和异戊橡胶装置通过基础设计审查】 该项目于2012年6月24日获石化股份公司正式同意立项。2013年7月底，碳五分离装置和异戊橡胶装置完成“三同时”备案、审批；8月13日，基础设计获得石化股份公司批复同意。截至2013年12月31日，项目各种准证及前置评估工作完成，正在开展人员引进和培训、生产准备以及详细设计等工作。

（李　晟）

【抓好隐患排查治理】 2013年，青岛“11·22”事故后，福建炼化、福建联合石化公司迅速行动，认真分析总结、汲取事故教训，并按照上级要求，切实抓好全厂装置、厂内外管廊管线、在建项目“三同时”落实情况、后勤部门等各层面的隐患排查治理，共查出126项。截至12月31日，已整改107项，其他项目已经落实防范措施。

（李　晟）

【实施11项节能措施节约成本1.2亿元】 2013年，福建联合石化公司推行了“运行和完善KEV监控系统”“完善蒸汽替代项目”等11项节能项目，通过优化能源结构、加强基础性的节能管理等工作，扣除大检修影响，炼油EII指标下降2.0—2.5个单位，能源成本控制在计划范围内，减少成本支出1.2亿元。

（李　晟）

【认真贯彻落实“八项规定”取得实效】 切实抓好上级和本部“八项规定”实施细则的落实，进一步转变工作作风，加强“三严三实”教育，倡导勤俭节约、绿色低碳的工作、生活理念，强化全员成本目标管理，定期做好经济活动分析，实时监控费用列支进度，差旅费、业务招待费、办公费同比分别下降了29.87%、23.17%、9.77%，召开会议、发布文件简报等总数同比下降5.4%和22.8%。

（李　晟）

【连续5次获全国设备管理优秀单位称号】 福建炼化有效抓好设备管理工作，强化设备管理、检维修、技改技措等制度的落实，做好重点部位和关键装置的特护、防腐，保证了装置的平稳运行。分置运营后，福建联合石化公司高度重视装置可靠性、机械完整性的管理，完成了厂区设备风险评估，制定并落实了预防性设备策略，装置非计划停工次数逐年下降，机械可用率、机泵平均无故障运行时间逐年提升。2013年，福建炼化、福建联合石化公司连续第5次获全国设备管理优秀单位称号。

（李　晟）

【坚持开门办企业】 福建炼化努力创建资源节约型、环境友好型企业，推进绿色低碳发展，按照石化集团公司打造“高度负责任、高度受尊敬”企业的战略要求，不断加强新闻和宣传工作，坚持开门开放办企业，通过诚信沟通和良性交流展示企业形象，赢得社会认可。2013年5月2日，作为央企在闽投资的第1个项目，由11家中央媒体和4家省属媒体组成的“央企入闽”宣传报道组来福建炼化采访，从推动产业链发展、带动地方经济、履行央企社会责任等方面，正面宣传中国石化和福建炼化。9月4日，福建联合石化公司举办第7次工厂开放日活动，征求社区代表对共同做好大检修期间安全环保工作的意见和建议，展示“社区好邻居”形象。

（李　晟）

【积极履行央企社会责任】 按照福建省委的统一部署，福建炼化选派了2名政治过硬、业务突出的优秀干部分别参加了第1、2、3批省派驻村工作队，连续9年进驻泉州市省定扶贫开发重点村，支援地方经济建设。2013年，第3批定点扶贫工作顺利结束。各家合资公司积极捐赠周边村镇的教育事业、基础建设等，履行合资企业的社会责任。

（李 晟）

表1 **福建炼化主要技术经济指标**[①] 亿元

指标名称＼年份	2013	2012	2011	2010	2009	2008
原油加工量[①]/万吨	944.90	1 102.72	959.46	1 138.72	704.28	310.96
工业总产值	—	—	—	—	275.70	126.03
资产总计	48.77	52.41	55.86	58.30	51.89	47.20
流动资产	2.81	10.69	6.48	7.92	7.80	7.34
固定资产原值	3.55	3.43	2.65	2.24	2.56	2.56
固定资产净值	2.37	2.35	1.38	1.41	1.34	1.44
销售收入	621.31	751.90	647.80	640.52	206.81	156.33
实现利税	-6.82	-9.71	-2.37	6.40	2.07	-8.99
税 金	0.25	0.23	0.23	0.26	0.09	0.06
炼油综合能耗/千克标油·吨$^{-1}$	58.94	53.52	57.22	74.59	90.15	79.78

①资产总计、税金为福建炼化本部数据，其余指标包含福建联合石化公司；分置运营后，福建炼化本部没有工业产品生产，无工业总产值，企业集团工业总产值未做统计

表2 **福建炼化主要产品产量** 万吨

产品名称＼年份	2013	2012	2011	2010	2009	2008
汽 油	149.45	161.22	133.51	150.29	122.38	85.64
柴 油	275.39	321.54	245.77	388.52	258.83	109.81
航空煤油	79.34	102.35	98.52	96.45	32.35	5.10
灯用煤油	—	—	—	—	—	0.36
石脑油	259.54	299.40	276.23	265.78	12.56	14.20
液化气	20.38	25.76	20.99	25.74	30.83	21.52
燃料油[①]	8.53	24.70	2.19	0.98	11.42	27.95
溶剂油	—	—	—	—	0.51	1.09
石油焦	12.84	14.65	13.71	14.23	13.05	1.70
硫 黄	17.46	19.45	17.12	18.05	7.12	0.91
液 氨	—	—	—	—	0.05	0.05
丙 烯	47.98	59.56	58.47	57.33	24.41	9.51
聚丙烯	42.63	52.88	50.66	47.48	18.90	8.93
乙 烯	71.41	85.15	85.23	84.36	7.17	—
聚乙烯	75.24	90.17	88.66	87.29	20.07	—
对二甲苯	55.66	69.38	67.93	65.92	23.86	—
苯	27.59	32.76	31.62	33.11	10.10	—
丁二烯	10.66	12.93	13.59	13.10	3.17	—

①2008年燃料油产量含工业重油、船用馏分燃料油、工艺陶瓷燃料油和不锈钢固溶油

武汉石化

【概况】 中国石油化工股份有限公司武汉分公司(简称武汉分公司)和中国石化集团资产经营管理有限公司武汉分公司(简称武汉资产分公司)统称武汉石化,是石化集团公司直属大型工业企业和中部地区最大的炼油化工一体化企业。其前身始建于1971年,投产于1977年,1983年隶属于中国石油化工总公司。武汉石化炼油部分位于湖北省武汉市青山区,占地239公顷(239万平方米),北濒长江水道,水路交通便利,2013年油品质量升级炼油改造二期工程建成,炼油综合配套能力达到800万吨/年,共有23套主要生产装置,可生产汽油、柴油、航煤、石脑油、聚丙烯、“三苯”、液化气、硫黄、石油焦等产品。化工部分即源要源基级武汉80万吨/年乙烯工程位于武汉市化工区,占地294.8公顷(294.8万平方米),与炼油厂直线距离9.8千米,包括11套主体装置及系统配套工程,2013年全面投产。

武汉石化实行职能部门、基层单位两级扁平化管理,共设25个处室。炼油部分下设18个车间,乙烯部分下设8个职能部门、8个基层分部。截至2013年底,共有在岗职工3 281人(其中炼油2 275人,乙烯1 006人),具有高级职称的153人、中级职称的524人。

武汉石化主要技术经济指标和主要产品产量见表1、表2和表3。

(任丽娜)

【炼油专业达标综合排名第7位】 2013年,武汉石化深入开展炼油专业达标攻关活动,全面完成石化集团公司下达的考核指标。其中,综合商品率94.86%,比考核指标高0.66个百分点;轻质油收率79.01%,比考核指标高0.01个百分点;综合能耗65.36千克标油/吨,比考核指标低0.64千克标油/吨;加工损失率0.56%,与考核指标持平;原油储运损失率0.08%,比考核指标低0.08个百分点。轻质油收率、综合能耗、加工损失、原油储运损失,创历史最好水平;轻质油收率、原油储运损失进入石化集团公司先进行列。5项指标在石化集团公司34家炼化企业专业达标竞赛中排第7位,比上年前进12位。

(任丽娜)

【实现连续安全生产958天】 2013年,武汉石化未发生上报石化集团公司安全环保事故,实现连续安全生产958天。不断健全完善安全风险抵押考核办法,完成应急预案修订备案。结合“安全生产月”“事故演练周”活动,进行消气防、医疗救护及防范水体污染综合演练,开展罐区、码头趸船、化工成品库、装气装油站等重点部位检查。深刻吸取“11·22”青岛输油管爆炸事故教训,深入开展QHSE大检查,查出问题均落实责任人、整改措施和时限。开展“勤查快治,杜绝乱排乱放”专项整治,装置泄漏点不断降低,回收污油量减少,异味明显改善。启动“碧水蓝天”环保项目,筹备乙烯、炼油“工厂开放日”活动。职工张建东被湖北省安全生产委员会授予优秀基层安全卫士称号。

(任丽娜)

【持续开展设备预防性维修】 2013年,武汉石化继续夯实设备基础管理,持续开展设备预防性维修,减少对装置生产的冲击,设备故障强度同比下降20%。规范现场管理,开展TnPM和“反违章、防误操、保平稳”活动,用好设备管理信息系统(EM),提高设备管理信息化水平。加氢处理装置首台国产液力透平泵一次开车成功并稳定运行。完成1#常压深拔改造等6套装置检修消缺工作。武汉乙烯建立了设备管理体系,制定31项设备管理制度,积极组织关键机组、仪表、电气技术攻关,落实试车及故障处理工作。强化各专业管理,开展日检查、周讲评、月考核,为生产装置平稳运行打下坚实基础。

(任丽娜)

【“双八”工程实现一次开车成功】 武汉分公司800万吨/年油品质量升级炼油改造二期项目新建4套装置、改造2套装置及系统配套工程,经过26个月的建设,于2012年11月26日中交,2013年7月4日全部一次投产成功。武汉石化80万吨/年乙烯工程经过52个月的建设,于2012年12月28日中交,2013年8月13日乙烯装置生产出合格产品,标志着国产化率最高、中国第1套自主知识产权的大乙烯“安全、环保、经济、合法”一次开车成功,结束了中国中部地区没有大乙烯的历史。武汉乙烯投产入选武汉市“十大新闻事件”。

(任丽娜)

【顺利实现油品质量升级】 2013年,武汉石化积极推进油品质量升级工作,成立质量升级领导小组和攻关小组,克服时间紧、装置调整难度大、油品调和余地小等困难,加强统一协调,充分制定方案,严格控制生产、监控、调和、出厂全流程,圆满完成了柴油、汽油质量升级目标。5 月 1 日，柴油全面达到国Ⅲ标准；10 月 2 日，汽油全部达到国Ⅳ标准。

（任丽娜）

【成功开辟航煤销售新市场】 2013 年，武汉石化广泛调研，主动找市场、寻出路，在陆路运输供应武汉天河机场之余，打通航空煤油水路出厂通道，首次将产品销往重庆地区，保证了企业生产后路畅通，提高了经济效益。

（任丽娜）

【积极应对高氯原油冲击】 2013 年 6 月初至 7 月 20 日，高氯原油首次进入武汉石化并对生产造成较大冲击，原油有机氯含量最高 65.1×10^{-6}，平均 4.1×10^{-6}，超过 3×10^{-6} 上限指标。武汉石化迅速反应，成立高氯原油应对小组，积极调整生产，加强监控分析，千方百计减少对产品质量及新装置开工造成影响，为乙烯开工和稳定正常生产打下基础。

（任丽娜）

【武汉乙烯取水告急紧急排险】 2013 年 10 月 14 日晚，因长江水位大幅下降，武汉乙烯临江取水口泥沙淤积致取水受阻，乙烯生产用水告急，装置安全生产受到威胁。武汉石化会同武汉市应急办、武汉市化工区管委会、武汉港航局水务集团等地方相关部门会战排淤抢险第一线，紧急调集安装防汛抗旱抢险车、潜水泵等专业抽水设备，顶寒风昼夜为乙烯装置补水。10 月 22 日，从趸船至取水口的管道铺设完成，乙烯用水初步缓解。长江水利委员会、中交二航局对饮水井进行连续抽沙，疏通取水管道，并组织专家对取水装置选址和设计等进行再论证，提出了解决方案。

（任丽娜）

【炼化一体优化增效超 2 亿元】 2013 年，武汉石化成立优化工作领导小组，形成“日平衡、周优化、旬决策、月分析”优化机制。制定扭亏增效 12 个方面共 58 项具体措施，层层分解落实。通过优化生产方案、物料流向，调整产品结构，全年增产汽油增效 1.58 亿元；增产航煤增效 1 437 万元；油浆全部回炼，减少商品燃料油，增效 893 万元。积极开展原油库存运作，降低原油采购成本 3 700 万元。加强物资库存管理和改代利库工作，节约采购资金 3 516 万元。协调组织沿江企业的石脑油、轻烃资源进厂，保证乙烯原料供应。建立炼油与乙烯联动的预算工作机制，重点优化原料和产品结构，确保炼化一体效益最优。

（任丽娜）

【科技进步成果显著】 2013 年，武汉石化科技开发取得新成果。与“双八”工程相关的科技课题在工程中得到实施，石化集团公司“十条龙”课题“80 万吨/年国产化乙烯成套技术”在武汉乙烯得到应用，“聚烯烃装置用循环气压缩机研制”项目和“80 万吨/年乙烯制冷压缩机组研制”等国产化设备已投用。“大型制氢装置转化气余热锅炉”“国产液力透平”“高温临氢换热管的研制”等国产化关键设备在炼油二期装置应用。全年承担的石化集团公司科技开发项目共有“天然气位阻胺脱硫新技术工业应用试验”等 4 项；自主开发的科研项目共有 16 项。全年申报专利 8 项，获授权 1 项。

（任丽娜）

【大规模培训 2.42 万人次】 2013 年，武汉石化建立和完善专业技术和技能操作人才队伍成长通道，开展高级专家、公司专家、主任师、副主任师和主任技师、副主任技师的竞聘工作。成立水务车间，继续推进大车间整合。规范岗位管理，推广持证上岗。开展“干部上讲台、全员进课堂、培训到现场”，利用工余时间和周末课堂开展大规模培训，重点做好炼油二期和乙烯开工专项培训。全年共开办培训班 295 个，培训 2.42 万人次。

（任丽娜）

【启动制度“三化”建设工作】 2013 年，武汉石化启动管理制度“三化”（管理制度化、制度流程化、流程信息化）工作。累计完成制度标准化改造 310 项，编制业务流程图 110 个；业务流程信息化管理平台已搭建并开始试运行。修订完善全员绩效考核制度，严格落实日常检查、岗检、事故追责的分级考核兑现。

（任丽娜）

【信息化建设保持 A 级行列】 2013 年，武汉石化继续大力推进信息化建设。车间管理信息系统在联合二车间试点成功。加强信息系统深化应用，在石化集团公司信息化专项评价中，信息基础设施运维和安全、MES 系统被评为 A 级，完成了 ERP 新一轮达标。进一步完善了乙烯信息化建设。

（任丽娜）

【成立 2 家合资公司】 2013 年 6 月，武汉分公司与武汉钢铁集团氧气有限责任公司合资成立武汉钢铁石化工业气体有限责任公司（即空分合资公司），股比 50∶50，2014 年 1 月全面实现商业运营。6 月，石化股份公司与韩国 SKGC 公司在北京签署武汉乙烯项目合资经营合同，股比为 65∶35；10 月 28 日，中韩（武汉）石油化工有限公司注册成立，11 月 22 日召开了第一届董事会。

（任丽娜）

【持续推进公租房、"双竞双限"房工作】 2013 年，武汉石化 924 套公租房全部建成并交付到位，完成配租 230 套。地方政府支持石化集团公司在武汉企业机构人才引进为主的"双竞双限"房建设施工全面铺开。

（任丽娜）

【履行社会责任献爱心】 2013 年 4 月，四川省雅安市芦山地震发生后，武汉石化紧急动员，向雅安芦山地震灾区捐款 54 万元，生产调和 2 000 吨 93#清洁汽油发往地震灾区。向武汉市第二福利院捐赠价值 25 万元的空调并设立"青年志愿者服务站"，组织开展"五个一"活动，即与福利院老同志做一次交流、参加一次福利院劳动、结识一个老年朋友、选树一批志愿者典型、开展一次宣传报道。

（任丽娜）

【推行党建项目化、信息化】 2013 年，武汉石化按照中央和石化集团公司党组要求，加强十八大精神学习和贯彻落实。深入开展党的群众路线教育实践活动，坚持把学习教育、查摆问题、整改落实贯穿始终。认真贯彻落实中央"八项规定"精神和石化集团公司党组 23 条实施细则要求，杜绝奢侈浪费。围绕"建设世界一流，我们应该做些什么"组织干部职工开展大讨论。按照党建工作项目化、信息化的要求，在信息门户开办"党建之窗"栏目。做好"双八"工程建设的重要信息和典型模范的宣传工作。用"四聚工程"（青春聚心、青春聚力、青春聚爱、青春聚惠）引领青工思想，积极开展"青年文明号"创建和志愿者活动。按照"真困难、真帮助"原则，帮扶救助企业困难员工及相关人员 1 819 人次，发放救助金共计 130 万元。

（任丽娜）

表 1　武汉石化主要技术经济指标①　　亿元

指标名称 \ 年份	2013	2012	2011	2010	2009	2008
原油加工量/万吨	641.48	432.71	503.38	498.23	451.08	396.55
工业总产值						
武汉分公司	375.18	261.88	293.71	246.35	181.19	182.19
武汉资产分公司	2.35	1.91	2.61	2.59	2.94	2.97
武汉乙烯	55.28	—	—	—	—	—
工业增加值						
武汉分公司	57.63	29.58	38.93	58.47	56.11	-22.62
武汉资产分公司	0.88	0.43	0.97	0.96	0.78	—
资产总计						
武汉分公司	275.31	231.41	162.50	79.05	53.26	47.95
武汉资产分公司	5.10	5.26	5.69	5.48	5.83	5.89
流动资产						
武汉分公司	48.08	40.23	71.77	17.96	13.05	10.47
武汉资产分公司	1.82	2.10	2.52	2.47	2.80	2.81
固定资产原值						
武汉分公司	239.97	55.27	54.12	53.18	48.79	43.23

续表

年份 指标名称	2013	2012	2011	2010	2009	2008
武汉资产分公司	7.61	7.70	7.40	7.26	6.97	7.10
固定资产净值						
武汉分公司	203.20	23.94	25.07	26.68	24.74	20.42
武汉资产分公司	3.06	3.15	2.99	2.96	2.85	3.01
销售收入						
武汉分公司	379.71	261.64	294.79	247.08	183.51	183.45
武汉资产分公司	5.19	3.67	4.53	4.47	4.59	6.15
实现利税						
武汉分公司	45.72	20.42	30.83	54.55	53.65	-16.12
武汉资产分公司	-0.52	-0.74	-0.13	-0.10	0.24	-0.12
税　金						
武汉分公司	47	36.46	46.74	52.02	45.62	3.47
武汉资产分公司	0.21	0.15	0.19	0.20	0.25	0.13
综合能耗/吨标煤·万元$^{-1}$						
武汉分公司	0.25	0.26	0.26	0.35	0.40	0.44
武汉资产分公司	1.98	2.76	1.99	2.33	4.30	3.80
武汉乙烯	2.40	—	—	—	—	—

①武汉分公司2013年资产总计、销售收入、实现利税、税金为炼油、乙烯合并数据

表2　　武汉石化炼油主要产品产量　　万吨

年份 产品名称	2013	2012	2011	2010	2009	2008
汽　油	129.70	109.13	126.20	124.51	113.94	92.36
柴　油	256.48	172.86	203.83	194.79	183.34	170.48
航　煤	38.22	22.00	24.49	20.52	8.51	—
化工轻油	84.79	18.57	21.24	16.49	12.31	8.14
燃料油	3.44	8.51	13.44	12.70	11.46	8.92
溶剂油	0.20	2.22	2.85	3.25	1.23	2.53
液化气	24.89	22.21	24.86	24.88	25.8	23.98
聚丙烯	10.47	9.96	11.43	11.21	11.48	11.41
硫　黄	3.58	2.15	2.41	2.26	2.17	1.59
环烷酸	—	0.03	0.10	0.10	0.10	0.18
苯　类	4.02	2.48	2.48	5.02	2.52	6.69
焦　炭	49.23	34.09	41.56	40.8	38.56	31.43
MTBE	4.93	4.39	4.69	4.78	4.78	4.67
丙　烷	1.65	1.44	1.06	1.33	0.96	0.86

表 3　　武汉乙烯主要产品产量①　　万吨

产品名称 \ 年份	2013
环氧乙烷	2.84
乙　烯	25.67
丙　烯	12.99
1-丁烯	0.73
丁二烯	3.86
异戊二烯	0.33
间戊二烯	0.82
双环戊二烯	0.24
苯	5.19
甲　苯	2.52
二甲苯	1.59
甲基叔丁基醚	2.27
高密度聚乙烯	8.24
线型低密度聚乙烯	6.86
聚丙烯	11.87
乙二醇	10.36

①武汉乙烯于 2013 年 8 月一次开车成功

巴陵石化

【概况】 中国石油化工股份有限公司巴陵分公司(简称巴陵分公司)和中国石化集团资产经营管理有限公司巴陵石化分公司(简称巴陵资产分公司)统称巴陵石化，位于湖南省岳阳市云溪区和岳阳楼区，紧邻京广铁路、京广高铁、107 国道、京珠高速和随岳高速，西靠洞庭，北倚长江，厂区总面积 9.45 平方千米，是集油、化、纤、肥于一体的大型石化联合企业和国内最大的锂系聚合物、环氧树脂、己内酰胺、商品环己酮生产企业。巴陵石化下辖炼油事业部、环己酮事业部、合成橡胶事业部、环氧树脂事业部、己内酰胺事业部、化肥事业部等 16 个直属单位，固定资产原值 159.8 亿元，在岗职工 11 161 人；主要产品有汽柴油、MTBE、稀释剂、环己酮、SBS、SIS、SEBS、聚丙烯、顺丁橡胶、环氧树脂、氯丙烯、环氧氯丙烷、己内酰胺、尿素、双氧水等 50 多种 170 多个牌号，产品远销 20 多个国家和地区，企业通过了 ISO 9000 体系、HSE 体系认证。

截至 2013 年底，巴陵石化共获得国家、省部级科技进步奖 117 项，其中“非晶态合金催化剂和磁稳定床反应工艺的创新与集成技术”获国家技术发明一等奖，拥有授权专利 242 项。公司己内酰胺核心技术处于国际领先水平，锂系聚合物综合技术进入世界先进水平，特种环氧树脂、化工型炼油、煤化工生产技术居国内前列。

2013 年，巴陵石化产品总量达 483 万吨、同比增加 12 万吨，实现营业收入 254 亿元，上缴税费 31.5 亿元。

巴陵石化主要技术经济指标和主要产品产量见表 1 和表 2。

（黄　洋）

【领导班子调整】 2013 年 9 月 4 日，经征得湖南省委组织部同意，石化集团公司对巴陵石化班子进行调整：决定由李大为任巴陵石化总经理、党委副书记；李德刚任巴陵石化党委书记、副总经理；彭鸽威、胡先红任巴陵石化副总经理；朱建民不再担任巴陵石化总经理、党委副书记，调天津石化工作。

（黄　洋）

【安全环保基础不断夯实】 2013年，巴陵石化通过完善HSE管理体系，构建5级监管体系，投用承包商安全管理系统，强化欧萨统计、危险与可操作性分析，狠抓隐患排查与整治，抓好故障和事故管理，落实“两奖两罚”制度，全年未发生上报石化集团公司事故，公司级事故减少50%，被评为湖南省安全生产先进单位；通过狠抓环保管理，推进“碧水蓝天”项目，减排二氧化硫2 108吨、氮氧化合物315吨，固废有效处置率100%。

（黄　洋）

【经济技术指标明显提升】 2013年，巴陵石化主要经济技术指标明显提升，其中石化集团公司考核的22项能耗、物耗指标全部优于考核值，19项创历史最好水平；巴陵石化考核的主要物耗、能耗指标中，有41项创历史最好水平，8项创行业标杆；54项产品质量指标中，有53项稳定提高，累计节能降耗降本1.62亿元。

（黄　洋）

【内部改革取得一定成效】 2013年，巴陵石化持续深化内部改革，优化运行模式，将五班运转模式调整为四班运行；推进专业化管理，完成了分析检验、财务出纳集中管理；严控干部职数，压减处级干部8名、科级干部34名；优化人力资源管理，清退业务外包用工303人，安排235名正式职工进行顶替，向合资公司输出人力资源79人。

（黄　洋）

【科研工作成效明显】 2013年，巴陵石化有10个科研项目通过总部鉴定，开发新产品、新牌号8个，获得授权专利29项；SEPS项目进入总部“十条龙”攻关计划，“带新型挡渣结构的固态排渣煤粉锅炉”专利填补国内空白。获湖南省科技进步一等奖1项、三等奖1项，14项发明专利被评为湖南省重点发明专利；获石化集团公司科技进步二等奖1项、三等奖3项。

（黄　洋）

【党的群众路线教育实践活动取得成效】 2013年，巴陵石化按照中央和石化集团公司党组统一部署，扎实开展教育实践活动，严格按要求抓好规定动作，开展“责任·担当”大讨论等系列自选动作，公司领导班子带头、全体副处级以上干部做出“向我看齐”郑重承诺，收集整理92项意见和建议，高质量召开了两级领导班子专题民主生活会，制定了安全环保问题等5个专项整治方案，拟订了19项制度建设计划，促进了作风转变，体现了“领导带头以上行促下效、听取意见用真心换实情、解决问题动真格求实效、活动过程严要求防走偏”的鲜明特点，获得石化集团公司教育实践活动第三督导组满分评价。

（黄　洋）

【获多项荣誉】 2013年，巴陵石化被授予湖南省文明标兵单位称号；公司工会被评为全国模范职工之家；合成橡胶事业部SBS车间201工段、热电事业部电气车间被评为全国模范职工小家；合成橡胶事业部SEBS车间863工段被评为全国青年安全生产示范岗；关心下一代工作委员会被评为全国五好基层关工委；化肥事业部质检中心职工王哲丹入选“中国好人榜”，被评为助人为乐好人，并获评湖南省2013十大孝星。

（黄　洋）

【己内酰胺改造项目一次开车成功】 2013年1月8日，国内单套产能最大的己内酰胺装置——巴陵石化年产30万吨己内酰胺改造项目一次开车成功。

（黄　洋）

【国内首套SEPS装置获批】 2013年1月16日，巴陵石化年产2万吨SEPS工业化装置项目可行性研究报告获得批复，批复总投资3.17亿元。装置采用中国石化具有自主知识产权的技术，投产后，将填补国内SEPS产品空白。

（黄　洋）

【SEBS产品首次出口欧盟成员国】 2013年2月23日，巴陵石化向意大利出口55吨SEBS热塑橡胶产品，这是“巴陵牌”SEBS首次销往欧盟成员国市场。

（黄　洋）

【博士后科研工作站启动运行】 2013年3月14日，巴陵石化首个博士后科研工作站获得授牌，正式启动运行。该博士后科研工作站由巴陵石化与湖南大学联合引进博士后，按照“人才+项目”的培养模式运行，重点开展石化行业技术研究。

（黄　洋）

【炼油装置常压蒸馏装置隐患治理项目正式开工】 2013年3月27日，巴陵石化炼油装置常压蒸馏装置隐患治理项目正式开工。该项目基础设计于 2012 年 9 月获总部批复，总投资约 1.95 亿元。

（黄　洋）

【3 个科研中心建设项目获得批复】 2013 年 4 月 11 日，中国石化橡胶技术中心（RTC）巴陵石化部分获得批复，批复投资 6 110 万元；5 月 24 日，巴陵石化聚酰胺加工应用中心、环氧树脂加工应用中心 2 个项目可行性研究报告获得批复，批复投资近 3 000 万元。

（黄　洋）

【苯乙烯类热塑弹性体重点实验室挂牌成立】 2013 年 6 月 6 日，中国石化苯乙烯类热塑弹性体重点实验室在巴陵石化合成橡胶事业部正式挂牌成立。该实验室主要研究苯乙烯——共轭二烯烃类热塑性弹性体聚合物，包括其合成新技术开发、产品微观结构表征、设计与控制技术开发、产品应用技术研究等领域。

（黄　洋）

【运营转型工作取得成效】 2013 年 6 月 18 日起，石化集团公司组织对巴陵石化进行为期 21 天的运营诊断，重点围绕财务表现、产品组合、采购及物流、组织理念、设备效率、能耗/收率、可靠性/维修等方面，进行全面的分析，帮助提升精细化管理水平。自 8 月起，巴陵石化正式启动运营转型工作，组织实施了 45 个速赢项目，累计实现年化效益 5 096 万元。

（黄　洋）

【溶聚丁苯橡胶工业化生产改造正式启动】 2013 年 8 月 1 日，巴陵石化年产 3 万吨溶聚丁苯橡胶工业化生产线改造项目正式启动。该项目采用巴陵石化具有自主知识产权的新技术，投资仅 2 300 万元，在年产 20 万吨 SBS 装置的一条生产线上进行改造而成。

（黄　洋）

【启动“智慧厂区”建设】 2013 年，巴陵石化与岳阳兴岳石油化工有限责任公司、岳阳市巴陵电讯技术有限公司、中国电信岳阳分公司、中国联通岳阳分公司合作，启动“智慧厂区”建设。9 月，“智慧厂区”一期工程——移动办公平台建成投用。利用移动办公平台，职工可通过智能手机、平板电脑实现文件阅处、会议安排、合同管理、资金审批等功能。

（黄　洋）

【国内最长氢气输送管线中交】 2013 年 12 月 24 日，巴陵石化—长岭炼化氢气提纯及输送管线项目中交。该管线是国内最长的氢气输送管线，总长 42.2 千米，于 2011 年 9 月开工建设，总投资 1.96 亿元。

（黄　洋）

【企地联合举办应急演练】 2013 年 12 月 25 日，巴陵石化与岳阳市人民政府联合承办了湖南省危险化学品长输管线泄漏爆炸事故应急预案综合演练，取得圆满成功。

（黄　洋）

【民生工程持续推进】 2013 年，巴陵石化启动文明和谐示范小区创建，加快老旧小区综合治理；推进医保移交地方；开展百万帮扶救助、金秋助学等活动，累计帮扶 1 166 人次，发放帮扶款 304 万元，并组织 176 名副处级以上干部开展“一对一”帮扶工作；组织 1.4 万名离退休人员进行健康检查，提升了职工幸福指数。

（黄　洋）

表 1　巴陵石化主要技术经济指标[①]　亿元

指标名称 ＼ 年　份	2013	2012	2011	2010	2009	2008
原油加工量/万吨						
巴陵资产分公司	180.60	184.96	155.62	183.21	165.86	180.14
工业总产值						
巴陵分公司	54.17	50.80	58.02	43.19	22.09	30.10
巴陵资产分公司	173.46	190.50	170.32	165.05	121.68	144.10

续表

指标名称 \ 年份	2013	2012	2011	2010	2009	2008
炼　油						
巴陵资产分公司	86.41	107.00	87.14	87.87	67.20	80.66
化　工						
巴陵分公司	45.03	39.40	51.09	37.00	19.21	25.77
巴陵资产分公司	87.05	83.40	73.37	68.66	54.48	55.04
化　肥						
巴陵分公司	9.14	11.40	6.53	5.87	2.88	4.33
其　他						
巴陵资产分公司		9.81	8.50	0	8.40	6.87
工业增加值						
巴陵分公司	-2.71	2.25	14.10	4.77	0	0
巴陵资产分公司	41.81	33.68	34.03	45.88	39.91	
资产总计						
巴陵分公司	43.35	39.20	33.45	23.40	23.51	27.80
巴陵资产分公司	72.94	73.85	68.08	61.57	53.47	47.69
流动资产						
巴陵分公司	5.14	4.77	6.00	4.11	3.53	4.68
巴陵资产分公司	23.38	24.10	21.55	22.48	19.31	13.19
固定资产原值						
巴陵分公司	64.79	61.64	55.49	61.31	57.68	58.28
巴陵资产分公司	95.04	91.95	72.91	68.20	67.32	64.70
固定资产净值						
巴陵分公司	17.89	15.60	24.18	27.42	25.10	26.66
巴陵资产分公司	49.82	50.43	35.06	34.75	36.61	36.44
销售收入						
巴陵分公司	49.98	52.00	59.81	44.36	22.76	30.94
巴陵资产分公司	183.24	194.65	175.54	173.16	124.41	145.83
实现利税						
巴陵分公司	-6.91	-2.14	6.82	-23.43	-15.05	-8.19
巴陵资产分公司	26.05	22.09	21.85	35.55	29.57	-1.99
税　金						
巴陵分公司	0.16	2.50	2.84	0.66	0.92	0.34
巴陵资产分公司	30.68	30.76	28.71	30.43	25.57	12.87

①数据不含混合所有制企业

表 2　　巴陵石化主要产品产量　　万吨

产品名称＼年份	2013	2012	2011	2010	2009	2008
巴陵资产分公司						
93#汽油	21.78	26.42	24.57	24.71	22.41	23.33
97#汽油	16.05	26.72	24.16	27.12	24.44	22.47
0#柴油	8.08	41.61	36.43	46.36	39.57	43.88
石脑油	25.34	12.95	8.48	9.25	6.06	9.77
液化气	19.31	20.56	18.49	20.47	18.55	19.06
干　气	3.02	2.31	3.61	4.47	4.22	4.99
丙　烯	9.24	9.68	9.18	10.21	9.82	10.25
油　浆	3.53	3.76	3.69	1.48	4.83	4.00
溶剂油	3.63	4.90	6.14	5.08	7.14	7.40
合成橡胶	26.95	22.59	19.26	23.14	20.95	16.42
顺丁橡胶	3.35	3.46	3.13	4.10	3.77	3.43
SBS 热塑弹性体	17.90	14.08	12.53	15.38	14.21	11.10
环氧树脂	6.00	4.74	4.11	4.04	4.11	3.73
环己酮	9.21	10.39	11.41	9.94	9.00	7.84
烧　碱	9.53	10.16	10.05	10.36	9.31	9.95
盐　酸	3.70	2.52	4.20	3.78	3.36	3.57
液　氯	7.61	0.39	7.99	8.40	7.61	8.12
聚丙烯	5.85	6.24	5.57	6.49	6.32	6.27
氯丙烯	4.58	0.28	4.89	5.18	4.60	4.55
环氧氯丙烷	2.33	1.48	2.17	2.13	2.15	2.18
巴陵分公司						
合成氨	47.86	8.26	32.49	25.94	18.55	21.13
尿　素	24.34	28.00	18.28	25.65	19.17	24.93
己内酰胺	22.34	15.40	20.03	19.29	13.81	13.62
尼龙 6 切片	4.83	5.23	3.82	3.71	3.17	2.46
硫酸铵	17.60	29.33	28.03	27.64	19.79	20.73
环己酮	8.55	0	8.27	9.36	7.15	7.51
双氧水	19.26	0	11.10	11.28	7.81	9.81

长岭炼化

【概况】　中国石油化工股份有限公司长岭分公司(简称长岭分公司)和中国石化集团资产经营管理有限公司长岭分公司(简称长岭资产分公司)统称长岭炼化。其前身为长岭炼油厂，始建于 1965 年，1971 年 5 月建成投产。2000 年 4 月，按照石化集团公司整体重组改制的要求，炼油主业部分重组改制为长岭分公司，存续部分改制为中国石化集团长岭炼油化工有限责任公司(简称长岭炼化公司),直属石化集团公司领导。2007 年 5 月,按照体制转换的要求,长岭炼化公司改制为长岭资产分公司。

截至 2013 年底,长岭炼化有各类员工 4 899 人,资产总额 101 亿元。拥有 30 套炼油化工装置,原油加工能力 800 万吨/年,聚丙烯、改性和乳化沥青生产能力分别为年产 13 万吨、20 万吨和 10 万吨。主要生产汽油、煤油、柴油、丙烯、液化石油气、石脑油、苯类、沥青、乙酸酯等 60 余种产品,有 17 种产品获省部级以上优质产品称号,其中出口轻柴油和 6# 抽提溶剂油获国家金质奖,石油甲苯、二甲苯和 120# 溶剂油等产品获国家银质奖。生产的"东海"牌改性沥青铺上了奥运会国家体育场鸟巢的主跑道;高铁专用乳化沥青成功应用于武广高铁建设,实现了高铁专用乳化沥青的国产化,打破了日本、德国的垄断。

共实现技术革新和科研项目 5 100 多项,获得省部级以上科技成果 300 多项,其中有 63 项获得国家级成果奖;拥有专利技术 70 多项,形成了具有自己特点的技术优势,为企业的发展提供了强大的技术支撑。

2013 年,长岭炼化牢牢把握效益、管理、建设、稳定等方面的工作特点,积极应对严峻的形势变化,着力化解各种不利因素,取得了令人鼓舞的业绩。全年,长岭分公司加工原料油 794.3 万吨,同比增长 7.4%;生产聚丙烯 14.73 万吨,增长 3.4%;实现账面利润 3.03 亿元,超奋斗目标 1 760 万元,扭转了连续多年亏损的被动局面。长岭资产分公司千方百计做大业务总量,沥青、油港水运、公路运输业务同比大幅增加,仅亏损 9 819 万元,较年初考核目标减亏 4 681 万元。长岭炼化实现营业收入 491.4 亿元,增加 33.6 亿元;上缴税收 78.1 亿元,增加 4.2 亿元。

长岭分公司主要技术经济指标和主要产品产量见表 1 和表 2。

(肖 军)

【领导班子调整】 2013 年 7 月 30 日,石化集团公司调整长岭炼化领导班子:李华任公司董事长、总经理、党委副书记,文志成任公司党委书记、董事、副总经理,蒋文军任公司副总经理。侯勇调任高桥石化党委书记,总经理,免去其长岭炼化董事长、党委书记,长岭资产分公司总经理职务;借调邵国刚到长城能源化工公司工作。

(肖 军)

【生产装置优化运行创造新业绩】 2013 年,长岭炼化紧紧围绕全面提升发展质量和效益这个中心,保安全、优生产、拓市场,强管理、降成本、提素质,转作风、抓队伍、促和谐,克服加工高氯原油影响,全面完成稳增长、保效益的目标任务。长岭分公司加工原料油 794.3 万吨,实现营业收入 480 亿元,单位完全费用 221 元/吨,在沿江企业保持最低,超额完成了年度赢利 2.85 亿元的奋斗目标。长岭资产分公司圆满完成全年生产经营任务目标。

(肖 军)

【连续第 10 年获得总部安全生产先进企业称号】 2013 年,长岭炼化严格直接作业环节安全监管,加强生产过程风险管控,采取明察暗访、举报有奖和开展"两个识别"等有力措施确保了安全生产,连续第 10 年获得石化集团公司安全生产先进企业称号,获得全国安全文化建设示范企业称号,通过国家一级危险化学品从业单位安全标准化达标企业的评审工作。

(肖 军)

【党的群众路线教育实践活动取得新成效】 2013 年,长岭炼化把开展好党的群众路线教育实践活动作为重点工作,坚持把学习贯穿始终,提高认识;坚持开门搞活动,广泛征求职工群众意见 91 条;坚持边查边改,出台《领导班子议事规则》等制度,对反映突出的具体问题进行整改;坚持触及灵魂,认真撰写、反复修改领导班子和个人对照检查材料;坚持坦诚相待、开展批评与自我批评,开好高质量的专题民主生活会;坚持建章立制,形成长效机制;提升企业党建思想工作科学化、制度化、规范化、体系化水平。活动的开展收到了实效,促进了企业和谐稳定,年内获湖南省综治稳定工作先进单位称号。

(肖 军)

【国内首套新工艺环氧丙烷装置建设施工稳步推进】 2013 年 1 月 21 日中国石化"十条龙"重大科技攻关项目、国内首套双氧水法制环氧丙烷工业试验装置在长岭炼化破土动工。项目批复投资 12.8 亿元,设计产能为 10 万吨/年。该装置采用由中国石化自主研发、拥有完全知识产权的创新技术,打破了国外技术垄断。截至年底,项目建设已全面进入安装阶段,各单元施工稳步向前推进。

(肖 军)

【科技自主创新引领和驱动企业科学发展】 2013 年,长岭炼化科技创新工作在生产创效中发挥更积极作用。重整生产油管式液相加氢技术开发与工业运用产生了超过千万元的直接经济效益；高活性载体裂化催化剂研究开发与工业运用、RSDS—Ⅲ等新技术的运用，给企业创效起到了很好的作用；一批具有自主知识产权、具备浓厚长岭炼化特色、沿袭长岭炼化科技创新基因的新技术与新产品不断涌现，正在打造具有长岭炼化特色化工集群的核心竞争力。举办的第5届科技论坛活动和开发的知识管理系统以及创新文化得到了中国科协、中国石化、中国石油学会和湖南省业界的高度评价。

（肖　军）

【全面完成油品质量升级】 按照中国石化统一安排，长岭炼化于2013年4月1日起，向湖南省市场提供国Ⅲ标准普通柴油；10月1日开始，向湖南省市场投放国Ⅳ标准车用汽油，均提前3个月完成国家任务要求。

（肖　军）

【管理体制机制改革取得实质性进展】 2013年，长岭炼化对上市、非上市进行管理体制一体化、业务整合改革，减少机关部门6个，撤并基层单位5个，调整了10个部门的管理职能和业务。

（肖　军）

【企业社会责任感和美誉度不断提升】 2013年，长岭炼化部署和启动“碧水蓝天”计划，计划从2013年起在3年内投资3亿多元陆续实施17个环保提标改造和污染物总量减排项目建设，进一步改善优化厂区及周边水体、土壤、大气环境质量。坚持“开放办企业”，组织了首届环保“公众开放日”，环保工作受到普遍好评，被评为岳阳市最具社会责任感企业。举办了第9届职工运动会，并获得全国群众体育先进单位称号。

（肖　军）

表1　　长岭分公司主要技术经济指标　　亿元

指标名称＼年份	2013	2012	2011	2010	2009	2008
原油加工量/万吨	769.16	734.58	601.59	405.75	404.25	442.84
工业总产值	491.40	451.42	352.17	199.26	167.37	205.06
炼　油	476.10	438.51	348.98	190.43	158.67	192.39
化　工	6.80	12.91	11.90	8.83	8.69	12.67
工业增加值	33.60	70.94	149.72	32.63	43.47	－24.81
资产总计	90.38	87.89	79.65	67.89	31.27	25.31
流动资金	25.50	23.90	16.82	18.45	7.32	10.05
固定资产原值	101.11	96.83	84.56	45.90	44.57	43.23
固定资产净值	56.11	55.63	46.99	9.83	7.97	8.17
销售收入	482.60	449.42	353.00	194.77	166.68	205.55
实现利税	80.66	63.99	34.19	27.53	39.36	－17.05
税　金	77.64	73.40	57.00	32.15	35.87	5.81

表2　　长岭分公司主要产品产量　　万吨

产品名称＼年份	2013	2012	2011	2010	2009	2008
汽　油	201.70	179.64	136.80	69.57	84.20	83.35
柴　油	312.80	301.02	252.88	171.32	165.45	187.28
航　煤	34.89	28.31	12.63	4.76	3.84	3.56
重　油	6.05	12.52	17.80	9.15	11.85	15.04

续表

产品名称 \ 年份	2013	2012	2011	2010	2009	2008
石油焦	33.41	34.34	37.82	33.91	30.01	31.91
三　苯	25.57	18.82	16.50	13.99	9.93	14.05
溶剂油	7.05	7.81	5.43	5.28	4.71	9.60
聚丙烯	14.73	14.25	11.86	9.59	11.21	12.23

仪化公司

【概况】 中国石化仪征化纤股份有限公司(简称仪化股份公司)和中国石化集团资产经营管理有限公司仪征分公司(简称仪征资产分公司)统称仪化公司，位于江苏省仪征市，占地10平方千米。其前身为仪征化纤工业联合公司，于1978年筹建，1981年设立，1993年进行股份制改组，分为上市和非上市部分。1997年，仪化公司整体加入中国东联石化集团公司，1998年随中国东联石化集团公司整体加入石化集团公司。2000年，上市部分更名为仪化股份公司，成为石化股份公司的控股子公司。2006年11月，非上市部分进行体制转换，更名为仪征资产分公司。2011年3月起，2个公司实行一体化管理。2013年11月，仪化股份公司完成股权分置改革。

仪化股份公司下设15个二级单位、4个直属机构、16个机关职能部门，主要生产聚酯和涤纶纤维，并配套生产聚酯主要原料精对苯二甲酸(PTA)。截至2013年底，拥有PTA生产装置2套，产能100万吨/年；16条聚酯生产线，聚酯聚合产能218万吨/年，聚酯切片88.5万吨/年，瓶级切片45.5万吨/年；34条涤纶短纤维生产线，产能79.3万吨/年；14条长丝生产线，产能9万吨/年；2套超高分子量聚乙烯纤维干法纺丝装置，产能1 300吨/年。1套对位芳纶试验装置，产能100吨/年；1套1，4－丁二醇装置，产能10万吨/年。

仪征资产分公司下属4个生产单位和社区管理中心。PBT生产中心主要生产工程塑料(PBT)，2套装置产能共计9.1万吨/年。仪化东丽聚酯薄膜有限公司(简称仪化东丽公司)为仪征资产分公司和日本东丽株式会社以50∶50股权合资设立，主要生产聚酯薄膜，产能4.41万吨/年。仪化博纳织物有限公司(简称仪化博纳公司)是仪征资产分公司与英国博纳国际控股有限公司以40∶60股权设立，可生产聚丙烯织物7 700万米^2/年。海南盛之业高新技术有限公司(简称海南盛之业公司)主要生产和销售瓶级聚酯切片，产能24万吨/年，于2013年8月起实施经营性停车。

截至2013年底，仪化公司有在岗正式职工8 165人，其中具有高级专业技术职称的382人、中级专业技术职称的594人、初级专业技术职称的552人。

仪化公司主要技术经济指标和主要产品产量见表1和表2。

(于　岚)

【保持安全生产】 2013年，仪化公司以安全标准化达标创建为抓手，严格HSE目标管理，积极开展全员承诺、领导带班、安全督察、定点联系，全面推行领导干部承包装置、安全总监制度，层层落实HSE责任。严格直接作业环节流程化管理和安全监管，以“5S”管理为抓手，持续推进“完好装置”创建，进一步促进现场环境持续改善和设备管理水平的提高。全年投入6 100万元，实施了38项隐患治理项目，促进了本质安全。全年非计划停车同比减少43%，获得中国石化安全生产先进单位称号。

(于　岚)

【狠抓节能减排】 2013年，仪化公司坚持绿色低碳发展，编制发布了《仪化公司环境保护“十二五”规划》。突出抓好源头减排和综合治理，每周通报环保分级控制指标，实施短纤油剂控制、落地物料管理、热电锅炉脱硝除尘、污水异味治理，促进了生产经营与环境保护的协调发展。持续开展清洁生产对标、追标，85%的指标数达行业清洁生产一级水平；全面完成中国石化考核的9项经济技术指标，其中7项指标创历史最好水平；万元产值综合能耗位列中国石化化工板块首位，主产品单位能耗同比下降2.71%。工业废水排放量、外排废水COD总量、氮氧化物排放量分别下降5%、9.7%、10%。被中国石化评为环境保护先进单位和清洁生产企业，获“中国能效之星”五星级企业称号。

(于　岚)

【调优产品结构】 2013 年，面对聚酯市场持续低迷、产品库存高的局面，仪化公司坚持动态测算品种效益和边际贡献，平衡资源、需求、装置能力，采取提前检修、降负荷、转产品种、经营性停车、推迟新项目开车等措施，灵活应对市场变化，缓解了库存和效益压力。加快劣势业务调整，关停长丝 62—65 生产线和海南盛之业公司。紧密协调化工销售有限公司，积极开展市场推介，挖掘潜在用户，较好地完成了切片、短纤增量产品销售任务。功能型母粒 FG611、细旦短纤、中空产品产销量持续增长；环保型瓶片 BG811 顺利通过试用，为更高产品标准做好了技术储备；工程塑料(PBT)、超高分子量聚乙烯纤维等自销产品通过会展推介、拓展领域等方式，产销率分别达到 99.7%、106.7%，树立了品牌形象，扩大了市场影响力。产品差别化率达 85%，位列中国石化合成纤维业务首位。

（于　岚）

【压降采购成本】 2013 年，仪化公司把握市场节奏，优化原料采购运作，减少跌价损失。实施供应商分级管理和业绩引导订货，清理、淘汰 62 家供应商，进一步优化了供应商队伍。建立库存情况定期通报制度，强化新增积压物资责任追究，积极推进积压物资改代利用和对外处置，积压物资下降 7%，改代利用 221 万元。细化物资成本构成分析和量价对比，优选招标采购和框架协议采购，积极参加中国石化区域协同采购并争取定价权，框架协议采购率 77%，采购资金节约率 7.6%，消除了独家采购。

（于　岚）

【深化企业管理】 2013 年，仪化公司进一步夯实“三基”工作，制定了《2013—2015 年“三基”工作实施方案》，组织开展“抓‘三基’、促‘三反’，减亏损、争效益”大讨论，把“三基”工作落实到装置、设备和岗位、人员，推进基层管理的标准化。积极开展综合岗检、专业检查、体系审核等工作，强化制度执行检查，查找管理短板，提升管理水平。充分依托“比学赶帮超”、改善经营管理建议、创建标杆生产线(班组)等载体，完善工作流程、评价标准，优化绩效考核指标体系和反馈机制，搭建管理提升平台。推进全面预算和班组核算相结合的全员成本目标管理，努力降本增效，其中仪化股份公司 6 项行政性费用压降 28%，吨产品完全加工费比计划下降 150 元，累计降本 1.25 亿元。在中国石化“比学赶帮超”工作评比中获得 21 面红旗、19 颗红星，在物资供应、财务、审计、合同管理等业务竞赛中取得佳绩，并被评为 ERP 应用登高示范企业。持续推进内部改革，完成短纤、长丝、长丝加弹业务整合和循环水专业化重组，开展新一轮机构优化和岗位定员工作。

（于　岚）

【推进科技创新】 2013 年，仪化公司以绿色健康引领产品升级，环保型钛系瓶片顺利通过用户试用，超仿棉短纤产业化技术攻关取得积极进展；以差别化提升效益贡献，开发了 2.22 分特非织造短纤专用料、高纤家纺专用料等 8 个新产品，推广了 FG601、FR212 等 13 个产业化新产品，聚酯专用料率、纤维差别化率分别达到 86.8%、78.1%，差别化产品比常规产品多增加毛利 3.35 亿元；以成果转化实现科技增值，申请专利 27 项，实施了 PTA 二装置萃取、PTA 管链输送等 41 个技改项目，可增效约 3 000 万元/年。完善科技委、专家库工作机制，强化专业分工和成果激励，评审出 69 个科技成果，奖励 175 万元。通过了江苏省高性能纤维重点实验室认定，“高性能聚乙烯纤维干法纺丝工业化成套技术”获中国纺织工业联合会“纺织之光”科技进步一等奖和中国石化科技进步一等奖。仪化公司“白斯特”牌聚酯切片、涤纶短纤维、涤纶长丝 3 类产品获江苏重点名牌产品称号。

（于　岚）

【加快“超仿棉”工业化进程】 由仪化公司组织实施的国家“十二五”科技支撑计划项目——“超仿棉短纤维成套技术开发”，于 2013 年 12 月 26 日顺利通过中国石化科技部组织的评审，入龙中国石化“十条龙”攻关项目。“超仿棉”不但具有棉花特性，还可提高涤纶产品的舒适性，替代棉花在纺织品中的使用比例，有效缓解国内棉花短缺问题。同时，由于聚合、纺丝的温度低于常规涤纶，产品可常压同浴染色，能耗低，碳排放减少，产业链能实现绿色、环保、低碳，符合国家产业结构调整方向。截至 2013 年底，已进行了 6 次工业化试生产，共生产超仿棉短纤维 224 吨、销售 138 吨，产品在 20 多家用户进行试用，初步得到下游用户认可。

（于　岚）

【成为国内销量最大的高性能聚乙烯纤维生产企业】 2013 年，仪化公司首次实现高性能聚乙烯纤维产品全产全销，年度产销率达到 106.7%，成为国内销量最大的高性能聚乙烯生产企业。先后成功开发 15 – 400D等 16 个细旦产品，特别是用于高强度鱼线的高性能聚乙烯纤维原料，已实现部分顶替进口，鱼线市场占有率近60%；同时，用于防切割手套的专用细旦产品，也得到国内外高端用户认可。全年通过销售差别化产品实现效益增加约500万元。

（于 岚）

【10万吨/年1，4－丁二醇(BDO)项目建成】 2013年5月，中国石化首套10万吨/年1，4－丁二醇(BDO)项目打通全流程，生产出合格产品。项目投资16.4亿元，于2011年3月28日开工建设，采用具有中国石化产业链优势的正丁烷工艺路线。产品广泛用于化工、塑料、弹性纤维、医药、农药、化妆品、传动皮带制造等领域，其下游产品的开发具有很高应用价值和经济价值。该项目是仪化公司依托中国石化南京地区炼化企业资源优势，实施从化纤向精细化工延伸发展、推进产业结构调整、增强企业竞争能力的第1个化工项目，标志着仪化公司迈出了“跳出化纤发展仪化”的第一步。

（于 岚）

【成功试生产钛系瓶级、膜级环保型聚酯切片】 仪化公司坚持将绿色低碳和新产品开发升级作为生存和发展的努力方向，开展了一系列钛系聚酯催化剂的工业应用试验。2013年6月和10月，仪化公司分别成功试生产出新型环保绿色产品——钛系瓶级和膜级环保型聚酯切片，产品经分析检验测试，黏度、熔点、端羧基、色值等指标全部合格，并顺利通过用户试用。

（于 岚）

【高收缩膜用共聚酯和高透明聚酯薄膜用母粒开发项目通过中国石化鉴定】 仪化公司采用分子设计的方法，成功开发了高收缩膜用共聚酯和高透明聚酯薄膜用母粒，并于2013年11月8日通过中国石化鉴定。其中，高收缩膜用共聚酯FG701、FG702形成具有中国石化自主知识产权的成套工艺技术，产品主要应用于加工热黏合聚酯薄膜、高收缩薄膜、片材等领域，产品质量初步获得用户认可，性能与进口同类产品相当；高透明聚酯薄膜用母粒探索应用3层共挤高透明聚酯复合薄膜的成膜工艺，形成了最佳成膜工艺，产品质量达到国外同类产品的先进水平。

（于 岚）

【仪化东丽公司年产1.5万吨聚酯薄膜5号线项目开车成功】 2013年11月3日，仪化东丽公司1.5万吨/年聚酯薄膜5号线项目一次投料开车成功，生产出主要用于平板显示器行业的光学膜产品，替代进口，填补了国内在该行业尖端产品的空白，继续保持国内行业领先。该项目引进日本东丽公司核心技术，于2011年11月开工建设，总投资4.38亿元。

（于 岚）

【开展创建“完好装置”活动】 仪化公司为了提高现场设备完好及装置运行水平，改善现场环境，促进装置“安稳长满优”经济运行，在全公司范围内组织开展了创建“完好装置”“比学赶帮超”活动。2013年共有14个装置通过“一星级完好装置”验收，8个装置通过“二星级完好装置”验收。仪化公司把创建“完好装置”活动作为搭建现场人—机系统精细化管理平台，与整治现场“脏乱差”、反“低老坏”和“5S”管理相结合，促进装置设备完好水平持续提升和现场环境面貌的持续改善。全年实现无上报中国石化设备事故，设备原因导致的仪化公司级非计划停车同比减少50%、设备故障同比降低39.2%，设备故障造成的全年产量损失同比减少41.8%。

（于 岚）

【仪化股份公司股改方案获高票通过】 仪化股份公司分别于2013年6月8日和20日，对外正式公布股改初步方案和最终方案。经过7月4日、5日、8日3天的网络投票及8日的委托投票和现场投票，股改方案获得高票通过，其中A股流通股股东投票率为55.17%，赞成率达到91.21%。此次股改方案最大限度地保证了流通股股东的利益，非流通股股东不仅提高了对价，而且增加了资本公积金转增、股权激励、公司发展等方面的承诺。

（于 岚）

【促进作风转变】 2013年，仪化公司党委认真开展党的群众路线教育实践活动，坚持“四个结合”，以创建石化集团公司教育实践活动示范点为目标，大力加强思想政治建设和作风建设，着力反“四风”、抓整改，取得了重要阶段性成果。在加强学习、转变观念的基础上，广泛征求内部职工和外部客户意见15 500多人次，收集意见建议922条，梳理出问题163个，整改113项，整改率达69%。同时，从严从紧落实“八项规定”“实施细则”等系列改进作风制度规定，公司领导班子成员带头深入现场、走访市场、扶贫帮困，密切了干群关系。全年，业务招待费、各类会议、文件简报数量同比分别下降37%、19%、31%。

（于 岚）

【强化党建思想政治工作】 2013 年，仪化公司党委深入贯彻中国石化党组关于党建工作"两个文件"和"五统一"的要求，推进与生产经营工作的深度融合。组织开展"长丝 62—65 线、海南盛之业经营性停车，我们怎么看怎么办"大讨论、劳动模范事迹巡回报告、先进经验交流等系列活动，推出洁净化检修、岗位综合检查现场实录等正反典型案例，职工的爱岗敬业、遵章守纪的主人翁意识和各级干部敢抓善管、从严治企的责任意识得到加强。积极鼓励基层党建创新，党员定责承诺、党员责任区、创优争"星"等创新工程持续深化，促进了基层党组织建设。强化领导班子素质和能力建设，坚持正确用人导向，不断优化干部队伍结构，量化评价指标，强化任前考评，明确班子集体讨论和任前谈话等选拔程序，选人用人满意度不断提高。

（于　岚）

【推进反腐倡廉】 2013 年，仪化公司围绕建设廉洁企业、提高发展质量和效益目标，进一步推进党风建设和反腐倡廉工作。将反腐倡廉建设纳入一体化管理考核，梳理了 26 项反腐倡廉制度、142 个考核点和考核奖罚标准，每月对制度执行情况进行穿行测试，发现问题及时组织整改。开展"八项规定"效能监察和专项检查，对相关费用控制情况进行抽查。组织廉洁自律"四个一"活动，两级班子主要负责人上廉政党课 20 次，395 名重点岗位人员进行了廉洁承诺，对 154 名领导人员进行了廉政谈话，收集反腐倡廉合理化建议 262 条。健全廉洁风险防控工作网络，开展廉洁风险防控劳动竞赛，共排查涉险岗位 1 042个、编制廉洁风险防控流程图 191 张、查明廉洁风险点 3 751 个。开展效能监察，立项 36 个，提出监察建议 59 条，完善制度 7 项，重点对物资需求计划、招投标和储备管理、热电环保达标综合管理、废旧物资回收进行效能监察，避免和挽回经济损失 94. 5 万元。年内，仪化公司被评为扬州市预防职务犯罪先进单位。

（于　岚）

【建设和谐企业】 2013 年，仪化公司把关心职工成长成才、真心帮助解决困难作为凝聚职工、推动企业稳定发展的重要措施。选聘 5 名公司专家、24 名副主任师、43 名技师和高级技师，组织开展了 109 项小指标劳动竞赛和 10 项技术比武活动，进一步畅通人才成长通道。有 3 人被评为中国石化劳动模范、2 人获江苏省五一劳动奖章、1 人获全国能源化学系统五一劳动奖章、8 人被评为仪化公司劳动模范，先进示范效应进一步发挥。持续深化健康体检、劳动保护、职业病防治、疗养、休假等关爱职工措施。坚持"真困难真帮助"，全年救助职工 1 611 人次，发放救助资金 290 万元；帮扶协解人员 2 326 人，发放帮扶资金 2 300 多万元。投资 1. 1 亿元，分 3 年实施老旧小区改造。开展"文明和谐示范小区"创建和"仪化社区好人"评选活动，社区环境进一步改善。

（于　岚）

表 1　　仪化公司主要技术经济指标　　亿元

指标名称 \ 年份	2013	2012	2011	2010	2009	2008
工业总产值						
仪化股份公司	176. 86	166. 78	201. 00	162. 23	131. 50	150. 81
仪征资产分公司	18. 79	27. 40	28. 78	22. 81	6. 10	7. 83
工业增加值						
仪化股份公司	5. 67	11. 24	28. 70	34. 55	21. 82	6. 56
仪征资产分公司	0. 59	0. 49	4. 29	1. 54	1. 54	1. 49
资产总计						
仪化股份公司	104. 71	108. 89	113. 82	104. 68	89. 03	84. 17
仪征资产分公司	16. 76	16. 92	16. 89	15. 54	11. 34	11. 94
流动资产						
仪化股份公司	41. 62	43. 30	64. 58	60. 14	38. 05	38. 43

续表

指标名称＼年份	2013	2012	2011	2010	2009	2008
仪征资产分公司	5.23	5.05	4.79	3.78	2.65	2.41
固定资产原值						
仪化股份公司	140.45	133.82	133.07	131.72	128.95	123.61
仪征资产分公司	15.61	14.06	13.97	13.86	15.23	15.39
固定资产净值						
仪化股份公司	39.64	34.95	33.67	34.13	36.96	38.71
仪征资产分公司	9.54	8.56	9.05	9.78	10.24	10.85
销售收入						
仪化股份公司	176.77	169.88	201.80	163.48	132.25	152.24
仪征资产分公司	18.94	27.44	28.80	23.47	5.87	7.74
实现利税						
仪化股份公司	-14.16	-3.18	14.37	19.96	7.18	-14.01
仪征资产分公司	-1.62	-0.96	3.04	0.36	0.42	0.43
税　金						
仪化股份公司	0.38	0.43	5.98	7.69	3.36	2.44
仪征资产分公司	0.17	0.03	0.47	0.35	0.38	0.41
综合能耗/吨标煤·万元$^{-1}$						
仪化股份公司	1.03	1.11	1.10	0.52	0.52	0.53
仪征资产分公司	0.12	0.12	0.12	0.13	0.18	0.18

表2　　仪化公司主要产品产量[①]　　万吨

产品名称＼年份	2013	2012	2011	2010	2009	2008
涤　纶	254.00	241.75	240.98	236.36	224.05	205.04
聚酯切片	118.43	108.10	107.26	104.64	108.69	100.28
瓶级切片	54.87	61.75	57.99	54.42	41.17	37.57
涤纶短纤维	70.73	58.29	57.05	55.39	51.16	50.05
中空纤维	7.12	5.70	4.48	5.55	5.27	5.18
涤纶长丝	6.59	10.03	14.62	15.26	16.32	17.15
加弹丝	3.38	3.58	4.07	6.65	6.71	—
PTA	105.82	104.42	104.20	104.12	102.33	98.79
PBT 树脂	5.94	5.45	2.49	2.40	2.32	2.30
四氢呋喃	0.56	0.37	0.12	0.11	0.12	0.11
聚酯薄膜	—	—	—	—	2.39	2.42

①从 2010 年 1 月起，仪化东丽公司数据不再计入；海南盛之业公司数据计入

南京化工公司

【概况】 中国石化集团南京化学工业有限公司(南京化工公司)位于南京市六合区，占地面积 893.70 万平方米。南京化工公司的前身创建于 1934 年；1998 年 7 月，随中国东联石化集团公司整体进入石化集团公司；2005 年 5 月 23 日，原南京化工公司与南京化工厂改革重组，成立新的南京化工公司。南京化工公司是生产经营化肥、无机和有机化工原料、精细化工、化工机械、化学纤维 6 个大类 200 多个产品，并从事化工工程的科研、制造、施工和安装的特大型化工企业，也是国内化肥、精细化工、纯碱和化工机械制造的基地之一。

截至 2013 年底，南京化工公司下辖 13 个运行部、2 个分公司、1 个子公司、1 个集体所有制托管单位，有 1 家参股合资公司。有全民正式职工 9 585 人，其中各类专业技术人员 2 335 人，专业技术人员中具有高级职称的 343 人(其中正高 5 人)、中级职称的 1 251 人。总资产 99.62 亿元。主要产品年生产能力：合成氨 26.5 万吨，氢气 9 万吨，硫酸 75 万吨，浓硝酸 22 万吨，硝酸铵 20 万吨，纯碱 120 万吨，苯胺 25 万吨，硝基苯 35 万吨，环己酮 16 万吨，氯苯 12 万吨，硝基氯苯 15 万吨，烧碱 10 万吨，RT 培司 2 万吨，橡胶助剂 6 万吨，硫基复合肥 40 万吨，化工机械 3 万吨。

2013 年，南京化工公司实现工业总产值 84.78 亿元，合成氨(总氨)、稀硝酸、浓硝酸、苯胺、硝基苯、防老剂 TMQ、表面活性剂 7 个产品年产量创历史最好水平；完成销售收入 83.94 亿元，实现产销率 99.64% 和资金回笼率 100%。

南京化工公司主要技术经济指标和主要产品产量见表 1 和表 2。

(陈继宁)

【重大项目建设取得突破】 2013 年，南京化工公司 10 万吨/年环己酮装置投产，9 万吨/年制氢项目建成，合资建设 20 万吨/年己内酰胺装置开车成功。离子膜烧碱电槽零极距节能改造、硫基肥原料路线改造、RT 工艺路线改造等技改项目取得成效。“千吨级石化装备制造基地技术改造项目可行性研究报告”获批并开工建设。

(陈继宁)

【科研开发迈出大步伐】 2013 年，南京化工公司有 2 项成果获中国石化科技进步一等奖、1 项成果获中国纺织工业联合会科技进步一等奖，9 个科研项目通过石化集团公司评审。研究院获“中国石化 CO_2 捕集与资源利用重点实验室”命名，获批成立国家博士后科研工作站。申请国内外专利 130 项，获得专利授权 49 项，名列石化集团公司炼化企业第 1 名、全系统第 2 名；获江苏省实施企业知识产权战略先进单位称号。

(陈继宁)

【加大环保治理项目实施力度】 2013 年，南京化工公司污水处理项目全面“出龙”，硝基氯苯废水强氧化、废水水相聚合制水煤浆添加剂、清污分流、综合污水处理站改扩建 4 个子项目顺利建成，实现污水的全回收处理及达标排放。氯化苯装置尾气吸收系统开车成功，动力部烟气脱硝和硫基肥尾气回收项目稳步推进，已经取得阶段性成果。

(陈继宁)

【获得多项荣誉】 2013 年，南京化工公司获 2010—2012 年度江苏省文明单位称号；首次获石化集团公司 2010—2012 年度审计工作先进集体称号，连续 3 年获石化集团公司财务决算先进单位称号，获石化集团公司统计工作先进单位、土地管理先进单位、先进工会组织、五四红旗团组织称号和全员成本目标管理工作考评化工板块一等奖；获南京市厂务公开民主管理示范单位称号；化机厂获石化集团公司先进企业称号，苯化工部苯胺装置一轮班获全国工人先锋号称号。化机厂高级技师沈宗文被评为江苏省企业首席技师，连云港碱厂高级技师田恒余发明的“纯碱碳化七字操作法”被省政府授予科学技术三等奖并被连云港市政府授予首席员工称号；沈宗文劳模技术创新工作室成立以来取得 7 项国家实用型专利成果，获江苏省机械、冶金、石化系统职工创新工作室称号；化机厂无损检测中心青工崔恒祥夺得第 11 届全国工程建设系统职业技能竞赛第 3 名；多人次获得石化集团公司、南京市技术能手称号。

(陈继宁)

【节能减排取得新进展】 2013 年，南京化工公司万元产值取水量比同期降低 2 吨，工业水重复利用率为 96.06%、比同期提高 0.66%。全年万元产值节能量超过 4 万吨标煤。动力部清江水系统优化项目获石化集团公司水务竞赛单项奖并受到表彰。

(陈继宁)

【夯实管理基础】 2013 年，南京化工公司先后实施了智能巡检、检修作业指导书、隐患排查奖励、“今天我是安全员(安全工程师)”、员工日绩效考核、“我为制度作诊断”、规范员工工作时间手机管理等举措，完成业务事项职责划分工作和2013年版内控手册修订等工作。开展了现场管理专项整治，企业环境面貌正在发生改变。

(陈继宁)

【尽心尽力为职工办实事】 2013年初确定的“8项实事”基本落实，进一步改善职工工作、生活、学习环境和福利水平。持续开展“心系职工，共享阳光”为主题的“送温暖”活动，建立三级困难职工档案，有9 010人次离退休职工、内退职工和在岗职工得到帮扶或慰问。积极向芦山地震灾区捐款累计80.18万元。设立职工服务中心，构筑了机关快捷服务职工的通道。

(陈继宁)

表1 **南京化工公司主要技术经济指标** 亿元

指标名称＼年份	2013	2012	2011	2010	2009	2008
工业总产值	84.78	91.24	93.15	76.42	56.72	56.19
工业增加值	13.27	14.77	17.09	17.13	12.18	10.76
资产总计	99.62	90.36	87.87	88.36	87.84	91.13
流动资产	21.29	22.78	20.75	22.13	18.92	19.56
固定资产原值	101.71	97.24	95.77	104.19	96.84	95.38
固定资产净值	51.93	53.11	57.47	65.24	61.96	64.74
销售收入	83.94	91.20	94.68	82.84	65.60	79.85
实现利税	-8.73	-6.13	1.23	0.22	-6.12	-1.70
税金	1.47	2.53	2.92	3.17	3.09	3.61
综合能耗/吨标煤·万元$^{-1}$	2.09	1.99	2.12①	2.29①	2.33	2.60

①按2010年不变价计算

表2 **南京化工公司主要产品产量** 万吨

产品名称＼年份	2013	2012	2011	2010	2009	2008
硫酸	37.12	47.76	53.74	58.77	46.38	34.70
浓硝酸	21.34	20.41	17.76	20.56	15.60	11.32
稀硝酸	89.19	87.93	83.67	86.67	67.64	59.27
盐酸	17.68	21.98	20.67	21.95	19.18	11.08
磷酸①	—	3.72	4.05	4.95	4.22	2.41
烧碱	8.48	9.92	8.93	8.77	7.89	5.07
纯碱	98.92	102.73	113.69	106.10	102.30	116.23
氢气	2.92	2.86	3.00	3.00	2.47	2.12
合成氨	22.73	25.34	22.50	18.72	21.69	15.44
硝酸铵	13.07	13.02	13.60	14.64	12.78	15.46
NPK复合肥	17.71	21.75	22.08	27.31	23.52	13.36
氯化苯	10.63	12.67	11.48	10.89	10.22	6.85
环己酮	5.33	6.47	6.48	6.47	4.94	3.96
苯胺	25.33	25.04	23.95	20.97	16.16	15.55
环己胺	0.42	0.46	0.78	0.83	0.58	0.31
硝基苯	37.04	35.70	33.98	27.71	22.87	22.59

续表

产品名称 \ 年份	2013	2012	2011	2010	2009	2008
对硝基氯化苯	7.75	9.35	9.05	9.39	8.77	5.73
邻硝基氯化苯	4.19	5.08	4.94	5.11	4.71	3.09
RT 培司	0.58	—	0.79	1.36	1.08	0.66
橡胶促进剂总量①	—	—	—	0.12	—	0.02
防老剂 RD	2.98	2.96	2.92	2.93	2.13	1.31
防老剂 4020	0.85	1.17	1.42	1.44	1.16	0.75
防老剂 4010NA	0.16	0.31	0.34	0.37	0.30	0.16
化工设备制造	1.82	1.96	1.59	1.38	1.68	1.48

①装置关停

广州石化

【概况】 中国石油化工股份有限公司广州分公司(简称广州分公司)和中国石化集团资产经营管理有限公司广州分公司(简称广州资产分公司)统称广州石化，位于广东省广州市黄埔区石化路，占地面积 445 万平方米，其前身为始建于 1973 年 6 月 18 日的广州石油化工总厂，1983 年 11 月划归中国石油化工总公司。

广州石化拥有炼油、化工生产主要装置 71 套，29.9 万千瓦装机容量的自备热电站以及原油码头、80 万立方米首站原油罐区及完善的长输管道。原油综合加工能力 1 320 万吨/年，乙烯生产能力 22 万吨/年。可生产石油化工产品 60 多种，主要出厂产品 46 种，其中石油产品有汽油、柴油、航空煤油、石脑油、重油、溶剂油、液化气、道路沥青、石油焦、硫黄、聚乙烯、聚丙烯、聚苯乙烯等 27 种，固体塑料产品有聚乙烯、聚丙烯、聚苯乙烯 3 个大类 19 种共 180 多个牌号。

截至 2013 年底，广州石化设有 16 个职能部室、6 个专业中心、9 个作业部及 4 家全资或控股子公司。共有在册职工 5 371 人，其中具有正高级职称的 10 人、副高级职称的 283 人、中级职称的 838 人，占在岗人数的 21.1%；专业技术人员 694 人，占在岗人数的 13.3%；大专以上学历人员占在岗人数的 48%；技能操作人员 3 446 人，占在岗人数的 66%。

广州资产分公司主要经济指标见表 1，广州分公司主要技术经济指标和主要产品产量见表 2 和表 3。

(王新忠　邓志伸)

【领导班子调整】 2013 年 7 月 31 日，石化集团公司党组对广州石化领导班子做出调整：陆建明任广州分公司党委书记，兼任广州分公司副总经理、广州资产分公司副总经理，免去其纪委书记职务，不再担任工会主席职务；田宏斌任广州分公司党委常委、副总经理；免去冯建平广州分公司党委书记、常委、委员职务，任正局级调研员。

(王新忠　邓志伸)

【完成年度生产经营任务】 2013 年，广州分公司全年采购进口原油 1 170.83 万吨，加工原油 1 171.63 万吨；共生产汽、煤、柴油三大类成品油 753 万吨，其中生产汽油 213.55 万吨(粤 IV/国 IV 93# 汽油 120.51 万吨，比上年减少 7.66%；粤 IV/国 IV 97# 汽油 42.64 万吨，比上年增长 30.02%)；生产乙烯 22.50 万吨，比上年增加 0.37%。全年炼油综合商品总量 1 151.15 万吨，比上年减少 0.52%；化工综合商品总量 75.41 万吨，比上年增加 0.21%。炼油主要产品产销率 100.09%，化工主要产品产销率 100.45%，年累计出口石油化工产品 81.72 万吨、比上年减少 25.85%。实现工业总产值 656.53 亿元，比上年减少 6.66%；实现营业收入 659 亿元，实现利税 188 亿元，上缴税金 180 亿元，赢利 7.29 亿元(其中炼油板块赢利 6.9 亿元，化工板块赢利 0.39 亿元)、超年度目标 5.46 亿元(其中炼油板块超 3.09 亿元，化工板块超 2.37 亿元)。广州资产分公司实现营业收入 5.04 亿元，利税 0.06 亿元，上缴税金 0.35 亿元，亏损 2 911 万元，实现限亏 3 000 万元年度目标。

(王新忠　邓志伸)

【降本减费工作成效显著】 2013 年，广州石化深化全员成本目标管理，全年炼油吨油费用 212.21 元，较预算下降11.39元；化工吨产品费用1 542元，较预算下降185元。优化资金管理手段，全年节约财务费用1.56亿元，节约原油购汇成本1.28亿元。大修期间修旧利废，改代利库积压物资168万元。推进科学理性采购，全年采购资金20.17亿元，节约采购资金率10.08%；从源头控制新增库存积压物资，截至12月末，库存规模(不含煤炭、化工原料)1.33亿元，较力争目标下降2 750万元。发挥审计监督作用，全年开展综合审计监督项目23项，提出管理建议78条；完成预、结算审计额3.94亿元，审计审减1 003万元，审计审减率2.55%。

(王新忠　邓志伸)

【优化创效5.22亿元】 2013年，广州石化公司优化创效工作取得显著成效，累计创效5.22亿元。①通过合理配置高、低硫和轻、重原油，增加采购性价比高的达混原油，降低原油采购成本。全年采购达混原油76.64万吨，创效1.10亿元；加工南帕斯原油7.3万吨，创效1 400余万元。全年外采蜡油6.07万吨，创效2 325万元。②优化原油计价期安排，创效2 514万美元。③加大乙烯原料优化力度，全年石脑油投料比例38.10%，同比降低38.88个百分点。④累计投用尾油12.79万吨，增效2 278万元。

(王新忠　邓志伸)

【开展“碧水蓝天”专项治理】 2013年5月，根据石化集团公司实施“碧水蓝天”专项治理的要求，广州石化全面排查存在的环保隐患，并计划投资8.7亿元实施17项“碧水蓝天”治理项目，包括蜡油催化裂化装置烟气脱硫脱硝及除尘改造、实施挥发性有机物泄漏检测与修复、热电站CFB锅炉烟气脱硫脱硝改造、新建硫黄回收系统、炼油污水深度处理等，涵盖污染物总量减排和提标改造、挥发性有机污染物检测与控制、异味治理及环境风险防控等方面。7月30日，落实投资2.8亿元，一期8个项目开始实施。截至年底，炼油污水污污分治工程高浓度系列进水开工试运行，低浓度系列打通生产流程；污水场臭气治理项目如期完成；热电站鸡啼坑灰场改造项目投入运行；动力脱硫脱硝项目开始施工，计划2014年7月投用；蜡油催化裂化脱硫脱硝项目计划2014年10月投用。

(王新忠　邓志伸)

【炼油Ⅱ系列装置进行大修改造】 2013年4月30日，广州石化投入1.8亿元对炼油Ⅱ系列26套装置进行大修改造，历时69天，共计完成大修项目9 594项，同步完成改造项目58项，实现了质量和费用控制目标，全部装置一次开车成功。此次大修装置停工中，首次采取密闭吹扫做法，并实现了火炬“零点火”目标。通过大修改造，解决一批影响安全生产、经济运行的突出问题，消除装置设备存在的缺陷、隐患问题163项，进一步打牢了设备基础。

(王新忠　邓志伸)

2013年5月17日，广州石化炼油Ⅱ系列装置大修现场　(邓志伸　摄)

【多套生产装置运行指标居石化集团公司前列】 2013年，广州石化加大技术攻关力度，提高装置运行苛刻度，关键装置实现安全稳定运行，主要技经指标稳中有升。重整(二)、焦化(三)装置在石化集团公司同类装置竞赛中获得综合排名第一，其中重整(二)装置连续运行长达1 711天，突破系统内同类装置运行纪录。重油催化裂化装置创下3项长周期运行纪录：主装置连续运行1 425天，比上一周期纪录延长42天；首次实现气压机连续运行时间与主装置达到一致；烟机连续运行1 009天，创石化集团公司催化烟机运行最长周期纪录。裂解装置高附收率61.78%，创历史最好水平，并在总部同类装置中排名第一。

(王新忠　邓志伸)

【重点工程项目有序推进】 2013年，广州石化一批节能增效项目获批并实施：20万吨/年聚丙烯装置、天然气进厂项目建成，蒸馏(三)装置电脱盐系统完成升级改造，天然气制氢、炼油三、四部低温热利用等项目正在实施，化工裂解原料优化项目裂解B炉改造可研获总部批复，混合碳四分离及利用可研上报总部，污污分治项目进入开工阶段，鸡啼坑灰场改造项目年底前完成中交，CFB锅炉脱硫脱硝、3#和4#煤粉炉脱硫脱硝、轻催脱硫脱硝除尘改造等项目按计划推进。

(王新忠　邓志伸)

2013 年 3 月 3 日，20 万吨/年聚丙烯装置中交 （邓志伸 摄）

【安全环保形势总体可控】 2013 年，广州石化持续加强安全环保管理。加强环保源头管理，建立环保预警和报警机制，石化集团公司下达的 7 项环保排放指标全部达标，二氧化硫、COD 排放量同比分别削减 38.22% 和 15.51%。设立发现隐患专项奖励基金，加强重大隐患奖励力度。节能减排取得成效，重催 CO 炉改造等项目完成投用，直供料比例达 88%、同比增加 4.8 个百分点，累计点火炬 4.16 小时、同比减少 32.74 小时，创历史最好水平。

（王新忠　邓志伸）

【优化创新实现油品质量升级】 2013 年，广州石化在油品质量升级方面实现新突破。通过优化 S－Zorb 装置原料及操作，稳定装置生产，从 9 月下旬开始，所有汽油产品硫含量控制在 10×10^{-6} 以内，达到国Ⅴ汽油质量要求；10 月开始，实现柴油质量升级达到国Ⅳ指标；11 月根据市场需求，生产 7 200 吨 98# 高标准清洁汽油。全年生产 97# 汽油 64.57 万吨，同比增加 8.5 万吨。

（王新忠　邓志伸）

【人才培养与业务竞赛】 2013 年，广州石化坚持“立足长远抓当前，强基固本练内功”的思路，做好人才队伍的培养和培训工作。强化技能操作岗位人员的基本功训练，在技能操作岗位开展“两背一画”等岗位技能培训活动，有效提升技能操作队伍的整体水平，丁玫、莫辉岸分别获石化集团公司化工分析工职业技能竞赛金牌、铜牌，雷根活、俞秋明分别获石化集团公司锅炉、汽轮机职业技能竞赛银牌和铜牌，取得历史性突破。此外，广州石化还获得第 7 届广东安全知识竞赛暨粤港澳安全知识竞赛季军，并被主办单位授予优秀组织奖。

（王新忠　邓志伸）

【获评中国石化 ERP 应用登高示范企业】 2013 年，广州石化进一步深化 ERP 应用，实施人工薪酬（HR）与财务成本管理（CO）自动过账等业务优化，生产指挥看板实现上线，提高了信息系统与生产经营、企业管理的融合度。信息化水平评价连续 4 年保持为 A 级企业，获中国石化 ERP 应用登高示范企业称号，成为系统内首家获得 IT 服务管理体系 ISO/IEC 20000 国际认证的企业。

（王新忠　邓志伸）

【建厂 40 周年纪念活动】 2013 年，广州石化以建厂 40 周年为契机，以务实、节俭为原则，开展系列纪念活动。举办“忆传统、爱企业、创一流”主题教育活动；完成展览馆修缮；评选第 2 届“企业文化之星”；举办厂史知识竞赛；编纂出版《忆传统爱企业创一流——广州石化四十年》《我与企业共成长》等一批企业文化书籍；举行“庆三八，展风采”女职工表彰暨趣味运动会、横班职工趣味运动会及全民健身运动各单项赛事；开展历史档案征集等活动，展示了广州石化独特的企业文化。

（王新忠　邓志伸）

2013 年 6 月 18 日，广州石化举行第 2 届企业文化之星颁奖典礼 （黄敏清 摄）

【党的群众路线教育实践活动取得成效】 2013 年，广州石化党委开展了党的群众路线教育实践活动。围绕形式主义、官僚主义、享乐主义和奢靡之风“四风”问题，各级领导干部带头学习、带头查找问题、带头深挖思想根源，带头落实整改。认真贯彻落实中央“八项规定”和石化集团公司党组“实施细则”，制定了广州石化改进工作作风、密切联系群众的措施，从深入基层、精简会议活动、规范出国（境）活动等 7 个方面落实要求。全年业务接待费、会议费、办公费分别下降 25.5%、46.2%、18.6%。

（王新忠　邓志伸）

【开展管网隐患排查】 为吸取“11·22”青岛东黄复线管道泄漏爆炸事件教训，广州石化成立管网及安全生产隐患排查治理领导小组，部署开展管网隐患排查治理工作。根据石化集团公司《关于开展管网隐患排查的紧急通知》，广州石化先后制定并下发《关于汲取事故教训、加强隐患排查、落实安全责任、确保安全生产的紧急通知》等5个文件，并布置落实具体工作；公司领导亲自带队组织人员对马广长输油管线，以及生产装置和罐区内部、边界以及所有管廊管线进行全面彻底的隐患排查，同时加强对管道的监测和风险评估，确保设备本质安全。积极向广州市政府相关部门汇报反馈隐患排查治理情况。通过全面系统排查，厂外管线(设施)共排查出25类305处隐患及问题，其中属企业内部整改的有13类169处，已完成11类164处整改；其余12类136处需地方协调解决的问题，已分别行文向地方安全监管局、安委会汇报，积极争取政府部门支持和帮助，协调解决厂外管线(设施)存在的隐患及问题。厂界外管线应急管理及法律法规风险识别工作初步完成。完成《广州石化厂界外管线突发事件应急预案》的编制发布和实施。

2013年12月4日，广州石化对管廊管线等进行安全专项检查 （黄敏清 摄）

（王新忠 邓志伸）

【设备可靠性得到提高】 2013年，广州石化完成炼油Ⅱ系列26套装置、9 594项检修项目的大修改造，实现全部装置一次开车成功。生产装置主要设备完好率达99.46%，乙烯产量首次达到22.5万吨。炼油加工损失率0.39%，炼油综合能耗57.76千克标油/吨，原油储运损耗0.05%，吨油取水0.47吨，吨油排水0.17吨，均创历史最好水平。

（王新忠 邓志伸）

【科技创新取得新成果】 “重油催化裂化装置烟气脱硫设施污水处理工艺”项目获石化集团公司科技进步三等奖。中国石化“十条龙”科技攻关项目“柴油超深度加氢脱硫(RTS)技术工业应用”在加氢二(B)装置投料试车成功并产出合格产品。首创尾气密闭回收技术，成功解决罐顶气回收难题。“提高HIPS产品质量技术的开发”项目通过总部鉴定，实现工业化改造和应用。申报国家专利7项，获得国家专利授权6项。开发生产了棚膜料DFDA－1808、吸塑料CJ500AH等4个塑料新产品。

（王新忠 邓志伸）

表1 **广州资产分公司主要经济指标** 亿元

指标名称 \ 年份	2013	2012	2011	2010	2009	2008
工业总产值①	0	2.45	1.53	1.46	1.34	3.11
工业增加值①	0	0.31	0.16	0.17	0.35	0.50
资产总计	5.65	5.91	5.91	6.56	6.96	7.04
流动资产	0.60	0.77	0.73	1.47	1.86	1.88
固定资产原值	6.51	6.45	5.76	6.21	6.01	5.95
固定资产净值	4.70	4.77	4.14	4.57	4.57	4.60
主营业务收入	4.91	5.77	2.62	2.21	2.06	29.20
实现利税	0.06	0.10	0.15	0.16	…	0.56
税　金	0.35	0.35	0.33	0.33	0.41	0.51

①从2013年1月起，广州资产分公司名下的唯一装置采取租赁形式给广州分公司管理和使用，广州资产分公司只购入该装置的产品。因此，无工业总产值及工业增加值

表 2　　**广州分公司主要技术经济指标**　　亿元

指标名称 \ 年份	2013	2012	2011	2010	2009	2008
原油加工量/万吨	1 171.63	1 242.76	1 201.00	1 176.72	1 120.78	1 160.63
工业总产值	656.53	703.37	649.21	535.43	413.94	525.52
工业增加值	122.94	102.61	95.97	133.00	112.59	-46.64
资产总计	194.44	169.80	209.68	163.27	163.16	139.86
流动资产	102.46	78.49	116.49	67.71	69.98	43.96
固定资产原值	204.50	196.73	191.58	185.28	177.19	164.15
固定资产净值	77.18	77.95	81.30	81.68	81.78	74.26
主营业务收入	652.52	686.80	645.06	524.41	404.31	523.62
实现利税	187.77	183.50	166.21	107.72	90.76	-40.72
税　金	180.48	192.56	183.74	165.56	75.57	12.45
综合能耗/吨标煤·万元$^{-1}$	0.46	0.43	0.43	0.74	0.80	0.74

表 3　　**广州分公司主要产品产量**　　万吨

产品名称 \ 年份	2013	2012	2011	2010	2009	2008
汽　油	213.55	225.24	201.11	217.43	192.96	155.98
煤　油	128.55	128.68	118.32	114.86	94.21	81.45
柴　油	411.15	442.12	429.29	436.99	440.80	490.04
燃料油	8.58	16.62	18.93	15.64	35.83	60.98
液化气	51.03	54.62	48.29	42.27	44.47	42.28
沥　青	52.73	50.43	39.89	47.86	30.17	12.86
石油焦	87.23	89.43	92.38	72.27	66.44	73.54
乙　烯	22.50	22.40	20.40	22.46	22.50	21.98
聚乙烯	22.21	21.22	19.33	21.50	21.82	20.65
聚丙烯	22.19	21.16	18.66	21.03	19.67	20.32
聚苯乙烯	6.35	5.83	5.56	6.20	6.12	5.42

洛阳石化

【概况】 中国石油化工股份有限公司洛阳分公司（简称洛阳分公司）和中国石化集团资产经营管理有限公司洛阳分公司（简称洛阳资产分公司）统称洛阳石化，位于洛阳市东北郊、黄河北岸的吉利区境内，是中国石化直属的特大型油、化、纤一体化石油化工企业。洛阳石化是国家第 5 个"五年计划"期间批准建设的 500 万吨/年燃料型炼油企业，于 1977 年底开工建设，1984 年部分建成投产，1993 年全面建成并通过国家竣工验收；2000 年化纤工程建成投产，形成油、化、纤一体化发展格局，逐步从单纯燃料型企业发展成为集炼油、化工、化纤于一体的综合型炼化企业。2010 年随着油品质量升级改造项目完工，洛阳石化跨入千万吨级炼厂行列。

截至 2013 年底，洛阳分公司下设 21 个职能部门、11 个直属车间和 15 个直属机构。在岗用工人数为 5 374人，其中正式职工 3 951 人，在岗 3 876 人；其他长期合同工 69 人；全日制劳务派遣用工 1 429 人。

洛阳资产分公司在岗用工 262 人，其中在岗 218 人，内部退养职工 43 人，离岗调研 1 人；其他长期合同工 14 人。在岗职工中具有高级及以上职称 245 人，具有中级职称 497 人，首席专家 1 人，专家 6 人。

截至 2013 年底，洛阳分公司生产系统主要有炼油、化工 2 个板块。其中，炼油板块拥有 800 万吨/年常减压、140 万吨/年重油催化裂化(2 套)、220 万吨/年蜡油加氢、140 万吨/年延迟焦化、80 万吨/年溶剂脱沥青、260 万吨/年柴油加氢、100 万吨/年催化柴油加氢、80 万吨/年航煤加氢、65 万吨/年气体分馏、150 万吨/年催化汽油吸附脱硫等生产装置及配套公用工程和环保设施；化工板块拥有 70 万吨/年连续催化重整、26 万吨/年芳烃抽提、24.5 万吨/年对二甲苯、32.5 万吨/年精对苯二甲酸、20 万吨/年聚酯、10 万吨/年短纤维等装置和 20 万吨/年聚丙烯生产能力。主要产品有汽油、柴油、航空煤油、化工轻油、分子筛料、溶剂油、液化气、道路沥青、工业硫黄、石油焦、聚丙烯、双向拉伸薄膜、对二甲苯、精对苯二甲酸、聚酯熔体和切片、涤纶短纤维等。

2013 年，洛阳分公司加工原料油 784.1 万吨，生产炼油商品 745.5 万吨、化工化纤商品 61.8 万吨。实现营业收入 549.8 亿元(上市部分 463.5 亿元，非上市部分 86.3 亿元)。上缴税金 68.24 亿元，同比增加 6.4%。洛阳分公司实现利润 -9.67 亿元(炼油 -7.26 亿元，化工化纤 -2.41 亿元)，洛阳资产分公司实现利润 -2 657 万元，均完成石化集团公司下达的效益指标。

洛阳石化主要技术经济指标见表 1，洛阳分公司主要产品产量见表 2。

(于 玲)

【安全生产形势总体稳定】 2013 年，洛阳分公司贯彻落实“安全高于一切、生命最为宝贵”的理念，认真执行领导干部下基层督导和定点联系制度，持续组织开展岗位责任制大检查，逐级落实安全生产责任制。加强危险源辨识和风险评价，继续执行发现隐患避免事故奖励制度，共查出各类问题 5 146 项，发现未遂事件 2 526 起，完成隐患治理项目 18 项。修订突发事件应急预案，建成启用应急指挥中心，强化应急报告工作和干部值班管理，提高突发事件应急响应能力，全年生产异常天数同比减少 37 天。吸取“11·22”事故教训，立即进行隐患排查和安全评价，12 月组织开展专项整治行动，由领导班子带队，对 16 个基层单位和 6 家多经改制企业开展自查整改，专项排查埋地管网、物料互供管线隐患及开展全面的安全大检查。

(于 玲)

【技术经济指标明显提升】 2013 年，洛阳分公司共有 1#催化、2#催化、延迟焦化、柴油加氢、蜡油加氢、1#硫黄回收 6 套装置进入石化集团公司优胜装置行列。共有 22 项指标创历史最好水平，炼油专业全面实现达标，主要技术经济指标明显提高，总体达到石化股份公司平均水平。其中，轻油收率 75.85%，高于总部达标指标 0.15 个百分点；综合商品率 95.08%，同比提高 0.24 个百分点，创历史新高；原油加工损失率降至 0.42%，步入总部先进行列；原油储运损失率 0.25%，较达标指标低 0.06 个百分点；炼油综合能耗 59.17 千克标油/吨，同比降低 0.15 个单位；万元产值能耗 0.47 吨标煤，比石化集团公司下达指标低 0.04 个单位。全年，工业废水排放量 222.6 万吨，同比减少 7.1%；COD 排放量 161.1 吨，氨氮排放量 3.1 吨，同比分别下降 47.5% 和 49.2%；二氧化硫排放量 3 452 吨，氮氧化物排放量 5 011 吨，同比分别下降 15.9% 和 2.7%；吨油耗新鲜水 0.48 吨，吨油污水排放量 0.18 吨；污水排放综合合格率、固体废物妥善处置率、环境监测计划执行率均达到 100%。

(于 玲)

【14 万吨/年聚丙烯装置开车一次成功】 2013 年 1 月 30 日，洛阳石化 14 万吨/年聚丙烯装置投剂开车，并生产出合格聚丙烯粒料产品，实现开车一次成功。该项目是洛阳石化做精做优化工的重要项目，于 2010 年 3 月获总部批复，12 月 30 日获得基础设计批复，批复总投资 5.68 亿元。

(于 玲)

【成功生产出国Ⅳ标准汽油】 2013 年 9 月 26 日，洛阳石化首罐达到国Ⅳ标准的 93#乙醇组分油分析合格，标志着首批国Ⅳ汽油生产成功。经检验，产品硫含量为 48 毫克/千克、锰含量为 0.0042 克/升，均达到国Ⅳ标准。

(于 玲)

【S-Zorb 装置开工投产一次成功】 2013 年 10 月 23 日，洛阳石化 150 万吨/年 S-Zorb 催化汽油吸附脱硫装置生产出合格低硫精制汽油，实现装置开工投产一次成功。该装置于 2013 年 8 月 31 日中交；集催化裂化、加氢裂化、连续重整等核心技术于一体，具有脱硫率高、辛烷值损失小、操作费用低的优势，其生产的低硫精制汽油，既符合国 IV 质量标准，又能满足国 V 质量升级的需求。

(于 玲)

S－Zorb 装置生产出合格低硫精制汽油

【油品质量升级改造工程获国家优质工程奖】 2013 年 12 月 27 日，在中国施工企业管理协会组织的国家优质工程奖表彰会上，洛阳石化油品质量升级改造一期工程——140 万吨/年延迟焦化装置、220 万吨/年加氢处理装置、4 万米^3（标准）/时制氢联合装置获 2012—2013 年国家优质工程奖。

（于　玲）

【获河南省 2013 年度规模效益百强企业称号】 2013 年，在河南省规模效益百强企业评选中，洛阳石化被河南省人民政府授予河南省 2013 年度规模效益百强企业称号。

（于　玲）

【党的群众路线教育实践活动扎实开展】 2013 年，洛阳分公司按照中央要求和石化集团公司党组部署，从 8 月初开始，在各级领导班子和党员干部中开展党的群众路线教育实践活动。按照“照镜子、正衣冠、洗洗澡、治治病”的总要求，坚持领导带头和开门搞活动，通过问卷调查、座谈交流、走访调研等形式，广泛征求职工群众意见和建议，及时通报活动开展情况，充分发挥示范带动作用，确保活动有序推进。坚持“规定动作”扎实到位、“自选动作”务实创新，注重结合实际，突出企业特色，高标准严要求抓好各环节工作。坚持把整风精神贯穿活动始终，自觉开展批评与自我批评，着力聚焦、集中解决党员干部“四风”方面存在的突出问题，通过活动开展促进作风转变，通过作风转变促进工作提升，使党员干部接受了一次马克思主义群众观的教育和洗礼，思想认识进一步提高，作风进一步转变，“为民务实清廉”形象进一步树立。全年累计征求意见建议 383 项，经汇总、分析、整合后共计 114 项，涉及形式主义、官僚主义、享乐主义、奢靡之风存在的问题分别为 34 项、28 项、8 项、7 项，非“四风”问题意见建议 37 项。针对问题剖析根源、制定措施，切实整改。

（于　玲）

党的群众路线教育实践活动部署动员会

【干部职工队伍建设取得新成效】 2013 年，洛阳分公司首次开展中层正职干部公开竞聘。完成三年一次的干部考核工作。大力推进“三支队伍”建设，充分利用各类培训资源，分层次、分专业加大培训力度，全年共举办各类培训班 318 期，参加培训人数达 1.3 万人次。组织专业技术人员参加石化集团公司业务竞赛，取得 1 金、1 银、3 铜的成绩，实现“零”的突破。试点推行基层班组配备大学生副班长工作，首次通过公开选拔产生 8 名大学生副班长。“精一能二”素质达标工程扎实推进，首轮达标验收工作圆满完成，主要生产岗位达标人数达到 214 人。强化技师、高级技师管理与考聘，完成 13 个工种 656 人的职业技能鉴定。

（于　玲）

【第六次党代会隆重开幕】 2013 年 2 月 21 日，中国共产党中国石油化工股份有限公司洛阳分公司第六次代表大会隆重开幕。会议客观、全面总结 7 年来洛阳石化取得的工作成就，分析企业发展面临的形势和任务，提出今后一个时期企业发展的指导思想和奋斗目标，为洛阳石化新一轮大发展指明方向。

（于　玲）

【权西京当选第 1 届“感动石化”人物】 2013 年 3 月 29 日，石化集团公司第 1 届“感动石化”人物评选结果在北京揭晓，洛阳分公司离退休办公室主任权西京当选“感动石化”人物之一。“老吾老以及人之老，他一直在用心、用力、用情地付出！灾祸到跟前，大病到床前，去世到灵前。‘权’全之心为白头，

‘京’益求精暖人心。在责任的天平上，这些老人和亲生父母没有孰重孰轻。”这是“感动石化”组委会给予权西京的颁奖词。

（于 玲）

表1 **洛阳石化主要技术经济指标** 亿元

指标名称＼年份	2013	2012	2011	2010	2009	2008
原料油加工量/万吨	784.13	804.50	657.00	757.00	709.00	545.00
工业总产值	459.20	485.41	384.08	378.31	292.70	257.33
炼　油	408.73	436.97	335.46	331.65	256.89	225.29
化　工	50.47	48.44	48.62	46.66	35.82	32.04
工业增加值	72.58	62.35	29.18	69.99	62.60	-47.39
资产总计	103.46	104.06	97.79	94.53	91.75	81.31
流动资产	50.28	49.80	43.73	43.51	32.78	19.73
固定资产原值	158.23	150.37	148.32	143.34	137.22	115.09
固定资产净值	50.11	46.52	47.00	44.65	54.39	35.54
销售收入①	549.85	573.20	468.00	447.00	337.00	311.00
实现利税	58.45	51.70	25.28	45.07	54.74	-48.91
税　金	68.24	64.10	51.68	66.40	51.79	6.29
综合能耗②/吨煤·万元$^{-1}$	0.47	0.44	0.48	0.62	0.61	0.65

①包括多经改制单位

②从2011年起，按2010年不变价格计算(2008—2010年按2005年不变价格计算)

表2 **洛阳分公司主要产品产量** 万吨

产品名称＼年份	2013	2012	2011	2010	2009	2008
90#汽油	—	—	1.68	22.18	38.65	22.10
93#汽油	123.53	134.45	112.07	105.76	85.49	80.06
97#汽油	50.72	40.89	24.53	23.86	18.14	9.63
98#汽油	12.02	8.13	0.99	—	—	—
3#喷气燃料	78.28	72.11	47.70	56.93	41.66	25.68
分子筛料	4.38	5.59	5.50	4.40	8.23	19.32
0#柴油	219.52	229.81	199.25	228.38	230.13	154.66
-10#柴油	10.23	17.96	13.45	16.53	10.07	32.03
-20#柴油	1.45	1.91	2.14	1.96	—	—
-35#柴油	—	—	1.14	—	—	—
4#燃料油	—	0.79	—	—	—	—
化工石脑油	17.63	28.34	27.81	32.24	26.76	19.00

续表

产品名称 \ 年份	2013	2012	2011	2010	2009	2008
溶剂油	—	—	0.64	2.50	3.67	0.83
商品重油	0.69	1.30	3.61	4.04	0.58	9.73
沥　青	39.54	37.81	24.61	30.24	27.94	19.15
液化气	43.22	43.89	33.84	42.01	38.81	30.29
丙　烯	13.66	15.08	13.71	13.97	14.45	9.07
丙　烷	—	0.02	0.03	0.03	0.03	0.03
硫　黄	5.03	4.39	3.06	3.22	2.49	1.51
液　氨	0.37	0.31	0.26	0.12	0.10	0.14
聚丙烯	13.85	7.55	7.35	9.14	8.26	6.61
双向拉伸薄膜	0.62	1.00	1.65	1.59	1.58	1.42
纯　苯	10.46	10.33	8.58	10.59	9.86	7.69
对二甲苯	22.32	23.44	19.85	22.70	23.69	16.38
精对苯二甲酸	29.62	30.63	30.11	32.10	31.24	22.78
聚　酯	12.91	19.72	18.45	19.90	18.30	11.36
涤纶长丝	1.81	6.78	6.41	5.92	5.91	3.78
涤纶短纤维	9.99	10.34	9.26	9.98	7.92	3.80

安庆石化

【概况】 中国石油化工股份有限公司安庆分公司(简称安庆分公司)和中国石化集团资产经营管理有限公司安庆分公司(简称安庆资产分公司)统称安庆石化，始建于1974年7月，是安徽省最大的中央直属生产企业和石化产品生产基地。截至2013年底，安庆石化拥有年综合加工能力800万吨的炼油装置、日处理煤2 000吨的壳牌粉煤气化装置，以及年产33万吨合成氨、21万吨丙烯腈、7万吨腈纶、10万吨乙苯—苯乙烯等主要生产装置70余套；同时拥有20万千瓦发电机组、吞吐能力760万吨/年的油品码头、50万吨/年的固体产品装船码头、20万吨/年的液态烃码头、80万吨/年的卸煤码头和日产24万吨的供水系统，以及全长13千米的厂内铁路专用线。

截至2013年底，安庆石化有作业部及二级单位13个、业务部及机关附属单位14个、管理部门19个；有在岗职工5 550人，其中经营管理人员665人，各类专业技术人员1 889人，高、中级职称人员占技术人员比例达65.4%，高级工以上占操作人员的比例达72.7%。

安庆石化主要技术经济指标和主要产品产量见表1和表2。

(卢　利)

【领导班子调整】 2013年4月24日，石化集团公司对安庆石化领导班子进行了调整；任命成雷为安庆石油化工总厂党委书记，王华清为安庆石油化工总厂党委副书记、纪委书记、工会主席人选；聘任成雷为安庆分公司副总经理，仍任安庆石油化工总厂副厂长。

(卢　利)

【炼化一体化项目顺利投产】 该项目总投资81.52亿元，占地98.93公顷(98.93万平方米)。其中，炼油部分为“含硫原油加工适应性改造和成品油质量升级工程”，共计99个设计单元，包括新建炼油装置10套、改造1套，配套建设热电、储运、公用工程及辅助生产系统，投资71.35亿元；化工部分为“13万吨/年丙烯腈扩能改造工程”，投资10.17亿元。项目于2010年1月18日开工建设，其中Ⅱ丙烯腈扩能改造于2013年1月31日投产成功、实现长周期满负荷运行；新建电气网架成功送电、5#机顺利并网，储运、公用工程系统、污水处理等辅助生产装置相继平稳投用；9月，炼油6套主装置集中实现安全、环保一次开车成功。

（卢　利）

炼化一体化项目中控室

【生产经营任务完成较好】 2013年，安庆石化原油加工量和成品油、丙烯腈、苯乙烯产量创历史新高；煤气化装置实现百日连运常态化，不断刷新长周期A类运行世界纪录。全年，累计加工原油550.78万吨，生产成品油351.03万吨、合成氨25.86万吨、尿素25.56万吨、丙烯腈18.07万吨、苯乙烯8.69万吨、腈纶7.13万吨，发电10.53亿千瓦·时，供热1 760.21万吉焦；实现营业收入365.39亿元、税收52.8亿元。产品出厂、质量抽检合格率保持100%。

（卢　利）

【管理提升取得明显成效】 2013年，安庆石化严格落实属地安全管理责任，深入开展“查隐患、捡黄金”活动，积极推进长输管线隐患治理，全年整改各类隐患1 500多项；生产运营总体平稳，全年无上报安全事故，顺利通过石化集团公司总部清洁生产现场审核。深化“比学赶帮超”工作，推进全员成本目标管理，完善全面风险管理体系，提高APC控制应用水平，扎实推进依法治企工作。全年原油储运损失率、合成氨综合能耗、丙烯腈耗丙烯、苯乙烯综合能耗、腈纶三单总耗、供电标煤耗等指标创历史最好水平，设备完好率、大机组故障率等指标均达到或优于总部考核指标，累计挖潜增效超过3.5亿元。停役尿素、毛条、Ⅱ常、小重整等装置，实施水务专业重组，装置结构进一步优化。公司“三基”工作连续4次被评为石化集团公司先进，化工板块在总部“比学赶帮超”进步榜上排名第一。

（卢　利）

【有效发展保持强劲势头】 2013年，安庆石化完成投资计划18.65亿元，在建重点工程、节能减排、安全隐患治理项目顺利推进，有5项研究开发技术申报国家发明专利。合资合作工作稳步推进，安庆炼化曙光丁辛醇项目完成基础工程设计审查、长周期设备订货；中安华谊新材料有限公司工商注册、土地摘牌完成。积极支持地方化工产业基地打造，以安庆石化为核心的千亿产业集群正加速形成。

（卢　利）

【中安华谊新材料有限公司首次股东会、董事会、监事会顺利召开】 2013年11月22日，中安华谊新材料有限公司合资经营合同、章程签字仪式及第一届股东会、董事会、监事会首次会议在上海华谊（集团）举行。股东代表签署了中安华谊新材料有限公司合资经营合同及章程，股东会表决通过了公司董事长、副董事长、监事会主席等职务人选，董事会聘任了中安华谊新材料有限公司的经营班子成员。

（卢　利）

2013年11月22日，中安华谊新材料有限公司合资经营合同、章程签字仪式在上海举行

【新建4万吨/年硫黄回收装置一次开车成功】 2013年8月28日，安庆石化新建4万吨/年硫黄回收装置一次开车成功，产出合格硫黄产品。该装置是安庆石化含硫原油加工适应性改造及油品质量升级工程配套的环保装置，投产后尾气二氧化硫排放浓度将低于570毫克/米^3，总硫回收率达到99.9%以上，实现环境保护和经济效益双赢。

（卢　利）

【炼油新区污水处理场WAR系统一次开车成功】 2013年10月31日，安庆石化炼油新区污水处理场核心单元WAR系统正式投料运行并一次开车成功。

该系统采用西门子湿式氧化专利技术，主要将污水池中产生的废炭泥，经加热、反应进行湿式氧化再生，恢复炭的吸附活性，换热后重新使用。

（卢　利）

【壳牌粉煤气化装置长周期运行取得突破】 安庆石化壳牌粉煤气化装置自2013年6月16日检修后一次开车成功，截至2014年3月6日，装置实现连续A类运行264天，再次创造了全球同类型装置连续运行新纪录。

（卢　利）

【按期实现产品质量升级】 2013年4月13—17日，安庆石化蜡油加氢装置完成了柴油升级试运行工作，5月10日改柴油进料生产新标准柴油，5月13日产出合格产品，完成新标准柴油内部置换、出厂衔接等工作；5月30日，安庆石化普通柴油全部按新标准组织出厂。8月31日，新建汽油吸附脱硫装置一次安全环保开车成功，产出合格产品，汽油硫含量稳定控制在50×10^{-6}以下；9月30日，汽油储罐置换结束，汽油产品全部满足国Ⅳ标准质量要求。

（卢　利）

【腈纶溶剂系统除铁工业实验及应用项目通过技术鉴定】 2013年10月17日，安庆石化腈纶溶剂系统除铁工业实验及应用项目通过石化集团公司总部组织的技术鉴定。该项目于2012年5月17日一次投料开车成功，运行结果表明，溶剂铁离子脱除率达70%以上，色度明显下降，硫氰酸钠回收率达99%以上，各项技术经济指标均优于合同规定的要求，达到了溶剂除铁、除杂的目的，提高了腈纶产品的质量，减少了固体废物排放，具有较好的经济效益和社会效益。

（卢　利）

【Ⅰ常减压、催化裂化装置蒸汽凝结水系统项目成功投用】 该项目采用国内回收工艺先进、回收效果好、污染小、安全性高的密闭式凝结水回收设备，能对凝结水管道中的闪蒸汽进行100%回收再利用。2013年1月17日，该系统成功投用，年可回收蒸汽凝结水1.6万余吨，节约蒸汽4 000余吨。

（卢　利）

【煤气化装置国产烧嘴成功投用】 2013年6月14日，由西安航天设计制造的国产一体化烧嘴点火成功，加快了壳牌煤气化装置设备国产化的进程。该烧嘴创造性地将火箭发动机的高速燃烧技术和非预混燃烧理念巧妙结合，成功将原来的点火烧嘴、开工烧嘴合二为一，结合先进的航天监测、控制技术，简化了点火操作流程，改善了进口烧嘴维护成本高、易损易耗等多项缺陷和不足。

（卢　利）

【ERP逻辑集中项目推广实施】 逻辑集中管理是中国石化总部实现ERP大集中(标准管理)的一项重要工作，可逐步提升标准化程度，提升服务器分散部署企业ERP系统的标准化程度，提高集团运行效率。作为石化集团公司第1批ERP逻辑集中推广实施单位，安庆石化于2013年6月25日启动推广工作，8月下旬正式上线投用。

（卢　利）

【获得荣誉】 安庆石化沿着“传承创新、科学发展”的思路，以“规模化上台阶、一体化求实效、清洁化显水平、精细化见特色”为主线，做强炼油，提升化工，创新管理，共建和谐，实现了价值创造能力和科学发展水平的双提升。2013年，安庆石化获得全国五一劳动奖状，是石化集团公司唯一获此奖项的直属单位；被评为全国“安康杯”竞赛优胜单位、中央企业五四红旗团委、中央企业先进集体。在石化集团公司第22届管理现代化创新成果评审会上，安庆石化“大型炼化企业‘三位一体’检查评价体系的构建与实施”获一等奖。该成果以构建“检查—评价—考核—提升”螺旋上升的管理模型为核心，采用“策划—实施—检查—评价—考核—改进”的闭环管理方法，建立了企业内部“三基”检查、岗位责任制检查和体系内审“三位一体”的检查评价体系。

（卢　利）

【党建工作持续改进加强】 2013年，安庆石化认真组织十八大及十八届三中全会精神的学习宣传，党建工作质量管理体系顺利通过外部审核。扎实开展党的群众路线教育实践活动，严格落实中央“八项规定”和石化集团公司党组“实施细则”，压缩各类会议20%、精简文件简报37%。持续推进党风廉政建设，出台加强改制企业党组织建设指导意见，健全风险防控机制，促进了区域和谐、同步发展。

（卢　利）

【队伍素质得到稳步提升】 2013年，安庆石化坚持德才兼备、以德为先的用人导向，全年调整处、科级领导人员188人次。加大人才开发与培训力度，全年举办各类岗位培训601期，1.7万余人次参加培训，为生产运营和炼化一体化项目开车提供了有力支撑。参加石化集团公司业务竞赛取得良好成绩，获得集体二等奖1个，个人金奖2个、银奖1个、铜奖1个，展示了安庆石化员工过硬的业务素质。

（卢 利）

【企业保持和谐稳定局面】 2013年，安庆石化顺利完成职代会、工代会换届和第5轮《集体合同》、第三轮《女职工权益保护专项集体合同》平等协商工作。认真办好惠及广大员工的实事，开展文明和谐示范小区创建，老旧小区综合治理项目可研已获批复，公共区域卫生保洁业务顺利移交。积极开展扶贫帮困救助、“送温暖、献爱心”活动，认真做好信访、维稳工作。推行开门办企业，组织环保新闻发布会、“两代表一委员”及新闻媒体走访活动，充分展现了高度负责任的企业形象。

（卢 利）

表1 **安庆石化主要技术经济指标** 亿元

指标名称 \ 年份	2013	2012	2011	2010	2009	2008
原油加工量/万吨	550.78	420.43	482.52	476.62	452.55	423.61
工业总产值①	358.51	277.27	311.32	262.95	208.39	212.07
炼 油	303.42	239.38	268.21	226.11	179.23	184.65
化 工	39.83	24.63	31.02	26.48	18.77	18.33
其 他	15.26	13.26	12.09	10.36	10.39	9.09
工业增加值	58.67	30.93	37.91	60.60	61.68	-23.15
资产总计	151.04	124.78	84.65	62.44	65.35	61.97
流动资产	37.13	23.27	24.42	14.26	18.47	11.88
固定资产原值	189.61	119.70	116.04	118.23	117.24	103.06
固定资产净值	116.88	51.58	53.55	34.76	57.02	44.44
营业收入	365.39	287.64	318.84	275.28	214.82	221.17
实现利税①	45.61	21.21	26.65	53.32	51.36	-19.98
税 金	52.78	34.63	44.73	49.95	47.00	3.76

①2009年、2010年数据剔除化肥资产减值因素

表2 **安庆石化主要产品产量** 万吨

产品名称 \ 年份	2013	2012	2011	2010	2009	2008
汽 油	126.88	83.05	96.32	96.97	97.49	87.69
柴 油	224.15	180.01	208.22	195.94	184.55	177.93
燃料油	4.41	6.02	7.89	12.32	16.57	13.13
原料油	40.53	38.41	42.85	40.98	30.02	29.92
液化气	43.83	31.54	34.88	34.05	33.26	30.80
石油焦	38.65	34.18	42.41	43.44	39.30	37.97
合成氨	25.86	21.43	18.12	15.82	20.34	20.10

续表

产品名称＼年份	2013	2012	2011	2010	2009	2008
尿　素①	25.56	31.61	26.57	22.80	29.82	27.62
丙烯腈	18.07	7.74	8.67	8.64	8.57	8.39
腈　纶	7.13	6.38	7.88	7.87	7.87	6.90
苯乙烯	8.69	6.22	7.22	6.67	1.72	—

①尿素装置于2013年10月11日停产

海南炼化

【概况】 中国石化海南炼油化工有限公司(简称海南炼化)位于海南省西北部洋浦半岛的洋浦经济开发区，毗邻北部湾，位于新加坡—香港—上海—大阪国际海运主航线上，拥有天然的深水良港和避风港，地理和海运条件优越，同时享受保税港区、经济特区和开发区的全部优惠政策。海南炼化占地2.5平方千米，一期投资116亿元，成立于2003年10月31日，原名海南实华炼油化工有限公司。2004年4月26日，海南炼油项目奠基开工。2006年2月28日，公司名称注册变更为现名。2008年7月1日，海南炼化通过中国石化总部组织的项目竣工验收，正式投入商业运营。

截至2013年底，海南炼化拥有原油综合加工能力1 000万吨/年，有1 000万吨/年常减压蒸馏、310万吨/年催化原料预处理、280万吨/年重油催化裂化和脱硫脱硫醇、60万吨/年气体分馏、10万吨/年甲基叔丁基醚、120万吨/年连续重整、20万吨/年异构化、120万吨/年加氢裂化、6万米^3(标准)/时制氢、248万吨/年柴油加氢精制、20万吨/年汽油选择性加氢、8万吨/年硫黄回收和溶剂再生、180吨/时酸性水汽提、20万吨/年聚丙烯、30万吨/年及70万吨/年航煤加氢、120万吨/年汽油选择性加氢脱硫、1万米^3(标准)/时氢气回收、60万吨/年对二甲苯和8万吨/年苯乙烯等21套炼油化工生产装置及相应的油品储运设施、公用工程系统，主要加工中东和非洲的进口原油，生产和销售各种规格的汽油、柴油、煤油、石脑油、苯、液化气、燃料油、聚丙烯、对二甲苯、邻二甲苯、苯乙烯等石油化工产品。海南炼化采用全加氢型加工流程工艺，汽、柴油产品全部达到欧Ⅳ标准，部分达到欧Ⅴ标准，产品主要销往海南、华南及西南等地区，部分汽油、柴油、航空煤油、车用液化气出口到港澳地区，自备的深水码头位于洋浦神头港区，共拥有包括30万吨级原油泊位、10万吨级成品油泊位在内的泊位5座，年吞吐能力2 530万吨。海南炼化还拥有总罐容110万立方米的原油和超过90万立方米成品、半成品储存能力及相应的输转设施。

截至2013年底，海南炼化共设部门17个，生产单元10个，质量检验中心1个，港作中心1个，合资公司1个；有正式员工709人。

2013年，海南炼化加工原料油742.9万吨，其中原油730.9万吨，生产各类产品688.7万吨，实现营业收入369.23亿元，工业总产值(现价)466.89亿元，利税72.92亿元，完成投资32.8亿元。

海南炼化主要技术经济指标及主要产品产量见表1和表2。

(胡　岗)

【首套国产化芳烃成套技术大型工业化应用成功】 2013年12月27日，海南炼化60万吨/年对二甲苯工程最后一套异构化单元投运，吸附分离单元大量产出99.80%的高纯度对二甲苯，一次投料试车成功。这标志着中国石化芳烃成套技术大型工业化装置应用成功，打破了国外公司在全球的长期垄断局面，中国石化成为全球第3个具有完全自主知识产权的大型化芳烃生产技术专利商。该事件入选“中国石化2013年十大新闻事件”。

(胡　岗　郑宣懿)

【圆满完成装置第2次大检修】 2013年8月6日，在连续运行43个月后，海南炼化迎来全厂第2次停工大检修。此次大检修以大换件、大检测、大换剂和装置消瓶颈、挖潜增效项目为主线，总投入9.46亿元，检修项目3 709项。检修历时2个月，做到了不出一个火苗、不伤一个人、不损一台设备，顺利完成任务。

(胡　岗)

检修现场

【安全生产实现“五连冠”】 2013年，海南炼化进一步强化安全生产意识，深入开展“我要安全”主题活动，大力推行“七想七不干”，全体员工盯住现场，稳住阵脚，克服炼油装置运行至第2个周期尾期安全隐患凸显、设备故障增多的诸多困难，夯实安稳运行基础，加强现场过程控制，加大隐患治理力度，有计划地实施检修，完善事故预防体系，持续改进HSE管理，连续5年获石化集团公司安全生产先进单位称号。

（胡　岗　郑宣懿）

【提前实现油品质量升级】 2013年，海南炼化主动协调海南省政府，积极推动成立推广使用国Ⅳ汽柴油工作领导小组，精心制定油品质量升级规划，全力推进海南省成品油质量升级工作。同时积极推进质量升级改造，加快柴油加氢装置改造和S－Zorb装置建设，分别于10月14日和11月3日顺利生产出国Ⅳ标准柴油产品和汽油。11月20日，海南省成品油完成全系统置换，汽、柴油全面达到国Ⅳ标准(部分达到国Ⅴ标准)分别比国家规定时点提前42天和1年零42天，成为全国第3个实施国Ⅳ标准柴油的省份，实现了优质优价，拓展了炼油赢利空间。据估算，此次质量升级可使海南省每年减少汽车尾气中硫排放910吨，有效降低空气中的PM2.5含量。

（胡　岗　郑宣懿）

【抗击台风“尤特”】 2013年8月14日，强台风“尤特”袭击广东和海南沿海地区。此次强台风期间，正值海南炼化大检修停工、部分装置改造安装和聚酯原料项目施工收尾的特殊时期。接到台风预警后，海南炼化立即采取措施，在台风到来之前，全面清理施工现场和生产装置高空区域，全面启动抗台应急预案，保证了检修施工期间安全环保无事故。

（胡　岗　郑宣懿）

【成功举行省内石油化工跨区域联动消防实战演习】 2013年11月7日凌晨4时，海南省石油化工跨区域联动消防灭火救援实战演习在海南炼化举行。事故模拟原油罐区10万吨(T－35103)原油罐发生爆炸燃烧，油品溢出，在地面形成大面积的流淌火。海南炼化快速启动应急预案，进行现场救护并启动现场消防设施。4时10分，海南省消防总队指挥中心接到请求增援报告后，立即跨区域调动海口、三亚、东方等18个市县的48辆消防车、250名官兵赶赴现场增援。上午10时48分，现场总指挥发起总攻命令，持续近7个小时的演习结束。81辆消防车、400余名消防官兵参加此次演习，演习按照最难最险最大的险情设定，检验了海南省消防部队、海南炼化及相关单位处置石油化工重特大火灾事故的能力，进一步提高了消防部队的战斗力和社会联动单位协同作战水平，达到了预期的效果。

（胡　岗　郑宣懿）

【100万吨/年乙烯及炼油改扩建工程项目通过国家核准】 2013年5月27日，海南炼化100万吨/年乙烯及炼油改扩建工程项目获得国家发改委批准。该项目主要建设内容为100万吨/年乙烯工程，配套将炼油能力由800万吨/年扩建到1 300万吨/年。此前，该项目的海洋功能区划、项目用海预审、土地预审、水资源论证、水土保持、海域使用论证、通航安全影响论证、地震安全性评价、社会稳定风险分析报告、环境影响报告书等关键性支撑文件已先后获批。

（胡　岗　郑宣懿）

【VPSA装置建成投产】 2013年12月5日，海南炼化新建1万米^3(标准)/时变压吸附制氢(VPSA)装置顺利投产。该装置采用变压吸附工艺回收干气中的氢气组分，有效降低燃料气管网中氢气含量，提高加热炉热效率，同时降低制氢成本。该装置的建成投产，每年可减少全厂碳排放约1.2万吨，具有良好的经济效益和社会效益。

（胡　岗　郑宣懿）

【码头改扩建及相关配套工程顺利中交】 2013年，为做好60万吨/年对二甲苯装置产品进出厂及中石化(香港)公司洋浦成品油保税库的配套工作，海南炼化积极推进码头改扩建工程，按照总部统一部署推进项目工程建设，全部项目如期中交，其中1#、6#泊位于2013年6月29日中交；2#、7#泊位于11月12日中交；8#泊位于12月23日中交，公用管廊（一期）已全部完成并投入使用。

（胡　岗）

改造后投入使用的1#原油泊位

【“走进新国企——碧水蓝天行动”记者到海南炼化采访】 2013年6月6日，包括人民日报社、新华社、中央人民广播电台、新浪网等中央与国内18家主流媒体的19名记者来海南炼化参观采访，参加由石化集团公司发起组织的“走进新国企——碧水蓝天行动”，亲身感受海南炼化的绿色低碳生产和碧海蓝天。记者们乘车参观了海南炼化绿草如茵、无异味、无油污、无烟尘、美丽壮观的生产装置区，用镜头记录下让他们赞叹不已的厂容厂貌。记者们对海南炼化的安全稳定生产、节能减排环保、履行社会责任、融入地方共促发展表示高度赞赏。

（胡　岗　郑宣懿）

【财务费用首次为负】 2013年，海南炼化在原有开展进口原油延期支付、开立原油增值税保函基础上，新拓展了境外美元贷款及金融衍生品业务，并开展通知存款业务，提高了资金使用效率，融资费率进一步降低。全年财务费用首次实现为负（-2 482万元），降本减费效果明显。

（胡　岗　郑宣懿）

【物资采购成绩显著】 2013年，海南炼化积极推进框架协议采购，强化物资储备管理及供应商管理，持续提升采购业务运行绩效，实现了及时、科学、理性采购。全年采购物资17.38亿元，节约采购资金9 893万元，年节约资金率7.79%；积压物资库存7 817万元，同比降低1 700万元，降低17.84%。

（胡　岗　郑宣懿）

【ERP应用达标】 2013年，海南炼化按照总部ERP应用登高计划（包括ERP功能优化提升、规范应用达标、业务绩效改进、应用培训）要求积极开展相关工作，ERP应用通过了总部专家组最终评审，成为首批2013年度总部ERP应用达标企业。

（胡　岗　郑宣懿）

【800万吨/年炼油项目获评全国建设项目档案管理示范工程】 2013年6月14日，国家档案局在北京召开全国建设项目档案管理示范工程经验交流会，其中海南炼化800万吨/年炼油项目获评全国建设项目档案管理示范工程。

（胡　岗　郑宣懿）

【首次开展部门科室主任公开竞聘】 2013年7月16—29日，历时14天的海南炼化首次部门科室主任竞聘工作圆满结束，此次公开竞聘包括命题演讲和专业答辩2个部分。相关部门负责人和招聘部门员工代表组成的评委进行现场打分，并当场公布排名成绩。通过公开竞聘方式，45人走上部门科室长岗位。

（胡　岗　郑宣懿）

【扎实开展党的群众路线教育实践活动】 2013年，海南炼化认真按照中央和石化集团公司党组的安排部署，把开展教育实践活动同装置大检修、60万吨/年聚酯原料项目施工收尾和投产开车等重点工作紧密结合，统筹兼顾，合理安排，扎实推进学习教育、听取意见、查摆问题、问题整改等各环节工作，做到了活动与工作两不误、两促进，把“为民务实清廉”的要求贯穿到活动的整个过程，认真查找了领导班子在“四风”方面存在的创新发展驱动力不足，工作抓落实不力，群众观念立的不牢，艰苦奋斗精神有所减弱等16个方面问题；从理想信念、宗旨意识、党性锻炼、制度建设4个方面深刻剖析了产生“四风”问题的根源；从进一步坚定理想信念，重视调查研究，深入基层解决实际问题，加大干部违纪违法查处力度，积极有效推进员工利益问题的解决等12个方面提出了整改方向和主要措施，使活动不断向党组要求的高度和员工期望的程度健康发展，取得了初步成效。

（胡　岗　郑宣懿）

【召开“双鉴”警示教育会议】 2013年9月2日，海南炼化召开“双鉴”警示教育会议，与会人员观看了石化集团公司纪检组、监察局制作的“8·27”和“3·21”腐败案件警示教育专题片，其中海南炼化是“8·27”案发单位之一，3名领导干部因违法犯罪受到查处。海南炼化党委决定，将8月27日作为反腐倡廉警示日，持续开展警示教育，进一步强化查办案件的治本功能，通过剖析典型案例，用身边的人和事教育、警示广大党员干部，进一步增强反腐倡廉建设的责任感、使命感和紧迫感，不断强化反腐倡廉建设，保障和促进打造世界一流。

（胡 岗 郑宣懿）

【召开二届二次职工(会员)代表大会暨2012年度工作会议】 2013年2月6－7日，海南炼化召开工作会议，将年度工作会、职代会“两会合一”。通过精简会议程序，压缩会议时间，直奔会议主题，将“两个会议”紧密衔接在一起，“规范、改革、节俭、热烈、高效”的新会风受到与会代表的一致好评。会议认真学习了贯彻十八大和石化集团公司2012年度工作会议精神，听取并审议了总经理的行政工作报告、工会工作报告，民主评议了选人用人工作，表彰了2012年度优秀员工、先进职工小家、合格职工小家，签订了《2013年度绩效考核责任书》和《党风廉政建设责任书》。

（胡 岗 郑宣懿）

【组织“日行万步，健康常驻”夏日环岛游健走活动】 2013年11月8日，历时100天的“海南炼化夏日环岛游健走活动”顺利落幕。此次环岛游团队健走活动是海南炼化工会与万步网合作，运用互联网技术开展的首期健步走竞赛活动，采用团队对抗形式按照“万步网”设计的虚拟千里环岛路径，在100天的时间里，将行走数据通过计步器上传至万步网进行数据统计换算为里程，形象化完成了环海南岛累计达1 052千米的竞赛里程。健走竞赛活动改变了很多参赛员工的生活习惯，丰富了员工的业余文化生活，也加深了同事们彼此之间的了解与交流。

（胡 岗 郑宣懿）

【启动员工帮助计划】 2013年7月24日，海南炼化举行员工帮助计划(EAP)启动仪式。此次员工帮助计划有3个目标：解决部分员工的心理困扰，帮助那些处在消极状态的员工恢复至常态；预防心理困扰发生的风险，不让处于常态的员工出现消极状态；提升全体员工的心理资本，帮助全体员工开发更积极、更快乐、更便于发挥自己的潜力。通过实施员工帮助计划，营造了海南炼化人文关怀的氛围和环境，搭建了“员工心理援助与心理资本提升”的平台，推进企业实现从卓越到幸福的新跨越。

（胡 岗 郑宣懿）

表1 **海南炼化主要技术经济指标** 亿元

指标名称 \ 年份	2013	2012	2011	2010	2009	2008
原油加工量/万吨	730.90	920.97	905.89	847.49	822.11	782.91
工业总产值	466.89	601.53	574.80	462.56	371.25	389.01
炼 油	449.84	580.17	550.77	443.63	354.28	367.51
化 工	17.05	21.36	24.04	18.93	16.97	21.50
工业增加值	25.35	32.76	31.95	57.52	51.13	-35.37
资产总计	164.93	139.83	118.73	130.92	109.91	114.18
流动资产	64.05	67.08	51.38	57.04	27.75	29.30
固定资产原值	140.45	97.98	97.69	94.36	94.27	94.03
固定资产净值	93.25	57.43	63.78	67.02	73.53	79.69
销售收入	369.23	539.77	540.83	413.30	326.59	377.52
实现利税	72.92	105.23	107.59	113.55	111.41	-45.66
税 金	64.91	94.21	99.56	85.13	71.37	7.93

表 2　　海南炼化主要产品产量　　万吨

产品名称＼年份	2013	2012	2011	2010	2009	2008
93#汽油①	222.90	267.52	256.77	223.07	208.47	154.54
97#汽油①	19.75	35.23	38.48	40.16	55.83	89.51
0#柴油	229.70	294.02	319.20	345.98	341.38	344.87
轻质船燃	5.31	5.10	—	—	—	—
发泡剂	1.37	1.80	—	—	—	—
石脑油	12.37	25.13	14.09	18.75	14.00	7.93
煤　油	90.57	78.03	68.06	41.13	35.43	31.06
苯	4.41	6.34	6.19	5.26	4.98	5.55
航煤组分油	—	16.01	9.44	3.45	—	—
燃料油	20.50	24.89	32.57	22.65	17.74	16.43
硫　黄	4.81	6.13	6.45	6.25	6.32	6.47
液化气	41.07	58.73	59.98	54.89	48.59	48.29
车用液化气	—	—	—	—	3.60	0.71
其他白油原料	14.27	22.17	21.77	14.00	7.68	—
聚丙烯	17.70	23.82	23.85	22.81	22.81	21.37

①93#汽油包括 92#、95#，97#汽油包括 98#

青岛炼化

【概况】 中国石化青岛炼油化工有限责任公司(简称青岛炼化)系石化股份公司、山东省国际信托有限公司、青岛国信实业有限公司按 85∶10∶5 的投资比例出资设立的特大型石油化工企业，于 2004 年 10 月 18 日注册成立。公司位于青岛经济技术开发区重化工园区，毗邻青岛港，位置优越，配套完备，交通便捷。青岛炼化是中国石化系统内单套装置规模最大、体制机制最新、用工定员最少的炼化企业之一，公司 1 000 万吨/年大炼油项目是中国批准建设的第 1 个单系列千万吨级炼油项目，总投资 125 亿元，总占地 220 公顷(220 万平方米)，于 2008 年 6 月正式投产。青岛炼化具有组织结构扁平、主业精干、人员精简的显著特点，截至 2013 年底，共设 10 个机关职能部门和 9 个生产单元，在册正式职工 661 人。

青岛炼化工艺路线采用“焦化 + CFB 锅炉 + 催化”方案，主要加工进口高硫原油，截至 2013 年底，拥有 1 000 万吨/年常减压、250 万吨/年延迟焦化、290 万吨/年催化裂化、150 万吨/年连续重整、200 万吨/年加氢裂化等 20 套生产装置和相应的公用工程及辅助设施，每年可加工进口原油 1 200 万吨，生产汽、煤、柴成品油 800 多万吨，生产聚丙烯、苯乙烯、混苯、硫黄等各类石化产品 200 多万吨，成品油全部达到国Ⅲ标准，其中柴油质量部分达到国Ⅳ、国Ⅴ标准，汽油全部达到国Ⅳ标准。

2013 年，青岛炼化加工原油 1 145.01 万吨，实现销售收入 571.13 亿元，实现利税 101.67 亿元。

青岛炼化主要经济技术指标和主要产品产量见表 1 和表 2。

(刘仕成　何继强)

【150 万吨/年催化汽油吸附脱硫项目(S－Zorb)开工建设】 2013 年 7 月 2 日，青岛炼化新建 150 万吨/年催化汽油吸附脱硫项目(S－Zorb)开工建设。该项目是按照中国石化汽油质量升级统一部署的新建项目，也是青岛炼化进一步推进企业持续有效发展的重要举措。项目基础设计批复总投资 2.66 亿元，计划 2014 年上半年建成投产。项目投产后，可生产精制汽油 148.8 万吨/年，全厂汽油质量可达到国Ⅴ标准，将进一步提升青岛炼化成品油质量等级，满足

未来汽油质量升级的要求。

（刘仕成　何继强）

【**成品油质量升级按期完成**】 2013年，青岛炼化按照国家成品油质量升级时间表要求和石化集团公司统一安排，提前统筹和准备，按计划节点完成技术改造并精心调整操作参数、优化原料配比，于4月1日实现柴油按国Ⅲ标准出厂，10月1日实现汽油按国Ⅳ标准出厂，均比国家要求提前3个月完成。

（刘仕成　何继强）

【**安全环保取得新成绩**】 2013年，青岛炼化按照“谁主管、谁负责”和“党政同责、一岗双责”的要求，修订HSE岗位责任制及相关制度流程、工作表单，HSE管理体系更加规范。创新安全教育的形式和内容，每月确定安全教育主题，提高了安全教育的深度和效果。集中利用3个月时间，全员广泛开展危害识别和风险评估工作，并针对确定的风险点制定了控制措施和应急预案，得到了国家安全生产监督管理总局检查组的肯定。强化直接作业环节安全监管，通过推行“七想七不干”、落实领导干部带班制度等手段，确保了现场作业安全始终受控。落实绿色低碳发展，积极参与石化集团公司“碧水蓝天”行动，催化烟气脱硫脱硝等环保治理项目获批复。把“厂区无异味”作为一项硬指标，持续开展微泄漏检查和治理，厂区环境质量持续进步。“11·22”东黄输油管道泄漏爆炸事故发生后，青岛炼化全力以赴配合开展现场救援，并迅速组织全员警示教育、抓好应急预案修订，成立领导小组深入开展安全问题检查整改，公司安全管理的基础进一步巩固。

（刘仕成　何继强）

【**管理信息化水平持续进步**】 2013年，青岛炼化开发投用了“经营综合分析”“投资管理”“问题管理”“班组经济核算”“检修改造管理平台”等系统，通过BPM系统实现了38支“e化”业务流程上线运行，实施了移动办公应用，管理数字化、表单信息化工作进步明显。MES、LIMS、EM系统应用继续在石化集团公司专业评比中名列前茅，APC有效投用水平稳步提升，ERP登高应用再上新台阶。信息化在服务生产经营、规范管理、提高工效等方面取得了新成效，获国家级两化深度融合示范企业称号。

（刘仕成　何继强）

【**生产经营优化措施扎实**】 2013年，青岛炼化深挖装置潜能，努力做大总量，主要装置保持了高负荷运行，加工总量创历史新高。以计划优化为龙头，强化利润导向，全年优化测算105次，召开优化碰头会27次，使生产经营策略更加贴近市场的节奏。以增产汽油、降低柴汽比为主线调整产品结构，增产适销对路、高附加值的产品，全年汽油产量达到300万吨，柴汽比同比降低0.05个单位，航煤产量同比增加64%；沥青、船舶燃料油（MGO）等产品首次出厂，取得较好的效益。抢抓市场机遇，全年外购加氢原料14.49万吨，创效4 650万元。做大来料加工业务，全年复出口产品137.7万吨。

（刘仕成　何继强）

【**降本增效工作成绩显著**】 2013年，青岛炼化深入贯彻价值管理理念，全年吨油完全费用较年初确定的考核指标低12元，吨油现金操作费在中国石化炼油企业中处于领先水平。原油采购通过抓机会油种、优化船期和库存运作等措施，回归价比中国石化均价低0.46美元/桶。严控资金占用，优化融资结构，节约财务费用2 820万元。加强税收筹划，用好税收优惠政策，降低税费2 046万元。建立班组经济核算模式，大力推进节能、节电、节水、节汽工作，化工“三剂”消耗比总部下达指标低2.72元/吨，炼油能耗降至57.14千克标油/吨，能量密度指数继续保持同行业领先水平。积极推进科学理性采购和专家采购，全年节约采购资金3 098万元。全年累计实施6类33项“双增双节”措施，实现降本增效4.59亿元。

（刘仕成　何继强）

【**工艺、设备专业管理水平持续进步**】 2013年，青岛炼化以达标工作为抓手，成立增产汽油、蜡油平衡等17个专题技术攻关小组，有效解决了催化汽油收率偏低、蜡油原料不平衡等瓶颈，为“稳运行、保效益”提供了技术支撑。强化工艺技术管理，积极开展技术创新应用，实施了常压塔顶循环回流加注缓蚀剂、催化硫转移剂等新技术应用，在提高装置运行可靠性方面取得了显著效果。设备管理形成了以制度化支撑、专业加区域化管理、标准化作业、信息化提升为特征的管理模式，腐蚀防护、设备状态监测等9个专业团队加大了管理的深度，6个区域形成了有效的横向协调，通过在线腐蚀检测、设备预防性检测和设备信息管理系统应用等手段，实现了对现场作业的规范性管理与严格审批，“四年一修”试点工作进展顺利。

（刘仕成　何继强）

【人才队伍建设稳步推进】 2013年，青岛炼化做好高层级技能操作人才培养和考核工作，全年选送4名技能操作人员参加石化集团公司技师、高级技师培训班，41人在技能鉴定中取得技师职业资格。继续强化全员培训工作，用搭建网上平台、自主编制课件、团队现场演练、导师带徒等方式，开展较为系统、实用的培训，较好地解决了工学矛盾。全年累计自主编写培训材料超过600篇，组织管理人员撰写知识经验分享文章178篇，举办各类培训活动130多场次，为职工日常学习充电提供了条件，促进了职工素质的提升。

（刘仕成　何继强）

表1　　青岛炼化主要技术经济指标　　亿元

指标名称 \ 年份	2013	2012	2011	2010	2009	2008
原油加工量/万吨	1 145.01	1 059.71	914.46	1 010.46	947.41	510.70
工业总产值	577.82	612.56	504.66	453.65	346.47	225.18
工业增加值	95.05	98.07	82.01	114.18	109.10	-47.93
资产总计	160.72	165.59	150.19	141.49	137.53	144.73
流动资产	49.78	43.11	30.96	28.52	21.61	20.57
固定资产原值	142.39	140.49	120.77	115.10	108.33	102.48
固定资产净值	96.16	104.09	93.16	95.97	96.97	98.31
销售收入	571.13	615.62	509.38	453.65	347.21	224.11
实现利税	101.67	89.10	71.17	102.75	99.70	-48.20
税　金	94.50	94.79	80.47	85.75	83.09	-1.68
综合能耗/千克标油·吨$^{-1}$	57.14	56.72	57.06	59.14	64.90	71.94

表2　　青岛炼化主要产品产量　　万吨

产品名称 \ 年份	2013	2012	2011	2010	2009	2008
汽　油	299.99	288.13	224.24	250.56	239.67	122.51
柴　油	354.16	353.95	331.59	372.22	370.24	198.64
煤　油	109.65	66.77	50.27	50.70	36.58	12.96
液化气	84.61	80.46	69.58	75.75	72.08	35.25
石脑油	24.44	11.58	13.86	17.86	11.99	12.96
重芳烃	—	—	—	—	5.32	0.78
粗三甲苯	—	12.70	9.26	8.01	—	—
5#白油油料	3.48	1.54	0	0	0.80	0.49
商品石油焦	69.88	55.09	54.72	56.75	56.79	30.00
丙　烷	—	0	0	2.33	3.56	1.60
碳　五	11.45	6.73	10.28	16.44	9.07	1.29
纯　苯	—	0.26	2.04	5.25	3.79	1.18

续表

年份 产品名称	2013	2012	2011	2010	2009	2008
混合二甲苯	33.62	32.03	23.75	26.40	24.06	5.68
MTBE	—	0.26	0.31	-1.00	0.36	0.57
硫　黄	21.77	18.41	16.52	16.73	16.00	7.99
聚丙烯	21.44	23.82	19.07	21.19	18.61	10.34

荆门石化

【概况】 中国石油化工股份有限公司荆门分公司(简称荆门分公司)和中国石化集团资产经营管理有限公司荆门分公司(简称荆门资产分公司)统称荆门石化，位于湖北省荆门市掇刀区。荆门石化前身始建于1970年，1983年划归中国石油化工总公司，1998年11月更名为中国石化集团荆门石油化工总厂(简称荆门石化总厂)，2000年3月，企业重组改制成立了荆门分公司，2007年10月，荆门石化总厂注销，设立荆门资产分公司。企业占地面积838万平方米，辖区总人口3万多人。

截至2013年底，荆门石化下设30个直属单位、17个机关处室；职工总数为4 925人，其中各类专业技术人员1 466人，技术人员中具有高级职称的217人、中级职称的935人。

截至2013年底，荆门石化原油加工综合配套能力为600万吨/年，主要加工南阳油田和江汉油田管输进厂的原油，通过沿江管线和洪荆管线管输进厂的鲁宁原油、进口原油、海洋原油；有生产装置45套，其中燃料油装置23套、润滑油装置13套、环保装置6套、化工装置3套，以及油品储运、水、电、汽、风等配套公用工程和能力为1 000吨/时的污水处理设施等；可生产燃料油、润滑油基础油、溶剂油、化工原料、石蜡、沥青、石油焦、液化气、聚丙烯9个大类100多个牌号的石油化工产品，是石化集团公司系统内加工手段比较齐全、生产灵活性较大的炼油化工企业之一。

荆门石化主要技术经济指标及主要产品产量见表1和表2。

(万益全)

【成功接手塔河炼化储运业务】 作为石化集团公司炼化板块第1家对外承揽炼油生产工作的企业，荆门分公司首批输出45人，经过一对一培训后，已全部上岗并满足生产需要，正式承揽塔河炼化西区储运系统(包括中间原料罐5台、柴油罐6台、液化气球罐4台、污油罐4台、气柜2套等)业务。此举不仅提高了输出人员的总收入，也为荆门分公司探索人力资源输出提供新的管理模式，为加快人力资源输出步伐提供了经验。

(万益全)

【票选产生首届“感动荆门石化”人物】 义务照顾智障邻居的社区居民马曹珍、立足岗位成才的“工人专家”维修班班长郭振恩、精心照顾患癌同事的计量班长史文涛、15年义务献血总量1.8万毫升的化工厂工艺运行师唐荣辉4人当选第1届“感动荆门石化”人物。

(万益全)

【连续7年获评石化集团公司安全生产先进单位】 2013年，荆门分公司认真落实HSE职责，持续开展“五反五抓”工作，加强直接作业环节管理，加大隐患排查治理力度，强化安全教育和素质提升，大力推进清洁生产，安全生产形势总体保持稳定，连续第7年获评石化集团公司安全生产先进单位，连续梅15年未发生上报石化集团公司重大人身伤亡事故，连续第4年获评湖北省安全生产红旗单位。

(万益全)

【新建3万吨/年硫黄装置成功投产】 2013年1月，投资1.28亿元的荆门石化3万吨/年硫黄装置投料试车一次成功。该装置采用国内最成熟的克拉斯硫黄回收和加氢还原尾气净化工艺技术，装置总硫回收率可达99.9%，溶剂再生总能力达到50吨/时，二氧化硫排放优于国家标准，可进一步改善周边大气质量。

(万益全)

【地企联手推进合资项目】 2013年2月，荆门市政府、荆门分公司、湖北石油荆门分公司三方就加快推动市政府与中国石化组建合资公司项目及发展建设相关问题达成共识。该项目于2012年商定，也是荆门市和中国石化合作推进资源开发的创新之举，对进一步增加地方税收，做大做强石化产业，促进荆门分公司持续发展具有重要意义。

（万益全）

【通过QMHSE管理体系外部审核】 2013年3月，三星9000认证中心和中启计量体系认证中心联合对荆门分公司QMHSE管理体系进行了为期5天的现场审核，同意推荐公司通过年度监督审核，再次认证和评审注册，换发新证。

（万益全）

【5万吨/年3#白油精密馏装置投产】 2013年3月，荆门分公司3#白油精密分馏装置改造成功并产出合格产品。该装置利用闲置的分子筛脱蜡装置抽提部分，以1#蒸馏装置的常二线抽出油经过加氢脱硫和加氢脱芳后生产的3#白油为原料，采用4塔1炉和抽真空精密分馏工艺，对3#白油进行窄馏分切割，生产出合格的D80、D100、D1103等种牌号的溶剂油高端产品，可广泛应用于许多工业领域，经济效益显著。

（万益全）

【3个基层单位（岗位）获上级工会命名表彰】 2013年，荆门石化联合四车间真空过滤岗位被中华全国总工会授予全国五一巾帼标兵岗称号，联合二车间被中国能源化学工会命名为全国能源化学系统工人先锋号，仪表车间被湖北省工会授予湖北省产业系统工人先锋号称号。

（万益全）

【180万吨/年柴油加氢装置优化节能】 2013年，荆门分公司开展180万吨/年柴油加氢装置节能降耗攻关，其中瓦斯消耗累计下降约220米^3（标准）/时、蒸汽消耗下降700千克/时、电耗下降103（千瓦·时）/时，折合装置能耗约1.3个单位，装置能耗降幅达10.6%，年降炼油成本约970万元。

（万益全）

【循环水系统节能降耗成效显著】 2013年，荆门分公司与西安理工大学开展产学研合作，采用"合同能源管理模式"对第一循环水系统进行了节能优化、安全纠偏等专项技术改造，节电31.4%。石化集团公司循环水系统优化运行现场经验交流会在荆门石化第一循环水场召开，来自系统内37家企业的水务管理人员，就炼化企业循环水系统的优化运行、管理标准进行了研究探讨。

（万益全）

【调运油品驰援芦山灾区】 2013年4月，四川芦山发生7.0级地震后，荆门分公司紧急发往灾区7 400吨柴油和2 600吨航煤，全力支援灾区救援车辆用油。

（万益全）

【10#工业白油开发成功】 2013年5月，荆门分公司成功开发出10#工业白油产品并投入市场，各项指标均符合石油化工行业标准（SH/T 0006）要求。

（万益全）

【首个"劳模创新工作室"挂牌成立】 2013年5月，荆门石化首个"劳模创新工作室"挂牌成立。工作室拥有1名全国劳模、1名石化集团公司劳模和2名企业劳模，充分发挥技师、骨干的技术优势，在职工培训、导师带徒、技术攻关及成果转化等方面进一步发挥作用，特别是在培养自控专业人才方面发挥了不可替代的作用。

（万益全）

【与盈德集团签订工业气体采购框架协议】 2013年5月，荆门分公司与盈德气体集团有限公司（简称盈德集团）签订了工业气体采购框架协议。荆门分公司油品质量升级及适应性改造项目所需氢气将从盈德集团煤制氢装置采购。

（万益全）

【180群众服务热线开通】 2013年7月，荆门石化社区开通180服务热线，配备了3部专线电话，24小时值班，承担起荆门石化社区7个自然小区供水、排水、供电、供暖系统的非公共部位维修和维护，并为社区居民提供社会保险、天然气抢修、医疗急救、防盗门维修、白蚁防治等事项的信息咨询。

（万益全）

【湖北省跨区域灭火救援演练在荆门分公司举行】 2013年7月，湖北省公安消防总队在荆门分公司原油罐区举行了跨区域灭火救援演练。演练过程按照程序启动省、市、区（县）和企业的四级应急救援预案，实地检验了湖北消防跨区域机动救援和保障能力。

（万益全）

2013 年湖北省跨区域灭火救援演练在荆门石化举行

【两 QC 小组获国优称号】 2013 年荆门分公司"7#工业白油"和"碧水蓝天"2 个 QC 小组获全国优秀 QC 小组称号。

（万益全）

【连续举办 5 期"公众开放日"活动】 2013 年 8 月 6—9 日，荆门石化举办了以"看石化如何改变我们的生活"为主题的"公众开放日"活动，主动邀请社区居民代表、市区人大代表和政协委员、媒体记者和网络意见领袖等 160 人走进生产区，零距离了解石油炼制的过程、中国石化安全环保理念、企业发展项目等，并书面征求公众对企业环保工作的意见和要求。活动达到了宣传中国石化、荆门石化，普及石油知识，营造良好社会氛围的效果，增进了政府、企业、公众三方的理解与信任，展现了中国石化、荆门石化高度负责任的企业形象。《湖北日报》《荆门日报》、人民网等多家媒体对活动进行了报道。

（万益全）

【首创立体灭火战术填补空白】 2013 年，荆门分公司利用消防竖管安装遥控消防炮，以制高点控制制高点，首创立体灭火战术，填补了国内石油化工企业消防部门在合理有效扑救高层平台火灾技术手段上的空白。

（万益全）

【油品质量升级及适应性改造项目列入国家"十二五"炼油行业发展规划(草案)】 2013 年 12 月，国家发改委根据国家能源"十二五"规划，正式批复同意荆门石化开展油品质量升级及适应性改造项目的前期准备工作。该项目将依托现有装置和公用工程系统，实施"六建、三改、一配套"改造，在不新征地、不新增人员的情况下，实现原油加工规模 1 000 万吨/年，并在清洁生产、节能减排等方面达到国家产业政策的先进水平，拟于 2017 年建成投产。与此配套的原油和成品油管线也已列入国家原油和成品油管网"十二五"规划，第一期工程(200 万吨/年渣油加氢项目)已获石化集团公司批复。

（万益全）

【10 万吨/年 MTBE 装置扩能投产】 2013 年 12 月，荆门石化 10 万吨/年 MTBE 脱硫装置开工一次成功，生产的 MTBE 硫含量仅为 5—8 微克/克，可满足国Ⅴ汽油质量升级对硫含量的要求。

（万益全）

表 1　荆门石化主要技术经济指标　亿元

指标名称＼年份	2013	2012	2011	2010	2009	2008
原油加工量/万吨	510.72	478.80	502.60	505.97	480.01	426.28
工业总产值	305.17	290.89	292.59	250.00	196.25	196.75
工业增加值	59.25	46.03	36.75	57.35	56.20	-21.09
资产总计	58.31	55.03	49.23	43.72	41.03	37.56
流动资产	17.73	17.40	15.01	19.03	13.06	16.27
固定资产原值	75.12	72.80	62.20	60.17	58.12	54.22
固定资产净值	31.72	31.60	23.84	22.72	22.70	20.83
销售收入	331.94	314.75	317.22	262.69	207.15	208.98
实现利税	50.67	39.50	29.33	52.67	51.15	-15.32
税　金	52.87	46.81	44.73	50.76	42.64	5.65

表 2　　荆门石化主要产品产量

产品名称＼年份	2013	2012	2011	2010	2009	2008
汽　油	134.40	119.66	105.41	105.29	97.93	80.18
柴　油	177.09	163.53	174.40	179.91	173.83	168.43
煤　油	25.56	28.89	26.71	25.70	23.49	15.60
重　油	1.96	3.32	3.87	1.38	0.69	4.31
石　蜡	8.48	9.65	13.08	9.84	10.45	8.56
沥　青	5.15	6.23	12.94	17.10	15.55	7.07
石油焦	34.25	34.66	37.27	36.51	35.15	35.57
聚丙烯	12.94	12.92	13.57	13.30	13.39	12.28

四川维尼纶厂

【概况】 中国石化集团四川维尼纶厂(简称四川维尼纶厂)位于重庆市长寿区境内的长寿经济技术开发区，占地5 050亩(3.37平方千米)。其前身于1973年由国家计委下达项目计划，1974年破土动工，1979年投料试生产，1983年经国家竣工验收投产，同年整体进入中国石化。主要生产装置分别从英、法、德、日等国引进。

四川维尼纶厂是国内最大的以天然气为主要原料，生产精细化工、特色化工及化纤产品的大型联合企业，是石化集团公司唯一的天然气化工企业。具有年加工天然气15.5亿立方米，年产乙炔16.75万吨、甲醇100万吨、醋酸乙烯50万吨、聚乙烯醇16万吨、醋酸乙烯—乙烯共聚乳液6万吨、液氨20万吨、维纶2万吨能力，其中醋酸乙烯产能位居中国大陆第1位、世界第2位。截至2013年底，四川维尼纶厂下设19个部门、9个车间，拥有扬子乙酰化工有限责任公司、新疆维美化工有限公司、重庆川维林德气体有限责任公司、重庆爱思开化工有限公司4家合资企业；企业资产总值88.50亿元，资产负债率58.95%；在岗职工3 476人。

四川维尼纶厂主要技术经济指标和主要产品产量见表1和表2。

（罗雪飞　尹　威）

【生产运行安全环保】 2013年，四川维尼纶厂共加工天然气9.61亿立方米(含合资企业)，同比减少25.27%，在装置负荷调整频繁的情况下，继续保持了安全稳定运行。深刻吸取“11·22”东黄复线泄漏爆炸事故教训，开展了隐患排查整改，强化了安全基础管理。完善值班带班制度，建立了总值班室。启动了“碧水蓝天”环保专项治理项目。全年外排污染物达标率100%；COD排放量606吨，同比下降16%；二氧化硫排放量2 921吨，同比下降70%；氮氧化物排放量7 730吨，同比下降10%，完成石化集团公司和国家下达的减排任务。企业连续7年获评石化集团公司安全先进单位、连续4年获评得环保先进单位。

（罗雪飞　尹　威）

【聚乙烯醇产品国内首家通过美国食品和药物管理局(FDA)认证】 2013年3月，四川维尼纶厂聚乙烯醇产品通过了美国食品和药物管理局(FDA)检测认证，获得FDA检测认证合格报告。该项认证覆盖了四川维尼纶厂全部聚乙烯醇产品，满足了美国FDA－21CFR175.105、FDA－21CFR176.170等10项法规条款要求，是国内首家，也是唯一一家聚乙烯醇产品通过此认证，标志着四川维尼纶厂聚乙烯醇产品突破了进入美国医药食品领域技术壁垒，产品可以应用于食品和药物的添加剂、包装或可能接触食品和药物的材料加工等领域，为聚乙烯醇产品进一步开拓欧美市场，特别是高端领域市场提供了有利条件。

（罗雪飞　尹　威）

【高阻隔树脂乙烯—乙烯醇(EVOH)项目取得突破】

该项目为石化集团公司2012年科技攻关项目。2013年1月，项目小试研究通过石化集团公司组织的技术评议；4月，四川维尼纶厂成立EVOH

中试项目建设领导小组及攻关组，全面启动500吨/年EVOH中试装置建设；6月，完成500吨/年EVOH中试工艺技术开发及工艺包编制；8月，通过石化集团公司审查；截至年底，完成500吨/年EVOH树脂中试装置可行性研究报告。同时，从EVOH制备方法和生产系统等方面成功申请相关专利。

（罗雪飞 尹 威）

【沙漠生态固沙剂成功应用】 四川维尼纶厂与中国科学院成都有机化学研究所，研究开发出用于沙漠生态治理的沙漠生态固沙剂。该沙漠生态固沙剂能有效帮助植物在沙漠中生根、成长，而衍生物本身无毒、溶于水。在内蒙古库布其沙漠开展的防沙固沙沙漠治理实验中，首批2 000亩(133.33万平方米)种植蓖麻，固沙效果明显，取得显著成效。

（罗雪飞 尹 威）

【3万吨/年精醋酸甲酯改造项目建成】 2013年3月28日，四川维尼纶厂3万吨/年精醋酸甲酯装置建成，4月一次开车成功，精醋酸甲酯纯度达99.98%，产品质量跃居国内第一。该项目总投资895万元，主要将聚乙烯醇装置副产的粗醋酸甲酯制成精醋酸甲酯，每吨可增值1 000元以上，每年可增效3 000万元以上，降本创效显著。

（罗雪飞 尹 威）

【1#、2#锅炉烟气脱硝工程建成投用】 2013年10月23日、12月25日，四川维尼纶厂“碧水蓝天”环保治理项目——1#、2#锅炉烟气脱硝装置分别一次开车成功。装置运行后1#、2#锅炉排放烟气中氮氧化物含量由原来的550毫克/米^3(标准)降低至60毫克/米^3(标准)左右，均达到国家最新环保排放标准。

（罗雪飞 尹 威）

【新疆维美二期项目全面建成投产】 2013年1月24日，新疆维美化工有限责任公司二期项目4万吨/年乙炔装置打通全流程产出合格乙炔，标志着该项目全面建成并一次开车成功。7月，项目顺利完成为期48小时的装置性能考核，装置实际产能、产品质量及主要机组能力均达到设计标准。该项目采用四川维尼纶厂自主研发的具有世界先进水平的万吨乙炔炉成套技术，总投资7.30亿元，主要建设内容包括4万吨/年乙炔装置、1.70万米^3/时空分装置及相关的生产配套设施，为新疆美克化工有限责任公司二期10万吨/年1，4－丁二醇(BDO)项目配套提供乙炔原料。

（罗雪飞 尹 威）

表1 四川维尼纶厂主要技术经济指标① 亿元

指标名称＼年份	2013	2012	2011	2010	2009	2008
天然气加工量/亿立方米	7.86	9.90	7.49	5.23	3.28	4.28
工业总产值②	39.31	48.72	38.70	24.91	15.68	27.38
工业增加值	3.49	6.71	2.90	6.14	5.21	12.66
资产总计	88.49	89.23	85.41	71.61	44.62	40.56
流动资产	7.42	8.45	6.60	60.08	44.96	12.32
固定资产原值	96.48	91.22	45.29	43.65	39.82	35.79
固定资产净值	61.14	60.63	18.68	19.04	16.47	13.44
营业收入	43.43	53.74	43.57	28.93	19.01	28.00
实现利税③	8.75	－3.97	4.62	1.20	1.23	6.87
税金及附加	0.75	0.32	0.28	0.69	1.12	2.36
综合能耗/吨标煤·万元$^{-1}$	3.34	3.42	4.34	4.45	4.86	4.92

①数据不含合资企业

②工业总产值数据以现价计算

③2011年实现利税为总部考核还原数据

表 2 **四川维尼纶厂主要产品产量** 万吨

产品名称＼年份	2013	2012	2011	2010	2009	2008
甲　醇	53.22	64.90	41.46	32.97	18.84	26.64
醋酸乙烯	34.44	42.12	30.15	20.11	14.39	17.54
聚乙烯醇	13.36	14.32	9.94	6.15	5.33	5.93
醋酸甲酯	13.54	11.24	1.35	0.30	0.12	0.16
醋酸乙烯—乙烯共聚乳液	5.76	5.29	5.52	5.19	4.90	5.60
维纶纤维	1.79	1.42	1.55	1.29	1.25	1.48
液　氨	1.48	14.28	15.73	11.31	1.31	1.49

九江石化

【概况】 中国石油化工股份有限公司九江分公司(简称九江分公司)和中国石化集团资产经营管理有限公司九江分公司(简称九江资产分公司)统称九江石化，地处江西省九江市东郊，占地面积 4.05 平方千米。其前身九江炼油厂于 1977 年 6 月正式开工建设，1980 年 10 月建成投产，1991 年 10 月更名为中国石化九江石油化工总厂，1998 年 10 月更名为中国石化集团九江石油化工总厂。2000 年，根据石化集团公司重组改制统一部署，原九江石油化工总厂主业部分划入石化集团公司上市部分，组建了九江分公司。2006 年，非上市部分成立了九江资产分公司。

九江分公司主营业务有炼油、化工生产经营，具有 500 万吨/年原油综合加工能力和 10 万吨/年聚丙烯生产能力。截至 2013 年底，拥有固定资产原值 80.48 亿元，在岗职工总数 2 482 人，主要生产装置有常减压、催化裂化、焦化、催化重整、连续重整、加氢精制、气体分馏、溶剂脱沥青、甲基叔丁基醚(MTBE)、芳烃抽提、苯抽提、硫黄、聚丙烯装置等；主要产品有汽油、煤油、柴油、燃料油、沥青、液化气、精丙烯、苯类、溶剂油、硫黄、焦炭、聚丙烯等 42 个品种 60 多个牌号。

九江资产分公司主要业务有供水、排水、石化社区服务(包括离退休管理、居委会)、教育培训、压力容器检测，主要生产能力：4 000 吨/时的供水系统、1 000 吨/时污水处理装置等。截至 2013 年底，拥有固定资产原值 8.16 亿元，在岗职工总数 368 人，涉及的生产、技术、安全环保、武装保卫等委托九江分公司管理。

九江分公司主要技术经济指标和主要产品产量见表 1 和表 2。

（陈文森）

【实现自九江分公司成立以来首次赢利】 2013 年，九江石化通过优化生产运行、加大重整料外采力度等措施，确保装置满负荷运行；优化重油加工方案，不断降低柴汽比，实现汽油收率不断提高；加大高价值产品增产拓销力度；充分挖掘公用系统潜力，优化公用工程运行，努力降低运行成本。全年，高价值产品收率达 83.99%，同比上升 1.5 个百分点；97#汽油销量 47.94 万吨(省外占 42%)，居沿江炼化企业首位，同比增长 124%；航煤销量 21.84 万吨(省外占 31%)；实现销售收入 328.37 亿元、税收 57.08 亿元，其中九江分公司赢利 2 154 万元，实现自 2000 年成立以来的首次历史性扭亏为盈；吨油利润排名位居沿江炼厂第 2 位、石化集团公司 10 家 500 万吨级炼厂第 2 位；按照总部测算的“吨油 EBITDA”指标进行比较，在 26 家规模以上炼厂中排名第 7 位(调整不可比因素后排名第 5 位)。

（陈文森）

【原油加工量再创历史新高】 2013 年，九江石化踩准节奏，统筹安排月度原油加工计划；合理高效组织实施 3 月装置小修及“14 + 4”节能改造项目；通力协作沉着应对高氯原油加工，将高氯原油对装置安稳运行的冲击降到最小；突出抓好三季度战高温、夺高产，确保生产不降量；抓现场管理，稳定装置运行，非计划停工时间同比下降 887 小时。全年加工原油 519.18 万吨，日均加工原油 1.43 万吨，均创历史新高。

（陈文森）

【连续第 4 年获评石化集团公司安全生产先进单位】 2013 年，九江石化继续强化“安全累进计分”等专项考核；积极开展应急演练，全年演练 135 次；开展“卓越执行、责任在我”班组安全文化建设；“地毯式”排查安全隐患，落实安全防范措施；成立隐患治理横向工作小组，加快隐患治理进度；规范工作时间手机管理；建立健全承包商违章累计积分考核机制；继续推行施工作业现场“七想七不干”要求，开展“班前600秒”安全教育和“看板管理”；启动HSE管理信息系统上线运行。全年未发生车间级及以上事故和承包商事故，公司连续第4年获评石化集团公司安全生产先进单位。

（陈文森）

【过渡期环保管理取得明显成效】 2013年，九江石化进一步加强污染物产生、处理、排放各环节监管，形成“日分析、周通报、月考核”闭环管理模式；实施油品质量升级改造工程建成投产前过渡期一揽子环保管理措施；利用信息化手段，建立环保监测信息平台，提升监管水平。全年炼油外排废水达标率为100%；工业废水排放量268.1万吨，同比减少4.2%；外排废水COD排放总量185.01吨、浓度平均值79.50毫克/升(地方政府考核指标为106毫克/升)，同比分别减少30%、19%；氨氮排放总量11.68吨、浓度平均值6.9毫克/升，同比分别减少42%、32%。

（陈文森）

【特色管理模式得到强化】 2013年2月21日，九江石化启动强化特色管理模式工作，强化卓越理念践行，推动卓越文化进班组、进科室，使卓越文化在基层落地生根。继续梳理优化管理流程，完善制度体系，提高制度执行力；传承固化管理成果，持续推进管理一体化。强化“三基”工作，完善经济责任制考核，进一步强化劳动纪律管理，继续提升基础数据的准确性，扎实推进管理科学化；优化资源配置，优化加工流程，调整产品结构，提高高价值产品销量，促进环保管理上台阶，高标准建设油品质量升级改造工程，努力打造“标杆工程”，持续提升管理精细化。整体规划、分步推进“智能工厂”建设，为管理持续提升提供有效支撑。全年制(修)订管理制度153项，专题分析近3年来一体化管理体系外审及总部QHSE大检查所查问题，消除制度缺陷及管理薄弱环节，持续改进管理；发挥考核导向激励作用，实现经济责任考核向基层延伸，“奖勤罚懒、奖优罚劣”机制初步形成；开展HSE票证台账记录、公文质量提升等多种劳动竞赛，基础管理得以强化。

（陈文森）

【煤(焦)代油改造工程顺利投产】 煤(焦)代油改造工程是九江石化800万吨/年油品质量升级改造工程的配套公用工程，主要内容为新建2台220吨/时CFB锅炉，配套1台50兆瓦汽轮发电机组，以炼油自产石油焦或煤炭为主要燃料，属热电联产项目。项目可研报告于2009年9月获得总部批复。2010年9月13日，工程开工建设。2013年4月23日，煤(焦)代油项目2#CFB锅炉和50兆瓦汽轮发电机组顺利通过168小时试运考验；6月6日，1#CFB锅炉机组顺利完成168小时满负荷试运行，并入正常生产，标志着该工程开车成功。至此，九江石化“十二五”发展“三步走路线图”第二步“上台阶”圆满收官。

（陈文森）

投产后的煤(焦)代油装置 （汪光华 摄）

【油品质量升级改造工程进入土建施工阶段】 2013年，九江石化油品质量升级改造工程有序快速推进，基础设计全部获批；长(次长)周期设备订货基本完成，通用设备、材料框架协议采购全面启动，采购金额10.46亿元；主体工程招投标全部完成；影响项目实施的土地问题全部解决；顺利完成化肥装置部分单元及2#常减压装置，“818”，1#、2#硫黄，华庐小炼油等装置拆除工作；新火炬、污水处理场改造及炼油主体装置、煤制氢装置等现场施工作业全面展开，建成并投用国内一流质量管理大楼；全年完成固定资产投资14亿元，其中油品质量升级改造项目11亿元；“三步走路线图”第三步“争一流”全面启动。

（陈文森）

【平稳完成PX项目环评公示工作】 2013年4月28日—5月14日，九江石化在《浔阳晚报》上进行了“九江石化芳烃项目第二次公示”的补充公示。公示期间，网络舆论受到热炒，并且出现一些煽动性言论等舆情危机。江西省委、省政府高度重视，召开专题会，安排九江市委、市政府适时启动应急维稳机制。市政府及时成立九江石化芳烃项目推进领导小组，掌控舆情，主动应对，积极做好解释宣传工作；根据舆情快速反应，多方联动全面应对；摸清重点对象，有的放矢面对面做好宣传解释工作，不让负面舆情发酵；加强正面宣传，在全市政府网站上大规模转载中央媒体的访谈文章，引导公众正确认识；主动面对，邀请网络活跃人员、市直机关干部、学校教师等多批人员到生产现场参观，面对面交流；组织社会公众现场参观 PX 装置，用实例教育引导公众，让民众更直观、全面、科学地认识 PX，最大程度消除民众的误解和偏见，平稳完成 PX 项目环评公示工作。

（陈文森）

【衔接“十三五”发展项目有序推进】 8 万吨/年苯乙烯项目基础设计获得总部批复；60 万吨/年芳烃项目环评报告编制完成；汽、柴油国Ⅴ质量升级的“两建两改一配套”（即 120 万吨/年加氢改质、120 万吨/年吸附脱硫，改造 2#、4# 加氢装置，配套改造公用工程和辅助系统等）方案获得中国石化总部的认同，衔接“十三五”发展项目的前期工作有序推进。

（陈文森）

【低成本实现汽柴油质量升级】 按照总部自 2013 年 5 月 1 日起国内流通的国标柴油需全部升级到国Ⅲ新标准的要求，九江石化倒排升级时间表，于 4 月 28 日完成罐区置换，柴油产品出厂质量提前 2 天全部达到国Ⅲ标准要求。同时，做到早动手、早准备，于 6 月 19 日起展开国Ⅳ汽油试生产技术攻关，针对汽油质量升级后辛烷值损失较大的情况，采取多项有效措施，确保 97#汽油产量不降反增，满足低成本升级要求。9 月 28 日，6 000 余吨硫含量、锰含量、蒸气压等指标全面达到国Ⅳ标准的首批国Ⅳ等级 97# 汽油从水路出厂发往重庆，标志着汽油产品进入国Ⅳ阶段，比总部规定的 10 月 1 日提前 2 天完成质量升级任务。

（陈文森）

【人才成长通道实质性畅通】 对首席专家和专家、首席技师和主任技师、主任师和副主任师、高级技师和技师、主管师和助理师 5 个管理办法进行第 2 次修订，增补 3 个序列人才横向流动办法，新增高职位人员通信费，提高高层级职位人员薪酬及政治待遇；制定专业技术和技能操作队伍高职位规划，制度化开展不同职位的选拔，在制度上确保人才成长通道纵向畅通、横向贯通。调整 19 个单位的 40 人到主管师职位；完成 13 个车间（作业部、运行部）的 17 名副主任师的竞聘；完成质量中心主任技师竞聘；对 2005 年以来引进的 199 名毕业生制定职业发展规划，明确培养人员，制定培养目标和需求；坚持卓越导向抓好干部管理，优化干部队伍结构，全年调整干部 98 人，其中调整同一岗位连续任职 9 年以上的干部 9 人，“三支队伍”成长通道实质性畅通。

（陈文森）

【全员培训局面基本形成】 2013 年，九江石化把培训作为“突破瓶颈上台阶”的重要抓手，深入开展领导干部及高职位人员培训；创造性开展“处室长上讲台”活动，强化专业技术人员培训；着重卓越理念引领，组织实施班组长“地毯式”培训。以重点培训为龙头，带动全员培训蓬勃展开，形成高位推动、整体联动、全员行动的大培训格局，全员培训局面基本形成。全年围绕生产经营、发展建设、企业管理、卓越文化建设，坚持以意识理念培训推动认识瓶颈的突破，以业务知识培训推动知识瓶颈的突破，以能力素养培训推动能力瓶颈的突破，举办公司级培训班 138 期、职能处室专业培训班 70 期，基层单位自办班 191 期；员工参与岗位培训和继续教育共 20 435人次，其中经营管理人员 2 619 人次，专业技术人员 5 422 人次，技能操作人员 10 820 人次，劳务派遣工 1 574 人次，参加培训人次同比增加 41%；全年送外培训 369 人次，培训来自系统内外单位人员 170 余人。

（陈文森）

【卓越理念体系初步形成】 推出《九江石化卓越理念体系手册》并组织全员宣贯；开展卓越文化进班组、进科室活动并取得实效；编写了《态度胜于能力——2013 年卓越实践》《忆传统 · 爱企业 · 创一流——2013 年感悟卓越文集》《突破瓶颈上台阶——九江石化人 2013 年卓越文化故事》系列丛书；举办“爱企业 · 创一流——2013 年九江石化人卓越风采报告会”“九江石化卓越理念电脑屏保（Flash）设计比赛”和“卓越文化建设成果展示赛”活动，传递卓越理念，转化为践行卓越的自觉行动，逐步形成卓越文化深度自觉。

（陈文森）

【党的群众路线教育实践活动成效显著】 制定党的群众路线教育实践活动实施方案，并于 8 月 7 日组织召开党的群众路线教育实践活动动员会；组织以“四覆盖”方式开展“建设人民满意企业”专题讨论；开展好学习收看“党的群众路线教育实践活动”专题网页和专栏活动，让基层党员多途径获取活动信息，提升活动效果；加强宣传引导，编发活动简报15期；组织各直属党组织高质量开好专题民主生活会，并做好评分、评价和督导工作；加强与总部督导组对接，组织做好公司领导班子专题民主生活会相关工作，确保公司领导班子民主生活会质量；组织开展“回头看”工作，活动中公司共为群众解决实际问题近90项。

（陈文森）

【办好事做实事造福员工】 2013年3月24日，完成“水岸莲华”商品房团购选房公开摇号；4月25日—5月18日，用时21天，完成“水岸莲华”商品房选房工作。秉承造福员工宗旨，建成投用石化大厦东侧停车场、原5路公交车站改建停车场、第二综合训练馆等项目；实施完成社区部分道路和停车位改造、消防水系统安全隐患治理、西生活区治理、纬零路修复等项目；全部完成生活区住宅“平改坡”；更新了3辆上下班通勤车；实现有线电视网络移交和数字化升级；继续抓好员工工作餐管理，提高满意度；滨江东路石化段货车改道绕行方案被列入2014年市政计划，解决扰民问题；开展领导结对帮扶、金秋助学等活动；建立帮扶服务站，全年帮扶困难职工1 258人次，发放困难补助金96.2万元。

（陈文森）

表1　　九江分公司主要技术经济指标　　亿元

指标名称＼年份	2013	2012	2011	2010	2009	2008
原油加工量①/万吨	519.18	507.64	437.12	473.19	453.54	431.21
工业总产值	321.53	311.18	249.56	233.08	183.60	196.66
炼　油	304.64	301.88	237.72	217.07	170.66	175.96
化　工	16.99	9.30	11.84	11.79	8.99	16.58
化　肥	—	—	—	4.21	7.74	7.95
工业增加值	63.76	46.47	28.92	43.90	50.31	-25.03
资产总计	68.67	61.92	53.75	38.68	39.09	40.99
流动资产	20.79	18.53	16.97	12.15	11.12	9.94
固定资产原值	80.48	83.98	68.16	67.21	67.29	64.19
固定资产净值	34.87	31.09	17.23	18.44	22.90	26.17
销售收入	327.85	319.48	254.07	234.37	182.95	196.18
实现利税	56.53	40.59	23.92	38.50	45.93	-17.30
税　金	56.35	51.34	42.27	46.89	46.61	6.70
综合能耗/吨标煤·万元$^{-1}$	0.31	0.28	0.29	0.60	0.77	0.88

①2008—2013年原油加工量含原料油分别为22.06万吨、3.46万吨、4.75万吨、5.27万吨、11.46万吨、16.36万吨

表2　　九江分公司主要产品产量　　万吨

产品名称＼年份	2013	2012	2011	2010	2009	2008
97#汽油	48.28	21.70	8.53	6.35	3.62	4.97
93#汽油	111.05	108.90	92.28	92.58	83.44	71.18
90#汽油	—	—	—	9.14	9.50	10.27
柴　油	204.73	229.00	193.88	190.85	187.47	182.85
煤　油	21.93	3.24	—	—	—	0.07
3#航煤	21.93	3.24	—	—	—	—
燃料油	5.38	4.29	7.70	20.89	22.07	18.50

续表

产品名称＼年份	2013	2012	2011	2010	2009	2008
溶剂油	—	0.18	0.94	1.80	1.47	0.96
烷基苯料	—	—	—	—	0.18	1.20
液化气	31.45	26.18	21.27	24.27	22.75	25.12
沥　青	14.28	18.44	14.74	28.65	21.64	18.40
聚丙烯	11.16	9.80	8.51	9.69	10.32	11.33
苯　类	7.99	4.03	3.46	3.97	4.51	5.55
硫　黄	2.67	2.21	1.71	1.84	1.99	2.05
尿　素	—	—	—	24.05	46.68	46.00
石油焦	31.43	33.21	32.22	31.17	30.78	28.72

湖北化肥

【概况】 中国石油化工股份有限公司湖北化肥分公司（简称湖北化肥分公司）暨中国石化集团资产经营管理有限公司宜昌分公司（简称宜昌资产分公司）统称湖北化肥，前身为湖北省化肥厂，1983年7月1日整体并入中国石油化工总公司。湖北化肥位于湖北省枝江市，占地面积160万平方米。其合成氨、尿素生产装置是国家20世纪70年代引进的13套大型化肥装置之一，于1974年10月开工建设，1980年1月投产。湖北化肥拥有23千米专用铁路（与焦柳线接轨）和工业编组站、3台总蒸发量为700吨/高压燃煤锅炉、总装机容量5万千瓦（2×2.5万千瓦）发电机组、煤气化装置、合成氨装置、尿素装置以及2013年底建成的20万吨/年合成气制乙二醇工业示范装置等。截至2013年底，湖北化肥拥有30万吨/年合成氨、52万吨/年尿素、20万吨/年合成气制乙二醇的生产能力；下设18个部门和15个直属单位，共有在岗职工1 363人，其中各类专业技术人员246人，具有高级职称的45人。

湖北化肥主要技术经济指标和主要产品产量见表1和表2。

（刘　焱）

【20万吨/年合成气制乙二醇工业示范装置建成】 2013年11月28日，湖北化肥20万吨/年合成气制乙二醇工业示范装置完成最后一个中交单元，进入联动试车阶段。新装置拟利用现有粉煤气化装置富余的合成气，采用中国石化自主开发的合成气制乙二醇技术生产乙二醇，是中国石化“十条龙”科技攻关项目和2012年重点建设工程，总投资为19.87亿元。

（刘　焱）

【强化“三要素”安全监管】 2013年5月，为规范吊装作业安全行为，避免事故发生，湖北化肥强化乙二醇项目吊装作业人、物、措施“三要素”安全监管，为项目稳步推进奠定安全基础。①在严格施工人员资质审查的前提下，通过观看《承包商事故案例》PPT、讲解吊装作业安全措施和规定、制作大量事故案例和吊装图片辨别讲解的形式，对吊装作业人员开展专项安全培训，并进行考试巩固学习效果，不合格人员进行补考，补考后仍不合格的人员则被清退，确保施工人员安全素质。②严把施工器具完好关。湖北化肥对11个施工队钢丝绳、吊带、安全带等吊装施工器具进行拉网式检查，对磨损、老化、实验不合格的器具没收后销毁，杜绝流入施工现场，把隐患消灭在萌芽状态。③安全防护措施到位。湖北化肥督促施工方“三不开工”，即HSE管理不到位不开工、安全准备不充分不开工、防护措施不完备不开工；确保现场“三到位”，即施工方对吊装作业人员安全交底到位、措施到位、执行到位，筑起吊装作业安全“防火墙”。

（刘　焱）

【推进3项重点管理工作】 2013年，湖北化肥推进3项重点管理工作：①开展“比学赶帮超”工作。成立“学镇海炼化、促管理提升”领导小组，制定成本费用确保、提升和奋斗目标，层层分解，每月按板块对各单位进行评分公示。通过对标、追标和创标，在总部化工板块“比学赶帮超”竞赛中，获得14面红旗，26颗红星。②推进改善经营管理建议与合理化建议活动。全年共收到建议392条，奖励优秀建议92条。③推进制度标准化建设。开展“学习制度，遵守制度”应知应会练习和知识竞赛，对照制度梳理出164个管理流程，初步建立了企业流程管理框架体系。

（刘　焱）

【消除煤气化装置瓶颈】 2013年，湖北化肥针对煤气化装置存在的瓶颈问题，成立攻关小组。对工艺、设备、仪表和原料方面的108项问题，按照“七步法”进行攻关，解决了S1501压差高、煤线运行不稳、空压机夏季打气量不足等86项问题，夯实安全生产基础。

（刘　焱）

【效能监察增收益】 2013年，湖北化肥在效能监察工作中，实施乙二醇项目建设、中央“八项规定”贯彻落实情况、物资采购和储备管理、煤炭管理、物资仓库搬迁5项效能监察，建立和修订制度6项，提出监察建议38条，下达监察建议书7份，避免经济损失689.91万元，增加经济收益244.13万元，节约资金1.58亿元。

（刘　焱）

【审计监督增收节支】 2013年，湖北化肥发挥审计监督作用，在进行环保设施建设及运行情况审计中，推动落实资源综合利用税收优惠政策，促进环保设施建设进度和运行效率；开展修理费和工程管理审计，找准修理费和工程管理的着力点。全年完成审计项目6项，促进增收节支899万元。

（刘　焱）

【煤代油改造工程获国家环评验收】 2013年3月6日，湖北化肥收到国家环境保护部正式批文，煤代油改造工程环境保护验收工作全部完成。

（刘　焱）

【粉煤气化—低水气比耐硫变换新工艺项目通过验收】 2013年4月，湖北化肥粉煤气化—低水气比耐硫变换新工艺项目通过验收。项目总投资近3 000万元，是国家低碳技术创新及产业化示范工程。项目从设计、施工、运行均达到国家低碳节能的环保要求。

（刘　焱）

【技师创新工作室获荣誉称号】 2013年4月27日，湖北化肥维修中心“汪斌创新工作室”获全国能源化学工会全国委员会授予的全国能源化学系统劳模创新工作室称号。

（刘　焱）

【开展“开门办企业、开放办企业”活动】 2013年12月6日，湖北化肥以“开门办企业、开放办企业”的方式，邀请当地人大代表、政协委员到企业巡视，深入生产现场，了解企业重视产品质量和为民服务，打造绿色环保企业的做法。枝江市人大代表、政协委员一行参观了污水处理站、烟气脱硫装置、乙二醇项目现场和水厂，对湖北化肥“绿色环保，文明共建”的做法给予肯定，表示将进一步宣传企业，支持湖北化肥做大做强。

（刘　焱）

表1　　湖北化肥主要技术经济指标　　亿元

指标名称＼年份	2013	2012	2011	2010	2009	2008
工业总产值						
湖北化肥分公司	9.04	10.56	8.36	6.09	5.59	4.90
宜昌资产分公司	3.20	3.21	3.18	1.57	3.59	2.11
工业增加值						
湖北化肥分公司	-0.85	-1.01	-1.11	-1.54	-2.90	-1.29
宜昌资产分公司	0.29	0.65	0.20	-0.09	0.98	-0.01
资产总计						
湖北化肥分公司	25.42	9.24	6.68	6.59	9.56	17.49

续表

年份 指标名称	2013	2012	2011	2010	2009	2008
宜昌资产分公司	5.43	5.44	5.52	5.92	6.15	6.31
流动资产						
湖北化肥分公司	3.29	2.49	1.35	1.36	1.11	1.76
宜昌资产分公司	0.44	0.55	0.29	0.46	0.33	0.47
固定资产原值						
湖北化肥分公司	31.64	31.31	30.81	30.30	30.15	30.37
宜昌资产分公司	8.65	8.21	8.05	7.80	7.87	7.60
固定资产净值						
湖北化肥分公司	2.00	1.87	1.42	0.92	4.34	13.98
宜昌资产分公司	4.72	4.74	5.02	5.30	5.70	5.76
销售收入						
湖北化肥分公司	10.40	10.47	8.07	7.50	7.14	5.12
宜昌资产分公司	3.70	3.39	3.72	1.82	4.01	2.51
实现利税						
湖北化肥分公司	-2.66	-2.53	-2.84	-7.20	-11.48	-4.07
宜昌资产分公司	-0.65	-0.39	-0.64	-0.83	0.07	-0.81
税　金						
湖北化肥分公司	0.06	0.05	…	…	…	0.01
宜昌资产分公司	0.06	0.07	0.06	0.11	0.13	0.46
综合能耗/吨标煤·万元$^{-1}$						
湖北化肥分公司	7.00	6.83	7.41	7.86	9.04	10.99
宜昌资产分公司	1.94	1.99	2.01	3.18	3.06	3.28

表2 **湖北化肥主要产品产量** 万吨

年份 产品名称	2013	2012	2011	2010	2009	2008
湖北化肥分公司						
合成氨	28.44	28.68	22.28	21.74	18.58	14.79
尿　素	41.67	44.26	32.63	30.64	31.74	21.29
宜昌资产分公司						
蒸　汽	238.97	211.22	236.90	134.98	242.99	177.92
电/亿千瓦·时	1.31	1.27	1.58	1.09	1.16	0.85

石家庄炼化

【概况】 中国石油化工股份有限公司石家庄炼化分公司(简称石家庄炼化分公司)和中国石化集团资产经营管理有限公司石家庄分公司(简称石家庄资产分公司)统称石家庄炼化，位于河北省石家庄市东南25千米处。其前身为石家庄炼油厂，始建于1978年，1983年建成投产，同年7月1日划归中国石油化工总公司。1997年采用局部改制方式募集发起设立石家庄炼油化工股份有限公司，上市筹集资金投入到当年河北省人民政府与中国石油化工总公司合资设立的石家庄化纤有限责任公司(简称石家庄化纤公司)，共同建设石家庄5万吨/年己内酰胺工程。石家庄化纤公司股权几经变更，2009年3月转换成为石化股份公司的分公司。根据石化集团公司改革重组的统一部署，2006年注销石家庄炼油厂，注册成立石家庄资产分公司，2007年注册成立石家庄炼化分公司。2009年5月，根据“一企一制”的整体要求，石家庄化纤公司整体、石家庄资产分公司部分资产和人员被整合并入石家庄炼化分公司。

截至2013年底，石家庄炼化共设生产调度部、计划部、安环部、机械动力部等职能部门16个，总务部、物资供应中心、营销中心等直属机构8个，炼油作业一部、化工作业部等二级单位6个；共有职工2 843人，其中具有高级职称的194人、中级职称的402人。

石家庄炼化分公司炼油部分主要包括500万吨/年常减压装置、200万吨/年催化裂化装置、80万吨/年延迟焦化装置等20余套炼油生产装置，化工部分主要包括16万吨/年己内酰胺成套装置和2.5万吨/年锦纶装置；主要产品有汽油、柴油、航空煤油、己内酰胺、聚酰胺切片、硫酸铵、液化气、聚丙烯等30多个品种、牌号。

石家庄炼化分公司主要技术经济指标和主要产品产量见表1和表2。

(马立亚)

【800万吨/年油品质量升级及原油劣质化改造项目基本建成】 2013年，石家庄炼化800万吨/年油品质量升级及原油劣质化改造项目共完成建设投资30.35亿元，新区各装置工艺管线主体施工收尾基本完成，各装置仪表联校全面开始，所有主装置、全厂工艺及热力管网等配套工程全面进入“三查四定”整改阶段；老区全厂工艺及热力管网累计完成96%，中心控制室电信工程、仪表电缆敷设、污水处理厂预处理框架主体施工及配电间、管廊、机泵基础施工全面完成。

(马立亚)

【己内酰胺质量升级项目主体工程建成】 石家庄炼化己内酰胺质量升级项目主要包括双氧水单元纯化工序改造、环己酮氨肟化装置改造、新增重排及硫铵结晶单元、硫铵包装单元、己内酰胺精制装置及配套内容，总投资2.8亿元。2013年完成建设投资1.7亿元，其中土建完成95%，设备安装基本完成，管道施工全面展开。

(马立亚)

【启动“碧水蓝天”环保治理项目】 2013年，按照中国石化“碧水蓝天”环保专项行动的工作部署，石家庄炼化启动燃煤锅炉烟气脱硫脱硝除尘升级改造、催化裂化装置烟气增加脱硫除尘设施以及挥发性有机气体的泄漏与修复等14个环保治理项目的实施工作，计划总投资5.8亿元。

(马立亚)

【“比学赶帮超”工作取得新成绩】 2013年，在石化集团公司总部“比学赶帮超”考评中，石家庄炼化炼油部分共获红旗15面、红星25颗，化工部分共获红旗14面、红星25颗；高价值产品收率、吨产品平均价格、工业水重复利用率3项指进入炼油企业前10位；化工部分坚持以效益为中心，及时测算边际效益，积极调整新、老装置负荷配比，全年己内酰胺同比增产1.4万吨，物耗、能耗指标创历史最佳。

(马立亚)

【炼油装置顺利完成“四年一修”】 2013年5—6月，石家庄炼化顺利完成炼油装置“四年一修”，其中实施技措43项、设备更新14项、800万吨/年油品质量升级项目甩碰头74处。停工过程做到了“油不落地、汽不上天”，基本实现绿色停工、安全检修、文明检修，检修后实现一次开车成功。

(马立亚)

【产品质量按期实现升级】 2013年，石家庄炼化100万吨/年柴油加氢装置改用新型催化剂，7月1日产出柴油达到国Ⅲ标准；6月中旬，通过对260万吨/年柴油液相循环加氢装置标定，成功探索出满足国Ⅳ、国Ⅴ标准柴油的操作条件。为满足国家对汽油产品质量新标准的要求，32万吨/年汽油加氢装置更换新型催化剂，10月1日前出厂汽油质量达到国

Ⅳ车用汽油标准。

（马立亚）

汽油产品达到国Ⅳ车用汽油标准 （石炼宣 摄）

【用工改革进一步深化】 按石化集团公司严格控制用工总量、盘活人力资源的总要求，石家庄炼化充分利用齐鲁石化渣油加氢的雄厚技术优势，通过装置代运行的模式与兄弟企业开展系统内合作，将新建渣油加氢装置的运行交由齐鲁石化承揽，探索了人力资源配置的新模式。

（马立亚）

【科技进步取得新成果】 2013 年，石家庄炼化开展科技开发和技术攻关项目共 35 项，完成开发项目 14 项、技术攻关 11 项，申请国家专利 7 项，获中国石化技术进步二等奖、三等奖各 1 项。承担 3 项总部“十条龙”攻关项目均取得良好成果，其中柴油液相循环加氢技术和生物质车用柴油生产技术工业应用具备出龙条件；企业自主开发的甲苯氧化尾气回收、炼厂烟气用于产油微藻的规模化养殖、浆态床双氧水生产技术开发等项目也取得较好进展。同时深入开展群众性技术创新创效活动，全年共收集职工改善经营管理建议 2 660 项，其中立项 1 484 项。QC 活动共完成课题 107 项，获国家级成果 3 项、河北省级成果 4 项，其中电仪作业部质量流量计 QC 小组获全国优秀质量管理小组称号。

（马立亚）

【六西格玛项目一期顺利完成并通过验收】 2013 年，石家庄炼化顺利完成六西格玛项目一期并通过总部验收，一期共有 4 个大课题、14 个绿带项目，实施后可增效 4 648 万元/年；同时启动了六西格玛项目二期，二期共有 28 个绿带项目。

（马立亚）

【信息化建设水平进一步提升】 2013 年，石家庄炼化实施了化工产品电子（IC 卡）提货、检维修项目费用管理、办公用品网上采购等多个信息系统；大力推行无纸化办公，实施表单审批系统，全年共完成网上各类表单 79 项，有效提高了工作效率、降低了办公费用。

（马立亚）

【开展“开门办企业、开放办企业”活动】 2013 年，石家庄炼化先后组织企业周边居民、职工家属、地方媒体代表和社会监督员来企业进行参观、考察和座谈，诚挚接受社会各界的监督，加深了相互了解，增强了互信，推动了“人民满意，高度受尊敬，高度负责任”一流企业建设。

（马立亚）

首届社会监督员聘任仪式 （石炼宣 摄）

【扎实开展党的群众路线教育实践活动】 2013 年，石家庄炼化按照党的群众路线教育实践活动的总体部署，采取学习教育、听取意见的方式，认真查摆各级班子和干部自身存在的“四风”问题，共查摆各类问题 65 项，并有针对性地制定整改措施，立行立改 26 项，剩余问题班子制定了整改方案和专项治理措施，使广大职工切实感受到了干部作风的转变，取得良好效果。认真落实中央“八项规定”精神和石化集团公司党组制定的“实施细则”，有序开展了清理会员卡等专项整治行动，公司的招待费、办公费实现了大幅下降，得到了石化集团公司总部第七督导组的肯定。

（马立亚）

表1 **石家庄炼化分公司主要技术经济指标** 亿元

指标名称＼年份	2013	2012	2011	2010	2009	2008
原油加工量/万吨	291.40	417.69	412.18	420.09	355.46	381.97
工业总产值	191.83	272.87	266.25	229.57	188.24①	180.38
工业增加值	25.18	30.80	37.32	50.11	33.59	-29.99
资产总计	126.52	107.21	86.77	70.78	60.69	32.00
流动资产	34.35	49.54	43.01	28.85	22.92	15.27
固定资产原值	84.45	84.52	85.58	83.71	81.98	29.85
固定资产净值	23.56	25.78	24.83	23.94	24.58	13.07
销售收入	194.49	275.09	267.86	231.48	158.31	184.54
实现利税	16.69	23.09	30.87	46.85	24.90	-23.30
税　金	24.82	36.63	40.96	42.19	29.07	4.82
综合能耗②/吨标煤·万元$^{-1}$	0.43	0.38	0.38	0.52	0.50	0.52

①包括石家庄化纤公司数据

②2011年后为2010年不变价，2008—2010年为2005年不变价

表2 **石家庄炼化分公司主要产品产量** 万吨

产品名称＼年份	2013	2012	2011	2010	2009	2008
汽　油	58.02	89.99	87.04	88.64	78.75	78.59
煤　油	13.72	0.32	—	4.31	7.05	12.10
柴　油	123.10	196.21	186.43	187.09	159.77	171.69
燃料油	2.33	5.81	6.15	6.87	3.31	5.74
液化气	16.64	21.85	22.11	20.95	19.63	19.86
硫　黄	1.82	2.21	2.25	1.87	1.43	1.42
精丙烯	9.09	9.46	9.63	9.69	8.47	8.65
聚丙烯	3.41	4.95	4.95	4.74	4.23	4.44
石油焦	18.02	21.75	25.71	26.50	23.48	22.42
己内酰胺	11.24	9.84	10.86	10.50	4.82	5.63
硫　铵	27.91	25.29	27.83	27.40	18.23	21.35
苯甲醛	0.58	0.53	0.59	0.57	0.33	0.40
切　片	2.20	1.96	2.23	2.14	1.47	1.78

济南炼化

【概况】 中国石油化工股份有限公司济南分公司（简称济南分公司）和中国石化集团资产经营管理有限公司济南分公司（简称济南资产分公司）统称济南炼化，其前身始建于1971年，1975年投产，1983年划归中国石油化工总公司，1998年留转至石油化工集团公司，2000年根据重组改制方案，企业进行主辅分离，主业进入石化股份公司，成为济南分公司；辅业部

分于 2006 年 11 月经过体制转换，成为济南资产分公司。

济南炼化位于山东省济南市历下区，占地面积 2.4 平方千米，距市中心 11 千米，地处胜利、中原两大油田之间，自备铁路与胶济线相连，厂区南北有济王路、309 国道和济青高速公路，距济南遥墙国际机场 15 千米，地理位置优越，交通运输四通八达。

截至 2013 年底，济南炼化固定资产原值 70.32 亿元，具备 600 万吨/年原油综合加工配套能力，拥有常减压蒸馏、重油催化裂化、延迟焦化、汽油催化重整、柴油加氢精制、丙烷脱沥青、糠醛精制、酮苯脱蜡、白土补充精制、气体分馏、甲基叔丁基醚、聚丙烯等 30 余套主要生产装置，可生产汽油、煤油、柴油、液化气、石油焦、聚丙烯、硫黄、润滑油基础油等 50 余种产品，产品出厂合格率始终保持 100%。济南分公司职工人数为 1 899 人，其中各类专业技术人员 531 人，具有高级职称的 201 人，中级职称的 290 人；济南资产分公司职工人数为 125 人，其中各类专业技术人员 41 人，具有高级职称的 8 人，中级职称的 19 人。

济南分公司主要技术经济指标和主要产品产量见表 1 和表 2。

（邓顺平）

【60 万吨/年逆流移动床连续重整装置建成投产】 该项目自 2012 年 8 月 6 日开工建设；2013 年 7 月 27 日建成中交，10 月 20 日实现全流程一次开车成功，进入调整优化阶段。建设过程实现了安全“零事故”、质量“零缺陷”、优质高效文明的目标。项目建成投产后，能够大幅提升高标号汽油生产比例，增加氢气资源，有效消除石脑油加工能力不足的生产瓶颈，进一步提升企业创效能力；能为中国石化逆流移动床连续重整技术的工业应用奠定基础、积累经验，发挥积极的示范作用。

（邓顺平）

【全厂大检修顺利完成】 2013 年 3 月 4 日，济南炼化全厂停工大检修拉开帷幕。本次检修从 3 月 4 日常减压装置切断进料停工开始，到 5 月 15 日 140 万吨/年催化裂化装置喷油开工结束，历时 73 天，范围涉及 14 个车间、32 套装置、共计 1 800 余项检修项目。检修工作实现了安全“零事故”和“一次停好修好开好”的目标，为下一个“四年一修”的长周期运行奠定了基础。在石化集团公司组织的工程质量大检查中，取得了设备安装、焊接质量抽检合格率 2 个 100% 的成绩。

（邓顺平）

【140 万吨/年催化裂化烟气脱硫项目开工建设】 该项目是中国石化科技攻关“十条龙”项目，也是济南炼化推进绿色低碳战略的重要举措。项目采用可再生湿法烟气脱硫（RASOC）技术，包含脱硫单元、胺液再生单元和系统配套部分等，可实现催化烟气中二氧化硫的有效回收，同时减少含盐废水和粉尘排放，能够大幅提升企业环保指标。其中，胺液再生单元于 2013 年 12 月 21 日中交，脱硫单元于 12 月 28 日中交，其他建设工作和开工准备等加紧进行。

（邓顺平）

【80# 软质微晶蜡走出国门】 2013 年 3 月 26 日，济南炼化生产的 120 吨 80# 软质微晶蜡，一次通过商检注册和进出口检疫检查，顺利装箱启运，销往泰国。这是石化企业同类产品首次走出国门，销往海外。

（邓顺平）

【首批通过 2012 版能源管理体系认证】 2013 年，济南炼化积极推进能源管理体系升级换版，开始执行 GB/T 23331—2012，并于 5 月完成管理手册和程序文件修订，9 月完成内部审核，10 月开始外部审核，成为石化行业首家通过能源管理体系现场认证审核的企业。经过 2 轮审核，北京三星九千认证中心认为济南炼化能源管理体系运行规范、有效，符合能源管理体系新版标准和相关认证要求，同意向国家认证认可委员会推荐认证注册。11 月 21 日，济南炼化获得北京三星九千认证中心颁发的能源管理体系认证证书，成为全国石化行业首批通过 2012 版能源管理体系认证的企业之一。

（邓顺平）

【产品质量升级迈出新步伐】 汽油质量升级方面，检修期间对原 90 万吨/年 S－Zorb（催化汽油吸附脱硫）装置实施了消缺及扩能改造，扩能后达到 120 万吨/年，4 月 29 日一次开车成功，满足了处理全部催化汽油的需求，汽油产品硫含量降低到了 10×10^{-6} 以下；对 MTBE 装置进行精脱硫技术改造后，为国Ⅳ、国Ⅴ汽油调和提供了优质组分；实施降低催化稳定汽油蒸汽压技术改造，满足了蒸汽压质量调节要求；60 万吨/年重整装置投产后，济南炼化汽油质量升级项目全部完成，9月26日出厂汽油产品全部达到国Ⅳ标准。柴油质量升级方面，5月，由原120万吨/年柴油加氢精制装置改造的80万吨/年柴油加氢改质装置顺利开工投运，济南炼化国Ⅲ柴油升级任务完成，并同时具备了生产国Ⅳ标准柴油的能力。

（邓顺平）

【产品结构调整见成效】 2013年，济南炼化紧跟石化集团公司政策导向，紧密结合市场需求，搞好产品结构的动态调整，加大高值产品增产力度，全力增收创效。全年生产97#汽油21.4万吨，同比增长12.83%，相比93#汽油增效1 300万元；生产国Ⅲ车用柴油16.12万吨，相比普通柴油增效3 225万元；首次生产销售－20#柴油0.56万吨，相比0#柴油增效440万元；生产润滑油副产品5.42万吨，与对应组分产品相比增效4 351万元；抓好重碳四销售，较民用气增效1 285万元。

（邓顺平）

【党的群众路线教育实践活动扎实开展】 2013年8月6日，济南炼化党的群众路线教育实践活动启动大会召开。公司成立了活动领导小组，设立了活动办公室和5个督导组；紧紧围绕“为民务实清廉”的主题，紧密贴近企业和干部队伍实际，精心制定了活动方案和实施细则。活动中广泛征求意见830人次，归纳总结为152条，形成了“教育实践活动问题整改措施汇总表”，并落实到主管领导、责任部门、责任人及完成时间，解决了职工反映比较集中的问题，并新建5项制度，修订完善了11项制度，积极构建纠治“四风”的长效机制。

（邓顺平）

表1 济南分公司主要技术经济指标 亿元

指标名称 \ 年份	2013	2012	2011	2010	2009	2008
原油加工量/万吨	414.56	450.15	454.61	407.35	393.70	400.01
工业总产值	246.08	273.11	268.62	205.04	165.98	188.94
工业增加值	50.82	49.27	43.81	53.45	57.36	－12.02
资产总计	48.49	46.91	38.38	34.98	29.88	25.07
流动资产	13.04	14.51	10.84	13.48	9.75	8.16
固定资产原值	66.48	59.51	49.61	47.18	46.57	40.31
固定资产净值	33.10	28.36	20.62	18.40	19.49	15.30
销售收入	243.95	272.04	268.11	208.66	167.34	188.94
实现利税	43.76	42.91	37.49	48.88	54.61	－7.51
税金	43.60	46.88	46.93	44.66	43.31	5.92

表2 济南分公司主要产品产量 万吨

产品名称 \ 年份	2013	2012	2011	2010	2009	2008
汽油	110.58	122.67	121.75	104.19	106.56	105.27
柴油	166.57	187.62	186.14	167.37	155.20	171.44
沥青料	8.07	10.62	10.47	15.18	19.27	1.24
液化石油气	23.19	24.57	24.82	21.71	21.14	22.77
润滑油基础油	6.61	0.80	9.28	8.35	7.25	6.71
聚丙烯	9.40	11.14	10.70	9.10	9.68	10.87
化工轻油	19.80	21.79	19.38	16.98	4.48	8.61

中原石化

【概况】 中国石化中原石油化工有限责任公司(简称中原石化)是石化股份公司控股的企业,位于河南省濮阳市。公司占地2 599亩(173万平方米)。1987年国家批准立项建设,1996年建成投产,1998年4月划归石化集团公司,2005年1月进入石化股份公司。截至2013年底,中原石化拥有新、老2套生产系统,其中老系统为石油化工生产路线,先后进行2次技术改造,有8套化工生产装置,包括18万吨/年乙烯装置(实际产能超过21万吨/年),26万吨/年聚乙烯装置、6万吨/年聚丙烯装置,另有汽油加氢、苯抽提、制氢、1-丁烯、催化裂解制丙烯(OCC)5套副产品深加工装置;新系统为煤化工生产路线,包括1套60万吨/年甲醇制烯烃(MTO)装置和配套的1套10万吨/年聚丙烯装置。中原石化主要有聚乙烯、聚丙烯、苯、MTBE等产品。中原石化实行公司—车间两级管理模式,下设11个机关处室、11个车间和3个基层单位,用工总量1 616人。

中原石化主要经济指标和主要产品产量见表1和表2。

(李继增)

【完成年度生产经营任务】 2013年,中原石化生产乙烯24.86万吨,为年计划的101.46%;生产丙烯17.10万吨,为年计划的110.34%;生产聚乙烯26.08万吨,为年计划的102.28%;生产聚丙烯17.08万吨,为年计划的110.21%;生产石油苯2.57万吨,为年计划的102.04%;生产2#混合苯5.96万吨,为年计划的109.79%;生产1-丁烯1.35万吨,为年计划的245.40%。实现工业现价总产值48.2亿元,同比增长17.56%;销售产值48.5亿元,同比增长19.4%。全年亏损9 623万元,完成石化集团公司下达的经营目标。

(李继增)

【MTO示范项目通过环保验收】 2013年5月28日,中原石化60万吨/年乙烯原料路线改造(MTO)项目通过河南省环保厅组织的环保验收,项目"三同时"工作单项验收全部完成。项目工程建设周期不足14个月,创造了国内大型化工装置建设工期最短、MTO技术水平最高的新纪录,实现中国石化煤化工领域的重大突破。项目投产后保持安全、稳定、高负荷运行。

(李继增)

【甲醇裂解制氢装置一次开车成功】 2013年3月16日,中原石化甲醇裂解制氢装置生产出合格氢气,纯度达到99.99%,实现一次开车成功。该装置具有工艺流程先进、操作控制方便、占地面积少、产品纯度高、甲醇零排放等特点。装置建成投用后,每小时可产氢气250标准立方米,对稳定聚乙烯、聚丙烯装置的运行有着重要意义。

(李继增)

【双烯收率创纪录】 2013年1—6月,中原石化乙烯装置双烯收率平均达51.01%,创下石化股份公司化工板块连续半年第1名的新纪录。中原石化每月对乙烯原料结构优化情况进行专题分析,开展降低"吨乙烯原料成本"专项竞赛活动,尽可能提高轻烃原料直供率,1—6月轻烃占原料比例达45%,进厂石脑油烷烃含量达80%,提高了资源利用效率和双烯收率。同时,根据碳四原料变化及资源情况优化OCC装置高烯烃进料工况运行,探索最佳运行状态,使OCC装置送乙烯装置粗丙烯用量达7.9%。

(李继增)

【MTO与OCC装置集成耦合获突破】 2013年10月31日,中原石化将MTO(甲醇制烯烃)与OCC(催化裂解制烯烃)2项技术进行耦合,建成世界首套集成OCC的MTO工业装置。相比传统的MTO技术,MTO与OCC集成耦合工艺丙烯加乙烯选择性则要高2%—7%,双烯收率高,有助于提高资源利用率,使煤化工产业更具竞争力。

(李继增)

【乙烯裂解炉创国内运行最长纪录】 截至2013年11月1日,中原石化乙烯装置1#裂解炉连续运行280天,创造了国内裂解炉连续运行最长纪录。1#裂解炉原设计运行周期为85天,为保证裂解炉安全稳定运行,中原石化成立了以主管领导为组长的裂解炉专题攻关小组,组织开展技术攻关,积极进行技术改造;车间推行重要操作程序确认卡制度,使每一次重要操作都标准化、规范化、程序化。1#裂解炉长周期运行延长了设备使用寿命,有效降低了运行成本,收到显著的经济效益。

(李继增)

【聚乙烯混炼造粒机组创国内同类装置运行新纪录】 截至2013年5月23日，中原石化聚乙烯混炼造粒机组实现连续安全平稳运行120天，创造了国内同类装置造粒机组运行的最好纪录。聚乙烯车间严格按照“操作零失误、设备无缺陷、巡检全过程”的原则，对造粒机组实施特护管理，建立了领导班子人员、专业技术人员、班组操作人员三级巡检制度。机、电、仪相关专业定时对机组进行联合点检，使机组始终处于良好的运行状态，确保了造粒机组安全平稳长周期运行。

（李继增）

【通过职业卫生基础建设验收】 2013年11月27日，中原石化通过了河南省濮阳市安监局组织的用人单位职业卫生基础建设考核验收，成为濮阳市首家通过考核验收的单位。考核验收组严格按照《用人单位职业卫生基础建设主要内容及检查方法》（简称《方法》），对职业卫生的10个方面、60项主要内容进行了认真细致的检查，并深入现场检查了工作场所职业病危害预防、告知、警示、措施落实及职业病防护设施完好情况。验收组认为，中原石化职业卫生工作深入贯彻落实了《方法》具体内容，创新了管理模式，完善了管理体系；现场环境良好，监测点设置合理规范，各类警示标牌醒目完备，应急器材器具配备齐全。

（李继增）

【实施“碧水蓝天”计划】 2013年底，中原石化有7项环保治理项目通过石化集团公司审定，标志着公司“碧水蓝天”行动全面启动。中原石化“碧水蓝天”计划包括MTO废水预处理装置改造、净化水厂优化改造、MTO污水预处理装置恶臭治理、乙烯装置污水池恶臭治理等7个环保重点治理项目，计划投资3 000多万元，2015年完成所有整治工作。

（李继增）

【混合烃减排显著】 中原石化无动力混合烃回收装置是深冷分离技术在国内聚乙烯装置的首次应用，是中原石化积极响应石化集团公司节能减排、绿色低碳号召的举措之一。2013年，中原石化聚乙烯单位耗能每吨同比下降2.9千克，异戊烷消耗由上年的每吨2.17千克下降至每吨0.8千克，创效537万元。

（李继增）

【提高碳五产品质量增效】 2013年，中原石化积极改善碳五产品质量，将乙烯裂解、MTO和OCC装置生产的碳五进行分储，制定不同的使用和加工方案；调整销售策略，走出去了解用户需求，开发新客户，实现定向销售。全年实现增效近百万元。

（李继增）

表1　　中原石化主要经济指标　　亿元

指标名称＼年份	2013	2012	2011	2010	2009	2008
工业总产值	48.30	41.06	36.30	36.68	30.20	33.03
工业增加值	2.60	-0.64	-4.23	2.99	8.53	-3.30
资产总计	23.88	25.52	26.40	18.96	18.37	14.82
流动资产	4.39	4.90	4.70	5.95	9.43	5.18
固定资产原值	69.08	69.48	68.88	54.24	53.93	52.36
固定资产净值	29.06	30.63	20.77	18.52	18.95	18.37
销售收入	48.43	40.60	36.36	36.55	30.02	33.28
实现利税	-0.66	-3.46①	-5.40	1.22	5.31	-5.62
税　金	0.30	0.44	0.55	1.19	1.19	0.54

①数据有变动

表 2　　中原石化主要产品产量　　万吨

产品名称＼年份	2013	2012	2011	2010	2009	2008
聚乙烯	26.08	21.78	19.08	22.38	21.71	18.48
聚丙烯	17.08	13.27	8.14	8.52	7.97	7.08
乙　烯	24.86	20.89	18.26	21.20	20.58	17.48
丙　烯	17.10	13.42	8.51	8.71	8.15	7.17
1#苯	6.43	6.89	9.34	11.84	11.39	10.06
商品量	0	0.06	0.06	0.02	0	0
2#苯	5.96	5.17	6.64	8.10	8.23	7.03
商品量	0	0	0.05	0.23	0.31	0.08
碳　四	2.80	3.00	3.83	4.52	4.50	4.33
商品量	0.08	3.00	3.83	0.90	0.45	1.74
碳　五	1.61	1.57	1.56	1.91	1.84	1.73
碳　六	1.07	1.01	1.05	1.26	1.17	0.02
碳　九	0.49	0.41	0.98	1.56	1.17	1.10
裂解焦油	1.24	1.30	1.73	2.18	2.20	1.59
1－丁烯	1.35	0.44	0.48	1.44	1.63	0.92
2－丁烯	0.87	0.61	0.76	1.39	1.43	0.92
MTBE	0.99	1.26	1.55	1.41	1.49	1.01
纯　苯	2.58	2.35	3.11	3.73	4.09	3.46
3#苯	2.25	1.78	2.37	2.79	2.62	2.23

沧州炼化

【概况】 中国石油化工股份有限公司沧州分公司(简称沧州分公司)暨中国石化集团资产经营管理有限公司沧州分公司(简称沧州资产分公司)统称沧州炼化，位于河北省沧州市，占地 3 062 亩(204.13 万平方米)，地处胜利、中原、大港、华北四大油田之间，紧依京杭大运河、朔黄铁路、京沪铁路和京沪高速公路，地理位置优越，交通便利。沧州炼化始建于1971 年，1975 年 10 月建成投产，建厂初期生产规模50 万吨/年。1984 年 1 月 1 日，沧州炼化正式划归中国石油化工总公司。2000 年 1 月，按照石化集团公司统一部署，企业资产重组为上市部分沧州分公司和存续部分中国石化集团沧州炼油厂(简称沧州炼油厂)。2007 年 8 月，沧州炼油厂体制转换为沧州资产分公司。2009 年 7 月，沧州炼化与日本东丽精细化工株式会社合资组建沧州东丽精细化工有限公司(TFCC)。

截至 2013 年末，沧州炼化用工总量 2 001 人，其中上市部分 1 425 人，存续部分 576 人；有正式职工 1 649 人，其中上市部分 1 197 人，存续部分 452人。正式职工中，硕士、博士研究生学历 22 人，大学本科学历 330 人，专科学历 355 人；各类专业技术人员 326 人，其中具有高级职称的 122 人、中级职称的 264 人。有职能处室 21 个，党群部门 7 个，基层单位 11 个；有 30 个党支部，在职党员 682 人。

截至 2013 年末，沧州炼化资产总额 45.31 亿元，主体装置有 350 万吨/年常减压蒸馏、120 万吨/年重油催化裂化、120 万吨/年延迟焦化、160 万吨/年和80 万吨/年汽柴油加氢精制、90 万吨/年催化汽油吸附脱硫、15 万吨/年催化重整、8 万吨/年苯抽提、2万米^3(标准)/时焦化干气制氢、30 万吨/年气体分馏、5 万吨/年 MTBE、6 万吨/年小本体聚丙烯、2 万吨/年硫黄回收，以及配套的蒸汽锅炉、发电机组、新水供应、污水处理、油品储运等设施。TFCC 主要生产装置是 1 万吨/年二甲基亚砜装置。

沧州炼化主要产品有汽油、柴油、液化石油气、聚丙烯、石油焦、硫黄、铝箔油料等。TFCC 主要产品是电子级和医药级二甲基亚砜。

沧州炼化主要技术经济指标和主要产品产量见表 1 和表 2。

（喻志浩）

【生产经营任务全面完成】 2013 年，面对保供、增效、检修多重压力以及高氯原油和临沧管线停输的不利因素，沧州炼化坚持深化“五大优化”，狠抓节能达标，完成了生产和保供任务，生产经营实现平稳运行。全年加工原(料)油 291.49 万吨，实现主营业务收入 171.35 亿元，上缴税费 28.53 亿元。上市部分账面利润 -6.28 亿元，剔除预算外因素利润 -3.61 亿元，完成了限亏 3.77 亿元的奋斗目标，炼油单位完全费用 283.25 元/吨，完成了考核指标；存续部分实现利润 -3 220 万元，完成了限亏 3 600 万元的提升目标。全年产品品种、数量全部完成配置计划任务。

（喻志浩）

【连续 10 年实现安全生产】 2013 年，沧州炼化安全生产形势异常严峻，装置运行到三年一修末期、原油资源劣质化以及装置大修改造给安全生产带来巨大压力。公司认真落实安全生产“四个让位于”的要求，进一步加大作业层面管理力度，扎实开展隐患排查与治理，深入开展安全生产管理提升活动，继续保持了安全生产。全年未发生上报事故，公司级安全事件同比减少 50%，安全事件性质的严重程度大大降低。公司连续 10 年实现安全生产，连续 8 年被石化集团公司评为安全生产先进单位。

（喻志浩）

【生产装置停工检修】 2013 年装置大修是沧州炼化连续第 3 次实现“三年一修”，装置检修为期 40 天，实施检修项目 3 466 项。通过检修，各生产装置的技术水平、本质安全水平得到进一步提升。此次检修准备工作充分到位，开停工安全平稳，检修过程组织有序，安全监管创新有效，物资供应保障有力，施工质量力创优质，实现了“安全、环保、优质、高效”的目标。

（喻志浩）

【技术改造项目顺利实施】 2013 年，沧州炼化投资 2.52 亿元，实施技术改造 23 项，主要包括成品油火车出厂设施完善改造项目、催化烟气脱硫脱硝除尘项目余热锅炉单元、常减压节能改造项目、加氢 RTS 改造项目、焦化增自动底盖机、催化增上催化剂密闭输送系统、S－Zorb 装置消缺完善、污水厂新上污泥脱水机等，在安全、环保、节能、增效方面发挥了积极作用。

（喻志浩）

【技术创新成果丰硕】 2013 年，沧州炼化确定技术攻关项目 43 项，发动各级深入开展技术攻关活动，取得较好效果。聚丙烯聚合反应实现平稳生产；焦化装置液收增加 2.26%，创历史最好水平，全年增效近 4 000 万元；焦化加热炉增上一氧化碳在线分析系统，采用理论配比燃烧控制技术，热效率由 92.29% 提高到 93.04%；采用液化气深度脱硫技术，MTBE 硫含量降到 10×10^{-6} 以下，满足了京Ⅴ汽油的调和需求。

（喻志浩）

【不断强化人才培养】 2013 年，沧州炼化坚持抓好职工培训教育，统筹推进各类人才队伍建设，开展岗位练兵、业务培训和职业化素质培训，推广远程教育培训系统应用，开展专业技术人员业务竞赛，组织内部专家上讲台。全年组织各类培训班 300 个，参加培训 19 581 人次。积极参加石化集团公司职业技能竞赛，员工马新艳夺得石化集团公司加氢精制专业金牌。

（喻志浩）

【作风建设取得明显成效】 2013 年，沧州炼化认真落实中央“八项规定”精神，调研和检查工作得到改进，各类会议活动进一步精简，公务接待和公务用车管理更加严格，会议费、招待费、公务用车费均有较大幅度降低。公司深入开展党的群众路线教育实践活动，面向不同层面、不同群体广泛征求意见建议，深入查摆和解决形式主义、官僚主义、享乐主义和奢靡之风问题。坚持立行立改，对 273 项意见建议认真剖析原因，逐项研究整改措施并督促落实，年内整改落实 215 项。召开两级班子专题民主生活会，以整风精神开展批评和自我批评，进一步推进“四风”问题的整改，改进了工作作风，活动取得明显成效。

（喻志浩）

【和谐企业建设持续巩固】 2013年，沧州炼化始终坚持营造和谐的内部环境，尽最大能力为职工谋福利办好事。实现劳务工与正式工同工同酬，彻底解决了多年来的遗留问题；实施社区改造，完成了石化新村供电系统改造，实施视频监控系统和天然气入户工程；积极开展帮扶救助，全年为困难群体发放救助金48万元；广泛开展文体活动，丰富了职工业余文化生活。进一步完善信访工作机制，坚持开展矛盾化解，妥善解决了影响稳定的问题。坚持厂务公开，积极采纳职工群众合理化建议，维护了职工合法权益。面对复杂的舆论环境加大了外宣和舆情应对力度，全年对外发表新闻稿件400余篇，树立和维护了公司形象。

（喻志浩）

【积极承担社会责任】 2013年，沧州炼化组织员工向四川雅安地震灾区捐款72 410元，筹资55万元帮助沧州市泊头郝村镇侯庄村、沧县崔尔庄西村整治村容村貌，筹资15万元对沧州市3个贫困村进行了帮扶救助。

（喻志浩）

表1　　沧州炼化主要技术经济指标　　亿元

指标名称 \ 年份	2013	2012	2011	2010	2009	2008
原油加工量/万吨	291.49	333.86	333.53	223.33	293.88	293.94
工业总产值	171.07	204.74	193.91	115.60	122.98	139.78
沧州资产分公司	3.51	3.85	3.96	2.60	2.98	4.71
沧州分公司	167.56	200.89	189.95	113.00	120.00	135.07
工业增加值	25.18	45.05	20.44	16.52	18.45	-17.98
沧州资产分公司	-0.28	0.85	0.61	0.37	0.45	0.54
沧州分公司	25.46	44.20	19.83	16.15	18.00	-18.52
资产总计	45.31	37.16	33.63	33.47	26.91	23.99
沧州资产分公司	3.27	3.30	3.33	3.43	3.60	3.47
沧州分公司	42.05	33.86	30.30	30.04	23.31	20.52
流动资产	25.33	17.89	14.46	15.71	10.49	6.79
沧州资产分公司	0.47	0.49	0.48	0.40	0.42	0.56
沧州分公司	24.85	17.40	13.98	15.31	10.07	6.23
固定资产原值	40.39	39.21	37.67	32.56	26.95	26.98
沧州资产分公司	5.49	5.25	5.05	4.95	4.78	4.91
沧州分公司	34.91	33.96	32.62	27.61	22.17	22.07
固定资产净值	19.57	19.82	16.97	12.28	11.29	12.59
沧州资产分公司	2.42	2.41	2.42	2.51	2.53	2.72
沧州分公司	17.14	17.41	14.55	9.77	8.76	9.87
销售收入	172.53	204.75	197.06	113.87	125.88	144.67
沧州资产分公司	3.86	4.24	4.44	2.96	5.12	8.10
沧州分公司	168.66	200.51	192.62	110.91	120.76	136.57

续表

指标名称＼年份	2013	2012	2011	2010	2009	2008
实现利税	168.66	25.38	18.13	14.22	32.36	-13.85
沧州资产分公司	-0.27	0.01	-0.19	-0.30	-0.09	-0.25
沧州分公司	22.04	25.37	18.32	14.52	32.45	-13.60
税　金	28.53	32.97	31.24	22.42	28.30	1.71
沧州资产分公司	0.21	0.21	0.21	0.15	0.16	0.24
沧州分公司	28.32	32.76	31.03	22.27	28.14	1.47

表 2　　沧州炼化主要产品产量　　万吨

产品名称＼年份	2013	2012	2011	2010	2009	2008
沧州资产分公司						
聚丙烯	2.69	3.05	3.09	2.19	3.06	7.26
硫　醚	—	—	—	—	0.14	0.36
氮　气	1.96	2.19	1.93	1.45	1.02	1.18
净化风/万立方米	4 287.00	4 577.00	4 181.35	3 241.71	3 051.98	3 616.00
非净化风/万立方米	4 943.00	5 186.00	5 208.32	4 753.44	5 976.56	5 933.00
沧州分公司						
汽　油	61.97	70.07	70.45	48.31	65.34	57.22
柴　油	125.44	151.57	146.12	98.23	132.24	139.97
石脑油	26.21	28.51	26.88	14.94	12.22	12.86
溶剂油	—	—	—	0.75	1.99	0.76
液化气	13.60	13.60	15.42	10.00	13.60	16.57
铝箔油料	8.09	11.14	11.41	6.42	7.32	6.79
石油焦	22.65	25.42	27.46	14.95	17.37	17.52
硫　黄	1.33	1.28	1.51	0.73	0.90	0.88

润滑油分公司

【概况】 中国石油化工股份有限公司润滑油分公司(简称润滑油分公司)是石化股份公司为促进润滑油业务专业化发展，按照“统一计划安排、统一资源配置、统一市场开拓、统一品牌形象、统一产品开发”的“五统一”原则，于2002年5月29日组建的润滑油专业公司，总部位于北京市海淀区安宁庄西路6号。

2013年，润滑油分公司调和生产能力为165万吨/年，包装油脂生产能力为146万吨/年，生产和销售“长城”品牌润滑油脂，包括内燃机油、工业油、船用油、金属加工液、润滑脂和合成润滑油脂等21个大类、2 000多个品种的产品。

截至2013年底，润滑油分公司下设12个管理部门；设北京、重庆、济南、荆门、茂名、上海、天津、武汉、燕化、郑州和滨海11家分公司，福建、广东、江苏、山东和浙江5家销售分公司，1家海外公司(新加坡公司)和3家中外合资公司，2家研发中心。拥有在岗正式职工4 139人，其中专业技术人员1 345人，博士学历16人，硕士270人，本科1 206人，高级专业技术资格人员254人。

润滑油分公司主要技术经济指标见表1。

(姚建国)

【经营效益创历史新高】 2013年，润滑油分公司坚持“扩量增效”工作方针，从扩大市场规模、稳定销售价格、提升运营效率三方面抓创新，抓落实，并不断完善以业绩为导向的绩效考核与激励机制，严考核，真兑现，确保主要经营目标完成，取得良好的经营成效。全年实现经营总量204万吨、同比增长28%，其中润滑油脂136.5万吨、同比增长12%、包装产品115万吨、同比增长7%；实现销售收入207亿元，实现利润5.67亿元，为润滑油分公司成立以来的最好水平，首次位列石化集团公司考核A类企业。

(姚建国)

【连续3年获石化集团公司安全生产先进单位称号】 2013年，润滑油分公司落实HSE责任制，注重HSE管理实效，全年实现“零事故、零污染、零伤害”。集中组织开展对安全事故应急预案的修订并分批进行演练。着重抓好在建工程项目现场管理，新加坡润滑油脂项目累计实现190万工时安全无事故，取得了境外项目HSE体系成功管理的经验。组织各类安全培训143次，培训3 888人次，提高了安全意识。全年较好完成石化集团公司HSE绩效考核指标，未发生公司级及以上事故，取得了外排工业废水达标率、危险废物妥善处理处置率、职业卫生健康体检率、作业场所危害因素检测率和“三同时”执行率5个100%。润滑油分公司连续3年被评为石化集团公司安全生产先进单位。

(姚建国)

【成立中国石化润滑油有限公司】 2013年2月18日，石化股份公司下达《关于设立中国石化润滑油有限公司的通知》，正式批复成立中国石化润滑油有限公司。注册地点为北京市海淀区安宁庄西路6号。9月27日，中国石化宣布中国石化润滑油有限公司人事任免事项：任命宋云昌为中国石化润滑油有限公司执行董事、总经理，苟连杰为副总经理(兼)，李亮耀、赵江、蒋蕴德为副总经理，刘力智为总会计师；决定成立中国石化润滑油有限公司党委，苟连杰为党委书记，宋云昌为副书记。

(姚建国)

【“规模客户开发”提升工业油市场竞争力】 2013年，润滑油分公司以“规模客户开发”为主要营销方式，发挥销售人员的力量，对年均润滑油需求量在200吨以下的中小规模工业客户进行地毯式摸排、拜访和开发。2 000人次参加销售业务培训，基本掌握规模客户开发的方法。分区域、分行业开展规模客户调研，并将规模客户开发的责任和目标落实到每名销售人员。组织开展100多场客户推介会和440多次技术交流。总结60个优秀开发案例并加以推广。全年新开发规模客户2 300余家，实现工业油销量24万吨、同比增长12%，提高了工业油市场竞争力。

(姚建国)

【设立5家区域技术支持中心】 2013年，润滑油分公司推进技术与市场紧密结合，设立华北、华中、华南、华东和西南5个区域技术支持中心，增强对区域市场的技术支持与服务。组织召开全国范围的煤炭、水泥、电力、机械工程和船舶等8个行业的10场示范性技术交流会；5个区域技术支持中心组织召开116场次区域性推广会，促进了重点行业客户开发与销量提升。全年新开发大客户52家，与中煤集团、南方水泥等行业大客户建立战略合作关系。区域技术支持中心的设立进一步展现了润滑油分公司的技术支持和服务优势。根据第三方出具的2013年度顾客满意度调查报告显示，润滑油分公司的技术支持与服务满意度优于润滑油行业标杆水平。

(姚建国)

【“长城”润滑油再获C－BPI机油/润滑油行业中国第一品牌称号】 2013年11月，中国企业品牌研究中心发布中国品牌力指数(China Brand Power Index，简称C－BPI)行业第一品牌榜，“长城”润滑油连续第3年被评为机油/润滑油行业中国第一品牌称号。11月23日，长城润滑油与其他获奖品牌共同签署《C－BPI品牌宣言》，承诺“携手保障消费者权益，提升企业品牌价值与影响力”。

(姚建国)

【举行“佳蓝”尾气净化液新品发布会】 2013年5月21日，润滑油分公司在京举行“环保有我，一路＋

蓝”“长城”润滑油“佳蓝”尾气净化液测试报告及新品发布会。“佳蓝”尾气净化液通过 ISO/TS 16949 体系认证，经台架实验及实测表明，对机动车尾气主要污染物氮氧化合物的综合转化率可达 80% 以上。年内，“佳蓝”尾气净化液已成功应用于国内近 10 个城市的公交系统，并配套厦门金龙和徐工集团等重点客户的产品。除“佳蓝”产品外，润滑油分公司还开发了长寿命固定式燃气发动机润滑油、环保型 5040 船用汽缸油及食品级润滑脂等多种新产品，为终端客户提供更多低碳消费选择。

（姚建国）

“佳蓝”尾气净化液测试报告及新品发布会 （王京城 供图）

【新加坡 10 万吨/年润滑油脂项目竣工投产】 2013 年 7 月 11 日，中国石化润滑油新加坡工厂竣工投产。这是中国石化第 1 个海外直接投资建设的炼化项目，也是中国在新加坡投资建设的第 1 个生产型企业。项目位于新加坡本岛西南部裕廊工业园区，占地约 60 亩(4 万平方米)，实际投资额约 5.7 亿元，节省概算 8 000 万元。该工厂将作为中国石化润滑油面向亚太地区客户的生产中心、服务中心和物流中心，提升中国石化润滑油东南亚地区及澳新地区的市场保供及服务响应能力。

（姚建国）

【自主技术高档内燃机油开发和在汽车行业应用推广及配套基础油研究获石化集团公司科技进步一等奖】 （参见第 128 页）

【特种油脂助力“神州十号”飞船发射】 2013 年 6 月，润滑油分公司自主研发和生产的特种陀螺油、谐波减震器油和动量润滑脂等产品应用于“神舟十号”飞船发射。其中，“长城”特种陀螺油具有超高的清洁性和稳定性，应用于“神舟十号”飞船的惯性制导系统，确保飞行的稳定性和精确性；“长城”谐波减震器油和动量润滑脂等产品具有超强的密封性和耐高压性，保障航天伺服系统各运动部件动作的精确无误。润滑油分公司被中国航天基金会授予中国航天事业贡献奖。

（姚建国）

【市场打假行动成果丰硕】 2013 年，润滑油分公司设立打假专项工作办公室，在各区域中心设专职打假人员，增强打假工作力量，并与属地工商局、公安局等政府部门沟通合作，全面开展市场清理和打假行动。全年在国内 29 个省 200 余个地市开展打假行动 240 多次，查获假冒产品 5 万多桶、各类假冒包装物 15 万余件，货值共计约 3 000 万元，查获造假窝点 59 处，抓获犯罪嫌疑人 120 多人。对于达到刑事案件标准的大型案件，追踪刑事判决结果，并依法提起民事追诉，最大程度地增加制假售假者的成本。市场打假行动的全面展开，有效遏制了造假售假势头，促进了“长城”润滑油市场秩序的规范。

（姚建国）

【用工总量压减 11%】 2013 年，润滑油分公司围绕“优化用工，提高效率”，实施机构扁平化，推进业务外包和服务外包，强化人员考核及淘汰力度，严格控制用工总量。严格执行合同到期考核评价制度，清退考核不合格人员近 200 人；在 2 家下属机构进行服务外包试点，减少用工 185 名；5 家直属单位实施业务外包，5 家直属单位实施机构扁平化改革，减少管理层级，提高工作效率；严格控制公司及直属单位两级机关人员数量，公司机关用工“只出不进”，全年压缩两级机关人员数量 120 多人；提高装备自动化水平和劳动生产效率。截至 2013 年末，润滑油分公司用工总量同比减少 824 人，压减 11%。

（姚建国）

【实施 ERP 流程优化及标准化整合】 2013 年，润滑油分公司利用 ERP 系统升级的机会，从业务流程优化着手，实施 ERP 流程优化及标准化整合。先后对润滑油的生产、销售、财务和物流等各方面业务流程进行重新梳理，精简不必要的审批环节，加快业务流转速度。累计对 246 项业务流程进行梳理，对 198 项流程进行优化，完成 75 项专题优化。通过实现 ERP 与 OA(办公自动化)系统的集成，实现了 OA 系统相关资料和数据向 ERP 系统的自动传输，减少人工操作，提高工作效率。

（姚建国）

【外来务工人员子弟参加航天员体验营】　2013 年 7 月 11—14 日，第 6 届“长城润滑油 · 中国航天员体验营”在北京航天城举行，航天英雄杨利伟，航天员景海鹏、刘旺、刘洋参加了体验营活动。本届体验营营员招募主要面向城市外来务工人员子弟，通过在北京、杭州和广州等城市的外来务工人员子弟学校开展“航天科技、载梦飞翔”绘画比赛及“我的航天梦”主题演讲班会等一系列招募活动，选拔了 40 余名青少年营员。

“神舟十号”航天员与小营员互动　（王京城　供图）

（姚建国）

【扎实开展群众路线教育实践活动】　2013 年 8—12 月，润滑油分公司党委按照石化集团公司党组统一部署，以处级以上干部为重点，从“解决实际问题”入手，组织开展党的群众路线教育实践活动。活动期间，广泛征求基层干部、职工和客户的意见和建议 119 条；公司领导班子开展“四风”问题剖析，互相提出批评意见 57 条。召开各级班子民主生活会，开展批评与自我批评。针对问题，提出了 13 项整改任务和 24 条整改措施，其中 8 项措施已经完成了整改，9 项属于近期整改任务，7 项为中长期整改任务。通过教育实践活动，深入落实中央“八项规定”要求，精简会议、文件和报表数量。红头文件数同比减少 20%，基层单位报表数量精简 40%；对机关下基层工作和检查进行计划管理，切实减轻了基层单位负担。

（姚建国）

表 1　　润滑油分公司主要技术经济指标　　亿元

指标名称 ＼ 年份	2013	2012	2011	2010	2009	2008
工业总产值	159.11	149.77	171.73	154.40	129.15	120.49
工业增加值	23.25	15.08	14.67	15.14	21.40	3.23
资产总计	74.57	77.67	65.07	55.44	48.60	50.51
流动资产	45.55	52.89	43.42	36.11	31.39	32.03
固定资产原值	34.90	30.63	28.93	25.95	21.52	23.39
固定资产净值	16.17	15.12	14.80	12.88	12.99	12.07
销售收入	207.29	175.73	194.20	153.03	122.51	120.49
实现利税	13.01	6.89	4.88	7.24	14.11	−8.78
税　金	7.38	4.62	4.03	3.84	5.29	2.15
综合能耗/吨标煤 · 万元$^{-1}$	0.02	0.02	0.02	0.03	0.03	0.03

青岛石化

【概况】　中国石化青岛石油化工有限责任公司（简称青岛石化）位于青岛市李沧区，占地 1 406 亩（93.72 万平方米）。厂区临近环岛油港，1 条原油输油管线分别连接黄岛油库与东黄输油管线，另有 2 条汽、柴油输油管线连接青岛石油公司油库。自备铁路专用线与胶济铁路相连，厂外公路与济青、青银高速公路相接。

截至2013年底，青岛石化资产总额为64.81亿元；在册职工总数为1 243人，其中在岗职工1 152人。原油加工能力为500万吨/年，生产装置主要包括500万吨/年常减压蒸馏、160万吨/年延迟焦化、140万吨/年重油催化裂化、100万吨/年汽柴油加氢精制、60万吨/年柴油加氢精制、60万吨/年催化汽油选择性加氢脱硫、25万吨/年催化重整、20万吨/年及15万吨/年气体分馏、7万吨/年聚丙烯等16套。产品主要有汽油、柴油、石脑油、石油焦、船用燃料油、石油液化气、车用液化气、丙烷、丙烯、聚丙烯、工业硫黄、纯苯、MTBE等近20个品种。

2013年，青岛石化圆满完成石化股份公司下达的考核指标和各项工作任务。全年完成加工量331.59万吨，实现销售收入188.89亿元，利税总额33.18亿元，其中税金35.43亿元。

青岛石化主要技术经济指标和主要产品产量见表1和表2。

（周立川）

【安全环保和节能减排取得实效】 2013年，青岛石化组织开展“倡导安全文化，提升安全管理”主题年活动，积极推进安全文化建设，不断创新管理思路和方式，逐步培育、凝练和固化具有青岛石化特色的安全文化。强化直接作业环节和施工安全管理，加强承包商管理，严格审查直接作业环节安全措施，坚决制止和杜绝现场违章行为。深刻吸取“11·22”东黄复线泄漏特大事故教训，开展了安全大检查，集中精力抓好管网隐患排查及治理，特别是输油管线、排水排污系统风险隐患的排查整改，严防管道泄漏爆炸风险，坚决防止事故发生，确保生产安全。进一步加强应急管理，健全和完善QHSE事故和突发事件报告机制，不断提高突发事件应对能力。青岛石化连续第4年被石化集团公司评为安全生产先进单位。积极贯彻石化集团公司绿色低碳的发展战略，采取有效措施，推进环保治理和节能减排工作。及时修订完善环保管理制度和工作程序，针对重点环境因素落实相关措施，逐步提升环保管理的合规性。深入开展环境风险排查，落实风险防控责任，逐步形成环境隐患排查、认定、治理及监管长效机制。加强源头控制，严格分级管理，确保“三废”综合利用及污染治理装置长周期稳定运行，完成污染物总量减排任务。持续开展“绿色低碳”环保专题教育活动，倡导“绿色低碳生产、保护碧海蓝天”行动，提高全员环保认知水平及环保意识，坚持清洁生产、绿色发展，形成“生态文明、绿色低碳”生产的文化氛围。全年炼油综合能耗63.75千克标油/吨，比上年度降低1.98千克标油/吨；回用达标污水55万吨、工业水重复利用率97.9%，环保装置运行率、危险废物妥善处理率均为100%，实现了清洁生产。

（周立川）

【科研开发和应用取得新成果】 2013年，青岛石化以不断提升企业核心竞争力为中心，加大科技研发的投入力度。完成汽油质量升级“十条龙”攻关项目“RSDS-Ⅲ技术在青岛石化的工业应用实验”的研究开发和工业试验，装置生产国Ⅳ汽油运转稳定，为中国石化汽油质量升级提供了技术支撑。开展高氮石脑油重整原料预加氢技术开发，实现了精制石脑油氮含量的设计指标，确保了重整装置平稳操作和长周期运行。按计划进度组织实施了“催化重整装置在线优化控制系统开发”“含酸原油焦化原料组成与生焦倾向的研究”“分馏塔顶循环回流腐蚀原因分析及缓蚀剂筛选研究”等科研项目。与安全工程研究院合作建立防腐研究实验基地，共同开展加工高酸原油设备防腐适应性研究，实现技术成果共享。

（周立川）

【实现油品质量升级】 按照石化股份公司质量升级的部署，积极开展油品质量升级工作。组织相关部门制定油品质量升级方案，按照总部要求的时间进度，通过优化原料、增加制氢加工量、提高加氢装置反应温度、压力等调整措施，使普通柴油产品质量达到了升级要求。在催化重整基础上，以催化汽油选择性加氢为主，通过焦化、催化液化气深度脱硫、辅以MTBE及MMT提高辛烷值，同时以加氢石脑油降低硫含量，使车用汽油产品质量达到了国内Ⅳ车用汽油的技术要求。2013年4月起，青岛石化普通柴油开始执行新的升级标准；10月起，车用汽油开始执行国Ⅳ标准。至此，油品质量升级工作顺利完成。年内，97#汽油生产总量同比增加10万吨以上，全年产品出厂合格率100%、上级抽检合格率100%。

（周立川）

【一体化管理体系正式运行】 青岛石化一体化管理体系构建工作于2012年9月开始启动，先后经过了“贯标准备、体系策划、体系文件编写、文件审核修改、环境因素和危险源识别评价、计量确认、文件记录清单整理”等过程。对公司生产、经营、管理等各方面的活动按照过程方法、管理的系统方法，以“共性兼容、个性互补”的原则进行了一系列整合工作，使其能够适应于、适用于公司质量、职业健康、安全、环境、生产、技术、设备、测量、“三基”、财务、内控、党群系统等要素的管理。2013 年 3 月 4 日，青岛石化召开一体化管理体系文件发布暨运行动员会，一体化管理体系正式运行。随后，组织进行了内部审核、模拟审核和认证审核工作。9 月下旬，取得上海质量体系认证中心颁发的“质量、环境、职业健康安全管理体系认证证书”。12 月下旬，测量管理体系通过了由中启计量体系认证中心组织的 AAA 现场审核。一体化管理体系的构建、发布、实施、运行、认证和取证，有效推进了青岛石化企业管理科学化、制度化、规范化，有效提升了企业标准化、精细化管理水平。

（周立川）

【企业内部管理不断加强】 2013 年，青岛石化加强全面风险管理工作，以内控和审计规范企业管理。完成公司 2013 版内控实施细则的修订和发布，内控实施细则的修订、更新、查询、自查测试及问题整改等内控管理业务均实现通过内控信息系统在线处理。调整成立以总经理为组长的公司全面风险管理领导小组，建立健全了风险管理组织体系。发布实施了《青岛石化全面风险管理规定》，从制度上规范了全面风险管理的体系及流程，逐步将全面风险管理的理念融入到企业文化及制度建设中。在企业内部持续开展“向镇海炼化学习、向李安喜同志学习”活动(简称“双学”活动)的统一部署，结合本企业实际，开展了“学先进、转观念、促提升”活动，提出“远学镇海炼化，近学青岛炼化，全方位对标学习”的目标。通过开展对标学习，按照“周评价、月排名、季激励”的原则，制定“双学”评价方案，采用“比学赶帮超”的方法，对各部门“双学”工作进行量化评价。先后制定 120 个大项 616 个小项的对标措施，年内已完成 419 个项目，正在实施 197 个项目。为确保完成全年目标任务，于 2013 年 10 月开展“紧抓增效点，奋战四季度”活动。全体职工以“双学”活动和“比学赶帮超”活动为载体，优化原油采购，降低采购成本；优化产品结构，努力做好增产汽油工作，降低柴汽比，增产增销高标号汽油、液化气、丙烯、聚丙烯等高附加值产品；加强资金管理、深化降本压费，利用融资手段，降低财务费用，及时调整债务结构，降低资金成本；采取节能降耗、设备利旧、节约物资采购资金等举措，有效控制了各项成本费用。

（周立川）

【人才队伍建设取得新成效】 2013 年，青岛石化树立科学人才观，结合企业实际，进一步加强经营管理、专业技术、技能操作三支人才队伍建设。根据中国石化发展目标和战略，结合企业特点，加强中层管理人员多层次、多专业的学习培训，提高了业务能力和综合素质。建立中层干部轮岗、交流机制，引入竞争性选拔机制，根据干部队伍的专业结构需求和年龄结构现状，有针对性地选拔和培养年轻干部，为青年人才培养搭建良好的平台，为企业后续发展储备人才。在企业内部设置高层次专业技术和技能操作职位，通过公开竞争选拔方式，经过专业评价、考评委推荐、组织考察等环节，选拔出 1 名首席专家、7 名专业专家。建立企业首席技师、高级技师、技师聘任制度，完善论文答辩和评审程序。做好各类人才的培养和任用工作，充分激发员工的积极性和创造性，引导职工岗位成才。开展不同层次的职工技术培训、技术比武，为员工学习培训搭建平台、营造氛围。举办公司第 15 届职业技能竞赛，共有 143 名职工参加了 12 个工种的技能比赛。全年举办各级、各类培训 30 多期，参加培训人数超过千人次。

（周立川）

【企业保持和谐稳定局面】 2013 年，青岛石化认真落实石化集团公司各项维护稳定工作政策，在生产经营和管理上认真贯彻公开、公正、透明原则。不断完善职工保障体系，将“送温暖工程”落到实处，维护职工队伍的稳定，真心实意关心职工生活，为职工做实事做好事。结合企业自身特点，制定落实员工医疗体检和带薪休假制度，切实搞好“送温暖”、员工补助制度、补充医疗保险制度和帮扶救助等方面的工作，筑牢企业员工保障体系，着力解决员工面临的最困难、最担心、最忧虑的实际问题，做到不让一名员工“因病致困”，解除了员工及家庭的后顾之忧，体现企业对员工的爱护和帮助。“11·22”事故发生后，企业面临着安全、环保、搬迁等方面的巨大压力。为消除职工的顾虑，维护稳定局面，公司党政领导多次召集各部门干部职工、改制企业代表座谈，向职工宣讲企业面临的局面，做好企业形势教育，引导和教育广大干部职工立足本职、努力工作，与企业共渡难关。

（周立川）

表 1 **青岛石化主要技术经济指标** 亿元

指标名称 \ 年份	2013	2012	2011	2010	2009	2008
原油加工量/万吨	329.94	309.74	362.88	352.05	136.30	234.91
工业总产值	187.71	175.75	203.37	172.67	53.39	108.96
工业增加值	39.46	17.84	30.77	43.90	15.11	-22.57
资产总值	64.81	63.80	65.12	54.48	68.17	43.72
流动资产	37.76	34.89	35.63	19.35	27.29	11.74
固定资产原值	42.36	41.24	39.34	38.96	36.63	25.07
固定资产净值	22.82	24.32	24.96	26.24	26.20	16.52
销售收入	188.89	177.63	203.07	173.33	52.58	111.06
实现利税	33.18	19.11	28.35	40.84	10.35	-18.10
税　金	35.43	29.41	34.87	36.64	11.98	3.91
综合能耗/吨标煤·万元$^{-1}$	0.30	0.27	0.26	0.33	0.37	0.33

表 2 **青岛石化主要产品产量** 万吨

产品名称 \ 年份	2013	2012	2011	2010	2009	2008
93#汽油	62.10	59.55	71.67	75.78	36.21	49.30
90#汽油	—	—	—	0.37	1.41	6.52
97#汽油	17.42	7.14	3.92	2.28	0.01	—
0#柴油	131.99	125.67	151.88	140.10	44.08	81.04
-10#柴油	12.40	16.30	14.13	13.55	6.44	13.19
-20#柴油	—	—	—	0.03	1.00	—
石脑油	4.42	5.42	7.06	5.81	3.91	13.37
溶剂油	0.76	-0.06	—	—	2.08	2.81
苯	1.09	0.58	0.72	0.93	—	0.60
混合苯	—	—	0.14	0.20	—	—
燃料油	12.00	15.37	16.62	21.61	14.26	25.74
石油焦	35.48	36.82	43.20	34.81	—	—
硫　黄	1.79	1.53	1.48	1.09	0.32	0.63
液化气	28.43	24.39	34.46	18.67	7.89	14.82
车用液化气	4.63	2.22	1.52	3.63	1.50	2.62
丙　烯	2.32	1.51	2.44	1.44	0.64	2.07
聚丙烯	5.67	4.54	5.73	6.62	3.58	5.34

湛江东兴公司

【概况】 中国石化湛江东兴石油化工有限公司(简称湛江东兴公司)位于广东省湛江市，地处广东省西南部、雷州半岛北部，是中国石化三大驻粤炼化企业之一，主营业务为石油提炼加工和石化产品销售。其前身为私营炼油企业，2002 年 3 月经国务院和原国家计委批准同意，被石化集团公司收购。2007 年 11 月 22 日，石化集团公司将其拥有的湛江东兴公司 75% 的合同权益转让给石化股份公司。2008 年，湛江东兴公司经国务院国资委同意实施了权益变更，完成了工商变更登记。湛江东兴公司中外合作双方变更为石化股份公司和中国石化盛骏国际投资有限公司，合作权益比例变更为 75% 和 25%，同时公司名称由“湛江东兴石油企业有限公司”变更为现名。

截至 2013 年 12 月 31 日，湛江东兴公司原油一次加工能力为 500 万吨/年，拥有 500 万吨/年常减压蒸馏、150 万吨/年重油催化裂化、50 万吨/年连续重整、200 万吨/年柴油加氢、14 万吨/年聚丙烯、6 万吨/年乙苯—苯乙烯等 20 余套生产装置，主要生产汽油、柴油、聚丙烯、石脑油、液化气、苯、二甲苯、硫黄等 9 类50 多种产品，资产总计 78.97 亿元，下设 10 个机关处室和 12 个基层车间，在职员工总数为 763 人。

2013 年，湛江东兴公司累计加工原油 474.38 万吨，实现现价工业总产值 306.53 亿元，实现销售产值 305.73 亿元。

湛江东兴公司主要技术经济指标和主要产品产量见表 1 和表 2。

(徐启胜)

【安全生产保持良好态势】 2013 年，湛江东兴公司连续 12 年保持安全生产态势，杜绝了各类上报安全环保事故和非计划停工事故，连续第 6 年获石化集团公司安全生产先进单位称号。全年举办各类培训班共 50 余班次，有 174 人新取得危险化学品从业人员资格证，463 人通过危险化学品从业人员再教育培训，150 人新取得看火监护人资格证，2 000 余名外来施工人员参加了入厂教育。按时完成全部 HSE 管理制度的修编，6 月通过 QHSE 管理体系的再认证审核。全年组织油气管线等专项检查 6 次，查出并落实整改问题 45 项。

(徐启胜)

【生产运营维持较高水准】 2013 年，湛江东兴公司坚持以市场为导向、以效益为中心，精心优化生产，深入挖潜增效，较好地完成了各项生产任务和考核指标。全年累计加工原油 474.38 万吨，实现销售收入 305.73 亿元、亏损 5 854 万元；综合商品率 93.67%，比达标指标高 0.02 个百分点；轻油收率 82.04%，比达标指标高 0.04 个百分点；加工损失率 0.47%，比达标指标低 0.03 个百分点；储运损失率 0.14%，比达标指标低 0.02 个百分点；高价值产品产率 90.04%，比达标指标高 0.34 个百分点；炼油综合能耗 63.10 千克标油/吨，比达标指标低 2.4 个单位；吨油费用 159.83 元，比预算指标降低 76.67 元。在石化股份公司“比学赶帮超”活动 7 项评比中，累计获得红旗 18 面、红星 41 颗，在 33 家炼油企业专业达标竞赛中排名第一。

(徐启胜)

【清洁生产取得明显进步】 2013 年，湛江东兴公司持续推进清洁生产工作，取得明显进步。全年炼油吨油取水 0.38 吨，比达标指标低 0.12 个单位；吨油排水 0.07 吨，比达标指标低 0.04 个单位；吨油耗电 71.50 千瓦·时，同比下降 8.32 千瓦·时；蒸汽耗用从 0.06 吨/吨降至 0.01 吨/吨；燃料消耗从 0.028 吨/吨降至 0.026 吨/吨。同时，通过加大无组织废气查漏及治理，共发现漏点 685 个，整改合格率 90.8%；加工损失同比下降 0.06 个百分点。

(徐启胜)

【物资供应优化结硕果】 2013 年，湛江东兴公司不断完善物资供应管理制度，优化采购业务流程，加大框架采购比重，提高物资供应管理规范化、程序化、标准化水平，在提高计划准确性的同时，有效降低了采购成本。全年物资采购总金额 4.31 亿元，其中网上采购金额 4.29 亿元、采购率 99.58%，节约采购资金 3 002.40 万元，利库 203 万元。框架采购率 48.11%，同比提高 11.71 个百分点。

(徐启胜)

【资金运作再创佳绩】 2013 年，湛江东兴公司抓住人民币升值机遇，通过加大美元贷款的持有额度、降低人民币贷款额度，将全年贷款平均利率控制在 3.6% 以内，全年取得汇兑收益 3.13 亿元，在保持融资债务余额 73 亿元的情况下，实现财务费用 -1.13 亿元。

(徐启胜)

【柴油质量升级提前完成】 2013 年 5 月 20 日，湛江东兴公司 200 万吨/年液相柴油加氢装置流程全线打通，试生产的精制柴油产品总硫含量、馏程、腐蚀、十六烷值等关键指标全部达到产品质量要求，其中总硫含量 3×10^{-6}，提前完成了柴油质量升级工作目标。该项目总投资3.57亿元，采用中国石化开发的液相循环加氢工艺(SRH)，以直馏柴油为原料，生产硫含量小于 50×10^{-6} 的精制柴油产品和部分石脑油。项目投产后每年可生产国Ⅳ标准柴油198万吨，对湛江东兴公司提升油品质量、保障华南地区成品油供应具有积极意义。

(徐启胜)

【乙苯—苯乙烯项目建成投产】 2013年10月23日，湛江东兴公司6万吨/年乙苯—苯乙烯装置实现安全投产一次成功。该项目采用国内自行开发的干气制乙苯和乙苯负压绝热脱氢制苯乙烯技术，总投资5.15亿元，年内完成投资3.19亿元。

(徐启胜)

【安全环保隐患治理高标准推进】 2013年，湛江东兴公司高标准推进安全环保隐患治理工作，纳入石化集团公司级安全隐患项目的"中间罐区储罐进出口增加远程气动控制系统"和"污水处理场一至三级BAF改造"项目完成，"污水处理场恶臭治理项目"完成招投标。厂区1万立方米新事故应急池、5 000立方米雨水池如期建成投用，环境风险防控能力进一步增强。城市中水回用项目、汽油罐区增加油气回收系统、催化烟气脱硫脱硝项目均被纳入石化集团公司"碧水蓝天"工程，其中2套催化装置烟气脱硫脱硝项目基础设计已经获得批复，详细设计、物资采购、现场施工等各项工作稳步推进，计划2014年5月投用。

(徐启胜)

【炼油配套完善项目通过竣工环保验收】 2013年，湛江东兴公司一方面协调地方政府加快推进石头村卫生防护距离内居民的搬迁工作，另一方面开展全面环境风险源排查评估，并先后投资6 000万元新建了1座1万立方米事故应急池和1座5 000立方米雨水收集池，投资800万元实施了南柳河河堤加高工程，完成了全厂清污分流系统实施标准化改造，开展了无组织排放监测等措施，有效消除或降低企业环境风险。9月12日，广东省环保厅组织专家对现场进行了核查；10月28日，该项目顺利通过广东省环保厅竣工环保验收。

(徐启胜)

【企业民主管理进一步深化】 2013年5月9日，湛江东兴公司召开了首届一次职代会，共收集员工代表意见建议48条、提案11条，分别涉及安全环保管理、职业卫生管理、员工培训、人才通道、劳务工管理、薪酬福利、倒班模式等方面。根据职代会提案，湛江东兴公司通过2轮次822人次参加的倒班模式实名制问卷调查实施了"四班三倒"改"四班两倒"工作，同步调整了常白班员工的下班时间，按100—500元/月的标准增设倒(值)班年限津贴，将夜班津贴由50元/轮提高为60元/轮、值班津贴由15元/轮提高为20元/轮，并对聚丙烯、硫黄、油品、化验车间及物资仓库的劳务派遣、业务外包人员薪酬进行了调整。

(徐启胜)

【教育实践活动取得明显实效】 根据党中央和石化集团公司党组要求，湛江东兴公司党委于2013年8月9日正式启动党的群众路线教育实践活动。活动期间，共组织员工座谈会22场次、客户代表座谈会1场次；下发《"四风"存在问题意见征集表》问卷调查641份，累计征求"四风"问题76项、建议13条，明确了21项整改任务，制定了31项整改措施，并重新修编了会议管理、公文管理、制度管理、专业检查管理、职务消费管理、差旅、接待、企业文化建设等制度14项。通过开展活动，营造了风清气正氛围，整体工作作风明显转变，文山会海得到遏制，奢侈浪费进一步减少，湛江东兴公司全年接待费、差旅费、会议费、车辆使用费同比降低36.4%、10.09%、23.11%和2.76%。

(徐启胜)

【新一轮"扶贫开发"工作启动】 按照广东省委、省政府和湛江市委、市政府开展新一轮(2013—2015年)"规划到户、责任到人"帮扶工作的要求，湛江东兴公司从2013年起负责定点帮扶雷州市杨家镇黄桐村。2013年，湛江东兴公司通过单位"6·30"捐赠、省市扶贫专项补助、行业扶贫补助、群众自筹等途径，共筹集帮扶资金411.53万元，敲定并落实了16项主要脱贫项目，确保了新一轮扶贫开发"双到"工作取得初步成效，黄桐村贫困户人均纯收入从2012年的3 180.5元提高到3 980元，增长25.14%，村集体经济收入达到3万元，圆满完成了2013年的各项帮扶目标任务。

(徐启胜)

表 1　　湛江东兴公司主要技术经济指标　　亿元

指标名称＼年份	2013	2012	2011	2010	2009	2008
原油加工量/万吨	474.38	360.94	500.38	485.39	331.91	386.12
工业总产值①	306.53	233.08	312.17	246.78	145.10	189.29
资产总计	78.97	67.91	76.89	67.65	63.09	38.31
流动资产	41.23	31.39	40.95	31.90	24.96	13.18
固定资产原值	60.05	53.52	51.61	51.40	47.40	30.52
固定资产净值	29.99	26.75	27.90	30.76	29.75	15.07
销售收入②	305.73	233.53	312.59	245.82	138.93	192.99
实现利税	54.41	28.51	33.85	54.93	36.63	19.62
税　金	55.00	38.57	50.61	49.46	28.36	39.15

①2008—2013 年工业总产值按现价计算

②销售收入不含海外销售部分

表 2　　湛江东兴公司主要产品产量　　万吨

产品名称＼年份	2013	2012	2011	2010	2009	2008
汽　油	139.92	98.08	121.41	117.43	85.76	83.84
柴　油	217.83	161.08	253.21	245.35	173.93	210.39
化工轻油	10.58	14.77	13.87	9.61	3.73	12.11
芳　烃	12.40	8.91	19.34	14.54	8.68	4.26
聚丙烯	12.21	9.85	12.40	11.26	3.08	—
液化石油气	26.48	18.13	25.38	32.44	15.32	16.20
燃料油	26.12	28.17	21.67	21.19	17.49	37.87

北 海 炼 化

【概况】　中国石化北海炼化有限责任公司(简称北海炼化)地处广西北海市铁山港区临海工业区，距北海市区约 40 千米，南邻铁山港码头。北海炼化前身始建于 1989 年，原名北海石油化工厂，原油加工能力为 60 万吨/年，1998 年 5 月划归石化集团公司。2002 年 7 月，北海石油化工厂被划入石化股份公司，成立中国石油化工股份有限公司北海分公司(简称北海分公司)。2009 年 7 月，中国石化组建了北海炼油异地改造项目筹备组，实施北海炼油异地改造石油化工(20 万吨/年聚丙烯)项目，项目于 2010 年 3 月土建开工，2011 年 9 月底工程全部建成中交，2012 年 1 月 1 日全面投产。2011 年 12 月 31 日，北海炼油异地改造项目筹备组与北海分公司进行整合，与北海市人民政府共同出资组建中国石化北海炼化有限责任公司。

截至 2013 年底，北海炼化有正式职工 690 人，其中硕士及以上学历 7 人，本科学历 209 人，专科学历 223 人，中专及以下学历 251 人；设有 8 个职能部门、7 个运行部(基层单位)和 5 个附属单位。原油加工能力 500 万吨/年，生产装置主要包括 500 万吨/年原料预处理、170 万吨/年催化裂化、120 万吨/年延迟焦化、60 万吨/年连续重整、260 万吨/年柴油加氢、40 万吨/年气体分馏、12 万吨/年苯抽提、产品精制、50 万吨/年催化汽油加氢、2×3 万吨/年硫黄回收、8 万吨/年 MTBE 及 20 万吨/年聚丙烯等 12 套，此外还有污水处理、余热回收等 44 套辅助系统。另外中国石化还配套建设了 320 万立方米原油商业储备基地、北海—南宁成品油管道工程以及湛江—北海原油管道工程。主要产品有成品油、石油焦、硫黄、聚丙烯、苯、液化石油气、石脑油、沥青等。

北海炼化主要技术经济指标和主要产品产量见表 1 和表 2。

（覃辉平）

【首批 2 万吨石油焦成功出口海外】 2013 年 3 月 3 日，经北海检验检疫局检验合格，北海炼化首批 2 万吨石油焦成功销往海外目的港——巴林，实现了公司石化产品出口零的突破。北海炼化石油焦产品的成功出口，开拓了产品新的销售通道，增强了公司创效能力和市场竞争实力。

（覃辉平）

【注重科技进步提升经济效益】 2013 年，北海炼化注重科技进步，结合生产实际和市场需求，积极组织实施技改技措项目，进一步提升了企业经济效益。实施的柴油加氢装置膜分离系统技措项目，利用膜分离氢气和瓦斯，回收大量氢气，项目投产后年可回收氢气 1 500 吨，增加效益近千万元。针对油品调和辛烷值波动较大、成品油混合不均匀、密度分成等问题，积极组织技术攻关；经过 3 个月的试验改造，自主研制的调和设施内置导向分流混合器于 2013 年 4 月底成功投用，取得了明显成效，油品混合均匀度得到了提高，辛烷值波动小于 0.3 个百分点。结合市场需求，成功生产高熔指纤维料 Y45S、H30S、M50S，70A 沥青和食品添加剂硫黄等新产品，极大增强了公司创效能力。其中，6 月 18 日成功生产出高等级道路沥青 70A，年可创造效益近亿元。

（覃辉平）

【努力“建设人民满意企业”】 2013 年 8 月下旬，北海炼化在全公司组织开展了“建设人民满意企业”专题大讨论活动，进一步明确了“建设人民满意企业”的具体措施。①加强思想政治教育，提高全员、尤其是党员干部的群众意识，消除少数员工学习无动力、工作无目标、生活无激情“三无”思想状况，培养一支忠于企业、有信仰、有追求、特别能吃苦、特别能战斗、特别能奉献的队伍。②以创一流部门、创一流岗位为目标，高标准、严要求，抓落实、自觉干，以一流的素质、一流的业绩建设人民满意企业，为企业多创效益、为国家经济社会发展多做贡献。③以公司“管理年”为契机，加快一体化管理体系建设步伐，提升高效管理，创一流管理水平，建石化标杆企业。④认真践行“每一滴油都是承诺”，抓好生产优化、产品升级工作，生产出更高质量产品，提高公司发展的质量和效益，满足人民群众需求，提升企业的美誉度。⑤坚持“开门办企业、开放办企业”，牢固树立绿色低碳理念，大力推进节能减排，积极发展低碳经济、循环经济，确保碧海蓝天，促进企业可持续发展。⑥真诚关爱员工，按照“三不让”原则和“真困难、真帮助”要求做好帮扶救助工作，以劳动关系和谐促进和谐企业建设。

（覃辉平）

【首次管理体系内审工作正式启动】 2013 年 10 月 28 日至 11 月 1 日，北海炼化开展了一体化管理体系内部审核工作。北海炼化以体系内审为契机，全面、深入地对照体系所涵盖的 3 个标准的要求，审核评价一体化管理体系运行的有效性和符合性，依据审核发现提出持续改进的建议，进一步完善制度、理顺流程，力争把体系的运行水平提上一个新台阶。

（覃辉平）

【石化码头工程开工建设】 2013 年 10 月 30 日，北海炼化石化码头工程正式开工。石化码头工程是北海炼化项目一期工程的配套工程，位于广西北部湾港铁山港西港区啄罗作业区内，毗邻北海炼化生产装置区域。项目总投资约 3.5 亿元，拟建 2 个 5 000 吨级成品油泊位，其中 2#泊位兼顾 3 000 吨级液化石油气(LPG)船舶停靠，设计年吞吐能力为 150 万吨；项目计划建设工期为 12 个月。该码头建成后，将承担起北海炼化生产的汽油、柴油、丙烯和液化石油气等产品的水路装卸作业。

（覃辉平）

【强化财务管理出大成效】 2013 年，北海炼化积极采取措施，严格预算管理和资金管理，严格落实内控制度，资金管控取得显著成效。全年单位完全费用比预算降低 16 元/吨；8 项重点费用同比下降 34%，获得总部全员成本目标管理贡献程度奖；财务指标预算准确率在总部炼油企业中排名第三；财务费用比年初预算节约 6 459 万元；通过税收筹划，为公司增加效益 1 061 万元。

（覃辉平）

【加强物资科学管控成效显著】 2013 年，北海炼化大力加强物资管理工作，全面推进科学理性采购，着力强化需求和市场研究、做好采购成本分析及采购过程控制，深入推进传统业务改造和管理提升，切实推进改代利用和积压物资处置工作，取得了良好成效。全年采购物资 2.49 亿元，节约采购资金 1 990万元，采购节约率 9.55%；框架协议由上年的 50.22% 提升到 59.61%；积压物资由 42.94 万元减少到 13.06 万元；库存资金周转次数由上年的 70.76 提高到 247.21；库存 228 万元，连续 2 年保持中国石化库存最低。

（覃辉平）

【优化工作成效明显】 2013 年，北海炼化调整了优化工作组织机构，成立了 9 个专项优化小组，通过查找生产瓶颈，对标世界一流，精心组织开展优化工作，实现全员、全过程、全方位优化，优化工作取得了显著成效。炼油综合能耗同比降低 2.81 千克标油/吨；加工损失降低 0.09%；可比综合商品率提高 0.16%；吨油取水降低 0.08 吨，吨油排水降低 0.05 吨。

（覃辉平）

【深入开展党的群众路线教育实践活动】 2013 年，北海炼化按照石化集团公司党组的统一部署安排，自 8 月 6 日起组织开展了 5 个多月党的群众路线教育实践活动。活动期间，累计召开领导小组会议 5 次、领导小组办公室工作会议 16 次，研究教育实践活动议题 12 个，编发活动简报 24 期，在公司内外宣传媒体刊登活动专题报道 80 篇，公司领导参加基层单位专题讨论会 16 场，开展 16 次“双鉴”警示教育活动，征集领导班子及机关部门的各类意见和建议 107 条。北海炼化严格执行中央“八项规定”精神和石化集团公司“实施细则”，全年业务招待费同比减少 55.51% 以上，车辆使用费同比减少 2.1%，办公费同比减少 15.89%，会议费同比减少 57.96%，差旅费同比减少 7.62%。

（覃辉平）

【隆重庆祝中国共产党成立 92 周年】 2013 年，在“七一”到来之际，北海炼化党委周密部署，组织开展了“六个一”阅读一本好书、发展一批新党员、慰问一次困难党员、观看一部红色影视、举办一次征文比赛、组织一次评先评优工作活动，隆重纪念中国共产党成立 92 周年。通过开展“六个一”活动，北海炼化进一步推进了党的基层组织建设，营造了创先争优的良好氛围，为推动企业和谐发展提供了有力的组织保障。

（覃辉平）

表 1　　北海炼化主要技术经济指标[①]　　亿元

指标名称＼年份	2013	2012	2011	2010	2009	2008
原油加工量/万吨	508.29	464.07	8.58	12.37	53.21	45.42
工业总产值	304.89	281.52	0.76	6.09	21.90	21.91
工业增加值	102.43	78.38	4.50	1.44	6.97	2.37
资产总计	72.28	81.24	85.83	34.53	5.78	1.65
流动资产	26.79	32.46	38.06	8.56	1.47	0.88
固定资产原值	46.49	48.93	43.31	2.80	3.00	2.96
固定资产账面价值	40.09	42.89	40.20	0.13	0.68	0.72
销售收入	305.10	280.73	0.66	6.62	21.76	22.00
实现利税	54.24	37.51[②]	5.93	1.54	6.61	1.56
税　金	50.59	43.24[②]	0.05	2.62	7.80	2.95
综合能耗/吨标煤·万元$^{-1}$	0.22	0.24	8.86	0.57	0.42	0.39

①2008—2010 年为原北海分公司数据，2011 年数据为北海炼化项目建设、开工投产期间数据

②数据有调整

表 2　　**北海炼化主要产品产量①**　　万吨

产品名称 \ 年份	2013	2012	2011	2010	2009	2008
汽　油	141.07	96.78	—	—	—	
98#车用汽油(Ⅳ)	3.30	0.19	—	—	—	
97#汽油(Ⅲ)	10.67	4.08	—	—	—	
97#汽油(Ⅳ)	3.93	—	—	—	—	
93#汽油(Ⅲ)	64.80	55.82	—	—	—	
93#汽油(Ⅳ)	23.04	—	—	—	—	
93#乙醇汽油组分油(Ⅲ)	29.08	36.69	—	2.99	11.46	7.73
93#乙醇汽油组分油(Ⅳ)	6.25	—	—	—	—	—
0#车用柴油	131.92	201.47	0.77	4.16	19.73	15.78
0#普通柴油	102.84	—	—	—	—	—
化工轻油	8.94	19.94	—	1.65	2.67	5.52
4#轻燃料油	—	—	—	0.93	2.58	3.69
船用燃料油	4.11	11.63	—	—	—	—
溶剂油	—	—	—	—	3.41	—
液化石油汽	28.41	25.67	—	1.28	4.96	3.98
商品干气	14.49	13.85	—	—	0.56	0.37
混合芳烃	—	16.12	0.25	—	—	—
重油(7#燃料油)	—	—	—	0.37	1.94	1.33
混合碳五	—	9.99	—	—	—	—
甲基叔丁基醚	—	3.79	—	—	—	—
聚丙烯	10.40	9.27	—	—	—	—
石油苯	2.31	2.20	—	—	—	—
石油焦	44.11	37.42	—	—	—	
工业硫黄	5.60	4.44	—	—	—	

①2008—2010 年为原北海分公司数据，2011 年数据为北海炼化项目建设、开工投产期间数据

西 安 石 化

【概况】 中国石油化工股份有限公司西安石化分公司(简称西安石化)位于古城西安渭水之滨，东临机场高速公路，主要从事石油炼制和道路沥青生产，是中国石化五大沥青生产基地之一，居全国十大沥青厂家之列。其前身始建于 1967 年，原名西安石油化工厂，1998 年 12 月 8 日并入新星石油公司，2000 年 3 月 1 日随新星石油公司进入石化集团公司，2004 年 1 月 1 日进入石化股份公司。

截至 2013 年底，西安石化在岗正式职工总数 1 113 人。拥有常减压(2 套)、催化裂化、气体分馏、MTBE、汽油加氢、柴油加氢、催化重整、苯抽提、A 级沥青调和(2 套)等 11 套主要生产装置。主要产品有国标 AH 系列、重交 A 级系列、SBR 改性、温拌沥青产品及汽油、柴油、液化石油气、丙烯等。

西安石化主要技术经济指标和主要产品产量见表1和表2。

（李小永）

【顺利实现全年生产经营任务】 2013年，西安石化共加工原油213.11万吨，实现销售收入117.82亿元，上缴税金18.63亿元。主要生产装置催化裂化装置完成长周期运行目标，干气碳三组分、催化剂单耗、丙烯和异丁烯收率、MTBE产量等经济技术指标均达到历史最好水平。

（张 斌）

【生产符合国Ⅳ标准车用汽油】 2013年9月30日，西安石化首罐国Ⅳ车用汽油分析数据合格，提前实现中国石化汽油质量升级目标，比国家规定提前3个月具备生产清洁油品能力，汽油硫含量由150×10^{-6}降到50×10^{-6}以下，为治污减霾做出贡献。

（赵 茜）

【“东海”沥青服务西藏交通建设】 2013年8月，西安石化生产的“东海”牌温拌沥青用于拉萨市主干道路面铺设，被树为样板路，成为施工首选。西安石化全年产销沥青72.28万吨，其中重交沥青67万吨，产销比例大幅提高。

（许雁青）

【炼油专业竞赛获小型炼厂第1名】 2013年6月27日，在中国石化2013年度炼油达标工作座谈会上，西安石化在石化集团公司350万吨/年以下9家小型炼化企业中，获得炼油专业竞赛小型炼厂第1名。

（孙 智）

【硫黄回收装置投产】 2013年5月2日，西安石化生产出首批合格硫黄产品，全年累计生产硫黄596吨，增加产品收入50多万元，减排二氧化硫1 000多吨。

（赵智辉）

【强化安全工作】 2013年11月28日10时30分，西安石化近300名干部职工参加向“11·22”东黄复线泄漏爆燃事故遇难者默哀仪式。“11·22”事故发生后，西安石化吸取事故教训，进行紧急部署，实行“双特”领导带班制度，加强值班和应急管理，持续开展HSE大检查，深入排查整治管网隐患，加强直接作业环节管理，总体保持了安全平稳生产。

（李小永）

【实施“碧水蓝天”项目】 2013年11月8日，西安石化完成“碧水蓝天”项目对接，计划投入6 400万元强化环保治理。其中，2013年投入100万元完成VOC泄漏与检测仪器配置、投资50万元完善环境监测设备及应急物资配置；2014投入4 200万元完成催化烟气脱硫除尘改造、投资2 000万元完成动力站脱硝、投资200万元完成密闭吹扫改造，确保COD、氨氮、二氧化硫、氮氧化物等主要污染物达到新排放标准，提升周边环境空气质量。

（李小永）

【通过安全生产标准化二级企业达标验收】 2013年10月24日，经陕西省安全生产科学技术中心考评、陕西省安全生产监督管理局核准，西安石化被确定为陕西省危险化学品从业单位安全生产标准化二级企业。

（李小永）

【成立劳模创新工作室】 2013年12月5日，西安石化成立劳动模范王文博创新工作室、职业技能带头人黄位刚创新工作室。创新工作室主要工作内容为破解产品研发壁垒，实施技改优化生产，开展大学生带课题和师徒帮教，推动岗位创新增效。

（李小永）

【加强专业化管理与干部队伍建设】 2013年2月，西安石化优化工作流程和组织机构，强化质量管理、计量管理职能，完善检维修和工程管理机制，加强企业长远发展规划、技改建设的专业化管理。干部选拔坚持业绩导向原则，建立能上能下的任用机制，加强干部管理培训交流和廉洁风险防控力度，提高干部思想政治理论水平和专业管理能力。

（李小永）

【群众路线教育实践活动扎实开展】 2013年8月1日，西安石化在总部直属单位率先启动党的群众路线教育实践活动，广泛征求意见建议，梳理16项突出问题，扎实开展改进会风、安保治理、奢侈浪费3项专项治理，明确39项整改措施，制订反“四风”制度完善计划，修订完善制度15项，逐条落实责任。组织147名机关干部下基层进班组调研，得到石化集团公司教育实践活动督导组充分肯定。

（李小永）

【开展高技能人才考核聘任工作】 2013年8月2日，西安石化启动2013年度高技能人才考核聘任工作，有185人参加，占技能操作人员总数的24.2%，最终聘任高技能人才34人。考核结合能力、业绩评价标准，从技术成果、论文发表、排疑解难、师傅带徒、合理化建议等方面考评，搭建人才成长平台。

（马凤武）

公司领导为全国能源化学工会“工人先锋号”环保监测站颁奖（李小永　摄）

【获得荣誉】 2013年1月11日，陕西省委、陕西省人民政府命名表彰西安石化为陕西省文明单位。西安石化全年实现利税15.44亿元，获西安市2013年度纳税先进单位称号。环保监测站获全国能源化学工会工人先锋号称号；退休职工石志光获首届全国119先进个人称号。

（沈婷婷　李小永）

表1　　西安石化主要技术经济指标　　亿元

指标名称＼年份	2013	2012	2011	2010	2009	2008
原油加工量/万吨	213.11	217.24	153.17	174.17	168.89	155.66
工业总产值	116.38	118.41	79.70	76.79	60.85	63.99
工业增加值	16.75	9.44	3.27	11.82	14.25	-8.87
资产总计	24.36	24.61	19.82	19.60	15.89	13.84
流动资产	10.32	11.15	7.87	9.51	6.33	3.98
固定资产原值	19.46	18.93	12.73	12.66	12.13	12.02
固定资产净值	10.80	11.26	5.69	7.48	7.72	8.31
销售收入	117.82	114.34	81.06	76.33	60.72	65.05
实现利税	15.44	8.13	1.47	10.19	12.21	-8.69
税　金	18.63	14.61	10.53	11.54	11.31	1.51
综合能耗/千克标油·吨$^{-1}$	60.97	53.70	54.08	50.26	50.06	48.30

表2　　西安石化主要产品产量　　万吨

产品名称＼年份	2013	2012	2011	2010	2009	2008
沥　青	72.28	72.89	49.22	62.61	52.59	30.58
汽　油	49.02	34.44	19.89	20.31	22.50	17.53
柴　油	62.79	62.41	41.94	45.61	44.96	40.29
液化气	9.07	7.01	4.51	4.82	4.63	5.70
丙　烯	3.36	2.84	2.03	2.17	2.58	2.31

塔河炼化

【概况】 中国石化塔河炼化有限责任公司（简称塔河炼化）地处昔日的“龟兹”古国、如今的新疆库车县，是中国石化在新疆唯一的炼化企业。其前身是筹建于1993年的地方股份制企业——新疆塔里木油气化工有限公司，1998年11月被西北石油局全资收购，

2003 年 12 月整体划转石化股份公司，2004 年 4 月 30 日设立中国石油化工股份有限公司塔河分公司(简称塔河分公司)。2012 年 6 月 25 日，石化股份公司决定对塔河分公司进行改制，与新疆阿克苏地区共同出资组建塔河炼化。

截至 2013 年底，塔河炼化拥有炼油生产装置 12 套，原油加工能力 500 万吨/年，焦化处理能力 260 万吨/年，汽、柴油混合加氢精制能力 240 万吨/年，A 级沥青生产能力 40 万吨/年，催化重整能力 15 万吨/年，汽油异构化能力 7 万吨/年，硫黄生产能力 4 万吨/年。塔河炼化以加工塔河油田重质原油为主，可生产汽油、柴油、溶剂油、化工轻油、沥青、石油液化气、石油焦、硫黄、石油苯、燃料油等 10 余种产品，产品通过企业铁路专用线销往全国各地。

截至 2013 年底，塔河炼化有领导班子成员 6 人，总经理助理、副总工程师、副总经济师、副总会计师各 1 人；下设 11 个机关处室、3 个中心(直属单位)、8 个车间。共有在册职工 962 人，其中教授级高级工程师 1 人，具有高级职称的 13 人、中级职称的 60 人、初级职称的 115 人；高级技师 1 人，技师 13 人，高级工 269 人，中级工 382 人，初级工 92 人。

塔河炼化主要技术经济指标和主要产品产量见表 1 和表 2。

(刘希军)

【正式启用塔河炼化名称】 为落实中央新疆工作会议精神，推进“产业援疆”工作，石化股份公司决定对塔河分公司进行改制。2012 年 6 月 25 日，石化股份公司印发文件，由石化股份公司与新疆阿克苏地区共同出资组建中国石化塔河炼化有限责任公司。办理完成公司资产变更、工商、税务和财务等登记、注册手续后，于 2013 年 4 月 1 日正式启用现名称。

(刘希军)

【生产经营任务全面完成】 2013 年，塔河炼化加工原料油 417.10 万吨；实现主营业务收入 187.46 亿元，赢利 3.02 亿元。关键技术经济指标稳中有升，因 2#焦化装置选择效益较好的沥青加工路线，轻质油收率有所下降，全年累计轻质油收率 61.13%，总体受控；综合商品率、加工损失、储运损失指标持续进步，综合商品率 95.73%，综合能耗 50.88 千克标油/吨，加工损失 0.47%，储运损失 0.13%，吨原料油完全费用 212.78 元。

(刘希军)

【HSSE 保持良好态势】 2013 年，塔河炼化层层分解落实 HSSE(健康/安全/安保/环境)工作目标，深入开展综合性大检查及查找身边隐患、安全达标、装置安全评估、环保系统优化攻关等活动，加强直接作业环节监督管理，持续开展节水减排工作，完成石化集团公司级隐患治理项目 4 项、公司级隐患 12 项，确保了安全环保目标的实现。全年未发生公司及以上级事故，各项环保指标全面完成，工业废水排放量同比(下同)下降 4 个百分点，COD 排放量下降 11.1 个百分点，工业水重复利用率提高 0.16 个百分点。开展职工心理健康援助和职业健康检查工作，职防工作目标全面完成，提升了职工心理生理健康水平。面对驻地防恐维稳的严峻形势，加强区域治安联防与协防，落实防恐维稳、治安防范措施，确保了巴楚、鄯善暴力恐怖案件前后及重大节假日、活动期间的社会治安稳定和职工队伍稳定。公司连续 5 年被评为石化集团公司安全生产先进单位；获 2013 年石化集团公司清洁生产企业称号。

(刘希军)

治安人员在厂区巡逻 (雷从营 摄)

【完成 2#系列装置检修改造任务】 2013 年 9 月 22 日，塔河炼化 2#系列装置开始停工检修改造，共涉及 7 个车间 6 套装置，投入各类检修机具 514 台，参检人数 710 人。停工检修改造首次实现了所有检修装置的停工密闭吹扫，主要实施了 2#常压焦化装置沥青生产适应性改造和 2#加氢装置反应进料炉进料线改造 2 项技术改造项目。共完成检修项目 671 项，配合新建重质原油改质配套完善项目完成技术改造 179 项、甩头 117 项；共检验压力容器 343 台、压力管道 15.89 千米。10 月 28 日，所有检修装置恢复正常生产。

(刘希军)

装置检修改造现场 （雷从営　摄）

【科技创新取得新进展】 2013年，塔河炼化实施新产品开发战略，调试生产出了90A温拌沥青和60号道路石油沥青，丰富了公司沥青产品品种，全年生产60号道路石油沥青14.48万吨。按照石化集团公司汽、柴油质量升级部署，完成了国Ⅲ柴油和国Ⅳ汽油质量升级任务，全年生产国Ⅲ柴油10.49万吨、国Ⅳ汽油1.74万吨。实施提高产品质量、优化产品结构和装置节能减排等方面的科研开发项目11项，有效缓解了塔河原油性质日趋劣质化给生产经营带来的压力。建设并启用了统一门禁管理系统、档案管理系统和作业票动态监控平台等信息化项目。

（刘希军）

【企业管理水平持续提升】 2013年，塔河炼化全面开展制度标准化改造与提升工作，全年制定、修订制度105个，建立了覆盖生产经营管理各个环节的制度体系、检查体系和考核体系，使各项工作的开展有章可循；同时将制度执行力、检查整改落实情况纳入经济责任制考核，有效推动了重点工作的开展，提高了工作质量。深入开展对标评价工作，在石化股份公司“比学赶帮超”排名榜中，获得红旗71面、红星38颗，红旗数量同比增加23面。研究制定应收账款清欠方案，有效落实清欠措施，全年收回历史遗留欠款732.8万元，较好地完成了石化股份公司下达的清欠指标。全年组织开展效能监察项目4项，提出监察建议10条，建章立制6项，发挥了规范管理、提升效益的作用。

（刘希军）

【队伍培养持续有效】 2013年，塔河炼化加强领导班子作风建设，开展副科级以上干部十八大精神轮训及新任职干部素质能力培训，提升了干部的党性修养和履职能力。调整部分组织机构和副职人员后备人选，开展了13个副科级干部岗位竞争性上岗，使干部队伍更具活力、结构更优。组织参加石化集团公司重点人才、关键岗位人才和岗位适应性类培训班，职工教育培训计划完成率达99%。完成了15个工种199名职工的技能鉴定，分别有14名、51名、29名职工取得高、中、初级职业资格，进一步改善了技能操作队伍素质结构。外送培养新建连续重整、航煤加氢、化验等专业技术、操作人员134人次，为新装置开工储备了人员。

（刘希军）

【落实“八项规定”成效明显】 2013年，按照石化集团公司《关于开展中央“八项规定”贯彻落实情况监督检查工作的通知》要求，塔河炼化成立了贯彻落实“八项规定”工作领导小组，制定了《塔河炼化公司贯彻落实中央改进工作作风密切联系群众“八项规定”实施细则》，重点对改进调查研究、精简会议活动、精简文件简报、出国(境)、改进新闻报道、严格廉洁自律、规范接待工作、加强监督检查7个方面做了详细规定。通过落实“八项规定”，公司会议同比(下同)减少20.43%，文件简报下降4.75%，职务消费下降11.98%，业务招待费降低3.40%。

（刘希军）

【开展廉洁自律“四个一”活动】 2013年，塔河炼化深入开展廉洁自律“四个一”主题活动，活动涵盖廉政党课授课、廉洁谈话、签订廉洁承诺书、开展党风廉政问卷调查及撰写座右铭4项内容。全年举办廉政党课12堂，组织观看反腐倡廉警示教育片5次，共有620人次参加；开展干部谈话1人、任前谈话14人；签订《党风廉政建设责任书》13份、《领导干部廉洁从业承诺书》96份、《关键岗位人员廉洁从业书》41份；收集合理化建议23条、座右铭127条。通过开展廉洁自律“四个一”活动，促进了党风廉政知识的学习与普及，增强了党员干部的廉洁自律意识，加强了领导人员的自身修养。全年共有15人次领导干部上交礼品、礼金，合计人民币9.4万元。

（刘希军）

【开展群众路线教育实践活动】 2013年，按照中央和石化集团公司党的群众路线教育实践活动的统一部署，塔河炼化成立组织机构，明确职责分工，制定实施方案，深入开展党的群众路线教育实践活动。党委中心组先后组织6次专题学习、5次集中观看视频，各基层单位组织38次集中学习，共有109名副科级以上干部受到教育，280名党员干部从思想上接受了“洗礼”。先后采取座谈会、单独谈话、民主测评、“公众开放日”、QQ 群等多种形式，全方位、多层次、广覆盖认真听取干部职工、驻地少数民族人大代表的意见和建议，共下发征求意见表355 份，征集到意见和建议 97 条。对征集到的意见，分类梳理、逐条回复，能解决的立即解决，一时无法解决的制订整改计划，确实不具备解决条件的向职工解释说明。同时制作宣传栏公示问题的回复与整改情况，定期统计工作进度，确保整改成效“不空”“不偏”“不虚”。开展“心连心、手拉手”结对子活动，公司副科级以上领导与基层近 200 名员工结对子进行思想上、生活上的帮扶；10 个机关处室分别与 10 个基层单位结对子进行工作上的指导和帮助，发挥了“一级带着一级干，一级做给一级看”的作用，同时密切了党群、干群关系，增强了企业的凝聚力和向心力。

（刘希军）

【和谐企业建设】 2013 年，塔河炼化加快推进职工生活基地项目建设，已完成项目征地工作，具备编制具体实施方案的条件；更换 1#、2#公寓楼电视机，在自行车棚架设电动车充电站，推行营养平衡、饮食科学的“营养餐”，得到职工的普遍欢迎。坚持开展一线员工、困难员工、穆斯林员工、退休退养老同志节日慰问活动，全年帮困、慰问员工近 100 人次，送去慰问金 12.6 万元。其中，大病救助 3 人次，救助金额 5 万元；自然灾害慰问 12 人次，发放慰问金 1.3 万元；助学 1 人次，发放助学金 4 000 元；古尔邦节看望慰问穆斯林员工 12 名。完善文联体协建设，相继成立篮球、羽毛球、钓鱼、摄影、太极拳等协会，全年开展 70 余场次活动，约 8 000 多人次参加，培养了员工的兴趣爱好，丰富了员工的精神文化生活，增强了企业的凝聚力。

（刘希军）

【社会责任】 2013 年，塔河炼化积极开展扶贫助学活动，为驻地依西哈拉镇托玩比加克小学捐赠 6 台电脑和 2 万元“金秋助学”款，组织志愿者为阿克提其村小学的孩子们送去书包、足球等文体用品，“企地融情”工作在社会上赢得了赞誉。四川雅安发生地震后，公司员工向灾区捐款 13 万多元。

（刘希军）

公司志愿者为阿克提其村小学的孩子们发放文体用品 （雷从营 摄）

【首次开展“公众开放日”活动】 2013 年，塔河炼化开展“公众开放日”活动，邀请 67 名维吾尔族人大代表参观生产装置，宣传石油炼制过程、中国石化安全环保理念、塔河炼化油品质量升级和新建项目建设等情况。凤凰网、《新疆日报》、天山网、新疆经济网、《阿克苏日报》等媒体对塔河炼化促进当地经济发展、惠及当地民生进行了报道，向社会公众展示了中央企业讲政治、顾大局、负责任的良好形象。

（刘希军）

表 1 塔河炼化主要技术经济指标 亿元

指标名称 \ 年份	2013	2012	2011	2010	2009	2008
原油加工量/万吨	410.06	410.39	418.37	251.13	205.82	192.70
工业总产值	187.88	191.88	190.01	99.26	64.71	68.92
工业增加值	36.54	34.90	26.15	23.20	22.23	-1.58
资产总计	55.68	47.22	45.40	45.34	30.67	22.16
流动资产	12.71	9.92	9.64	8.67	4.17	3.03
固定资产原值	47.18	43.86	43.58	40.52	18.34	17.76
固定资产净值	31.05	30.29	32.86	32.72	12.14	12.88

续表

年份 指标名称	2013	2012	2011	2010	2009	2008
销售收入	187.46	193.36	192.60	97.25	65.29	69.84
实现利税	32.94	30.12	22.29	20.01	21.11	0.20
税　金	29.92	30.70	28.93	16.39	16.29	1.65
综合能耗/千克标油·吨$^{-1}$	50.88	49.78	50.34	47.99	50.77	53.65

表 2　　塔河炼化主要产品产量　　万吨

年份 产品名称	2013	2012	2011	2010	2009	2008
汽　油	17.15	16.03	15.39	13.90	13.13	12.17
柴　油	202.40	198.50	201.60	108.62	91.86	90.70
溶剂油	—	—	—	—	0.73	1.55
石脑油	34.74	34.73	37.86	16.78	8.27	6.94
沥　青	31.15	30.17	34.60	36.74	36.30	28.46
重交沥青	15.08	14.28	19.56	18.51	19.34	13.48
石油焦	94.46	92.15	91.21	49.54	39.70	37.26
商品液化气	12.95	12.97	11.92	6.98	5.37	5.10
石油苯	0.18	0.20	0.20	0.20	0.09	0.23

北京石油分公司

【概况】 中国石油化工股份有限公司北京石油分公司(简称北京石油分公司)主营汽油、柴油、煤油、天然气、润滑油、燃料油和非油品业务，是首都成品油市场供应主渠道。

北京石油分公司的前身是北京石油集团有限公司，成立于1950年4月。1998年9月成建制划转石化集团公司。2000年2月成立北京石油分公司。

截至2013年底，北京石油分公司设有17个综合管理部门、6个专业中心和2个专业机构；员工总数6 580人；拥有在营油库10座，总库容41万立方米；加油站580座，橇装站116座，加气站17座；汽柴油管线158千米，航煤管线98千米；资产总额逾123亿元。

2013年，北京石油分公司经营总量达606.6万吨，市场占有率67.6%；终端销售比重94.4%；润滑油经营量3.4万吨；燃料油经营量53万吨；非油品营业额4.9亿元，同比增长21.8%。

北京石油分公司主要生产经营指标见表1。

（钟春翔　毛　琳）

【零售经营实现“三超三升”】 2013年，北京石油分公司零售量同比增长6.7%，超市场需求增幅3.6个百分点，超主要竞争对手增幅1.9个百分点，超区内销售企业零售量平均增幅0.9个百分点；区内省市公司零售量增幅排名从上年第18位上升到第8位，零售量计划完成率排名从第17位上升到第7位，零售比重提升了5.4个百分点，扭转了多年来零售指标排名靠后的局面。

（钟春翔　毛　琳）

【大力实施“两微工程”】 2013年，北京石油分公司立足现有零售网络，向内挖潜，大力实施“两微工程”，即投入少见效快的微改造、微维护工程，共完成260座加油站418项“两微工程”改造维护，投入2 170万元，实现日均增量340吨，相当于新增了12个万吨站。在“两微工程”基础上提炼出“两微精神”，即“精心经营，精细管理；精打细算，精益求精；挖潜创效，优化创新；以人为本，群策群力”的精神，丰富了企业文化的内涵，对推动公司整体工作发挥了积极作用。

（钟春翔　毛　琳）

【非油持续较快发展】 2013 年，北京石油分公司非油品营业额同比增长 21.8%，利润增长 34.4%，保持了持续较快发展势头。便利店营业额年度计划完成率、便利店营业额同比增幅、单店日均营业额、超 50 万元门店数量占比、加油客户进店消费率和平均库存周转天数 6 项指标均在销售企业名列前茅。

（钟春翔　毛　琳）

【直销批发开发终端取得成效】 2013 年，北京石油分公司采取快进快销、超前销售的经营策略，提高库存周转率，开展"百人百日百站"攻坚活动，做好社会加油站市场开发；开展"定人、定点、定量、定责""四定"营销和"稳销量、调结构、增效益"劳动竞赛，新开发终端客户 587 户，终端销量同比增加 25.5%。全年直销批发经营完成 161.6 万吨，为公司稳量增效做出了贡献。

（钟春翔　毛　琳）

【大力发展加气站】 2013 年，北京石油分公司建成 3 座 LNG 加气站，其中 2 座投入运营、1 座已竣工、4 座完成进场准备；收购 7 座 LNG 加气站；CNG 加气站竣工 1 座，完成招投标 13 座。完成天然气经营资质增项。

（钟春翔　毛　琳）

【安全生产平稳运行】 2013 年，北京石油分公司积极推进企业"安全文化"建设，"安全文化"成为企业文化的核心内容，全面提高了员工的安全意识，被评为 2013 年北京市安全文化建设示范企业；强化落实领导干部 HSE 定点联系工作，359 人次深入到 293 个联系单位，督促整改问题 190 个；全面开展安全风险、隐患排查和风险控制、隐患整改工作，共发现问题、隐患 786 项，已整改 724 项；推行《生产安全约谈制度》，强化安全生产责任制的落实；"11·22"事故后，全面梳理、修订应急预案 409 个，提高应急处置能力。

（钟春翔　毛　琳）

【持续提升数质量管理】 2013 年，北京石油分公司大力推进综合质量管理体系建设，尤其是服务质量管理体系，创建与"国内领先、国际一流"相匹配的服务标准，提高服务水平；严把油品入库、出库检测关，提高检测频次，连续 5 年政府行政执法检测油品均 100% 合格；全环节油品损耗同比减少 1.18 万吨。

（钟春翔　毛　琳）

【重视环保工作】 2013 年，北京石油分公司开展油气回收系统有效性检测和使用情况调研，建立维护服务体系，保证设备运转良好，及时解决系统运行隐患，发挥油气回收设备功效；参与"集团公司土壤与地下水现状调查与污染防控技术研究"项目，提高污染防控能力；摸清碳排放情况。北京石油分公司被评为石化集团公司 2013 年度环境保护先进单位。

（钟春翔　毛　琳）

【持续完善体制机制】 2013 年，北京石油分公司为大力开发天然气市场，成立天然气业务管理处，完善天然气业务管理体制；深化零售管理体制机制改革，进一步做实区域；扎实推进改善经营管理建议工作，全年受理改善经营管理建议 797 条，评选出 159 项优秀建议，其中 26 项已实施。

（钟春翔　毛　琳）

【增强财务管理能力】 2013 年，北京石油分公司认真贯彻落实中央"八项规定"，持续推进全员成本目标管理，实现降本增效，公务性费用支出同比下降 28%；多渠道进行资金理财，提升资金创效能力，资金创效 2.4 亿元，增长 15.3%；充分利用"营改增"政策，提升纳税筹划能力，实现税收筹划增效 4 363万元，增长 23%；建立财务总稽核管理体系，有效控制资金风险；积极推动上门收款，上门收款加油站达到 90%。

（钟春翔　毛　琳）

【提升信息化水平】 2013 年，北京石油分公司推广实施资金管理平台，实现零售环节资金自动对账和自动清账，降低资金风险；完善了加油卡、会员卡等系统的自助功能；开发了非油品业务综合管理平台，提高站级经营水平和工作效率。连续第 4 年被评为销售企业信息化水平评价 A 级企业。

（钟春翔　毛　琳）

【加强依法治企】 2013 年，北京石油分公司建立 52 个企业标准合同文本，开通短信平台，加快合同流转速度；审结案件 11 起，执行胜诉权益 1 530 万元；出具风险提示函 10 期；查处整改社会加油站侵权 2 例、网站 2 家。

（钟春翔　毛　琳）

【强化审计管理】 2013 年，北京石油分公司完成审计项目 13 项，审计工程预结算书 118 份，总结经验成效 31 条，提出并被采纳审计意见和建议 51 条，促进增收节支509.88万元。

（钟春翔　毛　琳）

【深入推进党风建设和反腐倡廉工作】 2013年，北京石油分公司开展“反腐倡廉宣传教育月”、清退会员卡等活动，警钟长鸣，使党员干部永葆纯洁本色；全面开展廉洁风险防控工作，共排查风险点531个。加强效能监察和业务公开，专兼职巡视人员共巡视业务信息13.15万条，发现问题68个，完成调查40个，问题整改19个。

（钟春翔　毛　琳）

【全面推进人力资源管理】 2013年，北京石油分公司优化调整中层领导干部48人次，其中新提拔7人、调整交流40人次；完成助理级干部调整55人次，其中新聘任7人、调整交流48人次。通过年底中层干部和重要岗位干部多维度考核测评，履职的优秀率有了新的提升。“三支队伍”素质不断提升。1人通过教授级高级职称评审，22人通过高级职称评审，14人取得中级专业技术职称；6人通过高级技师鉴定，29人通过技师鉴定；1 437人通过初、中、高级工鉴定。

（钟春翔　毛　琳）

【教育培训成效显著】 2013年，北京石油分公司组织各类培训班310期，培训人员1.11万余人次。在销售企业竞赛比武活动中取得团体第1名，共获得个人奖牌12枚，其中金牌6个、银牌2个、铜牌4个；团体奖5个，其中2个团体第1名、2个团体第2名，1个团体第3名。

（钟春翔　毛　琳）

【优化用工效果明显】 2013年，北京石油分公司用工总量为6 580人，比2012年末减少394人，减幅5.6%。人均劳效综合排销售系统第2位，其中人均成品油经营量排第1位，人均零售量排第3位，人均利润排第5位。

（钟春翔　毛　琳）

【扎实推进党的群众路线教育实践活动】 2013年，北京石油分公司党的群众路线教育实践活动共收集意见建议134个(其中涉及班子“四风”的意见建议48个)，已整改110个，其余都已落实责任部门正在整改。活动取得初步成效，会议数量同比下降41%，文件数量下降7.4%，检查评比数量下降18.5%，接待费下降17%，公务用车费下降24%。

（钟春翔　毛　琳）

【党建工作再上新台阶】 2013年，北京石油分公司不断加强党建工作制度建设和政治理论研究，4篇文章获石化集团公司理论成果奖项，在石化集团公司和销售公司党建检查中均取得优异成绩。不断优化各级党组织设置，全年新发展党员109名；在系统内外媒体上发稿306篇，在中国石化电视台等媒体播出视频新闻36次；协助中国石化总部处理负面舆情10余起；开展群众性创新创效活动，“铁路栈桥卸油鹤管液压油箱改造”“成品油铁路槽车收油作业过程中的接卸鹤管潜泵泵头防护罩”2项成果获2013年北京市职工优秀技术创新成果二等奖。建立了“横向到边、纵向到底”的稳定工作体系，累计接到信访案件30起，已办结28起。

（钟春翔　毛　琳）

表1　北京石油分公司主要生产经营指标

指标名称＼年份	2013	2012	2011	2010	2009	2008
成品油销售总量/万吨	550.10	572.75	563.00	530.10	472.80	378.10
零售量	303.70	284.76	281.00	269.40	242.30	271.40
销售收入/亿元	458.00	476.00	462.00	376.20	281.80	246.40
利　润/亿元	10.50	10.10	9.74	7.20	7.50	6.50
吨油费用/元	265.00	276.00	195.00	195.00	219.00	204.00
资产总额/亿元	123.35	118.00	116.00	101.30	65.60	59.60
加油站总数/座	580	583	584	579	577	573
在营油库数量/座	10	10	10	11	11	11

天津石油分公司

【概况】 中国石油化工股份有限公司天津石油分公司(简称天津石油分公司)是石化股份公司直属销售企业，主要经营成品油、润滑油、燃料油的零售、直销、批发业务及其他非油品业务，是天津地区最大的成品油经营企业。公司前身为天津石油集团有限公司，始建于1950年10月，1998年6月上划石化集团公司，2000年4月改制为天津石油分公司。

截至2013年底，天津石油分公司设13个职能处室、6个专业中心；在岗员工5 231人；拥有加油站553座、油库5座，资产总额64.59亿元。

2013年，天津石油分公司实现销售总量376.23万吨，其中成品油338.97万吨，同比增加3.87万吨，增幅1.16%；燃料油37.26万吨。非油品销售额实现2.89亿元，同比增长29.02%。在营的CNG子站12座、LNG站2座，在营率为60.87%，年销售天然气4 037万立方米。实现报表利润3亿元；考核吨油费用293元，低于年度计划12元。全年投资6.3亿元，新增加油站28座。

天津石油分公司主要生产经营指标见表1。

(安　宁)

【开展“学先进、抓整改、见成效”主题活动】 2013年，天津石油分公司先后派出4个学习小组赴浙江、上海、安徽、贵州学习，制定了在全系统上下深入开展“学先进、抓整改、见成效”活动方案，通过细化13项管理控费措施，明确1亿元的降本增效目标。全年实现增效1.02亿元，采取的系列创效降费措施收到成效。

(安　宁)

【使用加油卡为农机加油】 2013年，天津石油分公司为确保全市“三夏”用油供应，在全市范围内确定59座站定点加油，同时推出便民配送服务，送油到田间收割现场；充分发挥加油卡全国联网优势，为农机客户在指定网点办卡充值，并享受首次充值返利优惠。

(安　宁)

【与天津市河北区政府合作组建联营企业】 2013年，天津石油分公司积极推进与地方政府联营合作，通过天津商务委、市政府合作交流办搭建的合作平台，与天津市河北区签订《中石化(晨阳)成品油销售项目协议书》，有效应对了激烈的市场竞争，巩固了公司在当地市场份额。

(安　宁)

【高速公路加油站市场占有率达到7成】 2013年，天津石油分公司重点落实与城投集团的合作，落实好17座打包高速项目和租赁经营的2条境内高速4座加油站开业投营工作，高速新增开业站15座，高速加油站增至40座，高速公路的网络占有率由45%提高到70%。

(安　宁)

【财务管理基础得到夯实】 2013年，天津石油分公司强化财务基础管理，出台13项财务基础管理制度，规范审批入账程序和手续，规范会计基础工作；建立两级财务经营站点常态化监督机制，共深入加油站338站次，发现并整改问题52项；从赢利能力、持续发展能力、成本控制能力、零售经营能力、资本运营能力5个方面构建43项对标指标体系，按季度统一开展各区县之间的对标，夯实管理基础。

(安　宁)

【内控监督管理得到加强】 2013年，天津石油分公司在审计、法律、纪检监察等方面加强对经营管理行为监督，全年完成审计项目110项，提出审计意见建议58条，促进增收节支近1 997万元；审查合同472份，涉及金额31亿元，有效堵塞了经营管理漏洞。

(安　宁)

【挂牌成立天津市成品油动员中心】 2013年，天津石油分公司被天津市经济动员办公室授牌成立天津市成品油动员中心，承担保障军队给养动员应急保障需求以及救灾应急需要。

(安　宁)

【提前置换国Ⅳ标准汽油】 2013年，天津石油分公司积极推进汽油质量升级，11月1日全面供应国Ⅳ汽油，较国内规定置换时间提前2个月，为天津市“蓝天工程”贡献了力量。

(安　宁)

【干群踊跃捐助地震灾区】 2013年，天津石油分公司发扬“一方有难，八方支援”的精神，为四川省雅安市芦山县发生7.0级地震灾区人民献爱心，2 217名在职职工累计为地震灾区捐款25.54余万元。

(安　宁)

【及时推出加油卡网上充值业务】 2013年，天津石油分公司正式上线加油卡网上充值业务，单日充值金额最高达到36万余元，该项目有力促进了各项加油卡指标提升，成为扩大加油卡消费的一个新平台。

（安 宁）

【与天津市公交集团进行战略合作】 2013年，天津石油分公司与天津市公交集团进行拓展合作，在原战略合作伙伴基础上，增加了新能源及合资合作，进一步加大了合作的广度和深度，有利于充分发挥合作双方的专业化和集团化优势，以“油”“气”为双动力纽带，将强强联合推向新的高度。

（安 宁）

【党员、干部践行群众路线带头下基层定点帮扶】 2013年，天津石油分公司将群众路线教育实践作为长效机制贯穿活动始终。发挥好广大党员、干部在改革发展各项工作中的先锋模范作用，调整领导干部联系点，公司领导每人联系2个片区，定期下基层走访慰问帮扶，助理以上干部定点帮扶加油站，督导基层开展公司相关主题活动。

（安 宁）

【员工技能素质进一步提升】 2013年，天津石油分公司加大培训资金的投入和使用，共有4 000余人次参加培训。其中，参加职业技能鉴定2 230人，有1 692人完成加油站操作员初中级职业技能鉴定和加操、储运2个工种的技师鉴定工作；组织其他各类员工培训129期，培训1 903人次。

（安 宁）

表1 天津石油分公司主要生产经营指标

指标名称 \ 年份	2013	2012	2011	2010	2009	2008
成品油销售总量/万吨	338.97	335.09	331.85	300.10	270.41	231.59
零售量	214.63	213.02	212.55	185.21	168.32	170.56
销售收入/亿元	275.00	289.49	274.99	249.55	189.17	158.54
利 润/亿元	3.00	4.35	4.36	3.99	4.40	4.02
吨油费用/元	293.00	260.00	269.00	193.00	179.00	207.00
加油站总数/座	553	553	539	533	493	487
自营加油站数	488	485	479	478	493	487

河北石油分公司

【概况】 中国石油化工股份有限公司河北石油分公司（简称河北石油分公司）本部位于河北省石家庄市，其机构前身成立于1949年。1998年6月27日正式划归石化集团公司管理。2000年5月23日，按照石化集团公司企业重组改制精神，其主营业务重组成立河北石油分公司，其存续部分称中国石化集团河北石油有限责任公司。后者于2006年更名为中国石化集团资产经营管理有限公司河北石油分公司。

河北石油分公司在河北省11个省辖市设有分公司，拥有强大的资源保障体系和完善的经营网络体系。主要经营汽、煤、柴、润四大类成品油，销售区域覆盖河北省全境。截至2013年底，河北石油分公司拥有资产总额101.5亿元，17座油库遍布于全省各主要交通枢纽和城镇，总容量达63.5万立方米；建有17条铁路专用线共2.15万米；拥有加油站点2 086个，销售网络覆盖全省城乡各地。2013年完成成品油销售654万吨，其中零售547万吨。

河北石油分公司主要生产经营指标见表1。

（常文峰）

【经营质量稳步提升】 2013年，河北石油分公司面对市场需求不振、价格调整频繁、替代能源发展迅猛等不利形势，大力实施客户忠诚计划，积极开展灵活多样的营销活动，全年成品油销售总量同比增幅3.1%，吨油考核利润同比增加12元，非油品毛利同比增加2 120万元。

（常文峰）

【资源运作更趋高效】 2013年，河北石油分公司落实配置、代采计划，调整资源结构，增加配置计划、追加外采、优化物流调度，克服了炼厂检修、三岔口油库改造等不利因素，有力保障了市场供应，提高了资源创效水平。坚持低库存运作，采取多批次、小批量进货模式，化解调价频繁带来的跌价风险。全年油库周转率达 15 次，同比增加 1.06 次。

（常文峰）

【终端市场开拓卓有成效】 2013 年，河北石油分公司完善薪酬考核办法、出台超量奖励、下达补欠量计划，有效调动全员扩销增量积极性。层层落实客户开发责任，各公司领导带头走访客户，深挖市场潜力。全年直分销客户增量 9.45 万吨，“营改增”客户增量 5.91 万吨。积极开展片区对标评价活动，适时开展点对点竞争、积分优惠、“网上充值优惠”营销活动，单站年销量同比增加 130 吨，达到 3 075 吨。大力开展小额配送，全年完成小额配送量9.8 万吨，县域市场开发成效显著。

（常文峰）

【营销创新能力进一步增强】 2013 年，河北石油分公司充分发挥加油卡锁定客户功能，大力实施客户忠诚计划，与通信、保险、银行三大行业开展联合营销，整合不同行业营销资源，提供更多便捷、增值服务，开发锁定私家车客户 6 万多个，进一步巩固扩大了客户群体。全年累计发行加油卡和充值卡 674 万张，持卡消费比例达到 36%，同比增长 4%。

（常文峰）

【非油品业务提质增效】 2013 年，河北石油分公司进一步优化非油品商品品类和结构，淘汰滞销商品 480 种，引进新品 583 种。继续开展非油品特色营销、专项营销活动，开拓轮胎、汽服、电子商务等新兴业务，有力促进了非油品销售。以进店交易率为突破口，狠抓现场销售，全年进店交易率同比增长 1.8 个百分点，单店日均营业额 1 944 元，同比增长 33.2%；年营业额 50 万元以上店增加 90 个，达到 265 个；年营业额 100 万元以上店增加 30 个，达到 123 个。

（常文峰）

【QHSE 管理全面强化】 2013 年，河北石油分公司落实“党政同责、一岗双责、齐抓共管”要求，坚持“谁主管、谁负责”，逐级签订 QHSE 责任状和承诺书，持续推进“两特”领导带班和要害部位承包，狠抓现场监管，有力推动了责任制的落实。健全 HSE 制度体系，继续开展“互查互学”“平安工地”创建、“安全生产月”活动。全面开展隐患排查，投资 5 000 多万元治理各类隐患。进一步推进职业卫生工作，完成 1 762 座库站的职业危害检测。加快推进数质量管理标准化，严把出入库“两个关口”，强化过程监督和风险防控。加大抽查力度，全年共抽检库站 1 523座次、油样 2 653 个，在国家和中国石化总部抽检中质量合格率达 100%。提前完成柴油国Ⅲ、汽油国Ⅳ质量升级工作。河北石油分公司获河北省诚信企业称号。

（常文峰）

【财务管理进一步加强】 2013 年，河北石油分公司开展综合与专题分析，正确处理量价费辩证关系，促进了各项考核指标的完成；建立卡管系统与财务 ERP 系统差异分析与应对机制，有效降低了资金风险；强化非油品商品配送、退货和库存监控，商品周转天数同比减少 6 天，商品损耗率进一步下降；加强资金预算管理，资金统筹调度能力进一步提高，资金预算综合准确率达到 96.1%；开展加油站资产效益状况分析评价，积极推广固定资产出租、会计集中核算、安全生产费用、加油站提量改造核算等系统模块的应用，夯实了财务管理基础。

（常文峰）

【增收节支活动富有成效】 2013 年，河北石油分公司继续开展“经营一元钱、节约一分钱”活动，深挖企业潜能，努力降低费用支出，增加企业效益。合理把握外采节奏，适时调整汽柴油品种结构，扩大赢利空间。全年自采 87 万吨，实现差价 3.6 亿元，同比增幅 71%。优化二次物流配送方案，全年二次物流运费较预算节支 524 万元。加强油品损耗管理，综合损耗率进一步下降，全年节约成本 2 800 万元。加强审计管理，审减工程金额 837 万元。积极开展效能监察，节约资金 162.23 万元。

（常文峰）

【资产质量进一步提升】 2013 年，河北石油分公司开展在建工程清理，清理问题项目金额 849 万元；规范土地权证 14 宗，实现出租收入 2 957 万元、资产处置收入 2 544 万元；强化信用管理，授信额度从年初的 5.28 亿元降到 1.83 亿元；积极清收历史欠款 106 万元，核销债权 2 349 万元；关闭核销亏损站 90 座。企业资产负债率同比减少 7 个百分点。

（常文峰）

【成本费用得到有效控制】 2013年，河北石油分公司推进全员成本目标管理，强化全员参与，进一步做实做细各项降本措施。全年6项公务费用节支811万元，同比减少622万元。优化资金结构，提前归还基建分割贷款4.48亿元，减少利息支出1 176万元。加强与银行合作，加速资金安全回笼。优化资金调度，减少占用和沉淀，流动资金占用较年初减少4.8亿元。

（常文峰）

【劳动用工管理水平不断提升】 2013年，河北石油分公司坚持精简高效用工原则，将劳动效率作为定员定编的关键参数，建立人均劳效对标评价机制，用工总量得到有效控制。进一步优化加油站营业时间和排班方式，取消加油站专职管理岗位，实现全员加油，提高了员工在岗工时利用率和劳动效率。人均成品油经营量达到426吨，同比增幅6.5%。坚持依法用工，强化员工入职、在岗、离职关键环节和重点事项管理，未发生新的劳动争议。在石化集团公司年度劳动用工管理检查评比中，河北石油分公司位列系统第六。

（常文峰）

【风险防控更加有力】 2013年，河北石油分公司积极开展全面风险管理，梳理岗位和流程风险4 291项，初步构建全面风险管理体系。着手构建公司风险数据库，推进风险管理信息化。细化完善内控手册，强化内控检查，促进实质执行。加强加油卡日常数据监控，规范网上充值管理，维护了企业和客户利益。加强审计监督，独立开展各类审计项目11个，提出防范风险建议58条。继续推进网上业务公开，对工程建设、物资采购进行重点监督。深入开展油品数质量、非油品采购等4项效能监察，强化过程监督，为企业增加效益28.4万元。进一步完善法律合同示范文本，全面防范法律风险。持续开展打假维权活动，全年清理假冒站106座，企业权益得到较好维护。

（常文峰）

【新技术应用进一步深化】 2013年，河北石油分公司部署实施单点登录系统、移动终端办公系统和省公司机关网络准入控制系统，提高了公司办公效率。启动加油卡网关系统，打通易捷网与生产系统通道，实现网上充值功能，方便了客户查询和充值。积极推广电子商务，促进了非油品业务发展。推行加油机联动打印普通发票系统，提高了开票速度和准确率。探索实施液位仪系统和电子铅封，ERP应用不断深化。对经营网络实施油气回收技术改造。

（常文峰）

【制度建设进一步加强】 2013年，河北石油分公司加强制度体系建设，持续落实制度全生命周期管理。完善制度立项机制，严格制度审核流程，强化制度监督反馈。全年立项制度66个，审核通过55个，清理废止23个。开展“我为制度做诊断”主题活动，制度管理信息系统上线运行，进一步完善制度审核流程，有力推动了制度建设。

（常文峰）

【加油（气）站网络建设】 2013年，河北石油分公司重点锁定高速公路服务区等优质加油站，合理把握与竞争对手的竞合关系，成功获得承赤等3对高速公路服务区加油站经营权，投资回报率提高4%以上。坚持内涵发展，严格项目筛选，加强项目论证。全年加油站项目储备45座、在建1座、投营9座，初步实现“规划一批、储备一批、建设一批、投产一批”的良性发展。维护网络稳定，全年完成“拆一补一”项目4个、原地重建项目4个，对销量好、位置优的5座加油站实现土地规范化。坚持低成本发展，积极利用加油站网络优势，增加加气功能。全年建成加气站2个，储备项目12个。加大政府协调力度，突破政策壁垒，9个地市10个加气站项目获得规划审批。积极开拓LNG市场，首座LNG加气站开工建设。

（常文峰）

【加油站改造进一步推进】 2013年，河北石油分公司集中有限资金对加油站进行局部改造，完成44座增量潜力大的加油站、8个便利店、5个商客营业室的改造工作。推进“碧水蓝天”工程，克服冬季施工困难不利条件，完成82座库站的油气回收改造工作。

（常文峰）

【教育实践活动取得阶段性成效】 2013年，河北石油分公司征集意见建议206条，查摆“四风”方面问题13类，细化整改措施63项，已整改落实30项。开展领导干部正风肃纪、窗口单位（岗位）提质提效、后进片区中心工作提升3个专项行动和“两保一促”主题实践活动，促进各级领导干部和省市两级机关作风转变，赢得了职工群众的信任，得到石化集团公司督导组高度评价。

（常文峰）

【组织建设进一步加强】 2013 年，河北石油分公司完善领导班子集体决策机制和民主生活会制度，扎实开展"四好"班子创建活动。衡水公司党委被销售公司授予"四好"领导班子称号。积极推进基层党组织工作创新，新建成规范化党支部 17 个。保定公司高阳片区党支部被评为石化集团公司基层党支部建设示范点之一。探索基层班组思想政治工作的有效途径，政治辅导员试点工作平稳推进。

（常文峰）

【创先争优促进员工素质提升】 2013 年，河北石油分公司开展"青年岗位能手""青年文明号"争创，"233"骨干队伍建设、竞赛比武，"五小"建设提升，"忆传统、爱企业、创一流"，建设人民满意企业大讨论等活动，引导干部员工立足岗位、拼搏实干，为打造世界一流贡献力量。全年 1 人获中央企业劳动模范称号；12 人分别被评为石化集团公司劳动模范、营销能手、销售能手；1 座加油站被评为中央企业"青年文明号"；4 座加油站被销售公司评为文明服务示范窗口。

（常文峰）

【和谐企业建设进一步推进】 2013 年，河北石油分公司坚持"对老问题逐个梳理化解，对新问题及时解决避免转化成老问题"的原则，按照"做细、做实、做长远"的要求，打基础、抓关键、争主动，确保企业稳定；继续推进困难职工帮扶救助工作，发放帮扶救助金 3 374 万元，救助各类困难群体 8 141人次。

（常文峰）

表 1 **河北石油分公司主要生产经营指标**

指标名称 \ 年份	2013	2012	2011	2010	2009	2008
成品油销售总量/万吨	654.00	634.42	623.70	585.70	560.64	538.00
零售量	547.00	534.30	510.10	426.32	389.52	431.00
销售收入/亿元	510.80	506.65	480.00	384.70	311.68	317.00
利　润/亿元	6.50	10.07	7.10	5.80	5.10	11.00
成品油吨油费用/元	373.00	338.00	322.00	289.00	309.00	266.00
加油站总数/座	1 825	2 034	2 034	2 012	2 101	2 467

山西石油分公司

【概况】 中国石油化工股份有限公司山西石油分公司(简称山西石油分公司)前身为成立于 1951 年的中国石油公司太原支公司，1998 年整体上划石化集团公司，2000 年 10 月重组改制为山西石油分公司。山西石油分公司本部位于山西省太原市万柏林区大王路 8 号，是中国石化在山西唯一的、也是全省最大的成品油销售企业，承担着成品油资源配置、供应任务，主营汽油、柴油、煤油、润滑油、燃料油及非油品业务。公司下辖 11 个市分公司、140 个县(区)公司，实行人、财、物统一管理。截至 2013 年底，有正式职工 4 121 人，在用油库 14 座，在营加油站 1 347 座、加气站 1 座，非油品便利店 808 座，资产总额 72.8 亿元。

2013 年，山西石油分公司销售成品油 482.67 万吨；销售天然气 375 万立方米，折合成品油 3 191 吨。实现销售收入 374 亿元；报表费用总额 18.83 亿元，吨油费用 388 元；报表利润 5.1 亿元，完成中国石化总部下达计划的 110.87%。新发展加油站 8 座、加气站 4 座。全省系统油库、加油(气)站安全经营无事故。

山西石油分公司主要生产经营指标见表 1。

（刘丽婷）

【公司主要领导调整】 2013 年 4 月 9 日，石化集团公司在山西石油分公司召开干部大会，宣布对山西石油分公司主要领导进行调整：徐建春任山西石油分公司总经理、党委书记，韩烈火不再任山西石油分公司总经理，改任正局级调研员。

（刘丽婷）

【拓展市场扩销量】 2013 年，山西石油分公司坚持以市场为导向，想方设法、扩销增量。零售方面，以完善考核奖惩机制、调动全员销售热情为突破口，强化市场走访调研、贴近市场定对策。通过灵活开展营销活动，积极推动小额配送，有效激发市场活力、挖掘增量空间，最大限度遏制零售销量的持续下滑。全年，实现零售359.85万吨，同比下降5.86%，完成计划的93%。直分销方面，全面加强市场研判、密切跟踪价格走势，根据分析情况，及时调整营销策略，有效引导客户消费。大力推动汽油直销，扩展直销增量渠道，建立客户价值评价机制，积极落实“一户一策”。通过围绕市场做文章，有效维护老客户、开发新客户，为保持增量奠定了坚实基础。全年实现直分销122.82万吨，其中直销104.82万吨，同比增长16.7%，完成计划的112.7%。

（刘丽婷）

【开源节流创效益】 2013年，山西石油分公司紧紧围绕质量效益，降本节支、挖潜增效。将资源、管理作为开源节流的着力方向，有效融入制度设计、操作运行和监管落实，通过统筹协调资源采购，提高库存运作水平，优化油品销售结构，加强加油站资金管理和油品损溢管理，积极贯彻落实中央“八项规定”，全面压缩公务性支出，全力推动土地资产置换盘活、低效小站清理关停，确保了公司量减效不减。建立市、县两级指标评价体系，通过对县级公司实行模拟利润考核，设立加油站和便利店层面的指导性分析评价指标，基层一线的扩销意识、管理意识、压费意识、优化用工意识明显增强，公司发展的效益导向得到进一步加强。

（刘丽婷）

【突出重点强非油】 2013年，山西石油分公司紧紧围绕“拓市增量、扩网增速、转型增利、管理增效”4个重点，立足当前、放眼长远，稳扎稳打推动非油品业务持续发展。突出重点商品销售、适时策划促销活动、推动客户资源共享，坚持店内零售、店外团购两手抓，着力拓展市场、增加销售；稳步推进便利店改造提升、积极打造精品便利店、全力推动省级中央仓建设，坚持门店建设、中央仓建设两不误，继续抢滩布点、完善物流；调整便利店网点布局、优化便利店商品结构、加强专业化队伍建设，坚持一店一策，致力改善单店运营水平；深入开展“双学双创”，进一步完善管理制度、严肃经营纪律，严把商品进、销、存关，严格管理、精打细算，全力提升非油品线条创效能力。全年共实现非油品营业额4.63亿元，同比增长28.25%，完成中国石化总部下达计划的100.65%。

（刘丽婷）

【多措并举保安全】 2013年，山西石油分公司坚持预防为主、防治结合，全力以赴确保安全。全面落实安全生产责任制，积极组织开展安全文化建设活动，着力加强员工技能培训及应急预案演练，不断加强全体干部职工的安全意识、责任意识和安全技能、应急水平，努力实现本质安全。创新方式强化督导检查、全面加强承运商和承包商安全监管、加大隐患治理和设备管理力度，及时发现隐患、整改落实，实现安全隐患零容忍。“11·22”青岛事故发生后，山西石油分公司加强应急值班，开展安全大检查，狠抓隐患整改，严处违规责任人，从思想认识、制度执行到隐患排查与整改、违规问责等各个方面，进一步强化安全工作，保持了安全经营无事故，被石化集团公司评为安全生产先进单位。

（刘丽婷）

【提升加油站经营管理水平】 2013年，山西石油分公司针对加油站整体形象落后、基础管理薄弱等问题，在全省系统组织开展加快提升加油站经营管理水平工作。通过加强组织领导、强化责任落实，精心制定方案、稳步推动实施，实时掌控进度、定期检查验收等方式，上下联动、全员协作，共筹资9 000余万元，对867座加油站进行提升改造，进一步夯实了加油站管理基础，提升了加油站整体形象，基础设施设备、工作生活条件得到明显改善，队伍精神面貌、员工工作热情得到显著提升，为加油站真正成为公司形象之窗、创效之本奠定了坚实基础。

（刘丽婷）

【按时全面完成汽油置换升级】 2013年，山西石油分公司积极组织开展汽油置换升级，以国家要求置换终止时间为限，统筹规划汽油升级时间表和路线图，按照先零售后直批、先城市后乡村、先高速后低速、先国省道后乡村道的原则，协调联动、积极配合，合理摆布库存、优化资源衔接，稳步推进汽油置换升级。同时，加大油品监测力度，密切关注油品质量；积极宣传推介、引导客户消费，有效防控质量风险，争得了客户支持，确保了汽油置换升级的保时保质完成，为履行国企社会责任、促进“碧水蓝天”工程快步推进做出了应有的贡献。

（刘丽婷）

【协助政府部门整治成品油市场秩序】 2013年，为加强成品油市场监管、规范成品油市场秩序，山西省人民政府决定在全省范围内全面开展成品油市场秩序专项整治活动，由省商务厅牵头，联合省委宣传部、省监察厅、省公安厅等9个部门，对非法违规建设、危害人民安全、侵犯消费者权益的黑加油站、黑加油点及黑油罐车进行严厉打击。山西石油分公司紧抓这一活动契机，积极动员各市分公司加强组织领导，建立与属地政府“双打”办的联络机制，充分发挥熟悉当地成品油市场的行业优势，深入开展市场摸底排查工作，及时向当地整治工作协调小组提供本地区非法建设运营的“三黑”情况，为整治行动提供目标指引。通过积极推进落实全省成品油市场秩序专项整治工作，促进了省内成品油市场的规范有序运行，为公司经营营造了良好的市场环境。

（刘丽婷）

【石太输油管道全线贯通】 2013年10月28日，石家庄—太原成品油管道输送项目晋中—太原段建设完工并成功投油，标志着全长316千米的石家庄—太原输油管道全线贯通。该段建成投产后，结束了晋中—太原成品油调运依靠公路运输的历史，对保障省会城市成品油供应、提升公司经营质量具有重要意义。山西石油分公司的管输下载资源所占配置资源比重逐年攀升，2013年达到55%，已成为山西石油分公司成品油进货的最主要渠道之一。

（刘丽婷）

石家庄—太原输油管道晋中—太原段正式投油

【开展“请进安喜学安喜”活动】 2013年，山西石油分公司继续认真贯彻落实石化集团公司党组关于向镇海炼化和向李安喜同志学习的决定，深入开展“双学”活动，将学习李安喜作为强管理、塑队伍、促经营的有力抓手，在纪念建党92周年之际，专门组织开展“请进安喜学安喜”活动，邀请李安喜为公司党员干部上党课、做报告。

（刘丽婷）

表1　　**山西石油分公司主要生产经营指标**

指标名称＼年份	2013	2012	2011	2010	2009	2008
成品油销售总量/万吨	482.67	496.11	495.82	414.50	381.42	351.49
零售量	359.85	380.99	359.29	297.70	261.00	263.77
销售收入/亿元	374.00	399.37	400.33	290.00	228.00	232.77
利　润/亿元	5.10	8.64	6.00	4.35	4.70	10.02
吨油费用/元	388.00	341.00	313.00	308.00	290.00	297.00
在营加油站总数/座	1 347	1 426	1 483	1 502	1 400	1 386

上海石油分公司

【概况】 中国石油化工股份有限公司上海石油分公司（简称上海石油分公司）是中国石化所属在沪成品油销售企业，主营汽油、柴油、润滑油、煤油、液化气和非油品业务，是上海市成品油市场供应主渠道。

上海石油分公司前身为中国石油上海分公司，始建于1953年10月。1998年9月，成建制划转至石化集团公司。2000年2月，主营业务组成上海石油分公司。

截至2013年底，上海石油分公司共设有14个综合管理部门、5个专业中心和2个下属公司。拥有员工7 028人，其中正式工1 844人，其他用工5 184人。拥有在营油库5座，总库容64.62万立方米；在营加油站585座，其中自助加油站119座，网点占有率20.3%。

2013年，上海石油分公司完成经营总量449.31万吨，同比(下同)下降1.7%。销售成品油448.18万吨，下降0.6%，其中零售351.92万吨、增长0.8%，直销86.18万吨、增长10.5%；液化气1.09万吨，增长4.4%；终端销售比重97.7%。非油品实现经营额4.48亿元、增长25.2%，其中便利店营业额2.67亿元、增长82.0%。实现报表利润7.30亿元，减少28.7%。

上海石油分公司主要生产经营指标见表1。

(徐若茵)

【零售经营质量稳步提升】 2013年，上海石油分公司积极拓展营销方式，进一步深化与银行、邮政等单位合作，锁定私家车客户，积极开拓公务车专用加油卡市场，大力发展物流客户和出租车专用卡等，努力扩大市场份额，全年销售加油卡130.3万张，充值金额248.2亿元，持卡消费比例49.7%；通过合理调整供应站点、增加油枪、加强现场推介等方式，努力推广高标号汽油，截至年底，共有高标号汽油供应网点482座，增加19座，实现销量52.69万吨，增幅22.1%，实现创利2.82亿元；进一步优化零售体制机制，强化区域职能，激发经营活力，单站年均销量6 305吨，增幅3.6%；深化“油非互动”，拓展小额配送，全年配送量达21.23万吨，增幅34.26%；适时调整“点对点”竞争，进一步巩固和提升零售市场份额，全年完成零售量351.92万吨，增长1.45%，全年单站平均销量6 084吨，同比持平。

(徐若茵)

【平稳完成第5阶段油品置换工作】 2013年，上海石油分公司通过印制宣传手册、现场答疑、举办启动仪式与新闻发布会等方式，积极推广沪V油品，正面宣传油品置换工作，提前完成沪V汽油和国V柴油的置换工作，共置换加油站564座，油库4座，油罐58个，实现了新老标准油品销售平稳过渡。

(徐若茵)

【直销服务质量不断提高】 2013年，上海石油分公司积极开展“赢得客户心”“新老客户交流会”“优秀经营部评选”客户培训沟通会等活动，分级走访客户485家，提升服务质量，努力维护老客户；大力维护“驻家服务”，与上港集团、公交系统等大客户开展深度合作；加大终端客户开发力度，完善客户拓展奖励机制，全年新开发终端客户195家，实现销量3.87万吨。

(徐若茵)

【非油销售结构有所优化】 2013年，上海石油分公司积极优化非油品销售结构，科学调控服务类销售规模，组建易捷开店小组，完成30座便利店标准化陈列的优化提升工作；突出抓好重点商品的营销，开展“每人每班销售一瓶燃油宝”等主题营销活动，全年销售燃油宝1 711.8万元，同比增长62.2%，销售烟草7 408.1万元，同比增长40.4%；做大便利店门店销售额，全年门店销售额1.70亿元(剔除电话卡、润滑油、本部团购)，同比增长27.8%；团购业务实现突破，与高桥石化协议年度供应额度800万元，实际供应额超过1 000万元，成为石化股份公司销售企业第1家进入炼化企业的供应商。

(徐若茵)

【物流保障能力日益加强】 2013年，上海石油分公司优化资源管控，及时预判并掌握炼厂生产节奏和市场供应情况，及时调整物流运行策略，制定应急保供方案，开辟凌晨配送绿色通道，确保节日期间稳定供应；充分发挥油库、码头的仓储和中转优势，积极拓展对外有偿服务，实现创收3 056万元；积极组织自查自改，按照措施、责任、资金、时限、预案“五落实”要求，对金闵管线、过江套管等进行安全隐患专项排查，及时整改，提高安全保障能力；全年迎接国务院安委会组织的石油化工企业石油库和油气装卸码头安全专项检查3次，获得好评；公司物流中心被石化集团公司授予中国石化先进基层单位称号，被上海市授予上海市平安示范单位称号。

(徐若茵)

【资源运作注重效益】 2013年，上海石油分公司加强资源平衡组织，科学把握进货节奏，优化一、二次物流走向，及时安排配置资源实物入库，减少移库作业次数，提高管输比例，降低运营成本，自提、管输价结算量370.42万吨，占配置资源比重96%，累计节省成本6 332万元；合理降低库存成本，围绕“降库、稳库”的运营方针，加强库存管理，在确保市场供应的基础上，坚持低库存运作，达到合理库存下限水平；加强外采动态监控，根据“多销多采、少销少采”的外采策略，把握节奏，动态调整外采汽柴比例，积极采购一手优质资源，共完成外采 58.96 万吨，实际创效 2.36 亿元。

（徐若茵）

【网络发展突出效益】 2013 年，上海石油分公司加强网络拓展，发展加油站 5 座、加气站 1 座，综合改造加油站 20 座，完成固定资产投资 6 945 万元；优化项目流程，提高加油站建设效率，提前成立合资公司，工商注册合资公司 8 家，取得加油站建设用地 6 宗；抓好重点区域加油站的拓展工作，重点关注浦东新区、大居、虹桥枢纽商务区等区域地块；抓好关闭加油站重新投营工作，截至年底，已有 2 座站重新营业，2 座站即将完成验收手续，1 座站已办妥改建手续。

（徐若茵）

【安全环保扎实推进】 2013 年，上海石油分公司认真落实 HSE 工作责任制，开展安全管理提升活动，积极实施隐患治理项目，完成与石化集团公司对接隐患治理项目 1 项、公司级治理项目 13 项；扎实开展设备与 QHSE 大检查，配合国家与地方安全监督管理部门开展安全督察和检查；加强现场安全管理，加大现场巡查力度，严格落实“七想七不干”等措施，确定“平安工地”创建点 4 个；加强应急管理，制作应急预案演练示范视频，被评为石化集团公司 2013 年 QHSE 大检查“亮点”；通过实施油气回收改造、安装油库污水处理装置、改造污水管网等工作，深入推进环境保护；强化对工作现场危害监测，加强职业健康基础管理工作。全年未发生上报事故，获全国“安康杯”竞赛优胜企业称号。

（徐若茵）

【数质量工作稳步推进】 2013 年，上海石油分公司积极开展质量主题活动，加强数质量管理，严把油品质量关，配合完成石化集团公司、上海市质量技术监督局油品抽检工作 6 次，抽检油品合格率均为 100%；开展 ISO 9000 内部审核工作，审核油库 4 座、加油站 23 座和相关部门 8 个，整改问题 11 项；强化损耗管理，综合损耗率 0.02%，同比下降 50%。全年数质量管理平稳运行，未发生一起上报等级数质量事故。

（徐若茵）

【队伍建设持续加强】 2013 年，上海石油分公司进一步丰富培训方式，运用集中轮训、集体学习、远程自学等方式，实施各类培训项目共 250 项，培训员工 3.4 万人次，建立技师工作站，上报工作成果 16 项；全年 1 827 人取得技能鉴定资质，其中高级技师 4 人、技师 50 人、高级工 359 人、中级工 639 人、初级工 775 人；加强绩效管理，有效控制用工总量，将用工总量控制指标和人均劳效指标纳入薪酬考核办法，明确“减员不减薪酬”奖励政策。截至年底，用工总量同比净减少 541 人，其中加油站用工减员 379 人、油库用工减员 60 人、其他部门用工减员 102 人。

（徐若茵）

【基础管理水平不断提升】 2013 年，上海石油分公司认真贯彻执行中央“八项规定”和石化集团公司“实施细则”，切实精简会议和各类文件，强化公务接待事先审批制度，严控接待标准，公务性业务招待费同比减少 19%，实行公务用车准驾证制度，公务车辆由 157 辆减少到 51 辆，减幅 67.5%；深入开展管理提升工作，加强制度建设，修订、颁布制度 50 项；推进改善经营管理建议工作，受理各类建议 271 件；加强权证管理和股权管理，解决股权历史遗留问题 14 项；进一步完善“比学赶帮超”工作，优化指标设置，召开中途推进会，被油品销售事业部授予优秀组织奖，全年获销售企业红旗 18 面；进一步加强档案、节能和政务信息工作，被石化集团公司授予中国石化节能管理先进单位称号。

（徐若茵）

【财务管理强化预算控制】 2013 年，上海石油分公司深入推行全面预算管理，深入开展全员目标成本管理工作，提高资金使用效率，强化银企合作，降低财务费用，财务费用较预算减少 3 389 万元，全年实现降本增效 2.8 亿元，其中公务性支出同比下降 18%；加强股权投资管理，累计收回投资收益 1 亿元；加强税收筹划，争取优惠政策，共减少税费支出 1 695 万元。

（徐若茵）

【信息化水平稳步提升】 2013 年，上海石油分公司持续深化信息化建设，完成 ERP 大集中项目建设，ERP 系统应用保持石化集团公司 A 级水平；进一步提升加油卡等系统功能，实现返利规则设置和发卡网点控制等功能；加强加油站信息系统运维和基础设施管理，完成公司主干网络提升、带宽提升，线路租费下降 47%；信息基础设施和信息安全水平获石化集团公司 A 级称号。

（徐若茵）

【技能竞赛和技术比武活动获佳绩】 2013年，上海石油分公司在石化集团公司组织的技能比武竞赛中，获2枚个人奖牌，其中档案管理专业组获1枚金牌，油气管道保护工项目获1枚铜牌；在石化销售企业组织的技能比武竞赛中，信息管理线条获2枚个人奖牌和1枚团体奖牌。

（徐若茵）

【风险防控能力得到加强】 2013年，上海石油分公司推进全面风险管理，强化实质性风险管控，建立专项风险管控机制，从严落实内控，完成工程结算审计项目226项，审减率12.49%；加强普法宣传与教育，强化法律事务管理，落实罗泾油库损失赔偿事宜；效能监察立项16项，为企业增加经济效益97.07万元，避免经济损失782.79万元，节约资金145.6万元，挽回经济损失51.18万元；进一步推进业务公开工作，公开业务信息3.3万条，涉及合同金额人民币135.99亿元。

（徐若茵）

【和谐企业建设持续推进】 2013年，上海石油分公司深化“一转双创”主题活动，认真开展群众路线教育实践活动，共召开座谈会109次，发放《中国石化征求意见表》和《员工意见征询表》共计960份，收到各种意见建议692条，针对作风方面的97个突出问题，制定整改措施89项；发放困难补助金732万元，覆盖1 584人次，筹集捐款15.18万元，参加捐款职工7 502人，其中劳务工5 677人；开展“亮点人物”“十佳员工”等评选活动，召开一线员工座谈会3次，汇总意见和建议37条；建立畅通诉求通道，全年受理信访来信62件，办结率100%；积极开展宣传工作，妥善处置系统内兄弟企业发生的舆情12起。

（徐若茵）

【党建思想政治工作扎实有效】 2013年，上海石油分公司扎实推动基层党建工作，做好基层党组织换届选举，全年发展党员20人，在中国石化销售系统党建综合考评中排名第5位；加强队伍素质建设，组织党委中心组集体学习29次；有效推动精神文明建设工作，开展中国石化成立30周年、上海石油成立60周年征文活动和销售企业家文化案例征集，加强对工团、离退休工作的支持和指导，被评为2011—2012年度上海市文明单位。

（徐若茵）

表1 上海石油分公司主要生产经营指标

指标名称＼年份	2013	2012	2011	2010	2009	2008
成品油销售总量/万吨	448.18	451.02	450.42	439.08	416.99	453.89
零售量	351.92	349.13	334.05	323.41	323.17	392.38
销售收入/亿元	364.18	374.01	367.74	330.26	276.95	301.46
利　润/亿元	7.30	10.24	10.60	10.00	9.04	9.94
吨油费用/元	307.00	270.00	254.00	229.00	186.00	153.00
资产总额/亿元	103.78	98.06	99.52	88.80	48.20	42.74
加油站总数/座	611	605	613	609	591	586
在营油库数量/座	5	5	5	5	5	5

江苏石油分公司

【概况】 中国石油化工股份有限公司江苏石油分公司(简称江苏石油分公司)位于江苏省南京市中山北路395号，主营油品销售。1953年，其前身中国石油公司江苏分公司成立，1997年加入中国东联集团有限公司，1998年整体划转石化集团公司。

江苏石油分公司下设南京、无锡、徐州、常州、苏州、南通、连云港、淮安、宿迁、盐城、扬州、泰州、镇江、江阴14个区域分公司。2004年，与壳牌合资组建中石化壳牌(江苏)石油销售有限公司。

截至2013年底，江苏石油分公司拥有总资产193亿元，在营加油站达2 223座，在营油库30座，成品油管线 515 千米；累计各类用工总数 22 057 人，其中在岗正式工 3 008 人。

江苏石油分公司主要生产经营指标见表 1。

（及　非）

【较好完成全年目标任务】 2013 年，江苏石油分公司实现成品油经营量 1 286.1 万吨，同比（下同）增长 7.5%，其中零售 1 087.4 万吨，增长 6.3%；直分销 198.7 万吨，增长 14.2%。销售天然气 5.4 万吨，增长 142.1%。非油品销售收入 11.27 亿元，增长 35%。实现销售收入 1 019.13 亿元，首次突破千亿元大关，利润 20 亿元，完成中国石化总部年度计划的 117.9%。吨油费用 272 元，控制在总部下达指标内。HSE 和数质量管理无重大责任事故，企业总体和谐稳定。

（及　非）

【成品油经营有效提升】 2013 年，江苏石油分公司准确把握新价格机制下的市场规律，优化采销节奏，精心库存运作。强化经营组织，改善经营薄弱环节。加强一、二次物流衔接，优化移库和跨区配送，供应总体稳定。全年外采成品油 147.1 万吨，降本 5.6 亿元。积极推广苏 V 汽油、国Ⅳ乙醇汽油。持续开展支农惠农，农业用油供应增长 19%，“双优卡”充值金额同比增长 99.2%。

（及　非）

【零售发挥扩销创效基础性作用】 2013 年，江苏石油分公司实现零售毛利 58.9 亿元，增长 18.2%。优化加油站改造，提升通过能力；强化在营率管理，在营站达 2 223 座；实施加油卡全网络圈存，深化第三方合作和营销，全年平均持卡消费比重 47.9%（其中 12 月达 51.3%），提高 9.7 个百分点；高标号汽油销量增长 29.3%，12 月比重达 25.6%。

（及　非）

【强化直分销经营】 2013 年，江苏石油分公司实现直销量 168 万吨，增幅 9.5%。开发新客户 1 914 个，12 月直销配送率达 36%。

（及　非）

【服务模式不断创新】 2013 年，江苏石油分公司初步形成客服网站、电子商务、电话、企业 QQ、短信、手机终端“六位一体”客户服务模式。自助充值占比 15.9%，自助预分配占比 14.3%。

（及　非）

【非油品经营规模和质量显著提升】 2013 年，江苏石油分公司非油品销售收入首次突破 10 亿元；实现毛利 1.48 亿元，增长 28%。提升门店运营水平，百万元门店达 290 家。突出重点商品销售，“海龙”系列销售规模列销售系统第一。提高物流配送质量，提升门店订单满足率。完善盘点制度，建立“飞行检查”机制。优化库存管理，周转天数明显下降。

（及　非）

【天然气发展持续推进】 2013 年，江苏石油分公司加快天然气网络建设。新突破 6 个专营权障碍区域，与江苏海事、交通控股达成合作意向。全年新增开业加气站 43 座，竣工 25 座。累计开业站点 75 座（CNG44 座、L－CNG7 座、LNG24 座），取得 150 座加气站建设权。强化市场开拓，气非互动，提高 CNG 单站经营能力，日均销量 14 万立方米，增长 75%。加强 LNG 终端客户开发，新增签约客户 43 个（已加气客户 23 个）。CNG 市场份额 8%，提高 3.3 个百分点；LNG 市场份额 25%，提高 19 个百分点。

（及　非）

【储运销网络更加完善】 2013 年，江苏石油分公司突出重点项目，发展高效项目，新增加油站 61 座（开业 47 座），储备土地 23 宗。完成 25 个督办项目。新开业站预测年平均加油量超过 5 000 吨。实现 22 宗土地定向挂牌，节约投资成本 2.2 亿元。优化提升网络质量。完成加油站改造 38 座，自助站改造 195 座，实施油气回收改造 400 座，新增便利店 97 座。退租和关闭 18 座低效站。强化网络维稳，15 座加油站实现“拆一还一”。

（及　非）

【苏北成品油管道项目进展顺利】 2013 年，江苏石油分公司推进苏北管道和油库建设，完成管道焊接420千米，下沟370千米。南京玉带、泰州溱湖、淮安齐湖、徐州新安4座新建油库完成85%形象进度。谏壁、周宅子、钟楼油库扩建和长山油库码头升级达到目标进度。

（及 非）

【零售管理模式平稳调整】 2013年，江苏石油分公司充分调研论证，制定实施方案，规范用工管理，探索零售管理新体制。顺利组建加油(气)站管理公司。推进劳务用工劳动关系转移。零售体制调整总体平稳有序。

（及 非）

【安全数质量管理进一步提升】 2013年，江苏石油分公司坚持“安全高于一切，生命最为宝贵”理念，落实各级HSE责任制。开展安全生产管理提升、百日安全行动、平安工地创建、第4届消防运动会等活动。专项开展管网隐患排查，修订应急预案。强化环保专项治理。江苏石油分公司严把油品采购和质检关，严格质量抽检和接卸作业管理。强化进销存损耗管理，综合损耗率有所下降。

（及 非）

定期邀请市技术监督局质检人员随机对油罐车油品质量进行抽检

【信息化建设步伐加快】 2013年，江苏石油分公司继续实施“登高计划”，累计完成90家联营单位和独立核算站ERP系统上线。推广应用物流运营管理系统，完善提升客服网站，开发资金监管系统，实施加气站卡机联动，有效提升经营管理信息化水平。

（及 非）

【精细化管理持续推进】 2013年，江苏石油分公司深化全员成本目标管理，推进标准成本建设。推行落袋利润模型，开展单站绩效分析和对标评价。全年实现降本2.6亿元。强化物资采购供应，较预算节约6 366万元。探索“规范新增、管好存量、激活待用”土地管理模式，强化资产管理，实现租赁收入4 137万元。

（及 非）

【实施流程优化】 2013年，江苏石油分公司作为石化集团公司首家流程管理体系建设试点单位，顺利完成第1阶段工作。梳理优化工作流程732条，建立业务场景62个，制度标准化改造338项，重新梳理修订省分公司部门及岗位职责，完成业务流程串接及绘制工作，形成标准化部门岗位流程手册。

（及 非）

【强化风险管理】 2013年，江苏石油分公司抓好新版内控设计和实施，严格信用评定，落实“营改增”规定。加强重点诉讼案件处置，成功收回“两站一库”，有效处置六合办公楼强拆事件，持续打击商标侵权，开展非法经营站点清理，保障企业合法权益。围绕重点领域、关键环节和敏感事件做好审计监督、纪检监察和舆情监控工作。

（及 非）

【扎实开展党的群众路线教育实践活动】 2013年，江苏石油分公司以“为民务实清廉”为主题，扎实开展党的群众路线教育实践活动。强化理论学习，深入基层调研，认真查摆“四风”问题，收集245条意见建议，完成整改173项。

（及 非）

【强化队伍建设】 2013年，江苏石油分公司完善专业技术通道制度，公开选聘一批专业技术人才。加强青年队伍培养，开展岗位适应性专业培训。推进加油站岗位优化，严控各类新增用工，实施警消、后勤等业务外包，用工总量得到控制，人均劳效得到提升。

（及 非）

【深化企业文化建设】 2013 年，江苏石油分公司强化工会和团委工作，成立工会联合会和系统团委。以“十有”为标准，推进基层党支部建设。从团队形象、库站风采、经营看板、党建园地、安全管理等方面，开展库站“家文化”建设。深化“为民服务创先争优”活动，共评选出 31 座金牌示范站。江苏石油分公司被评为江苏省文明单位。

（及　非）

表 1　　江苏石油分公司主要生产经营指标

指标名称＼年份	2013	2012	2011	2010	2009	2008
成品油销售总量/万吨	1 286. 10	1 196. 70	1 053. 10	1 085. 00	975. 99	1 016. 74
零售量	1 087. 40	1 022. 70	960. 00	817. 00	655. 00	709. 31
销售收入/亿元	1 019. 13	958. 89	898. 36	742. 41	546. 27	636. 04
利　润/亿元	20. 00	25. 60	22. 06	19. 20	17. 47	20. 77
吨油费用/元	272. 00	247. 00	234. 00	208. 00	224. 00	185. 00
加油站总数/座	2 223	2 192	2 136	2 091	2 434	2 005

浙江石油分公司

【概况】 中国石油化工股份有限公司浙江石油分公司(简称浙江石油分公司)前身为中国石油公司杭州支公司，始建于 1950 年。1998 年 8 月与省内各地(市)、县石油公司一起成建制划转石化集团公司。2000 年 4 月划归石化股份公司并更名。本部位于浙江省杭州市。

浙江石油分公司主要经营成品油、天然气及其他化工产品，开展加油站便利店非油品、洗车和餐饮等配套服务，是浙江省内最大的成品油销售企业。截至 2013 年底，浙江石油分公司设 15 个职能处室和 3 个专业中心，下辖 11 家分公司和 2 家合资公司，从业人员 2. 4 万余人。有定位油库 27 座，储油罐容量 130 万立方米；铁路专用线 11 条，油库码头 21 座，各类终端零售网点 2 062 座，在营率 98%，其中加气站 38 座、营业 35 座；已建成运营镇海—杭州成品油输送管道 201 千米、金山—嘉兴—湖州成品油输送管道 177 千米和宁波—绍兴—金华—衢州成品油输送管道 376 千米，管道长度合计 754 千米。资产总额 198 亿元。2013 年总营业收入 1 091 亿元，报表利润 29. 3 亿元，继续居中国石化销售系统第 1 位。

浙江石油分公司主要生产经营指标见表 1。

（陈章寿）

【销售业绩创新高】 2013 年，浙江石油分公司销售成品油 1 415 万吨，同比增长 7. 1%，增长幅度超过中国石化销售系统的平均水平，在同类公司中领先。从结构看，零售 1 109 万吨，同比增长 8. 8%；直销 227 万吨，同比增长 0. 4%。从品种看，销售汽油 620 万吨，同比增长 11. 6%；柴油 737 万吨，同比增长 4. 6%。

（陈章寿）

【强化加油站建设与改造】 2013 年，浙江石油分公司发展加油(气)站 41 座，关闭低效小站 18 座，净增营业网点 23 座。新取得土地 28 宗，落实 17 个企地合作加油站建设项目。新发展的网点仍然占据城镇中心、主干公路的核心位置。在小站定向迁建、低成本落实土地、拆迁补偿等方面取得成效。安排 43 座小站改造计划，实施“小站改大站”“旧站变新站”的提量改造，其中完成 29 座站。做好加油站“微改造、微维护”工作，改善站容站貌，提高加油站运营服务效率。单站年销量达到 5 426 吨，同比提高 389 吨；拥有万吨销量站 350 座，同比增加 53 座。

（陈章寿）

【人均劳效明显提高】 2013 年，浙江石油分公司积极采取小站承包改革、推广自助加油、调整加油站营业时间和加油站劳动岗位整合等措施，优化劳动用工，在消化用工缺口的同时，全年减少用工 1 374 人，人均劳效提高约 15%。

（陈章寿）

【加大加油卡推销力度】 2013 年，浙江石油分公司加强加油卡客户经理队伍建设，扩大加油卡促销力度，增加发卡网点，发卡190万张。截至年底，累计发卡918万张，其中有效卡800万张。持卡消费比例达到40%，同比提高4%。进一步推广加油卡会员制，开展会员优惠洗车服务。会员客户由年初8万人发展到30万人。

（陈章寿）

【天然气销量位居前列】 2013年，浙江石油分公司发展加气站17座。截至年底，累计建成38座，其中营业35座。营业加气站数量居中国石化销售系统前列。全年销售天然气7 337万立方米，销量位居区内中国石化销售系统第一，基本上控制了省内嘉兴市、湖州市的天然气市场和宁波市的CNG市场。

（陈章寿）

【非油品业务持续做强】 2013年，浙江石油分公司把非油品经营指标压力变成工作动力，优化商品结构，提升服务质量，进一步做强门店业务，加油客户进店消费率居同类公司第1位。公司拥有1 807家便利店，单店日均销售额达1 808元，其中日均销售额在5 000元以上的大店105家，同比增加27家。全年实现非油品销售额11.9亿元，同比增长14.1%，居中国石化销售系统第3位。

（陈章寿）

【成品油管道建设有序推进】 2013年4月8日，宁波—绍兴—金华—衢州管道及配套油库建成并投入运行。宁波—台州—温州430千米、浙赣连接线112千米和诸暨—桐庐支线62千米3条支线管道项目已先后开工。

（陈章寿）

成品油管道工作人员正在接收第1滴油 （布 衣 摄）

【认真做好国Ⅳ油品置换工作】 2013年，作为浙江地区成品油生产和供应的主渠道，浙江石油分公司与镇海炼化一直致力于提升油品质量。积极配合浙江省相关部门做前期准备，并在杭州市区范围内进行试点，9月开始在杭州地区置换国Ⅳ标准汽油。10月1日起，杭州率先供应国Ⅳ汽油。

（陈章寿）

【重视直销不放手】 2013年，浙江石油分公司根据直分销市场变化，制定差别化经营策略，大力开展客户走访和“一户一策”营销活动，重点客户稳定率达到94%。200多名客户经理克服资源过剩、市场不景气等困难，积极开拓市场，妥善维系客户，全年实现直销量达227万吨，连续2年位居中国石化销售系统第一。

（陈章寿）

【连续16年获安全管理先进单位称号】 2013年，浙江石油分公司加强安全管理岗位人员配备，层层落实安全生产责任制，深化油库、加油站安全文化建设，积极推行安全例会制度，完善应急预案体系，加大安全检查的频率和深度，共查出2 200多项隐患问题。截至年底，全省系统内未发生重大安全、环保、数质量和经济责任事故，连续16年获石化集团公司安全生产先进单位称号，再次获中国石化销售公司标杆企业称号。

（陈章寿）

【提升数质量管理水平】 2013年，浙江石油分公司认真履行“每一滴油都是承诺”，克服油品采购量大、批次多、检验品种指标复杂等困难，加班加点做好化验，确保油品100%合格；在风险可控的前提下维持综合“零损耗”，同比减少油品损耗4 571吨。分公司连续3年获中国石化质量工作先进单位称号。

（陈章寿）

【投入产出率最优】 2013年，浙江石油分公司经济增加值（EVA）17.5，净资产收益率（ROE）24%，继续保持中国石化销售系统第一。近3年滚动吨油投资845万元，在中国石化销售系统中最低。

（陈章寿）

【降本增效成绩显著】 2013年，浙江石油分公司加强全员成本目标管理，降本增效4亿多元。其中，物流优化降费7 000万元；税费筹划减免退还5 893

万元，营改增节费3 466万元；降低油品损耗增效2 700多万元；公务性支出同比下降12%，节费997万元；加强资金集中管理，实现存款利息及委贷收入等2.3亿元。成品油吨油费用为252元，低于预算11元，在中国石化销售系统中最低。

（陈章寿）

【风险管理更加到位】 2013年，浙江石油分公司持续深化ERP应用，加大基层信息化集成管理，探索库站管理远程化、智能化应用，推进作业自动化、自助化改造。重点监控资金、商品和发票风险，深入一线堵塞漏洞，规范网点经营行为，全年销售额超过1 000亿元，没有发生一笔呆账、坏账。获石化股份公司年度财务管理先进单位和财务决算报告先进单位称号，获石化集团公司全员成本目标管理贡献程度奖和领先程度奖。

（陈章寿）

【党建工作切实加强】 2013年，浙江石油分公司认真贯彻执行中央"八项规定"和石化集团公司"实施细则"，开展好党的群众路线教育实践活动，遵章守纪，转变作风，深入基层为职工办实事，充分听取党内外声音，切实查找和整改"四风"问题41项。加强全省系统党建标准化、一体化考核，进一步规范党员发展程序，落实党风廉政"一岗双责"，不断丰富党员学习、廉洁教育的内容和形式，构建廉洁风险防控体系，有效发挥了党组织战斗堡垒作用，永葆党员干部先进性、纯洁性。

（陈章寿）

【员工队伍建设正常有序】 2013年，浙江石油分公司加强企业人才规划，完善在岗职工薪酬晋档考核。对4 472名正式职工进行360度全方位考评，总评价次数达到38 424次。开展竞赛比武、职业技能鉴定和新员工轮岗工作，继续组织多层次、多门类员工培训，全年培训3.4万人次。制定劳务用工管理和薪酬标准方案，推进依法用工和同工同酬。

（陈章寿）

【启动《浙江通志·能源业卷·成品油章》编纂工作】 2013年，浙江石油分公司根据浙江省人民政府的工作部署和浙江省能源局的计划安排，积极抽调人员、落实办公场地和资金，采取边培训、边学习、边工作的渐进方式，于5月启动《浙江通志·能源业卷·成品油章》的篇目论证、资料搜集和卡片制作等编纂前期工作。

（陈章寿）

表1　　浙江石油分公司主要生产经营指标

指标名称＼年份	2013	2012	2011	2010	2009	2008
成品油销售总量/万吨	1 415.00	1 321.30	1 273.60	1 214.00	1 082.70	1 100.00
零售量	1 109.00	1 019.60	937.70	842.60	763.50	843.70
报表利润/亿元	29.30	33.86	27.88	21.00	20.80	28.60
吨油费用/元	252.00	249.00	224.00	187.00	173.00	167.00
加油站总数/座	2 062	2 039	2 004	1 963	1 911	1 905

安徽石油分公司

【概况】 中国石油化工股份有限公司安徽石油分公司（简称安徽石油分公司）前身中国石油公司安徽支公司成立于1952年，1998年6月成建制划转石化集团公司，2000年改制重组为安徽石油分公司，本部位于安徽省合肥市。公司主营汽油、柴油、天然气和非油品业务，兼营油库和加油站的设计，以及经营润滑油、汽车清洗服务等多种业务，是安徽省内最大的成品油销售企业。

截至2013年底，安徽石油分公司下设13个管理部门、4个专业中心，下辖16个市级分公司；用工总量9 997人，其中正式职工3 138人；总资产83.98亿元，资产负债率36%；在用油库18座，库容总量56.13万立方米；铁路专用线16条，总长18 551米；接卸油码头8座；成品油管线172千米，在营加油站1 355座。

2013 年，安徽石油分公司经营总量 538 万吨，其中成品油经营量 534.73 万吨，天然气 3 797 万立方米；零售量 411.89 万吨，直销批发量 122.84 万吨。销售收入 414 亿元，吨油费用 314 元，报表利润 8.91 亿元。连续第 5 年被石化集团公司评为安全生产先进单位，获石化集团公司质量工作先进单位称号，连续第 2 年获石化集团公司 A 类企业称号，连续第 4 年获销售公司标杆企业称号。

安徽石油分公司主要生产经营指标见表 1。

（邢大金）

【经营业绩再上新台阶】 2013 年，安徽石油分公司克服市场需求不旺、竞争加剧、成本增长等诸多困难，根据成品油市场阶段性特征，加强分析与研判，紧盯调价变化，把握大势，灵活策略，运用量价互促、采销平衡、低库存运作等手段，精心精细经营，全力扩量增效，公司经营业绩再上新台阶。全年销售成品油 534.73 万吨，同比增长 6.8%；非油品营业额 4.84 亿元，同比增长 33.1%；销售天然气 3 797 万立方米，同比增长 174.7%。实现报表利润 8.91 亿元，完成石化集团公司下达计划的 133%，完成进度在销售系统排第 6 位。

（邢大金）

【零售销量实现新突破】 2013 年，安徽石油分公司将做强零售作为提升创效的重要抓手，根据市场变化和经营要求，及时调整考核办法，强化奖惩兑现，调动增量的工作积极性，通过组织全员销售竞赛，开展 IC 卡“四进”营销、“交叉营销”等活动，挖掘增量潜能，扩大零售销量。全年零售量首次突破 400 万吨，达到 411.89 万吨，同比增长 11.5%，增幅在销售系统排第 2 位。其中汽油销售 189.62 万吨，同比增长 13.8%；柴油销售 222.27 万吨，同比增长 9.6%。

（邢大金）

【IC 卡充值达到 140 亿元】 2013 年，安徽石油分公司积极开展 IC 卡销售活动，以春节、端午、中秋、国庆等节日为契机，开展 IC 卡“四进”工作，与电信、银行合作开展交叉营销活动，“三夏”期间开设“农机加油绿色通道”为农民提供办卡便利和优惠，利用汽车展销会、汽车网等平台，积极推介 IC 卡，IC 卡销售业绩明显提升。全年发售 IC 卡 57.2 万张，同比增长 24.3%；累计充值 140 亿元，同比增长 24%。

（邢大金）

【非油品销售实现新增长】 2013 年，安徽石油分公司紧紧围绕非油品销售任务，立足便利店门店销售，根据节假日、时令性需求，组织开展“油非互动”“满购即送”“1 元购”“周周特价”“高峰营销”等营销活动，狠抓燃油宝、枸杞干果、茅台系列、长城干红等重点商品销售，并适度发展团购，开展“走出去”营销，补充门店销售不足，实现非油品业务新增长。全年完成非油品营业额 4.84 亿元，同比增长 33.1%；重点商品销售 4 163 万元，同比增幅 11.3%。

（邢大金）

【百万元便利店发展到 170 座】 2013 年，安徽石油分公司年初确定百万元店发展目标，制定详细培育方案，年中跟踪落实培育措施，在铺货配送、营销激励、督导运营等方面重点支持，给予大店一定的薪酬倾斜政策，鼓励大店自主营销，全面推进百万元便利店培育工作。截至年底，公司百万元便利店达到 170 座，年净增 50 座，百万元店销售贡献率达 47.3%。

（邢大金）

【天然气销售迅猛增长】 2013 年，安徽石油分公司制定《天然气经营管理部门职责》，明确天然气网络发展、资源保障、加气站经营、客户开发与维护、HSE 管理等归口管理部门的职责，规范加气业务流程，聘请加气站专业管理人员，选派骨干人员参加技术监督局和燃气管理处的培训，做到员工持证上岗，推进天然气业务专业化管理。同时，针对不同天然气客户的特点，开展“加气让利”活动，采取“即充即返”“翼支付充值加气优惠”等办法吸引客户，并将加气业务纳入经营考核，把经营压力传递到客户经理、加气员，调动天然气销售的积极性，促进加气增量。全年加气量达到 3 797 万立方米，完成全年计划 1 500 万立方米的 253.1%，同比增长 174.7%。

（邢大金）

【网络建设取得新发展】 2013 年，安徽石油分公司认真落实中国石化总部“效益优先，有效发展”的要求，及时转变发展思路，调整考核方向，将工作重点放在重点部位土地落实和重点部位加油（气）站建设上，继续实施加油（气）站提量扩能改造，狠抓项目投营，有序推进管道建设。在有效控制投资的基础上，网络建设取得新发展，网络布局得到进一步优化完善。全年新发展加油站 57 座，重点部位比例

94.7%，加气站 12 座，全部在市区、城区位置；完成加油站改造 23 座；新开业加油站 57 座、加气站 19 座；新增储备用地 40 宗，重点部位比例 87.5%；成品油管道累计回填 349.45 千米，5 座配套油库全面开工建设。

（邢大全）

【油气回收改造工作全面启动】 2013 年 4 月，安徽石油分公司全面启动油气回收改造工作。省市公司成立油气回收改造工作领导小组，编制油气回收改造实施计划，完成设计、监理、施工单位及相关设备供应商的入围招标，组织对 7 家入围施工单位项目经理、现场负责人、主要技术人员进行集中培训，开展合肥、芜湖、马鞍山等 9 个市公司主要项目管理人员的专项培训工作，油气回收改造工作有序向前推进，截至年底，累计完成 32 座加油站油气回收改造。

（邢大全）

【精细化管理取得新提升】 2013 年，安徽石油分公司以加油站、油库、管线为着力点，狠抓安全生产责任制落实，加大安全隐患排查和治理，强化油品进、销、存各环节数质量的检查和监督，全年未发生上报石化集团公司安全、数质量事故，被评为石化集团公司环境保护先进单位和质量工作先进单位，连续 5 年被评为石化集团公司安全生产先进单位。建立健全风险防控体系，落实“三重一大”制度，深化内部控制，加强审计监督，推进效能监察和业务公开，加强项目投资、合同管理、招投标、资金资产管理等工作，加大法律风险自查与防控，坚持打假维权，增强了企业抵御风险的能力。深化全员成本目标管理，降本增效明显，其中减少二次物流运费 400 万元，公务性支出同比减少 100 万元，降低税费性支出 5 691 万元。

（邢大全）

【“比学赶帮超”工作持续推进】 2013 年，安徽石油分公司紧紧围绕“提升发展质量和效益”中心任务，强化组织领导，明确岗位职责，层层分解任务，传递考核压力，深入推进“比学赶帮超”工作。以“比学赶帮超”工作为抓手，发动全员参与，全方位对标先进、追赶先进、争做先进，各项工作迈上新台阶，获销售企业红旗 33 面（其中年度红旗 7 面），红旗总数位列销售系统第 5 名，连续第 4 年获销售公司标杆企业称号。

（邢大全）

【队伍建设持续加强】 2013 年，安徽石油分公司以“四好”班子建设为抓手，开展公司领导班子副职后备人员推荐工作，考察、调整 15 个市分公司班子，新提拔 6 名中层干部，干部队伍进一步优化。规范员工薪酬管理，畅通人才成长通道，做好大学生引进工作，员工队伍活力进一步增强。继续开展技能竞赛比武和职业技能鉴定工作，截至年底，获技能等级员工人数达到 2 375 人，其中高级技师 6 人、技师 73 人、高级工 824 人、中级工 744 人、初级工 728 人。通过集中授课、远程培训、岗位练兵、自主学习等多种方式，强化加油站“五项技能”和油库“七项全能”培训，已完成培训 1 762 人，取得认证 1 066 人。

（邢大全）

【党建维稳工作基础持续夯实】 2013 年，安徽石油分公司积极推进党建系统化建设，实施“把骨干培养成党员，把党员培养成骨干”的双培育工程，按照“九个有”的标准加强基层组织建设，党建工作基础进一步夯实。认真落实党风廉洁建设责任制，加大廉洁风险排查，规范领导干部权力运行，反腐倡廉建设取得实际成效。开展中国石化成立 30 周年纪念、迎“七一”等活动，加强“家文化”建设，组织员工职业道德大讨论，开展“责任与借口”主题征文活动，推进了企业文化建设。加大不稳定因素排查，推动“事要解决”，落实救助帮扶政策，发放求助金 500 余万元，并将新增薪酬向一线倾斜，营造了企业和谐氛围。

（邢大全）

职业道德演讲比赛场

表1 安徽石油分公司主要生产经营指标

指标名称 \ 年份	2013	2012	2011	2010	2009	2008
成品油销售总量/万吨	534.73	500.64	466.98	454.00	431.56	431.08
零售量	411.89	369.55	335.60	303.00	279.93	312.33
销售收入/亿元	414.00	392.00	360.00	302.00	244.12	259.51
报表利润/亿元	8.91	12.02	9.84	6.75	7.57	10.62
吨油费用/元	314.00	293.00	270.00	320.00	280.00	232.71
加油站总数/座	1 796	1 760	1 683	1 633	1 561	1 515

福建石油分公司

【概况】 中国石油化工股份有限公司福建石油分公司(简称福建石油分公司)的前身为福建省石油总公司，成立于1952年10月13日。1998年7月成建制划归石化集团公司。2000年3月，按主辅业分离的原则，福建石油公司重组为福建石油分公司和中国石油化工集团公司福建石油总公司。2006年10月成立中国石化集团资产经营管理有限公司福建石油分公司(简称福建石油资产分公司)，12月注销福建石油总公司。2007年7月24日，福建石油分公司成品油业务划入由中国石化和埃克森美孚、沙特阿美合资成立的中石化森美(福建)石油有限公司(简称中石化森美公司)。2010年4月，福建石油分公司燃料油业务上划中国石化燃料油销售有限公司。2012年6月，福建石油分公司润滑油业务上划中国石化润滑油公司。福建石油分公司与福建石油资产分公司合署办公，统称福建石油分公司。福建分公司和中中石化森美公司统称福建石油。福建石油分公司的业务范围主要有成品油零售、化工产品经营、成品油管道运营管理、资产管理以及联营企业管理等。

福建石油分公司本部位于福州市鼓楼区中山路18号，设有8个职能处室、2个专业中心和2个项目部，下辖9个地市分公司及厦门市鹭甬石油化工有限公司。截至2013年底，在岗员工2 081人，其中正式工367人、劳务工1 689人、非全日制用工25人；内退职工277人；离退休职工2 316人。公司总资产102.42亿元。

福建石油主要生产经营指标见表1。

(黄兆军)

【赢利渠道进一步拓展】 2013年，福建石油分公司经营总量160.55万吨(不含中石化森美公司，下同)，其中成品油140.05万吨，其他20.5万吨；实现利润3.56亿元，超预算2.46亿元；商品流通费用总额5.77亿元，比预算低0.75亿元。截至年底，公司自有加油站数量已达到69座，持续发展能力不断增强。化工经营强化市场导向，调整业务结构，加大合作经营产品规模和力度，积极有效应对市场变化，取得良好经营业绩，销售化工及其他产品26万吨，同比增长147%。资产管理贴近市场，实行分类出租管理办法，实现资产出租收入2 396万元，同比增加252万元，增长11.8%。加强资金管理，增加利息收入1 800万元。

(黄兆军)

【中石化森美公司经营管理不断强化】 2013年，中石化森美公司成品油销量578.5万吨，同比增长3.3%；实现利润12.3亿元。销售高标号汽油21.8万吨，同比增长18.6%，在汽油总销量中的比重为24.8%，同比增长2.5%。小额配送总量17.6万吨，同比增长45%，在柴油零售量中的比重由年初的6.9%提升到9.2%。IC卡持卡消费比例36.7%，同比增长2.9%。新增自助、半自助加油站104座，累计202座，占在营加油站的21%。便利店营业额2亿元，同比增长25%。公司承担的国家级成品油商贸服务业标准化试点项目高分通过国家评估验收，申报的“成品油销售企业强化执行力的岗位标准化建设”项目被评为第20届全国企业管理现代化二等创新成果，获中国石化第22届管理现代化创新成果一等奖。

(黄兆军 葛惠芳)

【网络发展再上新台阶】 2013年，福建石油着力发展高速加油站，加快新建项目手续办理，做好社会站的收购，强力推进加气站发展，持续推进待用土地置换加油站建设用地工作，全力推进网络发展。全年发展加油（气）站 46 座，其中福建石油分公司 27 座、中石化森美公司 19 座，超额完成中国石化总部下达的 30 座的网络发展任务。截至年底，福建石油在营站突破 1 000 座，达到 1 002 座，为企业持续有效发展奠定了坚实基础，对市场的整体控制力和导向能力得到进一步提升。

（黄兆军）

【福建成品油管道一期全线投营】 2013 年 3 月，管道南线投入运营，福建成品油管道一期 326 千米管线及 4 座配套油库全部投产，管输量快速增长。全年管道输油 104 万吨，同比增长 77. 39%；油库吞吐量 494 万吨，同比增长 28%；实现仓储营运收入 1. 24 亿元，同比增长 60%。

（黄兆军）

【对外投资管理持续加强】 2013 年，福建石油分公司加大对联营企业的管控力度，完成股权管理信息系统初始化工作。实行预算管理，明确各联营企业工作目标和任务。定期对联营企业经营、预算执行、资金使用和有关财经制度执行情况进行检查，对业务经营、资产管理、财务状况、经营成果以及股东权益保证等方面进行详细分析，促进联营企业规范管理，提高企业赢利能力。联营企业销售成品油及液化气 51. 67 万吨，其中成品油 49. 38 万吨、液化气 2. 29 万吨。实现净利润 8 146 万元，同比增长 39%。实现投资收益 5 734 万元，投资收益率 8. 5%。

（黄兆军）

【连续 12 年获石化集团公司安全生产先进单位称号】 2013 年，福建石油分公司制定《职业卫生基础建设工作方案》及外管道管理制度 21 项、应急预案 30 项，对直接作业环节安全管理等 9 个方面 55 项 QHSE 和设备管理制度进行了修订，加强标准化建设，实现安全教育、行为与考核标准化，HSE 管理量级化创新模式获石化集团公司现代化创新成果三等奖。分层次、多形式开展安全教育培训，组织各类培训 903 人次，安全技能比武和标准化操作对抗赛 289 场次。加强设备定期检修保养，投入 2 485 万元资金对油库消防、配电、收发油等系统、设备及部分加油站进行隐患治理和维修改造，确保设备完好。加强作业现场监护和应急救援演练。抓好外管道巡线管理，加强第三方施工监管，加大管道占压清理力度，确保外管道安全。数质量管理更加扎实，职业卫生工作和“碧水蓝天”行动有效推进。全年未发生上报石化集团公司等级事故，实现安全生产态势的总体平稳，连续 12 年被石化集团公司评为安全生产先进单位。

（黄兆军）

防溢油演练

【员工队伍不断优化】 2013 年，福建石油分公司举办信息、人事、财务等线条培训班 51 场，培训员工 1 400 多人次。物流优化专业获铜奖，客服专业获团体第 10 名。30 名员工获加油站技师资格，14 名员工获油品储运调和操作工技师资格。272 名员工通过加油站操作员、油品储运调和操作工 2 个工种的高级工鉴定，646 名员工通过中级工鉴定，813 名员工通过初级工鉴定，鉴定总通过率达到 67%。积极推进中高级人才的评聘使用工作，促进员工队伍职业素养提高。1 人获教授级专业技术职称，9 人获高级专业技术职称，12 人获中级专业技术职称；选聘财务管理主任师 1 名。健全干部考核、选拔、管理机制，不断优化干部知识、能力结构，选拔了 3 名副处级管理人员，岗位交流 10 名中层干部，4 名干部退出现职，改善了中层管理干部队伍结构。

（黄兆军）

【企业形象持续提升】 2013 年，福建石油积极参与地方扶贫与公益事业，加强与帮扶挂钩单位的对接联系，有效开展帮扶工作。全年向帮扶挂点单位捐赠各类帮扶资金、“三下乡”资金共 165 万元，企业社会形象得到提升。

（黄兆军）

福建石油代表中国石化向武平县捐赠扶贫资金

【党建思想政治工作深入开展】 2013年，福建石油分公司党委认真贯彻落实石化集团公司党组、福建省委的各项部署，深入开展党的群众路线教育实践活动，不断加强和改进党建思想政治工作，促进公司持续有效和谐发展。坚持开门搞活动，共征求意见建议177条。通过活动，公司公务性费用得到有效控制，公务费用比预算节省682万元，同比减幅达2.6%。修订完善相关制度18个，精简相关文件82份，同比减幅达15%。进一步规范党委班子会议议事规则和工作制度，完善市公司党委班子会议形式，有效发挥市公司党委班子协调各专业线工作的重要作用。基层党建工作得到加强，继续开展"一个党员一面旗帜""党员责任区"活动。加大"双培养"工作力度，将"同等条件下党员优先"作为选聘站长、领班、客户经理、ME的重要标准。积极推进比学赶帮超、创先争优、一转双创等各类主题活动，党员先锋模范作用和党组织的战斗堡垒作用得到发挥。坚持开展"送温暖、献爱心"和帮扶救助工作，重视和加强对困难员工的关注和帮扶，一批困难员工得到及时救助，企业的温暖和"家"文化的理念得到有效传播。

（黄兆军 黄正袁）

表1 福建石油主要生产经营指标①

指标名称＼年份	2013	2012	2011	2010	2009	2008
成品油销售总量/万吨	585.21	577.87	567.10	515.60	425.00	464.00
零售量	455.95	438.00	427.90	359.60	303.00	349.00
销售收入/亿元	465.95	449.68	429.73	349.29	255.08	289.80
利 润/亿元	15.85	15.57	23.22	14.87	12.99	19.98
费用总额/亿元	16.31	14.54	14.80	13.30	11.52	10.91
吨油费用/元	269.00	252.00	261.00	245.00	249.00	220.00
加油站总数/座	1 002	958	910	856	810	796

①合并后的数据去除中石化森美公司和福建石油分公司重复计算部分

山东石油分公司

【概况】 中国石油化工股份有限公司山东石油分公司（简称山东石油分公司）前身山东石油公司始建于1953年，1998年6月划归石化集团公司，本部位于山东省济南市。截至2013年底，山东石油分公司下属17个市公司、133个县公司（市片区），用工总量2万余人；有加油站2 624座，油库26座（库容量93.5万立方米）；固定资产原值83亿元。

山东石油分公司承担着山东省成品油供应保障任务，是省内最大的成品油销售企业，经营范围：汽油、柴油、煤油、天然气销售；润滑油、燃料油、沥青、石油添加剂、化肥的销售、仓储；非油品等业务。2013年，销售成品油1 180万吨，实现销售收入900亿元，山东省内成品油市场占有率约为63%。

山东石油分公司主要生产经营指标见表1。

（宋 鹏）

【完成油品质量升级】 2013年，山东石油分公司积极配合山东省有关部门做好大气污染防治工作，有序安排油品质量升级，7月1日起全面供应国Ⅲ柴油，12月1日起90%以上加油站开始供应国Ⅳ汽油。

（宋 鹏）

【零售业务实现新突破】 2013年，作为第10届中国艺术节全程合作伙伴，山东石油分公司开展“服务十艺节 彰显高品质”等系列营销活动，全方位、多层面开发客户。抓住“营改增”机遇，积极拓展物流市场，全年零售量创历史新高。优化发卡网点质量，加大发卡点建设力度。全年发售加油卡228万张、充值卡1 400万张。积极扩大高标号汽油销售，加大考核激励力度，加强宣传引导，全年销售97#汽油81.7万吨，增长36%，零售比重提高至23.3%，增长7%。97#汽油销售站点占加油站总数的71.3%。

（宋 鹏）

【充分发挥直分销优势】 2013，山东石油分公司开展“赢得客户心”等主题活动，创新营销手段，应对市场竞争；强化县级市场开发力度，扩大区外市场销售；发挥地炼资源优势，实现扩销增量。全年县级市场油库销售79.1万吨，增长20.9%；汽油销量34.5万吨，增长74.1%。

（宋 鹏）

【非油品业务实现可持续发展】 2013年，山东石油分公司加强基础管理，做大经营规模，抓好便利店改造，提升网络竞争力。强化采购管理，优化供应链管理，全年省公司统采商品(剔除烟草)3.5亿元，采购占比为74%，增长41%，非油品中央仓累计吞吐量9.3万吨，配送商品3.4亿元。推进快餐、汽服、广告及其他增值项目开发，提高了赢利能力。

（宋 鹏）

【加油(气)站网络建设】 2013年，山东石油分公司大力发展加气站建设，全年新增加气站18座，累计投营51座。提前筹划，加快LNG加气站选点与建设工作，拓展LNG业务，已建成LNG加气站5座，投营2座。根据总部LNG加气走廊建设规划，做好山东市场“两横三纵”选点布局，疏通董家口资源后路，得到总部的充分肯定。加油站发展坚持新建为主、自建站优先的原则，重点关注新开发城区、新兴城市规划，全年完成新建加油站61座。做好加油站“补一拆一”工作，全年拆除加油站20座，已落实“补一拆一”政策18座，并取得经济补偿1 236万元。多措并举，严厉打击侵权加油站。2013年共发现侵权加油站97座，已全部清理并通过法律诉讼获得赔偿130万元。

（宋 鹏）

【加油站提量改造和油气回收】 2013年，山东石油分公司围绕提升单站销量，遵循“县公司选址，市公司论证，省公司决策”投资程序，强化了项目前期论证审查工作。全年改造竣工加油站55座，改造后平均单站销量增加920吨，增长32%。油气回收改造稳步推进，截至年底，8家市公司已完成油气回收改造加油站128座。

（宋 鹏）

【人力资源管理更趋精细】 2013年，山东石油分公司加强干部队伍建设，建立挂职锻炼制度，优化人才队伍配备，畅通人才成长通道。推进“内部挖潜、优化整合、精简用工”工作，严控用工总量，提高劳动效率。抓好管理骨干培训，积极推广远程教学。全年组织各类重点培训56期、2 738人次。

（宋 鹏）

【财务资产管理严谨高效】 2013年，山东石油分公司完善全面预算制度，强化全员成本目标管理，提高会计核算和财务管理水平，全年完成降本增效1.89亿元。紧盯税收成本及资金占用，开展税收筹划专项活动，全年抵减税费9 000万元。加强资金预算管理，优化资金收支方式，资金调度有序，全年减少财务费用3 100万元。做好闲置土地盘活工作，加大不规范用地整改力度，全年共盘活闲置土地35宗、面积515亩(34.33万平方米)，完成不规范用地整改19宗、面积119亩(7.93万平方米)，实现降本增效1.47亿元。抓好资产现场管理和清查，积极盘活闲置资产，大力处置无效资产，优化了资产结构。

（宋 鹏）

【安全管理扎实规范】 2013年，山东石油分公司健全HSE管理体系，HSE管理系统成功上线。认真开展隐患排查与治理，全年累计投入隐患治理资金6 455万元。强化承包商及施工现场管理，认真组织青岛“11·22”事故后的安全检查及隐患排查。抓好加气站设备基础建设，落实现场监管责任。从实战出发强化应急工作，修订油库、加油站应急预案10 973项，开展各类演练49 135次，15万余人次参加了演练。

（宋 鹏）

【信息技术有效应用】 2013年，山东石油分公司加强ERP及加油卡等系统建设，确保信息安全，提升管控能力。以业务为驱动，提升创新能力，经营管理平台建设取得阶段性成果，山东石油分公司获得2013年全国石油和化工行业“两化”融合优秀项目奖。推进加油站终端虚拟化建设，在济南、烟台、泰安

100余座加油站进行了试点，效果初显。

（宋　鹏）

【数质量管理细致严密】 2013年，山东石油分公司完善数质量管理制度，拓展提升射频铅封管理系统，实验室信息管理(LIMS)系统2月1日正式运行。强化数质量监督检查，全年共抽检165座加油站、356条加油枪，盘点油品库存654罐次，抽查油库55座次。未发生等级数质量事故及媒体曝光事件。

（宋　鹏）

【审计监察效能充分发挥】 2013年，山东石油分公司开展各类审计项目15项，审计工程预决算1 934份，实现增收节支3 527万元。强化源头介入，开展效能监察，全年避免经济损失1 686万元。推动业务公开及网上巡视工作，公示金额逾2 208亿元。全年共稽查加油站700余座次、营业室及配送点27次，规范了经营行为。

（宋　鹏）

【稳步推进各项改革】 ①完善薪酬考核分配办法。以持续推进统一基本薪酬制度为依托，调整基本薪酬标准，进一步加强绩效考核管理；明确内部分配标准，强化薪酬分配的激励导向作用。②优化财务管理模式。以财务清账流程优化为突破口，逐步推进财务共享服务建设；组织财务人员开展财务清账流程梳理，搭建跨区域集中核算平台，实现市级公司统一核算的财务管理新模式，在济南、德州等5家市公司试点基础上在全省推广。③深化制度标准化体系建设。初步建立了“管理制度化，制度表单化，表单信息化”制度流程管控模式，分别构建了省公司层面涵盖324项标准化制度和市公司层面涵盖931项标准化制度管理体系。④积极开展“学镇海、抓对标”主题活动。夯实对标评价机制，确立了277项省公司对标指标和56项市公司对标指标。⑤创新企业管理模式。经营管理平台实现了对各应用系统的数据集成和整合，积极探索液位仪系统深化应用，加快油库自动化建设；在管理创新理论和实践方面取得明显进步，有3项成果分获第22届管理现代化创新成果一、二、三等奖。⑥完善合资企业管理机制。建立合资企业经营分析和月度定期通报制度，依据《公司法》，落实合资企业管理办法，对合资企业股权管理情况进行了检查；明晰了合资企业设立及管理流程和议事规则，规避了投资风险。

（宋　鹏）

【抓好党建工作促和谐稳定】 ①扎实开展党的群众路线教育实践活动。省和各市公司党委组织集体学习82次、225学时，先后4次征求意见，收集各类意见建议125条，并将整改问题贯穿全程；认真查摆“四风”，领导班子及党员干部作风建设呈现新面貌，干群关系进一步密切。②信访稳定成效显著。深化落实“五个到位”，研究解决群众利益诉求。在积极排查矛盾纠纷的基础上，提出共性问题解决意见，指导和督促基层化解个性群体矛盾，积极推动化解个性信访积案，企业和谐稳定的局面持续好转。③反腐倡廉持续深化。开展廉洁自律承诺活动，完善廉政档案；推进廉洁风险防控工作，2013年共排除廉洁风险1 737项。④员工关爱落实到位。坚持“真困难、真帮助”，为4 786名未退休人员、2 827名退休人员发放了生活资助，节日走访慰问1 826人次。⑤抓好舆论宣传工作。坚持抓好内外结合，对内办好《山东石油报》，对外加大在社会媒体的宣传力度，在《大众日报》等主流媒体发稿474篇；邀请“走进新国企”记者团18家媒体走进企业，集中采访宣传；做好负面舆情应对处置，有效化解负面舆情25起。

（宋　鹏）

表1　山东石油分公司主要生产经营指标

指标名称＼年　份	2013	2012	2011	2010	2009	2008
成品油销售总量/万吨	1179. 90	1 120. 60	1 074. 50	1 035. 00	986. 00	875. 00
零售量	846. 20	800. 40	750. 00	702. 80	664. 00	681. 00
销售收入/亿元	900. 59	880. 47	835. 57	707. 99	585. 93	603. 78
利　润/亿元	10. 91	17. 31	14. 65	11. 02	8. 66	22. 63
吨油费用/元	270. 00	275. 00	257. 00	212. 00	187. 00	178. 00
加油站总数/座	2 624	2 684	2 548	2 637	2 591	2 528
自营加油站数	2 505	2 553	2 427	2 505	2 460	2 528

河南石油分公司

【概况】 中国石油化工股份有限公司河南石油分公司(简称河南石油分公司)位于河南省郑州市，是石化股份公司在河南省的唯一成品油销售分支机构。其前身为1950年7月成立的中国石油贸易分公司郑州分公司，1998年划归石化集团公司，2000年5月31日，河南石油分公司在河南省工商行政管理局注册成立。截至2013年底，河南石油分公司共设15个综合管理部门和5个专业中心(部门)，下辖19个市分公司和108个县分公司及58个市级片区，共有正式员工4 718人，拥有在营加油站(点)3 186座；在用油库23座，库容95.7万立方米；铁路专用线22条；资产总额131.5亿元。

河南石油分公司经营管理范围为汽油、煤油、柴油的批发、零售；燃气经营；零售预包装食品；卷烟、雪茄烟的零售；国内版图书报刊、电子出版物、音像制品的零售；润滑油、燃料油、沥青的销售；石油化工品的销售、日用百货便利店经营，纺织、服装、日用品、五金、家用电器及电子产品、充值卡的零售，彩票代理销售、委托代理收取水电费、票务代理服务，广告服务；汽车清洗服务，技术及信息的研究、开发、应用。

2013年，河南石油分公司购进成品油753.9万吨。全年完成经营总量767.2万吨，其中成品油761.2万吨；终端销售比重达到99.6%；实现非油品业务营业额7.41亿元，累计上线管理易捷便利店1 341座。

河南石油分公司主要生产经营指标见表1。

(韩　笑)

【持续抓好全面改善管理】 2013年，河南石油分公司完善大零售管理体制，探索建立以标准化、专业化、智能化为主要特征的连锁管理模式；建立大督察管理机制，修订加油站督察管理办法和督察管理流程，明确省、市、县、站督察重点，深刻剖析基层单位的焦点及共性问题，从源头和整体上落实整改措施；持续推进加油站、便利店、营业室、油库标准化管理，制定客户服务、站务管理、安全设备、数质量4个大类、16项操作流程、82个子流程、257条操作标准；以加油站(店)、油库为中心，以业务流程范围为半径，以站、库、店、客户、员工等为管理对象，开展流程梳理及制度清理完善工作，编制经营业务流程框架图和9个大类经营业务内容及317个一级业务流程目录，并编写岗位责任说明书。

(韩　笑)

【持续平稳推进网络发展】 2013年，河南石油分公司借助双方合作平台，积极推进省企战略合作协议项目的落实，更加注重投资回报，更加注重发展质量，坚持“优中选优，有效发展”原则，重新优化已选站点，以城市新区、中心城区、部分县城及县城新区为突破点，着力抢占新兴市场和提升传统区域网络，努力打造一流网络控制力中心，全年新增加油站16座。集中开展历史遗留、未投营、续建结转项目梳理，撤项127个，压减计划7.4亿元，为转变发展方式和提升投资精细管理水平打下了基础。持续采取“关、停、退、转、改”等方式优化整合农网和低效站，提升整体网络创效能力，全年整合农网282座、低效站156座。加大成品油管道建设及油库功能提升力度，驻马店—信阳成品油管道主线工程竣工投油，完成新乡和信阳2座管道配套库建设、许昌油库扩容改造，郑州油库开工建设，南阳、洛阳等油库改扩建项目正有序推进。加大天然气业务发展，截至年底，累计建成加气站53座，投营30座。

(韩　笑)

【提升企业创效能力】 2013年，河南石油分公司以提高发展质量和效益为中心，以企业整体价值链为管理对象，围绕效益统筹预算，推动优化经营结构，提升企业效益；完善全员成本目标管理责任体系，完善投入与产出联动、经营与成本联动、费用与利润联动的分析评价机制，促进费用预算和财务资源持续向增利创效环节倾斜；关注资产全生命周期的成本效能，细化单站(库)成本效益核算，用预算分析推动低效站优化整合；积极协调争取到中国石化总部增补上划前流动资金缺口4.5亿元，优化资金运行；积极利用税收优惠政策，节约企业成本。全年实现报表利润7.7亿元，完成与总部签订的奋斗目标；考核利润总额8.66亿元，完成与总部签订奋斗目标的112%。

(韩　笑)

【信息系统应用不断深入】 2013年，河南石油分公司积极推进智能化探索，完成OA移动办公系统、无线智能会议系统建设和河南石油分公司视频会议系统延伸至县公司，实现公司在无纸办公、协调办公、移动办公上的新突破，提高了管理效率；大规模完成加油卡系统升级，包括短信平台、自助圈存、充值优惠等贴近用户需求的新功能；编制《河南石油智能化实施方案》，为公司全面改善管理深化实施提供了技术支撑。

(韩　笑)

【认真抓好信访维稳工作】 2013年，河南石油分公司进一步加大矛盾纠纷排查化解力度，促进信访问题“事要解决”；持续深化和拓展企地联动机制的职能和作用，最大限度发挥企地联动维稳合力；强化信访稳定工作机制建设，完善信访稳定制度，促进信访稳定工作作风、思想方法和工作方法的有效转变，实现全国“两会”和党的十八届三中全会期间“四个不发生”的工作目标。

（韩　笑）

【技能竞赛和技术比武活动再获佳绩】 2013年，河南石油分公司共有1 934人参加石化集团公司和销售公司竞赛比武初赛，329人参加复赛，40人参加决赛。经过各专业竞赛组和全体参赛选手的共同努力，河南石油分公司获中国石化2013年合同管理信息系统应用专业技术比武团体一等奖和优秀组织奖，1人获中国石化合同管理信息系统建设优秀专家奖；获销售公司个人银牌1枚。在河南省举办的首届加油站员工技能竞赛中，公司获团体一等奖、加油站加油员操作竞赛第1名、加油站计量工竞赛第1名，获得金牌2枚、银牌3枚、铜牌4枚。

（韩　笑）

【开展打假维权行动】 2013年，河南石油分公司配合政府职能部门，发现并清理127座侵权加油站；自2008年以来，共发现并清理侵权加油站818座，保障了河南省成品油零售市场秩序，宣传了中国石化的品牌形象，维护了中国石化的商标利益。

（韩　笑）

【切实抓好党风廉政工作】 2013年，河南石油分公司120余名副处级以上干部签订廉洁自律承诺书，科级以上干部撰写廉洁警句和座右铭975条，1 484人观看“双鉴”警示教育片；制定《河南石油分公司贯彻落实中央改进工作作风密切联系群众“八项规定”实施细则》《河南石油分公司改进工作作风贯彻“八项规定”实施细则的监督办法》等管理办法，并持续开展监督检查；6 349名党员干部做出会员卡零持有报告；开展廉洁风险防控，查找风险点7 550个；网络公示油品直分销、工程建设项目等信息73 199条，金额210.6亿元；积极开展群众满意加油站创建，21座加油站被河南省政府评为群众满意加油站。

（韩　笑）

【与地方政府合作发展】 2013年1月18日，周口市人民政府出台《关于落实周口市人民政府与中国石油化工股份有限公司河南分公司合作发展协议有关事宜会议纪要》，明确建立联席会议制度，落实《河南省人民政府与中石化集团公司会谈备忘录》《合作发展协议》《合资合作协议》《合资经营协议》的各项条款，研究解决推进过程中遇到的具体问题。

2月19日，郑州市人民政府出台《关于推进郑州市与中石化战略合作有关问题的会议纪要》，内容包括成立天然气、成品油结算中心，协调推进加油（气）站建设及办理相关手续，落实洛阳至郑州航空煤油管道建设项目规划报批、网络建设纳入城市“六线”规划等18项工作目标。

4月12日，洛阳市政府正式下发《洛阳市人民政府市长办公会议纪要》，明确河南石油分公司与洛阳市按照95:5的比例，合资成立油（气）销售公司，将今后中国石化在洛阳新建的加油（气）站全部纳入合资公司建设经营；对合资公司未来5年在洛阳新建的38座加油（气）站所需约230亩（15.33万平方米）土地，由合资公司通过招拍挂程序参加土地竞买，按照土地评估基准价格，溢出挂牌价部分由洛阳市安排等额资金，用于支持企业发展。

（韩　笑）

表1　　河南石油分公司主要生产经营指标

指标名称＼年份	2013	2012	2011	2010	2009	2008
成品油销售总量/万吨	763.30	730.46	695.76	680.20	676.01	668.28
零售量	632.30	604.45	563.26	497.45	471.34	476.22
销售收入/亿元	590.69	575.25	535.78	454.01	386.54	389.23
利　润/亿元	7.70	10.80	7.71	7.01	8.04	6.41
吨油费用/元	371.00	366.00	350.00	307.00	280.00	261.00
在营加油站（点）总数/座	3 186	3 691	3 769	4 025	3 962	3 682

湖北石油分公司

【概况】 中国石油化工股份有限公司湖北石油分公司(简称湖北石油分公司)位于湖北省武汉市，前身是成立于1953年的湖北省石油总公司。1998年7月整体划归石化集团公司管理，2000年4月按照中国石化整体重组上市要求，改制为湖北石油分公司。

湖北石油分公司是湖北省成品油销售的主渠道企业，主要经营成品油和天然气的销售、储运及便利店等非油品业务，经营服务网络覆盖湖北省所有地区，下辖武汉、宜昌、荆州等16家市州分公司，承担着湖北省成品油资源配置和市场供应的主渠道责任。截至2013年底，公司资产总额103.77亿元，用工总量1.3万人，在营油库23座，加油站2 205座。2013年，湖北石油分公司销售成品油637.72万吨，增长6.29%；实现非油销售6.7亿元，增长27%；销售天然气7 397.27万立方米，增长117.9%；销售“长城”包装油0.33万吨、燃料油25.63万吨。全年销售收入达513.78亿元，完成报表利润6.93亿元。

湖北石油分公司主要生产经营指标见表1。

（张方涛）

【油气经营质效稳步增长】 2013年，湖北石油分公司坚持在保障平衡资源、控制采销节奏、减少购进成本、争取政策红利、优化经营结构、开展营销竞赛等方面下功夫，油气经营呈现总量稳步增长、质效稳步提升的良好局面。实施差异化竞争和全方位营销策略，广泛开展开口营销、品质营销、高标号营销、加油卡营销、边贸站营销和油非互动等各类专项营销，全年成品油销量同比增长6.29%。零售推出一系列针对性强的经营方案和激励办法，强化分战区经营、分类指导和小站管理，全面推行分区营销策略，展开灵活的阵地战，全年零售量增长5%。直批围绕调价窗口做好波段操作，努力主导市场，区分价格、品质和服务敏感型客户，实行差异化作价，开展多样化营销拓市扩销，全年直销量增长24.6%。全年完成物流口径调运量656.6万吨，其中自采78万吨，在保持相对较低常备库存的同时减少成本近2亿元。通过收购和新建，迅速占领车用天然气市场，全年销售天然气7 397.27万立方米，增长117.9%，宜昌、鄂州等地天然气已取得市场主导地位。做实“长城”销售，拓展“金狮”产销，润滑油经营质效明显提升，全年共销售润滑油5 398吨，零售吨油价差达到2 700余元。全年共销售燃料油31.5万吨，增长121.8%，实现了保本微利。

（张方涛）

【非油品业务保持快速增长】 2013年，湖北石油分公司坚持把非油经营作为拓效增量的重要内容，共对181个便利店的收银台、厕所进行了站内整合，集中力量推动汽服项目发展，全省在营便利店1 629座，精品店由上年151座增加到186座，121座加油站开展了洗车等汽服业务，咸宁、荆门、襄阳汽服业务起步早、见效快。宜昌“开口营销”带动店销比由40%快速提升到70%；黄冈团风标云岗加油站“宣、管、推、奖”助推小站非油日均店销同比提升64%，实现了非油销售额和员工收入双提高。全年共实现非油收入6.7亿元，增长27%，任务完成率排区内企业第4位；毛利率达到16.4%，排区内企业第6位。

（张方涛）

【投资质量和效益持续提升】 2013年，湖北石油分公司注重投资回报和效益，采取定具体项目、定项目责任人、定开工时间、定竣工时间、定投营时间“五定”发展方式，集中精力和资金实现投资效益最大化。全年完成投资计划9.5亿元，新发展加油站29座、加气站12座，加油站投营95座，加气站投营25座，位居销售企业首位。恩施铁路、孝感车站、随州广水3座油库正式投产，黄冈金源油库改造、随州油库征地、宜昌王家河油库趸船建造已获中国石化总部立项批复。全年办理土地摘牌手续及土地证36宗，储备土地29宗，取得高速服务区加油站经营权47对，成功签订14条高速公路、56座加油站的经营租赁合同，已上报湖北省发改委待批复加气站路条15个。完成投资项目清理，废弃拟发展项目40个，进一步优化了投资效益。在“比学赶帮超”活动中，湖北石油分公司夺得4月、6月、7月在营站净增加数量红旗以及8月加气站发展红旗。

（张方涛）

【销售网络信息化全面升级】 2013年，湖北石油分公司想方设法提高销售网络硬件水平，在充分发挥新建改造和维修费用效益的基础上，自筹资金更换加油机495台，全自助站改造17座，97#汽油专项改造90座，非油业务改造177座，IC卡改造204座，加气IC卡改造2座，实施隐患项目整改38个，完成615座加油站的非标配电柜隐患整改。持续提升网络的信息化水平，以ERP应用为核心，成功地组织了全省ERP应急预案演练。加快发卡网点建设，全年新增308个发卡网点，占加油站的比例由不到50%

上升到66%，新增卡机站81座，卡销比达到37.5%，提升6.2个百分点。顺利完成了省公司核心计算机房的建设和迁移，推进了ERP、加油卡、便利店、零售、OA等信息系统的整合与深化应用，信息化建设与ERP应用被中国石化总部评定为A级水平，夺得销售企业信息技术比武银牌1枚。

（张方涛）

【HSE及安全文化建设成效明显】 2013年，湖北石油分公司狠抓HSE及数质量责任落实，持续深入开展隐患排查治理，深化作业现场安全管理，加强重点薄弱环节监管，构建“为生命安全和家庭幸福而工作”的安全文化，HSE工作形势总体平稳，未发生上报石化集团公司等级责任事故。年内，获石化集团公司安全生产先进单位和职业健康先进单位称号，并第9次获湖北省政府安全生产红旗单位称号。在国家安监总局组织的“同煤杯”安全发展战略知识竞赛中获优胜单位奖；在石化集团公司组织的“美丽中国、绿色石化”环保知识竞赛中获优秀组织奖；在湖北省安监局举办的职业健康竞赛中获三等奖；职业健康工作在石化集团公司专题大会上做经验交流；被湖北省安委会评为湖北省首届“最美基层安全卫士”大型公益活动先进组织单位；东宝山油库贺运忠获优秀基层安全卫士称号。

（张方涛）

【数质量风险得到有效管控】 2013年，湖北石油分公司开展计量服务指导，进一步理顺库站计量交接职责，增强了计量操作员培训力度，举办计量员培训班7期，加油站计量操作员取证531人。开展油品损耗调查分析，对恩施、随州等单位加油站零售损耗实行驻点分析。狠抓计量管理风险排查，在全省开展举一反三自查整改，提升风险防控能力。严把外采油质量检验关，全年共检测出不合格油品4批次4 732吨，确保了入库油品质量合格。安排国Ⅳ汽油升级置换，做好国Ⅳ汽油出入库检验及加油站监督抽查反馈，及时掌控油库汽油升级进度和加油站油品置换期限，确保了国Ⅳ汽油升级置换平稳有序开展。2013年，全省加油站零售损耗率1.21‰，同比下降0.23‰；油库综合损耗保持稳定，油品降耗稳中有降，数质量风险得到有效控制。

（张方涛）

【专业化财务管理提升企业资本效益】 2013年，湖北石油分公司做实会计核算中心，强化预算归口管理，明确责任主体，增强了节费意识，费用总额22.5亿元，吨油费用317元，较预算节支22元。深入开展全员成本目标管理，细化建立资产基础数据库和单站分类对标数据库，明确了20多项费用的成本标准。全面推进与农行、邮储银行关于上门收款等业务的银企合作，取得了银联优惠费率。争取到中国石化总部补充资本金9亿元和对合资公司的资本金投入2亿元，实现了银行付息贷款为零。全面开展资产清查，处理资产6 800万元，企业资产负债率降至39.5%，资产状况得到极大优化。按照“融入地方、借势发展、合作共赢”工作思路，广泛开展企地共建、合资合作，加强资本运作，拓展业务领域，增强赢利能力和市场掌控能力。期末投资总额2.3亿元，控制资产规模近5亿元，获取投资收益6 700万元。

（张方涛）

【企业管理基础进一步夯实】 2013年，湖北石油分公司进一步完善全面风险管理组织体系，推动内控信息化建设，充分发挥内控、审计、监察和法律工作的监督服务作用，有效防范了企业风险，被国家工商总局列为2013年“守合同重信用”公示单位。注重以有效销售为核心，强化利润等重点指标考核，不断增强市州公司自觉创效的内在动力；围绕效率提升深入开展制度诊断，被推荐为石化集团公司制度标准化工作先进单位；立足基层现场管理深入推进改善经营管理建议，14条建议获销售公司优秀成果；践行绿色低碳理念全面开展碳排放盘查工作，连续3年被石化集团公司评为节能工作先进单位。积极倡导管理创新，4项成果获石化集团公司第22届创新成果奖，奖项总数列销售企业第一。

（张方涛）

【盘活资产深挖创效潜力】 2013年，湖北石油分公司加大土地管理力度，提高土地利用效率。全省系统全年共办理无证土地权证54宗，无证土地下降30%，盘活闲置土地76宗，盘活率达到39%。挖掘资产出租潜力，提高资产处置收益。加强设备设施管理，突出重点搞维修。全年使用维修费5 451.56万元，完成维修项目6 412个，使用提量改造资金420万元，改造加油站8座，修旧利废及资产调剂节约资金721.06万元。黄石公司有力地维护了被违法损毁的西塞山油库部分资产的合法权益。2013年，湖北石油分公司被石化集团公司评为2012年度土地管理先进单位。

（张方涛）

【抓党建增强企业凝聚力】 2013年，湖北石油分公司高标准推进群众路线教育实践活动，领导班子带头查找“四风”方面存在的突出问题，深入剖析问题根源，制定整改措施，开展批评和自我批评。省公司带头压减公务开支，三公经费压缩到位无超支。加强机关作风建设，提升服务意识，增强协作精神，切实帮扶黄冈、武汉等基层单位化解了多年历史遗留问题。层层签订党风廉政建设责任状，开展“送廉洁到基层”和“双鉴”教育活动，推进了惩防体系建设。及时平息“金果坪加油站事件”等多起负面舆情，举一反三开展“职业道德规范”和“建设群众满意企业”大讨论。营造良好舆论环境，先后涌现出“发挥余热，不讲条件，不要路费，常年义务在油库、加油站巡查管线”的退休经理周继明；被人民日报等主流媒体报道“常年独自坚守高山加油站”的加油站长谭斌魁；被中国石化总部和新华社等主流新闻媒体报道“携夫改嫁照顾瘫夫，弘扬中华传统美德”的加油站领班杨玉琳等一批先进模范典型，彰显了中国石化品牌形象。

（张方涛）

【用心关爱打造和谐队伍】 2013 年，湖北石油分公司针对用工矛盾，开展五项技能培训，积极推进优化用工，全省用工总量同比减少 277 人。坚持收入分配向一线倾斜，一线员工月人均收入达到 2 285 元，在上年较大幅度增长基础上再增长 11.4%。关心员工切身利益，完成省公司机关及在武汉单位职工参加基本医疗保险工作，实现了全省医疗保险全覆盖；走访慰问困难员工 2 000 余人，拨付救助资金 120 余万元，日常救助特困员工 53 人次 38 万元；落实中国石化总部关于协解职工的困难帮扶政策，涉及 10 614 人，发放帮扶资金 5 270 余万元；将“职工之家”建设与“五小”建设相结合，培育“家文化”，组织各类文体活动，促进了员工身心健康。2013 年，湖北石油分公司被湖北省总工会授予湖北五一劳动奖状；黄石公司被评为省级文明单位；荆州公司倡导并推行“三心”文化，被湖北省总工会授予省级模范职工之家。

（张方涛）

表 1 湖北石油分公司主要主要经营指标

指标名称＼年份	2013	2012	2011	2010	2009	2008
成品油销售总量/万吨	637.72	600.08	565.97	513.08	474.49	468.00
零售量	539.50	514.31	482.78	391.88	357.50	369.00
销售收入/亿元	513.78	481.11	448.66	355.44	285.51	301.03
利　润/亿元	6.93	7.21	5.71	5.40	5.20	6.36
吨油费用/元	317.00	313.00	294.00	288.00	284.00	245.00
加油站总数/座	2 205	2 166	2 146	2 055	1 925	1 853

湖南石油分公司

【概况】 中国石油化工股份有限公司湖南石油分公司（简称湖南石油分公司）位于湖南省长沙市湘春路 113 号。其前身为成立于 1950 年 7 月的中国石油公司长沙分公司，1998 年 7 月整体划归石化集团公司，2000 年 2 月分设为湖南石油分公司（上市公司）和中国石化集团湖南石油总公司（存续公司）。后者于 2007 年改组转制为中国石化集团资产经营管理有限公司湖南石油分公司（简称湖南石油资产分公司），2009 年 7 月，湖南石油资产分公司交由湖南石油分公司托管。

截至 2013 年底，湖南石油分公司下设 15 个地市级分公司、89 个县级公司，省公司机关设立 20 个处室（中心）、1 个阶段性机构（湖南成品油管道项目部）；用工总量 12 588 人，资产总额 138.4 亿元，在营加油站 1 545 座，在营油库 21 座，在营易捷便利店 1 185 座。公司拥有湖南省最为完善的成品油销售网络，是湖南省成品油经营主渠道企业，主要从事汽油、柴油、煤油和燃料油的批发、零售和直销配送，以及非油品（烟酒、饮料、百货、食品、汽车用品）、润滑油及其他销售业务。

2013 年，湖南石油分公司共销售各类油品 657 万吨，其中销售成品油 653 万吨、燃料油 4.2 万吨；非油品营业额 5.69 亿元；实现利润 7.2 亿元。

湖南石油分公司主要生产经营指标见表 1。

（全青丰）

【成品油经营实现较快增长】 2013年，湖南石油分公司针对新定价机制出台后价格变动频繁的市场形势，加强研判，灵活应对，统筹营销资源，创新营销方式，注重油非联动，以增值、超值服务锁定客户，成品油经营实现较快增长，终端优势进一步扩大。全年销售成品油653万吨，同比增长7.4%，其中零售553万吨，同比增长7.1%，高于销售企业平均水平1.3个百分点；直分销100万吨，同比增长8.7%。

（全青丰）

【完成国Ⅲ柴油和国Ⅳ汽油置换升级】 2013年，湖南石油分公司积极协调政府，全力组织资源，精心开展置换。截至5月底，顺利完成国Ⅲ普通柴油的置换升级。截至11月中旬，顺利完成国Ⅳ车用汽油的置换升级工作，而且比国家规定时间提前一个半月，为石化集团公司推进“碧水蓝天”工程做出了积极贡献，同时还实施了优质优价，多创效3 000余万元。

（全青丰）

【新业务发展实现新突破】 2013年，湖南石油分公司着力加大非油品和车用天然气业务发展。易捷便利店达1 185座，百万元门店突破100座，全年实现营业额5.69亿元，实现便利店毛利7 090万元。车用天然气业务全年新建竣工加气站4座，自有自营加气站投营4座，自有自营加气业务实现零的突破，共销售天然气69.9万立方米。同时，着手与湖南省政府指定的天然气统一投资经营平台湘投集团合作成立合资公司经营车用天然气业务。

（全青丰）

【加油站网络发展质量进一步提高】 2013年，湖南石油分公司全面梳理在建和立项项目，统筹资金保障，突出优中选优，全力提高加油站网络发展质量。全年竣工加油（气）站44座、在建30座，重点位置比例达100%，自征自建比例达95%，累计投营加油（气）站90座，并在株洲、郴州、长沙发达地区一揽子分别锁定城区20座、15座和新建加油（气）站70%的建设权。同时湖南成品油管道二期建设完成整体形象进度96%，道县油库获湖南省发改委及中国石化总部立项批复。

（全青丰）

【扎实开展“提升管理年”活动】 2013年是湖南石油分公司“提升管理年”，公司着力健全完善规章制度，实施制度标准化改造；坚持不懈加强HSE管理，开展“打非治违”专项行动，全面排查整治安全环保隐患；推进质量管理体系建设，强化数质量全过程监控；优化配置财务资源，强化资金统筹运作，加强全面风险管理，深化ERP应用，管理基础进一步夯实。湖南石油分公司被评为湖南省安全生产先进单位，被石化集团公司评为ERP应用示范企业。

（全青丰）

【进一步深化体制机制改革】 2013年，湖南石油分公司实施高速分公司和省销售分公司整合重组，精简了同城机构，提高了高速服务区及加油站经营管理专业化水平。同时，改革地市公司及其领导班子考核办法，建立健全以效益为中心、以提高人工成本投入产出为目标的绩效考核体系；推进“内部挖潜、优化整合、精简用工”工作，全年在消化新增运营85座加油站用工的基础上，同比净减用工758名。

（全青丰）

【深入开展党的群众路线教育活动】 2013年，湖南石油分公司紧紧围绕“为民务实清廉”，大力弘扬整风精神，推行“三进三联三同”，领导带头认真查找和整改“四风”问题，大力开展“机关服务基层、干部服务群众”“两服务”活动，认真贯彻中央“八项规定”，严格落实石化集团公司党组“实施细则”和省公司党委50条执行办法，精简会议文件。活动中，省市两级党委收集意见建议1 028条，现场解决实际问题900多件次，进一步提高了员工和群众的满意度。

（全青丰）

表1　　湖南石油分公司主要生产经营指标

指标名称＼年份	2013	2012	2011	2010	2009	2008
成品油销售总量/万吨	653.00	608.00	573.00	524.52	472.20	456.60
零售量	553.00	516.00	471.80	374.41	350.00	358.00
销售收入/亿元	513.00	484.20	451.00	369.32	281.00	279.44

续表

年份 指标名称	2013	2012	2011	2010	2009	2008
报表利润/亿元	7. 20	9. 30	5. 89	6. 36	8. 02	4. 13
吨油费用/元	342. 00	335. 00	327. 00	287. 00	296. 00	289. 00
加油站总数/座	1 545	1 530	1 514	1 508	1 460	1 450

广东石油分公司

【概况】 中国石油化工股份有限公司广东石油分公司(简称广东石油分公司)前身是成立于 1950 年 6 月的中国石油贸易公司广州分公司，1998 年 7 月整体划归石化集团公司，2000 年 3 月重组为广东石油分公司和广东省石油企业集团公司。

截至 2013 年底，广东石油分公司下设 16 个综合管理部门、2 个专业中心、21 家地市级分公司和 1 个直属单位；用工总量 21 619 人；加油站保有量 2 577 座，在营油库 32 座，总容量 156. 56 万立方米，资产总额 253. 8 亿元。

2013 年，广东石油分公司实现成品油经营总量 1 501. 51万吨，同比增长 5. 2%，其中零售 1 149. 67 万吨，直销 222. 55 万吨，批发 129. 29 万吨；燃气经营量 9. 58 万吨；非油品业务总营业额 13. 34 亿元，同比增长 13. 5%。实现报表利润 29. 29 亿元。

广东石油分公司主要生产经营指标见表 1。

（陶思学）

【零售终端和直销水平明显提升】 2013 年，广东石油分公司推进“安全停车服务区”试点，在加油站开展多项便民增值服务，在 300 座加油站布置司机休息室，对500 座加油站服务功能进行梳理定位，提升窗口形象。加强 IC 卡营销，IC 卡持卡消费比例达到 54. 8%，同比提高 7. 3 个百分点。试行人工与自助相结合的服务模式，自助加油率稳步上升。全省有自助加油站 1 095 座，其中半自助加油站 909 座、全自助加油站 186 座。直销环节突出油品数质量全流程控制、提油卡智能化管理等优势，全年实现直批毛利 3. 08 亿元。通过提高客户维护层级，与韶钢集团、中外运集团、华润水泥等单位签订了战略合作协议。

（陶思学）

【非油品业务质量提升】 2013 年，广东石油分公司优化销售结构，强化门店运营，加强库存管理，做好饮料、食品、百货、汽车用品等常规品类营销组织，加大润滑油销售，控制烟草团购销售，加强茅台系列酒、燃油宝等重点商品销售。成立省市两级高速公路服务区专项工作小组，加快服务区投营。发展汽服业务，建设汽服网点 38 座，投营 28 座。全年非油品便利店营业额 13. 34 亿元，同比增长 13. 5%；毛利额 2. 19 亿元，同比增长 26. 1%。

（陶思学）

【燃气经营取得较大突破】 2013 年，广东石油分公司开拓燃气资源渠道，建立供应商数据库，加大燃气外采，缓解资源瓶颈。与新海能源集团组建合资公司，通过和重点客户签订框架协议，提前锁定目标客户和销量。全年燃气经营量达到 9. 58 万吨，同比增长 870. 3%。

（陶思学）

【网建质量和效益持续提升】 2013 年，广东石油分公司转变发展思路，质量与数量并重，内涵式增长与外延式拓展相结合，更加注重优质网络建设，更加注重现有零售网络升级，网络开发步伐不断加快，运行质量显著提升。省市公司上下联动，紧密政企合作关系，充分发挥合资公司资源、政策优势，利用自有加油站改建油气合建站，低成本取得加油(气)站点 13 座，建成投用加气站 11 座。将网点发展与盘活闲置资产、优化低效网点结合，成功置换网点 17 座。全年新增投营加油站 26 座，完成 63 座加油站形象改造，新形象站达到971 座，占在营站总数的 43%。

（陶思学）

【深入开展增收节支】 2013 年，广东石油分公司通过精细管理，挖潜增效，大力增收节支，提升赢利能力。优化物流配送，吨油运杂费同比降幅 2. 5%；建立损耗管理日常沟通协调机制，损耗率同比下降 0. 07%；加强油品密度监控，建立油品进货环节和出库环节的密度警戒值，全年配置资源加权平均进货密度同比下降0.56%；开展油气回收工作，年回收油品4 384.6吨。通过实地走访客户，优化结算方式，减少信用结算和现金结算，利用低库存运作和控制赊销，减少资金占用；加大IC卡推广力度，增加资金沉淀；优化上门收款，降低收费标准，财务费用同比下降25%。积极加强与地方政府协商，降低堤围费4 235万元；严格贯彻落实“八项规定”要求，公务性支出同比下降13%。

（陶思学）

【安全经营零事故】 2013年，广东石油分公司以强化现场管理和落实安全监护责任为抓手，层层落实HSE责任制，加强重点薄弱环节的安全监管，加大设备管理力度，加强对违章事故的处罚力度和对未遂事故的分析，全面开展加油站、油库安全大检查，做好隐患排查，加强整改落实，扎实开展环保和职业卫生工作，夯实管理基础。安全环保形势总体平稳，实现上报石化集团公司安全环保事故为零的目标，再次被石化集团公司评为安全环保先进单位，实现安全环保先进“七连冠”。

（陶思学）

【智能建设步伐加快】 2013年，广东石油分公司紧紧围绕建设“智能广东石油”的发展思路，推进管理报表体系建设，实现管理报表标准化、自动化。完善网上营业厅，丰富加油卡和直批网上业务功能，推出掌上营业厅。扩展电子商务应用，减少员工工作量，实现电子商务营业额183.56亿元，开发客户关系管理系统，构建全省客户经理管理体系，提升客户服务水平，建设无纸化会议系统，减少会议耗材，提升会议质量，整体推进“智能广东石油”建设步伐加快。

（陶思学）

【劳效水平大幅提升】 2013年，广东石油分公司通过优化岗位、改革体制、创新管理等，对省市两级机关进行职能优化，全省用工总量控制在2.2万人以内，人均成品油总量由551吨提高到637吨，增幅15.6%，人均零售量由507吨提高到604吨，增幅19.1%。队伍素质得到提高，队伍结构得到优化。

（陶思学）

【队伍建设不断加强】 2013年，广东石油分公司以“四好”创建为载体，加大竞争性选拔和交流力度，组织中层副职岗位公开竞聘，年龄结构得到优化。加强两级机关人员队伍建设，建立挂职锻炼机制，省市公司共组织68人在加油站挂职锻炼，通过基层承包帮扶机制和机关人员五项技能学习，提高队伍工作能力。加强基层队伍建设，强化加油站员工五项技能培训、考核，建立加油站站长业绩评价机制，优化站长队伍，考核淘汰站长239人，晋升使用146人。

（陶思学）

【管理效能进一步提升】 2013年，广东石油分公司进一步推进经营管理体制创新，整合职能、完善制度、优化流程，提升管理效能。持续开展改善经营管理建议工作，收到员工建议1 622项，其中有效建议1 412项、列入实施339项。

（陶思学）

【树立良好企业形象】 2013年，广东石油分公司高度重视扶贫“双到”工作，投入400多万元帮扶对口扶贫村脱贫致富，被广东省扶贫开发办公室授予广东扶贫济困红棉杯铜杯，取得良好的社会效应。组织开展“青春情暖驿站”“爱芯驿站一路随行”等志愿者活动；深入开展“青年文明号”创建活动，有8家单位被评为广东省“青年文明号”；在新华网建立“中国石化在广东”宣传专区，树立良好企业形象。

（陶思学）

表1　　广东石油分公司主要生产经营指标

指标名称＼年份	2013	2012	2011	2010	2009	2008
成品油销售总量/万吨	1 501.51	1 426.93	1 461.70	1 495.60	1 345.30	1 452.00
零售量	1 149.67	1 094.84	1 110.30	1 043.40	934.30	1 111.00
销售收入/亿元	1 209.99	1 168.47	1 180.62	1 048.00	857.00	942.00
报表利润/亿元	29.29	32.08	25.40	20.60	20.78	29.62

续表

指标名称＼年份	2013	2012	2011	2010	2009	2008
报表吨油费用/元	377.15	380.00	354.00	255.00	247.00	239.00
在营加油站总数/座	2 255	2 255	2 240	2 232	2 164	2 111
自营加油站数	2 174	2 176	2 159	2 148	2 077	2 022
联营加油站数	81	79	81	84	87	89

广西石油分公司

【概况】 中国石油化工股份有限公司广西石油分公司(简称广西石油分公司)位于广西壮族自治区首府南宁市，前身是成立于1952年的广西壮族自治区石油总公司，1998年划归石化集团公司，1999年按照石化集团公司重组改制、主辅分离的原则，组建广西石油分公司。2009年，广西石油分公司整合上市、非上市部门职能，推进了一体化管理改革。

截至2013年底，广西石油分公司设15个职能处室和4个专业中心，下辖13个地级分公司和105个片区，主要经营汽油、柴油、润滑油和燃料油的批发零售以及加油站便利店非油品业务等，控股管理广西辉煌石化公司、钦州鹰岭铁路公司、广西恒通石化公司，非控股联营广西高速石化公司、广西北投沿海石化公司。共有正式员工3 006人，拥有加油站1 166座，在用轻油油库13座。资产总额93.91亿元。全年完成固定资产投资8.47亿元，已占用资本投资回报率(ROCE)22%。

2013年，广西石油分公司销售成品油572.64万吨，其中零售量463.77万吨、直销量90.49万吨；完成非油品销售额4.80亿元。全年实现销售收入445.71亿元，报表利润11.09亿元。

广西石油分公司主要生产经营指标见表1。

(罗远琦)

【连续第3年被评为石化集团公司A级企业】 2013年，广西石油分公司围绕石化集团公司“建设世界一流”的发展目标，优化经营，精细管理，努力提高发展质量和效益，销售成品油572.64万吨，同比增长7.36%，其中零售量同比增长7.24%，直销量同比增长18.54%；非油品销售额同比增长35%。实现报表利润11.09亿元，其中非油品利润909万元。在石化集团公司2013年度直属单位领导班子绩效考核中，连续第3年被评为A级企业。

(罗远琦)

【自助站比例突破70%】 2013年，广西石油分公司加快推广自助加油，新增自助加油站269座，发展数量连续第3年超过250座，自助站总数857座，占在营站比例突破70%，达73.49%，实现规模化发展，有力提高了加油卡销量和持卡消费比例，全年发卡180万张，同比增长50%，持卡消费比例48%，同比提高15%。随着自助站经营管理逐步成熟，统筹推进排班优化、岗位整合、用工挖潜等工作，加油站用工量同比减少207人。

(罗远琦)

【高标号汽油站总数突破600座】 2013年，广西石油分公司通过推广98#汽油、增加高标号站点、调整加油机位、设置专用车道等措施，加大高标号汽油销售力度，新增高标号汽油站157座，总数达642座，占在营站比重55%；完成高标号汽油销售量29.04万吨，同比增长40%，高标号比重18.16%，同比增长3.3%。

(罗远琦)

【非油品便利店实现扭亏为盈】 2013年，广西石油分公司细化非油品营销管理，促进扩量增效。试点推广堆岛销售，南宁、柳州、桂林39座试点站月均营业额增长16%，实现由进店消费向进站消费转变。优化商品结构，引进适销新品210种，新增统采畅销商品74种，清理滞销商品153种，促进销售额1 500万元，贡献毛利420万元。推动高速公路服务区门店改造增量，贵港南服务区日均营业额从8 000元提高到1.2万元。细化提成用工管理，全年列支非油品提成1 811万元，同比减少543万元；配备专业营业员206人，同比减少140人。截至年底，完成非油品零售3.68亿元，同比增长38%；实现非油品毛利8 219万元，同比增长17%，毛利率22%，列销售企业第

2位；便利店利润从2012年亏损304万元提高到2013年赢利202万元，实现扭亏为盈。

（罗远琦）

【网建发展质量提高】 2013年，广西石油分公司制定加油(气)站“十二五”发展规划，指导网点布局，取得61个规划点、34块土地。新发展加油站30座、加气站11座，重点位置比例100%。加快推进项目建设投营，全年新增投营站45座，其中当年竣工、当年投营8座，为零售稳量增量提供了网点支撑。

（罗远琦）

【提前完成油品质量升级】 2013年，广西石油分公司稳步有序推进油品质量升级工作。6月，全部完成国Ⅲ柴油置换；11月30日，北海、贵港、梧州、贺州、玉林、百色6个地市公司率先完成国Ⅳ汽油置换，12月25日，南宁、柳州、桂林、河池、钦州、崇左、来宾7个地市公司加油站全部供应国Ⅳ汽油，提前6天完成国Ⅳ汽油置换升级，成为广西壮族自治区第1家完成油品质量升级的成品油经营企业。

（罗远琦）

广西石油分公司加油站全部供应国Ⅳ汽油

【深化“一本账”管理】 2013年，广西石油分公司通过细化月度对标分析、分档开展考核评比、加大帮扶后进力度等措施，持续深化“一本账”管理，促进加油站、便利店经营指标提升。加油站方面，全年有113座销量升档、480座吨油水费下降、586座吨油电费下降，水电费同比减少228万元；便利店方面，有126个日均营业额升档，月均单店费用从3 808元减到3 700元。8月，“一本账”应用被评为石化集团公司管理创新成果一等奖。

（罗远琦）

【稳步推进小站改革】 2013年，广西石油分公司调整小站管理模式，由小站员工组建承包公司进行管理，年内共完成382座小站的管理模式调整。此次改革，转变了以往由改制企业受托管理小站的模式，划小了责任主体，细化明晰了承包者责任，同时加强对承包者的扶持，进一步理顺了小站外包管理。

（罗远琦）

【信息化建设取得显著成效】 2013年，广西石油分公司自主研发完成加油站货款监控、“一本账”管理、油库自动付油、液位仪信息集成、HSE管理台账、基建项目全程管理、党群工作7个信息辅助系统，促进了管理细化、管理堵漏、基层减负。

（罗远琦）

【深入开展党的群众路线教育实践活动】 2013年，广西石油分公司按照党中央及石化集团公司党组的部署，以“为民务实清廉”为主要内容，深入开展党的群众路线教育实践活动。区地两级公司领导班子成员发挥表率作用，带头抓好学习教育、查摆问题、整改落实各阶段的工作，形成上级带下级、一层抓一层的良好局面。把“三进三解”［进县公司(片区)、进油库、进加油站，了解企情民意、解决实际困难、破解发展难题］活动作为创新措施，各级领导干部深入基层、走访客户，广泛征求意见，整个调研覆盖全部市县，油库、加油站覆盖面71%。注重边查边改，对征集的意见和建议，逐项梳理分类，及时抓好整改，年内整改完成率78%。区地两级领导班子通过“四风”剖析会、班子成员一对一谈心、亲自撰写对照检查材料等方式，深入查找“四风”问题，进行批评和自我批评，确保民主生活会开出高质量。教育实践活动推动了作风转变，厉行节约、廉洁从业的要求得到较好落实，各种检查、会议、发文分别同比减少22.73%、19.51%和18.73%，公务性支出同比减少444万元，减幅12.17%；清理加油站账册表单312个，促进了基层减负。

（罗远琦）

【党建工作不断加强】 2013年，广西石油分公司采取集中轮训、专题研讨等方式，深入学习党的十八大精神，用党的最新理论指导实践，促进科学发展。调整优化干部队伍结构，全面开展“五项技能”考核，组织各类培训班1 895个、培训6.35万人次，“三支队伍”建设取得进步。发表宣传报道2 320篇，同比增长175%。组织向雅安地震灾区捐款，支持建设

“美丽广西”、地方扶贫等工作，全年各类捐款163万元。推动重点信访问题的疏导化解，按政策调整相关群体利益，抓好“真困难、真帮助”，累计发放困难补助4 477人次、补助金483.6万元，促进了企业和谐稳定。

（罗远琦）

表1　广西石油分公司主要生产经营指标

指标名称＼年份	2013	2012	2011	2010	2009	2008
成品油经营量/万吨	572.64	533.41	491.04	460.63	422.47	405.37
零售量	463.77	432.44	395.00	361.11	333.28	347.77
销售收入/亿元	445.71	423.00	378.13	306.08	241.05	245.36
利　润/亿元	11.09	13.37	10.01	6.68	6.69	10.00
吨油费用/元	315.41	315.39	322.41	304.39	276.77	259.39
加油站总数①/座	1 166	1 132	1 090	1 053	1 041	1 033

①数据有调整，只统计在营站数量

海南石油分公司

【概况】 中国石油化工股份有限公司海南石油分公司（简称海南石油分公司）位于海口市滨海大道163号。其前身中国石油公司广东省海南公司创建于1953年，1998年9月划转石化集团公司。2000年实行主、辅分离，主业成立海南石油分公司，辅业为中国石化集团海南石油总公司。2006年，海南石油总公司整体转制为中国石化集团资产经营管理有限公司海南石油分公司（简称海南石油资产分公司）。2009年9月，海南石油资产分公司委托海南石油分公司管理。海南石油分公司主营石油、天然气、石油化工、化纤及其他化工产品的销售，日用百货便利店经营，汽车清洗服务，并经营食品、乳制品及卷烟、雪茄烟的零售，是海南省最大的成品油批发零售企业，负责海南全省的成品油供应，销售网络覆盖海南省陆、海两域。

截至2013年底，海南石油分公司资产总额31亿元，拥有油库4座，在营加油站（含液化气站）303座；用工总量2 866人，其中在岗正式职工515人，管理人员401人，拥有中、高级技术职称的65人；共设有13个职能处室，6个专业中心，18个市县公司，下辖海南经济开发有限公司。

海南石油分公司主要生产经营指标见表1。

（李春贻）

【经营指标稳中有进】 2013年，海南石油分公司成品油经营量130.86万吨，完成年度计划的100.7%，同比（下同）增长8.52%，其中零售量109.32万吨，增长8.59%；直销量20.14万吨，增长8%。非油品销售额1.48亿元，增长25.39%。液化气13.93万吨，增长11%。全年实现报表利润3.07亿元，完成年度计划的157.44%。

（李春贻）

【经营质量明显提升】 2013年，海南石油分公司积极开展油非互动营销、特色营销和交叉营销，以增值、超值服务锁定客户，扩大小额配送；开展加油卡促销、宣传活动，全年累计发行加油卡12.77万张，持卡消费比例38.5%，同比提高6个百分点；开展“服务整顿月”“规范化服务”等活动，强化小站管理，星级站总数达49座；精心组织开展“赢得客户心”活动，通过上门拜访、客户座谈、组织联谊等形式，加强客户开发维护，终端优势进一步巩固，经营质量明显提升。全年成品油价格到位率位居销售企业首位，高标号汽油销售量同比增幅超过30%，单站年销售量达到3 836吨、增长4.2%。

（李春贻）

【液化气经营再创历史新高】 2013年，海南石油分公司通过加强协调掌控资源、发展终端销售网点等措施扩大液化气经营规模，特别是在海南炼化检修断气的情况下，积极协调解决资源困局，努力保供创效，全年实现价差6 255万元，增长40%，再创历史新高，成为公司新的效益增长点。

（李春贻）

【非油品业务开展取得较好成绩】 2013年，海南石油分公司非油品业务着力培育高级店，制定“6S”管理图册，推进标准化建设，规范商品流转和销售管理，常态促销与主题营销相结合，全年高级店同比增加11座，达到74座，占在营门店40.88%；进店转化率8.36%，位居销售企业第2位；实现毛利2 239.8万元，综合毛利率18%，高出销售企业平均水平2个百分点；实现利润307万元，同比增长98%。

（李春贻）

【网络发展注重质量和效益】 2013年，海南石油分公司注重网络发展质量和效益，优化布点和投资，全年发展加油(气)站11座，超额完成年度任务，其中重点位置比例81.8%，自建站比例90.9%，投入产出位居销售企业前列。积极推进迁建站点还建工作，维护网络资产安全，全年完成2座站土地置换，确定3座站迁建新址，争取2座站就地保留。积极推进加油卡网络建设，全年新增发卡网点84个，已达187个，占在营加油站的66.55%启动。启动总长114.5千米的成品油管道建设，完成管道铺设13.48千米，洋浦首站和马村末站完成土建部分50%。

（李春贻）

【降本增效成效显著】 2013年，海南石油分公司积极开展全员成本目标管理，全年吨油费用325元，比预算减少7.5元，同比减少15元。通过加快资金回笼、协调降低银行收费、扩大加油卡销售、增加沉淀资金、提高定存额度等措施，财务费用比预算节约1 195万元，同比减少520万元。落实中央“八项规定”，强化节俭意识，通过严格接待标准审批、规范交通工具乘坐标准、精简会议等措施，公务性支出同比减少252万元，其中业务招待费减少74万元、会议费减少31万元、差旅费减少91万元。严格计量交接手续，加强承运商管理，油品损耗总量同比减少96吨。深化企业税收筹划工作，消防用地、耕地占用减免税款110万元。加强非上市管控，提高资产出租效益和处置收益，实现非上市赢利56万元。加快闲置资产盘活，先后盘活琼中网络、乐东油库2宗闲置土地置换加油站，有效节约投资成本。严格用工总量控制，年末减少用工121人，较好控制人工成本。

（李春贻）

【企业管理取得新进步】 2013年，海南石油分公司持续推进制度标准化建设，全年制定、修订制度34项。抓“双学”，建对标，初步建立公司经营管理各项指标对标体系。改善“比学赶帮超”工作，注重与经营考核联动，注重与“强管理、改作风”紧密结合，促进工作开展务实有效，在销售企业评比中赢得非油品营业额、投入产出2面年度先进红旗，吨油费用年度进步红旗；赢得月度8面先进红旗、1面进步红旗、4面争光红旗。不断加强招标工作，积极推广合同标准文本，强化法律审核，进一步规范工程项目投资建设和物资采购。加强费用管理、经营效益、工程结算等专项审计，重大工程引入投资监理，促进经营管理规范、风险控制有效，全年审计工程项目82个，审减金额639万元，审减率8.1%。完成非油品海信系统、液化气管理系统与ERP系统集成、加油卡系统功能提升，持续推进自助圈存点、消费POS点、视频监控点建设，为规范管理、提升服务提供了有力支持；推动ERP大集中上线提升和深化应用，被中国石化总部评为ERP应用登高示范企业。持续开展改善经营管理建议工作，受理建议60条，采纳实施16条，促进增效约64万元，推荐上报销售公司的建议中有2条分别被评为二等奖和三等奖，零售中心被评为改善管理最佳组织实施部门。

（李春贻）

【安全数质量管理持续强化】 2013年，海南石油分公司严格落实各级安全生产责任制，强化作业现场和重点部位监督检查，全年各类检查13次；积极落实问题整改和隐患治理，全面完成石化集团公司下达的隐患治理项目；加强库、站演练，先后开展各级应急演练298次；加大培训力度，各层次安全培训1 212人次；完成作业场所职业危害检测和申报，推动落实投资项目环保“三同时”；落实石化集团公司“碧水蓝天”环保专项行动，积极启动油气回收治理工作，全年无安全环保上报事故，确保了公司安全平稳运行，持续强化数质量管理，完善质检设备和质检室建设，增加项目检测，加大油品抽检频度，全年自查、总部抽查结果显示油品质量100%合格；通过视频监控、施封管理等手段加强承运商管理，健全计量制度和强化考核，帮扶解决损耗问题，较好地控制油耗，全年一次物流运输损耗率0.14%，同比下降0.02%；油库保管损溢率为-0.16%，同比持平；零售损耗率0.14%，同比下降0.02%。

（李春贻）

【党建和队伍建设取得新成效】 2013年，海南石油分公司认真学习贯彻党的十八大精神和中央领导同志一系列重要讲话精神，坚持领导带头开门纳谏、以上率下开展批评、查摆问题立行立改，整改问题和解决困难60余件，推动了党的群众路线教育实践活动扎实有效开展，促进了作风转变，密切了党群干群关系。持续加强党建工作，优化党组织设置，推进量化考核，以建立基层联系点制度、困难员工联系制度为抓手，不断提高机关服务水平。公开竞聘选拔机关部门助理和小站站长，提高选人用人的透明度和满意度。加强反腐倡廉教育，完善廉洁从业制度，推进效能监察；加大敏感时期信访调查和处置力度，全力做好企业维稳和舆情引控，总体上维护了企业和谐稳定。加强工会、共青团工作，持续开展群众性文体活动和共青团"号、手、队"创建活动，推进"职工书屋"建设，为员工提供精神动力，增强了活力。先后有2家基层单位分别获全国青年文明号和中央企业青年文明号称号，6家基层单位分别获省级、石化集团公司青年文明号称号，5名员工分别获得省级、石化集团公司青年岗位能手称号。

（李春贻）

【撤销海南石油分公司海域油品营销中心】 2013年3月，海南石油分公司根据业务需要和发展要求，撤销海南石油分公司海域油品营销中心，海域油品营销中心所属的加油船（站）的相关业务按照属地化管理的原则划归当地市县公司管理。

（李春贻）

【真情服务迎博鳌亚洲论坛年会】 2013年，海南石油分公司为迎接博鳌亚洲论坛的顺利召开，开展"优质服务月"等营销活动。省公司、各市县公司分别组成多支检查小分队，以样板站为标杆，对论坛年会会址沿线、机场、高速公路服务区等重点区域的加油站进行彻底整改，消除现场"三违"，消灭卫生死角。对加油站环境卫生、服务及现场管理等进行专项整治的同时，加强市场监控，合理安排资源，完善保供预案，确保海口、琼海、三亚等重点城区油品的充足供应。

（李春贻）

2013年博鳌亚洲论坛年会期间，顾客在中国石化指定加油站持卡加油满相应额度，均可获赠加油站小菜园种植的无公害蔬菜1份或易捷便利店购物券1张

【参与海南"绿化宝岛"大行动】 2013年，海南石油分公司为加强中国石化与海南省委、省政府的战略合作伙伴关系，进一步提高中国石化在琼美誉度，经石化集团公司同意，海南石油分公司以中国石化名义捐助300万元，以捐款方式积极参与海南"绿化宝岛"大行动，为实现海南绿色崛起做出了应有的贡献。

（李春贻）

【落实"碧水蓝天"环保计划】 2013年10月，海南石油分公司为进一步配合石化集团公司实施"碧水蓝天"环保行动，营造良好外部舆论氛围，根据实际情况，组织了本单位"碧水蓝天"环保计划媒体沟通会。本次媒体沟通会邀请了海南省商务厅、海南省工业和信息化厅、海南省发改委、海南省国资委、海南省工商管理局，海南省物价局等单位主要领导参加。

（李春贻）

表1　海南石油分公司主要生产经营指标

指标名称 \ 年份	2013	2012	2011	2010	2009	2008
成品油经营总量/万吨	130.86	120.58	113.05	111.09	97.92	114.38
零售量	109.32	100.68	96.67	82.52	73.40	84.86
销售收入/亿元	113.93	105.97	98.60	87.45	60.59	74.66
利　润/亿元	3.07	3.74	2.28	1.81	1.65	2.25
吨油费用/元	325.00	341.00	333.00	230.00	282.00	182.00
加油站总数/座	303	300	296	289	284	281

贵州石油分公司

【概况】 中国石油化工股份有限公司贵州石油分公司(简称贵州石油分公司)位于贵州省贵阳市解放路21号，是贵州省最大的一家成品油经营企业。其前身是成立于1951年3月的贵州石油总公司，1998年划归石化集团公司，2000年3月上划组建为贵州石油分公司和中国石化集团贵州石油总公司(简称贵州石油总公司)，正式分离运行。2006年10月，贵州石油总公司整体转制为中国石化集团资产经营管理有限公司贵州石油分公司。贵州石油分公司主要经营汽油、柴油、煤油、润滑油、其他石化产品及非油品。

截至2013年底，贵州石油分公司共设14个职能部门和4个专业中心，下属9个市(州、地)分公司。拥有一级油库1座、二级油库2座、三级油库7座(包括西南成品油输油管道下载油库5座)、1座非油品物流配送中央仓，总库容26.65万立方米，资产总额80.5亿元。全系统共有员工7 095人，其中经营管理和专业技术人员1 182人。2013年，贵州石油分公司年销量突破400万吨，连续第4年保持两位数以上增幅。

贵州石油分公司主要生产经营指标见表1。

(涂雯婧)

【零售创效能力持续增强】 2013年，贵州石油分公司以“创新创效树标杆”活动为抓手，打造站、店、库、人才培养等7个标杆，形成“以标杆为标准，将示范变为规范”的工作格局，以点带面，提升了整体经营管理水平。从提高汽油销售比例和高标号汽油销售比例入手，优化油品销售结构，增强创效能力，97#汽油销量同比上升54.4%。加大自助站的建设力度，精心选点，创新营销，全年共打造了70个自助站，完成中国石化下达计划的175%，自助站销量同比增长9.1%。同时，狠抓风险排查，强化小站管理，有效降低加油站经营风险，年销量3 000吨以下加油站减少44座。优选136个站点的377个项目进行“两微”改造，专项下达维修资金787.97万元，确保了“两微”改造工作取得成效。

(涂雯婧)

【直销业务稳健发展】 2013年，贵州石油分公司延续开展“客户需求在我心”活动，以“稳定现有客户、挽回流失客户、开发优质客户”为抓手，“四早一培”开拓市场，按照贵州省2014年重大项目建设目录，将贵州省1 467个续建、新建、待建重点项目进行细分、沟通、落实，抢占直销市场。“五盯一挖”紧锁目标，紧盯重点区域、重点行业、重点工程动态变化，盯刚性客户，盯高速建设，盯县域市场，盯“摇摆”型客户，挖掘潜在客户，加大市场开拓力度，稳定重点客户群体，加大流失客户分析和维护，充分发挥营销人员的主观能动性，加强调研分析，拓展营销思路，将客户的需求牢牢掌握在心中。

(涂雯婧)

【非油品业务创新创效】 2013年，贵州石油分公司全力打造12座服务优质、含洗车、餐饮、ATM机相匹配的功能齐全省级汽服标杆站，同时按照“创新创效树标杆”实施方案，在9个地区打造一座省级便利店标杆店，以点带面，通过标杆效应整体提升经营管理；对全省便利店销售结构、商圈进行分析，提出了打造55座百万元便利店的理念，截至年底，百万元店达91座，同比增长102%，占比13%，销售额占比35%，为便利店销售提升发挥了重要作用。进一步完善便利店服务功能，积极开展“手机充值”“邮政一卡通”、代缴水电费、车辆违章罚款、代订机票等多种便民服务，让客户真正感受到“汽车生活的驿站”这一“易捷”理念，提升了“易捷”便利店的认可度。全年员工非油销售绩效薪酬考核高达1 953万元，既提高了员工收入和积极性，又保障了队伍的稳定。

(涂雯婧)

【网络布局量质双升】 2013年，贵州石油分公司获批新建加油站41座。完成资本支出资金9.19亿元，其中加油站资本支出8.19亿元。批复地市公司立项新建47座加油(气)站，其中中心城区、高速公路站共41座。新增加油站46座，在建51座。积极推进石化集团公司与贵州省政府签署的战略框架协议中相关加油站及“十二五”规划重点加油站建设，优先保障中心城区和高速公路位置站点。围绕加油站建设的质量和进度，按照加油站项目建设流程模板，做到流程明晰、责任明确、时间节点固化，加油站投营和转固效率明显提升。严格执行投资项目“三级评估”机制和“五项原则”，控制委托代理、租赁等项目，切实防控投资风险，提高投资回报率。围绕加气站建设发展的方向和基础，加气站建设突破瓶颈。贵州石油分公司向贵州省委省政府提出“将加气站的建设规划审批职能从住建厅划转商务厅统一管理”的建议提案，得到了省政府的认可和采纳，同时加强与商务部门的汇报和沟通，从加气站规划编制上抢占先机，为加气站的发展奠定了基础。

(涂雯婧)

【安全管理工作持续强化】 2013 年，贵州石油分公司持续狠抓安全能力建设，连续第 4 年获石化集团公司安全生产先进单位和销售系统标杆企业称号，被国家安监总局授予全国企业应急救援知识竞赛优胜单位。牢牢把握 HSE 管理体系的重点，保证 HSE 管理的闭环管理，全年共排查不安全行为 1.8 万余项，整改率100%；全面排查设备设施隐患 3 000 多项，建立隐患排查、治理动态台账，并定期通报整改情况。强化制度执行力和应急救援，通过制度在运行全程进行控制，发现制度执行偏差，采取通报、考核等方式进行纠偏，起到督促执行的作用。通过完善应急救援预案、配备应急救援物资、强化应急救援演练，提高了应急救援能力。在安顺平坝"11·26"成品油管道泄漏事故中，贵州石油分公司，救援工作开展得及时有序，圆满完成应急指挥部下达的命令，获得贵州省政府、中国石化销售公司的表彰。通过安全设备信息化、自动化建设，提高安全监管的自动化、信息化管理水平。截至年底，10 座油库全部安装视频监控和液位监控系统，570 座加油站安装视频监控系统，85 座加油站安装液位监控系统，集液位、视频、消防、生产、探测为一体的信息化集成远程监控系统正在规划建设中。修订完善 HSE 责任制度和相关奖惩制度 10 个，全员签订 7 000份责任状。

（涂雯婧）

【创新审计工作方法成绩显著】 2013 年，贵州石油分公司紧紧围绕"六个着力抓好"开展审计工作。更新思路，创新工作方法，将工程审计作为全年工作的重中之重，采取多项新措施，效果明显。全年共完成工程决(结)算审计项目 300 个，同比增加 173 个；送审总金额 2.93 亿元，增加 1.85 亿元，增幅171%；净审减金额 4 066 万元，增加 2 876 万元，增幅 241%；净审减率 14%，增加 3 个百分点。深化经济责任审计，加强对地市公司领导人履职情况的审计监督。全年完成安顺、遵义、毕节 3 家地市公司原经理离任经济责任审计；开展 IC 卡使用及管理情况、资金风险管理情况、非油品业务管理情况、油品数质量管理情况、改进作风落实党组实施细则情况等专项审计，揭示公司在经营管理方面存在的不足，为规范经营、降低风险发挥重要作用。

（涂雯婧）

【继续加强信息化建设】 2013 年，贵州石油分公司继续坚持"自动化、自助化、信息化"的发展方向。强力推行自动流量计、液位仪的安装和使用，10 个在营油库汽车发油全部取消人工计量，油罐自动计量工作正在试点中。安装视频监控系统加油站 570 座，联网加油站 566 座，联网油库 9 座，实现省市两级对加油站、油库的远程监控，现场纠偏，管理的效率和质量得到有效提升。上线运行公路配送车辆车载系统，涵盖全省 596 辆油罐车，打击偷盗油和偷换油作用明显。

（涂雯婧）

【人才队伍快速成长】 为了提高员工素质、控制用工总量、降低劳动负荷、增加员工收入，贵州石油分公司 2013 年针对一线员工广泛开展加油站 5 项技能的省地县三级培训考试，基层员工 5 项技能培训率达到 100%，已有 1 891 人获得了 5 科合格证，员工素质和工作技能得到较大提升。全面深入实施三支人才队伍建设，完善人才队伍职位设置、选聘、考评等制度，形成促进人职匹配、人事相宜的长效机制。扩宽竞聘上岗和选拔任用渠道，通畅专业技术人才和技能操作人才成长通道，基层活力得以释放。在"大学生站长推进计划"中，334 名大学生站长、副站长中已有 81 人通过岗位竞聘走上了基层管理岗位。

（涂雯婧）

【促建和谐企业】 2013 年，贵州石油分公司领导班子成员累计到基层调研 16 次，结合党的群众路线教育活动，梳理统计问题 167 个，已解决问题 145 个，拉近了与基层的距离，增强了企业的凝聚力。继续推行信访稳定"四个落实"办法，确保企业健康稳定运行。着力"五小"建设，实现了加油站小食堂覆盖率100%，建成加油站小活动室 66 个、小宣传栏 221 个、小药箱 651 个和小浴室 325 个；在各县区设置"职工书屋—流动书柜"65 个，获全国级职工书屋示范点 1 个；坚持每月给予每位员工 140 元伙食补助。贵州石油分公司获得省级"安康杯"优胜单位和优秀组织者称号。

（涂雯婧）

【党建工作持续加强】 2013 年，贵州石油分公司在全省系统建立基层党群活动室 65 个、基层组织建设示范点 4 个；发展党员 78 人，其中劳务工 55 人，年销量 3 000 吨以上或员工 10 人以上加油站党员数达到预期目标。党、团员的先锋模范带头作用更加突出。组织开展"学习先进、创建一流"先进事迹报告会和光碟巡回演讲 700 余场次，对 54 个先进集体、113 名先进个人进行表彰。在站、店、库、室等窗口单位的党员佩戴党徽上岗、团员佩戴团徽上岗已成为自觉的工作标准。

（涂雯婧）

【党风廉政建设成效明显】 2013年，贵州石油分公司修订完善“三重一大”集体决策制度，结合党中央“八项规定”及石化集团公司相关要求，制定了贵州公司落实“八项规定”的细则；逐级签订党风廉政建设责任书，实现党风建设与经营业务工作同时部署、同时检查、同时考核；进一步加强反腐倡廉教育，全系统共组织廉洁教育1 107次，20 937人次参加了学习；全面开展廉洁风险防控工作，廉洁风险防控体系初步建成；不断深化业务公开系统应用，系统登录率、信息浏览量等指标进入中国石化先进行列，并获中国石化监察局业务公开年度红旗；开展加油站建设、非油品经营、油料损耗管理等8个方面的效能监察，为公司避免和挽回经济损失共计330万元。

（涂雯婧）

【企业管理成绩突出】 2013年，贵州石油分公司各职能部门年度、季度、月度工作计划完成率达99%以上；管理规章制度得到全面遵守和执行；各级会议精神和文件要求的工作得到贯彻落实。获石化集团公司第22届管理现代化创新成果奖一等奖1个，二等奖1个、三等奖1个；在石化集团公司开展的学镇海工作中，被评为中国石化销售系统唯一一家进步企业。连续第8年获贵州省工商局颁发的“守合同，重信用”称号；获由贵州省经济和信息化委员会、贵州省企业联合会、贵州省企业家联合会共同颁发的贵州省2013贵州100强企业称号，以及获贵州省全民素质工作委员会主办的首届2013贵州省企业综合素质100强称号。

（涂雯婧）

表1　　贵州石油分公司主要生产经营指标

指标名称＼年份	2013	2012	2011	2010	2009	2008
成品油销售总量/万吨	437.55	373.72	326.64	268.18	238.99	217.21
零售量	343.10	296.00	251.78	208.78	189.11	182.62
销售收入/亿元	345.18	299.20	254.97	183.98	141.95	136.70
吨油费用/元	287.00	299.00	287.00	277.00	286.00	268.00
在营加油站总数/座	806	773	770	761	741	730
自营加油站数	806	773	770	753	741	730

云南石油分公司

【概况】 中国石油化工股份有限公司云南石油分公司（简称云南石油分公司）的前身云南省石油总公司成立于1952年7月，1998年6月整体划转石化集团公司，2000年2月按照主辅分离、改制上市的要求，主营业务部分组成云南石油分公司，是中国石化设在云南的直属销售企业，主营汽油、柴油和非油品的零售、直销配送、批发和仓储业务，是云南省内最具实力的成品油主渠道销售企业。

截至2013年底，云南石油分公司下辖16个州市分公司、4个专业中心，共有员工10 242人，总资产达110.19亿元，在营油库13座，总库容48.28万立方米，在营加油站1 148座。2013年，销售成品油573.36万吨，其中零售470.18万吨，直销79.44万吨；非油品营业额5.52亿元。实现报表利润9.01亿元。

云南石油分公司主要生产经营指标见表1。

（徐长青）

【综合创效能力取得新进步】 2013年，云南石油分公司围绕优化经营品种和结构，强化营销策划，销售汽油175.87万吨，增长8.75%，柴油397.49万吨，增长2.13%，实现优化创效。围绕价格到位率，提高创效能力，单站加油量4 096吨，同比增加30吨，万吨站达到90座，实现增量创效。积极争取外部支持，成品油计价密度调整政策10月开始实施，国Ⅳ汽油优质优价政策如期获得批准执行，实现政策增效。加强资源组织调运，实现资源创效。围绕扩大便利店和重点商品销售规模，油非互促，单店销售额61.6万元，百万元便利店增加至139个，千万元以上便利店增加至3个，实现非油创效。

（徐长青）

【降本增效取得新收益】 2013年，云南石油分公司加强全员成本目标管理。优化二次装车运输流向，在消化增量增费的情况下，运费同比累计减少438万元。严格损溢考核，加快油罐车电子铅封监控系统上线，商品损耗同比大幅下降。加快资金归集速度，认真清理债权债务，减少资金占用，及时归还分割贷款，实行“营改增”税票抵扣，集中谈判，降低上门收款费用，节省财务费用。加强与税务部门沟通协调，争取消防用地及荒山荒坡减免土地使用税、加油站罩棚减免房产税、零售环节减免印花税，减免各种税费性支出。严格落实中央“八项规定”和石化集团公司“实施细则”，公务性支出同比减少8.38%。

（徐长青）

【网络建设取得新发展】 2013年，云南石油分公司严控投资规模，停止委托建设，着力推进优质储备项目建设，全力推动打包合作项目落地，积极推进加气站及油气合建站建设。与楚雄州、文山市、昆钢合资发展网点进展顺利，与高速公路投资公司合作深化。围绕项目决策、项目实施、投资控制和目标效益，加强以质量和效益为核心的投资管理。长坡油库二期扩容投入运行，玉溪油库二期扩容、松林油库、振戎油库改造加快推进，蒙自油库、广南油库新建前期工作有序开展。全年发展加油站42座，新投产加油站46座、加气站2座，在建加油（气）站39座。

（徐长青）

【内部管理取得新提升】 2013年，云南石油分公司深化“强管理、消隐患、防风险”活动，开展资金、税务发票、小站管理提升等专项检查整治。推进油库标准化建设，完成物流运输车辆公司化转型，实施制度标准化改造，修订各类制度224项。严格预算执行，做好刚性费用监控管理，强化加油站、信用销售资金监管，加大财务考核力度，深度融入经营管理。调整考核奖励导向，推行县区公司竞争力排名，采取综合配套措施，增强州市公司、县区公司竞争能力和工作活力。有效发挥纪检、审计作用，开展加油卡管理、加油站后评价专项审计和在建工程效能督察，严肃制度执行，通报处理近年发生的10个事故案例，强化各层级规范管理意识。通过从严治企，与发展质量和效益相配套的评估、审核、决策、实施机制逐步建立，管理效能进一步发挥。

（徐长青）

【获石化集团公司安全生产先进单位称号】 2013年，云南石油分公司贯彻落实安全生产责任，以作业环节操作和施工现场管理为重点，开展“安全管理提升”“平安工地创建”“安全生产月”和“查找身边十大薄弱环节”等活动。按照“一事一案”“一点一策”要求，完善应急预案体系，健全信息沟通和事故响应联动机制，强化预案实战演练，提升应急处置能力。认真吸取青岛“11·22”事故教训，全面排查安全风险隐患，加大隐患治理力度，实施未遂事故上报分析共享。全年未发生上报等级事故和恶性事件，被石化集团公司评为安全生产先进单位。

（徐长青）

【员工队伍建设持续加强】 2013年，云南石油分公司完善竞争性人才选拔机制，规范干部异地交流管理，制定县区公司经理管理办法，对省地机关重新定岗定编，在薪酬套改的基础上，顺利完成机关人才队伍通道建设，选聘专家3名、主任师4名，三支人才成长通道初步搭建。加大教育培训力度，组织实施中层管理人员云大MBA课程培训班，推广应用远程培训系统，分层级开展各类培训，全年共办培训班293期，培训8 520人次，远程培训4 029人，学习12.9万小时，站（库）内培训43 098人次。持续开展职称评定、技能鉴定和技术比武，全年鉴定取证2 548人，高级职称评定3人，技术比武信息专业个人获银牌1枚、油品储运工专业个人获铜牌1枚。

（徐长青）

【夯实党建基础工作】 2013年，云南石油分公司持续开展“党员责任区”活动，打造服务型党组织，全系统建立党员责任区1 373个，签订责任书637份，设置党员责任区标识686个。大力推进基层党支部规范化建设，建立党群活动室135个，设置党支部工作园地136个。加强形势任务教育和企业文化建设，以完善惩防体系建设为重点，不断强化党风廉政建设，开展警示教育40场，签订廉政建设责任书268份。

（徐长青）

【和谐发展取得新成效】 2013年，云南石油分公司深入开展“比学赶帮超”活动，完善“为民服务创先争优”长效机制，组织“文明示范窗口”评选，开展职业道德大讨论，推进“家”文化建设，稳步推进劳务工薪酬调整，一线劳务工收入得到较大幅度增长，增强了员工归属感和企业凝聚力。做好信访维稳工作，认真化解各类矛盾，发挥离退休、工会、共青团凝心聚力作用，帮扶困难职工388人次，帮扶慰问资金67.85万元，建成离退休活动室15个、职工书屋18个，评选青年文明号10个、青年安全生产示范岗18个、青年岗位能手20名。

（徐长青）

表1　　云南石油分公司主要生产经营指标

指标名称＼年份	2013	2012	2011	2010	2009	2008
成品油经营总量/万吨	573.36	550.91	531.18	500.71	431.63	403.11
零售量	470.18	451.28	443.24	385.48	335.97	335.46
销售收入/亿元	449.93	440.40	412.46	331.00	245.50	241.15
利　润/亿元	9.01	11.61	10.87	6.02	4.88	4.81
吨油费用/元	387.00	351.00	324.00	294.00	301.00	285.00
加油站总数/座	1 281	1 248	1 241	1 258	1 242	1 204

辽宁石油分公司

【概况】 中国石油化工股份有限公司辽宁石油分公司（简称辽宁石油分公司）成立于2009年12月18日，其前身为成立于2002年的中国石化销售公司东北分公司，位于辽宁省沈阳市，下辖沈阳、大连、丹东、铁岭等14家地市分公司和1家控股子公司，主要负责辽宁地区成品油零售、直销、批发以及车用天然气、润滑油、燃料油、非油品销售等业务，截至2013年底，加油（气）站总数达364座，在营站总数达329座，在营率90%。

辽宁石油分公司主要生产经营指标见表1。

（任　飞）

【经营业绩稳中有升】 2013年，辽宁石油分公司经营总量168.36万吨，其中成品油167.52万吨，零售126.59万吨，零售比重76%，同比增加3.91万吨，增幅3%，纯枪量103.77万吨，同比增加5.65万吨，增幅6%；批发完成13.28万吨，直销完成27.65万吨，终端比重达92%。车用燃气1 015万立方米，其中天然气712万立方米。非油业务销售额8 464万元，同比增幅28%。全年报表利润8 019万元，吨油费用404元。

（任　飞）

【建设全员岗位标准】 2013年，辽宁石油分公司开展“全员岗位标准”建设。为将制度、流程、内控、ERP等4项核心管理手段有效贯穿并嵌入在岗位标准中，公司先后召开职责分工与岗位界定沟通协调会、交叉审核会共23次，完成涵盖438个管理与操作岗位，确定工作标准1万余条70余万字的《辽宁石油全员岗位标准》，形成覆盖省市两级机关管理岗位、地市公司库站操作岗位的工作标准，把制度执行的责任落在工作岗位上，形成“流程、内控、制度和ERP”四位一体的管控体系，实现事事有人管，人人有专责，工作有标准、落实有检查，考核有依据，更为重要的是把“习惯性不负责”关进了“标准”的笼子里。

（任　飞）

【精简机构提高经营运行效率】 2013年，辽宁石油分公司将辽阳、朝阳2家公司运行体制进行片区化调整。进一步整合机关部门，提高部门运行效率，将部分地市公司的安全和发展部门整合，成立安全基建部，部门的整合使公司运营更加流畅，衔接更加密切，效率快速提高。

（任　飞）

【完善信息化建设与管理】 2013年，辽宁石油分公司ERP系统由规范应用向达标应用过渡，本年度，辽宁石油先后8个月被中国石化总部评定为无问题单位。12月，公司顺利通过ERP应用达标验收，并被石化集团公司评为ERP应用进步最快企业，ERP整体应用水平已位居区外公司前列；加油卡系统建设成效显著。截至年底，加油卡系统实施站数已达到324座，其中卡机联动站267座。加油卡站点占在营站比例达到 98.1%，卡机联动站占在营站比例为 80.9%。

（任 飞）

【持续开展全员成本目标管理】 2013 年，辽宁石油分公司严格落实中央“八项规定”，以全员成本目标管理为手段，从紧安排支出，层层传递压力，降本减费。全年业务招待费同比下降 66.44 万元，办公费下降 49.58 万元，差旅费下降 140 万元，会议费下降 61.02 万元。

（任 飞）

【强化全面预算管理】 辽宁石油分公司一方面强化归口部门管理，各归口部门每月 23 日将本部门发生的费用以及归口管理的经营量、价格等情况上报至财务资产处预算岗，经预算岗综合汇总后，结合地市公司上报费用情况，测算全省本月利润情况。另一方面强化月度预算，市公司每月 23 日前通过 OA 系统上报月底费用预测与次月预算。月末结账后 10 日内，将考核通报通过 OA 系统下发，对经营量、零售量、非油品、IC 卡、费用和利润等指标完成情况予以通报。

（任 飞）

【提高存量资产效率】 2013 年，辽宁石油分公司制定了《强化小站管理活动方案》，通过查问题、抓微改、强管理，5 吨以下的小站从年初的 173 座下降到 132 座，降幅达 23.7%。2009 年底整体收购的宽甸油库和 11 个加油站项目，在历经 3 年的经营后，因市场环境等多种因素，经中国石化总部批准，果断退还这一低效资产。经周密部署和交接工作，实现了平稳过渡。

（任 飞）

【规范用人管理】 2013 年，辽宁石油分公司提出“增量不增人”的总体要求，对各分公司人均劳效指标进行专项分析，通过库站调整营业时间，优化排班，规避用工风险等一系列工作，用工人数从年初的 3 545 人减到年底的 3 326 人，用工减少 219 人。

（任 飞）

【强化 HSE 管理】 2013 年，辽宁石油分公司深刻吸取“11 · 22”重大事故教训，严格按照“四不两直”和“暗查暗访”的检查方式，自行组织各种方式安全检查 9 次，迎接中国石化总部检查 6 次，组织事故通报会 2 次，制定并下发了《压缩天然气加气站 HSE 运行管理规定》。开展职业病危害因素监测，共对 319 座在营加油站、4 座油库的 5 种岗位进行监测，监测覆盖率达到 100%，监测合格率为 100%。辽宁石油分公司连续 3 年获评石化集团公司安全先进单位。

（任 飞）

【聚焦“四风”狠抓班子和作风建设】 2013 年，辽宁石油分公司党委严格按照石化集团公司党组的统一部署，认真抓好各个环节的工作，重点聚焦“四风”问题，抓班子和机关作风建设，确保了整个教育实践活动有序推进、逐步深入，成效凸显。两级班子在走进工地、走进基层、解决问题、解决困难上，在切实改进机关作风上有了明显改进。

（任 飞）

【立足“人民满意”打造企业文化】 2013 年，辽宁石油分公司开展“岗位学雷锋、争做好员工”活动，以“奉献清洁能源，雷锋伴我加油”为理念，持续开展学雷锋活动。在抚顺高山站与沈阳军区雷锋团开展共建活动，并打造“雷锋站”，同时把“雷锋站”作为员工培训基地。“雷锋站”的设立，不仅提振了一线员工的工作激情，也使“雷锋站”销售量迅速提升。雷锋站的日均销量由开业初期的 4 吨迅速增加到 14 吨，最高达 28 吨。“加一升油，奉献一份爱”，这是鞍山“郭明义加油站”的营销语录。学雷锋、学郭明义已经成为辽宁石油独特的经营和营销理念，不仅促进了零售销量的提升，也大大提升了中国石化的品牌影响力。开展社会公益事业，自发组织向四川雅安地震灾区、抚顺“8 · 16”洪涝灾区捐款捐物，连续 2 年对口扶贫葫芦岛市建昌县巴什罕乡。

（任 飞）

表 1　　辽宁石油分公司主要生产经营指标

年份 指标名称	2013	2012	2011	2010
经营总量/万吨	168.36	169.45	155.60	92.70
零售总量	126.59	122.68	102.60	60.50
直销总量	27.65	28.70	32.90	17.30

续表

指标名称 \ 年份	2013	2012	2011	2010
吨油费用/元	404.00	452.00	331.00	361.00
汽柴油零售比重	1:2.4	1:2.7	1:2.9	1:2.24
汽柴油直销比重	1:18	1:48	1:49	1:15
利润总额/万元	8 019.00	-7 742.00	9 074.00	3 476.00

四川石油分公司

【概况】 中国石油化工股份有限公司四川石油分公司(简称四川石油分公司)成立于2010年1月，是在原中国石化销售川渝分公司基础上重组设立的国有大型企业。本部设在四川省成都市。

四川石油分公司负责中国石化在四川省境内的成品油、车用天然气、润滑油、非油品(便利店、汽服、服务区)销售等经营业务及仓储销售网点建设工作，集仓储、物流、销售、服务为一体，实行集中决策、分级管理、专业化经营的事业部管理体制。

截至2013年底，四川石油分公司机关有15个处室，在四川省19个地市(州)设立了分公司，有加油(气)站400余座，便利店300余座，自有、合资油库10余座，员工近5 000人。

2013年，四川石油分公司销售成品油215.88万吨，其中零售144.52万吨，直销54.61万吨，成品油终端销售比重92.24%；全年天然气销售首次突破1亿立方米，达到1.13亿立方米、增幅23%；实现非油品营业额1.55亿元、增幅22.4%；全年销售收入总额165.50亿元，完成利润1.01亿元。

四川石油分公司主要生产经营指标见表1。

(伍　灿)

【企地合作共赢发展】 2013年1月25日，由四川石油分公司与成都市交通投资集团有限公司合作成立的中石化成都能源有限公司正式揭牌。合资公司由投资双方各持股50%，根据框架协议，将共同投资建设经营40座加油站及5座CNG加气站，并根据实际情况扩大能源项目的合作投资建设。

(伍　灿)

【发展质量显著提升】 2013年，四川石油分公司以高速公路、中心城区为重点，对全省21个市州实施选择性发展，批复立项项目7座，其中城区和城市新区项目5座，50座高速公路LNG加气站项目纳入四川省“十二五”规划。坚持围绕石化集团公司“突出发展质量和效益，加快转变发展方式”的总要求，大力开展项目清理工作，切实减小投资压力、提升项目质量、降低法律风险，通过对160座储备及意向性项目的分析、梳理，清理项目491个，退出项目109个，释放资金26亿元，并建立投资资金预警机制，按照“轻重缓急”原则拨付资金，有效保障了项目实施。

(伍　灿)

【降本增效成效明显】 2013年，四川石油分公司以“效益提升年”为导向，积极开展全员成本管理，“勤俭节约”的意识深入人心。通过加强资源串换、跨区提油、铁路直运等措施，节约运杂费330万元；通过严格各环节损耗治理，加强承运商监管、试点地罐交接、强化现场督察，油品损耗同比减少529吨，天然气损耗同比减少70万立方米；严格预算审批、明确接待标准、精简会议培训等，公务性支出同比减少580万元；通过自主开展机房搬迁工作，协调厂商免费扩容网络、增加备品备件等，节约信息系统运维费用近百万元；通过开展用工挖潜，推行低效站承包，严控用工总量，节约用工指标303人，节约人工成本2 000万元。

(伍　灿)

【持续夯实管理根基】 2013年，四川石油分公司全面开展安全教育和安全大排查，重新梳理、修订现行《安全生产责任制》，明确60个重点岗位HSE职责，针对8个方面的突出问题，对应整理出130个岗位风险控制点。实施油品质量全环节跟踪，全年开展油品化验5 822批次，练好质检内功，在销售公司A、B级质检室比对试验中获“双料”冠军。全面清理直分销信用客户，减少授信额度1 350万元。开展加油卡业务专项审计，梳理出 10 多个业务关键风险点、30 余条整改措施。实施合同项目全周期管理，出具法律风险防范意见书 494 份，成功处理 6 起合同纠纷非诉案件。

（伍　灿）

【激发人力资源活力】 全方位推进人才队伍建设，推荐 7 人参加中国石化总部高级职称评审，770 人通过员工职业技能鉴定，引进 8 名应届毕业生，充实了专业后备人才。关心员工成长成才，不断完善培训体系，建成省级员工培训中心，建立培训站 22 座，培养销售公司认证兼职讲师 2 人、省地库站级认证兼职讲师 55 人。稳步提高员工收入，全年职工薪酬增长 5%，其中加油（气）站员工薪酬增长 18%、油库员工增长 11%。

（伍　灿）

【党建工作规范有序】 2013 年，四川石油分公司深入开展党的群众路线教育实践活动，积极征求广大干部员工意见建议，认真开好两级班子民主生活会，切实查找自身“四风”问题，做到真查真改、立行立改，群众测评满意率达 98%。制定《廉洁风险防控工作实施方案》，完成省公司 109 个岗位的廉洁风险排查。积极提升员工满意度，全面取消单班 24 小时排班，发放帮扶资金 21.53 万元，组织 4 200 余人次职业健康检查，对 9 座油库、397 座加油（气）站进行职业健康危害因素检测。

（伍　灿）

【抗击雅安“4·20”强烈地震】 2013 年 4 月 20 日，雅安芦山发生 7.0 级强烈地震，四川石油分公司班子成员紧急赶赴灾区现场指挥抗震救灾工作。在通往灾区沿途的 19 座加油站设置抗震救灾应急服务点，免费对有需求的抗震车辆、受灾群众发放矿泉水 7 298 瓶、方便食品 4 000 余份。当晚 22 时，6 名员工驾乘 2 辆装载 1.4 万升柴油的流动加油车抵达震中芦山展开免费加油作业，期间累计向重灾区配送柴油 2.75 万升，为特种抢险车辆和设备免费加油 25 027升。

（伍　灿）

【致力“碧水蓝天”事业】 2013 年，四川石油分公司全面完成成都主城区 59 座加油站油气回收装置改造。11 月 15 日，在所有下属地市公司开展国Ⅳ汽油批发销售业务；在成都市三环路以内（含三环路）的 21 座加油站挂牌销售国Ⅳ汽油。11 月 30 日，在成都、自贡、泸州、德阳、绵阳、内江、乐山、眉山、宜宾、广安、达州、资阳 12 个市主城区以及高速公路挂牌销售国Ⅳ汽油。大力推广车用天然气应用，开发 LNG 直销业务，全年天然气销售首次突破 1 亿立方米，其中 LNG 直销 1 780 万立方米。

（伍　灿）

表 1　　四川石油分公司主要生产经营指标

指标名称 ＼ 年份	2013	2012	2011	2010
成品油销量/万吨	215.88	215.33	181.49	163.18
零售量	135.38	134.70	108.91	82.73
天然气销量/万立方米	10 870.59	9 207.36	5 996.51	4 577.46
销售收入/亿元	165.50	166.06	136.77	104.91
利　润/亿元	1.01	2.13	2.60	2.00
吨油费用/元	376.26	342.43	290.60	225.97
加油站总数/座	395	355	288	228

重庆石油分公司

【概况】 中国石油化工股份有限公司重庆石油分公司（简称重庆石油分公司）位于重庆市渝中区，其前身为中国石化销售有限公司川渝重庆分公司，2009 年 12 月重组成立重庆石油分公司。2012 年 10 月，管理规格由大Ⅱ型调整为大Ⅰ型企业。

重庆石油分公司集仓储、物流、销售、服务于一体，主要负责重庆地区成品油批发、零售、直销以及车用天然气、非油品销售等业务。截至2013年底，公司下设12个部门，辖江南、三峡、涪陵、黔江、江津、永川、合川7个分公司和惠通公司、渝辉公司、中南公司、和光公司、城盛公司、欣地公司6个合资公司。公司共有员工3 157人，资产总额74亿元，在营加油(气)站276座，在营油库6座，油气网络基本覆盖重庆市38个行政区县。

2013年，重庆石油分公司经营总量192万吨，其中销售成品油178.84万吨，销售天然气1.57亿立方米。非油品营业额1.17亿元。全年实现销售收入137.62亿元，利润1.7亿元。

重庆石油分公司主要生产经营指标见表1。

（刘　磊）

【经济效益明显提高】 2013年，重庆石油分公司成品油经营量178.84万吨，完成中国石化总部年度计划的102%，其中零售120万吨，同比增长7%，形成万吨级站25座、8 000吨级站15座、5 000吨级站31座的骨干网络，市场占有率提升至27%，成品油业务市场竞争力稳步提升。全年销售天然气1.57亿立方米，同比增加15%，占重庆车用天然气市场25%的份额，继续保持最大车用CNG供应商市场地位。全年在营便利店258座，其中实体便利店159座(新增86座)。实现非油品营业额1.17亿元，完成年度目标的101%，同比增长37%。毛利率达到19%，同比增加7个百分点，在区外公司排名从长期靠后升至中上水平。

（刘　磊）

【网络发展质量进一步提升】 2013年，重庆石油分公司新增投营加气站11座，5座标准加气站增设CNG子站功能，在营加气站达到32座，在建加气站8座，已取得建设地块的储备项目有21个。全年新增投营加油站27座，竣工12座，在建5座。在重庆主城区及区县城区取得加油站项目建设土地17块。

（刘　磊）

【全年运销页岩气1 220万立方米】 2013年1月10日，按照中国石化总部要求为避免页岩气勘探开发中的放空造成浪费，重庆石油分公司开始运销涪陵焦石页岩气。全年累计运销1 220万立方米，日均销售4.5万立方米。

（刘　磊）

【开展抗震救灾工作】 2013年4月20日，四川雅安发生地震。重庆石油分公司切实履行国企责任，在保证员工、库站安全的前提下，主动配合开展抗震救灾工作。迅速组织HSE自查自救；开设绿色通道，救灾保供；组织捐款献爱心。

（刘　磊）

【组建重庆中石化欣地石油零售有限公司】 2013年8月，重庆石油分公司与重庆地产集团合资经营的重庆欣地石油零售有限公司挂牌成立。该公司以成品油零售、网络发展为重心，依托中国石化和重庆地产集团在渝资源优势，大力发展零售网络，拓展成品油、天然气市场。

（刘　磊）

【内部管理水平进一步提高】 青岛“11·22”事故发生后，重庆石油分公司及时组织开展安全生产大检查，全面排查安全隐患、环境风险隐患。全年组织各类综合HSE数质量检查近10次，督察库站近800座次，年度检查覆盖率达到100%。完成114个专项整改和1座油库、50座加油站油气回收治理，全面完成国Ⅳ汽油置换。职业健康体检2 587人次，职业危害监测569个点、1 308个样本。发送警示、预警、动态信息4万余人次。

（刘　磊）

【加强队伍建设】 2013年，重庆石油分公司共申报高级职称1人、中级职称5人、初级职称24人，聘任2名专业技术专家。在新增投营27座加油(气)站、82座便利店的巨大用工需求下，企业用工总量同比减少4人，实现精简用工388人。实现人均经营量477吨，同比增加26吨，增幅5.86%。

（刘　磊）

【党建工作稳步推进】 2013年，重庆石油分公司根据石化集团公司党组统一部署，全面深入开展群众路线教育实践活动，进一步增强了群众观念和宗旨意识，促进了作风转变。左文全、秦小平分别获重庆市五一劳动奖章、石化集团公司优秀工会干部称号。

（刘　磊）

【“比学赶帮超”工作取得成效】 2013年，重庆石油分公司在销售企业“比学赶帮超”工作中获得红旗27面，位居第三；并获零售量、利润、天然气、发展质量4面年度红旗。

（刘　磊）

表1　　重庆石油分公司主要生产经营指标①

指标名称＼年份	2013	2012	2011	2010	2009	2008
成品油销量/万吨	178.84	171.00	160.00	108.05	56.33	32.03
零售量	119.82	112.00	99.66	51.63	36.95	26.21
销售收入/亿元	137.62	131.38	119.86	67.87	30.45	20.01
报表利润/亿元	1.70	2.41	3.01	0.45	0.24	-0.09
报表吨油费用/元	321.00	320.00	238.00	247.00	248.36	334.84
在营加油(气)站总数/座	276	260	253	185	93	86
油库座数/座	6	6	6	6	5	5

①2008—2009年数据为销售川渝重庆分公司数据

陕西石油分公司

【概况】 中国石油化工股份有限公司陕西石油分公司(简称陕西石油分公司)是石化集团公司根据经营发展战略，在原中国石化销售西北陕西分公司(成立于2002年10月)基础上重组而成的国有大型企业，是中国石化的全资分公司，2010年1月15日正式揭牌成立，本部设在西安市。陕西石油分公司集仓储、物流、销售、服务于一体，主要负责陕西地区成品油零售直销和批发以及润滑油、燃料油、非油品销售等业务。

截至2013年，陕西石油分公司下设12个职能部门、10个地市公司、5个控(参)股公司及25个县区公司；拥有员工总数4 003人，其中正式工430人；拥有加油(气)站485座、撬装站26座；拥有运营油库4座，总库容15.6万立方米，资产总额42亿元。

2013年，陕西石油分公司实现经营总量202.44万吨，同比增长6.8%。其中，成品油销量200.46万吨，增长6%；天然气销量2 621万立方米(折合成品油约1.98万吨)。成品油销量中，零售量145.36万吨，增长10%；直销量49.16万吨，增长1%。非油品销售额1.21亿元，增长45%。零售经营比重达到73%，终端比重达到97%；实现营业收入147.78亿元，增长2.4%；实现报表利润1.00亿元。

陕西石油分公司主要生产经营指标见表1。

(余　立)

【保障经营需求】 2013年，陕西石油分公司把握配置、代采、外采3项资源在"总量、采销、库存、时空"上的动态平衡、注重月度DPO计划对接，配置资源比重达到85%，同比增长21个百分点；在确保效益的原则下，以销定进外采油品31万吨，有效弥补资源缺口；深入研究中国石化总部资源考核政策，争取补贴3 375万元。转变传统经营理念，强化市场变化时点的低库存运作，节约流动资金1.02亿元；通过提高库容周转效率，节约仓储费598万元。完成承运车辆电子铅封远程监控系统安装，利用定位轨迹实施动态监控；根据加油站进销存数据及出库点资源情况优化运输路线，平均配送半径同比降低1.7千米，吨油运杂费同比降低4.9元，节约运费136.3万元。精心组织并顺利完成国Ⅲ柴油、国Ⅳ汽油的升级置换工作。

(余　立)

【强化零售经营】 2013年，陕西石油分公司选取5家地市公司启动"大零售"试点，建立价格快速反应机制，打破区域界限形成整体合力；深化站长竞聘机制，85%的加油站实行公开竞聘选拔；推进低效站改革，激发销售潜力实现减员增效。坚持油非互动常态化，给予地市公司营销自主权，节假日营销同比增量25%，高标号营销同比增量32%，小额配送同比增量159%；老站挖潜增量2万吨，万吨站达到33座；IC卡累计发卡32万张。制定下发管理制度15项，开展"平安加油站"创建和"强化小站管理"活动，以教育培训、硬件配置、规范操作、资金安全为核心开展月度督查通报，现场管理水平显著提高。以规范服务和营销技巧为重点开展驻站轮训，一线员工营销技能持续提升；重视队伍的多岗位历练，300余人次开展岗位练兵。组建省、市、县三级"服务示范队"，开展"优质服务月"活动，推进现场服务标准化；客服24小时值班，有效投诉同比下降60%。376座在营站完成加油卡联网，130座站实现视频监控集成，347座站完成网络改造，通信资费同比降幅30%。

（余　立）

【**推进直分销经营**】 2013年，陕西石油分公司坚持考核导向，优胜劣汰、奖勤罚懒，体制机制进一步完善。坚持市场导向，紧盯客户、紧盯对手，直销总量同比增长11%。坚持风险导向，细化流程、强化管控，确保经营安全。坚持服务导向，橇装拓网、配送辐射，提升客户满意度。深化"赢得客户心"活动，分级走访客户780余次，新开发客户313个，解决实际问题36个，实现增量9.8万吨。执行末位行政问责和绩效奖惩考核政策，全员营销增量6万吨。

（余　立）

【**加强非油品经营**】 2013年，陕西石油分公司完善考核、薪酬、费用兑现机制，细化润滑油和便利店服务考核细则，将非油品损溢管理纳入数质量管理体系。对56座便利店进行形象功能改造，打造骨干精品店2座，日均营业额同比增长50%。全年主题营销"无断档"，单店日均营业额983元，同比增长48%，毛利率达到16%；举办茅台酒品鉴会4场，神木县公司成功举办区外首家县公司品鉴会；开展燃油宝销售竞赛，同比增量56%。将日常督察与专项督察相结合，整改问题151项；强化供应商供货管理和优胜劣汰，实现降库615万元，淘汰供应商23家。抓好新业务推广，建设20座全媒体广告业务站点；131座站点引入彩票、电话卡销售新业务。

（余　立）

【**注重质量效益**】 2013年，陕西石油分公司统筹安排投资计划，注重资产结构优化，新增加油站项目31座，完成年度任务的119%。通过增加加气功能、低效站油改气和新增油气合建站等方式，新增加气站项目16座，投营4座，在营加气站达到9座，单站日销量7 000立方米。以西安、咸阳地区为重点，实施127座站点的油气回收改造，9座正在改造。规范工程造价管理，出台加油站全费用总和单价体系、工程造价及变更管理办法，省市两级审核，从严控制项目成本。榆林油库工程总体进度达到60%；汉中油库已完成证照变更、工程决算及转资工作；西安石化油库已完成主体工程。

（余　立）

【**加强数质量管控**】 2013年，陕西石油分公司认真汲取"11·22"事故教训，坚持HSE逢会必考，加强安全教育、强化预案演练；制定下发现场重点作业环节违章行为处罚规定，实现闭环管理；组织各类检查80余次，边检查、边培训、边整改，确保人员和设备的本质安全。强化过程监管，通过驻库驻站"解剖麻雀"，对高损耗站点采取重点监督检查等手段，进一步堵塞损耗管理漏洞，运输、保管、零售环节的损溢率同比分别下降0.34‰、0.54‰和0.23‰，超耗累计赔付资金162.2万元。深化ISO 9000质量管理体系建设，组织开展年度内审工作，10个地市公司质检机构运作正常；严控质量管理关键环节，狠抓检测过程监控，系统内外累计抽检油样436个，结果全部合格。

（余　立）

【**强化规范管理**】 2013年，陕西石油分公司推进财务管理深度参与经营发展，完善模拟考核体系，加大利润考核权重；调整量费互动考核模式，引导地市公司向市场、向效益、向管理要费用、要薪酬。以中国石化总部风险管理和内控审计为契机，梳理一级风险5个、二级风险38个、三级风险143个，初步构建了完整规范的风险管理体系；503个内控控制点综合执行率97.88%，审计结果良好。开展"效益提升年"活动，7项重点费用同比降低631万元。对前期234个投资项目开展后评价，客观反映投资发展质量；完成工程结算审计107项，增收节支2 024万元；开展加油卡专项审计、离任审计、审计专家人才库建设，突出风险防控，推进关口前移。企管法律工作稳步推进，发布标准化制度56项，采集加油站证照数据1 709项，受理经营管理建议109项；结合销售企业案例编写法律风险手册，提升风险防范能力；制定重大项目合同范本，合同审查率达到100%。围绕建设"智能陕西石油"，IC卡系统通过公安部三级等保测评和总部系统验收，卡机联动站比例达到98%；通过总部ERP达标验收，获应用进步奖，4项工作亮点获得总部认可并推广；加油站视频监控集成、GIS等系统建设进展顺利，OA系统延伸到加油站并实现移动办公，信息辅助服务经营的成效初步显现。

（余　立）

【**推进党组织建设**】 2013年，陕西石油分公司下辖党委10个，党总支1个，基层党支部42个，建成标准化党支部21个；按照"双培养"原则，新发展党员35名，党员总数达到507名。推进党建系统化管理，开展"党建管理提升年"活动，对11家地市公司进行党建综合考核排名，将考核结果与“七一评先”挂钩。

（余 立）

【加强人才队伍建设】 2013 年，陕西石油分公司顺利完成企业晋级后的地市公司机构晋级、班子考核、薪酬调整和 66 名中层干部的职级确定；实行党政主要领导一岗双责、交叉任职，细化“四好”考评办法，完成 15 名机关管理干部的竞争性选拔和 19 名大学生的面试招录工作；继续开展职称评审、竞赛比武、技能鉴定等工作，获得比武银牌、铜牌各 1 枚，三支人才队伍建设进一步强化。推进用工规范管理，推进职工带薪休假、加油站优化排班及优化工时工作，推动人力资源管理的制度化、规范化建设。

（余 立）

【营造和谐企业氛围】 2013 年，陕西石油分公司贯彻落实中央“八项规定”和党的群众路线教育实践活动要求，深化“创建学习型企业”和“打造服务型机关”活动内涵，干部队伍作风建设进一步强化。开展“流动书箱”、乒乓球、工间操、健步走、帮扶救助等活动，获得全国总工会职工书屋示范点称号，“家”文化建设氛围浓厚；开展“青”字号创建活动，引导广大青年岗位成才，3 个集体和 5 名个人受到石化集团公司表彰；深入宣传正面典型，加强与新闻主管部门和主要媒体的联系，邀请媒体、客户走进中国石化，为企业发展营造了良好的内外舆论环境。推进反腐倡廉建设，深化廉洁教育，构建预警机制，完善惩防体系建设，下发廉政制度 12 项，加强对领导干部和关键岗位人员的监督管理；健全业务公开长效机制，加大网上巡视力度，完成成品油数质量管理、物资需求计划和招投标及储备管理、非油商品采购以及贯彻执行中央“八项规定”情况 4 个项目的效能监察。

（余 立）

表 1 陕西石油分公司主要生产经营指标

指标名称 \ 年份	2013	2012	2011	2010
成品油销售总量/万吨	200. 46	190. 86	167. 50	127. 15
零售量	145. 36	132. 37	102. 00	40. 33
销售收入/亿元	147. 78	144. 24	122. 89	79. 12
报表利润/亿元	1. 00	0. 73	0. 60	0. 13
报表吨油费用/元	368. 00	360. 00	337. 00	224. 00
在营加油站总数/座	418	376	321	135
自营加油站数	395	353	299	131
联营加油站数	23	23	22	4

内蒙古石油分公司

【概况】 中国石油化工股份有限公司内蒙古石油分公司(简称内蒙古石油分公司)本部位于内蒙古自治区呼和浩特市成吉思汗大街 26 号。内蒙古石油分公司前身是中国石化销售有限公司西北内蒙古分公司，2009 年 12 月调整为石化股份公司直属企业，更为现名。公司主要在内蒙古地区从事成品油零售、直销和批发以及润滑油、燃料油、非油品销售等业务。

截至 2013 年底，内蒙古石油分公司本部设 15 个职能处室，下设 12 个盟市分公司，拥有在营油库 10 座、加油站 367 座、资产总额 38. 70 亿元，职工总数 3 129 人，其中正式工 225 人、劳务工 2 904 人。控股中石化集团内蒙古石油销售有限责任公司(简称内蒙有限公司)，内蒙有限公司本部设综合、财务、业务 3 个部门，下设赤峰分公司，参股包头有限公司，拥有在营油库 1 座、在营加油站 7 座，在册员工 127 人，资产总额 1. 46 亿元。

内蒙古石油分公司主要生产经营指标见表 1。

（刘海燕）

【经营创效能力增强】 2013 年，内蒙古石油分公司深入研究市场形势和新的成品油定价机制，及时转变经营思路，在量效不能兼顾时，将经营重心转到效益上来。积极争取增加配置资源，合理扩大外采供应商范围，争取中国石化总部资源考核返还，最大限度提升资源进销价差，争取西北代采延长车用柴油，节约购进成本2 856万元。提高库存管理水平，核定各油库合理库存，坚持低库存运作，涨价涨库，跌价降库，增加潜盈，库存水平从最高19万吨降至8万吨，减少了资金占用和资金成本。

（刘海燕）

【零售稳量增量】 2013年，内蒙古石油分公司把零售作为稳量和创效的重中之重，设置多种奖励措施，加大激励力度，多家分公司实现零售量同比增加。狠抓新开站和低效站零售上量，一站一策灵活开展营销，加强零售小额配送。积极开展加油卡营销，加大宣传，反复研究加油卡促销成本效益，实施卡非互动、油非互动。重点开展汽油营销，增加销售网点，进行加油卡营销。天然气销量快速增长，2013年全年开业4座加气站，天然气销量同比增长175%。启动实施小站站长责任制改革，明确小站站长的"权责利"，实行"五定五不变"，放宽站长权力，开展全员营销，新政策初步显现效果。培育和稳固万吨站，全年实现万吨站24座，同比增加4座，新增万吨站7座。

（刘海燕）

【强化直分销业务基础】 2013年，内蒙古石油分公司成立成品油销售处，专门负责直分销业务，盟市公司成立8个销售部，明确19名专职销售人员专门跑市场、跑客户。通辽分公司和乌海分公司积极打开本地市场，2家公司直销量同比增加1.5万吨。重新修订《直分销薪酬奖励办法》，提高盟市公司班子的考核比例，将销售部主任、销售人员纳入考核奖励范围，分地区设置奖励系数，鼓励多销多得。

（刘海燕）

【非油品业务良好发展】 2013年，内蒙古石油分公司继续加大开店力度，全年新增便利店58座，在营便利店达到325座，开店率95.8%。加强门店销售，开展卡非互动营销，力推重点商品，丰富商品种类，非油品营业额保持快速发展势头，百万元便利店达到13座。加强便利店管理，出台便利店"六不准"禁令，便利店管理水平得到进一步加强。

（刘海燕）

【加快加气站建设】 2013年，内蒙古石油分公司优化投资资金使用，投资更加注重发展质量，在资金抽紧的情况下，全年发展加油（气）站40座，开业28座，其中加气站4座。深入调研LNG加气站项目建设，确定110省道、212省道、209国道、鄂尔多斯矿区等线路为重点开拓区域，加快加气站建设，选点4座，已建成投产1座。启用霍林河油库、乌海油库铁路专用线，大幅降低了物流运输成本。按照效益优先、注重投资回报的原则，完成各盟市发展定位。鄂尔多斯分公司、赤峰分公司办公楼项目取得进展。

（刘海燕）

【狠抓油品损耗】 2013年，内蒙古石油分公司将控制油品损耗考核与盟市分公司薪酬和领导班子绩效奖金挂钩，逐站逐库考核评比。严格落实零售损耗考核办法，加油站损耗核查常态化，有效控制零售损耗，其中包头分公司、呼和浩特分公司零售损耗同比分别下降2个和0.7个千分点。加强与承运商合作，建立联合监管机制，利用技术手段和跟车押运方式相结合，每月实行承运司机损耗末尾淘汰制度，全力打击偷盗油行为，全年共处理偷盗油案件19起、司机22人，挽回经济损失151万元。零售环节损耗率0.15%，同比下降1.6个千分点。各环节综合损耗率0.01%，同比下降0.31个千分点，综合损耗同比下降1 670吨，实现降本增效1 400余万元。

（刘海燕）

【优化物流配送】 2013年，内蒙古石油分公司优化资源配置，充分利用区内外仓储设施，一次物流尽量使用铁路运输，改善了跨度大、调运难的局面，仅争取西北代采承担全额运费节约费用340万元。优化二次物流配送，按照油库效益半径逐站核实配送路线，执行跨省区配送加油站39座，站执行跨盟市配送加油站47座，同比节约二次运费975万元。全年一、二次物流运费同比节约2 500余万元。

（刘海燕）

【财务工作效率进一步提升】 2013年，内蒙古石油分公司改变上门收款计费方式，上门收款费用同比减少430万元。严格执行资金日计划制度，无计划不付款，加大资金回笼归集速度，撤并加油站银行账户6个，货币资金余额同比降低43.6%，节约利息支出210余万元。降低POS刷卡手续费，引入多家银行开展竞争，降低刷卡费率，部分公司实现分时段计费。完成118座加油站的资产拆分，拆分资产4 100多项。开展资金专项检查，整改问题29项，资金管理水平得到加强。

（刘海燕）

【严控用工总量】　2013 年，内蒙古石油分公司严把人员入口关，严格控制各类用工人员数量。开展加油站劳动工时核定工作，根据销量核定 4 种营业时间，重新排班，规范劳动用工，减少基层用工量。坚持适度从紧原则重新核准各部门和分公司岗位编制，严控用工总量。全年新增加油站 30 座，用工总量减少 42 人，加油站劳动用工同比减少 59 人。

（刘海燕）

【安全数质量整体工作水平持续提升】　2013 年，内蒙古石油分公司加大安全排查和隐患治理力度，实施领导值班制度，完善应急预案，开展 QHSE 大检查，对查出问题实行闭环式管理。落实安全责任制，加强考核约束，强化落实“七想七不干”，规范作业现场操作。建立应急管理值班制度，配备应急物资，开展推演、模拟应急预案演练 2 100 余次。加强质检队伍建设，初步建立一支拥有质检人员 30 人，A、B、C 3 级共 10 个质检室的油品质量管理体系，实现油品质量全过程管理。严把油库入库检验关，全年入库检验油品 3 364 批次，清退不合格油品 14 批次。精心布置、周密安排油品质量升级工作，克服了资源供应、周转率低等不利因素，6 月底全面完成了车用柴油质量升级，12 月 20 日前完成了国Ⅳ汽油质量升级工作。

（刘海燕）

【加强信息化建设】　2013 年，内蒙古石油分公司加强信息基础设施建设，6 家盟市分公司完成骨干网络提升，6 座油库接入内网专线，50 座加油站新建数据专线，5 座油库、146 座加油站接入远程视频监控系统，实现远程实时检查监控。持续推进加油站卡机联动改造，卡机联动站达到 308 座，覆盖比例提升至 88. 8%。深化 ERP 系统应用，安排专人每日监控系统，每月通报整改存在问题，发挥了信息工作“保障经营、引领管理”的作用。

（刘海燕）

【关爱员工扶贫帮困】　2013 年，内蒙古石油分公司关心员工身心健康，对 2 880 名员工进行了体检，进行职业病危害监测，配发劳动防护用品，增加防寒衣物。帮助员工解决实际问题，利用“爱心基金”，对有病职工、家庭困难职工进行救济和慰问。开展送温暖活动，全系统前后 2 次向雅安地震灾区捐献共计 20 多万元，资助革命老区爱心助学款 5. 4 万元。

（刘海燕）

【加强党建工作】　2013 年，内蒙古石油分公司举办 3 期中层干部培训班，把深化改革落实到公司发展思路中。深入开展以"为民务实清廉”为主要内容的党的群众路线教育实践活动，建立领导干部基层联系点调研制度。在盟市分公司成立党政办公室，配备党务专职干部。区公司机关和 6 家分公司改建为党委，并成立纪委，配备专兼职党委（纪委）书记，7 家党总支设立了纪检委员，配备了政工纪检专兼职干部队伍。盟市分公司均成立工会组织。公司获内蒙古自治区五一劳动奖状。公司团委召开团代会，选举产生新一届共青团委员会，共青团工作逐步走上正轨。深入开展“工人先锋号”“青年文明号”等创建评选活动，举办全区青年演讲大赛、机关职工运动会等文体活动，增强了企业凝聚力。

（刘海燕）

表 1　　**内蒙古石油分公司主要生产经营指标**①

指标名称 ＼ 年份	2013	2012	2011	2010	2009	2008
成品油销售总量/万吨	165. 21	186. 79	165. 11	100. 42	42. 59	37. 13
零售量	125. 07	132. 30	112. 64	61. 19	31. 30	26. 00
销售收入/亿元	122. 17	141. 08	121. 69	62. 89	23. 66	21. 55
利　润/万元	12 021. 12	10 006. 42	8 052. 69	3 046. 01	2 969. 02	5 132. 59
吨油费用/元	344. 82	303. 20	250. 78	236. 95	315. 03	290. 79
加油站总数/座	367	339	275	174	82	79
油库数量/座	10	8	8	5	4	4
铁路专用线/条	10	7	7	5	4	4

①以上指标均不含参股公司

尚德
tegrity

中国石化集团国际石油勘探开发有限公司（英文简称SIPC）是中国石化集团公司（SINOPEC）专门负责海外油气投资与经营作业一体化的全资子公司。2001年成立以来，SIPC 始终秉持“责任、尚德、共赢、进取”的核心价值观，不断开拓油气市场，不断加强国际化经营管理和跨文化融合，油气产量逐年增长，经济效益大幅提高，实现了业务规模和经营管理的不断跨越。目前海外油气业务遍布全球27个国家，共有50多个油气勘探开发合作项目，立足非洲、南美、中东、亚太、俄罗斯–中亚、北美等主要油气富集区，海外油气勘探开发战略布局已基本形成，海外项目生产经营进入优化发展阶段，项目实施取得显著成果，累计实现海外权益油气产量突破1.7亿吨。

SIPC 将继续坚持灵活多样、互利共赢的合作方式和能源资源品种多样化原则，积极扩大和加强与世界各资源国、石油界、金融界同行的紧密合作，为实现“打造一流油公司，追求卓越创和谐”的愿景目标而努力奋斗，为中国石化集团“建设世界一流能源化工公司”创造更大的价值！

Sinopec International Petroleum Exploration and Production Corporation (“SIPC”) is a wholly owned subsidiary of Sinopec Group, committed to integration of overseas oil and gas investment and operation. Since its establishment in 2001, SIPC has been upholding its core values and stayed firm to its growth targets and has achieved remarkable improvement in performance. And what make us even prouder is cross-cultural integration and team building. They are united together by Responsibility, Integrity, Shared Values, and Enterprising (RISE). Nowadays SIPC's overseas oil and gas projects and business covered 26 countries, of which there were more than 50 oil and gas exploration and development cooperated projects in Africa, South Africa, Middle East, Asia Pacific, Russia& Central Asia, North America, and other major oil and gas reserve regions in the world respectively. A solid overseas oil and gas exploration and development strategic layout had already basically taken a shape and the company came to a rapid growth with the cumulative output of oil and gas reaches to 170 million.

Looking into the future, we know for sure that success comes more likely when you have partners and friends at your side. SIPC will, as always, be ready for win-win cooperation with the oil industry, the host countries, and the financial communities. We look forward to growing up together with you !

打造一流油公司，追求卓越创和谐

d a World-Class E&P Company, Maintain Pursuit of Excellence, and Promote Complete Harmony

电话（Tel）：+86-10-69165136　传真（Fax）：+86-10-69165140　Email：sipcinfo22.sipc@sinopec.com

中国石化胜利油田

SINOPEC SHENGLI OILFIELD

胜利油田是中国石化集团下属的国有特大型企业，主要从事石油天然气勘探开发、工程技术服务、生产保障、矿区服务等业务。主体位于山东省东营市，工作区域分布在山东省8个市的28个县（区）以及甘肃、新疆、内蒙古等5个省、自治区。

2013年7月17日，集团公司党组成员、副总经理、股份公司总裁李春光到东营原油库实地调研

胜利油田是我国东部重要的石油工业基地。自1961年发现、1964年投入开发建设以来，胜利油田始终把为国家多产油、多做贡献放在第一位，走出了一条开拓创新、科学发展的胜利之路,创造了石油工业发展史上的辉煌业绩。截至2013年底，胜利油田已发现不同类型油气田80个，累计探明石油地质储量53.04亿吨；投入开发油气田74个，年生产能力2700万吨。累计生产原油10.72亿吨，约占同期全国陆上油田原油产量的五分之一，生产天然气552.08亿立方米，为保障国家能源安全，促进国民经济发展做出了重要贡献。

2013年，在集团公司建设世界一流能源化工公司宏伟目标的战略引领下，胜利油田坚定信心，迎难而上，精心统筹谋划，狠抓执行落地，着力推进转方式、调结构、提质量、增效益，全面开启了胜利油田科学发展、和谐发展、率先发展的新征程。全年新增控制石油地质储量8175.09万吨，新增预测石油地质储量9128.21万吨；生产原油2776.24万吨，同比增加21.24万吨，连续18年产量稳定在2700万吨以上；生产天然气5亿立方米，加工原油157.28万吨。油田分公司缴纳税额228亿元，连续5年位居山东省纳税百强排行榜榜首。

胜利油田青东5块新区施工现场

打造世界一流 实现率先发展

艰苦奋斗铸就辉煌，百年胜利寄望明天。今后，胜利油田将深入贯彻党的十八届三中全会精神，认真按照集团公司的安排部署，深化改革管理、实施创新驱动、转变发展方式、提升发展质量，用实干谱写打造世界一流、实现率先发展新篇章，用实绩为集团公司建设世界一流能源化工公司做出新的更大贡献！

2013年1月4日，中石化胜利石油工程有限公司揭牌

2013年3月22—23日，胜利油田举行高效勘探30年总结表彰暨学术交流会

胜利油田2013年海上产能建设稳定发展

2013年6月27日，中国石化第二（山东）联防区消防综合应急演练暨胜利油田油库火灾应急演练在东辛采油厂广利联合站和东营原油库举行

胜利油田按照智能化标准设计的第一座大型联合站——春风油田春风二号联合站

茂名石化

SINOPEC MAOMING COMPANY

打造中国石化炼化企业排头兵，把茂名石化建设成为世界一流大型炼化一体化企业和石油化工产业基地

总经理余夕志：

事争第一，追求卓越，建设人民满意、高度负责任、高度受尊敬的世界一流炼化企业。

图为：余夕志总经理（左一）在现场指导工作

茂名石化创建于1955年，是我国较大的炼化一体化企业之一。原油加工能力2000万吨/年，乙烯生产能力110万吨/年，同时拥有完善的动力、港口、铁路运输、原油和成品油输送管道以及30万吨级单点系泊海上原油接卸等配套系统。

企业目标：打造中国石化炼化企业排头兵，把茂名石化建设成为世界一流大型炼化一体化企业和石油化工产业基地。

2007—2013年，经济效益连年位列国内同规模炼化企业前列，是中国石化炼化企业排头兵。

2012、2013年，销售收入均超过1100亿元。

2009年以来，成为广东省纳税最多的企业。其中，2012年，上缴税金241.42亿元（含海关进口增值税），2013年上缴税金263.04亿元，再创新高，并被评为获广东省纳税信用A级纳税人。

大力实施绿色低碳战略，着力建设资源节约型和环境友好型企业。“三废”排放合格率保持100%。2013年，获石油和化工行业能效领跑者标杆企业、全国绿化模范单位、广东省清洁生产企业、中国石化集团公司节能先进企业和中国石化、全国“安康杯”竞赛示范单位等荣誉称号。

近年来，共为社会捐款1609万元。

中国石化上海石

SINOPEC SHANGHAI PET

中国石化上海石油化工股份有限公司（简称上海石化）位于上海市金山区，占地面积9.40平方千米，是中国大型的炼油化工一体化综合性石油化工企业，是中国重要的成品油、中间石化产品、合成树脂和合成纤维的生产企业。

上海石化前身是创建于1972年的上海石油化工总厂。1993年作为中国第一批股份制改制试点企业之一，改制为上海石油化工股份有限公司，是中国较早的股票在上海、香港和纽约三地同时上市的股份制企业。2000年10月，更名为现名。

截至2013年底，上海石化具有1600万吨/年综合加工原油能力和乙烯70万吨/年、塑料树脂100万吨/年、合纤原料109万吨/年、合纤聚合物59万吨/年、合成纤维28万吨/年的生产能力，并拥有独立的公用工程、环境保护系统，及海运、内河航运、铁路及公路运输配套设施。

2013年，上海石化共有工业用乙烯、石油对二甲苯、碳五化学品等24个产品被评为上海市名牌产品；车用汽油、腈纶丝束（金阳牌和三人牌)、纤维级聚酯切片等16个产品被评为上海市用户满意产品，其中车用柴油、聚丙烯树脂等5个产品同时被评为全国用户满意产品。在上海2013年工业税收排名前100位企业中位列第3位。

油化工股份有限公司

CHEMICAL COMPANY LIMITED

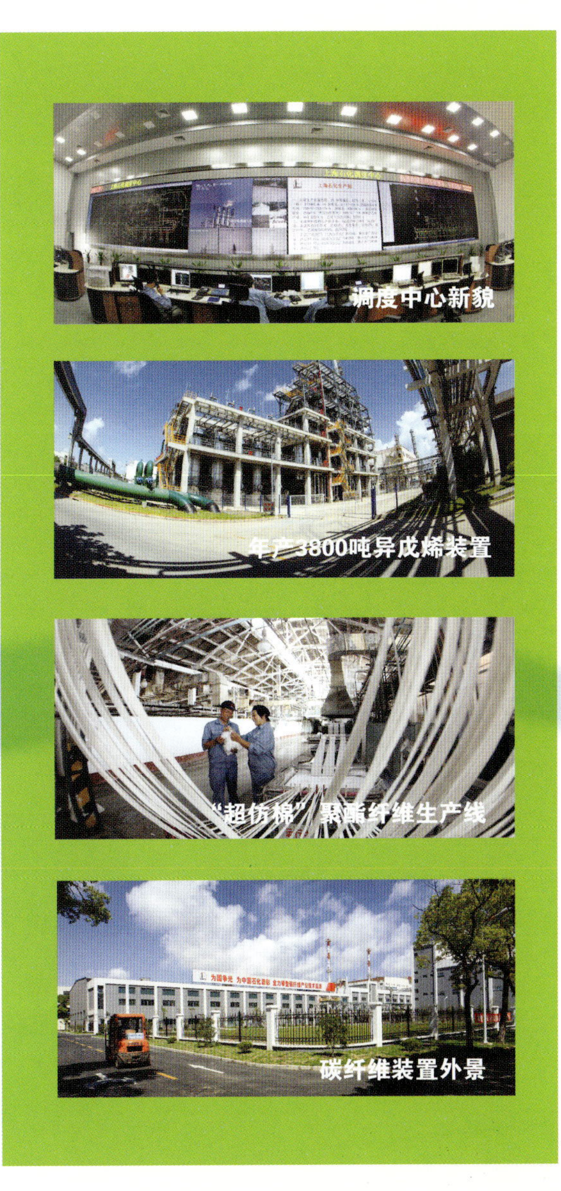
调度中心新貌

年产3800吨异戊烯装置

“超仿棉”聚酯纤维生产线

碳纤维装置外景

油气田勘探开发工程施工服务
石油工程技术研发与服务
管道设计与施工
油气田工程设计与建设
建筑设计与施工
油气及相关装备、仪器、工具研发、制造与贸易
油气及其他矿产资源开发
信息化及相关产品开发与经营
钻井
Drilling
测录井
Well Logging
海洋工程
nographic Engineering
地球物理
Geophysics
田综合服务
d Integrated Services
工程建设
Engineering & Construction
特种作业
Downhole Operation
石油机械
Oilfield Equipment

中石化炼化工程（集团）股份有限公司（简称炼化工程集团，英文简称SEG）是中国领先的炼油、石油化工及新型煤化工工程公司。凭借六十余年的行业经验、专业技术的持续创新以及各类高素质专业人才，能够为客户提供技术许可、设计、咨询、工程总承包、施工、设备制造等工程服务，涵盖了炼油、石油化工、新型煤化工、无机化工、医药化工、清洁能源、储运工程、环境工程、公用工程等多个行业领域。

2012年，按照中国石化集团专业化重组的整体部署，炼化工程集团正式成立，并于2013年5月23日在香港联交所成功上市，进入国际资本市场。

2013年，炼化工程集团在实现上市目标的同时，紧抓生产经营工作，全年营业收入同比增长13%，利润总额同比增长12%。与此同时，公司积极部署资源优化战略，按照“四统一”原则大力推进国际化战略，中石化重型起重运输工程公司和SEG技术研发中心相继组建，专业化重组迈出了实质性的一步。2013年12月，公司获得穆迪投资者服务公司授予的A2发行人评级，评级展望为稳定，作为全球唯一一家获此高级别评级的工程类企业，充分体现了市场和同行对公司的高度肯定。

站在新的发展起点上，炼化工程集团将继续深化改革、转变发展方式、狠抓生产经营、大力开拓市场、强化技术创新，提升发展质量效益，为中国石化集团建设世界一流能源化工公司做出更大贡献！

炼化工程集团境内直属9家子公司及研发中心

中石化炼化工程（集团）股份有限公司

- 中国石化工程建设有限公司
- 中石化洛阳工程有限公司
- 中石化上海工程有限公司
- 中石化宁波工程有限公司
- 中石化南京工程有限公司
- 中石化第四建设有限公司
- 中石化第五建设有限公司
- 中石化第十建设有限公司
- 中石化重型起重运输工程有限责任公司
- SEG工程技术研发中心

武汉乙烯

青岛1000万吨/年炼油工程焦化装置

延长180万吨/年DMTO联合装置

建设世界一流炼化工程公司

中国石化财务有限责任公司
SINOPEC FINANCE CO., LTD.

中国石化财务有限责任公司

新疆分公司　天津分公司　山东分公司　郑州分公司　南京分公司　上海分公司　成都分公司　武汉分公司　广州分公司

- 上海分公司
- 南京分公司
- 广州分公司
- 山东分公司
- 郑州分公司
- 武汉分公司
- 成都分公司
- 新疆分公司
- 天津分公司

中国石化财务有限责任公司（以下简称“公司”）是由原中国石化总公司独家发起，经中国人民银行批准于1988年7月8日成立，以加强集团资金集中管理和提高集团资金使用效率为目的，为中国石化成员单位提供金融服务的非银行金融机构。公司注册资本100亿元（含6000万美元），中国石油化工集团公司出资51%，中国石油化工股份有限公司出资49%。公司总部设在北京，设有上海、南京、广州、山东、郑州、武汉、成都、新疆、天津等9家分公司。

目前，公司可以办理《企业集团财务公司管理办法》中列举的所有本外币业务，具体包括：对成员单位办理财务和融资顾问、信用鉴证及相关的咨询、代理业务；协助成员单位实现交易款项的收付；保险代理业务；对成员单位提供担保；办理成员单位之间的委托贷款及委托投资；对成员单位办理票据承兑与贴现；办理成员单位之间的内部转账结算及相应的结算、清算方案设计；吸收成员单位的存款；对成员单位办理贷款及融资租赁；从事同业拆借；发行财务公司债券；承销成员单位的企业债券；对金融机构进行股权投资；有价证券投资；成员单位产品的消费信贷、买方信贷及融资租赁。此外，公司作为国内首家非银行金融机构结售汇业务试点单位，可以办理中国石化成员单位结售汇和外汇资金集中收付业务；经书面授权，可以集中为集团成员单位代理其银行分账户管理运作。

公司总部地址：中国北京市朝阳区朝阳门北大街22号　邮政编码：100728　电话：8610-59966700

立足石化　服务主业

25年来，公司始终立足石化、服务主业，牢牢坚持“诚信为本、服务主业、规范高效、开拓创新”的经营方针，全力为中国石化成员单位提供优质高效的筹融资、内外部结算、资金管理、资本运作等金融服务。2013年，在集团公司建设世界一流能源化工公司宏伟目标的战略引领下，公司上下坚定信心，齐心协力，攻坚克难，扎实努力，优质高效地完成内外部资金结算2127万笔、43.2万亿元，全年累计从外部市场融入低成本资金1.52万亿元，全年累计结售汇319亿美元、收付汇390亿美元，全年实现营业收入19.51亿元，实现利润总额18.05亿元，年末资产总额1219.67亿元，圆满完成为集团公司主业发展提供优质高效金融服务的各项目标任务。

今后，公司将进一步深入学习贯彻党的十八大和十八届三中全会精神，全面落实集团公司的各项工作部署，坚持以加快推进市场化转型发展为中心，进一步提升公司金融服务和能力水平，加强风险管控，强化从严管理，为集团公司生产经营和改革发展提供更加优质高效全面的金融支持和服务保障，用实际成绩为集团公司建设世界一流能源化工公司做出新的更大贡献！

长城能化 SINOPEC GREAT WALL ENERGY AND CHEMICAL

志存高远打造一流

煤化工业务承担着中国石化战略调整的新使命，长城能化肩负着集团公司党组寄予的在煤化工业务上“杀出一条路，闯出一片天”的厚望。长城能化全体干部职工将在集团公司的正确领导下，坚持走“绿色、低碳、清洁、健康”的煤化工发展之路，努力推动煤化工业务的快速、健康和持续发展，为中国石化谱写建设世界一流能源化工公司新篇章做出应有的贡献！

揭牌·签约

中国石化长城能源化工有限公司

中国石化长城能源化工有限公司（以下简称长城能化）是中国石化为落实煤化工发展战略，加快推进煤化工业务发展，于2012年8月27日注册组建的煤化工专业公司。长城能化是中国石油化工股份有限公司的全资子公司，是中国石化煤化工业务投资的平台，负责中国石化煤化工业务投资和经营，组织协调煤化工项目建设，对煤化工企业进行专业化管理。

中国石化发展煤化工业务的愿景目标是“志存高远，打造一流”。力争通过8-10年的发展，使中国石化成为煤化工领域的行业领先者，在煤炭资源清洁转化和高效利用上走在世界前列，使煤化工业务成为中国石化未来重要的经济增长点，并为中国石化建设世界一流能源化工公司提供有力支撑。长城能化力争在2020年前后实现“133331”的阶段性战略目标，即每年用1亿吨煤炭资源替代3000万吨油气资源，以煤为原料生产天然气300亿立方米、烯烃300万吨、非烯烃化学品300万吨、成品油100万吨。

为实现该目标，截至目前，长城能化已在新疆、内蒙古、宁夏、安徽、贵州和河南等地布局和实施了6个煤化工基地建设，建设内容包括新疆准东80亿立方米/年煤制天然气、内蒙古鄂尔多斯130万吨/年煤制烯烃、宁夏宁东煤电化一体化、安徽淮南60万吨/年煤制烯烃、贵州织金60万吨/年煤制聚烯烃及40亿立方米/年煤制天然气、河南鹤壁60万吨/年煤制聚烯烃等项目，配套建设煤矿产能合计约9420万吨/年。新疆准东、贵州织金和河南鹤壁项目于2013年获得国家发改委批准开展前期工作的“路条”，可研报告编制及优化等项目前期工作正在扎实推进；内蒙古鄂尔多斯、宁夏宁东和安徽淮南三个项目被列入了集团公司重点工程建设项目并均已开工建设。其中，宁夏宁东项目已于2014年三季度打通生产全流程，成为长城能化首个建成投产的煤化工项目；内蒙古鄂尔多斯和安徽淮南项目正在开展工程设计、设备采购和现场施工，计划于2016年建成投产。

现场 · 装置

1974年7月10日，炼油装置区破土动工，拉开了工程建设会战的序幕。

安徽省批复建立总厂文件

中国石化安庆炼化一体化项目暨安庆化学工业区开工奠基

奠基

中国石化安庆分公司
SINOPEC ANQING COMPANY

安庆石化始建于1974年7月，作为坐落在安徽省大型的中央直属生产企业、大型的石化产品生产基地，经过40年的生产建设和改革发展，企业的生产装置规模逐步扩大，原油加工总量稳步增长，技术经济指标不断提升，现已发展成为年营业收入近500亿元的特大型石油、化工、化纤、热电联合企业。

目前，安庆石化拥有年综合加工能力800万吨的炼油装置，日处理煤2000吨的壳牌粉煤气化装置，年产33万吨合成氨、21万吨丙烯腈、7万吨腈纶、10万吨乙苯—苯乙烯等主要生产装置70余套。建厂以来，累计上缴国家和地方税金超过330亿元，为振兴石化产业和推动地方经济建设做出了积极贡献。先后荣获全国五一劳动奖状、全国“安康杯”竞赛优胜单位、全国“五五”普法先进单位等荣誉和称号；先后被安徽省评为清洁生产示范企业、十佳环境资源循环利用企业、节能先进单位、诚信环保企业、厂务公开民主管理示范单位、定点扶贫工作先进单位、行业节能领跑企业，并连续六届荣获安徽省文明单位称号。

安庆石化的发展经历了三次创业过程。20世纪70年代，安庆石化的第一次创业，建设了炼油和化肥装置，填补了安徽省石化工业的空白；20世纪90年代以来，安庆石化的第二次创业，建设了丙烯腈/腈纶工程，奠定了“油化纤电”一体化格局，使安庆石化跨入了国家特大型联合企业行列。2010年1月18日，安庆石化油品质量升级改造工程（800万吨/年炼化一体化项目）开工建设，拉开了安庆石化第三次创业序幕。随着2013年9月28日该项目的全面建成投产，安庆石化迈入了新的历史发展阶段。

路有径，拓无疆。站在新的起点之上，安庆石化将紧紧围绕中国石化“建设世界一流能源化工公司”的战略目标，恪守“企业发展、员工幸福、区域和谐、社会满意”的宗旨使命，发扬“求实创新，事争第一”的精神，以“规模化、一体化、清洁化、精细化”为主线，传承创新，科学发展，努力把安庆石化打造成“人民满意、高度负责任、高度受尊敬的一流炼化企业”。

建设中的炼油装置

扬子石化成立于1983年9月，主要从事石油炼制及乙烯、芳烃等烃类及衍生物生产加工和热电、供水、污水处理等公用工程服务，现拥有以950万吨/年原油一次加工能力、80万吨/年乙烯生产能力会费140万吨/年芳烃生产能力为主体的55套大型石油化工装置，一直是中国石化（SINOPEC）旗下重要的炼化一体石化基地，是国内重要的对二甲苯、邻二甲苯、纯苯、乙二醇、精对苯二甲酸、丁二烯、环氧乙烷、聚乙烯和聚丙烯供应商。

扬子石化占地面积12.43平方千米，现有职工1万人，下设26个部（处）室、16个分支机构，运营3个全资子公司、5个合资公司，总资产374亿元。2013年，加工原油884万吨，产出商品958万吨，实现销售收入649亿元，利税41亿元。

近年来，扬子石化先后荣获“全国质量奖”“全国循环经济先进单位”“全国质量工作先进单位”“全国信息化和工业化深度融合示范企业”“中华环境友好企业”“全国先进基层党组织”“全国文明单位”等称号，连续多年拥有精对苯二甲酸产品“中国名牌产品”和“全国用户满意企业”称号。

中国石化扬子石油化工有限公司
中国石化集团资产经营管理有限公司扬子石化分公司

电话：025-57782200 传真：025-57784389
地址：江苏省南京化学工业园区新华路777号　邮编：210048
网址：www.ypc.com.cn　邮箱：jlb.yzsh@sinopec.com

扬子石化

湖北化肥装置区全景

中国石油化工股份有限公司湖北化肥分公司
CHINA PETROLEUM & CHEMICAL CORPORATION, HUBEI FERTILIZER COMPANY

中国石油化工股份有限公司湖北化肥分公司，前身为湖北省化肥厂，1983年7月1日整体并入中国石化总公司。其合成氨、尿素生产装置是国家70年代引进的13套大型化肥装置之一，于1974年10月开工建设，1980年1月投产。进入90年代后，相继建成（与焦柳线接轨）23千米专用铁路和工业编组站、3台总蒸发量为700吨/小时高压燃煤锅炉、总装机容量5万千瓦（2×2.5万千瓦）发电机组、1套煤气化装置以及2013年底建成的20万吨/年合成气制乙二醇工业示范装置等。企业现有气头和煤头两套造气装置，具备年产32万吨合成氨、56万吨尿素、20万吨/年合成气制乙二醇的生产能力。

30多年来，湖北化肥分公司继承发扬中国石化优良传统，秉承“敬业高效，发展共享”的核心理念和“从严、求实、团结、文明、进取”的企业精神。严格管理，认真履行社会责任，曾率先在国内引进大化肥装置中实现连续十五年达标，先后荣获“全国五一劳动奖状”“全国思想政治工作先进单位”“全国设备管理优秀单位”“湖北省守合同重信用企业”“中国化肥工业排头兵企业”等省部级以上荣誉，通过ISO9001：2008国际质量管理体系认证。“长江”牌商标荣获中国驰名商标，“长江”牌尿素荣获国家质量银奖、湖北省名牌产品等称号，通过了中国质量协会授予的“三A”质量等级认证。

煤气化总控室

新产品储存罐区

年产20万吨合成气制乙二醇工业示范装置

煤气化装置

建设中的乙二醇装置工地

地址：湖北省枝江市迎宾大道15号　邮编：443200　电话：0717-4232264　传真：0717-4212660　邮箱：hbhf@hbhf.cn

中国石化山东石油分公司
SINOPEC SHANDONG OIL COMPANY

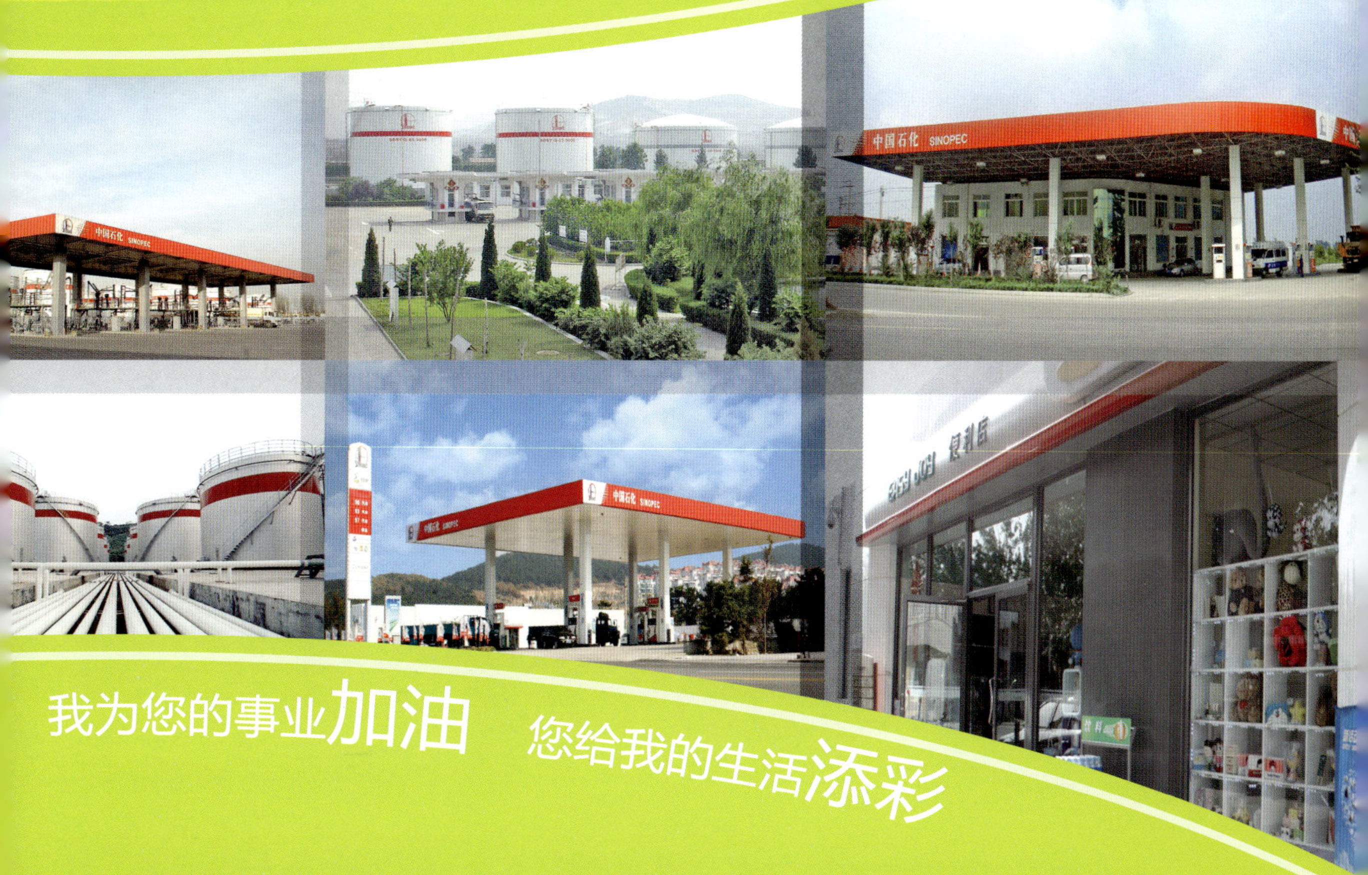

我为您的事业加油 您给我的生活添彩

山东石油分公司共有17个市公司、133个县公司（市片区），用工总量2万余人。现有加油站2600余座，油库28座（库容量110万立方米）。

山东石油分公司主营石油、天然气销售，作为成品油流通的主渠道，承担着山东省成品油供应保障任务，是省内大型成品油销售企业。经过多年的发展，业已形成了布局合理、功能完备、流向通畅、保障有力的成品油营销网络。

山东石油分公司确定自身的发展目标是，建设成为一体化基础上的专业化、标准化、信息化的大型成品油连锁经营企业。公司以“建设人民满意、高度负责任、高度受尊敬的世界一流能源化工公司”为己任，坚持以市场为导向，以效益为中心，按照“坚持高标准、努力干实事、开创新业绩”的工作方针，积极创建“我为您的事业加油，您给我的生活添彩”的有山东特色的中国石化服务品牌，大力推行“人人关心企业，企业关心人人”的人本管理理念，企业综合实力和市场竞争能力不断增强，实现了企业的持续、健康、稳定发展。

2013年，山东石油分公司销售成品油1180万吨，实现销售收入900亿元。

中石化炼化工程（集团）股份有限公司第五建设有限公司（以下简称五建公司）于1953年成立，前身是大连工程公司，1956年搬迁至甘肃省兰州市参加兰州化学工业公司（现为兰州石化）初期建厂工作，2010年12月18日，正式迁驻广州。五建公司是我国较早从事石油化工建设的大型工程建设企业，是中国石油化工集团公司直属大型综合性工程建设企业。具有化工石油工程施工总承包一级企业资质、国外工程承包资质、对外经济合作经营资格资质和建筑行业（建筑工程）乙级、石油化工医药行业（化工工程、石油及化工产品储运）专业乙级设计资质等，正在申报“石油化工工程施工总承包特级资质”。现有员工队伍近3000人，取得各类专业技术职称人员900人，获得国家一级、二级建造师近百人，从事各项管理工作和专业技术人员近千人。

五建公司现具备50亿元/年以上的施工生产能力。能独立承担炼油、化工、化肥、化纤、橡胶、电力、医药、冶金、军工等大中小型装置及配套工程建设任务。在大型设备吊装、大型传动设备（机组）安装、大型储罐安装、大型DCS自动化集散控制系统安装与调试和特种材料焊接等“四大一特”，以及大型锅炉、大型空分、炼油、聚烯烃、甲醇、煤化工等方面，形成了独具特色的技术优势。培养了一大批高级工程技术人员和各专业高级技师。在国家许多重大项目建设中，充分体现了在工程管理、机具装备、专业人才、新技术开发应用等方面的实力和优势。

五建公司在60年的发展历程中，从我国东北到西北、再到改革开放的前沿—华南，足迹遍布神州大地和海外，所到之处建起了一片片厂房，立起了一座座高塔，创下了一次次业绩，立下了一座座丰碑，高标准建成了一大批重点工程建设项目。先后建成近500套大中型装置，为我国的石油化工事业发展做出了突出贡献。用双手托起了共和国石油化工的“长子”——兰州石化,创造了共和国石油化工的多个第一。于2006年率先走向“海外”，为中国石化炼化工程海外业务发展立下丰碑，承建的沙特拉比格千万吨炼油项目获国家优质工程银质奖。先后获全国“重合同、守信用企业”“全国五一劳动奖状”“全国优秀施工企业”“全国用户满意安装企业”“中国建筑工程鲁班奖”等国家和省部级荣誉190多项。

五建公司面向新世纪发展和社会需要，把成绩作为新的工作起点和动力，以科学发展观统揽大局，坚持走市场国际化、管理现代化、经营集约化发展之路，以“团结、敬业、奉献、创新”为企业精神，以“诚信、规范、双赢”为经营理念，加快“传统业务、高端业务、海外业务”三大业务发展，内强素质，外树形象，以诚信的理念和雄厚的实力，为业主奉献最好、最优的工程精品，为构建和谐社会做出积极贡献，全力打造“世界一流工程建设企业”。

五建公司为主体承建的沙特拉比格千万吨炼油项目

五建公司承建国内单产能较大的煤制氢装置——茂名石化20万米^3（标准）/时煤制氢装置

上海赛科石油化工有限责任公司

上海赛科石油化工有限责任公司是由中国石油化工股份有限公司、中国石化上海石油化工股份有限公司和BP华东投资有限公司分别按30%、20%、50%的比例出资组建的，总投资额约27亿美元。

上海赛科建有8套主要生产装置，具有世界级上下游一体化的特点，体现了规模经济效应。其中， 设计能力109万吨/年的乙烯装置是目前世界上单线产能领先的乙烯装置之一，其余的7套装置也均达到世界规模，分别为：60万吨/年聚乙烯装置、65万吨/年苯乙烯装置、60万吨/年芳烃抽提装置、30万吨/年聚苯乙烯装置、26万吨/年丙烯腈装置、25万吨/年聚丙烯装置和9万吨/年丁二烯装置。

赛科采用世界上先进的工艺技术，生产乙烯、丙烯、聚乙烯、聚丙烯、苯乙烯、聚苯乙烯、丙烯腈、丁二烯、苯、甲苯及副产品等，每年可向市场提供国内紧缺的高质量、多规格、宽覆盖面的石化产品超过320万吨。赛科建立完善的QA/QC体系，提供相关的售后服务及技术咨询，从事聚合物应用开发。

赛科是结合了中外双方的先进管理理念和技术优势的强强联合企业。赛科提倡客户导向的企业文化，致力于提供优质的客户服务，及时的物流配送和专业的技术支持。赛科目标是既在竞争中取胜，亦成为社会进步的动力。赛科高度重视 HSSE（健康/安全/保安/环保），保护我们的员工和产品使用者，重视社会公众的安全和健康，关注环保是我们的承诺。

赛科建立在上海化学工业区内，占地约200公顷 。赛科可以充分依托上海发达的制造、加工、商贸、金融、物流和其他服务行业，利用快捷便利的公路、铁路、水运等运输网，立足长江三角洲，面向国内和国际市场。

赛科愿景与价值观

我们的愿景

赛科立志在中国国内和国际上创造最好的HSSE业绩、成为最期望与之合作的商业伙伴及最佳的雇主，并力求在业务的各个领域中成为具有持续竞争力的世界级的企业。

我们的价值观

HSSE 健康、安全、保安和环保 每一位为赛科工作的人员都有责任创造最佳的HSSE业绩。我们将致力于做到：无事故、无人员伤害、无环境损害。

信任 我们相信建立与员工、客户、供应商、社区和股东的信任，是赛科成功的基石。

诚信 我们将在所有的商业运作中严格遵守商业运作的最高道德标准和职业规范。

责任 我们对个人、文化、社会、环境和财务负有责任。每个团队的领导有责任确保完成团队目标，同时团队成员有责任履行他们的承诺。

授权 我们将在规定的工作范围内，授予员工相应职权和灵活性，使他们能够取得期望的最佳业绩。

持续改进 我们将不断地学习，积极地提高我们各方面的业务水平，以确立持续的竞争优势。

赛科HSSE方针

我们坚信所有的事故都是可以避免的，也坚信健康、安全、保卫和环境的优良业绩，对于我们业务的成功至关重要。每一位为我们或与我们一起工作的人员都有责任达到我们的HSSE目标：**无事故、无人身伤害、无环境损害**

联系我们

地址：上海市长宁区仙霞路319号远东国际大厦A幢4/30层
邮编：200051
电话：+86 21 5257 4688
传真：+86 21 6209 7070
电邮：contacts@secco.com.cn

地址：上海化学工业区南银河路557号
邮编：201507
电话：+86 21 3799 0088
传真：+86 21 6725 0408
电邮：contacts@secco.com.cn

上海石化物资交易中心有限公司（以下简称“交易中心”）由中国石化销售有限公司、上海市工商行政管理服务中心共同投资，其前身为成立于1992年10月的上海石化物资交易中心，是以石化产品为主的、全国石化系统第一家开放型、服务型的生产资料交易市场。

交易中心地处浦东陆家嘴金融贸易区的中国石化大厦内，交易面积达1400多平方米，交通便利，软、硬设施完善，可为会员单位提供良好的交易环境和优质的日常服务。交易中心现有会员单位近二百家，拥有雄厚的实力。会员单位可办理独立法人执照，并可享受浦东新区税收优惠政策。

二十多年来，交易中心坚持以规范管理为抓手，以优质服务为追求，走出了一条开拓进取、稳步发展的道路，市场交易快速增长，会员单位不断增加，社会影响逐年扩大，已发展成为一个社会尊重、会员信赖、股东满意、员工自豪的石化产品要素市场。

2013年，交易中心以“提升能力、升华魅力”主题活动为抓手，精诚团结、励精图治、攻坚克难、勇创佳绩，会员单位的销售额累计达492亿元，销售量累计达698万吨，积极推动企业经营取得新进展和企业管理实现新提高、员工队伍建设展现出新的精神面貌。交易中心再次获得了上海市“重合同、守信用”单位和“上海市合同信用3A企业”荣誉称号，为中国石化的改革与发展做出了积极的贡献。

精诚所至，金石为开。上海石化物资交易中心有限公司愿与各方朋友共同携手，经略市场向纵深，谋求发展促和谐，为推进我国社会主义市场经济的健康和谐发展做出新的贡献！

上海石化物资交易中心有限公司

SHANGHAI PETROCHEMICAL GOODS & MATERIALS TRADE CENTRE

地址：上海浦东大道1525号中国石化大厦西5楼　邮编：200135

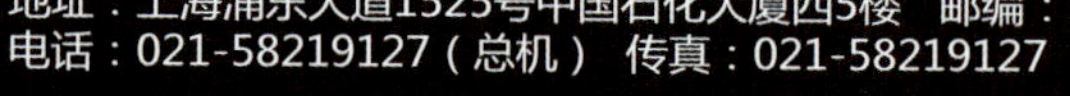

电话：021-58219127（总机）　传真：021-58219127

中国石化出版社
HTTP://WWW.SINOPEC-PRESS.COM

部分志鉴

川维厂志
燕山石化志
安庆石化志

济南炼油厂志
江苏石油志
2001-2012
福建炼化志

川维厂志
燕山石化志
广州石化志
安庆石化志
洛阳石化志
2001~2010
济南炼油厂志
江苏石油志
2001~2012
福建炼化志
胜利油田年鉴
中原油田年鉴
2013
江苏油田年鉴
河南油田年鉴
2013
西南石油年鉴
2013
华东石油年鉴
齐鲁石化年鉴
2013
茂名石化年鉴
2013
上海石化年鉴
2013
广州石化年鉴
2013

新疆石油分公司

【概况】 中国石油化工股份有限公司新疆石油分公司(简称新疆石油分公司)是石化股份公司在新疆的唯一成品油销售企业，本部位于新疆乌鲁木齐市长春南路466号，组建于2010年1月，其前身是中国石化销售有限公司西北新疆分公司。新疆石油分公司主要负责中国石化在新疆地区的成品油销售与营销网络建设，主营汽油、柴油、润滑油、非油品和其他石化产品的零售、直销配送、批发、仓储业务。

截至2013年底，新疆石油分公司设有9个职能处室、3个专业中心、下辖9个地市分公司、1个全资子公司、1个参股公司和3个控股公司；拥有员工2 725人，资产总额35.38亿元，在营油库13座，加油(气)站476座(其中加油站339座、撬装站108座、加气站29座)，油库库容突破19.52万立方米。

新疆石油分公司主要生产经营指标见表1。

(张婷艺美)

【经营指标全面超额完成年度目标任务】 2013年，新疆石油分公司认真贯彻落实石化集团公司的部署和石化股份公司的要求，牢牢把握“质量和效益”的总基调，深入推进“六大战略”，整体业绩良好，在区外销售企业中表现突出。全年实现销售总量214.39万吨，同比增加18.57万吨，增幅9%，其中成品油208.76万吨，增加21.79万吨，增幅为12%；零售量118.99万吨，增加18.25万吨，增幅18%；直销量56.32万吨，增幅3%；实现终端销售175.31万吨，终端比重为84%，提高1个百分点；润滑油销售871吨，减幅20%，燃料油销售2.03万吨；天然气销售4 131万立方米。全年实现非油品销售额9 980万元，增长76%，毛利额1 830万元，增长72%。实现利税2.62亿元、增长82%，报表利润1.11亿元；吨油费用242.37元。

(张婷艺美)

【投资发展继续保持高质量低成本扩张】 2013年，新疆石油分公司新增加油站21座，其中新建20座、租赁1座，投营10座；新增加气站9座，投营5座；库车CNG加气母站建成中交。在重点高速公路着手布局LNG加气站通道建设，开工建设加气站16座，竣工9座。库车、奎屯、和田3座油库顺利投营；库尔勒、鄯善、乌鲁木齐联合能源3座油库项目竣工，正在办理相关手续；伊宁油库按计划开工建设。此外，对喀什油库卸油栈桥进行了扩能改造，新增8个卸油鹤位，火车接卸能力提高1倍。全年新增库容2.2万立方米，仓储接卸能力有效提升。在高速公路加油(气)站项目上实现突破，获批高速公路加油(气)站项目38座，开工建设38座，已建成的8座加油(气)站进出口道路取得自治区交通厅的批复，其中6座站的进出道路施工完成通车。

(张婷艺美)

【连续4年获新疆维吾尔自治区安全生产目标管理先进单位称号】 2013年，新疆石油分公司建立领导干部定点联系制度和带班制度，做实安全检查和隐患治理工作。开展各类检查，全年共查出问题2 658个，均已整改到位和制定防范措施。加大设备更新改造力度，优先安排设备隐患整改资金，强化设备现场管理，确保设备安全运行。做好防恐安保工作，将每年7月定为公司“防恐反恐安全月”，加强应急演练与安全防范，建设员工应急避难场所，确保员工生命安全。认真开展成品油公路运输专项整治活动，把好承包商的准入关，加强施工作业过程中的安全监管。不断夯实油品数质量管理，把好油库质量管理“三关”，强化二次物流运输环节的监控，确保终端销售油品质量保障，努力践行“每一滴油都是承诺”的质量管理理念。新疆石油分公司连续4年获自治区安全生产目标管理先进单位称号。

(张婷艺美)

【财务管理水平全面提升】 2013年，新疆石油分公司将效益提升年活动与全员成本目标管理活动紧密结合，坚决贯彻中央“八项规定”和石化集团公司“二十一条”，按照党的群众路线教育实践活动的要求，整顿“四风”，厉行节约，严格控制发文与会议，提高效率和质量，公务费得到严格控制。加强财务费用控制，加大分账户的使用考核力度，营业资金快速归集；加强与邮政、银行等单位的沟通，降低POS机刷卡手续费及上门收款费用。加强与税务部门的沟通，对近2年已确定不能抵扣进项税的资产，通过查找税收相关政策，并与税务部门积极沟通，为企业节约税收资金1 400余万元。争取财政扶持资金返还，通过与当地政府反复沟通，对乌鲁木齐分公司已免费使用3年的办公楼，争取到继续延期免费使用2年的优惠政策。加强人工成本管控。通过调整营业时间、优化排班，全年节约人工成本1 920万元。全年新疆石油分公司累计缴纳地方税费1.26亿元，同比增长4 407万元。

(张婷艺美)

【班子和队伍建设取得新成就】 2013年，新疆石油分公司加强班子建设和思想作风建设，提升领导干部思想水平和工作能力；严格落实民主集中制，规范“三重一大”制度，持续开展“四好”创建活动。加快人才成长通道建设，不断改善技能操作人员队伍结构，通过竞争性选拔，加强对油库主任、加气站站长等紧缺人才的培养。加强人工成本管控，完善薪酬福利待遇，员工收入整体较去年增长13.3%，提高了一线员工生活工作补助，改善了员工生活工作条件，人均劳效继续保持销售板块前列。进一步优化用工结构，调整完善绩效考核办法，制定了淡季促销、“比学赶帮超”等多个专项奖励办法。强化教育培训，开展淡季集中培训，加大培训站、库建设力度，建设培训站达10座，培训油库2座，累计培训400余期、1万余人次。

（张婷艺美）

【文档、信访、宣传和舆情监控保持领先】 2013年，新疆石油分公司继续加大内外宣、信访、文档和舆情监控工作。按照石化集团公司创建一流办公室的要求，文件、档案工作起步晚、进步快。领导重视、主动下访，全年没有发生越级或群体信访事件。坚持对内主动引导、对外加强正面宣传，全年共编发《新疆石油销售信息》85期、《新疆石油风采》74期、《每日要情》252期。全年上报总部信息163期。11月，石化集团公司办公厅专门编发了《新疆石油坚持低成本发展之路提高发展质量和效益》专报，得到傅成玉董事长等总部领导的高度评价，在系统内引起良好反响。积极发展网宣员队伍，利用新媒体引导舆论，外宣与网宣工作在区外企业中排名前列。加强与主流媒体与网管部门的沟通，超前研判、严格管控，全年没有出现负面舆情。

（张婷艺美）

【信息化支撑战略快速推进】 2013年，新疆石油分公司继续加大信息化建设力度：理顺信息化管理体制，形成省公司办公室（信息中心）、南北疆运维支持中心和地市公司信息专管员三位一体的多层次信息化管理支撑体制。强化ERP应用监控，有效实现了重大风险的全管控；重点加强IC卡异常业务的数据分析，为规避管理风险提供支持。在区外公司率先开展加气站IC卡应用试点，完成阿克苏、巴州、乌鲁木齐12座加气站的上线工作，降低了员工劳动强度。开展OA系统审批功能开发与推广，推进无纸化会议、移动办公等信息化的深层次应用；开展电子签名、文件督办、短信平台的应用推广。推进信息系统建设与应用，完成制度管理、内控管理、视频监控等系统的上线应用，发挥了信息化对经营、管理、效能的支撑作用。

（张婷艺美）

【党的政治优势得到有效发挥】 2013年，新疆石油分公司深入开展党的群众路线教育实践活动，广泛开展向基层员工和社会公众征求意见、领导干部下基层调研和班子成员相互谈心活动。加强党风廉政建设，促进反腐倡廉工作常态化。严格执行党风廉政建设责任制，开展全系统岗位廉洁风险防控体系建设，深入开展廉洁自律“四个一”活动；统一部署专项效能监察工作，全年发送廉政短信2 200余条次，使反腐倡廉宣传教育趋向常态化；班子带头，率先垂范，有针对性地解决“四风”方面的突出问题，取得了阶段性成效。发挥党工团组织作用，建设和谐企业文化。建立健全党建系统化管理考核办法，组织开展党务政工基础知识竞赛比武和基层党支部示范点建设；不断健全与完善工会、共青团组织与工作制度，提升组织建设和工作水平；创新工会、共青团工作方式，举办“迎新春·庆新体制运行三周年”主题文艺汇演，开展“凝聚青年、服务企业”系列活动，举办首届青年双语演讲大赛和第1届在职员工男子篮球赛，开展“我当一天加油员”的实践体验活动，群团工作在“围绕大局、服务中心”方面做出了一些有益的尝试。

（张婷艺美）

表1　　**新疆石油分公司主要生产经营指标**①

指标名称 \ 年份	2013	2012	2011	2010	2009	2008
成品油销售总量/万吨	208.76	186.97	164.00	119.26	84.82	79.25
零售量	118.99	100.74	76.60	33.60	20.28	20.67
销售收入/亿元	149.69	138.25	117.92	71.34	43.70	41.77

续表

指标名称＼年份	2013	2012	2011	2010	2009	2008
利　润/亿元	1.11	0.60	0.25	-2.46②	0.41	0.58
吨油费用/元	242.37	243.00	217.00	188.00	125.00	137.00
在营加油(气)站总数/座	476	451	326	136	107	106

①2008—2009 年为新疆石油分公司体制调整前数据，其中利润是在中国石化总部让利调拨价 200 元/吨基础上完成的

②2010 年利润 -2.46 亿元，主要原因系处理新疆石油分公司体制调整前不良资产 1.99 亿元所致

吉林石油分公司

【概况】 中国石油化工股份有限公司吉林石油分公司(简称吉林石油分公司)是石化股份公司在吉林省设立的全资子公司，是吉林省主要的成品油供应商之一，主营汽油、柴油、天然气的批发和零售以及便利店等非油品业务，经营范围覆盖吉林省内 8 个市县。

吉林石油分公司的前身是中国石化销售有限公司东北吉林省分公司。2009 年 11 月，根据中国石化总部调整区外油品销售企业管理体制的重大决策，重组成立了中国石油化工股份有限公司吉林石油分公司。下辖吉林市、白城、天然气、松原、四平、延边、通化、长春 8 个分公司。

截至 2013 年底，吉林石油分公司下设 7 个处室；有正式工 147 人，劳务工 1 507 人；有高级专业技术职称的 36 人、中级专业技术职称的 186 人。拥有在营加油(气)站 147 座，自有油库 2 座；天然气 CNG 母站 2 座。

2013 年，吉林石油分公司经营总量 57.66 万吨，其中成品油销量 49.32 万吨、天然气销量 9 808 万立方米，占总油气销售的 14%；终端比例达到 85%；零售比重达到 66%；非油品销售 2 435 万元；全年新增投营加油(气)站 20 座。

吉林石油分公司主要生产经营指标见表 1。

(黄　赫)

【领导班子调整】 2013 年 9 月 3 日，吉林石油分公司新任总经理胡乐天到任，组成以胡乐天为总经理，柳湘滨为党委书记、纪委书记，韩志海为副总经理，刘悦为总经理助理，戴庆文为副总会计师的新一届公司领导班子。

(黄　赫)

【获得多项表彰】 2013 年 3 月，吉林石油分公司被吉林省人民政府授予中省直企业安全生产工作目标责任制考核优胜单位称号。4 月，吉林天然气分公司八屋 CNG 母站被中华全国总工会授予工人先锋号称号。

(黄　赫)

【加油(气)站提升改造】 2013 年，吉林石油分公司对长春市、延吉市 59 座加油(气)站、农安油库进行了油气回收改造，年底前全部恢复运营。切实做好加油(气)站提质改造工作，充分利用现有资源，达到加油(气)站明显增量和提升网络质量的效果，实现形象改造、隐患治理、便利店、油气回收、设备设施“五位一体”的综合提升改造，进一步提升吉林石油分公司竞争力和中国石化的品牌形象。成立提质改造办公室，对加油(气)站的改造进行统一规划，避免了因重复投资、重复改造而造成加油(气)站频繁停工影响经营，节约了投资成本，避免了资金浪费。

(黄　赫)

【零售经营手段多样】 2013 年，吉林石油分公司完善加油站服务功能、增加便民项目，积极开展春节、春耕用油，点对点营销，油非、卡非营销，特色营销，交叉营销等营销手段，提高了服务品质和客户忠诚度。紧盯市场，抓住油品换季时机，提前部署、协调，实现 0#柴油合理配置及供应，抢夺春耕用油市场，取得有效增量。扩大汽油销售比重，通过增加 97#汽油资源投放力度和加油站数量，注重考核、激励、奖励政策，制定《吉林石油分公司高标号汽油奖励方案》，实现全年汽油增量 0.65 万吨，增幅 4.7%，高标号汽油销售比重名列区外公司第 1 名。强力拓展、组合营销，扩大加油卡使用规模，通过高速

路加油站科学布点发卡，让关内和关外车辆真正体会“一卡在手、全国加油”的便利，全年共接受外省客户加油消费 1.8 亿元，直接拉动销量增长 2.1 万吨。积极推进第三方合作、共享客户资源，以加油卡为载体与中国电信开展“翼支付”刷手机加油业务合作，实现“翼支付”业务累计充值额达到600 万元，销售汽油超过600 吨。通过优质服务，加强与客户沟通，有效地保证客户的稳定性。同长春市客运集团达成合作协议，借助加油卡强大的“油管家”功能顺利进入成品油高端客户领域。

（黄 赫）

【加强调研做大直销量】 2013 年，吉林石油分公司重点关注客户消费和需求变化，强化客户走访，维护客户关系，在市场需求不足的情况下，最大限度做大直销量。定期对成品油市场调研进行分析，为灵活制定公司营销策略打下了坚实的基础。围绕“创量、增效”两大目标，对天然气市场调研，紧盯天然气市场变化，分析东北地区 CNG 母站、子站、LNG 生产加工厂及大型管束车队的客观情况，通过积极走访客户、提高夜间小高峰加气服务效率、定向出租车专题促销、加大天然气增量奖励力度等多维度措施，有效保障重点区域市场，稳住老客户，开发新客户，实现各加气站持续增量；坚持“量价结合、理性外采”原则，加大外采力度，全年实现外采3 299 万立方米，同比增加3%，保障了市场资源有效利用。注重效益，提高经营质量，执行价格到位，公司经营价格到位率在东北三省区外公司排名第一。

（黄 赫）

【深入开展“我要安全”主题活动】 2013 年，吉林石油分公司严抓安全数质量，落实安全责任制，突出“平安工地”的现场监管，强化安全日常检查，加强预案演练和安全培训，狠抓隐患治理，成功应对地震、极端寒冻等恶劣天气，HSE 管理水平有所提升。认真反思“11 · 22”爆炸事故，成立专项检查组对加油(气)站、油库、CNG 母站的管网设施进行全面排查，及时有效处理正阳街加油站卸油管线漏油事件，消除事故隐患，避免了重大次生灾害的发生，得到了长春市委、市政府的表扬；严把油品质量关，确保出入库及销售油品质量合格，对外采的油品严格按照中国石化总部文件执行，加强全过程质量监控，规范计量操作，控制油品损耗，实现全年未发生一起 HSE 上报和数质量事故。

（黄 赫）

【筹建 LNG 工厂】 2013 年 11 月 12 日，成立建设吉林石油分公司液化天然气生产工厂项目领导小组，积极筹建 LNG 工厂，开展 LNG 工厂立项、审批选址和资料报备等各项前期工作。

（黄 赫）

【技术比武活动取得好成绩】 2013 年，吉林石油分公司在石化集团公司 2013 年合同管理信息系统技术比武中，徐向国获销售板块唯一一枚个人金牌，实现吉林石油在技术比武奖牌零的突破，并获优秀组织奖和团体优胜奖称号。

（黄 赫）

【加强党建和思想政治工作】 2013 年，吉林石油分公司加强党建工作和党员教育工作，扭转机关作风，提升了员工的主动性，激发了企业活力。根据中央“八项规定”和石化集团公司党组“实施细则”，制定了《吉林石油分公司“八项规定”实施细则》。全年办公费同比下降 4%，会议费下降 55%，差旅费下降 14%。围绕经营目标，加强基层党建工作，举办党建工作各岗位为期 1 周的业务培训班，有效提高岗位技能的水平；按照“七个一”的要求为各党总支建立标准化党员活动室，规范了基层党组织建设；开展党章知识竞赛，提高了基层党组织工作水平和影响力。加强纪检监察工作，筑牢廉洁防控防线，组织 85 名干部参观廉政教育基地，组织 276 人参加警示教育，53 名中层干部签订了《廉洁承诺责任书》；开展成品油数质量业务管理、非油品商品采购管理、物资招投标管理、中央“八项规定”贯彻落实情况 4 个项目的效能监察工作。做好舆论宣传工作，利用新闻报道记录公司在逆势中谋发展。截至年底，在《中国石化报》发表 12 篇，《中国石化》4 篇，中国石化新闻网 24 篇，人民网 2 篇，并获得《中国石化报》散文征文 2 等奖 1 篇。开展送温暖活动，对困难职工进行走访，帮助困难职工子女上学，发放慰问金 1.3 万元，金秋助学金 4 400 元。通过帮助困难职工解决实际困难，密切了党群干群关系，增强了员工归属感、企业的凝聚力，维护了企业稳定。

（黄 赫）

表1 **吉林石油分公司主要生产经营指标**

指标名称＼年份	2013	2012	2011	2010	2009
油气销售总量/万吨	57.66	62.95	54.03	37.50	22.94
成品油零售量	34.35	37.00	31.00	20.25	13.40
营业收入/亿元	39.85	44.87	38.75	23.24	12.36
利润	-0.21	0.20	0.18	-0.15	-0.02
吨油费用/元	492.00	422.00	386.00	379.00	265.00
在营加油(气)站总数/座	147	140	114	63	27
在营油库数/座	2	2	2	1	1

黑龙江石油分公司

【概况】 中国石油化工股份有限公司黑龙江石油分公司(简称黑龙江石油分公司)位于黑龙江省哈尔滨市道里区群力第五大道1589号。其前身中国石化销售有限公司东北黑龙江分公司成立于2002年9月，2010年1月1日调整为石化股份公司直属企业，更为现名，为国家大Ⅱ型企业。黑龙江石油分公司是中国石化在黑龙江省的唯一企业，主要从事汽油、柴油、煤油、润滑油等成品油批发、零售以及非油品业务。

黑龙江石油分公司本部设7个部门，即综合处、经营管理处、零售中心、人力资源处、发展基建处、安全数质量处、财务资产处，下设哈尔滨、齐齐哈尔、牡丹江、佳木斯、大庆和绥化6家地市公司，2家控股子公司，1家参股公司；有员工近1 738人；拥有加油站163座、易捷便利店113座、油库5座，资产总额17.04亿元。2013年完成经营总量88.67万吨，其中成品油84.08万吨；实现销售收入65.05亿元；利润3 228万元；非油品实现营业额4 121万元。

黑龙江石油分公司主要生产经营指标见表1。

(赵美玲)

【安全数质量平稳运行】 2013年，黑龙江石油分公司注重本质安全管理，落实从严管理。投入资金，加大隐患整改力度。深刻吸取“11·22”青岛东黄复线泄漏爆炸事故教训，开展“四清查”“五管住”安全检查，继续强化“三商”“三场”安全监管，落实施工安全改造要求，召开承运商安全数质量会议和承运商安全工作会议，学习安全责任事故典型案例，细化安全管理要求，签订承运商安全运输承诺书。黑龙江石油分公司被国家安监总局和中华全国总工会评为“安康杯”竞赛优胜单位。

(赵美玲)

【经营运作高效有序】 2013年，黑龙江石油分公司着眼于成品油价值管理全过程，紧扣资源、网络和客户3个环节，深度挖潜创效益，经营成效明显。积极研判市场和价格机制新变化，在市场需求淡季，灵活把握采销节奏，弱化配置资源调运，强化低密度资源外采，严控外采质量和价格，坚持低库存运作；在市场需求旺季，重点加强大型终端客户开发，把握成品油涨价预期重现契机，采取“小步快跑”方式，确保量效齐升；在市场平稳期，采销联动，加强库存运作，确保低密度油品入库，优化库存价值，按照“早销、快销”的经营策略，贴近市场定价，努力增量增效；在市场高峰期，统筹资源平衡，完善资源摆布，关注负号柴油上市时间，抢占市场先机，扩大市场销售。

(赵美玲)

【零售终端优势持续】 2013年，黑龙江石油分公司开展“零售单站增量挖潜比学赶帮超销售竞赛”活动，制定单站三级增量目标，推动小站变大站、大站做骨干，激发了员工销售潜能。全年共有132站次完成当月增量目标，增量10 088吨；有12座加油站成为万吨站。零售多渠道挖潜，拓展上量增效空间。加油卡指标大幅增长，带动持卡消费量。积极推进高标号油销售挖潜，E97#汽油增量3 161吨，同比增幅28%。

(赵美玲)

【非油品开展特色营销】 2013年，黑龙江石油分公司按照“做强大店、大店托小店”思路，优化便利店结构，提高单店竞争力，非油品单店日均销售额提高350元。推广特色，做大规模，参加“2013黑龙江绿色有机食品(上海)展销会”，选择10座位置优越的便利店开展特色专卖，通过“易捷”平台将黑龙江省特色商品推向全国，26个省(市)共采购2 025万元。清理滞销商品，淘汰品类4 324个。严控非油品库存，周转天数由132天缩短到99天。

(赵美玲)

【网络发展继续强化】 2013年，黑龙江石油分公司按照更加注重质量和效益要求发展和完善网络，落实项目决策制度，职能部门提前介入并出具专业意见，提交投资领导小组集体决定，全年决策项目49个，通过37个。加快项目投营，积极协调高速公路管理局加快经营手续审批，30座高速路加油站已投营26座。

(赵美玲)

【加气站建设积极推进】 2013年，黑龙江石油分公司组织6次加气站建设知识培训，协调设计单位、省公司专业人员对78座加油站进行踏勘，确定37座具备增加加气功能改造条件，出具了方案图及前期报批资料。绥化龙达加气站已经开业，实现了公司加气站建设零的突破。

(赵美玲)

【规范管理持续提升】 2013年，黑龙江石油分公司坚持市公司月考、省公司季考，继续打造“三大长”“八大员”骨干队伍。截至年底，共有198人次取得资格证书，累计达标1 200人。开展加油站“岗位轮换”活动，锻炼了员工技能，调动了员工参与管理的热情，增进了员工之间的理解。

(赵美玲)

【教育实践活动取得实效】 2013年，黑龙江石油分公司深入开展党的群众路线教育实践活动，做到“四个先行”，即组织保障先行、理论学习先行、征求意见先行、深入基层先行；制定“三个一”调研制度，即中层以上领导干部承包一个基层单位、解决一个难点问题、推动一项主要工作；坚持“三个结合”，即与完成重点工作相结合、与改进工作作风相结合、与解决实际问题相结合。截至年底，班子成员带头下基层调研24次，征求意见建议146条，已解决136条，整改率93%。针对“四风”问题制定整改措施25项，已完成21项，剩余4项长期任务正在落实，完善规章制度14项。同时认真贯彻中央“八项规定”精神，严格落实石化集团公司党组“实施细则”，全年公务性支出同比下降11.25%，工作作风明显转变，教育实践活动成果受到督导组好评，为公司党建工作年终考评加2分。

(赵美玲)

表1　黑龙江石油分公司主要生产经营指标

指标名称＼年份	2013	2012	2011	2010	2009	2008
成品油销售总量/万吨	88.67	77.50	56.92	53.81	31.07	18.58
零售量	84.08	57.00	42.98	31.25	17.94	13.95
销售收入/亿元	65.05	60.00	43.00	35.00	18.00	11.00
利　润/万元	3 228.00	2 770.00	2 760.00	1 357.00	495.00	3 182.00
吨油费用/元	352.00	350.00	369.00	313.00	237.00	247.00
加油站总数/座	162	161	151	115	47	34
油库数量/座	5	4	4	3	1	1

青海石油分公司

【概况】 中国石油化工股份有限公司青海石油分公司(简称青海石油分公司)成立于2003年3月，是中国石化直属销售企业，主要承担中国石化在青海省境内成品油的销售、管理和调运任务，经营范围涉及汽油、柴油、润滑油及非油品销售等业务，是中国石化在青海地区唯一成品油销售企业。本部位于青海省西宁市。

截至2013年底，青海石油分公司本部下设9个管理部门、4个市级分公司；用工总量为1 219人；自有油库3座，自有加油站138座。

青海石油分公司主要生产经营指标见表1。

（赵 云）

【安全管理得到加强】 2013年，青海石油分公司把保安全、维稳定作为一切管理工作的重中之重，不断提高省地两级领导班子和中层管理人员的安全环保意识，健全完善QHSE管理体系，组织开展设备和HSE工作专项检查127次，发现问题829条，整改隐患712条，整改率86%。对公司所有加油站、油库进行逐站、逐库检查，通过“党政同责、齐抓共管”“谁检查、谁签字、谁负责”“拉网式、全覆盖、零容忍”等措施，清查隐患1 264条，整改率达到86%，确保每一座油库、加油站的安全。

（赵 云）

【数质量总体受控】 2013年，青海石油分公司遵循“每一滴油都是承诺”的宗旨，严格库站油品损溢管理，严把油品质量关。通过全面推行ISO 9000质量管理体系、修订完善《青海石油成品油公路配送地罐交接办法》、对容积表到期或不准的地罐重新标定、对运油罐车实行“双加满”制度、开展数质量专项工作检查等措施，全年运输损耗率同比下降11%；保管溢余率为同比上升43%；A、B级质检室共完成入库检验870批次，出库检验591批次，各类抽检、送检948批次。全年未发生上报数质量事故及媒体曝光事件，维护了中国石化诚实守信的企业形象。

（赵 云）

【经营指标再创新高】 2013年，青海石油分公司紧紧围绕年度目标任务，通过统筹协调、采销互动，销售成品油68.94万吨，增加3.91万吨，增幅6%，完成任务指标的100%，其中零售45.78万吨，增加3.69万吨，增幅8.76%；终端比例94%；实现非油品销售收入1 800万元。

（赵 云）

【成品油零售市场竞争力提升】 2013年，青海石油分公司通过实现由重网络发展向重质量效益转变，由重直批客户开发向重零售客户开发转变，成品油零售市场竞争力得到进一步提升。尤其在第4季度通过大力开发零售客户，极大调动了全员营销热情，有力推动了零售工作的开展。零售客户达到1.9万家，增加1.7万家；加油卡发卡累计达到3.97万张，增加2.61万张；充值金额9.97亿元；增长52.65%；持卡消费比例37.94%，提高21.5个百分点；在2013年油品销售事业部的评比中，青海石油分公司获2013年度零售量进步红旗和2013年度直分销进步红旗。

（赵 云）

【网络发展稳健有序】 2013年，青海石油分公司继续把发展思路统一在质量和效益上，适度放慢发展节奏，把现有在营加油站的提量作为重点，挖潜增量，重点加强对中心城区、城市新区、高速路服务区等加油站项目的攻关。全年新增投营加油站18座，其中市区站2座、高速路站4座，柯柯油库正式实现投营。

（赵 云）

【队伍素质得到提升】 2013年，青海石油分公司加强人才成长通道建设、完善全员竞聘上岗机制、创新员工培训、优化干部队伍、完善职位设置、加大绩效考核，为员工成长、骨干成才奠定了良好的基础；领导班子对对口市级公司帮扶指导，地市分公司在抓经营、带队伍、搞协调、谋发展方面的作用趋向明显，地市分公司班子、科长等管理人员在政治和业务上逐步成长、成熟，对基层工作的指导能力、服务水平进一步得到加强。

（赵 云）

【党建工作扎实推进】 2013年，青海石油分公司认真贯彻落实中央“八项规定”和石化集团公司党组“实施细则”，对业务招待费、会议费、差旅费、办公费等项目进行严格管控，公务性支出下降26.5%。抓实党风廉政建设和廉洁从业教育，组织开展5场“双鉴”警示教育专题会，让400余人接受警示教育，形成了“风清气正”的良好氛围。充分利用《青海石油报》、微博、微信公众平台、腾讯等宣传平台，大力弘扬企业蓬勃发展的精神面貌和积极向上的良好氛围，加强了两级机关和基层库站员工的学习交流。公司团委开展“最美青工”评选活动，推广青年基层员工先进典型，编发催人奋进的基层先进事迹报道，为青年员工树立了榜样，有力地推动了企业文化建设。全年共组织开展120余项党团活动，参与人数2 600人次；组织座谈会7次、主题教育活动15次，征集员工文章312篇，组织交友联谊会4次。共有121名党员干部参与定点帮扶工作，指导帮扶库站工作231条，解决基层困难78个。

（赵 云）

表 1　　青海石油分公司主要生产经营指标[①]

指标名称＼年份	2013	2012	2011	2010	2009	2008
成品油销量/万吨	68.94	65.00	52.19	35.49	16.23	11.79
零售量	45.78	42.10	32.54	17.34	8.80	6.10
销售收入/亿元	50.12	47.36	37.37	21.75	8.61	6.60
利　润/亿元	0.21	0.02	0.20	0.03	-0.23[②]	0.07
吨油费用/元	365.00	342.94	362.89	284.30	228.34	293.32
在营加油站总数 /座	138	120	92	62	38	35

①2008—2009 年统计的是改制前中国石化销售有限公司西北青海分公司数据

②2009 年利润负值主要由部分加油站拆除，以及西宁油库重建所致

甘肃石油分公司

【概况】 中国石油化工股份有限公司甘肃石油分公司(简称甘肃石油分公司)成立于 2010 年 1 月，其前身为中国石化销售西北甘肃分公司，主要承担中国石化在甘肃境内成品油市场的销售、管理和调运任务以及甘肃可利用资源的开发协调工作，经营范围涉及汽油、柴油、润滑油、车用天然气、燃料油以及非油品销售等业务。

截至 2013 年底，甘肃石油分公司本部内设综合处、企管法律处、人力资源处、财务资产处、纪检监察处、安全数质量处、零售管理中心、发展基建处、经营管理处、商客中心 10 个职能处室，下辖酒泉、张掖、武威、白银、定西、天水、平凉、庆阳 8 家地市分公司及 1 家合资公司；拥有在营加油站 91 座，在营加气站 6 座，小额配送车 23 辆，自有油库 1 座，在建油库 2 座，资产总额 17.88 亿元。公司现有员工 1 044 人，其中大专以上文化程度 558 人，占员工总数 53.45%；党员 169 人，占员工总数 16.2%。

甘肃石油分公司主要生产经营指标见表 1。

(孙晶涛)

【经营指标稳步提升】 2013 年，甘肃石油分公司实现经营总量 53.56 万吨，超额完成石化股份公司下达任务指标，同比(下同)增加 19.23 万吨，增幅 56%。其中，成品油销量 53.14 万吨，超额完成任务指标，增幅 54.84%；天然气销量 0.41 万吨。成品油销量中，零售 32.56 万吨，增长 34%；直销 15.37 万吨，增长 92%；批发 5.21 万吨，增幅 150%。非油品销售额 1 824 万元，完成任务指标的 107%，增加 738 万元，增幅 68%。全年实现营业收入 38.52 亿元，增加 13.18 亿元，增幅 52%；实现毛利 2.54 亿元，增加 1.43 亿元，增幅 129%；实现利润 2 038 万元。

(孙晶涛)

【网络发展取得显著成效】 2013 年，甘肃石油分公司多渠道拓展发展模式，通过及时调整发展思路，加快工程建设，控制投资成本，发展质量有所提高。各地市分公司继续跟踪落实“十二五”增补规划项目，坚持城市新区、省道等重点部位加油(气)站优先发展的策略，停止收购低效站，优先发展质量好、有效益的站点。扎实推进加油站提量改造工作的实施，分步骤完成兰州、白银等地 23 座加油(气)站的油气回收改造，狠抓加油(气)站开业率。5 月嘉峪关金华加气站的投入运营，成为公司第 1 座在营管道加气站；12 月兰州安秦 CNG 常规站通过验收，成为公司投营的第 1 座城市中心自建管道加气站。2 座油库开始施工建设，武威油库已完成基础设施建设，兰州油库完成了“三通一平”。

(孙晶涛)

【安全管理手段不断改进】 2013 年，甘肃石油分公司进一步落实安全生产责任制，重点强化“一把手”责任，实施领导干部安全联系点制度，加强日常安全检查和工作指导，广泛宣传 QHSE 思想理念，促进了安全意识“入脑入心”，营造了良好的安全文化氛围。严格落实施工安全监管责任和作业票制度，推行发油、卸油、加油环节的标准化操作，加强设备管理和隐患治理，全年投入资金 297 万元，整改设施设备隐患 5 个大项。加强季节性安全管理，开展企地联合安全演练，全面提升了 HSE 风险控制力。

(孙晶涛)

【数质量管理进一步强化】 2013年，甘肃石油分公司严守“每一滴油都是承诺”的宗旨，全面建立ISO 9000质量管理体系，加强日常督察指导，提高质检人员工作水平，全年检验油品12批次，抽检油样680个，从源头上确保了质量。加强运输环节油品损耗管理，严格油站计量工作和损耗考核，建立了油品数质量举报奖励和投诉应急制度。

（孙晶涛）

【经营风险得到有效控制】 2013年，甘肃石油分公司完善内控细则，细化权限控制，全年抽查流程4次，提高了内控制度执行力。发挥督察人员巡站、监督作用，规范经营行为；加强库存盘点和商品监管，加快资金回笼，有效防范了风险。通过加大工程项目结算审计的力度和进度，有效控制建设成本。全年审结工程项目21个，送审金额5 278.75万元，审减金额514.49万元。进一步强化法律事务管理职能，平稳运行合同管理信息系统，有效控制了法律风险。

（孙晶涛）

【降本增效和管理创新不断推进】 2013年，甘肃石油分公司充分发挥财务参与经营、服务经营的作用，持续开展全员成本目标管理，多种措施控本降费，引导地市公司向市场、向发展、向业绩要费用，利用ERP系统强化费用预算控制。利用已搭建的合同管理、OA二期、SAP等平台，提高工作质量和效益，加油卡项目建设比例快速提升，企业基础管理和信息化水平得到提高。

（孙晶涛）

【党建工作水平进一步提升】 2013年，甘肃石油分公司严格贯彻落实中央“八项规定”，扎实开展群众路线教育实践活动，厉行勤俭节约，加强廉洁自律，改进文风、会风和检查方式，促进各级领导用实际行动转变作风。加强基层党组织建设，充实调整纪检队伍，发挥了工会、共青团作用。认真贯彻民主集中制，严格执行“三重一大”集体决策制度，深入基层调研，狠抓队伍稳定，把问题解决在一线，共征求意见建议56条，重点解决民生类、工作类问题34项。创建学习型企业，坚持党委中心组学习制度，开设“管理知识大讲堂”，继续开展职业技能鉴定，全面推进竞赛比武活动。先后组织“同行十八大、建功在岗位”演讲比赛、机关干部员工为加油站清理冰雪、为烫伤员工献血、关爱聋哑儿童、捐赠爱心书袋、雅安地震捐款、天祝捐资助学、岷县抗震救灾等活动，丰富了员工文化生活，传递了中国石化正能量，增强了企业凝聚力和向心力。加大新闻宣传工作力度，充分展示员工精神风貌，宣传了先进典型，增强了企业凝聚力。全年共在媒体发稿118篇，同比增幅59%；上报中国石化总部政务信息118条，位居销售B类企业第4名。

（孙晶涛）

表1　　甘肃石油分公司主要生产经营指标

指标名称＼年份	2013	2012	2011	2010	2009	2008
成品油销售总量/万吨	53.56	34.33	24.17	16.15	5.95	3.89
零售量	32.56	24.21	14.54	7.10	2.52	0.12
销售收入/亿元	38.52	25.34	17.40	9.90	3.22	2.07
利　润/万元	2 038.00	-5 968.39	253.90	-4 133.10	-309.70	-263.14
吨油费用/元	432.00	497.00	456.82	508.00	278.57	269.16
加油站总数/座	127	51	26	25	14	1

宁夏石油分公司

【概况】 中国石油化工股份有限公司宁夏石油分公司(简称宁夏石油分公司)位于宁夏回族自治区银川市金凤区，其前身为中国石化销售有限公司西北宁夏分公司。2009年12月，按照石化集团公司党组关于区外销售企业体制调整安排，宁夏石油分公司正式成立，直接隶属石化集团公司党组管理。公司主营汽油、柴油、润滑油和其他石化产品的零售、直销配送、批发和仓储业务以及加油站便利店非油品业务。

截至2013年底，宁夏石油分公司本部设综合处、政工处、经营管理处、财务资产处、人力资源处、发展基建处、安全数质量处、监察处、油库管理处、零售中心、商客中心、非油品中心共12个职能处室；下设银川、石嘴山、吴忠、固原、中卫5个分公司；下设中石化宁夏石油塑料制品有限公司1个二级公司；控股中石化石嘴山市常道石化有限公司(简称常道石化)、中石化宁夏易捷石化有限公司(简称易捷石化)2家合资公司。在营加油(气)站121座，石嘴山惠农油库1座，资产总额18.25亿元。用工总量1 195人，其中正式职工91人(不包含中石化宁夏石油塑料制品有限公司)。

宁夏石油分公司主要生产经营指标见表1。

(武　桐)

【部分经营指标取得新突破】 2013年，宁夏石油分公司实现销售收入39.45亿元，同比减少10.53%。成品油经营总量53.63万吨，同比减少8.8%，完成中国石化总部下达任务的80%。其中，零售量32.51万吨，同比减少4.4%；直销量18.83万吨，同比减少18.13%。实现终端销量51.34万吨。终端利息96%，其中零售比重61%。累计发行加油卡60 703张，持卡消费比例49.52%。非油品销售额1.21亿元，其中，便利店销售额3 354.36万元，同比增长22%，完成总部下达任务的111.81%；易捷石化销售额8 713.19万元，同比减少13%。宁夏石油分公司费用总额2.5亿元，吨油费用469元。

中石化宁夏石油塑料制品有限公司成立于2013年1月，是塑料棚膜、地膜、滴灌带扶贫企业。截至2013年底，生产地膜、棚膜、滴管683吨，销售102吨，销售收入314万元。

(武　桐)

【油品扩效增量取得新成效】 2013年，宁夏石油分公司严格执行石化集团公司经营指导意见，较好落实配置资源，根据成品油调价频次加快的政策变化，主动调低库存，降低经营风险。积极协调，货比三家，购进质优价廉的天然气资源，保证市场供应。坚持量效兼顾、量价互动的经营策略，充分发挥价格杠杆作用，在扩大销量的同时，努力提高经营效益。狠抓商业客户的维系和开发，狠抓客户经理管理，最大限度挖掘市场潜力，有效降低煤炭市场不景气带来的冲击；通过开展油非互促、加油卡营销、一站一策等措施，零售扩销增效能力明显增强。全年实现纯枪销量26.36万吨，同比增幅21%。积极实施以“微改造、微维护”为主要内容的“两微”工程，做到“精细管理、精心经营”。高标号汽油增量明显，销售比例逐步增加。加油卡运行趋于稳定，沉淀资金明显增加。

(武　桐)

【非油业务取得新进展】 2013年，宁夏石油分公司经过3年的产品开发和市场培育，形成了“国杞天香”品牌被市场广泛认可的产品和销售渠道。确定了系统内便利店的主导地位，提高了赢利能力。不断加强和深化同北京同仁堂、邮政系统、铁路系统、石化报社等大客户的合作，对专卖店进行经营模式调整，推进电子商务平台的科学化运营。推出“启劲”功能饮料和枸杞鲜果，丰富了产品种类。与石化报社合作开展“为百万石化员工送健康”系列活动，促进“国杞天香”产品进油田、进炼化，扩大了系统内的影响力。通过接受媒体采访、广告宣传、搭建“启劲”饮料网站和邀请中央媒体走进宁夏石油等活动，使“国杞天香”品牌知名度得到进一步提升。着力提高便利店开业率，不断调整和增加符合市场的商品品类，加大烟草证办理和考核工作力度，单店营业额始终位居区外公司前列。建立标准化的进销存业务流程，加强商品质量、食品安全、发票开具等环节管理，有效防范经营风险。改进便利店形象设计，加大人员培训力度，配备完善硬件设施，提升了便利店经营管理水平。全年在营便利店108家，超额完成总部下达的非油品销售任务。

(武　桐)

【管理水平不断提升】 2013年，宁夏石油分公司紧密结合“平安工地”等活动，加强库站现场管理，做到目标明确、突出重点，加大安全检查巡查和隐患整改力度，加强对公司各类应急预案的宣传和演练，落实全员QHSE责任，完善设备管理，落实职业病健康体检，保障库站本质安全和人员安全；规范油品质检室管理，把好油品质量关，出库油品合格率达100%。通过完善油品损耗考核机制，逐步推行加油站地罐油品计量交接管理，有效降低了油品损耗。

(武　桐)

【党建和思想政治工作取得新提升】 2013年，宁夏石油分公司坚持民主集中制原则和“三重一大”决策原则，树立正确的用人导向，注重人员队伍素质提高和人才成长通道畅通，为想干事、能干事、会干事的员工创造广阔平台。通过人才引进和实施岗位竞聘制度，充实管理队伍。全年发展党员14名，努力把业务骨干发展为党员，把党员培养成骨干。关心员工生活，一线员工收入和福利待遇实现较大幅度增长，加强加油站“五小”建设，通过举办文体活动和配备文体用品，丰富员工业余生活，开展帮扶救助和节日慰问活动，努力营造拴心留人的良好环境。

（武　桐）

表1　　宁夏石油分公司主要生产经营指标①

指标名称＼年份	2013	2012	2011	2010	2009	2008
成品油销售总量/万吨	53.63	59.07	52.49	41.82	14.02	13.07
零售量	32.51	34.01	28.68	14.91	7.65	5.81
销售收入/亿元	39.45	44.10	38.46	25.61	7.36	7.18
利　润/万元	-8 683.00	-2 388.23	1 680.00	-666.67	1 221.67	984.89
吨油费用/元	469.00	353.41	291.56	225.99	198.29	187.61
加油站总数/座	120	115	79	48	25	18

①2008—2009年为中国石化销售有限公司西北宁夏分公司数据

销售华北分公司

【概况】　中国石化销售有限公司华北分公司(简称销售华北分公司)是中国石化所属油品销售事业部的派出机构，是中国石化销售大区公司之一，本部设在天津市。公司前身始建于1950年3月，隶属于商业部。1985年1月成建制划归中国石油化工总公司。2010年11月，管理规格升为大Ⅰ型企业，主要负责华北地区6个省市(北京、天津、河北、河南、山西、山东)、东北地区3个省(黑龙江、吉林、辽宁)成品油资源组织和调运，并对华北区内重要储运设施实行统一管理。主要担负资源组织、物流优化、储运管理、统一结算、市场监管职能。截至2013年底，销售华北分公司设有职能处室12个、专业中心2个、基层单位11个，在华北区内炼厂设立12个办事处。公司管理资产144亿元，拥有大区储备库4座，总库容88万立方米；管理的华北成品油管网全长3 189.17千米。2013年，销售华北分公司成品油经营总量4 172.04万吨，销售收入2 958.38亿元，连续第8年列“天津企业百强”之首。

销售华北分公司主要生产经营指标见表1。

（刘玉姝）

【HSE工作全面推进】　2013年，销售华北分公司推进安全标准化和企业安全文化建设。强化HSE检查和整改，认真吸取“11·22”特别重大安全事故教训，对公司所属4座油库、4个输油处及31个输油站进行拉网式全面排查；全面深入开展隐患排查和自查整改工作，整改各类问题466件次。强化作业环节安全风险控制，开展环境保护隐患排查和长输管道环境风险调查工作，提升安全掌控能力。做好应急预案的修订和报备工作，全年组织不同层面应急演练683次，提升了应急处置能力。

（刘玉姝）

【资源管理水平实现新提升】　2013年，销售华北分公司突出对标追标，设置水运运价、水运损耗率、外部应收账款回款天数等外部比对指标，通过横向对标，找差距、定措施，水运降费1 300万元，水运损耗率1.7‰，同比减少0.5‰。按时完成国Ⅲ柴油及国Ⅳ汽油置换工作，保障了省市经营。加强配置计划协调力度，优化资源调节方式，完善应急预案，保障了市场需求低迷时炼厂后路畅通和炼厂集中检修时省市资源的稳定供应，保障了三夏、三秋等重点时段重点地区的资源供应以及“11·22”事故等突发情况下的资源调运和保供。全力做好高标号汽油和航煤供应工作，全年完成航煤出厂422.36万吨。消除高标号汽油铁路出厂瓶颈，开辟山东97#汽油直发山西通道，节省运杂费86.80万元。

（刘玉姝）

【管网运行效率稳步提升】　2013年，销售华北分公司通过集采资源进管道，增加管道多品种、多品号油品的顺序输送等措施，提高管道输油量。全年输送成品油1 309.50万吨，超计划9.50万吨。不断改进清管工艺，制定磁力除锈装置使用技术规范，进一步提高清管工作效率。完成“成品油管道清管污油处理工艺技术”课题，对站场进行工艺改造，提高了混油处理能力。

（刘玉妹）

【管网保运进一步强化】 2013 年，销售华北分公司建立管道沿线人口密集地、水源地、高风险区安全责任制，加强重点区域监管力度，制定完善盗油阀排查、GPS 巡线和第三方施工管理、占压管理等量化考核措施，强化动态管理和有效监管，外管道管理水平不断提升，通过压力下降发现盗油阀 26 个，同比下降 50%。推广使用光纤油气管道安全预警系统、GPS 巡线管理系统，启动动力伞巡护宣传，实施警犬巡线及警企联合“捆绑式”夜间巡查，推广“三位一体”管道联防模式，开展“强化管道安全巡护月”活动，召开全体巡护人员视频交流会，加大特殊时期外管道巡护排查力度，全年破获打孔盗油案件 18 起，抓获犯罪嫌疑人 52 人。强化抢维修专业技术训练，加强技能培训和岗位练兵，管道保护工技能不断提升，在销售系统技能竞赛中获团体成绩第 1 名。

（刘玉妹）

【计量工作进一步新提升】 2013 年，销售华北分公司完善计量管理考核体系，制定《储运计量管理考核评分细则》《管网计量管理考核评分细则》《成品油管道异常掉压泄漏报警考核兑现办法》和《油库油品损耗管理考核办法》，增大损溢指标量化考核比重，相比考核前华北管网损耗率下降 0.2‰，管输入库损耗率下降 0.6‰，水运入库卸船损耗率下降 0.3‰。通过大流量检定站授权考核，完成全部输油站在线标定条件改造，实现了体积管在线检定。针对因清罐、清管、漏油、维修改线等工程产生的回收油品制定专项管理制度，建立完善报备制度和具体计量操作流程，提升了计量管理水平。

（刘玉妹）

【企业管控力不断增强】 2013 年，销售华北分公司抓对标考核，建立问责机制，加大量化指标考核权重，绩效考核体系更加规范科学。抓档案基础建设，顺利通过鲁皖成品油管道工程档案验收，实现洛阳—郑州—驻马店成品油管道工程档案异地移交双重保管和财务档案移交统一管理。抓机关劳动纪律和劳动用工管理，全年组织开展各类培训 94 期 2 663 人次，劳动效率进一步提升。加强资金过程监管，保证资金运行安全，开展“持续缩短专项货款回笼天数”专项管理工作，加快货款回笼，全年资金周转实现 34.18 次。改进 ISO 9000 质量体系，加大抽检工作力度，确保公司油品质量 100% 合格。积极推进经营管理、生产运行和信息基础设施 3 个信息平台建设，信息化管控力不断增强，连续 3 年在中国石化总部信息化水平评价中获 A 级评定。

（刘玉妹）

【强化工程管理】 2013 年，销售华北分公司加强投资分析和预测，确保 25 个投资项目的资金按时到位。加强工程项目管理和工程建设监督，建立重点工程周报制度，及时解决建设过程中的难点问题，推进工程进度。完成石家庄—太原成品油管道晋中—太原段的建设并一次投油成功。完成驻马店—信阳成品油管道信阳站的建设和员工招聘培训工作，驻马店—信阳成品油管道一次投油成功，实现了华北与华中成品油管网的联通。完成天津南疆 2# 库扩建工程，确保了天炼出口成品油顺利下海。

（刘玉妹）

【非上市企业核心竞争力不断提升】 2013 年，悦泰公司以中国石化总部绿色低碳战略和差异化经营为契机，加大品牌形象建设宣传力度，实现利润 6 265 万元。积极推进柴油车尾气处理液的供应准备和市场开发工作，牵头制定相关国家标准，建成投产万吨级尾气处理液示范装置，与北京公交、宇通公司、苏州金龙等签订合作协议，全年实现柴油车尾气处理液销售 91 吨。全力做好中国石化“sinopec X－power”品牌油的推广工作，进入澳门、苏州、深圳等地 181 座加油站。金皇公司不断强化企业内部管理，突出“创收、节支、降耗、管理”的经营理念，不断提高服务质量。

（刘玉妹）

【和谐企业建设实现新提升】 2013 年，销售华北分公司细化制定 24 项落实中央“八项规定”的具体措施，推进工作作风转变。公务性支出同比下降 23%。深入开展党的群众路线教育实践活动，认真查摆问题，制定整改措施，持续推进廉洁文化和廉洁企业建设，开展“忆传统、爱企业、创一流”和企业核心价值观征集等专题活动，增强企业凝聚力。组织“媒体走进华北分公司”活动和参与中国石化总部“绿色能源行”活动，20 余家主流媒体到公司交流采访，提高了企业的知名度和美誉度。深入开展“职工之家”建设，营造温馨和谐的工作环境。

（刘玉妹）

表 1　　销售华北分公司主要生产经营指标

指标名称＼年份	2013	2012	2011	2010	2009	2008
成品油销售总量/万吨	4 172.04	4 485.00	4 208.00	3 934.00	3 428.31	3 227.91
销售收入/亿元	2 958.38	3 252.00	2 931.00	2 342.58	1 736.50	1 752.88
利　润/亿元	27.86	39.71	58.30	33.89	31.97	48.95

销售华东分公司

【概况】 中国石化销售有限公司华东分公司(简称销售华东分公司)，系国有大Ⅰ型企业，办公地址为上海市长宁区愚园路819号，内部资本金7.28亿元。公司前身中国石油运销公司始建于1949年8月，1985年1月划归中国石油化工总公司，2002年10月更为现名。销售华东分公司资源管理辖区为江苏、浙江、福建和上海三省一市，主要履行对华东区成品油资源实施资源组织、物流优化、储运管理、统一结算和市场监管等职能。

截至2013年底，销售华东分公司本部机关设办公室、财务资产处、经营管理处、管道油库处、安全数质量处、发展规划处、信息处、人力资源处、审计监察处9个职能处室和1个成品油调控中心，下设陈山油库、嘉兴输油处、南京输油处、扬州输油处4个二级单位，在华东区7家炼化企业设有办事处。公司有职工489人，其中正式工295人、劳务工194人；有高级职称的23人、中级职称的62人。公司拥有在营油库2座，其中陈山油库库容43.5万立方米，栖霞油库库容11.5万立方米；在营长输管线共6条，全长1 548千米，其中在建长输管线4条，全长1 478千米；在营直管成品油管道2条，为浙苏管线和苏南管线，总长600余千米。

销售华东分公司主要生产经营指标见表1。

(王文东)

【各项生产经营指标完成良好】 2013年，销售华东分公司共完成石化炼厂资源收购3 857.88万吨，完成率100%；省市供应完成3 134.34万吨，完成率100%，实现了配置计划完成2个100%的工作目标。全年全口径定额费用低于年度指标2 347万元，完成率86.03%。实际吨油费用53.34元，较考核指标降低2.5元。全口径管输出厂完成1 776.40万吨，在营6条长输管线管输完成1 314.08万吨，完成石化股份公司计划111.36%，并实现混油零回炼。调区外省市年度累计完成146万吨，完成率100%。

(王文东)

【安全环保管理更加精细】 2013年，销售华东分公司全面推行领导干部安全联系点制度，全年处级以上干部深入联系点工作共380人次。进一步强化未遂事件管理。做到每月分析原因，每季进行评审，按照“四不放过”的原则进行管理，并制定相应防范措施。全年共收到未遂事件370起，重点分析172起。完成应急演练322次。全年无安全生产等级责任事故，在外管道管理上连续5年实现管道打孔盗油为零、违章占压为零、第三方施工破坏为零的“三零”目标。

(王文东)

【数质量管理得到提升】 2013年，销售华东分公司进一步加强数质量管理。坚持增设检测批次、增加化验指标，细化油品质量化验，全年完成汽柴油必检849批次；加强管输全过程的油品质量监测，增加取样点和化验指标，共增加检测1 739批次。油品损溢管理水平不断提高。全年油品综合盈余率0.37‰，其中入库和管输盈余率0.03‰、油库保管盈余率0.70‰、管道下载罐表差0.96‰，综合水路损耗为2.1‰，其中汽油2.2‰、柴油2.0‰，较好地完成中国石化总部的控制指标。

(王文东)

【完成陈山油库资产交易和人员的划转】 2013年，销售华东分公司与上海石化密切配合，实现了陈山油库的安全生产平稳过渡，共接收陈山油库人员51名，资产交易近5.9亿元。

(王文东)

【成立扬州输油处】 2013年，销售华东分公司组建成立扬州输油处，已有31名骨干员工上岗，部分巡线员和操作工已招聘到位，并对已下沟的管线进行巡线。

(王文东)

【顺利完成管道建设投资计划】 2013 年，销售华东分公司完成管道投资计划，管道投资金额达 8.3 亿元。其中，甬绍金衢管道 3 月投用，全年完成 80 多万吨的管输；苏北管道已铺设 392 千米(全长 618 千米)；甬台温管道已铺设 46 千米(全长 430 千米)；甬绍金衢二期管道已铺设 80 千米(全长 112 千米)。

(王文东)

【完成陈山油库二期工程可研报告】 2013 年，销售华东分公司完成陈山油库二期改扩建工程可研报告和油罐保温拆除及检测工作。针对码头设施老化现状，开展码头全面检测与评估工程，完成并上报码头全面整治工程报告。

(王文东)

【夯实平安管道建设】 2013 年，销售华东分公司认真开展"平安管道"活动。完善了规章制度，强化三级管理考核，强化企地警合作，加强第三方施工管控，严防打孔盗油和违章占压行为，处理各类第三方施工共 195 起，完成防腐层漏点修补 220 个。公司连续 5 年实现外管道管理的"三零"目标。

(王文东)

【深化设备精细管理】 2013 年，销售华东分公司强化设备"四定"管理，落实关键设备的问题整改，先后完成泵机检修、10 座油罐加装防雷装置、油罐清罐检修和工艺改造等工程，提高了设备设施的安全性，全年设备完好率保持在 98.5% 以上，有效杜绝了影响输油作业的"跑、冒、滴、漏"现象。全年设备修理工程费用约 2 404 万元，完成率 102.13%。

(王文东)

【开通管线输送 97#汽油流程】 2013 年，销售华东分公司打通了苏南、浙苏管线输送 97#汽油的流程，确保区内生产企业按计划生产不堵库，为省市公司扩销增量提供了坚实保障。全年 97#汽油销量同比增幅 26%。

(王文东)

【节约物流费用效果明显】 2013 年，销售华东分公司做好生产结构与省市库存的统筹优化，加大长输管线下载库二次移库数量，强化月度生产计划预判机制，开展多周期、多类型的资源串换工作。统筹应用实物超欠、油库库容等措施避免水路对流运输，全年华东区总体物流吨油费用 53.34 元，较中国石化总部考核指标降低 2.5 元，节省物流费用达 6 761 万元。

(王文东)

【航煤销量稳步提升】 2013 年，销售华东分公司强化与生产企业和民航用户的衔接，对航煤增量后仓储设施存在的问题进行论证分析，针对镇杭管线管输瓶颈，采取了多种方式优先保障航煤输送。全年航煤收购完成 274.04 万吨，月均同比增幅 11.7%。

(王文东)

【有效开展改善经营管理建议活动】 2013 年，销售华东分公司继续扩大改善经营管理建议活动成效，加强改善经营管理建议推广，积极组织建议的推广实施。全年共收到建议 155 条，受理 150 条，一线员工提报建议占 82%，评选出公司级优秀建议一等奖 2 条、三等奖 34 条，专业级优秀建议三等奖 75 条，优秀建议奖励兑现 2.94 万元，公司上报的 2 条建议获石化股份公司改善建议成果三等奖。

(王文东)

【强化内外部审计工作】 2013 年，销售华东分公司共开展审计项目 47 项，送审金额 3 619 万元，审减 344 万元，综合审减率 9.51%。普华永道和南京审计局完成对公司的内控审计和检查，检查情况良好。

(王文东)

【深化信息系统应用】 2013 年，销售华东分公司组织对信息系统开展评估，查找存在的不足及深化应用的需求，及时完成整改。对上线并轨运行的水路运费对账报表进行跟踪支持，完成单轨运行和 ERP 跨区成品油配送 XI 集成升级工作。梳理完善与库存管理相关的 ERP 流程、OA 审批流程，完成下载站混油罐物理库位的配置，明确了操作规范。

(王文东)

【初步完成三支队伍框架建设】 2013 年，销售华东分公司充实专业技术队伍，新增 14 名专业技术人员；通过竞聘产生 3 名主任师；积极开展职称评审，全年共 5 人通过高级职称评审，7 人通过中级职称评审，8 人取得注册安全工程师证书，2 人取得注册工程造价员证书，1 人取得一级人力资源管理师证书，1 人取得国家信息化安全教育认证证书。积极组织开展技能鉴定，24 人获中级工职业资格，12 人获初级工职业资格。员工队伍结构较前几年有明显改善，具有高级职称的 27 人、中级职称的 66 人、注册类职业资格的 21 人；高级工 26 人，中级工 51 人，初级工 64 人。

(王文东)

【着手实施青年员工导师制培养计划】 2013年，销售华东分公司实施青年员工导师制培养计划，确定48对师徒，收到论文30篇，有9人在期刊发表论文11篇。实施“创新工作小组”活动，成立5个创新工作小组，共7个课题申报立项。

（王文东）

【技术比武再获佳绩】 2013年，销售华东分公司继续积极组织开展技术、技能竞赛比武。在石化集团公司举办的油气管道保护工职业技能竞赛比武中，有2名员工获个人金奖，公司获团体银奖。

（王文东）

【加大教育培训力度】 2013年，销售华东分公司共举办培训班38期，培训804人次，内容涵盖油库管道运行管理、经营业务管理、人力资源管理、企业文化、内控管理、安全数质量等。全年共选送106人次参加上级公司和社会机构的各类培训。加大远程教育培训系统推广使用。公司总注册人数267人，累计学习次数达1.76万次，累计学习总时长1.78万小时。

（王文东）

【认真落实中央“八项规定”】 2013年，销售华东分公司制定《贯彻落实中央改进工作作风、密切联系群众八项规定实施细则》，对公司坚持深入基层、精简会议活动、精简文件简报、改进宣传报道以及廉洁自律等方面做出严格规定。通过强化监督检查，建立健全长效机制，全年公司未发生一起违反规定的事件。截至年底，公司业务招待费压缩近7%，会议费、差旅费等相关费用压缩15%。

（王文东）

【稳步推进“比学赶帮超”工作】 2013年，销售华东分公司稳步推进“比学赶帮超”工作。结合公司年度工作目标，主要突出资源配置、物流运行管理、安全数质量3个重点，围绕配置计划、运杂费、安全数质量等指标，分解任务，制定措施，落实责任。撰写《比学赶帮超》简报12期，将涌现出的先进集体和个人作为先进典型，大力宣传。全年夺得销售企业“比学赶帮超”红旗11面。

（王文东）

【促升企业文化建设】 2013年，销售华东分公司企业文化建设进一步推进。公司连续4届被评为上海市文明单位。切实做好“送温暖”工作。按照“真困难、真帮助”原则，开展困难职工家庭走访活动，组织帮困慰问，开展迎春游艺会、三八妇女节活动、羽毛球比赛、篮球比赛以及第9套广播操比赛等活动12次，丰富了员工业余文化生活。

（王文东）

表1 销售华东分公司主要生产经营指标

指标名称 \ 年份	2013	2012	2011	2010	2009	2008
成品油资源收购/万吨	3 857.88	3 448.39	3 500.49	3 400.29	3 252.00	3 576.17
省市供应/万吨	3 134.34	2 705.11	2 829.21	2 737.40	2 566.32	3 357.36
管输量/万吨	1 776.40	1 488.43	1 398.73	1 139.54	928.00	764.00
销售收入/亿元	2 756.51	2 560.57	2 506.76	2 034.18	1 628.02	1 913.16
利　润/亿元	41.96	46.05	60.17	12.90	25.47	42.00
油　库/座	2	2	1	1	1	1
管　道/条	2	2	2	2	1	1

销售华中分公司

【概况】 中国石化销售有限公司华中分公司（简称销售华中分公司）坐落于湖北省武汉市。其前身华中石油公司成立于1949年，1985年1月1日划归中国石油化工总公司，改名为中国石化销售公司中南公司，1998年更名为中国石化销售中南公司，2006年10月更为现名。

销售华中分公司是石化集团公司的派出机构和区域物流中心，主要担负产销衔接、资源平衡、运输协调、物流优化、沟通协调的职能，同时负责辖区内荆门、武汉、巴陵、安庆、九江和长岭分公司的成品油的收购，负责湖北、湖南、安徽、江西、四川、重庆的成品油供应，负责对华中、华东、华南、华北等地区的成品油跨区调拨，担负对部队、铁路、民航、交通、渔业等专项用户的成品油供应工作。截至 2013 年底，公司机关设 10 个处室，下设 2 个输油管理处、1 个管道项目部、5 个驻厂办事处。共有员工 588 人，其中正式工 286 人、劳务工 302 人，硕士学历 41 人、本科学历 163 人，本科以上学历占到正式职工人数的 71%。

销售华中分公司主要生产经营指标见表 1。

（张　博）

【经营业绩稳步提升】 2013 年，销售华中分公司实现石化资源收购总量 2 083. 6 万吨，创历史新高；实现销售收入 1 490 亿元，实现利润总额 21 亿元，上缴税费 11. 67 亿元(含企业所得税 5. 74 亿元)。各项指标控制在总部下达的指标以内，其中吨油运杂费 89. 99 元，较总部考核指标低 4. 17 元；片区成品油管道输油量 877. 58 万吨，较奋斗目标超 17. 58 万吨；调区外资源量 226 万吨，较总部下达的计划指标超 14 万吨。全年，完成航煤出厂 120. 47 万吨，同比提高 46. 6%；投资项目 21 个，投资金额达 17. 84 亿元，年末资产总额达 81. 5 亿元，其中固定资产(含在建工程)达 39. 43 亿元。

（张　博）

【发展规划平稳运行】 扎实、深入论证发展规划。注重调研和沟通，准确把握投资方向和时机，获得汨罗站场增加电源及综合用房等 10 个一般项目的批复；通过与相关部门衔接、反复比选、不断优化后，促成总部 3 次召开片区管网发展专题会议，明确了片区成品油管道发展重点、规模、顺序；荆门—襄阳成品油管道工程可行性研究报告上报总部待审查批复。顺利划转湖南管线，委托代建项目进展顺利。通过多次与湖南石油分公司实地对接，2013 年 1 月 1 日顺利实现湖南管道划转，并开展江西管道划转工作。积极为委托代建项目创造条件，争取投资计划，确保资金。湖南、江西、安徽二期管道全年累计焊接 1 584 千米、下沟回填 1 498 千米，完成 236 处定向钻回拖，17 个站场开工建设。自建工程有序推进。武汉储备库工程被评为石化集团公司优质工程；武广管道通过了石化集团公司优质工程复查；长岭—株洲成品油管道首站扩容改造工程实现一次投油成功，新建 12 座库容 19 万立方米大型油罐，改变了长岭资源出厂格局，有力地支撑了湖南资源市场；武信管线广水—信阳管段一次投油成功，标志着华中、华北区域成品油管道完成碰接，可以灵活调配华中、华北区域成品油资源，更好地服务市场需求。

（张　博）

【增产增值确保市场稳定】 2013 年，面对区内炼厂扩能改造、装置运行不稳、季节性市场需求变化的不利情况，销售华中分公司努力协调产销企业，灵活调整调运策略，狠抓资源均衡出厂，不断优化运行方式，既确保了生产企业后路畅通，又较好地稳定了市场供应。注重优化经营结构，不断扩大片区内高标号汽油和航煤市场规模和销量，全年片区 97# 高标号汽油资源出厂完成 181. 03 万吨，同比增加 61. 06 万吨，高出全国平均增幅 26%；航煤资源出厂完成 120. 47 万吨，增加 38. 3 万吨，高出全国平均增幅 33. 5%，为石化集团公司资源效益最大化做出了贡献。

（张　博）

【物流优化节费创效】 通过扩大下载库配送半径，做大管输量，降低物流费用，全年管输量比上年增加 100 多万吨；通过优化结算流程，积极推进一、二次物流优化工作，全年运杂费总额共计节约 7 155 万元，吨油费用节约 4. 17 元；在确保安全的情况下对装车预设值进行调整，稳步提高装载率，全年共发运汽柴油槽车 14. 26 万车，整体装载率为 94. 05%，超优秀指标 0. 05 个百分点，与销售公司达标指标 93. 5% 相比，节约车数约 1 007 车。

（张　博）

【管输生产首创新高】 通过不断完善各项操作规程，规范管输作业，构建了管道生产运行体系，确保了管道全年输油任务安全、平稳、高效完成。全年共组织输油 877. 58 万吨，同比增长 13. 38%。在管输作业中，通过不断探索新工艺，研究节能配泵方案，改进混油切割工艺，降低管道运行成本，管道运行综合能耗均控制在考核范围以内。

（张　博）

【生产运行安全平稳】 狠抓安全基础管理，强化薄弱环节、关键节点的管理，针对基层单位增多的实际情况，加大了安全考评力度，全年共查找 1 077 个问题和隐患，已整改完成 1 005 项，实现了公司 HSE 考核全覆盖。通过定制度、强考核、抓宣传、促联合、上系统(GPS)，多措并举，确保了全年管道的平稳运行。不断完善水运管理制度，组织成立水路承运船舶认证小组，全年完成108条船舶的技术认证工作，并按照“月考核、季通报”的方式，积极引导各水运承运商规范、安全、高效运行。认真吸取青岛“11·22”事故教训，开展为期14天的隐患排查工作，共排查出综合类问题4个、外管道隐患及风险点361处、油库隐患及风险点11处，对排查过程中发现的重大隐患，及时拟定了整改方案和防范措施并向当地人民政府进行了报告。

（张　博）

【数质量管理不断提升】 紧盯水运薄弱环节，认真分析比对装船损耗偏大的情况，及时有效地遏制了出厂损耗反弹现象；积极协调船舶在装船和卸收过程的数量纠纷，先后妥善协调处理31条船舶数量纠纷，有力地保障了一次物流水运配送体系正常运转；认真做好划转后的长株管道数量交接工作，经过仔细分析比对，重新检定后管输损耗率控制在销售公司考核指标内，有效降低了管输损耗；密切监控各种运输方式损耗，武广管道、荆荆管道管输平均损耗率0.4‰，达到销售企业先进标准。

（张　博）

【队伍建设力求发展】 积极创新干部选任机制，促进干部优化配置，使公司各级干部队伍充满生机和活力。全年共开展7次干部选拔工作，选任各级干部81人次；引进专业技术人才2名，招聘优秀毕业生15名；开展“三支队伍”序列相关岗位评聘工作，向总部推荐并通过1名高级职称，初定各序列职称20名，评审通过工程师5名，新聘专业技术序列6人，三支人才队伍初具规模；加大绩效考核力度，通过细化量化考核标准、规范考核内容、强化考核反馈、应用考核结果等方式，实现了绩效考核和员工晋档晋级的紧密挂钩，充分发挥了绩效考核的导向作用和激励作用，有效提升了“三支队伍”整体素质。进一步完善内部培训体系，按照专业类别组建了8个教育培训专业教研组，先后开展管理知识培训13期、各类专业知识培训8期，提高了培训针对性；注重师资建设，认证教师数量达3人，授课水平持续提升；全面推进技能鉴定工作，组织输油工约120人次取证和进行技能鉴定；新聘高级技能岗位3人，为管道从业人员上岗提供了有力保障。

（张　博）

【财务管理不断提升】 紧密围绕“控风险，促发展；筹资金，保投资；强预算，控成本；固基础，精核算”主线，不断提升精细化管理水平，充分发挥了财务的保障作用。通过细化完善成本指标等措施，加强了预算的分解、管理与考核工作，降本增效效果明显，全年各项费用支出较好地控制在年度预算指标之内，各项考核指标全面完成，比总部下达预算节约1 642万元；积极落实降费措施，全年节约近8 000万元，圆满完成总部下达降费任务；通过拓展措施降占压，做实做好了资金统筹工作，确保了各工程项目工程进度的顺利完成；通过创新内控权限审批模式，积极开展梳理和评估，针对总部识别并下发的39项重大风险，确定了公司适用的22项重大风险，全面、有序地推动了风险评估工作。

（张　博）

【有效防控合同风险】 完善与规范招标管理，严格把关各项审定流程；组建专家库，确定了5个类别48名评标专家；全年共签订审核各类合同271份，涉及金额3.65亿元，合同审核率和线上审批率均达100%，全年未发生一起诉讼纠纷案件，法律风险得到有效控制。

（张　博）

【内部审计监督有力】 开展武汉—广水成品油管道工程、湖南管道二期工程、长岭首站工程结算等投资项目的专项审计，全年共开展工程结算审计71项，审减金额553万元；开展车辆费管理、内控独立评价、转变作风专项监督检查、投资项目自评价等专项审计，针对存在的问题，有效实施监督检查，提高了执行力。

（张　博）

【党建工作全面开展】 党的群众路线教育实践活动取得突出成效。通过“学习教育、听取意见，查摆问题、开展批评，整改落实、建章立制”3个环节，广泛征求干部员工意见和建议，全面梳理公司领导干部“四风”突出问题，找出了制约发展质量效益的关键问题，召开了高质量专题民主生活会，制定了整改方案和制度建设计划，逐项展开了落实，特别是在改进文风会风、厉行勤俭节约等方面取得了突出成效，在工作范围不断扩大、各类文件不断增多的情况下，文件办结率达99.2%，会议数量同比下降30%，会议费同比下降6%，促进了公司作风的进一步好转。党风廉政建设和反腐倡廉工作不断推进。召开党风廉政建设工作会，层层签订党风廉政建设责任书，深入开展系列党风廉政警示教育活动，加强“三重一大”和重点工程项目建设、采购、招投标工作的检查监督，惩防制度体系建设和廉政风险防控体系得到深化完善。深入开展丰富多彩的廉洁文化活动，广大党员干部廉洁从业意识普遍增强。

(张　博)

【加强和谐企业建设】 充分发挥工会和共青团的作用，大力开展各种技能竞赛、技术比武和员工喜闻乐见的文体活动，在销售企业油气保护工技能比武中取得了个人2银、1铜，团体1铜的好成绩。关心和改善员工工作、生活条件，提升员工幸福指数；积极开展帮扶慰问活动，全年共帮扶慰问困难和病休员工40名，慰问金额5.2万元；积极做好离退休服务工作，开展健康讲座、学习座谈、春季郊游、重阳登高等丰富多彩的活动，让老同志们切实感受到了组织的关心和温暖。不断强化公司后勤保障工作，通过理顺关系，提升服务，为公司员工全身心投入工作提供了坚实保障。

(张　博)

【积极履行社会责任】 继续开展“城乡互联，结对共建”活动和“万名干部进万村洁万家”活动，共投入资金46万元，扶贫帮扶工作受到红安县、保康县的好评，获得了省“三万”工作组、城乡互联工作组的高度评价和充分肯定。积极开展向四川雅安地震灾区捐款活动，450名员工踊跃捐款，共向灾区捐款6.45万元。

(张　博)

表1　　销售华中分公司主要生产经营指标　　亿元

指标名称＼年份	2013	2012	2011	2010	2009	2008
资产总额	81.50	78.21	41.82	34.40	27.56	31.49
成品油销售量/万吨	2 083.60	1 843.04	1 741.17	1 587.89	1 540.70	1 428.80
销售收入	1 490.00	1 502.00	1 232.64	993.00	813.00	807.00
利　润	21.00	30.00	32.11	56.05	43.30	39.00
税　金	11.67	15.92	19.44	25.90	21.42	14.70
吨油费用/元	89.99	78.90	80.96	81.32	71.30	69.15

销售华南分公司

【概况】 中国石化销售有限公司华南分公司(简称销售华南分公司)位于广东省广州市天河区体育西路191号中石化大厦，其前身是成立于2000年6月18日的中国石化销售有限公司西南分公司。2006年11月24日，经石化集团公司党组批准，在广州注册成立销售华南分公司，从2007年1月1日起正式运作，系国有大Ⅰ型企业。

销售华南分公司是中国石化销售有限公司下属的4个大区公司之一，是中国石化在华南地区跨省际、城际间的成品油区域物流中心，主要负责华南区域中国石化广州分公司、茂名分公司、湛江东兴公司、海南炼化和北海炼化5家炼化生产企业的资源收购，以及广东、广西、贵州、云南、海南5个省区成品油的资源配置、区间调拨、协调运输和统一结算等业务；统一负责华南成品油管网(已建成运行的管道全长3 842千米)的运营管理和规划建设。

销售华南分公司实行机关—输油处—输油站三级管理模式。公司机关设9个职能处室和3个直属中心；在管道沿线设7个输油管理处和45个输油站；另根据管道建设需要，设若干个工程项目部；在炼厂设5个驻厂办事处，负责与炼厂的业务衔接。截至2013年底，公司拥有员工1 149人，其中正式职工636人、劳务派遣工513人。

销售华南分公司主要生产经营指标见表1。

(邓远龙)

【管输任务超额完成】 2013年，销售华南分公司形成以管输为主，铁路、水运为辅的物流模式。组织实施清管工作，完成湛江—茂名等8段管道的清管任务，累计925千米。优化管输计划编制模式，精心组织输油生产，确保茂名首站外输量最大化和云贵铁路发运量最小化。坚持实时调整局部计划，滚动平衡资源和各点下载量，减少管输能力的浪费。全年完成管输量1 626万吨，增长2%，在销售大区公司中排名第二，超出中国石化总部下达指标116万吨，创造管道综合效益8.31亿元。

（邓远龙）

【市场保供任务圆满完成】 2013年，销售华南分公司积极应对区域炼厂检修，多次组织召开华南市场保供协调会，研究制定保供方案，有效弥补了217万吨的直供油品缺口，圆满完成广州石化、海南炼化、茂名石化三大炼厂停产检修期间的市场保供任务。有序推进油品升级工作，协调区内炼厂和省市公司召开油品升级置换工作对接会，安排部署炼厂、油库、管道的升级置换工作，圆满完成国Ⅲ柴油、国Ⅳ汽油两轮质量升级任务。优化物流运行，充分发挥管输主渠道作用，管输下载量占区内省市配置资源接近60%；铁路罐车装载率达到94.33%（超过总部下达的优秀指标），在销售大区公司中排名第一；全年油品配置计划完成率100%，运输计划完成情况在销售大区公司中排名第一，完成油品销售量2 968万吨，同比增长4.8%；吨油费用49.07元，在销售大区公司中排名第二，比下达指标节约4.81元，共节约运杂费1.9亿元。

（邓远龙）

【连续第3年获石化集团公司安全生产先进单位称号】 2013年，销售华南分公司着力推进安全隐患排查治理工作，共立项整改隐患项目15项，上报2014年石化股份公司级隐患项目8项和2014—2016年销售公司级仓储隐患项目14项，建立健全隐患排查、立项、治理常态化、规范化机制。扎实开展应急演练，共组织各类应急预案演练544次，参加演练人数达4 627人次，大大提升了生产一线员工对各类突发事件的应急处置能力。实施华南管网输油站排（污）水系统改造工程，逐站排查、逐站整改，彻底解决管道全线43个输油站排（污）水系统一直清污不能分流、阀井渗水、水封井设置不合规等遗留问题。大力推进输油站绿化改造，对18个站场进行石化绿化美化改造，站场面貌焕然一新。全年公司未发生上报等级事故，连续第3年获石化集团公司安全生产先进单位荣誉称号。

（邓远龙）

销售华南分公司组织开展成品油管道泄漏水体污染应急综合演练

【“三无”输油站创建活动取得成效】 2013年，销售华南分公司在设备管理上自升标准，自加压力，在管道全线45个输油站范围内组织开展“三无”（无违章、无泄漏、无事故）输油站创建活动，通过狠抓无违章、无泄漏、无事故管理，取得良好成效，全年公司总体设备完好率达99.91%，未发生设备事故和设备违章操作现象；设备事件仅4起，同比减少2起；37个输油站实现全年设备无泄漏达8个月，占管道全线输油站的86%。

（邓远龙）

【平安管道建设活动成效显著】 2013年，销售华南分公司继续开展“平安管道”建设活动，狠抓巡护线质量提升工程，强化第三方施工监管，全面开展成品油管道安全隐患彻查治理工作，未发生上报等级事故和打孔盗油案件，柳州输油管理处获石化集团公司2013年度“平安管道”建设先进单位称号。

（邓远龙）

【企地警群联防机制不断完善】 2013年，销售华南分公司组织召开省级治安联防会议4次、地市级治安联防会议33次。与管道沿线4个省（区）公安厅建立紧密型联防联治长效机制，以协议的形式明确警企双方的责任和工作任务，定期开展联防联治工作。在管道沿线打造“进村入户到校”宣传工程，全年印发管道保护通告6万多份、宣传管道保护法彩页10多万份，发送各类宣传礼品10多万份，取得良好成效。

（邓远龙）

【干部人才队伍建设得到加强】 2013年，销售华南分公司加大年轻干部培养力度，通过组织选拔和公开竞聘等形式，选拔2名中层副职、2名中层助理和

组织中层干部公开竞聘 （笔试环节）

14 名基层干部，进一步加强了经营管理队伍建设。全面启动专业技术和技能操作职位的选聘工作，公开选聘专家 3 人、主任师 1 人、副主任师 5 人、主管师 11 人、高级技师 1 人、技师 4 人，进一步强化了专业技术和技能操作队伍建设。推进教育培训和技能鉴定工作，首次举办了技术员培训班，取得良好成效，全年共组织内部培训班 46 期，培训 1 204 人次，并选派 131 人次参加外部培训班；组织 7 期技能鉴定和 2 期技能验证，128 人取得职业技能鉴定证书，27 人通过技能验证。

（邓远龙）

【落实中央“八项规定”成效显著】 2013 年，销售华南分公司落实中央“八项规定”及石化集团公司“实施细则”，会议活动数量同比(下同)减少 84 次，下降 17.3%；文件简报数量减少 230 份，下降 24.2%；业务招待费减少 41 万元，下降 19%；会议费减少 178 万元，下降 28%；办公费减少 13 万元，下降 6%。

（邓远龙）

【党的群众路线教育实践活动扎实开展】 2013 年，销售华南分公司分阶段扎实开展教育实践活动。召开动员部署会，举办专题辅导讲座，开展“三本书”读书活动，有力地凝聚坚定走群众路线的思想共识；通过问卷调查、基层调研、召开民主生活会尤其是公司领导班子带队开展督导工作等方式，收集各类意见建议 163 条，其中涉及“四风”问题的 47 条；针对查出问题，公司领导班子召开 2 次专题会研究制定整改措施，各项问题基本得到整改，有效确保活动取得实效。

（邓远龙）

表 1　**销售华南分公司主要生产经营指标**

指标名称 \ 年份	2013	2012	2011	2010	2009	2008
成品油销售总量/万吨	2 968.00	2 832.00	2 599.00	2 439.00	2 373.00	2 572.00
管输量/万吨	1 626.00	1 594.00	1 364.00	1 374.00	1 349.00	1 315.00
销售收入/亿元	2 113.00	2 074.00	1 837.00	1 474.00	1 209.00	1 406.00
实现利税/亿元	45.60	39.70	55.00	41.08	30.98	25.22
利　润	35.60	32.85	45.80	30.66	29.03	22.73

石油勘探开发研究院

【概况】 中国石油化工股份有限公司石油勘探开发研究院(简称石油勘探开发研究院)是中国石化直属上游综合研究机构，承担国家石油勘探开发甲级工程咨询工作。石油勘探开发研究院总部设在北京，京外设有西北分院(乌鲁木齐)、无锡石油地质研究所、合肥培训测试中心。经过近 50 年的发展，石油勘探开发研究院已在油气勘探开发战略规划编制、海相层系碳酸盐岩油气成藏理论与资源评价、缝洞型碳酸盐岩油藏高效开发、特殊天然气藏开发、特殊储层预测、油气地球化学勘探、实验测试分析等方面形成了自己的特色和优势，石油地质实验测试中心和油气化探实验测试中心取得国家级计量认证。

石油勘探开发研究院是中国石化油气勘探开发技术支撑服务部、上游发展战略及油气勘探开发参谋部、油气勘探开发技术研发和集成部、上游地质资料信息中心。主要任务是国内外油气地质基础研究、海外新项目评价、海外重点项目的技术支持、海外油气发展战略研究及规划编制、国内上游战略规划与决策参谋服务、“三北一川”(西北、东北、华北、四川)地区油气增储上产技术支撑；承担国家及中国石化重大项目的科技攻关及牵头组织工作、石化股份公司油气勘探开发基础理论及应用技术研究、资源评价研究、规划部署研究；参与重大油气勘探开发科研项目和重大生产经营项目的设计审查、技术经济论证等工作。50年来，累计获得国家级奖励55项，获得省部级奖励514项。

截至2013年底，石油勘探开发研究院有各类员工1 155人，其中各类专业技术人员862人；拥有中国科学院院士1名、中国工程院院士1名、国家"千人计划"科学家3名、国家"973"首席科学家2名、中国石化高级专家10名、教授及教授级高工83名、高工537名，并聘请多名中国科学院院士和中国工程院院士作为院高级科技顾问。石油勘探开发研究院拥有海相油气开发实验室、油气成藏实验室、多波地震技术实验室、页岩油气勘探开发实验室4个中国石化重点实验室，拥有一批具有国际先进水平的实验仪器设备，是中国石化油田咨询中心和地质资料中心挂靠单位，是《石油与天然气地质》《石油实验地质》等科技期刊的编辑、出版单位。

截至2013年底，石油勘探开发研究院总资产36.65亿元，其中固定资产原值11.41亿元，净值4.85亿元。

2013年，石油勘探开发研究院承担各类科研项目359项，重大科研项目完成率和优良率达100%。获得国家科技进步二等奖1项、中国石化科技奖项10项；申报国家专利65项(其中发明专利59项)，获得授权20项(其中发明专利16项)；通过中国石化认定专有技术12项。

石油勘探开发研究院2013年主要科研成果获奖情况及2008—2013年专利申请与授权情况见表1和表2。

(张　杨)

【缝洞型油藏表征及开发关键技术获中国石化科技进步一等奖】 (参见第127页)

【泥岩盖层封堵机理与保存条件评价技术获中国石化技术发明一等奖】 (参见第126页)

【优质烃源岩中成烃生物评价技术及应用获中国石化前瞻性基础性研究科学奖一等奖】 (参见第124页)

【多分量地震油气探测技术获中国石化技术发明一等奖】 (参见第126页)

【多波多分量地震处理系统(Petro－MCS)2.0版本正式发布】 2013年3月29日，石油勘探开发研究院研发的多波多分量地震处理系统(Petro－MCS)2.0版本正式对外发布。该软件是中国石化首套拥有自主知识产权的多分量地震数据处理系统，具有CPU＋GPU协同并行的计算架构以及海量数据读取等功能，并已成功应用于西南等地区多波多分量地震资料处理工作当中。

(张　杨)

【区带与圈闭油气资源定量评价软件(PetroV)1.0版本正式发布】 2013年12月4日，石油勘探开发研究院研发的区带与圈闭油气资源定量评价软件(PetroV)1.0版本正式对外发布。该软件建立了一个集资源评价、目标优选决策、资源管理为一体的油气资源评价软件平台，并已成功应用于中国石化圈闭优选及油气勘探部署工作当中。

(张　杨)

【金之钧当选中国科学院院士】 2013年12月19日，中国科学院召开2013年当选院士证书颁发仪式暨座谈会。石化股份公司副总地质师、石油勘探开发研究院院长金之钧当选为中国科学院院士。

(张　杨)

【2个重点实验室成立】 2013年3月11日，石化集团公司印发文件，决定以石油勘探开发研究院为依托单位，成立中国石化海相油气藏开发重点实验室；以石油勘探开发研究院(牵头)、胜利油田分公司为依托单位，成立中国石化页岩油气勘探开发重点实验室。

(张　杨)

【海外项目技术支撑成效显著】 2013年，石油勘探开发研究院在Addax项目的支撑区块覆盖了Addax公司全部作业大区，被赞为不可或缺的技术支撑队伍；在安第斯项目南部区块，提出23口井增产措施建议，其中H8井换层后产油效果显著，优选的4口开发井均获得成功，区块日产油由上年1.2万桶上升到1.4万桶，减缓了安第斯南部区块的产量递减；配合国际石油勘探开发公司评价并成功收购美国CHK项目，因进入时机把握较好，交易价格远低于市场预期；针对Apache项目提出的压价收购建议被国际石油勘探开发公司采纳，最后以较低价格成功收购Apache项目部分权益资产。

(张　杨)

【国内油气勘探开发技术支撑取得良好成效】 2013年，石油勘探开发研究院在勘探方面深入分析评价新区新领域勘探潜力，与系统内油田企业共同提交了一批重要的钻探目标，其中塔中北坡顺南 4 井、顺南 5 井、松辽长岭断陷北 2 井分别获得了具有战略导向意义的勘探发现；在开发方面，多部门、多学科联合攻关，勘探开发一体化研究有力支撑了鄂南产能建设，为鄂南地区油田控制开发风险、调整开发节奏提供了重要的决策依据。

（张　杨）

【党的群众路线教育实践活动扎实开展】 2013 年，石油勘探开发研究院扎实开展党的群众路线教育实践活动，院领导广泛听取各层面员工意见，认真查找“四风”问题，并制定了整肃“四风”的路线图。活动践行群众路线，立行立改，切实为职工办实事，分别组织开展了全员万步健走、改善职工食堂、搬迁新疆职工公寓、实施员工心理帮助计划等工作。在活动开展情况的民主评价中，“好”评价达 93%，“较好”以上评价达 100%。

（张　杨）

【非常规资源研究所成立】 2013 年 9 月 6 日，石化集团公司人事部印发《关于石油勘探开发研究院组建非常规资源研究所的批复》，同意石油勘探开发研究院成立非常规资源研究所作为院中层机构管理。10 月 30 日，石油勘探开发研究院非常规资源研究所正式揭牌成立。

（张　杨）

表 1　　石油勘探开发研究院 2013 年主要科研成果获奖情况

序号	项目名称	奖项名称	获奖等级
1	缝洞型油藏表征及开发关键技术	石化集团公司科技进步奖	一等奖
2	泥岩盖层封堵机理与保存条件评价技术	石化集团公司技术发明奖	一等奖
3	优质烃源岩中成烃生物评价技术及应用	石化集团公司前瞻性基础性研究奖	一等奖
4	多分量地震油气探测技术	石化集团公司技术发明奖	一等奖
5	中国石化海外重点探区地震成像技术研究与应用	石化集团公司科技进步奖	三等奖
6	低渗气藏水平井压裂优化设计技术研究	石化集团公司科技进步奖	三等奖
7	Addax 重点区块勘探潜力与目标优选	石化集团公司科技进步奖	三等奖
8	多层叠合致密岩性气藏有效开发技术研究	石化集团公司科技进步奖	三等奖
9	油田开发部署管理系统设计与开发	石化集团公司科技进步奖	三等奖

表 2　　石油勘探开发研究院 2008—2013 年专利申请与授权情况　　项

年　份	国内专利		国外专利	
	申请数	授权数	申请数	授权数
2013	65	20	1	1
2012	41	14	1	1
2011	26	11	0	0
2010	21	11	0	0
2009	31	13	0	0
2008	17	9	0	3

石油工程技术研究院

【概况】 中国石化集团石油工程技术研究院、中国石油化工股份有限公司石油工程技术研究院、中石化石油工程技术研究院统称中国石化石油工程技术研究院（简称石油工程技术研究院）成立于 2009 年 6 月，是中国石化直属研究院。其业务范围以井筒技术为主，从事石油钻井、完井、测井、录井、测试、储层改造及海洋石油工程等专业的发展规划研究、科研攻关、产品研发和推广应用。

石油工程技术研究院定位为石化集团公司石油

工程业务发展的参谋部、石油工程高新技术研发中心和国内外石油工程技术支持中心。主要职责包括石化集团公司石油工程技术发展战略、规划、部署等研究；负责组织开展石油工程技术基础性、前瞻性和重大项目研究与攻关，组织石油工程相关装备、工具、仪器、仪表和软件的研发及科研成果转化应用；归口管理石化集团公司石油工程技术信息、档案及技术标准的制(修)订研究；跟踪分析国外石油工程技术进展，开展国内外学术交流，协助石化集团公司进行高级工程技术人才培养；参与国内外油气勘探开发重大项目研究并提供工程技术支撑；承担资产增值保值责任等。

截至2013年底，石油工程技术研究院拥有国家级突出贡献专家2人、享受政府特殊津贴专家6人、“百千万人才工程”人选2人、石化集团公司高级专家3人、国家智库研究员1人、省部级突出贡献专家5人、石化集团公司学术技术带头人9人，聘外籍专家3人、在站博士后13人、硕士研究生9人。建有钻井模拟、钻井液、储层保护、固井完井、测录井、储层改造、岩石力学7个配套齐全的实验室；拥有岩石力学三轴应力仪、储层损害模拟实验装置、高温高压流变仪、静胶凝强度分析仪、钻井模拟实验台架等具有国际先进水平的实验仪器装备；拥有钻井、固井、完井、测录井等先进软件数十套。在山东德州、新疆轮台、四川阆中建有试验基地，配备有专业化的移动式实验室；通过了ISO 9001、ISO 14001、OHSAS 18001、SY/T 6276管理体系认证；创办有中文核心期刊《石油钻探技术》；是全国石油钻采设备和工具标准化技术委员会钻修井井下工具标准化工作部挂靠单位。

2013年，石油工程技术研究院共承担各类科研项目187项，通过中国石化成果鉴定10项，其中8项成果达到国际先进水平、2项成果达到国际领先水平；获国家科技进步二等奖1项，中国石化科技进步奖2项(一、二等奖各1项)，国家能源局科技进步三等奖1项；发表论文108篇，其中EI收录10篇。申请国内专利136项，获授权52项，申请国外专利族1个；申报专有技术21项，获认定17项；完成软件著作权登记5项。

石油工程技术研究院2013年主要科研成果获奖情况及2008—2013年专利申请与授予情况见表1和表2。

(陈利源)

【页岩气工程技术达到国内领先水平】 2013年，石油工程技术研究院基本形成了以钻完井、储层识别、压裂改造、产能预测等为主要内容、全技术链、具有自主知识产权的页岩气工程配套技术，具备了2 000米长水平段水平井钻完井、储层识别与改造技术支持与服务能力，基本实现了页岩气工程技术的系列化、标准化和规范化，整体达到国内领先水平。

(陈利源)

【高应力强水敏深层井筒稳定关键技术及工业化应用获国家科技进步二等奖】 该项目系统地开展了深层井筒稳定性控制关键技术的研究，创新性建立了钻前井壁围岩稳定预测技术，掌握了抑制井壁失稳的钻井液核心技术，形成了适应不同漏失类型防漏堵漏关键技术，在井筒稳定控制技术上获得根本性突破，研究成果实现了工业化应用，使中国深层钻井井筒稳定技术达到国际领先水平。

(陈利源)

【形成特色超深水平井钻井配套技术】 攻关解决了水平段安全延伸难、高温定向仪器故障率高等难题，形成了较成熟的以高温随钻测量与轨迹控制、摩阻扭矩控制、安全钻井综合评价等为特色的超深水平井钻井配套技术并全面推广应用。运用该技术，元坝101－1H井创世界超深水平井井深7 971米纪录。

(陈利源)

【《石油钻探技术》首次被中国科学引文数据库收录】 2013年，《石油钻探技术》首次入选2013—2014年度中国科学引文数据库(CSCD)来源期刊。

(陈利源)

【内嵌式尾管悬挂器实现规模化应用】 2013年，石油工程技术研究院研制的内嵌式尾管悬挂器实现产业化，在塔河、四川及中国海油涠洲区块推广应用88井次，有效地解决了深井、大位移井等复杂井固井难题，作业成功率100%，主要技术指标达到国际先进水平。其中，新型超高压抗腐蚀内嵌封隔式尾管悬挂器在元坝和塔河地区成功应用，经受住井下150℃、70兆帕压差的严峻考验；内嵌卡瓦多功能尾管悬挂器在中海油涠洲区块的“S”型复杂井眼和大位移井等6口井应用全部获得成功，解决了现场尾管下入严重遇阻的难题。

(陈利源)

【高密度钻井液体系关键处理剂实现自主化生产】 有害固相清除剂完成了室内合成，高密度钻井液用润滑剂SMJH－1成功中试，高效分散剂SMS－19和低黏降滤失剂SML－4实现了工业化试生产，开发了加重材料粒度级配、亚微米钻屑清除等技术，形成了高密度、低黏度、低摩阻钻井液体系。在四川元陆31井和元陆601H井的应用表明，钻井液密度2.18—2.20克/厘米^3，塑性黏度降低达25%，低于45毫帕·秒，润滑系数降低达20%，亚微米粒子含量降低21%，有效改善了钻井液流变性，提高了润滑性，保障了高密度钻井液施工安全。

（陈利源）

表1　石油工程技术研究院2013年主要科研成果获奖情况

序号	项目名称	奖项名称	获奖等级
1	高应力强水敏深层井筒稳定关键技术及工业化应用	国家科技进步奖	二等奖
2	西非深海钻井技术方案	石化集团公司科技进步奖	一等奖
3	复杂地层防漏堵漏技术	石化集团公司科技进步奖	二等奖
4	超深高压酸性气田固井配套技术研究	国家能源局科技进步奖	三等奖

表2　石油工程技术研究院2008—2013年专利申请与授权情况①　　项

年　份	国内专利		国外专利	
	申请数	授权数	申请数	授权数
2013	136	52	1	0
2012	84	18	2	0
2011	45	8	1	0
2010	25	0	0	0
2009	10	0	0	0
2008	9	1	0	0

①石油工程技术研究院2009年6月前申请的专利均授权给其前身所属单位

石油物探技术研究院

【概况】　中国石油化工股份有限公司石油物探技术研究院（简称石油物探技术研究院）位于南京，以原中国石化石油勘探开发研究院南京石油物探研究所（2000年建制）为基础，于2009年11月28日组建成立，是中国石化石油物探技术发展的参谋部，物探高新技术和核心技术研发中心、物探专业软件研发及推广中心和重大物探工程技术支持中心，是中国石化专业从事油气地球物理技术研发的直属研究机构；下设物探战略规划研究所、地震采集技术研究所、地震成像技术研究所、油藏地球物理研究所、地球物理软件研究所、地球物理实验中心、地震处理解释中心、地球物理信息中心8个科研业务部门；主要职责任务是承担国家及中国石化石油地球物理勘探方面的基础性、前瞻性和重大项目攻关与核心技术研发，自主知识产权物探专业软件开发及产品推广，新技术应用试验，并提供全方位的物探技术支持与服务，为中国石化可持续发展提供资源保证。

截至2013年底，石油物探技术研究院主持承担和完成了多项国家重点科技攻关项目、国家“863”“973”课题、国家重大科技专项，取得了大量高水平的实用科研成果；在三维地震、高精度地震、井中地震等勘探方法上，以及基础理论研究、勘探工程规划、数据处理分析、复杂构造成像、复杂储层预测等物探关键技术领域，形成了一系列特色技术和专有软件产品；高质量处理了1万多平方千米三维地震资料，提供了百余口探井和开发井建议井位，为塔河、川东北、鄂尔多斯、东海、江苏、松辽等一大批油气田的勘探发现和增储上产做出了积极贡献。有401名科研技术人员，其中教授级高级工程师16人、享受国家政府特殊津贴的突出贡献专家10人，以及博士35人和硕士138人。拥有国内领先、国际先进的全数字化地球物理模拟实验装备、高温高压岩石物理测试装备、地面和井中地震采集仪器装备、大型高性能计算机系统和配套齐全的地震资料处理解释软件等一系列先进实用的设施装备。创新研发的"NEWS 油气综合解释系统""iCluster 地震叠前偏移成像系统""iSeisMountain 地震采集工程系统""FracListener 微地震监测软件""SeisWave2D 地震波场正演模拟软件"等自主知识产权大型专业应用软件，在中国石油工业界得到推广应用，取得了良好的社会效益和经济效益。主办出版了国内第 1 份勘探地球物理专业科技学术期刊《石油物探》和国内第 1 份 SCI 检索的地球物理与工程专业英文科技期刊《Journal of Geophysics and Engineering》(JGE)。总资产 8.2 亿元，其中固定资产原值 3.79 亿元，净值 1.98 亿元。

2013 年，石油物探技术研究院承担各类科研项目 178 项，重大科研项目完成率和优良率达 100%；获省部级以上科技进步奖 3 项，申报中国石化科技成果鉴定 3 项；申报国家专利 88 项，其中发明专利 88 项，获得授权 7 项；申报专有技术 20 项，登记软件著作权 8 项。

石油物探技术研究院 2013 年主要科研成果获奖情况及 2010—2013 年专利申请与授权情况见表 1 和表 2。

(李振华)

【服务油田企业取得实效】 2013 年，石油物探技术研究院技术研究采用采集处理解释一体化、靠前服务与室内攻关相结合等方式，优质高效完成"三北一川"及海外等 20 余区块的生产服务任务。全年共完成 7 个区块的采集设计，完成三维叠前时间偏移与 RTM 处理 1.3 万平方千米及二维处理 4 300 千米，完成三维地震解释 1.1 万平方千米，提交井位建议 250 余口，为中国石化重点区块的油气勘探开发发挥了重要的支撑作用。

(李振华)

【开展三维地震精细处理大幅提升奥陶系缝洞型储层成像精度】 2013 年，石油物探技术研究院以解决塔中深层的缝洞成像为目标，开展了三维地震精细处理。顺南 1 井区低信噪比地震资料成像品质大幅提升，为顺南 4、顺南 5 井的成功钻探和奥陶系天然气勘探的重大发现提供了可靠依据；利用自主研发的 RTM 叠前深度偏移处理软件，完成顺 7—顺 1 井区处理项目，提高了奥陶系缝洞型储层成像的精度。

(李振华)

【全面支撑鄂南会战】 2013 年，石油物探技术研究院在高质量完成代家坪、何家坪三维资料处理的基础上，实施解释前移，加快了井位论证，在红河 36—37 井区井位部署中，采纳了 37 口井位，钻遇工业油流 35 口井，成功率达 90% 以上。

(李振华)

【圆满完成焦石坝页岩气三维地震资料处理】 2013 年，石油物探技术研究院圆满完成了焦石坝页岩气三维地震资料处理，支撑了焦页 1-2HF 等 10 口开发水平井部署和轨迹设计，为焦石坝大型海相页岩气评价及总部决策提供了科学依据。

(李振华)

【地球物理重点实验室开放门户系统上线运行】 2013 年 1 月 30 日，石油物探技术研究院地球物理重点实验室开放门户系统通过院科技部组织的专家组验收，并正式上线运行。

(李振华)

【《石油物探》被《工程索引》收录】 2013 年，《石油物探》再次被《工程索引》(EI)收录。4 月 3 日，《石油物探》在第 3 届《中国学术期刊评价报告》(2013—2014)中再次被评为 RCCSE 中国核心学术期刊。

(李振华)

【国际期刊 JGE 影响因子提升】 2013 年，国际期刊 JGE 的 SCI 影响因子由 0.634 提升到 0.721，并组织刊登了探地雷达在地质工程中的应用、地球物理模型和文化遗迹管理中的安全问题 3 个专题。

(李振华)

【NEWS 系统获中国地球物理协会科技进步奖】 2013 年 10 月 13 日，在中国地球物理学会科学技术奖励委员会第 29 届学术年会上，石油物探技术研究院"NEWS 地震综合解释系统"获 2013 年中国地球物理学会科学技术进步二等奖。中国地球物理学会科学技术奖是经国家科学技术部批准，国家科技奖励办公室授权，由中国地球物理学会主办，面向中国地球物理行业的科技进步最高奖。

(李振华)

【微地震监测软件发布 2.0 版】 2013 年 10 月，石油物探技术研究院正式发布自主研发的 FracListener2.0 版本微地震监测软件。软件分别用于建页 1 井、河页 1 井、和顺区块、新场 32 井监测资料处理，部分处理结果可媲美国外主流软件；成功完成川西须五段页岩气储层水力压裂地面微地震监测施工，这是中国石化首次采用自主技术进行页岩气压裂监测，打破了国外技术垄断和封锁。

(李振华)

表 1　**石油物探技术研究院 2013 年主要科研成果获奖情况**

序号	项目名称	奖项名称	获奖等级
1	缝洞型油藏表征及开发关键技术	石化集团公司科技进步奖	一等奖
2	复杂地表静校正技术研发及应用	石化集团公司科技进步奖	二等奖
3	碎屑岩储层精细预测关键技术研究及应用	石化集团公司科技进步奖	三等奖
4	NEWS 地震综合解释系统	中国地球物理学会科学技术进步奖	二等奖

表 2　**石油物探技术研究院 2010—2013 年专利申请与授权情况**　项

年　份	国内专利		国外专利	
	申请数	授权数	申请数	授权数
2013	91	4	3	0
2012	65	6	5	3
2011	36	4	3	2
2010	15	2	0	1

石油化工科学研究院

【概况】　中国石油化工股份有限公司石油化工科学研究院(简称石油化工科学研究院)位于北京市海淀区，其前身成立于 1956 年 7 月，是中国石化直属的综合性科研开发机构，主要从事石油炼制和石油化工技术领域的科学研究与开发、技术许可、技术服务、技术咨询和技术培训。围绕中国炼油工业发展的技术需求，重点开展具有全局性、前瞻性和重大战略意义的关键课题研究。

截至 2013 年底，石油化工科学研究院下设 18 个研究室，拥有炼油工艺与催化剂国家工程研究中心、石油化工催化材料与反应工程国家重点实验室、国家能源石油炼制技术研发中心、工业和信息化部工业(石油产品)产品质量控制和技术评价实验室 4 个国家级研发中心(重点实验室)和 4 个中国石化重点实验室，是国家石油产品质量监督检验中心、中国石油学会石油炼制分会的挂靠单位及全国石油产品标准化归口单位；下设研究生部和博士后流动站，拥有化学工艺、应用化学专业博士学位，化学工艺、应用化学、工业催化和化学工程专业硕士学位的授予权。职工总数为 1 258 人，各类技术人员 983 人。其中，中国科学院、中国工程院院士 6 人，教授级高级工程师 118 人，高级技术人员 495 人。拥有千余套中小型炼油和石油化工试验装置及各种化学分析仪器，涉及石油炼制工艺、石油化工、精细化工和添加剂以及油品应用研究等领域。

截至 2013 年底，石油化工科学研究院共获得部级以上奖励的科技成果 887 项，国家级奖励 128 项，其中国家最高科学技术奖 1 项、国家发明一等奖 2 项、国家科技进步特等奖 1 项、国家科技进步一等奖 8 项。累计申请国内专利 4 998 项，获准授权2 640 项；拥有专有技术 591 项，在 40 多个国家和地区申请专利 824 项，获准授权 458 项。

石油化工科学研究院 2013 年度科研成果获奖情况及 2008—2013 年专利申请与授权情况见表 1 和表 2。

（贾广华）

【自主芳烃吸附分离技术首次工业应用】　2013 年 12 月，由石油化工科学研究院等单位自主研发的芳烃吸附分离技术在海南炼化首次工业应用成功，生产出 99.8% 的高纯度对二甲苯产品，标志着中国石化芳烃成套技术大型工业化装置应用成功，中国石化成为全球第 3 个具有完全自主知识产权的大型化芳烃生产技术专利商。

（贾广华）

【自主研发生物航煤首次试飞成功】　2013 年 4 月 24 日，采用石油化工科学研究院技术生产的中国石化 1 号生物航煤顺利完成首次试飞任务。此次试飞成功，标志着中国自主知识产权生物航煤研发生产取得重大突破，中国石化 1 号生物航煤适航审定工作进入适航颁证前的审议阶段。

（贾广华）

海南炼化60万吨/年芳烃吸附分离装置吊装吸附剂

中国石化1号生物航煤成功试飞

【分子水平石油表征技术开发及应用获中国石化首届前瞻性基础性研究科学奖一等奖】 （参见第125页）

【特种润滑油脂助神舟十号载人交会和嫦娥三号登月】 2013年，中国航天工作取得世界瞩目的成就：神舟十号载着3名航天员，与天宫一号再次交会对接；嫦娥三号成功落月，首次将五星红旗插上月球。在上述2项任务中，石油化工科学研究院研制的特种润滑油脂被使用在神舟十号飞船和嫦娥三号探测器的GNC分系统，保证了载人对接和登月探测任务。中国航天科技集团公司某研究所发来贺信，感谢石油化工科学研究院在中国历次重大航天任务中做出的贡献。

（贾广华）

【重点实验室建设成绩突出】 2013年，依托石油化工科学研究院建设的“中国石化重(劣)质油及非常规油气资源炼制技术重点实验室”和“中国石化生物液体燃料重点实验室”在“石化集团公司首批16个重点实验室”考核中名列前茅。自2011年成立以来，上述2个重点实验室不断完善科研条件，研发出一系列关键技术，有一批科研成果获得国家级或部级奖励。在中国石化建设的第2批重点实验室中，依托石油化工科学研究院建设的“中国石化分子炼油重点实验室”“中国石化芳烃技术重点实验室”获得授牌。

（贾广华）

【为安庆800万吨/年炼化一体化项目提供全面骨干技术支撑】 2013年8月，安庆分公司800万吨/年炼化一体化项目全面建成投产，石油化工科学研究院专门成立了项目技术服务开工领导小组和开工工作小组，为各装置开工提供全方面的技术服务。安庆石化炼化一体化项目是中国石化2013年重点工程之一，项目包括8套主要工艺装置及配套设施，其中的催化裂化、重油加氢、柴油加氢、连续重整、苯抽提、S-Zorb等主要专利装置均采用石油化工科学研究院技术或产品。项目建成后，安庆石化原油加工量从300万吨/年提高到800万吨/年，汽油产品质量由国Ⅲ升级到国Ⅴ标准，柴油产品可达到国Ⅳ车用柴油质量标准。

（贾广华）

【成立煤转化研究室】 2013年8月，石油化工科学研究院成立煤转化研究室，旨在支撑中国石化在煤化工新业务领域的发展，为长城能源化工公司提供核心技术支持。新成立的煤转化研究室，将重点围绕煤评价、原料及其产品的分析和表征，煤转化技术研发，煤转化涉及的环保技术研发，煤转化涉及的基础研究，煤转化技术发展规划及软课题研究等方面开展探索与研究工作。

（贾广华）

【开展“如何进一步提高炼制过程选择性”主题活动】 2013年，石油化工科学研究院开展“如何进一步提高炼制过程选择性”年度主题活动，旨在推动全院深入分析各业务领域涉及的化学或物理过程本质，努力提高现有炼制技术的过程选择性，实现石油中每个分子价值最大化。通过半年的专题调研，全院各研究室充分发挥专业人才优势，从多学科基础入手，结合石油炼制全流程技术，对各个单元技术过程进行案例分析，就如何进一步提高过程选择性进行了思考和探讨。通过主题活动，进一步拓宽了科研人员对炼油过程选择性的思路，激发了全院科技创新的活力，为开发新一代的炼制技术找到了切入点。

（贾广华）

【国际一流公司技术高层来院战略对话】 2013年3月，UOP、ExxonMobil两家公司主管技术的最高负责人先后率高级别代表团到石油化工科学研究院交流访问，就全球炼油与石化工业面临的机遇与挑战、未来行业发展趋势、科研管理的组织与架构等重大而广泛的议题展开战略对话，共同探讨应对的思路与对策。

（贾广华）

【深入开展党的群众路线教育实践活动】 根据党中央和石化集团公司党组的部署，2013 年 8 月以来，石油化工科学研究院深入开展党的群众路线教育实践活动。领导班子发挥带头作用，深入学习调研、撰写对照检查材料、开展批评和自我批评；院党委先后组织召开基层干部、职工代表、离退休老同志、民主党派等 6 个座谈会，从多角度、深层次听取意见建议；将征求到"四风"方面的问题归纳整理成 49 条具体意见，作为突出问题整改落实；提出以大兴求真务实之风、服务群众之风、创新进取之风、勤俭节约和廉洁从业之风的"新四风"，来抵制形式主义、官僚主义、享乐主义和奢靡之风。通过活动的开展，有力地促进了党员干部作风转变，进一步密切了党群干群关系。

（贾广华）

表 1　　石油化工科学研究院 2013 年度科研成果获奖情况

序号	项目名称	奖项名称	获奖等级
1	第 2 代 S－Zorb 工艺和工程技术的开发与工业应用(第二完成单位)	石化集团公司科技进步奖	一等奖
2	自主技术高档内燃机油开发和在汽车行业应用推广及配套基础油研究(第二完成单位)	石化集团公司科技进步奖	一等奖
3	茂金属催化剂气相法聚乙烯成套技术及 PE－RT 管材料产品开发(第三完成单位)	石化集团公司科技进步奖	一等奖
4	新一代稀乙烯制乙苯成套技术的开发及工业应用(第三完成单位)	石化集团公司科技进步奖	一等奖
5	产率优化技术 MIP－DCR 的研发和工业应用	石化集团公司科技进步奖	二等奖
6	新一代脱乙基型 C_8 芳烃异构化催化剂在大型装置中工业应用	石化集团公司科技进步奖	二等奖
7	生产高链烷烃含量尾油的加氢裂化技术开发与应用	石化集团公司科技进步奖	二等奖
8	催化裂化与延迟焦化装置技术分析及远程诊断系统开发及应用	石化集团公司科技进步奖	二等奖
9	新型 20 号航空润滑油技术开发	石化集团公司科技进步奖	三等奖
10	具有强生物毒性的环己酮氨肟化工艺废水处理技术创新与应用	石化集团公司科技进步奖	三等奖
11	烃类气体中痕量氮氧化物成套分析技术的研发及应用	石化集团公司技术发明奖	三等奖
12	超低硫专用燃料研制	石化集团公司技术发明奖	三等奖
13	分子水平石油表征技术开发及应用	石化集团公司前瞻性基础性研究奖	一等奖
14	固定床 F－T 合成高效移热及提高目的产品选择性的基础研究	石化集团公司前瞻性基础性研究奖	二等奖

表 2　　石油化工科学研究院 2008—2013 年专利申请与授权情况　　项

年　份	国内专利		国外专利	
	申请数	授权数	申请数	授权数
2013	616	318	88	58
2012	608	242	32	31
2011	549	190	67	30
2010	410	160	62	35
2009	317	183	75	22
2008	266	139	45	26

北京化工研究院

【概况】 中国石油化工股份有限公司北京化工研究院(简称北京化工研究院)的前身成立于1958年6月，是中国最早从事石油化工综合性研究的科研机构，曾先后隶属化学工业部、燃料化学工业部及石油化学工业部，1998年9月转制进入石化集团公司。北京化工研究院已经形成了“一院三地”的发展格局。其中，院本部位于北京市北三环内，占地面积9.7万平方米，建筑面积6.8万平方米；燕山分院位于房山区向阳街道凤凰亭路15号，占地面积近30万平方米，建筑面积6万平方米；科学试验基地设在北京市通州区台湖镇，占地面积17万平方米，建筑面积3.8万平方米。截至2013年底，员工总数1 171人，其中专业技术人员占82%，享受政府特殊津贴11人，博士218人，硕士277人，本科生334人。

北京化工研究院具有工业催化、有机合成、高分子聚合、塑料加工、合成橡胶、化工环保、化学工程、分析表征和科技信息等研究实力，形成了乙烯技术、合成树脂、合成橡胶、有机与精细化工、化工环保等专业优势；设立了聚烯烃国家工程研究中心、橡塑新型材料合成国家工程研究中心、国家石化有机原料合成树脂质量监督检验中心、国家基本有机原料质量监督检验中心、国家化学建材测试中心和国家高分子材料与制品质量监督检验中心等全国性技术中心；创办了《石油化工》《化工环保》和《石油化工快报》等学术期刊和行业性杂志，其中《石油化工》被中国学术期刊评价委员会评为“RCCSE中国权威学术期刊”。

北京化工研究院本部设有13个主要的研究室(所)和1个配套部门，拥有从事研究开发工作所需的配套设备和现代化分析测试仪器，建有石油烃类裂解、烯烃净化催化剂、有机合成催化剂、聚烯烃催化剂、环管聚丙烯中试、气相聚乙烯中试、改性塑料等几十套中试、模试装置及烯烃聚合评价装置。燕山分院设有8个专业研究室，拥有小试、模试和中试装置80余套，大型仪器70余台(套)，建立了恒温恒湿力学性能测试实验室、水处理药剂评定实验室、离子交换树脂评定实验室等。

北京化工研究院自1964年开始招收研究生，是国务院批准的首批硕士学位授予单位之一，有材料科学与工程和化学工程与技术2个一级学科硕士学位授权点，设有博士后科研工作站。

2013年，北京化工研究院承担的多项科研项目获奖，其中获石化集团公司技术发明一等奖1个、三等奖1个，获石化集团公司科技进步一等奖2个、二等奖5个、三等奖2个，获石化集团公司前瞻基础研究三等奖2个。申请中国专利590项，有242项中国专利和18项国外专利获得授权。

北京化工研究院2013年度主要科研成果获奖情况和2008—2013年专利申请与授权情况见表1和表2。

(苗莲香　马兰兰)

【新型内给电子体及聚丙烯催化剂技术项目获石化集团公司技术发明一等奖】 (参见第126页)

【长余辉发光热塑性树脂的机理研究和制备项目获石化集团公司技术发明三等奖】 该项目开发了多种发光热塑性树脂，建立了发光树脂亮度的测试方法，形成了完备的发光热塑性树脂的生产技术。项目利用纳米粉末橡胶与发光助剂复配，得到具有亮度高、长余辉、刚韧平衡好的产品，其中发光聚氨酯、发光聚丙烯、发光ABS和发光聚碳酸酯均已工业生产，产品主要用于注射制件，已经推广应用。

(赵　鹏)

【环管工艺氢调法高熔指抗冲聚丙烯生产技术开发项目获石化集团公司科技进步二等奖】 由北京化工研究院和镇海炼化联合开发的“环管工艺氢调法高熔指抗冲聚丙烯生产技术开发”项目应用外给电子体技术，发明了高熔指抗冲聚丙烯直接聚合法生产工艺，完成了镇海炼化工业装置的改造，并成功开发聚丙烯树脂新牌号M30RH，生产合格产品3.5万吨，产品具有高熔体流动性、高刚性、高抗冲的特点，在汽车改性料及电器部件方面具有明显优势，在多家企业广泛应用，可以取代国外产品。

(赵　鹏)

【浅冷油吸收法回收炼厂干气成套技术开发项目获石化集团公司科技进步二等奖】 由北京化工研究院和齐鲁分公司联合开发的“浅冷油吸收法回收炼厂干气成套技术”是以炼厂碳四为吸收剂，吸收干气中的碳二及以上馏分，采用自主开发的脱氧催化剂脱除产品气中的氧气和氮氧化物，乙烯回收率高达93%以上。该技术具有回收率高、产品品质高、流程简单、操作简便、运转周期长、对原料适应性强、占地面积小、投资少、综合能耗较低等优点，可在炼厂干气回收装置中采用，在国内外市场具有很强的市场竞争力。

(赵　鹏)

【裂解炉技术首次出口】 2013年1月，由北京化工研究院和工程建设公司、兰州天华化工机械及逢动化研究设计院(简称兰州天华设计院)合作开发的“CBL裂解炉技术”在马来西亚Titan公司建设的9万吨乙烯/年大型乙烯裂解炉一次投料开车成功，专家组对装置的性能进行考核，各项指标均达到设计要求。项目的成功实施，迈出了中国裂解炉技术进军海外的第一步。

(王国清)

【BCE催化剂在泰国BPE公司工业试用取得成功】 2013年8月，由北京化工研究院研制开发的聚乙烯BCE催化剂在泰国BPE公司12.5万吨/年三井聚乙烯装置上成功进行试用，生产的产品质量全部符合标准。试验过程中，聚合物粒径分布集中，细粉及母液中固含量明显减少，粉料分离效果及干燥效果有明显好转。此次试用成功为BCE催化剂进入泰国市场奠定了基础。

(郭子芳)

【银催化剂出口破零】 银催化剂是北京化工研究院燕山分院独立开发的具有自主知识产权的产品，多次获国家奖。2013年，北京化工研究院与2家国外用户签订了共计265吨银催化剂的供货技术协议。这是银催化剂首次走出国门，实现零的突破。

(陈建设)

【20万吨/年三代环管聚丙烯装置成功开车】 2013年7月2日，以北京化工研究院开发的DQ催化剂以及“非对称外给电子”等技术建设的武汉乙烯20万吨/年环管聚丙烯装置首次成功开车。该装置为首套采用中国石化第3代环管聚丙烯技术建成，可以生产均聚、无规共聚等多个系列产品，为丙丁共聚、高结晶聚丙烯、超细旦纤维料等诸多高端产品的开发奠定了基础。

(宋文波)

【首套稀土异戊橡胶工业装置试车成功】 2013年5月23日，国内首套3万吨/年异戊橡胶工业装置在燕山石化顺利投产，该装置采用北京化工研究院燕山分院包含催化剂、生产工艺、关键设备在内的数十项具有自主知识产权的专利技术。该技术的开发成功对中国石化合成橡胶产品结构调整、碳五资源的深度利用具有重要意义，为中国石化添补了一个新的胶种。至此，中国石化自主技术已覆盖了合成橡胶六大产品。

(徐　林)

【国产化率最高的大型乙烯项目开车成功】 2013年8月13日，由北京化工研究院参与攻关的中国石化“十条龙”项目——武汉80万吨/年乙烯装置成功开车。该项目是首次采用中国石化自主研发的乙烯成套技术，其裂解压缩机、丙烯制冷压缩机、乙烯压缩机首次全部国产化，设备国产化率达到87%，是国内乙烯装置首次在设计和投产时全部采用国产催化剂。其中，乙烯裂解炉全部采用北京化工研究院参与开发的CBL型裂解炉技术，分离过程中的碳二加氢装置、碳三加氢装置以及甲烷化装置完全采用北京化工研究院自主开发的催化剂。

(李　蔚)

【新牌号球催化剂成功试用于中沙石化装置】 2013年5月15日，由北京化工研究院开发的聚丙烯球形催化剂DQC-700在中沙石化的45万吨/年聚丙烯生产装置上进行试用。该装置是中国引进的第1套SPHERIZONE装置，也是最先进、最复杂的聚丙烯生产工艺装置，且对催化剂的性能要求较高。试用结果表明，在相同催化剂比例和工艺条件下，聚合活性提高了近10%，共聚物中的乙烯含量提高了2.2%，气相反应器的压力明显降低，反应器的密度控制平衡，聚合物中的细粉含量相当，满足了工艺装置的要求。

(刘月祥)

【醋酸直接加氢制乙醇完成侧线试验】 2013年9月14日，由北京化工研究院设计、在四川维尼纶厂建设的醋酸加氢制乙醇单管装置一次投料成功。该项目采用非贵金属催化剂和能耗低的直接加氢工艺路线。试验结果表明，醋酸转化率、乙醇选择性和时空收率等关键性指标优于采用贵金属催化剂的结果，经济效益显著。

(黄　龙)

【HIPS双预聚釜技术开发及应用通过鉴定】 2013年11月29日，由北京化工研究院和广州石化共同承担的“HIPS双预聚釜技术开发及应用”项目通过了中国石化组织的鉴定。该项目采用2个预聚釜工艺，实现了橡胶粒子最佳的增韧效果，提高了HIPS综合性能。鉴定专家认为，该技术在HIPS生产装置的成功应用，使产品质量得到显著提升，产品抗冲击强度提高50%以上，拉伸强度提高10%以上，达到国际先进水平。该项技术已获中国发明专利授权3项，申报中国石化专用技术1项。

(斯　维)

【烟气脱硫技术环境效益显著】 2013年5月28日，由北京化工研究院与北京燕山分公司、航天环境工程有限公司合作开发的“催化裂化再生烟气脱硫技术研究”项目通过中国石化组织的鉴定。该项目开发了催化裂化烟气气动再生（DRG）双碱法脱硫除尘成套技术，基于气动旋流技术开发了复合结构的脱硫酸化塔，并在后处理工艺中首次采用酸化技术和脱硫剂软化技术，形成了完整的工艺包。北京燕山分公司80万吨/年重油催化裂化装置应用该项技术连续稳定运行半年，脱硫效率达到95%以上，环境效益显著。该技术的成功应用打破了烟气脱硫被国外垄断的局面，可完全替代进口技术。

（秦会敏　谢文州）

【大型乙烯裂解炉节能降耗示范工程通过验收】 2013年7月18日，由北京化工研究院和工程建设公司、兰州天华设计院合作开发的国家低碳技术创新及产业化示范工程——“大型乙烯裂解炉节能降耗技术创新及产业化示范工程”项目通过验收。该项目选定S&WU型和SL－Ⅱ型2种石化行业具有代表性的高能耗的老旧乙烯裂解炉为技改对象，通过集成多项自主开发的先进技术，包括CBL辐射段炉管构型、扭曲片强化传热技术、对流段模块优化、新型辐射段衬里和新型燃烧器等技术，对裂解炉进行节能改造，形成了成套的低碳技术创新成果。改造完成后，样板炉的运行周期延长1倍，排烟温度降低1/3，热效率达到95%以上，裂解炉综合燃动能耗降低5%以上，取得了显著的经济效益和社会效益，其成果已开始在中国石化裂解炉建设中推广应用。

（周　丛）

【乙烯裂解炉运行周期超200天】 2013年8月24日，北京燕山分公司BA1102裂解炉应用北京化工研究院研发的原位涂层抑制结焦技术，连续运行207天，大大超过了裂解炉50—100天的普遍运行周期。该技术是利用裂解炉管合金中锰、铬元素与氧在高温下反应活性大于合金中铁、镍元素的原理，对裂解炉管进行原位涂层处理，让裂解炉管内壁表面原位形成锰铬尖晶石结构的薄膜，屏蔽炉管中引起催化结焦的铁、镍元素，从而抑制炉管内的催化结焦乃至整个结焦过程。在整个运行周期，应用该项技术的炉管管壁温度及废锅出口温度均上升缓慢，裂解炉运行良好，运行周期大幅度提高，标志着原位涂层抑制结焦技术获得初步成功。

（王红霞）

【合成橡胶新技术开发实验室被命名为石化集团公司重点实验室】 2013年3月，北京化工研究院合成橡胶新技术开发实验室被命名为2013年度石化集团公司第2批重点实验室。该实验室拥有2套中试装置、近10套模试装置以及相应的分析表征及评价仪器，设有橡塑新型材料合成国家工程研究中心、中国石化合成橡胶质量检验中心、中国石化合成橡胶应用研究联合所、合成橡胶工业协会信息部等技术中心或行业组织。在合成橡胶技术开发与产品创新领域取得了丰硕的科研成果，共申请专利187项，获授权102项，在SBS、溶聚丁苯、溴化丁基橡胶等方面获得国家级和省部级奖励10余项。

（赵　鹏）

【2位“千人”落户北京化工研究院】 2013年3月，国家“千人计划”人才刘立志、郭鸣明博士来到北京化工研究院材料科学研究所工作，将分别从事高分子材料表征、核磁共振领域的技术规划、前瞻性研究、创新发展和人才培养等工作。国家“千人计划”人才引进是北京化工研究院加强高层次人才队伍建设，大力引进高层次海外人才的重要一环。国家“千人计划”人才的加入，有助于进一步拓宽研究院科研思路，加强研究院应用基础和前瞻性研究实力。

（王　伟）

【与燕山分公司签订战略合作协议】 2013年1月29日，北京化工研究院与燕山分公司签署《战略合作框架协议》。该合作协议的签署，将进一步发挥各自在石油化工领域的研究开发、技术应用、生产能力和人才资源等方面的优势，促进双方在乙烯、有机化工、合成树脂、合成橡胶、环保、分析测试表征等领域开展更深入广泛的技术交流与合作。

（何海燕）

【通过质量管理体系认证审核】 2013年11月，方圆标志认证集团对北京化工研究院进行了GB/T 19001—2008质量管理体系认证现场监督审核。经过为期3天的审核，审核小组认为，北京化工研究院的质量体系满足GB/T 19001—2008标准，管理体系有效运行，同意通过审核。

（何海燕）

【国家基本有机原料质检中心通过国家监督评审】 2013年9月30日，中国合格评定国家认可委员会评审专家组对国家基本有机原料质检中心实施实验室认可监督评审，这是涉及国家级实验室、国家级质检中心、计量资格的综合评审。评审组依据认可准则及应用说明的要求，对实验室质量体系及相关文件的符合性和有效性，以及实验室维持认可的技术能力范围进行了系统和全面的现场检查与评价。评审组一致认为中心管理体系运行有效，各项质量活动可控，人员、设施和仪器配备能满足检验检测工作的需要。

（高 静 李红玉）

【塑料加工研究开发中心获中国石化先进集体称号】 2013 年 7 月，北京化工研究院塑料加工研究开发中心获中国石化先进集体称号。该中心是国内最早从事塑料改性和加工应用的研究机构之一，在双螺杆制备改性专用料、塑料门窗、黄夹克保温管成套技术研究等方面均开创了国内研究之先河。该中心研究制备的超细（纳米级）橡胶颗粒材料，成功应用于高性能高分子材料。已取得国内专利 60 余项、国外专利 10 余项。研究开发的“全硫化可控粒径粉末橡胶及其制备方法和用途”于 2011 年获中国专利金奖。截至年底，该中心共获得 15 项国家及省部级科技奖励、7 项省部级以上集体荣誉、13 项省部级以上个人荣誉。

（刘 涛）

【北京市中小学质量教育社会实践基地落户北京化工研究院】 2013 年 10 月，北京化工研究院标准研究室国家高分子材料与制品质量监督检验中心正式被北京市质量技术监督局和北京市教育委员会联合授予北京市中小学质量教育社会实践基地称号，成为首批 25 家教育社会实践基地之一。国家高分子材料与制品质量监督检验中心凭借在塑料制品测试方面的优势，成为建材行业唯一一家入选的测试机构。

（张 伟）

表 1　　北京化工研究院 2013 年度主要科研成果获奖情况

序号	项目名称	奖项名称	获奖等级
1	新型内给电子体及聚丙烯催化剂技术	石化集团公司技术发明奖	一等奖
2	长余辉发光热塑性树脂的机理研究和制备	石化集团公司技术发明奖	三等奖
3	3 万吨/年溴化丁基橡胶工业成套技术	石化集团公司科技进步奖	一等奖
4	茂金属催化剂批量制备及工业应用	石化集团公司科技进步奖	一等奖
5	环管工艺氢调法高熔指抗冲聚丙烯生产技术开发	石化集团公司科技进步奖	二等奖
6	浅冷油吸收法回收炼厂干气成套技术开发	石化集团公司科技进步奖	二等奖
7	YS－8810 银催化剂工业开发及工业应用	石化集团公司科技进步奖	二等奖
8	基于 ND 催化剂的液相本体聚丙烯工艺及产品成套技术开发	石化集团公司科技进步奖	二等奖
9	马来西亚 TITAN 公司新增 CBL－R 裂解炉	石化集团公司科技进步奖	二等奖
10	YN－1 镍系裂解汽油一段加氢催化剂工业开发和应用	石化集团公司科技进步奖	三等奖
11	乙烯中微量杂质分析技术开发及微量杂质对聚乙烯生产的影响规律	石化集团公司科技进步奖	三等奖
12	超细橡胶粒子的纳米尺度效应及其机理	石化集团公司前瞻性基础性研究奖	三等奖
13	生物可降解脂肪芳香共聚酯的合成技术	石化集团公司前瞻性基础性研究奖	三等奖

表 2　　北京化工研究院 2008—2013 年专利申请与授权情况　　项

年 份	国内专利		国外专利	
	申请数	授权数	申请数	授权数
2013	590	242	102	18
2012	572	127	118	49

续表

年　份	国内专利		国外专利	
	申请数	授权数	申请数	授权数
2011	500	68	58	21
2010	455	56	46	24
2009	217	41	19	12
2008	107	54	27	12

抚顺石油化工研究院

【概况】 中国石油化工股份有限公司抚顺石油化工研究院(简称抚顺石油化工研究院)位于辽宁省抚顺市望花区，是石化股份公司直属乎研机构。其前身创建于1953年4月(时称燃料工业部东北石油管理局抚顺研究所)，是新中国最早建立的石油研究机构，1956年成为石油部直属科研单位，1983年7月划归新组建的中国石油化工总公司。

经过60余年的发展，抚顺石油化工研究院已形成清洁炼油、新兴能源资源和炼化公用技术3个创新研发平台，下设12个研究部门和评价中心。设有国家石油产品检验实验室、国家石蜡质量监督检验中心以及博士后工作站和硕士研究生工作站，是国家石油蜡类产品标准化归口单位，以及中国石化生物燃料及生物化工重点实验室、辽宁省精细石油化工重点实验室、辽宁省沥青材料工程技术研究中心、辽宁省石油化工环境保护工程研究中心的依托单位。

截至2013年底，抚顺石油化工研究院正式职工总数711人，各类专业技术人员396人，其中中国工程院院士1人，享受政府特殊津贴12人，百千万人才工程国家级人选1人，教授级高级工程师55人。已取得科技成果300多项，获国家科技进步奖和技术发明奖22项，累计申请中国专利3 771项，申请国外专利157项，获国内外专利授权1 825项。

抚顺石油化工研究院2013年度主要科研成果获奖情况和2008—2013年专利申请及授权情况见表1和表2。

(刘建宇)

【含空间位阻的大分子硫化物脱除关键技术及相关催化材料创制获国家技术发明二等奖】 抚顺石油化工研究院对柴油馏分中硫化物脱除的反应机理进行了深入研究，根据烷基转移脱硫机理及加氢装置反应器内不同区域反应环境的差异，通过对催化材料和反应工艺的集成创新，开发了柴油超深度脱硫技术，从新的途径解决了柴油超深度脱硫的世界性难题。该项目申请中国专利57项，获授权20项，形成中国石化专有技术5项，已在国内外34套装置应用，取得了显著的经济效益和社会效益。

(刘建宇)

【高能效(SHEER)加氢成套技术开发及工业应用获石化集团公司科技进步一等奖】 (参见第129页)

【石化工业挥发性有机物(VOCs)废气深度净化处理技术获中国石油和化学工业联合会科技进步一等奖】

抚顺石油化工研究院在废气浓度均化研究、催化剂研制、核心设备开发等方面取得了重大突破，并与镇海炼化、燕山石化等企业合作，通过工艺流程优化等进一步研究，成功开发出具有自主知识产权的VOCs废气深度净化处理技术。采用该技术先后建成世界首套炼化污水场废气“脱硫及总烃(即VOCs)浓度均化—催化氧化”处理、橡胶尾气“冷凝—除雾—催化氧化”处理和国内首套、全球最大的环氧丙烷/苯乙烯尾气处理等14套石化VOCs废气处理装置，装置安全稳定运行3年以上，净化气中VOCs均远低于国家排放标准，实现了经济、高效、安全、稳定的石化VOCs废气深度净化处理。

(刘建宇)

【催化裂化烟气除尘脱硫脱硝成套技术应用成功】

FCC装置是炼油企业最大的大气污染物排放源，其生产过程中的清洁化备受人们关注。抚顺石油化工研究院与企业和设计单位合作，通过工艺技术研究、催化剂研制、关键设备的开发等工作，成功开发出具有占地面积小、投资低、压降低、运行稳定等特点的催化裂化烟气除尘脱硫脱硝技术。使用该技术建成的国内首套重油催化裂化再生烟气除尘脱硫脱硝装置自2012年开车以来，一直稳定运转，净化烟气中粉尘、硫氧化物、氮氧化物等污染物均满足国家及地方环保标准要求。

（刘建宇）

【FFI 蜡油加氢处理与催化裂化深度组合系列技术开发及工业应用通过技术鉴定】 抚顺石油化工研究院与洛阳分公司合作开发的“FFI 蜡油加氢处理和催化裂化深度组合系列技术”于 2013 年 6 月 9 日通过了中国石化科技部组织的技术鉴定。该技术通过将蜡油加氢与催化裂化 2 种工艺深度组合，不仅可以降低装置建设投资和生产运行综合能耗，而且可以实现蜡油深度转化，生产更多的清洁、高价值汽油和液化气产品。

（刘建宇）

【利于多环芳烃高效转化的高硅高结晶度 Y 型分子筛创制及工业应用通过技术鉴定】 抚顺石油化工研究院通过深入的理论研究和独特的试验设计，开发出对多环重芳烃分子具有很好选择性裂解性能的 SHBY 系列改性分子筛。以 SHBY 系列改性分子筛为基础开发的加氢裂化催化剂先后在 18 套次加氢裂化装置上实现工业应用。应用结果表明，以 SHBY 改性分子筛合成的催化剂对原料油中多环重芳烃组分的优先转化能力显著提高，可以生产出芳烃指数（BMCI）值更低的加氢裂化尾油、芳烃潜含量更高的重石脑油、优质的 $3^{\#}$ 喷气燃料和清洁的车用柴油等产品。该技术于 2013 年 6 月 17 日通过了中国石化科技部组织的技术鉴定。

（刘建宇）

【FD2G 催化柴油加氢转化技术工业应用取得成功】 抚顺石油化工研究院与金陵分公司和洛阳工程公司合作开发的催化柴油加氢转化技术采用适宜的催化剂，通过控制反应深度，可将催化柴油中的芳烃部分转化并保留在石脑油馏分中，不但可以有效利用催化柴油中富含的芳烃生产高附加值的石脑油产品，而且还可以提高柴油的品质。该技术于 2013 年 9 月在工业装置上成功应用，为高芳烃催化柴油提供了一条经济、有效的加工途径。

（刘建宇）

【3 项科技攻关项目顺利“出龙”】 抚顺石油化工研究院与企业和设计等单位合作开展的“SRH 柴油液相循环加氢技术工业化试验”“满足欧Ⅴ排放标准清洁汽油生产技术开发”和“炼厂尾气综合治理技术”3 个中国石化“十条龙”科技攻关项目完成了全部工作，达到了指标要求，在中国石化 2013 年度“十条龙”科技攻关工作会议上顺利“出龙”。

（刘建宇）

【质量管理体系通过认证】 2013 年 12 月，抚顺石油化工研究院质量管理体系通过 ISO 9000 体系认证审核，取得了认证机构颁发的质量管理体系认证证书。该体系于 2013 年 1 月开始运行，全体员工通过“学（学体系文件）、做（规范作业）、查（查找问题）、改（持续改进）”，有效提升了抚顺石油化工研究院科研开发和技术服务的质量。质量管理体系的认证，标志着抚顺石油化工研究院的管理工作更加规范化、制度化。

（刘建宇）

【中国石化环保总量核算统计系统正式启用】 由抚顺石油化工研究院和石化盈科共同研发的“中国石化环保总量核算统计系统”，在完成试点调试工作后，于 2013 年 2 月正式启用。该系统的建设及投用，可为中国石化实现“十二五”主要污染物总量减排目标提供技术支撑。

（刘建宇）

【“中国石化炼油特殊产品应用技术中心”成立】 2013 年 4 月 16 日，由抚顺石油化工研究院和中国石化炼油销售有限公司联合组建的“中国石化炼油特殊产品应用技术中心”成立。主要业务领域包括炼油特殊产品的开发、应用及技术服务；业务范围涵盖炼油特殊产品发展规划的具体实施和技术先导，产品资源开拓研究，产品质量升级、标准研究工作，以及特种功能化产品开发及其应用技术研究，生产技术问题诊断、技术咨询、技术培训、性能评价、现场技术服务等。

（刘建宇）

【组建储运技术部】 按照中国石化的统一部署，为进一步完善公用技术平台，抚顺石油化工研究院组建了储运技术部。作为中国石化首个储运专业研究部门，其主要研发方向包括完整性管理、管道工程、储运工艺和新产品研发等。

（刘建宇）

【举办高层学术论坛】 2013 年是抚顺石油化工研究院建院 60 周年。为进一步提高科技开发能力，抚顺石油化工研究院于 9 月 27—28 日举办了高层学术论坛。论坛的主题是“绿色低碳——科技的责任”。中国科学院/中国工程院的 6 名院士和来自石化领域的 300 余名专家出席了会议，11 名世界著名专家学者围绕清洁炼油技术、公用技术和新型能源资源技术的发展，做了精彩的学术报告。

（刘建宇）

高层学术论坛会场

【编撰出版石油化工绿色低碳技术论文集】 抚顺石油化工研究院组织编撰的《石油化工绿色低碳技术——抚顺石油化工研究院建院60周年论文集》由中国石化出版社出版发行。文集中的论文都是由长期从事科研开发的技术人员编写而成，包含石油炼制和石油化工方面的应用基础研究、应用研究和工业试验等阶段的内容，是对抚顺石油化工研究院60年来研究工作的总结。

（刘建宇）

【中国石化大连石油化工研究院开工建设】 石化集团公司党组为优化科技资源，加快推进绿色低碳、节能环保技术开发进程，做出了设立大连石油化工研究院的决策。大连石油化工研究院在保持抚顺石油化工研究院原有研发优势的基础上，重点发展中国石化清洁能源、新兴能源资源和公用技术3个研发平台，使之成为“技术先进、装备精良、队伍精干、管理高效”的综合性研究院。

（刘建宇）

【LIMS系统通过验收】 抚顺石油化工研究院的LIMS系统于2010年3月开始上线运行，覆盖了所有的含分析业务和委托分析业务的部门，涵盖了原油评价、油品分析、元素分析、组成分析、结构分析等业务。LIMS系统的应用，基本实现了实验仪器分析数据的自动化运行，提高了实验室设备的使用效率，实现了各实验室数据的信息化管理和分析数据的共享，保证了试验数据的规范化和可追溯性。LIMS系统于2013年5月21日通过了中国石化信息化管理部组织的验收。

（刘建宇）

表1　抚顺石油化工研究院2013年度主要科研成果获奖情况

序号	项目名称	奖项名称	获奖等级
1	含空间位阻的大分子硫化物脱除关键技术及相关催化材料创制	国家技术发明奖	二等奖
2	高能效(SHEER)加氢成套技术开发及工业应用	石化集团公司科技进步奖	一等奖
3	炼油厂恶臭和VOC废气综合治理成套技术	石化集团公司科技进步奖	一等奖
4	钻井液用聚胺抑制剂和高软化点沥青的研制与应用	石化集团公司科技进步奖	二等奖
5	FHUDS-6柴油超深度加氢脱硫催化剂研制及工业应用	石化集团公司科技进步奖	三等奖
6	FFI蜡油加氢处理与催化裂化深度组合系列技术开发及工业应用	石化集团公司科技进步奖	三等奖
7	利于多环芳烃高效转化的高硅高结晶度Y型分子筛创制及工业应用	石化集团公司技术发明奖	三等奖
8	双微孔复合分子筛构建及性能研究	石化集团公司前瞻性基础性研究科学奖	三等奖
9	石化工业挥发性有机物(VOCs)废气深度净化处理技术	中国石油和化学工业联合会科技进步奖	一等奖
10	CTL循环供氢溶剂制备用FFT催化剂及相关工艺技术	中国石油和化学工业联合会科技进步奖	二等奖
11	环烷基馏分油组合加氢生产低凝特种产品技术开发和应用	辽宁省科技进步奖	二等奖
12	一种最大量生产柴油的加氢催化剂及其制备方法	中国专利奖	优秀

表 2 **抚顺石油化工研究院 2008—2013 年专利申请与授权情况** 项

年份	国内专利		国外专利	
	申请数	授权数	申请数	授权数
2013	569	307	25	3
2012	561	230	18	2
2011	500	141	21	3
2010	400	117	1	2
2009	305	97	7	2
2008	145	84	0	4

上海石油化工研究院

【概况】 中国石油化工股份有限公司上海石油化工研究院(简称上海石油化工研究院)位于上海市浦东新区，是中国石化直属的科研机构。其前身创建于1960 年 6 月，1984 年划归中国石油化工总公司；2004 年 12 月，按照中国石化科技资源整合要求，将上海石化科技开发公司并入；2010 年 4 月，设南京化工公司研究院、天津石化研究院、四川维尼纶厂研究院、仪化公司研究院、巴陵石化研究院等为上海石油化工研究院分院。上海石油化工研究院长期从事石油化工研究开发，主要涉及基本有机原料催化剂和工艺技术、煤化工、油田化学品、合成材料、精细化工等技术领域，开展前瞻性探索研究、应用性基础研究、催化剂研究开发及配套工艺技术、工程化放大研究。

截至 2013 年底，上海石油化工研究院下设 19 个研究部(室)，是基本有机原料国家工程研究中心、全国石油化学标准化委员会的依托单位，拥有博士后工作站、石化股份公司有机原料情报中心站、上海市石油化工产品质量监督检验站、上海市催化剂行业测试中心等技术支持机构；与联合化学反应工程研究所共同主办中国化学工业类核心期刊《化学反应工程与工艺》(双月刊)，内部刊物有《石油化工快报(有机原料)》(半月刊)和《石油化工期刊题录》(内网版)。职工总数 681 名，其中博士 129 名，硕士 159 名；具有高级职称以上的 231 名，中国工程院院士 1 名；累计国家级有突出贡献专家 3 名，享受政府特殊津贴 31 名。

截至 2013 年底，上海石油化工研究院累计获得国家级奖励 42 项，其中国家科技进步一等奖 1 项，国家技术发明二等奖 4 项；获得省部级奖励 267 项，其中中国石化科技进步特等奖 1 项，科技进步和技术发明一等奖 31 项。累计申请中国专利 3 501 项，获授权中国专利 1 559 项；在 20 多个国家和地区申请专利 70 项 312 个专利号，获授权专利 112 项，2013 年，承担中国石化"十条龙"攻关项目 5 项，35 个项目通过中国石化组织的技术鉴定与评议；申请中国专利 558 项，获授权 314 项，涉外申请专利 7 项、获授权专利 9 项。

上海石油化工研究院 2013 年度主要科研成果获奖情况和 2008—2013 年专利申请与授权情况见表 1 和表 2。

(潘 波)

【全结晶复合孔分子筛催化新材料的创制与工业应用获国家科学技术发明二等奖】 该项目基于分子扩散与催化剂效率关联模数的研究，建立了多级复合孔催化材料合成技术平台，创制了具有原始创新的全结晶复合孔分子筛催化材料。项目获授权中国发明专利 51 项、美国发明专利 2 项，开发了具有自主知识产权的全结晶复合孔分子筛催化烯烃裂解成套技术并实现工业化，总体技术水平处于国际领先，已建成 1 套工业装置，正在建设 3 套工业装置，在国际上率先实现了全结晶复合孔催化新材料工业应用。

(潘 波)

【高性能甲醇制烯烃催化剂及 S－MTO 成套技术开发获石化集团公司科技进步特等奖】 (参见第 127 页)

【新一代稀乙烯制乙苯成套技术的开发及工业应用获石化集团公司科技进步一等奖】 (参见第 129 页)

【苯与乙醇制乙苯催化剂研制和工业应用项目通过鉴定】 2013 年 1 月 17 日，由上海石油化工研究院承担的苯与乙醇制乙苯催化剂研制和工业应用项目通过中国石化组织的鉴定。该项目于 2005 年 7 月起步，第一阶段完成了 AB－AS 耐硫催化剂研制并在国内第

1套1.5万吨/年乙醇法制乙苯生产装置上工业应用；第二阶段完成了DF-AS抗水高选择性催化剂研制并在21.5万吨/年乙醇法制乙苯装置上工业应用。该项目以ZSM-5分子筛为活性主体，通过转晶、磷修饰、水蒸气处理和扩孔调整等组合改性方法，制备了乙醇转化率高、乙基选择性好、抗水性强和稳定性好的AS系列乙醇法乙苯催化剂，已申请4项中国发明专利、4项国外发明专利。

（潘　波）

【裂解汽油加氢催化剂在武汉石化乙烯装置开车成功】 2013年8月20日，由上海石油化工研究院研制的SHP-01一段、SHP-02/F二段裂解汽油加氢催化剂在武汉石化新建80万吨/年乙烯装置运用一次开车成功，生产出合格加氢产品，装置运行平稳，溴指数合格。这是该催化剂继在中沙石化、镇海炼化百万吨乙烯装置成功运行后，再次在国内新建大型乙烯装置成功应用。

（潘　波）

【首套第2代节能型苯乙烯生产技术完成装置标定】 由上海石油化工研究院牵头开发的第2代节能型苯乙烯生产技术顺序分离恒沸热回收技术成功应用于巴陵石化12万吨/年苯乙烯装置。2013年6月28日，双方共同标定，结果为：采用该技术可节省水蒸气16.6吨/时，节省循环水845吨/时，综合能耗降低77.6千克标油/吨苯乙烯，节能23.1%，能耗、物耗和产品质量均优于设计值，达到国际先进水平。

（潘　波）

【瓶用钛系聚酯催化剂工业试验成功】 2013年6月，由上海石油化工研究院研发的新型瓶用钛系聚酯催化剂在仪化公司万吨级工业装置成功进行了工业试验，结果表明，生产的钛系聚酯瓶片不含重金属，属绿色环保产品。经下游用户试用，采用钛系聚酯瓶片注塑的小克重瓶坯色相、乙醛含量和黏度降等都与锑系聚酯相当。

（潘　波）

【甲醇制丙烯成套技术完成千吨级工业侧线试验】 由上海石油化工研究院研发的甲醇制丙烯(S-MTP)成套技术完成在扬子石化的5 000吨/年工业侧线试验，结果表明，反应器温升分布合理、温度稳定可控，丙烯收率65%—68%，实现了装置的满负荷运转，催化剂连续运行超过1 000小时并进行了多次再生。

（潘　波）

【苯乙烯催化剂扩大海外市场】 继苯乙烯催化剂成功应用到台湾国乔石化公司，2013年3月18日，上海石油化工研究院与台塑台湾化学纤维股份公司再签210吨苯乙烯催化剂销售合同。

（潘　波）

【与清华大学共建研究生社会实践基地】 2013年7月11日，上海石油化工研究院与清华大学化工系签约共建研究生社会实践基地，旨在项目工作实践中"受教育、长才干、做贡献"，提高研究生实务操作能力和人才综合素质。结合科研需求与人才培养特点，通过双向选择和前期课题调研，共有6名博士研究生分别参加了4个科研课题。

（潘　波）

【完成《基本有机原料生产技术》培训教材编写】 2013年3月28日，《基本有机原料生产技术》培训教材终审会在上海召开。该教材由上海石油化工研究院主编、北京化工研究院参编，对中国石化在基本有机原料领域存在生产业务的重要产品的生产技术及其相关知识进行介绍，内容包括低碳烯烃、芳烃、合成气的生产技术以及以它们为原料生产大宗有机中间体产品的生产技术。该教材是《中国石化员工培训教材》系列之一，是推进员工岗位能力培训规范化、质量化的重要组成部分。

（潘　波）

【《化工名词》基本有机化工分委员会工作启动会召开】 2013年7月《化工名词》第2版审定工作启动会召开，各学科(专业)分委员会陆续组建。8月9日，《化工名词》基本有机化工分委员会召开审定工作启动会，由分委员会主任中国工程院院士袁晴棠主持，上海石油化工研究院牵头组织，第2届《化工名词》审定委员会秘书长洪定一及来自各相关单位与高校的20余位专家出席。会议审定通过基本有机化工委员会组织框架，讨论并修改《基本有机化工学科(专业)框架》，制定《化工名词》审定学科(专业)框架基本有机化工三级目录。

（潘　波）

【HSE管理不断强化】 2013年，上海石油化工研究院以安全生产管理提升活动为抓手，全面开展风险识别，修订制度和操作规程，强化危险化学品管理和直接作业环节的监管。执行领导干部下基层督察制度，进一步完善HSE责任制。认真吸取"11·22"东黄输油管道泄露爆炸特别重大事故教训，全面开展危险化学品管网的隐患排查，加强对工艺纪律、安全纪律和劳动纪律的检查力度，抽查应急预案的制定和演练情况，查出并整改各类隐患。全年实现上报石化集团公司事故、院级重大安全事故、院重大交通有责事故、环境污染事故、职业病危害事故“五个为零”。

（潘　波）

【深化廉洁企业建设】 2013 年，上海石油化工研究院深化反腐倡廉教育，邀请反腐专家做专题讲座，开展“双鉴”警示教育和廉洁自律“四个一”活动；组织处级及以上领导撰写廉洁自律座右铭，征集 72 条，评选出优秀格言 20 条，面向关键岗位征集反腐倡廉合理化建议；制定完善 10 项内部规范，落实党风廉政责任制考核办法；完善业务公开制度，构建“大监督”格局，发挥监督检查作用。

（潘　波）

【获中国石化优秀创新团队称号和中国石化劳模称号】 2013 年 3 月 11 日，上海石油化工研究院乙苯技术创新团队获中国石化优秀创新团队称号。该团队多次获得国家级和中国石化奖项，近 3 年已申请 17 项中国专利，获授权 3 项。6 月，宗弘元获中国石化劳动模范称号。

（潘　波）

表 1　　上海石油化工研究院 2013 年度主要科研成果获奖情况

序号	项目名称	奖项名称	奖项等级
1	全结晶复合孔分子筛催化新材料的创制与工业应用	国家技术发明奖	二等奖
2	节能的乙苯脱氢制苯乙烯催化剂（专利号 ZL200710039046.6）	国家知识产权局、世界知识产权组织	中国专利优秀奖
3	新型高效稀乙烯制乙苯催化剂的研制及工业应用	上海市人民政府科技进步奖	一等奖
4	多种高聚物和纳米材料复合改性高密度聚乙烯新材料的研制和规模化应用	上海市人民政府科技进步奖	三等奖
5	有机硅微孔沸石、合成方法及其应用（专利号 ZL2006100299803）	第 7 届上海市发明创造专利奖	一等奖
6	高性能甲醇制烯烃催化剂及 S－MTO 成套技术开发	石化集团公司科技进步奖	特等奖
7	新一代稀乙烯制乙苯成套技术的开发及工业应用	石化集团公司技进步奖	一等奖
8	制备低碳烯烃催化化学及反应工程关键科学问题的基础研究	石化集团公司前瞻性基础性研究奖	二等奖
9	有机/无机复合树脂催化剂的创制及应用	石化集团公司前瞻性基础性研究奖	三等奖
10	具有复合大孔及超稳纳米 Ni 晶的催化材料	石化集团公司前瞻性基础性研究奖	三等奖

表 2　　上海石油化工研究院 2008—2013 年专利申请与授权情况　　项

年　份	国内专利		国外专利	
	申请数	授权数	申请数	授权数
2013	558	314	45	9
2012	440	164	6	23
2011	548	159	11	4
2010	490	133	0	8
2009	217	91	28	6
2008	164	101	18	4

安全工程研究院

【概况】 中国石油化工股份有限公司青岛安全工程研究院(简称安全工程研究院)位于山东省青岛市，是中国石化直属的安全、环保和职业健康科研机构。其前身为创建于1979年的化工部职业安全卫生研究院，1999年7月进入石化集团公司。2004年4月，国家安全生产监督管理总局依托安全工程研究院成立国家安全生产监督管理总局化学品登记中心，为中国危险化学品安全管理提供综合性技术支持。2007年7月，国家科技部依托安全工程研究院设立化学品安全控制国家重点实验室，是首批企业国家重点实验室之一，2011年1月18日顺利通过国家科技部验收。

安全工程研究院主要从事石油化工领域HSE科技研发、技术服务与专项培训工作。其中，科技研发包括危险化学品与危险化工工艺安全技术、化学品危险性分析测试、设备腐蚀防护技术、过程控制与安全仪表评估技术、雷电安全防护技术、静电安全控制技术、石化过程及工程风险评估技术、事故技术调查与事故模拟分析、应急救援、油气回收及销售企业技术支撑等；技术服务包括建设项目安全与职业病危害评价、在役装置(设施、设备)安全状况评估、作业环境监测检验、安全设施与安全仪表检测检验、HSE管理与信息化、HSE管理体系技术咨询与审核认证、工程项目及检维修HSE监理、应急救援技术咨询指导、安全标准化、HSE隐患治理及相关产品推广等。

截至2013年底，安全工程研究院共有员工382人，其中特聘院士2人，教授级高级工程师18人、高级工程师88人；引进海外博士后2人，博士29人，硕士132人；享受政府特殊津贴2人，石化集团公司突出贡献专家4人，中国石化优秀学术技术带头人10人，各类国家级HSE领域专家40余人；中国石化闵恩泽青年科技人才奖10人；具有注册安全工程师、安全评价师、职业危害评价师、环境影响评价师、注册计量师等执业资格的人员250余人。

安全工程研究院2013年主要科研成果获奖情况及2008—2013年专利申请与授权情况见表1和表2。

(尚艳红 王新军)

【工艺安全学科技术能力持续走强】 2013年，安全工程研究院参与研发的总部“十条龙”项目——“20万吨/年合成气制乙二醇成套技术”和“10万吨/年双氧水法生产环氧丙烷工艺包”项目，分别成功在湖北化肥、长岭炼化投入应用；研发的“石化装置在线安全运行指导系统”成功入围中国石化智能工厂实施项目，可有效减少生产装置非计划停车，提升企业连续生产能力；起草的《化工过程安全管理指导意见》已通过国家安全生产监督管理总局发布实施。

(尚艳红 王新军)

【设备安全技术研发与应用再获新发展】 2013年，安全工程研究院编制完成《中国石化炼油企业设备完整性管理体系规范》和《实施指南》，建立了炼油企业设备完整性管理体系架构，填补了国内空白；首次在国内炼油企业引入RAM技术(可靠性、可用性和可维护性模拟与优化技术)，并成功在济南炼化试点应用，为企业优化设备管理、增加效益做出了积极贡献；与青岛石化联合建设的“劣质原油腐蚀实验基地”投入使用。

(尚艳红 王新军)

【储运安全技术研发与应用实现新提升】 2013年，安全工程研究院积极开展炼化企业恶臭气体治理，研发出轻烃回收加恶臭处理技术等多套工艺方案，并成功在炼化装置、码头实现推广应用；全年推广油气回收装置14套。自主开发的上装鹤管锁紧式密封技术解决了油类罐车气体回收密封难题；加油站二次油气回收系统在广东省近300座加油站进行了实施应用，并推广到中国石化最大的2家加油机供应商。

(尚艳红 王新军)

【电气安全学科建设迈上新台阶】 2013年3月11日，安全工程研究院雷电静电危害控制实验室被列入石化集团公司第2批重点实验室；功能安全业务能力获得德国TüV认可，并成功进入系统外煤化工领域，发展前景广阔；全年完成雷电预警系统、大型储罐新型密封装置、油品静电在线监测仪、加油枪防静电材料等多项产品的研发工作，形成多套防护技术并推广应用；制、修订的《车用乙醇汽油储运安全规范》等多项行业标准、企业标准和管理制度的发布实施，对扩大电气安全学科影响力起到了积极作用。

(尚艳红 王新军)

【风险评估技术研发与推广实现发展新跨越】 2013年，安全工程研究院快速推进HAZOP等风险评估技术研发推广工作，形成基于HAZOP/保护层分析(LOPA)/定量风险评价(QRA)的过程风险评估与控制成套技术解决方案，发布了系列风险评估标准和指南，系统化风险评估与控制技术在中国石化乃至全行业推广应用；全年共完成 25 套装置 HAZOP 分析工作，承揽了中天合创煤化工工艺设计 HAZOP/LOPA 分析项目。编制完成中国石化《LNG 加气站安全运行管理规定》等天然气安全技术系列标准，危险性评估和扩散火灾抑制技术在中国石化大型 LNG 接收站选址、建构筑物抗爆设计等工作中发挥了重要作用。

（尚艳红　王新军）

【装置泄漏检测工作开创全新业务发展模式】 2013 年，安全工程研究院装置泄漏检测工作开创了从现场检测，到数据统计分析、泄漏特点以及泄漏规律研究等相配套的全新业务发展模式。全年完成燕山石化、镇海炼化等企业 9 套乙烯装置现场泄漏检测工作，检测密封点 30 余万个，检测出泄漏点 2 000 余个，探索出乙烯生产装置泄漏特点和泄漏规律，提出了装置设计、施工、运行和维护需要重点关注的工艺与设备，为石化集团公司制定化工装置泄漏管理规范、生产企业持续开展泄漏检测与维修（LDAR）提供了重要支撑。

（尚艳红　王新军）

【环保技术研究和成果应用取得新成绩】 2013 年，安全工程研究院编制的《石油化工行业恶臭污染治理最佳可行技术指南》在国家环境保护部立项，成为石化行业首个污染防治最佳可行技术目录；完成石化集团公司系统内 53 家企业长输管道环境风险调研，建立了长输管道环境风险评估方法，形成了《中国石化长输管道环境风险调研报告》；提出了中国石化中长期环保技术需求，成为中国石化“碧水蓝天”工程技术筛选和科研管理的重要依据，为中国石化启动“十三五”环保规划奠定了基础。

（尚艳红　王新军）

【职业健康学科发展质量和内涵不断提升】 2013 年，安全工程研究院参与修订职业卫生评价行业最核心的技术性文件——国家标准《职业病危害预评价导则》；在炼化企业苯作业职业病防护措施研究成果基础上，形成《中国石化苯防护管理规定》，成为石化集团公司首个针对苯作业的防护管理规定，填补了中国石化在该领域长期以来的空白；职业健康业务范围延伸到中国石油、中国海油，服务领域拓宽至放射防护检测、项目咨询管理以及生产装置现状危害评估等。

（尚艳红　王新军）

【HSE 监理实现跨越式发展】 2013 年，安全工程研究院 HSE 监理的业务范围从传统石油化工向煤化工领域延伸，从系统内向系统外延伸，从国内走向国外，其中与神华宁煤项目签订的 6 000 万元合同为安全工程究院建院以来最大单笔合同；为企业大检修提供系统化 HSE 管理服务的能力不断提高，形成了一套既适合中国石化检修特点，又充分吸收国际工程领域通用做法的企业大检修第三方 HSE 管理模式。

（尚艳红　王新军）

【全力配合做好“11 · 22”事故应急救援、事故原因分析等工作】 2013 年青岛市“11 · 22”中国石化东黄输油管道泄漏爆炸特别重大事故发生后，安全工程究院立即组织专业精干力量，第一时间赶赴事故现场，开展现场应急救援，及时发现事故隐患，制定抢险方案并实施。在事故处置过程中，新建成投用的应急通信车为总部应急指挥中心与事故现场的及时沟通提供了有效保障；环境保护研究室技术人员利用研发的溢油回收装置开展海上污油清理，效果显著；监测检验研究室 10 余名技术人员，对爆炸现场附近的危险场所进行可燃气体浓度检测，排查检测了所有污水井、雨水井、电缆井等，累计检测可能积聚危险气体的部位 3 000 余点次，为减低次生风险，保障现场抢险、清理和施工过程中的人员安全，事故调查工作的顺利进行发挥了重要作用；全力配合国务院事故调查组做好事故分析，深度参与总部组织的事故原因分析。整个工作得到了国家安全生产监督管理总局、中国石化总部以及地方政府的高度认可，青岛市委、市政府专门发来感谢信。

（尚艳红　王新军）

【新院区建设进展顺利】 安全工程研究院新院区主体工程自 2013 年 5 月 9 日开工建设以来，全面强化合同、质量、安全、进度、廉政管理，多措并举，截至年底，6 座建筑单体中 4 座已封顶，完成投资 1.8 亿元，实现 HSE 及质量零事故，工地现场管理获青岛市标准化管理样板工程称号；同期建设的化学品登记中心研发基地建筑单体全部封顶，部分实验装置已陆续安装到位。

（尚艳红　王新军）

【获创新成果一等奖】 2013 年，安全工程研究院“以预警和预防为目的的第三方独立事故调查分析机制建设”获石化集团公司第 22 届管理现代化创新成果一等奖，并代表中国石化参评 2013 年度国家管理现代化创新成果。

（尚艳红　王新军）

【自主研发的硫化氢捕消器获奖】 在2013年9月4日召开的第1届中国国际化工过程安全研讨会暨石油化工安全新技术新产品展览会上，安全工程研究院自主研发的硫化氢捕消器获得展览会推荐技术（产品）称号。该产品可广泛地应用于石油化工行业油气开采、炼油、化工生产装置，有效降低硫化氢泄漏危害，提高作业人员和检（维）修人员的安全系数，为安全生产保驾护航。

（尚艳红　王新军）

【获批设立博士后科研工作站】 2013年8月21日，国家人力资源和社会保障部全国博士后管理委员会正式批准安全工程研究院设立博士后科研工作站，并纳入山东省青年创新人才培养计划，2014年开始招收博士后科研人员。

（尚艳红　王新军）

表1　安全工程研究院2013年主要科研成果获奖情况

序号	项目名称	奖项名称	获奖等级
1	二次油气回收设备国产化研发与应用	石化集团公司科技进步奖	二等奖
2	石化装置在线安全运行指导系统研发与应用	石化集团公司科技进步奖	二等奖
3	石化装置在线安全监测与诊断技术研发与应用	中国石油和化工自动化行业协会科技进步奖	二等奖
4	煤加压气化装置燃爆事故对策研究	中国石油和化工自动化行业协会科技进步奖	二等奖
5	己内酰胺装置安全运行指导系统研究	中国职业安全健康协会科学技术奖	二等奖
6	双氧水装置工艺危险性和控制条件研究	中国职业安全健康协会科学技术奖	二等奖
7	川东北复杂地理环境下应急响应技术的研究	中国职业安全健康协会科学技术奖	三等奖
8	丙烯腈装置安全仪表系统功能安全研究	中国石油和化工自动化行业协会科技进步奖	三等奖
9	石化系统定性定量复杂故障诊断技术研发与工业应用	中国石油和化学工业联合会科学进步奖	三等奖

表2　安全工程研究院2008—2013年专利申请与授权情况　　项

年　份	国内专利		国外专利	
	申请数	授权数	申请数	授权数
2013	79	50	0	0
2012	79	19	0	0
2011	51	9	0	0
2010	31	11	0	0
2009	15	4	0	0
2008	4	5	0	0

石油工程公司

【概况】 中石化石油工程技术服务有限公司（简称石油工程公司）是石化集团公司的全资子公司，位于北京市朝阳区北辰西路8号北辰世纪中心A座7层。公司于2012年6月28日注册，12月28日在北京挂牌成立。石油工程公司由石化集团公司旗下胜利油田、中原油田、河南油田、江汉油田、江苏油田、西南石油局、华北石油局、华东石油局8家油田企业的石油工程业务与国际石油工程公司、上海海洋石油局、石油工程技术研究院、石油物探技术研究院4家石油工程整建制单位整合重组设立。截至2013年底，石油工程公司设钻井事业部、测录井事业部、特种作业事业部、海洋石油工程事业部(上海海洋石油局)和国际事业部(国际石油工程公司)5个专业事业部，胜利、中原、江汉、河南、江苏、西南、华北、华东8家石油工程地区公司，石油工程地球物理公司、石油工程建设公司、石油工程机械公司3家专业公司，石油工程技术研究院、石油物探技术研究院2家专业研究机构。石油工程公司是中国石化油气勘探开发工程技术支持中心，是中国石化面向国内外石油工程市场竞争的综合一体化工程承包商和技术服务商。

2013年是石油工程公司成立后正式独立运行的第1年。石油工程公司按照石化集团公司对石油工程整合重组的总体要求，研究确立了以"建设世界一流，服务勘探开发"为宗旨，充分发挥重组后产业链完整、专业门类齐全的综合一体化优势，坚持转方式、调结构、拓市场、强服务，大力实施专业化、高端化、国际化、市场化、差异化五大发展战略，公司发展向注重质量和效益转变。初步形成了具有石油工程特色的专业化发展体制机制，工作重心开始向重视发展质量效益转变，在建设世界一流石油工程技术服务公司征途上迈出了坚实的步伐。

(贺　莹)

【主要业务及技术服务能力】 2013年，石油工程公司专注于全球油气勘探开发工程施工、技术服务及相关产业开发，业务领域涵盖地球物理、钻井、测录井、井下特种作业、海洋石油工程、油田综合服务、工程建设设计与施工、石油装备仪器研发制造及油气勘探开发其他相关技术的研发与服务，是中国境内产业链最完整、专业门类最齐全、规模最大的石油工程综合一体化服务公司。拥有物探陆上队伍75支，陆上具有年完成二维地震6万千米、常规三维地震2万平方千米、高精度三维地震3 000平方千米的能力；钻井队伍791支、年施工能力1 650万米，测井队伍347支、年施工能力4万井次；录井队伍821支，年施工能力6 000口；井下作业队伍354支，年工作量17 348段·层次·井次/5 989(井次·口)。

(贺　莹)

【队伍人员及主要装备】 截至2013年底，石油工程公司用工总量13.55万人，其中正式职工8.70万人(在岗正式职工8.59万人)，劳务派遣工4.43万人，其他用工0.42万人。在岗正式职工平均年龄41.9岁，具有大学本科及以上学历2.52万人，经营管理、专业技术、技能操作人员分别为2.48万人、1.71万人和4.40万人；具有高级及以上技术职称的0.75万人，具有高级工及以上职业资格的技能人才3.30万人。拥有生产设备58 677台(套)，设备资产原值515.84亿元，净值279.15亿元，新度系数0.51；设备综合完好率99.36%、运转时率67.45%，故障停机率0.05%。公司主要专业设备22 312台(套)，设备资产原值395.13亿元，净值215.58亿元，新度系数0.55，设备综合完好率98.09%，运转时率66.89%。

(贺　莹)

【财务资产】 2013年，石油工程公司实现营业收入996.14亿元，利润总额6.14亿元，净利润2.01亿元；收入利润率6.16%，净资产收益率0.76%。截至年底，公司资产总额908.92亿元，负债总额643.88亿元，所有者权益265.04亿元，资产负债率70.84%。

(贺　莹)

【体制机制建设扎实推进】 2013年，石油工程公司初步搭建起矩阵式管理架构，形成了董事会、监事会和经理层各负其责、有效制衡的公司法人治理结构。积极构建内部运营模式，构建以战略合作、年度框架协议、年度工程总承包、区块总承包、项目总承包、施工总承包等多种形式的内部市场运营机制。与油田勘探开发事业部、国际石油勘探开发公司、新星石油公司等单位签署战略合作框架协议。在老区市场，基本形成各地区公司与驻地油田分公司定向服务模式。

(贺　莹)

【外拓市场创历史最好水平】 2013年，在石化集团系统内部物探、钻测录、井下作业、工程建设等专业工作量均有下降的情况下，石油工程公司强化外拓市场意识，加大外拓市场力度，推动特色优势业务和过剩产能加快走出去。在国内外部市场，新开发神华集团和延长石油集团页岩气、煤层气等非常规市场。在海外市场，全年新签合同额46.97亿美元，完成合同额29.05亿美元，分别完成年度计划的141.4%和106.4%，同比增长36.1%、16.9%。其中，井筒海工业务和地面业务新签合同额分别达24.63亿美元、19.57亿美元，均创历史最高水平，分别增长87.7%和32.9%。物探业务新签合同额2.8亿美元，增长17.5%。成功签署墨西哥EBANO油田综合服务激励型项目合同，合同期30年，内部收益率15.2%。

(贺　莹)

【技术创新取得新进展】 地球物理勘探技术。集成60年来中国石化物探领域先进技术成果的“I”技术体系是复杂地区勘探开发的利器。在东部老区，“I”技术使地震资料的主频平均提高10赫兹，频带拓宽30赫兹，复杂构造刻画和识别地质体能力显著增强，促进了采收率的提高和原油产量的持续稳定；在西部、南方等新区，“I”技术破解碳酸盐岩缝洞型油气藏、碳酸盐岩礁滩相油气藏、致密碎屑岩油气藏勘探难题，推动了塔河、大牛地、普光、元坝等一批大中型油气田的发现和增储上产。

复杂地质条件下钻井技术。在超深井钻井技术、酸性气田开发工程技术具备规模化、一体化服务能力。针对川东北“三高”油气田勘探开发，形成地质环境因素描述、非常规井身结构、气体钻井与高效破岩工具、硫化氢、二氧化碳防护及井控技术、复杂地层承压堵漏等配套技术，该系列成果“特大型超深高含硫气田安全高效开发技术及工业化应用”获2012年度国家科技进步特等奖。已完成一批包括塔深1井、胜科1井、元坝1井、科钻1井等重点井及川东北区块井在内的超深井。创造了一批高指标：完成亚洲最深的井塔深1井，钻井深8 408米；井底温度最高236℃（泌深1井）；钻井液密度最大2.87克/厘米^3（官深1井）；开窗侧钻井深最深7 427米（元坝1－侧1）。

测录井技术。秉承为勘探开发、提速提效服务，在裸眼测井、生产测井、油气井射孔、资料处理解释、地质录井、工程录井、井场信息传输与决策、测录井装备研发制造以及应用软件开发等方面取得科技进步。在一体化解释方面，已形成针对各种复杂储层的评价方法和技术。

井下特种作业技术。形成了不同完井方式、不同井眼尺寸、长水平井段的细分压裂配套技术和能力；完善了高温高压超深油气井、高酸性油气井、非常规油气井及特殊结构井的测试技术；形成了水平井大修、深井超深井大修等配套技术，具备连续油管及带压作业等高端业务的技术服务能力；针对海上油气井的特种作业，形成了海上完井测试、储层改造及滩浅海修井技术。

石油工程建设技术。陆地和滩浅海石油工程建设技术处于国内外领先水平。原油脱水、稠油降黏、高含砂稠油脱水、污水脱盐处理及工艺获全国科技大会奖；油气管道运行中维抢技术达国际先进水平；孤东海滩油田高效勘探开发与建设获国家科技进步一等奖；胜利海上埕岛油田200万吨/年产能建设工程设计获全国第9届优秀工程设计金奖；外钓岛—册子岛—镇海海底管线穿越工程获全国优秀工程总承包银钥匙奖；浅海油田海底管道浮拖法、大型平台整体浮装就位施工法，滩海铺管船铺设海底管线施工法获国家级施工工法；在世界首次采用复合胺法回收二氧化碳用于驱油的技术获国家级科研成果奖。

石油机械装备制造。国家“十二五”重大专项3000型压裂车组完成研制，完成工业试验并已投入现场应用；系列化带压井作业设备和连续油管作业成套设备已实现国内销售和批量化出口。海洋自升式钻井平台井架滑移锁止系统研制成功并完成工业试验。EXPLORER综合录井仪、捷联式自动垂直钻井系统、扭力冲击器、近钻头地质导向仪器等装备及工具在现场进行推广应用，取得突破性进展。

（贺　莹）

【结构调整和资源优化见到明显成效】 2013年，石油工程公司在优化投资方面，充分盘活存量，严控用好增量，把投资回报与效益考核挂钩，压减13台钻机、8台2500型压裂泵车改造和新购计划，跨企业跨地区调剂多套井下测试工具、进口防喷器、采集站，累计调减投资15亿元。在优化组织机构方面，将公司本部机关、国际石油工程公司、石油工程地球物理公司、石油工程建设公司4家在京单位的QHSE、党群、外事、法律和信息中心5个职能部门、附属机构实施机构合并，实现4家单位1套机构，提高了管理集中度；将公司本部与所属在京单位的财务资产部、风险管理部、人力资源部3个部门能够共享的部分职能实施合署办公，提高了管理效率；对公司本部与所属在京单位的公共关系、行政后勤等业务共享资源和服务，优化了业务流程。在优化市场方面，在老区市场，基本形成地区公司与驻地油田分公司“一对一”定向服务模式；在国内新区市场，着力对新区市场布局进行优化整合，减少内部无序竞争；在海外市场，按照“一个国家、一个窗口、一个平台”和“一体化管理、专业化经营”的原则，优化海外市场布局。

（贺　莹）

【基础管理不断加强】 2013，石油工程公司制定《石油工程公司本部机关及所属单位HSE责任制》等65项规章制度，奠定了公司管理的制度基础。建立健全QHSE管理组织机构，层层落实HSE责任制，按照“谁检查、谁签字、谁负责”的要求严格开展安全生产大检查，突出强化井控管理、海上安全、隐患治理、问题整改和境外公共安全工作，安全环保形势保持基本稳定。针对重组后体制机制运行磨合中反映出来的实际问题，组织开展管理诊断下基层、专项调研、现场办公等活动，建立了问题解决协同和领导责任分工机制。

（贺　莹）

【党建和思想政治工作扎实推进】 2013 年，石油工程公司扎实开展党的群众路线教育实践活动，制定实施领导干部基层联系点制度，深入基层开展调查研究，面向基层和生产一线征求意见建议，制定切实改进措施，着力解决群众反映强烈的热点、难点问题。广泛征求意见建议，分类整理 14 类 56 条意见建议，制定了督促整改计划、落实到分管领导和相关业务部门，做到件件有着落、事事有回音。严格执行中央“八项规定”和石化集团公司“实施细则”，会议费、招待费、办公费、差旅费明显下降，党群、干群关系进一步改善。以开展“忆传统、爱企业、创一流”专题教育活动为载体，深入推进精神文明建设和创先争优活动，引导广大员工为建设世界一流能源化工公司、打造“高度负责任、高度受尊敬”企业做出更大贡献。

（贺　莹）

国际石油工程公司

【概况】 中国石化集团国际石油工程有限公司（简称国际石油工程公司）成立于 2003 年 12 月，注册地北京。石化集团公司石油工程专业化重组，国际石油工程公司出资人由石化集团公司变更为石油工程公司。主要从事国际石油工程承包和技术服务业务，对石油工程公司国际石油工程承包、技术服务和劳务合作业务实行归口管理和统一协调。自营国际石油工程承包、技术服务和劳务合作业务经营管理责任，对石油工程公司所属专业公司地区公司自营国际石油工程承包、技术服务和劳务合作业务进行管理、监督和协调，对外派遣实施境外工程所需的劳务人员，负责国际石油工程承包项目下设的设备、技术和材料的出口工作及境外设备租赁、租购业务。

国际石油工程公司下设总经理办公室、人力资源部、财务部、法律合同部、计划经营部、钻井工程部、HSE 部、物流管理部、装备管理部 9 个职能部门和沙特分公司、美国子公司、尼日利亚子公司、巴西子公司、哈萨克斯坦子公司等 35 个分（子）公司。

截至 2013 年底，国际石油工程公司员工总数 584 人，其中中方员工 310 人、外籍员工 274 人。在中方员工中，有教授级职称的 9 人，高级职称的 94 人，中级职称的 51 人，其他 130 人，具有中高级职称的占 54.3%；具有研究生以上学历的 117 人（其中博士研究生 6 人），本科学历的 159 人，本科及以上学历的占 97.2%。

国际石油工程公司境外合同额见表 1。

（杨　洋）

【积极支持海外业务体制机制调整】 2013 年，国际石油工程公司按照专业化重组后的管理职责、与专业公司和地区公司的业务分工和界面，对业务流程全面梳理。按照专业化重组方案要求，完成公司出资人变更登记，组织完成原油田企业签署的内部合作协议和境外机构委托管理协议主体变更。落实外事管理、境外公共安全和 HSE 监管职责，建立管理体系。探索资源共享新模式、新路子，参与制定石油工程公司资源共享方案，梳理各项共享业务管理流程。全面调查清理各单位所设境外机构，分析机构现状，结合发展潜力和市场前景，按照“统一旗帜、统一品牌”的方针和“一个国家、一个窗口”的原则，提出规范整合思路，研究制定石油工程公司《境外机构规范整合框架方案》，拟将原有 74 个境外机构整合成 53 个，同时分别研究制定了沙特和阿联酋 2 个国家境外机构整合实施方案。在石油工程专业化重组过程中，为石油工程公司本部和地球物理公司、石油工程建设公司推荐岗位人选，输送各类专业人才 220 人。

（杨　洋）

【业务发展保持良好势头】 2013 年，国际石油工程公司认真落实国际化经营战略，加大市场开发力度，积极应对海外严峻公共安全形势，全力为项目开发实施提供有效服务，配合推进海外资源优化整合，不断转变发展方式，业务发展取得可喜成绩。全年累计新签合同额 46.97 亿美元、完成合同额 29.05 亿美元，分别完成年度计划的 141.4%、106.4%，比上年增长 36.1%、16.9%。

（杨　洋）

【市场开发取得突破性进展】 ①井筒业务突飞猛进。紧抓钻井项目招标机遇，成功签约沙特阿美公司钻修机项目，成为沙特阿美公司陆上最大的钻井工程承包商，哈萨克斯坦、墨西哥和厄瓜多尔市场继续保持快速增长势头。②油田综合服务项目开发成效显著。成功签署墨西哥 EBANO 油田综合服务激励型项目合同，合同期 30 年。③老市场恢复和新市场开发取得新进展。配合石化集团公司外事局对苏丹、南苏丹、也门和巴基斯坦等高风险国家公共安全形势进行现场调查，重新评估公共安全风险，采取有效安保措施，逐步恢复相关国家市场业务，恢复队伍16支，新签合同额7.8亿美元，实现工程项下贸易业务收入1 600万美元。

（杨　洋）

【海外公共安全和HSE监管持续深化】 2013年，国际石油工程公司代表石油工程公司监管境外公共安全和HSE工作，着手研究建立新的管理体系和制度，明确职责分工和管理流程，协调成立石油工程公司境外公共安全和HSE委员会，制定《国际石油工程公司境外公共安全和HSE岗位责任制》，编写完成《地面工程HSE手册》，顺利通过ISO 9001、ISO 14001和OHSMS 18001体系认证复审。加强形势研判和预警，密切跟踪高风险国家安全形势，发布境外公共安全形势周报，审核审批境外项目公共安全风险评估报告，认真组织人员培训，严把出国人员公共安全培训关，审查出国人员公共安全培训证明。开展HSE宣传教育活动，定期通报境外公共安全和HSE事故事件，协调处理境外事故事件。调整细化应急预案，开展应急演练，协调组织阿尔及利亚、中非、埃及、南苏丹和也门等国家项目人员成功撤离。

（杨　洋）

【推进外事业务一体化管理】 2013年，国际石油工程公司归口管理石油工程公司及所属单位外事管理工作，初步理顺工作机制和审批流程，制定《石油工程公司及其所属单位党组管理干部因公出国（境）审批程序》《外事工作流程》，明确外事活动和因公出国（境）管理审批程序，协调对外合资合作相关工作；协调增设外事系统账户，办理因公出国（境）团组立项审批，完成因公出国（境）团组批件初审，办理外国人来华邀请函、工作签派遣函，翻译和整理各类资料。

（杨　洋）

【全面服务海外项目开发实施】 2013年，国际石油工程公司强化业务运营服务，研究海外业务发展战略，完善中长期发展规划和滚动发展计划；强化财税专业服务，充分发挥境外机构资金运作平台作用，组织开展境外银行账户、资金安全自查和财务督察，加强外账监管，积极应对项目所在国税务检查，指导厄瓜多尔子公司、沙特分公司等境外机构开展税务审计和税务抗辩；强化法律专业服务，积极为海外业务提供有力法律支持，有效防控相关法律风险，组织研究项目担保文件，及时出具法律意见书和风险提示；强化境外平台服务，境外机构在注重开发井筒海工市场的同时，积极为地球物理公司、石油工程建设公司提供有效项目信息，牵头处理当地政府和社区关系以及其他公共关系，深化与项目业主联系，协调当地供应商、分包商等业务资源，组织履行社会责任，全力保障项目开发与实施；强化项目实施服务，注重项目实施方案制定、组织机构设置、关键人员选聘、主要装备配套、项目动迁等环节的协调管理，保证项目按期开工。

（杨　洋）

【党建工作扎实有效】 2013年，国际石油工程公司认真学习党的十八大、十八届三中全会精神，深刻领会习近平总书记一系列重要讲话精神，切实把干部员工的思想和行动统一到中央的各项重大决策部署上。深入开展党的群众路线教育实践活动，认真组织学习，广泛听取意见，深刻查摆问题，开展批评与自我批评，组织参加石油工程公司党委民主生活会，开好联合党支部组织生活会，制定改进措施，切实加强领导干部作风建设。组织参观石化集团公司成立30周年展览，开展“建设人民满意企业”专题讨论。贯彻落实中央“八项规定”精神和石化集团公司23条“实施细则”，组织参加北京市反腐倡廉教育基地参观学习活动和石化集团公司廉洁风险防控培训，开展处级以上领导干部廉洁自律“四个一”活动和清退会员卡专项活动。参加赴西柏坡、狼牙山参观学习活动，做好党员发展工作，开展基层优秀党支部评选。组织员工参与“6·5”世界环境日活动，做好节日和员工生日慰问工作，营造和谐工作氛围。

（杨　洋）

表1　国际石油工程公司境外合同额　亿美元

年份 指标名称	2013	2012	2011	2010	2009	2008
新签合同额	47.00	25.90	23.00	16.88	16.52	15.95
完成合同额	29.00	17.70	12.80	14.25	14.86	9.35

石油工程建设公司

【概况】 中石化石油工程建设有限公司(简称石油工程建设公司)机关设在北京，下设综合管理处(总经理办公室)、党群工作处(党委组织部、纪检监察处)、财务计划处、经营管理处、QHSE管理处、运行管理处、技术处7个职能部门，以及国际工程事业部1个机关附属机构。拥有5家设计企业、8家施工企业和2家监理企业。

截至2013年底，石油工程建设公司共有从业人员2.29万人，其中正式职工1.48万人，平均年龄为41.09岁。拥有享受政府特殊津贴人员1人、石化集团公司突出贡献专家6人、石化集团公司学术技术带头人26人、闵恩泽青年科技人才奖17人，全国技术能手4人、石化集团公司(省部级)技术能手44人。

2013年，石油工程建设公司实现收入275.46亿元、同比增加26.08亿元，完成考核利润3.89亿元。截至2013年底，公司资产总额225.26亿元，负债总额218.34亿元，账面资产负债率97%，流动比率0.92，速动比率0.53。

石油工程建设公司主要经济指标和工作量完成情况见表1和表2。

(刘居正)

【主要设备】 截至2013年底，石油工程建设公司拥有各类工程设备及仪器2.4万余台(套)，包括各类工程机械、起重搬运机械、焊接切割设备、定向钻机组、工程勘察设备和仪器仪表等。滩浅海工程建设装备齐全，可建造浅海自升式平台、1万吨级大型固定平台，铺管作业水深可达100米。2013年购置了海上液压打桩锤、600吨水平定向穿越机、LNG外罐施工装备、全自动焊机等先进设备，增强了高端化装备实力。

(刘居正)

【勘探开发保障】 2013年，石油工程建设公司提前筹划、合理调配各专业人力资源，强化重点项目运行，全力保障各油区、各专业公司的保油上产项目，完成系统内合同额68.02亿元。以春风油田排601－20块地面工程、元坝气田17亿米^3/年试采工程为代表的五大会战项目顺利实施。金坛盐穴天然气地下储气库、济南—青岛输气管道二线、石家庄—太原成品油二期项目、山东LNG输气干线、广西LNG低温储罐外罐、埕北4E采修一体化平台、中原油田南气北输管道改造等重点项目按照进度计划运行。总承包的广西LNG粤西支线工程、榆林—济南输气管道增压工程、大连石油化工研究院建设工程进入施工建设阶段。标准化设计工作全面推进，完成中国石化天然气长输管道标准化设计全部工作量的80%，标准化设计成果已在广西液化天然气输气管道、川气东送高淳输气站等多个项目应用，参与完成多项中国石化管道材料等级库建设的基础工作。

(刘居正)

【市场开拓】 石油工程建设公司市场主要分为国内集团内部市场、国内集团外部市场和国际市场三大板块。集团内部市场主要服务胜利、中原、河南、江汉、江苏、西南、西北、东北、华北、华东等各油田，以及天然气分公司、管道储运公司、新星石油公司、国际石油勘探开发公司等专业公司；国内外部市场主要涉及中国石油、中国海油、中化、各地煤化气公司、城市燃气公司等单位，以及高速公路、城市管网、房地产民用工程等社会市场；国际市场主要分布在沙特、加纳、阿尔及利亚、尼日利亚、哈萨克斯坦、南苏丹、肯尼亚、巴西、玻利维亚、泰国、土库曼斯坦等国家。全年新签合同额253.40亿元、同比增长4.59%，其中海外119.38亿元、增长26.31%。

(刘居正)

【技术创新】 2013年，石油工程建设公司共开展各级科研项目200余项，其中国家级8项、省部级35项、局级58项。主要重大(重点)科技项目有：新粤浙煤制天然气长输管道工程建设关键技术、高含硫酸性气田集输系统维护及关键装备研究、东海100米水深海底管道施工工艺研究和装备研制、导管架平台(人工岛)设计建造技术、油气田开采废气液环保节能技术等。拥有施工工法110项，其中国家级工法12项、部级工法3项、省级工法35项、石化集团公司级工法30项；授权专利258项，全年新申请专利93项，获得授权专利96项。

(刘居正)

【荣誉称号】 2013年，石油工程建设公司共获省部级以上奖励60余项，其中公司参与的“特大型超深高含硫气田安全高效开发技术及工业化应用”项目获国家科学技术进步特等奖。“高频脉冲电聚结油水预分离技术”“大型储油罐底板空隙监测技术”13项技术被评选为全国石油和化工勘察设计行业专有技术；

"大型天然气处理装置设计施工技术"获省级科技进步二等奖；"特高含水油田集输系统节能降耗关键技术"获国家能源局科技进步二等奖；"高含水期油气集输系统节能降耗关键技术"获中国石油和化学工业联合会科技进步三等奖；"饱和软土地区多螺旋翼片自钻式锚杆应用研究"被评为2013年度中国公路工程科技创新成果三等奖。

参与设计建设的"川气东送"工程获全国工程建设项目优秀设计成果一等奖、国家优质工程金质奖，胜利老河口油田老168块新区产能建设(进海路及海油陆采平台)和环北京成品油及航煤管道工程获国家优质工程银奖，英买力气田群地面建设工程、京福高速公路徐州绕城西段获国家优质工程奖。胜利902铺管船建造、红河油田产能建设、"西气东输"二线参建标段等10项工程获全国优秀焊接工程。常州西绕城高速公路、锦绣家园住宅楼工程等获省级优质工程奖。

公司所属单位先后获全国石油和化工勘察设计行业技术创新示范企业(首批)、全国优秀工程设计企业、全国优秀施工企业、中国建筑业总承包商50强、国家级社会信用AAA级企业、中国对外承包工程AAA级信用企业、全国守合同重信用企业、中国建筑业成长性百强企业、省级优秀勘察设计企业、省级五一劳动奖章等称号和荣誉。其中，胜利油建公司代表中国石化在第11届全国工程建设系统职业技能竞赛中获钣金工团体第1名、电焊工团体第2名以及个人2金、3银的成绩。

(刘居正)

表1　石油工程建设公司主要经济指标　　亿元

指标名称 \ 年份	2013
总资产	225.26
净资产	6.92
固定资产净值	23.69
营业收入	236.05
利　润	0.03

表2　石油工程建设公司工作量完成情况　　亿元

指标名称 \ 年份	2013
新签合同额	253.40
集团内上市	73.80
集团内非上市	18.51
国内集团外	41.71
国　外	119.38
完成合同额	245.42
集团内上市	68.02
集团内非上市	24.83
国内集团外	70.98
国　外	81.59

石油工程地球物理公司

【概况】 中石化石油工程地球物理有限公司(简称石油工程地球物理公司)于2012年12月21日在北京注册，由石油物探技术研究院，胜利、中原、河南、江汉、江苏油田及华北、华东、西南石油局等8家非上市油田企业所属物探公司(大队)，国际石油工程公司物探工程部整合重组成立。

石油工程地球物理公司是石油工程公司的全资子公司，是石化集团公司从事物探业务的独立法人和利润中心，是集物探资料采集、处理、解释、技术研发、装备制造、油藏服务于一体的专业技术服务公司，是为中国石化上游业务提供物探专业一体化服务的技术支撑中心，是石化集团公司参与国内外物探工程技术服务市场竞争的责任主体。主要职责是：负责研究石化集团公司物探业务发展战略，提出中长期规划和年度部署方案建议，执行石油工程公司战略和年度部署；负责统筹物探采集、处理、解释的一体化经营和 QHSE 管理，承担资产保值增值责任；在石油工程公司授权下负责人、财、物管理；负责国内外物探业务市场开发；负责物探技术、装备仪器、软件研发，为上游业务发展和石油工程公司参与国内外市场竞争提供技术支撑。

截至 2013 年底，石油工程地球物理公司设有 7 个机关部门，2 个附属中心，10 家分公司。有地震队伍 70 支，其中国内市场 54 支(甲级队 35 支、乙级队 17 支)、国外市场 16 支。从业人员 10 284 人，其中正式职工 8 470 人、其他用工 1 814 人。拥有可控震源 120 台，数字地震仪主机共计 76 台(套)，接收道数 32. 47 万道；拥有全数字地震三分量数字检波器 2. 55 万个，单分量数字检波器 1 万个；拥有 VSP 采集设备 6 套。

石油工程地球物理公司主要生产经营指标见表 1。

（李　佩）

石油工程地球物理公司在沙特 S62 项目施工

【支撑勘探开发成果突出】 2013 年，石油工程地球物理公司发挥整合优势，全力支撑增储上产五大会战，坚持走高效勘探之路，优化生产组织，创新施工模式，深入开展提速提效，生产效率不断提高，勘探质量稳步提升。全年共实施集团内部二维地震 12 940. 44 千米、三维地震 9 650. 87 平方千米，资料合格率 100%、优良率 83. 83%，多个项目被评为优秀工程。推广应用页岩气地震勘探、微地震监测、高精度地震勘探等技术，为焦石坝 50 亿立方米页岩气产能建设以及济阳、塔河、准噶尔、鄂尔多斯盆地南部 4 个规模增储阵地的扩大落实提供了重要保障。

（李　佩）

【大面积三维地震整体实施模式成效显著】 2013 年，石油工程地球物理公司针对过去陆上地震分块实施带来的采集脚印和边界效应等问题，在华北和西北地区的杭锦旗、塔河 10 区西、顺南等工区，打破原有项目分割方式，通过项目的优化组合和队伍的有效整合，创新应用陆地大面积三维地震整体实施技术，减少了地震采集脚印，实现了资料的无缝衔接，使资料品质得到质的提高；同时由于规模化生产，提高了队伍的作业能力和施工效率，减少了人员和设备的重复性投入，提升了勘探效率、质量和效益。

（李　佩）

【市场开发取得新进展】 2013 年，石油工程地球物理公司国际市场完成合同额和新签合同额分别同比增长 17. 46% 和 22. 12%；成功开辟墨西哥和毛里塔尼亚 2 个新市场，沙特 S62 项目在 3 + 1 的基础上再次续签 1 年，苏丹市场落实市场规模超过 1 亿美元，初步形成中东、北非、南美 3 个区域性规模市场。国内集团外部市场凭借洛克石油公司 09/05 国际反承包项目首次进入中国海油市场；积极把握非常规勘探开发兴起机遇，先后获得非常规采集项目 11 项，合同金额达 2. 37 亿元。

（李　佩）

【中国石化品牌地球物理技术体系——I 技术正式发布】 2013 年，石油工程地球物理公司通过对半个多世纪以来为油气勘探服务所积淀、探索和创新的物探技术进行梳理、整合、集成，形成了具有自主知识产权的，集理论、方法、技术于一体的地球物理技术体系——I 技术。主要包括：精细地震勘探(I－Fine)、复杂地区复杂油气藏勘探(I－XComplex)、油藏地球物理(I－Reservoir)、海洋地球物理勘探(I－Offshore)、非常规资源勘探(I－Unconventional)、实验地球物理(I－Experiment)、地球物理装备(I－Equipment)以及地球物理软件(I－πframe)。

（李　佩）

中国石化品牌地球物理技术体系——I技术正式发布

【**可控震源高效采集技术成功应用**】 2013年，石油工程地球物理公司为解决西部新区地震勘探难题，满足鄂尔多斯、准噶尔、塔里木等盆地宽方位、高密度三维地震勘探的需求，针对可控震源高效采集技术进行技术攻关，掌握了可控震源滑动扫描同步激发技术，研发了具有自主知识产权的软件，打破了国外技术垄断，并在准噶尔盆地北缘哈山东地区开展应用试验。全年共投入12台可控震源，13天212小时完成79 435炮，日均6 110炮，最高日产13 007炮，最高时效713炮，创下国内可控震源施工日均、最高日产、最高时效3项纪录。

（李　佩）

【**地球物理技术在页岩气勘探中应用效果显著**】 2013年，石油工程地球物理公司通过高覆盖、宽方位、强耦合的观测系统设计，针对不同岩性、地形的宽频强振幅激发技术，大基距、多串检波器组合宽频压噪技术的集成应用，在焦石坝地区实施满覆盖三维地震601.61平方千米，精确指导焦页2井、焦页3井和焦页4井水平井的实施；应用微地震压裂监测技术系列，分析确定裂缝参数和油气藏状态等信息，描述裂缝破裂过程，评估压裂效果，指导压裂施工，提高了储层改造的效能。

（常　鉴）

【**与CGG公司签署战略合作框架协议**】 2013年3月25日，石油工程地球物理公司与CGG公司签署战略合作框架协议，双方将在技术研发与推广、业务拓展、市场运作、装备供应以及人员培训等方面开展合作。

（李　佩）

【**S62项目第3次获沙特阿美公司嘉奖**】 2013年2月，S62项目创造连续安全生产950万小时和1 160万千米安全行车无人员伤害事故纪录，第3次受到沙特阿美公司的嘉奖，是该公司历史上首次单个项目连续获得3次奖励。

（李　佩）

【**成立装备管理中心**】 2013年9月17日，根据石化集团公司构建资源优化平台和机制、提高资源配置效率和使用效率、发挥资源整合效应和协同效应的要求及业务发展需要，石油工程地球物理公司在南京成立装备管理中心，负责公司地震仪器及特种装备的统一管理、运营、维护并提供服务，以及组织重大、关键装备的研发与制造。

（李　佩）

【**扎实推进用工结构调整**】 2013年，石油工程地球物理公司通过严把入口，畅通出口，减少正式用工208人；加强劳务派遣工的规范管理，清理清退劳务派遣工1 307人，占重组前劳务用工的42.99%。用工总量由年初的11 813人减少到10 248人，减员12.94%。

（李　佩）

【**主要获奖情况**】 2013年，石油工程地球物理公司获得多项奖励。“逆VSP地震采集处理关键技术研究”“基于地理信息的地震资料采集设计及软件研制”“非油气领域科技成果的启示作用调研”3个项目获石化集团公司科技进步三等奖，“地震野外施工项目化管理”获石化集团公司管理创新成果一等奖，“物探专业内控精细化管理”“分片集中式管理模式在84#85#管理中的成功应用”获石化集团公司管理创新成果二等奖，“企业跨越式发展战略探索与实践”获石化集团公司管理创新成果三等奖，1项成果获石化集团公司改善经营建议优秀奖。

（李　佩）

表1　　**石油工程地球物理公司主要生产经营指标**

年　份 / 指标名称	2013
国内二维地震/千米	15 009.70
国外二维地震/千米	6 955.45

续表

指标名称 \ 年份	2013
国内三维地震/平方千米	9 880.16
国外三维地震/平方千米	6 508.65
收　入/亿元	63.80

石油工程机械公司

【概况】 中石化石油工程机械有限公司(简称石油工程机械公司)于 2012 年 12 月在武汉市东湖新技术开发区注册成立，业务涵盖钻具及井下工具、陆上钻采装备、海洋石油工程装备和油气储运装备等多个领域，是中国石化唯一的石油工程装备研发、制造、技术服务中心，是国内重要的石油装备制造基地。公司主导产品有牙轮和金刚石钻头、石油钻机、固井设备、压裂设备、修井机、连续油管作业设备、带压作业设备、天然气压缩机、水处理设备、油气输送管、井下工具等。

石油工程机械公司下设综合管理处、党群工作处(纪检监察处)、人力资源处(党委组织部)、运营管理处(QHSE 管理处)、财务计划处和市场发展处 6 个职能管理部门；下辖第四机械厂、沙市钢管厂、第三机械厂、石油机械研究院，控股江汉石油钻头股份有限公司(简称江钻股份公司)、四机赛瓦石油钻采设备有限公司，分布在湖北潜江、荆州、武汉等地。其中，第四机械厂是国家重大技术装备国产化基地、中国石化固压设备国产化基地、中国石油钻采设备制造专业“十强企业”。江钻股份公司是国家一级企业和国家重点高新技术企业，1998 年在深交所挂牌上市，拥有全球第一的牙轮钻头生产能力，该公司商标被认定为“中国驰名商标”。沙市钢管厂是中国中南部最大的钢管制造企业，在国内外众多重点管线项目中创造了良好的业绩。四机赛瓦石油钻采设备有限公司于 1992 年与美国赛瓦公司合资组建，已发展成为中国石油行业最成功的合资企业之一。第三机械厂是中国石化压缩机国产化制造基地。石油机械研究院是中国石化石油机械装备重点实验室，专门从事前瞻性产品和技术研究。

截至 2013 年底，石油工程机械公司用工总量 10 200人，其中经营管理人员 990 人，占 9.71%；专业技术人员 1 901 人，占 18.64%；技能操作人员 7 309人，占 71.65%。资产总额 85.51 亿元、其中净资产 24.98 亿元，固定资产净值 16.24 亿元。2013 年实现营业收入 83.82 亿元、考核利润 1.50 亿元，圆满完成各项任务。

石油工程机械公司主要经济指标和主要产品指标分别见表 1 和表 2。

（贺鸿昌）

【勘探开发保障】 2013 年，石油工程机械公司充分发挥产品门类较全的优势，重点围绕涪陵页岩气示范区建设、石化集团公司“五大会战”等，积极为勘探开发提供优良的技术装备保障。全年生产牙轮钻头 43 763 只，金刚石钻头 695 只；固压设备 529 台(套)，其中 2500 型压裂泵车 65 台；钻修设备 97 台(套)，其中 750 修井机 12 台；天然气压缩机 27 台；螺旋、直缝和 ERW 钢管共计 31 万吨。第四机械厂研制生产的大型成套压裂设备，作为焦石坝工区储层改造的主力装备，每一次均圆满完成作业任务。特别是 3000 型压裂泵车在现场应用中，展示了功率高、排量大、连续工作性能稳定的特点，为页岩气规模化开发提供有力支撑。江钻股份公司在总结分析第一轮井提速提效工作的基础上，针对导眼段、一开、二开直井段和定向段、水平段的不同需求，先后开发试验了 6 个型号 PDC 钻头、3 个型号螺杆钻具，现场应用 3 口井，统计平均机械钻速约 5.61 米/时，较第一轮 5 口井机械钻速提高了约 28.92%。研制的喷射式浮选机首次在中国海油市场含聚污水中使用。

（贺鸿昌）

3000 型压裂车亮相北京第 13 届 CIPPE 展会

【市场开拓】 2013年，石油工程机械公司交付使用2000型以上压裂泵车130台、成套压裂机组19套，实现固压装备收入23.23亿元、增长30%；牙轮钻头国际市场占有率达到23%；销售钢管39.26万吨、增长51.64%，钢管工厂化防腐在济青复线取得积极进展；压缩机订货36台，11台6RDS压缩机组在大牛地气田完成372小时连续工作试验及加载运行，顺利成功投运；复合材料桥塞在国内市场扩大推广应用，累计销售400多套。

（田治明）

【技术创新】 2013年，石油工程机械公司扩大博士后工作站覆盖范围，建立公司首个院士工作站，实现高端科研资源充分共享。第四机械厂获批国家级企业技术中心，江钻股份公司被认定为首批国家级知识产权示范企业，公司研发体系实现了提档升级。积极参股湖北省海工研究院，成为湖北省海工装备产业化重要参与单位，公司对外科技合作的步伐明显加快。扎实推进重点项目攻关，国家科技重大专项"3000型成套压裂装备研制及应用示范工程"项目主体研究工作全面完成，现场试验获得圆满成功。注重科技成果转化，等壁厚螺杆钻具技术质量实现突破，达到定型批量生产条件；连续油管和不压井作业设备研制成功，批量出口委内瑞拉；RDS压缩机技术和质量不断改进，受到用户好评。积极做好知识产权保护工作，申请专利72项，获授权专利70项，其中发明专利4项。圆满完成各级项目申报工作，"1 600千牛油气不压井作业装备国际合作研发""海洋石油水下井口头系统工程化研制"2个项目申报成功，公司在研的国家级项目达到4个；"海洋油气压裂作业系统研制"项目获国家工信部开题立项、为海工装备研发和系统集成创造良好条件。全年新增各类课题24项，其中国家级项目2项、省部级15项，为公司延伸产品领域、高端高效发展提供了更多科研项目支持。

连续油管和不压井作业设备批量出口委内瑞拉

（田治明）

【荣誉称号】 在2013年全国引进国外智力工作会议上，第四机械厂被命名为2012年度国家引进国外智力示范单位。第四机械厂"160吨油气不压井作业装备合作研发"项目获国家国际科技合作专项立项。"石油四机"牌钻机获中国机械工业优质品牌称号。第四机械厂员工程海军在第11届全国工程建设系统职业技能竞赛中获得金奖，被授予全国技术能手称号。第四机械厂压裂装备研发团队获评中国石化优秀创新团队。江钻股份公司凌振忠创新工作室获评全国能源化学系统"劳模创新工作室"。第四机械厂负责实施的"十二五"国家重大专项"3000型成套压裂装备研制及应用示范工程"通过中期检查验收，总评分在中国石化承担项目及示范工程的多家单位中名列第2位。沙市钢管厂被中国文化管理协会企业文化管理委员会授予2013年中国企业形象管理先进单位称号。江钻股份公司"江钻牌"石油钻头被授予2013年度中国石油和化学工业知名品牌产品称号。江钻股份公司被授予中国企业文化建设优秀单位和第9届全国设备管理优秀单位称号。

（金　灵）

表1　石油工程机械公司主要经济指标　亿元

指标名称＼年份	2013
总资产	85.51
净资产	24.98
固定资产净值	16.24
营业收入	83.82
利　润	1.50

表 2　　石油工程机械公司主要产品指标

指标名称＼年份	2013
机械产品吨位/万吨	34.32
设　备	1.96
设备配件及工具	1.30
钢　管	31.06
机械产品产量	
钻修设备/台(套)	97
固压设备/台(套)	529
钻　头/只	44 759
天然气压缩机/台(套)	27

胜利石油工程公司

【概况】　中石化胜利石油工程有限公司(简称胜利石油工程公司)于 2012 年 12 月 20 日完成注册登记，2013 年 1 月 4 日挂牌成立，公司位于山东省东营市东营区济南路 125 号。机关设 8 个职能部门，下设 12 个二级单位、58 个三级单位、50 个科级单位、586 个四级单位。主要业务有钻井、修井、完井、测井、测试、录井、井下作业、资料处理解释、储层改造；井筒工程设计、施工、技术服务；井筒工程技术研究与试验发展；地质勘查技术服务；设备、管具、机械的修理和保养；机械设备的租赁；对外承包上述工程技术服务；与上述业务相关的货物进出口、代理进出口、技术进出口、劳务派遣。

截至 2013 年底，胜利石油工程公司用工总量 31 764人，其中正式职工 24 047 人、全日制劳务派遣工 6 508 人，非全日制用工 1 209 人。在岗位用工中，经营管理人员 6 396 人、专业技术人员 4 017 人、技能操作人员 21 070 人。拥有中国石化资质施工队伍 634 支，其中钻井队 208 支(陆地钻井队 200 支、海洋钻井平台 8 座)，测井队 104 支，录井队 215 支，井下作业队 107 支，定向井、固井、管具、钻井液、钻后治理等技术服务队伍 29 支。公司资产总额 153.59 亿元，固定资产原值 133.04 亿元、净值 71.36 亿元，其中设备资产原值 96.38 亿元、净值 44.73 亿元，新度系数 0.56，主要专业设备 3 245 台(套)，综合完好率 99.1%。

胜利石油工程公司主要技术经济指标和主要生产建设指标分别见表 1 和表 2。

（蒋晓波）

【生产经营】　2013 年，胜利石油工程公司开钻 2 303 口，交井 2 354 口，钻井进尺 537 万米，同比分别增加 84 口、160 口和 2.52 万米。其中，油区内部完成钻井进尺 444 万米，增加 3.95 万米(探井进尺 14.88 万米，减少 23.43 万米；开发井进尺 428.64 万米，增加 26.89 万米)；国内外部市场完成钻井进尺 43.55 万米，减少 5.78 万米；国外市场完成钻井进尺 17.7 万米，增加 1.74 万米。测井 14 831 井次，增加 295 井次，其中油区内部 13 119 井次，增加 266 井次。录井 2 390 口，增加 299 口，其中油区内部 2 225 口、增加 298 口。井下作业 2 943 井次，减少 25 井次，其中油区内部 2 088 井次、减少 37 井次。营业收入 199.45 亿元，减少 16.82 亿元。其中，油区内部收入 149.61 亿元，占总收入的 75%；国内外部市场收入 36.21 亿元，占总收入的 18.15%；国外市场收入 13.63 亿元，占总收入 6.85%。实现考核利润 10.47 亿元。

（蒋晓波）

【勘探开发保障】　2013 年，胜利石油工程公司实行一体化运行管理模式，组织开展提速提效系统工程，着重加强井位设计、工农关系、钻前准备、钻机运行等施工节点的协调，做好运行过程的监督和监控。实行钻机预警管理制度，实现钻机均衡运行，对井位无法保证钻机运行的勘探开发单位，做到提前预警，保证钻机连续运转。建立均衡生产运行机制，推进生产运行、经营管理、队伍装备、安全环保、技术应用系统优化，内部资源得到充分利用，生产效率不断提高。发挥钻井、测井、录井、井下作业井筒工程一体化技术优势，增强“把现有技术应用到极致”的意识，组织推广“一区域一模式、一口井一方案、一环节一对策”的优快生产运行体系，提速提效取得明显成效。全年钻井生产时效 94.88%、同比提高 0.8%，油田内部平均钻机月速 3 967 米/台、提高 364 米/台，平均机械钻速 20.8 米/时、提高 1.44 米/时，平均建井周期 19.29 天、缩短 1.37 天，固井质量、录井油气显示发现率、测井曲线优质率、测试一次成功率、作业大修全优率等主要质量指标都有新的提升。

（蒋晓波）

胜利石油工程公司在盐 227 井施工

【市场开拓】 2013 年，胜利石油工程公司按照“打造高端，优化低端”的思路，加强高效市场的研究和跟踪，优化队伍装备结构，市场布局更加优化。国内外部市场主要分布在新疆、西南、西北、华北、东北、冀东、海南、江苏等区域市场，有成建制二级单位 2 个，各类项目部 39 个，员工 6 500 余人，施工队伍 220 支，在常规、非常规油气市场及地热井、煤层气等非油领域市场都取得新进展。发挥油田勘探开发及工程技术优势，探索国内页岩油气勘探开发合作新机制，与湖南华菱、山东华电、贵州乌江等大型国企进行洽谈，并与乌江水电签订战略合作框架协议，开展油气田综合服务总承包合作，发展理念逐步转变。西北市场形成了设计、施工、技术服务等专业齐全的产品线，年收入突破 20 亿元，成为国内规模最大的区域市场，同时退出效益较低、前景较差的东北地区中国石油部分钻完井市场。海外市场注重做实管理，中标一批项目。加强海外市场管理的研究，着力做实项目部，建立新的管理模式、激励模式和考核模式，成立了沙特、土库曼项目部，实现责权利统一。先后中标墨西哥 EBANO 油田钻井服务、土库曼钻井、沙特阿美公司钻修井等项目，其中沙特项目 9 台钻机，合同期为 5 +2年，是近年来规模最大、前景最好的海外工程合作项目。全年在沙特、伊朗、墨西哥等13 个国家参与执行的施工队伍 79 支，运行项目 46 个，新签合同额 9.88 亿美元，同比增加 3.57 亿美元。

（蒋晓波）

【技术创新】 2013 年，胜利石油工程公司组织开展 10 项国家课题、31 项石化集团公司项目、75 项公司项目的研究攻关，捷联式旋转导向系统、滩坝砂测井评价技术等重点项目研究取得阶段性进展，申请专利 171 项，获授权 150 项。“非常规钻完井实验室”被评审为中国石油和化工行业重点实验室。钻井漏失评价制定及堵漏工艺技术、水平井流量含水测井方法研究与样机研制，非油气领域科技成果的启示作用调研 3 项成果均获石化集团公司 2013 年度科技进步三等奖。

（蒋晓波）

【荣誉称号】 2013 年，胜利石油工程公司获石化集团公司 HSE 工作先进单位、环境保护先进单位称号。“基于单井分析的提速提效管理体系创建”“绿色海洋作业管理体系的构建与应用”分别获石化集团公司第 22 届管理现代化创新成果一、二等奖。

（蒋晓波）

表 1 胜利石油工程公司主要技术经济指标 亿元

指标名称 \ 年份	2013
工业总产值	190.65
工业增加值	78.74

续表

指标名称 ＼ 年　份	2013
资产总计	155.30
流动资产	55.77
固定资产原值	133.04
固定资产净值	71.54
销售收入	199.46
实现利税	16.43
税　金	17.93
综合能耗/吨标煤 · 万元$^{-1}$	0.23

表 2　　**胜利石油工程公司主要生产建设指标**

指标名称	＼ 年　份	2013
钻　井	开　钻/口	2 303
	交　井/口	2 354
	钻井进尺/万米	537.00
测录井	测　井/井次	9 854
	射孔作业/井次	4 977
	录　井/口	2 380
井　下	维护作业(小修)/井次	324
	措施作业	2 619
	压　裂/井次	653
	大　修/井次	335
	侧　钻/口	173

中原石油工程公司

【概况】　中石化中原石油工程有限公司(简称中原石油工程公司)为石油工程公司的全资子公司，本部位于河南省濮阳市。截至 2013 年底，共有所属单位 16 个，用工总量 2.33 万人，外籍雇员 2 930 人，各类施工队伍 531 支，资产总额 128.37 亿元。415 支队伍分布在国内的 16 个省(市)、自治区，118 支队伍在非洲、南美、中东、中亚、东南亚 5 个区域的 14 个国家进行技术服务。拥有专业装备 1 900 台(套)，集成配套了钻井、测录井、井下特种作业等石油工程专业完整的装备系列，能够适应陆上各种复杂条件下的勘探开发需要。连续 13 年入选中国对外承包工程企业 50 强、连续 7 年进入 ENR 全球最大 225 家国际承包商，分别名列第 31 位和第 116 位。

2013 年，中原石油工程公司开钻 923 口、交井 953 口、进尺 280.23 万米、施工 1 629.18 个钻机月，实现收入 121.18 亿元、利润 4.88 亿元，同比分别增加 3.39 亿元和 3.17 亿元，创“十二五”以来最大涨幅。公司获石化集团公司年度绩效考核石油工程板块 A 级第 1 名，在石油工程公司上半年绩效考核中综合排名第一。

中原石油工程公司主要技术经济指标和主要生产建设指标分别见表1和表2。

（宋营坤　刘自然　张亚莎）

【勘探开发保障能力不断提升】 2013年，中原石油工程公司紧跟油田东濮、内蒙古、普光3个基地勘探开发部署，应用深层水平井、套管开窗侧钻等新技术，为3个基地建设提供优质高效服务，新钻井开钻78口、交井85口、进尺27.64万米；侧钻井开钻96口、交井91口、进尺6.03万米。以服务石化集团公司资源战略为己任，积极投身"五大会战"，共投入队伍132支、钻机57部，形成以钻井为龙头，测井、录井、固井、管具、井下作业一体化施工格局。特别是全力服务中国石化西南页岩气产能示范区建设，精选钻井队伍，固井、压裂及时跟进，实现整体安全高效运行。在中国石化系统外，公司积极开发页岩气、煤层气等新兴市场，65部钻机、96支队伍为中国石油、中国海油和延长石油集团服务，创出了一系列新纪录、高指标，继续保持一流竞争地位。

（马革防　郑国文）

中原石油工程公司对普光1井压裂试气

【海外市场发展势头强劲】 2013年，中原石油工程公司积极应对苏丹、也门市场停工带来的挑战，拓市场、扩规模，提效益、控风险，新签合同额7.10亿美元，同比增长12.7%。新签合同额、收入和利润分别占公司总计的27%、39%和79%，创出新签合同额、完成工作量、队伍规模、收入和日费收获率5项历史新高。①区域一体化发展。沙特钻机规模扩大到29台，科威特队伍创新创效，中东市场逐步连片；苏丹市场加快向中非、乌干达等周边辐射，队伍规模达到29支；哈萨克斯坦新签合同额近2亿美元，中亚市场成为拉动增长的重要力量，中东、非洲、中亚发展成为3个超过1亿美元的市场。②战略联盟化发展。发展成为沙特阿美公司陆上钻井第一大战略合作伙伴、道达尔全球主要钻井承包商、哈里伯顿中东首选合作伙伴，成为斯伦贝谢、贝克休斯等国际大公司的全球主要战略合作伙伴。③高端高效化发展。沙特新签和延期、变更12部钻机合同，价格较以往大幅提高；哈萨克大包井生产时效96.29%，同比提高3.89个百分点。钻井液等技术服务业务，以沙特、哈萨克斯坦为突破口大力度推向海外，测井、录井、固井等专业国际化经营规模不断扩大。

（陈　忠）

中原石油工程公司在沙特进行钻机整体搬迁

【创新4项机制】 2013年，中原石油工程公司通过机制创新，不断激发员工活力。①创新目标管理机制。以效益、市场和现金流为导向，设置利润、经济增加值、收入、收入增长率、资金、全员劳动生产率等指标，充分发挥指标的激励引导作用。②创新薪酬激励机制。统一公司所属单位绩效考核政策、统一薪酬发放标准、统一薪酬分配关系、统一绩效考核尺度。全年有4家单位超提升目标，5家单位超对标目标，4家单位超基本目标，目标符合率92.3%。③创新过程管控机制。开展提升基层管理工作，整合各类检查评比，设立70多个检查点，统一检查内容和标准，建立经营分析、生产运行和技术诊断制度，构建管理精细、运转高效、执行有力的管控体系。④创新责任追究机制。为经营者设置"禁区"和"红线"，对未完成生产经营任务经营者严格"问责"。制定生产经营损失责任追究管理细则，针对井下故障、呆死坏账、设备事故、经营管理失误等方面责任损失，进行经济处罚和行政处分，营造了履职尽责、真抓实干的浓厚氛围。

（朱于清　石　岩）

【调整4个结构】 2013年，中原石油工程公司着力调整4个结构，加快公司转型升级进程。①调整组织结构。规范公司机关设置，坚持小机关大服务；整合人才和技术等资源，完善业务结构；精简二级单位机关，将职能科室由136个精简为110个，机关人员由1 062人压缩到844人。②调整市场结构。做精做优国内市场，继续保持一流竞争地位；海外市场做强做大，发展到118支队伍、73部钻机。③调整业务结构。集成应用钻井液、水平井、欠平衡等先进配套技术，在新疆、华北等市场取得积极进展；开发延长石油集团钻井大包市场，实现钻井大包项目的新突破；形成页岩气水平井成熟配套的钻完井技术系列，市场覆盖国内主要页岩气勘探开发区域；以沙特、哈萨克斯坦为突破口，将钻井液等技术服务业务推向海外；积极参与油气资源开发，为石油工程风险承包业务储备队伍、人才和技术。④调整队伍结构。净减员517人，业务外包用工1 995人，275人从机关后勤走向生产一线。

（冯文孝　宋营坤）

【科技创新成果丰硕】 2013年，中原石油工程公司创新技术管理，相继出台《技术管理细则》《井控管理细则》《科技管理细则》等管理制度。扎实推进石油工程技术攻关，页岩气钻完井配套技术、深井超深井钻完井技术、深层$5\frac{1}{2}$英寸套管开窗侧钻关键技术、钻井液技术、复杂固井技术、环保处理技术等先进技术更加成熟；整机优化VDX－2型钻井参数仪，研发新型大处理量振动筛和钻井液快速加重装置等仪器仪表，形成钻完井、测井、录井、井下特种作业4个系列20个类72项特色技术。大力开展提速提效，形成10大区域钻井施工技术提速模板；推广应用水力加压器、垂直导向等新工具、新技术，大大提高了机械钻速。承担国家支撑计划项目1项、国家重大项目课专题7项、石化集团公司科研项目4项、石油工程公司科技项目11项。自主开展科研项目72项。获省部级以上科技进步奖13项，申请专利201项、授权专利98项。全年破石化集团公司纪录21项。截至年底，公司已承钻陆上“1”字号重点井300多口，创国家高指标和新纪录23项；创中国石化高指标和新纪录90项。

（魏鹏福）

【页岩气钻完井配套技术】 2013年，中原石油工程公司把页岩气勘探列为科技攻关的重点，形成钻完井工程设计、页岩气水平井钻井、页岩气水平井井壁稳定、页岩气水平井钻井液、页岩气水平井固井、页岩气水平井测井、页岩气录井、页岩气水平井多级分段压裂、页岩气环保处理9项钻完井配套技术。在焦页12－4HF井创造了石化集团公司页岩水平井水平段2 130米的最长纪录；在白—平1HF井创造了阶梯水平井轨迹垂直落差92米的最大纪录；施工的丁页2HF井成为中国首口超深海相页岩气探井，创出单级固井封固段5 696米的最长纪录。开发油基、聚胺、烷基糖苷3个钻井液系列，在焦石坝、延长等地区20余口井应用，解决了长水平段泥岩钻井安全难题。形成油基钻井液固井技术，在焦石坝工区应用9口井，固井质量合格率100%。形成页岩气钻井油基钻屑和废液处理技术，有效解决了油基钻井液废弃物基础油再利用和环保技术难题，油基钻井液成本降低15%以上，公司已成为国内页岩气勘探开发服务项目齐全、施工能力优势突出的专业化队伍。

（魏鹏福）

【保障支撑能力显著增强】 2013年，中原石油工程公司充分发挥服务市场、服务生产、服务基层、服务一线功能，先后在新疆轮台、四川南充和阆中，以及沙特、苏丹、哈萨克斯坦等国家，建设后勤保障基地13个，为区域市场的持续拓展提供了有力保障。其中，苏丹5 000多平方米的新办公楼得到完善，沙特基地扩建至15万平方米，可为50多台钻机提供全方位后勤支撑；科威特、哈萨克斯坦基地全部配套完善。新建成的占地300亩(约20万平方米)的塔河基地可为130多支队伍提供服务，轮台井控服务中心可为100支钻井队提供全套钻具服务，新扩建的西南石油工程服务基地可为中原全部施工队伍提供技术服务，西南、西北市场建成了“1小时技术服务支撑保障圈”。

（冯文孝）

【党建思想工作激发队伍活力】 2013年，中原石油工程公司加强党建思想工作，努力强化“四种理念”，凝聚打造世界一流石油工程企业的共识。①树立效益至上的理念。建立以效益论英雄、以利润论成败、干部能上能下、薪酬能升能降的市场化管理体系，收入分配向生产一线、创效单位、关键岗位倾斜，创新创效能力明显增强。②树立改革创新的理念。公司坚持将忧患意识转化为坚定的发展信念，按照顺应专业化发展、顺应打造世界一流、顺应提高质量效益的要求，完善管理体制、运行机制、制度体系、发展模式，激发干部员工干事创业激情和企业转型升级活力。③树立打造一流的理念。把打造世界一流石油工程品牌作为公司发展愿景，明确“立足中原、走出中原、发展中原”的思路，坚持“规范管理、互利互赢、扎根海外、长远发展”，树立国际经营的思想，坚持不懈地和自己对标、和同行对标、和一流对标，建立起了解先进、学习先进的长效机制，用质量和效率赢得世界大油公司的认可和赞许。④树立固本强基的理念。着力打造百年基业，始终把基层基础作为发展的根本来抓，强“三基”、严培训、达“三标”，基层班子更富战斗力、基层组织更有凝聚力、基层员工更具执行力，为打造世界一流奠定了坚实基础。

（冯文孝）

【荣誉称号】 2013 年，中原石油工程公司获石化集团公司环境保护先进单位、职业健康先进单位、清洁生产先进单位称号；中原石油工程公司海外工程公司被人力资源社会保障部、国务院国资委授予中央企业先进集体称号。

（朱于清　石　岩　孙书丽）

表 1　　中原石油工程公司主要技术经济指标　　亿元

指标名称 ＼ 年　份	2013
工业总产值	121.35
工业增加值	58.14
资产总计	128.37
流动资产	71.67
固定资产原值	94.93
固定资产净值	47.97
销售收入	121.18
实现利税	11.41
税　金	7.83
综合能耗/吨标煤·万元$^{-1}$	0.42

表 2　　中原石油工程公司主要生产建设指标

指标名称	＼ 年　份	2013
钻　井	开　钻/口	923
	交　井/口	953
	钻井进尺/万米	279.82
	海外大修井/口	
	开　工	246
	完　工	240
测录井	测　井/井次	4 722
	射孔作业/井次	2 985
	录　井/口	419

续表

指标名称 \ 年份		2013
井下	维护作业(小修)/井次	744
	措施作业	
	压　裂/井次	636
	酸　化/井次	123
	大　修/井次	278
	侧　钻/口	42

河南石油工程公司

【**概况**】　中石化河南石油工程有限公司(简称河南石油工程公司)是由河南油田石油工程板块经专业化整合重组，于2012年12月21日注册成立，是石油工程公司的全资子公司，为集钻完井、测录井、井下特种作业及相关石油工程业务技术的研发与服务为一体的工程技术服务专业化公司。公司下设综合管理处、党群工作处、财务计划处、经营管理处、运行管理处、技术装备处6个职能处室，南阳项目部、新疆项目部、鄂尔多斯项目部3个直属项目部，钻井工程公司、井下作业公司、国际公司、测井公司、地质录井公司和技术服务公司6个下属二级单位。公司办公地位于河南省南阳市官庄工区。

截至2013年底，河南石油工程公司用工总量4 783人，其中全民工3 472人、占72.6%，非全民工1 311人、占27.4%；另有外籍雇员521人。有中国石化突出贡献专家1人，闵恩泽青年科技人才2人，石化集团公司学术技术带头人3人，省部级技术能手9人，河南油田突出贡献专家3人，优秀青年知识分子9人；拥有教授级职称的5人，高级职称的359人，中级职称的571人，初级职称的706人。公司拥有对外承包工程和进出口贸易资质，是国际钻井承包商协会、中国对外承包工程商会的成员，具有国际、国内工程技术服务总承包能力。公司在册设备总数944台，新度系数0.62，其中主要专业设备806台、新度系数0.65。公司主要专业设备综合利用率92.9%，指标完成率110.6%。

截至2013年底，主要施工队伍215支，其中钻井队49支、测井队34支、录井队105支、井下特种作业队27支。石化集团公司资质204支，其中甲级队53支、乙级队80支、国际资质队18支。外部市场共有队伍126支，主要分布在新疆、陕西、四川、内蒙古、青海等10个省区，尼日利亚、沙特、科威特、印尼、叙利亚、吉尔吉斯斯坦6个国家。

河南石油工程公司主要技术经济指标和主要生产建设指标分别见表1和表2。

(程文涛)

【**勘探开发保障**】　2013年，河南石油工程公司坚持把服务油田勘探开发作为第一要务，自觉担负西部快上产、东部硬稳定的重任，建立完善与油田生产运行一体化管理机制，充分挖掘、发挥特色技术和熟悉油田地质地层情况等优势集成，创新运行方式，优化资源配置，深化提速提效，细化服务保障措施，全力打造精品工程，为油田增储上产保驾护航，提供了优质可靠的支撑保障。公司承钻的楼3－10H水平井刷新了河南油田水平井垂深最浅(161.97米)纪录，承钻的宝浪油田宝气平3井、图308井均创所在区块同类型井施工最快纪录；实施的中国石化高风险重点探井——安深3－1HF井创河南油田存储测井井深最深(4 000米)纪录，在伊犁盆地施工的第1口风险探井伊宁1井创河南油田测试联作层位最深(4 929.9米)纪录，魏420井完井测井，创出河南油田无电缆式存储测井首次在大于40°的复杂定向井中应用等5项新纪录；录井发现油气显示层44 753米/2 774层，老井复查使油田有5口井重新试油并获工业油流，共新增探明储量5万吨。在河南油田完成探井施工53口、开发井222口，新增控制储量1 046.89万吨、预测储量1 278.82万吨，生产原油235.3万吨、同比增加9.42万吨。

(程文涛)

【外部市场逆势强力发展】 2013年，河南石油工程公司面对内部工作量骤减的严峻形势，逆势加快“走出去”步伐，国内外部和海外市场在激烈的竞争中取得新的突破。对外创收实现12.3亿元，外部市场收入由上年占总收入的34.4%增至44.7%，提升10.3个百分点，创出历史最好水平。其中，国内外部市场巩固做大西北局、华北局、东北局、长庆油田、延长油矿等重点市场，持续扩大市场份额，实现创收6.4亿元，同比增加1亿元，增长20%；国际市场着力做强尼日利亚壳牌、AGIP公司、沙特阿美公司等高端市场，新中标阿美公司2台70D钻机，保持了连续工作量和较强赢利能力，共创收5.9亿元，同比增加0.8亿元，增长14.6%，国际市场收入利润率在中国石化海外市场名列前茅。钻井、测井、录井、特种作业在西北、鄂尔多斯、东北等工区及海外市场刷新了一批施工纪录，创出了一批优质工程，屡获甲方嘉奖，打造出河南石油工程公司良好的品牌形象。

（程文涛）

【科技创新取得新成果】 2013年，河南石油工程公司开展科技进步项目27项，其中石油工程公司先导和技术推广项目6项，科技创效3 605万元。年内获油田级科技进步奖10项。“陆相页岩气录井配套技术先导试验”“RMT剩余油监测与解释技术推广应用”“开发后期水淹层录井评价技术推广应用”分获石油工程公司科技进步三等奖、技术推广二等奖和技术推广三等奖。“河南稠油水平井免钻塞筛管完井工艺推广应用”现场推广应用71井次，取得良好效果；“连续油管大修工艺技术应用”取得中国石化总部级科技先导项目的零突破；“测井资料微机解释系统（3.0版）”软件不断提升和完善，在内外部市场全面应用，已编入《测井资料综合解释》教学教材，作为部分大专院校的教学软件；研制出行业领先、具有自主知识产权的有机碳分析仪。是年，公司高端市场收入占比22.3%，完成石油工程公司总部考核指标的318.2%；申请国家专利5项，获授权专利5项。

（程文涛）

【节能减排工作成效显著】 2013年，河南石油工程公司万元产值综合能耗0.36吨标煤，节能量3 537吨标煤，分别完成年度考核指标的100.3%和100.7%。重点实施了2口井钻机网电化改造替代柴油节能技措项目，共消耗电力276.05万千瓦·时，累计减少柴油消耗693.25吨，实现经济效益362.36万元。

（程文涛）

【获得多项荣誉称号】 2013年，河南石油工程公司获石化集团公司2013年度环境保护先进单位称号和2013年度全员成本目标管理进步奖。70129钻井队创出尼日利亚壳牌公司自成立以来HSE安全生产2 555天无事故的新纪录，SP101钻井队再次夺得沙特阿美公司1年安全无LTI奖牌。

（程文涛）

表1 **河南石油工程公司主要技术经济指标** 亿元

指标名称 \ 年份	2013
工业总产值	27.65
工业增加值	11.50
资产总计	26.67
流动资产	12.22
固定资产原值	20.81
固定资产净值	12.21
营业收入	27.59
实现税费	3.01
综合能耗/吨标煤·万元$^{-1}$	0.36

表 2　　河南石油工程公司主要生产建设指标

指标名称 \ 年份	2013
钻　井/口	331
钻井进尺/万米	59.04
测井、射孔/井次	3 257
录　井/口	542
作业井次/次数	692
试油井次/口	120
试油层数/层	239

江汉石油工程公司

【概况】 中石化江汉石油工程有限公司(简称江汉石油工程公司)注册地湖北省潜江市。公司业务主要包括钻完井、测录井、特种作业、特种运输、国际贸易及工程设计、解释评价，已形成石油工程业务系列化、设计施工服务一体化。公司机关设立综合管理处、党群工作处(人力资源处、纪检监察处)、财务计划处、经营管理处、运行管理处(HSE 管理处)、技术装备处 6 个部门，下属钻井一公司、钻井二公司、井下测试公司、测录井公司、国际合作公司、运输公司 6 个单位；按照上级规定，管理中石化工程建设、物探专业公司江汉地区 4 个单位(油建公司、江汉建工、设计院、物探公司)的党组织。

截至 2013 年底，公司用工总量 8 816 人，其中正式职工 4 828 人、其他长期合同工 281 人、全日制劳务派遣工 3 483 人、非全日制用工 224 人。拥有施工队伍 256 支，其中钻井队 72 支、测录井及射孔队 102 支、井下测试 82 支；具有石化集团公司甲级、乙级资质队伍 153 支，金、银牌队 33 支。公司资产总额 48.80 亿元，负债总额 36.18 亿元，资产负债率 74.18%。拥有各类主要生产设备 933 台(套)，其中钻机 72 台(套)、特种作业设备 478 台(套)、测录井设备 170 台(套)，设备平均新度系数 0.65，设备综合完好率 98.61%。

2013 年，公司实现营业收入 57.38 亿元，同比增加 13.36 亿元，增幅 30.47%；实现考核利润 7 019 万元，增利 1.92 亿元。江汉石油工程公司获石化集团公司优秀创新团队和石化集团公司业务竞赛先进单位等称号。

江汉石油工程公司主要技术经济指标和主要生产建设指标分别见表 1 和表 2。

(罗红年)

【勘探开发保障】 2013 年，江汉石油工程公司开展提速提效、降本增效、管理提升活动，勘探开发服务意识、保障能力和技术水平明显提高。全力保障涪陵国家级页岩气示范区建设。公司集中最强的队伍、最好的装备、最优的技术，精心准备，精细设计，精准操作，精打细算，确保涪陵焦石坝石油工程会战快速、优质、高效运行，充分发挥石油工程主力军作用。通过会战磨练，公司组织能力、管理能力、施工能力、技术创新能力均取得明显进步。钻井周期同比大幅下降，提速 41%；创造了水平段日进尺最长、水平段施工周期最短、机械钻速最高等多项工区施工新纪录，为涪陵页岩气田勘探开发提供了强有力支撑。积极为中国石化各工区增储上产提供有力支撑。全年刷新钻井历史纪录 150 项以上，钻机月速、机械钻速同比分别提高 29.48% 和 23.46%，故障复杂同比下降 2.41 个百分点。在西北和华北工区刷新 21 项钻井、测试、测录井、固井施工新纪录，29 口井被评为优质工程，钻井综合排名西北工区第一。江汉工区生产时效、故障复杂、机械钻速等 5 项指标创近 10 年来最好指标，坪北工区冬季钻井会战高速高效，为江汉油田储量产量任务完成赢得了主动。

(罗红年)

【市场开拓】 2013 年，江汉石油工程公司按照巩固现有市场、拓展新兴市场、挖掘潜在市场的思路，依靠施工质量、特色技术、诚信服务，巩固和拓展市场份额。成立市场办公室，组建西北、华北、西南和东北项目管理部，强化区域市场协调和管控，形成一体化、紧密化的市场开发管理体系。在东北工区开辟战略接替市场，实现钻井、井下测试、测录井一体化服务；井下测试进军华北市场，跻身长庆和延长压裂市场；射孔业务首次进入新疆克拉气田。全年外部市场实现收入32.48亿元，同比增加9.48亿元；外部市场收入占比57%，上升3个百分点。海外业务保持稳步发展势头，新签海外工程合同15个、金额2.09亿美元，增长7.09%；实现海外收入7.71亿元，增长11.16%。

（罗红年）

【技术创新】 2013年，江汉石油工程公司开展科研项目46项，完成专利申报6项，获专利授权5项。其中，17个科研项目通过石化集团公司和石油工程公司验收；3个石化集团公司先导项目获石油工程公司科技技术奖，“泵送复合材料桥塞与射孔联座技术”获石化集团公司科技进步一等奖。”复合材料桥塞分段封隔技术研究”通过国家科技部项目鉴定，项目整体达到国际先进水平，部分达到国际领先水平，在页岩气等非常规油气藏开发领域具有良好的推广前景。大力推进页岩气石油工程技术国产化创新，在涪陵焦石坝地区全面开展非常规钻完井技术攻关，取得显著成效，关键技术已全部实现国产化，形成页岩气钻完井工程技术系列、页岩气大规模压裂配套技术，打破了国外技术垄断，有力保障了涪陵国家级页岩气示范区建设钻完井方面，自主研发页岩气水平井油基钻井液体系，形成了涪陵工区非常规油气井固井技术规范和涪陵工区非常规油气井固井施工规范，形成了江汉特色的油基泥浆条件下页岩气长水平井固井技术。测录井方面，掌握分级射孔点火控制、水平井电缆射孔与桥塞联作、大通径带压电缆密闭和水力泵送4项核心技术，打破了国外油服公司的技术垄断，形成了完整的自主技术体系。在焦页1－2HF井创井段最长(1 504.21米)、层数最多(22层)、射孔簇数最高(59簇)等多项工区纪录。改进牵引器施工工艺及结构，投入非常规施工应用以来，屡次打破国内牵引距离纪录。在焦页12－4HF井创造了1 952米的国内牵引器测井爬行距离最长施工纪录。特种作业方面，形成具有江汉特色的高温高压地层测试技术和国产化高温高压完井管柱技术系列。超大规模压裂技术连续刷新石化集团公司工程纪录；在焦页1－2HF井22段压裂施工中，共向地层注入液量39 279立方米、加砂1 160立方米，刷新3项石化集团公司工程新纪录。与斯伦贝谢在体积压裂、连续油管钻塞等方面开展了合作，完成2口井的高速通道压裂施工任务。

（罗红年）

江汉石油工程公司研发的多级泵送桥塞射孔联作工艺

表1 江汉石油工程公司主要技术经济指标 亿元

指标名称 \ 年份	2013
实收资本	2.50
资产总额	48.80
流动资产	17.97
固定资产净额	26.27
负债总额	36.18
营业收入	57.38
利润总额	－3.15

表 2　　江汉石油工程公司主要生产建设指标

指标名称		2013
钻　井	开钻井/口	486
	完成井/口	493
	钻井进尺/万米	121.00
测录井	测　井/井次	1 710
	录　井/口	508
井下作业	作业井/口	1 182
	作　业/井次	1 184
	试油气/口	1 230
	试油气层数/层	2 394

江苏石油工程公司

【概况】 中石化江苏石油工程有限公司(简称江苏石油工程公司)组建于2012年12月28日，机关位于江苏省扬州市经济开发区。公司机关设综合管理处、党群工作处(纪检监察处)和人力资源处、财务计划处、运行管理处(QHSE管理处)、技术装备处、经营管理处6个职能部门和外事办(海外事业部)1个附属单位，下属钻井处、安徽分公司、测井处3个二级单位。

截至2013年底，公司用工总数5 270人，其中正式职工3 644人、劳务工1 577人、非全日制等用工49人。在职干部总数1 319人，具有大学以上文化程度的810人，占干部总数的61.41%；具有高级及以上专业技术职称的306人(含教授级专业技术职称的15人)、占干部总数的23.19%，中级专业技术职称的521人、占干部总数的39.49%。

江苏石油工程公司主要技术经济指标和主要生产建设指标分别见表1和表2。

(李高贵)

【装备情况】 截至2013年底，江苏石油工程公司拥有各类主要专业设备733台(套)，其中3 000—7 000米钻探能力陆地石油钻机58部、顶驱9套、固井水泥车23台(套)、无线随钻测量仪器33套、成像测井系统8套、快速测井平台7套以及综合录井仪19套等。设备资产原值15.78亿元，净值8.29亿元，新度系数0.53。设备综合完好率98.69%，主要设备利用率89.42%，未发生重大设备责任事故。

(陈旭东)

【生产经营指标】 2013年，江苏石油工程公司累计开钻390口，完井389口，进尺101.56万米，钻机406.12台月，完成井平均井深2 755.21米，取芯进尺1 029.41米，各类固井569次。累计完成各类测井1 600井次，其中裸眼测井559井次，套管测井1 041井次。全年实现收入26.66亿元，同比增长14.85%；实现利润总额8 031万元，创历史新高。

(王　敏)

【勘探开发保障】 2013年，江苏石油工程公司大打服务勘探开发攻坚仗，在江苏域内市场井身质量验收249口井，合格井249口，优质井228口，井身质量合格率100%，井身质量优质率91.57%。固井质量验收224口井，合格井222口，优质井194口，固井质量合格率99.11%，固井质量优质率86.61%。取芯进尺2 339.13米，芯长2 336.16米，取芯收获率99.87%。钻井完成井合格率99.61%。域内市场验收开发井试油208口井552层，统计175口井400层，符合351层，符合率87.75%。验收探井试油19口井61层，参加统计19口井40层，成功32

层，成功率80%。

（吴长祥）

江苏石油工程公司水乡清洁钻井

【QHSE管理】 江苏石油工程公司所属3家二级单位均通过国家安全生产标准化建设评审。成立井控工作领导小组，组织井控安全专项检查，6月在安徽分公司马X41井开展了井喷失控应急预案演练，10月组织1次井控管理人员培训研讨班。

（杨 戬）

【资质和市场管理】 截至2013年底，江苏石油工程公司拥有资质队伍钻井51支、钻井服务队12支、测井29支、录井44支，合计136支。公司获国土资源部地质勘查资质油气类勘探甲级资质，获江苏省国土资源厅非烃类地质钻探乙级资质。

（陈旭东）

【市场开拓】 2013年，江苏石油工程公司海外市场项目总体运行平稳，市场开拓取得新的突破，新签、续签合同7个，合同额为7 631万美元。截至年底，海外共有29支工程技术服务队伍，其中钻井队12支、修井队4支、录井队4支、测井队4支、固井队5支，主要作业于也门、叙利亚、阿尔及利亚、尼日尔、厄瓜多尔、泰国6个国家。2013年，厄瓜多尔项目完成进尺3.18万米，施工井一次成功率100%，HSE问题记录为零，质量全优率100%；完成任务阿根廷国勘固井项目签约，参与阿根廷YPF公司4台50D钻机项目的投标；阿尔及利亚钻井项目有2支钻井队执行阿尔及利亚国家石油公司索纳塔克钻井服务合同；在也门有1台40钻机、2台50D钻机、4台修井机、1套综合录井仪提供钻修井项目；在尼日尔有2支录井队在Agadem地区进行录井施工；在泰国有2台50D钻机、1套5700测井仪和1套固井设备施工，共完成5700测井17井次。

（严 忠）

江苏石油工程公司征战南美市场

【技术创新】 2013年，江苏石油工程公司承担、参与石化集团公司5项先导项目、1项科研项目，29项局级科研项目，其中1项成果获得石化集团公司科技进步奖，1项成果通过石化集团公司成果鉴定，2项成果获得石油工程公司科技奖励，5项成果获得局科技进步奖。井身质量合格率100%，固井质量累计合格率99.36%，取芯累计收获率98.68%。探井解释成功率80%，开发井解释符合率87.75%；完井资料累计合格率100%，完井资料累计优质率100%。

（陈旭东）

【荣誉称号】 2013年，江苏石油工程公司在石化集团公司业务竞赛中取得1金、1银、2铜和录井专业团体第3名、测井专业团体第4名。钻井处获江苏省文明单位称号。安徽分公司被评为石油工程公司管理提升工作先进单单位、安徽省文明单位。

（王 敏）

表 1　　江苏石油工程公司主要技术经济指标　　亿元

指标名称＼年份	2013	2012
营业收入	26.66	23.21
利润总额	0.80	-0.31
资产总额	26.40	23.98
EVA 指标	0.29	-0.73

表 2　　江苏石油工程公司主要生产建设指标

指标名称＼年份	2013	2012
钻井进尺/万米	101.56	96.38
测　井/井次	1 600	1 423
录　井/口	343	355

西南石油工程公司

【概况】　中石化西南石油工程有限公司(简称西南石油工程公司)是2012年底由西南油气田石油工程板块整合重组而成，是石油工程公司的全资子公司，为油气田勘探开发提供钻井、测录井、固井、井下作业、钻前、钻井液、井控、环保、特殊地质勘察、油田防腐保温、特种汽车运输、油建、管具加工等专业技术服务。本部设在四川省成都市，机关设8个处室和2个附属机构，下属12家单位和1家派出机构。

截至2013年底，西南石油工程公司职工总数10 762人，其中正式职工4 645人，管理和专业技术人员2 772人，具有高、中级技术职称1 241人；施工队伍311支，其中具有中国石化甲级队资质的81支、标杆队1支、金牌队20支、银牌队26支；拥有资产总额88.33亿元，其中固定资产净值28.56亿元；拥有2 000—9 000米的钻机80台(套)、井下作业2500型压裂车等一系列先进装备。

2013年，西南石油工程公司共施工398口井，完成钻井进尺113.53万米，为年计划的102.32%；其他专业实物工作量同比大幅增加；实现经营收入66.24亿元、利润2.55亿元，分别为年计划的101.83%和100%。

西南石油工程公司主要技术经济指标和主要生产建设指标见表1和表2。

（丁勇兵）

【工程技术保障有力】　2013年，西南石油工程公司坚持“服务油气发展、支撑增储上产”的理念，积极投身西南油气分公司“增产增销增效”活动，加强生产全过程管理，开展全面提速提效，提供优质、高效的工程技术服务，确保川西、元坝和页岩气增储上产“三大会战”的纵深推进，实现生产天然气32.25亿立方米，同比增产2.61亿立方米，创历史最高，为西南油气田储、产量任务的完成做出积极贡献。川西中浅层水平井全面推广二开制井身结构，配套形成高庙子、须五优快钻井技术，初步形成川西海相深井钻井技术方案，优化形成四开制井身结构配套方案。元坝陆相、海相全井段优快钻井技术体系形成，超深水平井钻完井集成配套日趋成熟，气体钻井技术、扭力冲击器技术、高效螺杆+孕镶PDC钻头复合钻井技术、高效钻头优选等技术应用更具科学性、经济性，机械钻速大幅提高，钻井周期大幅缩短，屡创各类施工新纪录，有效解决“三高一超”深井钻井提速难题，实现“一年钻完、400天建成一口元坝海相超深水平井”目标。在致密储层加砂压裂、超深高酸性储层深度改造、“三高”气井试(油)气、超深井复杂井修井、连续油管特殊作业等领域开展研究和攻关，打造了试气投产核心技术能力。超深酸性气田完井投产技术、超深含硫气井修井技术、元坝海相投产井酸液转向技术，在元坝205井、元坝204-1H井、元坝205-1井、元坝29-2H等元坝海相投产井成功应用，实现酸压投产一体化，降低了投产作业成本，提高了产量，为元坝气田高效开发提供了强力支撑。形成连续油管带底封水力喷射压裂技术，实现完井改造一体化作业，为多层系薄互层致密气藏以及水平井开发提供了一种全新工艺，填补了西南油气田一项技术空白。高速通道高效压裂技术、水平井可控封隔器水力喷射压裂技术、“胶凝酸+高黏压裂液+可降解纤维”的暂堵酸压工艺技术、带压钻扫井口水泥塞技术、RTTS封隔器找漏管工艺技术、体积压裂技术、压裂返排液重复利用技术等成功运用，均取得较好效果。

（丁勇兵）

【生产运行效率持续提升】 2013年，西南石油工程公司生产运行调度系统进一步理顺，建立三级生产指挥应急调度系统，实现生产平稳有序衔接。着力加强现场作业管理和单项工程管理，严控井下事故，有效减少井下事故发生。故障复杂率2.6%，得到严格控制；钻井生产时效95.59%；机械钻速8.19米/时，同比增长11%；全年完成验收井357口，其中优质井265口、良好井62口、合格井29口，优质率74%，优良率92%。元坝长兴组超深含硫水平井成功试气10口井，井下事故率为零，确保了元坝气田按期投产。继续实施分区块、分项目、全过程的系统提速提效活动，总体运行效率大幅提高，全年考核完成井352口，施工周期较设计周期缩短率达到5%以上的井有259口，达标率73.6%，超提速目标3.6个百分点；平均井深3 152.32米，同比增加54.08米；钻机月速1 888米/台，同比提高117米/台。

（丁勇兵）

【国内市场开拓成绩喜人】 2013年，西南石油工程公司内部市场得到巩固发展，凭借过硬的资质、技术和一流的施工业绩，川内钻井市场占有率稳定在68%左右，夯实了发展根基；新疆市场稳定增长，9家单位、8个专业的67支施工队伍，全年完成结算收入11.54亿元，同比增加0.59亿元，增长5%；临盘市场创历史最好水平，完成钻井进尺47.69万米，同比增加2.51万米；外拓市场获新突破，首次进入国内地热井新兴市场，与新星石油公司签订战略合作协议，康定甘孜、河北辛集地热井项目顺利实施。井下成功进入长庆油田采油六厂试油压裂市场，整体试气、压裂市场不断扩大。拓展了长庆油田苏里格区块定向井、泥浆服务和江汉油田川东南涪陵区块非常规页岩气开发空气钻技术服务市场。

（丁勇兵）

【海外市场稳步发展】 2013年，西南石油工程公司抢抓“走出去”机遇，优化资源配置，以钻井为主体，带动测井、录井、固井、泥浆、环保及地面工程技术服务共同发展，巩固了厄瓜多尔、科威特、伊朗、缅甸等国际市场，形成南美、中东、东南亚三大格局，厄瓜多尔油田综合开发大包项目、科威特新上钻机、伊朗雅达油田二期工程、缅甸钻井等市场开拓取得实质性进展，工作量稳中有升，经济质量有效提高。海外施工队伍20支，全年完成合同额1.16亿美元，同比增长28.52%，创历史新高。

（丁勇兵）

【科技创新成果丰硕】 2013年，西南石油工程公司着力加大科技攻关和创新力度，钻井、井下作业、固井、测井、录井等工程新技术新工艺应用取得丰硕成果，共创造64项工程新纪录和新指标，高端（特色）技术优势逐渐显现，形成和完善了打好增储上产会战的主体工程技术。“元坝地区陆相气藏储层改造工艺技术研究”“川西地区碎屑岩储层测井评价技术”“川东北海相超深井录井关键技术”“元坝超深含硫气藏勘探开发关键工程技术”等项目研究成果鉴定总体达到国际先进水平。泵出式测井工艺成功应用，创国内陆地水平井测井最深纪录；拉曼激光气体分析录井技术取得突破，在国内外首次将拉曼光谱技术引入录井气体检测领域的创新成果。申报国土资源部奖励1项、中国石化科技部奖励4项、四川省科技厅奖励2项、石油工程公司13项。全年完成专利申请31项，完成率182%，有25项获国家专利授权。

（丁勇兵）

新页HF-2井大型压裂施工现场

【节能减排成效显著】 2013年，西南石油工程公司深入实施绿色低碳战略，大力推广网电钻机（已有33套）、气体钻井、作业废弃物固化、钻井液和压裂液重复利用、井场清污分流等清洁生产措施，实现100%达标排放，工业万元产值综合能耗为0.26吨标煤，比考核指标低0.053吨标煤。

（丁勇兵）

【改革调整积极稳妥】 2013年，西南石油工程公司整合重组阶段工作顺利完成，实现公司良性运转。工商税务登记、财务分账、人员划转、机构设置、部门职能职责梳理、建章立制、绩效考核、风险内控、合同管理及土地、房产清查等基础性工作快速推进，业务关系全面理顺，各项管理逐步规范到位。石油工程公司系统内首家建成新办公自动化系统、合同管理信息系统、制度管理系统及物资供应体系；积极谋划高端业务发展，研究确定高端专业率先发展的目标任务；用工模式转换工作稳妥推进，探索建立业务外包用工模式，劳务用工管理得到规范和加强，用工总量和人工成本得到有效控制。

（丁勇兵）

【教育实践活动卓有成效】 2013年，西南石油工程公司切实加强党的思想建设、组织建设、作风建设、反腐倡廉建设，不断提高企业党建工作的科学化、制度化、规范化水平，努力推进"铁班子""铁堡垒""铁先锋""铁三基"的西南铁军建设。惩治和预防腐败体系建设、效能监察工作扎实推进，未发生违规违纪现象。健全和完善维稳体系，化解突出矛盾，综治信访稳定及群团工作全面加强。扎实推进倒班公寓建设、生产生活条件改善、一线员工轮休、协解人员再就业等好事实事办理，切实加大了帮扶帮困力度，着力解决员工群众实际困难，推动了和谐企业创建。

（丁勇兵）

【队伍建设迈上新台阶】 2013年，西南石油工程公司纵深推进"三基"工作，重点强化现场标准化管理和岗位责任制落实，积极开展金银牌基层队创建、专业队伍资质认证及优秀基层队评比和技术能手、岗位练兵评选等各项劳动竞赛活动，队伍素质持续提升，在中国石化系统打出"西南工程"品牌，涌现出一批省、部级先进集体和劳动模范。在西北塔河15家钻井公司评比中，重庆钻井和湖南钻井综合业绩分获第1名和第3名；在西北工区107支钻井队伍评比中，公司有7支钻井队进入前20名，共获20面流动红旗。海外市场，厄瓜多尔220队创区块钻井作业周期最短纪录，甲方一次授予4块业绩奖牌，在中国石化市场尚属首次。成功举办职工文化艺术节、劳模报告会，激发动员广大职工为公司科学发展建功立业。2013年，西南石油工程公司被石油工程公司评为学习镇海炼化典型企业；获2013年度石化集团公司安全生产先进单位称号；获石化集团公司管理创新成果二等奖、三等奖各1项。快速应对"4·20"芦山地震，全力组织生产恢复和隐患排查，严防次生灾害，确保生产安全有序运行；大力支持地方抗震救灾，组织干部员工为灾区捐款，切实践行国有企业的政治责任和社会责任。

（丁勇兵）

表1　　西南石油工程公司主要技术经济指标　　亿元

指标名称 ＼ 年　份	2013
工业总产值	61.45
工业增加值	17.87
资产总计	88.33
流动资产	54.97
固定资产原值	51.08
固定资产净值	28.56
销售收入	66.24
实现利税	11.68
税　金	9.13
综合能耗/吨标煤·万元$^{-1}$	0.26

表 2 西南石油工程公司主要生产建设指标

指标名称		2013
钻　井	开　钻/口	379
	交　井/口	398
	钻　井进尺/万米	113.53
测录井	测　井/井次	1 373
	射孔作业/井次	676
	录　井/口	445
井　下	维护作业(小修)/井次	258
	措施作业/井次	
	压　裂	353
	酸　化	59
	大　修	164

华北石油工程公司

【概况】 中石化华北石油工程有限公司(简称华北石油工程公司)原隶属于石化集团华北石油局，2012年，为实现油田、工程和社区业务“三分开”，从事石油工程业务的五普钻井公司、西部工程公司、井下作业公司、测井公司、录井公司从华北石油局整建制划出，组建华北石油工程公司，于 2013 年 2 月 2 日挂牌，隶属于石油工程公司。公司机关位于河南省郑州市陇海西路 199 号。办公和生活基地分布于河南省郑州市、新乡市及新疆轮台。华北石油工程公司下设 6 个职能处室、2 个附属机构、5 个派出机构和 5 个二级生产单位。

截至 2013 年底，华北石油工程公司各类人员总数 7 191 人，其中从业人员 5 608 人(正式职工 2 016 人、劳务用工 3 592 人)，非从业人员 1 583 人(内退 17 人、离退休职工 794 人、协解人员 772 人)。经营管理及专业技术人员中，教授级高工 2 人、高级工程师 179 人、中级 272 人、初级职称 675 人，分别占经营管理及专业技术人员总数的 0.01%、12.71%、19.32% 和 47.94%。技能操作人员中，技师及以上 101 人、高级工 772 人、中级工 607 人、初级工 1 203 人，分别占操作人员总数的 2.41%、18.38%、14.45% 和 28.64%。公司主要在鄂尔多斯、西北、东北、冀东、川东北、延长油矿及哈萨克斯坦、沙特阿拉伯等国内外油气工程市场从事油气工程施工业务，拥有各类施工队伍 284 支，通过石化集团公司资质认证的自有队伍 185 支，其中甲级资质 41 支、乙级资质 89 支、达标资质 30 支、临时资质 18 支、海外资质 7 支。拥有资产总额 45.84 亿元，资产负债率 56.03 %。其中，在册设备总数 5 565 台(套)，固定资产原值 29.39 亿元，设备新度系数 0.58，设备完好率 99.07%，主要设备利用率 92.63%。

华北石油工程公司主要技术经济指标和主要生产建设指标分别见表 1 和表 2。

(陈　欣)

华北石油工程公司揭牌仪式

【主要设备】 截至 2013 年底，华北石油工程公司拥有 2 000—9 000 米钻机 60 台(套)(含沙特 4 套水井钻机)，配套了 350 型、500 型、750 型等顶驱 17 台(套)，具备常规钻井及水平井、分支井、负压井、超深井、特殊工艺井钻井施工能力，年钻井能力 100

万米以上。拥有各类录井设备 126 台(套)，年录井作业能力 1 000 口井。拥有各类测井仪器 73 台(套)，具有裸眼测井、射孔、生产测井、测试取芯、切割震扣、资料解释、地质研究等服务能力，年测井作业能力 5 000 井次。拥有固井设备 39 台(套)，含双机双泵固井水泥车 5 台、单机单泵固井水泥车共 30 台、混浆撬 1 台，年固井施工能力 500 口井/2 000 井次以上。拥有压裂设备 28 台(套)，含 2500 型压裂泵车 8 台、2000 型压裂泵车 18 台、1500 型压裂泵车 2 台(K－184－15000 型号 2 台)，塔河工区具备月压裂酸化作业 10—15 层次、年承担大型酸压 180 层次以上的能力，鄂尔多斯工区具备月水力加砂压裂作业和相关技术服务 20—25 层次、年承担大型水力加砂压裂 300 层次以上的能力。拥有 XJ－350、XJ－750 等各型修井机 16 台(套)，配备了美国 Hydra Rig 独立式 HRS－225 型不压井作业机、4 000 米连续油管车、Baker Hughes 连续油管井下工具及 Weatherford 不同尺寸油管桥塞，年试油气投产作业能力 300 井次以上、大修施工作业能力 100 井次以上。测试作业具备中深油气井试井、测试与资料解释施工能力。

（陈　欣）

【生产经营情况】 2013 年，华北石油工程公司确立了“石化一流石油工程综合服务公司”发展目标，专业化、市场化、高端化、国际化、差异化”发展战略，以及“整合资源、优化运行、培育战略合作分包商、打造“市场开发、经营管理、技术支撑、后勤保障”4 支团队，实现从工程承包向集方案设计、工程服务、技术服务、管理服务为一体的综合服务转变的发展路径与具体措施。从公司层面整合各专业分公司一线生产组织管理机构，成立了鄂北、鄂南会战指挥部与东北项目部、哈国项目部，调整了西部工委，形成全覆盖的生产组织与协调指挥系统，促进内部资源共享与统筹安排，实现生产运行上的无缝衔接。建立与油田分公司的沟通协调机制，及时解决生产中的问题，共同推进会战任务的完成。全年完成钻井进尺 76.29 万米、经营收入 45.93 亿元、利润 8 795 万元，分别为下达指标的 104.33%、121.52% 和 101.09%，在石油工程公司各单位综合考核中排名第四。

（陈　欣）

【施工质量与效率显著提高】 2013 年，华北石油工程公司在鄂尔多斯油气田水平井固井工艺技术研究过程中，完成水平井水平段固井 61 口，优良率 96.31%，技套固井 439 口，优良率 96.92%。红河油田水平井套管固井优质率 95.01%、优良率 100%，较上年大幅提高。全年公司平均施工质量优良率为：钻井 92.86%、录井 100%、固井 96.51%、试油气 100%、测井曲线 95.40%。与上年相比，纯钻率从 33.64% 提高到 35.71%，复杂(故障)率从 3.68% 下降到 2.05%，平均机钻从 7.24 米/时提高到 8.13 米/时，台月效率从 1 753 米提高到 2 090 米，平均钻井周期从 54 天缩短到 45.50 天。在塔河工区开发井施工中推广应用超深复杂井优快钻井技术，平均机械钻速 7.36 米/时、同比提高 18.61%，单井平均钻井周期 57.13 天、同比缩短 15.16 天。在彰武区块推行“四合一”与钾铵基钻井液体系，ZW2－5－8 井钻井周期缩短 40% 以上，钻井周期和平均机械钻速均创工区同类井型最快纪录。

（陈　欣）

在大牛地气田实现钻井液循环利用

【深井、超深井钻井技术工艺持续完善】 2013 年，华北石油工程公司共施工阿东 1 井、金溪 2 井、顺北 1 井 3 口石化集团公司重点超深探井。在阿东 1 井，采用塑性膨胀防气窜水泥浆体系进行气层无接箍尾管悬挂固井，以 7 332.7 米创 8′/8 英寸尾管下深最深中国石化纪录；在金溪 2 井，采用涡轮加孕镶金刚石钻头钻井技术，进尺 448.09 米，钻速 1.99 米/时，钻井效率比常规组合提高 100%；在顺北 1 井，首次在塔河工区使用低密度钻井液钻进二叠系火成岩地层，比邻近跃进区块平均机械钻速提高 11.60%。

（陈　欣）

【科研成果转化见到实效】 2013 年，华北石油工程公司承担的国家“863”科研课题“雷达成像测井样机研制”进展顺利，已取得 2 项实用新型专利。成功研制 38 毫米小直径射孔器材，刷新了国内外 42 毫米的直径最小纪录，获实用新型专利，并在小直径＋压力起爆技术中成功应用，填补了国内外小直径射孔技术实践应用的空白。

（陈　欣）

【国内市场开拓成效显著】 2013 年，华北石油工程公司提出“提升服务手段、拓宽服务领域、分担更大责任”的市场开拓思路，树立大小专业互相带动，共拓市场理念，成立市场管理委员会，赋予一线工区指挥部市场开拓职责，初步构建起公司、各分公司、一线工区市场信息联动网络与快速反应机制。立足鄂尔多斯主战场，把华北分公司油气增储上产会战需求作为工作着力点，努力提高市场占有率，当好油气会战主力军。与东北油气分公司签订战略合作框架协议书，华北钻前、钻完井、测录井、井下作业、技术服务、特种运输服务等业务获准进入东北市场，并代管部分东北区块民营队伍。西北、川东北布局优化，发挥201 压裂队在新疆工区连续9 年业绩排名第一的品牌优势，新增2500 型压裂设备，提升装备实力，使酸压和酸化工作量大幅增长。获得中海油非常规油气分公司致密砂岩气勘探工程项目3口井的总承包，服务内容涉及井位勘查、征地协调、设计编制，钻前、钻井、录井、固井、钻后治理等，首次在中国石化市场外实现工程总承包。

（陈　欣）

【海外市场较大幅度增长】 2013 年，哈萨克斯坦工区争取到中石油阿克秋宾股份公司希望油田 7 口井工作量，3 台钻机全部启动，与 LONCON 公司以设备租赁合作形式，开辟了阿克陶韩国石油公司新市场。“华北固井”品牌在哈萨克斯坦打响，市场份额不断扩大，承担中国石化哈萨克斯坦萨基斯区块全部固井任务，年固井 90 口；首次尝试在国际市场对试油修井工程进行分包。沙特项目 4 台水井钻机全部启动。全年境外收入同比增长 29. 23% 。

（陈　欣）

【HSE 管理扎实有效】 2013 年，华北石油工程公司通过外部机构对 HSE 管理进行专项审计与评估，梳理有推广价值的经验及建议 10 项。以“细化责任区域、明确责任主体、落实各级监管、考核推进执行”为主线，深化执行基层 HSE 管理系统，受到石化集团公司安监局好评。重视对分包商、车辆运输、井控及境外公共安全的监管，把对分包商 HSE 月度检查纳入内部基层队平台，确保对薄弱环节的有效控制。认真落实作业现场“七想七不干”要求、STOP 观察等一系列安全活动。加强健康与环保工作，职业危害因素检测、职业健康体检制度化，野外一线员工心理健康得到普遍重视。环保泥浆池及泥浆不落地装置广泛应用，网电与燃气发电机组逐步推广。

（陈　欣）

【各项基础管理持续改进】 2013 年，华北石油工程公司成立公司纪律检查委员会、工会委员会组织，建立健全民主与监督管理体制；成立职称工作领导小组，以及安全、科技、保密、分包商管理、市场管理等各类工作委员会，完善了体制机制。严格按照标准化、信息化建设要求，高起点开展制度体系建设，下发执行制度 70 余项，理顺了工作关系。制定 11 个作业区域各种井型的单井成本消耗标准，以效益、效率、安全、技术、财务等为主要内容的评价指标体系，以行业领先、油田工区领先、历史最好纪录为基准的追标体系。建立起以绩效考核、全员绩效考核为主线，总经理奖励基金为补充的激励与奖惩机制，导向与激励作用有效发挥。开发设备管理数据库、物资仓储管理信息系统，开展固定资产、长期待摊资产盘点，以及物质材料查库利库工作，提高物质装备综合管理及利用效率；制定公司物资供应标准化流程，严把物资质量关，电子商务工作进展顺利。改进月度经济活动分析及专项分析方法，根据不同时期的特点，有侧重地对指定经济指标状况进行分析，对情况异常进行预警；严格招投标管理与合同管理，CMIS 系统合同全面上线，风险防控进一步加强。降本增效成绩突出，全年实现挖潜增效 3 000 万元，其中 6 项非生产性费用节约 759 万元。

（陈　欣）

【党的群众路线教育实践活动取得实效】 2103 年，华北石油工程公司扎实开展以“为民务实清廉”为主要内容的党的群众路线教育实践活动，坚持开门搞活动，深入基层单位，通过民主测评和党内外干部职工访谈，广泛征求“四风”方面存在的突出问题，共发放调查问卷 143 份，座谈、走访 165 人，形成反馈意见和建议 116 条，整理出干部职工对生产经营、企业管理、收入待遇等方面 4 类 14 项需要重点整改的问题、意见和建议。针对群众路线实践教育活动中干部职工提出的突出问题，制定《负责人职务消费管理暂行办法》《检查调研工作管理暂行办法》《会议费管理办法》《公务（商务）接待管理暂行办法》等管理制度，建立了解决问题的长效机制，石化集团公司“八项规定”实施细则得到有效落实。将干部队伍建设与党的群众路线实践教育活动有机结合，认真开展“双鉴”警示教育以及“三学六问六带头”、批评与自我批评活动，匡正了风气，确保了运行第一年各项工作的顺利推进。

（陈　欣）

【营造和谐发展氛围】　2013 年，华北石油工程公司建立与华北石油局和华北分公司日常工作协调机制，“一家人、一条心、一盘棋”理念得到落实。坚持党政领导阅批来信、接待来访、包案处理和下访等工作制度，全年处理信访问题 36 件，化解 31 项，缓解 5 项，化解缓解率达 100%。坚持开展大病救助、助学帮困、结对帮扶工作，营造有利于企业和谐发展氛围。

（陈　欣）

表 1　　华北石油工程公司主要技术经济指标　　亿元

指标名称＼年　份	2013
工业总产值	45.93
工业增加值	12.99
资产总计	45.84
流动资产	26.91
固定资产原值	29.39
固定资产净值	17.14
销售收入	45.93
实现利税	4.05
税　金	3.21
综合能耗/吨标煤 · 万元 $^{-1}$	0.43

表 2　　华北石油工程公司主要生产建设指标

指标名称＼年　份	2013
钻　井/口	226
探　井	25
开发井	201
钻井进尺/万米	76.29
录　井/万米	132.07
测　井/井次	2 475
固　井/井次	1 697
压　裂/层次	346

华东石油工程公司

【概况】　中石化华东石油工程有限公司（简称华东石油工程公司）是石油工程公司下属的具有独立法人资质的 8 家地区公司之一，业务涵盖常规油气和非常规油气钻完井、测井、录井、测试、井下作业等，服务市场遍及江苏、西北、东北、南方、华北、重庆等国内 10 多个省市和俄罗斯、哈萨克斯坦、印尼、加蓬、叙利亚、伊朗、厄瓜多尔、柬埔寨等海外多个国家。

截至2013年底，华东石油工程公司下属钻井、测井、录井、固井、威诺测试5个专业施工单位，2个派出机构，6个机关管理部门和1个附属机构，主要分布在南京、镇江、扬州3个地区；有员工2 620人，其中大学本科以上学历占员工总数34%，平均年龄40岁；有105支石油工程队伍(甲级资质队伍19支、乙级资质队伍31支、达标队伍25支、临时资质30支)；各类资产16.29亿元、设备2 227台套。

2013年，华东石油工程公司生产经营总收入15.80亿元，实现利润为2 592.08万元。

华东石油工程公司主要经营指标见表1。

（李　超　马卫征）

【勘探开发保障能力不断提升】 2013年，华东石油工程公司创新管理体制机制，率先实现苏北工区工程技术服务总包，非常规工区录井、固井工程总包，从单纯的承包服务模式转向承包服务、管理服务、技术服务三位一体的发展模式。开展技术提速、管理提速、安全提速，为苏北老区增储上产、非常规建产、页岩气勘探以及西北油气分公司重点区域勘探开发提供了强有力的工程技术支撑。物探资料、钻井井身质量和固井质量合格率均达100%，取芯收获率、测录井处理解释准确率等质量指标全部达标。钻井生产时效97.46%，同比上升1.61%；平均机械钻速7.98米/时，上升1.6米/时；钻机月速度为1 909米/台，提高607米/台。

（李　超　马卫征）

【科技创新成果丰硕】 2013年，华东石油工程公司强化科技项目成果的转化实效，推广应用了一批成熟技术，集成创新了一批适用技术，立项研究一批新技术，用科技进步助推服务保障水平不断提升。钻井在苏北和新疆工区推广应用近钻头地质导向、双驱钻井、单弯螺杆+PDC复合钻进技术，取得提速提效实效，刷新了江苏工区单井日进尺、机械钻速和台月效率3项纪录，创江苏工区裸眼段和稳斜段最长2项纪录。在延川南煤层气工区通过升级改造设备，加装平移装置，优化施工作业程序，实现“井工厂”钻井作业，做到当天完井、当天搬家、当天开钻；与中国大学合作开发的煤层气测井解释软件CBMLOG，已获国家测井软件著作权；《煤层气测井资料处理解释规范》行业标准在北京通过审核，有效填补了中国煤层气测井资料处理解释行业标准的空白；在非常规工区建立了固井场站，形成了同时为多口井提供固井服务的工厂化生产模式。

（李　超　马卫征）

华东石油工程公司测井队整装待发

在新疆工区举行井控应急演练

表1　华东石油工程公司主要经营指标　亿元

指标名称＼年份	2013
营业收入	15.81
利润总额	0.26
企业增加值	5.94
资产总额	17.09
利税总额	1.95
海外市场收入	2.11

炼化工程公司

【概况】 中石化炼化工程(集团)股份有限公司(简称炼化工程公司，英文缩写 SEG)于 2012 年 8 月 28 日在北京注册成立，9 月 3 日举行揭牌仪式，是中国石化炼化工程领域的唯一运营主体，具备包括工程设计综合甲级资质、全国行业化工石油一级施工总承包等优良、全面的业务资质；具备同时执行 20 个以上大型 EPC 总承包项目、年完成设计投资额 1 000 亿元的生产能力和经营规模，并拥有一批具有自主知识产权的炼油全系列技术和乙烯裂解炉、聚乙烯、聚丙烯、丁二烯等化工成套核心技术，以及较为完善的施工技术和工法体系，可自行设计、建设单系列的千万吨级炼油厂和百万吨乙烯工程，具有领先的市场地位、全面的业务资质和强大的技术及人才实力。业务覆盖技术研发、技术咨询、工程设计、设备制造、工程施工、项目管理、EPC 总承包、施工总承包、投料试车等，业务覆盖炼油、石油化工、煤化工和储运等多个领域。

炼化工程公司旗下有 10 家全资子公司，分别为中国石化工程建设有限公司、中石化洛阳工程有限公司、中石化上海工程有限公司、中石化宁波工程有限公司、中石化南京工程有限公司、中石化广州工程有限公司、中石化第四建设有限公司、中石化第五建设有限公司、中石化第十建设有限公司、中石化宁波技术研究院有限公司。

截至 2013 年 12 月 31 日，炼化工程公司共有员工 19 219 名，其中中国科学院院士 1 名，中国工程院院士 2 名，教授级高级专业技术职务人员 234 名，高级专业技术职务人员 3 506 名，中级专业技术职务人员 4 926 名，技能操作技师和高级技师 902 名。

(刘红叶)

【领导班子调整】 2013 年 4 月 10 日，炼化工程公司第一届董事会第六次会议通过决议，聘任闫少春为 SEG 总经理。4 月 11 日，石化集团公司印发《关于闫少春同志任职的通知》，决定聘任闫少春为 SEG 委员会副书记(兼)。

(刘红叶)

【上市工作顺利完成】 2013 年 5 月 23 日，炼化工程公司在香港联合交易所挂牌上市，公开发行共募集资金约为 139 亿港元，成为 2013 年上半年香港资本市场最大的首次公开发行；股票简称：中石化炼化工程，股票代码为 2386。上市后首个公司债券信用评级，SEG 获得穆迪授予的 A2 发行人评级，评级展望为稳定，是全球工程类企业获得的最高评级，成为唯一一家获得该评级的工程公司，充分表明了市场对公司的高度肯定。

(刘红叶)

【生产经营实现新增长】 2013 年，炼化工程公司全力以赴抓生产、抓管理、抓内部资源优化，各项工作保持平稳发展势头。全年实现营业收入 436.72 亿元，同比增长 13%；实现利润总额 46.84 亿元，同比增长 10%。境内新签合同额 592.94 亿元；境外新中标项目 9 个，合同总额 34.57 亿美元，完成境外合同额 10.5 亿美元。

(刘红叶)

【安全生产创造新纪录】 2013 年，炼化工程公司实现 3.03 亿安全人工时，未发生质量、安全及境外公共安全上报事故，创造了历史最好水平。全年交付的 1 426 个单位工程全部合格，17 套 EPC 总承包装置均实现开工投料一次试车成功。全年隐患治理资金创新高，达 4 499 万元，为保障安全奠定了坚实基础。

(刘红叶)

【重点工程项目顺利实施】 2013 年，炼化工程公司参建的石化集团公司重点工程项目均顺利推进，项目质量、安全受控，未发生人员伤亡上报事故，为历年来最好水平。先后对海南 PX 项目、S－Zorb 项目、塔河重质原油改质配套完善项目、湖北化肥乙二醇工业示范项目、山东＼北海＼天津 LNG 项目、茂名石化油品质量升级改造及配套项目、武汉乙烯项目、扬子单喷嘴冷壁式粉煤气化装置项目、元坝天然气净气化厂项目、中天合创煤炭深加工项目和中科(广东)炼化一体化项目等进行重点协调并解决存在的问题，确保了项目的顺利实施。

（刘红叶）

【联合总承包模式】 2013年，炼化工程公司以中天合创煤化工项目为切入点，对联合总承包的项目组织机构、工作分工、“责、权、利”划分等内容进行深入研究，形成了公司实施联合总承包原则，确立了联合总承包的第一个样板项目。

（刘红叶）

【境外项目】 按照“统一品牌、统一管理、统一签约、统一运作”的要求，海外项目从市场跟踪、投标报价、合同签订、项目执行到竣工结算，由炼化工程公司统一组织实施。2013年，炼化工程公司共在境外执行项目25个，其中EPC总承包项目9个、施工类项目16个。

（刘红叶）

【重大技术研发稳步推进】 2013年，炼化工程公司共承担26项“十条龙”攻关项目，其中武汉80万吨/年乙烯、湛江200万吨/年柴油液相循环加氢、济南60万吨/年逆流连续重整等14个项目投入运行，进展良好。

（刘红叶）

【市场开拓取得显著成效】 2013年，在MTO、聚丙烯、裂解炉、苯乙烯、S－Zorb等传统优势项目继续保持了技术和市场优势的同时，炼化工程公司在炼油项目的许可上打开了新的局面，完成了中国海油泰州、扬子石化炼油项目的许可。全年实现新签技术许可61项，合同额4.22亿元，同比增长37.2%。

（刘红叶）

【专利申请保持良好势头】 2013年，炼化工程公司完成以发明专利为主的专利申请381项，获授权247项。

（刘红叶）

【专业化重组取得新突破】 2013年，炼化工程公司对标国际一流工程公司，并按照上市监管的要求，先后启动了重型起重运输公司、机械制造公司、工程技术研发中心、沙特公司的重组改革，专业化重组工作取得突破。

（刘红叶）

【制度体系建设成型】 炼化工程公司制度建设从零起步，2013年上半年编制完成102项制度，及时满足了上市IPO的需要；下半年完善修编46项制度，其中新编28项、修订18项、发布26项。全年共印发制度121项，与公司发展相适应的标准化、信息化的管理制度体系基本成型。

（刘红叶）

【中长期发展规划编制完成】 2013年，炼化工程公司公司编制完成中长期发展规划，在对内外部环境进行充分评估和科学分析的基础上，确定了发展阶段及具体目标、工作任务和实施路径；强化综合计划管理，增强了计划的科学性、时效性及指导作用。

（刘红叶）

【内控建设】 完成《公司内部控制手册(2013年修订版)》的修编工作。修编后的内控手册由总则、公司层面控制、业务层面控制、权限指引、检查评价与考核办法、附则6个部分组成；涉及业务流程42个、关键控制点957个，1级风险5个、2级风险68个、三级风险456个，一级目标5个、二级目标214个。

（刘红叶）

【全球排名】 美国《化学周刊》公布2013年度全球油气相关行业工程建设（E&C）公司收入排名，其中炼化工程公司名列第6位。

（刘红叶）

【薪酬结构调整】 炼化工程公司薪酬结构调整实施方案于2013年11月12日正式下发，启动实施工作；截至12月30日，2013年薪酬结构调整工作平稳实施完成，海外薪酬结构调整工作于2014年启动。

（刘红叶）

【管理提升活动】 炼化工程公司成立了管理提升活动领导小组，制定了工作方案，选准切入点，从公司层面和项目层面展开，诊断出一批好的做法和需要改进的问题。管理诊断下基层共诊断出8家子公司各类问题448个，其中已整改270个，安排持续改进178个。

（刘红叶）

【积极开展党的群众路线教育实践活动】 自2013年8月2日党的群众路线教育实践活动启动以来，以“为民务实清廉”为主要内容，坚持把学习教育、查摆问题、整改落实贯穿始终。共收集了“四风”方面主要问题139条，提出了20项整改任务，明确了完成时限、主管领导、责任部门和责任人。坚持边整边改、立行立改，密切了党群干群关系，推动了作风转变。

（刘红叶）

工程建设公司

【概况】 中国石化工程建设有限公司（简称工程建设公司，英文缩写 SEI）为炼化工程公司全资子公司，是以炼油和化工工程设计为主体，可实施工程建设总承包和工程项目管理的工程公司，主要从事炼油、化工、煤化工、天然气等能源化工工程项目的咨询、设计、设备材料采购、安评与环评、施工管理、工程总承包、项目管理服务、工程监理、技术服务等工作。

截至 2013 年底，SEI 在册员工 1 984 人，其中中国工程院院士 2 名，中国工程设计大师 5 名，教授级高级工程师 82 名，高级工程师、高级经济师等高级职称人员 1 229 名；拥有国家颁发的工程设计综合甲级资格证书、工程监理甲级资格证书、工程造价咨询单位甲级资格证书、工程咨询甲级资格证书、甲级环境影响评价证书、压力容器设计单位批准书、压力管道设计资格批准书、对外经济合作经营资格证书等国家顶级资质，并取得英国劳氏公司签发的质量（ISO 9001）、职业健康安全（OHSAS 18001）和环境管理体系（ISO 14001）认证证书。

截至 2013 年底，SEI 累计拥有各项专利 350 项，其中有效授权 255 项，专有技术 118 项。年内获国家级奖励 5 项；获省（部）级奖励 38 项，其中科技进步奖 12 项，优秀设计成果奖 1 项，工程勘察设计“四优”奖 20 项，优质工程奖 5 项；获全国优秀工程总承包项目奖 3 项。

2013 年，SEI 实现营业收入 101.17 亿元，实现利润总额 19.02 亿元，全年中交、开车投产的重点装置共 55 套。

SEI 主要生产经营指标见表 1，2013 年开车及中交项目和项目获奖情况见表 2 和表 3。

（刘 月 杜 燃）

【领导班子调整】 2013 年 4 月 23 日，石化集团公司党组决定免去刘玉焕 SEI 党委书记职务；9 月 11 日，决定由孙丽丽担任 SEI 党委书记、副总经理（兼），总经理李国清兼任党委副书记；11 月 5 日，决定由孙丽丽担任 SEI 执行董事、总经理，李国清不再担任执行董事、总经理职务，调出另有任用。

（刘 月 杜 燃）

【QHSE 管理水平持续提升】 2013 年 3 月 19 日，英国劳氏船级社质量认证有限公司（LRQA）对 SEI 的 QHSE 管理体系实施了第 4 次监督审核，重点审核关注管理目标分解和统计分析、全项目策划和管理过程执行力以及设计产品环境因素识别和控制等方面的运行状态。全年，SEI 所有项目实现了“质量事故为零、死亡和重伤事故为零”的目标，保持了一流的 QHSE 管理业绩。

（刘 月 杜 燃）

【新版《项目管理手册》发布实施】 2013 年 4 月 28 日，SEI 发布实施新版《项目管理手册》。该手册是 SEI 在项目管理上的纲领性文件，明确了工作流程、组织机构形式、各岗位职责、与相关部门及岗位之间的界面关系等内容。修编后的手册突出了项目经理负责制，贯彻了矩阵式的项目管理模式，强调了 SEI 职能部门对项目组的指导、检查责任，体现了项目统筹优化与控制，广泛应用了 IT 技术实现项目信息化、集成化管理，加强了对施工现场的管理力度。

（刘 月 杜 燃）

【刘家明首场事迹报告会在 SEI 举行】 2013 年 5 月 3 日，由石化集团公司总部组织，SEI 配合执行的刘家明首场事迹报告会在 SEI 举行。该报告会旨在弘扬刘家明的优秀品格和崇高精神，对石化员工进行深入的理想信念和爱岗敬业教育。

（刘 月 杜 燃）

【举办成立 60 周年系列庆祝活动】 2013 年，为庆祝 SEI 成立 60 周年，公司开展了一系列庆祝活动，包括 60 周年成就展、科技论坛、新老同志座谈会、书画展、征文活动、职工文艺汇演等，编制出版《SEI 成立 60 周年纪念册——辉煌 60 年》，并制作了纪录片《辉煌历程》。

（刘 月 杜 燃）

【积极开展党的群众路线教育实践活动】 自 2013 年 8 月 1 日 SEI 动员和部署党的群众路线教育实践活动以来，梳理了“四风”问题 22 类主要表现，提出了 27 项整改任务、84 项整改具体措施，明确了完成时限、主管领导、责任部门和责任人；有效解决了文山会海、奢侈浪费等问题，相关费用同比显著下降，党员干部思想认识有明显提高、作风有明显改进，各项工作有明显进步。

（刘 月 杜 燃）

【武汉80万吨/年乙烯装置开车成功】 2013年8月13日，由SEI总承包的武汉80万吨/年乙烯装置一次开车成功，标志着中国乙烯技术又登上了一个新的台阶。该项目在中国乙烯行业中实现了5个首创：①中国第1次完全自主开发大型乙烯装置全流程工艺包，完全拥有自主知识产权的CBL裂解炉技术和LECT烯烃分离技术实现了首次全流程整合应用；②中国首次以整套乙烯技术专利商身份全程参与、指导乙烯装置现场开车；③乙烯装置“心脏”设备的设计、制造、安装第1次全面实现国产化；④乙烯装置2套加氢系统、1套甲烷化系统的催化剂、反应器系统第一次全部实现国产化；⑤第1次从前期方案、工艺包设计开始，以EPC的项目管理模式，实现了对大型乙烯装置整个工程建设周期的全面掌控。

（刘 月 杜 燃）

【项目成本控制进入实施阶段】 2013年9月24日，SEI召开项目成本控制试点项目成本预算签字仪式，7个试点项目经理与主管领导、总经理分别在成本预算书上签字，标志着项目成本控制正式进入实施阶段。项目成本控制是SEI提升管理和降本增效的重要手段，以成本控制为抓手，带动价格库、工程量库、人工时定额库等7项基础工作的开展，促进项目管理和企业管理水平的提高。该项工作遵循成本最优化、全面成本控制、动态控制、责权利相结合4项原则。

（刘 月 杜 燃）

【10套S-Zorb装置建成投产】 2013年下半年，采用SEI专利技术，并由SEI设计的茂名分公司、安庆分公司、洛阳石化、燕山2#、海南炼化、石家庄炼化、中国石油华北、延长延安、延长永坪、福建联合石化10套规模从90万吨/年到180万吨/年不等的S-Zorb装置陆续建成开车，生产出超低硫清洁汽油，为国家车用汽油升级起到重要作用，同时体现了标准化设计良好的经济效益和社会效益。

（刘 月 杜 燃）

【海南炼化60万吨/年对二甲苯(PX)项目成功开车】 海南炼化60万吨/年对二甲苯(PX)项目是石化集团公司科技攻关“十条龙”重点项目，由SEI牵头开展科研工作。项目于2013年12月15日产出合格PX产品，12月27日整个装置流程全部打通，一次开车成功。该装置的开车成功，标志着中国石化拥有自主知识产权的芳烃技术，打破了美国UOP公司和法国Axens公司的垄断地位，使中国的芳烃技术跻身世界先进行列。

（刘 月 杜 燃）

安庆石化150万吨/年S-Zorb装置

海南炼化60万吨/年对二甲苯(PX)装置

【获得荣誉】 2013年，在石化集团公司第22届管理现代化创新成果评审中，SEI主创的“批量S-Zorb项目的标准化管理与建设”成果荣获一等奖。在中国勘察设计协会组织的全国第6届优秀工程总承包项目评选中，SEI申报的3个项目全部获奖，其中福建炼油乙烯项目80万吨/年乙烯装置荣获优秀工程总承包项目金钥匙奖，福建炼油乙烯项目800万吨/年常减压蒸馏装置获优秀工程总承包项目银钥匙奖，福建炼油乙烯项目碳四联合装置获优秀工程总承包项目铜钥匙奖。住房和城乡建设部下发《关于对全国先进工程勘察设计企业予以表扬的通知》，SEI被评选为全国先进工程勘察设计企业。经石化联合会、中国石油和化工勘察设计协会评审认定，SEI等17家企业被授予石油和化工勘察设计行业技术创新示范企业称号。

（刘 月 杜 燃）

表1　　工程建设公司主要生产经营指标　　亿元

指标名称＼年份	2013	2012	2011	2010	2009	2008
资产总值	69.16	79.00	158.00	166.82	167.00	129.83
设计投资额	381.58	377.43	306.39	365.32	360.85	259.05
主营业务收入	101.17	93.49	83.58	155.20	154.98	97.60
利润总额	19.02	18.15	19.75	14.60	15.10	9.70
承接合同数量/项	166	154	78	75	145	154

表2　　工程建设公司开车及中交项目

序　号	项目名称	开车/中交日期	备　注
1	青岛炼化储运设施完善项目和制氢装置项目	1月19日	
2	齐鲁石化25万吨/年高密度聚乙烯装置	1月23日	
3	浙江嘉兴永明石化有限公司10万吨/年环氧丙烷项目	1月28日	
4	洛阳分公司14万吨/年聚丙烯装置	1月30日	
5	扬子石化废碱液系统治理改造项目	4月18日	
6	燕山石化15万吨/年碳五分离装置及配套设施	5月	
7	克拉玛依石化完善稠油集中加工项目100万吨/年延迟焦化装置	5月	
8	安庆石化800万吨/年炼油改扩建项目新建110千伏总变电站	5月	
9	扬子石化精对苯二甲酸节能改造项目	5月	
10	齐鲁分公司连续重整扩能改造项目	5月1日	
11	武汉石化油品质量升级炼油改造二期工程8万米^3(标准)/时制氢装置	5月19日	
12	武汉石化油品质量升级炼油改造二期工程180万吨/年加氢处理装置	5月19日	
13	武汉乙烯项目低温乙烯储存系统	6月15日	
14	武汉分公司40万吨/年聚丙烯项目	7月2日	
15	武汉分公司油品质量升级炼油改造二期工程180万吨/年加氢裂化装置	7月4日	
16	茂名150万吨/年S-Zorb装置	7月25日	
17	武汉乙烯项目12吨/时废碱液处理装置	8月12日	
18	上海石化EO/EG项目	8月12日	
19	茂名石化EO/EG项目	8月12日	
20	武汉80万吨/年乙烯装置	8月14日	
21	武汉乙烯配套55万吨/年裂解汽油加氢装置	8月21日	
22	武汉35万吨/年芳烃抽提	8月25日	
23	辽河石化120万吨/年柴油加氢项目	8月28日	
24	安庆分公司200万吨/年催化裂化装置	8月31日	
25	安庆150万吨/年S-Zorb装置	9月3日	

续表

序　号	项目名称	开车/中交日期	备　注
26	安庆500万吨/年常减压蒸馏装置	9月3日	
27	武汉石化15万吨/年碳五分离装置	9月6日	
28	石家庄800万吨/年油品质量升级及原油劣质化改造项目气分原料和商品液化气罐区及泵站	9月10日	中交
29	石家庄800万吨/年油品质量升级及原油劣质化改造项目聚丙烯原料罐区及泵站	9月10日	中交
30	安庆100万吨/年连续重整装置	9月12日	
31	安庆220万吨/年加氢装置	9月14日	
32	安庆200万吨/年重油加氢装置	9月29日	
33	济南分公司60万吨/年逆流连续重整装置	10月20日	
34	洛阳150万吨/年S－Zorb装置	10月23日	
35	扬子石化2#二甲苯装置	10月23日	
36	燕山120万吨/年S－Zorb装置	10月24日	
37	乌鲁木齐石化600万吨/年常减压装置	10月26日	
38	辽宁华锦通达2.7万吨/年苯乙烯抽提装置及配套设施	11月3日	
40	海南炼化120万吨/年S－Zorb装置	11月7日	
41	华北石化120万吨/年S－Zorb装置	11月7日	
42	陕西延长石油90万吨/年S－Zorb装置	11月23日	
43	湖北化肥分公司20万吨/年合成气制乙二醇工业示范	11月27日	中交
39	燕山9万吨/年丁基橡胶装置及配套工程	12月5日	中交
44	福建联合石化120万吨/年S－Zorb装置	12月7日	
45	扬子石化90万吨/年S－Zorb装置	12月11日	
46	海南60万吨/年对二甲苯项目	12月15日	
47	福建联合石化乙烯脱瓶颈项目99万吨/年乙烯裂解装置改造	12月18日	
48	福建联合石化65万吨/年裂解汽油加氢装置	12月18日	
49	福建联合石化乙烯脱瓶颈项目70万吨/年芳烃联合装置节能改造	12月18日	
50	福建联合石化乙烯脱瓶颈项目10万吨/年MTBE/4.5万吨/年1－丁烯装置改造	12月18日	
51	福建联合石化乙烯脱瓶颈项目55万吨/年聚丙烯装置改造	12月18日	
52	福建联合石化乙烯脱瓶颈项目80万吨/年聚乙烯装置改造	12月18日	
53	福建联合石化1 000万吨/年常减压改造	12月18日	
54	陕西延长180万吨/年S－Zorb装置	12月27日	

表 3　　**工程建设公司 2013 年项目获奖情况**

序号	项目名称	奖项名称	获奖等级
1	全结晶复合孔分子筛催化新材料的创制与工业应用	国家技术发明奖	二等奖
2	高性能甲醇制烯烃催化剂及 S－MTO 成套技术开发	石化集团公司科技进步奖	特等奖
3	第 2 代 S－Zorb 工艺和工程技术的开发与工业应用	石化集团公司科技进步奖	一等奖
4	3 万吨/年溴化丁基橡胶工业成套技术开发	石化集团公司科技进步奖	一等奖
5	百万吨级大型乙烯装置用丙烯压缩机组研制	石化集团公司科技进步奖	一等奖
6	马来西亚 TITAN 公司新增 CBL－R 裂解炉	石化集团公司科技进步奖	二等奖
7	催化裂化与延迟焦化装置技术分析及远程诊断系统开发及应用	石化集团公司科技进步奖	二等奖
8	石油化工工程建设项目管理机理研究与评价	石化集团公司科技进步奖	二等奖
9	石油化工设备设计手册	石化集团公司科技进步奖	二等奖
10	特大型高含硫天然气净化厂成套工程技术开发与工业应用	石化集团公司科技进步奖	三等奖
11	扭曲管双壳程换热器研究及制造	石化集团公司科技进步奖	三等奖
12	环氧丙烷/苯乙联产装置脱水反应器	石化集团公司科技进步奖	三等奖
13	5 万吨/年间苯二甲酸工业生产技术开发	石化集团公司科技进步奖	三等奖
14	川气东送工程	国家优质工程奖	金奖
15	上海石化炼油改造项目第二联合装置及配套系统	石化集团公司优质工程奖	
16	武汉分公司油品质量升级改造二期工程	石化集团公司优质工程奖	
17	兰州石化 550 万吨/年常减压	中国石油工程建设协会优质工程奖	金奖
18	川气东送工程	国家优秀工程设计奖	一等奖
19	中原油田分公司普光天然气净化厂	石化集团公司优秀工程设计奖	一等奖
20	镇海炼化 100 万吨/年乙烯工程 100 万吨/年乙烯装置	石化集团公司优秀工程设计奖	一等奖
21	镇海炼化 100 万吨/年乙烯工程 65 万吨/年乙苯装置	石化集团公司优秀工程设计奖	一等奖
22	天津 100 万吨/年乙烯及配套项目 100 万吨/年乙烯装置 天津 100 万吨/年乙烯及配套项目新建 100 万吨/年乙烯裂解炉项目	石化集团公司优秀工程设计奖	一等奖
23	天津 100 万吨/年乙烯及配套工程 30 万吨/年 LLDPE 装置	石化集团公司优秀工程设计奖	一等奖
24	中原石化 6 万吨/年碳四烯烃催化裂解制丙烯项目	石化集团公司优秀工程设计奖	一等奖
25	上海高桥润滑油系统改造项目 1# 常减压蒸馏装置	石化集团公司优秀工程设计奖	二等奖
26	上海石化 60 万吨/年芳烃联合装置	石化集团公司优秀工程设计奖	二等奖
27	福建炼油乙烯项目硫黄回收装置	石化集团公司优秀工程设计奖	二等奖
28	天津 100 万吨/年乙烯及配套项目 65 万吨/年裂解汽油加氢装置	石化集团公司优秀工程设计奖	二等奖
29	天津 100 万吨/年乙烯及配套项目 45 万吨/年聚丙烯装置	石化集团公司优秀工程设计奖	二等奖
30	镇海炼化 100 万吨/年乙烯工程 28.5/62 万吨/年环氧丙烷/苯乙烯（PO/SM）装置	石化集团公司优秀工程设计奖	二等奖

续表

序号	项目名称	奖项名称	获奖等级
31	镇海炼化100万吨/年乙烯工程国产化CBL-Ⅶ型15万吨/年裂解炉	石化集团公司优秀工程设计奖	二等奖
32	福建联合石化炼油乙烯项目800万吨/年常减压蒸馏装置	石化集团公司优秀工程设计奖	三等奖
33	天津100万吨/年乙烯及配套项目1 000万吨/年常减压蒸馏装置	石化集团公司优秀工程设计奖	三等奖
34	天津100万吨/年乙烯及配套项目130万吨/年蜡油加氢装置	石化集团公司优秀工程设计奖	三等奖
35	天津分公司1#常减压装置单独加工凝析油改造项目	石化集团公司优秀工程设计奖	三等奖
36	福建联合石化炼油乙烯项目碳四联合装置12万吨/年丁二烯抽提装置	石化集团公司优秀工程设计奖	三等奖
37	福建联合石化炼油乙烯项目碳四联合装置8万吨/年MTBE/3.5万吨/年1-丁烯装置	石化集团公司优秀工程设计奖	三等奖
38	新一代催化汽油吸附脱硫S-Zorb装置	石化集团公司优秀标准设计奖	一等奖
39	无黏结剂复合孔分子筛催化剂的创制与工业应用	上海市人民政府发明奖	一等奖
40	压力容器全寿命风险控制的设计制造技术及工程应用	安徽省科技进步奖	一等奖
41	1 200万吨/年高酸重质劣质原油智能响应控制电脱盐成套技术和装备	中国石油和化学工业联合会科技进步奖	二等奖
42	北海炼油异地改造石油化工项目一部、二部工程	石化集团公司优质工程奖	
43	济南分公司160万吨/年柴油加氢精制装置	石化集团公司优质工程奖	
44	中石化三菱化学合资15万吨/年双酚A、6万吨/年聚碳酸酯项目	石化集团公司优质工程奖	
45	中原石化乙烯原料路线改造(MTO)项目可行性研究报告	中国工程咨询协会工程咨询成果奖	三等奖
46	福建联合石化炼油乙烯项目80万吨/年乙烯装置	中国勘察设计协会工程总承包奖	金钥匙奖
47	福建联合石化炼油乙烯项目800万吨/年常减压蒸馏装置	中国勘察设计协会工程总承包奖	银钥匙奖
48	福建联合石化炼油乙烯项目碳四联合装置	中国勘察设计协会工程总承包奖	铜钥匙奖

洛阳工程公司

【概况】 中石化洛阳工程有限公司(简称洛阳工程公司，英文缩写LPEC)为炼化工程公司全资子公司，是国内能源化工领域集技术专利商与工程承包商为一体的高新技术企业，拥有国家颁发的工程设计综合甲级资质证书，是国家首批授权实施工程总承包的全国基本建设管理体制改革试点单位之一，也是国家首批业务涵盖21个行业的工程咨询企业之一，已通过 QHSE 管理体系、ISO 10015 培训管理体系认证。

洛阳工程公司本部位于河南省洛阳市，拥有一支专业结构合理、满足业务发展需要的工程设计、技术开发、项目管理和运营管理的人才队伍。截至2013年底，在册职工2 085人，其中中国科学院院士1人，国家设计大师4人，石油化工行业设计大师6人，享受政府特殊津贴的专家33人，教授级专业技术人员71人、高级专业技术人员827人、各类注册工程师423人。

洛阳工程公司具有工程设计和工程研究(R&D)相结合的结构优势，在科技发展和技术进步方面形成了独有的特色。先后承担并完成渣油加氢处理、低压组合床重整、灵活高效催化裂化(FDFCC)、甲醇制低碳烯烃(DMTO)等一批国家和石化集团公司的科技攻关课题。截至2013年底，累计获国家级科技进步奖和发明奖35项、省部级科技进步奖和技术发明奖263项，获国家级优秀设计奖24项、省部级优秀设计奖90项，获国家和省部级优质工程奖33项，获全国优秀总承包金、银钥匙奖8项，拥有国内外有效授权专利472项。

洛阳工程公司内设有国家燃料油质量监督检测中心，中国石化炼油反应工程技术研究重点实验室，设备防腐蚀研究中心以及储运、总图、建筑设计技术中心站等专业技术机构；设有博士后科研工作站和研究生工作站；编辑出版《炼油技术与工程》《石油化工腐蚀与防护》等国家核心期刊和其他专业期刊，在业界具有较大的影响力。2013年12月，洛阳工程公司被认定为国家级企业技术中心。

2013年，洛阳工程公司经济效益持续增长，多项指标创历史新高。全年完成工程设计投资380.9亿元，同比增长5%；完成EPC建设投资80.7亿元，增长19%；实现营业收入84.2亿元，增长21%；实现利润15.3亿元，增长39%；实现经济增加值(EVA)14.1亿元，增长35%。

洛阳工程公司主要生产经营指标和2013年中交及投产工程项目见表1和表2。

(李小爽)

【市场开拓取得突破】 2013年，洛阳工程公司坚持以技术为支撑扩大市场份额，在连续重整、液相加氢、现代煤化工等领域技术转化和工程设计获得较大进展；坚持巩固炼油、储运市场领先地位，化工项目市场开发实现新突破，取得常州(富德)聚丙烯装置总承包任务，首次进入聚烯烃工程项目领域；坚持技术交流、客户走访和客户满意度调查，强化与客户及合作方的战略合作关系，客户忠诚度不断提高；市场开发体系、制度、程序和数据库建设进一步完善。全年取得前期、工程设计、工程总承包任务共计230余项，新签合同额134.2亿元，是年度目标的134.2%。

(李小爽)

【科研开发成效显著】 2013年，洛阳工程公司进一步强化开放式科研理念，同清华大学、大连化物所、煤科总院、埃克森美孚、KT等国内外知名高校、专利商开展了技术交流，确定了合作意向；与山西煤化所、中信重工、合肥通用机械研究院等研究机构和企业签订了战略合作协议；继续加强研发项目管理，进一步发挥专业室的研发主体作用；加大科技成果管理力度，完善科技成果转化奖励机制；强化技术决策管理，完善公司级评审、项目评审和专业评审制度，形成了高效的工程项目和科技开发项目技术评审办法；按照公司"三新"技术管理规定，加强新技术应用管理。全年完成科技开发项目23项，通过省部级及以上技术鉴定(评议、验收)14项；完成专利申请142项，获国家专利授权96项；完成国家标准8项、行业标准29项、公司技术标准102项；获省部级以上科技奖励6项；洛阳工程公司专利专有技术许可收入实现1.1亿元。

(李小爽)

【QHSE管理水平持续提升】 2013年，洛阳工程公司继续强化QHSE管理，开展形式多样的QHSE检查，加强设计回访和质量剖析；创新思路，加大对施工分包方HSE管理人员的培训，保证分包商HSE管理人员持"双证"上岗；坚持应急管理常态化，修订了公司应急预案体系、事故报告制度，定期开展应急预案演练，及时进行效果评估，不断改进。全年，洛阳工程公司质量管理持续有效，顺利通过中国船级社认证公司QHSE管理体系复审；各类安全上报事故为零，全面实现公司年度QHSE工作目标。

(李小爽)

【宁波禾元化学有限公司DMTO项目顺利投产】 2013年2月，由洛阳工程公司承担总体设计的宁波禾元化学有限公司50万吨/年乙二醇、40万吨/年聚丙烯项目产出合格烯烃，投料试车成功。该项目是全球第2套采用国产自主甲醇制烯烃(DMTO)核心技术的项目，并配套引进美国Lummus、荷兰Shell等成熟技术，以低碳的甲醇为原料，符合国家能源发展战略和产业政策，对优化能源消费结构，提高能源利用效率，减少环境污染都具有重要意义。

（李小爽）

【茂名石化油品质量升级改造项目新建240万吨/年加氢裂化装置一次投产成功】 2013年3月，由洛阳工程公司负责设计的茂名石化油品质量升级改造项目最后一套主要装置——新建240万吨/年加氢裂化装置产出合格产品，实现一次投产成功，标志着茂名石化油品质量升级改造项目全面进入投料试生产阶段。该装置是茂名石化油品质量升级改造项目44个工程主项中的主要项目之一，于2012年12月30日高标准中交。

（李小爽）

【与法国德西尼布公司签订战略合作框架协议】 2013年5月15—17日，洛阳工程公司领导率队对法国德西尼布(Technip)公司进行访问。双方进行了深入交流，就合作完成的阿联酋Fujairah炼厂FEED设计工作进行总结，并就加强战略合作达成了一致意见。

（李小爽）

【湛江东兴200万吨/年液相柴油加氢装置一次开车成功】 2013年5月，由洛阳工程公司EPC总承包的湛江东兴公司200万吨/年液相柴油加氢装置打通全流程，生产出合格产品，柴油总硫含量、馏程、腐蚀、十六烷值等关键指标全部达到产品质量要求，其中总硫含量为3×10^{-6}，实现了装置一次开车成功。该装置采用先进的SRH液相循环加氢工艺，生产硫含量小于50×10^{-6}的精制柴油产品和部分石脑油。装置不设氢气循环系统，依靠液相的原料及大量循环的反应油携带的溶解氢来提供新鲜原料进行加氢反应所需要的氢气。该装置投产后每年可生产197万吨国Ⅳ标准柴油，将对带动湛江东兴公司油品质量升级、增强华南地区成品油供应能力起到促进作用。

（李小爽）

【胜利油田石化总厂100万吨/年柴油加氢装置建成中交】 2013年5月，由洛阳工程公司总承包的胜利油田石化总厂100万吨/年柴油加氢装置建成中交。该装置是胜利石化总厂柴油质量升级项目的核心装置之一，也是洛阳工程公司采用具有自主知识产权的SRH液相循环加氢技术建成的第3套新型柴油加氢生产装置。该装置投产后，将使胜利石化总厂生产的车用柴油硫含量小于350×10^{-6}国家标准，可有效降低机动车尾气颗粒物、二氧化硫、氮氧化物等大气污染物的排放，对改善周边空气质量起到重要的推动作用。

（李小爽）

【高能效(SHEER)加氢成套技术开发及工业应用项目通过石化集团公司技术鉴定】 2013年6月17日，洛阳工程公司参与开发的“高能效(SHEER)加氢成套技术开发及工业应用”项目通过石化集团公司科技部技术鉴定。该项目开发了“只设反应开工炉”的加氢裂化(改质)技术，降低了装置的工程投资和操作费用；开发了“部分自供热”加氢装置开工方法，在装置升温开工期间，最大程度地降低对外取热的需求量，减小了反应开工炉的设计负荷；实现了高温高压逆流传热技术、非直接接触在线防除垢技术、微旋流脱烃脱胺技术和新型反应器内构件技术的高效集成应用。广州分公司新建200万吨/年柴油加氢改质装置采用了该项目开发的成套技术，工程投资降低4.56%，燃料消耗降低44.85%。鉴定委员会一致认为，SHEER加氢成套技术的能耗指标达到国际领先水平，可以明显降低工程投资和操作费用，经济效益和社会效益显著，具有很好的推广应用前景，建议加快推广应用。

（李小爽）

【广西液化天然气(LNG)项目开工】 2013年7月30日，中国石化广西液化天然气(LNG)项目在北海铁山港工业区项目现场开工奠基，标志着项目开始驶入工程建设的快车道。该项目是由中国石化和广西投资集团、北部湾国际港务集团合资兴建的国家重点工程，于2013年6月24日得到国家发改委正式核准。项目由码头及陆域形成工程、接收站工程、输气管道工程组成。一期工程设计接收能力300万吨/年，建设4座16万立方米的LNG储罐，总投资177.8亿元，计划于2015年9月中交，12月达到接气条件；二期工程设计接收能力达到600万吨/年，计划于2017年建成投产，远期设计接收能力达1 000万吨/年。

（李小爽）

【液相循环加氢(SRH)技术通过石化集团公司专家鉴定】 2013年8月13日，洛阳工程公司参与开发的“液相循环加氢(SRH)技术”通过了中国石化科技部组织的专家鉴定。液相循环加氢(SRH)技术反应过程依靠进料和部分循环的液相产物溶解的新氢来满足加氢反应所需要的氢气，与常规加氢精制相比，该技术不设置氢气循环系统，具有反应温升小、裂解反应少、催化剂利用率高、热量损失少等优点。与同等规模和目标产品的滴流床柴油加氢精制装置相比，装置投资可以节约 20% 以上，操作能耗可以节约 20% 以上。该技术具有创新性，达到国际先进水平，具有自主知识产权，已申请 30 项发明专利。该技术在长岭分公司进行了工业试验，分别在九江分公司 150 万吨/年和湛江东兴公司 200 万吨/年柴油液相循环加氢装置进行了工业应用，结果表明均达到攻关指标要求。鉴定委员会认为现有技术可以进一步推广应用，建议开展高含硫柴油生产国Ⅴ产品试验。

（李小爽）

【富德（常州）能源化工有限公司 100 万吨/年甲醇制烯烃、50 万吨/年苯乙烯项目 EPC 总承包合同签订】 2013 年 10 月 30 日，富德（常州）能源化工有限公司 100 万吨/年甲醇制烯烃、50 万吨/年苯乙烯项目 EPC 总承包合同在洛阳工程公司签订。

（李小爽）

【入选 ENR“中国承包商和工程设计企业双 60 强”】 2013 年 11 月 22 日，由美国《工程新闻记录》（ENR）和中国《建筑时报》合作举办的 2013 ENR/《建筑时报》“中国承包商和工程设计企业双 60 强”排名揭晓，洛阳工程公司再获中国工程设计企业 60 强称号，同时入围 2013 年最具国际拓展力工程设计企业和最具总承包实力工程设计企业前 10 名，并被授予中国建筑行业标杆称号。

（李小爽）

【中国石油广西石化千万吨级炼油项目获 IPMA 国际卓越项目管理最高奖】 2013 年 12 月，由洛阳工程公司参与建设的中国石油广西石化千万吨级炼油项目获第 7 届 IPMA 国际卓越项目管理最高奖——特大型项目金奖，成为中国继神舟六号载人飞船、中国海油惠州炼油项目之后第 3 个获此殊荣的特大型项目。

（李小爽）

【洛阳分公司油品质量升级改造第一阶段实施工程获国家优质工程奖】 2013 年 12 月，由洛阳工程公司总承包的洛阳分公司油品质量升级改造第一阶段实施工程［包括 140 万吨/年延迟焦化装置、220 万吨/年加氢处理装置和 4 万米^3（标准）/时制氢联合装置］获得 2012—2013 年度国家优质工程奖，其中该项目 140 万吨/年延迟焦化装置获得全国工程建设项目优秀设计成果三等奖。

（李小爽）

【被认定为“国家级企业技术中心”】 2013 年 12 月，由国家发改委、科学技术部、财政部、海关总署和国家税务总局联合认定的第 20 批享受优惠政策的国家级企业技术中心名单公布，洛阳工程公司被认定为“国家级企业技术中心”，体现了洛阳工程公司在业界的技术和人才优势，也为公司进一步加大技术开发力度、提高自主创新能力、增强公司核心竞争力奠定了基础。

（李小爽）

表 1　洛阳工程公司主要生产经营指标　亿元

指标名称＼年份	2013	2012	2011	2010	2009	2008
资产总值	79.99	67.10	78.93	71.95	42.25	39.26
流动资产	65.85	52.90	75.55	68.69	39.28	36.97
固定资产原值	11.56	10.76	5.16	4.66	4.36	3.27
固定资产净值	8.84	8.57	2.88	2.78	2.59	1.94
建设投资	380.68	361.86	322.89	262.68	228.25	206.38
主营业务收入	84.17	69.29	65.75	58.41	51.04	41.70
实现利税	19.34	15.08	15.23	11.82	11.15	5.87
税　金	4.02	4.03	4.18	3.62	3.16	2.23
授权专利数量/项	96	84	68	36	35	32

表 2　　洛阳工程公司 2013 年中交及投产工程项目

序号	项目名称	中交、投产日期	备注
1	四川成都艾尔普气体产品有限公司 10 万标准立方米制氢装置	1 月中交 1 月投产	工程总承包
2	宁波禾元化学有限公司年产 50 万吨乙二醇、40 万吨聚丙烯项目	2 月投产	工程设计
3	茂名石化油品质量升级改造工程 240 万吨/年加氢裂化装置	3 月投产	工程设计
4	胜利石化总厂硫黄回收联合装置	3 月投产	工程总承包
5	东明石化重质原油综合利用项目 160 万吨/延迟焦化、80 万吨/年连续重整、12 万吨/年苯抽提、250 万吨/年柴油加氢、5.5 万吨/年硫黄回收、产品精制及系统配套工程	3 月投产	工程设计
6	延长石油集团榆林炼油厂 500 万吨/年常压装置(A)技术改造项目	5 月投产	工程设计
7	湛江东兴 200 万吨/年液相柴油加氢装置	5 月投产	工程总承包
8	胜利石化总厂柴油质量升级项目 100 万吨/年柴油加氢装置	5 月中交 6 月投产	工程总承包
9	海南炼化 60 万吨/年聚酯原料工程、60 万吨/年芳烃抽提、90 万吨/年歧化及烷基转移装置、联合装置控制室等 9 个单元	6 月中交 12 月投产	工程总承包
10	山东玉皇化工股份有限公司 160 万吨/年延迟焦化装置	7 月投产	工程设计
11	湛江东兴事故排水储存设施和二甲苯质量提升项目	10 月投产	工程设计
12	湛江东兴 6 万吨/年乙苯—苯乙烯项目	10 月投产	工程设计
13	海南炼化 200 万吨/年柴油加氢改造装置	11 月投产	工程设计
14	神华集团鄂尔多斯煤制油分公司 10 万吨/年重整装置	11 月投产	工程设计
15	福建联合石化公司加氢裂化检修改造	12 月投产	工程设计
16	胜利石化总厂 110 万吨/年催化扩能和 50 万吨/年汽油选择性加氢装置	12 月投产	工程设计
17	盘锦北方沥青股份有限公司 40 万吨/年加氢尾油异构脱蜡装置	12 月投产	工程设计
18	塔河重质原油改质配套完善项目 60 万吨/年连续重整装置和 30 万吨/年航煤加氢装置	12 月中交	工程总承包

上海工程公司

【概况】 中石化上海工程有限公司(简称上海工程公司，英文缩写 SSEC)为炼化工程公司全资子公司，是国内最早从事石油化工、医药和化工工程设计的大型综合性设计单位之一。

上海工程公司位于上海市浦东新区张杨路 769 号，注册资本人民币 2 亿元；主要业务领域分为三大类：石化、化纤、炼油化工等，医药化工和生物能源化工等，环保、电子、轻纺食品、天然气储运工程等；服务范围覆盖工程项目的规划咨询、项目建议书、可行性研究和基础工程设计、详细工程设计，以及工程采购、工程总承包、工程项目管理、技术开发等。

上海工程公司持有国家住房与城乡建设部颁发的工程设计综合甲级资质证书，可承接化工石化医药、石油天然气、商物粮、轻纺、建筑、冶金、电子通信广电、市政等 21 个行业的工程设计和工程总承包业务，并持有环境评价、工程咨询、工程造价、压力容器、压力管道等多项甲级设计资质和建筑业企业贰级资质证书。具有 ISO 9001 质量管理体系认证证书和 ISO 14001、OHSAS 18001、HSE 管理体系认证证书，拥有多项专利技术，建立了先进的万兆以太计算机办公网络，主办出版《化工设备与管道》《化工与医药工程》2 种技术刊物。

截至2013年底，上海工程公司有11个专业(部)室、2个辅助部门、15个管理部(室)、5个子公司。有在册员工1 147人，85%为从事工程设计和服务的工程技术人员。其中，设计大师9名，高、中级职称人员近767人，各类执业资格人员347人；硕士研究生及以上学历人员163人(占总人数的14%)，具有教授级专业技术职称人数达24人。

2013年，上海工程公司生产经营持续稳步增长，新签合同额60亿元，为年度目标的115%，其中设计服务合同额7.7亿元、为年度目标的110%，PMC合同额8 876万元、为年度目标的105%，医药项目合同额6 496万元、为年度目标的130%，技术许可及服务合同额2 085万元，系统外及海外业务合同额35.5亿元；完成设计投资额148亿元，完成各类项目135项；实现营业收入37.5亿元，其中设计服务收入7.5亿元、海外业务收入1.34亿万美元；实现利润4.33亿元，完成石化集团公司和炼化工程公司各项考核指标。

2013年，上海工程公司被授予全国先进工程勘察设计企业称号和石油和化工勘察设计行业技术创新示范企业称号，列勘察设计行业总承包合同额第10位，第3次获AAA信用等级认定，首次获全国“安康杯”竞赛优胜单位称号，连续第6次获上海市文明单位和治安保卫先进称号，获上海市诚信创建企业和创新型优秀企业称号。

上海工程公司主要生产经营指标和2013年完成的主要项目见表1和表2。

(钱水根)

【差异化多领域经营稳步推进】 2013年，上海工程公司加大市场拓展力度，系统外重点争取煤化工EPC项目。在系统内，获得中天合创35万吨PP、12万吨高压釜式LDPE和25万吨管式LDPE装置EPC总承包合同，为提升公司综合竞争力赢得了机遇；对上海石化、扬子石化新一轮乙烯改扩建和高桥石化整体搬迁，热情提供方案优化、技术比选、经济分析等增值服务，满足客户需求，巩固公司传统市场；对广州石化、海南炼化、徐州管道、四川维尼纶厂等老客户，积极保持联系，及时配送服务，承接到一系列工程设计和总承包项目，取得预期回报。在系统外，积极参与神华神木、中煤陕西榆林和内蒙古蒙大等煤化工项目招投标，获得MTO分离、PP等装置EPC合同，承接到青海大美、青海矿业PP装置基础设计，取得拓展新客户的新业绩。在市场形势不利环境下，积极争取设计服务、技术许可和医药工程业务，使设计服务业务持续稳定增长，苯乙烯和碳五分离技术许可得到巩固，医药项目份额继续提高，PMC业绩得到新发展，全年新签设计服务合同额超过7.5亿元，PMC、技术许可及其服务和医药设计合同额分别达到8 876万元、2 085万元和6 500余万元，以技术优势为主导的差异化多领域经营取得显著成效。

(钱水根)

【一大批项目按时实现预定节点】 2013年，上海工程公司适时做好人力资源安排，鼓励内部挖潜，注重专业与项目的协调，加强项目管理协调，落实项目动态检查，为项目运作“排堵保畅”，排忧解难，全年完成各类项目135项。其中，武汉乙烯30万吨/年高密度聚乙烯、15/28万吨/年环氧乙烷/乙二醇装置一次投料开车成功；广州分公司20万吨/年聚丙烯、中石化三井化工40万吨/年苯酚丙酮装置、中石化(香港)洋浦成品油保税库建成中交；高桥分公司260万吨/年柴油加氢装置开车一次成功；湖北化肥20万吨/年合成气制乙二醇示范装置准点中交；海南原油商业储备基地开工；上海石化、扬子石化EVA装置基础设计，帝斯曼维生素(上海)“竹子”项目、长岭10万吨/年双氧水法制环氧丙烷工业示范装置设计取得进展。

(钱水根)

湖北化肥20万吨/年合成气制乙二醇示范装置中交

中石化三井化工40万吨/年苯酚丙酮装置建成中交

【专业化采购突显优势】 2013年，上海工程公司以“安全、及时、经济”为目标，合理做好人员组合，充分发挥“专业化”采购优势，坚持集中专业采购、招标采购、自采物资框架协议采购、限额采购，推进精细化采购、标准化采购，加强供应商履约监督和催交检验，系统内100万元以上采购金额全部执行招标采购，全年完成招标采购5项，签订采购合同950项，完成采购金额16亿元，最大限度实现赢利增效。

（钱水根）

【继续发挥科技支撑引领作用】 2013年，上海工程公司围绕科技“创新”的主旋律，进一步明确技术发展重点和方向，全年运行课题68项，完成中国石化委托合同项目19项（其中总部技术鉴定9项，技术审查、评议10项）。在承担的中国石化“十条龙”攻关项目中，20万吨/年合成气制乙二醇成套技术开发与工业应用完成示范装置按时中交，进入开车准备；10万吨/年双氧水法制环氧丙烷成套技术开发完成详细设计；碳纤维成套技术开发和工业应用、45万吨/年搅拌式反应器PX氧化制PTA成套技术、20万吨/年精环氧乙烷成套技术，通过总部技术审查、鉴定。

（钱水根）

【加大科技成果转化力度】 2013年，上海工程公司进一步树立创新发展理念，发挥科技创新的“推进器”作用，一大批科技成果转化为生产力，其中PX结晶分离技术工业侧线试验、MTP工业侧线技术研究及180万吨/年MTP、180万吨/年MTO分离节能、10万吨/年醋酸加氢制燃料乙醇工艺包开发、10万吨/年己内酰胺气相重排工程技术研究、异丙苯法制环氧丙烷工艺包及工程技术、60万吨/年苯乙烯国产化节能技术优化研究、12万吨/年节能型苯乙烯成套技术开发、大型苯乙烯高效阻聚剂技术开发及工业应用、55万吨/年异丙苯工艺包及工程放大技术开发、合成气生物法制燃料乙醇工程放大及工艺包开发、纤维素制燃料乙醇中试试验及5万吨/年工艺包开发等分别完成可行性研究；工艺包开发、工艺模拟计算和工程放大研究；上海石化新建年产60万吨苯乙烯、45万吨裂解汽油加氢项目完成商务报价，九江石化8万吨/年苯乙烯、燕山石化15万吨/年碳五、湖北化肥合成气制乙二醇、福建炼化15万吨/年碳五分离和新疆天利15万吨/年碳五分离获得技术许可。全年获国家专利授权26项，获石化集团公司科技奖励2项、省部级其他奖励11项、行业技术创新示范企业称号3项。

（钱水根）

【EO/EG领域覆盖DOW、SD和Shell工艺技术】 2009年9月29日，上海工程公司承建的天津石化乙烯工程42万吨/年环氧乙烷/乙二醇装置建成中交，开车一次成功，产出合格产品，装置采用DOW化学乙烯氧化和EO水合工艺技术。宁波禾元EO/EG（环氧乙烷/乙二醇）装置采用荷兰壳牌（Shell）最新EO催化剂及工艺包技术，系Shell技术第1次在中国国产化，2013年2月12日装置产出合格乙二醇。7月25日，由上海工程公司EPC总承包的武汉乙烯15/28万吨/年环氧乙烷/乙二醇装置投料试车一次成功，产出合格产品，装置采用美国SD公司提供的乙烯氧化和EO水合工艺技术。到此，上海工程公司不仅成为国内环氧乙烷/乙二醇装置工程设计业绩最好、唯一具有国际三大主要专利商工程设计经验的单位，而且成为国内EO/EG领域唯一覆盖Dow chemical、SD和Shell三大工艺技术的工程公司。

（钱水根）

【质量监管标准化建设再结新硕果】 2013年，上海工程公司加强技术质量例会制度，梳理完善专业分工，发挥质量工程师作用，质量、安全、进度、费用同步控制，质量体系内审和项目创优过程评价同步进行，保证质量活动始终处于受控状态，查出问题立即整改，发现亮点及时推广，组织项目回访，听取业主意见，落实反馈意见；武汉乙烯HDPE、EO/EG项目以“样板”引路，严抓过程控制，再创优质工程，获石化集团公司第22届管理现代化创新三等奖。承担国家及行业标准编制44项，组织函审20项。以标准化带动“三化”工作，标准化设计、标准化采购、模块化建设同步开展。

（钱水根）

【信息技术建设再上新台阶】 2013年，上海工程公司在信息化建设上，契合公司业务发展，完善信息系统门类，提升信息系统管理能力和技术水平，注重信息系统集成，加大与业务有机融合，提高对各项业务的服务力度，应用系统、基础设施、信息安全等工作顺利推进，综合信息平台上线试运行，数字化工厂设计系统定制化开发、工艺集成设计系统等专业应用软件开发应用、信息化建管、运维标准化，提升网络服务、数据安全保障能力和云计算环境构建，配合建设统一信息系统，IT技术支持、网络系统管理维护等取得预期成效。

（钱水根）

【HSE管理体系持续正常运行】 2013年，上海工程公司全面提升HSE管理水平，坚持科学发展、安全发展，倡导"强化安全基础，推动安全发展，倡导发展决不以牺牲人的生命为代价"理念，积极开展安全月、安全管理提升和职业卫生基础建设等活动；吸取青岛输油管线燃爆事故教训，开展隐患排查，落实防范措施，全年公司HSE管理体系运行正常，本部和各项目现场未发生重大安全事件，累计安全人工时1 961.43万小时，再次被被评为上海市治安安全合格单位、静安区平安示范单位、浦东新区平安示范单位。

（钱水根）

【内部管理得到持续深化】 2013年，上海工程公司在行政保障上，围绕生产经营，强调时效性，坚持标准化，做好"3个服务"（为员工服务、为项目现场服务、为领导服务），提升服务意识，提高工作效率，文秘信息、会务接待、外事组团、综合治理、资产管理、设施维修和后勤服务有序开展；安全行车133万千米，未发生车辆责任事故。在企业管理上，调整完善工作流程，开展"管理提升"和"我为制度做诊断"活动，落实风险管理事件库填报、制度建设和管理现代化创新等工作，其中"发展中国家工程总承包项目的税务筹划管理"获国家级二等奖、"境外工程总承包项目的税务策划""以'样板'引路，严抓过程控制，再创优质工程"，分获石化集团公司一等奖和三等奖。在法务工作上，法律事务、知识产权保护评审率达到100%，推进法务3年目标实施，加强知识产权保护，防范法律风险；提供法律协助，加强培训取证，提升法务人员国际化水平；普法宣教，落实环境守法得到进展，法务工作符合生产经营需求。

（钱水根）

【承建生物发酵法生产丁二酸中试装置顺利中交】 与传统的石化法相比，生物法制取丁二酸，具有显著减排优势，每生产1吨丁二酸有0.37吨二氧化碳被菌体利用，有利于减少温室气体排放。上海工程公司承担的扬子化工1 000吨/年生物发酵法生产丁二酸中试装置于2010年6月启动前期准备，2011年7月完成可研报告，2012月3月完成基础设计，2012年9月完成详细设计。2013年1月28日，装置顺利建成中交，在生物基化学品商业化运行上跨出实质性一步。

（钱水根）

【承建沙特朱拜尔物流项目机械完工】 该项目于2011年5月7日成功中标，合同工期18个月。2013年2月2日、16日，2#、1#变电所先后受电成功；6月30日，项目机械竣工；11月9日，业主授予机械完工证书（MC）和开车证书（RFSU）。至此，上海工程公司独立承担的境外第1个真正意义上的EPC总承包项目圆满完工。

（钱水根）

【承建湛江东兴6万吨/年乙苯—苯乙烯装置建成投产】 该项目总投资约5.33亿万元，由上海工程公司承担总体院责任，负责主装置中苯乙烯单元及辅助设施、乙苯—苯乙烯中间罐区设计和装置内总体协调。项目于2011年6月完成基础设计；2013年1月完成施工图设计，10月23日年装置投料试车一次成功，产出合格产品。该装置利用炼厂干气中宝贵乙烯资源，生产高附加值苯乙烯产品，对合理利用资源、改善生产平衡、提高企业经济效益，具有重要作用。

（钱水根）

【承建中煤蒙大年产50万吨工程塑料项目开工】 该项目是上海工程公司在煤化工领域承建的最大EPC项目，罐区建设储罐31台，总计4.36万立方米。2013年3月30日，承建的聚丙烯、烯烃分离、罐区及汽车装卸装置开工。截至年底，已完成基础施工、钢结构安装，净化仓C－5009一次吊装至挤压造粒框架内。

（钱水根）

【承建神华陕西甲醇下游烯烃分离装置EPC开工】 该项目是上海工程公司承建的神华煤化工第2套烯烃分离装置，也是在煤化工领域承建的第4套烯烃分离装置，主要承担从可研、总体设计、基础设计到中间交接的EPC总承包和联动试车、投料试车阶段的技术支持。2013年4月2日，装置EPC开工；4月12日，EPC总承包合同签字；5月25日，基础桩基开工。截至年底，装置建设按计划推进，完成预期目标，上海工程公司获优秀总承包商称号。

（钱水根）

【承建中煤榆林煤化工装置最高最重设备整体吊装成功】 上海工程公司承担该项目30万吨/年聚丙烯、

60万吨/年烯烃分离及碳四综合利用装置EPC建设任务。2012年2月22日、3月27日，烯烃分离、聚丙烯装置先后桩基开工。2013年9月13日，烯烃分离最高(102.66米)、最重(1 450吨)设备丙烯精馏塔T-604一次整体吊装就位，创出特大型设备一次整体吊装就位新纪录，为装置中交打下了基础。

(钱水根)

【承建神华包头煤化工碳四综合利用三期顺利中交】 上海工程公司承建的神华包头碳四综合利用项目，投资8亿元，分3期建设。其中，2011年完成一期新增混合碳四球罐单元设计、采购、施工，交付投用；2012年，完成二期MTBE及1-丁烯装置建设，产品性能指标超过设计要求；项目三期于2013年8月30日建成中交，主要包括2-PH装置、压缩机单元、PSA单元、焚烧炉单元、氢气增压单元、成品罐区及外管等部分，其中2-PH装置采用英国Davy公司工艺，系国内首套装置。

(钱水根)

【承建中天合创煤炭深加工装置开工】 中天合创鄂尔多斯煤炭深加工示范项目由中国石化、中煤能源、申能(集团)、内蒙古满世煤炭集团合资共建，系世界级大型煤炭—化工联合项目。其中，35万吨/年气相聚丙烯、12万吨/年高压聚乙烯(釜式)、25万吨/年高压聚乙烯(管式)装置，总投资37亿元，由上海工程公司EPC总承包。2013年10月30日，35万吨/年气相聚丙烯装置开工打桩。

(钱水根)

【与哈萨克斯坦业主签订工程总承包合同】 2013年6月7日，炼化工程公司(SEG)与哈萨克斯坦石化工业公司(KPI)正式签订石油化工一体化(IPCI)项目EPCC主合同及相关协议。上海工程公司作为该项目执行方，承接的工作范围包括50万吨/年丙烷脱氢装置(PDH)、聚丙烯装置(PP)和火炬的详细设计与采购、工艺装置与火炬的施工，以及剩余的全厂公用工程配套和基础设施的EPC工作；合同总额18.5亿美元(暂定价)，为上海工程公司成立以来承接的合同额最高、执行难度最大的涉外工程总承包项目。

(钱水根)

【与金山区五龙村启动新一轮结对帮扶】 2013年10月23日，上海工程公司与金山区朱泾镇五龙村签订新一轮城乡党组织结对帮协议，深入结对帮扶活动工作。双方立足新农村建设，加强党建共建，深化互学互助，互利双赢。

(钱水根)

【获多项荣誉】 2013年6月19日，上海工程公司镇海炼化65万吨/年环氧乙烷/乙二醇(EO/EG)装置项目组被石化集团公司授予中国石化先进集体称号。2月7日，上海工程公司扬巴二期项目组、武汉乙烯工程(EO/EG、HDPE)项目组分获2012年度中国石化总经理奖励工程建设优秀管理团队、中国石化工程建设先进集体称号，何兆良、陈建国、丁伟获2012年度中国石化工程建设先进个人称号；6月19日，沙裕获中国石化劳动模范称号；12月31日，章健获中国石化质量工作先进个人称号。8月3日，石化集团公司2010—2011年度工程勘察设计“四优”(优秀工程设计、优秀标准设计、优秀工程勘察、优秀计算机软件)评选结果揭晓，由上海工程公司承担的镇海炼化100万吨/年乙烯工程65万吨/年环氧乙烷/乙二醇装置被评为优秀工程设计一等奖；安庆10万吨/年乙苯—苯乙烯项目、尤妮佳生活用品(中国)有限公司二期建设项目被评为优秀工程设计二等奖；上海中石化三井化工有限公司12万吨/年双酚A项目被评为优秀工程设计三等奖。3月26日，上海工程公司武汉乙烯EO/EG、HDPE项目组被武汉市授予五一劳动奖状和工人先锋号称号。

(钱水根)

表1　上海工程公司主要生产经营指标

指标名称 \ 年份	2013	2012	2011	2010	2009	2008
主要业务收入/亿元	37.50	34.30	30.50	23.13	22.16	21.8
完成工程投资额/亿元	148.00	140.30	129.99	86.48	71.90	66.80
完成工程项目/项	135	201	197	188	184	221
授权专利/项	89	84	60	30	19	13

表 2　　上海工程公司 2013 年完成的主要项目

委托单位	项目名称	完成日期	行业
中国神华煤制油化工有限公司包头煤化工分公司	神华包头烯烃中心烯烃分离装置新增乙烯、丙烯球罐项目	1 月	石化
中国石油化工上海石油化工股份有限公司	上海石化涤纶废水处理装置沼气利用工程详细设计	1 月	石化
福建炼油化工有限公司	福建炼化 15 万吨/年碳五分离装置工艺包	1 月	石化
福建炼油化工有限公司	福建炼油化工有限公司 15 万吨/年碳五分离装置基础设计	2 月	石化
优月仓储(上海)有限公司	上海化学工业区优月仓储项目二期工程设计	2 月	化工
中国石油化工股份有限公司广州分公司	广州分公司 20 万吨/年高性能聚丙烯装置 EPC	3 月	石化
中国海油宁波大榭石化有限公司	宁波大榭 28 万吨/年苯乙烯装置(含工艺包)总体、基础、详细设计	3 月	石化
扬子江药业集团有限公司	扬子江药业集团有限公司冻干粉针 3 号车间项目(一期)方案、详细	3 月	医药
中国科学院上海药物研究所	中国科学院上海药物研综合性新药研究和开发技术系统平台工程设计	3 月	医药
上海赛科石油化工有限责任公司	上海赛科公用工程设施完善化改造项目	3 月	化工
上海抗体药物国家工程研究中心有限公司	上海抗体药物国家工程研究中心有限公司项目工程设计	3 月	医药
帝斯曼工程塑料(江苏)有限公司	帝斯曼工程塑料(江苏)有限公司 7 号生产线改建详细设计	3 月	医药
中国石化湛江东兴石化公司	中国石化湛江东兴石化公司 6 万吨/年乙苯—苯乙烯项目	4 月	石化
中国海油炼化有限责任公司惠州炼油分公司	中国海油惠州炼化二期 35 万吨/年苯酚丙酮装置工程设计	4 月	石化
中国石油化工股份有限公司湖北化肥分公司	湖北化肥分公司 20 万吨/年合成气制乙二醇工业示范装置基础设计	5 月	石化
深圳康泰生物制品股份有限公司	深圳康泰生物制品股份有限公司光明疫苗研发生产基地建设项目	5 月	医药
帝斯曼维生素(上海)有限公司	帝斯曼维生素(上海)有限公司“竹子”项目	5 月	医药
上海化学工业区公共管廊有限公司	上海化学工业区污水厂支管廊工程详细设计	5 月	化工
中国石化集团资产经营管理有限公司上海高桥分公司	高桥石化化工三部新建 4# POP 生产线及配套设施方案设计	5 月	石化
中国石油化工股份有限公司上海高桥分公司	高桥石化化工一部丁苯橡胶装置 1# 线改造生产低顺橡胶	5 月	石化

续表

委托单位	项目名称	完成日期	行业
中国石化海南炼油化工有限公司	海南炼化公用管廊二期工程工程设计	6月	化工
北京兴大科学系统公司	北京兴大科学系统公司双环铂生产车间项目	6月	化工
青海大美煤业股份有限公司	青海大美煤炭深加工示范项目一期工程40万吨/年聚丙烯装置总体设计	6月	石化
上海石洞口煤气制气有限公司	石洞口燃气生产和能源储备项目管线扩建工程详细设计	6月	化工
云南玉溪凤凰生态食品有限责任公司	云南玉溪凤凰生态食品有限责任公司肝素钠生产车间项目	7月	医药
南京生物医药谷建设发展有限公司	南京生物医药谷孵化器项目工程设计	7月	医药
天津田边制药有限公司	天津田边制药有限公司新生产栋建设项目	7月	医药
中国石化安庆分公司	中国石化安庆分公司25万吨/年丁辛醇项目	8月	石化
江苏正大天晴药业股份有限公司	江苏正大天晴药业股份有限公司抗肿瘤制剂车间、无菌制剂车间项目	8月	医药
新疆独山子天利实业总公司	新疆独山子天利轻馏分利用项目15万吨/年轻馏分分离装置工程设计	8月	炼油
中国石油化工股份有限公司上海高桥分公司	高桥石化120万吨/年航煤加氢改造方案设计	8月	石化
中国神华煤制油化工有限公司包头煤化工分公司	神华包头煤制烯烃碳四综合利用项目EPC	9月	石化
中国石化上海石油化工股份有限公司	上海石化1#乙烯改造项目基础设计	9月	石化
南京生物医药谷建设发展有限公司	南京生物医药谷建设发展有限公司南京生物医药谷加速器一期工程设计	9月	医药
中国石化集团资产经营管理有限公司巴陵石化分公司	巴陵石化分公司氯丙烯直接氧化法中试装置工程设计	9月	石化
SABIC	SABIC码头聚合物物流项目EPC	10月	石化
中国石油化工股份有限公司九江分公司	中国石化九江分公司8万吨乙苯—苯乙烯装置基础设计	10月	石化
天津金士力新能源有限公司	天士力药品新型制剂小试、中试基地方案、施工图设计	10月	医药
江苏海岸药业有限公司	江苏海岸药业有限公司冻干粉针车间项目(一期)工程设计	10月	医药
海南省洋浦开发建设控股有限公司	洋浦开发区公共管廊工程博洋路支线工程设计	10月	化工
中国石化工程建设有限公司	平湖市白沙湾围堤与石化围堤连接段加固工程详细设计	10月	化工

续表

委托单位	项目名称	完成日期	行业
南京正大天晴制药有限公司	南京正大天晴制药有限公司医药研发制造项目工程设计	11月	医药
中石化（香港）海南石油有限公司	中石化（香港）洋浦成品油保税库EPC工程总承包（标段一）	11月	炼油
中国石化集团石油商业储备有限公司白沙湾基地项目部	白沙湾原油商业储备基地海堤防洪能力提升方案设计	11月	化工
中国石油化工股份有限公司上海高桥分公司	高桥石化3#污水污泥池隐患整改方案设计	11月	化工
镇海炼化乙烯设计管理部	镇海炼化新增10万吨/年EO精制系统及配套设施	12月	石化
北京石油化工工程有限公司	陕西延长石油延安煤油气资源综合利用项目20/9万吨/年丁醇/2－丙基庚醇装置	12月	炼油
常州市第四制药厂有限公司	常州市第四制药厂有限公司新厂区工程设计	12月	医药
上海赛科石油化工有限责任公司	上海赛科新建9万吨/年丁二烯装置配套公用工程及储运系统项目工程设计	12月	石化
仪征化纤股份有限公司	仪征化纤THF储罐及配套设施工程设计	12月	石化
南京生物医药谷建设发展有限公司	南京生物医药谷加速器四期项目工程设计	12月	医药
中国石油化工股份有限公司上海高桥分公司	高桥石化20万吨/年苯酚丙酮装置改造详细设计	12月	石化
上海中石化三井化工有限公司	上海中石化三井化工有限公司40万吨/年苯酚丙酮项目	12月	石化
中国石油化工股份有限公司长岭分公司	10万吨/年双氧水法制环氧丙烷工业试验装置环氧丙烷单元基础设计	12月	石化
台耀石化材料科技（股）公司	台耀石化材料科技（股）公司“15万吨/年碳五分离装置”技术许可及工艺包编制	12月	石化
中国石油化工科技开发有限公司	新疆天利15万吨/年碳五分离装置技术转让及工艺包编制	12月	石化
青岛正大海尔制药有限公司	青岛正大海尔制药有限公司新厂项目总平面规划方案工作	12月	医药

宁波工程公司

【概况】 中石化宁波工程有限公司（简称宁波工程公司，英文缩写SNEC）是炼化工程公司全资子公司，注册地为浙江省宁波高新区。宁波工程公司是以技术为先导，设计为基础，工程总承包和工程项目管理为主体，集科研开发、工程咨询、工程设计、设备制造、装置施工和检维修服务于一体，拥有专利、专有技术，面向国内、国际两个市场，在能源、环保、石油化工和热能工程等领域提供咨询、设计、工程总承包、制造及专业施工总承包工程服务和管理服务的全能型工程公司。

宁波工程公司持有工程设计综合甲级资质证书、化工石油工程施工总承包一级资质证书，工程咨询、工程造价咨询、环境影响评价甲级资格证，压力容器设计、制造许可证，压力管道设计、安装许可证，锅炉和起重机械安装、改造、维修许可证，对外承包工程经营资格证书等，并取得ISO 9001质量体系认证证书、GB/T 24001—2004环境管理体系和GB/T 28001—2001职业健康安全管理体系认证证书。

截至2013年底，宁波工程公司设有15个EPC项目部(在建)、6个专业设计室、4个专业公司、7个分公司(子公司)、25个职能管理部门。在册职工3 100余人，其中国家级设计大师及行业设计大师7人，教授级高级工程师19人，具有高级职称的337人、中级职称的805人，各类注册工程师245人，其他管理和技术人员近1 000人。拥有230多项专利、专有技术，在天然气化工、石油化工、煤化工以及合成气化工等领域的设计处于全国领先地位；在设备制造、管道钢结构工厂化预制、大型储罐和长输管线施工、大型或特大型设备吊装方面构筑了强大的差异化竞争优势，是中国石化大型非标设备制造基地。

宁波工程公司主要生产经营指标和2013年完成的主要工程项目见表1和表2。

（贺　颖）

【企业管理扎实有效】 2013年，宁波工程公司各项管理措施扎实有效，安全工作“管到班、领着干、站到位”得到较好落实，“错时、错位、硬隔离”措施全面推广运用；开展隐患排查专项治理活动，发现问题及时整改，取得良好效果；项目“首件检查”和“样板工程”试点有序推进，“按照程序做，遵循标准干”的氛围更加浓厚；大力开展管理提升和管理诊断活动，全年共分解落实重点管理工作90项、制定管理措施983条；诊断管理问题102项，制定整改措施158条并已全部落实；培训、降本增效、信息化建设等管理工作不断强化，平稳实施了薪酬结构改革和劳务工薪酬福利调整工作；社区管理、综合治理和离退休服务管理进一步强化，企业管理对公司发展的助推作用成效显著。

（贺　颖）

【新加坡8万吨/年润滑油脂项目高标准中交】 2013年7月11日，宁波工程公司承建的新加坡8万吨/年润滑油脂项目正式竣工并投入营运。该项目是中国石化炼化业务板块第1个海外直接投资建设的项目，占地约60亩(4万平方米)，产能为10万吨/年。

（贺　颖）

新加坡8万吨/年润滑油脂项目现场

【签署中天合创煤炭深加工项目合同】 2013年12月26日，中天合创鄂尔多斯煤炭深加工示范项目EPC总承包合同在内蒙古鄂尔多斯签署，该合同是宁波工程公司迄今最大的EPC工程合同，是截至2013年底全球最大的煤制烯烃项目，也是中国石化打造新型煤化工一体化产业链的标志性项目。根据合同内容，宁波工程公司承担360万吨/年甲醇装置、6×8.2万米^3(标准)/时空分及空压装置等EPC工程建设项目。

（贺　颖）

【科技开发业绩突出】 2013年，宁波工程公司共完成35项技术开发课题，有6项工艺包通过石化集团公司评审；完成40项专利申报受理(其中发明专利21项)，获得专利授权45项，公司有效授权专利首次破百；新增专有技术11项、国家级工法1项、公司级工法10项；承担主编、参编的国家及行业标准共44项，其中正式发布5项；30万吨/年天然气乙炔法制醋酸乙烯成套技术开发等5项工艺技术获石化集团公司科学技术进步奖。

（贺　颖）

【再次入围中国吊装十强】 在2013年度中国吊装百强峰会上，会议根据吊装企业施工管理水平、参与重点项目和行业影响力等指标在百强榜单中评选出了“国有”和“非国有”吊装企业双十强，宁波工程公司再次入围“中国吊装施工企业十强(国有)”榜。

（贺　颖）

【“十条龙”项目开发成果显著】 2013年，宁波工程公司承担的中国石化“十条龙”科技攻关项目——“镇海炼化重油催化烟气脱硫脱硝除尘成套技术研发及工业应用”顺利通过总部鉴定，整体技术达到国际领先水平，为解决中国炼油企业的催化裂化烟气粉尘、硫氧化物、氮氧化物污染问题提供了成套治理技术；“单喷嘴冷壁式粉煤加压气化(SE)成套技术开发”已在扬子煤气化示范工程中应用；“化工装置废气综合治理成套技术开发”项目子项目“锅炉烟气脱硝工业化试验”，完成了工艺包的编制评审和设计工作。

（贺　颖）

【管理现代化创新成果再获佳绩】 2013 年，中国石化第 22 届管理现代化创新成果评审揭晓结果，宁波工程公司申报的“创新谈判机制　推进精益采购”“多媒体与大型设备吊装业务的深度融合”“创新项目工程分包商班组 HSE 管理的途径”获石化集团公司管理现代化创新成果三等奖。

（贺　颖）

【工程创优屡增殊荣】 2013 年，宁波工程公司工程创优成效显著，参建的镇海炼化 100 万吨/年乙烯工程项目获 2012—2013 年度国家优质投资项目奖，川气东送工程获 2012—2013 年度国家优质工程金质奖，福建联合石化公司 IGCC 项目获优秀工程总承包银钥匙奖及石化集团公司优秀设计一等奖，中国海油惠州炼油 1 200 万吨/年常减压蒸馏项目获优秀工程总承包铜钥匙奖，内蒙古伊泰集团 48 万吨/年煤基合成油项目荣浙江省“钱江杯“（优秀勘察设计）一等奖。

（贺　颖）

【完成“亚洲第一塔”制造】 2013 年 6 月 16 日，宁波工程公司承接的中国石化海南炼化 60 万吨/年对二甲苯项目二甲苯塔成功封顶。该塔是海南炼化 60 万吨/年聚酯原料工程的关键核心设备，被誉为“亚洲第一塔”，它的超大、超厚、超重再次刷新国内同类装置的制造加工纪录。

（贺　颖）

【10 周年庆】 2013 年是宁波工程公司成立 10 周年，公司举办了形式多样的庆祝活动。10 年来，宁波工程公司以科技和管理为支撑的“内涵发展”取得了卓越成效，先后承担了 3 套煤气化改造、福建炼油乙烯 IGCC、镇海炼化乙烯 PE、武汉乙烯热电联产等 36 个 EPC 总承包项目，业务范围涵盖国内 30 个省区市和境外 14 个国家和地区，已具备同时承担 15 个以上大中型 EPC 总承包项目的能力。

（贺　颖）

【成为行业首批技术创新示范企业】 2013 年 9 月，中国国际石油化工大会发布了中国石油和化工勘察设计行业第一批技术创新示范企业认定结果，宁波工程公司榜上有名，首批被认定为中国石油和化工勘察设计行业技术创新示范企业。

（贺　颖）

【入选宁波百家优势总部企业名单】 2013 年 12 月，宁波市公布制造业、服务业、农业、建筑业等领域百家优势总部企业名单，宁波工程公司脱颖而出，在宁波市百家优势总部企业服务业中排名第五，成为发展总部经济的领跑者之一。

（贺　颖）

【专业管理再获多项荣誉】 2013 年，宁波工程公司连续 4 年获全国“安康杯”优胜单位和浙江省依法治企先进单位；连续 3 年获得石化集团公司物资供应管理红旗单位；获石化集团公司安全、质量、财务管理先进单位，“三基”工作先进组织单位，以及稳定、外事、工会先进集体等称号。

（贺　颖）

表 1　　**宁波工程公司主要生产经营指标**　　亿元

指标名称＼年份	2013	2012	2011	2010	2009	2008
资产总值	48.07	42.13	45.38	28.30	27.03	28.11
设计投资额	167.32	116.04	107.83	73.11	64.22	99.04
主营业务收入	53.78	36.07	30.33	22.28	32.76	42.38
利　税	5.78	5.59	3.61	2.47	2.08	1.99
承接工程数量/项	291	319	394	310	274	238
工程总承包	15	15	14	5	12	9
工程设计	35	58	79	41	32	20
工程咨询	58	32	56	49	38	34
工程建设及制造	183	214	231	215	192	175
授权专利数量/项	45	19	27	14	3	2

表2 宁波工程公司2013年完成的主要工程项目

序号	项目名称	中交或完工日期
一	EPC总承包项目	
1	兰州石化120万吨/年重油催化裂化装置烟气脱硫项目	10月
2	内蒙古康巴什热电厂2×350兆瓦空冷机组工程SCR烟气脱硝装置	10月
3	四川维尼纶厂1#、2#燃煤锅炉烟气脱硝项目	12月
二	设计项目	
1	扬子石化煤制合成气项目	1月
2	茂名石化煤(石油焦)制氢项目空分装置	2月
3	茂名石化CFB炉升压站改造项目(单元号606)	2月
4	宁夏石化化肥业务110千伏总降压站扩容改造项目	2月
5	天津分公司新建第二煤场增设卸车输送系统项目	8月
三	施工项目	
1	镇海炼化乙烯装置填平补齐之储运系统填平补齐	1月
2	镇海炼化炼油板块2012年新增在线质量分析仪表安装施工	1月
3	镇海炼化增设消防水罐配套安装工程施工	1月
4	镇海炼化炼油消防水系统加固工程安装工程施工	1月
5	镇海炼化Ⅴ加氢供杭炼精制蜡油进罐流程完善工程施工	1月
6	甬绍金衢成品油管道工程—管线安装(Ⅳ)标段	3月
7	镇海炼化Ⅱ套常减压塔顶防腐设施完善工程施工	3月
8	镇海炼化示范泵区建设土建及安装工程施工	3月
9	上海高桥分公司3#硫黄管网瓦斯气改为天然气施工	3月
10	上海石化2012年2#乙烯装置新区SL－Ⅱ型裂解炉节能改造项目工程材料采购	3月
11	镇海炼化清静废水水体防控完善工程施工	4月
12	宁波海越12万立方米低温丙烷储罐基础处理工程施工	5月
13	甬绍金衢成品油管道工程Ⅵ标段应急抢修工程施工	5月
14	镇海炼化新建乙烯原料罐及配套设施安装工程施工	6月
15	镇海炼化PX联合装置高温机泵冷却水系统更新项目	6月
16	镇海炼化乙烯空压站空气压缩机控制系统改造工程施工	6月
17	上海石化2#氧化PTA区域管道及IA管线等设备检修项目	6月
18	上海石化烯烃部2013年上半年装置设备、管道检修工程	6月
19	上海石化2013年1#炼油机械设备运保检修工程	6月
20	上海石化2013年上半年炼油部各装置设备管道检修工程	6月
21	2013年舟山石化(静设备专业)停工检修施工项目标段二	7月
23	镇海炼化Ⅲ电站4#CFB锅炉烟气脱硝改造土建及安装工程施工	7月
24	中国海油舟山石化加氢反应器安装施工	7月
25	中国海油舟山石化芳构化改造项目安装工程施工	7月
26	浙江新和成特种材料有限公司一期建设项目安装工程承包	8月
27	天津原油商业储备基地工程储罐主体安装及防腐工程施工	8月

续表

序号	项目名称	中交或完工日期
28	宁波—舟山港镇海港区化工区消防系统整合改造综合楼、消防水罐(除桩基外)及室外附属工程	9月
29	高桥石化 1#气分装置抢修检维修项目	10月
30	镇海炼化汽油质量升级(MTBE)原料脱硫完善提前实施部分工程施工	10月
31	上海化工园区管廊架上的管线抢修和上海赛科公司末站内的甲方管线及其附属设施等巡检、抢修和维护工程施工	10月
32	镇海炼化炼油新增1套火炬系统安装工程施工	11月
33	中石化三井40万吨/年苯酚丙酮项目	12月
34	2013年上海赛科公司烯烃装置设备检修维护工程	12月
35	镇海炼化化工板块2012年新增在线质量分析仪表安装施工	12月
36	镇海炼化乙烯裂解炉焦炭罐改造成旋风分离式工程施工	12月
37	镇海炼化储运部部分系统手阀更换为电动阀施工	12月

南京工程公司

【概况】 中石化南京工程有限公司(简称南京工程公司，英文缩写SNEI)位于江苏省南京市江宁区，是炼化工程公司全资子公司，注册资本为人民币5.56亿元。

南京工程公司主营业务包括三大板块：以设计为先导的，以煤及天然气化工、环境工程及清洁能源、硫磷及催化剂等无机化工、公用工程、石化产品深加工及精细化工等为主要领域的工程产品业务；以EPC、PMC为主要形式的工程总承包、工程管理、工程服务、工程咨询和工程监理业务；以“四大一特”(大型设备吊装、大型机组安装、大型储罐安装、大型DCS/ESD安装、特殊材质焊接)为核心的石化装置安装业务。

截至2013年底，南京工程公司下设23个职能部门、11个专业设计室、5个专业工程分公司、10个国内区域性分公司、1个海外分公司。在册职工总数3 433人，其中研发和专业设计、工程技术和项目管理人员1 763人，具有大专及以上学历2 396人，拥有中、高级专业技术职称的1 149人，另外可根据需要调配协作单位专业管理人员及技术工人1万余人。

2013年，南京工程公司完成营业收入52.43亿元，实现利润2.5亿元。

南京工程公司主要生产经营指标和2013年完成的主要工程项目见表1和表2。

(毕　华)

【生产组织平稳运行】 2013年，南京工程公司在建、新开项目212个，其中设计项目142个、总承包项目15个、施工项目55个。完成设计投资额103.9亿元，设计产值2.16亿元，勘察设计产值1.88亿元，建筑安装产值37.17亿元，总承包产值12.93亿元。通过采取生产管理周例会、大中型项目周报月报制度、领导班子成员轮流到重点项目现场办公等措施，确保项目平稳运行。

(毕　华)

【加强安全管理】 2013年，南京工程公司围绕安全管理打翻身仗的工作目标，持续推进HSE管理制度建设，顺利通过了HSE复审与环境体系换证复评。全面推行“大级工负责制”，加强作业环节安全措施落实，将“党政同责、一岗双责”落到实处。全年实现安全人工时5 169万小时，未发生损失工时及以上事故，圆满完成石化集团公司与南京市安委会下达的安全考核指标。

(毕　华)

【设计的一批大型项目顺利竣工】 2013年，由南京工程公司设计的贵阳开磷集团20万吨/年磷酸浓缩装置技术改造、湖北三宁环己酮、南京化工公司硝基氯苯装置硝化单元隐患治理改造、浙江嘉化脂肪醇、南京惠生三期AP空分、南京化工公司制氢、扬子硫回收、南京化工公司“重点企业污染治理集成技术”、东方公司己内酰胺、南京化工公司环己酮等15个项目相继开车、中交。

(毕　华)

【工程质量平稳可控】 2013年，南京工程公司工程质量主要指标实现平稳可控，全年未发生上报设计质量事故，工程项目设计合格率100%，顾客投诉次数为零，顾客满意度均在90分以上；工程质量事故为零，焊接一次合格率为98.2%，工程合格率为100%，工程项目一次投料试车成功率为100%。

（毕　华）

【严控“八项费用”】 2013年，南京工程公司开展示范教育、警示教育，多项举措预防职务犯罪，扎实推进效能监察，推动廉洁风险防控工作深入开展。细化成本费用控制措施，抓好工程项目的分包工程结算审计，“八项费用”比年初预算压降1 398万元。

（毕　华）

【海南炼化60万吨/年聚酯原料项目顺利中交】 由南京工程公司承建的海南炼化60万吨/年聚酯原料项目是国家级科技攻关项目，也是国内首套具有中国石化自主知识产权的装置。其二甲苯塔，高126.45米、重4 011吨、直径11.8米，属于特大型超高变径类设备，是国内首套国产化环保型装置，被誉为“亚洲第一塔”。2013年12月27，该装置投料开车一次成功，生产出合格的优级产品，并进行满负荷生产。

（毕　华）

【助力“碧水蓝天”计划】 2013年，南京工程公司参与了国家“十二五”科技支撑计划“石化工业典型余热利用关键技术开发与示范”项目及石化集团公司“十条龙”攻关计划的多个项目。其中，由南京工程公司承建的EPC项目——巴陵石化动力事业部2#、3#锅炉烟气脱硫治理工程实现按期优质中交。该项目是中国石化“碧水蓝天”环保计划的重要项目之一，项目的高标准建成投产，将极大地改善周边地区的环境质量。

（毕　华）

【11项专利获授权】 2013年，南京工程公司有11项专利获得授权，分别是混合器、硅粉干燥系统、一种压滤法磷连续过滤生产装置、用于厚板坡口削薄的火焰切割装置、一种用于流动性不佳固体的自动化包装系统、一种含硫尾气氨法洗涤净化装置、黄磷尾气氧化碱洗深度净化系统、一种黄磷贮存及计量新装置、硫铁矿制酸矿渣废热回收及渣尘分类系统、一种高效气液自混合反应器、一种处理硫酸尾气二氧化硫的装置。

（毕　华）

海南炼化“亚洲第一塔”成功封顶

【编写4项国家及行业标准】 2013年，南京工程公司不断推进“标准化设计、模块化建设、标准化采购”工作，参编完成并发布《石油化工钢质低温储罐技术规范》1项国家标准，主编《固体硫黄储存输送设计规范》《乙烯装置离心压缩机组施工及验收规范》《石油化工汽轮机施工及验收规范》3项行业标准。

（毕　华）

【施工工法编制】 2013年，南京工程公司主编的《双层金属低温储罐倒装施工工法》《四合一加热炉模块化施工工法》《大型双盘式浮顶储罐外脚手架正装施工工法》《混凝土储罐壁板挂架大模板施工工法》4项工法被评为石化集团公司级工法，并被公示为国家级工法。

（毕　华）

【加强采购业务管理】 2013年，南京工程公司加强采购业务管理，强化供应商管理，推进供应商业绩排名及分级管理，优化供应商结构，制定年度采购策略，全面实行招标采购，大力推进专家采购和标准化采购，提升采购质量。全年物资采购金额共计5.04亿元，其中国内电子商务网上采购金额1.99亿元，网上采购率达到100%，网上采购方式合理率达到100%，网上采购达标率达到99.8%，节约采购资金1 257.29万元；网上招标采购率100%。

（毕　华）

【海外EPC项目首台超大设备就位】 2013年，南京工程公司海外EPC沙特NDA项目首台超大设备反应器R－69301顺利就位在8.4米高的混凝土框架基础上。该反应器长18.23米、宽5.22米、高5.73米，重41吨，体积达547.96立方米，属于超大、超重、超长、超宽设备。该反应器的顺利就位，创造了南京工程公司当日到货、当日吊装的历史。

（毕　华）

【煤化工业务市场化】 2013年，南京工程公司承建的南京化工公司9万吨/年制氢项目建成中交，九江石化煤制氢EPC项目的成功承接和顺利推进，标志着南京工程公司煤化工产品真正走向了市场。

（毕　华）

【低温余热回收首次应用于化工厂】 2013年，由南京工程公司承接的中国石油宁夏石化分公司低温余热回收利用项目顺利完成工程设计，这是国内首次将低温余热回收技术应用于化工厂。该项目利用清华研发的基于吸收式循环的余热回收专利技术，把厂里的低温余热回收，转化为冬季采暖热源，每年可以节约低压蒸汽13.4万吨、标煤1.25万吨，大大减少二氧化碳、二氧化硫的排放。

（毕　华）

【承揽海外电气分包业务】 2013年，南京工程公司沙特Sadara－RTIP项目部与沙特Arrow公司正式签订了电气230千伏电缆敷设、电缆连接和测试施工合同，填补了公司国内外电气工程超高压输送电施工领域的空白，为日后开拓国内外电气专业施工任务奠定良好基础。

（毕　华）

【南京化工公司废酸浓缩装置项目开车】 2013年，由南京工程公司设计的南京化工公司废酸浓缩装置扩能改造项目一次开车成功，正式投运。该项目在原有装置内进行改造，新增稀硫酸处理能力20吨/时，生产规模为行业内最大，意味着蒸酸器等关键设备的运用有了突破。

（毕　华）

【对外合作与专业建设】 2013年，南京工程公司与德国伍德公司签订了“高温温克勒HTW炉”排他性战略合作协议；与航天长征化学工程公司签订了粉煤气化“航天HT－L炉”战略合作协议；与抚顺石油化工研究院签订了战略合作协议，在煤化工、环境工程和公用工程等多个方面进行合作；与南京化工公司研究院签订了战略合作协议。成立CCUS工程技术中心，进行二氧化碳气体捕捉、净化、利用等综合技术的研发。积极参加中国石化与四川大学合作的中原油田普光分公司尾气二氧化碳矿化磷石膏联产硫基复合肥工艺技术开发和示范项目的实施；与中国石油大学(北京)合作开发焦炉气干重整制合成气技术。

（毕　华）

【扎实推进党的群众路线教育实践活动】 2013年，南京工程公司在党员干部中广泛开展了“你画像、我照镜、亮短板、寻良策”的征求意见活动和“我是谁、为了谁、依靠谁”的大讨论。公司班子成员分别到40多个基层单位，走访干部群众。收集意见及建议281条，经归纳整理下发到每位中层领导人员，限期进行对照检查、整改落实。

（毕　华）

【女职工编织毛衣送西部贫困儿童】 2013年3月，南京工程公司在女职工中开展了“献爱心　送温暖——关心西部山区贫困儿童爱心编织活动”。女职工们捐钱购买了爱心毛线，利用工作的业余时间为孩子们编织毛衣。9月底，南京工程公司共收到女职工编织的爱心毛衣200余件，并将这部分爱心毛衣捐赠给宁夏固原市西吉县兴隆镇马堡村兴马小学。

（毕　华）

【获得荣誉】 2013年，南京工程公司参建的川气东送工程获2012—2013年度国家优质工程金质奖，参建的洛阳分公司油品质量升级改造工程获2012—2013年度国家优质工程奖；武汉乙烯液体产品罐区项目设计部被评为2012年度中国石化工程建设先进集体，南京化工公司烟气脱硫项目部被评为2012年度中国石化重点工程项目建设优秀设计团队；承建的“南京化工公司氯碱部硝基氯苯废水强化氧化处理”和“南京化工公司环己酮装置废碱处理技术改造”2个项目获评2012年度江苏省优秀环保工程。南京工程公司获全国守合同重信用企业、中国石化工程建设先进集体、石化集团公司外事工作先进单位、境外公共安全先进单位称号，连续第4届被评为江苏省文明单位；被评为南京市建筑业信用管理优秀企业、城乡建设立功竞赛先进单位、“安康杯”竞赛优胜企业，以及中国石油化工勘察设计行业科技创新示范企业和中国施工行业科技创新先进企业；领导班子再次荣登南京市住建工委“十大和谐领导班子”之首；2人获全国和行业五一劳动奖章，多个单位(部门)和个人获评石化集团公司、省、市先进集体、先进个人。

（毕　华）

表1　　南京工程公司主要生产经营指标①　　亿元

指标名称＼年份	2013	2012	2011	2010	2009	2008
资产总值	36.78	42.85	44.49	32.16	18.29	12.75
建设投资	104.00	125.00	110.00	101.50	50.88	—
主营业务收入	52.43	49.54	39.30	33.20	34.92	25.97
利　税	3.24	2.82	1.17	0.92	0.66	0.45
承接工程数量/项	212	182	237	255	119	90
授权专利数量/项	11	6	5	4	10	0

①2008年为原第二建设公司数据

表2　　南京工程公司2013年完成的主要工程项目

序号	项目名称	竣工日期
一	总承包项目	
1	云南云天化磷酸挖潜技术改造项目	1月
2	武汉化工液体铁路装卸设施	1月
3	中国海油能源发展股份有限公司5万吨/年丙烯酸树脂项目地管及道路工程	4月
4	云南云天化富瑞分公司30万吨/年异地节能硫酸项目低温位热能回收装置总承包工程	5月
5	扬子石化油品质量升级及原油劣质化改造项目14万吨/年硫黄回收装置	8月
6	沙特NDA项目	12月
7	巴陵石化动力事业部2#、3#锅炉烟气脱硫治理工程	12月
二	设计项目	
1	南京化工公司废酸浓缩装置扩能改造项目	2月
2	山东中联环己酮项目	3月
3	贵阳开磷集团20万吨/年磷酸浓缩装置技术改造	6月
4	湖北三宁10万吨/年环己酮项目	7月
5	南京化工公司硝基氯苯装置硝化单元隐患治理改造	7月
6	浙江嘉化脂肪醇项目	7月
7	南京惠生三期AP空分项目	10月

续表

序号	项目名称	竣工日期
8	南京化工公司新建9万吨/年制氢及配套空分项目	11月
9	扬子硫回收项目	11月
10	南京化工公司“重点企业污染治理集成技术”项目	11月
11	东方公司新建20万吨/年已内酰胺项目	12月
12	南京化工公司新建10万吨/年环己酮项目	12月
三	施工项目	
1	扬子石化环氧乙烷反应系统改造工程(二阶段)	1月
2	成都艾尔普气体产品有限公司10万米^3(标准)/时制氢装置(含合成气)建筑安装工程	1月
3	安庆100万吨/年催化重整(IV)装置	1月
4	浙江嘉化20万吨/年脂肪酸、脂肪醇装置	2月
5	安庆150万吨/年催化汽油吸附脱硫装置(S－Zorb)	3月
6	安庆200万吨/年催化裂化装置	3月
7	扬子石化金浦橡胶有限公司10万吨/年顺丁橡胶项目	3月
8	济南炼化60万吨/年逆流移动床重整改造项目	7月
9	福建乙烯脱瓶颈项目40万吨/年裂解汽油芳烃抽提装置	9月
10	福建乙烯脱瓶颈项目120万吨/年S－Zorb装置	10月
11	扬子石化单喷嘴冷壁式粉煤加压气化工业化示范装置主装置及外围管廊建筑安装工程	10月
12	扬子油品质量升级及原油劣质化改造项目14万吨/年硫黄回收装置	10月
13	南京化工公司9万吨/年制氢及配套装置甲醇洗及CO变换单元	10月
14	海南炼化60万吨/年聚酯原料项目	12月
15	沙特阿美加氢裂化项目	12月

第四建设公司

【概况】 中石化第四建设有限公司(简称第四建设公司)为炼化工程公司全资子公司，位于天津滨海新区南部的大港，是国家工程施工总承包一级企业。公司主要从事国内外炼油、化工、化纤、化肥、煤化工、风电、煤电、核电、生物环保、海洋工程等工程的新建、改建、扩建、检维修和其他各类工业设施的建设，同时从事工程项目管理、工程监理业务。

截至2013年底，第四建设公司共有员工4 500余人，其中管理和技术人员2 200余人，取得国家项目经理资质(或一级建造师执业资格)200余人，长期固定联营协作员工2万余人。下设设备、管道、电气仪表、储罐、吊装运输、工厂化预制和检维修等专业化工程公司8家、从事工程项目管理及工程监理管理的管理公司1家和物业管理公司1家。拥有配套的施工机械和运输动力装备1 842台，总功率达1.27万千瓦；拥有国际领先、国内独有的2 500吨门式液压吊装系统和1 600吨履带式吊车。

第四建设公司具有年内完成施工管理产值35亿元以上、在建20套、新开20套、交工20套大中型石化等生产装置的施工能力；可同时异地实施4个大型工程项目的大型设备运输、吊装一体化工程，完成40台大型压缩机组的安装调试工作；具有同时管理2个投资额100亿元以上项目，8个投资额60

亿元及以下项目的PMC管理以及EPC、工程物资接保检管理、CM管理和工程监理的业务能力。

截至2013年底，第四建设公司先后承建了国内外石油化工等各类生产装置1 000余套，获省部级以上优质工程奖70余项，其中获国家优质工程奖10项、建筑工程鲁班奖8项。先后2次获得国家质量管理奖，并获得全国优秀施工管理企业、全国最佳施工企业、国家优质工程30年突出贡献单位、国家技术创新先进企业等100多项称号。

2013年，第四建设公司坚持以提升赢利能力为主线，在下半年石化集团公司总部年度效益指标追加20%、实施部分协解人员“两险帮扶”和薪酬调整带来的成本刚性上涨等多重压力下，迎难而上，全面完成了总部下达的各项经济技术指标。全年完成管理产值38.47亿元，同比增长6.8%；实现营业收入38.73亿元，增长6.5%；实现利润总额6 423万元，完成年计划的107%；实现同比口径考核利润1.26亿元。连续8年实现经营总量、营业收入和考核利润的持续增长，圆满完成了既定目标。

第四建设公司主要生产经营指标和2013年完成的主要工程项目见表1和表2。

（马 亮）

【主营业务稳步推进】 2013年，第四建设公司依据年度施工生产计划统筹安排，根据施工任务特点和工程进展要求，加强施工生产组织，坚持安全第一、质量为本，加强HSE管理，不断强化施工生产组织管理的过程控制。以南京、石家庄炼化、燕山石化、中化泉州等十大项目为重点，强化资源筹集、整合、优化和动态配置，确保了98项传统施工工程、4项海外工程、14项高端业务工程顺利实施、高效推进，其中燕山石化、国电英力特、扬子石化、沙特港口物流等47项工程实现高标准中交。完成中化泉州、山东东营等多项新开项目工程策划，不断加强项目运行过程的施工组织、资源调配，工程项目管控水平稳步提升。

（马 亮）

【工程创优再获佳绩】 2013年，第四建设公司承建的多个优质工程获得了业主单位的一致好评，取得了多项荣誉。其中，扬子石化对二甲苯示范项目建筑安装工程获省（部）级优质工程奖；武汉石化180万吨/年加氢裂化装置高压管道焊接工程和扬子石化精对苯二甲酸装置节能改造项目钛管焊接工程获全国优秀焊接工程一等奖；川气东送工程获2012—2013年度中国工程建设行业质量工作最高荣誉奖——国家优质工程金质奖，这是继1991年承建大庆30万吨/年乙烯工程获得国家优质工程金奖以来，时隔20年后再次获得该奖项。

（马 亮）

【安全生产平稳受控】 2013年，第四建设公司坚持“安全发展”主旋律，牢固树立安全发展理念，狠抓责任落实和过程控制，创新HSE工作手段，提升本质安全水平，强化风险辨识和薄弱环节防控，加大隐患排察和现场督察力度，加强分包工程和分包队伍管理，推进职业健康安全管理体系建设，夯实HSE管理基础，安全生产总体受控。全年实现4 354万安全人工时，武汉炼油、沙特延布、大唐阜新等多个项目部被业主评为安全工作先进单位，沙特延布项目获PMT和韩国大林公司颁发2013年HSE审核金奖。

（马 亮）

【市场空间持续拓展】 2013年，第四建设公司继续坚持“内外重大新”市场开发策略，不断夯实传统业务，扩大新行业、新领域市场份额，稳步扩大高端业务占有比例，加快海外市场开发步伐，积极拓展联合EPC业务。全年累计新签合同额46.44亿元，再创历史新高。其中，境内传统业务新签合同额27.48亿元，高端业务新签合同额10.39亿元；海外业务新签合同额1.4亿美元。

（马 亮）

【内部管理有效夯实】 2013年，第四建设公司强化全面预算管理，预算引领控制作用明显增强。工程目标成本责任制全面施行，《内部价格管理规定》修订完成并实施。研究制定并强力推行33条降本减费措施，全年累计实现降本减费3 106万元。有效应用内控管理平台，全面落实“三重一大”决策制度，稳步推进成本、效益效能监察、内部审计，配合石化集团公司审计组完成总经理任中经济责任审计。强化合同全生命周期管理，全面风险管控体系和重大风险预警机制不断完善，法律手段有效融入经营生产，依法治企、合规经营水平显著提升。加强财务稽查、核算，规范资金收支，加大工程结算和资金清收、清欠力度，盘活存量资产，显现资金和资产价值，全年清理应收账款4.7亿元，回收资金36.68亿元。物资装备统一管控不断加强，保供、创效能力不断提升，全年节约采购资金568万元；剩余物资回收、周转实现经济效益442万元。

（马 亮）

【创新实践成绩显著】 2013年，第四建设公司坚持技术创新、管理创新齐头并进，坚持与整体结构调整、技术成果应用、保值增效相结合，取得突破性成果。“模块化”施工技术在燕山石化等重点工程试点推行，取得优异成果。“三化”实用技术得到广泛应用，工法集陆续编辑出版，全年完成公司级工法23项、石化集团级工法5项，申报国家级工法3项。自主开发完成科技进步成果10项、QC活动成果25项，其中获得国家级优秀成果3项、计算机软件著作权2项，完成专利申请12项，获授权5项；获国家级科技创新成果二等奖2项；“应用‘三代替’实现‘三减少’的安全创新管理”获石化集团公司第22届管理现代化创新成果二等奖。

（马　亮）

【人才建设卓有成效】 2013年，第四建设公司人力资源配置模式持续优化，人才效能不断提高。年内实现人力资源调转6 445人次，有效支撑了公司经营生产。依据炼化工程公司统一部署，建立全新职位管理序列，重要及关键岗位推荐、聘用机制更趋完善，年内选聘公司级专家6人，获聘石化集团公司高级专家1名。员工素质工程建设再创佳绩，各类优秀人才不断涌现，10人次分别获中国工程国际杰出项目经理、全国工程建设优秀项目经理、中国石化优秀项目经理等称号，1人次被聘为石化集团公司级技能大师。完成8项石化集团公司级高技能人才职业培训教材开发，组织开展天津市管工、焊工2个工种职业培训。承办石化集团公司及公司各类培训班228期，培训人数6 128人次。成功举办石化集团公司2013年业务竞赛，公司参赛选手赢得了管工、电工、钳工全部3个工种团体第1名的好成绩，公司培训中心作为石化集团公司炼化工程建设培训中心优势更加凸显。

（马　亮）

【企业文化建设丰富多彩】 2013年，第四建设公司为民服务意识不断增强，企业文化建设得到不断推广。新建职工食堂正式投用，社区公共设施改造及环境美化等利民工程稳步实施。持续开展“送文化、送健康、送凉爽、送温暖”活动，全年慰问员工5 800多人次。帮扶工作机制进一步完善，除实施协解人员“两险帮扶”之外，全年还帮扶各类困难人员2 734人次，累计支付资金964万元。不断完善公司信访工作制度，分解落实维稳责任和措施，信访总量、集体访次数、人数同比下降明显，实现了十八届三中全会、东亚运动会等重要敏感时期和谐稳定。工会、共青团、计划生育、离退休管理、综合治理及社区服务工作有效开展，在增强基层组织凝聚力、丰富员工文体生活、激发员工奉献企业热情等方面做出了积极贡献。

（马　亮）

【党建工作扎实推进】 2013年，第四建设公司以党的十八大精神武装头脑、指导实践、推动工作，扎实开展党的群众路线教育实践活动。公司两级领导班子、全体中层管理人员，以“为民务实清廉”为主题，严格落实“照镜子、正衣冠、洗洗澡、治治病”的总要求，认真查找“四风”方面问题，扎实推进“学习教育、听取意见，查摆问题、开展批评，整改落实、建章立制”3个阶段各项工作，达到了“自我净化、自我完善、自我革新、自我提高”的目的，教育实践活动取得阶段性成果。认真贯彻落实中央“八项规定”，转变工作作风，注重工作实效，积极推进惩防体系建设，领导干部廉洁意识不断增强。创先争优活动和“比学赶帮超”工作进一步深化，长效机制建设日趋完善。9个集体被授予省部级先进集体称号；11人被评为省部级先进个人、劳动模范。

（马　亮）

表1　　**第四建设公司主要生产经营指标**　　亿元

指标名称＼年份	2013	2012	2011	2010	2009	2008
资产总值	36.56	32.44	26.64	22.11	17.95	16.48
主营业务收入	38.73	36.18	35.43	27.14	28.57	26.70
利润总额	0.64	0.21	0.20	0.18	0.21	0.26
税　金	0.59	0.71	0.61	0.76	0.68	0.73
合同额	46.44	21.46	39.95	33.23	18.57	17.65
施工费	34.52	18.82	23.81	22.54	13.76	13.20

表2 **第四建设公司2013年完成的主要工程项目**

序号	项目名称	中交日期
1	川气东送潜江压气站工程	1月10日
2	广州石化天然气做燃料和制氢原料——界区配套工程	1月11日
3	山东石油分公司聊城油库扩容改造	1月18日
4	茂名石化风险事故水池项目	1月20日
5	2012年扬子江大修漏点变更处理工程	2月6日
6	金陵分公司油品质量升级改造工程系统配套第一标段安装及土建工程	2月8日
7	新疆庆华煤制天然气一期工程	3月20日
8	燕山石化15万吨/年碳五分离装置	4月8日
9	辽宁大唐国际日产1 200万标准立方米煤制天然气大型设备吊装工程	4月22日
10	茂名石化常减压装置增设轻烃回收装置拆除还建工程	4月30日
11	扬子石化10万吨/年顺丁金浦橡胶工程(二标)	5月3日
12	扬子石化2万吨/年无灰分散剂装置	5月16日
13	天津原油商业储备基地工程	5月30日
14	腾龙芳烃(漳州)有限公司芳烃联合装置	5月30日
15	2013年广州石化静设备大修工程	6月10日
16	长岭—株洲成品油管道首站扩容改造	6月21日
17	青岛海工绥中36－1项目CEPO组块多专业建造项目	6月30日
18	武汉石化1#焦化装置消缺改造工程	6月30日
19	沙特朱拜勒港口物流工程	6月30日
20	2013年广石化改造工程	7月15日
21	茂名石化煤制氢还建项目(三期)工程	7月30日
22	广州珠海金湾液化天然气有限公司LNG储罐工程	8月3日
23	催化剂长岭分公司氨氮污水综合利用项目	8月9日
24	2013年重油催化烟气余热回收系统改造	8月30日
25	长岭30万吨/年催化重汽油选择性加氢脱硫装置RSDS－Ⅲ技术改造	8月30日
26	中石化(香港)洋浦成品油保税库工程	9月5日
27	昆明—大理成品油管道长坡油库扩建土建安装工程	9月20日
28	沧州炼化2013年技改及检修工程	9月20日
29	国电宁夏英力特45万吨/年醋酸乙烯工程	9月29日
30	国电宁夏英力特30万吨/年醋酸工程	9月29日
31	新疆铝业一期80万吨/年共用电解铝项目电气安装及试验工程	9月30日

续表

序号	项目名称	中交日期
32	长岭分公司催化裂化装置烟气脱硫设施	9 月 30 日
33	惠州华德公司南边灶 31 万立方米原油储罐工程	10 月 15 日
34	山东非能动堆冷却系统试验设施 EPC 承包项目	10 月 21 日
35	长岭分公司 1.5 万吨/年邻甲酚装置管道及设备安装工程	10 月 25 日
36	广州联油能源有限公司 20 万吨/年液化气改质装置工程	10 月 26 日
37	燕山石化加氢检修改造工程	10 月 28 日
38	南京化工公司 9 万吨/年制氢及配套空分项目压缩厂房等单元建筑、安装工程	10 月 31 日
39	中国石化云南昭通石油分公司绥江大坪加油站(还建项目)土建工程	11 月 15 日
40	南疆—唐山成品油管道工程南疆首站工程、2#库石脑油首站工程	11 月 22 日
41	福建炼化 70 万吨/年芳烃联合装置节能改造工程	11 月 30 日
42	福建炼化 70 万吨/年芳烃联合装置节能大修工程	11 月 30 日
43	福建联合石化乙烯脱瓶颈改造项目储运系统改扩建工程标段一	11 月 30 日
44	福建联合石化乙烯脱瓶颈改造项目储运系统改扩建工程标段二	11 月 30 日
45	甬绍金衢成品油管道配套绍兴油库工程	12 月 13 日
46	润滑油天津分公司 5 000 吨/年精细润滑脂生产装置建设及科研化验室改造项目	12 月 20 日
47	中原乙烯新增 80 吨/时燃气锅炉项目	12 月 30 日

第五建设公司

【概况】 中石化第五建设有限公司(简称第五建设公司)为炼化工程公司全资子公司，是中国最早从事石油化工建设的大型施工企业，具有化工石油工程施工总承包一级企业资质、国外工程承包资质、对外经济合作经营资格资质和建筑行业(建筑工程)乙级、石油化工医药行业(化工工程、石油及化工产品储运)专业乙级设计资质等，正在申报“石油化工工程施工总承包特级资质”。

第五建设公司具备 50 亿元/年以上的施工生产能力，能独立承担炼油、化工、化肥、化纤、橡胶、电力、医药、冶金、军工等大中小型装置及配套工程建设任务。在大型设备吊装、大型传动设备(机组)安装、大型储罐安装、大型 DCS 自动化集散控制系统安装与调试和特种材料焊接等“四大一特”，以及大型锅炉、大型空分、炼油、聚烯烃、甲醇、煤化工等方面，形成独具特色的技术优势。培养了一大批高级工程技术人员和各专业高级技师。在国家许多重大项目建设中，充分体现了在工程管理、机具装备、专业人才、新技术开发应用等方面的实力和优势。

截至 2013 年底，第五建设公司设有 18 个机关处室和项目管理公司、物业管理公司、设计院；有 55 个项目部(其中国内 51 个、国外 4 个)，分布在全国各地炼化企业和海外；有南京分公司、兰州分公司、沙特分公司 3 个分公司和安装工程公司、机械电仪工程公司、机械化施工公司、储运工程公司 4 家专业公司。

截至 2013 年底，第五建设公司用工总量为 2 556 人，其中在岗正式职工 1 824 人，离岗调研、内退、工伤 383 人，其他长期合同工 208 人，劳务派遣工 133 人，临时用工 8 人。取得各类专业技术职称人员 958 人，获得国家一级、二级建造师资格 115 人，从事项目经营管理人员中取得国际项目管理师(PMP)资质 103 人。

第五建设公司主要生产经营指标和 2013 年完成的主要工程项目见表 1 和表 2。

(程龙根　王瑾瑾)

【承建沙特朱拜尔 2 000 万吨/年炼油项目高标准中交】 2013 年 4 月 8 日，第五建设公司承建的沙特朱拜尔 2 000 万吨/年炼油项目实现高标准中交。该项目是沙特阿拉伯石油公司的重点战略项目，EPC 总承包商为西班牙 TR 公司。其中，第五建设公司主要承建了 2 套 1 000 万吨/年复线常减压装置及配套设施项目；实现 1 362 万安全人工时，焊接一次合格率达 97.71%。

（程龙根　王瑾瑾）

第五建设公司承建的沙特朱拜尔 2 000 万吨炼油按期机械竣工 （王　勇　摄）

【3 项技术获国家专利证书】 2013 年，第五建设公司申报的“一种用于不锈钢管道氩弧焊焊接的管内充气式封堵装置”“液压式填充料灌浆器”“一种手工钨极氩弧焊的通氩保护装置”3 项实用新型技术专利，顺利通过国家知识产权局的授权，获实用新型专利证书。

（程龙根　王瑾瑾）

【承建武汉乙烯工程项目产出合格产品】 2013 年 8 月 12 日，继 8 月 4 日 35 万吨/年芳烃抽提装置产出合格品之后，第五建设公司承建的武汉石化 80 万吨/年乙烯装置正式投料开车，13 日顺利产出合格产品，标志着武汉石化 80 万吨/年乙烯工程项目全面建成投产。

（程龙根　王瑾瑾）

【《工程项目 HSE 标准化图集》获国家著作权登记证书】 2013 年 8 月 14 日，第五建设公司申报的《工程项目 HSE 标准化图集》获国家版权局的创新性认定，被授予作品著作权登记证书，享有发表权、署名权等 16 项原始权利，处于石油化工工程建设 HSE 管理领域领先地位。

（程龙根　王瑾瑾）

【首届“感动五建”人物揭晓】 2013 年 10 月 24 日，第五建设公司首届“感动五建”人物评选揭晓，黄会安、王永科、王涛、李国军、高丽娟、黄德海、王志伟、杨旭、李艳萍、穆萨当选“感动五建”人物。

（程龙根　王瑾瑾）

【组织机构调整】 2013 年 11 月 14 日，第五建设公司对组织机构进行调整，将原海外工程公司正式更名为国际业务处，所属机构、业务和人员不变。

（程龙根　王瑾瑾）

【承建国内单产最大煤制氢装置高标准中交】 2013 年 10 月 20 日，第五建设公司承建的国内单产能最大的煤制氢装置——茂名石化 20 万米^3（标准）/时煤制氢装置建成中交。该装置采用美国通用电气能源集团的气化工艺，是石化集团公司的重点工程项目，前后共历时 25 个月。

（程龙根　王瑾瑾）

第五建设公司承建的国内单产能最大的煤制氢装置全景 （王　勇　摄）

【业务发展能力得到提升】 2013 年，第五建设公司注重业务发展能力的提升，大力开拓“三大业务市场”，在稳固国内传统业务优势的同时，不断调整优化业务结构，加大高端业务和海外业务比重，保证了工程项目的顺利实施。高标准建成安庆石化 220 万吨/年柴油加氢装置、广州石化 20 万吨/年聚丙烯装置等 81 个单位工程项目；在建的 60 个单位工程项目达形象控制点目标，安全、质量总体受控。

（程龙根　王瑾瑾）

【市场开发领域得到拓展】 2013 年，第五建设公司始终把市场开发作为持续发展的“生命工程”来抓，以积极进取的态势开展任务承揽。加大了对华南、华东、华中、西北等炼化一体化和煤化工目标市场的跟踪力度，明确重点区域开发目标，集中优势力量抓重点，进一步扩大市场占有率，提高中标率。全年国内新签合同43亿元。

（程龙根　王瑾瑾）

【转型升级工作迈开新步】 2013 年，第五建设公司牢牢抓住发展不放松，科学谋划未来，在管理高端上继续全面完善标准化管理体系，推进管理制度化，标准化，HSE 管理标准化，质量“首件样板”化、项目管理程序化等均形成独有特色。同时，大力推进“标准化管理、工厂化预制、模块化安装”工作，炼化工程公司湛江模块化生产基地建设和公司湛江生产基地建设，完成可研，待批准后即可实施。

（程龙根　王瑾瑾）

【安全质量管控取得成效】 2013 年，第五建设公司重视 HSE 基础工作，加强 HSE 管理制度建设，强化 HSE 责任制落实、HSE 考核管理和 HSE 管理创新。国内外项目实现 4 785 万安全工时，未发生安全事故。同时，注重加强质量管理和过程控制，有 2 项 QC 成果分获全国工程建设优秀质量管理 QC 小组二、三等奖，焊接一次合格率为 98.2%。

（程龙根　王瑾瑾）

【人才队伍建设卓有成效】 2013 年，第五建设公司进一步加强人才成长通道建设，规范劳动用工管理，积极探索用工方式新突破，加大内部人力资源统筹配置，提高劳动用工效率，多种途径缓解用工压力。全年，组织各类资质取证、能力提升和业务素质培训 1 475 人次，选派 201 人次参加石化集团公司组织的各类高层次培训，员工队伍结构不断得到优化。

（程龙根　王瑾瑾）

【精细管理有效提升】 2013 年，第五建设公司注重管理提升，不断推进科学管理、规范管理、精细管理，有效降低管理成本。全年为项目提供标准规范 35 项、焊接工艺评定 368 项，解决技术难题 67 项，审批重大、专项施工技术方案 26 份。组织协调启动 18 个项目运行，评审项目分包方案 67 份，评审分包合同 591 份，签订分包合同 512 份。严格财务管控，全年差旅费、业务招待费、会议费和出国费用等同比减少 10.2%。加强物资管理，全年网上采购 1.73 亿元，节约金额 1 760 万元。全年改造修订发布制度 14 个；收到改善经营管理建议 124 项，评审 65 项；查找管理短板 104 个，提出整改措施 160 条。审批工程结算 397 份，审减额 288 万元，审计监督作用得到有效发挥。

（程龙根　王瑾瑾）

【和谐稳定环境得到改善】 2013 年，第五建设公司坚持以维护广大职工群众利益为出发点，关心职工群众，让不同群体在企业发展中获得实实在在的益处，保持了公司内部和谐良好局面。全年救助各类困难人员 1 534 人，发放各种救助金 675 万元；支付原协解人员帮扶资金 1 835 万元，支付集体职工困难帮扶资金 117 万元；对 1 569 人次离退休人员进行慰问。同时积极创建文明小区，美化社区外墙及栏杆 9 320平方米。

（程龙根　王瑾瑾）

【获多项荣誉】 2013 年，第五建设公司获省部级以上各类荣誉 36 项，其中国家级荣誉 12 项。先后获广东省守合同重信用企业、石化集团公司安全生产先进单位、石化集团公司信访稳定先进单位、石化集团公司财务决算先进单位称号，承建的普光气田天然气净化厂工程获国家优质工程金质奖、洛阳石化 220 万吨/年加氢装置获国家优质工程银质奖，精神文明和物质文明取得双丰收。

（程龙根　王瑾瑾）

表 1　第五建设公司主要生产经营指标　亿元

指标名称＼年份	2013	2012	2011	2010	2009	2008
资产总值	28.56	25.18	18.54	13.97	9.24	7.21
主营业务收入	34.38	31.31	24.50	21.36	20.34	16.76
利　税	1.33	1.19	0.85	0.97	0.60	0.42
承接工程数量/项	141	132	114	115	74	72

表 2 第五建设公司 2013 年完成的主要工程项目

序号	项目名称	竣工时间
1	扬子烯烃厂废碱液系统综合治理改造工程	1月
2	腾龙芳烃联合装置硫黄回收装置	1月
3	腾龙芳烃联合装置 CSU/VDU 工程	1月
4	高桥石化柴油质量升级项目—溶剂再生装置	1月
5	安庆石化 220 万吨/年柴油加氢装置	1月
6	上海孚宝港务有限公司 SBPC 装桶线改造项目	1月
7	四川维尼纶厂 2013 年大检修工程	1月
8	广州石化 20 万吨/年聚丙烯装置	3月
9	浙江巨化股份有限公司 2PTFE 项目安装工程	3月
10	四川石油分公司成自泸高速路威远服务区—综合服务楼(南、北)	3月
11	长岭分公司 6 万吨/年硫黄回收装置	3月
12	长岭分公司已内酰胺污泥脱水装置	3月
13	安庆石化 200 万吨/年重油加氢装置	3月
14	九江分公司 2013 年装置小检修	3月
15	宝鸡工程项目脱硫脱碳及硫黄回收工程	4月
16	贵州工程项目铜仁松桃老苏屯加油站	4月
17	贵州工程项目铜仁城市快速大道 2 号加油站	4月
18	贵州工程项目遵绥加油站 1、2 站工程	4月
19	白银有色集团股份有限公司阳极泥综合利用污染治理设备、管道的采购、制作与安装工程	4月
20	长岭分公司动力 4#炉达标提效(检维修)工程	4月
21	沙特朱拜尔炼油常减压装置	4月
22	四川石油分公司成自泸 6 座服务区—威远服务区油气站(南、北)	5月
23	青海西部矿业有限公司 10 万吨/年高纯氢氧化镁工程	5月
24	白银有色集团股份有限公司铜冶炼技术提升改造工程阳极炉桥架制作及安装工程	5月
25	白银有色集团股份有限公司铜冶炼污染治理粗炼工程收尘管道改造项目	5月
26	扬子石化单喷嘴冷壁式粉煤加压气化工业化示范装置配套工程新建循环水站建筑安装工程项目	5月
27	高桥石化动力中心北线 4.2 兆帕蒸汽管网完善工程	5月
28	广州石化 2013 年炼油Ⅱ系列装置大修——气分二装置检修项目	6月
29	甘肃银光聚银化工有限公司 2013 年大检修项目	6月
30	长岭分公司成品车间皮带廊隐患治理 1 码头(检维修)工程	6月
31	长岭分公司已内酰胺精细化工改造(检维修)工程	6月

续表

序号	项目名称	竣工时间
32	长岭分公司渣管线隐患治理(检维修)项目	6月
33	广州石化 2013 年炼油Ⅱ系列装置大修——芳烃抽提装置检修项目	6月
34	沙特延布芳烃项目	6月
35	九江石化油品升级改造建设用地排水管道工程	6月
36	西安石化丙烯精制改造项目	6月
37	武汉天河机场航煤管道工程外部配套设施—武汉分公司系统管网改造工程	6月
38	北海原油 35 千伏变电所及配套工程	7月
39	北海原油储备 4 标段储罐工程	7月
40	北海原油储备 2 标段储罐工程	7月
41	巴陵石化分公司动力脱硫改造工程	7月
42	巴陵石化分公司供排水事业部供水车间外排水回收改造工程	7月
43	巴陵石化分公司 1#炉达标提效工程	7月
44	巴陵石化分公司 1#、4#低氮燃烧器改造工程	7月
45	甘肃银光化学工业集团有限公司建设工程施工合同——综合技术改造项目硝酸输送管线工程(一标段)	7月
46	湛江东兴公司 6 万吨/年乙苯—苯乙烯装置	7月
47	浙江巨化股份有限公司氟聚厂项目	7月
48	元坝净化厂项目临时用水/临时用电项目	8月
49	南京帝斯曼有限公司新建 20 万吨/年已内酰胺项目 26 单元机电安装工程	8月
50	长岭分公司化肥三水改造工程	8月
51	南京惠生(南京)清洁能源股份有限公司 25 万吨/年丁辛醇项目	8月
52	海南储罐中石化(香港)洋浦成品油保税库项目	9月
53	南京仪化东丽 1.5 万吨/年聚酯薄膜项目	9月
54	南京源港碳五分离装置技术改造项目	9月
55	中国石油玉门油田分公司炼油化工总厂装置检维修工程	9月
56	武汉石化 200 米^3/时高浓度污水处理场项目	9月
57	沧州 120 万吨/年催化裂化装置烟气脱硝除尘脱硫项目	9月
58	南京化工公司 9 万吨/年制氢及配套空分装置	9月
59	海南 60 万吨/PX 项目 LPEC 区域	10月
60	海南 60 万吨/PX 项目业主区域	10月
61	海南炼化 VPSA 吸附氢气回收装置	10月
62	海南炼化 S-Zorb 吸附脱硫装置	10月
63	茂名石化煤制氢装置	10月
64	广州石化 14 万吨制硫污水汽提三 V-7，102 AB 原料水罐装置检修项目	10月

续表

序号	项目名称	竣工时间
65	扬子石化油品质量升级及原油劣质化改造项目200万吨/年高压加氢裂化装置	10月
66	福建联合石化公司乙烯脱瓶颈地下管网工程	11月
67	福建联合石化公司乙烯脱瓶颈55万吨/年聚丙烯改造工程	11月
68	福建联合石化公司乙烯脱瓶颈80万吨/年聚乙烯改造工程	11月
69	四川泸州石油分公司—绿科加气站改造工程	12月
70	武汉石化汽车装油台、铁路站汽油密封闭装车及油气回收项目	12月
71	鄂尔多斯中天合创220千伏变电站项目	12月
72	福建联合石化公司乙烯脱瓶颈改造项目全厂工艺及热力管网改造工程	12月
73	广州石化炼油污水污污分治工程高浓度污水处理系列工程	12月
74	四川维尼纶厂1#、2#锅炉烟气脱硝工程	12月
75	南京化工公司10万吨/年离子膜烧碱膜法除硝和淡盐水浓缩技术改造建筑工程	12月
76	巴陵石化分公司氢气提纯及输送管线隐患治理项目工程	12月
77	福建联合石化公司乙烯脱瓶颈新建西区循环水场工程	12月
78	巴陵石化分公司合成橡胶事业部880液态烃罐区隐患治理工程	12月
79	长岭分公司成品车间皮带廊隐患治理	12月
80	塔河重质原油改质项目60万吨/年连续重整装置	12月
81	福建炼化聚合物成品包装及成品仓库改造工程	12月

第十建设公司

【概况】 中石化第十建设有限公司(简称第十建设公司)位于山东省淄博市临淄区，是炼化工程公司全资子公司。第十建设公司以承建石油化工、煤化工、油气储运、医药、市政、环保、锅炉、电站及送变电等新建、改扩建、检维修等工程为主，兼营设备制造、大型设备运输、吊装、大型吊装机械修理及工程项目监理业务，拥有化工石油工程施工总承包一级、对外承包工程等多项资格资质证书。第十建设公司在大型项目组织、15万立方米储罐组焊、大型乙烯装置和大型设备统一吊装施工组织、大型压缩机组安装调试、大型液压吊车维修、特种钢材焊接、长输管道SCADA系统及装置DCS和SIS系统安装与调试等方面具有国内领先的核心技术优势。

截至2013年底，第十建设公司下设15个机关部室以及安装、仪电、储运、重机、建筑工程、管道结构工程、项目管理等14家专业分公司，3家子公司，2家后方服务单位。有正式职工3 569人，其中管理人员2 157人，具备高级职称的157人、中级职称的711人。

第十建设公司主要生产经营指标和2013年完成的主要工程项目见表1和表2。

(董砚宝)

【工程业绩进一步提升】 2013年，第十建设公司完成国内外总包产值61.2亿元，其中国内完成54.2亿元、国外完成7亿元。积极推动项目管理模式创新，优化施工组织模式，推广模块化建设，强化分包与现场管理，项目管理水平与施工效率不断提高，全年建成交工项目46项。

(董砚宝)

【经济效益稳步增长】 2013年，第十建设公司深化严格、规范、精细管理，扎实推进生产经营，全年实现利润7 306.92万元，圆满完成了奋斗目标。进一步细化落实全员成本管理的18个关键环节、107项管控措施，全年实现降本减费增效3 480.19万元，完成年计划的134%。

(董砚宝)

【安全生产形势总体平稳】 2013年，第十建设公司认真落实安全生产主体责任，加大重点项目监控力度，强化直接作业环节安全监管，深入开展隐患排查治理，提升分包商安全管理水平，稳步推进HSE一体化管理，全年未发生上报石化集团公司生产安全事故，安全工作总体受控。

（董砚宝）

【技术质量管理成果丰硕】 2013年，第十建设公司全面推进技术质量一体化管理，严格重大技术方案审查和落实，注重新技术、新工艺开发应用，强化质量策划与全过程控制，确保了项目施工有序进行，工程建设质量优良。年内公司获国家优质工程金奖1项、省部级优质工程奖10项；取得国家专利授权9项、石化集团公司级工法5项；新申请山东省技术创新项目1项，通过鉴定验收3项。

（董砚宝）

【承建的湖北化肥乙二醇装置顺利中交】 2013年11月28日，第十建设公司承建的石化集团公司"十条龙"科技攻关项目和重点建设工程——湖北化肥20万吨/年合成气制乙二醇装置顺利中交。第十建设公司强化管理，精心组织，认真落实安全、质量、进度保证措施，顺利完成了合成气制乙二醇、合成气分离、稀硝酸及硝酸钠处理装置、公用工程等配套设施的施工任务。

（董砚宝）

第十建设公司承建的湖北化肥合成气制乙二醇装置 （孙晓光 摄）

【4 000吨级履带式起重机成功启用】 2013年7月5日，第十建设公司与徐工集团联合研发的全球单台起重能力最大的4 000吨级履带式起重机成功启用，将万华烟台工业园吊装高度118米、直径14.4米、重量1 680吨的丙烯塔吊装就位。同时，第十建设公司为该起重机配套研发了拥有自主知识产权的1 100吨级溜尾机、3 000吨级多功能组合式吊具。

（董砚宝）

4 000吨级履带式起重机成功启用 （邹庭龙 摄）

【内部改革与制度建设日益深化】 2013年，第十建设公司有效推进内部改革，加快转换运营机制，完成全年生产经营任务，为炼化工程公司在香港联交所成功上市做出了积极贡献。深入开展管理提升活动，持续完善标准化制度体系，全年制定制度23项、修订制度132项，被推荐为石化集团公司炼化工程板块"我为制度做诊断"活动样板企业。

（董砚宝）

【转变作风扎实有效】 2013年，第十建设公司深入开展党的群众路线教育实践活动，狠抓中央"八项规定"落实，坚持勤俭办企业，会议费、业务招待费、差旅费、国（境）外考察费、办公费等重点监控费用总计较预算目标下降12.47%，党员干部作风得到明显转变。切实加强两级机关作风建设，机关工作效能和服务水平不断提高。

（董砚宝）

【企业和谐稳定发展面貌持续改善】 2013年，第十建设公司充分考虑民生工程，推行"一站式服务窗口""一条龙服务热线"，加强社区美化亮化和治安管理，抓好公共设施建设，社区面貌与服务质量持续改善。积极开展文体活动，职工群众业余生活更加丰富。创新思路办好老年协会和老年大学，离退休管理服务工作取得新的成效。稳步做好帮扶救助工作，全年投入各类资金5 796万元。扎实开展信访工作，妥善解决各类群体的利益诉求，维护了社区和谐稳定大局。

（董砚宝）

【经营管理获得荣誉】 2013 年，第十建设公司大力倡导实践依法诚信经营，获全国优秀施工企业、全国工程建设质量管理优秀企业等称号，进一步提升了企业知名度和社会影响力。

（董砚宝）

表 1 **第十建设公司主要生产经营指标** 亿元

指标名称＼年份	2013	2012	2011	2010	2009	2008
资产总值	40.10	33.57	25.46	18.99	14.91	13.95
主营业务收入	59.52	56.27	46.31	36.75	35.46	31.74
利　税	1.57	2.15	1.21	1.47	1.43	1.11
承建工程数量/项	58	55	50	38	23	32
授权专利数量/项	31	23	14	10	—	—

表 2 **第十建设公司 2013 年完成的主要工程项目**

序号	项目名称	竣工日期
1	大连新港沙陀子原油及成品油储罐项目	1 月
2	燕山石化 3 万吨/年稀土异戊橡胶装置	1 月
3	安庆石化电厂—炼厂中压蒸汽管线	1 月
4	嘉兴永明石化有限公司环氧乙烷装置	1 月
5	武汉石化中间罐区工程	3 月
6	安庆石化 500 万吨/年常减压蒸馏装置	4 月
7	高桥石化 260 万吨/年柴油质量升级项目	4 月
8	安徽华塑 100 万吨/年 PVC 装置	4 月
9	泸州油库工程	4 月
10	抚顺矿业 35 万吨/年催化裂解装置	4 月
11	青岛储运海上平台绥中 36－1 二期调整项目	5 月
12	内蒙古大唐天然气输气管道工程	5 月
13	齐鲁分公司 5 万吨/年裂化催化剂联合生产装置二期工程	6 月
14	上海石化 1# 乙二醇装置增产环氧乙烷结构调整项目	6 月
15	岳阳长岭—株洲成品油管道首站扩容改造工程	6 月
16	北海商储库二期工程	7 月
17	石家庄炼化 800 万吨/年油品质量升级项目气分原料和商品液化气罐区及泵房	7 月
18	燕山石化 10 万吨/年异丁烯装置	8 月
19	茂名石化新建煤制氢—锅炉及联合发电建筑安装工程	8 月
20	海南洋浦柴油储罐及配套工程	9 月
21	海南洋浦成品油保税库工艺给排水电仪安装工程	9 月
22	海南炼化 200 万吨/年加氢精制改造项目	9 月
23	宁夏国电 120 万吨/年煤基多联产项目气化装置	9 月
24	锦州港油品罐区（一期储罐制作安装）工程	10 月
25	茂名石化 300 万吨/年污水处理工程	10 月
26	茂名石化 220 万吨/年催化裂化装置配套环保项目烟气除尘脱硝脱硫设施	11 月

续表

序号	项目名称	竣工日期
27	福建炼化 PMG 乙烯脱瓶颈及配套工程 1 - 丁烯装置改造工程	11 月
28	湖北化肥 20 万吨/年合成气制乙二醇工业示范装置	11 月
29	新疆阿克苏华锦化肥增产 50% 改造项目	11 月
30	山西潞安煤基合成油项目合成气甲烷化工业侧线试验装置	12 月
31	福建炼化 PMG 乙烯脱瓶颈及配套工程 6 万吨/年丁二烯抽提装置	12 月
32	济南炼化 140 万吨/年催化裂化装置烟气脱硫项目	12 月
33	伊泰—华电甘泉堡 540 万吨/年煤基多联产综合项目仓储一区工程	12 月

国际事业公司

【概况】 中国石化国际事业有限公司(简称国际事业公司)成立于 1984 年 6 月，2000 年 5 月成为石化股份公司的全资子公司，注册地点北京。国际事业公司主要承担除原油、成品油、化工原料以外的进口物资采购业务和设备、材料、炼化产品的出口业务。

截至 2013 年底，国际事业公司在境内拥有上海东上海石化实业有限公司 1 家参股公司，在北京、上海(2 家)、天津、重庆、广东、南京、武汉、宁波等地设有 9 家子公司，设有北京招标中心、南京招标中心、华南招标中心 3 家分公司。在美国、日本、德国、俄罗斯、阿联酋等国家设有 5 家境外二级子公司，在委内瑞拉、新加坡、澳大利亚、尼日利亚、哈萨克斯坦、沙特、伊朗等国家设有 6 家境外三级子公司和 1 家办事处。为加大市场开拓力度，进一步加强境外营销网络建设，2013 年成立了中石化国际事业(澳大利亚)有限公司 1 家境外三级子公司。公司有在岗员工 479 人，其中本科及以上学历占 86.7%。

2013 年，国际事业公司实现经营规模 504 亿元，增长 1.3%。国际贸易规模 31.3 亿美元，增长 14.5%。

国际事业公司主要生产经营指标见表 1。

(杨　洋)

【运行机制建设】 2013 年，国际事业公司继续推进专业化、区域化、一体化运行机制建设。组织境内外公司以竞争方式确定钢板、消防车及其配件、LPG 等 7 个新的专业化经营品种，进一步扩大专业化经营范围，资源获取能力和市场议价能力进一步提高。充分发挥各境内公司贴近项目现场和合作客户的地缘优势，进一步加大市场开拓与客户服务力度，区域化保供服务水平不断提升。大力推动专业化公司和区域化公司优势互补，全年各境内公司累计开展一体化业务规模占境内公司国际贸易规模的 73.7%。

(杨　洋)

【流程再造】 2013 年，国际事业公司全面推进流程再造工作。按照业务与执行分置、岗位不相容原则，对本部 6 个业务处、16 家境内外公司的部门和岗位进行优化调整。各境内外公司统一部门名称和部门职责，实现部门和岗位间的监督制衡。结合贸易类型和业务特点，制定部(公司)标准化业务流程，初步实现专业化分工与流程化操作，建立流程中环节间相互制衡、相互监督的机制，业务人员和执行人员的工作更加专业化。

(杨　洋)

【业务改造】 2013 年，国际事业公司以专业化品种为重点，大力推进框架协议采购，框架协议采购率达 16.7%；以核心经营品种为重点，大力推进长约销售，销售长约率达 30.3%。

(杨　洋)

【风险防控】 2013 年，国际事业公司深入健全业务、财务、法务三线一体的风险防控体系。业务方面，对部分单位年度工作责任目标进行适当调整，对境内外公司“比学赶帮超”实施方案进行优化，加大管理类指标比重，降低经营规模类指标比重，突出稳健经营和发展质量。财务方面，对上海公司、美国公司等 11 家直属机构开展财务稽核，对赊销、应收、预付账款、存货、保函和佣金 6 个方面开展全面清理，制定风险防范措施，确保财务资金安全。法务方面，全面清理各单位的合同、授权及法律文件、各类印章和电子邮件，组织修订 47 项合同标准化文本，组织评估境内外公司合约律师事务所的履职情况，进一步增强了法律风险防范能力。

(杨　洋)

表 1 **国际事业公司主要生产经营指标**

指标名称 \ 年份	2013	2012	2011	2010	2009	2008
经营规模/亿元	646.30	263.20	320.20	437.90	497.30	503.60
国际贸易规模/亿美元	50.40	11.30	16.00	24.30	27.30	31.30
进　口	37.80	7.50	8.90	13.50	18.60	21.00
出　口	12.60	3.80	6.80	9.40	7.70	8.60
第三国	—	—	0.40	1.40	1.60	1.70

国际石油勘探开发公司

【概况】 中国石化集团国际石油勘探开发有限公司(简称国际石油勘探开发公司，英文缩写 SIPC)成立于2001年1月，本部设在北京。国际石油勘探开发公司是石化集团公司的全资子公司，代表石化集团公司统一行使上游对外投资合作并对海外项目实行统一经营管理，是石化集团公司从事上游海外投资经营的唯一专业化公司。

国际石油勘探开发公司设董事会和监事会，实行董事会领导下的总经理负责制。公司实行两级管理模式，本部为投资和生产经营决策中心，国家公司(或项目机构)为执行中心。公司设有19个职能管理部门和27个海外机构，包括10个大项目公司：伊朗公司、Addax公司、安哥拉公司、巴西公司、加拿大公司、阿根廷公司、叙利亚公司、哈萨克斯坦公司、俄罗斯公司和埃及公司。截至2013年底，公司在27个国家执行53个勘探开发项目；中外员工总数为5 034人，其中中方员工1 110人、国际员工708人、当地员工3 216人，员工国际化比例达到77.95%。

2013年，国际石油勘探开发公司勘探新增权益石油储量(2P+2C)3 607.74万吨；勘探新增权益天然气储量(2P+2C)308.65亿立方米；开发生产获得权益油气产量3 871.41万吨，同比增加966万吨，增长33.3%。

国际石油勘探开发公司主要生产经营指标见表1。

(刘牧洋)

【油气勘探保持良好态势】 2013年，国际石油勘探开发公司油气勘探取得1项重大突破、10项新发现、10项重要进展，探井、评价井成功率分别为54.3%和80%。巴西RSB项目Sag井新增2C权益资源量0.69亿桶；Galp项目713井、I-4井分别钻遇160米和422米的巨厚油气层。安哥拉15/06区块M-4井钻遇油层97米。哈萨克斯坦S区块新发现多个含油构造。阿根廷、安第斯、Addax、UDM、SDA、Daylight、雅达等项目滚动勘探增储显著，一批勘探井钻遇油气层或获商业油气流。这些油气勘探成果进一步扩大了储量规模，为下步勘探部署和油气生产接替奠定了资源基础。

(刘牧洋)

【境外油气产量再创新高】 2013年，国际石油勘探开发公司克服严峻复杂的不利局面，立足上产增产提存量，有力推动项目按计划运行。狠抓运行，在实施项目弥补综合递减，净增254万吨，实现产量3 158万吨。其中，安哥拉18区块产量创历史新高，Addax西非主战场捷报频传，巴西Sap油田、Lula油田提前投产，雅达百日会战效果显著。抓难点开创生产新局面。扎尔则主合同达产线修订谈判圆满成功。抢抓南北苏丹和谈有利时机，组织3/7区提前2个月复产。13个项目开展产能建设，新建新增权益产能502万吨，超计划23万吨，其中原油482万吨。新井当年产油237万吨。其中，Addax尼日利亚KTM油田累计建产136万吨，实现了中国石化境外作业者项目海上油田建设零的突破。

(刘牧洋)

【技术保障提质增效】 2013年，国际石油勘探开发公司立足科技进步和高效管理，充分发挥现有支撑体系资源优势，有效解决了Addax、雅达、阿根廷、哥伦比亚、缅甸等项目生产技术难题。其中，盐岩油气勘探、隐蔽及低幅油气藏滚动勘探开发等技术在哈萨克斯坦、哥伦比亚NGEC等项目勘探中取得较好成果。Addax海上油田高效开发，厄瓜多尔注水优化调整，圣湖能源、FIOC 等稠油热采配套工艺，雅达特大型碳酸盐岩油田建设，加拿大非常规资源勘探开发等技术在生产运行中发挥了关键作用。Daylight 项目采用 20 井丛式井组、超长水平井和 40 级压裂技术，单井产量提高 1.7 倍。新技术、新工艺的应用，有效实现了技术提质增效。

（刘牧洋）

【新项目开发成果突出】 2013 年，国际石油勘探开发公司成功开发 Apache 埃及资产 1/3 权益、美国 Chesapeake 公司 MS 资产合作、安哥拉 31 区块 10% 权益、加拿大 Tumbleweed 等项目。中国石化海外油气事业首次进入埃及油气富集区，丰富了资源战略选区，深化了“滚雪球式”开发模式，增加了安哥拉、美国、加拿大资产规模。2013 年是继 2009 年收购 Addax 公司以来，新项目成果丰硕的一年，也是新项目为公司产量贡献历史上最大的一年，达到 713 万吨。

（刘牧洋）

【资产运作能力持续增强】 2013 年，国际石油勘探开发公司立足优化资产结构盘活存量，成功将 UDM、CIR、圣湖能源 3 个项目优质资产注入石化股份公司，进一步扩大了石化股份公司上游业务规模，对提升公司赢利能力和股东长期投资价值发挥了积极作用。成功向台湾中油转让缅甸 D 区块 30% 权益，分散了勘探风险，减少了投资压力。适时退出沙特 B 区块、澳大利亚 NT/P76 等项目，有效节约费用，降低投资风险。

（刘牧洋）

【经营效益显著】 2013 年，国际石油勘探开发公司克服国际油价震荡、部分资源国外销政策条款苛刻、人民币流动性收窄、整体付息债务较高等因素对经济效益实现带来的挑战，价值创造取得实效。在香港市场成功获得 35 亿美元银团贷款，超额完成预期目标，创亚洲当年融资成本最低。强化利率汇率的杠杆作用，全年节约财务费用超 1 亿元。细化税务管控体系，有效减少整体税负。通过中加能源与 Daylight 税务重组，节税约 4 000 万美元，规避了 Daylight 美元贷款汇兑损益波动对效益的影响。努力降低库存，加大油气销售力度，销售收入大幅增加。

（刘牧洋）

【国际化管理成果丰硕】 2013 年，国际石油勘探开发公司动态调整海外内设机构，两级扁平化管理更加高效。整合技术支持体系，实现科技管理职能与技术支持分离。持续改进规章制度及内控体系，各项经营管理有章可循。完成 HSSE 管理体系文件编制，形成统一的管理模式、流程和标准要求。“海外石油勘探开发企业国际化管理体制变革”获国家级企业管理现代化创新成果二等奖。《中国石化境外收购与整合的经验与启示》被国有企业改革动态典型刊发。Addax 公司被瑞士贸易投资促进委员会授予瑞士 2013 年度最佳中国投资者奖。厄瓜多尔公司获评央企先进集体。5 项管理成果获石化集团公司管理现代化创新成果奖。财务决算、报表统计、行政管理等工作成效突出，均获石化集团公司先进单位称号。

（刘牧洋）

【思想革新与软实力建设取得实效】 2013 年，国际石油勘探开发公司全面掀起群众路线教育实践活动热潮，公司领导班子和部门经理紧密结合自身实际，认真查找“四风”突出问题。通过群众路线公共邮箱、意见箱等渠道，广泛征集中外员工意见建议，开展“建设人民满意企业”专题讨论。积极落实中央“八项规定”，大力压缩非生产性支出，降本减费成效显著。发布实施“责任、尚德、共赢、进取”的企业核心价值观，大力宣贯并逐步成为全体中外员工一致认同、积极践行的行为规则和信念准则。积极履行社会责任，创造和谐的运行环境。以《国勘报》《SIPC Glimpse》为载体，营造和谐的企业文化氛围。成立公司团委，举办青年论坛、微信悦读、青年联谊等活动，共青团工作全面推进。

（刘牧洋）

【人才队伍建设扎实推进】 2013 年，国际石油勘探开发公司严控用工总量，稳步推进岗位轮换工作，全年岗位调整 243 人次，人才队伍结构进一步优化。畅通各类员工职业发展通道，创新人才培养方式，组织首期勘探开发复合型人才培训班，开展第 2 期海外上游领军人才培训班，组织 14 名优秀外籍员工参加石化集团公司培训，选派 23 名青年员工实岗锻炼，扎实推进导师带徒活动，培训质量和人才质量不断提升。牵头 5 家单位组建高级职称评审委员会，顺利完成职称评审工作，34 人获得高级职称。开展外派员工薪酬福利对标研究，探索建立与市场化接轨的激励约束机制，完善国际化人力资源管理体系。

（刘牧洋）

【海外员工之家温暖人心】 2013 年，国际石油勘探开发公司设立“海外员工之家”，为海外员工提供机场接送、住宿预订、在公司本部工作时提供办工场所等回国休假及工作一站式温暖服务，获得海外员工好评。结合党的群众路线教育实践活动，对“海外员工之家”工作进行升级改造，提供更加人性化、更加便利的服务。“海外员工之家”功能趋显，在每个海外员工心中的认可程度越来越高。为员工排忧解难，为员工无业配偶办理社会保险费用报销和发放基本生活补助，及时办理“特病”人员的医疗费用报销，帮扶工作更加得人心、暖人心。关爱职工身心健康，组织每日万步健走活动，发布健康评估报告与健康改进计划678份。

（刘牧洋）

表1　　国际石油勘探开发公司主要生产经营指标

年份＼指标名称	新增权益石油储量(2P+2C)/百万桶	新增权益天然气储量(2P+2C)/10亿立方英尺①	权益油气产量/万吨
2013	259.21	1 089.97	3 871.41
2012	186.88	1 283.62	2 904.68
2011	266.38	1 507.15	2 335.60
2010	173.09	999.79	1 839.67
2009	215.31	710.41	1 278.95
2008	38.96	111.40	901.10

①1 立方英尺 = 0.0283 立方米

财务公司

【概况】 中国石化财务有限责任公司(简称财务公司)是由原中国石油化工总公司独家发起，经中国人民银行批准于1988年7月8日成立，以加强集团资金集中管理和提高集团资金使用效率为目的，为石化集团成员单位提供金融服务的非银行金融机构。财务公司位于北京市朝阳区朝阳门北大街22号。注册资本100亿元(内含6 000万美元)，其中石化集团公司出资51亿元，占注册资本的51%；石化股份公司出资49亿元，占注册资本的49%。

财务公司股东会是公司的最高权力机构，实行董事会领导下的总经理负责制，董事长为法定代表人。财务公司有总经理兼党委书记1人，副总经理2人，党委副书记兼纪委书记、工会主席1人。总部设办公室、人事劳资部、风险控制(法律事务)部、经营管理部、财务会计部、稽核部、资金计划部、国际业务部、信贷部、投资银行部、结算部、信息部、金融研究开发部13个部室；京外设上海、南京、广州、山东、郑州、武汉、成都、新疆、天津9家分公司。截至2013年底，财务公司干部职工共345人，其中总部108人，分公司237人。

财务公司可以经营《企业集团财务公司管理办法》中列举的全部15项业务，具体包括：对成员单位办理财务和融资顾问、信用鉴证及相关的咨询、代理业务；协助成员单位实现交易款项的收付；经批准的保险代理业务；对成员单位提供担保；办理成员单位之间的委托贷款及委托投资；对成员单位办理票据承兑与贴现；办理成员单位之间的内部转账结算及相应的结算、清算方案设计；吸收成员单位的存款；对成员单位办理贷款及融资租赁；从事同业拆借；经批准发行财务公司债券；承销成员单位的企业债券；对金融机构的股权投资；有价证券投资；成员单位产品的消费信贷、买方信贷及融资租赁。此外，财务公司作为国内非银行金融机构结售汇业务首家试点单位，可以面向集团成员单位开展结售汇业务和集中收付汇业务。经书面授权，可以集中为集团成员单位开立、变更、撤销银行分账户。

2013年，财务公司实现营业收入19.51亿元，实现利润18.05亿元，年末资产总额1 220亿元，所有者权益166亿元，资产负债率86.39%。全年通过提供透支、委托贷款、直接购付汇、优惠贴现、理财等服务，累计为石化集团公司降本增效、节约财务费用近25亿元。

财务公司资产负债损益情况见表1。

（李　昕）

【资金集中管理安全平稳运行】 2013年，财务公司精心操作，严细管理，确保资金集中管理和内外部结算安全平稳运行。继续做好分账户开立和启用工作，积极配合石化集团公司及石化股份公司对石油工程和催化剂板块的重组改制，做好相应分账户调整及资金池建立工作。持续完善提升系统功能性能，强化系统运维管理，进一步优化提升资金结算信息系统的安全性和稳定性。深化“异常管理”，积极解决直联银行系统的异常情况和不稳定因素，定期召开直联银行对接协调会，进一步前移系统风险防控关口，实现由内部管理向外部控制、由“异常管理”向“常规管理”的主动转变。按照“录入零差错、收付零损失”的安全质量目标，高标准、严要求，加大岗位责任制和差错率考核奖惩，确保了资金集中管理和内外部结算的安全高效平稳运行。全年结算量2 127万笔43.2万亿元，同比增长16.7%和4.5%，继续保持内外收付零损失。境内集团成员单位资金集中度超过90%。高效优质的结算服务，有效促进了石化集团公司和成员单位加速资金周转，提升了集团整体资金使用效益。

（李 昕）

【资金管理运作水平进一步提升】 2013年，面对市场利率频繁大幅波动、流动性持续紧张的考验，财务公司充分发挥作为金融企业的同业优势，切实发挥筹融资平台作用，继续扩大合作机构范围，积极拓宽筹融资渠道，充分运用各种融资手段，千方百计从市场筹措资金，及时、足额满足了集团和企业的融资需求和支付需要。有效应对监管机构要求暂停同业透支业务的重大变化，积极争取石化集团公司和石化股份公司理解与支持，加强市场跟踪研判和内部协调配合，及时调整资金管理模式，灵活精细操作，资金管理运营能力有了新的提高。加强资金计划管理，科学调度头寸，合理安排支付顺序，在确保支付的基础上，提高资金运作收益。全年累计从市场融入资金1.52万亿元，日均178.82亿元，同比增长8.25%，全力为集团改革发展和生产经营做出贡献。

（李 昕）

【信贷业务进一步发展】 2013年，财务公司面对企业信贷需求高与公司筹融资难度大、资金成本高的两难局面，继续以服务集团产业结构调整为导向，不断优化信贷资产结构与投向。围绕监管政策要求和公司筹融资形势变化，牢固确立“量入为出”的理念，加大信贷规模调控力度，以信贷计划管理运行机制为手段，完善信贷计划审批与考核工作，实行差别化信贷政策，用足用活资金规模。密切关注集团生产经营和产业结构调整等情况，优先保障集团资金周转需要，重点支持油田增产增效和炼化技改项目，持续跟进煤化工、新能源等集团转型发展项目的融资工作，全年信贷资产日均规模达到472.18亿元。票据业务平稳开展，积极推广财务公司电子票据系统，全年办理票据贴现6 017笔共119.38亿元，开立财务公司承兑汇票52笔19.4亿元，有效支持帮助企业加快结算和降本减费需要。开展委托贷款业务，全年委托贷款日均规模588.53亿元，为成员单位节约财务费用约15亿元，同时积极开展外汇贷款、保函等业务，满足了企业需求。规范完善存款业务管理办法，加大对集团企业表外资金、合资企业资金吸存力度，全年存款日均规模达到278.84亿元。

（李 昕）

【外汇业务稳步开展】 2013年，财务公司积极应对境内外汇差拉大等因素导致企业购汇大幅下降等影响，加强内外协调，努力开拓集团成员单位及系统外代理进口原油款售付汇、资本项下售付汇业务。持续跟进人民币跨境结算和异地收汇政策批复，积极拓宽交易合作机构范围，丰富外汇业务品种，进一步提高外汇业务服务能力。有效克服人民币资金趋紧对及时付汇带来的困难挑战，密切沟通协调，确保结售汇、收付汇及时平稳运行。全年累计结售汇319亿美元，收付汇390亿美元，为成员单位节约购汇成本近3.5亿元。

（李 昕）

【投行和投资工作稳步发展】 2013年，财务公司紧密围绕石化集团公司、石化股份公司的直接融资需求及债券市场情况，认真开展财务顾问服务，2次参与石化集团公司、石化股份公司共150亿元超短期融资券的发行工作。积极利用资本市场拓宽公司筹融资渠道，灵活运用交易所市场债券回购融资，进一步做实债券回购融资。积极推动财务公司第3期金融债筹备发行。加强资本市场分析研判，尽力捕捉投资交易机会，灵活开展股票交易、债券逆回购、银行理财及受托投资业务，防范风险，规范运作，稳健操作，全年实现投资综合收益4.64亿元。

（李 昕）

【风险管理和内部管理进一步加强】 2013年，财务公司健全完善信用风险管理制度，深化信贷/客服业务管理系统应用，完善公司信贷客户评价体系建设，实现了信贷风险管理全覆盖；合同管理信息系统顺利上线并平稳运行，合同风险管理水平显著提高。修订完成2013年版《内部控制管理手册》，定期开展内控执行情况自查，进一步提高公司内控管理整体水平。加强公司制度体系建设，顺利实现制度管理信息系统上线。进一步加强安全管理和风险防范，建立健全业务连续性管理体系，完善涵盖业务经营、信息系统及生活后勤等方面的安全应急预案。完善财税管理制度体系，规范预算和费用管理，积极推进财会信息化建设，加强会计后督管理，努力提高财务分析水平，进一步发挥财会管理职能作用。健全完善公司稽核工作体制和人员队伍，在加强日常非现场稽核与分析同时，完成13项现场稽核。

（李 昕）

【信息化水平进一步提升】 2013年，财务公司不断强化信息系统的运维和管理，提升系统日常监控管理水平，积极稳妥地开发利用虚拟化技术，有效提高系统运维工作效率。公司门户及协同办公系统正式上线运行，全面完成外汇提升项目，建设经营决策及报表管理系统，建成使用表外业务核算系统、接口版征信系统，优化全员绩效考评系统，公司信息化应用水平进一步提升。面对信息系统复杂程度和管理难度不断加大的考验，不断强化信息化管理，深入分公司开展信息化应用及硬件设施实地检查整改，对各类潜在风险隐患密切监测、及时处置，公司全年未发生任何运营故障和事故。

（李 昕）

【扎实开展“巩固提升年”活动】 2013年，财务公司为全面巩固提升经营管理水平，开展了“巩固提升年”活动。组织汇编经营管理案例，认真总结提炼、推广应用公司经营管理成果和经验。围绕创建一流目标，成功举办PPT制作演讲比赛，激发了全体员工服务热情和创优意识。深入推进“学镇海、学安喜”活动，持续开展“比学赶帮超”，推行星级服务标兵和岗位能手季度评比活动，激发全员学先进、当先进热情，对标、追标工作逐步常态化。健全完善绩效考核管理制度，严格开展年度绩效考核与奖惩兑现，考核的导向作用逐步显现。扎实开展合理化建议工作，继续开展企业服务满意度调查，外部服务对象和成员企业的服务满意度均超过了98%。年内，公司有2项管理创新成果获石化集团公司第22届管理现代化创新成果二等奖，企业管理工作取得了新的成绩。

（李 昕）

财务公司PPT制作演讲比赛

【队伍建设扎实推进】 2013年，财务公司继续加强干部工作群众化，开展公司基层管理岗位公开竞聘，树立正确选人用人导向，强化干部管理监督，不断提高干部工作科学化水平。加大教育培训力度，丰富培训方式内容，继续开展教育培训满意度调查，进一步提高培训工作的针对性和实效性。加强劳动用工管理，认真组织毕业生网上公开招聘，优化内部人才资源配置，严格劳动合同考核管理和劳动纪律要求，建立完善科学的人才管理机制。优化全员绩效考核管理系统，健全综合考评和奖惩机制，强化考核兑现和结果运用，加大激励约束力度，进一步激发员工队伍积极性和创造性。

（李 昕）

【党建廉政和群众工作取得新成绩】 2013年，财务公司严格按照中央精神和集团部署要求，深入开展以“为民务实清廉”为主题的党的群众路线教育实践活动，牢牢把握“照镜子、正衣冠、洗洗澡、治治病”的总要求，领导带头、自上而下，认真组织学习教育，充分征求意见建议，广泛开展谈心谈话，深入对照查摆问题，高质量召开专题民主生活会，持续推进边查边改、立行立改，两级领导班子和各级领导干部的作风建设有了明显转变，党群干群关系有了显著提高。加强和规范基层党建工作，制定实施《公司党建工作考核管理办法》，广泛开展“三亮三比三评”活动，加大党员教育、管理和服务力度，进一步增强了党员队伍的纪律观念和责任意识。严格落实中央“八项规定”精神及石化集团公司23条实施细则，加强监督检查，文风、会风和工作作风有了实实在在的转变提高。健全公司“三重一大”决策制度实施办法，扎实推进业务公开和效能监察工作，广泛开展党性党风党纪教育，筑牢各级干部廉洁从业的坚固防线。结合“中国梦”宣传教育以及中国石化成立30周年和财务公司成立25周年，加强宣传思想文化工作，进一步弘扬主旋律、激发正能量。举办财务公司首届“爱企业、比技能、展风采、促和谐”员工风采大赛，广泛开展丰富多彩的职工文体活动，满足了职工群众精神文化需求。

（李　昕）

财务公司“爱企业、比技能、展风采、促和谐”员工风采大赛

表1　　**财务公司资产负债损益情况**　　亿元

指标名称＼年份	2013	2012	2011	2010	2009	2008
流动资产	1 044.77	1 059.11	1 184.44	959.68	1 029.04	1 103.02
长期资产	174.03	185.35	185.94	165.17	140.75	108.91
无形、递延资产	0.87	0.99	1.39	1.26	1.10	0.25
资产总计	1 219.67	1 245.44	1 371.77	1 126.11	1 170.90	1 212.18
自营资产总额	575.02	688.68	757.56	537.39	567.41	604.84
流动负债	1 051.10	1 053.00	1 165.17	926.87	928.94	980.53
长期负债	2.73	34.71	64.11	65.27	108.78	126.91
所有者权益	165.84	157.84	142.49	133.98	133.18	104.73
实收资本	100.00	100.00	100.00	80.00	80.00	60.00
资本公积	8.38	14.46	12.86	16.58	27.57	11.12
盈余公积	13.31	11.90	10.53	9.30	8.13	6.94
未分配利润	37.60	25.09	13.30	22.41	11.92	21.23
负债及所有者权益	1 219.67	1 245.44	1 371.77	1 126.11	1 170.90	1 212.18
营业收入	19.51	23.60	20.00	17.90	16.73	23.26
营业支出	1.50	5.34	4.19	2.47	1.27	7.78
营业税金及附加	1.62	1.80	1.24	1.15	1.30	2.02
利润总额	18.05	18.28	15.834	15.47	15.59	15.49
净利润	14.09	13.74	12.27	11.79	12.01	11.36

百川公司（机关服务中心、机关服务局）

【概况】　中石化百川经济贸易公司（中国石油化工集团公司机关服务中心、中国石油化工集团公司机关服务局）简称百川公司（机关服务中心、机关服务局），成立于1993年2月，实行“一套机构、三块牌子”的管理体制，资产总计约40亿元。

百川公司（机关服务中心、机关服务局）主要承担服务保障、职能管理、经营管理3项职责，包括负责为石化集团公司总部机关及专业公司提供餐饮、会议、安保、公务用车、医疗、设备维护维修等服务；按照总部赋予的管理职能，负责总部机关办公、住宅和员工公寓的房产管理，基本建设管理，共建校等工作，履行石化集团公司住房制度改革领导小组办公室、绿化委员会办公室，总部机关消防安全委员会办公室、交通安全委员会办公室、医疗保险办公室、爱国卫生委员会办公室、人口与计划生育办公室、献血办公室等职能；负责对所属经营单位进行管理。

百川公司（机关服务中心、机关服务局）下设办公室、党委办公室（纪检监察处）、人力资源处、财务处、企业管理处、质量管理处、服务处、餐饮处、供应处、交通处、安全保卫处、基建工程处、房产管理处、设备工程处、医务处、小营办公区管理处、外协工作处17个处室和实华饭店、和园酒店、会议中心、国际旅行社4个经营单位，共有员工约1 900人。

（李　振）

【服务质量获得广泛好评】 大力开展提升服务质量活动，加强与服务对象的沟通，开展服务诊断，组织服务礼仪培训，外聘专业人员进行服务岗位暗访，查找改进工作差距，进一步规范了服务标准和流程；设立服务质量义务监督员，主动走访征求意见，及时解决问题，服务针对性有效增强。切实加强餐饮服务培训交流，创新特色菜品，完成餐饮服务工作；进一步规范会议、保洁服务流程，注重树立标杆，完成全年会议服务工作；强化安保服务形象建设，加强基本功训练；努力提高维修服务人员技能水平，提升维修及时率和合格率，完成设备设施及自管楼维修服务任务；狠抓交通服务安全，强化教育管理，安全行车199万千米；狠抓内部诊疗与外部就医2条医疗服务主线，畅通外部就医通道；认真做好票务、洗衣、公寓、医保报销等服务，努力让服务对象感受真情；不断加强外委和外部服务管理，统一服务标准、细化监督检查，成效明显。总体看，各项服务工作均得到了总部各级领导和广大员工，以及上到外国元首，下至普通来访客人的普遍赞誉。

（李　振）

【总部赋予的职能管理工作得到充分肯定】 年内管理的基建项目工作量大，施工进展顺利，达到工期进度要求。全系统住房分配货币化工作圆满完成，明确下阶段常态化管理重点任务。完成全系统棚户区和在京单位职工住房情况调研，起草了着眼长远解决职工住房问题的指导意见，为党组决策提供了参考。各委员会办公室工作取得较大成绩，获相关部门表彰。医疗健康管理、积极利用社会学校资源为总部机关调京员工子女解决就学难等工作得到总部机关员工肯定。

（李　振）

【经营业绩显著】 面对严峻的市场形势，坚持解放思想、转变观念，拓宽市场、创新措施，想方设法降本减费，千方百计增加收入，业绩好于预期。百川公司本部及4家经营单位实现主营业务收入2.1亿元，上缴税费2 153万元。

（李　振）

【安全管理夯实基础】 推进HSE管理体系建设，制定发布体系文件，开展安全风险评估工作，落实安全提醒等制度，周密组织办公区消防疏散演习，受到员工欢迎和党组肯定。特别是深刻吸取“11·22”事故教训，坚决落实党中央和石化集团公司党组安全工作部署，结合实际，迅速进行安全大检查和“四不两直”抽查，并将所查隐患中需立即进行整改的安全隐患整改到位，未立即整改的隐患项目做到心中有数，逐步整改。大力加强安全教育，全面落实安全责任，健全完善应急预案并开展演练，严格值班和报告制度，安全管理进一步强化，实现了全年安全无事故目标。

（李　振）

【队伍建设取得实效】 围绕“讲政治、守纪律，讲团结、顾大局，讲责任、敢担当，讲发展、重创新，讲稳定、办实事”，大力加强领导班子和干部队伍建设，思想更加统一。制定完善领导班子和干部队伍建设系列制度，规范管理岗位竞聘办法，开展专业技术与技能操作岗位选聘工作，严格考评标准，细化考核环节，选人用人机制更加科学。强化业务培训，实行分级管理，突出针对性和实效性。积极推广应用远程培训系统，精心组织自助餐厨艺大赛，提高了员工立足本职学业务的积极性。

（李　振）

【改革创新积极稳妥】 适应改革要求，转变发展思路，参股成立北京百川恒升物业管理有限公司，为发展探索了新路。按照审核与操作分开原则，将基建工程造价审核业务由基建工程处划归企业管理处，有效规范了管理。实施外委服务业务集中管理，对外委项目加强监督检查，提升了外委服务质量。

（李　振）

【企业管理进一步加强】 大力开展管理提升活动，

开展管理诊断，制定落实整改方案，取得阶段性成果。修订完善工作制度，编制两级业务流程，基础管理进一步加强。明晰领导审批事项及权限，提高了管理规范性。加强设备运维管理，大力开展节能环保系列宣传，积极实施节能措施，能源费同比降低 3.3%。推进信息化建设，网上订餐等系统实现上线。强化供应采购价格管控，完善定价机制，全年采购物品金额 5 000 多万元。强化财务管理、审计管理、法律管理及效能监察等工作，严格预算执行、合同管理、造价及结算审核，促进了资金安全和人员廉洁。

（李　振）

【党的群众路线教育实践活动成效显著】 周密组织开展党的群众路线教育实践活动，坚持把领导带头、学习教育、查摆问题、整改落实贯穿始终，大力弘扬整风精神，广泛征求意见，积极谈心交心，召开专题民主生活会，深入对照检查，用好批评和自我批评武器，实施边整边改、立行立改，党员、干部宗旨意识和群众观念进一步增强，“四风”问题得到有效解决，思想和工作作风明显转变。坚决贯彻中央“八项规定”精神和石化集团公司“实施细则”，制定落实中心具体措施，会议、检查、评先等工作更加注重实效，文件数量同比下降 29.7%，业务招待费同比减少 87%。

（李　振）

【党建思想政治工作作用有效发挥】 深入学习党的十八大和十八届三中全会精神，举办处级干部学习十八大精神培训班，增强了领导干部政治意识、大局意识。加强制度建设，推进党(总)支部目标管理，规范了基层党组织日常工作。推进廉洁文化建设，开展正反两方面教育，增强了干部员工廉洁自律意识；开展廉洁风险防控工作，完成廉洁风险排查及风险点确定。对工程项目实施效能监察，加强过程监督，取得较好效果。抓好宣传工作，办好《机关服务报》，成立《中国石化报》机关服务中心记者站，强化了宣传工作。发挥工会和共青团组织的作用，大力开展流动红旗劳动竞赛、“送温暖”、群众性健康长走等活动，增强了团队凝聚力。

（李　振）

联合石化公司

中国国际石油化工联合有限责任公司(简称联合石化公司，英文缩写 UNIPEC)成立于 1993 年，是石化股份公司的全资子公司，是中国最大的国际贸易公司。联合石化公司主营业务包括原油贸易、成品油贸易、LNG 贸易及仓储物流等。公司设办公室/党办(人力资源)、纪检监察处、风险控制(法律)部、计划信息部、发展部、财务部、审计部、原油部、成品油部、天然气部、运输及执行部；在国内设有 3 个口岸分公司和 1 个合资公司：联合石化宁波分公司、联合石化青岛分公司、联合石化二连浩特分公司及中海油中石化联合国际贸易有限责任公司；设立 5 个海外子公司：联合石化亚洲有限公司、联合石化英国有限公司、联合石化新加坡有限公司、联合石化美洲有限公司及中石化冠德控股有限公司(香港上市公司)。

2013 年，联合石化公司深入贯彻“四个坚持”，坚持“保供、降本、做大、做强”，紧紧围绕“努力打造具有市场领导地位国际一流贸易商”的战略目标，加强市场分析研判，精心操作，精益求精，积极落实原油买断制工作，扎实开展群众路线教育实践活动，协同各方创效增效，较好地完成了全年各项工作任务。全年完成石油贸易量 2.84 亿吨，贸易额 2 142亿美元，利润 36.6 亿元人民币，经营业绩创历史最好水平。

（闫　坤）

化工销售有限公司

【概况】 中国石油化工股份有限公司化工销售分公司(简称化工销售分公司)成立于 2005 年 5 月。2009 年 4 月，中国石化对化工内外贸业务进行整合重组，成立了中国石化化工销售有限公司，与化工销售分公司实行“一套班子，两块牌子”。2012 年，两者正式合并重组为中国石化化工销售有限公司(简称化工销售有限公司)。

化工销售有限公司是石化股份公司的全资子公司，主要负责中国石化所属企业生产的石化产品的资源统筹、市场营销、产品销售、物流、客户服务以及所属企业生产所需相关化工原料的采购和供应工作，经营产品均取得相关国际国内认证，主要有合成树脂、合成橡胶、合成纤维、合成纤维原料、有机化工原料及特殊化学品。2013 年实现化工产品经营量 5 050 万吨，生产型客户占交易客户比例提高 2.3 个百分点。

化工销售有限公司在北京、上海、广州、武汉和南京等地分别设立华北、华东、华南、华中和江苏 5 家区域分公司，分别负责该区域企业化工产品销售工作，以中石化化工销售(香港)有限公司为海外业务平台。为实现销售前移和服务前移，更好地服务客户，公司在西安、沈阳、南京、杭州、汕头、泉州、昆明、长沙、成都等地设立了多个经营部及代表处。在台湾、新加坡、越南、中东、北美等地设立了办事处，有效地服务于国内外市场，极大满足了客户的需求。

(于治宇)

【风险预警系统全面上线】 2013年，化工销售有限公司及时有效防控风险，在全面梳理公司风险状况的基础上，建设企业风险预警系统，将可量化的风险纳入系统进行监控。按照“宏观设计、逐步实施、选择使用”基本原则，充分考虑各单位、各产品线业务的实际情况设计系统方案。按照“先试点再推开、先上线再优化、预警值先设置再调整”的要求推进上线工作，在华北分公司试点上线成功后，9月25日在公司全面上线。系统包括预警和分析2个模块，预警模块对价格风险、信用风险、流动性风险3类风险24个指标进行监控，及时提示公司产品定价、客户定价、统销及自营产品库存、自营损益、客户授信等状况；分析模块通过对4类22个指标进行分析，及时发现公司在偿债能力、营运能力、赢利能力、成本费用4个方面存在的问题。系统具有五大特点：系统功能多(数据抽取、整理、计算、分析、判断、预警)，数据来源多(ERP、LIS、TBM、CRM、手工数据)，数据量大(逐日上载并预警)，追溯性强(从预警指标追溯到业务数据)，互动性强(在线分析、答复、审核、质疑，集成RTX和邮件提醒功能)。

(于治宇)

【持续推动全员成本目标管理】 2013年，化工销售有限公司强化预算控制。公司年度预算由办公会审定；部门和网点的月度费用预算由分管领导审批；预算执行按进度控制；预算外事项由分管领导审核，报总会计师、总经理审批。收紧审批权限。除限额内的差旅费外，取消部门和网点其他所有费用的审批权限；公司两级班子副职领导发生的费用由总经理审批，主要领导(包括总经理和党委书记)的费用由总会计师审批；专项费用(含会议费)开支实行事前审批制度，财务部门根据审批件进行核报。细化费用责任。总的要求是“费用核算到个人”，集体性费用和特殊情况开支按照以下原则处理：谁牵头记谁的账、谁职位高记谁的账，责任人在发票背面签字确认。公司召开的由区域公司承办的会议，其会议费在区域分公司核算，考核计入公司相关部门。

(于治宇)

【实现管理优化】 2013年，化工销售有限公司借助化工销售ERP平台整合契机，提升信息化管理水平，完成天津、石家庄、金陵等企业IC卡推广上线；规范ERP系统应用，被评为中国石化示范应用企业。组织完成职位说明书编写，为规范岗位配置、细化绩效考核奠定基础。优化管理布局，将华东分公司南京经营部划转到江苏分公司，撤销江苏分公司苏州经营部。

(于治宇)

【开展党的群众路线教育实践活动】 2013年，化工销售有限公司成立化工销售有限公司教育实践活动领导小组和办公室，制定下发教育实践活动实施方案，对两级领导班子、两级机关针对“四风”建设的调查问卷活动，广泛征求干部职工意见和建议。党委(扩大)理论中心组多次组织集中学习，为各党支部、党小组和全体党员配备《厉行节约反对浪费》《党的群众路线教育实践活动》文件汇编、《论群众路线》等学习材料。研究制定教育实践活动的进度安排并下发各单位，督促各级领导干部和基层组织，针对两级班子和两级机关在“四风”方面存在的问题进行认真梳理，制定整改措施计划。制定两级领导班子联系基层计划，完成走访计划。公司两级领导班子成员的联系点已涵盖化工销售所有网点、代表处以及驻厂办。

(于治宇)

【开展“精细营销年”主题活动】 2013年，化工销售有限公司召开两级领导班子专题民主生活会，认真查找领导班子以及领导干部自身在精神状态、精细营销、企业管理等方面存在的主要差距，并结合领导干部年度考核目标，进一步明确精细管理和精细营销方面的努力方向，并制定整改措施，使活动更贴近实际；将梳理的对班子和班子个人的意见汇编成册发至各区域分公司和机关各处室，加强监督检查与考核的力度。以镇海、安喜为榜样，加强班子作风建设和能力建设。组织全体干部职工学习李安喜和镇海炼化先进事迹；组织领导干部深入基层调查研究，密切联系群众，帮助基层和群众解决实际问题，增强干部、员工奉献国企的使命感、责任心和事业心。对照镇海、安喜找差距，共找出领导班子差距10条、领导干部差距27条，制定整改措施98项。编写《化工销售有限公司服务年主题活动成果汇编》，在《化销信息》设立优秀案例专栏，“服务年”系列主题活动中业已形成的长效机制逐步建立和完善。

（于治宇）

【设立北美办事处】 2013 年，中石化化工销售（香港）有限公司北美办事处成立，本部位于美国德克萨斯州休斯敦市。北美办事处的设立，有效拓展了公司国际触角，促进了与国外同行交流合作。

（于治宇）

长城能源化工公司

【概况】 中国石化长城能源化工有限公司（简称长城能源化工公司，英文缩写 SINOGEC）是经石化集团公司党组批准，于 2012 年 8 月 27 日注册成立的煤化工专业公司，与中国石化煤化工领导小组办公室合署办公，实行“一套人马、两块牌子”，是石化股份公司的全资子公司，业务归口化工事业部管理与指导，是中国石化煤化工业务投资的平台，负责中国石化煤化工业务的投资和经营，组织协调煤化工项目建设，对煤化工企业进行专业化管理。长城能源化工公司本部位于北京，注册地为北京亦庄经济技术开发区。截至 2013 年底，长城能源化工公司设综合管理部（办公室）、规划计划部、财务资产部、人力资源部（党群工作部）、QHSE 及运行管理部、工程维修部、煤炭资源部、煤炭转化部、化工产品部 9 个部门；拥有中国石化新疆能源化工有限公司（简称新疆能化）、中国石化长城能源化工（贵州）有限公司（简称贵州能化）2 个控股单位；参股中天合创能源有限责任公司（简称中天合创）、中安联合煤化有限责任公司（简称中安联合）、毕节中城能源有限公司和国电中国石化宁夏能源化工有限公司（简称宁夏能化）4 个合资公司；规划建设新疆准东、内蒙古鄂尔多斯、宁夏宁东、安徽淮南、贵州织金和河南鹤壁 6 个煤化工基地，共配置煤炭资源约 250 亿吨，拟建设总产能约为 9 420 万吨/年煤矿、120 亿米^3/年煤制天然气、310 万吨/年煤制烯烃等项目；总资产 133.93 亿元；本部机关到岗职工 56 人，各煤化工项目到岗职工合计 2 866 人。

2013 年，长城能源化工公司以加强企业内部建设为基础，积极完善管理体制和运行机制；以加快项目实施进程为关键，全力推动项目前期和工程建设；以加大对外合作交流为重点，主动获取煤炭资源和核心技术，各项工作取得了较好进展，夯实了煤化工业务的发展基础。

（从怀芳）

【体制机制逐步理顺】 落实石化集团公司关于长城能源化工公司的发展定位，完成煤化工业务股权的变更调整，理顺了股权管理纽带，并逐步明晰了与总部各部门、各煤化工企业之间的管理关系，规范了业务流程。加强股东方的沟通协调，不断完善各合资公司的管理模式，在新疆能化和贵州能化 2 家控股公司建立了中国石化管理标准，向中天合创和宁夏能化 2 家均股公司植入了中国石化管理理念。充分发挥股东会、董事会、监事会作用，逐步完善了相应的议事规则及章程，并加强对高级管理人员聘任、固定资产投资等议案的审议表决和跟踪监管，规范了合资公司法人治理结构。

（从怀芳）

【基本制度体系初步建立】 研究制定了标准化制度体系构建方案，提出遵循“整体构架、分批建设、动态调整、持续优化”的思路，先期建设 123 项制度，包括可以直接使用并被纳入公司制度体系的 34 项总部制度和需要制定的 89 项管理制度。全年共颁布执行董事会议事规则、煤化工项目实施协调管理办法等基础性规章制度 32 项，明确可直接引用总部制度清单 34 项，初步建立起一套满足煤化工业务发展需要的基本管理制度体系。

（从怀芳）

【信息化建设获得有力推进】 成立了信息化领导小组，明确了信息化管理思路，坚持在一体化原则下对控股公司实行集中管控，对参股公司的化工业务推荐优先使用长城能源化工公司信息化体系，参照执行中国石化信息化标准和长城能源化工公司数据交互标准。研究制定了包含各合资公司在内的信息化战略规划总体方案，首创“集中集成、服务共享”模式稳步推进方案的实施，公司本部机关和各合资公司 ERP、SAP－HR、MES、OA 等一批信息系统陆续上线。

（从怀芳）

【煤化工项目对口支援工作开始实施】 落实石化集团公司党组关于煤化工业务“新业务、新体制、新机制”的要求，立足于盘活系统内人力资源存量和满足各煤化工项目人才队伍配置的需要，牵头研究制定了《煤化工项目对口支援方案》，拟采取由系统内炼化企业进行技术支撑、人员借调或调入、业务承揽等方式对各煤化工项目进行对口支援。2013 年 6 月 4 日，组织召开了煤化工项目对口支援工作座谈会，就制定的对口支援方案进一步征询对口支援企业和总部相关部门的意见，并组织6家煤化工项目与拟提供对口支援的14家炼化企业对接了人力资源需求计划，正式启动了煤化工项目对口支援工作。另外，协调开展了燕山石化拟承揽内蒙古鄂尔多斯煤化工项目相关业务的工作方案研究。

（从怀芳）

【发展规划进一步细化完善】 围绕煤化工业务发展目标，启动了资源布局、项目布局、产品布局等配套规划的编制及具体实施，明确了以发展煤制气、煤制烯烃和非烯烃化学品为重点并优先发展煤制气的发展方向，完成了中国石化煤制乙二醇发展规划的研究。围绕煤化工产业研发制造基地的布局，成功竞购亦庄开发区X36F1地块约3.57万平方米土地，并启动了土地规划方案研究。

（从怀芳）

【项目前期工作扎实推进】 加大各项目报批核准工作力度，新疆准东80亿米^3/年煤制天然气、贵州织金60万吨/年煤制聚烯烃和河南鹤壁60万吨/年煤制聚烯烃3个项目先后获得国家发改委核发的“路条”，中天合创鄂尔多斯130万吨/年煤制聚烯烃项目一期工程(煤制甲醇)获得核准。认真组织项目的可研报告编制及优化，新疆准东煤制气项目和配套矿井及选煤厂的可研报告初稿编制完成，准东现场临时设施和乌鲁木齐市生活基地开工建设；贵州织金项目的可研由IGCC方案调整为热电方案，调整后的煤化工和热电可研报告初稿编制完成并上报，并启动了二期40亿米^3/年煤制天然气项目的方案研究和可研报告编制；河南鹤壁项目完成了厂址论证报告初稿和煤矿初步可研报告的编制及内审。

（从怀芳）

2013年4月2日，新疆能化揭牌暨乌鲁木齐基地项目启动仪式举行

【项目工程建设明显加快】 宁夏能化煤电化一体化项目、中天合创鄂尔多斯130万吨/年煤制聚烯烃项目和中安联合淮南60万吨/煤制烯烃项目被列入石化集团公司2013年重点工程建设项目，工程建设取得积极进展。截至2013年底，宁夏能化项目除1，4-丁二醇、聚四氢呋喃和水泥装置还在施工收尾外，其他工装置实现中交并开始投料试车，其中热电装置和大部分公用工程及辅助设施已建成投运；中天合创项目的总体设计获得批复，主要装置的基础设计已完成并组织审查，长周期设备采购多数已完成，空分装置已开始设备安装；中安联合项目的总体设计组织了审查，基础设计已开工，部分长周期设备开始招标，现场详勘工作完成，取水、码头和桩基等工程开始施工；同时，3个项目和贵州织金项目的配套煤矿建设进展顺利。

（从怀芳）

【对外合作交流取得可喜成果】 以获取资源和技术以及布局项目为重点，先后与国电集团、贵州水矿、河南煤业、新奥集团、GPE、云南煤化、蒙古国矿产部、新蒙能源等单位进行洽谈，完成了宁夏能化50%股权的增资入股、注册组建和揭牌成立，并启动了收购国电英力特公司持有宁夏能化45%股权的方案研究和商务谈判；完成了中国石化长城能源化工(贵州)有限公司及其全资子公司织金碧云能源有限公司的注册组建；与河南煤业签署了关于煤化工和煤矿的合资合同；与新奥集团签署了煤化工产业战略合作框架协议，并启动了具体合资合同的谈判；与GPE公司完成了战略合作框架协议的谈判；与云南煤化就YM技术合作达成了初步意向；落实石化集团公司与蒙古国签署的关于煤制气项目合作谅解备忘录的有关安排，赴蒙古国进行了初步考察和对接，明确了联合工作机制和下一步工作方向。

（从怀芳）

2013年5月19日，由中国石化和中国国电各出资50%建的国电中国石化宁夏能源化工有限公司举行揭牌仪式

2013 年 3 月 14 日，长城能源化工公司与河南煤化集团签署鹤壁煤化一体化项目合资合同

【党务群众工作全面启动】 根据公司本部机关人员到岗情况，经履行相关程序，组建了公司纪委、工会和机关党支部等党群组织。加强党委中心组学习和党员学习，组织开展了中层以上领导人员和全体党员学习贯彻党的十八大精神轮训活动。贯彻落实石化集团公司“‘八项规定’实施细则”，印发了《长城能化关于改进工作作风、密切联系群众的实施办法》，取得了良好效果。根据石化集团公司党组统一部署和要求，组织开展了党的群众路线教育实践活动，取得阶段性成果，工作作风不断改进，党群干群关系进一步密切。

（从怀芳）

催化剂公司

【概况】 中国石化催化剂有限公司（简称催化剂公司）于 2004 年 12 月 29 日在北京成立，是集科研成果转化、生产组织优化、产品技术服务为一体的专业公司，对催化剂生产经营实行统一安排工业放大、统一生产计划、统一组织营销、统一发展规划、统一实施管理。

催化剂公司是国内最大的炼油化工催化剂生产商、供应商、服务商，产品涵盖炼油、化工和基本有机原料 3 个催化剂领域，年生产能力合计 15.3 万吨。产品在满足国内市场需求的同时，还远销欧洲、美洲、亚洲等国际市场。

催化剂公司本部位于北京市朝阳区惠新东街甲 6 号，机关设置“11 部 1 室”，即总经理办公室、产品事业部、安全环保质量部、技术信息部（工程技术中心）、发展计划部（工程管理部）、物资装备部、人力资源部（离退休工作部）、企业策划部（法律事务部）、党群工作部（领导人员管理部、企业文化部）、审计部、纪检监察部；拥有催化剂长岭分公司、催化剂齐鲁分公司、催化剂北京奥达分公司、催化剂北京燕山分公司、催化剂上海分公司、催化剂南京分公司、催化剂抚顺分公司、催化剂贵金属分公司 8 个全资单位，湖南建长石化股份有限公司（简称建长公司）、上海立得催化剂有限公司（简称立得公司）2 个控股单位，以及托管单位中国石油化工科技开发有限公司；设有西北、东北和华北 3 个销售中心，北京和长岭地区 2 个纪检监察审计室，以及美国、日本、新加坡、中东等 5 个海外代表处。截至 2013 年底，催化剂公司用工总量 5 378 人，拥有各类经营管理及专业技术人员 1 460 人，其中教授级高级工程师 24 人、高级职称人员 292 人，博士 14 人、硕士 161 人，并建有博士后工作站。

2013 年，催化剂公司紧紧围绕公司战略目标，深化改革、优化发展、持续创新、提升价值，各项工作统筹推进，取得较好成绩。

催化剂公司生产经营指标见表 1。

（马玉婷）

【体制转换变中求为】 2013 年 5 月 28 日，中国石化催化剂有限公司揭牌。做实有限公司的工作有序展开，梳理明确了土地房产权属关系，完成改制审计和资产、土地的评估备案及各分（子）公司工商变更；以有限公司为投资主体在北京、南京和大连设立了 3 家有限公司；12 月 8 日，全公司 ERP 系统成功实现切换上线；12 月 27 日，领取了增资后的新营业执照。截至年底，催化剂相关业务已全面转入有限公司平台运行，为分拆上市打下坚实基础。

（马玉婷）

中国石化催化剂有限公司揭牌成立

【开源节流难中求效】 2013 年，催化剂国内销量再创新高，达到 13 万吨，增长 11.1%。加大海外市场

创效力度，在因地缘政治风险导致海外销量下降37%的情况下，海外销售收入与上年基本持平，产品已稳定供应 ExxonMobil、Shell 和 BP 世界三大石油公司。

（马玉婷）

【发展创新稳中求进】 2013 年，催化剂公司重点项目有序推进，“十三五”发展规划纲要编制完成，齐鲁基地 5 万吨/年催化裂化催化剂装置建设项目二期达产达标，实现催化裂化催化剂单厂生产规模世界第一；燕山基地 200 吨/年 DQ 催化剂装置建设一次开车成功；云溪基地 200 吨/年 HTS 分子筛装置建设设备安装过半；大连基地建设、燕山 6 000 米^3/年脱硝催化剂装置建设项目完成基础设计审查；立得公司整体搬迁项目可研获得总部批复。全年完成投资 4.65 亿元，投资计划完成率 99%。

（马玉婷）

【环保治理快中求严】 2013 年年初，催化剂公司与各分(子)公司定下了“军令状”，全年组织实施了环保达标治理项目 57 个，总计投入 3 亿元。其中，齐鲁分公司已率先实现了环保全面达标；长岭地区高低氨氮废水治理也全面攻克，实现稳定达标排放。公司外排污水氨氮总量大幅下降，由 2010 年的 1 609 吨下降到 119 吨，降低了 92.6%。

（马玉婷）

【群众路线实中求新】 按照“为民务实清廉”的总要求，催化剂公司认真、积极开展群众路线教育实践活动。各级党委多次召开学习讨论会，学习习近平总书记一系列重要讲话精神，认真研读活动规定与党组文件及学习材料。同时，深入开展“双学双促”活动，掀起“学齐鲁、学大平”的热潮。畅通人才成长通道，完成第 2 批专家选聘。改版《活力》杂志，出版 6 期正刊和 5 期专刊，传递了正能量。

（马玉婷）

【《李大东科技著述集萃》出版及加氢技术发展研讨会在京召开】 2013 年 2 月 23 日，催化剂公司在北京举办了《李大东科技著述集萃》出版发行及加氢技术发展研讨会。会议认为，随着美丽中国战略的全面实施，加氢技术在未来一段时间将迎来快速发展的重要机遇期，并将成为石油炼制的核心技术，作为加氢技术核心的催化剂产业也将获得更大的发展空间。《李大东科技著述集萃》一书的出版发行，凝聚了以李大东院士为代表的加氢技术和催化剂研究团队数十年来对中国炼油工业发展的卓越思考以及科研和工业应用方面的智慧和经验，对年轻一代科技工作者进一步发展好中国的加氢技术及其催化剂产业具有重要的启迪和指导作用，对中国未来加氢技术发展将产生积极和深远的影响。

（马玉婷）

《李大东科技著述集萃》出版及加氢技术发展研讨会在京召开

【获泰国 SPRC 公司 A 级供应商评价】 2013 年，催化剂公司在泰国 SPRC 公司 2012 年度供应商考评中，获得 A 级评价，产品质量及保供均得到了充分认可，对催化剂公司赢得声誉、开拓更多境外市场具有良好的推动作用。

（马玉婷）

【苯乙烯催化剂成功中标台湾化纤】 2013 年 3 月 19 日，经过近 2 个月的投标，催化剂公司苯乙烯催化剂成功中标台湾化学纤维股份有限公司（简称台湾化纤），中标量 193 吨。此次催化剂公司苯乙烯催化剂能够进入台塑市场，对该催化剂日后开拓国际市场具有积极意义。

（马玉婷）

【自主研发 200 吨/年钛硅分子筛装置破土动工】 2013 年 3 月 20 日，由石油化工科学研究院与催化剂公司共同研发的 200 吨/年钛硅分子筛生产装置在催化剂云溪基地破土动工。项目总投资 1.66 亿元，计划于 2014 年 5 月 30 日主体装置中交。该装置生产的产品与常规钛硅分子筛相比，表现出反应条件温和、活性高、稳定性好和无污染等特点，属于绿色化学过程。该项目的建成将为推进已内酰胺、环氧丙烷等产品的低成本、清洁化生产，同时有效满足催化氧化生产过程产品的市场需求，增强中国石化的核心竞争力。

（马玉婷）

【亚洲最大催化裂化催化剂制造基地生产装置主体实现中交】 2013年6月6日，5万吨/年裂化催化剂联合生产装置二期工程主体在催化剂齐鲁分公司全部实现中交。催化剂齐鲁分公司FCC总产能将达到12.3万吨/年，不仅是国内FCC单产规模最大的基地，也是全球单产规模最大的基地。

（马玉婷）

亚洲最大催化裂化催化剂制造
基地生产装置主体实现中交

【催化剂大连项目环评报告顺利通过专家评审】 2013年6月28日，《中石化催化剂大连有限公司一期建设项目环境影响评价报告书》专家评审会在大连环保宾馆召开，经过与会环评专家的认真讨论，顺利通过了环评报告的评审，标志着催化剂大连项目建设又向前迈进了实质性的一步，为项目的顺利开展奠定了坚实的基础。

（马玉婷）

【召开第一届职工代表暨工会会员代表大会第一次会议】 2013年7月23—24日，催化剂公司第一届职工代表暨工会会员代表大会第一次会议在昌平会议中心简朴、隆重举行。144名职工（会员）代表全面履行职责，认真听取和审议了公司工作报告和工会工作报告，选举产生了催化剂公司第一届工会委员会、工会经费审查委员会和职代会5个专门工作委员会，并推选了参加劳动争议调解委员会的职工代表。

（马玉婷）

【成功举办中国石化2013年催化剂制造工职业技能竞赛】 2013年9月11—13日，由催化剂公司承办的中国石化2013年催化剂制造工职业技能竞赛在上海举行。来自催化剂公司下属9家分（子）公司的57名选手参加了包括理论笔试、DCS仿真、视频纠错、实操在内的4个环节的比赛，宗学梅等6名选手获得金奖，齐鲁分公司、长岭分公司、建长公司获得团体前3名。

（马玉婷）

【世界首套逆流连续重整装置装置开车成功】 由催化剂公司生产的工业牌号为RC011的连续重整催化剂于2013年9月21日在济南分公司60万吨/年逆流连续重整装置反应系统投料并生产出RON94的重整汽油，22日实现催化剂在反再系统间的连续循环；10月18日再生开始烧焦，20日顺利完成再生，实现一次开车成功。该装置一次顺利开工投产说明逆流连续重整工艺技术是成熟、可靠、先进的工艺技术，标志着世界上又诞生了一种新的连续重整工艺技术，中国石化成为世界上继美国UOP和法国Axens之后拥有完全自主知识产权和独立商业运作权的又一新的连续重整技术公司，使中国催化重整工艺技术水平跨入了国际先进行列。

（马玉婷）

表1　　催化剂公司生产经营指标　　亿元

指标名称 \ 年份	2013	2012	2011	2010	2009	2008
生产各类催化剂/万吨	10.47	10.84	12.42	14.55	15.24	14.28
销售各类催化剂/万吨	10.34	10.66	11.61	14.38	16.29	17.26
销售收入	42.71	37.20	39.57	52.19	66.36	67.45
利　润	2.62	3.47	3.31	3.87	6.00	4.62
还原利润	2.56	3.06	4.00	4.21	6.01	5.82

续表

指标名称＼年份	2013	2012	2011	2010	2009	2008
计提支付技术使用费	2.33	2.62	2.74	2.95	3.34	4.38
发生费用总额①	7.18	8.21	8.90	10.37	10.77	12.52
资产总额	34.49	36.14	49.39	59.35	63.52	72.45
EVA	1.18	1.78	1.07	1.69	3.02	3.00

①费用总额 = 管理费 + 销售费

燃料油销售公司

【概况】 中国石化燃料油销售有限公司(简称燃料油销售公司)是石化集团公司于2010年5月27日注册成立的燃料油经营专业化公司，是石化股份公司的全资子公司，负责燃料油的集中销售，主要经营范围为燃料油批发零售、仓储、加工调和；成品油批发零售、仓储；其他石油制品经营等。

燃料油销售公司本部位于北京，截至2013年底，设7个管理部门，下辖辽宁、天津、山东、江苏、上海、浙江、福建、广东8个分公司和浙江舟山、新加坡2个全资子公司；用工总量901人，其中正式职工652人；在营油库50座，库容总量156.26万立方米；总资产89亿元。2013年经营总量2 027万吨；销售收入921亿元，考核利润2亿元；燃料油经营网络覆盖国内重点港口。

（李登兴）

【信息化建设不断增强】 2013年，燃料油销售公司提升完善ERP、协同平台、移动办公、经营分析、期纸货管理等系统的功能，启动和推进物流、客户关系管理等项目建设工作。系统应用进一步深化，信息技术提高效率、规范管理、防范风险的作用得到有效发挥。

（李登兴）

【降本减费成效显著】 2013年，燃料油销售公司清退低效库容近60万立方米，减少费用支出1.1亿元。通过优化物流组织、扩大转关配送、强化调度指挥，保税油全环节吨油运费下降9.6元，滞期费减少54万美元。努力争取支持，减少税费性支出1 600多万元。严格落实中央“八项规定”，厉行节约，公司级会议数量同比减少56%，公务性支出同比下降24%。

（李登兴）

【安全环保和数质量管理得到加强】 2013年，燃料油销售公司深入开展“安全文化推进年”活动，认真执行QHSE管理体系各项要求，在油品配送、接卸等直接作业环节进一步落实管理措施，油品损耗同比减少0.07%。深刻吸取“11·22”特别重大事故教训，全面排查油库、水上网点、配送船及施工现场安全环保隐患，及时落实整改和防范措施，集中开展保税配送作业安全风险防控整治，全年未发生安全环保上报等级事故，总体实现安全平稳运营。

（李登兴）

【风险控制和基础管理更加到位】 2013年，燃料油销售公司严格落实资金“全生命周期管理”，在公司内网及时提醒逾期信息，明确资金回笼责任。强化信用管理，加强客户还款能力和资信情况分析，控制中间商授信规模，对逾期情况突出的客户取消信用额度。实施制度会审机制，编制新版内控手册，制度建设更具针对性。启动法律风险防控体系建设，结合市场风险和有关政策法规，规范业务流程和合同条款，及时停止部分风险较大的业务。

（李登兴）

【队伍建设不断加强】 2013年，燃料油销售公司考核调整有关分公司领导班子，顺利完成新老交替；充实本部有关部门中层管理人员，增强了管理力量。完善公司绩效考核办法，对分子公司更加突出效益导向，对本部实行“业务部门与线条挂钩、管理部门与公司利润挂钩”的全员考核，进一步调动各级积极性。加强三支队伍建设，充实保税营销团队，夯实队伍基础。组织开展多形式、多层面的培训，进一步提升了员工素质。

（李登兴）

【企业文化建设稳步推进】 2013年，燃料油销售公司深入开展“比学赶帮超”活动，选树了以石化集团公司劳动模范葛建良为代表的一批先进典型，实施典型引路。在公司内网开辟“降本增效，从我做起”“求真务实，廉洁从业”“公司梦、我的梦”等栏目，加强宣传引导和形势教育，干部职工普遍对公司未来发展寄予期望，形成为公司建言献策、与公司共克时艰的良好局面。初步构建廉洁风险防控体系，通过深入推进业务公开、网上巡视、效能监察和廉洁文化建设，营造了风清气正的良好氛围。

（李登兴）

管理干部学院

【概况】 石油化工管理干部学院（简称管理干部学院）是石化集团公司高层次人才培训基地，集党校、人才培训中心、远程培训中心和信息技术培训中心于一体，2011 年被评为国家级专业技术人员继续教育基地。2013 年，依托金陵石化教育培训中心设立“石化集团公司人才培训中心南京分部”。

管理干部学院于 1985 年筹建，1987 年正式成立，原校址在海淀区永丰乡，于 2004 年初迁至朝阳区立水桥北甲 1 号，占地面积 108 亩（7.2 万平方米），建筑面积 5.24 万平方米。另在朝阳区安翔北里（健翔桥）设有分校区，建筑面积 1.6 万平方米。主校区和分校区分别可同时容纳 830 名和 230 名学员在校学习。同时，建有千兆校园网，学习资源中心、多媒体数据库等特色信息资源总体上能满足培训的需求。建有中国石化远程培训系统，具备网络学习、远程培训管理、资源管理共享、考试测评 4 项主要功能，可满足总部、直属企业、基层单位分层级、分业务线条开展培训的需要，共设置了 143 个远程培训站，对扩大培训规模、拓展培训方式、提高培训实效、降低培训成本发挥了重要作用。

截至 2013 年底，管理干部学院设有 12 个部门，包括 5 个教学和科研部门，7 个职能与后勤服务部门。有职工 175 人，其中博士和硕士 70 人、占 40%，专职教师 47 人、占 27%；有客座教授 53 人、兼职教师 1 000 人左右，包括石化集团公司党组领导，两院院士，高层管理人员和技术专家，国内外著名高校、教育培训和科研机构的专家学者，以及政府官员等；另外聘用劳务工 187 人。

管理干部学院主要承担 4 类培训任务：一是高层经营管理及后备人才培训，重点培训总部职能部门和直属企事业单位的领导干部、中青年后备干部及部分中层干部；二是高级专业技术人才培训，重点培训油气勘探开发、炼油化工、工程建设、科研、销售等领域的各类专家及青年骨干人才；三是国际化经营人才培训，重点培训国际勘探开发、国际石油工程、国际炼化工程、国际贸易等领域的经营管理、专业技术人员和外籍员工；四是培训者培训，重点培训各直属企业的培训管理人员和培训机构的专兼职骨干教师。

管理干部学院培训情况统计见图 1。

（陈红艳）

【开展重点人才培训】 2013 年，管理干部学院紧紧围绕石化集团公司六大战略和人才队伍建设需要，主动适应、及时把握新的培训需求，进一步突出特色、突出创新、突出质量，重点人才培训取得新成效。全年实施培训项目 260 个 354 期次，培训 14 927 标准人次（17 493 人次），其中自主开发 10 614 标准人次（7 356 人次）。培训项目评估平均分为 95.6 分，授课教师评估平均分为 95.3 分。

（陈红艳）

【形成系列具有特色的有效做法和成功经验】 2013 年，管理干部学院进一步强化培训项目设计与实施中的创新提升。直属单位党委书记十八大轮训班，王天普总经理亲自授课，解读了石化集团公司战略目标思考；领导人员模块化选学培训项目，不断优化选题，新增战略创新、品牌管理模块，加强设计运行的系统性；第 2 期 CFO 培训班，聚焦总会计师职能转型，初步探索了“基于行为改变”的培训模式；石油工程技术首席专家班，开展“诊断式”现场教学和调研，提出的建设性意见得到企业高度认可；语言类培训班，根据学员水平探索了分级培训，尝试实施“小课时”制，强化能力转化，听说课程比重提升至 65%；关键岗位外籍员工培训班，实现了培训对象、方案、课程、现场教学、培训管理流程、学员管理模式的“六个优化”。

（陈红艳）

【完成相关考试工作】 组织实施了 2 次中国石化英语水平测试和 5 次企业定制英语水平测试，参考 9 027人次；组织实施了石化集团公司职称外语考试和 BFT 考试，参考 6 565 人次；开发了公开招聘高层管理人员通用知识试题库。

（陈红艳）

【远程培训系统应用效果增强】 截至 2013 年底，远程培训系统累计注册登录达 43.5 万人，同比增加 9.6 万人。全年学习时长达 1 303.6 万小时，同比增加 872.4 万小时；累计直播活动 92 次，听课超过

5.7 万人次。全系统各站点共开发课件 1 177 个，学院开发培训课件 392 个；举办在线考试 1 274 次，参加考试人员累计 42.8 万人次，中国石化在线考试项目获 5 届中国在线学习大会最佳在线考试应用奖。

（陈红艳）

【培训资源共享优化进展顺利】 2013 年，管理干部学院牵头组织推进企业培训资源共享优化工作，在对石化集团公司培训资源情况全面深入调研的基础上，开展了江苏地区培训资源共享优化试点工作，依托金陵石化教育培训中心设立“石化集团公司人才培训中心南京分部”，并与南京分部共同制定了 2014 年度工作计划。

（陈红艳）

【培训研究取得新成果】 新立项“世界一流能源化工公司核心价值理念”等石化集团公司级课题 3 项；完成石化集团公司级课题 2 项。编写公开出版或在系统内使用的教材《中国石化最佳培训实践案例》《中国石化国际化英语培训 A 级教材》等共 7 部。具体承担了石化集团公司参加中组部干部培训典型经验交流材料的撰写和 2 项典型培训案例的编写工作。完成院级课题 8 项、案例 12 项，发表学术论文 63 篇。新立企业咨询服务项目 3 项，为江汉油田等 5 家企业提供咨询服务。

（陈红艳）

【深化“两查两改”管理提升活动】 修改完善制度、流程和标准，查找出 38 个问题并提出改进措施；新建和修订 82 个工作流程，基本完成了管理干部学院主要业务流程体系建设；探索表单化管理，开展了 26 项工作任务的表单化管理试点。

（陈红艳）

【教学条件信息化水平提升】 综合管理信息系统、一卡通系统实现上线运行，无线网建设项目进展顺利，本部互联网及专线出口带宽全面升级，信息发布系统、学习资源中心管理系统、教室计算机、UPS 电源等完成升级更新。

（陈红艳）

【人才队伍建设对标高水平、国际化】 加强考核考评工作，细化完善部门和职工个人绩效考核办法，改革教学部门绩效奖金分配办法。着力推进学院专家队伍建设，更好发挥在决策支持、技术把关、团队建设中的引领示范作用。有针对性地开展了中层以上干部学习贯彻党的十八大精神培训、专职教师培训、青年教师英语培训，61 人次教职工外出培训、去企业实习和挂职锻炼，全员参与远程学习。规范劳务工管理，强化了技能培训和考核，启动了绿化、保洁、客房等服务外包工作。

（陈红艳）

【基础设施改进】 教学条件完善项目形成初步方案，分校区空调更新工程、东侧环境美化工程、羽毛球场灯光改造工程等项目顺利完工。

（陈红艳）

【深入开展党的群众路线教育实践活动】 按照中央和石化集团公司党组要求抓好关键环节，学习教育形式多样，听取意见广泛深刻，查摆问题不遮不掩，开展批评直言不讳，组织集中学习 10 次，征集到意见、建议 91 项，查摆“四风”问题 14 个方面，制定了学院整改报告、专项整改报告和制度修改计划，召开了班子成员民主生活会，以及各党支部专题组织生活会，受到石化集团公司督导组的好评。

（陈红艳）

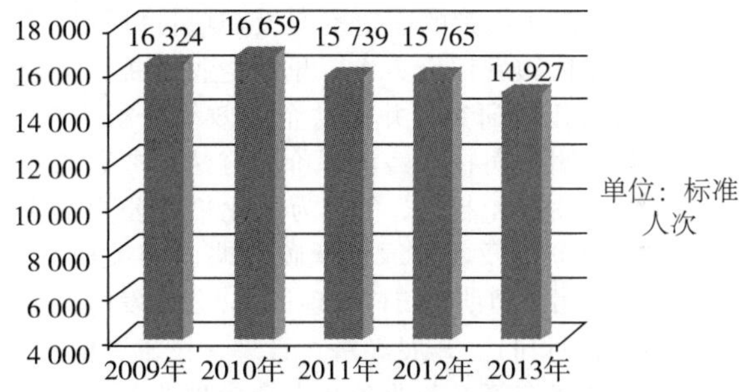

图 1 管理干部学院培训情况统计①

①统计口径为标准人次，每人培训 10 天为 1 个标准人次

经济技术研究院（咨询公司）

【概况】 中国石油化工集团公司经济技术研究院（简称经济技术研究院）的前身是成立于 1971 年的燃料化学工业部石油化工设计院，1983 年中国石油化工总公司成立后，更名为中国石油化工总公司规划院。1999 年 12 月底，中国石油化工总公司规划院和原石化集团公司信息中心的信息部分合并，成立经济技术研究院，与中国石化咨询公司合署办公。

中国石化咨询公司（简称咨询公司）成立于 1985 年，1994 年获国家认定的首批甲级工程咨询资格，是中国工程咨询协会的常务理事单位和国际咨询工程师联合会(FIDIC)正式会员，2004年起成为国家发改委委托投资咨询评估任务的机构，是国内第1批获得该资格的35家咨询机构之一。

经济技术研究院的主要职责是：研究石化集团公司发展战略问题，提出石化集团公司上中下游一体化的发展战略、技术创新和市场营销战略的建议。研究国内外经济、地区经济、相关行业经济发展动态和趋势，提出石化集团公司的对策和建议。研究国家宏观调控、行业监管、重大经济政策的变化趋势以及执行过程中遇到的问题，提出改进、完善、实施的意见和建议。研究原油、成品油以及石化产品的市场需求、价税状况分析和变化趋势预测，提出石化集团公司市场开发及市场营销策略的建议。开展油品与非油品的消费规律和消费行为研究、油品与非油品业务的发展战略研究、油品与非油品业务营销策略研究，提出石化集团公司的对策措施和建议。开展世界一流公司的发展动向及管理模式，以及石化集团公司完善管理体制机制和提高管理效率的研究。负责经济和技术信息的收集、综合、分析并提供相关资料；负责石化集团公司经济、技术信息数据库的建设。受委托负责组织石化集团公司和石化股份公司决策的固定资产投资项目可行性研究报告的评估和后评价工作。开展企业诊断和企业效绩分析与比较研究，并提供企业效绩分析方法。负责石化集团公司技术经济评价的方法、参数与数据的研究、编制和制定。负责为石化集团公司提供节能技术服务以及实施绿色低碳战略的相关研究。负责石化集团公司期刊归口管理工作(公开发行期刊及内部交流期刊)。开展经济、管理、技术、信息、重大决策的咨询等经营业务和中介代理业务，为中外企业服务。与国内外经济研究机构、咨询机构开展经济等方面合作研究和交流等。

咨询公司的主要职责是：对石化集团公司固定资产投资项目进行可行性研究的评估和后评价。经营范围：石油化工方面的工程咨询、技术咨询。

经济技术研究院(咨询公司)内设机构15个。其中，管理部门6个，分别为院办公室、党委办公室、财务处、人事教育处、经营部(综合管理处)、行政处；业务部门9个，分别为发展战略研究所、经济政策研究所、市场营销研究所、营销策略研究所、公司管理研究所、信息研究所、基础部、评估部、节能技术服务中心。另外，中国石油化工信息学会、中国工程咨询协会石化分会挂靠经济技术研究院，并依托经济技术研究院开展工作。

截至2013年底，经济技术研究院(咨询公司)在职职工213人，其中189人具有专业技术职务任职资格，占全院职工总数的89%。拥有博士研究生14人、硕士研究生75人，具有教授级技术职称的14人、高级技术职称的86人。

2013年，经济技术研究院(咨询公司)共完成国家及石化集团公司战略规划研究、石化集团公司生产经营、投资项目评估与评价、信息服务等各类研究407项，其中专题研究371项、评估评价工作36项。

(王　睿)

【发展战略研究】 经济技术研究院认真剖析石油化工行业发展的新特点，紧紧围绕石化集团公司提高发展质量和效益，开展了一系列发展研究工作，完成国家和石化集团公司等战略与规划研究70余项。

围绕石油化工行业可持续发展研究：重点开展并完成了《中国炼油行业发展报告》、“中国炼油行业可持续发展和油品质量升级研究”“优化中国炼油企业布局与结构”等一系列研究，提出了淘汰落后产能、提高炼油清洁绿色低碳发展能力等措施建议，得到政府部门的认可和采纳。

围绕绿色发展战略研究：重点开展并完成了“关于加快中国石化地热发展扩张的研究”“石化集团公司发展新型煤化工的‘三废’治理、节水、节能以及CO_2减排措施建议研究”“汽柴油质量标准以及升级方案”“上海石化等多家企业能量系统优化研究”以及10项合同能源管理项目。编制完成中国石化首部《绿色低碳手册》。

围绕提质增效发展研究：重点开展并完成了“齐鲁石化、燕山石化和天津石化的经营及发展规划优化研究”“不同工艺路线生产丙烯竞争力分析”等研究。

(王　睿)

【发展与经营环境研究】 针对国家深化改革开放、国内石油石化市场持续低迷等环境变化，经济技术研究院紧紧围绕石化集团公司长远发展与生产经营，完成经济政策及市场环境影响及其应对策略研究110余项，为国家出台相关政策、石化集团公司积极应对环境变化提供支撑。

在提升政策影响力方面，重点开展了“关于国家尽快完善柴油进口政策的建议”“有条件放开原油进口影响及对策研究”等。其中，针对2013年出现的以生物柴油名义逃税进口柴油冲击国内市场的现象，提出了“完善柴油进口政策建议”，直接推动了国家出台“对进口含有生物柴油的成品油征收消费税”政策。

在环境影响及其应对策略研究方面，及时开展并完成了“上海自贸区设立对中国石化的潜在影响”等研究，提出了石化集团公司在上海自贸区可介入的业务领域建议。

在市场环境研究方面，重点强化了市场供需、价格预测、热点焦点分析、非油品业务发展等市场环境研究。坚持对国际油价的系统长期研究分析，周、月季度的预测准确率达到90%以上，预测结果有力地支持了原油采购和生产经营；首次开展的11种化工产品从原料到下游应用的全产业链研究，为化工产品结构调整提供建议。首次系统、完整地提出了中国石化进入非油品终端消费领域、做大做强非油品业务的发展思路，为非油品业务发展决策提供支撑。

（王　睿）

【生产经营优化研究】 面对国内成品油资源过剩、化工市场需求不足、石化集团公司生产经营面临严重压力的严峻局面，经济技术研究院强化供应链优化、绩效评价与对标、企业竞争力提升等生产经营优化研究，完成了石化集团公司、企业等优化研究110余项。

强化供应链优化研究：滚动开展石化集团公司生产经营优化方案、进口原油长期合同方案等集团层面的优化研究，为实现石化集团公司整体资源利用最大化和效益最大化提供基础支持。

强化绩效评价和对标研究：持续开展石化集团公司炼油、乙烯绩效评价研究，强化与世界一流标杆对比、企业间互比。开展了“中国石化炼油业务‘十二五’达标体系提升”等研究，为全面提升板块和企业生产经营管理水平提供支持。

强化集成优化研究：突出PIMS模型、绩效评价、投资项目财务评价等多方法集成应用，建立油化一体化企业优化模式，开展扬子石化、天津石化、九江石化、巴陵石化等重点企业的发展优化研究，提出提高竞争力方案，为企业生产运营与未来发展出谋划策。

（王　睿）

【评估与后评价研究】 经济技术研究院牢固树立发展质量和效益理念，强化方法提升，建立健全制度体系，实现投资项目评估与后评价研究量质齐升。

在投资项目评估方面，以投资回报、风险防控与方案优化为重点，完成29项各类投资项目可研报告评估研究。对“国电英力特宁东煤电化一体化项目”“中国石化参股美国梅迪辛博甲醇制汽油合资项目”等项目，提出了产品市场过剩、经济效益不佳等问题，严把投资项目可研评估关。

在投资项目后评价研究方面，研究制定中国石化投资项目后评价实施办法、自评价报告编制说明和模板，细化和规范后评价报告编制规定；完成“中原石化60万吨/年MTO”等7项后评价研究；启动首个海外上游投资项目(厄瓜多尔安第斯项目)后评价，为石化集团公司积累海外投资经验提供有益的参考。

（王　睿）

【公司管理研究】 经济技术研究院以“一流公司”评价、竞争力对标和管理提升为重点，重点完成了“世界一流能源化工公司评价标准研究”“中国石化对标报告(2013)”“借鉴Addax管理运作模式，推进国内油公司改革发展基本思路研究”“李安喜治理国企经验提升研究”等涉及公司对标、油公司管理模式、投资绩效评价、社会责任管理及优秀管理实践等10余项研究。

（王　睿）

【信息研究】 经济技术研究院密切关注地缘政治、能源化工产业发展新动向、技术发展新趋势，及时捕捉对石化集团公司生产经营和长远发展产生重大影响的热点、焦点问题，开展各类信息研究20余项。重点完成了“含锰汽油添加剂及其影响研究”，成为石化集团公司配合国家制修订第5阶段车用汽油国家标准的重要参考依据；完成了“3D打印技术”“美国特斯拉公司电动车快速发展及前景展望”等技术发展前沿研究，供领导决策参考；持续做好各类信息报告、信息资源采集、加工、借阅以及档案管理等信息基础服务工作，拓展科技查新业务，不断提高刊物质量。

（王　睿）

【人才队伍建设】 经济技术研究院以加强队伍建设、增强资源保障为重点，进一步加大人才培养力度，畅通人才成长通道，加快人才引进。2013年，石化集团公司授权经济技术研究院工程系列高级专业技术职称评审权，经济会计系列、政工系列的联合评审权。

在人才能力培养与提升方面，积极营造“在工作中学习，在学习中工作”的研究氛围。领导班子带头学习，交流学习体会；首席专家、副总师登上专家讲堂，传经送宝；强化英语培训，提升业务骨干英语水平。强化实践，组织核心骨干赴井冈山接受现场教育，重温井冈山精神，更加坚定实现中国梦、打造世界一流的理想信念，继续发扬求真务实、勇于创新的进取精神，在中国石化的发展战略、发展模式、管理方式、工作方法等方面进行新的思考和探索。

在干部队伍培养方面，通过公开竞聘选拔 9 名高级专家，尤其是加大年轻干部选拔力度，通过竞聘上岗选拔了 5 个部门副职。选拔任命了 3 名副总师，调整充实 5 个部门正职。

（王　睿）

【党建】 2013 年，经济技术研究院党委大力倡导抓方向性、前瞻性和现实性重大课题理念，强化主动为石化集团公司走质量和效益之路提供决策支撑的工作思路。通过党委理论中心组学习、年度工作会议、党政例会、党总支工作会议、专题座谈会以及群众路线教育实践活动等多种形式，努力引导干部员工自觉站在国家和石化集团公司党组的高度，以全球化、市场化和信息化的视野，积极研究战略性、前瞻性和全局性问题。通过推动与齐鲁石化签订携手合作发展协议、合同能源管理、抓示范课题等具体工作，引导干部职工参与解决石化集团公司面临的重大问题、长远问题和根本问题。

在党建工作方面，以党总支为主体开展了一系列党建创新探索，通过开展“前瞻论坛”、干部管理经验交流会、户外健走等多种活动形式，构建了沟通、理解、融合的平台，激发了党总支的创造性，强化了复合型干部的锻炼与培养，促进了党建工作水平的提高。

在党的群众路线教育实践活动开展方面，认真按照中央要求和石化集团公司整体部署，通过召开座谈会、个别访谈、发放调查问卷、设置意见箱、党总支和党委办公室收集等多种形式广泛征求意见，共收集“四风”方面以及有关经济技术研究院发展的意见和建议 148 条(次)。院领导班子多次召开会议进行摆查分析，按照即知即改、边查边改的原则，活动期间就解决了 6 个群众反映比较突出的问题，对于不能马上解决的深层次问题，根据实际情况制定了整改方案，落实了整改措施、责任部门和整改时间表。

在提升党员干部综合素质方面，充分发挥理论中心组学习的辐射和引领作用，及时组织学习贯彻十八大、十八届三中全会精神和中央、石化集团公司重要会议精神，通过专题学习讨论和集中轮训，提高党员干部的政治意识、大局意识、组织意识和纪律意识。

在党风廉政建设方面，认真落实中央“八项规定”精神，严格规范费用管理，全年压缩费用 35%；开展清退会员卡专项活动，194 名党员干部做出“零报告、零持有”承诺；组织干部党员收看《放纵》和《代价》2 部警示片，开展“双鉴”警示教育等。通过多种多样的活动与方式，不断提高党员干部遵章守纪、拒腐防变的能力。

（王　睿）

石化报社

【概况】 中国石化报社(简称石化报社)位于北京东城区安外大街 58 号院，成立于 1988 年 7 月，是石化集团公司直属事业单位。石化报社实行社长负责制。

石化报社的主营业务是新闻报刊的出版与发行，经过近 26 年的发展，石化报社由最初仅拥有对开 4 版的一张周报，发展到拥有报纸、杂志、电视节目、新闻网、电子报、电子杂志、手机报、微博等多种媒体，面向石油石化行业的综合性现代新闻媒体单位。石化报社主办的媒体有：《中国石化报》《车友报》《中国石化手机报》《中国石化》杂志、《Sinopec Weekly》《中国石化新闻界》、中国石化网络电视、中国石化新闻网、中国石化新闻图片网、中国石化团购网等。2013 年，为积极适应形势发展和工作要求，《中国石化报》申请了微信公共账号，《中国石化》杂志主办出版单位进行了变更。

截至 2013 年底，石化报社正式职工人数 118 人，其他用工方式人员 58 人，其中具有本科学历 88 人、硕士及以上学历 65 人，具有中级技术职称的 55 人、高级技术职称 34 人。下设 13 个部门，分别是总编室(通联部)、要闻部、专刊部、周刊部、杂志部、电视部、新媒体部、车友报、记者部、美术部、广告发行部(北京华夏实华广告中心)、人事财务部、综合办公室(党委办公室、法律事务部)。有驻省记者站 28 家，驻企业记者站 120 家，专职记者约 130 人。

石化报社主要报刊发行数量见表 1。

（庞　炜）

【举办首届“感动石化”人物评选活动】 2013 年 3 月 29 日，由石化报社主办的首届“感动石化”人物评选结果揭晓，他们是代旭升、权西京、王文清、谢存义、邵均克、刘家明、杨克红、李安喜、玛丽、闵恩泽，中央电视台著名主持人敬一丹主持了颁奖仪式。“感动石化”人物评选于 2012 年 4 月启动，通过报纸、杂志、电视、新闻网、手机报、微博等媒体广泛传播，新华社电视网、中国新闻出版报、中国新闻出版网等中央媒体刊发了活动相关信息。这是石化报社继2012年邀请央视《星光大道》走进普光气田之后，双方合作举办的又一次大型活动，石化集团公司党组领导对此活动表示充分认可，董事长傅成玉批示："创意好，策划好，组织好，效果好！祝贺主办成功！感谢所有参与人员的努力！"石化报社也被正式纳入央视《感动中国》媒体联盟。

（庞　炜）

2013年3月2日，首届"感动石化"人物及代表合影（程　阳　摄）

【开展"川气东送千里行"活动】 2013年4—5月，石化报社与天然气分公司合作组织开展"记者走基层——川气东送千里行"采访活动，在历时10天的采访中，记者克服采访进程多变、气候条件恶劣等困难，行程3 000多千米，采访了30多家输气站点、阀室、生活基地和下游关联企业，通过石化报社各媒体为读者全方位、立体式地展现了这条对中国经济和社会发展发挥重大作用的能源大动脉风貌。

（庞　炜）

2013年4月27日，参加"川气东送千里行"采访活动的记者在普光气田首站与岗位工人合影（胡庆明　摄）

【策划中国石化成立30周年大型报道】 2013年，从刊发陈锦华《中国石化三十年》文章开始，石化报社各媒体通过报道中国石化的历史与现实、辉煌与梦想以及中国石化领导和建设者的责任与担当，对中国石化成立30周年庆祝活动进行了大量的预热宣传。7月12日中国石化成立30周年纪念日当天，《中国石化报》推出64版"纪念特刊"，中国石化新闻网推出大型专题，手机报推出"纪念中国石化成立30周年专号"，外文电子周刊以特刊形式进行报道，网络电视播出《强国基业》专题片，《中国石化》杂志当期进行专题报道，多层面、多视角、立体呈现中国石化30年的改革发展历程，形成了强大声势。这是石化报社成立25年来首次组织纪念特刊。"中国石化30年纪念特刊"不仅得到石化集团公司党组领导的充分肯定，也得到了新闻行业知名专家的高度评价。

（庞　炜）

【进一步加强外宣工作】 2013年，石化报社进一步贯彻石化集团公司党组领导关于加强内外宣力度、争取更大宣传效果的指示精神，在较好完成思想政治工作部安排的日常外宣任务和为石化官网、微博提供内容外，还发挥各媒体作用，加强外宣工作，增强了社会影响力。经石化报社协调，《中国企业报》在"中国国资报道"做了4个版的"中国石化30周年专版"，该期报纸在全国两会期间上会，有效地宣传了中国石化；《中国石化报》周刊刊登的240多篇评论和文章被财富赢家网、新华网在内的60多家媒体转载；《中国石化》杂志全年共157篇文章被《瞭望》杂志社、新浪网等60多家媒体及网站转载；电视部门制作了由中国石化主办的第5届中国地质年会电视宣传片、协助央视制作了胜利油田抗击冰雪保油上产等宣传片；中国石化新闻网40%的点击量来自中国石化以外，还包括74个国家和地区的读者，日均20条新闻信息被系统外网站等媒体转载。此外，受石化集团公司办公厅委托，中国石化新闻网还向国务院国资委网站报送中国石化重要动态信息237篇，已采用报送稿件139篇。中国石化新闻网被国务院国资委信息中心授予先进企业称号。

（庞　炜）

【经营工作成效明显】 2013年，石化报社召开广告发行暨媒体经营座谈会；组织人员对报刊发行情况进行调研，进一步优化了发行工作；经过多次调研论证，重启《车友报》的广告经营工作；特别策划了"中国石化30年纪念特刊"。承办中国报协广告工作年会，获中国报业广告创新集体奖。全年共实现广告经营收入 1 454.8 万元，再创历史新高，为石化报社打造央企一流媒体提供了有力支撑。

（庞　炜）

【**初步完成移动办公平台建设**】　2013 年，石化报社初步完成移动办公平台的建设并试运行，该系统集媒体编采业务和日常办公业务于一体，不但使新闻报道不再受时间、地域控制，缩短了新闻发稿的周期，提高了新闻的时效性，而且使领导们不再困守办公室，可以随时随地审批公文，指挥调度，推进了无纸化办公。石化报社由此成为国内第 1 家集移动办公与移动采编于一身的媒体单位。

（庞　炜）

【**党的群众路线教育实践活动扎实有效**】　2013 年，石化报社在党的群众路线教育实践活动中认真贯彻学习教育贯彻始终、查摆问题贯彻始终、整改落实贯彻始终“三个始终”的要求，采取领导干部学习查摆与一般员工学习查摆相结合、教育实践活动与马克思主义新闻观培训相结合、征求社内员工意见与征求外部意见相结合、报社教育实践活动与宣传报道集团公司教育实践活动相结合“四个结合”的方法抓好学习教育、查摆问题、整改落实、做好宣传工作。领导班子成员带头学习和查摆，与分管部门员工面对面交心，参加各部门学习讨论会，广泛征求员工、记者站记者、通讯员和部分社会读者的意见建议，将收集到的 190 条建议归纳为带倾向性、涉及“四风”方面的 11 类问题。各部门干部、党员围绕“四风”进行了深入的查找、剖析，制定措施，总监、部门正副职、专家写出不少于 3 000 字的书面《对照检查材料》报领导审阅。2014 年 1 月 15 日，石化报社召开教育实践活动总结会，并对活动情况、班子及成员受教育情况进行了民主评议和测评。

（庞　炜）

【**获得多项荣誉**】　2013 年 7 月，《中国石化报》被国家新闻出版广电总局推荐为“2013 · 中国百强报刊”。9 月，《中国石化报》被全国十大新闻学院评为 2012—2013 中国品牌媒体百强行业报品牌十强。11 月，石化报社获得中国报业广告创新集体奖。12 月，石化报社电视部制作的节目《中国石化 2013 年新春团拜会》获得全国春节文艺晚会二等奖以及最佳音响设计单项奖。

（庞　炜）

表 1　　**石化报社主要报刊发行数量**①　　万份

指标名称＼年份	2013	2012	2011	2010	2009	2008
《中国石化报》	13.24	13.21	13.07	13.09	13.00	10.20
《中国石化》杂志	2.57	2.71	2.67	2.20	2.00	1.70
《车友报》周三刊	63.27	72.46	73.45	75.00	75.00	72.00
《车友报》周五刊	19.33	11.23	10.43	—	—	—
《中国石化手机报》	1.71	1.62	1.54	1.15	0.80	—

①发行量为期均发行量；《车友报》发行量改为周三刊和周五刊分开统计，往年数据做相应调整

经济出版社

【**概况**】　中国经济出版社（简称经济出版社）于 1985 年 1 月 27 日由原国家经济委员会创办成立，先后隶属国家计划委员会、国家经济贸易委员会、国务院国有资产监督管理委员会。2012 年 12 月 31 日，根据《财政部关于同意将中国经济出版社无偿划转中国石油化工集团公司的函》要求，经济出版社整体无偿划转石化集团公司。经济出版社位于北京市西城区百万庄北街 3 号，社训为“继明照于四方”。

经济出版社为中央一级出版社，下设中国经济书店、中国经济图书进出口公司、中国经济贸易年鉴社和《国资报告》杂志社 4 家实体机构。截至 2013 年底，已形成年出版新书 1 000 种的产品规模，涵盖热点经济、经济管理、财政金融、社科文化和教育教材等业务门类。经济出版社入选 2013 年中国图书世界影响力出版 100 强。

（吴航斌）

【**领导班子调整**】　2013 年 7 月 17 日，石化集团公司宣布中国经济出版社新任领导班子，任命栾建民

为中国经济出版社社长兼党委书记、总编辑，与副社长毛增余、李会武，纪委书记魏民组成经济出版社新领导班子。

（吴航斌）

【改革思路】 2013年，经济出版社以"融入石化序列，一体遵照执行"为改革契机，尊重历史、着眼现状，慎重处理承前与启后、继往与开来的关系；按照"为民务实清廉"的要求从行政秩序、财务监管、降本压费、架构调整、人员精简优化诸多方面打基础、谋长远，力求加强作风转变、推进制度改革；以"正本清源、除旧布新"为改革第一阶段主题词，着眼于构建企业持续健康发展的长效运营机制；转变思路，结合实际，强调精细化管理、规范化运营、技术化考核；推行以财务规范为核心、组织有序为基础、执行有力为保障，真正开始深化绩效考核、科学设计薪酬的制度改革。

（吴航斌）

【改革措施】 结合审计工作指出的种种不足，经济出版社"边学边改、边查边改"。撤销了内设排版中心；终止了合作18年的书库，遵照市场规律办事；对大额开支的纸张、印厂采取竞争引入机制。贯彻人本理念，凝聚关键人才、稳定骨干队伍，在重要岗位率先推行"能者上、平者让、庸者下"的激励制度。兼顾人情与效率，从实际出发做好新人和老员工的搭配调整。对财务、生产、储运等基础部门，赋以岗位专职、设计工作流程、加强部门控制、查漏补缺。开始建立供应商序列，使出版社工作逐步纳入正常轨道。出台审批权限、梳理行政事务、规范合同管理、强化流程意识，提高规范办事的行为预期，进一步规避管理风险、加强科学决策。

（吴航斌）

【改革成果】 经过2013年的基础改造，经济出版社职能部门的调整逐一就位，精细管理、规范运作的基础环境有助于新年度的进一步拓展。经济出版社的业务拓展有了新亮点，《遵循规律办企业》和《国企热点面对面》2本书获2012—2013年度全行业优秀畅销书称号。

（吴航斌）

石化出版社（展览办公室）

【概况】 中国石化出版社有限公司（简称石化出版社）是石化集团公司主管和主办的中央级科技出版社。其前身为经文化部批准于1984年12月成立的烃加工出版社，先后与原中国石化情报所、中国石化信息所、中国石化信息中心合署办公，1992年更名为中国石化出版社，1999年3月与原中国石化信息中心分离单列，成为中国石化直属独立的事业法人。2010年12月根据中央文化体制改革有关要求转制为企业，设立中国石化出版社有限公司。中国石化展览办公室（简称展览办公室）经石化集团公司批准成立，负责中国石化境内外展览业务。石化出版社、展览办公室是一套机构、两块牌子。石化出版社（展览办公室）实行总经理负责制。

截至2013年底，石化出版社（展览办公室）下设8个处（室），有在岗正式职工53人、离退休人员16人、聘用人员35人，其中硕士研究生以上学历14人、本科学历53人；取得教授级职称的4人、高级专业技术职称的19人、中级专业技术职称的23人，有47人取得了编辑和发行职业资格证书。

石化出版社（展览办公室）主要出版石油勘探开发、石油炼制、石油化工、安全环保、企业文化与管理等方面的图书，以及相关的行业标准、辞典、手册工具书、石油及石化专业系统教材和职工培训教材和电子、音像制品；负责石化集团公司年鉴、年报的编辑出版工作；负责承办石化集团公司暨石化股份公司在国内外举办的各种展览业务。石化出版社与国际知名的出版机构开展版权贸易和业务合作活动，引进国际石油化工、勘探开发等专业科技书籍的版权并组织翻译出版；坚持以为石油石化工业科技进步服务为宗旨，逐步摸索出一套具有新闻出版行业特色、适合出版社发展、规范而稳健的管理模式。

2013年，由石化出版社出版的《石油化工设备设计手册》获2013年度中国石化科技进步二等奖。《重质油裂解制轻烯烃》《轻烃加工工艺与工程》2个项目获批为国家"十二五"重点科技图书出版项目，《石油炼制辞典》作为国家"十二五"重点科技图书出版项目，入选2013—2025年国家辞书编纂出版规划项目。

（李德亮）

【展览工作】 2013年，展览办公室转变工作思路，成果丰硕。开门办展览；调动企业参与的积极性，拓展了资源；提高展品利用率，为企业培训工作服务。高水平、安全高效完成所承担的中国石化境内外展览及有关论坛协办工作，全年共完成"中国国际石油石化技术展览会"等9项国际国内大型展览，并全面启动2014年在俄罗斯举办的第21届世界石油大会展览筹备工作。中国石化展区展示内容丰富，展台设计新颖，展示手段先进，成为各展会的亮点，得到石化集团公司领导、展会组织者和广大观众的关注和好评，多次获优秀组织奖和积极贡献奖。

（王金祜）

【第 7 届国际炼油技术进展交流会召开】 2013 年 3 月 20—21 日，石化出版社在北京丽晶酒店举办了第 7 届国际炼油技术进展交流会（Refining China 2013）。本次会议的主题是绿色低碳环境下炼油厂效益提升与炼油工业的发展方向。会议重点研究中国炼化企业如何应对当前形势，及时掌握国外炼油工业生产、经营及相关领域先进技术应用和发展趋势，协助和支持中国炼化企业及时了解国际先进技术，优化生产操作，促进绿色低碳、节能减排，切实提高经济效益，适应低碳经济时代的要求。会议代表有 180 多人，其中国外公司代表 60 多人，国内代表 120 人。

（总编室）

【第 4 届炼油与石化工业技术进展交流会召开】 由石化出版社举办的第 4 届炼油与石化工业技术进展交流会于 2013 年 10 月 23—24 日在陕西西安召开。来自国内三大石油公司总部及其所属单位、高等院校和国外石油公司、专利技术公司的领导和专家，以炼油化工行业现状和最新技术进展为主题做了专题报告，共同探讨了炼油化工企业如何采用新技术、新标准使“清新”之风“催变”中国炼油化工，原料多元化与中副产品利用实践，重质原油加工以及产业链延伸与产品差异化及高附加值化等热点、难点问题。各石化企业、科研机构、高等院校及行业协会的有关领导、相关管理和技术人员约 120 人参加了会议。与会代表就国内外炼油化工企业如何应对当前形势，及时掌握炼油化工工业生产、经营及相关先进技术应用和发展趋势进行了技术交流。会议集中展现了国内外炼油与石化技术成果，为炼油和石油化工企业、科研设计单位搭起一座沟通的桥梁。

（一编室）

【第 4 届石油化工设备维护检修技术交流会召开】 石化出版社主办的第 4 届石油化工设备维护检修技术交流会于 2013 年 6 月 13—15 日在江苏南京召开。来自三大石油公司、神华集团及所属企业、有关维护检修单位、科研设计单位、设备制造企业以及知名高校的 170 多名代表参加了交流与研讨。会议探讨了石化企业普遍关心的设备管理与长周期运行，大检修策略与管理，设备腐蚀与防护技术，石油化工设备失效分析，传热与节能技术，机组故障诊断技术，设备检测技术，新技术、新设备在生产中的应用等问题。会议围绕石化设备，突出技术交流，为全国石化行业、煤化工行业的相互学习提供了一个良好的平台。

（二编室）

【化工名词编写审定工作】 根据全国科学技术名词审定委员会的部署，中国化工学会启动了《化工名词》第二版编写审定工作，按专业领域分为 11 个部分。受中国化工学会的委托，石化出版社承担其中第 2 部分“石油炼制、煤及生物质制油”和第 10 部分“安全、环保与可持续发展”名词及定义的编写审定工作。组建了编写审定分委员会，中国工程院工程管理学部主任、中国工程院院士、石化集团公司科技委顾问王基铭，石化集团公司总经理王天普分别任分委员会主任委员，编写审定启动会分别于 2013 年 7 月 11 日和 8 月 22 日召开。

（刘跃文）

【财务管理】 2013 年，石化出版社努力强化精细化管理，深入挖潜增效，降本减费。强化预算管理，积极做好各项财务指标的分解落实工作，将全口径成本管理责任传递落实到每一个岗位和每一位员工，强化与业务的融合和协同，进一步强化预算管理，细化预算指标和资金运行分析，加强财务对预算的控制力和执行力，重点加强对收入、费用、利润关键指标预算控制，以月保季、以季保年，确保了全面完成全年财务预算目标。深入推进全员成本目标管理，落实挖潜增效措施。认真落实“经营一元钱，节约一分钱”的要求，进一步加强和完善图书成本管理，保持纸张材料的合理库存，减少资金占用，根据纸张市场价格的变化，科学确定采购周期和频率，降低图书原材料成本。严格控制办公费、差旅费、会议费、车辆使用费、出国人员经费、业务招待费支出，超额完成中国石化总部下达的绩效考核指标和各项财务预算指标及资金控制指标。

（王　旭）

【市场营销】 针对图书市场竞争激烈、实体书店零售持续下滑的形势，2013 年，石化出版社采取灵活多样的方式，加大图书宣传和图书销售渠道推广，促进了全年目标任务的全面完成。抓大放小，加强与一级实体书店的业务合作，特别与其网上书店、馆配业务紧密合作，使这两块业务销售量提升弥补了实体店零售的下降；积极与三大网上书店合作，形成网店—作者—出版社三位一体深度合作态势，充分整合网店、作者、出版社各自优势资源，同步开展图书营销活动，使三大网上书店销售大幅增长；加大与各专业馆配商的合作，根据馆配商的各自优势，采取相应的营销模式，促进馆配图书销售稳步增长；加强对直接用户的宣传征订，强化用户满意的服务理念，稳定并扩大了直销客户数量。

（常大农）

【加强党建和思想政治工作】 2013 年，石化出版社按照石化集团公司党组的决策部署，紧紧围绕“为民、务实、清廉”主题，按照“照镜子、正衣冠、洗洗澡、治治病”的总要求，认真开展党的群众路线教育实践活动，围绕“努力建设‘高度负责任、高度受尊敬’的世界一流能源化工公司”的要求，坚持以从严要求和务实作风，扎实推进各项工作，取得了转变作风、教育干部、凝心聚力的成效。石化出版社紧密结合自身实际，加强领导班子和干部队伍建设，注重加强理论学习，坚定理想信念；注重加强作风建设，保持良好的精神状态；注重增强大局意识和执行力，努力维护中国石化高度负责任、高度受尊敬国有企业的良好形象。持续深化“比学赶帮超”活动，发动广大员工查找不足、改进工作，进一步完善管理，提高工作效率和质量，确保实现各项工作任务；进一步加强基层党组织的建设，党组织的凝聚力和战斗力不断提高，党员的先锋模范作用得到较好发挥；深化关爱员工措施，认真落实完善休假制度，积极为员工办实事、解难事；在活动开展中，注意发挥工会、共青团等群众组织的作用，组织开展形式多样的群众性活动，努力营造和谐的工作氛围，增强了员工的归属感、自豪感和队伍的凝聚力。

在稳增长保效益的过程中，员工注重发展质量和效益的观念得以增强，安全意识、环保意识、质量意识切实得到强化；进一步落实完善安全生产规章制度，强化安全主体责任落实，全年没有发生生产安全、交通安全事故；加大员工业务培训力度，继续推进专业技术人才和经营管理人才队伍建设，畅通人才成长通道，激励员工岗位成才，一批专业技术骨干和管理人才脱颖而出；完成副总编辑、单位专家、业务主管、业务主办岗位的竞聘工作，选聘了出版总监、展览总监和副总会计师；赵怡被评为中国石化劳动模范；编辑室党支部被评为石化集团公司先进基层党组织，蒋琦被评为石化集团公司优秀党员，李德亮被评为石化集团公司优秀党务工作者；孙诗会被评为石化集团公司直属团委优秀团干部，谢青被评为石化集团公司直属团委优秀团员；宋春刚被评为石化集团公司直属工会优秀工会干部，程庆昭被评为石化集团公司直属工会优秀工会积极分子，徐勤、张晓燕、索永平被评为石化集团公司直属工会优秀工会会员。

（李德亮）

人物

◇ 中国工程院院士

◇ 中国科学院院士

◇ 国家“万人计划”杰出人才

◇ 全国五一劳动奖章获得者

◇ 全国青年岗位能手

◇ 全国优秀共青团干部

◇ 全国优秀共青团员

◇ 全国“最美青工”

中国工程院院士

【**曹耀峰**】 男，1953 年 12 月出生，籍贯陕西渭南，汉族，硕士研究生学历，中共党员。1977 年毕业于华东石油学院，2001 年获中国石油大学(华东)机械设计及理论硕士学位。现任石化集团公司副总经理。曹耀峰长期从事石油天然气工程技术开发与工程建设管理工作，负责组织实施川气东送工程、胜利埕岛油田 200 万吨产能海工工程等项目建设与开发，率先组织攻关形成首套适应规模开发超深高酸气田工程技术系列，创新构建了能源工程建设管理新模式，在中国大规模安全高效开发超深高酸气藏领域取得重大突破。获国家科技进步特等奖 1 项，省部级科技进步一等奖 6 项、二等奖 3 项。出版专著 3 部，发表学术论文 9 篇。2013 年当选中国工程院院士。

（唐义森）

【**李　阳**】 男，1958 年 10 月出生，籍贯山东东平，汉族，博士研究生学历，中共党员，1982 年参加工作。1982 年毕业于华东石油学院勘探系石油地质专业，1998 年获青岛海洋大学地质系硕士学位，2000 年获中国科学院地质地球物理研究所地质学博士学位。现任石化股份公司副总工程师。李阳长期从事复杂油藏开采基础理论和关键技术研究与实践，在陆相高含水断块型老油田、海相碳酸盐岩缝洞型油藏、低渗透油田等复杂油藏开发领域做出了突出贡献；曾长期在中国复杂断块型油藏代表胜利油田从事开发技术研究，提出高含水期剩余油富集规律的新认识，创建了以油藏地球物理及大幅度提高采收率为核心的高含水期开发技术体系；2006 年以来担任国家“973”项目首席科学家，提出碳酸盐岩缝洞型油藏流体流动规律的新认识，创建了适应的储集体描述与建模及开发关键技术。获国家科技进步二等奖 5 项，省部级二等以上科技进步奖 7 项。出版专著 4 部，发表论文 46 篇。获国家发明专利 6 项。2013 年当选中国工程院院士。

（唐义森）

中国科学院院士

【**金之钧**】 男，1957 年 9 月出生，籍贯山东胶南，汉族，博士研究生学历，中共党员，1982 年参加工作，石油地质学家。1981 年毕业于山东科技大学，1992 年在莫斯科石油与天然气大学获副博士学位，2007 年获俄罗斯联邦教育科学部博士学位。现任石化股份公司副总地质师兼石油勘探开发研究院院长，教授。金之钧长期从事深层油气成藏机理、海相油气地质和资源评价理论研究与勘探实践，揭示了有机无机复合成烃和深部储层发育新机理，建立了断裂作用下“突发式”油气成藏模式，为深层油气勘探重大发现提供了重要理论依据；揭示了膏盐岩和泥岩在埋藏与抬升过程中的封闭—开启机理，建立了盖层、烃源岩评价新标准和勘探选区评价新方法，推动了海相油气勘探实践；建立了地质广义帕莱托油气资源评价新方法，较以往使用的统计方法更为优越。曾获国家科技进步奖二等奖等奖项。2013 年当选中国科学院院士。

（唐义森）

国家“万人计划”杰出人才

【**马永生**】 男，1961 年 10 月出生，籍贯内蒙古自治区土默特左旗，蒙古族，博士研究生学历，中共党员，1987 年参加工作，沉积学家、石油地质学家，石油与天然气勘探专家。1987 年毕业于武汉地质学院地质系，获学士和硕士学位，1990 年获中国地质科学院沉积学博士学位。现任石化股份公司总地质师，教授级高级工程师，博士生导师。2009 年当选中国工程院院士。马永生从事沉积学、石油地质学研究和油气勘探工作，在海相碳酸盐岩油气勘探领域做出了突出贡献。他提出了深层超深层碳酸盐岩优质储层的发育机理与预测模式；阐述了复杂构造区油气复合控藏新认识；提出了碳酸盐岩构造岩性油气藏勘探新思路，对深层超深层碳酸盐岩油气勘探产生了重大影响。组织并参加了中国石化南方探区油气勘探工作，发现了普光特大型天然气田和多个大型含气构造，为国家重大工程“川气东送”提供了资源基础。普光气田的发现及相关理论与技术获 2006 年度国家科技进步一等奖、获省部级科技进步一等奖 6 项。2007 年马永生获何梁何利科学与技术成就奖和李四光地质科学奖，享受国务院政府特殊津贴；作为第一作者出版专著 5 部、发表论文 50 余篇。2013 年入选首批国家“万人计划”杰出人才。

（唐义森）

全国五一劳动奖章获得者

【**席秀海**】 男，1956 年 4 月出生，籍贯山东乐陵，汉族，硕士研究生学历，中共党员，1977 年 1 月参加工作，教授级高级政工师，现任胜利石油管理局党委书记。席秀海积极推动十八大精神在油田贯彻落实，统筹谋划、务实推进“创先争优促发展、打造一流立新功”主题活动，组织劳动竞赛、治理“低老坏”，注重领导班子业绩考核，改进干部队伍作风。制定党支部工作指南和量化评价办法。加强惩治和预防腐败体系建设，进一步规范经营行为。他真心维护职工群众切身利益，大力实施“胜利心田工程”，推进职工住房建设、老旧矿区维修改造、美化绿化等民生工程，让发展成果更多惠及职工群众。在他的领导下，油田广大干部员工的工作积极性得到保护和发挥，保证了油田生产经营、改革发展各项措施的落实。席秀海于 2012 年获全国能源化学系统五一劳动奖章，同年当选为中国共产党第十八届全国代表大会代表。

（王　丹）

【李绍霞】 女，1968 年 3 月出生，籍贯山东滨州，汉族，大学本科学历，群众，1987 年 7 月参加工作，高级工程师，现任胜利石油管理局测井公司资料解释研究中心测井分析专家。李绍霞先后参加了胜利油田滨海、滨纯夺油会战，完成300 余口井测井资料的验收，和同事们共同完成胜利油区东西部探井精细分析评价共计 112 口，其中探井街 4 井获日产 32.5 吨的高产工业油流。她先后负责和作为主要参加者完成了 10 余项国家、中国石化和管理局的科研课题研究，参与完成的“深层天然气测井评价方法研究”成果为渤南油田、东营凹陷北部陡坡带的深层油气勘探提供了重要的技术支持；她作为技术首席或主要研究人员承担的“泥页岩油气测井评价和选层技术研究”项目，基本形成泥页岩油气测井评价方法，完成页岩油测井评价软件的编制，填补了国内空白。近年来，她在公开发行的学术期刊上发表学术论文 7 篇，在国际和国内学术会议文集上发表论文 4 篇。李绍霞于 2011 年获石化集团公司科技进步二等奖，2013 年获全国五一巾帼标兵称号，同年当选第十二届全国人大代表。

（王　丹）

【孔凡群】 男，1963 年 11 月出生，籍贯山东五莲，汉族，博士研究生学历，中共党员，1983 年 7 月参加工作，教授级高级工程师，现任中原油田分公司总经理。自 2004 年 6 月担任中原油田主要负责人以来，孔凡群始终坚持以科学发展观为指导，以转变经济发展方式为主线；油田呈现出质量提高、效益提升、活力增强、和谐稳定的良好局面，先后获全国五一劳动奖状、模范劳动关系和谐企业、送温暖工程先进单位等，连续 3 届被评为全国文明单位。孔凡群于 2002 年被批准享受国务院政府特殊津贴；2008 年获河南省委、省政府第 7 批河南省优秀专家称号；2013 年被评为河南省厂务公开民主管理工作先进个人。

（王　丹）

【张义铁】 男，1980 年 3 月出生，籍贯湖南邵东，汉族，大专学历，中共党员，1997 年 10 月参加工作，高级技师，现任江汉油田分公司清河采油厂采油一队班长。张义铁刻苦钻研技术，2004—2006 年期间，先后在站级、厂级、局级获技术比武和油藏动态分析大赛第 1 名。2007 年代表江汉油田参加中国石化职工技能竞赛，获集输工种第 1 名。工作中，他敢于挑战，革新攻关，成为创效千万的技改专家。5 年来，他义务加班加点 800 多个工时，研制出技术创新成果 45 项，提出合理化建议 172 条，28 项成果在局、厂以上获奖，6 项获国家专利，创效 1 500 多万元。其中，“新型闸门防盗报警筒”获国家发明专利，“用于油田抽油设备的防盗报警系统”获湖北省职工技术创新成果三等奖。张义铁于 2009 年被批准享受湖北省政府专项津贴，同年被评为中央企业青年岗位能手，2012 年被评为湖北省劳动模范。

（王　丹）

【罗国仕】 男，1971 年 9 月出生，籍贯四川阆中，汉族，硕士研究生学历，中共党员，1997 年 7 月参加工作，高级工程师，现任西南油气分公司川东北采气厂厂长助理兼油气开发科科长。罗国仕推行生产问题闭环管理，及时优化老井工作制度，充分挖掘生产潜力，为厂连续 6 年全面完成油气生产指标做出了重要贡献。他针对生产过程中的疑难问题积极开展技术应用研究，提出并实施石龙 11 井酸压改造项目，增产原油 1 000 多吨、天然气 11 万立方米，主持研发“异常高压气井直接开井系统”获 2011 年国家授权实用新型专利。总结提炼技术成果，编写并发表论文 6 篇，独立编写的《柏垭大一油藏开采特征及后期开发对策探讨》论文在第 4 届全国油气田开发技术大会上交流获优秀论文三等奖。罗国仕于 2010 年获川气东送建设工程“建设功臣”荣誉称号，2012 年、2013 年连续 2 年被评为西南油气分公司先进个人。

（王　丹）

【卫怀忠】　男，1962年11月出生，籍贯河南济源，汉族，大学本科学历，中共党员，1976年12月参加工作，高级工程师，现任西北油田分公司油田特种工程管理中心技师。30多年来，卫怀忠始终奋斗在野外生产一线，他被大家誉为“小铁人。1984年沙参二井打出高产工业油气流同时发生井喷，他带领队友经过50多天战斗终于扑灭大火。2010年塔河油田遭受洪灾，他率领团队连续奋战33天取得抗洪抢险的胜利。他刻苦钻研，自主研发并改造了“三倒”运输网的系统管理，每年节约人工成本30万元。针对注水设备配件易被腐蚀的问题，他对泵上阀体与阀片进行反复加工和试验，实现阀体、阀片以旧换新，节约资金20余万元。卫怀忠曾获新疆新长征突击手称号，1995年被评为全国地矿系统劳动模范，2008年被评为西北油田分公司十大管理标兵，2010年被评为西北油田分公司抗洪抢险先进个人和中国石化环境保护卫士，2012年被评为西北油田分公司创先争优优秀党员。

（王　丹）

【林宝华】　男，1961年3月出生，籍贯浙江宁波，汉族，博士研究生学历，中共党员，1983年7月参加工作，高级工程师，现任上海石化工程部主任。30多年来，林宝华凭着“干一行，爱一行，专一行”的实干精神，攻克了很多技术难关。他提出的“在芳烃装置歧化大型并联换热器偏流，采用增大系统阻力降来实行自动纠偏”技术革新，使他获华东理工大学工程硕士杰出个人奖。他提出的“低温位热源利用并对系统进行深度和充分热集成”新工艺、新技术，使PX装置的能耗下降44.87%；这一技术引领了目前国内PX生产装置的新趋势。他作为主要负责人在上海石化60万吨/年芳烃装置建设工作中，承担了项目建设、开车的重任，创造了国内同类装置最大经济效益、建成开车时间最短等多项纪录。他负责的上海石化炼油改造项目建设时间比国内同类装置提前了一年半，创造了世界石油化工装置建设的新纪录。他提出的“废水密闭回收排放和通过油水分离减少物耗”环保措施更是在中国石油化工环保领域开创了先河，实现了环保与经济的双赢。林宝华于2007—2009年连续3年被评为上海市劳动模范；2012年获中国石化突出贡献专家称号。

（王　丹）

【焦义平】　男，1965年6月出生，籍贯江苏南京，汉族，初中学历，中共党员，1983年11月参加工作，高级技师，现任扬子石化化工厂PTA一/二装置主任技师。进厂27年来，焦义平刻苦钻研化工操作技术，成长为岗位生产操作的技术能手。多年来，他在操作中发现并消除大小隐患800多项(次)，积极参与装置的DCS改造、精对苯二甲酸氧化流程模拟与操作技术优化、PTA装置转鼓式过滤机过滤介质国产化应用攻关等大型技术改进项目，自行提出106项小革新和小改造。他提出“装置氧化真空过滤机气相冷凝液二次再利用技术”，每年可降低能耗折合人民币500多万元。由他带领的“焦义平劳模创新工作室”完成技术总结论文5篇、发表2篇，申报创新成果专利2项，拥有专有技术3项、技能创新先进操作法1项，带领广大职工完成装置重大攻关课题21项，累计为企业创造经济效益7 000多万元。焦义平于2006年被评为江苏省劳动模范，2007—2008年获石化集团公司技术能手称号，2010—2012年获江苏省有突出贡献高级技师称号。

（王　丹）

【余夕志】　男，1962年4月出生，籍贯安徽岳西，汉族，博士研究生学历，中共党员，1982年7月参加工作，教授级高级工程师，现任茂名分公司总经理。余夕志担任茂名分公司总经理以来，团结带领全体员工，比学赶超，创先争优，企业各方面工作又上新台阶，创造了多项历史纪录和系统第一。2012年茂名石化上缴税金241.42亿元，成为广东省纳税状元三连冠，效益连续3年在中国石化同规模炼化企业中排名第一；企业发展实现新突破，成为国内第3家原油加工能力超2 000万吨的炼化企业。茂名分公司获得全国国土绿化突出贡献单位等省部级以上荣誉105个。2010年以来，连续3年职代会民主评议领导干部，余夕志优秀称职率达100%，其中优秀率分别为99.16%、99.39%和99.40%。余夕志于1999年被评为安徽省十大杰出青年企业家，2005年被评为安徽省“十五”发展创新工程先进个人、安徽省五一劳动奖章，2007年被评为安徽省劳动模范。

（王　丹）

【张恒珍】　女，1969年10月出生，籍贯山东淄博，汉族，大专学历，中共党员，1994年7月参加工作，助理工程师，现任茂名分公司首席技师。张恒珍长期扎根一线，在探索乙烯装置长周期生产运行的道路上艰难跋涉，成长为乙烯裂解装置“问不倒”的女能手。她和同事一举开起全国首座百万吨乙烯，为茂名乙烯开出全国最好水平、创造多项国内纪录、达到国际先进水平做出了突出贡献。她先后获广东省三八红旗手标兵、中国石化技术能手、中国石化巾帼建功标兵、中国石化劳动模范、中央企业劳动模范、第8届全国技术能手、全国知识性职工先进个人、中国能源化学工会首届“加油中国·传承铁人”年度人物等称号，并且作为高技能人才享受国务院政府特殊津贴。2012 年当选中国共产党第十八次全国代表大会代表。

（王　丹）

【谢清峰】 男，1966 年 8 月出生，籍贯湖南隆回，汉族，大学本科学历，中共党员，1988 年 8 月参加工作，高级工程师，现任长岭分公司炼油第二作业部主任工程师。谢清峰一直从事炼油化工生产和技术管理工作，熟悉并掌握炼油化工生产过程全流程技术。他先后负责实施中国石化总部“RSDS－Ⅱ催化汽油选择性加氢脱硫技术开发与工业试验”和“柴油液相循环加氢技术工业试验”2 个“十条龙”科技攻关项目，并取得成功，在中国石化企业推广应用。其中，生产低硫汽油的选择性加氢脱硫 RSDS 技术”获 2011 年度石化集团公司科技进步一等奖。2012 年，他负责催化重整生成油全馏分管式液相加氢和航煤管式液相加氢新工艺、新技术的创新和工业化应用科技攻关项目，并取得实质性成功。“管式液相加氢技术”简化油品加工工艺流程、大幅度降低加工能耗，为中国“绿色油品”生产工业化推广开辟了一条新航线。

（王　丹）

【李永林】 男，1967 年 3 月出生，籍贯广西桂林，汉族，博士研究生学历，中共党员，1990 年 7 月参加工作，高级工程师，现任北海炼化总经理、党委副书记。李永林担任北海炼油异地改造石化项目主要负责人以来，仅用 18 个月就完成北海炼化项目建设并实现一次投产成功，创造了项目建设的北部湾速度和中国石化速度，并节约建设费用 3 亿元。他狠抓优化，带头攻关，使公司率先在广西成功生产 98#车用汽油，增产高附加值产品增创效益 2.6 亿元，降低原油采购成本 1.5 亿元，节约物料消耗 1.2 亿元，公司外排废水达标率 100%。2012 年，北海炼化实现销售收入 280 亿元，上缴国家税金 80 亿元，其中在北海市上缴税金 40 亿元，占北海市税收的 40%，成为北海市举足轻重的龙头大企业。李永林于 2012 年当选第十二届全国人大代表。

（王　丹）

【李金兰】 女，1966 年 11 月出生，籍贯广西梧州，汉族，中专学历，中共党员，1986 年 7 月参加工作，高级技工，现任广西梧州石油分公司安全督查队长。李金兰在担任加油站站长期间，每年的油品销售量、非油品销售量、安全数质量管理指标都能超额完成，每年在加油站组织开展“安康杯”等安全竞赛活动，该加油站连续 5 年安全事故为零、油品数质量检查合格率达 100%，2011 年担任安全督察队长后，她每月在基层工作的时间不少于 20 天，共督导加油站 1 366座次，发现或需整改提高的问题 1 098 项，组织或参与加油站应急预案演练 200 多次，有效提高员工的安全防范意识，确保企业的安全生产。李金兰于 2008 年获石化集团公司劳动模范称号；2010 年获广西壮族自治区劳动模范称号。

（王　丹）

【陈建余】 男，1972 年 1 月出生，籍贯江苏淮安，汉族，高中学历，中共党员，1990 年 10 月参加工作，高级技师，现任南京工程公司储罐工程分公司焊接中心副主任。陈建余刻苦钻研焊接技术，先后攻克了 9% Ni 钢、5% Ni 钢、球罐自动焊接、双丝双向埋弧横焊等难题。特别是在镇海国家战略储备油库建设中，他针对罐壁壁厚（一般在 18 厘米以上）、立焊缝坡口采用双 V 型（X 型），提出单面坡口的建议，经实践被成功采用，不仅使焊接一次合格率稳定在 98% 以上，而且节约成本达 20%。截至 2013 年底，他参与施工的大型储罐共计 59 台，总吨位 108 855 吨，共计拍片 129 888 张，焊接一次合格率达 98.8%。陈建余于 2009 年获江苏省十佳文明职工称号、五一劳动奖章，2011 年获江苏省劳动模范称号。

（王　丹）

全国青年岗位能手

【葛　磊】 男，1981 年 3 月出生，大学学历，中共党员，现任胜利石油工程有限公司黄河钻井五公司副经理、主任工程师。参加工作 10 年来，他依靠高科技技术，不断攀登石油勘探开发的高峰。他曾率领的 40577SL 钻井队被授予全国五一劳动奖状，中央企业学习型红旗班组标杆，中国石化金牌队、三基工作先进单位，山东省五四红旗团支部，胜利油田基层建设十面红旗、产油十亿吨十大功勋队、科学打井尖刀队等称号；他带领的工程一班获中央企业红旗班组标杆、山东省青年安全生产示范岗、山东省安全生产优秀班组等称号。葛磊先后获全国青年岗位能手、中央企业杰出青年岗位能手、山东省富民兴鲁劳动奖章、山东青年五四奖章、齐鲁青年榜样，胜利石油管理局劳动模范、胜利青年五四奖章、青年岗位能手，东营市十佳文明市民等称号。

（王　彬）

【李连永】 男，1980年6月出生，中专学历，中共党员，现任胜利油田临盘采油厂作业大队作业10队司钻。10余年来，李连永坚持义务献血超过1万毫升，爱心救助14人次，义务捐款5万余元。李连永先后获国家义务献血奉献奖，全国青年岗位能手、山东省最美青工特别关注奖、油田十佳青年志愿者、采油厂文明建设先进职工、十佳为民式好职工和优秀共产党员等称号。

（王　彬）

【孙建东】 男，1979年12月出生，江苏淮安人，大学本科学历，中共党员，1999年7月参加工作，现任中原油田信息中心技术培训室工程师。参加工作15年来，孙建东始终严格要求自己，虚心学习，不断提升计算机方面的理论知识和操作技能，从采油五厂油气集输大队的一名普通工人逐步成为中原油田计算机方面的技术专家。孙建东于2006年获河南省多媒体制作大赛一等奖，2007年获河南省计算机技术操作比武实际操作第1名，2008年获中原油田计算机操作工比武第1名，2013年获全国“振兴杯”青年职业技能大赛多媒体制作员第7名；先后获全国青年岗位能手、河南省青年岗位能手、河南省技术能手等称号。

（王　彬）

【李　强】 男，1979年11月出生，山东齐河人，本科学历，中共党员，2000年7月参加工作，现任河南油田分公司第一采油厂江河采油管理区高级技师。参加工作以来，他以服务生产为宗旨，勇于创新，完成技术革新25项，排除设备故障隐患24起，提出并被采纳实施的合理化建议36项，15项获局厂级优秀创新成果，2项获得国家实用新型专利，为企业创造经济效益达215万元。他曾获石化集团公司职业技能竞赛采油工银奖，并先后获全国青年岗位能手、石化集团公司岗位练兵标兵、河南省五一劳动奖章、河南省十大能工巧匠、河南油田青年岗位能手等称号。

（王　彬）

【任文博】 男，1981年10月出生，湖南汨罗人，大学本科学历，中共党员，高级工程师，2004年7月参加工作，现任西北油田分公司塔河采油三厂油田开发研究所所长。10年来，他本着科学的态度和严谨的作风，和同事们一道刻苦攻关，在缝洞型碳酸盐岩油藏技术开发与管理方面取得了不俗的业绩，建所2年就夺得“中石化金牌研究所”的荣誉。任文博先后获西北油田分公司科技创新奖、西北油田分公司科学技术进步一等奖、中国石化第16届管理现代化创新成果二等奖、中国石化闵恩泽青年科技人才奖、新疆维吾尔自治区科技进步一等奖，并获西北油田分公司十大科技标兵、中国石化青年岗位能手、中央企业青年岗位能手、全国青年岗位能手等称号。

（王　彬）

【沈　霁】 男，1984年1月出生，江苏东台人，大学文化程度，中共党员，2001年9月参加工作，现任华东油田分公司采油厂采油三队生产大班。多年来，他务真求实、勇于创新、精益求精，为企业团队渲染出一股求新、求实、求创意、求超越的新风潮、新气象，创建华东分公司采油创新工艺室。沈霁先后获全国青年岗位能手、中央企业技术能手、中央企业青年岗位能手、中国石化青年成长成才典型、江苏省优秀共青团员、江苏省青年岗位能手、江苏省新长征突击手标兵等称号。

（王　彬）

【李　佳】 男，1983年11月出生，湖北咸宁人，大学本科学历，中共党员，2006年7月参加工作，现任齐鲁石化第二化肥厂气体联合车间技术组长。参加工作以来，他以打造世界一流煤化工为己任，勇于探索、创新和攻关，提出并实施多项技术革新和改造，精心优化操作，努力为企业挖潜增效。他带领车间年轻技术人员踏实工作，于2013年4月8日创造了装置连续运行481天的世界纪录。李佳先后获优秀共青团员、大检修青年志愿者突击队优秀个人，山东省“特别关注”最美青工、青年岗位能手，全国青年岗位能手等称号。

（王　彬）

【车智毅】 男，1980年3月出生，广东珠海人，硕士研究生学历，中共党员，2007年7月参加工作，现任茂名石化化工分部技术质量处副处长。参加工作以来，他始终坚持“每项指标都要做到最优、每粒产品都要履行承诺、每吨产品都要效益最大化”的工作原则，2010—2011年间，他主管的2套聚丙烯装置能耗和物耗各项指标在中国石化系统同类型装置中一直名列前茅。2012年9月他负责组织培训的选手一举包揽石化集团公司聚丙烯工种技能竞赛前 4 名及团体第 1 名的好成绩。积极探索减少固体残次品和过渡料的有效措施，组织优化各聚烯烃装置工艺操作，2013 年过渡料减少 5.73 万吨，总量降到 0.99 万吨，增效 312.44 万元。车智毅曾获石化集团公司青年英语风采大赛三等奖，并先后获茂名市青年岗位能手、广东省杰出青年岗位能手、全国青年岗位能手等称号。

（王　彬）

【杨　斌】　男，1979 年 1 月出生，江苏南通人，中共党员，现任扬子石化乙烯车间副主任。在乙烯车间工作的 12 年间，他组织开展多项绩效提升攻关工作，凭借细致严谨的工作作风、纯熟过硬的专业技术使多项装置指标创造出历史最好水平。2012 年，由他担任项目经理的 5 000 吨/年甲醇制烯烃（MTP）试验装置开车成功，开启了一条具有中国石化自主知识产权的由煤炭经气化生产基础有机化工原料的新型工艺路线，为中国石化实现转型跨越发展提供了有力技术支持。杨斌先后获扬子石化技术标兵、中国石化青年岗位能手等称号。

（王　彬）

【陈跃峰】　男，1979 年 9 月出生，浙江宁波人，大学文化程度，中共党员，2000 年 7 月参加工作，现任浙江石油金华分公司古方油库主任。参加工作以来，他刻苦钻研、虚心求教，积极参加各类培训学习，不断提高自身综合能力。在 2000 年浙江省系统技能比赛中获个人拆泵拆阀第 1 名、理论个人第 5 名，2006 年参加省公司技术大比武，获高级工职称，2008 年取得注册安全工程师证书，同年在计量技能比武中获团体第 2 名，并先后 2 次获金华市优秀共青团干部称号，2009 年获浙江省青年岗位能手称号。

（王　彬）

全国优秀共青团干部

【许雁飞】　女，1976 年 11 月出生，硕士研究生学历，中共党员，现任胜利石油管理局电力管理总公司团委书记。2002 年 3 月走上油田二级共青团岗位，从事共青团工作 12 年以来，她坚持融入中心、服务大局，先后创新开展“双争双创”青年建功竞赛、青年绿色生产行动、“电力青年人才跟踪培养计划”等活动，打造出“电力青年求知学社”、“爱心 1 + 1”阳光助学、“马坤俊便民工作室”和青年创新工作室等多个在油田具有影响力并深受青年喜爱的共青团特色品牌。许雁飞先后获山东省优秀共青团干部，油田十佳共青团干部，电力公司十佳女职工、文明建设先进职工、优秀共产党员等称号，2013 年在油田女职工素质提升竞赛活动中获一等奖。

（王　彬）

全国优秀共青团员

【张尊涛】　男，1987 年 9 月出生，山东临清人，大学文化程度，共青团员，2009 年 7 月参加工作，现任齐鲁石化第二化肥厂团委干事、工会干事。参加工作以来，他紧贴青工需求，充分发挥网络平台、新媒体资源等优势，开发信息化管理系统，建设了厂共青团、工会网站。他创新开展导师带徒工作，实现导师带徒工作网络化，深受青工欢迎。张尊涛先后获齐鲁石化优秀共青团员、山东省优秀共青团员、山东省青年岗位能手、全国优秀共青团员等称号。

（王　彬）

全国“最美青工”

【毛谦明】　男，1973 年 2 月出生，河南灵宝人，大学本科学历，中共党员，1994 年 7 月参加工作，现任西北油田分公司塔河采油一厂采油三队生产监督兼生产运行组组长。多年来，他潜心钻研，先后发明可移动式放油平台、方便组合式锹、便携式清沙车、采气树油壬扳手，完成 20 多项技术革新项目，其中 4 项发明已获国家技术专利。毛谦明先后获中国石化技术能手、中国石化劳动模范、新疆维吾尔自治区劳动模范、全国五一劳动奖章、全国青年岗位能手、全国最美青工等称号，享受国务院特殊津贴，获聘中国石化采油工种技能大师、西北油田分公司采油工种首席技师。

（王　彬）

【张义铁】　男，1980 年 3 月出生，大专学历，中共党员，1997 年参加工作，现任江汉油田清河采油厂采油一队班长。参加工作以来，他通过自学先后取得钳工、采油工、集输工等 6 个专业职业资格证，14 次在省部级和油田技能大赛中夺冠；先后研制出 39 项技术成果，提出 172 条增产增效措施，使 16 口低产低液井重新焕发活力，累计增油 2 580 吨，创效 1 200多万元。他爱岗敬业，拼搏奉献，无数次抢险，成功排除事故隐患87次；组织成立油田首个技师工作室，在全厂88个站点开展技术援助、成果推广和生产攻关，编写培训教材15册，带出8个明星班组和35名岗位标兵。张义铁先后获全国五一劳动奖章、全国最美青工等称号，享受国务院政府特殊津贴，并获湖北省五一劳动奖章、湖北省劳动模范、湖北省跨越发展青年先锋、中央企业青年岗位能手、中国石化青年岗位能手等称号41项，被聘为中国石化技能大师、湖北省首席技师。

（王　彬）

统计资料

表1 石化集团公司主要产品产量占全行业比重 万吨

项目 \ 年份	2013	2012[①]	2011	2010	2009	2008
原　油	4 378.01	4 318.25	4 272.85	4 256.08	4 241.55	4 180.28
全行业	20 946.90	20 571.10	20 287.60	20 241.00	18 949.00	19 043.10
占全行业/%	20.90	20.99	21.06	21.03	22.38	21.95
天然气/亿立方米	186.97	169.36	146.44	125.00	84.68	83.00
全行业	1 170.50	1 070.40	1 026.90	948.50	852.70	803.00
占全行业/%	15.97	15.82	14.26	13.18	9.93	10.34
原油加工量	23 369.76	22 309.29	21 892.20	21 296.59	18 823.49	17 753.05
全行业	47 857.60	46 328.75	45 110.08	42 680.80	37 286.40	34 718.03
占全行业/%	48.83	48.15	48.53	49.90	50.48	51.13
汽煤柴润总量	14 204.92	13 504.11	13 022.56	12 680.33	11 588.58	10 947.24
全行业	30 205.40	28 935.47	27 535.17	25 981.00	23 737.90	21 534.02
占全行业/%	47.03	46.67	47.29	48.81	48.82	50.84
乙　烯	997.98	954.18	1 003.75	918.95	671.33	635.94
全行业	1 622.60	1 486.80	1 527.50	1 421.30	1 072.60	987.60
占全行业/%	61.51	64.18	65.71	64.66	62.59	64.39
塑　料	1 412.93	1 376.64	1 407.68	1 339.80	1 090.73	1 025.87
全行业	5 837.02	5 257.00	4 941.24	4 391.00	3 686.70	3 222.40
占全行业/%	24.21	26.19	28.49	30.51	29.59	31.84
合成橡胶	129.23	124.15	127.20	129.04	117.33	108.39
全行业	408.97	384.68	353.64	308.40	277.60	253.47
占全行业/%	31.60	32.27	35.97	41.84	42.27	42.76
合成纤维原料	626.33	606.25	644.41	597.47	506.56	472.01
全行业	2 305.69	2 201.01	1 993.75	1 617.30	1 171.50	1 086.68
占全行业/%	27.16	27.54	32.32	36.94	43.24	43.44
合成纤维聚合物	328.79	334.13	332.01	325.91	304.90	266.97
全行业	1 726.27	1 621.93	1 441.63	1 274.90	1 302.20	1 153.01
占全行业/%	19.05	20.60	23.03	25.56	23.41	23.15
合成纤维	141.03	135.33	140.33	140.57	131.40	127.44
全行业	3 738.76	3 491.52	3 147.28	2 718.60	2 457.90	2 175.18
占全行业/%	3.77	3.88	4.46	5.17	5.35	5.86
合成氨	115.94	126.43	111.12	119.10	135.15	124.16
全行业	5 745.32	5 543.16	5 040.20	4 781.10	5 084.70	4 944.99
占全行业/%	2.02	2.28	2.20	2.49	2.66	2.51

续表

项目 \ 年份	2013	2012①	2011	2010	2009	2008
氮　肥(折合氮 100%)	68.71	66.34	54.51	71.14	92.95	89.48
全行业	4 927.46	4 654.03	4 444.98	3 849.60	4 688.30	4 263.24
占全行业/%	1.39	1.43	1.23	1.85	1.98	2.10
尿　素(实物量)	91.78	105.23	77.98	122.34	175.22	164.86
全行业	7 246.04	6 578.72	5 732.34	5 463.04	5 903.04	5 769.59
占全行业/%	1.27	1.60	1.36	2.24	2.97	2.86

①2012 年全行业数据有变动

表 2　石化集团公司与全行业部分石油产品分品种产量　万吨

项目 \ 年份	2013	2012①	2011	2010	2009	2008
原油加工量						
石化集团公司	23 369.76	22 309.29	21 892.20	21 296.59	18 823.49	17 753.05
全行业	47 857.60	46 328.75	45 110.08	42 680.80	37 286.40	34 718.03
汽煤柴润总量						
石化集团公司	14 204.92	13 504.11	13 022.56	12 680.33	11 588.58	10 947.24
全行业	30 205.40	28 935.47	27 535.17	25 981.00	23 737.90	21 534.02
汽　油						
石化集团公司	4 594.11	4 108.52	3 758.61	3 638.89	3 490.00	3 010.36
全行业	9 833.30	8 980.18	8 136.98	7 676.00	7 301.00	6 359.49
煤　油						
石化集团公司	1 743.37	1 501.17	1 373.13	1 242.17	1 039.43	798.69
全行业	2 509.60	2 156.01	1 875.07	1 707.90	1 487.70	1 165.23
柴　油						
石化集团公司	7 748.29	7 780.99	7 753.84	7 655.61	6 925.92	7 017.48
全行业	17 272.80	17 221.14	16 681.81	15 824.90	14 190.70	13 324.74
润滑油						
石化集团公司	119.15	113.43	136.98	143.66	133.24	120.70
全行业	589.70	578.14	841.31	772.20	758.50	684.56
燃料油						
石化集团公司	424.42	322.22	363.23	411.66	414.05	656.53
全行业	2 557.20	2 361.22	1 810.05	1 908.80	1 894.80	2 292.87

①2012 年全行业数据有变动

表3　石化集团公司与全行业有机化学品分品种产量　万吨

项目 \ 年份	2013	2012[①]	2011	2010	2009	2008
乙　烯						
石化集团公司	997.98	954.18	1 003.75	918.95	671.33	635.94
全行业	1 622.60	1 486.80	1 527.50	1 421.30	1 072.60	987.60
丙　烯						
石化集团公司	855.47	808.77	819.96	752.97	633.65	613.08
丁二烯						
石化集团公司	132.85	137.36	137.33	122.93	86.72	83.39
纯　苯						
石化集团公司	374.53	351.72	359.13	352.15	248.81	224.20
全行业	717.91	700.12	691.00	545.20	466.00	418.27
甲　苯						
石化集团公司	100.80	92.67	84.23	107.96	58.91	68.80
二甲苯						
石化集团公司	189.85	183.09	150.31	163.69	89.79	73.51
烷基苯						
石化集团公司	15.85	16.17	12.25	11.88	12.55	10.55
对二甲苯						
石化集团公司	447.79	440.55	441.11	402.31	297.73	193.24
全行业	620.21	640.29	585.24	517.51	355.47	264.13
苯乙烯						
石化集团公司	214.51	204.22	191.97	163.68	109.94	109.94
苯　酐						
石化集团公司	3.84	12.75	11.62	12.05	11.64	10.13
精甲醇						
石化集团公司	53.22	64.90	19.88	32.97	19.71	28.47
全行业	2 878.54	2 639.68	2 294.50	1 634.20	1 247.50	1 115.22
丁　醇						
石化集团公司	35.11	37.05	27.34	21.69	21.22	21.38
辛　醇						
石化集团公司	29.32	33.08	41.51	44.21	42.11	42.45
苯　酚						
石化集团公司	59.72	59.66	63.14	54.97	32.22	34.62
丙　酮						
石化集团公司	37.09	37.02	39.24	34.10	20.11	21.65

续表

项目 \ 年份	2013	2012[①]	2011	2010	2009	2008
甲醛						
石化集团公司			0.37	2.26	3.42	5.36
乙醛						
石化集团公司			1.05	3.13	3.35	2.39
醋酸						
石化集团公司				0.30	2.36	2.78
全行业	429.88	430.05	424.48	383.60	296.80	254.05

①2012 年纯苯及精甲醇全行业数据有变动

表 4　石化集团公司与全行业合成纤维及原料分品种产量　万吨

项目 \ 年份	2013	2012[①]	2011	2010	2009	2008
合成纤维原料						
石化集团公司	626.33	606.25	644.41	597.47	506.56	472.01
全行业	2 305.69	2 201.01	1 993.75	1 617.30	1 171.50	1 086.68
精对苯二甲酸						
石化集团公司	294.69	312.53	347.70	338.28	328.90	289.44
己内酰胺						
石化集团公司	54.90	30.46	30.89	29.34	18.41	19.31
全行业						29.03
丙烯腈						
石化集团公司	70.32	61.32	53.59	57.03	49.63	49.40
乙二醇						
石化集团公司	201.82	197.45	208.23	170.76	104.80	108.64
合成纤维						
石化集团公司	141.03	135.33	140.33	140.57	131.40	127.44
全行业	3 738.76	3 491.52	3 147.28	2 718.60	2 457.90	2 175.18
涤纶						
石化集团公司	109.30	104.35	108.38	107.68	99.10	94.07
全行业	3 327.70	3 126.56	2 792.71	2 418.40	2 154.30	1 924.97
腈纶						
石化集团公司	29.27	28.92	29.88	31.02	30.48	31.43

续表

项目 \ 年份	2013	2012①	2011	2010	2009	2008
全行业	69.43	69.14	70.71	67.20	69.20	55.44
维　纶						
石化集团公司	1.79	1.42	1.55	1.29	1.25	1.48
全行业	7.09	6.03	5.89	5.70	4.70	5.48
丙　纶						
石化集团公司	0.57	0.53	0.52	0.58	0.57	0.46
全行业	30.23	32.04	30.47	29.70	27.90	26.02
其　他(全行业)	88.21	69.96	89.75	52.20	57.70	51.23

①2012 年全行业数据有变动

表 5　　石化集团公司与全行业塑料、合成橡胶分品种产量　　万吨

项目 \ 年份	2013	2012①	2011	2010	2009	2008
塑　料						
石化集团公司	1 412.93	1 376.64	1 407.68	1 339.80	1 090.73	1 025.87
全行业	5 837.02	5 257.00	4 941.24	4 391.00	3 686.70	3 222.40
聚乙烯						
石化集团公司	659.66	620.23	655.05	620.03	476.96	446.95
全行业	1 173.99	1 030.00	1 015.20	987.60	766.60	758.66
聚丙烯						
石化集团公司	581.84	555.10	557.31	520.19	440.48	407.18
全行业	1 238.54	1 121.48	995.57	900.70	807.50	742.36
聚苯乙烯						
石化集团公司	66.54	67.16	66.93	69.22	62.99	58.31
全行业	229.09	216.27	205.33	193.80	110.90	96.08
聚氯乙烯						
石化集团公司	30.83	57.78	58.93	59.63	51.37	57.46
全行业	1 529.54	1 341.63	1 311.18	1 151.20	1 015.50	824.62
合成橡胶						
石化集团公司	129.23	124.15	127.20	129.04	117.33	108.39
全行业	408.97	384.68	353.64	308.40	277.60	253.47
顺丁橡胶						
石化集团公司	43.85	34.33	33.99	35.57	33.35	32.41
全行业						41.89

①2012 年全行业数据有变动

表 6

中国原油与石油产品进口数量与金额

产品名称	2013 年		2012 年		2011 年		2010 年		2009 年		2008 年	
	数量/万吨	金额/百万美元	数量/万吨	金额/百万美元	数量/万吨	金额/百万美元	数量/万吨	金额/百万美元	数量/万吨	金额/百万美元	数量/万吨	金额/百万美元
原　油	28 214. 40	21 9548. 64	27 109. 08	220 398. 61	25 254. 92	195 131. 27	23 931. 14	134 935. 82	20 378. 89	88 895. 58	17 889. 30	128 959. 90
成品油	1 322. 14	13 898. 67	1 258. 94	13 717. 82	1 375. 25	14 888. 06	1 379. 16	11 155. 10	1 285. 98	7 867. 97	1 718. 20	18 606. 01
车用、航空汽油	0. 04	1. 50	0. 45	5. 22	2. 93	31. 22	0. 01	0. 45	4. 44	25. 27	198. 70	2 295. 61
石脑油	354. 18	3 351. 32	309. 02	2 999. 92	245. 02	2 289. 95	290. 70	2 119. 56	265. 12	1 478. 91	77. 27	554. 91
橡胶等溶剂油	2. 12	32. 55	2. 44	37. 26	2. 58	36. 62	3. 29	36. 48	1. 93	20. 28	3. 67	36. 43
壬　烯	3. 82	56. 64	2. 63	47. 69	2. 44	57. 89	1. 59	25. 80	1. 93	20. 01	1. 01	12. 93
其他汽油馏分	0	0	0	0	13. 88	159. 64	8. 54	76. 85	2. 88	26. 20	1. 47	20. 91
航空煤油	532. 93	5 266. 90	526. 46	5 392. 23	536. 72	5 382. 99	486. 80	3 506. 44	576. 22	3 220. 79	624. 91	6 423. 96
灯用煤油	0	0. 01	0	0. 02	0	0. 02	0	0. 02	0	0	0	0
其他煤油馏分	135. 93	1 480. 45	94. 27	1 049. 61	78. 20	861. 61	163. 32	1 354. 92	35. 97	297. 39	22. 84	318. 14
轻柴油	26. 68	251. 62	94. 71	911. 53	244. 05	2 274. 03	179. 88	1 241. 58	183. 68	922. 71	624. 75	6 810. 05
润滑油	29. 79	782. 91	30. 32	785. 14	34. 32	828. 33	34. 24	685. 45	23. 65	445. 16	24. 42	497. 39
润滑脂	2. 16	113. 64	2. 01	105. 91	2. 73	128. 03	2. 23	100. 07	1. 67	69. 08	2. 22	77. 26
润滑油基础油	234. 48	2 561. 14	196. 63	2 383. 29	212. 39	2 837. 74	208. 54	2 007. 47	188. 48	1 342. 16	136. 93	1 558. 43
燃料油	2 354. 83	15 034. 83	2 688. 26	18 637. 69	2 683. 15	17 260. 69	2 308. 96	11 060. 60	2 407. 34	8 661. 43	2 166. 44	11 334. 97
石　蜡	5. 49	98. 09	4. 94	96. 96	5. 40	97. 79	4. 49	73. 55	2. 54	49. 23	2. 97	49. 44
石油沥青	332. 10	2 066. 60	273. 16	1 750. 04	319. 01	1 767. 27	409. 89	2 022. 97	333. 44	1 214. 75	322. 78	1 362. 09
石油焦	935. 33	1 146. 08	701. 04	960. 79	491. 51	911. 14	363. 54	672. 08	329. 67	333. 47	92. 13	290. 07
液体石蜡	3. 90	55. 11	1. 35	22. 89	1. 36	23. 16	2. 31	28. 72	2. 78	30. 58	1. 61	25. 77
液化石油气	421. 10	3 814. 88	333. 32	3 016. 55	340. 81	2 908. 79	319. 62	2 258. 65	409. 14	2 040. 68	260. 02	1 956. 40

表 7

中国原油与石油产品出口数量与金额

产品名称	2013 年		2012 年		2011 年		2010 年		2009 年		2008 年	
	数量/万吨	金额/百万美元	数量/万吨	金额/百万美元	数量/万吨	金额/百万美元	数量/万吨	金额/百万美元	数量/万吨	金额/百万美元	数量/万吨	金额/百万美元
原　油	162. 03	1 462. 57	243. 49	2 226. 50	252. 20	1 909. 15	304. 22	1 661. 45	518. 40	2 217. 20	373. 34	2 748. 71
成品油	1 715. 89	17 254. 35	1 265. 51	13 326. 19	1 344. 57	13 080. 91	1 700. 66	12 454. 48	1 641. 84	9 317. 38	976. 56	9 610. 82
车用、航空汽油	468. 76	4 650. 88	292. 19	3 035. 24	406. 01	3 793. 80	517. 09	3 769. 98	494. 31	2 828. 67	203. 55	1 849. 01
石脑油	35. 41	353. 23	21. 55	208. 31	49. 73	453. 42	86. 64	629. 23	85. 47	494. 15	151. 37	1 312. 08
橡胶等溶剂油	0. 74	10. 18	0. 51	6. 32	0. 54	8. 16	0. 53	5. 74	0. 41	4. 07	0. 38	4. 78
壬　烯	0. 1	1. 61	0	0	0	0	0. 05	0. 68	0. 03	0. 35	0	0
其他汽油馏分	0	0	0	0	0	0	0	0	0	0. 01	0	0. 01
航空煤油	917. 51	9 217. 61	745. 07	7 848. 90	653. 18	6 504. 42	604. 77	4 495. 06	594. 49	3 435. 36	533. 05	5 573. 50
其他煤油馏分	0. 02	0. 23	0. 02	0. 34	3. 38	29. 95	3. 72	24. 83	0. 17	1. 17	0. 15	1. 43
轻柴油	278. 16	2 733. 47	186. 22	1 873. 48	203. 11	1 879. 04	467. 27	3 272. 32	450. 71	2 351. 48	62. 86	554. 52
润滑油	11. 53	233. 98	10. 82	218. 16	11. 22	204. 04	11. 26	170. 33	10. 06	153. 11	11. 60	177. 04
润滑脂	1. 10	22. 46	1. 16	22. 30	1. 09	18. 47	0. 97	14. 19	0. 77	11. 72	0. 85	12. 60
润滑油基础油	2. 55	30. 71	7. 97	113. 14	16. 29	189. 60	8. 37	72. 11	5. 41	37. 30	12. 75	125. 86
燃料油	1 135. 43	7 254. 41	1 164. 17	8 011. 00	1 234. 44	7 739. 17	989. 73	4 606. 99	862. 68	3 228. 48	726. 32	4 048. 43
石　蜡	50. 14	637. 29	46. 96	637. 16	45. 47	651. 85	52. 36	703. 39	54. 85	541. 01	61. 51	768. 79
石油沥青	16. 87	135. 43	9. 57	88. 12	23. 85	163. 82	14. 98	84. 15	8. 17	41. 35	1. 59	9. 48
石油焦	234. 03	675. 33	230. 71	713. 78	287. 16	1 038. 14	195. 20	578. 73	139. 99	305. 92	179. 79	687. 63
液体石蜡	0. 10	1. 24	0. 25	3. 47	0. 04	0. 72	0. 04	0. 46	0. 03	0. 19	0. 05	0. 76
液化石油气	125. 84	1 211. 90	127. 00	1 231. 98	117. 00	1 009. 34	91. 68	657. 86	84. 89	442. 87	67. 52	524. 05

表 8 **中国主要石化产品进口数量与金额**

产品名称	2013 年		2012 年		2011 年		2010 年		2009 年		2008 年	
	数量/万吨	金额/百万美元	数量/万吨	金额/百万美元	数量/万吨	金额/百万美元	数量/万吨	金额/百万美元	数量/万吨	金额/百万美元	数量/万吨	金额/百万美元
一、初级形状合成树脂与塑料	2 461. 72	49 079. 25	2 368. 83	46 156. 74	2 304. 18	47 204. 05	2 390. 34	43 543. 16	2 381. 23	34 784. 65	1 770. 16	34 039. 65
1. 聚乙烯	881. 53	13 144. 65	788. 78	10 929. 94	744. 38	10 869. 51	735. 81	9 742. 51	740. 88	8 276. 01	449. 66	6 870. 72
低密度聚乙烯	172. 50	2 663. 12	157. 11	2 245. 72	146. 03	2 415. 36	138. 40	2 036. 46	134. 89	1 577. 31	70. 82	1 153. 64
高密度聚乙烯	473. 75	6 920. 06	400. 98	5 516. 81	352. 64	4 927. 77	349. 57	4 442. 79	385. 90	4 247. 99	231. 26	3 510. 68
2. 聚丙烯	359. 30	5 595. 81	390. 93	5 794. 70	377. 77	5 875. 51	386. 81	5 173. 85	416. 24	4 560. 21	278. 89	4 012. 81
3. 聚苯乙烯	94. 66	1 744. 89	97. 99	1 641. 53	103. 85	1 690. 86	115. 20	1 660. 95	118. 47	1 445. 16	115. 15	1 654. 09
可发性聚苯乙烯	6. 21	127. 63	6. 08	103. 86	7. 60	121. 30	7. 59	105. 21	7. 75	97. 63	8. 52	119. 98
其他聚苯乙烯	88. 45	1 617. 26	91. 91	1 537. 67	96. 25	1 569. 56	107. 61	1 555. 73	110. 72	1 347. 53	106. 62	1 534. 11
4. ABS 共聚物	166. 97	3 596. 71	166. 54	3 622. 61	185. 27	4 123. 49	216. 94	4216. 29	216. 79	3 397. 30	195. 19	3 627. 63
5. 聚氯乙烯	104. 40	1 225. 68	120. 98	1 367. 92	131. 64	1 593. 86	151. 12	1 626. 33	195. 52	1 597. 70	112. 68	1 256. 63
纯聚氯乙烯	91. 46	996. 41	105. 96	1 101. 28	114. 80	1 284. 56	129. 75	1 295. 70	171. 55	1 300. 08	86. 08	888. 78
未塑化聚氯乙烯	5. 14	65. 54	6. 99	95. 23	8. 81	135. 23	12. 51	156. 79	16. 71	166. 66	17. 65	206. 40
已塑化聚氯乙烯	7. 80	163. 72	8. 02	171. 41	8. 03	174. 07	8. 87	173. 84	7. 27	130. 97	8. 95	161. 45
二、合成橡胶及胶乳合计	152. 79	4 429. 39	143. 71	5 092. 85	144. 48	5 360. 26	156. 52	4 267. 84	146. 78	2 990. 82	120. 18	3 340. 70
1. 丁苯橡胶	26. 97	620. 31	29. 74	812. 23	31. 57	879. 55	34. 84	738. 53	36. 26	582. 21	31. 99	636. 34
丁苯胶乳	9. 26	143. 62	9. 53	168. 67	9. 97	176. 53	7. 91	118. 20	4. 36	58. 08	6. 00	79. 15
2. 顺丁橡胶	7. 75	192. 05	7. 24	228. 25	7. 78	266. 49	11. 37	266. 10	16. 88	254. 00	10. 57	256. 18
3. 丁基橡胶	3. 06	134. 12	3. 16	157. 27	3. 37	156. 50	4. 06	162. 52	5. 31	184. 55	6. 44	298. 45
4. 氯丁橡胶	1. 85	78. 15	1. 78	81. 42	1. 78	74. 97	2. 15	72. 95	1. 62	50. 15	1. 85	60. 19

续表

产品名称	2013 年		2012 年		2011 年		2010 年		2009 年		2008 年	
	数量/万吨	金额/百万美元	数量/万吨	金额/百万美元	数量/万吨	金额/百万美元	数量/万吨	金额/百万美元	数量/万吨	金额/百万美元	数量/万吨	金额/百万美元
5. 丁腈橡胶	7.19	146.61	6.14	157.89	6.24	171.37	8.42	168.99	8.24	131.69	8.80	184.50
6. 异戊二烯橡胶	0.51	22.45	0.48	22.36	0.53	23.64	1.57	48.62	1.14	27.06	1.22	35.58
7. 乙丙橡胶	9.13	276.53	8.34	332.34	8.66	344.50	8.23	222.88	9.01	198.82	5.96	158.69
8. 其他合成橡胶	96.32	2 959.16	86.83	3 301.10	84.56	3 443.24	85.88	2 587.27	68.31	1 562.34	53.36	1 710.76
其他胶乳	0.62	11.61	0.51	12.01	0.73	16.13	0.78	13.42	0.67	9.92	1.00	16.00
三、合成纤维	74.41	2 958.29	72.03	2 830.58	80.50	3 146.61	87.36	2 812.99	85.32	2 206.92	82.71	2 313.59
1. 锦　纶	18.45	912.79	18.63	903.08	19.32	950.43	21.13	846.60	20.70	630.17	21.11	694.26
长　丝	17.32	818.53	17.47	808.77	18.00	850.65	20.00	767.91	19.78	576.19	19.77	625.22
短纤维及纤维条	1.14	94.26	1.16	94.30	1.32	99.78	1.14	78.70	0.92	53.99	1.34	69.05
2. 涤　纶	24.48	616.63	23.83	568.26	28.22	677.32	31.57	649.19	32.51	567.18	32.62	620.82
长　丝	11.71	376.92	12.64	358.91	16.23	440.51	17.39	425.93	17.57	365.19	18.42	401.34
短纤维及纤维条	12.77	239.71	11.20	209.35	11.99	236.81	14.19	223.26	14.94	202.00	14.20	219.48
3. 腈纶短纤维及纤维条	21.22	667.90	18.66	592.72	19.53	678.76	19.64	556.81	18.01	378.44	14.56	372.87
4. 丙　纶	0.57	17.43	0.56	17.11	0.59	19.03	0.72	20.94	0.72	17.05	0.81	19.92
长　丝	0.17	6.55	0.18	6.52	0.26	9.40	0.39	12.44	0.35	9.09	0.51	11.56
短纤维及纤维条	0.40	10.88	0.39	10.59	0.33	9.63	0.33	8.50	0.37	7.97	0.30	8.36
5. 氨纶长丝	2.02	202.60	1.88	173.27	2.28	194.85	1.88	163.25	1.72	135.00	1.55	128.97
6. 其　他	7.66	540.93	8.47	576.14	10.57	626.23	12.41	576.19	11.66	479.08	12.06	476.75
长　丝	1.17	142.87	1.34	167.13	1.42	157.16	1.54	134.35	1.47	102.33	1.55	115.64
短纤维及纤维条	6.49	398.06	7.13	409.01	9.15	469.07	10.87	441.84	10.20	376.75	10.51	361.11

续表

产品名称	2013年		2012年		2011年		2010年		2009年		2008年	
	数量/万吨	金额/百万美元	数量/万吨	金额/百万美元	数量/万吨	金额/百万美元	数量/万吨	金额/百万美元	数量/万吨	金额/百万美元	数量/万吨	金额/百万美元
四、制成肥料	788.97	3 371.64	839.26	4 022.53	787.45	3 437.94	709.64	2 562.85	404.36	1 984.63	618.65	3 475.33
尿　素	3.04	10.90	17.10	71.44	0.21	1.44	1.33	3.04	3.88	7.70	0.01	0.10
五、有机化学品												
(一)乙烯、芳烃												
乙　烯	170.38	2 269.98	142.25	1 793.25	106.04	1 308.15	81.54	943.54	97.46	813.18	72.12	937.12
纯　苯	88.65	1 192.22	43.94	530.95	18.57	206.99	19.72	182.07	62.19	292.09	32.80	320.71
甲　苯	81.20	977.86	65.96	773.27	65.51	704.65	82.93	701.86	79.09	512.07	27.36	246.46
混合二甲苯	3.09	45.97	1.64	20.64	2.55	26.89	0.31	2.93	0.48	4.21	0.83	5.96
邻二甲苯	55.53	834.59	69.84	1 053.76	60.25	822.16	65.85	697.49	67.28	562.47	43.76	485.86
对二甲苯	905.29	13 764.11	628.58	9 521.15	498.20	7 748.63	352.72	3 660.93	370.53	3 489.08	340.35	4 142.78
苯乙烯	367.50	6 350.92	333.68	4 823.42	360.77	5 078.57	368.71	4 410.43	364.59	3 411.21	281.08	3 708.44
乙　苯	3.78	56.50	0.71	8.63	1.18	12.97	1.41	14.56	0.21	2.14	0	0.03
(二)主要有机原料												
甲　醇	485.85	1 875.41	500.11	1 887.30	573.20	2 113.20	518.95	1 530.24	528.80	1 139.56	143.39	518.96
丁　醇	63.82	820.35	70.80	901.47	70.05	1 064.87	86.47	1 208.61	69.28	596.43	41.54	549.52
辛　醇	28.72	441.38	37.31	607.10	36.58	668.20	47.34	778.07	47.00	494.81	27.94	462.37
醋　酸	1.68	7.65	2.14	9.59	1.77	8.29	5.89	22.68	29.82	114.52	30.46	188.77
苯　酚	36.51	545.34	59.40	837.81	76.19	1 253.60	62.40	919.82	57.33	441.00	36.64	522.01
丙　酮	48.87	532.95	69.02	673.59	74.48	760.63	75.22	632.86	55.13	350.42	36.50	354.65
丁　酮	0.26	3.90	0.63	7.87	2.22	34.13	2.98	35.66	4.34	34.38	4.99	64.04
(三)主要合纤原料及聚合物												
乙二醇	824.63	8 807.34	796.53	8 303.54	727.02	8 611.74	664.41	5 769.54	582.81	3 525.98	521.64	5 339.37

续表

产品名称	2013 年		2012 年		2011 年		2010 年		2009 年		2008 年	
	数量/万吨	金额/百万美元	数量/万吨	金额/百万美元	数量/万吨	金额/百万美元	数量/万吨	金额/百万美元	数量/万吨	金额/百万美元	数量/万吨	金额/百万美元
对苯二甲酸	274. 31	2 990. 29	537. 03	5 867. 65	652. 72	8 240. 48	664. 16	6 243. 49	625. 61	5 007. 97	594. 06	5 325. 02
尼龙 66 盐	0. 96	20. 91	0. 99	24. 98	1. 02	26. 91	0. 35	7. 44	1. 50	23. 23	1. 25	27. 98
丙烯腈	54. 76	982. 75	55. 54	1 041. 05	54. 17	1 250. 33	44. 58	905. 42	45. 10	498. 78	28. 52	550. 77
己内酰胺	45. 29	1 076. 18	70. 66	1 813. 72	63. 33	2 060. 70	63. 14	1 560. 21	60. 13	978. 38	45. 01	1 084. 27
聚酯切片	18. 90	350. 63	18. 29	324. 48	19. 69	350. 27	23. 74	334. 11	24. 96	275. 87	22. 82	315. 51

表 9　　**中国主要石化产品出口数量与金额**

产品名称	2013 年		2012 年		2011 年		2010 年		2009 年		2008 年	
	数量/万吨	金额/百万美元	数量/万吨	金额/百万美元	数量/万吨	金额/百万美元	数量/万吨	金额/百万美元	数量/万吨	金额/百万美元	数量/万吨	金额/百万美元
一、初级形状合成树脂与塑料	633. 43	12 641. 42	535. 16	11 135. 14	486. 31	10 887. 98	387. 63	7 678. 64	296. 65	4 994. 63	379. 07	7 014. 51
1. 聚乙烯	20. 26	326. 44	28. 77	429. 89	32. 21	486. 36	15. 81	229. 06	6. 19	86. 38	6. 68	111. 50
低密度聚乙烯	4. 66	74. 45	6. 99	110. 56	7. 98	137. 19	7. 88	123. 03	2. 40	37. 23	1. 70	29. 65
高密度聚乙烯	11. 17	174. 92	13. 50	199. 69	17. 60	252. 13	6. 10	79. 72	3. 06	41. 20	3. 99	66. 85
2. 聚丙烯	14. 72	255. 70	14. 16	231. 41	16. 58	277. 60	8. 29	135. 41	4. 48	67. 60	4. 17	71. 99
3. 聚苯乙烯	32. 65	646. 43	33. 53	572. 19	35. 57	593. 22	35. 83	503. 81	27. 49	317. 76	32. 34	507. 26
可发性聚苯乙烯	29. 05	562. 21	29. 85	495. 75	32. 21	522. 29	32. 96	447. 43	25. 89	290. 40	29. 44	455. 02
其他聚苯乙烯	3. 60	84. 22	3. 68	76. 44	3. 36	70. 93	2. 86	56. 39	1. 60	27. 35	2. 90	52. 24
4. ABS 共聚物	3. 13	78. 98	4. 16	101. 80	4. 31	108. 19	5. 50	119. 05	4. 98	88. 47	4. 33	86. 54
5. 聚氯乙烯	73. 39	757. 09	45. 40	477. 31	44. 15	527. 63	26. 58	282. 73	27. 56	257. 24	64. 63	705. 19
纯聚氯乙烯	66. 22	634. 11	39. 46	379. 28	38. 59	440. 88	22. 46	220. 43	23. 94	206. 90	60. 72	647. 59
未塑化聚氯乙烯	1. 67	27. 39	1. 00	14. 66	0. 99	12. 58	0. 52	7. 23	0. 63	7. 16	0. 58	7. 30
已塑化聚氯乙烯	5. 50	95. 59	4. 95	83. 36	4. 58	74. 16	3. 59	55. 07	2. 98	43. 17	3. 34	50. 30
二、合成橡胶及胶乳合计	21. 19	555. 56	22. 03	719. 29	29. 10	1 046. 60	23. 58	585. 68	10. 35	220. 91	9. 48	268. 52
1. 丁苯橡胶	7. 16	182. 78	7. 53	234. 43	11. 88	386. 61	9. 39	215. 86	4. 18	78. 93	2. 54	60. 34
丁苯胶乳	0. 70	10. 51	0. 69	11. 81	0. 63	10. 25	0. 54	7. 30	0. 33	3. 48	0. 30	3. 95
2. 顺丁橡胶	1. 96	44. 14	2. 54	85. 46	2. 67	105. 11	2. 24	55. 25	1. 37	23. 41	2. 31	61. 46
3. 丁基橡胶	0. 09	3. 01	1. 18	39. 31	0. 40	17. 08	0. 16	7. 06	0. 32	8. 69	0. 09	3. 52
4. 氯丁橡胶	0. 34	14. 10	0. 57	25. 23	0. 80	34. 02	0. 42	13. 66	0. 25	8. 91	0. 60	27. 09

续表

产品名称	2013年		2012年		2011年		2010年		2009年		2008年	
	数量/万吨	金额/百万美元	数量/万吨	金额/百万美元	数量/万吨	金额/百万美元	数量/万吨	金额/百万美元	数量/万吨	金额/百万美元	数量/万吨	金额/百万美元
5. 丁腈橡胶	1. 30	21. 36	1. 40	26. 94	1. 58	33. 85	1. 14	16. 98	0. 09	2. 09	0. 12	3. 39
6. 异戊二烯橡胶	0. 03	1. 38	0. 02	1. 17	0. 05	2. 19	0. 07	2. 32	0. 07	2. 08	0. 25	7. 75
7. 乙丙橡胶	0. 11	3. 84	0. 21	5. 51	0. 11	3. 30	0. 15	3. 90	0. 22	3. 96	0. 30	5. 41
8. 其他合成橡胶	10. 20	284. 97	8. 59	301. 24	11. 62	464. 43	10. 02	270. 66	3. 84	92. 84	3. 26	99. 56
其他胶乳	0	0. 13	0. 01	0. 26	0. 02	0. 24	0. 06	0. 88	0. 06	0. 78	0. 01	0. 19
三、合成纤维	294. 85	7 266. 74	256. 27	6 866. 59	258. 11	7 487. 02	216. 93	5 137. 94	169. 46	3 470. 78	196. 55	4 607. 36
1. 锦　纶	16. 18	722. 92	15. 31	728. 48	15. 66	814. 06	15. 42	648. 75	12. 30	425. 28	12. 52	517. 97
长　丝	15. 85	687. 76	14. 90	686. 71	15. 08	752. 24	14. 99	605. 22	12. 00	399. 29	12. 07	467. 94
短纤维及纤维条	0. 34	35. 16	0. 41	41. 77	0. 58	61. 82	0. 43	43. 53	0. 29	25. 99	0. 46	50. 02
2. 涤　纶	204. 22	3 597. 32	176. 59	3 172. 92	177. 50	3 567. 43	141. 81	2 275. 78	104. 12	1 383. 62	126. 66	2 058. 75
长　丝	131. 66	2 593. 70	110. 91	2 220. 87	97. 73	2 250. 63	83. 40	1 550. 52	63. 82	966. 77	81. 07	1 481. 65
短纤维及纤维条	72. 56	1 003. 62	65. 68	952. 05	79. 77	1 316. 80	58. 41	725. 27	40. 29	416. 84	45. 59	577. 10
3. 腈纶短纤维及纤维条	0. 94	31. 35	0. 58	18. 55	0. 41	13. 58	0. 44	12. 55	0. 51	11. 48	1. 00	25. 24
4. 丙　纶	2. 78	73. 74	2. 58	72. 05	3. 10	69. 68	1. 64	36. 37	1. 29	26. 69	1. 71	41. 47
长　丝	2. 04	58. 11	1. 91	56. 70	2. 39	53. 62	1. 17	26. 81	0. 92	20. 65	1. 30	33. 31
短纤维及纤维条	0. 73	15. 63	0. 67	15. 35	0. 71	16. 05	0. 47	9. 56	0. 37	6. 03	0. 41	8. 16
5. 氨纶长丝	4. 68	330. 68	4. 41	295. 74	3. 45	236. 86	3. 88	271. 93	2. 89	183. 96	2. 89	226. 16
6. 其　他	66. 05	2 510. 73	56. 80	2 578. 86	57. 99	2 785. 43	53. 74	1 892. 56	48. 36	1 439. 75	51. 76	1 737. 78
长　丝	7. 10	365. 76	6. 66	327. 97	6. 07	318. 63	5. 25	246. 61	4. 43	180. 54	6. 66	255. 77
短纤维及纤维条	58. 95	2 144. 97	50. 14	2 250. 88	51. 92	2 466. 79	48. 50	1 645. 95	43. 93	1 259. 21	45. 10	1 482. 00

续表

产品名称	2013 年		2012 年		2011 年		2010 年		2009 年		2008 年	
	数量/万吨	金额/百万美元	数量/万吨	金额/百万美元	数量/万吨	金额/百万美元	数量/万吨	金额/百万美元	数量/万吨	金额/百万美元	数量/万吨	金额/百万美元
四、制成肥料	1 901.03	6 253.53	1 757.86	7 225.57	1 822.77	7 884.09	1 614.09	5 395.62	885.36	2 601.99	927.51	4 339.13
尿　素	826.53	2 604.65	694.79	2 638.63	355.88	1 551.26	702.58	2 094.65	337.91	902.06	435.97	1 632.20
五、有机化学品												
(一)乙烯、芳烃												
乙　烯	0	0.07	0	0.03	0.97	11.65	3.35	33.82	1.54	14.22	1.42	20.42
纯　苯	3.11	31.01	4.94	51.23	11.03	114.87	11.97	101.42	27.81	214.13	6.94	71.22
甲　苯	0.31	4.09	0.67	8.32	0.80	9.17	1.02	8.49	0.81	5.84	0.21	2.36
混合二甲苯	7.33	81.43	4.01	49.01	0.69	7.31	0.64	3.42	0.03	0.46	0.32	3.62
邻二甲苯	0	0.02	0	0.02	1.91	25.11	0	0.01	0	0	0.75	9.45
对二甲苯	18.11	275.18	19.22	283.94	34.79	528.88	20.97	218.62	33.33	312.41	44.79	541.69
苯乙烯	5.28	92.52	3.40	47.86	7.11	98.54	1.13	13.85	0.79	5.15	0.21	3.43
乙　苯	0.01	0.21	0	0.08	0	0.09	0.03	0.75	0.01	0.10	0.01	0.18
(二)主要有机原料												
甲　醇	77.28	307.98	6.73	26.47	4.39	18.21	1.24	4.24	1.38	3.82	36.78	177.12
丁　醇	0.66	11.86	0.64	11.03	0.67	13.16	0.56	8.06	0.46	6.09	0.57	8.86
辛　醇	0.84	12.98	0.71	11.65	0.36	7.06	0.48	7.79	0.67	6.35	0.23	4.36
醋　酸	17.92	78.17	33.08	147.91	66.71	330.93	21.75	94.04	6.49	30.62	2.34	15.36
苯　酚	0.60	13.08	2.39	38.38	3.84	77.25	4.04	65.38	0.91	10.39	0.11	2.59
丙　酮	0.06	1.17	0.07	1.32	0.10	2.23	0.08	1.38	0.06	0.66	0.05	0.75
丁　酮	6.41	79.83	10.23	134.70	9.34	210.75	4.16	53.66	2.92	25.55	1.84	25.80
(三)主要合纤原料及聚合物												
乙二醇	0.54	8.43	1.08	13.92	0.60	10.19	0.50	7.88	0.67	7.16	2.94	37.27

续表

产品名称	2013 年		2012 年		2011 年		2010 年		2009 年		2008 年	
	数量/万吨	金额/百万美元	数量/万吨	金额/百万美元	数量/万吨	金额/百万美元	数量/万吨	金额/百万美元	数量/万吨	金额/百万美元	数量/万吨	金额/百万美元
对苯二甲酸	12. 63	135. 40	0. 91	9. 54	2. 71	39. 30	0. 43	4. 96	0. 13	1. 06	2. 40	26. 94
尼龙 66 盐	0	0. 04	0. 09	3. 48	0	0. 08	0. 01	0. 20	0	0. 15	0. 01	0. 19
丙烯腈	0	0	0	0	0	0	0	0	0	0	0. 60	10. 54
己内酰胺	0. 11	2. 77	0. 64	17. 42	0. 76	26. 66	0. 06	1. 60	0. 16	3. 26	0. 20	4. 56
聚酯切片	195. 83	2 798. 15	136. 18	1 943. 61	103. 97	1 753. 37	77. 72	976. 35	67. 96	701. 18	95. 78	1 303. 71

表 10　　中国石化在《财富》杂志世界 500 强企业中排名

年度	排名
1999	73
2000	58
2001	68
2002	86
2003	70
2004	54
2005	31
2006	23
2007	17
2008	16
2009	9
2010	7
2011	5
2012	5
2013	4

附录

- ◇ 科技成果获奖名单
- ◇ 企事业单位名录
- ◇ 制度性文件名一览表

附录 1

科技成果获奖名单

表 1　　获 2013 年度国家技术发明奖项目

项目名称	主要完成单位	主要完成者
	二等奖	
1. 全结晶复合孔分子筛催化新材料的创制与工业应用		谢在库　腾加伟　赵国良　王家纯　时海涛　丁维平
2. 含空间位阻的大分子硫化物脱除关键技术及相关催化材料创制		郭　蓉　方向晨　彭绍忠　刘继华　杨成敏　陈　勇

表 2　　获 2013 年度国家科学技术进步奖项目

项目名称	主要完成单位	主要完成者
	二等奖	
1. 油藏地球物理技术突破及老油田高效开发应用	中国石油化工股份有限公司胜利油田分公司	李　阳　王延光　张永刚　孟宪军　毕义泉　夏吉庄　单联瑜　束青林　杨宏伟　孔庆丰
2. 油气煤铀同盆共存富集成藏理论技术创新与多种能源矿产协同勘探	西北大学 中国石油化工股份有限公司石油勘探开发研究院 核工业北京地质研究院 核工业二〇三研究所 西安石油大学	刘池阳　任战利　李子颖　王震亮　王　毅　吴柏林　徐高中　赵红格　李文厚　陈荷立

表 3　　获 2013 年度中国石化前瞻性基础性研究科学奖项目

项目名称	主要完成单位	主要完成者
	一等奖	
1. 优质烃源岩中成烃生物评价技术及应用	中国石油化工股份有限公司石油勘探开发研究院	腾格尔　谢小敏　张志荣　申宝剑　陶国亮　陶　成
2. 分子水平石油表征技术开发及应用	中国石油化工股份有限公司石油化工科学研究院	田松柏　龙　军　刘泽龙　祝馨怡　王　威　刘颖荣
	二等奖	
1. 固定床 F－T 合成高效移热及提高目的产品选择性的基础研究	中国石油化工股份有限公司石油化工科学研究院	侯朝鹏　吴　昊　胡志海　夏国富　徐　润　孙　霞

续表

项目名称	主要完成单位	主要完成者
2. 制备低碳烯烃催化化学及反应工程关键科学问题的基础研究	中国石油化工股份有限公司上海石油化工研究院	王仰东 周兴贵 王靖岱 刘 苏 汪哲明 李晓红
三等奖		
1. 高效耐温抗盐驱油表面活性剂分子模拟与设计	中国石油化工股份有限公司胜利油田分公司	王增林 曹绪龙 宋新旺 石 静 张继超 王红艳
2. 双微孔复合分子筛构建及性能研究	中国石油化工股份有限公司抚顺石油化工研究院 太原理工大学	孙万付 李瑞丰 凌凤香 张喜文 秦 波 郑家军
3. 生物可降解脂肪芳香共聚酯的合成技术	中国石油化工股份有限公司北京化工研究院	祝桂香 张 伟 韩 翎 王洪涛 邹 弋 吕静兰
4. 超细橡胶粒子的纳米尺度效应及其机理	中国石油化工股份有限公司北京化工研究院	乔金樑 张晓红 戚桂村 王 湘 蔡传伦 王 亚
5. 有机/无机复合树脂催化剂的创制及应用	中国石油化工股份有限公司上海石油化工研究院	何文军 俞峰萍 蔡 红 陈梁锋 孙翟宗 徐学诚

表4　　获2013年度中国石化技术发明奖项目

项目名称	主要完成单位	主要完成者
一等奖		
1. 多分量地震油气探测技术	中国石油化工股份有限公司石油勘探开发研究院 中国石油化工股份有限公司西南油气分公司 中国科学院地质与地球物理研究所 中国石油大学(北京)	魏修成 唐建明 王 赟 黄忠玉 芦 俊 张 峰 徐天吉 季玉新
2. 泥岩盖层封堵机理与保存条件评价技术	中国石油化工股份有限公司石油勘探开发研究院	郑和荣 刘伟新 范 明 秦建中 张 俊 李志明 张文涛 俞凌杰
3. 新型内给电子体及聚丙烯催化剂技术	中国石油化工股份有限公司北京化工研究院	高明智 刘海涛 李昌秀 郭浩然 宋文波 笪文忠 王 军 马 晶
三等奖		
1. 超低硫专用燃料研制	中国石油化工股份有限公司石油化工科学研究院 中国石油化工股份有限公司上海高桥分公司	黄燕民 刘双红 谢光煜 蔺建民 王 昆 张和平 刘元夫 曹文磊

续表

项目名称	主要完成单位	主要完成者
2. 利于多环芳烃高效转化的高硅高结晶度 Y 型分子筛创制及工业应用	中国石油化工股份有限公司抚顺石油化工研究院 中国石油化工股份有限公司催化剂抚顺分公司	刘　昶　杜艳泽　王凤来　关明华 石友良　祁兴维　赵　红　任　靖
3. 具有复合大孔及超稳纳米 Ni 晶的催化材料	中国石油化工股份有限公司上海石油化工研究院 中国石油化工股份有限公司广州分公司 中国石油化工股份有限公司茂名分公司	刘仲能　吴晓玲　江兴华　宗弘元 诸泽人　黄　昶　李则俊　赵　多
4. 长余辉发光热塑性树脂的研究和制备	中国石油化工股份有限公司北京化工研究院	张师军　张丽英　吕明福　尹　华 张　薇　张　浩　邵静波　吕　芸
5. 烃类气体中痕量 NOx 成套分析技术的研发及应用	中国石油化工股份有限公司石油化工科学研究院	张月琴　汪燮卿　韩江华　王亚敏 田松柏　李长秀　张宝吉
6. 高含硫天然气 H_2S、CH_4 激光检测技术	中石化石油工程技术服务有限公司 中国石油化工股份有限公司中原油田分公司 中国科学院合肥物质科学研究院	张　建　于殿强　赵海培　刘文清 陈　莉　韩小磊　张玉钧　徐新波

表 5　　获 2013 年度中国石化科学技术进步奖项目

项目名称	主要完成单位	主要完成者
特等奖		
1. 高性能甲醇制烯烃催化剂及 S－MTO 成套技术开发	中国石油化工股份有限公司上海石油化工研究院 中国石化工程建设有限公司 中国石化中原石油化工有限责任公司 中国石油化工股份有限公司北京燕山分公司	谢在库　王子宗　刘红星　吴　雷 罗　强　张西国　钟思青　王振维 顾松园　余龙红　王家纯　张　桢 陈　海　蒋荣兴　曲宏亮　齐国祯 李海周　胡　春　苏胜利　姜家乐 孙培志　闫　涛　赵百仁　叶玉民 王　川　宋以常　潘　珂　邱静薇 程　军　肖在峰
一等奖		
1. 鄂南黄土塬区三维地震关键技术	中国石油化工股份有限公司华北分公司	周荔青　郝蜀民　刘宝国　陈英毅 惠宽洋　刘忠群　侯瑞云　庄熙勤 李文玉　张宣堂　金东民　苏丰才 杜春江　冯永强　龙利平
2. 面向储层精细预测的地震保幅处理技术	中国石油化工股份有限公司胜利油田分公司	单联瑜　李继光　尚新民　苗永康 陈新荣　刘立彬　韩站一　钮学民 江明川　芮拥军　刘培体　丛龙水 赵爱国　许建国　汪　浩

续表

项目名称	主要完成单位	主要完成者
3. 油气成藏过程动力构成差异性及控藏模式	中国石油化工股份有限公司胜利油田分公司	王永诗　宋国奇　邱贻博　高永进　刘雅利　徐兴友　唐　东　张学军　林红梅　程付启　郝雪峰　徐　亮　方旭庆　贾光华　周爱华
4. 胜利油田难采稠油高效开发技术	中国石油化工股份有限公司胜利油田分公司	孙焕泉　毕义泉　杨　勇　王端平　张绍东　汪庐山　吴光焕　韩来聚　张广卿　束青林　王世虎　赵红雨　盖平原　李作会　周英杰
5. 注水井测调一体化工艺技术	中国石油化工股份有限公司胜利油田分公司	孙宝全　李　敢　李常友　姜广彬　李荣强　郭林园　周思宏　仲如冰　聂文龙　李啸南　曲晓峰　张　剑　刘艳霞　许玲玲　魏新晨
6. 大湾高含硫气田水平井高效开发关键技术	中国石油化工股份有限公司中原油田分公司 中国石油化工股份有限公司天然气工程项目管理部 北京大学	曹耀峰　孔凡群　王寿平　曾大乾　沈　琛　石兴春　杨玉坤　陈惟国　姚志中　宿亚仙　何　川　叶文超　何　伟　王　栋　郭海霞
7. 缝洞型油藏表征及开发关键技术	中国石油化工股份有限公司石油勘探开发研究院 中国石油化工股份有限公司西北油田分公司 中国石油化工股份有限公司石油物探技术研究院	李　阳　袁向春　曲寿利　窦之林　康志江　李江龙　鲁新便　胡向阳　张宏方　朱生旺　王世星　刘学利　王光付　刘中春　韩革华
8. 自主技术高档内燃机油开发和在汽车行业应用推广及配套基础油研究	中国石油化工股份有限公司润滑油分公司 中国石油化工股份有限公司石油化工科学研究院 中国石油化工股份有限公司上海高桥分公司	宋云昌　武志强　张　倩　朱永进　隋秀华　刘枫林　卢文彤　朱和菊　徐　杰　林荣兴　陆国飞　王立华　周干堂　徐　未　潘草原
9. 第2代S－Zorb工艺和工程技术的开发与工业应用	中国石化工程建设有限公司 中国石油化工股份有限公司石油化工科学研究院 中国石油化工股份有限公司上海高桥分公司 中国石油化工股份有限公司济南分公司 中国石油化工股份有限公司镇海炼化分公司	孙丽丽　袁忠勋　侯晓明　夏季祥　胡江青　黄泽川　吴德飞　庄　剑　盖金祥　冯　欣　张　蕾　张建民　孙文林　刘　学　张　遥

续表

项目名称	主要完成单位	主要完成者
10. 高能效(SHEER)加氢成套技术开发及工业应用	中国石油化工股份有限公司抚顺石油化工研究院 中石化洛阳工程有限公司 中国石油化工股份有限公司广州分公司 镇海石化建安工程有限公司 华东理工大学 北京中环信科科技股份有限公司	李立权 曾榕辉 叶晓东 彭 冲 郑选建 裘 峰 徐志达 陈崇刚 刘 涛 陈 剑 吴子明 于长青 张贤安 马 良 顾 达
11. 新一代稀乙烯制乙苯成套技术的开发及工业应用	中国石油化工股份有限公司上海石油化工研究院 中国石化青岛炼油化工有限责任公司 中国石油化工股份有限公司石油化工科学研究院 中石化洛阳工程有限公司	杨为民 李振民 李网章 张凤美 孙洪敏 张仲利 韩言青 王 瑾 刘文杰 林昊健 郭湘波 李春晓 张 斌 徐相伟 李宏伟
12. 茂金属催化剂气相法聚乙烯成套技术及PE-RT管材料产品开发	中国石油化工股份有限公司齐鲁分公司 中国石油化工股份有限公司北京化工研究院 中国石油化工股份有限公司石油化工科学研究院	杨宝柱 王洪涛 郑 刚 石志俭 连业波 王群涛 王 波 张 竑 王者民 唐 岩 王常宝 王 伟 邓晓音 王 东 范国强
13. 3万吨/年溴化丁基橡胶工业成套技术开发	中国石油化工股份有限公司北京燕山分公司 中国石化工程建设有限公司 中国石油化工股份有限公司北京化工研究院	华 炜 梁爱民 王子宗 赫 炜 丁文有 郑国军 徐宏德 张 键 胡 畔 贺玉芝 刘 铭 祁 俊 陈茂春 何 干 钟 林
14. 百万吨级大型乙烯装置用丙烯压缩机组研制	中国石油化工股份有限公司镇海炼化分公司 沈阳鼓风机集团股份有限公司 杭州汽轮机股份有限公司 中国石化工程建设有限公司	王学军 江正洪 叶 钟 陈亚林 李耀祖 李 力 熊建新 张少平 张 勇 魏 鑫 杨雄民 朱鹏飞 张秀锋 刘向东 邱东声
15. 炼油厂恶臭和VOC废气综合治理成套技术	中国石油化工股份有限公司抚顺石油化工研究院 中国石油化工股份有限公司金陵分公司	赵日峰 刘忠生 高 跃 王海波 杜 平 方向晨 陆鹏宇 郭兵兵 唐 超 李凌波 唐 源 朴 勇 汪 康 陈玉香 孙柏军
16. 中国石化资金集中管理信息网络系统项目	石化盈科信息技术有限责任公司	李德芳 王广生 高中元 潘欣荣 张 伟 彭松涛 张建江 支 华 周广平 周 尚 贾春亮 王 燕 张 虎 刘 勇 乔海兵

续表

项目名称	主要完成单位	主要完成者
二等奖		
1. 苏北盆地隐蔽性断层分布与控藏研究	中国石油化工股份有限公司江苏油田分公司	李鹤永　刘玉瑞　邱旭明　陈平原　胡爱玉　杨立干　罗　丽　刘喜欢　方　涛　陈　军　戴祉平　仇永峰
2. X射线元素录井技术	中国石油化工股份有限公司华北分公司	常兴浩　梁栋全　陈英毅　王晓阳　邱田民　谢元军　王飞龙　屈玉凤　乔玉珍　孙　锐　徐　锐　张　广
3. 春光探区增储领域研究及目标评价	中国石油化工股份有限公司河南油田分公司	严永新　杨振峰　徐照营　王地举　张　驰　肖　学　常炳章　于群达　李风勋　陈　萍　王　勇　李秋菊
4. 元坝地区优质快速钻井关键技术	中国石油化工股份有限公司石油工程技术研究院 中国石油化工股份有限公司勘探南方分公司 中石化石油工程技术服务有限公司	刘汝山　牛新明　李真祥　赵金海　张金成　张东清　石秉忠　周仕明　孙铭新　舒尚文　刘新义　吴　超
5. 沙特B区块高温高压气井井筒技术应用研究	中国石油化工股份有限公司石油工程技术研究院 中国石化集团国际石油勘探开发有限公司	路保平　苏　勤　武好杰　杨顺辉　张奎林　邢树宾　安本清　刘卫东　秦　疆　金军斌　侯绪田　刘友义
6. 复杂地表静校正技术研发及应用	中国石油化工股份有限公司石油物探技术研究院	杨勤勇　林伯香　居兴国　孙晶梅　徐　颖　王汝珍　关　达　孙开峰　朱海波　李　鹏　杨子兴　肖　盈
7. 中东中亚富油气区大型项目勘探开发关键技术	中国石化集团国际石油勘探开发有限公司 中国石油化工股份有限公司石油勘探开发研究院 中国石油化工股份有限公司石油工程技术研究院	侯洪斌　李国华　吕延仓　陈文学　殷进垠　樊生利　唐一丹　侯绪田　梁海云　周　瑞　黄学斌　杨品荣
8. 整装油田水平井提高采收率油藏工程优化技术	中国石油化工股份有限公司胜利油田分公司	李振泉　贾俊山　曾显香　闫　萍　宋　勇　黄迎松　王建勇　戴　涛　刘志宏　张明安　刘丽杰　李林祥
9. 适应复杂工况双级注水泥器的研制与产业化	中国石油化工股份有限公司石油工程技术研究院	马开华　吴姬昊　秦金立　马兰荣　郑晓志　郭朝辉　陈武君　张红卫　张宏军　李鹏飞　赵玉峰　魏　辽
10. 埕岛油田老区调整海洋工程优化技术	中国石油化工股份有限公司胜利油田分公司 中石化石油工程技术服务有限公司	张　煜　赵　帅　徐志刚　李　勇　姜俊荣　赵益民　纪国庆　邹积山　贾芳民　冯春健　刘　真　亓　刚

续表

项目名称	主要完成单位	主要完成者
11. 油田生产信息无线监测与综合分析系统	中国石油化工股份有限公司江苏油田分公司	王掌洪 王明才 熊建华 汪祥林 朱苏青 李 兴 张晓峰 杨海滨 冯恩山 潘国辉 裘井岗 石太军
12. 草舍油田 Et 油藏 CO_2 提高采收率先导试验	中国石油化工股份有限公司华东分公司	俞 凯 刘 伟 彭一宪 陈祖华 钱卫明 唐人选 邵焕彬 周正平 吴志良 冯如进 张 勇 杨怀成
13. 多层致密气藏稳产关键技术	中国石油化工股份有限公司西南油气分公司	武恒志 刘成川 曾 焱 卜 淘 李华昌 张国东 向祖平 王勇飞 段永明 黎华继 吴 铬 颜晋川
14. 三元共聚冻胶微球调驱剂的研究与应用	中国石油化工股份有限公司中原油田分公司 中国石油大学(华东)	窦让林 陈宗林 黄学宾 李小奇 马青印 何汉坤 杜振惠 金文刚 杨昌华 南江峰 曹全国 叶卫保
15. 新一代脱乙基型 C_8 芳烃异构化催化剂在大型装置中工业应用	中国石油化工股份有限公司石油化工科学研究院 中国石化上海石油化工股份有限公司	刘中勋 沈文华 张家涛 张彩娟 周震寰 刘全新 曲成武 李 翔 赵 斌 焦章迪 夏文女 梁战桥
16. 产率优化技术 MIP - DCR 的研发和工业应用	中国石油化工股份有限公司石油化工科学研究院 中国石油化工股份有限公司九江分公司 中石化洛阳工程有限公司	龚剑洪 许友好 蔡 智 谢恪谦 张久顺 余伟胜 郝希仁 常学良 谢晓东 赵合俊 朱向阳 魏晓丽
17. 生产高链烷烃含量尾油的加氢裂化技术开发与应用	中国石油化工股份有限公司石油化工科学研究院 中国石化上海石油化工股份有限公司	李 毅 陈巨星 毛以朝 陈 勇 胡志海 时勇刚 聂 红 王一冠 李明丰 蒋永青 董建伟 吴美芳
18. 炼油全流程优化技术开发与推广应用	中国石油化工股份有限公司齐鲁分公司 中国石油化工股份有限公司广州分公司 中国石油化工股份有限公司金陵分公司 中国石化上海石油化工股份有限公司 中国石化青岛炼油化工有限责任公司 中国石油化工股份有限公司镇海炼化分公司 中国石油化工股份有限公司茂名分公司 中国石油化工股份有限公司长岭分公司 中国石油化工股份有限公司荆门分公司 中国石油化工股份有限公司九江分公司	凌逸群 郑文刚 孙振光 陈尧焕 叶晓东 李 涛 赵晓敏 周厚双 吕锡贤 简建超 刘玉保 陈国伟
19. 马来西亚 TITAN 公司新增 CBL - R 裂解炉	中国石化工程建设有限公司 中国石油化工股份有限公司北京化工研究院 中国石油化工科技开发有限公司 中国石化国际事业公司 中石化第四建设有限公司 南京天华化学工程有限公司	戚国胜 何细藕 章 践 张兆斌 韩凤山 高 宁 孙晓晨 李行温 张全强 李昌力 陈永亮 李 光

续表

项目名称	主要完成单位	主要完成者
20. 钻井液用聚胺抑制剂和高软化点沥青的研制与应用	中国石油化工股份有限公司抚顺石油化工研究院 中石化石油工程技术服务有限公司	黎元生　张喜文　傅　丽　回　军 王中华　姚汉荣　陈　楠　赵景霞 郭建华　郭皎河　鲁　娇　宁爱民
21. 基于ND催化剂的液相本体聚丙烯工艺及产品成套技术开发	中国石化扬子石油化工有限公司 中国石油化工股份有限公司北京化工研究院	阚　林　高明智　贾中明　笪文忠 徐宏彬　刘海涛　邢　峰　蔡晓霞 詹德明　朱　柯　秦金来　陈明华
22. YS－8810银催化剂工业开发及工业应用	中国石化上海石油化工股份有限公司 中国石油化工股份有限公司北京化工研究院 中国石油化工股份有限公司催化剂分公司	刁春霞　李金兵　尹国海　王忠良 陈建设　张敏宏　周　铭　汤之强 卓　平　梁汝军　姚希权　代武军
23. 环管工艺氢调法高熔指抗冲聚丙烯生产技术开发	中国石油化工股份有限公司北京化工研究院 中国石油化工股份有限公司镇海炼化分公司	宋文波　周汉学　张师军　孟鸿诚 胡慧杰　刘国强　任敏巧　陈建国 钱　斌　毕福勇　黄爱斌　赵小平
24. 浅冷油吸收法回收炼厂干气成套技术开发	中国石油化工股份有限公司北京化工研究院 中国石油化工股份有限公司齐鲁分公司	李东风　张绍光　程建民　王玉亮 廖丽华　孙冠嵩　吴长江　谢茂兴 过　良　李　琰　王昌岭　刘智信
25. 模块化低潜硫天然气脱硫成套装置研究与应用	中石化石油工程技术服务有限公司 中国石化集团南京化学工业有限公司 中国石油化工股份有限公司胜利油田分公司 中国石油化工股份有限公司西南油气分公司 中国石油化工股份有限公司西北油田分公司	甘振维　储　政　张　建　袁　斌 杨建平　杨　宇　孙晓春　刘会友 张新军　姚　彬　卢克超　王　翀
26. 二次油气回收设备国产化研发与应用	中国石油化工股份有限公司青岛安全工程研究院 中国石化销售有限公司 中国石油化工股份有限公司广东石油分公司 中国石油化工股份有限公司北京石油分公司 中国石油化工股份有限公司浙江石油分公司	郭飞鸿　牟善军　张卫华　吴锋棒 赵志海　周金广　鲜爱国　陈尧四 王　洁　陈　莹　许　光　张健中
27. 高含硫气井井下流体取样技术	中国石油化工股份有限公司中原油田分公司	吴信荣　张庆生　张文昌　曹言光 耿　波　赵　斌　高远峰　党军胜 赵志超　耿安然　邵理云　刘建亮

续表

项目名称	主要完成单位	主要完成者
28. 流光放电氨法烟气脱硫技术的工业应用	中国石化集团资产经营管理有限公司巴陵石化分公司	杜　博　周树波　颜志华　熊　军 周忠良　张学农　卿向东　李国祥 刘湘林　蒋国贤　周芳刚　刘　勇
29. 油库自动化控制系统	中国石油化工股份有限公司湖南石油分公司	潘桂妹　胡乐天　闵德明　朱建红 李东标　吴世胜　肖蔚明　周国文 余铸平　彭运平　王路阳　叶全胜
30. 焦炭塔操作程序控制及联锁系统(Co－PCIS)研制与工业应用	中石化洛阳工程有限公司 中国石油化工股份有限公司洛阳分公司 洛阳润光石化设备有限公司	李和杰　杜　翔　刘洛新　刘志平 郭永博　郭立静　杨文明　徐江华 王辰涯　程前进　翟志清　候继承
31. 石油化工工程建设项目管理机理研究与评价	中国石化工程建设有限公司 中石化宁波工程有限公司 华东理工大学	王基铭　袁晴棠　王子宗　亢万忠 李国清　陈智高　洪定一　肖雪军 陈宁南　吴　瑜　沙永复　常香云
32. 中国石化零售管理信息系统	石化盈科信息技术有限责任公司	张海潮　柴志明　齐学忠　张　毅 沈青祁　唐晓波　孟庆峰　宋春林 刘　远　高劲松　白　鹭　阳仕舟
33. 石油化工设备设计手册	中国石化工程建设有限公司 中国石化出版社	刘家明　赖周平　张迎恺　蒋荣兴 龚　宏　白　桦　高莉萍　段　瑞 逄金娥　李力松　冯清晓　仇恩沧
34. 石化装置在线安全运行指导系统研发与应用	中国石油化工股份有限公司青岛安全工程研究院 中国石化上海石油化工股份有限公司 中国石油化工股份有限公司北京燕山分公司 中国石油化工股份有限公司石家庄炼化分公司 中国石化仪征化纤股份有限公司	牟善军　王春利　李传坤　张卫华 姜春明　林永明　谢传欣　陈筱金 袁　泉　石　宁　崔焕茹　徐　伟
35. 催化裂化与延迟焦化装置技术分析及远程诊断系统开发及应用	中国石油化工股份有限公司石油化工科学研究院 中国石化工程建设有限公司 石化盈科信息技术有限责任公司	朱根权　李　卓　曹东学　鲁维民 李　鹏　李出和　谢朝钢　陈尧焕 刘怀伟　于凤昌　许明德　宫　超
三等奖		
1. 碎屑岩储层精细预测关键技术研究及应用	中国石油化工股份有限公司石油物探技术研究院	胡中平　关　达　袁联生　罗　延 杨江峰　孙振涛　张卫华　刘卫华 居兴国
2. 川东北台缘沉积建模及地震沉积学研究	中国石油化工股份有限公司勘探南方分公司 中国地质大学(武汉)	周明辉　陆永潮　段金宝　焦养泉 付孝悦　邢凤存　张文军　李毕松 熊治富

续表

项目名称	主要完成单位	主要完成者
3. 潜北潜四下油气成藏条件研究	中国石油化工股份有限公司江汉油田分公司	张士万　付宜兴　郭丽彬　张三元　唐文旭　张　亮　刘　猛　李铭华　罗书行
4. VDX 数字钻井参数仪研制	中石化石油工程技术服务有限公司	孙清德　白汉栋　舒尚文　李海波　袁志辉　薛高峰　陆瑞瑞　王会永　刘明国
5. 逆 VSP 地震采集处理关键技术研究	中石化石油工程技术服务有限公司	刘成斋　王增明　魏福吉　毛中华　冯　刚　刘洪文　王长宏　冀登武　王　鑫
6. 页岩气水平井固井技术研究与应用	中国石油化工股份有限公司石油工程技术研究院	刘　伟　丁士东　陶　谦　谭春勤　张明昌　周仕明　匡立新　郭进忠　刘　建
7. 川西高研磨性硬地层钻头开发	中石化石油工程技术服务有限公司	田红平　郭国忠　李建基　洪春玲　宋全胜　刘　强　陈东方　石志明　陆忠华
8. 基于地理信息的地震资料采集设计及软件研制	中石化石油工程技术服务有限公司	周芝旭　安　俊　黄　飞　朱圣军　姚本全　陈建国　尚洪猛　丁玫瑰　梁公益
9. 超高密度钻井液技术研究与应用	中国石油化工股份有限公司石油工程技术研究院	林永学　杨小华　蔡利山　王　琳　徐　进　石秉忠　王中华　欧　彪　蒋祖军
10. 高精度纵横波联合处理与解释技术	中国石油化工股份有限公司胜利油田分公司	孟宪军　石建新　王秀玲　韩世春　刘玉珍　王高成　毕丽飞　余　鹏　夏吉庄
11. Addax 重点区块勘探潜力与目标优选	中国石油化工股份有限公司石油勘探开发研究院	苏玉山　吴世祥　张　涛　陈占坤　薛　会　佘　刚　刘志鹏　高　君　万晓玲
12. 东营凹陷陡坡砂砾岩扇体成岩圈闭有效性评价	中国石油化工股份有限公司胜利油田分公司	刘惠民　贾光华　刘鑫金　周爱华　乔　俊　王文彬　田美荣　田　方　谢　燕
13. 中石化海外重点探区地震成像技术研究与应用	中国石油化工股份有限公司石油勘探开发研究院	朱成宏　高　鸿　徐蔚亚　贾丽华　谢　飞　李　佩　张春涛　庞海玲　魏修成

续表

项目名称	主要完成单位	主要完成者
14. 非油气领域科技成果的启示作用调研	中石化石油工程技术服务有限公司	孙铭新 杨 利 刘海东 魏福吉 张林伟 王 萍 臧德福 曹嫣红 隋利台
15. 低渗气藏水平井压裂优化设计技术研究	中国石油化工股份有限公司石油勘探开发研究院	刘长印 李凤霞 李克智 彭元东 黄志文 龙秋莲 孙志宇 王德安 王益维
16. 塔河油田碎屑岩油藏水平井堵水技术	中国石油化工股份有限公司西北油田分公司	林 涛 王 雷 李子甲 吴文明 赵海洋 李新勇 何 龙 李 亮 刘广燕
17. 水平井流量含水测井方法与样机	中石化石油工程技术服务有限公司	董经利 谢景平 王 强 臧德福 刘树勤 李泽田 姜文芝 赵国华 管林华
18. 钻井漏失评价、判定及堵漏工艺技术	中石化石油工程技术服务有限公司	乔 军 李公让 郭保雨 刘振东 郭元恒 侯业贵 柴金鹏 韩忠义 成效华
19. 多层叠合致密岩性气藏有效开发技术研究	中国石油化工股份有限公司石油勘探开发研究院	史云清 严 谨 郑荣臣 刘忠群 刘建党 王树平 王卫红 陈舒薇 高青松
20. 胜利 902 铺管工程船设计及建造技术研究	中石化石油工程技术服务有限公司	刘绍亮 桑运水 贾芳民 迟艳芬 叶 明 魏中格 王泽浩 郭 刚 史德强
21. 注水井无线遥控分层配水技术研究	中国石油化工股份有限公司江汉油田分公司	杨志涛 李仁忠 尤文超 谢小辉 陈建达 别香平 吴雷泽 赵忠建 张燕平
22. 高温高盐油藏空气泡沫驱油提高采收率技术	中国石油化工股份有限公司中原油田分公司	吕新华 邓瑞健 吴信荣 林伟民 肖 良 高海涛 李建雄 李中超 范锡彦
23. 松滋油田低渗透厚层底水油藏开发技术研究	中国石油化工股份有限公司江汉油田分公司	邓江洪 高江取 索绪昌 贺其川 刘训波 金 崚 邓明坚 王先亚 李少明
24. 大牛地气田老区稳产技术	中国石油化工股份有限公司华北分公司	龚才喜 张文洪 郑 锋 李克智 李冰毅 徐卫峰 王贵生 吴伟然 张文才

续表

项目名称	主要完成单位	主要完成者
25. 松南火山岩气藏压裂改造技术研究	中国石油化工股份有限公司东北油气分公司	刘立宏　刘三威　张　冲　吉树鹏　刘清华　王友付　靳宝军　王娟娟　张振兴
26. 海军系统舰船通用柴油机油的开发	中国石油化工股份有限公司润滑油分公司	王亚萍　杨慧青　郑金花　俞巧珍　刘枫林　刘　红　侯仲淼　张志辉　蒋辰婕
27. 新型20号航空润滑油技术开发	中国石油化工股份有限公司石油化工科学研究院 中国人民解放军空军油料研究所	梁宇翔　徐　敏　贺景坚　张建荣　尹开吉　李少玉　王洁青　陈晓伟　王　磊
28. FHUDS－6 柴油超深度加氢脱硫催化剂研制及工业应用	中国石油化工股份有限公司抚顺石油化工研究院 中国石化青岛炼油化工有限责任公司 中国石化扬子石油化工有限公司	姚运海　钟湘生　张开伦　孙　进　丁　贺　王寿璋　顾　毅　曲　涛　丁　莉
29. 特大型高含硫天然气净化厂成套工程技术开发与工业应用	中国石化工程建设有限公司 中国石油化工股份有限公司中原油田分公司	刘家明　李　浩　郑立军　盛兆顺　朱学军　金　超　张迎恺　商剑峰　丘　平
30. 新油种调合高等级道路沥青的研究	中国石油化工股份有限公司茂名分公司	华献君　钟向宏　崔　光　李国民　杨海兰　何志龙　骆新平　马毅胜　欧　晔
31. FFI 蜡油加氢处理与催化裂化深度组合系列技术开发及工业应用	中国石油化工股份有限公司抚顺石油化工研究院 中国石油化工股份有限公司洛阳分公司	张学辉　李　彬　孙小平　初人庆　张　锋　刘　涛　汤杰国　黄新露　肖风良
32. 年产40万吨PTA氧化精制优化降耗技术开发应用	中石化上海工程有限公司 中国石化上海石油化工股份有限公司	何勤伟　陈筱金　李真泽　濮炳均　吴德荣　张　洪　王江义　钱　军　杨　军
33. YN－1 镍系裂解汽油一段加氢催化剂工业开发和应用	中国石油化工股份有限公司北京化工研究院 中国石油化工股份有限公司催化剂分公司	柴忠义　张敏宏　齐东峰　张　毅　刘宗语　任玉梅　陈文剑　季　静　边　杰
34. 高档车用高官能度聚醚多元醇的研制	中国石化集团资产经营管理有限公司天津石化分公司	尹　枫　付呈威　贾永哲　丁炳海　李淑华　何　静　王宝艳　杨　洁
35. 环保聚乙烯醇生产技术开发	中国石化集团四川维尼纶厂	徐正宁　赵　寰　秦庆伟　黎　园　汪宝林　张仁文　胡腊梅　毛念林　黄　勇

续表

项目名称	主要完成单位	主要完成者
36. 年产1万吨异戊烯装置成套技术开发	中国石化上海石油化工股份有限公司	许惠明 郭世卓 孙春水 徐泽辉 孙荣华 范存良 彭云峰 朱 渝 赵金男
37. 5万吨/年间苯二甲酸工业生产技术开发	中国石油化工股份有限公司北京燕山分公司 中国石化工程建设有限公司	李军良 易 智 张宝泉 张海珠 朱 良 杨 照 李 强 肖雪军 葛长利
38. 具有强生物毒性的环己酮氨肟化工艺废水处理技术创新与应用	中国石油化工股份有限公司石油化工科学研究院 中国石油化工股份有限公司石家庄炼化分公司	高 峰 肖光辉 桑军强 赫彦良 李本高 李丽英 付锦晖 曹 红 杨克勇
39. 乙烯中微量杂质分析技术开发及微量杂质对聚乙烯生产的影响规律	中国石油化工股份有限公司北京化工研究院	张 颖 王如恩 陈 松 周俊领 李思睿 纪卫民 赵亚婷 安京燕 宋 阳
40. QCS－12耐硫变换催化剂的研制及应用	中国石油化工股份有限公司齐鲁分公司 山东齐鲁科力化工研究院有限公司 中国石油化工股份有限公司安庆分公司	谭永放 刘晓华 白志敏 田 力 梁忠东 徐兴忠 高步良 汪永庆 赵庆鲁
41. 有光缝纫线升级产品的开发	中国石化仪征化纤股份有限公司	阮云峰 魏家瑞 孙华平 赵付平 陆明英 薛斌 吴旭华 陈 培 王 群
42. 扭曲管双壳程换热器研究及制造	中国石化工程建设有限公司 华东理工大学 中国石油化工股份有限公司上海高桥分公司 抚顺机械设备制造有限公司	朱冬生 蹇江海 王朝平 高 磊 张铁钢 宋 丹 曾力丁 陆磐谷 孔育红
43. 加油站液位仪自动标定油罐容积表功能开发	中国石油化工股份有限公司天津石油分公司	刘怀义 张纳军 王维民 杨丽欣 李宝贵 蔡玉臣 李洪庆 张 宇
44. 调节球阀和双关断旋塞阀整体国产化开发	中国石化销售有限公司华南分公司 西安航空动力研究所	夏于飞 王新敏 陈建华 李小明 金锁英 段文科 黄小茂 许长华 刘 胜
45. 醋酸乙烯反应器AP－0101国产化	中国石化集团北京燕山石油化工有限公司 北京东方石油化工有限公司 北京燕华工程建设有限公司	李 贤 杨启炜 王 光 伦海涛 罗 超 沈建荣 孙海疆 曾红国 王志刚
46. 环氧丙烷/苯乙烯联产装置脱水反应器	中国石化工程建设有限公司 中国石油化工股份有限公司镇海炼化分公司 江苏中圣高科技产业有限公司	董玉群 魏 鑫 郭宏新 李胜利 计 斌 李玉京 郭雪华 胡明忠 李 峰

续表

项目名称	主要完成单位	主要完成者
47. 液化烃球罐泄漏控制安全技术研究	中国石油化工股份有限公司天津分公司 中国石油化工股份有限公司青岛安全工程研究院 合肥通用机械研究院	刘春旺　李春树　李长和　田亚团 党文义　陈学东　刘昌华　高丽岩 凌晓东
48. 油田变频电磁防蜡阻垢技术	中国石油化工股份有限公司胜利油田分公司	赵　磊　许德广　汪云家　张丁涌 范风英　刘玉忠　刘向军　张秀生 杨勤生
49. 中国石化税收管理信息系统	石化盈科信息技术有限责任公司	刘利君　罗　莉　尚胜利　张　静 施鹏飞　朱宁松　王　岩　汪长虹 郑　炜
50. 水平井压裂完井技术专利战略	中国石油化工股份有限公司胜利油田分公司	王世杰　王桂英　李　娜　黄志宏 闫丽丽　安申法　李海涛　杨　慧 李　敢
51. 石油建设安装工程消耗量定额编制	中国石油化工股份有限公司胜利油田分公司	全兆松　王志刚　崔桂禄　吴广翔 张中华　王　珞　乔鲁民　徐　锋 马玉霞
52. 乙烯装置全流程闭环实时优化	中国石油化工股份有限公司北京燕山分公司	罗　强　刘丰合　刘彦波　刘志文 宋立臣　齐东峰　王国华　宋临爱 郑冬梅
53. 油田开发部署管理系统设计与开发	中国石油化工股份有限公司石油勘探开发研究院	张　勇　袁向春　黄石岩　肖　波 李　胜　胡建国　景　帅　孟　阳 唐　磊

附录 2

企事业单位名录

序号	单位名称	地址	邮政编码	电话	传真	董事长/经理（厂长）
1	中国石化集团胜利石油管理局 中国石油化工股份有限公司胜利油田分公司	山东省东营市济南路 125 号	257001	（0546）8552074 （0546）8555313	（0546）8221719	孙焕泉
2	中国石化集团中原石油勘探局 中国石油化工股份有限公司中原油田分公司	河南省濮阳市中原路 277 号	457001	（0393）4822151 （0393）4822172	（0393）4828300	孔凡群
3	中国石化集团河南石油勘探局 中国石油化工股份有限公司河南油田分公司	河南省南阳市宛城区油田五一村	473132	（0377）63830011	（0377）63830027	李联五
4	中国石化集团江汉石油管理局 中国石油化工股份有限公司江汉油田分公司	湖北省潜江市广华寺江汉路 1 号	433124	（0728）6502051	（0728）6502784	孙　健
5	中国石化集团江苏石油勘探局 中国石油化工股份有限公司江苏油田分公司	江苏省扬州市文汇西路 1 号	225009	（0514）87762001	（0514）87761111	朱　平
6	中国石化集团新星石油有限责任公司	北京市海淀区北四环中路 263 号	100083	（010）82335150	（010）82335152	袁　清
7	中国石化集团上海海洋石油局 中国石油化工股份有限公司上海海洋油气分公司	上海市浦东新区商城路 1225 号	200120	（021）20896811	（021）68769284	左文岐
8	中国石化集团西北石油局 中国石油化工股份有限公司西北油田分公司	新疆乌鲁木齐市长春南路 466 号 中国石化西北石油科研生产园区	830011	（0991）3166583	（0991）6637597	刘中云
9	中国石化集团西南石油局 中国石油化工股份有限公司西南油气分公司	四川省成都市高新区吉泰路 688 号 中国石化西南科研办公基地	610041	（028）65285555	（028）65285666	甘振维

续表

序号	单位名称	地址	邮政编码	电话	传真	董事长/经理（厂长）
10	中国石化集团东北石油局 中国石油化工股份有限公司东北油气分公司	吉林省长春市绿园区西安大路4936号	130062	（0431）87958809	（0431）87974693 （0431）87973631	邢景宝
11	中国石化集团华北石油局 中国石油化工股份有限公司华北分公司	河南省郑州市中原区陇海西路199号	450006	（0371）68629220	（0371）68612902	周荔青
12	中国石化集团华东石油局 中国石油化工股份有限公司华东分公司	江苏省南京市建邺区江东中路315号中泰国际广场6号楼	210019	（025）58777022	（025）58822349	方志雄
13	中国石油化工股份有限公司天然气分公司 中国石化天然气有限责任公司	北京市朝阳区惠新东街甲6号	100029	（010）69166083	（010）69196617	高爱华
14	中国石油化工股份有限公司勘探南方分公司	四川省成都市高新区吉泰路688号中国石化西南科研办公基地	610041	（028）85164709	（028）85164600	郭旭升
15	中国石油化工股份有限公司天然气工程项目管理部	四川省成都市金牛区恒德路8号	610081	（028）83360628	（028）83361066	沈　琛
16	中国石化集团管道储运公司 中国石油化工股份有限公司管道储运分公司	江苏省徐州市泉山区翟山新村	221008	（0516）83453552	（0516）83453386	夏于飞
17	中国石化集团北京燕山石油化工有限公司 中国石油化工股份有限公司北京燕山分公司	北京市房山区燕山岗南路1号	102500	（010）69347123	（010）69342736	罗　强
18	中国石化集团资产经营管理有限公司齐鲁石化分公司 中国石油化工股份有限公司齐鲁分公司	山东省淄博市临淄区桓公路15号	255400	（0533）7180777	（0533）7180406	凌逸群
19	中国石化集团茂名石油化工公司 中国石油化工股份有限公司茂名分公司	广东省茂名市双山四路9号大院	525000	（0668）2243941	（0668）2269317	余夕志

续表

序号	单位名称	地址	邮政编码	电话	传真	董事长/经理（厂长）
20	中国石油化工股份有限公司镇海炼化分公司	浙江省宁波市镇海区蛟川街道	315207	（0574）86440114	（0574）86270077	张玉明
21	中国石化集团资产经营管理有限公司天津石化分公司 中国石油化工股份有限公司天津分公司	天津市滨海新区（大港）北围堤路（西）160 号	300271	（022）63806666	（022）25991000	朱建民
22	中国石化上海石油化工股份有限公司	上海市金山区金一路 48 号	200540	（021）57941941	（021）57942267	王治卿
23	上海赛科石油化工有限责任公司	上海化学工业区南银河路 557 号	201507	（021）37990088	（021）67250866	王治卿
24	中国石化集团资产经营管理有限公司上海高桥分公司 中国石油化工股份有限公司上海高桥分公司	上海市浦东大道 3000 号	200129	（021）58711001	（021）58712207	侯勇/侯晓明
25	中国石化集团金陵石油化工有限责任公司 中国石油化工股份有限公司金陵分公司	江苏省南京市栖霞区甘家巷街 388 号	210033	（025）58989319 （025）58988809	（025）85592004 （025）85410220	戚建国
26	中沙（天津）石化有限公司	天津市滨海新区（大港）北围堤路西 235 号	300271	（022）63809018	（022）63809000	朱建民
27	中国石化集团资产经营管理有限公司扬子石化分公司 中国石化扬子石油化工有限公司	江苏省南京市六合区大厂新华路 777 号	210048	（025）57782303	（025）57784389	王净依
28	扬子石化—巴斯夫有限责任公司	江苏省南京市六合区新华东路 8 号	210048	（025）57770888	（025）58569811	王净依
29	福建炼油化工有限公司	福建省泉州市丰泽区安吉路福炼大厦	362011	（0595）27355053	（0595）27355000	陆　东

续表

序号	单位名称	地址	邮政编码	电话	传真	董事长/经理（厂长）
30	中国石化集团资产经营管理有限公司巴陵石化分公司 中国石油化工股份有限公司巴陵分公司	湖南省岳阳市云溪区	414014	（0730）8492348	（0730）8481456	李大为
31	中国石化集团资产经营管理有限公司长岭分公司 中国石油化工股份有限公司长岭分公司	湖南省岳阳市云溪区长岭炼油厂	414012	（0730）8452002 （0730）8452003	（0730）8451824	李　华
32	中国石化集团资产经营管理有限公司仪征分公司 中国石化仪征化纤股份有限公司	江苏省仪征市长江西路 1 号	211900	（0514）83231505	（0514）83233880	卢立勇
33	中国石化集团南京化学工业有限公司	江苏省南京市六合区大厂葛关路 268 号	210048	（025）57765017	（025）57792812	袁建宁
34	中国石化集团资产经营管理有限公司广州分公司 中国石油化工股份有限公司广州分公司	广东省广州市黄埔区石化路 239 号	510726	（020）62123888	（020）82396591	陈　坚
35	中国石化集团资产经营管理有限公司洛阳石化分公司 中国石油化工股份有限公司洛阳分公司	河南省洛阳市吉利区	471012	（0379）66992300	（0379）66991882	赵振辉
36	中国石化集团资产经营管理有限公司安庆分公司 中国石油化工股份有限公司安庆分公司	安徽省安庆市石化四路 20 号	246002	（0556）5381717	（0556）5378299	王　彪
37	中国石化集团资产经营管理有限公司荆门分公司 中国石油化工股份有限公司荆门分公司	湖北省荆门市掇刀区白庙街办炼厂路	448039	（0724）2271917	（0724）2211539	江寿林
38	中国石化集团四川维尼纶厂	重庆市长寿区维江路 36 号	401254	（023）68974061	（023）68974009	徐正宁
39	中国石化集团资产经营管理有限公司九江分公司 中国石油化工股份有限公司九江分公司	江西省九江市滨江东路 228 号	332004	（0792）8493204	（0792）8617006	覃伟中

续表

序号	单位名称	地址	邮政编码	电话	传真	董事长/经理（厂长）
40	中国石化集团资产经营管理有限公司宜昌分公司 中国石油化工股份有限公司湖北化肥分公司	湖北省枝江市迎宾大道15号	443200	(0717)4212089	(0717)4212660	胡明生
41	中国石化集团资产经营管理有限公司石家庄分公司 中国石油化工股份有限公司石家庄炼化分公司	河北省石家庄市裕华区石炼路1号	050099	(0311)80863108	(0311)80861234	毕建国
42	中国石化集团资产经营管理有限公司济南分公司 中国石油化工股份有限公司济南分公司	山东省济南市工业南路26号	250101	(0531)88832202	(0531)88983622	吕亮功
43	中国石化集团资产经营管理有限公司武汉分公司 中国石油化工股份有限公司武汉分公司	湖北省武汉市青山区长青路特1号	430082	(027)86595156 (027)86595153	(027)86595188	崔光磊
44	中国石化中原石油化工有限责任公司	河南省濮阳市胜利西路	457001	(0393)4471067	(0393)4416227	张西国
45	中国石化集团资产经营管理有限公司沧州分公司 中国石油化工股份有限公司沧州分公司	河北省沧州市交通北大道50号	061000	(0317)3552247 (0317)3552095	(0317)3552688	李　敏
46	中国石化润滑油有限公司	北京市海淀区安宁庄西路6号	100085	(010)62949873	(010)62917732	宋云昌
47	中国石化青岛石油化工有限责任公司	山东省青岛市李沧区滨海路8号	266043	(0532)66762212	(0532)84816954	王英彬
48	中国石化湛江东兴石油化工有限公司	广东省湛江市霞山区湖光路15号	524012	(0759)2606603	(0759)2606888	吴惜伟
49	中国石化集团北海石化有限责任公司 中国石化北海炼化有限责任公司	广西北海市贵州路50号内5号楼 广西北海市铁山港区4号路	536000 536016	(0779)8528031	(0779)8528888	李永林

续表

序号	单位名称	地址	邮政编码	电话	传真	董事长/经理（厂长）
50	中国石油化工股份有限公司西安石化分公司	陕西省西安市未央区建章路北段6号	710086	(029)84313662	(029)84312981	李少平
51	中国石化塔河炼化有限责任公司	新疆库车县天山东路573号	842000	(0997)7979067	(0997)7979016	赵亚新
52	中国石化海南炼油化工有限公司	海南省洋浦经济开发区	578101	(0898)28820068	(0898)28820099	王玉冰
53	中国石化青岛炼油化工有限责任公司	山东省青岛经济技术开发区千山南路827号	266500	(0532)86915971	(0532)86915988	王树德
54	中国石化炼油销售有限公司	上海市长宁区延安西路728号22层	200050	(021)60863300	(021)52381680	胡伟庆
55	中国石油化工股份有限公司北京石油分公司	北京市东城区广渠家园6号楼	100022	(010)67006872	(010)67006900	刘雄华
56	中国石化集团资产经营管理有限公司天津石油分公司 中国石油化工股份有限公司天津石油分公司	天津市南开区南京路338号石油大厦	300100	(022)27201588	(022)27201555	于忠国
57	中国石油化工股份有限公司河北石油分公司	河北省石家庄市槐安东路6号	050021	(0311)87182014	(0311)87182888	杨槐青
58	中国石化集团资产经营管理有限公司山西石油分公司 中国石油化工股份有限公司山西石油分公司	山西省太原市万柏林区大王路8号	030024	(0351)6197650	(0351)6197567	徐建春
59	中国石油化工股份有限公司上海石油分公司	上海市黄浦区中山东一路24号甲	200002	(021)63219490	(021)63210762	杨　棣

续表

序号	单位名称	地址	邮政编码	电话	传真	董事长/经理（厂长）
60	中国石油化工股份有限公司江苏石油分公司	江苏省南京市中山北路 395 号	210003	（025）58808888	（025）58803729	吕建华
61	中国石油化工股份有限公司浙江石油分公司	浙江省杭州市河坊街 58 号	310009	（0571）87814551	（0571）87818822	徐祥燕
62	中国石油化工股份有限公司安徽石油分公司	安徽省合肥市屯溪路 188 号	230009	（0551）62212843	（0551）62212900	邬国庆
63	中国石油化工股份有限公司福建石油分公司	福建省福州市中山路 18 号	350003	（0591）87761873	（0591）87761925	郝国强
64	中国石化集团资产经营管理有限公司江西石油分公司 中国石油化工股份有限公司江西石油分公司	江西省南昌市东湖区洪都北大道 102 号	330046	（0791）88512247	（0791）88511107	陈立国
65	中国石化集团资产经营管理有限公司山东石油分公司 中国石油化工股份有限公司山东石油分公司	山东省济南市经十路 13777 号 9 栋中国石化山东石油大厦	250014	（0531）85856666 （0531）85857777	（0531）85856789	冯东青
66	中国石油化工股份有限公司河南石油分公司	河南省郑州市郑东新区正光路 16 号	450016	（0371）87520290	（0371）87520299	田中山
67	中国石油化工股份有限公司湖北石油分公司	湖北省武汉市解放大道 606 号	430030	（027）68837000	（027）68837100	陈成敏
68	中国石油化工股份有限公司湖南石油分公司	湖南省长沙市湘春路 113 号	410008	（0731）84841848	（0731）84841801	潘桂妹
69	广东省石油企业集团公司 中国石油化工股份有限公司广东石油分公司	广东省广州市体育西路 191 号中石化大厦 A 塔	510620	（020）38084610	（020）38084617	夏世祥

续表

序号	单位名称	地址	邮政编码	电话	传真	董事长/经理（厂长）
70	中国石油化工股份有限公司广西石油分公司	广西南宁市桃源路 67 号	530021	（0771）6757886	（0771）6757889	吴健雄
71	中国石化集团资产经营管理有限公司海南石油分公司 中国石油化工股份有限公司海南石油分公司	海南省海口市滨海大道 163 号	570311	（0898）68680800	（0898）68680909	徐天民
72	中国石油化工股份有限公司贵州石油分公司	贵州省贵阳市南明区解放路 21 号石化大厦	550002	（0851）5986622	（0851）5985810	何建新
73	中国石化集团资产经营管理有限公司云南石油分公司 中国石油化工股份有限公司云南石油分公司	云南省昆明市官渡区拓东路 45 号世博大厦	650011	（0871）63115215	（0871）63115210	左志民
74	中国石油化工股份有限公司辽宁石油分公司	辽宁省沈阳市崇山东路 51 号	110032	（024）86859479	（024）86859479	纪　波
75	中国石油化工股份有限公司四川石油分公司	四川省成都市高新区天府大道中段吉泰路中石化西南科研办公基地	610041	（028）65286816	（028）65286822	肖崇昆
76	中国石油化工股份有限公司重庆石油分公司	重庆市渝中区青年路 38 号国贸大厦 32 楼	400010	（023）63107555	（023）63106320	江建华
77	中国石油化工股份有限公司陕西石油分公司	陕西省西安市莲湖区北大街 29 号中天大厦 10 层	710003	（029）87257390	（029）87257202	焦德才
78	中国石油化工股份有限公司内蒙古石油分公司	内蒙古呼和浩特市新城区成吉思汗大街 26 号	010051	（0471）5289806	（0471）5289808	王红兵
79	中国石油化工股份有限公司新疆石油分公司	新疆乌鲁木齐长春南路 466 号中国石化科研生产园区 2 楼 B 座	830011	（0991）3163087	（0991）3163086	马安生

续表

序号	单位名称	地址	邮政编码	电话	传真	董事长/经理（厂长）
80	中国石油化工股份有限公司吉林石油分公司	吉林省长春市西安大路699号中银大厦B座11层	130061	(0431)88409576	(0431)88409576	袁德成
81	中国石油化工股份有限公司黑龙江石油分公司	黑龙江省哈尔滨市道里区群力第五大道1589号	150070	(0451)87763011	(0451)87763111	田凤林
82	中国石油化工股份有限公司青海石油分公司	青海省西宁市城西区海湖路26号	810008	(0971)6317090	(0971)6317257	谭莫羡
83	中国石油化工股份有限公司甘肃石油分公司	甘肃省兰州市城关区南昌路1716号11楼	730050	(0931)8870625	(0931)8833795	张宏彦
84	中国石油化工股份有限公司宁夏石油分公司	宁夏银川市金凤区庆丰街396号鼎城商务中心	750002	(0951)5019251 (0951)6662930	(0951)5019813	王志坤
85	中国石油化工股份有限公司西藏石油分公司	西藏拉萨市城关区娘热路13号	850000	(0891)6820269	(0891)6820269	伏　韬
86	中国石化销售有限公司华北分公司	天津市华苑产业园区榕苑路11号	300384	(022)23059524	(022)23059522	于金广
87	中国石化销售有限公司华东分公司	上海市长宁区愚园路819号	200050	(021)62119325	(021)62119327	罗春平
88	中国石化销售有限公司华中分公司	湖北省武汉市江汉区常青路39号	430023	(027)65798057	(027)65798015	聂时榜
89	中国石化销售有限公司华南分公司	广东省广州市天河区体育西路191号中石化大厦A塔	510620	(020)38083937	(020)38083909	濮志梁

续表

序号	单位名称	地址	邮政编码	电话	传真	董事长/经理（厂长）
90	中国石油化工股份有限公司石油勘探开发研究院	北京市海淀区学院路 31 号	100083	(010)82312980	(010)82312896	金之钧
91	中国石化集团石油工程技术研究院 中国石油化工股份有限公司石油工程技术研究院	北京市朝阳区北辰东路 8 号北辰时代大厦 10 层	100101	(010)84988166	(010)84988966	路保平
92	中国石油化工股份有限公司石油物探技术研究院	江苏省南京市江宁区上高路 219 号	211103	(025)68109926	(025)68109900	曲寿利
93	中国石油化工股份有限公司石油化工科学研究院	北京市海淀区学院路 18 号	100083	(010)62310806	(010)62311290	龙　军
94	中国石油化工股份有限公司北京化工研究院	北京市朝阳区北三环东路 14 号	100013	(010)64211993	(010)64228661	张　勇
95	中国石油化工股份有限公司抚顺石油化工研究院	辽宁省抚顺市望花区丹东路东段 31 号	113001	(024)56389234	(024)56429551	方向晨
96	中国石油化工股份有限公司上海石油化工研究院	上海市浦东新区浦东北路 1658 号	201208	(021)68462197	(021)68462283	顾松园
97	中国石油化工股份有限公司青岛安全工程研究院	山东省青岛市延安三路 218 号	266071	(0532)83786202	(0532)83861318	李凯花
98	石油化工管理干部学院	北京市朝阳区立水桥北甲 1 号	100012	(010)51201203	(010)51201206	周志明
99	中国石化工程建设有限公司	北京市朝阳区安慧北里安园 20 号	100101	(010)84878730	(010)64963395	李国清

续表

序号	单位名称	地址	邮政编码	电话	传真	董事长/经理（厂长）
100	中石化上海工程有限公司	上海市浦东新区张杨路 769 号（银河大厦）	200120	（021）58354214	（021）58358142	吴德荣
101	中石化洛阳工程有限公司	河南省洛阳市中州西路 27 号	471003	（0379）64887749	（0379）64887756	王国良
102	中石化宁波工程有限公司	浙江省宁波市高新区院士路 660 号	315103	（0574）87975589	（0574）87975199	邵建雄
103	中石化南京工程有限公司	江苏省南京市江宁区科健路 1189 号	211100	（025）87117317	（025）85561051	向文武
104	中石化第四建设有限公司	天津市滨海新区大港世纪大道 180 号	300270	（022）63862213 （022）63862214	（022）25990156	肖　刚
105	中石化第五建设有限公司	广东省广州市荔湾区中山七路 81 号	510145	（020）28348109	（020）28348169	田建军
106	中石化第十建设有限公司	山东省淄博市临淄区建设路 29 号	255438	（0533）7501143	（0533）7501126	樊继贤
107	石化盈科信息技术有限责任公司	北京市东城区东四十条甲 22 号南新仓商务大厦 A 座 1208	100007	（010）84191188	（010）64096335	潘欣荣
108	中国石化国际事业有限公司	北京市朝阳区朝阳门北大街 22 号	100728	（010）59966049	（010）59760629	蒋振盈
109	中国石化集团国际石油勘探开发有限公司 中国石化国际石油勘探开发公司	北京市朝阳区惠新东街甲 6 号	100029	（010）69165033	（010）69165140	张耀仓/耿宪良

续表

序号	单位名称	地址	邮政编码	电话	传真	董事长/经理（厂长）
110	中石化石油工程技术服务有限公司	北京市朝阳区北辰西路8号北辰世纪中心A座7层	100101	(010)57972399	(010)57972211	曹耀峰/薛万东
111	中石化炼化工程(集团)股份有限公司	北京市朝阳区慧忠北里安园19号兰华国际B座办公楼	100101	(010)64998000	(010)64998599	闫少春
112	中国石化财务有限责任公司	北京市朝阳区朝阳门北大街22号	100728	(010)59966700	(010)59760508	刘运/张保龙
113	中石化百川经济贸易公司	北京市朝阳区朝阳门北大街22号	100728	(010)59960505	(010)59960901	崔国旗
114	中国国际石油化工联合有限责任公司	北京市朝阳区朝阳门北大街22号	100728	(010)59966528	(010)59966698	戴照明
115	中国石化化工销售有限公司	北京市朝阳区朝阳门北大街22号	100728	(010)59966916	(010)59760728	李成峰
116	中国石化长城能源化工有限公司	北京市西城区安德路甲67号	100120	(010)51586355	(010)51586356	戴厚良/杨栋
117	中国石化催化剂有限公司	北京市朝阳区惠新东街甲6号	100029	(010)69166523	(010)69166878	谈文芳
118	中国石化燃料油销售有限公司	北京市朝阳区惠新东街甲6号	100029	(010)69166666	(010)69168888	刘祖荣
119	中国石油化工集团公司经济技术研究院(中国石化咨询公司)	北京市朝阳区安外小关街24号	100029	(010)52826100	(010)52826200	李希宏

续表

序号	单位名称	地址	邮政编码	电话	传真	董事长/经理（厂长）
120	中国石化报社	北京市东城区安外大街 58 号	100011	（010）84273230	（010）84271822	周恒友
121	中国经济出版社	北京市西城区百万庄北街 3 号	100037	（010）68319282	（010）68319282	栾建民
122	中国石化出版社有限公司	北京市东城区安外大街 58 号	100011	（010）84278950	（010）84289982	王子康

附录 3

制度性文件名一览表

序号	标题	文件号
1	中国石油化工股份有限公司章程	
2	中国石油化工股份有限公司董事长办公会制度	石化股份发〔2013〕509 号
3	中国石油化工股份有限公司总裁办公会制度	石化股份发〔2013〕510 号
4	中国石化知识产权档案管理办法	中国石化办〔2013〕272 号
5	中国石化安全事故档案管理办法	中国石化办〔2013〕271 号
6	企业社会责任工作管理办法	中国石化办〔2013〕274 号
7	中国石油化工集团公司“三重一大”决策制度实施办法	中国石化党组〔2013〕58 号
8	中国石化重大决策信访稳定风险评估暂行办法	中国石化办〔2013〕81 号
9	贯彻落实中央改进工作作风密切联系群众“八项规定”实施细则	中国石化党组〔2013〕18 号
10	中国石油化工股份有限公司油气项目可行性研究工作管理办法	石化股份计〔2013〕511 号
11	中国石化天然气市场发展计划管理办法	中国石化计〔2013〕655 号
12	中国石化境外投资项目管理办法	中国石化计〔2013〕436 号
13	中国石化投资项目后评价实施办法	中国石化计〔2013〕231 号
14	中国石化持续推进全员成本目标管理考评奖励办法	中国石化财〔2013〕640 号
15	中国石化新增建设用地管理实施细则	中国石化财〔2013〕543 号
16	中国石化土地盘活处置管理实施细则	中国石化财〔2013〕442 号
17	中国石化土地管理办法	中国石化财〔2013〕441 号
18	中国石油化工集团公司国有资本经营预算管理办法	中国石化财〔2013〕411 号
19	中国石化关联交易管理规定	中国石化财〔2013〕409 号
20	进一步强化总会计师工作职责规定(试行)	中国石化人〔2013〕385 号
21	中国石油化工集团公司资产管理办法	中国石化财〔2013〕362 号
22	中国石油化工集团公司领导班子及班子成员年度绩效考核管理办法	中国石化企〔2013〕656 号
23	中国石油化工集团公司任期绩效考核管理办法	中国石化企〔2013〕657 号
24	中国石化对标评价工作管理办法	中国石化企〔2013〕203 号
25	中国石化年度绩效考核管理办法	中国石化企〔2013〕192 号
26	集团公司全面风险管理(暂行)办法	中国石化企〔2013〕182 号
27	中国石化人工成本管理办法	中国石化人〔2013〕493 号
28	中国石化产权管理暂行办法	中国石化资〔2013〕606 号
29	中国石化原油库存管理办法(试行)	石化股份生〔2013〕344 号
30	中国石化建设项目职业卫生“三同时”管理规定	中国石化安〔2013〕502 号
31	中国石化合同能源管理项目实施管理办法(试行)	中国石化能〔2013〕622 号

续表

序号	标题	文件号
32	中国石化科学技术奖励管理办法	中国石化科〔2013〕194 号
33	中国石油化工集团公司党组管理的领导人员廉洁谈话实施办法	中国石化党组〔2013〕107 号
34	中国石化境外机构外事管理办法	中国石化外〔2013〕398 号
35	中国石化物资储备和库存管理规定	中国石化物〔2013〕742 号
36	中国石化物资供应管理规定	中国石化物〔2013〕743 号
37	中国石化企业自行采购管理办法	中国石化物〔2013〕715 号
38	中国石化废旧物资处置管理规定	中国石化物〔2013〕706 号
39	中国石化框架协议采购管理办法	中国石化物〔2013〕702 号
40	中国石化技术引进工作流程暂行规定	中国石化物〔2013〕614 号
41	中国石化物资采购招标保密管理办法	中国石化物〔2013〕427 号
42	中国石化框架协议采购招标管理办法	中国石化物〔2013〕426 号
43	中国石化物资采购招标操作规范	中国石化物〔2013〕415 号
44	中国石化物资采购招标管理办法	中国石化物〔2013〕404 号
45	中国石化开门采购管理办法	中国石化物〔2013〕335 号
46	中国石化专家采购管理办法	中国石化物〔2013〕334 号
47	中国石化供应商年审管理办法	中国石化物〔2013〕333 号
48	中国石化区域协同采购管理办法	中国石化物〔2013〕288 号
49	中国石化建设工程评标专家和专家库管理办法	中国石化建〔2013〕302 号
50	中国石化建设工程分包发包管理办法	中国石化建〔2013〕240 号
51	中国石化建设工程市场诚信体系管理办法	中国石化建〔2013〕237 号
52	中国石化建设工程招标投标管理规定	中国石化建〔2013〕236 号
53	中国石化先进控制应用评价办法(试行)	中国石化信〔2012〕891 号
54	中国石油化工股份有限公司开发方案技术首席负责制及评估咨询管理办法	石化股份油〔2013〕505 号
55	中国石油化工股份有限公司油气田开发项目统一优化筛选管理办法	石化股份油〔2013〕504 号
56	化工板块年度绩效考核实施细则(试行)	中国石化化〔2013〕447 号
57	中国石化油品销售企业安全生产费管理实施细则(试行)	石化股份销财〔2013〕258 号
58	中国石化销售企业天然气质量管理办法(试行)	石化股份销质〔2013〕35 号

索引

◇ 作者索引

◇ 表题索引

作 者 索 引

使 用 说 明

1. 本索引按汉语拼音音序排列。具体如下：以英文字母开头的，排在最前面；汉字标目则按首字的音序、音调依次排列，首字相同时，则以第二个字排序，并依次类推。

2. 在索引中，索引标目之后的数字表示主题内容所在年鉴正文的页码；英文字母a、b分别表示左、右两个栏目。

安　宁　400、401

鲍志良　303a
毕　华　542、543、544、545b
布　衣　413a

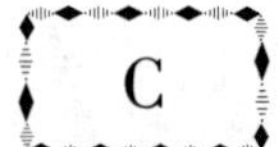

曹　明　23b、24
曹钰梅　282、283、284
常大农　583a
常文峰　401b、402、403、404
陈　栋　35b、36
陈　欣　515b、516、517、518
陈　忠　503b
陈董清　105b
陈红艳　574b、575
陈继宁　336、337
陈建浩　304b、305
陈建设　478a
陈兰凤　246、247、248、249
陈利源　471、472b
陈明杰　84、85
陈文森　362、363、364、365
陈旭东　510b、511
陈章寿　412、413、414
程龙根　550b、551、552
程文涛　506b、507
出版社　208、209、210
从怀芳　568、569、570b
崔伟珍　113b
崔文生　165b、166

邓顺平　372、373
邓远龙　466b、467、468b
邓志伸　338、339、340、341b
丁勇兵　512a、513、514
董　涛　221a
董宏欣　88b、89、93a
董岚峰　163
董西增　145、146a
董砚宝　555b、556、557
杜　燃　522、523

范　辉　187b
范友林　237b
方莉萍　303b
冯红民　87b、90、91a
冯洪祥　164b、165a
冯文孝　504、505b
付承生　251、252、253、254
付喜艳　26

高　静　480a
高浩亢　275、276
葛春玉　97a
葛惠芳　417b
宫　超　31
龚　铭　11b
巩祎昌　150、151、152、153、154、155
顾　隽　303a
顾蓓蕾　59a
郭　飞　182、183、184a
郭艾斌　26a
郭连君　221b
郭子芳　478a

韩　慧　228b
韩　伟　229b、230a
韩　笑　422、423
韩建阳　102b
韩泉梅　285、286、287
韩文彪　198a
郝志强　113a
何　斌　10b、11a
何国良　240、241
何海燕　479b
何继强　354b、355、356b
何云均　273、274
贺　莹　20b、490、491、492a
贺　颖　539、540
贺鸿昌　498b
侯玉梅　269b、270、271、272
胡　岗　350b、351、352、353
胡国勇　94a
胡金玉　76、77a
胡庆明　579a、580
胡瑞玲　98b、99
华祖瑜　140b
黄　赫　451、452
黄　琥　225、226a、228a
黄　龙　478b
黄　璐　297b、298、299a
黄　洋　324b、325、326
黄俊良　236、237、238
黄立玫　22
黄敏清　340b、341a
黄士斌　296a
黄兆军　417、418、419b
黄正袁　419b

及　非　410、411、412b
纪　健　192、193、194
贾广华　474b、475、476
江　渊　184
蒋晓波　500、501
金　灵　499b
靳红兴　18

孔自超　82、83a、84a

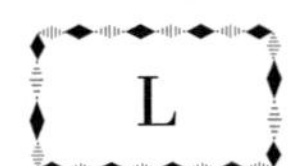

兰　峰　220a、222b、223b

雷从营 394b、395a、396b
李 冰 10b
李 超 519
李 丽 226、227
李 佩 20b、21b、496、497
李 鹏 32a、33a
李 萍 119、120、121、122b
李 晟 317b、318、319
李 蔚 478b
李 昕 561b、562、563、564a
李 振 565、566a
李长印 87b、90
李超杰 168、169、170、171、172
李传华 220b、221a
李春贻 432、433、434
李德亮 581b、583b
李登兴 77、83b、573、574a
李发东 112b
李高贵 510a
李红玉 480a
李继增 374、375
李军航 146、147a
李孟杰 25b
李青山 189、190、191
李时艳 316b、317a
李树鹏 313b、314b
李文德 161b
李小爽 528、529、530
李小永 392、393
李旭东 143b、144a
李雪峰 144a
李振华 473
梁 丽 99b
廖志英 263b、264、265、266
林 崧 32a
林 源 124b
林雪梅 243、244、245
林彦兵 259b、260b
刘 磊 443
刘 涛 481b
刘 伟 133b
刘 焱 366、367
刘 月 522、523
刘伯胜 303b
刘纯斌 200、201、202、203、204
刘国帅 66b、67a
刘海燕 155b、446b、447、448
刘红叶 70、71、72、83b、520、521、522a
刘慧敏 140b
刘佳语 303a
刘建宇 481、482、483
刘居正 24b、25、494、495b
刘觉非 275b
刘丽婷 404b、405、406
刘牧洋 559、560、561b
刘仕成 354b、355、356b
刘卫红 110b
刘希军 394、395、396
刘耀洲 185a
刘玉妹 459、460
刘月祥 478b
刘跃文 582b
刘志武 46、47b、48b、49、67、68b
刘自然 503a
柳江琳 83b
楼峥芳 52
卢 鹏 26b
卢 利 346b、347、348、349
鲁海涛 231b
陆建梅 300、301
罗红年 508b、509
罗秋林 233、234
罗雪飞 360、361
罗远琦 430、431、432b

马 亮 547、548
马凤武 393a
马革防 503a
马国锋 43、44、45a
马继亮 184a
马兰兰 477b
马立亚 369、370
马丽娟 21b
马卫征 519
马玉生 15b、16
马玉婷 84a、570b、571、572
毛 琳 397、398、399
孟宪强 30b

米红梅　115
苗莲香　477b
闵　川　148

潘　波　484b、485、486
潘月斌　238b
庞　炜　206、207、578b、579

钱水根　532、533、534、535
钱速越　303b
乔飞敏　83b
秦会敏　479a
秦钰铭　23b、24
覃辉平　389、390
青　强　221b
邱正华　97b
全青丰　426b、427

任　飞　439、440
任　刚　34
任建宇　74b、75、76a
任丽娜　320、321、322
任文喜　26b

单云峰　83b
尚艳红　487、488、489
邵　丹　186b、187a
申发祥　91b
沈云辉　65b、65a、68b
石　岩　504a、505b
石炼宣　370
史经冬　307、308、309、310
斯　维　478b
宋　铎　87a
宋　鹏　419b、420、421
宋文波　478a
宋营坤　503a、504a
孙　智　392a
孙晶涛　456、457
孙黎明　182
孙书丽　505b

唐　磊　12b、13
唐义森　162、585
陶思学　428、429
田　竞　105、106
田治明　25b、26b、499
仝　江　225b
涂雯婧　435、436、437

万益全　357、358、359
汪光华　363b
王　彬　589、590、591b
王　丹　586、587、588
王　栋　181b、182b、187b
王　飞　17b、18
王　进　294、295、296
王　晶　298、299a
王　坤　113b、114、115a
王　珞　98b
王　敏　510b、511b
王　宁　93b、112b
王　睿　576b、577、578
王　伟　479b
王　旭　582b
王爱敏　246、247、248、249
王道奇　223b
王方栋　282a

王扶卷　93a
王贵卿　208a
王国清　478a
王红霞　479a
王金祜　582a
王瑾瑾　550b、551、552
王景涛　174、175、176、177、178、179
王立坤　16b
王凌云　184a
王世声　184b
王文东　461、462、463
王文君　184a
王新军　487、488、489
王新忠　338、339、340、341b
王银理　27a
王子军　161
尉忠友　140b
魏　哲　150、151、152、153、154、155
魏鹏福　504
吴　洁　184a
吴　瑶　256、257
吴宝英　224b
吴昌保　62b、63、64、65a
吴长祥　511a
吴航斌　580b、581a
吴明晓　277、278、279、280
吴小毅　111、112a
吴远航　303a
伍　灿　441、442
武　桐　458、459b

夏鹏飞　22b、23
肖　军　329、330
谢国学　91b
谢文州　479a
谢小华　33b
邢大金　415、416
邢新丽　142b、143
徐　捷　308a、309b、310a
徐　杰　312、313、314
徐　林　478a
徐长青　437b、438、439b
徐启胜　386、387
徐若茵　407、408、409
徐月军　221b
许雁青　392a
薛　锋　303b
薛桂臣　298a
薛兆杰　14

闫　坤　566b
严　忠　511b
杨　戬　511a
杨　硕　82b、83b
杨　旭　94b
杨　洋(国际石油工程公司)　492b、493
杨　洋(国际事业公司)　84a、558
杨　羽　116、117
杨明清　23a
杨识文　198
杨思湘　198
杨维先　124b、125、126、127、128、129、130、131
杨心刚　185b、186a
杨延平　74、268、269a
姚建国　380、381、382
尹　威　360、361
于　岚　331b、332、333、334
于　玲　343、344、345b
于克华　229b、230、231、232b
于书勇　223a、222a
于治宇　77b、78、79、80、84a、567、568a
余　立　444、445、446
俞庆国　163a
喻志浩　377、378b
原　玲　59b、60a、61、132a
袁　杰　222a
远　征　88a、91a

查芷琦　132
詹　湲　184b、185a

张　军　25b、27、28b
张　斌　392a
张　博　464、465、466
张　晗　106b、107
张　华　15
张　杰　164
张　立　303a
张　琼　287a
张　伟　481b
张　燕　40b、41b、42b、43a
张　杨　469、470
张　晔　113b
张宝生　34b、35b
张德全　112a
张方涛　424、425、426
张国正　146a
张虹薇　98b
张慧英　227b
张建国　142b
张金萍　40a
张金喜　104b、105、106a
张靖伟　26b
张凌云　287b
张明华　83a
张清云　82、83a、84a
张婷艺美　449、450
张欣华　100b
张新华　22b、23
张新悦　259b、260、261
张亚莎　503a
张演斌　290、291、292
张跃军　26b
张镇远　155b
章　铮　264a
赵　红　131b
赵　楠　145a
赵　鹏　477b、479b
赵　茜　392a
赵　巍　133b
赵　勇　104、105、106a
赵　云　455
赵　震　113b
赵美玲　453、454
赵汝国　221b
赵智辉　392a
郑国文　503a
郑宣懿　350b、351、352、353
郑子翔　147、147a
钟春翔　397、398、399
钟文标　161a、165a、165b
周　丛　479a
周　光　302b、303b
周家祥　97a
周建华　31b
周立川　383、384
周向进　53b、56a、57a、59a
朱　红　113a
朱　哲　33b、34a
朱好生　144b
朱军涛　312、313、314
朱于清　504a、505b
邹　斌　222a
邹　强　163、164a
邹文志　82b、83b

表 题 索 引

使 用 说 明

1. 本索引采用表题索引法编制。年鉴中所有表题均在标引范围内。

2. 本索引基本上按汉语拼音音序排列。具体如下：以数字开头的，排在最前面；汉字标目则按首字的音序、音调依次排列，首字相同时，则以第二个字排序，并依次类推。

3. 在索引中，索引标目之后的数字表示主题内容所在年鉴正文的页码。

0~9

2013年批准发布的石化集团公司企业标准 136
2013年批准发布的石油化工国家标准 134
2013年批准发布的石油化工行业标准 134
2013年完成报批的石油化工工程建设国家标准 94
2013年完成报批的石油化工工程建设行业标准 95

安徽石油分公司主要生产经营指标 417
安庆石化主要产品产量 349
安庆石化主要技术经济指标 349
安全工程研究院2008—2013年专利申请与授权情况 489
安全工程研究院2013年主要科研成果获奖情况 489

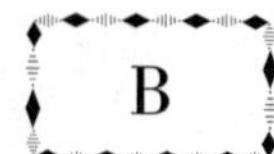

巴陵石化主要产品产量 328
巴陵石化主要技术经济指标 326
北海炼化主要产品产量 391
北海炼化主要技术经济指标 390
北京化工研究院2008—2013年专利申请与授权情况 480
北京化工研究院2013年度主要科研成果获奖情况 480
北京石油分公司主要生产经营指标 399

财务公司资产负债损益情况 564
沧州炼化主要产品产量 379
沧州炼化主要技术经济指标 378
长岭分公司主要产品产量 330
长岭分公司主要技术经济指标 330
催化剂公司生产经营指标 572
重庆石油分公司主要生产经营指标 444

第十建设公司2013年完成的主要工程项目 557
第十建设公司主要生产经营指标 557
第四建设公司2013年完成的主要工程

项目　549
第四建设公司主要生产经营指标　548
第五建设公司 2013 年完成的主要工程项目　553
第五建设公司主要生产经营指标　552
东北石油局和东北油气分公司主要技术经济指标　258
东北油气分公司主要生产建设指标　258

福建炼化主要产品产量　319
福建炼化主要技术经济指标　319
福建石油主要生产经营指标　419
抚顺石油化工研究院 2008—2013 年专利申请与授权情况　484
抚顺石油化工研究院 2013 年度主要科研成果获奖情况　483

甘肃石油分公司主要生产经营指标　457
高桥石化主要产品产量　306
高桥石化主要技术经济指标　306
工程建设公司 2013 年项目获奖情况　526
工程建设公司开车及中交项目　524
工程建设公司主要生产经营指标　524
工程建设项目 2013 年投料试车/建成投用情况　91
管道储运分公司主要生产指标　276
管道公司主要经济指标　276
广东石油分公司主要生产经营指标　429
广西石油分公司主要生产经营指标　432
广州分公司主要产品产量　342
广州分公司主要技术经济指标　342
广州资产分公司主要经济指标　341
贵州石油分公司主要生产经营指标　437
国际石油工程公司境外合同额　493
国际石油勘探开发公司主要生产经营指标　561
国际事业公司主要生产经营指标　559

海南炼化主要产品产量　353
海南炼化主要技术经济指标　353
海南石油分公司主要生产经营指标　434
河北石油分公司主要生产经营指标　404
河南石油分公司主要生产经营指标　423
河南石油工程公司主要技术经济指标　507
河南石油工程公司主要生产建设指标　508
河南油田主要技术经济指标　232
河南油田主要生产建设指标　232
黑龙江石油分公司主要生产经营指标　454
湖北化肥主要产品产量　368
湖北化肥主要技术经济指标　367
湖北石油分公司主要主要经营指标　426
湖南石油分公司主要生产经营指标　427
华北分公司主要生产建设指标　262
华北石油工程公司主要技术经济指标　518
华北石油工程公司主要生产建设指标　518
华北石油局和华北分公司主要技术经济指标　261
华北石油局和华北分公司主要技术经济指标　261
华东石油工程公司主要经营指标　519
华东石油局和华东分公司主要技术经济指标　266
华东石油局和华东分公司主要生产建设指标　267
获 2013 年度国家技术发明奖项目　610
获 2013 年度国家科学技术进步奖项目　610
获 2013 年度中国石化技术发明奖项目　611
获 2013 年度中国石化科学技术进步奖项目　612
获 2013 年度中国石化前瞻性基础性研究科学奖项目　610

吉林石油分公司主要生产经营指标　453
济南分公司主要产品产量　373
济南分公司主要技术经济指标　373
江汉石油工程公司主要技术经济指标　509

江汉石油工程公司主要生产建设指标　510
江汉油田主要经济指标　235
江汉油田主要生产建设指标　235
江苏石油分公司主要生产经营指标　412
江苏石油工程公司主要技术经济指标　512
江苏石油工程公司主要生产建设指标　512
江苏油田主要技术经济指标　238
江苏油田主要生产建设指标　239
金陵石化主要产品产量　311
金陵石化主要技术经济指标　310
荆门石化主要产品产量　360
荆门石化主要技术经济指标　359
九江分公司主要产品产量　365
九江分公司主要技术经济指标　365

勘探南方分公司主要经济指标　272
勘探南方分公司主要生产建设指标　273

利润表　156
辽宁石油分公司主要生产经营指标　440
洛阳分公司主要产品产量　345
洛阳工程公司 2013 年中交及投产工程项目　531
洛阳工程公司主要生产经营指标　530
洛阳石化主要技术经济指标　345

茂名石化主要产品产量　289
茂名石化主要技术经济指标　287

内蒙古石油分公司主要生产经营指标　448
南京工程公司 2013 年完成的主要工程项目　545
南京工程公司主要生产经营指标　545
南京化工公司主要产品产量　337
南京化工公司主要技术经济指标　337
宁波工程公司 2013 年完成的主要工程项目　541
宁波工程公司主要生产经营指标　540
宁夏石油分公司主要生产经营指标　459

齐鲁石化主要产品产量　284
齐鲁石化主要技术经济指标　284
企事业单位名录　624
青岛炼化主要产品产量　356
青岛炼化主要技术经济指标　356
青岛石化主要产品产量　385
青岛石化主要技术经济指标　385
青海石油分公司主要生产经营指标　456

润滑油分公司主要技术经济指标　382

山东石油分公司主要生产经营指标　421
山西石油分公司主要生产经营指标　406
陕西石油分公司主要生产经营指标　446
上海工程公司 2013 年完成的主要项目　536
上海工程公司主要生产经营指标　535
上海海洋石油局和上海海洋油气分公司主要技术经济指标　245
上海赛科公司主要产品产量　304
上海赛科公司主要经济指标　304
上海石化主要产品产量　302
上海石化主要技术经济指标　301
上海石油分公司主要生产经营指标　409
上海石油化工研究院 2008—2013 年专利申请

与授权情况　486
上海石油化工研究院2013年度主要科研成果获奖情况　486
胜利石油工程公司主要技术经济指标　501
胜利石油工程公司主要生产建设指标　502
胜利油田主要技术经济指标　223
胜利油田主要生产建设指标　224
石化报社主要报刊发行数量　580
石化出版社2013年重点图书目录　210
石化集团公司2012年度优质工程　99
石化集团公司2013年石油工程主要专业设备技术指标　27
石化集团公司分企业乙烯产量　42
石化集团公司各企业HDPE产量　47
石化集团公司各企业LDPE产量　46
石化集团公司各企业LLDPE产量　47
石化集团公司各企业PTA产量　54
石化集团公司各企业SBS热塑性弹性体产量　52
石化集团公司各企业丙烯腈产量　55
石化集团公司各企业涤纶产量　58
石化集团公司各企业丁苯橡胶产量　51
石化集团公司各企业合成氨产量　62
石化集团公司各企业己内酰胺产量　55
石化集团公司各企业腈纶产量　58
石化集团公司各企业聚苯乙烯产量　49
石化集团公司各企业聚丙烯产量　48
石化集团公司各企业聚乙烯醇产量　57
石化集团公司各企业聚酯产量　57
石化集团公司各企业尿素产量　63
石化集团公司各企业顺丁橡胶产量　51
石化集团公司各企业乙二醇产量　55
石化集团公司各企业主要合成纤维及原料生产装置能力　53
石化集团公司合成树脂分品种产量　45
石化集团公司合成树脂分品种生产能力　45
石化集团公司合成纤维各品种产量　58
石化集团公司合成纤维聚合物各品种产量　56
石化集团公司合成纤维原料各品种产量　54
石化集团公司合成橡胶分品种生产能力　50
石化集团公司合成橡胶各产品产量　50
石化集团公司其他树脂产量　49
石化集团公司与全行业部分石油产品分品种产量　594
石化集团公司与全行业合成纤维及原料分品种产量　596
石化集团公司与全行业塑料、合成橡胶分品种产量　597
石化集团公司与全行业有机化学品分品种产量　595
石化集团公司主要产品产量占全行业比重　593
石化集团公司主要化肥产品产量　61
石化集团公司主要化肥生产能　61
石化集团公司主要精细化工产品产量　59
石化集团公司主要无机原料产品产量　64
石化集团公司主要无机原料生产能　64
石化集团公司主要有机原料产品产量　41
石化集团公司主要有机原料生产能力　40
石化建设分会工程监理资质表　100
石家庄炼化分公司主要产品产量　371
石家庄炼化分公司主要技术经济指标　371
石油工程地球物理公司主要生产经营指标　497
石油工程机械公司主要产品指标　500
石油工程机械公司主要经济指标　499
石油工程技术研究院2008—2013年专利申请与授权情况　472
石油工程技术研究院2013年主要科研成果获奖情况　472
石油工程建设公司工作量完成情况　495
石油工程建设公司主要经济指标　495
石油化工科学研究院2008—2013年专利申请与授权情况　476
石油化工科学研究院2013年度科研成果获奖情况　476
石油勘探开发研究院2008—2013年专利申请与授权情况　470
石油勘探开发研究院2013年主要科研成果获奖情况　470
石油物探技术研究院2010—2013年专利申请与授权情况　474
石油物探技术研究院2013年主要科研成果获奖情况　474
四川石油分公司主要生产经营指标　442
四川维尼纶厂主要产品产量　362
四川维尼纶厂主要技术经济指标　361

T

塔河炼化主要产品产量 397
塔河炼化主要技术经济指标 396
天津石化主要产品产量 297
天津石化主要技术经济指标 296
天津石油分公司主要生产经营指标 401

W

武汉石化炼油主要产品产量 323
武汉石化主要技术经济指标 322
武汉乙烯主要产品产量 324

X

西安石化主要产品产量 393
西安石化主要技术经济指标 393
西北石油局和西北油田分公司主要经济指标 249
西北石油局和西北油田分公司主要生产建设指标 250
西南石油工程公司主要技术经济指标 514
西南石油工程公司主要生产建设指标 515
西南油气田主要技术经济指标 254
西南油气田主要生产建设指标 255
销售华北分公司主要生产经营指标 461
销售华东分公司主要生产经营指标 463
销售华南分公司主要生产经营指标 468
销售华中分公司主要生产经营指标 466
新疆石油分公司主要生产经营指标 450
新星石油公司主要经济指标 242

Y

燕山石化主要产品产量 280
燕山石化主要技术经济指标 280
扬子石化主要产品产量 315
扬子石化主要技术经济指标 314
仪化公司主要产品产量 335
仪化公司主要技术经济指标 334
云南石油分公司主要生产经营指标 439

Z

湛江东兴公司主要产品产量 388
湛江东兴公司主要技术经济指标 388
浙江石油分公司主要生产经营指标 414
镇海炼化主要产品产量 293
镇海炼化主要技术经济指标 292
制度性文件名一览表 637
中国石化原油资源完成情况 35
中国石化在《财富》杂志世界 500 强企业中排名 608
中国石化自产原油销售流向 36
中国原油与石油产品出口数量与金额 599
中国原油与石油产品进口数量与金额 598
中国主要石化产品出口数量与金额 604
中国主要石化产品进口数量与金额 600
中沙石化主要产品产量 299
中沙石化主要经济指标 299
中原石化主要产品产量 376
中原石化主要经济指标 375
中原石油工程公司主要技术经济指标 505
中原石油工程公司主要生产建设指标 505
中原油田主要技术经济指标 228
中原油田主要生产建设指标 228
资产负债表 156